© Universal Images … America LLC/DeAgostini/Alamy/Hemis

Californie

2022/2023

Cofondateurs : Philippe GLOAGUEN et Michel DUVAL

Directeur de collection et auteur
Philippe GLOAGUEN

Secrétaire général
Gavin's CLEMENTE-RUIZ

Rédacteurs en chef
Amanda KERAVEL (France)
Benoît LUCCHINI (Étranger)

Directrice administrative
Bénédicte GLOAGUEN

Conseiller à la rédaction
Pierre JOSSE

Responsable voyages
Carole BORDES

Direction éditoriale
Elise Ernest

Rédaction
Isabelle AL SUBAIHI
Emmanuelle BAUQUIS
Mathilde de BOISGROLLIER
Marie BURIN des ROZIERS
Camille CAMPET
Diane CAPRON
Véronique de CHARDON
Laura CHARLIER
Florence CHARMETANT
Fiona DEBRABANDER
Anaëlle HASCOET
Géraldine LEMAUF-BEAUVOIS
Alain PALLIER
Anne POINSOT
Alexia POULAIN

hachette

TABLE DES MATIÈRES

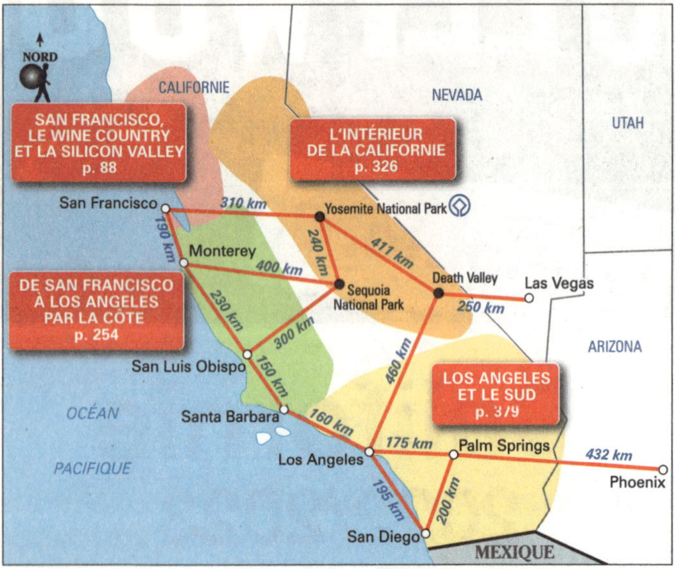

Attention, les parcs nationaux de l'Ouest américain et Las Vegas font l'objet d'un autre guide.

PRÉAMBULE

COMMENT Y ALLER ? 36

CALIFORNIE UTILE 44

Pictogrammes du Routard

Établissements

- Hôtel, auberge, chambre d'hôtes
- Camping
- Restaurant
- Terrasse
- Pizzeria
- Boulangerie, sandwicherie
- Pâtisserie
- Glacier
- Café, salon de thé
- Café, bar
- Bar musical
- Club, boîte de nuit
- Salle de spectacle
- Boutique, magasin, marché

Infos pratiques

- Office de tourisme
- Poste
- Accès Internet
- Hôpital, urgences
- Adapté aux personnes handicapées

Sites

- Présente un intérêt touristique
- Point de vue
- Plage
- Spot de surf
- Site de plongée
- Recommandé pour les enfants
- Inscrit au Patrimoine mondial de l'Unesco
- Pas de côté

Transports

- Aéroport
- Gare ferroviaire
- Gare routière, arrêt de bus
- Station de métro
- Station de tramway
- Parking
- Taxi
- Taxi collectif
- Bateau
- Bateau fluvial
- Piste cyclable, parcours à vélo

« OSONS LE PAS DE CÔTÉ »

Le surtourisme ? Tous concernés. Et pourtant, à l'écart des grands flux touristiques, il existe plein de pépites méconnues, souvent oubliées des circuits trop encombrés. Ici un site ignoré ; là un quartier secret ; plus loin un village caché au charme discret, avec un troquet d'une autre époque. Il existe une infinité de lieux peinards que l'on a envie de mettre en avant avec ce pictogramme. Un vagabondage enfin calme, favorisé aussi par les **visites aux heures creuses.** Vive le *slow trip* !

#osonslepasdecote

Session de surf à Venice Beach, L.A.

LA RÉDACTION DU ROUTARD

© R. Delalande et E. Dessons

La saga du *Routard* : en 1971, 2 étudiants, Philippe et Michel, avaient une furieuse envie de découvrir le monde. De retour du Népal germe l'idée d'un guide différent qui regrouperait tuyaux malins et itinéraires sympas, destiné aux jeunes fauchés en quête de liberté. 1973. Après 19 refus d'éditeurs et la faillite de leur 1re maison d'édition, l'aventure commence vraiment avec Hachette. Aujourd'hui, *le Routard*, c'est plus d'une cinquantaine d'enquêteurs impliqués et sincères. Ils parcourent le monde toute l'année dans l'anonymat et s'acharnent à restituer leurs coups de cœur en toute indépendance.

Merci à tous les Routards qui sont solidaires de nos convictions : liberté et indépendance d'esprit ; découverte et partage ; sincérité, tolérance et respect des autres.

NOS SPÉCIALISTES CALIFORNIE

Diane Capron : passionnée de littérature, élève appliquée, la cadette de l'équipe semble davantage rat de bibliothèque qu'aventurière. Pourtant, entre 2 lectures, curieuse de tout et un peu rebelle, elle ne rechigne pas devant une plongée dans les cultures underground, motivée par une perpétuelle quête de nouveauté. Amatrice de musées et de vieilles pierres, férue de grands espaces, groupie et noctambule, avec elle, le voyage, c'est le jour et la nuit !

Éric Milet : né à Saint-Nazaire, il a passé son enfance à regarder s'éloigner les bateaux. 1er voyage à 15 ans. Seul. Depuis, il n'a pas cessé. Voyager, c'est comme une petite vie dans la vie : on naît, on vit, on meurt… et on renaît (ouf !). Juste l'envie de voir, de toucher, de sentir. Envie de raconter, aussi, qu'on arrive du bout du monde ou du fond de son jardin.

Romain Meynier : il n'était pas si mal, dans son Sud, entre rivières et cigales. Pourtant, à 22 ans, après des études de journalisme, il s'est dit que l'herbe était plus verte ailleurs. Il est allé le vérifier, le long des pistes brûlantes en terre inconnue. L'herbe était jaune. Et c'est bien mieux comme ça, inattendu. Tout à découvrir, et autant à raconter.

UN GRAND MERCI À NOS AMI(E)S SUR PLACE ET EN FRANCE

Pour cette nouvelle édition, nous remercions particulièrement :

- **Hélène Labriet,** pour ses conseils gourmands sur San Francisco ;
- **Hervé Gross,** pour ses commentaires éclairants sur Stanford University ;
- **Roxane Guillemain d'Echon** (spécialiste ès thé matcha), pour sa motivation à toute épreuve, même dans les rues les plus pentues de SF… ;
- **François-Xavier et Louis,** qui ont testé avec nous la meilleure terrasse de San Francisco ;
- **et la famille Chamley,** toujours prête à partager ses bonnes adresses aux US et ailleurs.

NOS ENQUÊTEURS-FURETEURS

Nous tenons à remercier tout particulièrement Loup-Maëlle Besançon, Thierry Bessou, François Chauvin, Grégory Dalex, Fabrice Doumergue, Cédric Fischer, Carole Fouque, Guillaume Garnier, Nicolas George, Michelle Georget, David Giason, Claude Hervé-Bazin, Emmanuel Juste, Fabrice de Lestang, Éric Milet, Pierre Mitrano, Louis Nagot, Olivier Page, Jean-Sébastien Petitdemange, André Poncelet, Thomas Rivallain et Jean Tiffon pour leur collaboration régulière.

Guillem Aurenche, Andrea Blin, Jean-Jacques Bordier-Chêne, Philippe Coupy, Agnès Debiage, Jérôme Denoix, Tovi et Ahmet Diler, Clélie Dudon, Agustina Ernesta, Alain Fisch, Hermine Frachon, Adrien et Clément Gloaguen, Simon Hafi, Chloé Iacono, Lawrence Lemoine, Maeva Libessart, Marine Lucas, Lise Machu, Elisa Moreau, Martine Partrat, Odile Paugam et Didier Jehanno, Orianne Pouchard, Marva Prevost, Alexia Rambaud, Prakit Saiporn, Lara Tantawi, Sarah Toson, Lucas Truffier-Blanc, Emma Vadillo Quesada.

DU CÔTÉ D'HACHETTE-LIVRE

Direction : **Sidonie Chollet**

Direction éditoriale : **Élise Ernest**

Édition : **Matthieu Devaux, Olga Krokhina, Gia-Quy Tran, Julie Dupré, Amélie Ramond, Margaux Lefebvre, Lucie Léna, Joséphine Bonneau, Morgane Zambrelli et Tony De Sousa**

Ont également collaboré : **Marie Sanson, Arianne Fort**

Cartographie : **Frédéric Clémençon** et **Aurélie Huot**

Contrôle de gestion : **Jérôme Boulingre** et **Yannis Villeneuve**

Marketing : **Clotilde Tougeron**

Assistance : **Julia Lorrain**

Fabrication : **Nathalie Lautout, Liza Sacco** et **Aude Cauchet**

Relations presse : COM'PROD, **Fred Papet** et **Laëtitia de Cerval.** ☎ 01-70-69-04-69. • info@comprod.fr • **Martine Levens** (Belgique) ☎ +32-47-568-35-76.

Contact Partenariats : **Jérôme Denoix** • jeromedenoix@gmail.com •

Contact Partenariats et régie pub : **Florence Brunel-Jars** • fbrunel@hachette-livre.fr •

Silhouette du Routard : **Clément Gloaguen** (d'après Solé)

Couverture : **le-bureau-des-affaires-graphiques.com** ; **Maquette intérieure :** **le-bureau-des-affaires-graphiques.com, Thibault Reumaux** et **npeg.fr**

Important : dernière minute

Entre 2 parutions du *Routard*, des événements fortuits (conditions sanitaires, catastrophes naturelles, mais aussi formalités, taux de change, conditions d'accès aux sites, fermetures inopinées, etc.) peuvent modifier vos projets de voyage. Pour éviter les déconvenues, nous vous recommandons de consulter la rubrique « Guide » par pays de notre site *• routard.com •* et plus particulièrement les dernières ***Actus voyageurs.***

SAN FRANCISCO, LE WINE COUNTRY ET LA SILICON VALLEY p. 88
DE SAN FRANCISCO À LOS ANGELES PAR LA CÔTE p. 254
L'INTÉRIEUR DE LA CALIFORNIE p. 326
Reno
Lake Tahoe
South Lake Tahoe
RIVER INDIAN RESERVATION
SACRAMENTO
Sacramento
Sierra
Nevada
Santa Rosa
Bodega Bay
Glen Ellen
Sonoma
Napa
PT. REYES N. SEASHORE
MUIR WOODS N.M.
Berkeley
Sausalito
Oakland
Stockton
San Francisco
Half Moon Bay
Silicon Valley
Palo Alto
Stanford University
San Jose
Saratoga
Bridgeport
Bodie
YOSEMITE NAT. PARK
Lee Vining
Mono Lake
Modesto
Merced
Mammoth Lakes
Bishop
S. Joaquin R.
S. Joachin Valley
Santa Cruz
Gilroy
San Juan Bautista
Monterey
Pacific Grove
Péninsule de Monterey
Salinas
Carmel
Big Sur
POINT LOBOS STATE RESERVE
Fresno
KINGS CANYON NAT'L PARK
Big Pine
Lone Pine
Visalia
SEQUOIA NAT'L PARK
Piedras Blancas
Hearst Castle
San Simeon
Cambria
Cayucos
Morro Bay
San Luis Obispo
Bakersfield
Pismo State Beach
Santa Maria
Mission La Purísima
Los Alamos
Lompoc
Solvang
Lancaster
Montecito
Santa Barbara
Ventura
San Fernando
OCÉAN PACIFIQUE
CHANNEL ISLAND NAT'L PARK
San Miguel Island
Santa Cruz Island
Santa Rosa Island
Acanapa I.
Beverly Hills
S. Monica
Malibu
Hollywood
Downtown LA
LOS ANGELES
Anaheim
Long Beach
Disneyland
Huntington Beach
Santa Barbara Island
Laguna Beach
Santa Catalina Island
Dana Point
San Onofre
La Jolla
5
80
50
99
88
120
140
152
395
95
6
39
101
1
46
178
58
154
14
50 km
50 miles
Site inscrit au Patrimoine mondial de l'Unesco

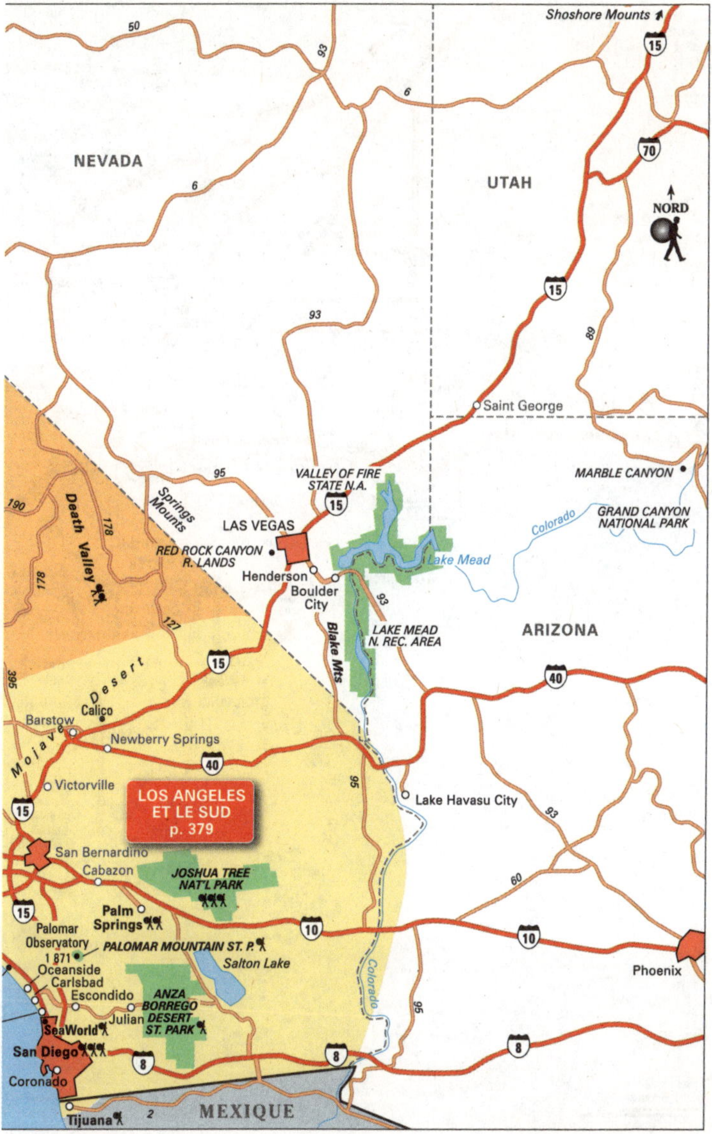

LA CALIFORNIE

BAKERSFIELD,
Six Flags Magic Mountain
LANCASTER
NORD
SIMI VALLEY
San Gabriel
SAN FERNANDO
Golden State Fwy
San Fernando Valley Fwy
SAN FERNANDO VALLEY
Foothill Fwy
Hollywood Fwy
San Diego Fwy
Roscoe Blvd
Victory Blvd
Ventura Fwy
Ventura Blvd
BURBANK
N.B.C.
Warner B. Studios
Universal Studios
Descanso Gardens
GLENDALE
Rose Bowl
Zoo
Autry Museum
Norton Simon Museum
GRIFFITH PARK
Griffith Observatory
Panneau Hollywood
WEST HOLLYWOOD
SANTA MONICA MOUNTAINS
BEVERLY HILLS
voir plan II
voir plan I
LOS FELIZ
voir plan V
Pasadena Fwy
Huntington Dr.
Getty Center
UCLA
Sunset Blvd
Santa Monica Blvd
HOLLYWOOD
voir plan IV
MALIBU
The Getty Villa
WESTWOOD
Wilshire Blvd
CHINATOWN
DOWNTOWN
San Bernardino Fwy
Pacific Coast Hwy
Santa Monica Fwy
SANTA MONICA
CULVER CITY
Exposition Park
California ScienCenter
Santa Ana Fwy
VENICE
voir plan III
Slauson Blvd
Marina del Rey
Manchester Ave.
Firestone Blvd
WATTS
LAX AIRPORT
INGLEWOOD
Imperial Hwy
DOWNEY
COMPTON
Rosecrans Ave.
PARAMOUNT
MANHATTAN BEACH
Western Ave.
Vermont Ave.
Harbor Fwy
GARDENA
Artesia
HERMOSA BEACH
San Diego Fwy
CARSON
South
Lakewood Blvd
TORRANCE
LAKEWOOD
Carson St.
REDONDO BEACH
Hawthorne
Long Beach Fwy
Pacific Coast Hwy
Ocean Blvd
LONG BEACH
Palos Verdes Dr. S.
SAN PEDRO
Battleship Iowa
Queen Mary
RANCHO PALOS VERDES
Pt. Firmin
PACIFIC OCEAN
5 km
5 miles

LOS ANGELES – Plan d'ensemble

Hearst Castle, San Simeon

© setchfield.com/Alamy/Hemis

« La Californie est une frontière entre mer et terre, le désert et la vie. »
Étienne Roda-Gil, interprété par Julien Clerc

À l'ouest des États-Unis, bordée par l'azur profond de l'océan Pacifique et séparée de New York par plus de 4 000 km, la Californie est véritablement le « bout d'un monde ». À la fois fortement urbanisé et très sauvage, **mer, montagne et désert** se trouvent aux portes des villes, elles-mêmes ouvertes sur la nature.
Pour nous, Européens, la Californie, ce sont d'abord des clichés qui s'exportent avec emphase : la mégapole tentaculaire de **Los Angeles** ; les **stars du cinéma** de **Hollywood** ; les joggeurs et les rollers de **Venice Beach** ; les collines de **San Francisco** parcourues par les *cable cars* ; les sirènes de Santa Barbara et les **surfeurs de Malibu** ; le fameux **Golden Gate Bridge** et les entreprises high-tech de la **Silicon Valley.**
Sans oublier un kaléidoscope de **paysages sauvages et majestueux** : le désert impitoyable de la **Vallée de la Mort**, les paysages extraordinaires de **Yosemite**, les forêts à l'assaut du ciel de **Sequoia National Park,** les falaises brumeuses battues par la houle de **Big Sur.**
Quelle image retenir alors de la Californie ? Difficile de n'en choisir qu'une. Tout commence par une couleur et une sensation : **ciel bleu et température douce presque toute l'année** (sauf la mer, plutôt fraîche !) ; une qualité de vie incomparable, source d'un dynamisme économique et migratoire qui en fait **le moteur du rêve américain.**

Stanford University

NOS COUPS DE CŒUR

(1) Embarquer dans un *cable car*, le mythique tramway de San Francisco, pour partir à l'assaut des collines de la ville.

San Francisco sans ses *cable cars* perdrait beaucoup de sa saveur ! Des 3 lignes encore en service, la plus emblématique est celle de Powell-Hyde, qui traverse Union Square, Chinatown, les collines de Russian Hill et Fisherman's Wharf. Elle emprunte certaines des rues les plus pentues de la ville, avant de redescendre en offrant une vue magnifique sur l'île d'Alcatraz. *p. 99*

© HP Huber/Sime/Photononstop

© Susanne Kremer/Sime/Photononstop

(2) **À San Francisco, toujours, jouer du volant dans les virages de Lombard Street, l'une des rues les plus célèbres au monde.**

Immortalisée de nombreuses fois au cinéma dans des scènes de poursuite de voitures, « *The Crookedest Street* » (la rue la plus tortueuse) fait toujours la grande joie des touristes qui s'aventurent dans ses boucles comme dans des montagnes russes. À 2 blocs de là, toujours sur Russian Hill, Filbert Street atteint une pente de 31,5 % : c'est la rue la plus abrupte de San Francisco ! *p. 140*

Bon à savoir : la rue est à sens unique. On peut uniquement la descendre par Hyde Street.

③ Admirer l'époustouflante collection d'art contemporain des fondateurs de *Gap,* au SFMoMA.

Agrandi et embelli par une architecture audacieuse, ce musée d'envergure abrite, entre autres, une remarquable collection privée d'art moderne et contemporain : celle des époux Fisher. Les grands noms de l'art américain y sont représentés : Andy Warhol, Ellsworth Kelly, Roy Lichtenstein, Richard Serra, Agnes Martin… *p. 123*

***Bon à savoir :** à la place de l'audioguide payant, on peut télécharger l'appli gratuite du musée sur son téléphone. • sfmoma.org •*

© Lewitt Sol, Working drawing for Wall Drawing 935 et 936 ; 1999 © Adagp, Paris, 2020

© 1 Apix/Alamy/Hemis

④ Parcourir Chinatown un matin de marché, avant de déguster des *dim sum,* ces savoureuses bouchées à la vapeur.

C'est le plus grand quartier chinois en dehors d'Asie, devant celui de New York. Bâtiments colorés, lampions suspendus, noms des rues… ici, tout prend des allures très photogéniques ! *p. 132*

***Bon à savoir :** avec ses nombreuses cantines, Chinatown est LE quartier où manger pas cher à San Francisco !*

© Hannu Mononen/Alamy/Hemis

© Jon Arnold Images/hemis.fr

5 **À San Francisco, sillonner Castro, le repaire de la communauté gay de la ville, où se concentrent moult bars, boutiques et restos hauts en couleur.**

En remontant Castro Street et ses emblématiques passages piétons multicolores, on découvre l'histoire de ce quartier, parfois émouvante, comme lorsqu'on passe devant le QG de campagne de Harvey Milk (leader de la communauté gay et candidat à la mairie de SF, qui fut assassiné), mais surtout festive avec le 1er bar gay toujours en activité et des boîtes complètement déjantées. *p. 179*

6 Traverser le célèbre pont du Golden Gate tout embrumé.
Plusieurs points de vue pour l'immortaliser : depuis la sauvage Baker Beach, au coucher du soleil, ou de Crissy Field, au lever. Mais pour bien le photographier avec San Francisco en toile de fond, rien ne vaut le Golden Gate Bridge Vista Point, à gauche après avoir franchi le pont. *p. 205*
Bon à savoir : le Golden Gate Bridge est payant pour les voitures (env 7,50 $) mais gratuit pour les piétons et les cyclistes, qui pourront combiner la balade avec un retour en ferry depuis Sausalito.

© Getty Images/wayfarerlife photography

7 Déguster les vins de Francis Ford Coppola directement dans sa *Winery* à Geyserville, au bout de la Napa Valley.
Le réalisateur du *Parrain* et d'*Apocalypse Now* s'est offert un vignoble de rêve, un vrai complexe œnotouristique. On y goûte ses excellents vins au milieu d'un décor tout droit sorti de ses films, on se baigne en famille dans une piscine avec vue sur les vignes avant de déguster l'un des plats favoris du maître, attablé à la terrasse du *Rustic Restaurant*. Que du bonheur. *p. 235*
Bon à savoir : dégustation 18-25 $ pour les crus les plus nobles, gratuite sinon. ***Réserver très à l'avance pour la piscine.*** *Éviter le week-end : beaucoup de monde…*
• thefamilycoppola.com/en/wineries •

© Robert Fried/Alamy/Hemis

© Lemaire Stéphane/hemis.fr

8 Au Griffith Observatory, revivre la célèbre scène de *La La Land* et s'émerveiller devant ce panorama d'anthologie sur tout Los Angeles et le panneau « Hollywood ».

C'est ici que, dans le film, Ryan Gosling et Emma Stone se donnent leur 1er rendez-vous amoureux et esquissent un pas de danse romantique avant de s'envoler dans les étoiles du planétarium. Les terrasses offrent autant de points de vue sur la ville qui semble s'étendre à l'infini, entourée d'arides collines. De nuit, le spectacle est encore plus féerique avec cet océan de lumières multicolores et scintillantes à perte de vue. *p. 416*

Bon à savoir : *le soir (et le week-end aussi, même en journée) la route d'accès est saturée de voitures, armez-vous de patience… Le bus* Dash Observatory *y mène aussi (depuis Sunset Blvd).*

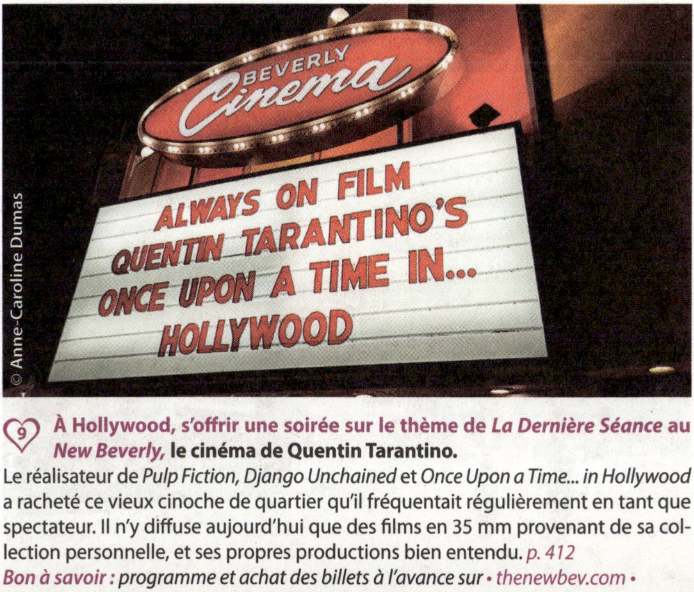

© Anne-Caroline Dumas

9 À Hollywood, s'offrir une soirée sur le thème de *La Dernière Séance* au *New Beverly,* le cinéma de Quentin Tarantino.

Le réalisateur de *Pulp Fiction, Django Unchained* et *Once Upon a Time... in Hollywood* a racheté ce vieux cinoche de quartier qu'il fréquentait régulièrement en tant que spectateur. Il n'y diffuse aujourd'hui que des films en 35 mm provenant de sa collection personnelle, et ses propres productions bien entendu. *p. 412*

Bon à savoir : *programme et achat des billets à l'avance sur* • thenewbev.com •

(10) À L.A. toujours, déambuler sur Abbot Kinney Boulevard, l'artère branchée du Venice qui bouge. Et pousser jusqu'aux canaux qui donnèrent son nom à la ville.

Les entrepôts et petites maisons basses jalonnant cette longue rue hérissée de hauts palmiers, ont été reconvertis en restos et boutiques de fringues tendance. Un pur concentré de branchitude californienne. À quelques enjambées de là, la balade se poursuit autour des canaux de Venice et leurs maisons de rêve… *p. 473*

© Robert Fried/Alamy/Hemis

(11) À Santa Monica, louer des rollers ou un vélo et zigzaguer entre les passants sur la promenade qui longe la plage.

S'offrir une glace et aller la déguster sur le *pier*, cette immense jetée tout en bois, et l'épicentre de la plage de Santa Monica. Une vraie fête foraine sur l'océan, brillant de mille feux à la nuit tombée. C'est ici, face au Pacifique, que s'achève la mythique Route 66. *p. 458, 464*

***Bon à savoir :** à vélo, plus on descend vers le sud, plus on est peinard (mais il faut dépasser Marina del Rey).*

© Andrew Crowhurst/Alamy/Hemis

12 **Découvrir le Downtown de L.A., aujourd'hui en pleine renaissance, en allant visiter The Broad, un des musées d'art contemporain parmi les plus emblématiques des États-Unis.**

Le centre historique de la Cité des Anges renoue avec sa gloire passée. Symbole de la revitalisation du quartier, The Broad est un must. Derrière une étonnante enveloppe alvéolée d'un blanc immaculé, ce mastodonte abrite la collection du couple Broad (oui, celles de Kaufman & Broad), qui compte près de 2 000 œuvres de l'après-guerre à nos jours ; d'Andy Warhol et Roy Lichtenstein à Jeff Koons en passant par Basquiat et Keith Haring. *p. 445*

Bon à savoir : *The Broad est fermé le lundi. Entrée gratuite, mais **résa conseillée** sur* • *thebroad.org* •

13 **S'éclater à Universal Studios, un parc d'attractions sur le thème du cinéma, construit à côté des véritables studios de Hollywood.**

Et y découvrir le monde dédié à une saga universelle : celle du célèbre sorcier à lunettes, *The Wizarding World of Harry Potter,* supervisée par J. K. Rowling *herself.* *p. 419*

Bon à savoir : *inutile de payer le parking le plus cher, car on ne gagne en tout et pour tout que 8-10 mn de marche.* • *universalstudioshollywood.com* •

14 À Huntington Beach, la station emblématique de la côte sud de L.A., se planter sur le *pier* pour observer les surfeurs.

On peut ainsi les prendre en photo « vus du dessus » ! Aller ensuite écumer les *surfshops* de cette station balnéaire typiquement californienne. *p. 496*

***Bon à savoir :** chaque été, s'y déroule le* Van US Open of Surfing, *l'une des plus prestigieuses compétitions de surf au monde.*

15 À Carmel, prendre une bière au coucher du soleil dans le ranch de… Clint Eastwood !

L'acteur et réalisateur de *Gran Torino* et *Million Dollar Baby* a racheté dans les 80's cette ancienne laiterie, qu'il a rénovée dans les règles de l'art et transformée en hôtel-restaurant *(Mission Ranch)*. À l'époque, il était même maire de Carmel ! Le site est de toute beauté et l'atmosphère décontractée, à son image. La superbe terrasse s'ouvre sur une pittoresque prairie tondue par de gras moutons et l'océan en toile de fond. Un moment inoubliable. *p. 276*

***Bon à savoir :** à condition de réserver bien à l'avance, vous pouvez aussi loger sur place, dans les cottages et dépendances de l'ancien corps de ferme. Excellent rapport qualité-prix.* • missionranchcarmel.com •

© imageBroker/hemis.fr

16 À Point Lobos ou vers Pacific Grove, observer loutres, phoques et otaries depuis le rivage.

Le coin abrite une faune marine d'une incroyable richesse : loutres et éléphants de mer, otaries, phoques, dauphins... Le long de la côte, on profite de quelques beaux points de vue, où les animaux marins sont presque toujours au rendez-vous. Et si, pour une fois, ils manquaient à l'appel, vous en verrez à l'extraordinaire aquarium de Monterey ! *p. 272, 282*

Bon à savoir : réserver son billet en ligne pour éviter la queue. • montereybayaquarium.org •

© lunamarina/YAY Micro/Age fotostock

17 Arpenter les sentiers de randonnée de Big Sur et s'extasier devant la beauté sauvage de cette microrégion qui séduisit de nombreux écrivains, dont Henry Miller et Jack Kerouac.

Magnifiquement préservé, le site de Big Sur offre d'un côté des falaises et criques rocheuses battues par les vagues, et de l'autre, collines et forêts de séquoias. Un petit air de Méditerranée, de Bretagne aussi, et même d'Écosse et de Scandinavie... *p. 283*

Bon à savoir : hébergements très chers et réservés plusieurs mois à l'avance. Si vous ne voulez pas dormir sous la tente, les cabins dans les campings sont une bonne option.

18 Revivre la fantastique épopée de la ruée vers l'or en visitant Bodie, ville fantôme de l'arrière-pays californien.

En 1879, un filon très important était découvert dans cette zone paumée de la Sierra Nevada. En quelques semaines, Bodie devint la 2e ville de Californie, après San Francisco ! La cité fut abandonnée en 1942. Depuis, rien n'a bougé. Située dans une lande désertique, où rien ne pousse sauf les cailloux, Bodie, demeurée telle quelle, produit une impression assez fantasmagorique. *p. 363*

© René Mattes

19 Monter à Glacier Point au coucher du soleil, pour profiter du panorama époustouflant sur la vallée de Yosemite.

Le parc de Yosemite couvre des milliers d'hectares de forêts et de montagnes grandioses dont l'altitude varie entre 600 et 3 960 m. Du haut de Glacier Point, dominant de près de 1 000 m le fond de la vallée, le spectacle est grandiose. S'émerveiller ensuite devant les séquoias géants, parmi les plus vieux organismes vivants du monde : jusqu'à 2 700 ans ! *p. 351*

© Getty Images/Rick Saez

20 **Saisir l'immensité de Death Valley depuis Dante's View, et assister au lever ou au coucher du soleil sur les roches orangées de Zabriskie Point.**
La Vallée de la Mort, désert impitoyable où la température en été dépasse constamment 40 °C à l'ombre, est le plus grand parc national des États-Unis (13 354 km^2). Le paysage, grandiose et lunaire, offre le spectacle d'une région brûlée par le soleil mais d'une incroyable diversité : montagnes et mer de sel, canyons et cactus, palmeraies et dunes, cratères et phénomènes géologiques. *p. 374, 375*
Bon à savoir : *la meilleure saison s'étale de mi-octobre à début avril, avec des températures plus douces, propices aux balades.* • *nps.gov/deva* •

21 À Palm Springs, partir à la découverte des villas de stars, typiquement californiennes, et édifices *mid-century modern* qui ont fait la réputation de cette ville surgie du désert.

Un patrimoine architectural unique en son genre, correspondant à la période des années 1933-1965. On peut même faire étape dans un petit hôtel au look vintage. Tout le charme des années 1950, avec souvent une vue superbe sur la montagne ou le désert. Si vous en avez les moyens, n'hésitez pas ! *p. 530, 537*

Bon à savoir : *chaque année au mois de février se déroule une semaine spéciale consacrée à l'architecture moderniste.* • modernismweek.com •

© Neutra Institute for Survival Through Design

© Jack Hobhouse/Alamy/Hemis

Spadena House

ITINÉRAIRES CONSEILLÉS

Voici quelques pistes, sachant que nos suggestions d'itinéraires en Californie peuvent être intégrées à un circuit plus complet dans l'Ouest américain (voir le *Routard Parcs nationaux de l'Ouest américain*).

En 8-10 jours

- **San Francisco et le Yosemite :** 5-6 jours à **San Francisco et ses environs (1)** notamment Sausalito et Berkeley (ou la Silicon Valley), puis 3-4 jours au **Yosemite National Park (2).**
- **Combiné L.A.-Palm Springs :** 4-5 jours à **Los Angeles (1),** 1-2 jours sur les **plages du Pacifique** au sud de L.A. **(2)** et 2 jours à **Palm Springs (3),** pour un trip architecture, culture et *Californian way of life* !
- **Le sud de la Californie** (en rayonnant en étoile autour de Los Angeles) **:** 4 jours à **Los Angeles (1),** 2 jours à **Santa Barbara (2),** 2 jours à **San Diego (3)** et 2 jours à **Palm Springs (4)** et **Joshua Tree National Park (5).**

California Highway 1, Bixby Bridge à Big Sur

En 2 semaines

- **La Highway 1 le long du Pacifique** (une des plus belles routes côtières des US) **:** 3-4 jours à **San Francisco (1),** 2 jours à **Carmel** ou **Monterey (2),** 1-2 jours à **Big Sur (3),** 1-2 jours du côté de **Hearst Castle** ou **San Luis Obispo (4),** 2 jours à **Santa Barbara (5)** et le reste à **Los Angeles (6).**
- **Best of de la Californie :** 4 jours à **San Francisco et ses environs (1),** 3 jours au **Yosemite (2),** 1 nuit étape entre Yosemite et Death Valley, 1 jour pour traverser **Death Valley (3),** 4 jours à **Los Angeles (4)** et 1 jour à **Palm Springs (5).** Possibilité de remplacer la dernière étape par 1 journée à **Las Vegas (5)** dans le Nevada (voir le *Routard Parcs nationaux de l'Ouest américain*), qui se glissera dans ce cas entre Death Valley et L.A.

En 3 semaines

- **Le grand tour de la Californie :** une boucle complète au départ de **San Francisco** (4 jours ; **1**), puis 3 jours au **Yosemite (2),** 1 nuit étape entre Yosemite et Death Valley, 1 jour pour traverser **Death Valley (3),** 4 jours à **Los Angeles (4)** et 1 jour à **Palm Springs (5).** On peut faire une étape intermédiaire à **Las Vegas (5)** dans le Nevada (voir le *Routard Parcs nationaux de l'Ouest américain*), entre Death Valley et Palm Springs. Depuis L.A., on remonte tranquillement la mythique Highway 1 en faisant étape à **Santa Barbara** (2 jours ; **6**), du côté de **San Luis Obispo** ou **Hearst Castle** (1 jour ; **7**), puis **Big Sur** (1-2 jours ; **8**) et 1-2 jours à **Carmel** ou **Monterey (9)** avant de revenir sur San Francisco via la **Silicon Valley (10).**

El Capitán et la rivière Merced, vallée de Yosemite

SI VOUS ÊTES...

En famille

– ***À San Francisco :*** Golden Gate Park (et California Academy of Sciences), une virée en *cable car* et visite du Cable Car Museum, Chinatown, les bateaux anciens du Fisherman's Wharf, le Musée mécanique, les otaries du Pier 39, Walt Disney Family Museum, Exploratorium et descente en voiture de Lombard Street (la rue la plus tortueuse du monde) !

– ***Sur la Highway 1 :*** l'aquarium de Monterey, une sortie en mer pour observer les baleines.

– ***À Los Angeles et autour :*** Universal Studios et Disneyland, le Grammy Museum, le paquebot transatlantique *Queen Mary* à Long Beach (possibilité de dormir dans une cabine aménagée en chambre d'hôtel), Huntington Beach (surf), Safari Park de San Diego.

Plutôt nature : le Yosemite National Park, bien sûr, et les délicieuses balades autour de Mammoth Lakes et South Lake Tahoe.

Plutôt musées, culture et architecture

– ***À Los Angeles :*** Los Angeles County Museum of Art (LACMA), antre de l'art moderne, The Broad pour l'art contemporain, l'insolite Brea Tar Pits & Museum (animaux préhistoriques englués dans un gisement d'asphalte naturel), Getty Center et Getty Villa, Norton Simon Museum et Huntington Library, à Pasadena.

– ***À San Francisco :*** Golden Gate Bridge, SFMoMA, Asian Art Museum, California Palace of the Legion of Honor et De Young Museum.

– ***À Palm Springs :*** le tour des villas californiennes typiques des 50's.

Plutôt plages et surf : San Diego, la Mecque des surfeurs, et, en remontant en direction de Los Angeles : Ocean Side, San Onofre, Dana Point, Laguna Beach, Huntington Beach et Newport Beach. Incontournables aussi, à L.A., Santa Monica, Venice et Malibu (un mythe !).

Fan du film *La La Land* : pèlerinage obligatoire à Los Angeles (Griffith Observatory, Warner Bros. Studios et *Smoke House Restaurant* à Burbank, Grand Central Market et Angels Flight Railway à Downtown, Chateau Marmont, Watts Towers) et Hermosa Beach (*pier* et *Lighthouse Café*).

Plutôt western : Lone Pine (où John Wayne, Clint Eastwood et autres cow-boys mythiques ont tourné les plus grands westerns du cinéma hollywoodien), Death Valley et la ville fantôme de Bodie.

Plutôt geek : la Silicon Valley, où Google, Facebook, Apple et Netflix ont leur siège. On ne peut pas visiter ces derniers, juste les approcher mais la zone accueille 2 intéressants musées : le Computer History Museum et l'Intel Museum. Et l'historique Stanford University où turbinent les cerveaux de la Tech !

Sequoia National Park
© imageBroker/hemis.fr

Interview #experienceroutard

Par la rédaction du *Routard*

En quoi cette destination est-elle unique ?

Parce qu'elle est mythique, tout simplement ! La Californie est un concentré de l'Amérique qui continue de nous faire rêver. Son nom évoque instantanément une foule d'images et de clichés. On pense *road trip,* stars de Hollywood, soleil, palmiers XXL chatouillant un ciel bleu intense, surfeurs, plages de rêve fouettées par le Pacifique, *Summer of Love,* contre-culture, nouvelles technologies... Et bien sûr cette douceur de vivre presque méridionale, ce *lifestyle* cool, bohème, *healthy* et festif à la fois. La Californie est l'équilibre parfait entre nature et culture. Dans une même journée, on peut visiter un musée d'art exceptionnel, prendre une leçon de surf ou randonner dans un parc national, et le soir venu, siroter un cocktail sur un *rooftop* cerné de gratte-ciel ! Amoureux des grands espaces ou trekkeurs urbains invétérés, tout le monde y trouvera son compte.

L'activité incontournable ?

Si vous êtes cinéphile, un jeu très amusant consiste à partir sur les traces des lieux de tournage de vos films et séries préférés. *Les Oiseaux* de Hitchcock, *Blade Runner, The Big Lebowski, Mulholland Drive, La La Land, Once Upon a Time in Hollywood...* Vous aurez l'embarras du choix, la Californie est un décor de film grandeur nature ! Profitez aussi de ce climat incomparable à longueur d'année pour adopter le mode de vie local : marchez au grand air sur ces plages immenses et tranquilles, louez des vélos, soyez actif, bougez !

Des bons produits à goûter absolument ?

La Californie est une destination culinaire et un garde-manger extraordinaire. L'occasion de découvrir une cuisine saine et colorée, faisant la part belle aux produits locaux, aux antipodes de la *junk food* ! Régalez-vous de smoothies, ces cocktails de fruits et légumes mixés minute, un régal. Et goûtez les bonnes fraises, les amandes et les dattes, que vous pourrez acheter chez les producteurs, dans les fermes ou les supermarchés bio comme *Whole Foods Market.*

Une petite playlist spéciale Californie ?

Allez, quelques tubes à se repasser en boucle !
Surfin'USA, Beach Boys (1962)
California Dreamin, The Mamas and the Papas (1965)
Somebody to Love, Jefferson Airplane (1967)
If You're Going To San Francisco, Scott McKenzie (1967)
L.A. Woman, The Doors (1971)
Hotel California, Eagles (1976)
California Sun, Ramones (1977)
California Love, 2Pac, Roger Troutman, Dr. Dre (1995)
Dani California, Red Hot Chili Peppers (2006)
West Coast, Lana Del Rey (2014)

LES QUESTIONS QU'ON SE POSE AVANT LE DÉPART

➢ Quels sont les documents nécessaires ?

Passeport biométrique ou électronique valide (enfants compris), billet aller-retour ou de continuation et une ***autorisation de voyage ESTA*** à remplir sur Internet (14 $), valable 2 ans (attention aux sites frauduleux !). Visa nécessaire pour un séjour de plus de 3 mois.

➢ Quelle est la meilleure saison ?

Il fait ***doux et ensoleillé presque toute l'année*** ! L'été est chaud (sauf à San Francisco), d'une douceur idéale sur la côte du Pacifique, mais caniculaire à Palm Springs et dans la Vallée de la Mort (qui porte bien son nom !). Le printemps et l'automne sont très agréables ; en plus, il y a moins de monde qu'en été.

➢ Quel budget prévoir ?

Assez important, surtout à San Francisco, Los Angeles... et sur la côte du Pacifique qui relie les 2 villes. Aux prix affichés, ***ajouter les taxes*** (entre 5 et 15 %) ***et le pourboire*** dans les restos (15 à 20 % !).

➢ Comment se déplacer ?

À San Francisco, ***à pied, à vélo*** et en ***transports en commun*** (stationnement compliqué et tarifs des parkings exorbitants). À Los Angeles, ***voiture quasi obligatoire*** (***appli de navigation ou GPS*** aussi). Toutes sont automatiques. Le carburant est moins cher qu'en Europe.

➢ Y a-t-il des problèmes de sécurité ?

Certains quartiers de Los Angeles et de San Francisco sont à éviter ***à la tombée de la nuit.*** Sinon, il suffit de respecter quelques consignes de bon sens, valables partout. Prévoyez un ***équipement adapté*** si vous envisagez de randonner dans les parcs (chaussures de marche, chapeau...), de l'eau en quantité et surveillez la météo (un orage est vite arrivé). Grande ***prudence*** aussi si vous croisez en chemin des ***animaux sauvages,*** des ***ours*** particulièrement.

➢ Quel est le décalage horaire ?

9h en moins par rapport à l'heure française d'hiver. Quand il est 18h en France, il est donc 9h à San Francisco ou Los Angeles.

➢ Quel est le temps de vol ?

Environ ***11-12h*** en vol direct, 1h de moins au retour.

➢ Côté santé, quelles précautions ?

Être à jour de ses ***vaccinations universelles.*** De nombreux médicaments sont délivrés sans ordonnance dans les drugstores-pharmacies.

➢ Peut-on y aller avec des enfants ?

Oui, bien sûr, les États-Unis sont une destination idéale en famille, et la Californie ne faillit pas à la règle. Prévoir quand même ***un bon budget.*** Repérez nos meilleurs sites grâce au picto 🚸.

➢ Quel est le taux de change ? Comment payer sur place ?

1 € = 1,13 $ début 2022. Le plus pratique est de ***payer avec une carte de paiement.*** Elles sont acceptées presque partout, même pour des petites sommes. Distributeurs automatiques de billets partout aussi.

➢ Quelle langue parle-t-on ?

L'anglais.

➢ Que rapporter de Californie ?

Un ***jean Levi's*** (la marque est née à San Francisco en pleine ruée vers l'or), des ***fringues*** (vintage, notamment), des ***objets estampillés California*** (par exemple, siglés des grandes universités comme Stanford ou Berkeley), des ***graines de séquoia*** géant à planter, de ***bons produits*** typiquement américains mais locaux et souvent bio (amandes et compagnie), une bouteille de ***vin.***

À RÉSERVER BIEN AVANT LE DÉPART

Certains sites, musées ou hébergement, doivent être impérativement réservés très en amont, surtout ***en été.*** D'autres sont un peu moins fréquentés, mais en ayant préalablement réservé en ligne, sur les sites internet officiels, vous éviterez les déconvenues sur place. Voici un petit pense-bête, présenté selon l'ordre de notre table des matières :

Alcatraz* (San Francisco) *: • *cityexperiences.com/san-francisco/city-cruises/alcatraz* • La visite du pénitencier le plus célèbre des États-Unis s'anticipe plusieurs semaines à l'avance en juillet-août !

SFMoMA* (San Francisco) *: • *sfmoma.org* • Le grand musée d'art contemporain de SF est très prisé.

Hearst Castle* (San Simeon) *: • *hearstcastle.org* • Le château à la sauce Disneyland du magnat de la presse, William Randolph Heart, est un des *highlights* de la Highway 1 bordant le Pacifique.

The Broad* (Downtown Los Angeles) *: • *thebroad.org* • Entrée gratuite mais résa conseillée pour ce musée d'art contemporain parmi les plus emblématiques du pays.

The Getty Villa* (Santa Monica) *: • *getty.edu* • Entrée gratuite, mais résa obligatoire avec créneau horaire.

Parcs d'attractions Disneyland et Universal Studios : • *disneyland.disney.go.com* • *universalstudioshollywood.com* • Parfois des promos en réservant à l'avance.

Dormir à l'intérieur des parcs nationaux (Yosemite, Death Valley...) et à Big Sur se planifie plus de 6 mois à l'avance : voir les chapitres concernés.

Dormir dans le ranch de Clint Eastwood à Carmel s'anticipe aussi des mois à l'avance, surtout pour l'été. • *missionranchcarmel.com* •

Pour les ***restaurants,*** le site • *opentable.com* • permet de réserver très facilement (sans laisser de numéro de CB) dans de nombreux établissements.

COMMENT Y ALLER ?

LES LIGNES RÉGULIÈRES

▲ AIR FRANCE

Rens et résas au ☎ 09-69-39-36-54 (appel non surtaxé, tlj, sur • airfrance.fr • et dans les agences de voyages. Également à votre écoute tlj et 24h/24 sur Messenger, Facebook et Twitter.

➢ Air France dessert ***Los Angeles*** avec au moins *1 vol direct/j.* (généralement 3-4), ***San Francisco*** avec *2 vols directs/j.* et ***Seattle*** avec *1 vol direct/j.* au départ de Roissy-Charles-de-Gaulle. Air France dessert également, en partage de codes avec Delta Air Lines et KLM, des destinations comme ***San Diego*** ou ***Las Vegas,*** en vols non directs.

Air France propose à tous des tarifs attractifs toute l'année. Pour consulter les meilleures offres du moment, allez directement sur la page « Nos meilleures offres » sur *• airfrance.fr •*

Flying Blue, le programme de fidélité gratuit d'Air France-KLM, permet de gagner des *miles* en voyageant sur les vols Air France, KLM et avec de nombreux partenaires aériens et non aériens. Les *miles* peuvent ensuite être échangés contre des billets d'avion ou des services (surclassement, bagage supplémentaire, accès salon...) ainsi qu'auprès des partenaires. Pour en savoir plus, rendez-vous sur *• flyingblue.fr •*

▲ AMERICAN AIRLINES

Rens et résas : ☎ 0821-980-999 (0,12 €/mn ; service en français lun-ven 8h-18h, w-e 9h-17h ; en anglais 24h/24). • americanairlines.fr •

➢ Au départ de Roissy-Charles-de-Gaulle et d'Orly, vols avec connexion vers ***San Francisco*** et ***Los Angeles.***

▲ DELTA AIR LINES

Rens et résas : ☎ 09-69-39-17-79. • fr.delta.com •

➢ Vols quotidiens sans escale au départ de Roissy-Charles-de-Gaulle vers ***Los Angeles*** et ***San Francisco.*** La compagnie dessert aussi ***San Diego*** et d'autres destinations aux USA en partenariat avec Air France.

▲ FRENCH BEE

• frenchbee.com/fr •

➢ La compagnie *low-cost* (petite sœur d'*Air Caraïbes*) propose 2-3 vols/sem vers ***San Francisco*** au départ de Paris-Orly.

▲ UNITED AIRLINES

• united.com •

➢ Vols quotidiens vers ***San Francisco*** et ***Los Angeles*** (directs ou non) au départ de Roissy-Charles-de-Gaulle.

LES ORGANISMES DE VOYAGES

En France

▲ BACK ROADS

– Paris : 14, pl. Denfert-Rochereau, 75014. ☎ 01-43-22-65-65. • backroads.fr • Ⓜ ou RER B : Denfert-Rochereau. Lun-ven 9h30-19h, sam 10h-18h.

L'équipe, entièrement composée de passionnés, sillonne, depuis 1994, les routes américaines afin de partager avec vous son expérience. Du circuit au séjour en passant par la croisière, en autotour, train ou camping-car, ils vous conseilleront un voyage en parfaite adéquation avec vos envies et votre budget. Spécialiste de l'Amérique du Nord à la carte, Back Roads dispose d'hébergements dans les parcs nationaux ou à proximité. Séjours en ranch, expéditions en rafting... Profitez d'un grand choix d'activités et de services tout en bénéficiant d'une assistance francophone.

▲ CERCLE DES VOYAGES

– Paris : 4, rue Gomboust (angle 31, av. de l'Opéra), 75001. ☎ 01-40-15-15-05. • cercledesvoyages.com • Ⓜ Pyramides ou Opéra. Lun-ven 9h-20h, sam 10h-18h30.

Le vrai voyage sur mesure, à destination des États-Unis (l'Est et New York, le Sud et la Floride, l'Ouest et la Californie) et du Canada (voyages d'hiver et d'été, d'est en ouest).

Cercle des Vacances propose un large choix de voyages adaptés à chaque client : séjours city break, randonnées et séjours ski, voyages au volant d'une voiture de location, croisières, circuits en petits groupes, combinés, voyages de noces... Les experts Cercle des Vacances partagent leurs conseils et leurs petits secrets pour faire de chaque voyage une expérience inoubliable. Cercle des Vacances offre également un service liste de mariage gratuit. Les petits plus qui font la différence : une excursion en motoneige ou en traîneau à chiens, une balade à cheval au petit matin dans le désert de l'Ouest, un survol du Grand Canyon en hélicoptère, ou encore un parc d'attractions avec un grand huit spectaculaire en Floride.

▲ COMPTOIR DES VOYAGES

• comptoirdesvoyages.fr • Lun-sam 9h30-18h30.

– Paris : 2-18, rue Saint-Victor, 75005. ☎ 01-53-10-30-15. Ⓜ Maubert-Mutualité.

– Bordeaux : 26, cours du Chapeau-Rouge, 33000. ☎ 05-35-54-31-40.

– Lille : 76, rue Nationale, 59800. ☎ 03-28-04-68-20. Ⓜ Rihour.

– Lyon : 10, quai Tilsitt, 69002. ☎ 04-72-44-13-40. Ⓜ Bellecour.

– Marseille : 12, rue Breteuil, 13001. ☎ 04-84-25-21-80. Ⓜ Estrangin.

– Nice : 62, rue Giofreddo, 06000. ☎ 04-97-03-64-80.

– Toulouse : 43, rue Peyrolières, 31000. ☎ 05-62-30-15-00. Ⓜ Esquirol.

En plus de 30 ans, Comptoir des Voyages s'est imposé comme la référence incontournable du voyage sur mesure en immersion, avec plus de 90 destinations couvrant les 5 continents. Leurs conseillers-spécialistes construisent des voyages uniques en s'adaptant à votre budget, vos goûts et vos envies. Pour favoriser les rencontres et l'immersion dans la vie locale, ils privilégient des hébergements typiques et des expériences authentiques. Sur place, des *Welcome Hosts* francophones partagent avec vous conseils et bonnes adresses le temps d'un café. Sur votre smartphone, l'application mobile Luciole vous informe sur le déroulé de votre voyage, vous suggère des lieux de visite et vous guide grâce à un GPS hors connexion.

Comptoir des Voyages est membre d'Agir pour un tourisme responsable depuis 2009. Sa labellisation ATR a été renouvelée par Ecocert Environnement cette année.

▲ DIRECTOURS

☎ 01-45-62-62-62 (coût d'un appel local) ou • directours.com •

– Paris : 27, bd des Italiens, 75002. Ⓜ Quatre-Septembre ou Opéra.

– Lyon : 7, rue de la République, 69001. Ⓜ Hôtel-de-Ville – Louis-Pradel.

Directours, c'est une savante combinaison entre la confection de séjours sur mesure et le savoir-faire du voyage de luxe.

Ce sont plus de 25 conseillers et spécialistes qui, répartis par zones géographiques sur près de 80 destinations, connaissent leurs destinations sur le bout des doigts et sauront vous proposer l'hôtel, la destination ou le circuit qui correspond à vos attentes. De plus, les équipes Directours séjournent régulièrement sur place pour constater la qualité des établissements et renouveler leur catalogue.

Orfèvres du fait-maison, ils négocient les meilleurs tarifs pour vous garantir des prestations d'exception. Une qualité d'adaptation dont le voyageur bénéficie avant, pendant et après son séjour grâce à un suivi attentif et l'envie constante de vous aider à réaliser le projet qui vous tient à cœur.

▲ EQUINOXIALES

– Paris : 249, rue de Crimée, 75019. ☎ 01-77-48-81-00. • equinoxiales.fr •

Véritable voyagiste spécialiste du « sur mesure » depuis plus de 30 ans. Leur équipe de conseillers commence par vous écouter et est là pour vous accompagner et concrétiser vos envies en voyage, adapté à votre personnalité

et vos passions. Les destinations fortes d'Équinoxiales : toutes les Amériques (Canada, États-Unis, Mexique, Amérique centrale, Amérique du Sud), l'Australie et la Nouvelle-Zélande, l'Afrique australe. Mais aussi les Caraïbes grâce à leur partenariat avec *Sandals*, collection d'hôtels-*resorts* de luxe *all inclusive*. Du circuit accompagné au séjour à la carte, tous les types de voyage sont proposés sur chaque destination. Petit plus : la garantie assistance April offerte à tous les voyageurs.

▲ HUGH !

• hugh.voyage •

Marque phare du tour-opérateur Salaun Holidays, Hugh ! est le spécialiste des États-Unis et du Canada. Grâce à une couverture géographique renforcée et une offre d'hôtels et d'excursions étoffée sur toutes les destinations, Hugh ! vous propose de partir à la découverte d'une culture d'une grande diversité et de paysages époustouflants. En circuits ou en séjours sur mesure, Hugh ! vous fait bénéficier de plus de 25 années d'expérience et d'une équipe dédiée à votre écoute. Pour plus de renseignements, rendez-vous dans votre agence de voyages ou sur le site.

▲ ROUTE DES VOYAGES (LA)

• laroutedesvoyages.com •

– Paris : 10, rue Choron, 75009. ☎ 01-55-31-98-80. Ⓜ Notre-Dame-de-Lorette.

– Angers : 6, rue Corneille, 49000. ☎ 02-41-43-26-65.

– Annecy : 4 bis, av. d'Aléry, 74000. ☎ 04-50-45-60-20.

– Bordeaux : 19, rue des Frères-Bonie, 33000. ☎ 05-56-90-11-20.

– Lorient : 42, av. de la Perrière, 56100. 📱 06-15-48-82-69. Sur rdv lun-mer.

– Lyon : 59, rue Franklin, 69002. ☎ 04-78-42-53-58.

– Toulouse : 27, rue Perchepinte, 31000. ☎ 05-62-27-00-68.

Agences ouv lun-jeu 9h-19h, ven 18h. Rdv conseillé.

25 ans d'expérience de voyage sur mesure sur les 5 continents ! 15 pays en Europe complètent à présent leur offre de voyages sur mesure. Cette équipe de voyageurs passionnée a développé un vrai savoir-faire du voyage personnalisé : écoute, conseils, voyages de repérage réguliers et des correspondants sur place soigneusement sélectionnés avec qui ils travaillent en direct. Son engagement à promouvoir un tourisme responsable se traduit par des possibilités de séjours solidaires à insérer dans les itinéraires de découverte individuelle. Elle a aussi créé un programme de compensation solidaire qui permet de financer des projets de développement locaux.

▲ TERRE VOYAGES

– Paris : 28, bd de la Bastille, 75012. ☎ 01-44-32-12-85. • terre-voyages.com • Ⓜ Bastille. Lun-ven 8h-18h30, sam 10h-18h.

Les créateurs de voyages de Terre Voyages sont de fins connaisseurs, des experts des pays proposés, car tous natifs ou passionnés de leur destination. Ils sauront écouter vos attentes pour créer une offre de voyages sur mesure qui réponde à vos envies de découverte, et vous proposeront une approche authentique des cultures et des peuples dans le respect de leur environnement naturel et au juste prix. Pour tous les voyageurs qui attendent d'une échappée lointaine plus qu'une simple visite mais, au contraire, une véritable connaissance et un apprentissage responsable des différentes cultures des États-Unis, Terre Voyages est le spécialiste qu'il vous faut.

▲ TERRES D'AVENTURE

– Nº Indigo : ☎ 0825-700-825 (0,15 €/mn + prix appel). • terdav.com •

– Paris : 30, rue Saint-Augustin, 75002. Ⓜ Opéra ou Quatre-Septembre. Lun-sam 9h30-19h. ☎ 01-70-82-90-00.

Agences également à Bordeaux, Grenoble, Lille, Lyon, Marseille, Nantes, Rennes, Rouen, Strasbourg et Toulouse.

Depuis 1976, Terres d'Aventure, spécialiste du voyage à pied, propose aux voyageurs passionnés de marche et de rencontres des randonnées hors des sentiers battus à la découverte des grands espaces de notre planète. Voyages à pied, à cheval, en bateau, à raquettes... Sur tous les continents, des aventures en petits groupes ou en individuel, encadrés par des professionnels expérimentés, sont proposées. Les hébergements dépendent des sites

explorés : camps d'altitude, bivouacs, refuges ou petits hôtels. Les voyages sont conçus par niveaux de difficulté : de la simple balade en plaine à l'expédition sportive en passant par la course en haute montagne.
En province, certaines de leurs agences sont de véritables *Cités des Voyageurs* dédiées au voyage. Consultez le programme des manifestations sur leur site internet.

▲ TERRES LOINTAINES

• terres-lointaines.com •
– Paris : 2, rue Maurice-Hartmann, 92130 Issy-les-Moulineaux. ☎ 01-75-60-63-50.
– Bordeaux : 4, rue Esprit-des-Lois, 33000. ☎ 05-33-09-09-10.
– Lille : 6, rue Jean-Roisin, 59800. ☎ 03-59-61-59-40.
– Lyon : 39, rue de la République, 69002. ☎ 04-65-07-02-70.
– Nantes : 22, rue Crébillon, 44000. ☎ 02-52-59-48-00.
***Sur rdv uniquement,** lun-ven 9h-19h, sam 10h-18h.*
Terres Lointaines affiche clairement son ambition : démocratiser le voyage sur mesure au prix juste. Convaincu qu'un voyage réussi est un voyage qui dépasse les attentes du client, c'est en visant l'excellence que Terres Lointaines met le monde à votre portée, en individuel ou en petit groupe allant jusqu'à 12 personnes. Afrique, Amériques, Asie, Europe, Océanie... La palette de destinations proposée est vaste avec des conseillers à l'écoute de vos envies. Grâce à leur expertise et à des partenaires locaux de confiance, Terres Lointaines crée des voyages de qualité pour vous offrir des découvertes exceptionnelles et de merveilleux souvenirs.

▲ USA CONSEIL

Rens : ☎ 01-45-46-51-75. • usaconseil.com • Devis et brochures sur demande, réception sur rdv, agence Paris 16e.
Spécialiste des voyages en Amérique du Nord, USA Conseil s'adresse particulièrement aux familles, ainsi qu'à toutes les personnes désireuses de visiter et de découvrir les États-Unis et le Canada, en maintenant un bon rapport qualité-prix. USA Conseil propose une gamme complète de prestations adaptées à chaque demande et en rapport avec le budget de chacun : vols, voitures, hôtels, motels, bungalows, circuits individuels et accompagnés, itinéraires adaptés aux familles, excursions, motor-homes, motos... Bureau d'assistance téléphonique francophone tout l'été avec numéro vert USA et Canada. Sur demande, devis gratuit et détaillé pour tout projet de voyage.

▲ VOYAGEURS DU MONDE – ÉTATS-UNIS, CANADA ET BAHAMAS

• voyageursdumonde.fr •
– Paris : La Cité des Voyageurs, 55, rue Sainte-Anne, 75002. ☎ 01-42-86-17-30. Ⓜ Opéra ou Pyramides. Lun-sam 9h30-19h. Avec une librairie spécialisée sur les voyages.
– Également des agences à Bordeaux, Grenoble, Lille, Lyon, Marseille, Montpellier, Nantes, Nice, Rennes, Rouen, Strasbourg et Toulouse. Ainsi qu'à Montréal, Québec, Bruxelles et Genève.
Parce que chaque voyageur est différent, que chacun a ses rêves et ses idées pour les réaliser, Voyageurs du Monde conçoit, depuis plus de 30 ans, des projets sur mesure. Les séjours proposés sur 120 destinations sont élaborés par leurs 180 conseillers voyageurs. Spécialistes par pays et même par région, ils vous aideront à personnaliser les voyages présentés à travers une trentaine de brochures d'un nouveau type et sur le site internet où vous pourrez également découvrir les hébergements exclusifs et consulter votre espace personnel. Au cours de votre séjour, vous bénéficiez des services personnalisés Voyageurs du Monde, dont la possibilité de modifier à tout moment votre voyage, l'assistance d'un concierge local, la mise en place de rencontres et de visites privées et l'accès à votre carnet de voyage via une application iPhone et Android. Voyageurs du Monde est membre de l'association ATR (Agir pour un tourisme responsable) et a obtenu sa certification Tourisme responsable AFAQ AFNOR.

Voir aussi au sein de chaque ville les agences locales que nous avons sélectionnées.

En Belgique

▲ CONNECTIONS

Rens et résas : ☎ 070-233-313. • connections.be •

Fort d'une expérience de plus de 20 ans dans le domaine du voyage, Connections dispose d'un réseau de 32 *travel shops,* dont un à Brussels Airport, Connections propose des vols dans le monde entier à des tarifs avantageux et des voyages destinés à des voyageurs désireux de découvrir la planète de façon autonome. Connections propose une gamme complète de produits : vols, hébergements, locations de voitures, autotours, vacances sportives, excursions...

▲ CONTINENTS INSOLITES

– Bruxelles : rue César-Franck, 44 A, 1050. ☎ 02-880-55-41. • continents-insolites.com • Lun-ven 10h-18h, sam 10h-16h30 sur rdv.

Continents Insolites, organisateur de voyages lointains sans intermédiaire, propose une gamme étendue de formules de voyages détaillées sur leur site internet.

– *Voyages découverte sur mesure :* à partir de 2 personnes. Un grand choix d'hébergements soigneusement sélectionnés : du petit hôtel simple à l'établissement luxueux et de charme.

– *Circuits découverte en minigroupes :* de la grande expédition au circuit accessible à tous. Des circuits à dates fixes dans plus de 60 pays en petits groupes francophones de 7 à 12 personnes. Avant chaque départ, une réunion est organisée. Voyages encadrés par des guides francophones, spécialistes des régions visitées.

▲ TAXISTOP

Pour ttes les adresses Taxistop : ☎ 070-222-292. • taxistop.be • Lun-ven 10h-17h30.

– Bruxelles : rue Thérésienne, 7a, 1000. ☎ 02-227-93-01.

– Gand : Maria-Hendrikaplein, 65B, 9000. ☎ 02-227-93-01.

– Gembloux : rue Buisson-Saint-Guilbert, 1b, 5030. ☎ 08-162-50-98.

Taxistop propose un système de covoiturage, ainsi que d'autres services comme l'échange de maisons ou le gardiennage.

▲ TERRES D'AVENTURE

– Bruxelles : 23, chaussée de Charleroi, 1060. ☎ 02-543-95-60. • terdav.com • Lun-sam 9h30-19h.

Voir texte dans la partie « En France ».

▲ VOYAGEURS DU MONDE

– Bruxelles : 23, chaussée de Charleroi, 1060. ☎ 02-543-95-50. • voyageursdumonde.com •

Le spécialiste du voyage en individuel sur mesure. Voir texte dans la partie « En France ».

En Suisse

▲ ROUTE DES VOYAGES (LA)

☎ 078-400-83-94. • laroutevoyages.com •

Rendez-vous par téléphone. Voir texte dans la partie « En France ».

▲ TERRES D'AVENTURE

– Genève : 19, rue de la Rôtisserie, 1204. ☎ 022-519-12-20. • geneve@terdav.com • Lun-ven 10h-19h, sam 9h-18h.

Voir texte dans la partie « En France ».

▲ VOYAGEURS DU MONDE

• voyageursdumonde.com •

– Genève : 19, rue de la Rôtisserie, 1204. ☎ 022-519-12-10. Lun-ven 9h30-19h, sam 9h30-18h30.

– Lausanne : 6, rue du Bourg (2e étage), 1003. Lun-ven 9h-18h30, sam sur rdv.

Le spécialiste du voyage en individuel sur mesure. Voir texte dans la partie « En France ».

Au Québec

▲ TOURS CHANTECLERC

• tourschanteclerc.com •

Tours Chanteclerc est un tour-opérateur qui publie différentes brochures de voyages : Europe, Amérique du Nord, Amérique du Sud, Asie et Pacifique sud, Afrique et le Bassin méditerranéen en circuits ou en séjours. Il s'adresse aux voyageurs indépendants qui réservent un billet d'avion, un hébergement (dans toute l'Europe), des excursions ou une location de voiture. Également spécialiste de Paris, le tour-opérateur offre une vaste sélection d'hôtels et d'appartements dans la capitale française.

CALIFORNIE UTILE

ABC de la Californie

- ***Superficie :*** 424 002 km² (4,5 % du territoire américain, 3e État par sa superficie après le Texas et l'Alaska).
- ***Capitale :*** Sacramento, 514 000 hab.
- ***Population :*** 39,6 millions d'hab. (c'est l'État le plus peuplé : 12 % de la population américaine).
- ***Population des grandes villes :*** Los Angeles, 4 millions d'hab. (env 18,5 millions pour le Grand Los Angeles) ; San Francisco, 882 000 hab. (env 7,8 millions pour la Bay Area) ; San Diego, 1,4 million d'hab. (3,3 millions pour le Grand San Diego).
- ***Langue officielle :*** l'anglais (américain). 2e langue, l'espagnol.
- ***Devise : Eureka !,*** soit « J'ai trouvé ! ».
- ***Monnaie :*** le dollar américain ($).
- ***PIB par habitant :*** env 69 000 $, contre 64 000 $ pour la moyenne nationale.
- ***Taux de chômage :*** autour de 7,6 % (2021).
- ***Régime :*** démocratie présidentielle.
- ***Nature de l'État :*** République fédérale (50 États et le District de Columbia).
- ***Président des États-Unis :*** Joe Biden (démocrate), élu le 20 janvier 2021.

AVANT LE DÉPART

Adresses utiles

En France

Office de tourisme des USA *(c/o* Visit USA Committee*) :* *☎ 0899-702-470 (3 € l'appel). • office-tourisme-usa.com • Fermé au public, mais rens sur le site internet et par tél.* Bureau d'informations privé donnant accès à de nombreuses infos sur la plupart des États, les conditions d'entrée aux États-Unis et l'ESTA (autorisation de voyage), ainsi que des dossiers thématiques...
Sinon, le site ***• visitcalifornia.com/fr •*** (en français) regorge d'infos pratiques, d'idées de sites à visiter et d'activités à pratiquer. Possibilité aussi de télécharger des cartes.

Représentation officielle de la Californie en France : *• visitcalifornia.com/fr •*

Ambassade des États-Unis : *2, av. Gabriel, 75008 Paris. ☎ 01-43-12-22-22. Ⓜ Concorde. Rens sur les formalités d'entrée dans le pays sur • fr.usembassy.gov •, puis cliquer sur « Visas ».*
– Le visa n'est pas obligatoire pour les Français pour un séjour touristique de moins de 90 jours. En revanche, OBLIGATION D'OBTENIR UNE AUTORISATION DE VOYAGE ESTA (voir « Formalités d'entrée » plus loin).

En Belgique

Ambassade des États-Unis : *bd du Régent, 27, Bruxelles 1000.*

☎ 02-811-4000. • be.usembassy.gov/fr •
– **Le visa n'est pas obligatoire pour les Belges pour un séjour touristique de moins de 90 jours, mais ESTA nécessaire** (voir « Formalités d'entrée » plus loin).

En Suisse

■ ***Ambassade des États-Unis :*** 19, Sulgeneckstrasse, 3007, Berne. ☎ 031-357-70-11. • ch.usembassy.gov •
– **Le visa n'est pas obligatoire pour les Suisses pour un séjour touristique de moins de 90 jours, mais ESTA nécessaire** (voir « Formalités d'entrée » plus loin).

Au Canada

■ ***Ambassade des États-Unis :*** 490, Sussex Dr, Ottawa (Ontario). ☎ 613-688-5335. • ca.usembassy.gov/fr •
■ ***Consulat général des États-Unis :*** 134, rue Sainte-Catherine Ouest, Montréal (Québec). ☎ 514-398-9695 (serveur vocal). • ca.usembassy.gov/fr •
■ ***Consulat général des États-Unis :*** 2, rue de la Terrasse-Dufferin, Québec (Québec). ☎ 418-692-2095 (serveur vocal). • ca.usembassy.gov/fr •
– **Le visa n'est pas obligatoire pour les Canadiens pour un séjour touristique de moins de 180 jours** (voir « Formalités d'entrée » ci-après).

Formalités d'entrée

Attention : les mesures de sécurité concernant les formalités d'entrée sur le sol américain ne cessent de se renforcer depuis le 11 septembre 2001. ***Avant d'entreprendre votre voyage, consultez impérativement le site de l'ambassade des États-Unis,*** très détaillé et constamment remis à jour, pour vous tenir au courant des toutes dernières mesures : • fr.usembassy.gov • rubrique « Visas ».
– ***Passeport biométrique ou électronique obligatoire.*** Les ***enfants*** de tous âges doivent impérativement posséder leur propre passeport, ***bébés inclus.*** Pour l'autorisation de sortie de territoire lorsque les enfants ne sont pas accompagnés par un de leurs parents, chaque pays a mis en place sa propre régulation. Ainsi, pour ***les mineurs français,*** une loi entrée en vigueur en janvier 2017 a ***rétabli l'autorisation de sortie du territoire.*** Pour voyager à l'étranger, ils doivent être munis d'une pièce d'identité (carte d'identité ou passeport), d'un formulaire signé par l'un des parents titulaires de l'autorité parentale et de la photocopie de la pièce d'identité du parent signataire. Renseignements auprès des services de votre commune et sur • service-public.fr •
– Les voyageurs (enfants compris) doivent aussi être en possession d'une ***autorisation électronique de voyage ESTA,*** à remplir obligatoirement en ligne et exclusivement ***sur le site internet officiel*** (• https://esta.cbp.dhs.gov/esta •). ***Coût : 14 $ pour une validité de 2 ans (sauf si le passeport expire avant), mais MÉFIEZ-VOUS DES SITES NON OFFICIELS (sur lesquels on tombe malheureusement très facilement en « googlisant » le mot « ESTA »), qui sont, eux, beaucoup plus chers.*** La demande ESTA doit être faite au moins 72h avant le départ, le plus tôt étant le mieux. La réponse est généralement immédiate. En cas de mise en attente d'une demande, il faut aller consulter son dossier sur le site officiel (on ne reçoit rien par e-mail). Lors de la saisie en ligne, c'est le numéro du passeport à 9 caractères qui doit être inscrit. Les femmes mariées doivent se faire enregistrer sous leur nom complet (noms de jeune fille et d'épouse).
– ***Attention, en cas de refus d'ESTA, aucun recours possible.*** Il faut passer par une procédure d'obtention de visa : coûteuse et parfois longue. Ce refus est notamment presque automatique si vous avez visité un pays classé « à risque » par les autorités américaines (Afghanistan, Iran, Irak, Libye, Somalie, Soudan, Syrie, Yémen...). Vérifiez avant !
– La procédure d'ESTA devrait évoluer dans les mois à venir. 2 changements sont à l'étude : la ***collecte obligatoire des réseaux sociaux*** (aujourd'hui facultative) et celle des ***informations biométriques.*** Le requérant sera ainsi tenu de renseigner

ses profils sur les réseaux et une copie de son passeport (plus une photo type *selfie*). Dernière nouveauté : la création d'une application mobile ESTA, qui fonctionnera de la même manière que le site internet.
- Obligation de présenter un ***billet d'avion aller-retour*** ou un billet attestant le projet de quitter les États-Unis. Lors du passage de l'immigration, on prendra vos empreintes digitales et une photo.
- ***Le visa n'est pas nécessaire pour les Français*** qui se rendent aux États-Unis pour le tourisme. Cependant, le séjour ne doit pas dépasser 90 jours et n'est pas prolongeable.
ATTENTION : le ***visa*** reste ***indispensable*** pour les diplomates, les stagiaires, les jeunes filles et garçons au pair, les journalistes en mission, et ceux dont l'ESTA aurait été refusé. La procédure nécessite un entretien personnel du demandeur à l'ambassade des États-Unis à Paris (avis aux provinciaux).
- Les conditions d'admission pour les ***Belges*** et les ***Suisses*** sont similaires à celles des Français. Quant aux ***Canadiens,*** ils doivent désormais être munis eux aussi d'un passeport valide.
- Si vous entrez aux États-Unis ***depuis le Mexique ou le Canada par voie terrestre,*** les conditions restent les mêmes, à cela près qu'il n'est pas, pour l'heure, nécessaire de faire de demande d'ESTA, et qu'une taxe de 6 $, payable en espèces, vous sera demandée.
- Pas de ***vaccination*** obligatoire (voir la rubrique « Santé » plus loin).
- ***Pour conduire sur le sol américain, le permis de conduire national suffit.***
- ***Interdiction d'importer des denrées périssables non stérilisées*** (charcuterie, fromage, biscuits...) ***et des végétaux*** (même une malheureuse pomme pour le voyage !). Seules les conserves sont tolérées à condition de les déclarer à l'entrée : attention, forte amende si vous êtes contrôlé. Les adultes de plus de 21 ans peuvent importer 1 l d'alcool par personne.
- Pensez à ***recharger vos appareils électriques*** (smartphones, tablettes, ordinateurs portables...) avant de prendre l'avion car sur tous les vols allant ou passant par les États-Unis et Londres, les agents de contrôle sont susceptibles de vous demander de les allumer. Par précaution, gardez votre chargeur à portée de main. Si votre appareil est déchargé ou défectueux, il sera confisqué.
- ***Les bagages enregistrés en soute sont souvent inspectés*** par les services de sécurité (surtout s'il y a des liquides). Mieux vaut donc avoir une valise avec système de fermeture intégré et agréé *TSA,* ce qui permet à la *Transportation Security Administration* de les ouvrir sans les endommager.

Pensez à ***scanner passeport,*** carte de paiement, billet d'avion et *vouchers* d'hôtel. Ensuite, adressez-les-vous par e-mail, en pièces jointes. En cas de perte ou de vol, rien de plus facile pour les récupérer. Les démarches administratives seront bien plus rapides.

Assurances voyage

■ ***Routard Assurance par AVI International :*** *10, av. de l'Arche, 92400 Courbevoie.* ☎ *01-44-63-51-00.* • *routard@avi-international.com* • *avi-international.com* • Ⓜ *ou RER A : La Défense.*
Enrichie au fil des années par les retours des lecteurs, *Routard Assurance* reste l'assurance voyage référence des globe-trotters. Tout y est inclus, même la Covid : frais médicaux, assistance rapatriement, bagages, responsabilité civile... Avant votre départ, contactez *AVI* pour un conseil personnalisé. Besoin d'une attestation Covid, d'un avis médical, d'une prise en charge dans un hôpital ? Téléchargez l'appli mobile *AVI International* pour garder le contact avec *AVI Assistance* et disposer d'un vaste réseau médical

à travers le monde. *AVI Assistance* est disponible 24h/24 pour une réponse en temps réel. De simples frais de santé en voyage ? Envoyez les factures à AVI dès votre retour, ils vous remboursent sous une semaine.

■ ***AVA assurance Voyages et assistance :*** 25, rue de Maubeuge, 75009 Paris. ☎ 01-53-20-44-20. • ava.fr • Ⓜ Cadet. Un autre courtier fiable pour ceux qui souhaitent s'assurer en cas de décès-invalidité-accident lors d'un voyage à l'étranger, mais surtout pour bénéficier d'une assistance rapatriement, perte de bagages et annulation. Attention, franchises pour ses contrats d'assurance voyage.

■ ***Pixel Assur :*** 18, rue des Plantes, BP 35, 78610 Maisons-Laffitte. ☎ 01-39-62-28-63. • pixel-assur.com • RER A : Maisons-Laffitte. Assurance de matériel photo et vidéo tous risques (casse, vol, immersion) dans le monde entier. Devis en ligne basé sur le prix d'achat de votre matériel. Avantage : garantie à l'année.

ARGENT, BANQUES, CHANGE

La monnaie américaine

Début 2022, le dollar ($) valait environ 0,88 €. On avait donc environ 1,13 $ pour 1 €.
– ***Les pièces :*** 1 cent *(penny)*, 5 cents *(nickel)*, 10 cents (*dime*, plus petite que la pièce de 5 cents), 25 cents *(quarter)* et 1 dollar (beaucoup moins courante que le billet équivalent). Avis aux numismates, les *quarters* font l'objet de séries spéciales.
– ***Les billets :*** sur chaque billet ou presque, le visage d'une figure politique des États-Unis ; 1 $ (Washington), 5 $ (Lincoln), 10 $ (Hamilton, secrétaire du Trésor et non président), 20 $ (Andrew Jackson qui devait être remplacé par l'abolitionniste et ancienne esclave Harriet Tubman, mais le projet est repoussé), 50 $ (Grant), 100 $ (Franklin).
Pour l'anecdote, ***en argot, un dollar se dit a buck.*** L'origine de ce mot remonte au temps des trappeurs, lorsqu'ils échangeaient leurs peaux de daims *(bucks)* contre des dollars.
C'est en 1957 qu'apparut la mention obligatoire *In God we trust* (*Others pay cash,* ironisent certains commerçants).

Argent, banque, change

Avertissement

Si vous comptez effectuer des retraits d'argent aux distributeurs, il est ***très vivement conseillé d'avertir votre banque*** avant votre départ (pays visité et dates). En effet, ***votre carte peut être bloquée dès le 1er retrait*** pour suspicion de fraude. C'est de plus en plus fréquent. Bonjour les tracasseries administratives pour faire rentrer les choses dans l'ordre et on se retrouve vite dans l'embarras !

Demandez-leur également de ***relever le plafond*** de retrait aux distributeurs et pour les paiements par carte, quitte à le faire rebaisser à votre retour. Utile surtout pour la caution des locations de voitures et les garanties dans les hôtels.

Pour un retrait, utilisez de préférence les ***distributeurs attenants à une agence bancaire.*** En cas de pépin avec votre carte (carte avalée, erreur de code secret...), vous aurez un interlocuteur dans l'agence, pendant les heures ouvrables.

– Pour disposer immédiatement d'***argent liquide,*** par exemple pour prendre le bus ou payer le taxi en sortant de l'aéroport, on vous conseille ***d'emporter quelques dollars changés en Europe puis d'en retirer sur place en fonction de ses besoins,*** avec une carte de paiement internationale. On trouve des ***distributeurs automatiques*** de billets partout (appelés ATM, pour *Automated Teller Machine,* ou *cash machine*) jusque dans certaines épiceries, hall d'hôtels et petites boutiques ! Cela dit, évitez de retirer de petites sommes car une commission fixe (2-3 $) est prélevée à chaque transaction en plus de celle appliquée par votre banque.
– ***Le change,*** lui, ***est difficile aux États-Unis, ou alors assez désavantageux,*** car les banques ne le font pas, et les bureaux de change (qu'on ne trouve pas partout) imposent un taux assez défavorable, en particulier dans les aéroports. Mieux vaut donc ne pas trop compter sur cette solution !

Les cartes de paiement

Aux États-Unis, on parle de *plastic money,* ou *plastic* tout court. ***C'est le moyen le plus simple et a priori le plus économique pour payer.*** Les paiements par carte sont acceptés quasiment partout, souvent ***sans montant minimum. Gardez toujours votre passeport*** (*ID* en anglais, prononcer « aïdi ») sur vous, il est parfois demandé. Les cartes les plus répandues sont la *MasterCard,* la *Visa* et, bien sûr, l'*American Express,* qui applique des commissions très faibles.
Aux États-Unis, ***avoir une carte de paiement est obligatoire,*** ne serait-ce que pour louer une voiture ou réserver une chambre d'hôtel. Même si vous avez tout réglé avant le départ par l'intermédiaire d'une agence, on prendra systématiquement l'empreinte de votre carte, au cas où vous auriez l'idée de partir sans payer les prestations supplémentaires *(incidentals)* genre parking, petit déj, téléphone, minibar...
Afin d'éviter les frais lors de chaque paiement ou retrait en dehors de la zone euro, ***certaines banques offrent la gratuité des retraits*** dans leurs propres distributeurs *(DAB)* dans le monde entier (comme *HSBC* mais à condition d'être client) ou dans les banques avec qui elles ont un accord selon les pays (se renseigner avant le départ). Les banques en ligne comme *Revolut, N26,* ou *Boursorama* proposent des cartes gratuites qui ne facturent ***aucune commission*** pour les paiements et retraits.
Dans certains drugstores ou supermarchés, dès que vous présenterez une carte de paiement, on vous demandera généralement : « ***Debit or credit ?*** » Si vous n'avez pas de compte aux États-Unis, la réponse est « *credit* ».
Les ***cartes à puce*** *(chip cards)* sont enfin entrées en vigueur aux États-Unis, on compose donc le code pour chaque transaction au lieu de signer comme avant. De plus en plus, les additions se font sur iPad, avec facture envoyée par e-mail (insistez si vous voulez un reçu imprimé).

Avant de partir, notez bien le ***numéro d'opposition propre à votre banque*** (il figure souvent sur votre contrat, au dos des tickets de retrait ou à côté des distributeurs de billets), ainsi que le numéro à 16 chiffres de votre carte. Bien entendu, conservez ces informations en lieu sûr et séparément de votre carte.

Et surtout, n'oubliez pas non plus de **VÉRIFIER LA DATE D'EXPIRATION DE VOTRE CARTE DE PAIEMENT** avant votre départ !

En cas de perte, de vol, ou de fraude, quelle que soit la carte que vous possédez, chaque banque gère elle-même le processus d'opposition et le numéro de téléphone correspondant. Le plus simple est de faire opposition en ligne via le site de votre agence bancaire ou son application mobile, ou en appelant directement. Sinon, voici les numéros des centres d'assistance des différentes cartes.

– **Carte Visa :** *numéro d'urgence depuis les États-Unis ☎ 1-800-847-29-11. ● visa.fr ●*
– **Carte MasterCard :** *numéro d'urgence ☎ 1-800-307-7309. ● mastercard.fr ●*
– **Carte American Express :** *numéro d'urgence, ☎ (00-33) 1-47-77-72-00. ● americanexpress.com ●*
Sinon, il existe aussi un **serveur interbancaire** d'opposition : *☎ 0-892-705-705 (service 0,34 €/mn + prix d'appel).*

Besoin urgent d'argent liquide

Vous pouvez être dépanné en quelques minutes grâce au système **Western Union Money Transfer** présent dans les supérettes *7-Eleven* et les bureaux de change *Forex.* L'argent vous est transféré en moins d'une heure. La commission, assez élevée, est payée par l'expéditeur. Possibilité d'effectuer un transfert auprès d'un des bureaux *Western Union* ou, plus rapide, en ligne, 24h/24 par carte de paiement (*Visa* ou *MasterCard*).
Même principe avec d'autres organismes de transfert d'argent liquide comme **MoneyGram, PayTop** ou **Azimo.** Transfert en ligne sécurisé, en moins d'une heure.
Dans tous les cas, se munir d'une pièce d'identité. Toutefois, en cas de perte/vol de papiers, certains organismes permettent de convenir d'une question/réponse-type pour pouvoir récupérer votre argent. Chacun de ces organismes possède aussi des applications disponibles sur téléphone portable. Consulter les sites internet pour connaître les pays concernés, les conditions tarifaires (frais, commission) et trouver le correspondant local le plus proche : *● westernunion.com ● moneygram.com ● paytop.com ● azimo.com/fr ●*
Autre solution, envoyer de l'argent par **la Poste** : le bénéficiaire, muni de sa pièce d'identité, peut retirer les fonds dans n'importe quel bureau de poste du réseau local. Le transfert s'effectue avec un mandat ordinaire international (jusqu'à 3 500 €) et la transaction prend 8-10 jours vers l'international. Plus cher, mais plus rapide, le mandat express international permet d'envoyer de l'argent (montant variable selon la destination – 34 pays au total) sous 2 jours maximum, 24h lorsque la démarche est faite en ligne. *Infos : ● labanquepostale.fr ●*

ACHATS

En Californie, San Francisco et Los Angeles sont les cités cultes du shopping. ***Attention : les prix sont toujours affichés hors taxes d'État (ajouter 5 à 10 %).***
Certains achats restent intéressants aux États-Unis, et ce malgré un taux de change variable suivant les années. Voici donc quelques idées d'articles à rapporter dans vos bagages.
– ***Les jeans Levi's,*** bien sûr ! La marque est née à San Francisco au moment de la ruée vers l'or. Moins chers qu'en France, même si vous les achetez dans les *Levi's Stores* officiels (souvent des promos). Évidemment, c'est dans les **outlets** (magasins d'usines en périphérie des grandes villes) que les prix sont les plus attractifs. Il n'y a qu'aux States qu'on trouve encore des jeans *unwashed* (pas prélavés), en matière brute, bien plus résistants que les autres et bon marché.

D'OÙ VIENT LE DOLLAR ?

Le dollar vient... de Bohême. Au XVIe s, le thaler d'argent, né dans la vallée (Thal) *de Saint-Joachim, devint la monnaie de référence des échanges commerciaux en Europe centrale. Il se répandit en Espagne grâce aux Habsbourg, puis gagna les colonies d'Amérique du Sud. Là-bas, on prononça « tolar », puis « dólar ». L'importance de cette devise était telle qu'on l'utilisait jusqu'aux États-Unis. Sur les pièces espagnoles, un logo en forme de S s'enroulait autour de 2 piliers verticaux symbolisant les colonnes d'Hercule... C'est là que le sigle $ trouve son origine.*

– ***Le prêt-à-porter décontracté,*** particulièrement les tee-shirts, sweats à capuche *(hoodies)* et baskets *(sneakers)*, avec des marques comme *New Balance, Converse, Nike...* Voici quelques enseignes que l'on retrouve à peu près dans tous les *malls* : pour les jeunes, *Urban Outfitters* (*streetwear* branché) et *American Eagle Outfitters.* Plus classe (et cher) mais coloré dans un style un peu vintage : *J. Crew,* la marque fétiche de Michelle Obama, ainsi que sa déclinaison plus jeune mais pas moins chère, *Madewell.* Dans un style très américain tendance néo-Far West, *Lucky Brand.* Et aussi *Anthropologie,* très original dans le style bohème chic (pour femmes seulement ; avec des boutiques au décor *arty*) mais pas donné. Les ***vêtements pour enfants*** sont également intéressants, à condition d'aimer les couleurs flashy.

– ***Les chaussures et vêtements de sport et de loisirs*** (yoga, Pilates et équipement de camping notamment). Les magasins *REI* sont un peu la Mecque de l'*outdoor,* avec un choix incroyable de matériel pour toutes les activités possibles et imaginables.

– ***Les produits de beauté (cosmétiques, maquillage)*** genre *L'Oréal, Maybelline* ou *Neutrogena* coûtent moitié moins cher qu'en France. On les trouve dans les drugstores type *Walgreens* ou *CVS.* Les grandes marques américaines comme *Clinique* et *Kiehl's* sont également un peu plus intéressantes. Beaucoup de choix aussi dans les gammes ***bio*** et ***véganes.***

HAMILTON FOREVER

Les montres Hamilton sont mythiques aux États-Unis. Créée en 1892, la marque cessa, pendant la Seconde Guerre mondiale, la vente aux particuliers pour fabriquer exclusivement aux soldats. La légende était née. Depuis, la montre apparaît au poignet de la majorité des acteurs américains, dans plus de 300 films. Le jour de son assassinat, Kennedy portait le modèle Linwood Viewmatic.

– ***Les produits dérivés :*** vous noterez bien vite cette pratique typiquement américaine. Pas une auberge de jeunesse qui ne vende un tee-shirt à son effigie, pas un resto, un *coffee shop* ou un bar qui n'en fasse de même, sans oublier la fabrication en série du joli mug maison ou du *tote bag* pour faire son shopping... (cadeau facile mais abordable).

– ***De la (mal)bouffe typiquement américaine :*** des sachets de *beef jerky* (snack de bœuf séché aromatisé très protéiné), des friandises en tout genre (*M&M's* introuvables en France : à la noix de coco, au bretzel, au beurre de cacahuètes), des chewing-gums à la cannelle, à la violette et autres parfums insolites, des amandes de Californie et autres graines, des épices pour BBQ, des préparations pour pancakes, pléthore de produits bio et encore plein d'idées à glaner dans les rayons des supermarchés.

L'INVENTION DU CHEWING-GUM

Les Mayas avaient déjà l'habitude de mâcher la sève du sapotier, appelée chicle. En 1869, un général mexicain se réfugia aux États-Unis en emportant 250 kg de chicle. Son but était de remplacer le caoutchouc. Sans succès. Un Américain, Adams, imagina alors de le mélanger à du sirop sucré et en fit de la pâte à mâcher.

– ***L'artisanat indien :*** beaucoup de belles choses mais souvent chères, parfois même hors de prix. Achetez de préférence aux Indiens eux-mêmes ou dans les boutiques spécialisées et agréées qui reversent les bénéfices aux artisans. Les produits des magasins touristiques sont généralement importés (les tapis, du Mexique, les porte-monnaie et les ceintures... de Chine !). Mention spéciale aux ***poupées kachina*** vendues par les tribus hopis, très belles et encore artisanales. Ravissants ***bijoux en argent*** également, ornés de turquoises. On trouve parfois des stands au bord des routes, dans les réserves.

– ***Les smartphones, appareils photo, ordinateurs... :*** on ne conseille ce type d'achat que si vous êtes un spécialiste. De retour en France, en cas de problème, les garanties sont très difficiles à faire appliquer, autant le savoir. Si vous achetez un appareil électronique, assurez-vous qu'il peut fonctionner en France. Pour les ordis, là encore on déconseille : les claviers ne sont pas les mêmes. En revanche, aucun problème pour les ***iPod, iPhone*** et ***iPad.*** Mais méfiez-vous des boutiques des quartiers touristiques, car derrière l'affaire en or se cache parfois une belle arnaque !

Acheter moins cher

Au moment des ***soldes (sales),*** notamment en janvier et l'été, les réductions sont parfois vertigineuses. Le ***Black Friday,*** lendemain de Thanksgiving (4e vendredi de novembre donc), est aussi une journée de discounts particulièrement exceptionnels destinée à attirer un maximum de clients, les Américains en profitant pour faire leurs courses de Noël.
Les ***factory outlets*** sont d'énormes centres commerciaux situés généralement à la périphérie des villes, accessibles depuis les autoroutes. Ces *outlets* regroupent des dizaines (voire plus !) de ***magasins d'usine de grandes marques*** américaines de vêtements et chaussures : *Ralph Lauren, Timberland, Converse, Reebok, Nike, Gap, Levi's, J. Crew, Tommy Hilfiger, Brooks Brothers, OshKosh B'gosh* (pour les petits)... Il y a toute l'année des promos spécifiques *(sales)* permettant d'écouler les articles à des prix défiant toute concurrence (jusqu'à 75 % de réduction en période de soldes !). Certains présentent parfois des défauts mineurs (mention *irregular* sur l'étiquette), mais c'est rare. Nous indiquons quelques adresses de ces véritables « temples des soldes », où les Américains passent volontiers l'après-midi en famille. Une riche expérience sociologique !

Guide des tailles

Les tailles américaines, que ce soit pour les vêtements, les chaussures ou la lingerie, n'ont rien à voir avec nos références. Voici donc un petit ***tableau d'équivalences*** pour vous aider à vous y retrouver.

BUDGET

Un voyage en Californie n'est pas vraiment bon marché. En cause, l'hébergement, très cher un peu partout. Les restaurants, dès que l'on sort de la trilogie sandwichs-burgers-salades, n'arrangent rien à l'affaire... surtout si l'on prend du vin ! De même pour les loisirs ou attractions. Reste que le carburant est moins cher que chez nous, c'est déjà ça. Mais bon, en clair, ne vous attendez pas à des vacances économiques !

– ***Les prix affichés (dans les restaurants, hôtels, boutiques...) s'entendent toujours SANS LA TAXE,*** qui varie de 9 à 15,5 % dans l'hôtellerie et de 4 à 10 % dans les autres secteurs (restauration, magasins... sauf musées). Dans les restos, il faudra aussi ajouter le *tip* (ou *gratuity*), c'est-à-dire le pourboire (voir la rubrique « Taxes et pourboires » plus loin). Bref, gardez en tête qu'à la caisse ce sera toujours (bien) plus cher que le prix marqué sur l'étiquette.

UN BILLET PLUS VERT QUE VERT

Nul besoin de décimer des forêts pour fabriquer les dollars. Contrairement aux apparences, le célèbre billet vert n'est pas fabriqué à base de papier mais de tissu ! Eh oui, il est composé de 75 % de coton et de 25 % de lin. Avant la Première Guerre mondiale, des fibres de soie entraient même dans sa composition. Dur d'être faussaire outre-Atlantique !

Femme

Pantalon/Jupe/Robe

France	USA	
34	2	XS
36	4	S
38	6	
40	8	M
42	10	
43	11	
44	12	L
46	14	
48	16	XL

Chemisier/Top

France	USA	
34	2	XS
36	4	S
38	6	M
40	8	L
42	10	XL
44	12	XXL
46	14	
48	16	

Chaussures

France	USA	France	USA
35	4	39	7,5
35,5	4,5	39,5	7,5
36	5	40	8
36,5	5,5	40,5	8,5
37	5,5	41	9
37,5	6	41,5	9,5
38	6,5	42	9,5
38,5	7		

Soutien-gorge

France	USA	France	USA
85A	32A	95B	36B
85B	32B	95C	36C
85C	32C	95D	36D
85D	32D	95E	36DD
90A	34A	95F	36E
90B	34B	100A	38A
90C	34C	100B	38B
90D	34D	100C	38C
90E	34DD	100D	38D
90F	34E	100E	38DD
95A	36A	100F	38E

Homme

Pantalon

France	USA	
34	24	XS
36	26	
37	27	S
38	28	
40	30	M
42	32	
43	33	L
44	34	
46	36	XL
48	38	
49	39	XXL

Chemise

France	USA	
36	26	XS
38	28	
40	30	S
42	32	
44	34	
46	36	M
48	38	
50	40	L
52	42	
54	44	XL
56	46	XXL

Chaussures

France	USA
39	6
39,5	6,5
40	7
40,5	7,5
41	8
41,5	8
42	8,5
42,5	9
43	9,5
43,5	9,5
44	10

Les moyens de locomotion

À l'exception de San Francisco, qui se visite surtout à pied et en transports publics, ***la voiture*** demeure pour ainsi dire le seul moyen de transport possible en Californie. À Los Angeles, elle est tout simplement indispensable !

Si bien des États américains vendent l'***essence*** moins cher qu'en France, la Californie se situe tout de même dans le haut de la fourchette nationale. Rappelons aussi que les voitures américaines ont tendance à consommer plus que les nôtres. Compter environ 4 $ le *gallon* (3,8 l)... Bien sûr, tout dépend de l'endroit où vous faites le plein (plus on s'éloigne des villes, plus c'est cher). Ajoutez à cela le coût de location d'un ***GPS*** (très utile à L.A. !), sauf si vous avez déjà le vôtre ou si vous utilisez une appli de navigation.

Le logement

Nous indiquons les ***prix pour 2 personnes,*** exception faite des AJ (prix par personne pour les dortoirs) et des campings (prix par emplacement, valable pour 2 personnes dans les campings privés, pour 6 dans ceux des parcs nationaux ou parcs d'États). ***Pour tous les hébergements, les tarifs sont généralement mentionnés hors taxes,*** il faut donc toujours ajouter de 9 à 15,5 % ! Certains hôtels ajoutent parfois une ***taxe de séjour (resort fee)...*** une espèce de taxe fourre-tout qui peut aller jusqu'à 35 $ par chambre et par nuitée, censée vous donner accès au wifi, à la piscine s'il y en a une ou à la machine à glaçons... Et souvent, c'est la grosse surprise au moment de payer la note car elle n'apparaît nulle part au moment de la réservation !

Le plus économique est de circuler en voiture et de camper dans les parcs nationaux, où les tarifs sont raisonnables (environ 15-35 $ l'emplacement pour 1 ou 2 voitures et jusqu'à 6 ou 8 personnes). Les prix dans les campings privés sont beaucoup plus variables et peuvent atteindre des sommets (il n'est pas rare, par exemple, de trouver des emplacements à 50-60 $ dans les campings de la côte entre San Francisco et San Diego). Ceux qui n'ont pas la possibilité de planter la tente pousseront la porte des ***AJ,*** même si leur nombre tend à diminuer. Un lit en dortoir, selon la saison et la ville, y coûte autour de 35-80 $ la nuit par personne en saison (plus à San Francisco), et une chambre double privée (avec salle de bains partagée) autour de 80-100 $ minimum. Dans les ***motels,*** compter bien 90-180 $ en moyenne pour une chambre double en saison (jusqu'à 200 $, voire plus, à San Francisco, Los Angeles et dans les zones les plus touristiques). Sachez aussi que les motels de chaîne sont souvent plus chers que les autres : les *Days Inn, Super 8, Budget Inn* et *Best Value.* Restent les *Motel 6,* parmi les moins chers et, en fait, assez recommandables, d'autant que la plupart ont été joliment rénovés. Enfin, pour une nuit dans un ***hôtel*** ou un ***B & B,*** on tombera vite dans la catégorie « Plus chic ».

Important : ceux qui voyagent en famille seront ravis d'apprendre que ***les chambres à 2 lits peuvent accueillir 4 personnes.*** Parfois, il n'y a même pas de supplément.

Les prix varient selon le confort – différents types de chambres, 1 ou 2 lits doubles, vue, etc. – et, surtout, ***selon le taux de remplissage de l'établissement,*** mais aussi selon la saison (et le jour de la semaine ; c'est plus cher le week-end dans les endroits touristiques), mais pas seulement. Il suffit d'un événement ou d'une affluence soudaine pour faire grimper les prix en flèche. La ***haute saison*** débute grosso modo en mai pour s'achever en septembre, mais certains établissements la font débuter en mars et terminer en novembre ! Dans les régions désertiques du Sud, elle s'étire, en revanche, de novembre à mars-avril. En ***basse saison,*** les tarifs peuvent diminuer de 20 à 50 %, et parfois plus encore.

Voici ***nos fourchettes de prix,*** qui valent essentiellement pour la côte (la partie la plus chère), en particulier de San Francisco à Los Angeles.

- ***Bon marché :*** jusqu'à 50 $ par personne (en AJ) ou 100 $ la chambre double.
- ***Prix moyens :*** de 100 à 180 $ (chambre double).
- ***Plus chic :*** de 180 à 300 $ (chambre double).
- ***Très chic :*** plus de 300 $ (chambre double).

Le petit déj continental (léger donc) est parfois inclus dans le prix de la chambre (nous le précisons dans le texte). Mais il s'agit alors généralement de café jus de chaussette servi dans le lobby avec quelques muffins ou gâteaux sous plastique et des céréales (parfois aussi œufs, bacon et gaufres, mais qualité bas de gamme). S'il n'est pas compris, compter 8-15 $ (et jusqu'à 20 $ pour un plat bien consistant) pour le prendre à l'extérieur. Très pratiques, en revanche, les ***cafetières dans les chambres*** d'hôtel permettent de se bricoler un breakfast économique, avec quelques cookies ou muffins achetés au supermarché (yaourt et jus de fruits s'il y a en plus un minifrigo). Dans les grandes villes, le ***parking des hôtels,*** quand ils en ont un, est généralement payant (de 8 à 25 $ environ pour 24h, et même plus à San Francisco).

Les restos

On peut se restaurer pour pas cher aux États-Unis mais ce « pas cher » rime rarement avec nourriture saine ! Dès lors que vous souhaitez manger plus élaboré et surtout plus équilibré, ***l'addition s'envole vite, particulièrement le soir.*** Tout au long du guide, les prix au ***déjeuner*** (cuisine plus simple et légère) et ceux du ***dîner*** (plats plus travaillés) vont souvent du simple au double. Les fourchettes suivantes correspondent à un simple plat, généralement assez copieux pour pouvoir se passer d'autre chose, sauf dans les restos chics ou gourmets où les quantités sont plus légères. On peut aussi partager sans problème. ***Ne pas oublier d'ajouter la taxe et le pourboire*** (voir rubrique « Taxes et pourboires »), donc 25-30 % en plus... Si vous mangez dans un lieu où vous commandez ***au comptoir*** (cafétéria, fast-food ou autre), le pourboire n'est pas obligatoire (même s'il y a toujours un bocal pour les *tips* !).

- ***Bon marché :*** moins de 12 $ (surtout des sandwichs, salades et burgers dans des endroits modestes).
- ***Prix moyens :*** de 12 à 25 $.
- ***Plus chic :*** de 25 à 35 $.
- ***Très chic :*** plus de 35 $.

Les loisirs

Petit avertissement pour ceux qui sont ric-rac côté finances : les prix d'entrée des ***musées et sites*** sont rarement modiques. Sans compter les ***droits d'accès aux parcs d'attractions*** qui atteignent des sommets.

En revanche, les prix des ***parcs nationaux*** sont nettement plus démocratiques, surtout si vous êtes plusieurs et que vous prenez un **pass *annuel*** (80 $, pour un nombre de parcs illimité). C'est le moment de profiter à fond de la nature ! Lors de la préparation de votre budget voyage, ***prévoyez large*** côté loisirs ; sinon, vous risquez de le regretter sur place.

Réductions

Dans les supermarchés, les stations-service, les *Visitor Centers,* vous trouverez des *flyers* et des ***journaux gratuits bourrés de pubs et de coupons de réduction.*** Énormément de pubs également pour des motels qui pratiquent, par exemple, la gratuité de l'hébergement ou des repas pour les enfants, quelquefois jusqu'à 16 ans. Coupons également disponibles sur le site ● *hotelcoupons.com* ● Pas besoin de les imprimer, vous pouvez juste les charger sur votre smartphone ou votre tablette.

CLIMAT

Du fait de l'immensité du territoire californien, ***les climats sont très variés.*** Ces dernières années, la ***sécheresse*** est devenue un véritable fléau. De monstrueux incendies ont emporté des dizaines de milliers d'hectares de forêt, notamment à Los Angeles, près du Yosemite National Park, dans la région de Napa et Sonoma, ainsi qu'à Mendocino.

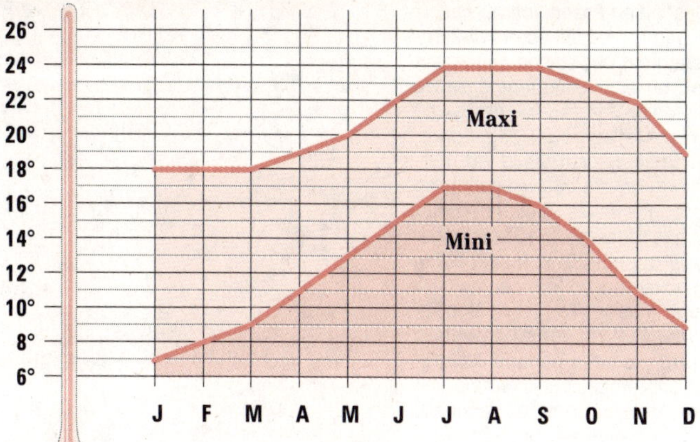

Moyenne des températures atmosphériques

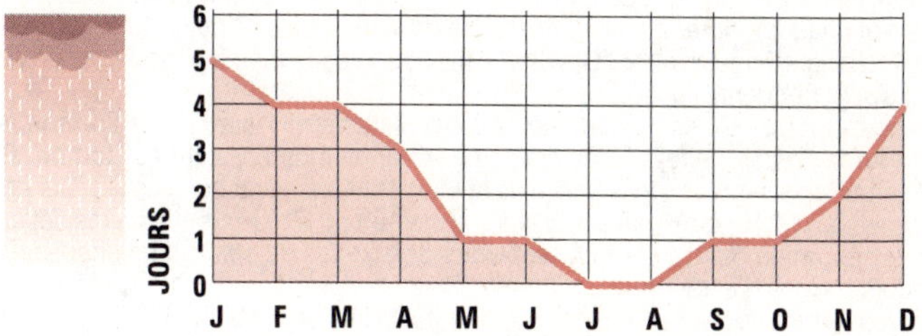

Nombre de jours de pluie

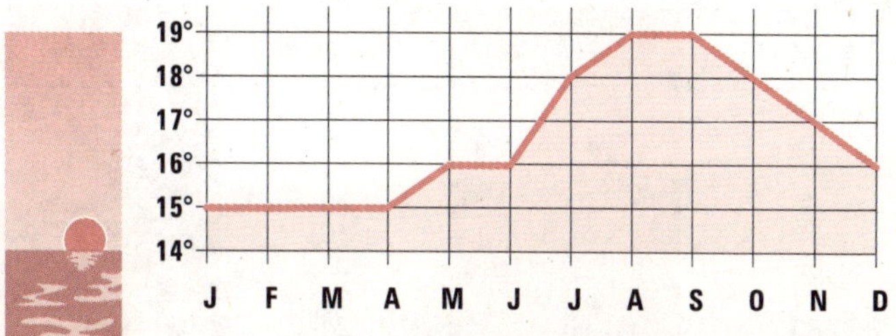

Moyenne mensuelle des températures de la mer

LOS ANGELES

C'est à ***San Francisco*** qu'il fait le plus frais : faibles écarts de température d'une saison à l'autre et un bon ensoleillement d'avril à septembre. Pluies fréquentes en hiver. Méfiez-vous, cependant, du fameux ***brouillard*** qui surprend nombre de voyageurs, en particulier en été : il peut persister parfois toute la journée et donner la désagréable impression d'être en novembre en France.
Pour ***Yosemite*** : renseignez-vous avant de vous y aventurer en dehors de la période estivale. Au printemps, par exemple, les températures sont très variables, imprévisibles et peuvent être franchement froides. On en a vu mettre les chaînes en plein mois d'avril !

UN BONUS POUR CELSIUS

En 1724, le physicien allemand Gabriel Fahrenheit crée une échelle de température qui voit l'eau geler à 32 °F et bouillir à 212 °F. Pas pratique ! Fahrenheit prit comme 0 la température la plus basse de sa ville de Dantzig durant l'hiver 1708-1709 et comme point haut celle du sang de cheval ! À se demander pourquoi les Américains utilisent encore cette échelle de fou... En 1742, le Suédois Celsius remporte la mise en étalonnant ces 2 phénomènes physiques universels sur des chiffres ronds : quand l'eau gèle, il fera 0 °C, quand elle bout ce sera 100 °C. Personne n'a trouvé mieux !

Dans les Rocheuses, le climat est ***continental*** (hivers très froids, étés chauds) alors que le climat du sud de la Californie est de type ***méditerranéen*** (hivers doux, étés secs et chauds). Notez que la température de la mer atteint à peine 19 °C au cœur de l'été à Los Angeles et 16 °C à San Francisco. À cette même période, les brouillards sont fréquents sur la côte et le vent froid.
Le nord-est de L.A. est désertique ; il est préférable de visiter ***Palm Springs,*** et surtout la ***Death Valley,*** à l'automne ou au printemps car l'été est torride. En effet, certains secteurs de la Vallée de la Mort sont une véritable fournaise, et des panneaux invitent à ne pas s'y balader entre 10h et 17h. Pour éviter l'insolation, buvez énormément d'eau, munissez-vous de lunettes de soleil, d'un chapeau et enduisez-vous d'écran total.
– ***Infos sur la météo :*** ● *weather.com* ● C'est le site de la chaîne TV *The Weather Channel,* disponible dans tous les hôtels.

Tableau d'équivalence

Fahrenheit	Celsius	Fahrenheit	Celsius
108	42,2	52	11,1
104	40	48	8,9
100	37,8	44	6,7
96	35,6	40	4,4
92	33,3	36	2,2
88	31,1	32	0
84	28,9	28	- 2,2
80	26,7	24	- 4,4
76	24,4	20	- 6,7
72	22,2	16	- 8,9
68	20	12	- 11,1
64	17,8	8	- 13,3
60	15,6	4	- 15,6
56	13,3	0	- 17,8

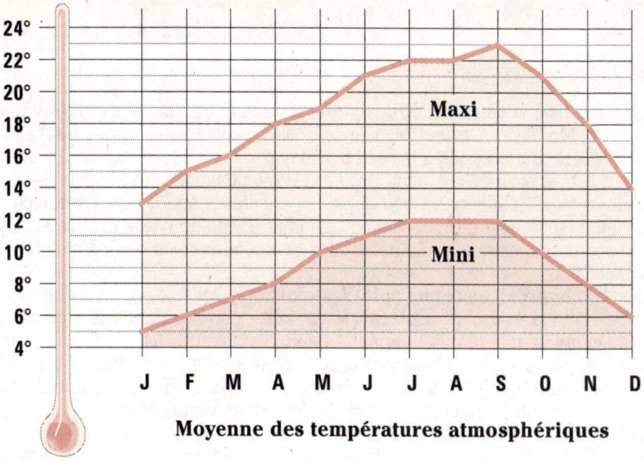

Moyenne des températures atmosphériques

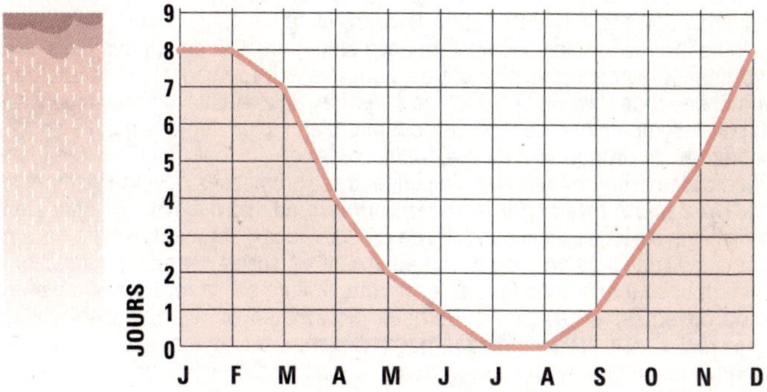

Nombre de jours de pluie

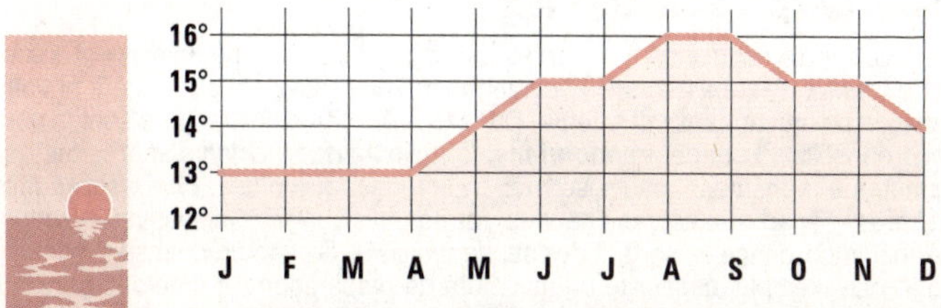

Moyenne mensuelle des températures de la mer

SAN FRANCISCO

DANGERS ET ENQUIQUINEMENTS

Dans les villes

Il y a une différence entre l'***atmosphère tranquille de stations comme Santa Barbara, Monterey, Carmel*** (ou même de villes comme San Francisco) et celle de Los Angeles. Dans les 1res, à taille très humaine, rien de très particulier à craindre, si ce n'est les pickpockets dans les sites les plus touristiques ; et tout de même, aussi, certains quartiers un peu glauques à éviter le soir à ***San Francisco*** : le Tenderloin (à l'ouest d'Union Square, quartier gangrené par la drogue et assez sordide), de même que le sud de Mission et quelques coins de SoMa (autour de Market St).

Pour Los Angeles, c'est une autre histoire : si le ***Downtown,*** en pleine renaissance, s'est bien assagi ces dernières années, certains quartiers sont encore assez intimidants à la nuit tombée. À quelques rues du Historic Core, le cœur de Downtown L.A., le ***Toy District*** et ***Skid Row*** sont à éviter : concentration de *homeless* (sans-abri) livrés à eux-mêmes, et junkies. Attention aussi aux quartiers chauds dans lesquels habitent des minorités particulièrement pauvres et où votre seule présence peut déjà être considérée comme une bravade ou une insulte. D'une manière générale, la nuit, éviter le « ***Southside*** », c'est-à-dire tous les quartiers qui longent l'Interstate 110 (Harbour Freeway) au sud de Downtown, notamment ***Watts, Compton*** et ***Inglewood,*** et ce, jusqu'au port de San Pedro. Toujours à L.A., certains secteurs, qui semblent particulièrement avenants dans la journée, changent radicalement de visage la nuit tombée. C'est le cas de la promenade *(boardwalk)* et de la plage à ***Venice.*** Si la « faune » qui y vit (ou y survit) paraît sympathique de jour, ça peut être bien moins rigolo la nuit (là encore, problèmes de drogue et d'agression). À Los Angeles, tout n'est que façade et superficialité et la Terre promise n'a pas tenu ses promesses pour tout le monde.

N'hésitez pas à interroger le réceptionniste de votre hôtel. En principe, il connaît son sujet. S'il vous conseille de prendre un taxi pour vous rendre dans un bar ou dans une salle de concert un peu excentrés, suivez ses recommandations.

Enfin, pour éviter de vous faire enlever votre voiture par la ***fourrière*** *(tow away)* ou de collectionner les procès-verbaux *(tickets),* soyez hyper vigilant sur les règles régissant le ***stationnement,*** particulièrement à Los Angeles. Lisez attentivement « Les règles de conduite » dans « La location de voitures » à la rubrique « Transports ».

– Enfin, ***en cas d'urgence,*** composer le ☎ ***911.***

Dans les parcs nationaux

Les seuls vrais risques sont de croiser un grizzly mal léché ou un serpent à sonnette (ce qui n'est pas si rare !) ! Évidemment, ne laissez ni votre argent ni votre carte de paiement dans votre tente. Dans tous les parcs, les rangers sont là pour vous conseiller. Lors des ***randonnées,*** la majorité des incidents sont le fait des touristes eux-mêmes : mauvaise préparation, manque d'eau, ***chaussures inadaptées,*** départ aux heures chaudes, forme physique surévaluée, vertige sous-estimé, imprudence en sortant des sentiers balisés. S'aventurer dans le Yosemite Park, par exemple, nécessite un minimum de préparation. Et gare aux ***ours*** qui n'hésiteront pas à se servir dans votre tente et même dans votre voiture ! Il est d'ailleurs interdit d'y laisser de la nourriture la nuit. Dans la Death Valley, c'est l'extrême ***chaleur*** qui représente le risque majeur. Là aussi, les règles élémentaires de bon sens et le respect des conseils donnés par les rangers s'imposent.

– Veillez à avoir des ***réserves d'eau*** dans le coffre de la voiture quand vous partez et n'oubliez pas que les ***stations-service*** sont parfois très éloignées les unes des autres...

– Enfin, ***en cas d'urgence, composer le*** ☎ ***911.***

DÉCALAGE HORAIRE

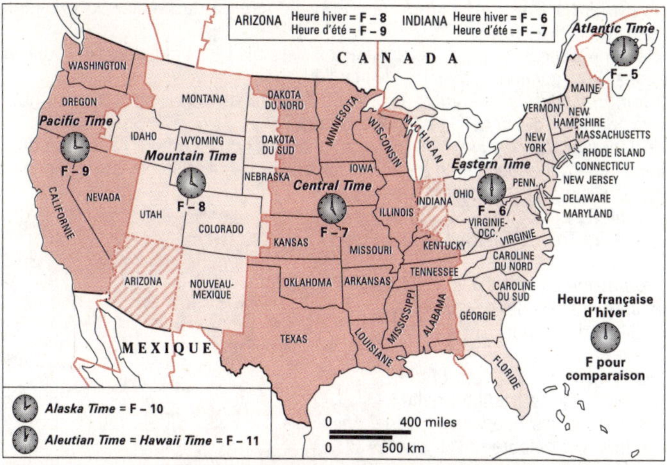

LES FUSEAUX HORAIRES

Les États-Unis continentaux comptent 4 fuseaux horaires (6 avec l'Alaska et Hawaii), et il y a ***9h de décalage entre Paris et la Californie*** (et le Nevada). Quand il est 12h en France, il est 3h du matin en Californie. L'***heure d'été*** s'applique du 2e dimanche de mars au 1er dimanche de novembre – un poil plus tôt et plus tard que chez nous (du dernier dimanche de mars au dernier dimanche d'octobre). Dans un court intervalle, le décalage n'est donc que de 8h. Enfin, comme en Grande-Bretagne, quand on vous donne rendez-vous à 8.30 p.m. *(post meridiem)*, ça veut dire à 20h30. À l'inverse, 8.30 a.m. *(ante meridiem)* désigne le matin. Notez bien que 12 a.m. correspond à minuit et 12 p.m. à midi... et pas l'inverse.

ÉLECTRICITÉ

Les prises délivrent généralement du 110 volts. Les appareils se chargent quand même, mais plus lentement. Rasoirs électriques et *Epilady* fonctionneront au ralenti ! Les fiches électriques américaines sont à 2 broches plates. Vous aurez besoin d'un ***adaptateur*** pour recharger la batterie de votre appareil numérique, de votre ordi, tablette ou téléphone portable ainsi que d'une multiprise. En cas d'oubli, vous pourrez vous en procurer un dans les aéroports, ou sur place dans la majorité des drugstores, stations-service, voire à la réception de votre hôtel.

FÊTES ET JOURS FÉRIÉS

Les jours fériés

Ils varient suivant les États. Mais voici les jours fériés officiels qui s'appliquent sur l'ensemble du territoire. Presque toutes les boutiques sont fermées ces jours-là.
– ***New Year's Day :*** *le 1er janv.*

– ***Martin Luther King Jr's Birthday :*** *le 3e lun de janv,* celui le plus près de son anniversaire, le 15 janvier. Un jour très important pour la communauté noire américaine.
– ***President's Day :*** *le 3e lun de fév.* Pour honorer la naissance du président Washington, le 22 février 1732.
– ***Easter*** *(Pâques)* **:** ce n'est pas une fête officielle mais les boutiques sont souvent fermées le dimanche, et certaines le lundi aussi.
– ***Memorial Day :*** *le dernier lun de mai.* En souvenir de tous les morts au combat. Correspond au début de la saison touristique.
– ***Independence Day :*** *le 4 juil.* Fête nationale, qui commémore l'adoption de la Déclaration d'indépendance en 1776. Des barbecues à foison et des millions de drapeaux sont plantés devant les maisons.
– ***Labor Day :*** *le 1er lun de sept.* La fête du Travail. Marque la fin de la saison touristique.
– ***Columbus Day :*** *le 2e lun d'oct.* En souvenir de la découverte de l'Amérique par Christophe Colomb.
– ***Halloween :*** *la nuit du 31 oct au 1er nov.* Cette tradition celte, importée par les Écossais et les Irlandais, est célébrée avec une grande ferveur aux États-Unis. Sorcières, fantômes et morts-vivants envahissent les rues, tandis que les enfants, déguisés, font du porte-à-porte chez les voisins en demandant : « *Trick or treat ?* » (« Farce ou friandise ? »), et repartent les poches pleines de bonbons.

TRAVAILLEURS DE TOUS LES PAYS...

Dans le monde entier, la fête internationale des Travailleurs tombe le 1er mai, commémorant une grève massive des ouvriers américains, débutée le 1er mai 1886 et réprimée dans le sang à Chicago. Dans le monde entier, sauf... aux États-Unis (et au Canada), qui la célèbrent bizarrement le 1er lundi de septembre !

– ***Veterans Day :*** *le 11 nov.*
– ***Thanksgiving :*** *le 4e jeu de nov.* Cette fête typiquement américaine commémore le repas donné par les 1ers immigrants (les Pères pèlerins) en remerciement à Dieu – et accessoirement aux Indiens – pour leur avoir permis de survivre à leur 1er hiver dans le Nouveau Monde. Fête familiale et chômée par à peu près tout le monde. L'occasion de dévorer une dinde rôtie gigantesque avec sa sauce aux canneberges et une tarte au potiron *(pumpkin pie)* en dessert !
– ***Christmas Day :*** *le 25 déc.*

Fêtes et festivals californiens

En plus des fêtes nationales (4 Juillet en tête), dans les grandes villes de Californie, chaque communauté a sa parade. Les Américains en raffolent. Alors, dès que l'occasion se présente, on déambule en fanfare. Pour connaître les dates exactes de ces parades, voir le *Visitor Center* de chaque ville.
– ***Chinese New Year et Golden Parade*** (Los Angeles et San Francisco) **:** *entre fin janv et début mars, selon les années (1er fév 2022, 22 janv 2023).* Parades, feux d'artifice, dragons à Chinatown. La plus grande fête pour la communauté asiatique.
– ***Saint Patrick's Day*** (San Francisco) **:** *le dim le plus près du 17 mars.* La bière coule à flots dans les pubs irlandais.
– ***Cherry Blossom Festival*** (San Francisco) **:** *2 w-e autour de mi-avr.* Japantown fête les cerisiers en fleur.
– ***Cinco de Mayo*** (Los Angeles et San Francisco) **:** *le 5 mai.* La plus grande fête mexicaine. On chante et on danse dans la rue jusqu'au petit matin.
– ***Bay to Breakers*** (San Francisco) **:** *le 3e dim de mai.* • capstoneraces.com • Cette course à pied centenaire, longue de 12 km, part du Ferry Building pour rejoindre Ocean Beach. On y va surtout pour les cohortes de participants

déguisés qui font la fête tout le long du parcours.

– ***Doheny Blues Festival*** (Dana Point) ***:*** *mi-mai.* • *dohenyblues festival.com* • Festival de blues reconnu dans tout le pays. Y ont gratté leur guitare : B.B. King, Crosby, Stills & Nash, ou encore Brian Setzer des Stray Cats.

– ***County Fairs*** (San Diego, Orange County, Los Angeles) ***:*** *fin mai-4 juil à San Diego, de mi-juil à mi-août à Costa Mesa (Orange County) et fin août-fin sept à Los Angeles.* Énormes foires populaires, celle de L.A. étant la plus grande d'Amérique du Nord. Nombreux stands agricoles, parcs d'attractions XXL et concerts avec de grosses pointures.

COMPLÈTEMENT À L'OUEST

Le 3e dimanche de mai, des milliers de coureurs s'habillent (ou pas du tout !) de la façon la plus folle pour courir le célébrissime marathon Bay to Breakers *à travers San Francisco. À l'origine, il s'agissait de rigoler pour oublier le terrible tremblement de terre de 1906.*

– ***San Francisco Pride :*** *le dernier w-e de juin.* • *sfpride.org* • C'est la fête LGBT par excellence, avec des défilés et des chars délirants. Convivialité et musique techno assurées.

– ***California State Fair*** (Sacramento) ***:*** *en juil.* • *calexpostatefair.com* • Bovidés, caprins, porcins et chevaux sont à l'honneur. Concours de rodéos, spectacles.

– ***International Surf Festival*** (Los Angeles) ***:*** *fin juil-début août.* • *surffestival.org* • Démonstrations des beaux surfeurs bodybuildés de la côte Ouest.

– ***Burning Man*** (Black Rock City, Nevada) ***:*** *fin août-début sept.* • *burningman.org* • Même si cet événement déjanté a lieu dans le désert de Black Rock, au Nevada, l'idée, qui est née à San Francisco, où est toujours basée l'organisation, est typiquement californienne. Chaque année, des cohortes d'allumés de l'art éphémère et de la contre-culture venus du monde entier érigent une ville et des installations temporaires en plein désert. À la fin, on brûle une immense effigie humaine comme dans une fête païenne. Les tickets coûtent au minimum 475 $, et mieux vaut s'y prendre longtemps à l'avance... Attention, la rumeur court que le gouvernement chercherait à interdire la tenue du festival, invoquant des problèmes environnementaux et des failles dans la sécurité. Affaire à suivre.

– ***Folsom Street Fair*** (San Francisco) ***:*** *dernier dim de sept.* • *folsomstreet.org* • Fête sado-maso, pour les amateurs de cuir. Un véritable spectacle, qui n'est pas réservé aux adeptes du genre car l'ambiance reste bon enfant, mais à déconseiller aux plus prudes.

– ***Hardly Strictly Bluegrass Festival*** (San Francisco) ***:*** *début oct.* • *hardlystrictlybluegrass.com* • 3 jours de musique folk et *bluegrass* (gratuite) dans le Golden Gate Park, qui drainent des centaines de milliers de personnes chaque année.

– ***West Hollywood Halloween Costume Carnaval*** (Los Angeles) ***:*** *le 31 oct.* Plus de 500 000 personnes, déguisées comme il se doit, dansent sur Santa Monica Boulevard, côté West Hollywood, bien sûr.

– ***Día de los Muertos*** (San Francisco et Los Angeles) ***:*** *1 j. autour de la Toussaint.* Fête mexicaine de la Toussaint, assez flippante car les morts viennent rendre visite (on a un peu de mal à imaginer) à leurs familles toujours en vie...

– ***Tree Lightning Ceremony*** (partout) ***:*** *fin nov, en général pdt le long w-e de Thanskgiving.* Pour vous mettre dans l'esprit de Noël, rien de tel que l'illumination d'un sapin géant, en écoutant *Jingle Bells.*

– ***Hollywood Christmas Parade*** (Los Angeles) ***:*** *le jeu suivant Thanksgiving.* Sur Hollywood Boulevard et Sunset Boulevard : visiteurs, autochtones et stars du showbiz se côtoient pour la parade médiatique de l'année.

HÉBERGEMENT

Quel que soit le type d'hébergement choisi, ***il est fortement recommandé de réserver*** son logement le plus longtemps possible à l'avance, surtout pour un séjour en haute saison, et le week-end toute l'année. Vous pouvez le faire via le site

internet officiel des établissements. On vous demandera systématiquement votre numéro de carte de paiement. Attention, si vous changez d'avis et n'annulez pas votre réservation au moins plusieurs jours à l'avance (bien vérifier leurs conditions d'annulation), vous serez débité quand même, en général de la 1re nuit.
Aux États-Unis, ***les prix varient selon le taux de remplissage,*** qui dépend en partie de la saison touristique (le système du *yield management*). Pour plus d'informations, reportez-vous à la rubrique « Budget. Hébergement ».

Les auberges de jeunesse *(youth hostels)*

Espèce en voie de disparition aux États-Unis, les jeunes Américains leur préférant le ***couchsurfing*** (logement gratuit chez des particuliers via ● *couchsurfing.com* ●) ou ***Airbnb.*** On en trouve toutefois encore une petite vingtaine affiliée au réseau ***Hostelling International*** dans l'État de Californie, ce qui n'est pas si mal. Sans compter qu'il y a encore un certain nombre d'AJ privées, en particulier dans des villes comme San Francisco et Los Angeles. Outre des dortoirs et chambres privées, on y trouve généralement une ***cuisine*** équipée, une salle commune et des machines à laver. Il y a parfois aussi un petit bar, des sorties ou excursions... ***Aucune limite d'âge*** pour y séjourner.

Les campings

On en trouve partout ou presque, des grands, des petits, des très beaux et bien aménagés, des spartiates. Les plus agréables sont situés en pleine nature, mais il y a aussi des campings urbains aux allures de parking où s'entassent les *RV* (camping-cars), laissant parfois très peu de place pour les tentes. Jamais très glamour. Si vous prévoyez d'emporter un brûleur, adoptez un modèle récent de la marque *Camping-gaz* ; on trouve facilement les recharges sur place dans les *general stores.*
Il existe 2 types de campings :

Les campings nationaux ou d'État (National ou State Campgrounds)

On en trouve dans les *National Parks, National Monuments, National Recreation Areas, National Forests* et *State Parks.* Ces *campgrounds* étant généralement situés dans de beaux endroits préservés, ***en pleine nature.*** Ce sont les moins chers (12-35 $ en général). On paie en principe pour l'emplacement, jusqu'à 6-8 personnes (ça dépend des campings), avec 1 ou 2 voitures autorisées. L'équipement des sites les moins chers est généralement très sommaire. Dans certains ***sites basiques,*** les fameux *primitive campgrounds,* ou encore *BLM campgrounds* (aires de camping non équipées gérés par le *Bureau of Land Management*), on peut même s'installer à 10 personnes par emplacement. Un *backcountry permit* (à demander auprès du *Visitor Center* du parc en personne ou en ligne parfois) est souvent nécessaire pour y passer la nuit. Celui-ci est payant selon la période où l'on réserve. Dans les *campgrounds* les moins fréquentés, il faut ***déposer une enveloppe avec le prix de la nuit dans une borne,*** à l'entrée, en notant sur l'enveloppe ses nom et adresse, le numéro minéralogique de la voiture et celui de l'emplacement de camping retenu. N'essayez pas d'en profiter pour tricher ! Ce système est basé sur la confiance. Les rangers veillent malgré tout à ce que tout se passe bien et l'amende est salée en cas de truanderie avérée.
L'espace entre chaque emplacement est généralement généreux. Mais le calme est demandé le soir (*quiet hours,* 22h-6h). Il y a toujours des toilettes (parfois sèches et d'une tenue pas toujours irréprochable...), des tables de pique-nique et des barbecues, mais pas nécessairement de douche ni d'eau potable, voire d'eau tout court dans les plus rudimentaires ; dans les zones froides, elle n'est branchée qu'à partir d'avril ou mai.

Réservez à l'avance quand c'est possible (en général jusqu'à 6 mois avant), surtout pour un voyage en haute saison. Si ce n'est pas le cas, ***le 1er arrivé est le 1er servi*** *(first come, first served).* Essayez alors d'arriver le plus tôt possible si vous voulez avoir une petite chance de dénicher un site libre (ou profiter d'une annulation), surtout en plein été.

Pensez à ***faire vos courses dans un supermarché avant d'entrer dans le parc,*** les boutiques sont rares ou alors plus chères et moins bien fournies. Enfin, n'oubliez pas d'emporter des ***vêtements chauds.*** Certains parcs sont en altitude et il peut geler la nuit en juin ou en septembre.

Dans les parcs peuplés d'***ours*** (Yosemite, par exemple), ***suivez scrupuleusement les consignes*** des rangers concernant la cuisine et la manière d'entreposer les provisions et les déchets (à stocker dans les containers mis à disposition). L'odorat de ces gros nounours est pointu et ce n'est pas une toile de tente qui les empêchera de se payer un casse-croûte à vos dépens...

– ***Réservations pour camper dans les parcs nationaux :***

➢ *Sur Internet :* • *recreation.gov* • C'est le plus pratique, même s'il faut s'inscrire pour accéder au système. On paie par carte bancaire en ligne et on peut même choisir son emplacement, avec la localisation exacte dans le camping et les disponibilités affichées en temps réel !

➢ *Par téléphone :* ☎ *606-515-6777. Fonctionne tlj 10h-minuit (sauf certains j. fériés), heure de la côte Est (6h de moins par rapport à la France).* Paiement par carte bancaire. Un numéro de réservation vous est donné, à ne pas perdre, puisque ce sera votre sésame une fois arrivé au parc.

Frais de résa de 10 $ dans les 2 cas.

– ***Réservations pour camper dans les parcs d'État*** **(State Parks)** ***:*** ça permet de retenir à l'avance un emplacement dans l'un des campings d'État de Californie ouverts à la réservation (ce n'est pas le cas de tous). Comme pour les parcs nationaux, le règlement se fait par carte de paiement.

➢ *California State Parks :* ☎ *833-448-7275. Fonctionne tlj 8h-18h (sauf certains j. fériés)* • *reservecalifornia.com* • *Résa possible jusqu'à 6 mois à l'avance. Frais de 8 $ pour chaque camping.* En été, ce système est assailli par les appels. Appelez en milieu de journée et en milieu de semaine.

Les campings privés

Il n'y en a pas dans les parcs nationaux, mais certains sont installés tout près. Du coup, ils sont moins sauvages, d'autant qu'ils sont le plus souvent en bord de route pour en faciliter l'accès. Ils ont aussi tendance à tasser les emplacements les uns sur les autres en réservant la majorité de l'espace aux *RV,* des camping-cars parfois monstrueux, longs comme des bus (il arrive qu'un *RV* tracte un 4x4, qui porte une moto... Bonjour la communion avec la nature !). Pour les campeurs, peu d'ombre, pas d'herbe ni d'intimité, on a alors parfois l'impression de crécher sur un parking ! Bien sûr, il y a des exceptions, certains sont très sympas ou, à défaut, relativement agréables.

Le principal avantage de ces campings privés, c'est qu'ils offrent ***beaucoup plus de commodités et de services*** : sanitaires complets, électricité, machines à laver, petite épicerie, ATM... Dans certains, il y a même une piscine, le jacuzzi, un resto, le wifi (dans tout le camping), une cuisine, des jeux pour enfants... Bien sûr, c'est ***beaucoup plus cher que les campings des parcs*** (30 à 50 $ pour 2 personnes). Ces établissements proposent souvent des ***bungalows en bois*** **(cabins)** ou des mobile homes à louer au même prix (voire moins cher) qu'une chambre dans un petit motel, mais les draps ne sont pas toujours fournis. La plupart des *cabins* disposent d'un lit *queen size* et de 2 lits superposés (pour 4 personnes donc), et partagent les sanitaires communs. Certaines ont leur propre douche, parfois un frigo, le chauffage, l'AC ou un ventilo.

Il existe des ***chaînes de camping*** comme *KOA (Kampgrounds of America),* qui édite une brochure (disponible dans tous les campings du groupe) avec toutes les adresses et leurs positionnements précis sur une carte routière ; celle-ci propose également une carte d'abonnement *(Value Kard Rewards)* valable 1 an, qui coûte autour de 33 $ et donne droit à 10 % de réduction.

■ ***KOA*** *(Kampgrounds of America)* **:** • koa.com •

– Utile, le **Good Sam Club** (• goodsam.com •) recense les campings du pays.

Le glamping

C'est la ***version chic et glamour du camping,*** d'où le néologisme « glam-ping ». Une nouvelle façon de camper parfois carrément luxe. En gros, on dort en osmose avec la nature mais dans un lit confortable et sans s'emm... à monter la tente ! Chalets, cabanes dans les arbres, tentes safari « prêt à camper », tipis, yourtes, Airstreams... le glamping offre un éventail varié d'hébergements de charme et des activités nature ou romantiques genre spa, massages en plein air... Surfant sur cette nouvelle tendance du tourisme, de nombreux sites en Californie proposent des robinsonnades pour nouveaux aventuriers-esthètes au portefeuille bien rempli !

Les motels

Lexique de l'hébergement américain

– ***Queen :*** double avec lit de 1,40 m de large.

– ***Two double beds (ou two queens) :*** chambre avec 2 lits d'environ 1,40 m, pouvant loger 4 personnes.

– ***King :*** double avec lit d'environ 1,80 à 2 m de large.

– ***Deluxe :*** chambre un peu plus spacieuse en général (ou avec vue).

– ***Dorm bed :*** lit en dortoir.

– ***Bunk beds :*** lits superposés.

– ***Ensuite :*** signale un dortoir disposant de sa propre salle de bains (non partagée avec les autres dortoirs) ou d'une chambre (de *B & B* par exemple) avec salle de bains privée. Par opposition, on parle de ***shared bath*** (salle de bains partagée).

– ***Efficiency :*** avec cuisine (ou kitchenette) équipée.

Le nom provient de la contraction des mots « motor » (moteur) et « hotel ». Logique, puisqu'ils sont conçus pour que l'on puisse se garer directement devant sa chambre. Indissociable de l'idée du *road trip* américain, le motel n'est pas au mieux de sa forme : en un demi-siècle, il a vu son nombre divisé par 4... Cela dit, en dehors des grandes villes, il reste ***le type d'établissement le plus répandu aux États-Unis.*** Un motel, c'est donc généralement un bâtiment bas organisé autour d'une vaste cour qui fait office de parking (gratuit, sauf exception). Nombre d'entre eux sont dotés d'une petite piscine... elle aussi garée sur le parking. De confort et d'âge très variables, ils ne brillent pas par leur originalité mais offrent généralement des chambres confortables avec salle de bains, clim (là où elle est nécessaire), TV... et lit douillet (une constante aux États-Unis !). Souvent aussi un frigo, un micro-ondes et une cafetière, bouilloire ou percolateur (avec des sachets gratuits de café et de thé).

Les tarifs, fluctuant selon le taux d'occupation, varient aussi selon la taille de la chambre et, surtout, le nombre de lits (*single bed* = lit pour 2 personnes, ou *two beds* = 2 lits doubles), déclinés en *queen size* (140 cm) ou vaste *king size* (190-200 cm). Intéressant pour les familles avec jeunes enfants, qui peuvent dormir à 4 pour un prix avantageux (***en général, les enfants de moins de 17 ans ne paient pas*** s'ils sont dans la chambre des parents).

– ***Les motels de chaîne :*** les budgets plus serrés opteront pour *Econo-Lodge, Best-Value Inn, Red Roof* ou *Super 8.* Et, bien sûr, il y a l'incontournable *Motel 6,* en général la moins chère des chaînes, dont presque tous les établissements ont été rénovés au goût du jour et offrent pour certains des chambres très correctes pour le prix ! Attention, exception faite des *Motel 6,* l'appartenance à une même chaîne ne garantit pas un niveau de confort ni une tenue tout à fait équivalents. Un cran au-dessus, on trouve *Days Inn* et *Comfort Inn.* Et puis *Holiday Inn Express, Best Western, Howard Johnson by Wyndham* dans la catégorie moyenne gamme. Un peu plus haut de gamme, la chaîne *Homewood Suites by Hilton* est intéressante en famille : chambres-suites spacieuses avec cuisine équipée, copieux petit déj-buffet et dîner offert en semaine (lundi-jeudi).

Quelques infos valables pour les hôtels et les motels

– ***Mieux vaut réserver à l'avance,*** du moins dans les villes ou coins fréquentés. Que ce soit sur Internet ou par téléphone, il vous faudra fournir ***un numéro de carte de paiement.*** À votre arrivée, ***le réceptionniste*** vous demandera votre carte de crédit, même si vous avez déjà réglé, afin de payer les *incidentals* : frais de téléphone, minibar, *pay TV,* infraction à la consigne non-fumeurs, etc.

– Sauf exception (précisée), les prix que nous indiquons s'entendent sans la ***taxe*** de l'État (de 9 à 15,5 % environ), parfois augmentée des taxes du comté et de la municipalité (taxe de séjour), voire d'un ***resort fee*** (sorte de forfait que certains hôteliers peu scrupuleux se gardent bien d'annoncer au moment de la réservation). Attention, il peut alourdir considérablement votre note au moment du *check-out.*

– La plupart des hôtels proposent des chambres équipées de ***TV, sanitaires, cafetière, micro-ondes*** et ***frigo*** (et de la ***clim*** dans les régions où c'est nécessaire). ***Wifi*** gratuit presque partout, avec plus ou moins de réseau. Dans les AJ et les hôtels plutôt luxueux, on trouve aussi des ordis à disposition des clients à la réception.

– ***Certains hôtels proposent aussi un petit déjeuner continental.*** Souvent, on doit se contenter de café, thé et muffins à prendre debout dans le lobby, parfois un buffet, avec céréales, yaourts, fruits, gaufres, œufs et bacon (qualité pas terrible). Si le petit déj n'est pas compris, allez plutôt le prendre à l'extérieur.

En dehors de nos adresses « Spécial petit déjeuner », on trouve des *diners* (restos traditionnels américains) ou des *coffee shops* partout. Indépendamment du petit déj, certains hôtels (chics en général) incluent dans le prix de la chambre une ***social hour,*** c'est-à-dire un *drink* offert (verre de vin ou bière avec un petit en-cas), vers 17-18h.

– Les hôtels et motels sont tous ***non-fumeurs.*** L'interdiction inclut les balcons et terrasses.

Les *Bed & Breakfast*

En général logés dans d'anciennes ***demeures de charme,*** ce sont souvent de véritables bonbonnières, ***cosy et confortables,*** où règne une atmosphère haut de gamme, avec souvent un règlement intérieur à respecter. Nettement plus personnalisés que l'hôtel, donc, mais presque tous dans les ***catégories « Plus chic » et « Très chic »*** (souvent à partir de 200 $ la nuit). Leur capacité d'accueil est généralement limitée (de 2 à une petite dizaine de chambres), ce qui fait une partie de leur attrait, mais on en a vu proposant 10 ou 20 chambres, voire plus. En fait, si

l'on recherche le contact avec les proprios, il faut bien faire le tri : beaucoup sont gérés comme des hôtels, de manière impersonnelle. D'ailleurs, c'est souvent un gérant qui s'en occupe et non le proprio. Malgré le nom, certains *B & B* ne servent pas non plus de petit déjeuner... C'est rare, mais ça arrive ! Habituellement, il est compris et souvent copieux. Le *check-out* se fait souvent assez tôt (11h maximum). Enfin, si ***les enfants ne sont pas toujours les bienvenus*** (pour préserver la tranquillité des hôtes...), cette règle est parfois aménageable, surtout s'il s'agit d'enfants européens (a fortiori français), perçus par les Américains comme mieux éduqués que leurs rejetons...
Notons enfin que les *B & B* ont tendance à se raréfier depuis quelques années : plus assez rentables face à l'essor d'***Airbnb*** et consorts... Beaucoup ont en outre pris l'habitude de déléguer leurs résas à des plateformes ou des associations et ne se signalent même plus par un panneau dans la rue !

La location d'appartements ou de maisons

Une formule intéressante en famille (plus d'espace, la possibilité de prendre des repas sur place, ce qui représente une économie non négligeable), mais à 2, pas forcément beaucoup moins cher qu'un hôtel. Tout dépend encore une fois de la demande pour la période souhaitée et du standing de l'hébergement.
Pour réserver, on peut passer par une ***plateforme internet de mise en relation de propriétaires et de locataires*** (type *Airbnb*). L'offre est très tentante : prix attractifs, choix exponentiel dans tous les styles, du petit studio fonctionnel meublé Ikea à la villa californienne avec piscine, en passant par la petite roulotte vintage, le chalet de montagne, la cabane en rondins de bois paumée dans la nature ou carrément le ranch de vos rêves les plus fous... Les budgets les plus modiques pourront aussi tout simplement louer un bout de canapé.

■ ***Airbnb :*** • *airbnb.fr* • Des centaines de chambres (avec ou sans salle de bains privative), apparts, cabanes et maisons à tous les prix (de 60 à plus de 500 $ la nuit). En cherchant bien et en s'y prenant à l'avance, on peut louer des lieux assez étonnants, voire exceptionnels, comme la villa d'Elvis Presley à Beverly Hills ! On paie en ligne mais le proprio ne reçoit l'argent qu'après votre arrivée, ce qui limite les risques d'arnaques. Bien se renseigner cependant sur d'éventuels frais de ménage quelquefois peu visibles au moment de faire son choix.

■ ***VRBO :*** • *vrbo.com* • Site de location entre particuliers, en anglais seulement.

L'échange d'appartements

Il s'agit d'échanger son propre logement (que l'on soit proprio ou locataire) contre celui d'un adhérent du même organisme dans le pays de son choix. Cette formule offre l'avantage de passer des vacances aux États-Unis à moindres frais, et intéressera en particulier les jeunes couples avec enfants. Voici 2 agences qui ont fait leurs preuves :

■ ***Intervac :*** 📱 *06-30-76-62-83.* • *intervac-homeexchange.com* • *Adhésion annuelle à partir de 120 €, avec possibilité de tester gratuitement le service pdt 21 j.*

■ ***Homelink International :*** • *homelink.org/fr* • *Adhésion annuelle : à partir de 125 € (pour les mêmes services).*

LANGUE

Voici un lexique de base pour vous débrouiller dans les situations de tous les jours. Pensez à notre ***Guide de conversation du routard en anglais.***

Vocabulaire anglais de base utilisé aux États-Unis

Politesse

S'il vous plaît	*Please*
Merci (beaucoup)	*Thank you (very much) / Thanks*
Bonjour !	*Hello ! / Hi !*
Au revoir	*Goodbye / Bye / Bye bye*
À plus tard, à bientôt	*See you (later)*
Pardon	*Sorry / Excuse me*

Expressions courantes

Parlez-vous le français ?	*Do you speak French ?*
Je ne comprends pas	*I don't understand*
Pouvez-vous répéter ?	*Can you repeat, please ?*
Combien ça coûte ?	*How much is it ?*

Vie pratique

Poste	*Post office*
Office de tourisme	*Visitor Center*
Banque	*Bank*
Médecin	*Doctor / Physician*
Hôpital	*Hospital*
Supermarché	*Supermarket*

Transports

Billet	*Ticket*
Aller simple	*One way ticket*
Aller-retour	*Round trip ticket*
Aéroport	*Airport*
Gare	*Train station*
Gare routière	*Bus station*
À quelle heure est le prochain bus / train pour... ?	*What time is the next bus / train to... ?*

À l'hôtel et au restaurant

J'ai réservé	*I have a reservation*
C'est combien la nuit ?	*How much is it per night ?*
Petit déjeuner	*Breakfast*
Déjeuner	*Lunch*
Dîner	*Dinner*
L'addition, s'il vous plaît	*The check, please*
Pourboire	*Tip / Gratuity*

Les chiffres, les nombres

1	*One*
2	*Two*
3	*Three*
4	*Four*
5	*Five*
6	*Six*
7	*Seven*
8	*Eight*
9	*Nine*

10	*Ten*
20	*Twenty*
50	*Fifty*
100	*One hundred*
1 000	*One thousand*

LIVRES DE ROUTE

Sur la Californie nature

– ***L'Arbre-Monde*** (2018), de Richard Powers (Le Cherche Midi). Ce roman écologique a remporté le prix Pulitzer en 2019. Il s'inscrit dans un cadre assez réaliste sans rien retirer au mystère de la nature. Les arbres sont au centre du récit qui implique 9 personnages. Avec des vécus bien différents, reliés par une même sensibilité aux forêts, ils prennent la défense d'un séquoia géant en Californie.
– ***My Absolute Darling*** (2017), de Gabriel Tallent (Gallmeister). Au nord de San Francisco, Turtle, 14 ans, vit en quasi-autarcie avec son père, violent et manipulateur. Une histoire dérangeante qui décrit l'innocence puis le doute de la jeune fille face à la toxicité de son père. Les personnages secondaires adoucissent ce huis clos pesant dans cette nature omniprésente, presque oppressante. L'issue sera forcément libératoire. Un vrai choc littéraire encensé par Stephen King et lu par des millions d'Américains à sa sortie. Époustouflant.
– ***Dans la forêt*** (2017), de Jean Hegland (Gallmeister). Écrite en 1996, cette dystopie réaliste, éloge à la nature et réflexion contre les excès, est tout à fait prémonitoire. Le monde tel qu'on le connaît semble avoir sombré : plus d'électricité ni d'essence, les trains et les avions ne circulent plus. Les gens cherchent à s'enfuir vers l'est. L'histoire se déroule dans une forêt en Californie, où 2 sœurs tentent de survivre, isolées du monde. Elles apprennent à grandir autrement, à se battre et à faire confiance à la Nature qui les entoure. Chaque moment du quotidien paraît exceptionnel.

Sur San Francisco

– ***Chroniques de San Francisco*** (1995), d'Armistead Maupin (10/18). Les 6 premiers tomes de ces chroniques écrites par un habitant de San Francisco relatent avec beaucoup d'humour les heurs et malheurs d'une communauté de locataires d'une maison de Russian Hill, tenue par une « femme » extraordinaire. On y retrouve vraiment la vie de la génération des 20-40 ans des années 1970 aux années 1990. 30 ans après, Maupin a replongé dans les *Chroniques* en publiant 3 nouveaux opus en guise de point final à cette saga.
– ***Les Nuits de San Francisco*** (2014), de Caryl Férey (Arthaud). 2 êtres marginaux et paumés se rencontrent au cœur de la nuit de San Francisco : Sam, un Indien des plaines marqué par le chômage et l'alcool, et Jane, une jeune droguée à la jambe coupée. Leurs points de vue sur cette rencontre inattendue se succèdent et livrent en filigrane le portrait d'un San Francisco bipolaire : calme en journée, peuplé la nuit de SDF et de junkies.
– ***Fairyland*** (2013), de Alysia Abbott (10/18). En 1974, à la mort de sa femme, le poète homo et fauché Steve Abbott quitte Atlanta pour s'installer à San Francisco et élever seul leur fille de 2 ans, au sein de la communauté militante gay. Commence alors une nouvelle vie, loin des normes éducatives en vigueur... Devenue journaliste, Alysia livre un portrait intime mais pudique, tendre et poignant de ce père hors du commun. Une plongée documentée dans le Frisco bohème des années 1970-1980, son effervescence intellectuelle puis les années sida... Les droits du roman ont été achetés par Sofia Coppola pour une adaptation au cinéma.

Sur Los Angeles et Hollywood

- ***Hollywood, ville mirage*** (1937), de Joseph Kessel (Ramsay Poche Cinéma). L'auteur du *Lion* visita Hollywood en 1937, en plein âge d'or. Subjugué par la « ville enchantée » et ses « usines à mirages », il décrit avec brio les « chaudières à images », rencontre des scénaristes, des agents, des producteurs, dont le fameux Irving Thalberg, le « Napoléon du cinéma », que Scott Fitzgerald prendra comme héros dans son roman *Le Dernier Nabab.* En quelques pages, Kessel perce le mystère de cette ville fantastique, capable d'influencer le monde entier tout en fonctionnant comme une ruche coupée du monde. Le chapitre « Les fruits du désert » raconte une virée à Palm Springs. Et celui intitulé « Jésus veut des dollars », relatant sa visite dans le temple d'une secte puissante, est presque visionnaire.
- ***Mildred Pierce*** (1941), de James M. Cain (Gallimard, « L'Imaginaire »). Spécialisé dans l'écriture de scénarios pour les studios de Hollywood et maître du roman noir, James M. Cain a vu plusieurs de ses romans adaptés au cinéma : *Le facteur sonne toujours deux fois, Assurance sur la mort* et *Mildred Pierce,* puissant portrait de femme et de mère protectrice à l'excès dans le Los Angeles des années 1930 (interprétée à l'écran par Joan Crawford et, plus récemment, par une Kate Winslet au sommet de son art dans une formidable minisérie produite par *HBO*).
- ***Brown's Requiem*** (1981), de James Ellroy (Rivages/Noir). Une histoire violente, dont le détective privé Fritz Brown ne sortira pas indemne, nous entraînant à sa suite dans une noire errance, de meurtre en meurtre, de Los Angeles à Tijuana, sur les traces d'un flic véreux, dont le châtiment laissera un goût amer... Du même auteur et tout aussi sombre, ***Le Dahlia noir*** (1987 ; Rivages/Noir), inspiré du meurtre (réel) jamais élucidé de Betty Short, retrouvée dans un terrain vague de Los Angeles en janvier 1947, le corps affreusement mutilé. Dans ***Ma part d'ombre,*** publié en 1996, on apprendra finalement pourquoi Ellroy s'est inspiré de cette affaire et, somme toute, pourquoi il consacre sa vie à l'écriture de polars aussi noirs : sa propre mère fut en effet assassinée en 1958 alors qu'il n'avait que 10 ans. Il tenta même de retrouver le meurtrier avec l'aide d'un détective privé à la retraite en 1995... soit près de 40 ans après. Bien d'autres de ses œuvres ont pour cadre la ville de Los Angeles, notamment ***Le Grand Nulle Part, L.A. Confidential*** ou encore ***White Jazz.***
- Dans les polars, toujours, vous trouverez les romans de Michael Connelly et leur héros récurrent, l'inspecteur Harry Bosch du Los Angeles Police Department. Le 1er de la série étant ***Les Égouts de Los Angeles*** (1992 ; Seuil, Points).
- ***California Girls*** (2016), de Simon Liberati (Le Livre de Poche). Le récit ultra-documenté et cru des 36h qui entourent l'assassinat de Sharon Tate en 1969, au cœur de la secte du gourou Charles Manson. L'auteur, traumatisé par ce crime abominable alors qu'il était enfant, s'attache particulièrement à la dérive de ces toutes jeunes filles paumées et prêtes au mal absolu pour satisfaire celui qui se prenait pour Jésus Christ.
- ***Bleu éperdument*** (2015), de Kate Braverman (Quidam). 11 femmes au tournant de la quarantaine replongent dans leurs souvenirs. Enfances marginales pour certaines, constellées d'événements tragiques et d'addictions à l'alcool, au tabac, à la drogue. Souvent un homme les a tirées vers le bas ou une mère a épuisé toutes leurs forces. 11 nouvelles qui abordent la vie intime de femmes de Los Angeles.
- ***Le Silence du moteur*** (2018), de Olivier Lebé (Allary Éditions). Un père et sa fille adolescente ont quitté la France pour s'installer à Los Angeles. Il est séparé de sa femme américaine pour rester auprès de Romy, malade suicidaire malgré plusieurs années de thérapie. Chaque jour, dès l'aube, ils roulent sur les *freeways* autour de L.A., sans destination, et reviennent à leur point de départ. Formidable décor qui présente L.A. comme une ville tentaculaire, saturée et lumineuse. Un roman nourri de liberté et d'un profond optimisme.

Les classiques

- ***Sur la route*** (1957), de Jack Kerouac (Gallimard, « Folio »). Avec ses compères Ginsberg et Burroughs, Kerouac, l'écrivain vagabond, est un auteur phare de la Beat Generation, 20 ans avant les années 1970. *Sur la route* demeure la référence incontournable de nos ancêtres, les hobos, partis sur les chemins de Katmandou dans les années 1960 et 1970. Ce récit révèle une jeunesse déçue du rêve américain avec des personnages en quête d'eux-mêmes, mis en scène sur fond d'humanisme bouleversant. C'est une ode à la drogue, au sexe, au voyage et ses rencontres imprévues. La traduction de la version intégrale du manuscrit, avant censure, a été publiée en 2010. *Sur la route* a aussi été adapté au cinéma en 2012 par Walter Salles.

L'HISTOIRE SANS FIN

La version originale du « tapuscrit » de Sur la route, *de Jack Kerouac, tenait sur un seul rouleau, un long ruban de papier de 36,50 m sur lequel l'auteur tapa frénétiquement son texte à la machine à écrire, sans paragraphes ni chapitres. Le texte original existe, mais pas tout à fait en entier. Le chien du colocataire de Kerouac mangea le dernier mètre du rouleau !*

Pour un livre de Kerouac se situant en Californie (*Sur la route* ne l'est que très peu), lire ***Big Sur*** (1962 ; « Folio »), où l'auteur, dans un état pitoyable, au bord de la folie, se réfugie à Big Sur après 3 années de débauche. Là, seul dans une cabane plantée dans le cadre magnifique de cette région de la côte californienne tant vantée par Henry Miller, il est rattrapé par ses démons...

- ***Nouveaux contes de la folie ordinaire*** (1977), de Charles Bukowski (Le Livre de Poche). Avant d'être connu pour ses poèmes et nouvelles dans la ligne de Kerouac et de Burroughs, Bukowski a exercé tous les métiers imaginables. Ses expériences sont la matière de ses romans qui racontent, sans fard (c'est le moins qu'on puisse dire !), un univers de paumés, de marginaux refusant de vivre l'ennui du « cauchemar climatisé made in USA ».
- ***Big Sur et les Oranges de Jérôme Bosch*** (1959), de Henry Miller (Buchet-Chastel). Il est un peu étrange que Henry Miller, après avoir vilipendé les États-Unis pendant une grande partie de sa vie, ait fini par s'établir sur la côte californienne (sur la célèbre Highway 1). Ce livre est un chant d'amour à ce coin du monde choisi par lui : Miller en goûte l'isolement, la nature sauvage, les oiseaux, les séquoias immenses...
- ***Demande à la poussière*** (1939), de John Fante (10/18). Immigré italien à Los Angeles, Bandini est un écrivain raté doublé d'un amant lamentable. Ses mésaventures nous plongent au cœur de l'autre Amérique, celle des paumés et des filles de rue. Fante écrit avec l'énergie du désespoir, ce qui implique un humour particulièrement corrosif. D'après Bukowski, un chef-d'œuvre absolu !
- ***Le Dernier Nabab*** (1941), de Francis Scott Fitzgerald (Gallimard, « Folio »). Le dernier roman inachevé de Fitzgerald. Suite à un tremblement de terre en Californie, les studios de Hollywood sont inondés. Un jeune producteur, inspiré du célèbre Irving Thalberg, assiste au sauvetage de 2 promeneuses égarées. L'une d'elles ressemble à son épouse disparue. Il cherche à la revoir, dans l'espoir de vivre avec elle le bonheur qui lui a échappé.
- ***À l'est d'Éden*** (1952), de John Steinbeck (Le Livre de Poche). L'histoire parallèle de 2 familles dans une fresque qui s'étend sur 2 générations, commençant à la fin du XIXᵉ s et se terminant durant la Première Guerre mondiale. À travers des personnages profondément humains et attachants, Steinbeck nous raconte son coin de Californie, ses habitants dans leur lutte contre le mal, les rapports qui se nouent entre 2 frères... et nous livre quelques réflexions sur l'avenir de son pays, qui se révèlent aujourd'hui fort justes.
- ***L'Or*** (1925), de Blaise Cendrars (Gallimard, « Folio plus »). Après avoir fait banqueroute, le général Sutter fuit la ville de Rünenberg, dans le Jura bâlois, et arrive dans l'Ouest américain en pionnier miteux, riche seulement de son appétit de

vivre, de ses intuitions géniales et de son esbroufe. À Sacramento, il y a encore un fort qui porte son nom. Ce livre a transité sur la table de chevet d'un certain... Staline, qui a fait connaître mondialement son auteur, lui-même aventurier sans scrupule.
– ***Feuilles d'herbes*** (1855), de Walt Whitman (Grasset & Fasquelle). Cette œuvre de l'un des pères de la littérature américaine, contemporain de Ralph Waldo Emerson et d'Emily Dickinson, n'a pas vieilli d'un pouce. Le recueil invite à abandonner le conformisme au profit du temps présent, des grands espaces, de la vie ! Il a tellement bousculé le style de l'époque qu'il est d'abord passé inaperçu. Walt Whitman s'est fait le chantre de l'écologie et d'une nation en devenir.

MESURES

Même s'ils ont coupé le cordon avec la vieille Angleterre, même s'ils roulent à droite, pour ce qui est des unités de mesure, les Américains ont conservé un ***système anglo-saxon.*** Après les Fahrenheit (voir « Climat »), les tailles de vêtements (voir « Achats ») et le voltage électrique (voir « Électricité »), voici encore quelques spécificités à assimiler (bon courage pour les calculs !).

Longueurs
1 yard = 0,914 m
1 foot = 30,48 cm
1 inch = 2,54 cm
0,62 mile = 1 km
1 mile = 1,609 km
1,09 yard = 1 m
3,28 feet = 1 m
0,39 inch = 1 cm

Poids
1 pound = 0,4536 kg
1 ounce (oz) = 28,35 g

Capacité
1 gallon = 3,785 l
1 quart = 0,946 l
1 pint = 0,473 l
1 fl. ounce = 29,573 ml

ORIENTATION

Le ***nom des rues*** comporte souvent la mention West/East/South/North (résumé par leur 1re lettre : W, E, S et N). Ce n'est pas une coquetterie, puisque si le 506 W Broadway et le 506 E Broadway sont bien dans la même rue, des kilomètres peuvent les séparer, car ils sont à l'opposé l'un de l'autre, la ligne de séparation étant souvent l'artère principale (souvent Main Street ou Central Avenue).
Généralement, ***les grandes villes sont en effet découpées en secteurs*** en fonction de leur orientation. Imaginez une croix aux 2 branches se croisant au centre, avec une rue est-ouest (horizontale) séparant les secteurs nord et sud, et une rue nord-sud (verticale) séparant les secteurs est et ouest. Il est évidemment très utile de connaître les noms et l'emplacement de ces 2 rues (ou avenues) de référence pour se repérer lorsqu'on cherche une adresse (ou que l'on veut récupérer sa voiture), car ce sont elles qui vont déterminer où commence la partie ouest ou est (et sud ou nord) de la rue.
Les numéros des rues sont parfois très longs. Dans les localités les plus étendues, il arrive que les numéros dépassent les 20 000... C'est beaucoup, mais théoriquement pas compliqué à comprendre : par exemple, le nº 340 se situe entre la 3e et la 4e rue, le nº 3730 entre la 37e et la 38e rue, etc. Il convient toutefois de ***bien différencier streets (rues) et avenues,*** qui en général s'entrecroisent. Trompez-vous sur le GPS et vous atterrirez loin de votre point de destination ! Sinon, sachez que les numéros ne se suivent pas forcément : on peut parfaitement passer du 3730 au 3738, puis au 3760.
Autre principe à intégrer : généralement, ***le nom de la rue indiqué sur le panneau*** face à soi correspond à la rue que l'on croise et non à celle dans laquelle on se trouve.

Abréviations utilisées dans ce guide

Ave	Avenue	**Hwy**	Highway
Blvd	Boulevard	**Pl**	Place
Dr	Drive	**N**	North
Rd	Road	**S**	South
Sq	Square	**W**	West
St	Street	**E**	East
Gr	Grove		

PARCS ET MONUMENTS NATIONAUX

Les parcs nationaux et d'État (*National* et *State Parks*) et les monuments nationaux *(National Monuments)* sont des ***endroits rigoureusement protégés.*** Pas de grande différence entre eux, si ce n'est que les 1ers sont créés par un vote du Congrès, les 2es par décision du gouverneur de l'État et les derniers par décret du président des États-Unis. Seules les zones désignées *wilderness areas* sont absolument exemptes de toute intervention humaine. Alors que ***Trump*** avait pris des mesures pour réduire leur nombre et que certaines avaient perdu cette précieuse distinction, l'administration Biden tend à prendre le contre-pied de ces décisions et à restaurer leur statut protégé. Il s'agit d'éviter que ces espaces soient dévastés, soit par l'exploitation de leur sous-sol (gaz de schiste), soit par la chasse.

Des réglementations très strictes préservent les parcs de toute dégradation *(50 $ d'amende si vous ramassez du bois mort, 500 $ pour un panier de champignons, 1 000 $ si vous jetez un papier par la fenêtre !).* En revanche, on n'éteint pas les incendies s'ils ne sont pas d'origine humaine : le credo est le respect total des rythmes naturels.

Malgré une protection et une gestion efficace des parcs, les Américains ont néanmoins réussi à y intégrer ***toutes les commodités en matière de logement,*** mais avec respect et intelligence. Le grand principe est ***l'accessibilité à tous,*** dans les meilleures conditions. Et de ce point de vue, c'est une grande réussite démocratique. Il est possible d'y passer la nuit soit dans un *lodge* (de grandes auberges rustico-chics très chères) ou dans une cabane de luxe (salle de bains, kitchenette, TV...), soit sous la tente ou en camping-car, car il y a toujours plusieurs campings à tarifs étonnamment bas. En été, il est conseillé de ***réserver longtemps à l'avance*** ou de se pointer tôt le matin lorsque le camping est géré selon le principe du « *first come, first served* » (1er arrivé 1er servi).

Les parcs les plus visités, comme celui de Yosemite, attirent ***plusieurs millions de visiteurs*** par an. C'est énorme ! Cela dit, les gens ont tendance à s'agglutiner toujours aux mêmes endroits, près des points de vue. Faites quelques kilomètres à l'écart des grands axes et vous vous retrouverez souvent seul. Soyez aventureux !

Devant l'afflux des visiteurs, plusieurs parcs (dont Yosemite) ont mis en place des ***systèmes de navettes gratuites*** pour réduire le nombre de véhicules en circulation. Elles sont obligatoires dans certains secteurs, optionnelles dans d'autres. De manière générale, tout fonctionne très bien et c'est pratique (pas de problème de stationnement ni de fréquences de passage).

– ***Droits d'entrée :*** la moyenne des droits d'entrée des parcs nationaux californiens tourne autour de 30 $. Yosemite et Sequoia National Parks sont à 35 $. Le tarif est valable pour un véhicule et ses occupants (dont le nombre généralement admis est de 4), pour une durée de 7 jours consécutifs. Si vous arrivez à moto ou à vélo, le tarif est beaucoup moins cher et s'applique par personne dans le 2d cas. Attention, toutes les routes qui traversent un parc national obligent à payer le droit d'entrée. Certains parcs, comme le Point Reyes National Seashore, sont gratuits. L'entrée des ***State Parks*** (compter 10-20 $) s'applique pour la voiture et ses occupants, mais souvent pour une seule journée.

– ***Interagency Annual Pass*** *(également appelé «* ***America the Beautiful*** *») :* 80 $ pour une voiture et ses occupants là où l'entrée se paie forfaitairement ; pour 4 adultes maximum, chauffeur inclus (gratuit pour les moins de 16 ans), là où l'entrée se paie individuellement. Vendu à l'entrée de chaque parc et sur Internet, il est valable 1 an et généralement rentabilisé à partir de la 3e visite si vous ne parcourez que des parcs nationaux majeurs. Ce *pass* donne droit à l'accès aux parcs et monuments nationaux de tous les États-Unis (nombre d'entrées illimité). De plus, il est transférable à quelqu'un d'autre : il faut signer au dos, mais 2 signatures sont autorisées. Le *pass* ne donne pas accès à Monument Valley (qui se trouve sur les terres navajos) ni aux *State Parks* (logique, ce sont des parcs d'État). Si vous décidez de payer le droit d'entrée à chaque parc, mais que vous changez d'avis, vous pourrez obtenir un *pass* en réduction des frais déjà engagés (gardez tous vos reçus), dans un délai d'une semaine maximum. Infos sur : ● *store.usgs.gov/pass* ●

– ***Les centres d'accueil ou* Visitor Centers *:*** dans tous les parcs naturels, il existe un ou plusieurs *Visitor Centers* où l'on trouve le plan et l'indispensable journal du parc (avec des infos pratiques, des conseils importants, la liste des campings, les détails des randos et activités, les conduites à tenir en cas de problème, etc., parfois traduites en français), un choix de cartes topographiques (à la vente), de superbes cartes postales et des beaux livres. Ils sont souvent tenus par des rangers qui peuvent vous donner de nombreux conseils pour les balades et l'hébergement. C'est le 1er endroit où se rendre en arrivant, ne serait-ce que pour connaître l'état des sentiers et les conditions météo. La plupart sont même de véritables petits musées, avec panneaux explicatifs sur la géologie locale, la faune et la flore, projection de film de présentation, etc. C'est souvent aussi le point de départ des visites guidées.

– ***Sites internet des parcs nationaux américains :*** pour toutes infos utiles, tarifs d'entrée, etc., consulter ● *nps.gov* ● Pour réserver un hébergement dans tous les parcs nationaux : ● *recreation.gov* ●

– ***Junior Ranger Program :*** tous les parcs nationaux proposent ce programme (en anglais) aux enfants dès 4 ans. Dans chaque parc visité, on leur fournit un carnet ludique à compléter. À la sortie, remise d'un diplôme et d'un badge avec l'emblème du parc. Les gosses adorent !

POSTE

– ***Les bureaux de poste*** ont des horaires assez variables. Selon leur taille et leur localisation, ils ouvrent entre 7h30 et 10h jusqu'à 16h30-18h, voire plus tard dans les grandes villes ; les principaux sont aussi ouverts le samedi matin.

– ***Les timbres*** *(stamps)* s'achètent aussi aux guichets UPS, ainsi que chez certains vendeurs de cartes postales, drugstores (*Walgreens,* par exemple) et marchands de souvenirs.

– Compter ***1,25 $ pour l'envoi d'une lettre ou d'une carte postale en Europe.***

SANTÉ

Le système de santé est excellent aux États-Unis, mais, c'est bien connu, il coûte un bras, même pour les Américains. Comme dirait l'humoriste Patrick Timsit : « En Amérique, le médecin te fait un diagnostic en une minute. Il appelle ta banque : t'as pas d'argent, t'es pas malade ! »

Pas de consultation médicale à moins de 150-200 $, et l'on ne vous parle pas d'une visite aux urgences qui, sans assurance, peut coûter (avec les soins) plusieurs milliers de dollars. Pour les médicaments, multiplier par 2 au moins les prix français. Voilà pourquoi il est impératif de souscrire, avant le départ, une ***assurance voyage intégrale avec assistance rapatriement*** (voir précédemment « Avant le départ »).

Médicaments et consultations

Prévoyez une bonne pharmacie de base, avec éventuellement un antibiotique à large spectre prescrit par votre généraliste, surtout si vous voyagez avec des enfants. Si vous souffrez de petits bobos courants ou facilement identifiables (rhume, maux de gorge...), vous pouvez pratiquer l'automédication. De nombreux médicaments, délivrés uniquement sur ordonnance en France, sont vendus en libre-service aux États-Unis, dans les drugstores type *Walgreens, Duane Reade, CVS* ou *Rite Aid* (certains sont ouverts 24h/24). Si vous cherchez du *Doliprane,* le nom déposé le plus répandu est ***Tylenol*** (***le paracétamol*** se dit *acetaminophen* là-bas). Vous trouverez les coordonnées des médecins sur • *yellowpages.com* •, onglet *Clinics* ou *Physicians and surgeons.* Attention, on le répète : les consultations privées sont très chères !

Voir aussi la rubrique « ***Urgences*** » plus loin.

Maladies

Attention aux ***tiques*** dans les zones boisées, comme dans les parcs nationaux : leur morsure peut transmettre la redoutable ***maladie de Lyme*** *(Lyme disease).* Par précaution, en randonnée notamment ou si vous séjournez en camping, ***bannissez les vêtements blancs*** (qui les attirent), couvrez-vous bien la tête (chapeau), les bras, les jambes et les pieds, et n'hésitez pas à vous enduire les parties restées découvertes avec des répulsifs cutanés *(repellents).* ***Examinez-vous très régulièrement de la tête aux pieds,*** notamment dans les plis du corps, pour limiter les risques (il faut 24h à une tique pour transmettre la maladie). Faites-vous aider par un tiers pour les parties difficilement accessibles comme le cuir chevelu, le dos... En cas de doute, voir rapidement un médecin qui prescrira un traitement antibiotique d'au moins 3 semaines.

Dans la moitié ouest du pays, diverses maladies, dont les rongeurs sont le réservoir de germes et les insectes les agents transmetteurs, sont présentes, essentiellement dans les parcs nationaux. C'est le cas du syndrome pulmonaire à ***hantavirus,*** rare mais dangereux, présent dans le parc de Yosemite. Ce virus, véhiculé par la salive, les selles et l'urine d'animaux (notamment les souris), peut être attrapé en respirant de la poussière là où ils sont passés.

Le virus du ***West Nile,*** et sa redoutable complication, l'encéphalite, est implantée aux États-Unis depuis 1999. Elle est transmise par les piqûres de ***moustiques*** communs. Quoi qu'il en soit, dès le mois de mai et jusqu'au début de l'hiver, il convient de se protéger contre les moustiques dans l'ensemble du pays (répulsifs cutanés à 50 % de DEET, imprégnation des vêtements, voire des moustiquaires), car même s'ils ne sont pas tous vecteurs de maladies, ils gâchent parfois un peu le voyage ! Pensez à emporter dans vos bagages des ***produits répulsifs efficaces*** (par exemple, la gamme *Insect Ecran* qui existe en version cutanée mais aussi en solution de trempage pour les vêtements). Beaucoup plus cher sur place qu'en France. On en trouve en pharmacie ou en parapharmacie ou via le site de Santé Voyages (• *astrium.com* •) qui propose la vente en ligne de produits et matériel bien utiles aux voyageurs, parfois assez difficiles à trouver. Infos complètes toutes destinations, boutique en ligne en paiement sécurisé, expéditions par Colissimo Expert ou Chronopost. Infos au : ☎ *01-45-86-41-91.*

Vaccins

Aucun vaccin exigé sur le sol américain, mais, comme partout, soyez à jour de vos ***vaccinations « universelles »*** : tétanos, polio, coqueluche et diphtérie *(Repevax),* hépatites A et B. Le ***vaccin préventif contre la rage*** (maladie transmissible par à peu près tous les mammifères, y compris les chauves-souris) est recommandé pour tout séjour prolongé en zone rurale ou en contact avec des animaux.

SITE INTERNET ET APPLIS

Site internet

• *routard.com* • Le site de voyage n° 1, avec plus de 800 000 membres et plusieurs millions d'internautes chaque mois. Pour s'inspirer et s'organiser, près de 300 guides destinations actualisés, avec les infos pratiques, les incontournables et les dernières actus, ainsi que les reportages terrain et idées week-end de la rédaction. Partagez vos expériences avec la communauté de voyageurs : forums de discussion avec avis et astuces, carnets de route et photos de voyage. Enfin, vous trouverez tout pour vos vols, hébergements, voitures et activités, sans oublier notre sélection de bons plans, pour réserver votre voyage au meilleur prix.

Applis utiles

Certains forfaits des opérateurs de téléphonie mobile permettent désormais d'utiliser son smartphone aux États-Unis sans surcoût. Sinon, on le répète, de nombreux lieux disposent d'un accès wifi gratuit. Voici une petite ***sélection d'applis gratuites*** à télécharger sur *iTunes* ou *Google Play* qui vous rendront quelques services sur place !

- ***Maps.me :*** appli mobile de ***navigation GPS.*** On rentre sa destination le matin à l'hôtel (en wifi), l'itinéraire est ensuite donné hors connexion.
- ***Waze :*** appli mobile de ***navigation GPS*** qui a la particularité de s'appuyer sur une cartographie élaborée par ses propres utilisateurs.
- ***Best Parking :*** pour trouver ***le parking le plus proche et le moins cher*** en fonction de son heure d'arrivée et de son heure de départ. Dans le même registre, aussi ***ParkMe.***
- ***Lyft :*** entreprise de mise en contact d'utilisateurs avec des ***conducteurs*** réalisant des ***services de transport.*** C'est l'un des principaux concurrents d'Uber.
- ***Tip Calculator +++ :*** permet de ***calculer rapidement le total d'une note de resto*** après y avoir inclus la *gratuity* et de diviser cette note si chacun paie sa part.
- ***Cash Now :*** permet de localiser rapidement un ***ATM*** (distributeur de billets).
- ***Windy :*** basée sur 5 modèles de prévision météo, c'est l'appli la plus performante pour prévoir la météo. Très facile d'utilisation.
- ***HotelTonight :*** pour les adeptes de la réservation « à la dernière minute », une appli qui les fera coucher dans un 4-étoiles au prix d'une nuit en auberge de jeunesse.

TABAC

La législation californienne ***interdit de fumer dans tous les lieux publics fermés*** (*e-cigarettes* comprises) : hôtels, bars, restaurants, boîtes de nuit et autres casinos. Aussi dans les files d'attente, stades, marchés et en terrasse des restaurants, dans la plupart des espaces verts et plages. Il est même interdit de fumer dans sa voiture si l'on est accompagné de mineurs et, parfois, dans un certain périmètre du trottoir autour des boutiques.

À votre arrivée à l'hôtel, vous signez un document vous engageant à ne pas fumer, sous peine d'une amende de 250 $. Balcon et terrasse inclus. Et ne laissez pas de mégots dans les poubelles (même si la clope a été fumée ailleurs !). On pourrait vous accuser de ne pas avoir respecté le contrat.

Pour les irréductibles, les cigarettes s'achètent (à partir de 21 ans

L'ARNAQUE DE LA LIBERTÉ

Dans les années 1930, American Tobacco engagea un certain Bernays, psychologue et neveu de Freud. Le but ? Comment convaincre les femmes de fumer ? Eh bien, en fumant, elles deviendront les égales des hommes. La cigarette les rendra (soi-disant) libres. On fit alors défiler des mannequins, une cigarette à la main. Mission réussie.

seulement... !) dans les stations-service, les supermarchés, les drugstores (type *CVS, Rite Aid, Walgreens* ou *Duane Reade*) et les boutiques d'alcool *(liquor stores).*

TAXES ET POURBOIRES

D'abord les taxes...

Dans tous les États-Unis, ***les prix affichés dans les magasins, les hôtels, les restos, etc. s'entendent HORS TAXE(S).*** Celle-ci est ajoutée par les commerçants, restaurateurs et hôteliers au moment de payer, et diffère selon l'État, le comté, la ville et le type d'achat. Dans les hôtels, elle oscille entre 10 et 15 % ; pour tout ce qui est restos, vêtements, location de voitures, elle varie entre 5 et 10 %. ***Seuls les produits alimentaires et la pharmacie*** n'y sont pas soumis.

... puis les pourboires (*tips* ou *gratuity*)

Dans les restos, les serveurs ayant un salaire fixe relativement faible, l'essentiel de leur revenu provient des pourboires. Voilà tout le génie du capitalisme : laisser aux clients, selon leur degré de satisfaction, le soin de payer le salaire des serveurs, pour les motiver ! Bref, ***le tip est une institution à laquelle vous ne devez pas déroger*** (sauf dans les fast-foods, cafétérias et endroits en self-service). Au resto, un oubli vous fera passer pour un plouc. ***La tradition est de laisser 15, 18 ou 20 %*** (15 % étant le minimum du minimum !), calculé sur le prix hors taxes. Une des dernières trouvailles un peu « pousse conso » est le ***nouveau système de paiement par tablette*** (surtout utilisé dans les bars) avec 3 pourcentages préenregistrés que l'on doit valider avant le paiement. En général on vous propose 18, 20 et 22 %. Si bien que pour éviter d'être radin, on a tendance à valider la touche centrale de 20 % de *gratuity.* Bien joué, non ? Les Américains, d'un naturel généreux, donnant facilement 20-25 %. Bref, gardez donc en tête qu'avec la taxe de vente plus le pourboire vous voilà ***à 25-30 % de plus que le prix affiché, si ce n'est pas davantage...***

L'ORIGINE DU *TIP*

Au XVIIIe s, le patron d'un café outre-Manche eut l'idée de disposer sur son comptoir un pot portant l'inscription To Insure Promptness *(littéralement, « Pour assurer la promptitude »). Les clients pressés y glissaient quelques pièces pour être servis plus vite. Les initiales formèrent le mot* tip, *devenu un incontournable du savoir-vivre américain.*

Si vous payez par carte, n'oubliez pas de remplir vous-même la case *Gratuity* (un faux ami !) qui figure sur la facture ou de la barrer clairement si vous choisissez de laisser un pourboire en liquide (c'est possible). Sinon, le serveur pourrait s'en charger lui-même, ce que vous ne verriez qu'à votre retour, en épluchant votre relevé de compte bancaire (au fait, aux États-Unis *1* s'écrit *l,* sans « tête », donc attention à ce que votre *1* ne soit pas pris pour un 7 qui, lui, s'écrit sans barre horizontale !). Il arrive aussi que le service soit ajouté d'office au total, après la taxe. Bien vérifier votre addition, pour ne pas payer une 2de fois. C'est presque systématique pour les *parties* (groupes) de 6 ou plus. Dans ce cas, le service est calculé sur une base de 18 %.

Dans les bars, le barman s'attend à ce que vous lui laissiez un petit quelque chose, par exemple 1 $ par bière, même prise au comptoir... Pas d'exigence, mais c'est une tradition très respectée.

Concernant les ***taxis,*** il est coutume de laisser 15 à 20 % en plus de la somme au compteur. Là, gare aux jurons d'un chauffeur mécontent ; il ne se gênera pas pour vous faire remarquer vertement votre oubli.

Enfin, ***prévoir des billets de 1 ou 5 $*** pour tous les petits boulots de service où le pourboire est attendu (bagagiste dans un hôtel un peu chic, par exemple).

Calculer son pourboire

Le montant brut de l'addition est sur fond rose :

$	15 %	20 %	$	15 %	20 %	$	15 %	20 %	$	15 %	20 %
1	0.15	0.20	11	1.65	2.20	21	3.15	4.20	55	8.25	11
2	0.30	0.40	12	1.80	2.40	22	3.30	4.40	60	9	12
3	0.45	0.60	13	1.95	2.60	23	3.45	4.60	65	9.75	13
4	0.60	0.80	14	2.10	2.80	24	3.60	4.80	70	10.50	14
5	0.75	1	15	2.25	3	25	3.75	5	75	11.25	15
6	0.90	1.20	16	2.40	3.20	30	4.50	6	80	12	16
7	1.05	1.40	17	2.55	3.40	35	5.25	7	85	12.75	17
8	1.20	1.60	18	2.70	3.60	40	6	8	90	13.50	18
9	1.35	1.80	19	2.85	3.80	45	6.75	9	95	14.25	19
10	1.50	2	20	3	4	50	7.50	10	100	15	20

TÉLÉPHONE ET INTERNET

Les règles de base pour téléphoner des États-Unis

- ***États-Unis → France :*** 011 + 33 + numéro du correspondant à 9 chiffres (sans le 0 initial).
- ***France → États-Unis :*** 00 + 1 + indicatif régional à 3 chiffres + numéro du correspondant.
- ***Tous les numéros de téléphone commençant par 1-800, 1-888, 1-877, 1-866 ou 1-855 sont gratuits depuis les USA et le Canada*** (mais pas depuis votre téléphone mobile, attention).
- ***Évitez absolument de téléphoner depuis les hôtels,*** qui pratiquent presque toujours des tarifs exorbitants. Et il arrive souvent qu'une communication téléphonique soit facturée même si l'appel n'a pas abouti ! Il suffit parfois de laisser sonner 4 ou 5 coups dans le vide pour que le compteur tourne.

HALLOD ?

Le 1ier central téléphonique du monde fut monté à Budapest par un ingénieur nommé Puskas, collègue de Thomas Edison. Pour tester la ligne, il cria « Hallod », ce qui en hongrois signifie « Tu m'entends ? ». Depuis, « Hallod » est devenu « Allô » pour une grande partie du monde.

Le téléphone portable en voyage

Dans les aéroports : les ***appareils électroniques*** (smartphones, tablettes...) ***doivent être chargés et en état de fonctionnement*** pour tous les vols à destination des États-Unis. Les agents de contrôle doivent pouvoir être en mesure de les allumer. Par précaution, ayez votre chargeur à portée de main. Si votre appareil est déchargé ou défectueux, il peut être confisqué. Cette mesure étant susceptible d'être étendue à d'autres aéroports, nous vous conseillons de charger vos appareils électroniques avant le vol, quelle que soit votre destination.

On peut utiliser son propre téléphone portable aux États-Unis avec l'option « International ». Elle est en général activée par défaut. Pensez sinon à contacter votre opérateur pour souscrire à l'option (gratuite) au moins 48h avant votre départ.
Attention, seuls les mobiles 3G/4G (et 5G) fonctionnent. Pour vous assurer que votre appareil est compatible avec votre destination, renseignez-vous auprès de votre opérateur.
- ***Le « roaming » ou itinérance :*** c'est un système d'accords internationaux entre opérateurs. Concrètement, cela signifie que lorsque vous arrivez dans un pays, le nouveau réseau local s'affiche automatiquement. Vous recevez rapidement un SMS de votre opérateur qui propose un ***pack voyageurs*** plus ou moins avantageux, incluant un forfait limité de consommations téléphoniques et de connexion internet.
- ***Forfaits étranger inclus :*** certains opérateurs proposent des forfaits incluant ***35 jours de roaming offerts par an*** dans le monde entier. On peut donc cumuler plusieurs voyages à l'étranger sans se soucier de la facture au retour. Attention, si SMS, MMS et appels sont souvent illimités, la connexion internet est, elle, limitée. D'autres opérateurs offrent carrément le ***roaming toute l'année vers certaines destinations.*** Renseignez-vous auprès de votre opérateur.
- ***Tarifs :*** ils sont propres à chaque opérateur et varient en fonction des pays (le globe est découpé en plusieurs zones tarifaires). ***N'oubliez pas qu'à l'international vous êtes facturé aussi bien pour les appels sortants que pour les appels entrants,*** idem pour les textos. Donc, quand quelqu'un vous appelle à l'étranger, vous payez aussi. Soyez bref !
- ***Acheter une carte SIM sur place :*** une option avantageuse pour certaines destinations. Il suffit d'acheter à l'arrivée une carte SIM locale prépayée chez l'un des opérateurs (*Virgin Mobile, AT&T* ou *T Mobile,* par exemple), dans les boutiques de téléphonie ou à l'aéroport. Aux États-Unis, il faut compter minimum 25 $. On vous attribue alors un numéro de téléphone local et vous bénéficiez - pour une période précise - d'un forfait téléphonique avec un certain nombre de gigabits (GB) pour surfer aussi sur Internet (les offres diffèrent selon les opérateurs). Avant de payer, essayez toutefois cette carte SIM dans votre téléphone - préalablement débloqué - afin de vérifier si celui-ci est compatible. Une bonne solution pour être facilement joignable à l'intérieur du pays et rester à tout moment connecté à Internet ! Attention, on ne peut plus vous joindre sur votre numéro habituel mais uniquement sur ce nouveau numéro, sauf si vous avez un ***téléphone double-SIM***.

La connexion internet en voyage

- ***Se connecter au wifi*** aux USA est le seul moyen d'avoir accès au Web gratuitement si vous ne disposez pas d'un forfait avec *roaming* offert. Le plus sage consiste à ***désactiver la connexion*** « données mobiles ». On peut aussi mettre le portable ***en mode « Avion »*** et activer ensuite le wifi. Attention, le mode « Avion » empêche, en revanche, de recevoir appels et SMS.
En Californie, presque tous les hôtels, restos, bars et même certains espaces publics disposent d'un réseau gratuit.
- Une fois connecté au wifi, vous avez accès à tous les services de la ***téléphonie par Internet comme WhatsApp, Messenger*** (la messagerie de *Facebook*), ***Viber ou Skype.***

Urgence : en cas de perte ou de vol de votre téléphone portable

Suspendre aussitôt sa ligne permet d'éviter de douloureuses surprises au retour du voyage ! Voici les numéros des 4 opérateurs français, accessibles depuis la France et l'étranger (vous pouvez aussi demander la suspension de votre ligne depuis le site internet ou l'appli de votre opérateur) :

– **Free :** ☎ 3244 depuis la France ; ☎ + 33-1-78-56-95-60 depuis l'étranger.
– **Orange :** ☎ 3900 depuis la France ; ☎ + 33-969-39-39-00 depuis l'étranger.
– **SFR :** ☎ 1023 depuis la France ; ☐ + 33-6-10-00-10-23 depuis l'étranger.
– **Bouygues Télécom :** ☎ 1064 depuis la France ; ☐ + 33-6-60-61-46-14 depuis l'étranger.

Avant de partir, notez (ailleurs que dans votre téléphone portable !) votre ***numéro IMEI,*** utile pour bloquer à distance l'accès à votre téléphone en cas de perte ou de vol. Comment avoir ce numéro ? Il suffit de taper sur votre clavier *#06#.

Internet et wifi

Attention, piratage !

Les wifi publics sont de véritables passoires ! Il est très facile, même pour un débutant, de s'introduire sur un réseau. La seule parade véritablement fiable est de ne fréquenter que des sites « certifiés ». Ils commencent par « https:// » et affichent souvent un petit cadenas à côté de l'adresse. Dans ce cas, vos transmissions sont cryptées et donc sécurisées. Les sites les plus sensibles et populaires, comme les banques, ont tous une connexion certifiée.
Enfin, si vous utilisez un ordinateur en libre-service, évitez, dans la mesure du possible, d'entrer votre mot de passe ou toute information personnelle. Une quantité phénoménale de ces postes est infectée par des « enregistreurs de frappes », qui peuvent transmettre vos données à un destinataire mal intentionné. Et au moins, pensez à bien vous déconnecter et à ne pas cliquer sur l'option « enregistrer mon mot de passe ».

UN E-MAIL DU MOYEN ÂGE !

Aujourd'hui, le signe @ est entré dans le langage international, mais son origine date... du Moyen Âge ! On le trouve dans les écrits à partir du XIIe s comme abréviation du ad latin, avec le « d » entourant le « a ». Puis les commerçants américains le reprirent au XIXe s comme abréviation de at pour désigner un prix. L'arobase a ainsi toujours figuré sur les machines à écrire puis sur les claviers d'ordinateur, avant d'être choisi par Ray Tomlinson, l'inventeur de l'e-mail en 1971.

TRANSPORTS

L'avion

Les compagnies desservant l'intérieur des États-Unis sont nombreuses et les ***retards*** de vol presque banals tant le trafic est dense. Attention aux ***longs délais de passage à la police des frontières*** lors d'une ***correspondance*** sur le sol américain en provenance d'Europe ; c'est interminable, et ça peut vous faire rater le vol d'après ! ***Prévoir au moins 3h de battement*** entre les 2 avions quand vous arrivez (d'autant que, généralement, il faut non seulement passer la douane, mais aussi récupérer son bagage de soute avant de le déposer sur un autre tapis).
Sur les ***vols nationaux,*** le service est réduit à sa plus simple expression, et la plupart des prestations sont payantes (boissons, repas, écouteurs – donc prévoir les siens...). Attention aux limites de poids de votre bagage en soute quand vous passez d'un vol international à un vol national.

Les compagnies aériennes

Les achats de billet par téléphone ou en personne au comptoir se voient appliquer des frais supplémentaires (25-50 $) ; mieux vaut donc ***réserver par Internet...***

■ **_Air France :_** _• airfrance.fr •_
■ **_American Airlines :_** _• americanairlines.fr •_
■ **_Delta Air Lines :_** _• delta.com/fr •_
■ **_United Airlines :_** _• united.com/fr •_

La voiture

Ah ! quel bonheur de conduire dans l'Ouest américain, de rouler tranquille sur les larges *highways* rectilignes en écoutant une bonne musique, le bras à la fenêtre... *On the road again !* On a tout le loisir d'admirer au passage les énormes camions *(trucks)* aux essieux rutilants et les camping-cars de la taille d'un bus, tirant un « petit » 4x4 pour les balades ! Évidemment, on fait abstraction des grandes villes et de leurs abords, où se diriger au cœur du trafic et se garer relèvent parfois du calvaire. Le ***GPS*** ou une bonne ***appli de navigation*** (type *• maps.me •,* qui fonctionne hors connexion) sur votre smartphone peut alors s'avérer bien utile.
L'essence reste moins chère que chez nous et il n'y a que très ***peu de péages.*** Ces derniers sont surtout présents dans la périphérie des grandes villes, et presque systématiques pour les ponts et tunnels majeurs. C'est le cas notamment pour le fameux ***Golden Gate Bridge,*** avec une subtilité : il n'y a ni barrière ni guichet, le péage est automatique, avec prise de photo de la plaque du véhicule. Il faut donc être préalablement enregistré, sous peine d'amende (voir plus loin « Comment se déplacer... ? » dans le chapitre « San Francisco »).

La location de voitures

Quelques règles générales

Bon à savoir : un véhicule peut coûter jusqu'à 2 fois moins cher quand on a fait sa résa en France que lorsqu'on la fait sur place.
– Les voitures de location les moins chères sont les ***economy,*** les ***compact*** (catégorie A) et les ***subcompact*** ; ça suffit pour 3 personnes si on ne fait pas trop de route. Ensuite viennent les ***intermediate, mid-size, standard-size*** et ***full-size.*** De façon générale, les voitures sont bien plus spacieuses qu'en Europe, à catégorie égale. Le kilométrage est généralement illimité. Il arrive fréquemment que les loueurs vous incitent à prendre une ***catégorie supérieure*** à celle réservée, « pour votre confort personnel », mais le supplément vous sera – bien sûr – facturé ! Méfiance donc, et lisez bien le contrat avant de partir avec le véhicule.
– Difficile, voire impossible, de louer une voiture si l'on a ***moins de 21 ans,*** voire 25 ans pour les grandes compagnies. Dans le meilleur des cas, les moins de 25 ans devront parfois prendre une assurance « Jeunes conducteurs » *(underage surcharge)* qui coûte au moins 25-30 $ par jour.
– ***Carte de paiement internationale obligatoire*** pour la caution. Avec les cartes prestige style *MasterCard Gold* ou *Visa Premier,* vous bénéficiez d'une assurance qui couvre en partie les accidents, vols et dégradations (renseignez-vous précisément).
– ***Permis national*** suffisant. Le permis international n'est pas exigé.
– Seules les ***grandes compagnies*** sont représentées dans les aéroports. Les moins chères se trouvent en ville, mais si vous arrivez en avion, elles peuvent souvent vous livrer le véhicule à l'aéroport.
– ***Drop-off :*** on peut rendre le véhicule dans un endroit différent de celui où on l'a pris *(one-way rental),* mais il faudra alors payer un ***drop-off charge (frais d'abandon),*** plus ou moins important. Bien se faire préciser ce tarif et essayer de le négocier. Dans les petites boîtes, ça peut marcher !
– Évitez, si possible (certaines agences l'imposent), l'option qui permet de rendre la voiture ***avec le réservoir vide.*** Ce plein d'essence est évidemment facturé, et plus cher que si vous le faisiez vous-même. De plus, impossible de rendre le réservoir vraiment vide, ce qui profite à la compagnie.

Distances en km	LOS ANGELES	MONTEREY	PALM SPRINGS	RENO (NEVADA)	SAN DIEGO	SAN FRANCISCO	SAN JOSE	SAN LUIS OBISPO	SANTA BARBARA	SEQUOIA NATIONAL PARK	YOSEMITE NATIONAL PARK
LOS ANGELES		510	175	830	195	614	545	305	160	385	450
MONTEREY	510		685	510	710	190	117	230	380	400	410
PALM SPRINGS	175	685		815	200	780	720	80	325	520	615
SAN DIEGO	195	710	200	900		800	740	500	350	580	645
SAN FRANCISCO	615	190	785	350	800		80	375	525	450	310
SAN JOSE	545	115	720	405	740	80		300	50	390	300
SAN LUIS OBISPO	305	230	480	675	500	375	300		150	300	370
SANTA BARBARA	160	380	325	835	350	525	450	150		400	515
SEQUOIA NATIONAL PARK	385	400	520	580	580	450	390	300	400		350
YOSEMITE NATIONAL PARK	450	410	615	300	645	310	300	370	515	350	

– ***Le GPS :*** quelques rares loueurs l'incluent dans le tarif. Souvent, il est en supplément (jusqu'à 20 $ par jour), une véritable escroquerie ! Pour les parcs, sachez que dans bien des endroits il est inopérant. Quitte à nous répéter : téléchargez votre parcours quand vous avez du réseau et ***utilisez une appli de navigation qui fonctionne hors connexion*** quand vous roulez (● *maps.me* ● par exemple).

Les assurances

Elles sont nombreuses, et on s'emmêle rapidement les pinceaux. Tout est bon pour essayer de vous vendre le maximum d'options, hyper chères, notamment à l'aéroport, quand vous avez votre vol et le décalage horaire dans les pattes !
– Quand on réserve de l'étranger, ***les assurances de base et les taxes sont souvent incluses (revérifiez !).***
– ***LDW (Loss Damage Waiver) ou CDW (Collision Damage Waiver) :*** c'est l'assurance tous risques avec suppression de franchise, pour tout dommage occasionné au véhicule *(CDW)* ou pour dommages et perte d'accessoires *(LDW)*. Obligatoire avec certaines compagnies et souvent incluse quand on réserve depuis l'Europe. Sinon, comptez à partir de 10 $ par jour. Elle couvre donc tous les dégâts (vol, incendie, accrochages, accidents...), même si vous êtes en tort (hors état d'ivresse), mais pas les dégâts occasionnés aux tiers si vous êtes responsable. Avec une carte de paiement « haut de gamme » *(MasterCard Gold, Visa Premier...)*, il est moins utile de prendre ces assurances, car ces cartes couvrent souvent les frais dus aux dégâts occasionnés aux véhicules.
– ***LIS ou SLI (Liability Insurance Supplement) :*** une assurance supplémentaire qui augmente le plafond de la garantie civile en cas de dommages corporels aux tiers si vous êtes responsable de l'accident. Aucune carte de paiement ne l'inclut. Il faut savoir qu'aux États-Unis si vous renversez quelqu'un et que cette personne est hospitalisée, votre responsabilité peut être engagée bien au-delà de la garantie civile de base prévue par le loueur. Il est donc important d'avoir une couverture béton. Compter à partir de 15 $ par jour.
– ***PAI (Personal Accident Insurance) :*** elle assure le conducteur et les passagers pour les frais médicaux liés à un accident. Inutile si vous possédez une assurance personnelle incluant les accidents de voiture. Sinon compter à partir de 7 $ par jour en moyenne.
– ***PEP (Personal Effect Protection) :*** elle couvre les effets personnels volés dans la voiture. Inutile à notre avis, il suffit de ne jamais rien laisser de valeur à l'intérieur.

La location depuis la France

■ ***BSP Auto :*** ☎ *01-43-46-20-74 (tlj 9h-21h30, 20h w-e).* ● *bsp-auto.com* ● Les prix proposés sont attractifs et comprennent le kilométrage illimité et l'assurance tous risques sans franchise (LDW). *BSP Auto* propose exclusivement les grandes compagnies de location sur place, assurant un très bon niveau de service. Le plus : vous ne payez votre location que 5 jours avant le départ. Remise spéciale de 5 % aux lecteurs de ce guide avec le code « ROUTARD22 ».

Conduire une voiture automatique

Il n'y a que ça aux États-Unis. Voici la signification des différentes commandes internes :
P : Parking (à enclencher lorsque vous stationnez, mais à ne pas utiliser comme frein à main).
R : Reverse (marche arrière).
N : Neutral (point mort).
D : Drive (position de conduite que vous utiliserez quasiment tout le temps).
1, 2 et 3 ou I et L : vous sélectionnez votre propre rapport de boîte (bien utile en montagne ou dans certaines côtes, mais ça consomme plus d'essence).
Pour démarrer, rester sur la position P, sinon le moteur ne se lance pas. Ensuite, pour oublier vos vieux réflexes, calez votre ***pied gauche*** dans le coin gauche, et

ne l'en bougez plus jusqu'à la fin de votre périple. On se sert uniquement du ***pied droit*** pour accélérer ou freiner. Pour quitter la position « P » ***appuyez sur le frein,*** sinon la manette restera bloquée, non mais !
Pratique, les voitures américaines sont équipées d'un régulateur de vitesse ***(cruise control)*** qui se révèle très utile sur les longues autoroutes et pour éviter les excès de vitesse.

Les règles de conduite

Sachez que les Américains sont très respectueux du code de la route et qu'il ne leur viendrait pas à l'idée de bloquer en double file la circulation pour acheter le journal. La voiture n'est pas pour eux un engin de course. On roule pépère (pas partout, certes !), on respecte l'autre, on est tolérant et on ne fait pas n'importe quoi.
– ***Feux tricolores :*** ils sont situés après le carrefour et non avant comme chez nous. Si vous marquez le stop au niveau du feu, vous serez donc en plein carrefour ! Autant vous dire qu'après une ou 2 incartades (et grosse frayeur) on prend le réflexe !
– ***Priorité à droite :*** elle ne s'impose que si 2 voitures arrivent en même temps à un croisement et que celui-ci n'a ni feux ni panneaux, ce qui est rare ; la voiture de droite a alors la priorité.
– ***Tourner à gauche, avec une voiture en face :*** un tournant à gauche, à un croisement, se fait au plus court, en passant l'un devant l'autre. Attention : si une pancarte indique *No left turn* ou *No U turn* (en toutes lettres ou dessiné), poussez jusqu'à la prochaine intersection pour vous engager à gauche.
– ***Tourner à droite, à une intersection :*** à condition d'être sur la voie de droite, vous pouvez tourner à droite, même si le feu est rouge, après avoir observé un temps d'arrêt et vous être assuré que la voie est libre, d'abord au niveau des piétons (qui conservent la priorité), puis des véhicules. Bien entendu, on ne le fait pas si une pancarte indique *No red turn.*
– ***Clignotants :*** facultatifs au regard de la plupart des conducteurs américains, tant pour tourner que pour doubler, mais pourtant obligatoire selon la loi. Ne vous laissez pas surprendre !
– Ne quittez pas vos rétros des yeux, les Américains ***doublent indifféremment par la gauche comme par la droite,*** et ne se rabattent pas systématiquement. Le conducteur le plus lent de l'État peut très bien squatter la file de gauche indéfiniment, même si des panneaux l'invitent à se ranger à droite...
– ***Erreur de direction sur l'autoroute :*** il n'est pas rare de devoir faire 10, 20, voire 30 km avant de pouvoir faire demi-tour...
– ***Stops :*** s'il y a plusieurs stops, le 1er qui s'est arrêté est le 1er à repartir. Le *4-way stop,* qui est un carrefour avec un stop pour chacune des 4 rues, est totalement inédit chez nous mais assez fréquent aux États-Unis. S'il y a une voiture à chaque stop, bien retenir l'ordre d'arrivée et être fair-play. Et vous verrez, ça marche !
– ***Car pool :*** sur certaines autoroutes, pour faciliter la circulation et encourager le covoiturage, il existe une voie dénommée *car pool* (ou *HOV* pour *High Occupancy Vehicle*), réservée aux usagers qui roulent à 2, 3 ou plus par voiture (toute la journée ou seulement à certaines heures). Beaucoup moins de monde que sur les autres voies, ce qui est très utile aux heures de pointe ! Elles sont généralement matérialisées par un losange blanc au sol.
– ***Limitations de vitesse :*** fixées par les États. Maximum 55 ou 60 mph (88-96 km/h) sur de nombreuses routes. Mais sur les autoroutes *(interstates),* elle peut atteindre 65 mph (104 km/h), voire 70 mph (112 km/h) en Californie et même 75 mph (120 km/h) dans le Nevada. En ville : 20-35 mph (32-56 km/h). À proximité d'une école (à certaines heures), elle chute à 15 ou 20 mph (24-32 km/h), et tout le monde respecte ! Curieusement certaines voies à 2 x 2 voies sans séparateur central sont parfois limitées à 70 mph (120 km/h), alors qu'en France elles sont à 80 km/h. Allez comprendre ! Attention, les radars sont très nombreux, et la police vigilante.
– ***Stationnement en ville, parcmètres et parkings :*** faites toujours très attention à l'endroit où vous vous garez, sous peine de voir votre pare-brise décoré

d'un PV... ou, pire, votre véhicule embarqué par la fourrière. ***Lisez bien les panneaux au coin de la rue,*** ce sont eux, surtout, qui régulent le stationnement ; on vous prévient, l'accumulation de restrictions peut rendre la lecture complexe. La présence de parcmètres et d'horodateurs ne veut pas forcément dire qu'on peut se garer tout le temps ; là encore, vérifiez bien les indications. Si ***le bord du trottoir est peint en jaune ou en rouge,*** il indique des restrictions ou interdictions. Le principe : si la bordure du trottoir est colorée, y a un loup. Dans le doute, garez-vous ailleurs ! Si le parcmètre ou l'horodateur est hors service, ne pensez pas faire une bonne affaire : vous devez vous garer devant une machine qui fonctionne ! Dans certaines grandes villes, comme **Los Angeles,** se garer sans frais est un exploit à signaler au *Livre des records* ; il y a **des parcmètres et des horodateurs partout,** qu'il faut alimenter tous les jours, parfois même jusque tard dans la soirée ! Prévoyez aussi de la monnaie (tous ne prennent pas les cartes de paiement), sinon vous devrez vous garer dans l'un des nombreux parkings à la journée qui pullulent dans les villes. Ces derniers affichent souvent un tarif compétitif au 1er abord, mais le tarif est valable pour 15 ou 20 mn seulement ! Bref, à Los Angeles, attendez-vous à payer environ 10 à 15 $ la journée, voire plus dans certains quartiers huppés. En revanche, à ***San Francisco,*** où le stationnement automobile est complexe, on trouve çà et là de petits parkings gardés entre les immeubles, moins chers que les parkings couverts ou ceux des hôtels.
La liste n'est pas exhaustive, et vous découvrirez encore plein de surprises par vous-même. Ainsi, dans les rues pentues de San Francisco, il est obligatoire de se garer les roues braquées vers le trottoir.
Enfin, ***ne vous garez JAMAIS sur un arrêt d'autobus, ni devant une borne d'incendie*** *(fire hydrant),* ni bien sûr s'il y a un panneau « *Tow away* », qui signifie « Enlèvement ». On vous emporterait la voiture en quelques minutes, et la fourrière, couplée à l'amende, est très chère (plus de 200 $!). Ne dépassez pas l'heure limite de stationnement. Les prunes tombent vite, et sans sommation.
- ***Bus scolaires à l'arrêt :*** très important, lorsqu'un *school bus* (on ne peut pas les louper) s'arrête et qu'il met ses feux clignotants rouges, l'arrêt est obligatoire dans les 2 sens, pour laisser traverser les enfants qui en descendent. Si on le suit (pas de bol), ***ne surtout pas le doubler.*** Tant que les feux clignotants sont orange, le bus ne fait que signaler qu'il va s'arrêter. À l'arrêt, un petit panneau « stop » est souvent automatiquement déployé, sur la gauche du véhicule. Son non-respect est l'une des pénalités les plus gravement sanctionnées aux États-Unis.
- ***Respect des piétons :*** vous verrez souvent le panneau ou l'inscription au sol « Xing ». Ce n'est pas du chinois, c'est l'abréviation de *crossing* (croisement)... Ici, le respect des passages protégés n'est pas un vain mot. Dès qu'un piéton s'avance pour s'engager sur la chaussée pour la traverser, tout le monde s'arrête (enfin, presque).
- ***PV :*** si vous avez un PV *(a ticket)* avec une voiture de location, mieux vaut le payer sur place (par carte de paiement via le site internet indiqué au dos du papier). Sinon, c'est votre loueur qui le réglera pour vous, avec votre carte de crédit évidemment, doublée d'une majoration et d'importants frais de dossier. Ben voyons !

L'essence

Bonne nouvelle, elle reste ***moins chère que chez nous,*** même si la Californie n'est pas l'État le plus compétitif en la matière (compter environ 4 $ pour un *gallon,* soit 3,8 l). L'essence étant plus chère aux abords et à l'intérieur des parcs nationaux, pensez à faire le plein dès que vous en sortez ou avant d'y arriver.
Les voitures roulent à l'essence sans plomb *(unleaded),* dont il existe plusieurs qualités. La moins chère, la ***regular unleaded 87,*** suffit.
Dans les stations-service *(gas stations),* le ***règlement par carte de paiement à la pompe*** ne marche pas toujours avec une carte étrangère. Dans ce cas, ***il faut aller prépayer à la caisse*** en indiquant un montant... Euh, et comment je sais combien

d'essence veut ma voiture ? Si vous avez surestimé le montant de ce plein (par exemple si vous aviez annoncé 30 $ et que finalement vous n'en avez mis que pour 26 $), les 4 $ de différence vous seront recrédités sur-le-champ.

Circuler et s'orienter

On distingue les ***freeways*** (larges autoroutes aux abords des grandes villes), les ***interstates,*** qui relient les États entre eux (elles sont désignées par la lettre « I »), et les ***routes secondaires*** (numéro à 2 ou 3 chiffres). Ouvrez bien l'œil et sachez vers quel point cardinal vous vous orientez car les panneaux font le plus souvent état du numéro de la route (avec indication North, South, West...) que du nom des villes. Sur les *interstates,* le numéro de la sortie correspond au mile sur lequel elle se trouve. Ainsi, la sortie après la n° 189 peut très bien être la n° 214.
Si vous rencontrez des ***turnpikes,*** sachez que ce sont des tronçons d'autoroutes payants. Les grands ponts (comme le Golden Gate) et beaucoup de tunnels majeurs le sont aussi.

Cartes routières et GPS

Presque toutes les ***stations-service*** vendent une large gamme de cartes à des prix tournant autour de 5-7 $ (notamment la collection *Rand MacNally*). Celles (gratuites) des agences de location de voitures peuvent dépanner mais sans plus. Lorsqu'on traverse la frontière d'un État, on trouve très souvent aussi un *Visitor Center* où il est possible d'obtenir gratuitement des cartes routières de l'État. Quant au ***GPS, téléchargez votre parcours quand vous avez du wifi*** et optez pour un logiciel qui fonctionne hors connexion.
Les voyageurs au long cours se procureront *The Road Atlas* de **Rand MacNally** : une page par État, très bien fait.

La location d'un camping-car (ou *RV* ou *motor-home*)

Voyager en *RV* (prononcer « areviii », pour *Recreational Vehicle*) est une expérience unique. Comparés à nos camping-cars, les *RV* américains sont souvent massifs, de la taille d'un petit bus ! Rassurez-vous, on en trouve aussi de plus modestes ; vous avez tout intérêt à louer l'un de ceux-là pour pouvoir stationner partout... Côté ***tarifs,*** compter autour de 700-800 $ la semaine (pour un *RV* pouvant accueillir 4-5 personnes), plus le kilométrage. Cela peut donc vite revenir plus cher qu'un séjour voiture + motels. D'autant qu'au prix de la location s'ajoutent encore l'***essence*** (de 12 à 45 l aux 100 km selon les modèles !) et l'***emplacement dans les campings*** puisqu'il est interdit de passer la nuit au bord d'une route. Compter 45-50 $ en moyenne la place seule dans un camping privé, avec *hook-up,* les branchements eau et électricité dont vous aurez besoin pour la clim et le chauffage (*full hook-up,* avec la vidange en plus). Même en journée, il est ***interdit de se garer n'importe où*** ; dans certaines grandes villes, on vous met à la fourrière dans l'heure. Les parkings des hypermarchés ou des magasins sont tolérés, à condition d'y faire ses courses avant, d'éviter tout déballage et de laisser les lieux propres.
La location de petits véhicules surmontés d'une sorte de tente dépliable sur le toit peut être un bon compromis quand on est 2 ou 3 (un peu à l'étroit à 4) : consommation d'une voiture normale, autorisation de se garer partout, prix raisonnables... On peut même alors passer la nuit sur certains parkings, discretos.
Un permis classique suffit pour conduire un *RV,* encore faut-il évidemment se sentir capable de le faire ! Si vous êtes intéressé, mieux vaut louer le véhicule à l'avance car, en haute saison, il est parfois difficile d'en trouver sur place.

L'auto-stop *(hitchhiking)*

Devenu rare, le stop n'est pas pour autant interdit, sauf sur les autoroutes et leurs voies d'accès. Reste que, aux États-Unis, c'est louche de ne pas avoir de voiture.

La moto

Quelques loueurs de motos – essentiellement de grosses Harley-Davidson – dans cette partie des États-Unis. Si vous avez décidé d'accomplir tout votre périple à moto façon *Easy Rider,* mieux vaut la réserver depuis la France. Il faut avoir 21 ans au minimum, une carte de paiement et le permis moto, bien sûr.

■ ***Eagle Rider :*** *• eaglerider.com •* Agence spécialisée dans la location de Harley-Davidson, et représentée dans une trentaine d'États américains, dont tous ceux de l'Ouest. Location à la journée (à partir de 100-150 $ sans les taxes) comme à la semaine. Possibilité de rendre la moto dans une autre ville que celle de départ, mais c'est alors très cher.

Le bus

Le ***réseau Greyhound*** *(• greyhound.com •)* couvre la quasi-totalité du pays. Mais il n'y a pas qu'eux ! D'autres compagnies proposent des offres très concurrentielles, comme ***Megabus*** *• us.megabus.com •*
Les ***billets*** s'achètent dans les gares routières, par Internet et par téléphone. Ceux achetés bien à l'avance sont moins chers. Grosse différence de tarifs aussi entre les billets « *economy* » (non remboursables) et les « *flexible* » (modifiables sans frais et remboursables). On peut également opter pour un billet « *economy extra* », avec embarquement prioritaire (utile car pas de place numérotée sur les billets). Quoi qu'il en soit, mieux vaut se présenter un minimum de temps avant le départ, surtout si vous avez des bagages à mettre en soute. En ***période de fêtes,*** les bus sont souvent pris d'assaut par tous ceux qui ne prennent pas l'avion. Faites attention aux diverses formes de trajet : ***express, non-stop, local...*** Les bus, rapides, offrent un certain ***confort*** : avec w-c à bord et l'AC, ce qui veut dire qu'il peut y faire très frais ; prévoyez un pull. Intéressant de nuit car ils permettent de couvrir des distances importantes tout en économisant une nuit d'hôtel !
Les ***arrêts en route*** ne sont pas mentionnés sur les billets (seuls ceux avec changement de bus sont indiqués). Respectez impérativement le temps donné par le chauffeur pour la pause. Ce dernier repartira à l'heure annoncée, sans états d'âme pour ceux qui ne sont pas remontés dans le bus ! En descendant lors d'une pause, relevez aussi le numéro du bus pour bien remonter dans le bon.

Le train

Aux États-Unis, le train est très confortable mais ne couvre pas l'ensemble du territoire et demeure plus cher que le bus. Reconnaissons-le, voyager en train dans l'Ouest américain n'est pas franchement pratique. Pour les longues distances, ***Amtrak*** propose l'***USA Rail Pass,*** valable dans tout le pays. Il permet de faire 10 trajets sur une période de 30 jours. Compter 500 $ (moitié prix 2-12 ans). Il existe également un *pass* spécifique à la Californie ***(California Rail Pass)*** utilisable 7 jours sur une période de 3 semaines à 160 $ (réduc enfants). Attention, pour ces *passes,* il est impératif de faire une résa pour chaque trajet (sans attendre la dernière minute). Vous pouvez le faire à l'avance depuis l'étranger en appelant le ☎ *00-1-215-856-7924.* Ou sur place, aux États-unis, ☎ *1-800-872-7245.* Il ne vous restera plus qu'à retirer le billet au guichet une fois sur place – en vous assurant bien que la gare n'est pas automatisée !
Sinon, possibilité de ***réserver des billets de train simples*** sur le site dédié *• amtrak.com •*

URGENCES

☎ ***911*** *(numéro national gratuit).* L'opérateur vous mettra en relation, selon votre problème, avec le service adéquat (police, pompiers ou ambulances). Si vous ne parlez (presque) pas l'anglais, précisez-le *(« I don't speak English, I am French »)...*

SAN FRANCISCO, LE WINE COUNTRY (NAPA ET SONOMA VALLEYS) ET LA SILICON VALLEY

SAN FRANCISCO ET SES ENVIRONS

SAN FRANCISCO

env 880 000 hab.

- Pour les plans de San Francisco, se reporter au plan détachable en fin de guide.

« **Le seul inconvénient de San Francisco, c'est de la quitter.** »
Rudyard Kipling

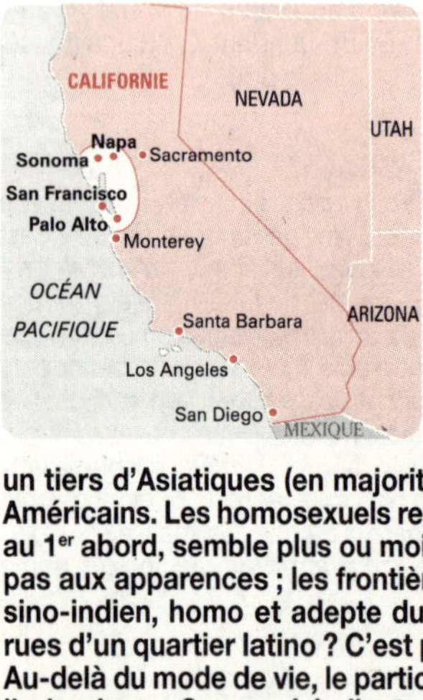

Située à 650 km au nord de Los Angeles, San Francisco est un peu l'antithèse de cette dernière. Mosaïque de populations, cette ville maritime, qui a grandi au rythme des bagarres sur les quais interlopes de ce qu'on appelait jadis la *Barbary Coast,* symbolise depuis les années 1960 l'espérance d'une vie meilleure pour de nombreux exclus de la société américaine – à commencer par les minorités ethniques ou sexuelles. De fait, San Francisco diffère du reste des États-Unis par sa diversité culturelle, son anticonformisme et sa tolérance. Sur ses 880 000 habitants, on dénombre un tiers d'Asiatiques (en majorité chinois), 15 % de Latinos et 5,5 % d'Afro-Américains. Les homosexuels représentent 15 % de la population. Si chacun, au 1er abord, semble plus ou moins cantonné dans son quartier, ne vous fiez pas aux apparences ; les frontières sont plus poreuses en réalité. Un couple sino-indien, homo et adepte du piercing poussant une poussette dans les rues d'un quartier latino ? C'est possible.

Au-delà du mode de vie, le particularisme de San Francisco se retrouve dans l'urbanisme. Comparé à d'autres cités, le centre-ville n'est pas peuplé de gratte-ciel. Ceux-ci doivent en effet répondre à des normes esthétiques très précises, coûteuses et contraignantes pour le promoteur... Même si la pression démographique des dernières années a transformé la ville en un vaste chantier, notamment à SoMa, où s'élève désormais la *Salesforce*

Tower : avec ses 326 m, elle dépasse de 66 m la Transamerica Pyramid.
Cela dit, les maisons victoriennes s'imposent encore dans de nombreux quartiers, malgré les ravages du séisme de 1906 et de l'incendie qui s'ensuivit. Semées au gré des fameuses collines et des rues pentues, elles contribuent à faire de San Francisco l'une des plus belles villes du monde. Elle vous enchantera, c'est sûr, avec ses très nombreux quartiers (aussi différents par leur décor et leur ambiance que par leur population), ses grands musées, sa scène culturelle, ses *cable cars*, ses plages et ses parcs, jusqu'à l'emblématique Golden Gate rougeoyant planté dans l'axe de la baie. Pas étonnant que les Américains l'aient surnommée *Everybody's Favorite City...*
Ville riche, très bobo, San Francisco affiche un revenu moyen supérieur de plus de 50 % à la moyenne nationale. Mais tout, bien sûr, n'y est pas rose pour autant. Chassée par les prix de l'immobilier, la classe moyenne a dû s'expatrier vers la périphérie. Certains coins, comme le Tenderloin, aux marges ouest de Downtown, concentrent les laissés-pour-compte, qui errent dans les rues (mieux vaut éviter d'y loger).
Et puis, soyons honnêtes, San Francisco a un inconvénient de taille : son climat. « Le pire hiver que j'aie jamais passé, c'est un été à San Francisco », aurait dit Mark Twain... Que la phrase soit de lui ou d'un autre, elle résume bien la situation. En juillet-août, des bancs de brouillard, issus de la différence thermique entre les terres californiennes surchauffées et les eaux froides du Pacifique, enveloppent parfois la ville pendant des jours, gommant jusqu'au Golden Gate. San Francisco y a gagné un autre surnom : *Fog City* ! Il y fait invariablement frais (spécialement le soir) et le mercure en journée ne dépasse guère 20-25 °C... en été. Le printemps (de mi-avril à juin) et l'arrière-saison (septembre-octobre) s'avèrent en fait les meilleurs moments pour visiter la ville : il y a alors (un peu) moins de touristes, moins de brouillard, plus de belles journées ensoleillées, et les hôtels affichent en général des tarifs (un peu) moins élevés.

FRISCO FAIT SON CINÉMA

San Francisco a servi de cadre à de nombreux films. Rappelez-vous, le plongeon de Kim Novak sous le Golden Gate Bridge dans Sueurs froides (Vertigo) *de Hitchcock en 1958. Sans oublier* Les Passagers de la nuit *avec Humphrey Bogart et Lauren Bacall (1948),* Le Prisonnier d'Alcatraz *avec Burt Lancaster (1962), la série des* Inspecteur Harry *avec Clint Eastwood, dans* Bullitt *(1968), la longue course-poursuite de Steve McQueen au volant de sa Mustang. Et puis* La Tour infernale *(1974),* Basic Instinct *(1992),* Mrs Doubtfire *(1993) avec Robin Williams métamorphosé en nanny... Et aussi* Harvey Milk *(2008), qui valut un oscar du meilleur acteur à Sean Penn.*

UN PEU D'HISTOIRE

En ***1579,*** le grand corsaire anglais ***Francis Drake*** aborde la ***côte californienne,*** à quelques encablures de ce qui ne s'appelle pas encore la baie de San Francisco, et prend possession du territoire au nom de la reine d'Angleterre. La ***Californie*** avait été « découverte » et baptisée quelques décennies plus tôt par ***Cortés,*** mais les Espagnols n'en avaient pas encore arpenté le Nord. Curieusement, ce n'est qu'au XVIIIe s que la baie elle-même est découverte par des missionnaires espagnols : cachée par le brouillard, elle avait échappé aux explorations précédentes ! ***Saint François d'Assise*** étant le patron de ces religieux, la ville prend naturellement le nom de ***San Francisco.*** On construit alors une 1re mission qui lui est dédiée, un fort à l'entrée de la baie, ainsi que la forteresse du Presidio, au-dessus. Des colons espagnols venus du Mexique commencent à s'installer, et les populations peu nombreuses d'Indiens ohlones sont converties. La Pérouse y fait escale en 1786, suivi par George Vancouver en 1792. Des commerçants en fourrures russes fréquentent aussi la région.

Après l'indépendance du Mexique (1821), San Francisco, alors connue sous le nom de ***Yerba Buena,*** voit s'installer quelques colons américains. En 1846, un groupe de 240 pionniers mormons débarque, faisant doubler la population !

La folle épopée des chercheurs d'or

Début 1848, la guerre américano-mexicaine, déclenchée par l'annexion du Texas, se termine par la ***cession aux États-Unis d'un immense territoire à l'ouest*** – la « destinée manifeste » du peuple américain à occuper tout le continent reçoit alors sa plus belle contribution (1,3 million de kilomètres carrés). Parmi les prises d'armes figure la Californie, encore très peu peuplée.

San Francisco n'est encore qu'un tout petit village quand, un jour, à quelque 220 km de là, John Marshall apporte à son patron, le Suisse John Sutter, la 1re pépite d'or. Selon la légende, Sutter parvient un moment à cacher la trouvaille, jusqu'au jour où un colon ivre mort arrive dans les rues de San Francisco, s'écriant « De l'or ! De l'or ! » en brandissant un sachet... C'est le début de la ruée et du mythe de San Francisco. La Golden Gate (« porte de l'Or ») y gagne son nom. En à peine 2 ans, toute la région est envahie d'aventuriers, de mineurs, de chômeurs, de filles de joie, de commerçants et de truands de tout poil, venus du monde entier. ***San Francisco pousse comme un champignon*** : sa population est multipliée par 62 (de 400 à 25 000 habitants), alors même que la ville subit 6 incendies en un an et demi, entre décembre 1849 et juin 1851 ! On parle alors de *Barbary Coast* pour désigner son turbulent cœur populaire, où se multiplient les excès en tout genre. La prostitution, le jeu, l'opium, l'empoisonnement au laudanum (dérivé d'opium) et la corruption y ont fait leur nid, tandis que les engagements forcés sur les navires se multiplient.

LE JEAN : UNE VRAIE MINE D'OR

Selon la légende, Loeb (Levi) Strauss, un immigré de Bavière, serait arrivé en pleine ruée vers l'or à San Francisco, avec un lot de bâches bleues qu'il aurait taillées en pantalons très solides, appréciés des orpailleurs. En réalité, le marchand de tissu ne se mit au pantalon qu'en 1873, lorsqu'un inventeur lui proposa de déposer le brevet du rivet. Quant à savoir si le nom anglais du jean *(denim) vient de la ville de Nîmes et celui du jean de celle de Gênes d'où aurait été expédié le tissu, le mystère reste entier...*

Le petit Paris de l'Ouest

Une dizaine d'années plus tard, le filon est tari. Mais, ô miracle, après l'or, l'argent fait son apparition dans les montagnes des environs. Cette fois, ce sont les investisseurs et les mineurs professionnels qui accourent. Sur fond de guerre de Sécession, les années 1860 sont aussi marquées, à l'Ouest, par la ***construction du chemin de fer*** transocéanique jusqu'à Sacramento : en 1869, enfin, côtes Atlantique et Pacifique sont reliées entre elles. Il ne faut plus que 6 jours de voyage au lieu de 2 mois, auparavant, en transitant par l'isthme de Panamá ! Les travailleurs chinois, très majoritaires dans les travaux d'aménagement du « cheval de fer », s'installent en ville mais font l'objet de discriminations flagrantes : des lois hostiles sont même adoptées pour décourager leur immigration.

San Francisco sort peu à peu de son ambiance Far West pour prendre des allures de ***métropole*** plus urbanisée, avec ses banques, ses commerces et ses bureaux. Basée à San Francisco, la ***Wells Fargo*** s'impose dans tout le pays à travers ses réseaux maritimes et de diligences. Les ***cable cars*** commencent à grimper le long des rues pentues, tandis que naît le ***Golden Gate Park*** (1887). À Nob Hill, les 1ers magnats des chemins de fer et du business se font bâtir de fastueuses résidences victoriennes en bois. À la fin du siècle, de nombreuses écoles, un hôpital et une bibliothèque sont construits sous la gouverne du maire James Phelan.

Les 1res années du XXe s ne sont pas des plus heureuses : la surpêche menace et, à une grande épidémie de peste (1900-1905) succède, le ***18 avril 1906,*** un ***séisme dévastateur,*** estimé à 7,8 sur l'échelle de Richter. Les canalisations éclatées, les pompiers ne parviennent pas à lutter contre les incendies et ***près de 80 % de la ville part en fumée.*** Le centre-ville est presque entièrement rasé et, avec lui, les derniers saloons, salles de jeu et bordels de la *Barbary Coast.* Quelque 3 000 personnes sont tuées et des dizaines de milliers se retrouvent sans abri... La ville se redresse au gré de scandales de corruption qui valent au maire Eugene Schmitz de se retrouver derrière les barreaux.

San Francisco, berceau de Jack London et des beatniks

Que ***Jack London*** soit né dans la ville des chercheurs d'or n'étonnera personne. Fils d'un prétendu astrologue constamment endetté – qui ne le reconnut jamais –, il porte le nom du 2d mari de sa mère. Jack mène une enfance malheureuse qui l'incite à devenir voleur d'huîtres dès l'âge de 15 ans, puis à tenter toutes sortes d'aventures pour échapper au sort d'ouvrier qui lui semble promis. San Francisco et sa région sont alors placées sous la coupe des redoutables ***conserveries*** qui ont fleuri au Fisherman's Wharf, où les hommes s'échinent pour quelques dizaines de cents par jour. Après avoir exercé mille et un petits boulots, Jack réussit, mais pas comme il l'avait imaginé : c'est son talent de conteur, d'abord dans la presse, puis à travers des romans devenus classiques *(Croc-Blanc, L'Appel de la forêt...),* qui fait de lui l'un des 1ers millionnaires de l'histoire de l'édition. Cette fortune ne lui fait pas renier ses engagements : il milite toute sa vie pour le socialisme et produit des écrits politiques souvent visionnaires...
L'un de ses fils spirituels est un autre Jack : ***Kerouac,*** auteur de *Sur la route,* ouvrage phare qui a inspiré de nombreux routards. Comme London, Kerouac, natif du Massachusetts, prend la route très tôt et fait tous les métiers avant de devenir célèbre par ses romans largement autobiographiques – à l'origine de la tradition américaine du *road movie.* Mais il n'est pas qu'un routard : Kerouac se fait le chantre d'une certaine révolte contre les conventions sociales étouffantes, en faveur d'une libération de l'esprit et de l'individu – au besoin à travers alcool, drogues et sexe. Au cœur d'une bande de copains poètes, il donne naissance au ***mouvement beat,*** un mot qui viendrait, selon lui, de « béatitude ». *Beat* signifie également « pulsation » et, en argot, « au bout du rouleau », « vagabond »...
Tout commence en 1955... ***Allen Ginsberg*** (1926-1997) termine son poème « *Howl* », point de départ d'un mouvement de rupture et de ralliement, qui a pour objectif de dénoncer les existences mues par l'ambition. Il en fait une lecture publique à laquelle assistent toutes les figures désormais historiques de la ***Beat Generation*** : Kerouac, Burroughs, Cassidy, Welsh et MacClure. Ferlinghetti, le fondateur de la librairie *City Lights,* édite aussitôt ce texte qui prend vite l'allure d'un manifeste. L'ouvrage comparaît en justice pour obscénité mais est « relaxé ».
Aux côtés de Ginsberg et Kerouac, leur grand ami ***William S. Burroughs*** (1914-1997) est une autre figure essentielle de la littérature américaine moderne. Homosexuel et toxico notoire, ce fils de famille bourgeoise est connu pour avoir tué sa femme d'un coup de revolver lors d'une soirée un peu trop arrosée – il voulait imiter Guillaume Tell... À Tanger, il rédige *Le Festin nu,* roman culte qui exploite la technique novatrice du *cut-up,* destinée à faire émerger le caractère inavoué des pensées. Ce livre, désormais considéré comme un classique, a influencé bon nombre de poètes et d'écrivains, de chanteurs rock, mais aussi des peintres contemporains et des cinéastes comme David Cronenberg, le réalisateur de *Dead Zone* et *Crash,* qui a adapté *Le Festin nu* à l'écran.
Le mouvement beatnik doit son nom au journaliste du *San Francisco Chronicle* Herb Caen qui, en 1957, écrit par dérision : *The Russians may have their Sputniks, but we have our beatniks...* Le jeu de mots reste. Le beatnik des stéréotypes est alors décrit comme lisant des poèmes, portant un tee-shirt sale, la barbichette, des lunettes de soleil. Les beat ne sont pourtant pas une image, mais un état

d'esprit, des états d'esprit, qui s'ingénient à remettre en cause l'ordre établi, en s'ouvrant aux autres cultures, aux religions ésotériques, à l'antimatérialisme. C'est avant tout une ***nouvelle forme de poésie et d'écrits,*** qui s'inspire en partie des expériences de Rimbaud et des surréalistes, des romans de Joseph Conrad et du jazz. La voie est ouverte pour que les hippies s'imposent.

« If you're going to San Francisco... »

« *... be sure to wear some flowers in your hair.* » La chanson de Scott MacKenzie est encore dans les têtes : pour toute une génération, San Francisco fut la ***ville symbole de la libération hippie.*** C'est en effet dans la *Bay Area* (la baie de San Francisco) que tout démarra, dans 2 lieux devenus mythiques : l'université de Berkeley et le quartier de Haight-Ashbury.

En 1963, lors des marches de contestation du Free Speech Movement, une certaine ***Joan Baez*** prend le micro sur le campus de ***Berkeley*** pour appeler à lutter contre la censure et en faveur de la liberté de parole. Un an plus tard, l'agitateur d'idées et « grand gourou » du LSD, ***Timothy Leary,*** accompagné des pontes de la Beat Generation, Allen Ginsberg, Jack Kerouac et William Burroughs, annonce officiellement l'avènement de la « révolution psychédélique », relais entre le mouvement beat et la génération hip. Les étudiants de Berkeley les prennent au mot : ils rebaptisent leur université « Trip City » !

À partir de 1965, dans le sillage de la mémorable Halloween Acid Party (sic !), la musique propage ces discours révolutionnaires grâce à l'émergence d'une scène locale incroyablement active – que l'on retrouvera au grand complet au festival de Woodstock, sur la côte Est. Parmi les groupes les plus importants de San Francisco figurent les ***Grateful Dead,*** pionniers du rock psychédélique (dont le guitariste Jerry Garcia, surnommé Captain Trips !), ***Jefferson Airplane*** (et sa chanteuse ***Grace Slick,*** qui devient le chantre du mouvement hippie), Country Joe MacDonald and The Fish (groupe formé par des étudiants de Berkeley opposés à la guerre du Vietnam) et Big Brother and The Holding Company, qui révèle une chanteuse du nom de... ***Janis Joplin.***

En 1966, le mouvement prend un nom : dans la revue *Rolling Stone,* éditée à San Francisco, l'écrivain Hunter S. Thompson est l'un des 1ers à employer le terme de « hippies », qui semble vouloir dire « ceux qui ont pigé » en argot noir. Ils se trouvent un quartier à eux : ***Haight-Ashbury,*** aussitôt rebaptisé « Hashbury » (jeu de mots évident), alias « Hippyland ». Attirés par les maisons anciennes aux loyers dérisoires, ils s'installent sur Ashbury Street, dans le sillage de ***Jimi Hendrix,*** Janis Joplin, Grace Slick, Jerry Garcia et l'écrivain Richard Brautigan.

LA CIA, DEALER DE LSD

Avec l'opération « Midnight Climax » (l'Orgasme de Minuit), la CIA voulut tester les effets du LSD. Elle monta un réseau de maisons de passe à San Francisco et à New York, où la drogue était inoculée discrètement. Les call-girls étaient gérées et rétribuées par la CIA. L'expérimentation s'arrêta en 1962 à la suite d'un coup de gueule de Kennedy, qui vira le responsable.

Les « hips » lisent *Zap Comics,* la revue rigolote vendue à la criée dans les rues de San Francisco et lancée par les dessinateurs Crumb (qui illustre les pochettes de Janis Joplin) et Shelton (le papa des Freak Brothers). Les médias s'intéressent de plus en plus aux hippies, et leur notoriété grandit. Les Beatles se mettent au diapason avec « *All you need is love* »... L'« été de l'amour », le fameux *Summer of Love,* attire plusieurs centaines de milliers de jeunes au Festival international de musique pop de Monterey, puis à San Francisco même. Ces *runaways* arrivent de partout, fuyant l'Ouest profond ou le Sud réactionnaire pour goûter à ce courant de liberté que leur promet la ville. Ils viennent pour la musique, pour l'amour libre, mais aussi pour les hallucinogènes : le ***LSD***

vient d'être interdit, mais on est sûr d'en trouver encore ici... malgré le nouveau sénateur conservateur qui veille au grain – un certain Ronald Reagan.
Sur la côte Est, en août, Woodstock marque le point culminant du *Summer of Love.* Mais les abus en tout genre et les désillusions rattrapent les hippies qui, dès octobre, organisent une parodie de funérailles à Haight-Ashbury pour marquer la fin du mouvement... Janis Joplin et Jimi Hendrix meurent en 1970, anéantis par la drogue. Quelques purs et durs gardent le flambeau « *Peace & Love* », comme ***Santana,*** dont le message pacifiste n'a jamais changé. Quant au groupe ***Grateful Dead,*** la mort du chanteur Jerry Garcia en 1995 a mis un terme à son existence, mais les membres survivants continuent à diffuser sa musique planante.

LA SAGA DES TREMBLEMENTS DE TERRE

San Francisco, comme toute la Californie, est située sur la grande ***faille de San Andreas,*** née à l'endroit où plaques tectoniques du Pacifique et de l'Amérique du Nord se séparent ; la région est donc particulièrement instable. Tout le monde garde en mémoire ce sinistre jour d'***avril 1906*** où un ***tremblement de terre*** (évalué à 7,8 sur l'échelle de Richter) endeuilla la ville et, brisant les conduites de gaz, provoqua un gigantesque incendie qui dura 3 jours. Quelque 28 000 maisons furent détruites. Religieux et puritains de tout poil assenèrent alors leur vérité : la catastrophe était une punition divine destinée à châtier cette cité décadente et dévoyée, livrée tout entière au démon du vice.
Comment donc interpréter le ***séisme d'octobre 1989*** ? Punition contre la Sodome et Gomorrhe de l'Ouest américain, ou contre les automobilistes ? D'une intensité de 7,1 sur l'échelle de Richter, le tremblement de terre provoqua le dramatique effondrement du Bay Bridge – qui relie la ville à Oakland –, dans lequel périrent la plupart des victimes. Les normes antisismiques rigoureuses appliquées aux immeubles se révélèrent, elles, d'une totale efficacité. Seules certaines maisons en bois du quartier de Marina, construites sur du remblai, s'écroulèrent à la suite de glissements de terrain ; c'est là qu'on déplora les uniques décès en dehors du pont.

FAILLE JURIDIQUE

San Francisco se releva très rapidement du tremblement de terre de 1906 ; l'année suivante, 6 000 immeubles étaient déjà relevés et plusieurs milliers d'autres étaient en construction. Tout cela grâce à la décision d'un juge qui affirma que la destruction de la ville n'était pas due au séisme, mais à l'incendie qui s'ensuivit. Les compagnies d'assurances, qui ne remboursaient pas les catastrophes naturelles, furent donc mises en demeure d'honorer les contrats incendie. Sacrée Amérique !

Particulièrement connue et étudiée, la faille de San Andreas provoque quelque 200 secousses de magnitude 3 ou plus chaque année (et 2 à 3 de magnitude 1,5 à 2 par jour) ; la plupart sont néanmoins imperceptibles. Plus que d'une faille, on devrait d'ailleurs parler d'un ensemble de failles, étiré sur 1 300 km du nord au sud. Parmi elles, la faille de Hayward semble la plus dangereuse : passant dans l'intérieur des terres, dans les régions très peuplées d'Oakland et de Fremont, près de Berkeley et de San Jose, elle est la plus susceptible de se déplacer rapidement. Elle inquiète d'autant plus que les constructions de la région ne sont pas, comme à San Francisco, conçues conformément aux normes antisismiques.
Si ces derniers temps ont été plutôt calmes, les scientifiques anticipent un tremblement de terre majeur dans la région de la baie d'ici à 30 ans – avec une probabilité d'occurrence de 62 à 75 %. Ce ***Big One,*** comme on le surnomme, fait l'objet d'une sollicitude de tous les instants, au travers d'enregistrements permanents des vibrations du sol. Il pourrait atteindre 8,5 sur l'échelle de Richter

et occasionner entre 800 et 3 400 morts pour 150 milliards de dollars de dégâts. Certains experts pensent cependant qu'il ne se produira pas à San Francisco, mais sous le centre même de Los Angeles, où a été détectée une faille longtemps restée inconnue, la faille de Puente Hills. Là, certains prédisent déjà l'écroulement de la plupart des gratte-ciel et 18 000 morts... En attendant, vous pourrez suivre chaque soir, aux infos locales, après ou avant la météo, l'*earthquake report,* détaillant les secousses de la journée, ou consulter le site de l'*US Geological Survey* (● *earthquake.usgs.gov* ●).

LES *HOMELESS*

Difficile de ne pas consacrer quelques paragraphes au sujet préoccupant des sans-abri. Effectivement, si elle n'est que la 15e ville du pays par la taille, San Francisco est ***l'une des 1res par le nombre de sans-abri dans ses rues.*** Beaucoup d'entre eux sont toxicomanes et psychotiques, et vivent dans le seul ***quartier de Tenderloin.*** Cette situation très particulière s'expliquerait en partie par la volonté d'un certain gouverneur, Ronald Reagan, à la fin des années 1970, de faire des économies dans le budget de l'État. On ferma alors bon nombre d'institutions s'occupant de troubles légers.

En 1999, ***une série de meurtres de SDF*** fit la une des journaux. La ville avait-elle enfanté ses propres escadrons de la mort pour faire le ménage ? Les mauvaises langues allèrent jusqu'à affirmer que le maire de l'époque, William Brown, n'était pas étranger à la chose. Si l'affirmation paraît des plus douteuse, il reste que ses services entamèrent alors une guerre sans merci contre les SDF, leur infligeant des amendes quand ils dormaient dans la rue, saisissant le peu d'affaires qu'ils possédaient et fermant de nombreux *shelters* (centres d'accueil). La situation s'est en partie inversée sous les mandats du démocrate Gavin Newsom (2004-2011) et de son successeur Edwin M. Lee (2011-2017). L'important et coûteux ***programme de lutte contre la pauvreté*** a permis de loger plusieurs milliers de sans-abri dans d'anciens hôtels du Tenderloin réaménagés en foyers – dont un tiers de places réservées aux plus âgés. Reste que la crise économique et l'envol des loyers ont jeté de nouvelles personnes à la rue, et que le nombre de *homeless* refusant toute aide reste élevé. En 2021, on recensait 8 000 *street people,* voire 20 000 d'après certains organismes. Un chiffre qui tendrait à baisser grâce à certaines mesures prises par la maire de la ville, London Breed. Notamment la décision de réquisitionner des emplacements de camping pour que les sans-abri puissent y planter leur tente. Une solution assez précaire, toutefois...

SAM SUFFIT

La cause des sans-abri suscite de nombreuses initiatives visant à améliorer leurs conditions de vie. C'est ainsi que l'artiste californien Gregory Kloehn a créé un collectif permettant aux homeless *d'avoir un logement adapté à leurs besoins et habitudes. Un concept écolo, puisque ces minirefuges itinérants sont composés de matériaux recyclés, récupérés dans les déchetteries : planches, vieux meubles, voitures, hublots de machines à laver, portes de frigo... Ces maisons nomades sont même transformables en échoppes pour que les sans-abri puissent gagner un peu de sous.*

En novembre 2018, les habitants de San Francisco ont voté massivement en faveur d'un impôt sur les revenus des grandes entreprises de la ville, considérées comme responsables de la délirante hausse des prix de l'immobilier et du coût de la vie. Cette « Proposition C » a rapporté presque 500 000 $ en 2020, afin de reloger et de fournir des soins d'aide psychiatrique aux laissés-pour-compte. Une taxe qui évidemment ne fait pas l'unanimité au sein des dirigeants de la « Tech »...

Arriver – Quitter

EN AVION

De/vers San Francisco International Airport

✈ ***San Francisco International Airport*** *(SFO ; hors plan d'ensemble détachable par F6)* **:** *à env 20 km au sud de San Francisco, sur la route 101.* • *flysfo.com* • La ligne rouge de l'***AirTrain,*** un métro automatisé gratuit, relie les terminaux entre eux, les parkings court terme et la station du *BART* ; la ligne bleue dessert en plus le *Rental Car Center,* où sont rassemblés les loueurs de voitures.

– ***Comptoirs d'information :*** *dans chaque terminal, au niveau des « Départs » et « Arrivées ».* Utiles pour démêler l'écheveau des transports publics vers San Francisco. Dans chaque zone d'arrivée, des bornes interactives donnent le même type d'infos.

– ***Consigne à bagages :*** *à l'Airport Travel Agency, située au terminal international, niveau « Départs », près de l'accès aux portes G 91-G 102.* ☎ *650-877-0421. Tlj 6h-23h.*

Pour rejoindre le centre de San Francisco

5 moyens de locomotion permettent de rejoindre la ville, le moins cher et le plus pratique étant les bus *SamTrans* (hormis le taxi, bien sûr) les navettes *Airport Shuttles.* Pour toutes infos sur les transports à partir de l'aéroport : ☎ *511.*

– ***SamTrans :*** • *samtrans.com* • Départ des terminaux 2 et 3 et du terminal international (niveau 1). Avoir l'appoint, on ne rend pas la monnaie. On a le choix entre 3 bus.

➢ Le ***292 North*** **:** départ ttes les 30 mn env, 4h30-18h30, puis ttes les heures jusqu'à 1h30 env. Il rejoint le centre-ville en 1h. Tarif : 2,25 $. On conseille de descendre à l'intersection de Mission et 4th St si on loge près d'Union Square ; sinon, terminus au *Transbay Terminal (zoom centre détachable G3,* ***3****),* un peu plus loin. Le ***398 North*** effectue le même trajet ttes les heures (5h50-22h30).

➢ Le ***397 North*** fait le même trajet que le *292,* mais seulement la nuit à 2h20, 3h20 et 4h20 env. Mêmes temps de trajet (1h) et tarif (2,25 $).

– ***BART :*** • *bart.gov* • Ce RER local gagne le centre-ville en 30 mn. Départ ttes les 15 mn (lun-ven) ou 20 mn (w-e et j. fériés), du terminal international, niveau « Départs ». Dans le sens aéroport/centre-ville, 1er départ à 5h10 en sem, 6h15 le sam et 7h30 le dim ; dernier départ vers minuit. Dans le sens centre-ville (Powell St par exemple)/aéroport, 1er départ à 5h10 en sem, 6h45 le sam et 7h30 le dim ; dernier départ vers 0h30 env (plus tôt dim). Compter env 10 $ pour relier l'aéroport à Downtown. Les billets s'achètent aux bornes sur les quais.

– ***Airport Shuttles*** *(Door-to-Door Vans)* **:** pour environ 20 $, ces minibus vous déposent directement à votre hôtel, tlj, 24h/24. Une dizaine de compagnies, quasiment toutes aux mêmes tarifs. Elles offrent généralement des réductions aux familles et aux porteurs de « coupons », qu'on trouve dans les brochures touristiques comme le *Bay City Guide* (disponible aux bureaux d'info de l'aéroport) ou directement sur les sites des compagnies. Elles se prennent au niveau « Arrivées ». Attention, quand on débarque au terminal international, le van fait ensuite le tour des terminaux nationaux. Ça peut être un peu longuet, surtout si les passagers se font rares... De même, si la navette est bien pleine et qu'on est le dernier à être déposé, ça peut aussi prendre un moment... Pour le retour, réserver. Voici les coordonnées d'1 compagnie :

■ ***Super Shuttle :*** • *supershuttle.com* • Compter 20 $/pers ; navette 7 places 85 $.

– ***Caltrain :*** • *caltrain.com* • Ce train de banlieue relie San Francisco à San Jose, au sud de la baie. Utile si l'on va jusque-là, car beaucoup moins cher qu'un *shuttle,* mais guère d'intérêt si l'on se rend à San Francisco, car il faut d'abord prendre le *BART* jusqu'à la station de Millbrae (4-5 $) pour ensuite attendre le *Caltrain* (6 $), qui circule ttes les 30 mn à 1h (plus aux heures de pointe) en sem, 5h30-0h30, et ttes les 1-2h le w-e et les j. fériés, de 8h à 0h30 à peu près.

– ***Taxis :*** compter env 55 $ pour Downtown, plus environ 10 % de pourboire. Notez qu'en principe un taxi est tenu de prendre jusqu'à 5 personnes... mais ce n'est pas toujours le cas.

– ***Voitures de location :*** pour se rendre au *Rental Car Center* où sont rassemblées toutes les agences de location, prendre la ligne bleue du *AirTrain* (voir plus haut). Pour rejoindre ensuite le centre-ville de San Francisco, prendre la Hwy 101 puis, à l'approche de Downtown, l'Interstate 80 ; sortie 4th St pour le Financial District et l'Embarcadero. Ne la ratez pas, sous peine de vous retrouver sur le Bay Bridge en direction d'Oakland !

Si vous ne séjournez qu'à San Francisco, on vous conseille vivement d'utiliser les transports en commun, plus adaptés et moins onéreux. ***Sinon, bien lire nos recommandations concernant le stationnement et les parkings*** dans la rubrique « Comment se déplacer à San Francisco et dans sa région ? » plus loin.

De/vers Oakland International Airport

✈ ***Oakland International Airport*** *(OAK ; hors plan d'ensemble détachable par F6)* **:** *à env 30 km à l'est du centre-ville, sur le flanc est de la baie.* • *oaklandairport.com* • On y trouve aussi bureau de change, loueurs de voitures et le *BART* pour rejoindre Downtown.

Pour rejoindre San Francisco

– ***BART :*** • *bart.gov* • Prendre d'abord la navette qui, en 10 mn, vous conduit à la station Coliseum/Oakland International Airport ; elle fonctionne tlj de 5h (6h sam, 8h dim) à minuit, ttes les 6-20 mn. Achetez votre billet (6,50 $) aux distributeurs dans le terminal de l'aéroport. De la station Coliseum/Oakland International Airport, le *BART* vous emmène rapidement (30 mn) au centre-ville pour env 5 $, avec un passage ttes les 5-15 mn, de 5h (6h sam, 7h30 dim) à 0h30. La station la plus centrale est Powell.

– ***Bus, navettes, taxis et voitures de location :*** les bus desservent Oakland, mais pas San Francisco. Idem pour les navettes, ou alors c'est nettement plus cher que depuis l'aéroport de San Francisco (en gros, autant prendre un taxi). En revanche, sachez que *Evans Transportation* (• *evanstransportation.com* •) propose le transfert vers Napa à raison de 6 départs/j., 6h15-20h30, pour 75 $ (CB refusées) ; et que *Sonoma County Airport Express* (• *airportexpressinc.com* •) dessert Sonoma ttes les 2h, 7h30-19h30, pour 38 $ (gratuit moins de 13 ans).

Pour se rendre en voiture dans le centre de San Francisco, prendre la Hwy 880, puis la 580 et enfin la Hwy 80. On entre alors en ville par l'Oakland Bay Bridge.

EN TRAIN

Amtrak *(zoom centre détachable G3,* ***3****)* **:** *200 Folsom St, dans le Transbay Terminal.* • *amtrak.com* • Il n'y a pas de gare à San Francisco, juste un bureau dans le *Transbay Terminal.* De là, un bus vous emmène prendre votre train à la gare d'Oakland ou d'Emeryville, de l'autre côté de la baie (selon que vous alliez vers le sud ou le nord). Destinations : Monterey, Los Angeles, San Diego, Lake Tahoe, Las Vegas...

EN BUS

Greyhound *(zoom centre détachable F3)* **:** *425 Mission St, au Salesforce Transit Center.* • *greyhound.com* • Dessert Los Angeles (env 10 bus/j.), Sacramento (8 bus/j.), Las Vegas (5 bus/j.), Seattle (3 bus/j.)...

S'orienter : San Francisco quartier par quartier

San Francisco est officiellement composé de 43 collines et 36 quartiers, très différents les uns des autres. Voici, en quelques mots, ce qu'il faut voir ou faire dans les *neighborhoods* les plus importants.

– ***Downtown :*** des hôtels, des magasins, des restos de luxe et des tas de bars, le tout gravitant autour de ***Union Square.*** On y va surtout en journée pour du shopping autour de Market Street.

– ***Tenderloin :*** juste à l'ouest de Downtown, les boutiques s'évaporent au contact de ce quartier multiethnique, le plus pauvre de la ville. Certains de nos lecteurs ont été choqués par les centaines de *homeless* dans les rues, et on avoue que nous aussi. Une majorité consomme des drogues dures (souvent en pleine rue) et le spectacle n'est pas des plus joyeux. On déconseille donc de s'y promener à la nuit tombée et les familles avec de jeunes enfants éviteront peut-être d'y loger. Pour ne pas sombrer dans une inutile parano sécuritaire, précisons que la présence de ces SDF est plus impressionnante que dangereuse.

– ***Civic Center :*** au sud-ouest de Downtown, passé le Tenderloin, se réunissent les principales institutions publiques et culturelles de la ville, installées dans de grands bâtiments néoclassiques. On y trouve le très beau Asian Art Museum.

– ***South of Market (SoMa) :*** cet ancien quartier d'entrepôts, jadis malfamé, est en pleine renaissance depuis une vingtaine d'années, grâce notamment à l'ouverture du Museum of Modern Art (SFMoMA). Évitez toutefois 6th Street entre Market et Mission : pas mal de junkies. La nuit y est animée avec beaucoup de bars, boîtes destroy, clubs gay et restos branchés.

– ***Financial District :*** des banques et des bureaux, comme son nom l'indique. Pas grand-chose à voir en réalité, si ce n'est un ensemble harmonieux de gratte-ciel (dont l'emblématique Transamerica Building) et des cols blancs en pagaille la semaine. Le soir et le week-end, un vrai désert de pierre !

– ***Chinatown :*** animé, coloré, bon marché, surpeuplé et touristique. Le mieux est d'aller y déjeuner dans une cantine populaire.

– ***Russian Hill et Nob Hill :*** quartiers résidentiels chics perchés sur les collines moutonnant à l'ouest de Chinatown. Au programme : de pittoresques maisons victoriennes, de beaux points de vue et des rues sacrément pentues, dont la très célèbre *Lombard Street.* Ne pas manquer aussi le Cable Car Museum.

– ***North Beach :*** le quartier italien, sympa, fêtard et touristique, où abondent cafés, bars et bons restos. Très animés en fin de journée, quand sonne l'heure de l'apéro. C'est aussi le point névralgique de la culture beatnik. Le quartier est dominé au nord-est par l'emblématique Coit Tower, perchée sur Telegraph Hill.

– ***Fisherman's Wharf :*** l'ancien port, où ne subsistent que quelques vieux (mais superbes) bateaux. Sinon, quelques musées et attractions qui méritent le détour, comme le *Pier 39* et sa colonie d'otaries, le *SF Maritime National Historical Park Visitor Center* ou encore le *Musée mécanique,* pour les enfants, petits et grands. Pour le reste, surtout des boutiques de tee-shirts, des restos de fruits de mer et autres pièges à touristes. C'est aussi d'ici que part le ferry pour Alcatraz.

– ***Pacific Heights et Marina :*** les quartiers les plus bourgeois de San Francisco, le 1er sur les hauteurs, le 2d en bord de mer. Quelques belles demeures (qui valent une fortune), des restaurants et des magasins chics. Entre les 2, on trouve Cow Hollow, avec de nombreux motels.

– ***Hayes Valley :*** entre le Civic Center et Alamo Square (connu pour son parc et sa très belle enfilade de maisons victoriennes), Hayes Street et ses abords sont très appréciés de la bonne société locale pour ses boutiques chics et ses restos.

– ***Mission :*** ce quartier latino très vivant tend à être récupéré par les yuppies *(young urban professionals).* Allez-y en journée pour faire le tour des superbes fresques murales. En soirée, les bars et les restaurants branchés du secteur nord (la partie la plus bobo) se remplissent. En revanche, évitez de vous promener seul(e) à la nuit tombée dans les ruelles et restez sur les artères principales (Valencia, Dolores, Mission), de préférence en groupe.

– ***Castro et Noe Valley :*** Castro est LE quartier de la communauté LGBTQI+

de San Francisco avec ses bars, restos et lieux emblématiques (comme la maison de Harvey Milk). Noe Valley est calme et commerçant à la fois, gay et familial aussi.

– ***Lower Haight :*** berceau de la contre-culture. Un petit quartier avec des bars alternatifs et de bons restos de cuisine du monde.

– ***Haight-Ashbury :*** plus haut sur Haight Street, c'est l'ancien « hippy-land », avec ses maisons victoriennes, ses fresques, ses *smoke shops,* ses boutiques de disques et de bouquins d'occasion, et surtout ses friperies. Y aller plutôt en journée, ça zone pas mal le soir.

– ***Cole Valley :*** juste au sud de Haight-Ashbury, familial, calme et charmant. Pas de touristes.

– ***Les parcs et les plages :*** pour les musées, les balades à vélo ou à rollers. Le Golden Gate Park est facile à arpenter malgré sa grande taille, le Presidio, accidenté et très vaste, restant plus difficile d'accès. Évitez de vous balader dans Golden Gate Park la nuit, ça craint. À l'ouest, les plages de Baker Beach (avec vue sur le Golden Gate) et celle d'Ocean Beach (interminable mais battue par le ressac) dessinent de belles parenthèses (la journée seulement).

Comment se déplacer à San Francisco et dans sa région ?

Transports en commun

San Francisco et la région de la baie *(Bay Area)* sont dotées d'un excellent réseau de transports en commun en grande partie chapeauté par le *MUNI (San Francisco Municipal Railway)* – qui, contrairement à ce que son nom laisse supposer, ne gère pas que des trains, mais aussi, dans San Francisco intra-muros, le *cable car,* les autobus, les trolleybus, le métro municipal et le tramway historique.

Au-delà, pour les transports interurbains, on emprunte le *BART (Bay Area Rapid Transit),* RER local qui dessert les villes voisines et l'aéroport international, le *Caltrain* (autre train de banlieue) et le vaste réseau de bus desservant presque toutes les localités de la Bay Area (voir plus loin).

– ***Renseignements sur les transports dans la région et à San Francisco :*** • *sfmta.com* •

Les forfaits

– Il existe plusieurs types de forfaits utilisables sur tous les transports intra-muros *MUNI* (hors *BART, Caltrain* et bus régionaux, donc). Ces *passes* sont assez intéressants, surtout si vous prenez le *cable car,* dont le moindre trajet coûte 8 $! ***Attention, il existe une grosse différence de prix entre les formats papier et numérique de ces forfaits.*** Pour économiser, optez pour l'appli MUNI Mobile.

Infos sur • *sfmta.com/getting-around/muni/fares* •

Voyagez moins cher avec l'appli MUNI Mobile

Un super plan à condition d'avoir un smartphone. Pour encourager les utilisateurs des transports en commun à délaisser le papier, les tarifs sont bien plus avantageux si vous utilisez la version numérique.

– Télécharger l'application gratuite MUNI Mobile sur votre téléphone.

– Pour créer un compte, il faudra renseigner votre nom, une adresse mail ainsi qu'un numéro de téléphone local. Entrez simplement votre numéro de portable même si le format ne correspond pas (aucune importance tant qu'il y a assez de chiffres pour remplir les cases). Au moment de renseigner votre code postal *(zip code),* il faut entrer le code de la ville : 94101. Sinon cela ne fonctionnera pas.

– Ouvrir l'onglet *Tickets* puis *Buy tickets.* Choisissez votre billet, entrez vos coordonnées bancaires et une fois le ticket acheté, vous n'avez même pas à le faire valider. Il faut simplement présenter votre téléphone en cas de contrôle.

Clipper Card

Si vous n'avez pas de smartphone, ces forfaits sont aussi disponibles sur une carte magnétique, appelée **Clipper Card** *(● clippercard.com ●).* Celle-ci coûte 3 $ à l'achat et est rechargeable. ***Attention, le 1-day pass (sans cable car) n'est disponible que sur l'appli MUNI Mobile.*** On peut charger un forfait dessus ou simplement une certaine somme et la carte est débitée du montant du trajet à chaque passage aux bornes électroniques. Elle inclut automatiquement les *transfers* et affiche votre crédit.
Avantage supplémentaire, elle est acceptée sur le *BART,* le *Caltrain,* le *San Francisco Bay Ferry* et les bus interurbains (évidemment, les *passes* n'incluent pas ces modes de transport). On peut l'acheter à l'aéroport, dans les stations *BART* et *MUNI* et aux guichets SFMTA et dans de nombreux magasins, pharmacies et supermarchés de la région *(Walgreens, Whole Foods...).*

Tarifs des tickets MUNI Mobile et Clipper Card

- one-way ticket : 2,50 $.
- 1-day pass (sans *cable car*) : 5 $ (n'existe que sur l'appli MUNI Mobile).
- single Ride Cable car : 8 $.
- 1-day passport (avec *cable car*) : 13 $.
- 3-day passport (avec *cable car*) : 31 $.
- 7-day passport (avec *cable car*) : 41 $.

Les forfaits version papier

Les ***MUNI Pass*** existent aussi en version papier mais coûtent alors bien plus cher : 1 j. (24 $), 3 j. (36 $) et 7 j. (47 $) consécutifs. On ne voit pas tellement l'intérêt de payer plus cher, mais on vous donne l'info au cas où. On peut les acheter au *Visitor Information Center* de Howard Street et dans de nombreux autres points de vente dont vous trouverez la liste sur ce site : *● sfmta.com/getting-around/where-buy-sfmta-products ●* mais, quitte à se répéter, ces *passes* version papier sont bien plus onéreux et donc peu intéressants. Le plan du réseau, quant à lui, est téléchargeable en PDF sur le site ou, plus simple, disponible sur l'appli gratuite MUNI Mobile. Le *Visitor Information Center* en fournit aussi une version simplifiée, suffisante pour la plupart des situations.

CityPass

Autre option, le **CityPass** *(● citypass.com/san-francisco ●),* vendu 76 $ (56 $ pour les 4-11 ans), comprend 3 j. (consécutifs) de transports illimités, ainsi que les entrées dans les musées suivants sur une période de 9 j. : Exploratorium ou SFMoMA, California Academy of Sciences, Aquarium of the Bay, plus une croisière de 1h sur la baie avec *Blue & Gold Fleet Bay Cruise.*
Achat en ligne, dans tous les musées partenaires (cités ci-dessus) et au *Visitor Information Center* de Howard Street.

Transports urbains

Les cable cars

Lancés en 1873, ***classés Monuments historiques,*** les *cable cars* n'ont pas de moteur – juste une batterie pour l'éclairage. Ils sont tractés le long des rails par des câbles que l'on peut voir fonctionner au ***Cable Car Museum*** de Nob Hill (à visiter !). Pour avancer et grimper les collines, le *gripman* accroche sa voiture à l'aide d'une sorte de pince (ou mâchoire) à un câble d'acier sans fin, dans une gorge aménagée dans le sol entre les rails. Pour s'arrêter, le conducteur n'a qu'à lâcher prise. Dans les descentes, il se laisse glisser en roue libre, ne se servant que du frein à main. Pour en savoir plus sur l'histoire des *cable cars,* voir le résumé historique qu'on lui consacre dans la visite du Cable Car Museum.
Aujourd'hui, il ne reste que 3 lignes et une quarantaine de *cable cars,* empruntés chaque jour par près de 20 000 personnes ! *● streetcar.org ●*
– ***La ligne Powell-Hyde,*** la plus emblématique et la plus photographiée de toutes, remonte Powell depuis Market Street, effleure les hauts de Chinatown, puis redescend vers le Fisherman's Wharf (au Ghirardelli Square) via Nob Hill en empruntant certaines des rues les plus pentues de la cité et en offrant

une vue magnifique sur l'île d'Alcatraz. Les 2 terminus sont spectaculaires, avec la voiture retournée sur une plate-forme ronde... à la main !

– ***La ligne Powell-Mason*** emprunte au début le même itinéraire que la *Powell-Hyde,* mais redescend directement sur le Fisherman's Wharf en passant près de North Beach – le quartier italien, dans le prolongement de Chinatown.

– ***La ligne California Street,*** la moins fréquentée, part au niveau du *Hyatt,* près de l'Embarcadero (sur Market Street), et remonte California Street d'est en ouest, jusqu'à Van Ness Avenue.

Fréquences et tarif

Le *cable car* commence à fonctionner vers 6h du mat' et fait son dernier voyage vers 0h30. Départ toutes les 6-15 mn en moyenne, avec parfois quelques sautes d'humeur... ***Billet à l'unité : 8 $,*** sans possibilité de transfert (à l'inverse des autres transports *MUNI*), en vente dans les kiosques aux terminus ou à bord (prévoir le montant exact). Mieux vaut donc acheter un ***pass*** si vous comptez le prendre plusieurs fois. Gratuit jusqu'à 4 ans (inclus). Attention, l'attente est parfois longue aux terminus des lignes, car c'est une véritable attraction touristique ! ***Aux heures de pointe, certains* cable cars *sont tellement pleins*** qu'ils ne prennent pas de passagers supplémentaires aux arrêts.

Les autres transports en commun MUNI

Trajet à 3 $ (1,50 $ pour plus de 65 ans) quel que soit le mode de transport ; l'appoint est nécessaire. Le billet donne droit aux correspondances gratuites dans un délai de 90 mn, sauf pour les *cable cars.* Rien n'empêche d'utiliser ce *transfer* pour le trajet retour si la validité n'est pas dépassée. Pour le vérifier, regardez l'heure indiquée par la déchirure en bas du billet. Encore une fois, mieux vaut acheter son billet en ligne, c'est moins cher (voir plus haut).

– ***Les autobus et trolleybus*** offrent la desserte la plus complète. Vous les retrouverez sur le site ● *sfmta.com* ● Les arrêts de bus sont matérialisés par des panneaux *MUNI* et/ou des anneaux jaunes (marqués *bus stop*), peints à même les poteaux et pas toujours faciles à repérer au début.

– ***Le métro urbain*** – à ne pas confondre avec le *BART* – est à la fois aérien et souterrain. Il compte 6 lignes, nommées J, K, L, M, N et T (plus une dernière pendant les heures de pointe seulement, la ligne S). Il est pratique et rapide pour se rendre directement à Mission, Castro, Lower Haight, au Golden Gate Park ou jusqu'à Ocean Beach.

– ***Le tramway historique*** est composé de vieux wagons de tramways de l'entre-deux-guerres, provenant de tous les États-Unis et même d'Europe. Il comporte 2 lignes. La F relie l'Embarcadero à Castro en descendant Market Street, avec des passages toutes les 5-10 mn en journée. La E prolonge sa route le long de l'Embarcadero jusqu'à la station du *Caltrain.* Petit musée gratuit sur l'histoire de ces tramways historiques près du Ferry Building sur Embarcadero *(77 Steuart St ; ☎ 415-974-1948 ; ● streetcar.org ● ; jeu-sam 12h-17h).*

Transports interurbains

Le BART

– Rens : ● bart.gov ●

Ce RER local, assez confortable, compte ***5 lignes*** qui desservent une bonne quarantaine de stations, réparties dans un rayon de 50 km au sud-ouest et à l'est de la baie. Il traverse en souterrain le centre de San Francisco dans l'axe de Market Street, puis continue vers Mission et jusqu'à l'aéroport. Dans le sens inverse, il permet de gagner aisément Oakland et Berkeley. Il fonctionne de 4h (6h le sam, 8h le dim) à minuit (plus tôt pour certaines lignes). Fréquence : toutes les 15-20 mn. On achète son billet dans les distributeurs automatiques des stations. Les tarifs varient, selon la distance, entre **2** (courtes distances) ***et 10 $*** environ (du centre-ville à l'aéroport par exemple). Par conséquent : vérifiez d'abord le tarif affiché pour le trajet désiré, tapez sur l'écran la somme exigée (et non la destination), insérez la monnaie ou le billet et validez. Si vous n'avez pas l'appoint, on ne vous rendra pas la monnaie. Cela dit, conservez le ticket pour le prochain trajet : vous ajouterez la somme nécessaire et vous ne perdrez donc pas le crédit restant. Certains distributeurs, plus pratiques, acceptent les cartes de paiement. On peut prendre son vélo dans le *BART* en dehors des *rush hours* et toute la journée le week-end, sauf si les wagons sont bondés. ***Enfin, on le répète, le* MUNI Pass *et le* CityPass *ne donnent pas accès au* BART *; en revanche, on peut utiliser sa* Clipper Card.**

Les bus régionaux

Tous les bus desservant la région de San Francisco partent du ***Transbay Terminal*** *(zoom centre détachable G3, **3**)*, situé dans le pâté de maisons bordé par Main, Folsom, Beale et Howard Streets. Infos : ☎ *511 ou* ● *511.org* ● Sinon, voici les principales compagnies et leurs destinations :

■ ***AC Transit :*** ☎ *511 puis dire « AC Transit ».* ● *actransit.org* ● Dessert l'East Bay (comtés d'Alameda et de Contra Costa) ; de Richmond à Fremont en passant par Berkeley et Oakland.

■ ***Golden Gate Transit :*** ☎ *511 puis dire « Golden Gate Transit », ou* ☎ *415-455-2000.* ● *goldengate.org* ● Dessert le North Bay (comtés de Marin et Sonoma) ; pour Sausalito, San Rafael, Tiburon... Gère aussi les ferries de Larkspur et Sausalito, de même que le péage du Golden Gate.

■ ***SamTrans :*** ● *samtrans.com* ● Dessert le comté de San Mateo (Peninsula), avec toutes les communes situées entre San Francisco et Palo Alto.

■ ***Santa Clara Valley Transportation Authority :*** ☎ *408-321-2300.* ● *vta.org* ● Dessert le South Bay (comté de Santa Clara), jusqu'à San Jose et au-delà.

Location de voitures

Difficile de se garer dans le centre de San Francisco, et les parkings sont hors de prix (voir plus loin). Notre conseil : ne louez un véhicule qu'au moment de quitter la ville ou pour 1 jour ou 2 afin de visiter les sites les plus éloignés ou descendre la mythique Lombard Street et les autres rues pentues... mais sans vous prendre pour Steve McQueen dans *Bullitt* !

Si vous comptez traverser le ***Golden Gate Bridge,*** sachez que le passage est gratuit à l'aller mais payant au retour (env 8,50 $). ***Il n'y a plus de péage manuel, mais uniquement électronique,*** avec prise de photo de la plaque de chaque véhicule... Il faut donc être en possession d'une carte d'abonnement ou ***se pré-enregistrer sur le site internet dédié*** *(● goldengate.org/bridge/tolls-payment ●)* pour prépayer son passage par carte de paiement en indiquant son numéro d'immatriculation et la date du passage. Pratique... Les compagnies de location de voitures incluent ce service, qui est débité sur votre carte ; pensez néanmoins à en demander l'activation à l'agence, sous peine d'être débité d'une somme plus élevée...

La location depuis la France

■ ***BSP Auto :*** ☎ *01-43-46-20-74.* ● *bsp-auto.com* ● Les prix proposés sont attractifs et comprennent le kilométrage illimité et l'assurance tous risques sans franchise (LDW). *BSP Auto* propose exclusivement les grandes compagnies de location sur place, assurant un très bon niveau de service. Le plus : vous ne payez votre location que 5 j. avant le départ. Remise spéciale de 5 % aux lecteurs de ce guide avec le code « ROUTARD22 ».

Parkings et parcmètres

La plaie de San Francisco ! Les parkings des hôtels sont presque tous payants et chers, voire hors de prix : comptez au minimum 15-20 $ par jour si vous dormez dans une AJ qui a un accord avec une aire de stationnement proche, plus souvent 25-40 $, et jusqu'à... 50-60 $ et plus pour les établissements de luxe ! Vérifiez impérativement que les entrées et les sorties *(in & out)* sont illimitées, certains les facturent en plus...

Le ***Best Parking,*** le moins cher de Downtown, se situe au 525 Jones Street, entre Geary et O'Farrell *(zoom centre détachable E3, **10**).* • *bestparking.com* • *Tlj 24h/24. Compter 35 $/j. pour 24h, avec entrées et sorties illimitées. En séjournant dans une AJ du coin, le tarif descend à 15 $/j. Résas par Internet.* On trouve d'autres parkings pas trop chers près de l'Alliance française *(zoom centre détachable D3, **11**)* et de la Grace Cathedral *(zoom centre détachable E2).*

Se garer dans la rue est assez problématique aussi. Les restrictions sont nombreuses et il vaut mieux bien comprendre l'anglais pour ne pas faire de bourde en lisant les panneaux ! Le parking est souvent autorisé pour une durée limitée (genre 2h) au même endroit ; ensuite, la loi exige que vous bougiez votre véhicule d'au moins un pâté de maisons. Les voiturettes à amende du *DPT (Department of Parking and Traffic)* patrouillent tout le temps et sont très promptes à mettre un PV. Les ***parcmètres*** sont payants tous les jours de 9h (12h le dimanche) à 18h (quoique cela varie d'un quartier à l'autre, bien vérifier les horaires indiqués sur le parcmètre lui-même). On peut payer avec des pièces, par téléphone ou avec une carte de parking, vendue dans certains supermarchés et boutiques de *hardware,* ou sur • *sfmta.com* • Les nouveaux parcmètres acceptent les cartes de paiement et... clignotent en rouge dès que le temps autorisé est écoulé ! Si un parcmètre ne fonctionne pas, vous avez le droit de vous garer, mais 2h au maximum.

Chaque quartier essaie de réserver jalousement ses places de parking aux résidents et leur délivre des laissez-garer au compte-gouttes ! Si vous louez une voiture, vous n'aurez pas ce précieux sésame : soyez donc très attentif aux règles de stationnement, généralement indiquées sur des panneaux. Méfiez-vous en particulier des heures de nettoyage des rues : fourrière assurée si vous êtes là au mauvais moment. ***Faites aussi attention à la couleur des rebords de trottoirs*** : rouge = interdit en tout temps ; blanc = arrêt minute (interdiction de quitter le véhicule) ; vert = 10-30 mn ; jaune = réservé aux véhicules commerciaux ; bleu = réservé aux handicapés. Il est en outre interdit de se garer dans le sens contraire à la circulation, à moins de 1 m d'un passage piéton, à plus de 30 cm du trottoir (!) et partout où celui-ci est abaissé. Sachez, enfin, qu'***il faut tourner les roues quand on stationne dans les rues en pente (du côté opposé au trottoir quand ça monte ; vers le trottoir en descente), sinon c'est l'amende garantie !***

Pour vous consoler, une petite trouvaille : le parking est gratuit du lundi au vendredi de 6h à 22h sur le Marina Green, au pied du quartier de Marina *(plan d'ensemble détachable C1).* En revanche, ne vous y installez pas le week-end, les jours fériés ou la nuit, il vous en coûterait ! Autre option si on veut visiter le Golden Gate Park ou Haight-Ashbury : se garer à Ocean Beach (gratuit) et traverser le parc avec les navettes gratuites (mais seulement les week-ends et jours fériés).

Adresses et infos utiles

Informations touristiques

i ***Visitor Information Center*** *(zoom centre détachable F3)* **:** *749 Howard St.* ☎ *415-391-2000.* • *sftravel.com* • *Lun-ven 9h-17h, w-e 9h-15h.* Accueil efficace (parfois en français). Plan de la ville gratuit, infos sur les transports, vente du *CityPass* (voir « Transports » dans le chapitre « Californie utile » précédemment), magazines sur la ville et la Californie en général.

i ***Annexe du Visitor Center*** *(zoom centre détachable E3)* **:** *dans le grand magasin Macy's, sur Union Sq, 170 O'Farrel St. Tlj 11h-20h (21h ven-sam).*

Argent, change

■ ***Aux aéroports :*** guichets de change toujours ouverts à l'arrivée des avions, mais taux désavantageux. Préférez les distributeurs automatiques (ATM).

Consulats

■ ***Consulat de France*** *(zoom centre détachable F3,* ***16****)* ***:*** *88 Kearny St, suite 600. ☎ 650-285-3223. • sanfrancisco.consulfrance.org • Lun-ven 9h-12h30.* Le consulat peut vous assister juridiquement en cas de problèmes. Équipe efficace et site internet riche, avec pas mal d'infos utiles pour les voyageurs ou résidents.

■ ***Consulat honoraire de Belgique*** *(zoom centre détachable F2,* ***17****)* ***:*** *155 Montgomery St, suite 207. ☎ 415-295-4850. • nitedstates.diplomatie.belgium.be •* Le consulat général le plus proche est à Los Angeles.

■ ***Consulat de Suisse*** *(zoom centre détachable F1,* ***18****)* ***:*** *Pier 17, suite 600. ☎ 415-788-2272. • eda.admin.ch/sf • Lun-ven 9h-12h.*

Centre français

■ ***Alliance française*** *(zoom centre détachable D3,* ***11****)* ***:*** *1345 Bush St. ☎ 415-775-7755. • afsf.com • Ouv lun 11h-17h, mar-sam 9h-20h (17h ven, 14h sam). Fermé dim.* La plus ancienne Alliance des Amériques, plus jeune d'un siècle à peine que la Révolution française ! C'est avant tout un centre où les Américains viennent prendre des cours de français... mais les voyageurs et expatriés peuvent s'y retrouver un peu chez eux. Ciné-club gratuit le mardi. L'Alliance organise aussi expos d'art, concerts et festivités (notamment le 14 Juillet).

Spectacles et matchs

■ ***Centraux de réservation : Ticketweb*** *• ticketweb.com • ;* ***Tickets.com*** *• tickets.com • ;* ***Ticketnetwork*** *• ticketnetwork.com • ;* ***Live Nation*** *• livenation.fr • ;* ***Stubhub*** *• stubhub.com • ;* ***Tix*** *• tixbayarea.org •* Achat des billets de concert, théâtre, matchs de football américain, base-ball (comme ceux des Giants) et autres sports populaires. *Stubhub* offre l'avantage de pouvoir revendre ses places si on a un empêchement (et donc aussi d'en acheter en *last minute*).

Visites guidées

San Francisco est l'une des rares villes américaines que l'on se doit d'explorer à pied. Le *Visitor Information Center* dispose de dépliants gratuits en anglais proposant différents itinéraires de balades pédestres. Toutefois, pour des visites hors des sentiers battus, on conseille vivement de consulter les adresses suivantes. Important : pour évaluer les distances, rappelez-vous que les blocs sont numérotés de 100 en 100.

■ ***L'Esprit San Francisco :*** *• lespritsanfrancisco.com • Compter env 40 $/pers pour les visites collectives, plus pour les tours plus personnalisés ; réduc ; gratuit moins de 7 ans. Également des propositions de balades « autoguidées » (gratuites) sur leur site.* Sylvie, grande voyageuse française, vous emmène avec passion dans les recoins de cette ville dont elle est tombée amoureuse. Les anecdotes fusent et l'accueil est chaleureux. Visites centrées sur un quartier ou un aspect de San Francisco (Downtown et Chinatown, le pont et le port, Mission et Castro, les *cable cars* et les *rooftops*, etc.), collectives ou sur mesure, d'une durée de 3 à 8h et accessibles à tout public. On trouve aussi pas mal d'infos pratiques sur le site internet, et même des indications pour faire des balades autoguidées.

■ ***Free Walking Tours*** *(visites guidées gratuites)* ***:*** *organisées par* ***San Francisco City Guides,*** *l'association des amis de la San Francisco Public Library, 100 Larkin St (et Market St), au 6e étage. ☎ 415-375-0468. • sfcityguides.org • Visite tlj (résa obligatoire pour les groupes de plus de 8 pers). Durée : 1h30-2h.* Chaque mois, l'association propose un superbe programme d'une trentaine de balades (davantage en été) permettant d'explorer toutes sortes de thèmes : peintures murales de la Coit Tower, Golden Gate Park (et Bridge), demeures victoriennes de Pacific Heights ou d'Alamo Square, escaliers de Russian Hill ou de Telegraph Hill, l'histoire secrète du Fisherman's Wharf, Chinatown, le Japanese Tea Garden, etc. Programme complet sur Internet. Les guides sont des bénévoles enthousiastes qui aiment leur ville. C'est gratuit, mais une contribution n'est jamais refusée !

■ ***Foot Fun Walking Tours :*** *☎ 415-793-5378. • foottours.com • Compter env 30-45 $/pers ; réduc. Résa obligatoire.* Depuis près de 20 ans, *Foot* organise des visites thématiques guidées par des comédiens, humoristes, etc. Au programme : un aperçu général de la ville au travers de Nob Hill, Chinatown et North Beach (leur tour phare !), un *flashback* du *Summer of Love* au *Winter of Discontent,* un *coming out* à Castro, etc.

■ ***Victorian Home Walk :*** *☎ 415-252-9485. • victorianhomewalk.com • Env 25 $/pers (CB refusées). Rdv au Queen Ann Hotel, 1590 Sutter St (durée : 2h30).* Balade sur un thème victorien pour découvrir les plus belles demeures des quartiers chics de Pacific Heights et de Cow Hollow. Entre autres, la maison où a été tourné le film *Mrs Doubtfire* avec Robin Williams, au 2640 Steiner Street, à l'angle de Broadway.

Location de vélos

Les prix de location des vélos tournent ***autour de 10 $/h et 30-35 $/j.,*** ce qui n'est pas donné. Les loueurs se regroupent pour la plupart au Fisherman's Wharf et autour du Golden Gate Park (certains avec des antennes à Downtown et à North Beach). Ils distribuent généralement des petits plans avec différentes propositions d'itinéraires et de tours autoguidés ou guidés. ***La balade la plus populaire mène du Fisherman's Wharf à Sausalito*** (voire au-delà) en longeant le littoral avant de traverser le Golden Gate ; le retour se fait en général en ferry. Une fort belle escapade, jalonnée de quelques côtes bien raides (!) à éviter les jours de grand vent – il souffle toujours de l'ouest et vous l'auriez en plein dans le nez... En tout état de cause, où que vous alliez, il sera bien difficile d'éviter les pentes ardues.

Les tarifs indiqués ci-dessous sont des prix de départ. On peut aussi louer tandems à 2 ou 3 places, sièges pour enfants, *tag-a-longs* (vélos suiveurs) et des vélos électriques (2 fois plus chers !). Si vous louez par l'intermédiaire d'une AJ, les prix sont divisés par 2.

Sports Basement *(plan d'ensemble détachable E5,* ***20****) : 1590 Bryant St. ☎ 415-573-3001. • shop.sportsbasement.com • Lun-ven 11h-19h, w-e 10h-18h. Vélos hybrides : 32-40 $ la journée.* Les locations sont au même tarif que dans les autres agences, mais celle-ci offre un bon d'achat (de la valeur de la location) pour le magasin de sport de la même société, qui se situe pile sur la route du Golden Gate ! Donc, pour le prix d'une balade, on peut se payer l'équipement qui va avec (ça peut en motiver certains à se remettre au sport après les vacances...).

Golden Gate Park Bike & Skate *(plan d'ensemble détachable A4 et plan Golden Gate Park et Presidio C3,* ***12****) : 3038 Fulton St (entre 6th et 7th Ave), en bordure nord du Golden Gate Park. ☎ 415-668-1117. • goldengateparkbikeandskate.com • Tlj 10h-18h (19h w-e) en été, jusqu'à 17h (18h w-e) en hiver. CB min 50 $.* Depuis 1978, tout ce qu'il faut pour se promener tranquillement dans le Golden Gate Park (et au-delà) : vélos, roller-blades et roller-skates. *Un des moins chers de la ville (5 $/h, 25 $/j. pour un VTT).* Casque, antivol et plan fournis.

Avenue Cyclery *(zoom H-Ashbury détachable,* ***13****) : 756 Stanyan St, face au Golden Gate Park (angle Waller, un bloc au sud de Haight St). ☎ 415-387-3155. • avenuecyclery.com • Tlj 10h-18h. Fermé lun. Compter 30 $/j. ; tarif intéressant à la sem (à partir de 100 $).* Bon accueil et service pro. Antivol et casque fournis.

Bay City Bike Rentals and Tours *(zoom centre détachable E1,* ***14****) : 2661 Taylor St (entre N Point et Beach St), au Fisherman's Wharf. Succursales au 2830 Jones St et au 2800 Leavenworth St (au Fisherman's Wharf), ainsi qu'au 501 Bay St (et Taylor St). ☎ 415-346-2453. • baycitybike.com • Tlj 8h30-20h (19h en sem et 19h30 w-e hors saison). Compter 32 $/j.* Casques, antivols, sacoche, gourde, sonnette et carte... compris. Plusieurs boutiques au Fisherman's Wharf, bien pratiques pour ceux qui viennent de Downtown ou de North Beach.

Blazing Saddles : *4 points de loc, dont 3 au Fisherman's Wharf : Pier 41, 2715 Hyde St et 465 Jefferson St (et Hyde). Également une agence au 433 Mason St (Union Sq). ☎ 415-202-8888. • blazingsaddles.com • Tlj à partir de 8h. Réduc de 5 $ avec le CityPass et de 20 % en ligne.* Grosse chaîne de vélos, si l'on ose dire ! Ils sont en excellent état, avec antivol, casque et sacoche.

Park Wide : *encore une autre option, avec 4 stands placés stratégiquement à Union Sq, à l'entrée est du Golden Gate Park (au bout de Haight St), à l'Embarcadero, à Marina Green et Union Square. Drop-off possible dans un autre stand pour 10 $. ☎ 415-671-8989. • parkwide.com • Ouv tlj mais horaires selon le lieu (min 9h-18h). Mêmes tarifs qu'ailleurs (réduc en ligne).*

Location de kayaks

■ ***City Kayak*** *(zoom centre détachable G3,* ***441****) :* *South Beach Harbor (au-delà de SoMa). ☎ 415-294-1050. • citykayak.com • Ouv 12h (10h w-e)-17h. Fermé mar-jeu. Loc min 35 $ et excursions 80 $; réduc.* Une approche différente de la ville, en kayak ou *stand up paddle.*

Journaux locaux (en ligne)

– ***The San Francisco Bay Guardian :*** *• sfbg.com •* Branché, tendance libérale (de gauche donc). Pluie d'adresses et de commentaires avisés sur les restos, spectacles, concerts, films et boîtes de nuit en vogue. Programme des événements branchés de la baie à ne pas rater. Également quelques coupons de réduction. Notre préféré.

– ***SF Weekly :*** *• sfweekly.com •* Connu pour ses vues très indépendantes et critiques, il propose un agenda complet des sorties et spectacles à San Francisco, ainsi qu'un guide des restos.

– ***San Francisco Chaperon :*** *• chaperon.com •* Édité chaque année par l'office de tourisme local, c'est l'un des meilleurs journaux gratuits d'information sur San Francisco, traduit en plusieurs langues, dont le français. Balades, plans, infos pratiques, il regroupe un peu tout le B.A.-BA de San Francisco et de sa région. Dans le même genre mais en anglais, ***Bay City Guide*** : *• baycityguide.com •*

– ***The San Francisco Visitors Planning Guide :*** *• sftravel.com •* Édité par le *Visitor Information Center.* Actualité, section art et culture, sélection de restos, cartes, infos sur les attractions et descriptif de la ville quartier par quartier.

– ***The San Francisco Examiner :*** *• sfexaminer.com •* Fondé en 1865 : tous les événements, spectacles, manifs de la semaine à San Francisco et aux alentours. Critiques de restos aussi.

– ***The San Francisco Chronicle :*** *• sfchronicle.com •* L'autre grand quotidien de San Francisco (remontant lui aussi à 1865) s'est peu à peu éloigné du reportage traditionnel pour privilégier les news locales (et surtout le sport), ainsi que la scène culturelle et gastronomique. Il publie un agenda des événements du week-end et des sections *Food* et *Wine*.

– ***The Bay Area Reporter :*** *• ebar.com •* Journal de la communauté LGBT depuis 1971.

Agence de voyages

■ ***Green Tortoise*** *(zoom centre détachable F2,* ***4****) :* *494 Broadway, au Green Tortoise Hostel. ☎ 415-722-0471. • greentortoise.com •* Cette agence de voyages alternative créée en 1974 a remplacé ses vieux bus scolaires reconvertis par des *sleeper coaches* modernes (avec couchettes et w-c), mais a gardé le même concept. Leur spécialité, ce sont les *Adventure trips* de 1 jour à 1 mois : Yosemite, Grand Canyon, Death Valley, Alaska, les parcs nationaux, traversées des États-Unis en 2 semaines (par le nord ou le sud), plus, en hiver, la Basse-Californie… On dort dans le bus, on cuisine tous ensemble et on se fait plein de potes venus des 4 coins du monde, dans une ambiance cool, typiquement californienne. Sur place, pas de visites guidées, mais on vous donne toutes les indications nécessaires pour découvrir le coin.

Santé, urgences médicales

Le ***consulat de France*** conseille quelques médecins sur son site. Sinon, votre hôtel ou auberge pourra généralement vous indiquer un médecin ou un service médical.

■ ***Traveler Medical Group*** *(zoom centre détachable E3,* ***23****) : 490 Post St, suite 225 (2e étage), Downtown. ☎ 415-981-1102. Service 24h/24.* Centre de soins destiné aux touristes. On y parle plusieurs langues (un peu le français) et on peut même se déplacer à votre domicile.

■ ***Heal :*** *● heal.com ● Service 24h/24.* Genre de *SOS Médecins* qui viennent vous soigner à votre hôtel sur simple appel.

■ ***St. Mary's Medical Center*** *(plan d'ensemble détachable B4,* ***24****) : 450 Stanyan St, en bordure nord-est du Golden Gate Park. ☎ 415-668-1000. ● dignityhealth.org ● Urgences 24h/24. Pour s'y rendre, bus n° 5 d'Union Sq, n° 21 de Market St et du Civic Center ou n° 33 de Mission et Castro.*

■ ***Healthright 360*** *(zoom H-Ashbury détachable,* ***25****) : 1563 Mission St. ☎ 415-762-3700. ● healthright360.org ● Lun-ven 8h45-17h. Fermé le w-e.* Héritier de la *Haight-Ashbury Free Clinic* née durant le *Summer of Love,* ce centre de soins reçoit tout le monde et module ses tarifs en fonction des revenus des patients. En cas d'urgence, ils sauront vous orienter sur d'autres centres plus spécifiques.

SAN FRANCISCO QUARTIER PAR QUARTIER

DOWNTOWN ET TENDERLOIN (plan d'ensemble détachable D-E3 et zoom centre détachable D-E3)

Le cœur de la ville, comme tous les *Downtown*. ***Union Square*** en est le centre de gravité, avec sa pléiade de grands magasins chics, ses théâtres et ses innombrables hôtels. Desservie par le fameux *cable car,* ***Powell Street,*** touristique en diable, est animée à toute heure. ***Chinatown*** se trouve juste au nord, au pied des 1res collines. Les buildings du ***Financial District*** se dressent à l'est et les grandes institutions se regroupent à l'ouest, au ***Civic Center.*** Entre celui-ci et Union Square, il faut traverser le ***Tenderloin,*** le moins attrayant des quartiers centraux. Vous serez frappé par le nombre de *homeless* (SDF) qui s'y regroupent, vision pathétique qui sera renforcée si vous passez devant la *Glide Memorial Church,* où une file impressionnante de pauvres hères attend un bol de soupe ou un petit job. Le secteur a mauvaise réputation, en particulier le soir et la nuit.

Où dormir ?

Dans Downtown

La plus grande concentration d'hôtels de San Francisco se trouve dans ***Downtown,*** aux abords d'Union Square et en allant vers l'ouest, en direction du Tenderloin. Autant vous prévenir : ***certaines rues de ce quartier sont le rendez-vous des homeless (SDF).*** De nombreux anciens hôtels bon marché y ont été reconvertis en foyers, et tous ceux qui n'ont pas pu y accéder restent dans la rue, dans un état de déchéance préoccupant. Les *street people* ne sont en général pas dangereux (évitez simplement de montrer des signes extérieurs de richesse et ignorez les alcooliques et les drogués...). Sinon, on appréciera les qualités habituelles de Downtown : son animation (particulièrement en journée) et sa situation centrale.

De bon marché à prix moyens (AJ)

■ ***HI San Francisco Downtown*** *(zoom centre détachable E3,* ***43****) : 312*

Mason St. ☎ 415-788-5604. • hiusa.org • Lits en dortoir (4-6 lits) 36-68 $, doubles sans ou avec sdb 110-190 $, petit déj inclus. Supplément de 4 $/nuit pour les non-membres. Vaste AJ moderne affiliée au réseau *Hostelling International,* très appréciée pour sa situation centrale (Union Square à un bloc). Le vieil immeuble, fort bien rénové, abrite près de 350 lits, répartis en dortoirs et chambres pimpantes, la plupart avec salle de bains privée (celles avec sanitaires communs sont plus simples mais plus calmes car situées à l'arrière). Les dortoirs, eux, ont tous casier, liseuse et prise USB individuels. Cuisine bien équipée, machines à laver, lounge avec projection de films une fois par semaine. Et encore : pizza le dimanche, tournée des bars, *walking tours,* et de nombreuses autres activités... le tout gratuit !

Adelaide Hostel *(zoom centre détachable E3,* **42***)* **:** *5 Isadora Duncan Lane, petite impasse donnant sur Taylor St. ☎ 415-359-1915. • adelaidehostelsanfrancisco.com • Lits en dortoir (4-12 lits) 30-50 $, doubles 100-200 $, petit déj inclus.* Cette petite AJ au calme (dans une impasse) est propre, bien équipée et confortable, à l'image de son salon commun douillet, avec cheminée et profonds canapés. Les chambres privées (avec sanitaires) sont agréables bien qu'un peu vieillottes, et les dortoirs (avec lavabo, rideaux, *lockers* sous le lit et liseuses perso) fort bien tenus (salles de bains communes nickel). Certains sont réservés aux femmes. Plein de services : grande cuisine, laverie, petite terrasse, repas gratuit les lundi et jeudi, *walking tours* chaque jour, tournée des bars, location de vélos et transfert de ou vers l'aéroport à prix réduit...

Orange Village Hostel *(zoom centre détachable E3,* **44***)* **:** *411 O'Farrell St. ☎ 415-409-4000. • orangevillagehostel.com • Lits en dortoir 45-65 $, doubles 90-175 $, petit déj inclus.* Ce n'est pas la plus festive des AJ (certains, justement, préféreront !), mais elle dépannera les retardataires qui ne trouvent pas où se loger à bon budget. L'auberge abrite une centaine de chambres et dortoirs fonctionnels (non mixtes) de 3-4 lits, avec ou sans salle de bains (toute petite !). Les chambres privées, avec frigo, micro-ondes et petit ventilo, sont correctes. Cuisine, machines à laver et lounge à chaque étage. Bémol sur la propreté. À réserver si les autres auberges affichent complet.

Prix moyens

Herbert Hotel *(zoom centre détachable E3,* **48***)* **:** *161 Powell St. ☎ 415-362-1600. • theherberthotel.com • Doubles 170-250 $; également une dizaine d'economy rooms avec sdb partagée 100-150 $. Ni petit déj ni parking.* Cet hôtel datant de 1909 a fait peau neuve depuis et propose, au gré de ses 7 étages, une cinquantaine de chambres modernes, dans les tons clairs, avec sol immitation parquet (bye bye moquette poussiéreuse), frigo et ventilo. Ça, c'est pour les *standard,* car il y a aussi quelques économiques avec salle de bains partagée (attention, elles partent vite !) et des *deluxe* ou suites, plus chères (mais encore mieux). L'ensemble est vraiment bien tenu. Ceux qui ont le sommeil léger choisiront plutôt une chambre à l'arrière, car l'hôtel donne sur la passante Powell Street empruntée par le *cable car.*

Hotel Mayflower *(zoom centre détachable E3,* **46***)* **:** *975 Bush St. ☎ 415-673-7010. • sfmayflowerhotel.com • Doubles 130-190 $, petit déj continental inclus. Quelques places de parking gratuites pour petites voitures (1er arrivé 1er servi !).* Le lobby, datant de la construction de l'hôtel à la veille de la grande crise de 1929, lui donne une touche rétro nostalgique. Pour une fois, le prix des chambres ne varie qu'en fonction de leur qualité et non du taux de remplissage ! Certaines sont donc un peu mieux équipées que d'autres, même si les moins chères sont déjà assez nettes et confortables, avec salle de bains (petite), frigo ou micro-ondes. Déco plus très actuelle mais l'ensemble est bien tenu. On signale aussi l'endroit pour ses chambres familiales, intéressantes si vous êtes 3 ou 4... Accueil un peu routinier.

Grant Hotel *(zoom centre détachable E2,* **47***)* **:** *753 Bush St.*

☎ 415-421-7540. • granthotel.com • ♿ Doubles 100-200 $, petit déj léger (muffins) servi dans le lobby. Position très centrale, à 2 pas d'Union Square, mais sans les tarifs souvent exorbitants du centre-ville. Chambres très propres avec salle de bains privée et frigo disponibles sur demande. Préférez-en une côté cour pour plus de calme. Accueil un peu expéditif et déco passée de mode, mais à ce prix on ne va pas chipoter pour un dessus-de-lit.

De prix moyens à plus chic

Hotel Abri *(zoom centre détachable E3,* ***55****) :* *127 Ellis St.* *☎ 415-392-8800. • hotelabrisf.com • Doubles 120-270 $.* Brun, vert, touches de rouge, les chambres de cet hôtel contemporain, de très bon confort, sont accueillantes et d'un assez bon rapport qualité-prix. Les moins chères sont petites, mais toutes disposent de (très) grands écrans TV, baignoire ou douche, frigo, machine à café, sèche-cheveux et peignoirs. Celles de l'arrière sont, certes, plus sombres mais bien calmes, ce qui, vous l'aurez compris, n'est pas le cas de celles côté rue (notamment le week-end)... Accueil très pro.

Hotel Vertigo *(zoom centre détachable E3,* ***56****) :* *940 Sutter St.* *☎ 415-885-6800. • hotelvertigosf.com • Doubles 140-300 $.* C'est dans la chambre n° 401 que Hitchcock tourna la scène (de son film *Vertigo...*) où Judy-Kim Novak sort de la salle de bains en Madeleine blonde « ressuscitée ». Du coup, on en a fait un hôtel à thème ! Derrière la jolie façade à l'ancienne se cache un lobby d'un blanc immaculé, avec moulures, grand balcon, fauteuils ou banquettes orange et souche de tronc d'arbre en guise de table. Bien sûr, les films de Hitch passent en boucle. Pour les chambres, on est plutôt dans les tonalités brun-gris saupoudrées de touches orange, plus des tableaux inspirés des spirales du graphiste Saul Bass. Bon, pas de quoi avoir le vertige non plus, mais l'idée reste sympathique. Petit café sur place pour le petit déj (en sus).

The Touchstone Hotel *(zoom centre détachable E3,* ***52****) :* *480 Geary St.* *☎ 415-771-1600. • thetouchstone.com • Doubles 100-200 $.* Une quarantaine de petites chambres sur 6 étages, toutes un peu différentes dans la déco et le confort (demandez à en voir plusieurs avant de vous décider si possible) mais bien tenues dans l'ensemble, avec salle de bains privée (douche ou baignoire) et double vitrage. Réception minimaliste. Pas de petit déj mais 20 % de réduc pour les clients à la cafét' attenante. Tarifs plutôt convenables pour la qualité.

Plus chic

Hotel Emblem *(zoom centre détachable E3,* ***45****) :* *562 Sutter St.* *☎ 415-433-4434. • viceroyhotelsandresorts.com/emblem • Doubles 180-300 $.* Cet hôtel d'une centaine de chambres nous a bluffés par sa déco design, inspirée de la Beatnik Generation, loin des hôtels standardisés de Downtown. Lobby boisé avec son mur de livres, sa cheminée, son bar indus' et ses canapés qui invitent à la lecture. Si les chambres ne sont pas immenses, elles se révèlent très bien arrangées. Chaque détail fait mouche : le petit bureau avec machine à écrire ou tourne-disque, le pêle-mêle avec les cartes postales anciennes, le petit canapé Art déco, les lampes dorées, les salles de bains en marbre rétro, l'excellente literie... Ajoutez un emplacement idéal et un accueil attentionné. Notre adresse préférée à San Francisco.

Golden Gate Hotel *(zoom centre détachable E2-3,* ***49****) :* *775 Bush St.* *☎ 415-392-3702. • goldengatehotel.com • Doubles 160-280 $, petit déj et afternoon tea inclus.* C'est une petite maison jaune centenaire, non pas adossée à la colline, mais dotée d'un escalier métallique en façade, typique des immeubles américains. Aménagée en *B & B,* elle abrite un superbe ascenseur d'époque et 25 chambres, dont une quinzaine avec salle de bains privée. Elles sont petites mais douillettes, avec une déco style maison de campagne (rideaux fleuris, têtes de lit en osier). Dans les couloirs, plein de vieilles photos noir et blanc ramènent au siècle passé. Petite précision quand même : la salle du petit déj, assez étroite, est vite pleine le matin. Bon accueil, en français.

Handlery Union Square (zoom centre détachable E3, **57**) **:** 351 Geary St. ☎ 415-781-7800. • sf.handlery.com • Doubles 150-250 $, plus cher pour les suites avec rooftop. Très central, l'hôtel se divise en 2 bâtiments encadrant une cour intérieure paisible, où l'on ira piquer une tête dans la piscine ou se reposer sur un transat entre 2 courses à Union Square. Au choix, les chambres du bâtiment original de 1908, moins chères mais un peu petites, ou les *Premier* de la section plus récente, plus spacieuses et un poil plus luxueuses. Si vous optez pour celles-ci, demandez-en une avec balcon donnant sur la piscine (elles sont au même prix). Toutes les chambres, cela dit, sont rénovées et impeccables ! Resto, sauna gratuit (sur résa) et *fitness center.* Hors saison, tarifs plutôt incroyables pour les prestations offertes.

Chancellor Hotel (zoom centre détachable E3, **51**) **:** 433 Powell St. ☎ 800-428-4748. • chancellorhotel.com • Doubles 140-300 $. Réparties sur 15 étages, les 140 chambres de cet hôtel ne sont certes pas immenses mais elles offrent un bon rapport qualité-prix-emplacement. Classiques, arborant des tons verts et boisés, elles dégagent le charme un peu désuet d'un établissement de la fin du XXe s mais se révèlent tout à fait confortables et surtout impeccables. Un bon point aussi pour l'accueil charmant. En bref, une adresse classique et sans esbroufe, tout à fait recommandable.

The Marker (zoom centre détachable E3, **54**) **:** 501 Geary St. ☎ 415-292-0100. • themarkersf.com • Doubles 190-350 $. Massif de l'extérieur, on en prend aussi plein la vue dans le lobby avec la cheminée XXL et les lustres monumentaux. Certains trouveront ce style rococo-clinquant un peu *too much,* mais on ne peut pas nier le confort des fauteuils en velours où l'on passerait bien des heures. Les 200 chambres offrent le même aménagement cosy dans un esprit assez cocooning, égayé des couleurs flashy. Les sommeils légers demanderont une chambre côté cour.

Cornell Hôtel de France (zoom centre détachable E2, **50**) **:** 715 Bush St. ☎ 415-421-3154. • cornellhotel.com • Doubles 130-280 $, petit déj compris si résa sur Internet. Appartenant à un couple d'Orléanais installé à San Francisco depuis les sixties, cet hôtel de taille moyenne propose des chambres classiques mais très bien tenues ; même celles qui donnent sur la rue sont calmes. Attention, les plus petites n'ont pas beaucoup d'espace autour du lit (pas idéal pour les séjours prolongés).

De plus chic à très chic

White Swan Inn (zoom centre détachable E2-3, **53**) **:** 845 Bush St. ☎ 415-775-1755. • whiteswaninnsf.com • Doubles 190-400 $, petit déj-buffet inclus. Victorienne de corps, british de cœur, la maison est un refuge douillet, très campagne anglaise réinventée, avec son papier peint à fleurs, ses salons feutrés en sous-sol, sa vieille horloge, sa porcelaine britannique et ses vitres gravées. Chaque chambre, spacieuse et cosy, dispose d'une cheminée (à gaz), d'un grand écran et de peignoirs ; la plupart ont aussi un évier et une cafetière. *Cherry on the cake,* on sert le thé avec cookies dans l'après-midi et, à partir de 17h, le *wine & cheese.* Mentionnons encore une terrasse à l'arrière pour prendre le frais à l'ombre de quelques arbustes. Une adresse charmante et pleine de personnalité.

Petite Auberge (zoom centre détachable E2-3, **53**) **:** 863 Bush St. ☎ 415-928-6000. • petiteaubergesf.com • Doubles 180-380 $, petit déj inclus. Voisine et sœur jumelle du *White Swan Inn* (voir ci-dessus), la *Petite Auberge* possède une déco assez similaire, qui se veut représentative du romantisme provincial à la française mais prend en fait des atours là encore plutôt british, avec meubles anciens, papier peint, livres sur étagères, un âtre au gaz dans certaines chambres... Ces dernières sont fort plaisantes, même s'il peut y avoir du bruit côté rue... On profite aussi d'une salle de petit déj ouvrant sur un jardinet et d'un salon cosy où sont servis thé, café puis l'apéro *(wine & cheese)* en fin de journée.

🏠 ***Hotel Zeppelin*** *(zoom centre détachable E3,* ***59****)* **:** *545 Post St.* ☎ *415-563-0303.* • *viceroyhotelsandresorts.com/zeppelin* • *Doubles 170-360 $.* L'un de nos chouchous dans Downtown. D'ailleurs, il appartient au même groupe (talentueux) que l'hôtel *Emblem,* notre favori. Ici, la déco est un mélange réussi entre les style rock et industriel. Dans le lobby, murs de brique, table suspendue, cheminée et luminaires design annoncent la tendance. Les 200 chambres, réparties entre 2 bâtiments (on s'y perd un peu parfois) arborent les mêmes codes : graffitis dans les salles de bains pour certaines, miroirs XXL et mobilier design pour d'autres. Bonne literie et propreté exemplaire qui tentent de compenser des chambres parfois étriquées.

🏠 ***Hotel Union Square*** *(zoom centre détachable E3,* ***58****)* **:** *114 Powell St.* ☎ *415-969-2301.* • *hotelunionsquare.com* • *Doubles 180-400 $.* Cet hôtel centenaire, bâti pour la *Pan Pacific Exposition* de 1913, abrita un speakeasy (bar clandestin) pendant la Prohibition. Aujourd'hui, il possède le charme de l'ancien revisité sur des notes modernes, avec des chambres rénovées dans les tons gris, équipées de belles salles de bains et, pour certaines de murs en brique apparente. Attention, les chambres donnant sur Powell Street sont très bruyantes à certains moments : le *cable car* passe juste au pied. Celles de l'intérieur sont plus calmes, mais plus petites et sombres... Au final, un hôtel certes pas donné, mais fort élégant et tout confort. Accueil aux petits oignons.

🏠 ***The Inn at Union Square*** *(zoom centre détachable E3,* ***60****)* **:** *440 Post St.* ☎ *415-397-3510.* • *unionsquare.com* • *Doubles 160-350 $, petit déj inclus.* Ce charmant petit hôtel n'offre pas tant d'espace que de confort, avec 30 chambres et suites modernes et très accueillantes, au mobilier en bois s'accordant bien avec les couleurs apaisantes, literie parfaite, photomontages sur les murs et moquette à motifs géométriques. La classe ! Les tarifs sont élevés mais incluent, outre le petit déj, café, thé et pommes toute la journée, vin et fromage l'après-midi, bouteille d'eau, petits chocolats sur l'oreiller le soir... et même le cirage de pompes la nuit (en laissant ses chaussures devant la porte) !

Aux marges ouest de Downtown et dans Tenderloin

Pas le coin le plus attrayant de Downtown, mais on y trouve quelques bonnes adresses, qu'on vous livre donc.

De bon marché à prix moyens (AJ)

🏠 ***Music City Hotel/Hostel*** *(zoom centre détachable D3,* ***61****)* **:** *1353 Bush St.* ☎ *415-816-6207.* • *musiccityhotel.org* • *Lits en dortoir 40-68 $, doubles 120-200 $.* À côté de l'Alliance française, dans un bâtiment en brique rouge, un « hôtel-AJ » dédié au rock, avec même une salle de répét' en sous-sol (que les hôtes – avis à nos lecteurs musiciens – peuvent utiliser !). L'établissement lui-même est au 1er étage et propose, le long de couloirs feutrés garnis de photos de rockeurs légendaires, des chambres et dortoirs (4-6 lits) industriels dans les tons rouge et gris, non seulement nickel mais à la déco vraiment plaisante. Clientèle de musicos bien sûr, mais pas seulement. Les sanitaires sont à partager (sauf pour 4 chambres, plus chères) mais, en gros, on trouve ici une excellente qualité d'hébergement pour le prix. Dommage qu'une belle salle commune fasse défaut.

De plus chic à très chic

🏠 🍸 ***Proper Hotel*** *(zoom centre détachable E3,* ***62****)* **:** *1100 Market St.* ☎ *415-735-7777.* • *properhotel.com* • *Doubles à partir de 280 $.* Pour nos lecteurs à l'aise avec leur budget, voici l'un des hôtels les plus lookés de San Francisco. Son architecture tout en briques ne laisse rien présager du design incroyable qui se cache à l'intérieur. Canapés aux lignes graphiques, peintures contemporaines, miroirs et mobilier de tous styles se mélangent dans une harmonie un brin déjantée, digne d'un magazine de déco. Même tendance dans les chambres, aux papiers peints excentriques. Accueil évidemment très pro. Autre point fort de l'hôtel : son *rooftop bar* (**Charmaine's,** *tlj dès 15h*) accessible à tous, où l'on sirote un cocktail autour du feu le soir. Superbe panorama sur la ville.

Où manger ?

Spécial petit déjeuner

Taylor Street Coffee Shop *(zoom centre détachable E3,* ***121****) : 375 Taylor St. ☎ 415-567-4031. Tlj 7h-14h. Plats 15-22 $.* On fait souvent la queue pour entrer dans cet étroit couloir, le temps d'essayer de planter son épingle sur la mappemonde pour signaler d'où l'on vient (pour la France, laissez tomber, plus moyen de planter quoi que ce soit !). La salle ne paie pas de mine, mais les assiettes, copieuses, sont garnies d'appétissants pancakes, d'omelettes baveuses, de bons *French toasts,* fruits frais généreusement servis, ou encore de *morning melt* et autres *hollandaise hash...* Goûtez au *millionaire's bacon,* spécialité de la maison ! Les plus raisonnables piocheront leurs plats dans la *healthy selection.* Parfait pour bien démarrer la journée.

Sears Fine Food *(zoom centre détachable E3,* ***122****) : 439 Powell St. ☎ 415-986-0700. Tlj 7h-21h. Petits déj (jusqu'à 15h) 10-20 $; sandwichs, salades et burgers 10-30 $.* Depuis 1938, habitués et touristes en goguette se pressent pour pénétrer dans cette salle chaleureuse et bruyante, façon brasserie rétro. La spécialité qui a fait la réputation de l'endroit, ce sont les « minipancakes à la suédoise » (de la taille d'une pièce d'un dollar, servis par 18 !), plus petits et plus légers que les traditionnels. Des sortes de blinis, en version mini. Les omelettes sont bien aussi. On y vient surtout pour ça, car en dehors du petit déj, l'adresse présente moins d'intérêt. Un petit coup de cœur pour son allure rétro, surtout côté comptoir avec les tabourets en skaï rouge et le sol couvert de mosaïques.

Pinecrest Diner *(zoom centre détachable E3,* ***123****) : 401 Geary St. ☎ 415-885-6407. Tlj 7h-23h. Petits déj 11-20 $, servis même le soir !* Un vieux café américain qui n'a guère changé en un demi-siècle, avec ses box et ses tabourets accolés au comptoir... d'où l'on observe en direct les piles de *hashbrowns* (patates râpées) en train de rissoler. Rétro, populaire et graillonneux à souhait ! On y trouve bien sûr les grandes spécialités du breakfast à l'américaine, invariablement copieuses. Pas d'une grande finesse, certes, et le service est un peu expéditif, mais c'est aussi ça, l'Amérique ! Également des sandwichs, burgers et *onion rings* XXL pour les gros appétits.

Excellents petits déj et beignets d'anthologie chez ***Brenda's*** (voir plus bas).

Dans Downtown

De bon marché à prix moyens

Pearl's Deluxe Burgers *(zoom centre détachable E3,* ***126****) : 708 Post St. ☎ 415-409-6120. Tlj 12h-21h. Burgers 9-15 $.* C'est un mini-fast-food, rien de bien séduisant en termes de cadre, mais on y prépare parmi les meilleurs burgers de Downtown à des prix fort raisonnables. Ils sont énormes et les ingrédients bien frais. Attention, vous êtes sûr de vous repeindre la cravate si vous n'êtes pas précautionneux ! À accompagner d'une bonne portion de *coleslaw* ou d'*onion rings* (en supplément).

Lori's Diner *(zoom centre détachable E3,* ***128****) : 500 Sutter St. ☎ 415-981-1950. Jeu-sam 24h/24, sinon 5h30-23h. Plats 11-21 $. Back to the fifties !* Empruntez la machine à remonter le temps et pénétrez dans cet amusant décor juxtaposant néons, grosses banquettes de moleskine rouge et carrelage *black and white*. Oh, une moto au-dessus du comptoir ! Oh, un gros juke-box perché, une Cadillac bleue dans le fond et Elvis *himself* qui vous accueille ! Les bons vieux tubes rock résonnent en cadence... *Oh, happy days...* La carte est à l'image du contenant : pancakes et omelettes au petit déj (servis toute la journée), burgers, salades et sandwichs le reste du temps, le tout copieux à défaut d'être fin. Pas le meilleur *diner* de la ville mais le cadre mérite le coup d'œil.

Osha Thai Noodle Café *(zoom centre détachable E3,* ***130****) : 696 Geary St. ☎ 415-673-2368. Lun-ven 11h-15h, 17h-21h ; w-e 12h-21h. Plats 15-20 $.* Cette minichaîne de restos thaïs est née ici (5 adresses au compteur, plus une à Bangkok). Derrière ses baies vitrées donnant sur le carrefour, cette adresse aux lignes contemporaines et tons sobres arbore une déco bien plus sage que le contenu relevé des assiettes. La cuisine est simple et bonne, un rien chère peut-être : salade de papaye verte et crabe, soupes de nouilles, currys et autres plats de riz nourrissants. Le tout à arroser d'un bon thé glacé thaï (sucré) pour éteindre l'éventuel incendie dû au piment (même si l'on demande son plat « *just a little spicy* » !).

Dans Tenderloin

Bon marché

Saigon Sandwich Shop *(zoom centre détachable E3,* ***134****) : 560 Larkin St. ☎ 415-474-5698. Tlj 7h-17h. Sandwich env 5 $.* Bien pour caler un creux (sur le pouce) si vous passez par là : les 5 options de sandwich ne vous coûteront que quelques dongs... euh, dollars. En vedette : le *bánh mì gà,* au poulet rôti, avec légumes marinés (un poil relevés). À part ça, quelques boissons au frigo et 2 chaises coincées contre un minicomptoir, côté fenêtre. La plupart des clients emportent leur commande.

Turtle Tower Civic Center *(zoom centre détachable E3,* ***136****) : 645 Larkin St. ☎ 415-409-3333. Tlj 9h-16h. Plat max 14 $.* La queue, le midi, s'allongerait presque jusqu'au Civic Center... et on exagère à peine ! Prophète de la cuisine nord-vietnamienne, *Turtle Tower* est particulièrement réputé pour ses *phô,* aux nouilles fraîches épaisses et au bouillon bien parfumé ; celui au poulet est très bon. Alors oubliez le cadre insipide et concentrez-vous sur votre bol ! 2 autres adresses, dont l'une au 501 6th Street *(SoMa ; tlj 11h-20h).*

Tadu Ethiopian Kitchen *(zoom centre détachable E3,* ***137****) : 484 Ellis St. ☎ 415-409-6649. Tlj 16h-21h. Plats 11-15 $.* Dans une rue squattée par les SDF, sans problème de jour mais à éviter à la nuit tombée. Riquiqui, ce resto éthiopien a priori quelconque ne compte pas plus de 10 tables. Si, comme nous, vous êtes novice, suivez les conseils du staff, qui réserve un accueil et un service discrets mais charmants. Bœuf haché, fromage frais, épinards, poulet... chaque préparation se révèle savoureuse car cuisinée avec moult épices et légumes. Le tout se déguste avec les mains, à l'aide d'une galette appelée *injera,* dans un plateau commun. Une chouette découverte culinaire, qui élargit encore la palette de cuisines du monde qu'offre San Francisco. Autre adresse au 1120-30 4th Street *(Mission Bay ; lun-sam 11h30-21h30).*

Prix moyens

Lers Ros Thai *(zoom centre détachable E3,* ***138****) : 730 Larkin St. ☎ 415-931-6917. Tlj 11h-15h, 17h-22h. Plats 16-26 $.* Un des bons restos asiatiques (thaï celui-ci) du quartier. Toujours du monde dans cette salle moderne qui baigne, en soirée, dans une musique assez rythmée. On a bien aimé la salade de papaye verte aux crevettes et les brochettes de poulet à la sauce cacahuète. Les curieux pourront tenter l'alligator à la pâte de piment ou le lapin à l'ail. Le tout plutôt bien relevé, donc n'oubliez pas de préciser « *mild* » si vous avez le palais délicat. Une autre adresse au 307 Hayes Street *(plan d'ensemble détachable D4,* ***139****),* dans Hayes Valley, et une 3e à Mission, au 3189 16th Street.

Brenda's (zoom centre détachable D-E3, **140**) **:** 652 Polk St. ☎ 415-345-8100. Tlj sauf mar-mer 8h-20h. Petit déj 9-19 $, plats 10-20 $. D'origine asiatique, Brenda a grandi en Louisiane, et après une décennie passée dans les cuisines des restos fusion de la ville, elle est revenue à ses souvenirs d'enfance. L'attente est souvent longue pour goûter à ses *po'boy* (sandwichs) aux huîtres, ses *red beans and rice* à l'andouille, sa *spicy pasta Orleans* et autre *secret recipe fried chicken.* Évidemment, on ne part pas d'ici sans avoir englouti les beignets maison et s'être léché les babines de tout ce sucre glace. Le tout est servi sur fond de bon vieux jazz dans une sorte de petit hangar reconverti avec des murs de béton brut couverts de miroirs et d'une... écrevisse géante !

Où boire un verre ? Où sortir ?

620 Jones (zoom centre détachable E3, **281**) **:** 620 Jones St. ☎ 415-845-2257. Tlj sauf lun 17h (11h w-e)-22h (23h jeu, minuit ven-sam, 16h dim). Happy hours mar-ven 16h-18h. Allez, vous l'auriez peut-être trouvée sans nous, mais on ne cache pas notre plaisir à partager cette belle surprise. De la rue, on aperçoit que les lumières et les branches de palmiers ; petits curieux, nous sommes allés jeter un œil. La belle idée ! Surélevée par rapport au niveau de la rue, cette superbe terrasse attire une clientèle plutôt branchouille qui vient siroter de bons cocktails en picorant *arancini*, pizza, *chicken wings*, croquettes de crevettes... Sûrement la terrasse la plus cool de Downtown.

P.C.H (zoom centre détachable E3, **280**) **:** 580 Sutter St. ☎ 415-398-0195. Tlj 17h (16h ven-sam)-2h (minuit dim-lun). Cocktails env 15 $. Bar à cocktails dans la tendance des *speakeasies,* celui-ci n'est pas planqué mais on retrouve tous les codes des bars clandestins : lumières tamisées, fioles aux liquides mystérieux alignées sur le comptoir, serveurs tatoués et barbus et des alcools en veux-tu en voilà dressés contre le mur de brique. Gin, agave, whisky, rhum ou vodka, laissez-vous porter par le menu voguant entre grands classiques et recettes carrément exotiques. Le *Pacific Cocktail Haven* porte bien son nom, on se laisserait bien transporter au paradis.

The Royale (zoom centre détachable E3, **283**) **:** 800 Post St. ☎ 415-441-4099. • theroyalesf.com • Tlj 16h-minuit (2h jeu-sam). Surveillez bien le programme de ce café d'angle, il s'y passe quelque chose tous les soirs, ou presque : jazz, *musica cubana,* indie rock, DJs variés... On aime le cadre mi-brut, mi-branché, où l'on se sent aussi bien pour une bière pression et une partie de billard en fin de journée.

Bourbon & Branch (zoom centre détachable E3, **282**) **:** 501 Jones St. ☎ 415-346-1735. • bourbonandbranch.com • Tlj 18h-minuit (2h ven-sam). Seulement sur résa. Seul un panneau *Anti-Saloon League* indique que vous êtes a priori au bon endroit. Pas de pancarte, ni même un numéro, on est bien dans une version revisitée du *speakeasy* (clandé) qui se trouvait ici au temps de la Prohibition... Loin du vieux rade crado, on y vient plutôt sur son trente et un, après avoir réservé un créneau horaire précis et en susurrant son mot de passe à la porte ! Décor superbe : lumières tamisées, murs de brique et papiers peints sang-de-bœuf, plafond en métal martelé, vieux sols patinés, box au cuir mat. Le fond musical ramène aux années 1920-1930 et la carte décline une invraisemblable collection de whiskies, cocktails, rhums, et même d'absinthes !

Wilson & Wilson (zoom centre détachable E3, **282**) **:** 505 Jones St. • thewilsonbar.com • Mer-sam 18h-2h. Fermé dim-mar. Planqué derrière une vitrine d'agence de détective privé, et attenant au *Bourbon & Branch, Wilson & Wilson* appartient aux mêmes proprios et fonctionne aussi sur résa. On y retrouve la même pénombre et les mêmes *mixologists* de talent, qui vous proposeront un « menu » de 3 cocktails maison. Pas besoin de se saouler (ni de vider son porte-monnaie), on peut aussi ne siroter qu'un verre.

Où assister à un concert ?

♩ ***Biscuits & Blues*** *(zoom centre détachable E3,* ***284****)* **:** *401 Mason St. • bis cuitsandblues.com • Ts les soirs sauf lun. Entrée 20-30 $ selon concert.* Ce temple du blues californien se trouve en sous-sol. Au programme, tout le Sud dans l'assiette et dans les oreilles. Évitez toutefois d'y manger (à moins d'être fan du *fried chicken*) et privilégiez les concerts. Même si on ne retrouve plus trop les grandes pointures d'antan, il reste du bon, entre gros blues électrique, presque rock, et guitaristes plus subtils. Petite précision : les tables sont collées à la scène et le volume peut vite grimper.

♩ ***Great American Music Hall*** *(zoom centre détachable D3,* ***285****)* **:** *859 O'Farrell St. • gamh.com • Billets 15-50 $.* Restaurant, salle de concerts, bordel... le lieu a connu ses heures de gloire de 1907, date de sa construction, jusqu'à la Grande Dépression. C'est aujourd'hui le plus ancien music-hall toujours en activité de San Francisco. Des pointures comme Sarah Vaughan, Duke Ellington, mais aussi Van Morrison et les Grateful Dead s'y sont produites. La patte de l'architecte français A. W. Edelman se retrouve à travers balcons ornementés, colonnes de marbre et fresques au plafond, que complètent tables de saloon et parquet en chêne. Une belle ambiance feutrée, idéale pour apprécier un concert de blues ou voir un héritier de Bob Dylan, même si la programmation, aujourd'hui assez variée, inclut des groupes latinos ou même punk !

Achats

The Levi's Store *(zoom centre détachable E-F3,* ***402****)* **:** *815 Market St. Tlj 10h (11h dim)-19h (20h sam).* Cet énorme magasin rappelle que *Levi's* est né à San Francisco, au moment de la ruée vers l'or. Pas franchement de *bon deal* en dehors des soldes (compter environ 100 $ le jean) mais on peut faire customiser son *denim* en choisissant broderies et transferts à l'atelier.

Anthropologie *(zoom centre détachable E3,* ***401****)* **:** *880 Market St. Tlj 10h-20h (19h dim).* Une marque qui mélange joyeusement vêtements pour femme, linge de maison et vaisselle, le tout dans un style vintage-hippie chic, coloré, chatoyant et original. Également des bijoux fantaisie, des bougies et plein de petites idées de déco.

Urban Outfitters *(zoom centre détachable E3,* ***404****)* **:** *80 Powell St. Lun-sam 10h-19h, dim 11h-18h.* Même maison qu'*Anthropologie,* mais style plus rock-urbain-branché.

Victoria's Secret *(zoom centre détachable E3,* ***409****)* **:** *335 Powell St. Tlj 10h-21h (20h dim).* La célèbre marque de lingerie étale ses créations sur 3 étages. L'occasion de refaire un stock de culottes, de s'offrir un ensemble sexy ou un pyjama en pilou-pilou !

À voir

Union Square *(zoom centre détachable E3)* **:** bordée de tous côtés d'immeubles, voici le centre névralgique de San Francisco, avec ses enseignes chics, ses grands magasins (dont *Macy's, Saks, Tiffany...*) et ses hôtels de luxe. L'esplanade, dessinée en 1901, est dominée par une colonne commémorant la victoire américaine à Manille lors de la guerre hispano-américaine, 3 ans plus tôt. À l'origine, il n'y avait là qu'une haute dune, transformée en parc public dans les années 1850 : les manifestations unionistes qui s'y déroulèrent durant la guerre de Sécession donnèrent son nom au lieu. Bordée par les voies du *cable car* remontant Powell Street, Union Square bourdonne d'activité dès les 1ers rayons du soleil. Des manifestations et des spectacles s'y déroulent régulièrement.

Glide Memorial Church *(zoom centre détachable E3)* **:** *à l'angle de Taylor St et Ellis St.* Cette petite église méthodiste de quartier est très active dans l'aide aux sans-abri, mais aussi célèbre pour son atmosphère *gay friendly* et ses formidables messes célébrées en musique. Elle fut d'ailleurs à l'affiche dans *À la poursuite du bonheur* (2005), qui raconte l'histoire d'un SDF qui a fait fortune dans la finance, incarné par Will Smith. Si la curiosité vous pique, les offices sont célébrés à 9h et 11h le dimanche. Arrivez en avance pour avoir une place assise. En général, les touristes montent au 2e étage. Chorale de gospels, avec solistes talentueux et orchestre au complet : un vrai concert ! Dans la salle, tout le monde reprend les paroles en chœur en se donnant la main. Pas difficile de les accompagner : les paroles défilent sur un écran géant, comme pour un karaoké ! Les alentours de l'église servent aussi de point de chute de très nombreux *homeless,* éviter d'y aller le soir.

CIVIC CENTER *(plan d'ensemble détachable D-E3-4)*

Cœur monumental des institutions, le Civic Center s'étend au sud-ouest du Downtown proprement dit, passé le quartier de Tenderloin, dans le « coin » formé par Market Street et Van Ness Avenue. Bordant une immense esplanade, on trouve le très monumental *City Hall* (hôtel de ville), construit dans un style inspiré du classicisme français du XVIIe s (dôme de 94 m de haut). C'est dans ce bâtiment que furent assassinés le conseiller municipal Harvey Milk (voir « Personnages. Histoire, politique, société », dans « Hommes, culture, environnement » en fin de guide) et le maire de San Francisco George Moscone en 1978. En face, l'Asian Art Museum et la bibliothèque municipale ; côté sud, le *Bill Graham Civic Auditorium* (concerts) ; côté nord, le *State Building.* Ajoutez à cela, plus à l'ouest, passé Van Ness, l'Opéra et la rotonde du *Davies Symphony Hall.* Le tout en pierre grise, à la fois austère et grandiloquent ! Jouxtant le quartier de Tenderloin, évitez de vous y balader à la nuit tombée.

➢ ***Pour se rendre au Civic Center :*** Ⓜ MUNI, station Civic Center ; bus nos 5 et 21 (entre autres).

Où manger ?

Bon marché

Ananda Fuara *(plan d'ensemble détachable E4,* ***141****)* **:** *1298 Market St.* ☎ *415-621-1994. Mar-dim 11h-20h (15h mer et dim). Fermé lun. Plats 10-16 $.* Ultra-populaire au déjeuner pour ses excellents petits plats végétariens et végétaliens (végans) à bon prix, l'*Ananda Fuara* semble baigner dans une douce béatitude, à l'image du sourire bienveillant des serveurs. Ici, le *meatloaf* n'a rien à voir avec le bon vieux « pain de viande » traditionnel. À base de céréales, d'œufs, de ricotta, de tofu et d'épices, cuit en galettes, il fait un excellent sandwich, dans la lignée des wraps, falafels, salades fraîches, currys et autres samossas. Salle claire et agréable, bleue comme une église grecque.

Où voir un spectacle ?

War Memorial Opera House *(plan d'ensemble détachable D3-4)* **:** *301 Van Ness Ave.* ● *sfopera.com* ● *sfballet.org* ● L'Opéra de San Francisco accueille la 2e plus grande compagnie d'opéra d'Amérique du Nord et la 3e plus importante troupe de ballet. Grands classiques et spectacles plus innovants.

San Francisco Symphony *(plan d'ensemble détachable D4)* **:** *Louise Davies Symphony Hall, 201 Van Ness Ave.* ● *sfsymphony.org* ● L'orchestre symphonique de la ville est réputé pour les productions plutôt avant-gardistes de son directeur musical, Michael Tilson Thomas, très attaché à l'œuvre des grands compositeurs américains contemporains. En 2019, l'orchestre a par exemple assuré un concert avec... Metallica !

À voir

☆☆☆ ***Asian Art Museum*** *(plan d'ensemble détachable E3 et zoom centre détachable E3)* : *200 Larkin St. • asianart.org • Tlj sauf mar-mer 10h-17h (13h-20h jeu). Entrée : 15 $ (+ 5-10 $ pour les expos temporaires) ; 10 $ jeu après 17h ; réduc ; gratuit 1er dim du mois. Audioguide en français inclus (payant, et seulement en anglais, pour l'expo temporaire). Visites guidées gratuites.*
Le musée occupe l'ancienne bibliothèque, vaste bâtiment de style Beaux-Arts datant de 1917. L'architecture intérieure, signée Gae Aulenti (maître d'œuvre du musée d'Orsay à Paris), met magnifiquement en valeur sa fantastique collection de près de 15 000 pièces, illustrant 6 000 ans d'art asiatique. Celle-ci est considérée comme la plus riche des États-Unis. Les œuvres se répartissent en 7 sections sur 3 niveaux (on commence par le niveau supérieur) : Asie du Sud, Perse, Asie du Sud-Est, Himalaya et monde bouddhiste tibétain, Chine, Corée et Japon. Une partie des œuvres tourne régulièrement en raison de l'importance du fonds. Voici néanmoins une sélection d'incontournables :

3e étage
– *Salles 1 à 6 :* ***l'Asie du Sud.*** Le parcours débute il y a 2 000 ans dans le royaume bouddhiste de Gandhara (actuels Pakistan et Afghanistan), avec un ensemble de très beaux bas-reliefs et un étonnant linga (symbole phallique) greffé d'un visage féminin (rare), datant du Ve s apr. J.-C. Salle 2, le Bouddha cohabite avec diverses divinités hindoues. Une remarquable collection de bas-reliefs et statues indiennes est ensuite exposée, conduisant aux bronzes et miniatures des salles 5-6 et à une nacelle d'éléphant *(howdah)* des années 1900, en bois peint à l'argent. Il voisine avec d'autres souvenirs indiens.
– *Salle 7 :* ***le monde perse*** en une seule salle, avec de très belles poteries, des bronzes zoomorphes et des manuscrits.
– *Salles 8 à 11 :* ***l'Asie du Sud-Est.*** L'apport conjoint du bouddhisme et de l'hindouisme s'impose à travers les superbes bas-reliefs d'Angkor, dont un peuplé de singes illustrant un épisode du Rāmāyana. Citons, au fil de la visite, un grand tambour de bronze vietnamien, des fixations de palanquins khmères très travaillées, des céramiques vietnamiennes, des têtes de Bouddha (vers 1350-1400) provenant du royaume thaï d'Ayutthaya (salle 10) et encore, dans le couloir, une belle collection de dagues et de *kriss,* ces élégants poignards malais et indonésiens à lame serpentine, aux fourreaux et manches pour certains sertis de pierres précieuses. La salle 11 (après 1800) expose des *wayang golek* (marionnettes du théâtre indonésien), un trône bouddhique birman, des diadèmes et bijoux en or provenant des îles de la Sonde.
– *Salle 12 :* ***le monde himalayen et tibétain.*** Beaux bouddhas népalais en cuivre repoussé, autel tibétain aux 15 niches occupées par des statuettes, *thangkas* (peintures sur toile), statue laquée chinoise de Simhavaktra Dakini, déesse à tête de lion aux airs démoniaques (dont la chevelure en feu symbolise la sagesse) ou encore broderies bhoutanaises en soie.
– *Salle 13 :* consacrée au ***jade dans la culture chinoise,*** elle expose des dizaines de petits objets précieux, tous plus délicats les uns que les autres. Noter les curieux disques de jade, lisses comme des miroirs : symboles de pouvoir, ils sont ronds comme la représentation du ciel et solides comme l'immortalité que les souverains chinois espéraient s'approprier.
– *Salles 14 à 16 :* ***la Chine ancienne.*** Salle 14, la vaisselle en bronze verdie, datée du XIVe au IIIe s av. J.-C., comprend un extraordinaire récipient rituel en

forme de rhinocéros, d'une incroyable ressemblance. À croire que le fondeur en avait vu un de près ! La salle 15 présente de grandes terres cuites faïencées typiques de l'époque Tang : gardiens de tombeaux terrassant des démons, belles statuettes funéraires et superbe chameau blatérant. Mentionnons aussi ce très rare *money tree* en bronze, évoquant des pièces de monnaie, qu'on plaçait dans les tombes, dans la région du Sichuan (dynastie Han), pour assurer la richesse du défunt dans l'au-delà... Salle 16, statues et stèles témoignent de l'arrivée du bouddhisme en Chine entre le IIIe et le VIe s. Voir notamment la superbe tête d'*arhat* en bois et le bodhisattva qui conserve des traces de couleurs.

2e étage

– *Salles 17 à 19 :* ***la Chine de 960 à 1911,*** à travers objets d'art, porcelaines, ivoires ciselés, brûloirs à encens en forme d'animaux, délicats flacons à parfum, encriers, coupelles, urnes funéraires, mobilier (Ming notamment, reconnaissable à ses lignes sobres et déjà très modernes...), peintures (combats de coqs, paysages enneigés...), paravents ornementés, vases, etc.

– *Salles 21 à 23 :* ***la Corée.*** Jolies boîtes incrustées de nacre, poteries domestiques du Ve au XIVe s rappelant les céladons chinois.

– *Salles 25 à 29 :* ***le Japon.*** On commence par les poteries de l'époque jomon (parmi les plus anciennes au monde) pour découvrir ensuite les étonnantes statues anthropomorphes de la période Kofun (300-552), qui étaient placées dans des tumulus. Salles 27 et 28, on admire de nombreux objets du quotidien : armes, armure de samouraï à la Dark Vador, paravents (détaillez les scènes qui y sont peintes !), palanquins, faïences, *netsuke* (figurines miniatures d'une extrême délicatesse) et *inro* (petits récipients suspendus à une cordelette), superbes vases... Ne pas manquer non plus l'album de photos colorisées montrant le Japon à la fin du XIXe s (dommage qu'on ne puisse pas en tourner les pages !), réalisées par les 1ers photographes nippons. Pour finir, la cérémonie du thé.

Rez-de-chaussée

C'est là que se tient la principale ***expo temporaire*** du moment, en lien avec la thématique du musée. Boutique.

|●| ***Sunday at The Museum :*** *☎ 415-581-3630. Tlj sauf mar-mer 10h-16h30 (13h-19h30 jeu). Fermé lun. Plats 10-15 $.* Cafétéria améliorée pas trop chère et sympa, aux notes logiquement asiatiques.

SOMA *(plan d'ensemble détachable E-F-G-2-3-4 et zoom centre détachable E-F-G-2-3)*

Situé au sud de Market Street, comme son nom l'indique *(South of Market),* ce quartier, longtemps laissé aux boîtes gay et aux SDF, connaît une renaissance progressive depuis la construction dans les années 1980-1990 du *Moscone Convention Center* (Centre de convention). Mais le coup d'accélérateur a été donné par la réouverture du musée d'Art moderne (SFMoMA) et de son pendant, les *Yerba Buena Gardens.* S'il reste encore quelques entrepôts délabrés et quelques *homeless* (en particulier sur 6th Street), SoMa est devenu le ***terrain de sortie des yuppies branchés,*** et de ***nombreuses start-up*** essaient d'y faire fortune. On y trouve donc des restaurants, des bars et les boîtes en vogue, en particulier au sud, près de l'autoroute. C'est un quartier qui vit beaucoup la nuit. Les vieux immeubles tombent et de vastes complexes voient le jour, abritant bureaux et appartements de luxe, ce qui donne de prime abord au quartier un aspect plus moderne et plus aseptisé qu'ailleurs. Mais c'est bien connu, la chaleur est à l'intérieur... surtout pour ceux qui aiment la fête.

Où dormir ?

De prix moyens à plus chic

The Mosser Hotel *(zoom centre détachable F3,* ***65****) : 54 4th St. ☎ 415-986-4400. • themosser.com • Doubles sans sdb 100-170 $, avec sdb 160-300 $; café et muffins au petit déj.* Face à l'onéreux *Marriott*, l'ancien *Keystone Hotel* de 1913 possède un petit cachet rétro qui nous a bien plu. Chambres plus ou moins grandes, avec ou sans salle de bains, mais toutes très soignées et arrangées avec goût et sobriété, dans les tons clairs. À noter, l'hôtel abrite aussi un studio d'enregistrement... C'est peut-être le moment de vous lancer dans la musique ! *Wine hour* le vendredi soir.

Hotel Griffon *(zoom centre détachable G2,* ***71****) : 155 Steuart St. ☎ 415-495-2100. • hotelgriffon.com • Doubles 150-300 $.* Dissimulé dans une rue calme juste en retrait de la baie, cet hôtel de standing, installé dans un bâtiment de 1857, se distingue par son atmosphère intime et sa dominante dorée dans la déco, y compris le griffon qui semble attendre l'ascenseur. Les bibelots confèrent une atmosphère chaleureuse aux parties communes, tandis que la soixantaine de chambres, qui arborent toutes un pan de mur original, baignent dans des tons plutôt marron (pas des plus gais diront certains). Seules 2 font face à la baie dans chaque aile ; les autres, intérieures, sont plus sombres, mais qu'importe, elles sont très bien aussi !

Très chic

The Palace Hotel *(zoom centre détachable F3,* ***69****) : 2 New Montgomery St. ☎ 415-512-1111. • marriott.com • Doubles (standard) 300-500 $.* Pour une fois, le nom n'est pas usurpé : il s'agit bien d'un palace – « une grande dame », comme aiment à dire les Américains –, construit en 1875, qui a survécu au séisme de 1906 et traversé le XXe s en prenant soin de ses plus beaux atours : colonnes de marbre et lustres, piscine intérieure sous verrière, bar chaleureux à l'ambiance très san-franciscaine. Ajoutez à cela des chambres hyper cossues – remarquez, à ce prix-là... Accueil et service au diapason.

Harbor Court *(zoom centre détachable G2,* ***71****) : 165 Steuart St. ☎ 415-882-1300. • harborcourthotel.com • Doubles 200-400 $.* Dans la zone portuaire de San Francisco, cet hôtel luxueux s'est adapté à son environnement en adoptant un cadre mi-industriel, mi-marin. Tons bleu et gris, palettes aux murs, carrelage immaculé dans les salles de bains, miroirs hublots et échelle de niveau d'eau, la déco est travaillée et agréable. On confesse une petite déception pour les chambres côté océan, pourvues de fenêtres franchement riquiqui (dommage quand on a l'océan à ses pieds). Pour le reste, le confort est au rendez-vous et la situation idéale si l'on prend le ferry le lendemain.

Où manger ?

Spécial petit déjeuner

Dottie's True Blue Café *(zoom centre détachable E3,* ***143****) : 28 6th St. ☎ 415-885-2767. Tlj sauf mar-mer 7h30-15h (16h w-e). Plats 10-20 $.* L'une des références en ville pour le petit déj et le brunch. N'oubliez pas votre journal ou venez tôt : parfois, les files d'attente légendaires vous laisseront le temps de l'éplucher jusqu'au bout... L'attente est récompensée par des omelettes géantes ou œufs brouillés aux olives, à l'andouille, au chèvre, au porc et oignons rôtis, sans oublier les pancakes au sirop d'érable et les *specials* du jour, affichés à l'ardoise. Belle salle rustique aux murs de brique et plancher, décorés de grandes photos noir et blanc, et service attentif.

Blue Bottle Coffee *(zoom centre détachable E3,* ***144****) : 66 Mint Plaza. ☎ 415-495-3394. Tlj 6h30-17h. Petits déj 6-12 $.* Quoi de plus en vogue que le café ? Surtout quand il s'agit d'un breuvage préparé avec une telle minutie, par des brûleurs à l'ancienne, et servi dans un décor moderne et épuré, entre baies vitrées et hauts plafonds... On peut accompagner ledit café d'une gaufre (belge), d'un bon *oatmeal,* de *granola* au yaourt, de toasts, de muffins, d'œufs mollets ou d'*avocado toast*. Sucre et lait bio, fallait-il le préciser ? Une dizaine d'adresses rien qu'à SF et la marque s'étend partout aux États-Unis !

De bon marché à prix moyens

Red's Java House *(zoom centre détachable G3,* ***145****)* **:** *Pier 30, The Embarcadero (au niveau de Bryant St).* ☎ *415-777-5626. Tlj 7h (9h w-e)-18h. Plats 7-20 $.* Les nostalgiques du *Old Frisco* des années 1950 ne peuvent décemment ignorer cette vieille baraque en bois au bord du quai, aux planchers vermoulus et aux tabourets rouges déglingués. Des générations de dockers râblés et de marins bourrus ont défilé au comptoir, alléchés par les burgers graillonneux, les frites huileuses, le *fish & chips* du vendredi et la bière bon marché. Le panneau le proclame : « *We don't serve lettuce or tomato...* » Pas de verdure ici ! Le vieux port n'est plus, mais la vue est toujours là, et ce survivant d'une époque révolue fait toujours salle comble durant la saison de base-ball des Giants (le stade est à 3 pas).

Super Duper Burgers *(zoom centre détachable F3,* ***150****)* **:** *721 Market St.* ☎ *415-407-8014. Tlj 10h30-20h. Burger env 10 $.* Le concept est osé : des burgers, frites et *shakes* typiques des fast-foods, préparés façon *Slow Food* ! En pratique, on n'attend guère plus qu'ailleurs, mais tous les produits sont bio et locaux, sans pour autant afficher des prix prohibitifs, bien au contraire. On ne peut qu'encourager une telle initiative, qui ne laisse pas insensible, y compris côté palais. Il y a même des burgers végétariens, avec houmous et concombre, des salades et des *egg sandwichs* au petit déj pour quelques dollars. Finalement, la seule chose qui fasse fast-food, c'est la salle... D'autres adresses, notamment à Castro *(2304 Market St),* à Marina *(2201 Chestnut),* à Mission *(738 Mission St)...*

The Sentinel *(zoom centre détachable F3,* ***152****)* **:** *37 New Montgomery St.* ☎ *415-769-8109. Lun-ven 7h-14h30. Fermé w-e. Sandwichs 9-12 $.* Une cahute minuscule où l'on vend en semaine des sandwichs frais (chauds ou froids), souvent originaux, et un menu complet à emporter. À emporter seulement.

SoMa StrEat Food Park *(plan d'ensemble détachable E4,* ***146****)* **:** *428 11th St. Tlj 10h-18h. Compter 8-15 $.* Devant la popularité du phénomène *street food,* cet espace coincé au pied de l'autoroute a été investi par une dizaine de *food trucks* qui servent sandwichs *New York style, gourmet burgers,* hot-dogs *Chicago style, lobster rolls,* gyros, etc. Sous un parasol au milieu du terrain vague ou dans un vieux bus, on s'installe pour mordre le tout à pleines dents en jouant à des jeux de société. Un spot étonnamment familial vu l'environnement peu glamour.

Manora's Thai *(plan d'ensemble détachable E4,* ***147****)* **:** *1600 Folsom St.* ☎ *415-861-6224. Lun-ven 11h-14h30, 17h-20h45. Fermé sam midi et dim. Plats au déj 12-14 $, le soir 14-17 $.* Vous ne viendrez pas ici par hasard, mais vous serez conquis par ce petit repaire de la gastronomie thaïlandaise. Le cadre n'a rien d'inouï mais la carte combine habilement mille et une saveurs. Lait de coco, épices, viandes, fruits de mer, nouilles, le chef s'amuse avec tous les plats traditionnels (porc à l'ail, curry de bœuf, omelette au crabe, saumon frit au gingembre, etc.). Un régal. Les habitués, la lippe ravie, ne nous contrediront pas !

Tropisueño *(zoom centre détachable F3,* ***153****)* **:** *75 Yerba Buena Lane.* ☎ *415-985-2264. Tlj sauf dim 11h-21h (22h jeu-sam). Plats 8-16 $ le midi, 15-25 $ le soir. Taquería* le jour, restaurant plus raffiné le soir, l'endroit ne manque ni de charme ni d'ambiance. On apprécie la déco sobre et traditionnelle, loin des couleurs flashy qui piquent souvent les yeux dans les restos mexicains. À midi, on commande au comptoir avant de se trouver une place dans cette ruche en ébullition. Tous les classiques du genre (tacos, burritos, enchiladas, *quesadillas, tortas, tostadas...*) sont servis avec efficacité et sourire. Cols blancs, touristes et familles latinas se mélangent joyeusement. Le soir, les plats sont plus travaillés, avec notamment un bon choix de poissons et fruits de mer. Très agréable terrasse dans la ruelle piétonne.

Rincon Center Food Court *(zoom centre détachable F2,* ***155****) : 121 Spear St ; autre accès depuis Steuart St. Tlj seulement au déj.* Un *food court* au cœur d'un vaste ensemble de bureaux, où se pressent les cols blancs. À l'intérieur ou dehors au pied des buildings, une dizaine de petits restos servent des repas rapides et bon marché, du thaï à l'indien en passant par le coréen et le mexicain, sans oublier les burgers bio ou les *dim sum* à emporter de *Yank Sing* (voir plus loin).

De prix moyens à plus chic

Lao Table *(zoom centre détachable F3,* ***158****) : 149 2nd St. ☎ 415-278-9991. Lun-ven 11h-15h, 17h-21h (22h jeu-ven) ; w-e 17h-22h. Plats 15-30 $.* Et si, pour une fois, on mangeait laotien ? C'est ce que propose ce grand resto ouvert par la patronne de la chaîne *Osha Thai* (voir précédemment, à Downtown), pour le plus grand plaisir de la clientèle nombreuse et plutôt aisée qui s'y donne rendez-vous midi et soir. Déco éclectique : cloches asiatiques, plafonnier doré, superbes luminaires et panneaux colorés sur murs de brique. Les plats, laotiens mais pas que, sont à la fois copieux et très subtilement parfumés par de nombreuses herbes aromatiques, tandis que les cocktails sont servis dans d'élégants gobelets en laiton. Bon et raffiné donc, en plus de ne pas manquer d'ambiance (ni de bruit !).

Yank Sing *(zoom centre détachable F3,* ***159****) : 49 Stevenson St. ☎ 415-541-4949. Mer-dim 11h-15h. Dim sum 16 $ pour 2-6 unités.* C'est ici, dans cette rue discrète et ce cadre aseptisé bien éloigné de Chinatown que vous mangerez peut-être les meilleurs *dim sum* de San Francisco. Ces délicieuses spécialités à la vapeur (bouchées, raviolis...) vous feront très vite oublier le décor et la musique d'ascenseur. Un régal, pour ne pas dire un supplice chinois, tant il est difficile de choisir parmi la cinquantaine de spécialités ! Y aller au moins à 2 pour pouvoir partager plus de saveurs (spécialités souvent proposées par 3 ou 4 unités). Mais attention, résistez quand même au passage des chariots roulants, car l'addition peut très vite grimper ! Autre adresse au *Rincon Center* (voir plus haut).

54 Mint *(zoom centre détachable E3,* ***148****) : 16 Mint Plaza. ☎ 415-543-5100. Tlj 12h-15h, 17h-22h (22h30 ven-sam, 21h30 dim). Fermé sam midi et dim midi. Le midi, plats 13-40 $; le soir, 14-50 $.* Le nom ne le laisse en rien deviner, mais ce restaurant-bar à vins véritablement italien se veut le chantre d'une authenticité de carte postale, au point d'oser le bar-comptoir et les chapelets de poivrons séchés en suspension, un joli contraste avec les lampadaires design, le sol en béton et la clientèle un poil *trendy* ! La cuisine, sans chichis, est fort joliment tournée, on se croirait presque à Rome. C'est d'ailleurs aussi bruyant !

Montesacro Pinseria *(zoom centre détachable E3,* ***142****) : 510 Stevenson St. ☎ 415-795-3040. Mar-dim 12h-15h, 17h (16h ven-sam)-21h, lun 17h-21h. Panini au déj seulement 14-16 $; pinsa 17-22 $.* Montesacro était un quartier ouvrier, où les locaux se retrouvaient dans des tavernes pour boire un vin du pays, directement extrait des fûts, et apportaient eux-mêmes leur tambouille. C'est cette ambiance qu'on a recréée ici, avec de grandes tablées, des ustensiles aux murs, un four à bois, sans oublier le brouhaha et les lumières tamisées. La clientèle n'a plus rien à voir avec la classe ouvrière et les yuppies se retrouvent ici pour déguster la spécialité maison, la *pinsa*. Une pizza revisitée dont la pâte (plus légère) est faite à base de farines de blé, soja et riz, importées d'Italie. Arrosez le tout d'un bon vin italien (bon mais cher !). Accueil pas à la hauteur, dommage.

De plus chic à très chic

|●| ***Boulevard*** *(zoom centre détachable G2,* ***162****) : 1 Mission St (et Steuart). ☎ 415-543-6084. Mar-sam 17h-21h30. Fermé dim-lun. Bar ouv entre les services. Résa très conseillée. Carte 90-115 $.* Installée dans un charmant édifice rescapé du désastre de 1906, le très *Frenchy* Audiffred Building. Cette superbe adresse est célèbre pour son cadre Belle Époque très réussi (luminaires 1900, mosaïques, fer forgé), signé par le designer adulé Pat Kuleto, et pour la cuisine inspirée de Nancy Oakes, qui a notamment suivi les conseils de Guy Savoy et de Joël Robuchon. Ici, il n'y a que des fans qui viennent et reviennent, pour des plats tendant vers une cuisine fusion, entre touches méditerranéenne, française et asiatique. Des produits venus des 4 coins du Pacifique s'y marient avec sobriété et originalité (c'est compatible !), dans un bal de saveurs sans cesse renouvelées. Une valeur sûre.

Où boire un verre ?

🍷 ♩ ***111 Minna Gallery*** *(zoom centre détachable F3,* ***289****) : 111 Minna St. • 111minnagallery.com • Lun-ven 7h-17h (plus tard selon programmation).* Hybride et volontiers débridé, ce lieu atypique façon loft rassemble tous les branchés en fonction de son calendrier plein de bonnes surprises (expos, cours de yoga, conférences, théâtre...). On y croise les cabinets d'architectes du coin, le petit monde des arts et les musiciens du moment, réunis pour boire un p'tit noir de bon matin ou pour un siffler un verre après le boulot.

🍷 ***Marianne's*** *(zoom centre détachable E3,* ***291****) : 360 Jessie St. • thecavaliersf.com/mariannes • Au fond du resto* The Cavalier, *attenant à l'hôtel* Zetta. *Ven-dim 20h-23h (env). Fermé lun-jeu. Résa préférable.* Confidentiel comme un *speakeasy,* vous ne risquez pas d'y échouer par hasard ! D'ailleurs très conseillé de réserver, car le lieu fait le plein tous les soirs, d'une clientèle assez chic. Beaucoup d'ambiance donc, dans une sorte de grand salon intime garni de vieux canapés, bibelots et affiches de stars du rock des années 1960-1970, la tendance musicale de la maison ! Excellents cocktails. Un bémol cependant : on ne peut pas y rester plus de 2h.

🍷 ***Buzzworks*** *(plan d'ensemble détachable E4,* ***293****) : 365 11th St. ☎ 415-558-1533. Ven-dim 18h-minuit.* Dans l'une des rues les plus animées de la ville en soirée, un grand bar où l'on est accueilli par une rangée de flippers ! Et ce n'est pas tout : il y a aussi 2 billards et un baby-foot en mezzanine, une cinquantaine d'écrans TV pour les soirs de match et, surtout, une quarantaine de bières à la pression, la plupart locales... sans oublier les 125 étiquettes de bières en bouteille. Si avec tout ça vous n'y trouvez pas votre bonheur...

🍷 ***Spin San Francisco*** *(zoom centre détachable F3,* ***286****) : 690 Folsom St. ☎ 415-636-5995. Tlj sauf dim-lun 15h-22h (minuit ven-sam).* Original : on vient ici pour boire un verre et... jouer au ping-pong ! La grande salle abrite une vingtaine de tables avec fauteuils, canapés et murs tapissés de photos et graffitis... Un peu cher cependant (compter 20-30 $ les 30-60 mn de jeu et 30-50 $ en heure de pointe !), du moins si l'on n'est pas un petit groupe. Sinon, on peut toujours se contenter d'y boire un verre et regarder les autres alterner coups droits et revers... Ambiance bon enfant.

🍷 |●| ***Press Club*** *(zoom centre détachable F3,* ***304****) : 20 Yerba Buena Lane. ☎ 415-744-5000. Tlj sauf dim-lun 16h-21h (22h jeu-sam).* Bien en phase avec ce quartier de verre et d'acier, le *Press Club* offre l'image d'un bar à vins hautement épuré, quasi chirurgical, aux airs de loft scandinave, doté de multiples espaces de béton brut et de bois. Les San-Franciscains adorent y emmener leurs invités pour une 1re approche des vins de la Napa et de Sonoma. Des dégustations permettent de se familiariser avec les différents producteurs locaux. Des petits plats ou assiettes de fromage et charcuterie mettent en valeur les différents crus, mais, attention, la note grimpe vite !

The View Lounge (*zoom centre détachable F3,* ***301****)* **:** *55 4th St, au Marriott Marquis. ☎ 415-896-1600. Tlj sauf dim-lun 16h-23h (minuit jeu-sam).* Ne vous laissez pas intimider par l'interminable façade de béton et la queue-de-pie du concierge : grimpez au 39e étage pour profiter de la vue spectaculaire sur la ville qu'offrent ce bar à la déco classieuse et son immense baie vitrée en demi-lune. En fin de journée, vous profiterez du soleil déclinant ; le soir, vous verrez la ville s'illuminer comme un sapin de Noël, un cocktail à la main. Bon choix de vins californiens au verre, évidemment chers.

Où sortir ? Où assister à un concert ? Où danser ?

SoMa est ***le quartier le plus branché de San Francisco by night,*** avec une concentration importante de lieux de virées en tout genre. Comme souvent, l'idéal, pour attraper la dernière vague, est de se renseigner sur place, par exemple en consultant le supplément du dimanche du *San Francisco Chronicle* ou le *SF Weekly,* hebdo gratuit qui sort le jeudi et qu'on trouve un peu partout. Attention, il faut ***avoir 21 ans*** pour entrer dans les boîtes. Dernier conseil : éviter de traverser SoMa à pied seul la nuit à la sortie des clubs. Rentrez plutôt en voiture ou en taxi, car le quartier n'est pas toujours très sûr.

Butter (*plan d'ensemble détachable E4,* ***294****)* **:** *354 11th St. ● smoothasbutter.com ● Mer-sam 18h-2h, dim 20h-2h (karaoké). Fermé lun-mar.* À l'intérieur d'une petite maison jaune, une salle farfelue aménagée comme si le mur avait été défoncé par un mobile home ! Excellente musique mixée par le DJ dans son îlot central et ambiance de folie certains soirs, à coups de *jello shots* (boissons alcoolisées à base de gélatine sucrée) de toutes les couleurs... Ici, le *RV* n'est pas un *Recreational Vehicle* mais une Vodka-Red Bull. *Great vibe !*

The DNA Lounge (*plan d'ensemble détachable E4,* ***295****)* **:** *375 11th St. ● dnalounge.com ● Tlj 21h-1h (2h30 lun et ven, 3h30 sam). Entrée gratuite ou env 5-20 $ selon concert, DJ... moins cher en prévente.* Malgré les 4 salles (aux sons différents) et l'immensité de la *main room* au décor industriel, on se marche invariablement sur les pieds lors des soirées à thème du samedi, souvent des *mash-up parties* où l'on mixe et remixe les tubes du moment. Sinon, il y en a pour tous les goûts : pop, house, électro, metal, soirée gothique... avec au moins un concert par semaine. Un petit creux ? La *DNA Pizza,* à côté, est ouverte jusqu'à 3h du matin.

The Stud (*plan d'ensemble détachable E4,* ***296****)* **:** *399 9th St. ● studsf.com ● Tlj sauf lun 17h-2h (4h ven-sam). Entrée gratuite ou 10-25 $ selon programmation.* L'un des piliers de la communauté gay du quartier depuis 1966, le *Stud* s'est un peu assagi (on a dit un peu), sans pour autant se départir de son look bien défraîchi. Côté platines, de la techno... et un peu de tout, mais ce sont ses soirées à thème délirantes qui lui valent toujours un franc succès, surtout parmi la clientèle gay et lesbienne – mais pas uniquement. Soirées karaoké le mardi, drag-queens, burlesque ou queer selon les soirs, et costumée le 2e samedi du mois.

Cat Club (*plan d'ensemble détachable E4,* ***330****)* **:** *1190 Folsom St. ● sfcatclub.com ● Tlj sauf lun 21h-3h (minuit dim). Entrée : gratuit ou env 8 $ selon soirée, seulement 5 $ avt 22h.* Un peu à l'écart des autres, cette boîte a bien gagné en popularité, notamment grâce à ses soirées eighties tous les jeudis ! Le mardi c'est karaoké, *bondage* le mercredi, *dark electro, queerwave,* electro pop les autres soirs, le mieux est de suivre leur programmation en ligne.

The EndUp (*plan d'ensemble détachable F4,* ***298****)* **:** *401 6th St. ● theendupsf.com ● Jeu 22h-4h, ven 22h-6h, sam 18h-11h du mat (!), dim 23h-4h. Entrée gratuite ou 20-40 $ selon j. et heure d'arrivée.* Fondée en 1973, cette boîte mythique de San Francisco, la seule qui ait – légalement – des heures d'ouverture aussi larges, est réputée pour ses interminables nuits chaudes.

Les noceurs rappliquent pour un *after* déjanté sur des rythmes techno intenses jusqu'au petit jour. Vers 2h, la queue pour entrer peut dépasser 100 m ! La sélection étant moins sévère que dans certains autres clubs, l'ambiance est parfois électrique, surtout en fin de nuit. Pour se remettre un peu, il y a le patio en plein air avec sa petite fontaine et un lounge aux canapés blancs moelleux (pour piquer un somme ?!).

Asia SF *(plan d'ensemble détachable E4,* ***299****)* **:** *201 9th St.* • *asiasf.com* • *Mer-sam 19h15 (17h sam)-22h (2h ven-sam), dim 18h-20h. Entrée : 45-85 $ avec dîner selon j. et heure (réserver). Asia SF* résume l'originalité de San Francisco en un seul lieu : où, ailleurs, pourrait-on imaginer cette sorte de cabaret où les serveuses sont des trans qui se doublent de *show-women* averties ? Il faut dîner sur place pour assister au spectacle (qui se tient entre chaque plat !), mais, sachez-le, la cuisine n'est pas le fort du lieu. Le week-end, la soirée se prolonge au sous-sol, dans le *dance club.*

À voir

SFMoMA *(San Francisco Museum of Modern Art ; zoom centre détachable F3)* **:** *entrée principale au 151 3rd St ; autre accès sur Howard St.* • *sfmoma.org* • *Jeu 13h-20h, ven-lun 10h-17h. Fermé mar-mer. Entrée : 25 $; réduc ; gratuit jusqu'à 18 ans (inclus). Supplément pour les expos temporaires env 10 $. À la place de l'audioguide en anglais (7 $), on peut télécharger l'appli gratuite du musée (même contenu).*

Le bâtiment d'origine, avec son mur aveugle de brique surmonté d'un cylindre biseauté, est chapeauté par un corps de bâtiment blanc plus récent (2016), imaginé par le cabinet d'architectes norvégien Snøhetta, et dont les creux, les bosses et les courbes rappellent les collines, le brouillard et les courants marins de San Francisco. Le musée accueille la ***collection Fisher,*** qui compte près de 1 100 œuvres ! Donald Fisher est le ***fondateur du 1er magasin Gap à San Francisco*** en 1969. Sa fortune lui permit d'acquérir, entre autres, des œuvres de De Kooning, Rauschenberg, Warhol, Louise Bourgeois, Alexander Calder, Ellsworth Kelly, Agnes Martin et Roy Lichtenstein. Les nombreuses baies vitrées et terrasses sont autant de respirations durant cette visite qui peut, si l'on est passionné, prendre une demi-journée, voire plus.

– La visite commence par le ***1er niveau,*** un atrium qui abrite 2 peintures monumentales, abstraites, de Julie Mehretu. Y est aussi exposée une gigantesque sculpture en fer de Richard Serra *(Sequence)* rappelant celles du musée Guggenheim de Bilbao.

– Le ***2e niveau,*** consacré à l'art depuis 1900, présente les œuvres du fonds permanent du musée par thèmes et par roulement (vous ne verrez donc pas toutes ces œuvres en même temps) : les ***fauves*** et ***cubistes français*** avec Matisse *(Femme au chapeau, Fille aux yeux verts)* ; le ***modernisme américain*** de Joseph Albers et Jackson Pollock ; Duchamp (et son lavabo), Miró, Magritte et les ***surréalistes*** ; l'***expressionnisme abstrait*** de Rothko (*No. 14, 1960,* une surface rouge-orange et indigo profond censée attirer le spectateur vers elle !) et Clyfford Still ; Warhol, Lichtenstein et Rauschenberg pour le ***pop art*** ; sans oublier une toile importante de Frida Kahlo, où elle se représente avec son mari Diego Rivera.

– Le ***3e niveau*** est surtout consacré à la ***photo de 1839 à nos jours,*** avec une rotation constante du fonds d'images du musée et des expos temporaires. C'est l'espace consacré à la photo le plus important du pays dans un musée d'art ! À ce niveau se trouve aussi une terrasse avec d'imposantes sculptures et un mur végétal de près de 10 m de haut et 40 m de long. Ça tombe bien, il y a aussi un petit café, timing parfait pour une pause.

– Le ***4e niveau*** est le 1er, dans l'ordre chronologique, à exposer la collection Fisher. L'***art abstrait américain*** depuis les années 1950 y est représenté par les peintures de Joan Mitchell *(Bracket)*, De Kooning, les sculptures de Mark di Suvero et les à-plats colorés d'Ellsworth Kelly. Une salle est consacrée aux peintures géométriques d'Agnes Martin.

– Le ***5e niveau*** poursuit l'exploration de la collection Fisher avec des ***œuvres pop, minimalistes et figuratives*** : on y retrouve *Triple Elvis, Silver Marlon* de Warhol, les étonnants portraits géants (on vous met au défi de distinguer les photos des peintures ou des aquarelles !) de Chuck Close, les néons de Dan Flavin et Bruce Nauman ou encore les cubes en 2 ou 3 dimensions de Sol LeWitt. Sans oublier les œuvres inspirées de B.D. de Roy Lichtenstein.

– Le ***6e niveau*** offre un dernier espace à la collection Fisher, et porte sur l'***art allemand depuis 1960.*** Les toiles macabres et la sculpture d'avion *Melancholia* d'Anselm Kiefer portent l'empreinte du passé nazi, tandis que les tableaux colorés et photos de Gerhard Richter, entre abstraction et figuration, nous poussent à nous interroger sur le rapport qu'entretient l'image à la réalité. Même pour les non-initiés, cette collection ne peut qu'interpeller et faire réfléchir. Une section design et architecture vient compléter l'ensemble.

Enfin, au ***7e niveau*** *(le dernier)*, galerie consacrée à l'***art contemporain*** à travers des expos itinérantes mêlant différents supports et médias, et terrasse offrant une vue époustouflante sur San Francisco.

Pour déjeuner, ***cafét'*** au 5e étage (cuisine sans intérêt).

Yerba Buena Gardens *(zoom centre détachable F3)* **:** *tlj du lever du soleil à 22h.* Face au SFMoMA, ces jardins très urbains offrent une pause verdoyante au milieu des buildings. Les San-Franciscains adorent y prendre le soleil sur le gazon, au pied de la fontaine commémorative dédiée à Martin Luther King. De là, une jolie vue s'offre sur la petite église néogothique en brique St. Patrick's, contrastant avec l'architecture moderne du quartier. Les *Yerba Buena Gardens* accueillent des animations en fin de semaine de mai à octobre : festivals communautaires, concerts, leçons de danse, etc.

Une passerelle piétonne surplombant Howard Street mène au ***Children's Creativity Museum*** *(zoom centre détachable F3)* : *• creativity.org • Tlj sauf lun 10h-12h30, 13h30-16h ; w-e seulement de sept à mi-juin. Entrée : 15 $.* Plus qu'un musée, un espace récréatif géant destiné à booster la créativité des enfants. Pour les 5 ans et plus, un studio d'animation : on crée des personnages à l'aide de fil de fer et de pâte à modeler, puis on les met en scène dans un petit film que l'on peut s'envoyer par e-mail. On peut aussi s'initier au codage informatique au *tech lab*, ou jouer les rock stars au *music studio*. Pour les plus petits, un théâtre de marionnettes, une salle de jeux et un *innovation lab* où l'on donne une 2de vie à des objets du quotidien en en inventant d'autres plus loufoques !

Juste à côté, magnifique ***manège de chevaux de bois*** *(tlj 11h30-16h30 ; 5 $ le tour ou 3 $ avec les billets d'entrée au Children's Creativity Museum)*, ainsi que le ***Moscone Center*** qui abrite une patinoire et un bowling.

Contemporary Jewish Museum *(zoom centre détachable F3)* **:** *736 Mission St. • thecjm.org • Jeu-dim 11h-17h. Fermé lun-mer et pour les fêtes américaines et juives. Entrée : 16 $; réduc.* Voici l'un des bijoux créés par l'architecte Daniel Libeskind. Après le *Jüdisches Museum* de Berlin et le 1er projet de reconstruction de *Ground Zero* à New York (finalement attribué à un autre cabinet d'architecture), Libeskind s'est attelé à la rénovation de cette ancienne usine électrique de 1907, restaurée juste ce qu'il faut pour en garder l'armature métallique et la façade en brique rouge. La « patte » Libeskind est pourtant bien là, des murs à l'oblique jusqu'aux fauteuils penchés, tandis que le bâtiment, délimité d'un côté par un cube d'acier bleuté posé sur l'une de ses pointes, est l'un des rares édifices modernistes de la ville. Tel un écrin où règne un vrai sentiment de quiétude, il abrite des expositions temporaires consacrées à la culture juive, ou à l'art contemporain juif, interrogeant l'identité, le passé, les formes d'art, les idées et les perspectives d'avenir... tout ça sur 2 étages. En entrant, levez les yeux vers les globes futuristes de l'artiste Dave Lane.

Wise Sons Jewish Deli : *tlj 8h-14h. Petite cafét' à l'intérieur du musée.* L'occasion de goûter des *delicatessen* juives, rappelant celles que l'on peut trouver sur la côte Est. 5 autres adresses à SF.

Museum of the African Diaspora *(MoAD ; zoom centre détachable F3, **445**) : 685 Mission St. • moadsf.org • Tlj sauf lun-mar 11h-18h (12h-17h dim). Entrée : 12 $; réduc.* En façade est affiché un visage de fillette ghanéenne, composé de 2 170 photos. Ce musée moderne se veut avant tout un lieu de mémoire et de partage, en proposant des expos temporaires destinées à mettre en lumière les origines et l'apport culturel, au sens large, de la diaspora africaine sur le continent américain. Tous les moyens sont bons : témoignages audio ou vidéo, art contemporain, photos... renouvelés tous les 3 à 6 mois.

Fête et manifestation

La ***Folsom Street Fair*** est l'une des plus délirantes de la ville... et du monde ! Organisée depuis 1984 le dernier dimanche de septembre, elle réunit chaque année environ 400 000 personnes dans la rue Folsom, entre 8th et 13th Street... Au programme : ***le plus grand défilé en cuir du monde,*** de préférence aux looks outranciers, avec une nette tendance piercing, hardcore, bondage et SM. Certains pourraient trouver ce rassemblement flippant, mais c'est en fait drôle, très vivant et complètement fou : des gens de toute orientation sexuelle se promènent à poil, d'autres avec des fouets, certains dans des cages... Des stands proposent bijoux, tatouages, cuisine du monde entier... et autres objets que la décence nous interdit de mentionner. Certains y voient toute la décadence de l'Amérique ou le miroir de sa sauvagerie naturelle, d'autres l'expression d'une totale liberté en même temps qu'un pied de nez à la société actuelle. Un seul conseil : n'y emmenez pas les enfants !

FINANCIAL DISTRICT (plan d'ensemble détachable F2-3 et zoom centre détachable F2-3)

Le Financial District a grandi sur des terres gagnées sur la mer entre 1878 et 1924, en lieu et place de l'ancien port de San Francisco. Sagement ancré sur l'avenue de l'Embarcadero, qui longe tout le front de mer jusqu'au Fisherman's Wharf, le *Ferry Building,* coiffé par son emblématique tour d'horloge, témoigne encore des activités maritimes jadis florissantes. En retrait se dressent les principaux gratte-ciel de la cité, certains emblématiques comme la ***tour pyramidale du Transamerica Building.*** C'est logiquement ici, près du port, que s'implantèrent les banques au moment de la ruée vers l'or ; elles y sont toujours. Bourdonnant d'activité au moment du lunch, lorsque les *golden boys* et les employés de bureau foncent écumer *delis* et restos du quartier, le Financial District se vide peu à peu à partir de 17h. Il fut un temps où, la nuit et le week-end, il n'offrait plus que le visage lugubre d'une cité désertée. C'est désormais moins le cas, avec de plus en plus d'*after work*. Vous les trouverez toutefois plutôt aux marges du quartier, en direction d'Union Square et de North Beach.

Où dormir ?

De bon marché à prix moyens

Pacific Tradewinds Backpacker Hostel *(zoom centre détachable F2, **66**) : 680 Sacramento St. ☎ 415-433-7970. • san-francisco-hostel.com • Lits en dortoir 40-55 $.* Cette petite AJ située à l'orée de Chinatown est plutôt discrète : sonnez à l'interphone au pied de l'enseigne du *Henry's Hunan Restaurant,* puis montez à la réception, au 3e étage. À l'intérieur,

SAN FRANCISCO, LE WINE COUNTRY ET LA SILICON VALLEY

4 dortoirs plutôt dépouillés comptant 8 lits (aux matelas un peu raplapla) se partagent des sanitaires modernes et bien tenus. Optez si possible pour les *quiet dorms* éloignés des parties communes. Atmosphère chaleureuse entre routards venus des 4 coins du globe. Cuisine conviviale très bien équipée et machines à laver à dispo, consigne, thé et café en libre-service, serviette fournie. Le tout avec le sourire et de précieux conseils.

The Urban *(zoom centre détachable E2,* ***86****) : 507 Bush St. ☎ 916-897-7947. • theurbansf.com • Réception au 1er étage. Doubles 100-220 $.* Un établissement à mi-chemin entre l'AJ et l'hôtel, avec une cinquantaine de chambres compactes (privées seulement) meublées un peu façon Ikea et des salles de bains communes. Elles possèdent un grand lit ou 2 lits simples, superposés ou non. Toutes avec petit bureau, lavabo et bonne literie. Mini-espace commun avec canapés et TV. Pas de petit déj mais thé et café gratuits. Une bonne option pour les petits budgets pas branchés auberges de jeunesse.

Plus chic

Hotel Triton *(zoom centre détachable F2,* ***68****) : 342 Grant Ave. ☎ 415-394-0500. • hoteltriton.com • Doubles 160-300 $. Pas de petit déj.* Situé face à la porte de Chinatown, cet hôtel détonne par son excentricité. Le lobby donne le ton, avec son décor baroque et psychédélique, mélange de Versace et de Gaudí. En tout, 140 chambres plaisantes à la déco « fantaisie », faisant écho au reste de l'établissement, avec lambris verts, têtes de lits jaune citron et, pour certaines, le texte de *On the Road* tapissé sur les murs... Les sommeils légers éviteront celles côté rue (trafic intense !). En fin d'après-midi, verre de vin servi dans le hall d'entrée face à la cheminée.

Hôtel des Arts *(zoom centre détachable F2,* ***67****) : 447 Bush St. ☎ 415-900-8514. • sfhoteldesarts.com • Doubles 160-260 $, petit déj (léger) inclus.* Le lobby, garni d'une fresque et agrémenté d'un banc en carton, annonce la couleur de cet établissement original, dédié aux arts picturaux. Un thème que l'on retrouve dans les chambres, ornées de peintures murales réalisées par des artistes de toute provenance. L'ensemble mériterait un petit coup de frais mais s'avère plutôt confortable. Gros bémol : celles donnant sur la rue ou le café voisin peuvent être bruyantes. Accueil parfois limite. Une adresse avec ses défauts mais aux prix encore raisonnables.

Où manger ?

De bon marché à prix moyens

Ferry Building *(zoom centre détachable F-G2,* ***151****) : tt au bout de Market St. Tlj à partir de 7h, fermeture des comptoirs et restos entre 18h et 22h.* Site d'un sympathique *Farmer's Market (mar et jeu 10h-14h et sam 8h-14h),* l'ancien terminal des ferrys abrite dans son hall magnifiquement restauré pas mal de **boutiques d'alimentation et de nombreux restos** (voir ***Gott's,*** plus bas), certains avec terrasse et vue. On y achète de bonnes petites choses à grignoter que l'on aime déguster sur les bancs face au port. ***Acme Bread Company*** propose tout ce qu'il faut pour en faire de bons sandwichs ! Également des stands de cuisine du monde comme des *bao* (petite brioche asiatique cuite à la vapeur et garnie de viande ou de légumes) ou des *empanadas* (un peu son équivalent, version chausson argentin). Sinon, pas mal de *coffee shops* et de restos chics, dont le ***Hog Island Oyster Company,*** un bar-resto à huîtres (en provenance directe des parcs), poissons et fruits de mer très prisé des San-Franciscains. Pour terminer en douceur, une glace onctueuse chez ***Humphry Slocombe*** !
Mais le meilleur plan pour manger à petit budget, c'est le ***Farmer's Market***

des mardi, jeudi et samedi. Les ***food trucks*** débarquent alors et les files d'attente s'allongent pour déguster sur le pouce des tacos, des spécialités coréennes ou du poulet rôti.

Gott's Roadside *(zoom centre détachable F-G2,* ***151****)* **:** *1 Ferry Building (aile gauche).* ☎ *415-318-3423. Tlj 10h-22h. Burgers et autres plats 8-17 $.* Passé les habituels 50 m de queue le midi (résorption rapide), on pénètre dans cette immense salle digne d'un entrepôt revisité façon design, avec un gros « EAT » au fronton de la cuisine. Là, on commande son burger et ses frites maison (version normale, aillée, patate douce ou *cheese*), ou encore un sandwich, un taco de *mahi-mahi* ou une salade. Une fois servi *(« Come and get it ! »)*, on s'installe sur la terrasse face aux tours étincelantes du Financial District. Et là, on comprend mieux ce qui fait la réputation de la maison : tous les produits sont frais (pain extra-moelleux), cuisinés à point et combinés dans des recettes aussi bonnes qu'originales.

De prix moyens à plus chic

Cotogna *(zoom centre détachable F2,* ***135****)* **:** *490 Pacific Ave.* ☎ *415-775-8508. Mar-sam 11h30-21h. Fermé dim-lun. Plats 20-35 $.* Si la plupart des restos italiens se bousculent à North Beach, on peut aussi déguster une succulente cuisine transalpine au FiDi ! Très agréable salle mêlant harmonieusement brique et bois, avec le four à pizzas et le gril bien en vue derrière les comptoirs en cuivre. Dans l'assiette, les grands classiques italiens réinterprétés par le talentueux chef, qu'il s'agisse des pizzas au feu de bois, des pâtes maison ou des *secondi*, aux accents plus californiens. La carte change un peu tous les jours mais reste soignée avec des plats joliment présentés et souvent délicieux, à défaut d'être très copieux. Pas mal de passage, pas toujours idéal donc pour une soirée intime en tête à tête.

City View *(zoom centre détachable F2,* ***157****)* **:** *662 Commercial St.* ☎ *415-398-2838. Mer-dim 11h-14h, 17h-19h30. Fermé lun-mar. Dim sum 5-8 $ pour 2-4 unités.* Nous voilà en pleine transition géographique et culturelle entre le FiDi et Chinatown. La salle, pas franchement gaie avec son style de séminaire, fait de l'œil aux employés du coin tandis que la table, elle, fait honneur au caviar de la cuisine cantonaise : les *dim sum*. Ces bouchées légères, pour la plupart cuites à la vapeur, sont déclinées en une bonne vingtaine de variétés servies sur l'indémodable chariot. En un mot : délicieux !

De plus chic à très chic

Tadich Grill *(zoom centre détachable F2,* ***160****)* **:** *240 California St.* ☎ *415-391-1849. Lun-ven 11h-14h30, 16h30-21h30 ; sam 16h-21h30. Fermé dim. Plats 20-40 $.* Au milieu des buildings modernes, ce vénérable resto ouvert en 1849 par des immigrés croates est le plus ancien de Californie. Au gré des séismes et des opérations immobilières, il a déménagé 7 fois, pour finalement s'installer dans cette salle tout en longueur au décor de bois sombre, avec un immense comptoir central où l'on s'installe au coude à coude, et quelques box latéraux. Rien ne semble avoir changé depuis les années 1920, un peu à l'image de l'armée de serveurs en blouse blanche... On y déguste, suivant les conseils des habitués, une langue de bœuf sauce madère, des cannellonis aux fruits de mer ou un *seafood Cioppino* rappelant la bouillabaisse.

La Mar *(zoom centre détachable F2,* ***161****)* **:** *Pier 1.5, Embarcadero.* ☎ *415-397-8880. Tlj 11h30-14h30 (15h ven, 16h sam-dim), 17h30-21h30. Plats 15-40 $, à partir de 20 $ le soir.* Ceux qui ont déjà visité le Pérou connaissent peut-être la cuisine de Gaston Acurio, l'un des plus célèbres chefs péruviens. Parmi ses créations, *La Mar* (qui existe aussi à Lima) se fait le chantre d'un plat emblématique : le ceviche, du poisson cru en morceaux, mariné au *leche de tigre* (citron, oignons, coriandre, céleri). Le bâtiment du front de mer, restauré sur des tonalités blanc-bleu, se prête bien à ce voyage gastronomique. On pourra aussi craquer pour les classiques *anticuchos* (brochettes), *causas* (sorte de gâteau de pomme de terre aux légumes ou fruits de mer), *empanadas* (chaussons frits) et autre *lomo saltado,* un excellent plat de bœuf en lamelles sauté aux oignons et légumes frais. *La Mar* profite aussi de la plus agréable terrasse du port, et au calme s'il vous plaît !

Kokkari *(zoom centre détachable F2,* ***163****) : 200 Jackson St. ☎ 415-981-0983. Lun-ven 11h30-14h30, et tlj 17h30-22h (23h ven-sam). Mezze 10-18 $, plats 30-50 $.* Le tour du monde gastronomique se poursuit cette fois sur les rivages de la mer Égée, même si le décor manque de bleu, de blanc et d'air marin pour évoquer la douce Méditerranée. On adore pourtant la superbe cheminée, idéale pour griller agneau et cochon de lait. Au rang des coqueluches de la ville, *Kokkari,* aisément le meilleur grec de San Francisco, réalise avec brio tous les grands classiques de la cuisine hellène et plus encore. Pour le dessert, laissez-vous tenter par le *kataïfi* (aux cheveux d'ange).

Bix *(zoom centre détachable F2,* ***165****) : 56 Gold St (ruelle reliant Montgomery et Sansome, entre Jackson et Pacific). ☎ 415-433-6300. Tlj à partir de 17h30 (17h w-e). Plats 18-50 $.* Installé dans un ancien entrepôt de brique (qui fut un *Gold Center Exchange* au XIXe s), ce resto vous charmera par son décor, figé quelque part entre les années 1930 et 1940, comme une réminiscence posthume et chic de la Prohibition. L'immense salle aux airs de paquebot s'orne de peintures, de colonnes dorées, d'un bar en acajou et d'un plafond faïencé. Les couples apprécieront l'intimité de la mezzanine. Service stylé pour une clientèle sophistiquée venue savourer la cuisine, indubitablement californienne, et l'atmosphère très club due aux formations de jazz qui se produisent tous les soirs.

Où boire un café (en mangeant un croissant) ?

Café de la Presse *(zoom centre détachable E-F2,* ***22****) : 352 Grant Ave. ☎ 415-398-2680. Mar-sam 11h30-18h30 ; dim 10h30-16h. Fermé lun.* En plein cœur du mini-*French Quarter* – ce discret noyau français matérialisé par l'église Notre-Dame-des-Victoires –, ce simulacre de bistrot parisien se dresse face à la porte de Chinatown. Une vraie carte postale pour Américains. Un lieu apprécié pour fixer un rendez-vous professionnel ou pour siroter un petit noir en épluchant son journal préféré (presse française vendue sur place mais hors de prix), le tout sur un air de chez nous. On peut aussi y prendre un petit déj (croissants, pancakes, toasts... compter 13-22 $) ou s'offrir une pause goûter en croquant dans une bonne madeleine. Ne vaut pas le coup pour les autres repas de la journée.

Où boire un verre ? Où sortir ?

The Irish Bank *(zoom centre détachable F2,* ***302****) : 10 Mark Lane. ☎ 415-788-7152. Au fond d'une allée entre Bush et Grant, accessible entre les nos 431 et 445 de Bush. Tlj 11h30-23h (minuit mer-jeu, 2h ven-sam).* Bien caché mais facilement repérable grâce à sa terrasse toujours animée en semaine (moins de monde le week-end dans le FiDi), c'est l'un des rares pubs authentiquement *Irish* de San Francisco, avec staff irlandais et, surtout, de la *Guinness* en provenance directe de Dublin ! Sans oublier la quinzaine d'autres bières au fût, la cinquantaine de whiskies et les petits plats pas chers (bons burgers traditionnels, *fish & chips, shepherd's pie, Irish stew...*), à consommer entre lambris et tonneaux. Beaucoup d'ambiance à la sortie des bureaux et les soirs de match, alors imaginez à la Saint-Patrick...

Rickhouse *(zoom centre détachable F2,* ***303****) : 246 Kearny St. ☎ 415-398-2827. Mar-sam 16h30-minuit (2h* *jeu-sam). Fermé dim-lun.* Derrière les portes en bois vitrées s'ouvre un vaste bar à la déco rustique chic, entre murs en brique et rangées de bouteilles. Les cocktails élaborés par les mixologistes de la maison ont fort bonne réputation, tout comme les *punch bowls* (pour 3 personnes au moins), servis dans de grands saladiers remplis de fruits frais et de jus naturels. Atmosphère très sombre, que viennent à peine éclairer les bougies sur les tonneaux. Certains soirs, attendez-vous à une ambiance rugissante ! À 30 m de là, sur Bush Street, allez donc aussi jeter un œil au ***Pagan Idol*** *(mar-mer 16h30-minuit, jusqu'à 2h jeu-sam ; fermé dim-lun).* On se croirait sur une île au trésor avec sa pirogue au plafond, son aquarium, ses têtes de mort et sa proue de bateau sirène ! Cocktails exotiques et colorés, servis par des barmen en chemise à fleurs.

Barbarossa Lounge *(zoom centre détachable F2,* ***306****) : 714 Montgomery St. ☎ 415-434-4204. Mar-sam 17h-2h (minuit mar-mer). Fermé dim-lun.* Avis aux noctam... bulles, la spécialité de ce bar, c'est le champagne, comme le suggère la façade orange, couleur Veuve Clicquot. Si le lieu se veut sophistiqué, c'est sans trop de chichis qu'on vient y boire une coupe entre copines ou collègues en fin de journée. Le soir, les fauteuils moelleux et les canapés Chesterfield rouges, sous de jolis chandeliers nichés dans des cages en fer forgé, sont investis par la jeunesse dorée de San Francisco. Pour vous mettre au diapason : robe de soirée très échancrée et hauts talons pour les dames, et tenue de ville tendance cool pour les messieurs. La soirée débute tôt (17h), pour se poursuivre en fin de semaine dans la cave où s'improvise une piste de danse.

Bix *(zoom centre détachable F2,* ***165****) : 56 Gold St. ☎ 415-433-6300. Tlj à partir de 17h30 (17h w-e).* Au-delà du resto, un lieu bien sympathique pour prendre un verre (mais uniquement au bar) en écoutant les orchestres de jazz, tous les soirs. Voir précédemment « Où manger ? ».

Achats

The North Face *(zoom centre détachable F3,* ***403****) : 180 Post St. Lun-sam 11h-19h, dim 12h-17h.* La boutique de la célèbre marque de vêtements et accessoires de montagne et de loisirs. Sur 2 niveaux, sacs à dos, polaires, parkas, matériel de rando... Très bonne qualité (tout est garanti à vie... sauf les pompes !), pas donné évidemment mais un peu moins cher qu'en France.

À voir

Frank Lloyd Wright Building *(zoom centre détachable E3) : 140 Maiden Lane, petite rue reliant Stockton et Grant, entre Post et Geary.* Conçu en 1948 par Frank Lloyd Wright, architecte anticonformiste connu pour avoir défendu le courant organique, ce bâtiment, à l'extérieur simplissime (cube en brique), servit de projet préalable au fameux musée Guggenheim de New York. Il abrite une boutique de luxe et il faut rentrer pour découvrir sa superbe rampe en hélice surmontée par une verrière. C'est la seule œuvre du maître à San Francisco.

Le cœur du Financial District : à découvrir de préférence en semaine, entre 10h et 16h ; le soir et le week-end, c'est assez mort. Au gré de la balade, on notera quelques belles réalisations architecturales, comme le ***Hallidie Building*** *(zoom centre détachable F2,* ***442****),* au 130-150 Sutter Street, restauré. Datant de 1917-1918, il arbore une étonnante façade entièrement vitrée, ornée de ferronneries dorées visiblement inspirées par l'Art nouveau. Pénétrer ensuite dans le hall du 111 Sutter Street pour admirer les ascenseurs anciens surmontés de cadrans et lever les yeux vers le superbe plafond à caissons. À 2 pas, 235 Montgmorery

Street, le ***Russ Building*** *(zoom centre détachable F2, **443**)* nous en met plein la vue dès l'extérieur avec ses éléments néogothiques en façade. À l'intérieur, admirer le sol, le plafond à clé de voûte colorée et les nombreux ascenseurs. Au moment du lunch, beaucoup d'employés du quartier filent à la *Crocker Galleria*, qui relie Sutter et Post Streets, entre Montgomery et Kearny. Du toit-terrasse de cette galerie marchande assez chic, genre hall de gare moderne, vous aurez une belle vue sur les buildings environnants.

Wells Fargo History Museum *(zoom centre détachable F2)* **:** *420 Montgomery St (à la hauteur de California). ● wellsfargohistory.com ● Lun-ven 9h-17h. Fermé w-e et j. fériés. GRATUIT.* 2 étages présentent les souvenirs de la *Wells Fargo*, fondée en 1852 dans le sillage de la ruée vers l'or. On y voit en particulier l'une des célèbres diligences qui ouvrirent la route de l'Ouest. On peut même grimper dedans ! C'est quasiment à l'emplacement du musée que la banque démarra, offrant aux prospecteurs une variété de services : banque et messageries, achat d'or, dépôts de valeurs, transferts de fonds... 3 ans après, la *Wells Fargo* comptait déjà 55 succursales (et 35 ans plus tard, 2 600 !). Loin d'être barbant, ce musée propose un tas d'activités interactives et ludiques : apprendre à conduire une diligence, envoyer des messages en morse, communiquer par vieux téléphones interposés, imprimer sa trombine sur des billets de 5 $, poser devant une diligence et s'envoyer la photo par mail. À voir aussi, en vrac : calculettes d'époque, balances pour peser l'or, pépites, vieilles pièces de monnaie, adorable manège-diligence pour enfants (non, vous ne pouvez pas l'essayer celui-là !). Une chouette visite pour les familles.

BOILED BEANS BLUES

Datant de 1867, la diligence présentée au Wells Fargo History Museum transportait jusqu'à 18 personnes, dont 6 sur le toit ! Chacun avait droit à 18 kg de bagages, armes (conseillées) incluses. Impossible de se laver. Pire encore, les repas se résumaient à des haricots bouillis ! Et on ne vous parle même pas des attaques des bandits et des Indiens...

Union Bank of California *(zoom centre détachable F2)* **:** *400 California St.* Contrastant avec les grandes tours voisines, ce bâtiment néoclassique de 1907, à la façade appuyée sur de puissantes colonnes corinthiennes, abrite l'une des toutes 1res banques de Californie. Si elle appartient aujourd'hui au groupe japonais Mitsubishi, elle a financé en son temps les lignes de diligence, les *cable cars* et le *Central Pacific Railroad*...
Au sous-sol, à gauche en entrant, un ***petit musée*** *(lun-ven 9h-16h30 ; GRATUIT)* retrace l'histoire de la société : collection de vieilles photos et de belles pièces de monnaies et quelques minilingots. Pas très excitant, mais ça donne l'occasion de jeter un coup d'œil à la salle du coffre avec, pour le coup, une porte très impressionnante. On se refait vite le scénario du *Casse du siècle* dans sa tête !

Transamerica Pyramid *(zoom centre détachable F2)* **:** *600 Montgomery St (entre Clay et Washington). Ne se visite pas (il n'y a que des bureaux).* Édifiée en 1972 pour la *Transamerica Corporation* par l'architecte William Pereira, elle fut pendant près de 45 ans le building le plus haut de la ville (260 m) mais aussi le plus étonnant avec sa forme élancée, plus proche d'un obélisque que d'une pyramide, reconnaissable à des miles à la ronde. Détrônée en 2018 par la *Salesforce Tower* (326 m), la Transamerica reste l'un des emblèmes de San Francisco, malgré les nombreuses controverses à l'époque de sa construction. On dit que sa forme permet aux étages inférieurs de bénéficier de la lumière du jour.

Jackson Square Historic District *(zoom centre détachable F2)* **:** cœur de l'ancienne *Barbary Coast*, le quartier chaud de San Francisco au XIXe s, Jackson Square s'étend sur quelques blocs au nord du *Financial District*. Aujourd'hui, le quartier accueille une foule de galeries d'art, boutiques de fringues branchées et restos tendance. À 2 pas du FiDi, il offre une belle respiration au pied des buildings et se promener dans les rues où les bâtiments tout de briques vêtus ne dépassant pas 2 étages nous paraît presque dépaysant. Les nos 700 de *Montgomery Street* (entre Jackson et Washington) regroupent plusieurs édifices de l'époque de la ruée vers l'or, comme les nos 722-728 (1851-1853), en brique rouge. Aux nos 432-436, l'un des plus beaux édifices de la rue, construit en 1906. Le no 441 date de 1861, les nos 445-451-463-473 des années 1860, le no 472, en brique et fonte, de 1850. Aux nos 415-431, la 1re usine de chocolat *Ghirardelli,* remonte, elle, à 1853.

Hyatt Regency *(zoom centre détachable F2)* **:** *au bout de Market St, vers l'Embarcadero. Ne pas confondre avec le* Grand Hyatt, *situé sur Union Sq !* Pas besoin d'avoir usé ses fonds de culotte sur les bancs d'une école d'architecture pour apprécier la beauté intérieure de cet hôtel. Au centre de l'atrium de 17 étages, une sculpture géante baigne dans un bassin où s'écoule constamment de l'eau. Mais comment tout cela tient-il ? Grimper dans l'un des ascenseurs futuristes et transparents pour s'offrir une vue plongeante (les derniers étages ne sont accessibles qu'avec une carte magnétique). Sujets au vertige s'abstenir ! C'est là qu'a été tourné *La Tour infernale* (1974) avec Steve McQueen et Paul Newman. Dans le parc au pied de l'hôtel, côté *Embarcadero Center,* sculpture de Jean Dubuffet.

Ferry Building et The Embarcadero *(zoom centre détachable F-G2)* **:** *tt au bout de Market St. BART-MUNI : Embarcadero.* Avec le transfert des activités portuaires vers les rivages plus favorables d'Oakland et la démolition de la *freeway* qui balafrait le front de mer, la municipalité s'est retrouvée confrontée à des kilomètres de quais désaffectés. L'essor du Financial District apporta la réponse : en quelques années, de nombreux entrepôts ont été réhabilités pour accueillir bureaux, restaurants, et même logements, tandis qu'on aménageait progressivement les quais en promenades, très appréciées des joggeurs et cyclistes. Même le vieux ***Ferry Building*** (1898), surmonté d'une tour d'horloge copiée sur celle de la cathédrale de Séville, a dû revoir sa feuille de route ! Fini le temps où 50 millions de passagers y transitaient annuellement. Si l'on continue d'y prendre le bateau pour Sausalito, Larkspur, Tiburon, Oakland, Alameda ou Vallejo, ce beau bâtiment abrite aujourd'hui surtout une galerie commerciale de luxe, largement dédiée à la gastronomie, et de bons restaurants (voir « Où manger ? »). Le très réputé ***Farmer's Market*** s'y tient 3 fois par semaine, les mardi et jeudi *(10h-14h)* et plus encore le samedi *(8h-14h),* lorsque les étals débordent jusque sur les quais. À droite, le ***Pier 14*** en bois donne aux badauds l'occasion de s'avancer en mer, pour mieux détailler la courbe du proche Oakland Bay Bridge.

San Francisco Railway Museum *(zoom centre détachable F2,* ***444****)* **:** *77 Steuart St. • streetcar.org • Tlj sauf lun 11h-19h. GRATUIT.* Ce minimusée a été fondé par l'association à l'origine de la restauration des *cable cars* et tramways historiques. Pas grand-chose à voir, sinon quelques maquettes, une belle collection de trains miniatures et quelques chouettes souvenirs. En sortant, regardez le tram F passer juste devant la porte : on ne se lasse pas d'admirer ces anciens *cable cars* toujours différents.

La ligne F **:** *ligne de tramway historique sur Market St, reliant Fisherman's Wharf à Castro via l'Embarcadero. Fonctionne tlj de 7h à 22h env, selon l'arrêt. Accessible avec le* CityPass *(pdt 3 j.) et les* passes MUNI. *Billet : 3 $.* Les voitures viennent des 4 coins du pays : San Francisco, Los Angeles, New York, Chicago, Louisville, Kansas City... Les grands jours, on sort même les plus exotiques, originaires d'Italie, du Japon, d'Australie, de Russie... Seuls les machines et essieux ont été adaptés à leur nouveau parcours. Pour le reste, les couleurs des voitures et les affiches publicitaires de l'époque ont été conservées. Moyen très pratique et ludique de se rendre de Market à Castro/Mission ou à Fisherman's Wharf.

Amusant, chaque voiture affiche sa carte d'identité à l'intérieur : pays d'origine, âge, caractéristiques... À prendre au moins 1 fois pendant son séjour, d'autant que le billet est au même prix que le métro ou un bus classique !

CHINATOWN (plan d'ensemble détachable E-F2 et zoom centre détachable E-F2)

On y pénètre par ***Chinatown Gate,*** un portique en forme de pagode dressé à l'intersection de Grant Avenue et de Bush Street. Avec une population estimée entre 100 000 et 150 000 habitants, c'est ***le plus grand Chinatown en dehors d'Asie,*** devant celui de New York ! Les 3/4 de ses résidents sont nés à l'étranger, en particulier dans la région de Canton en Chine ; une fois établis, la plupart d'entre eux finissent par quitter la zone pour des quartiers moins densément peuplés.

BONNE FORTUNE

Les fortune cookies, *ces petits gâteaux secs servis traditionnellement dans les restos chinois des États-Unis avec l'addition (de moins en moins souvent, malheureusement), sont garnis d'une bandelette de papier portant un message porte-bonheur, une prédiction, une maxime humoristique, voire, pour la version* adults only, *une blague coquine ! Ils auraient été inventés à San Francisco par le jardinier du* Japanese Tea Garden, *dans le Golden Gate Park, au début du XX*e *s.*

Il existe en réalité 2 Chinatown. Le 1er, autour de ***Grant Avenue,*** délibérément rebâti dans un style chinois après le séisme de 1906, compte plus de magasins de souvenirs que d'échoppes traditionnelles. Les toits des bâtiments, les loupiotes en suspension, les noms des rues... tout prend ici des allures de Chine très photogéniques. Un pâté de maisons plus haut, ***Stockton Street*** offre un autre visage avec sa profusion de marchands de fruits et légumes, de crevettes et de concombres de mer déshydratés, ses poissonneries, ses herboristeries, ses rôtisseries, ses pharmacies traditionnelles aux bocaux bien alignés renfermant de mystérieux remèdes. Plus authentique certes, mais pas de belles architectures à contempler par ici. Pour mieux saisir l'atmosphère de ce véritable morceau d'Asie, l'idéal est de venir faire son marché le samedi ou le dimanche matin, tôt, en même temps que les habitants du quartier. Sinon, venez pour la pause déjeuner car de nombreuses adresses (les plus populaires) sont fermées le soir.

Un peu d'histoire

Les 1ers immigrants chinois sont arrivés dès 1848, fuyant la famine et les conséquences de la 1re guerre de l'Opium, pour s'installer autour de Portsmouth Square. Des milliers d'entre eux débarquèrent dans les années 1850, attirés par la ruée vers l'or (ils représentaient 25 % des orpailleurs) – pour, souvent, se retrouver quelques années plus tard sur les chantiers de construction du chemin de fer transcontinental. Les vieilles photos ne le montrent pas, mais 9 ouvriers sur 10 (12 000 en tout) étaient chinois ! Ceux restés en ville montèrent des commerces (chaque clan avait les siens) dans la confection, la restauration, la pêche et, bien sûr, la blanchisserie.

Très vite, la forte cohésion de la communauté, avec ses habitudes vestimentaires, la présence d'***opium*** aussi, fit naître un sentiment de méfiance : les enfants chinois furent cantonnés à leur propre école *(Chinese only),* une taxe anticoolie fut adoptée (1862), le port de la natte fut interdit, puis une série de lois californiennes restreignit l'immigration chinoise, jusqu'au ***Chinese Exclusion Act*** fédéral de 1882, qui ne fut abrogé qu'en 1943. Les choses ont aujourd'hui bien changé : en 2011, pour la 1re fois, un Sino-Américain, Edwin Lee, a été élu maire de San Francisco (décédé en cours de mandat en 2017).

Où dormir ?

De plus chic à très chic

Orchard Garden Hotel *(zoom centre détachable F2,* ***75****) : 466 Bush St. ☎ 1-877-525-7749. • theorchardgardenhotel.com • ♿. Doubles 170-350 $.* Bien placé à l'entrée de Chinatown, l'*Orchard Garden* fut le 1er hôtel éco-certifié de Californie. Il compte environ 90 chambres, au style contemporain élégant (tons vert, beige et bois clair), avec éclairages LED, draps en coton égyptien et poubelles de recyclage. Le bâtiment lui-même est en béton en partie réutilisé ! Coin de terrasse fleuri de géraniums sur le toit, un peu abusivement promu sous le nom de *roof garden...* Attention, ne pas confondre avec l'*Orchard Hotel,* du même groupe, situé plus loin, au 665 Bush Street.

Où manger ?

Chinatown est ***LE quartier où manger pas cher.*** Certes, il s'agit souvent de restos-cantines au service un peu expéditif (et pas toujours souriant). Bref, pas nécessairement le genre d'endroits où l'on s'éternise, mais le rapport qualité-prix y est en général fort bon ! Notez que ***la plupart des petites adresses ne prennent pas les cartes de paiement.*** Attention, de nombreuses adresses bon marché sont fermées le soir. Mieux vaut venir se promener dans le quartier pour la pause de midi.

De très bon marché à bon marché

Wing Sing Dim Sum *(zoom centre détachable E2,* ***167****) : 1125 Stockton St. ☎ 415-433-5571. Tlj 7h-18h. Compter quelques dollars à peine pour manger. CB refusées.* Zéro pointé pour le cadre (petite cantine populaire, vite pleine le midi, avec juste quelques tables pour se poser), mais les mets (*dim sum,* rouleaux et autres plats typiquement chinois) proposés derrière le comptoir sont, en fait, succulents, et l'on s'en sort pour 3 fois rien ! Parfait pour manger sur le pouce au cœur de Chinatown.

Dol Ho *(zoom centre détachable E2,* ***166****) : 808 Pacific Ave. Tlj sauf mer 8h-15h. Env 5 $ pour 3-4* dim sum. *CB refusées.* Autre boui-boui chinois au décor inexistant et à l'accueil bourru, mais, ici encore, les *dim sum,* crêpes, rouleaux et *meatballs* de la maison valent le détour... pour leurs prix ! On indique son choix sur le petit menu en anglais et l'on s'installe dans la petite salle. Une authentique bouchée de Chinatown.

Capital *(zoom centre détachable E2,* ***169****) : 839 Clay St. ☎ 415-397-6269. Tlj sauf lun 11h-20h. Plats 13-18 $, plus cher le soir. CB refusées.* Les habitants du quartier, fidèles, affirment qu'on mange dans cette cantoche populaire comme à la maison : une cuisine simple donc, déclinée en plus de 135 plats ! L'endroit est réputé pour ses ailes de poulet frites (relevées). On s'assoit à l'une des grandes tables rondes en formica (à plateau central pivotant) ou au comptoir, face aux 3 étages de théières. Le *lunch special (servi mar-ven)* est une aubaine *(compter 10-11 $).*

De prix moyens à plus chic

Z & Y Restaurant *(zoom centre détachable E-F2,* ***172****) : 655 Jackson St. ☎ 415-981-8988. Tlj sauf mar 11h30-15h, 16h30-21h. Plats 17-26 $ (plus cher pour la* seafood*). Difficile de le louper : la porte est recouverte de distinctions, et si vous doutez encore de la qualité de l'adresse, jetez un œil à la salle comble.* Authentiquement chinoise saupoudrée d'un soupçon d'élégance, avec ses boules, lampions, paravents, idéogrammes et tables rondes équipées d'un plateau tournant. On retrouve cette authenticité dans l'assiette, ou plutôt dans les bols, que l'on remplit de bœuf à l'orange, pieds de porc piquant, crabe frais au gingembre ou juste de soupe de tofu. C'est bon et vraiment copieux, bref, on en a pour son blé. Accueil et service parfois au lance-pierre, comme souvent dans le quartier.

R & G Lounge *(zoom centre détachable F2, **171**) : 631 Kearny St. ☎ 415-982-7877. Tlj 11h-21h (21h30 ven-sam). Plats 17-25 $.* Ce vaste resto chic sur 3 niveaux, avec plusieurs salons privés, est une véritable institution. Mouvement incessant et service rodé à la perfection, au point d'en oublier d'être aimable, mais la cuisine reste une valeur sûre. Les Chinois et les touristes bien avisés s'y retrouvent en bande autour de grandes tables rondes pour partager des spécialités cantonaises. En vedette le *live crab with salt and pepper* (prix au poids).

Achats

Red Blossom Tea Company *(zoom centre détachable E2, **405**) : 831 Grant Ave. Tlj 11h-17h.* Cette boutique de thés assez chic est connue pour son sérieux et son accueil personnalisé. On peut par exemple y acheter les fleurs de jasmin qui s'ouvrent en corolle dans la théière. N'hésitez pas à demander conseil et regardez bien les prix, car certaines variétés sont très chères. Possibilité de goûter avant d'acheter.

KIM+ONO *(zoom centre détachable E2, **406**) : 729 Grant Ave. Tlj 10h-20h (21h ven-sam).* Magasin de souvenirs et babioles en tout genre, qui se démarque un peu des autres par sa sélection un brin plus rigoureuse et de meilleure qualité. En plus des habituels gadgets bon marché (faut bien vivre !), un large choix de belles lanternes, gongs, jeux (chinois), baguettes joliment décorées, services à thé, ou encore vêtements, en particulier des kimonos.

Peking Bazaar *(zoom centre détachable E2, **407**) : 826-832 Grant Ave. Tlj 10h-20h.* Cette grande boutique sur 2 niveaux est remplie à ras bord de chinoiseries en tout genre : vêtements en soie ou en coton, théières, grand choix de vaisselle en sous-sol, mobilier, bijoux, encens, éventails et babioles diverses. Qualité standard, mais petits prix.

Stylers Art Gallery *(zoom centre détachable E2, **408**) : 661 Jackson St. Tlj 11h-17h (17h30 w-e).* Une boutique anonyme, spécialisée dans la calligraphie et la peinture chinoise, qui propose quelques belles estampes, des nécessaires d'écriture, des pinceaux et des tampons à faire graver à votre nom.

À voir. À faire

Chinese Historical Society of America Museum *(zoom centre détachable E2) : 965 Clay St. • chsa.org • Mer-dim 11h-16h. Fermé lun-mar. Entrée : 15 $; réduc. Gratuit le 1er dim du mois. Visites gratuites les 1er et 3e sam du mois à 11h15.* Ce petit musée est logé dans une partie indépendante de la YWCA de Clay Street. Il présente une expo assez complète sur la vie des Chinois aux États-Unis, du XIXe s à nos jours. Originaires surtout de la région de Canton (où se trouvaient les principaux ports), arrivés dans des conditions de voyage pires que celles des émigrants européens, les 1ers immigrants chinois étaient employés (ou exploités...) dans l'agriculture, les travaux hydrauliques, la blanchisserie, et surtout pour la construction du chemin de fer. Vers 1870, pas moins de 10 % de la population californienne était d'origine chinoise, ce qui ne manqua pas de faire naître des sentiments hostiles (nourris par un climat économique difficile) vis-à-vis de cette communauté, qui fit bien vite l'objet de lois discriminantes. Parmi celles-ci, le fameux *Chinese Exclusion Act* interdisant l'accès au territoire américain à tous les travailleurs chinois ainsi que la naturalisation de ceux qui s'y trouvaient déjà... Cette loi raciste perdura jusqu'en 1943. Les baraquements (reconstitués), où étaient logés les immigrants chinois dans la 1re moitié du XXe s, illustrent bien le phénomène. Également des expos temporaires.

Balade dans le quartier

En venant d'Union Square, vous pénétrerez dans le quartier par la ***Chinatown Gate,*** située à l'angle de *Bush* et *Grant Avenue.* Elle a été offerte en 1969 par la République populaire de Chine à la diaspora locale. De là, il faut remonter Grant, véritable colonne vertébrale de ce quartier très vivant, coloré et pittoresque.

➢ ***Old St. Mary's Church*** *(zoom centre détachable E-F2)* **:** *660 California St (angle Grant). Lun-ven 7h-17h, sam 12h-18h30 et dim 8h-20h.* 1re cathédrale de San Francisco, Old St. Mary's a été construite en 1854 sur le modèle d'une église gothique espagnole par des ouvriers chinois qui n'étaient pas encore partis pour la ruée vers l'or... Elle a brûlé à la suite du tremblement de terre de 1906, mais ses murs sont restés debout. Certains diront que c'est grâce au granit venu de Chine – et des briques apportées comme ballast de Nouvelle-Angleterre par les navires contournant le cap Horn. Mais à cette époque, elle avait déjà été délaissée pour la cathédrale de Van Ness Avenue, située dans un quartier où les maisons de passe étaient moins nombreuses... À l'entrée, de vieilles photos illustrent le séisme de 1906.

➢ Au niveau du pâté de maisons suivant, tournez à droite dans Sacramento pour découvrir, au nº 755, le charmant bâtiment de la petite ***Nam Kue Chinese School*** *(zoom centre détachable F2,* ***447****).* Blanc et rouge, au toit turquoise évoquant lui aussi une pagode, il date de 1925 et abrite une école chinoise qui accueille les enfants du quartier après les cours de l'école américaine.

➢ Revenez sur Grant. Un demi-pâté de maisons plus avant, à gauche (nº 745), le ***Ying on Merchants and Labor Benevolent Association*** *(zoom centre détachable E2,* ***448****)* arbore une belle façade chinoise moderne (1920), étroite et colorée. Cette organisation *(tong),* née au XIXe s, avait aussi bien pour vocation d'assister les nouveaux arrivants que de défendre les intérêts d'un clan. Comme toutes les autres sociétés plus ou moins secrètes de ce type, elle fut, au cours de son histoire, impliquée dans diverses affaires criminelles. Les *tongs* ont aujourd'hui un rôle plus culturel, par la promotion de cours de chinois, par exemple.

➢ Juste à côté, la façade du ***Far East Flea Market*** est orange et turquoise, rehaussée de colonnes dorées ! En face, une belle fresque dépeint le Bouddha, grue du Japon et dragons.

➢ Passez la grosse boutique du *Peking Bazaar* (voir « Achats »), puis tournez à droite dans Washington pour découvrir, presque immédiatement (nº 743), le superbe édifice en forme de petite pagode de l'***EastWest Bank*** *(zoom centre détachable E2,* ***449****),* datant de 1909. Les curieux peuvent assister aux entraînements en plein air de tai-chi et autres arts martiaux juste en contrebas, à ***Portsmouth Square,*** très tôt le matin ou encore le soir.

➢ De là, remontez Washington vers Grant, puis ***Waverly Place,*** 1re ruelle à gauche, pour voir ses balcons richement décorés. L'immeuble du nº 127 abrite, perché au 3e étage, le ***Tin How Temple*** *(zoom centre détachable E2,* ***450****)* de 1852, dédié à la reine du Ciel et des Sept Mers, protectrice des marins.

➢ Presque dans le prolongement de Waverly, du côté nord de Washington, se dessine la discrète ***Ross Alley,*** très typique elle aussi. Au nº 56, on peut assister à la confection traditionnelle des ***fortunes cookies*** dans une petite fabrique qui existe depuis 1962. Une belle façon de boucler sa visite du quartier. Infos : ● *goldengatefortunecookies.com* ● *Tlj 9h-18h30 (19h w-e).*

NOB HILL ET RUSSIAN HILL *(plan d'ensemble détachable D-E1-2 et zoom centre détachable D-E1-2)*

Nob Hill, la plus haute colline de la ville (115 m), n'est autre qu'une allusion aux *nobs,* les « richards », magnats des chemins de fer et de l'industrie minière enrichis par la ruée vers l'or et qui, à la fin du XIXe s, y dressèrent leurs villas fastueuses. Elles furent presque toutes détruites par l'incendie consécutif au séisme de 1906. Aujourd'hui, le quartier, résidentiel et chic, révèle des ***demeures cossues,*** des ***hôtels historiques*** comme le *Fairmont* (quasiment le seul rescapé du séisme dans le coin) et le *Mark Hopkins,* dont le resto lounge panoramique offre une vision à 360° sur la ville. Le *cable car* se hisse sur les pentes pour poursuivre son chemin vers ***Russian Hill,*** au nord, en direction du Fisherman's Wharf. Le nom ne désigne pas des montagnes russes (pourtant, il pourrait !), mais rappelle que des tombes de marins et de trappeurs russes furent découvertes dans le quartier à la fin du XIXe s.

Ces collines, les plus célèbres de San Francisco avec Telegraph Hill, affichent des déclivités assez vertigineuses. La portion de Taylor entre Broadway et Chestnut est l'une des plus spectaculaires, avec une vue imprenable sur Alcatraz en toile de fond. Avis aux trekkeurs urbains, chaussez vos meilleures baskets !

Où dormir ?

De plus chic à très chic

Huntington Hotel *(zoom centre détachable E2,* ***77****)* **:** *1075 California St. ☎ 415-474-5400. ● huntingtonhotel.com ● Doubles 150-350 $, suites plus chères.* Bâti en 1924 au sommet de Nob Hill, ce gros hôtel en brique dressé vis-à-vis de la Grace Cathedral se fait le chantre d'une élégance un peu désuète qui ne manque pas de charme. Moquettes épaisses, salles de bains en marbre, fauteuils Chesterfield et oreillers satinés dans les chambres hyper cossues. La plupart ont une vue sur la ville ou la baie. Piscine intérieure, jacuzzi, spa. Le *cable car* de California Street passe au pied, ce qui n'est pas inutile pour éviter la longue remontée le soir ! Enfin, *The Big 4,* bercé par les souvenirs des magnats des chemins de fer, est une institution (voir « San Francisco quartier par quartier. Nob Hill et Russian Hill. Où boire un verre ? »).

Où manger ?

À Nob Hill

Spécial petit déjeuner

Mymy *(zoom centre détachable D2,* ***156****)* **:** *1500 California St. ☎ 415-800-7466. Tlj 9h-14h. Plats 16-22 $.* On y a dégusté les meilleurs pancakes à la banane de notre séjour, et croyez-nous quand on vous dit d'y aller avec une (très) grosse fringale, tellement les portions sont généreuses. Ici, pas d'esbroufe, ni dans la déco, plutôt quelconque, ni dans les plats. Un seul mot d'ordre : générosité ! Les omelettes, garnies à craquer, s'accompagnent de pommes de terre dont on s'imagine mal venir à bout quand l'assiette sort des cuisines. Les pancakes se déclinent aussi en version salée, testez donc ceux au parmesan et à la courgette. On n'a pas trouvé mieux pour démarrer la journée, une vraie pépite.

Bon marché

Gallery Café *(zoom centre détachable E2,* ***164****)* **:** *1200 Mason St. ☎ 415-296-9932. Tlj 7h-17h. Petit déj et plats 3-10 $.* Juste en face du Cable Car Museum, on adore ce café loufoque à la déco hétéroclite. Sièges de cinéma, machine à pop-corn, collection de canards en plastique, nuages au plafond, mappemonde, papillons sous cloche... on ne sait plus où poser les yeux. Parfait pour un petit déj léger, un en-cas rapido ou une pause café. On y sert panini, soupes et salades toute la journée. Libre à vous de feuilleter un bouquin pioché dans la bibliothèque ou de sortir un jeu de société pour passer le temps en cas d'averse.

Nook Café *(zoom centre détachable E2,* ***173****)* **:** *1500 Hyde St. ☎ 415-447-4100. Tlj 8h-18h. Plats 8-13 $.* C'est un peu le *Friends* du coin, le *neighborhood café* où l'on passe en coup de vent pour acheter un bagel en route, où l'on s'attable au soleil, sur le trottoir, devant un sandwich, un wrap, un bagel ou une salade le midi, où l'on vient travailler sur son *laptop* à toute heure de la journée. Rien d'extraordinaire, non, juste un petit coin cosy, dans un cadre simple et lumineux, pour caler un creux et respirer l'air de Nob Hill sans se ruiner. Pas si évident, par ici !

De prix moyens à plus chic

Swan Oyster Depot *(zoom centre détachable D2,* ***174****) : 1517 Polk St. ☎ 415-673-1101. Tlj sauf dim (pas de pêche ce jour-là) 10h30-17h30. Plats 14-35 $. CB refusées.* Attendez-vous à faire la queue ! Cela dit, le lieu a de la patience à revendre. La caisse enregistreuse fatiguée donne une idée de l'âge de la boutique : 1912 ! Rien n'a vraiment changé depuis. Cette petite poissonnerie familiale, tenue par des frères et leurs neveux, déniche toujours les meilleurs produits, servis sans chichis à ses adorateurs agrippés au vieux comptoir de marbre. Après le rituel de l'excellente soupe de palourdes *(clam chowder)* commence un festival d'huîtres locales, de crevettes, de crabe, ou même de homard (prévoir assez de dollars pour le coup), tous d'une fraîcheur et d'une qualité irréprochables. Avec un verre de blanc, une tartine beurrée, et l'un des meilleurs accueils de la ville, ça le fait !

Nob Hill Café *(zoom centre détachable E2,* ***175****) : 1152 Taylor St. ☎ 415-776-6500. Mar-dim 17h-21h (22h ven-sam). Fermé lun. Plats 18-20 $.* Ce petit bistrot tout mignon, situé à mi-chemin de la Grace Cathedral et du Cable Car Museum, est fréquenté par une clientèle d'habitués venus en voisins. La carte décline pizzas et spécialités du nord de la Botte (lasagnes, poulet au parmesan, *linguine alle vongole*) très correctes et servies avec le sourire, dans 2 salles (préférez la plus moderne sans moquette tant qu'à faire) ou en terrasse. Le service est aimable et le fond jazzy adoucit les mœurs.

À Russian Hill

De bon marché à prix moyens

Aux Délices *(zoom centre détachable D2,* ***178****) : 2327 Polk St (entre Union et Green). ☎ 415-928-4977. Mer-lun 17h (16h30 w-e)-22h. Fermé mar. Plats 10-20 $.* Un restaurant vietnamien, dont le nom français évoque le souvenir de la colonisation. On y sert des spécialités indochinoises tout en saveurs, finesse et légèreté, d'un bon rapport qualité-prix. Service délicat et prévenant. Pas étonnant que les locaux soient parfois nombreux à patienter devant le bouddha doré de l'entrée.

Plus chic

Trattoria Contadina *(zoom centre détachable E2,* ***190****) : 1800 Mason St. ☎ 415-982-5728. Tlj 17h (16h w-e)-21h (21h30 ven-sam). Plats 25-32 $.* Un peu en retrait de North Beach et du circuit touristique, cette *trattoria* à la déco familiale, très appréciée des habitués, mitonne à la perfection les classiques de la cuisine italienne, servis généreusement. Les pâtes fraîches, *specialità della casa,* sont divines (essayez les *rigatoncelli carlesimo,* à la pancetta et aux cèpes !), de même que les viandes, comme le veau *saltimbocca.* Et ce tiramisù... hmm ! Carte très courte... c'est bon signe ! Ambiance chaleureuse en prime (certains diront un peu bruyante).

Où manger une glace ou un bon donut ?

Swensen's Ice Cream *(zoom centre détachable D2,* ***308****) : 1999 Hyde St (et Union). ☎ 415-775-6818. Mar-dim 12h-22h. Fermé lun. Compter 5-10 $. CB refusées.* Dans le quartier, ce glacier ouvert depuis 1948 est presque aussi mythique que les hortensias de Lombard Street. Les cornets sont maison et le lychee est un vrai régal. À moins de préférer la version *peanut butter* ou la *cookies & cream.* Bref, ça vaut le coup de grimper la côte, même s'il n'y a aucun banc ni aucune chaise pour s'asseoir sur place !

Bob's Donuts *(zoom centre détachable D2,* ***168****) : 1621 Polk St. ☎ 415-776-3141. Tlj 7h-21h (22h jeu-sam).* Pour un gros *boost* de sucre, poussez la porte de cette *bakery* de quartier où l'on vend les meilleurs donuts du coin depuis 1960. On salive devant la vitrine, on bave carrément en entrant ! Chocolat, cannelle, sirop d'érable ou sucre pour la version la plus classique, mieux vaut avoir une sacrée fringale pour s'enfiler ces beignets dodus. Quelques places assises dans la salle en enfilade, aux murs couverts de clichés de donuts.

Où boire un verre ?

À Nob Hill

Top of The Mark *(zoom centre détachable E2,* ***309****) : au 19e étage du Mark Hopkins Intercontinental, 999 California St. • sfmarkhopkins.com/top-of-the-mark • Mar-sam 16h30-23h30. Fermé dim-lun. Concerts mer-ven le soir, entrée gratuite ou env 10 $ selon programmation. Résa conseillée.* Au sommet du *Mark Hopkins,* un hôtel historique reconstruit en 1939. Là-haut, la vue, spectaculaire, s'étend quasiment à 360° ! Armez-vous de patience le week-end pour obtenir une table, celles proches des fenêtres étant par ailleurs souvent occupées. Si vous réussissez à vous installer, vous aurez le choix entre une quinzaine de Martini. Pour les fauchés, il est toujours possible d'admirer gratos une partie de la ville depuis la fenêtre à droite en sortant des ascenseurs. Bien pour la vue, le décor est, lui, insipide.

The Big 4 *(zoom centre détachable E2,* ***77****) : The Huntington Hotel, 1075 California St. ☎ 415-771-1140. Tlj 11h30-23h30.* Il y a le restaurant, très coté et très cher, mais c'est le bar qui nous intéresse : un lieu magnifique, tout de boiseries sombres et sculptées, évoquant un club de gentlemen avec sa cheminée, ses portraits peints, le lustre à têtes de cerf et ses serveurs cravatés. Les Big 4 font allusion aux 4 grands magnats des chemins de fer du siècle passé, dont Huntington, qui bâtit l'hôtel, et son voisin Mark Hopkins, qui construisit le sien à 2 pas... Pianiste tous les soirs, de 17h à minuit.

À Russian Hill

Café Meuse *(zoom centre détachable D2,* ***310****) : 1400 Pacific Ave. ☎ 415-928-6674. Lun-sam 17h-23h. Fermé dim. 10-16 $ le verre de vin.* Happy hours *17h-18h30.* Envie d'un plateau de fromage ou de charcuterie *(compter 15 $ et env 21 $ pour un mixte)* accompagné d'un bon zinfandel californien ou d'un malbec argentin ? Vous voilà servi. Selon votre humeur, vous pourrez choisir entre rouges gouleyants *(on the lighter side)* ou corsés *(big and bold),* entre blancs secs *(crisp, dry and lean)* et vins de dessert *(stickies).* Les tables de l'intérieur fabriquées en caisses de vin recyclées sont jolies, mais celles posées dans la rue sont irrésistibles par beau temps.

Green Sports Bar *(zoom centre détachable D2,* ***312****) : 2239 Polk St. ☎ 415-775-4287. Lun-ven 16h-2h, w-e 10h-2h.* Happy hours *lun-ven 16h-19h.* Un *sports bar* tapageur, très populaire et plein à craquer les soirs de grandes compétitions. Normal, on y diffuse tous les matchs possibles sur plus de 25 écrans (dont 2 géants), le tout en suspension parmi les affiches, casquettes, centaines de photos, drapeaux des équipes et planche de surf. Sacré boucan, sacrée ambiance, dynamisée par une vingtaine de bières pression...

À voir. À faire

À Nob Hill

Le quartier est délimité par Bush au sud, Powell à l'est, Broadway au nord et Van Ness à l'ouest. Résidentiel et chic mais un peu froid, il est tout en pentes et en côtes : ménagez-vous quelques haltes pour ne pas succomber en chemin !

Grace Cathedral *(zoom centre détachable E2) : à l'angle de Taylor et California St. • gracecathedral.org • Tlj 8h-18h (en général). Entrée libre, mais donation « suggérée » de 10-20 $!* Massif, cet édifice néogothique bâti entre 1928 et 1964 s'inspire, dit-on, de Notre-Dame de Paris. Avouons qu'il y a un petit air de ressemblance, même si cet édifice-ci est fort gris et plutôt lourd. La copie de la superbe *Porte du Paradis* en bronze sculpté, de Ghiberti (Florence), est davantage réussie. À l'intérieur, sur le côté droit en entrant, se trouve la petite *Aids Interfaith Chapel,* dédiée aux victimes du sida, dans laquelle sont exposés un retable en bronze de l'artiste Keith Haring (1958-1990) représentant la vie du Christ, achevé 2 semaines avant sa mort, et un morceau du *Aids Memorial Quilt* (patchwork). Quand les rayons du soleil tapent sur les vitraux, une belle lumière bleue envahit la nef. Admirez aussi le superbe labyrinthe au sol, réplique de celui de la cathédrale de Chartres.

Cable Car Museum *(zoom centre détachable E2) : 1201 Mason St (angle Washington). • cablecarmuseum.org • Mar-dim 10h-16h (17h ven-dim). GRATUIT mais donations appréciées.*
Le musée s'est judicieusement installé dans le centre névralgique des *cable cars,* un ***vaste bâtiment rassemblant les hangars, les ateliers et tout le système d'exploitation.*** Dans un rugissement métallique et une odeur de graisse venus du fin fond de l'ère industrielle, d'immenses roues y entraînent encore sans relâche les épais câbles déroulés le long des collines de San Francisco – on peut même voir les engrenages au sous-sol.
L'expo permet, elle, de remonter le temps jusqu'à ce jour de 1873 où Andrew Hallidie, un immigrant britannique un peu ingénieur, horrifié d'avoir vu un attelage à cheval dévaler une pente à reculons sans pouvoir s'arrêter, inventa le *cable car.* Devant le succès de ce nouveau moyen de transport, les compagnies proliférèrent : on en comptait pas moins de neuf dans les années 1890, exploitant plus de 600 *cable cars* et 22 lignes, aux écartements de rails différents pour empêcher les concurrents de les emprunter ! Certaines desservaient le Presidio, le Golden Gate Park et jusqu'à Noe Valley au sud. L'arrivée en 1893 des tramways, beaucoup moins chers à fabriquer et à exploiter, la destruction d'un grand nombre de lignes lors du séisme de 1906, puis la mise en service des bus contribuèrent au déclin progressif des *cable cars.* Aujourd'hui, il ne reste que 7,5 km (3 lignes) des 120 km de lignes de jadis ; 40 *cable cars* ont survécu, dont 26 circulent encore quotidiennement, à une vitesse moyenne de 9,5 km/h (de vrais bolides !). Vous verrez un exemplaire retraité dans l'expo, aux côtés de quelques souvenirs, outils et uniformes. De l'étage, vue plongeante sur les ateliers et la salle des machines où les câbles s'enroulent et se déroulent dans un grand brouhaha et des odeurs d'huile. Une visite qui vaut le coup !

CHEVAL DE FER

Avant le cable car, *pour grimper les collines de San Francisco, il y avait le* horse car, *un wagon circulant sur des rails, tiré par un cheval. Dans les années 1860, des dizaines de* horse cars *circulaient en ville, répandant des tonnes de crottin et des bassines d'urine... Les derniers* horse cars *ne disparurent pas avec l'arrivée du* cable car, *mais en 1913. Ils avaient simplement été affectés aux lignes les moins rentables.*

À Russian Hill

Mythique Russian Hill ! Ce superbe quartier résidentiel, parmi les plus élevés de la ville, livre de prodigieux panoramas sur la baie, sur l'île d'Alcatraz, sur les maisons victoriennes de Pacific Heights, sur le centre, la Coit Tower, l'Oakland Bay Bridge... C'est ici que l'on rencontre la rue la plus abrupte du centre-ville : entre Leavenworth et Hyde, Filbert atteint une pente de 31,5 % ! Vous en aurez déjà conclu que la marche ne peut pas tout et qu'il peut être judicieux de faire appel au *cable car.*

SANS TRUCAGES

C'est dans les rues pentues de Russian Hill que fut tournée, en 1968, la fameuse course-poursuite de Bullitt, *devenue un classique du 7e art américain. 3 semaines furent nécessaires pour réaliser cette scène hallucinante qui dure à l'écran près de 10 mn. Steve McQueen, en grande forme, assura lui-même les cascades, au volant d'une Ford Mustang Fastback vert foncé lancée à près de 160 km/h. Pour remercier monsieur le maire, l'acteur exigea de la Warner qu'elle construise une piscine pour la ville ! Mécontent, le studio mit fin au contrat qui le liait à la star...*

Lombard Street *(zoom centre détachable D-E1)* **:** on l'appelle *the Crookedest Street,* « la rue la plus tortueuse ». Reliant Hyde et Leavenworth, c'est l'une des plus célèbres au monde, représentée dans un nombre incalculable de poursuites de voitures au cinéma. À l'origine, ce n'était pas de la frime : décidé en 1922, ce parcours très particulier permit de ramener à 16 % la déclivité de la pente (qui en faisait 27), de sorte que la rue puisse être empruntée par les chevaux.
Lombard est extrêmement fleurie à la belle saison. On doit ses somptueux massifs d'hortensias à un Français, originaire du Limousin, qui habitait au n° 1010 de la rue et qui, le 1er, planta ces fameuses fleurs (bientôt imité par ses voisins). Jeter aussi un coup d'œil au n° 1040 où s'impose une superbe maison bleue, flanquée d'une bougainvillée fuchsia et d'une terrasse à nous faire baver d'envie. Bien sûr, la rue est très touristique, et surtout très appréciée des conducteurs qui s'aventurent dans ses boucles comme dans des montagnes russes... au grand dam des riverains dont les réclamations pour la fermeture définitive de la rue n'aboutissent jamais. Venir très tôt le matin ou en toute fin de journée pour éviter la foule.
Si vous descendez vers le *San Francisco Art Institute,* attardez-vous dans le minuscule ***Fay Park*** *(2366 Leavenworth St, tlj 10h-16h)* avec ses 2 adorables kiosques et ses superbes rosiers.

San Francisco Art Institute *(zoom centre détachable E1)* **:** *800 Chestnut St (et Jones). • sfai.edu • Lun-ven 8h-19h ; sam 12h-18h. Fermé dim.* Bien dissimulée par de hauts murs bordés d'ifs, cette célèbre école, une fois le porche franchi, révèle une jolie cour carrée inspirée de l'architecture hispanique, avec son bassin glougloutant recouvert de mosaïques et ses galeries. L'ensemble du bâtiment est ouvert aux visiteurs et on peut se promener dans les différents ateliers – plus sympa en semaine, quand ils fonctionnent, mais attention de ne pas déranger les cours. 2 galeries présentent les œuvres des étudiants ou d'artistes déjà reconnus. Dans l'une, on peut voir une vaste fresque du fameux muraliste mexicain Diego Rivera (1931) sur le thème de l'édification d'une ville et... de la réalisation d'une peinture murale ! L'artiste s'est représenté de dos, assis au centre de l'échafaudage, une palette et un pinceau à la main.

Sinon, ne manquez pas le ***superbe point de vue*** sur North Beach, Fisherman's Wharf et la baie de San Francisco (avec Alcatraz au milieu) depuis la grande terrasse en béton où est installé ***The Café,*** au fond de l'institut.

Balade autour de Green Street : les trekkeurs urbains qui n'ont pas peur des marches à répétition et des pentes abruptes s'offriront une délicieuse promenade sur le flanc est de Russian Hill, à la découverte de superbes demeures.
Plusieurs se regroupent sur ***Green Street,*** entre Leavenworth et Jones. D'abord, au n° 1088, une maison de 1907 (classée) d'un style normand, au toit en ardoise. Puis 4 édifices intéressants côte à côte, sur le trottoir opposé : au n° 1067, l'originale *Feusier Octagon House* de 1858 ; au n° 1055, une maison de 1866 ; puis une autre de la même époque, au n° 1045, recouverte de bardeaux, avec un mini-clocher. À côté, le n° 1039-43, en bois, avec escalier extérieur et bow-windows, date de 1885.

On peut redescendre par **Macondray Lane,** la célèbre *Barbary Lane* des *Chroniques de San Francisco* d'Armistead Maupin. Les fans seront peut-être déçus car le nº 28 du roman n'existe pas ! Mais la ruelle est un îlot de verdure absolument délicieux, avec une fontaine gargouillant, veillée par un bouddha et de splendides fougères arborescentes. Pour y accéder depuis le carrefour de Green et Jones, descendre quelques mètres très raides ; Macondray Lane débute juste là, à droite. Elle débouche par un escalier de bois sur Taylor Street.
Alternative : du carrefour de Green et Jones, remonter Jones jusqu'à Vallejo (un *block*) et prendre à gauche. Encore un petit effort et vous arriverez au sommet de Russian Hill. Le panorama est imprenable. De là, un escalier dévale vers North Beach, entre hortensias et hydrangeas.

NORTH BEACH ET TELEGRAPH HILL (plan d'ensemble détachable E-F1-2 et zoom centre détachable E-F1-2)

Juste au nord de Chinatown, Columbus Avenue marque à la fois la « frontière » ouest et le cœur animé de North Beach. Le quartier s'étend, au nord, en direction du Fisherman's Wharf et, à l'est, déborde vers l'Embarcadero, avec la belle et sauvage Telegraph Hill (83 m), surmontée de la fameuse ***Coit Tower.***
North Beach fut ***longtemps le quartier de l'immigration italienne.*** En 1889, on y recensait 5 000 Italiens ; en 1939, ils étaient 60 000. Ils sont bien moins nombreux aujourd'hui, remplacés en partie par la population chinoise débordant de Chinatown et un nombre croissant de yuppies. Restent quelques églises, un vieux *delicatessen* sauvé des eaux, des *panifici,* d'innombrables *trattorie* et *pizzerie* à même d'entretenir la nostalgie, même si bon nombre de cuistots qui y officient sont aujourd'hui mexicains ! Sur les lampadaires, ce sont pourtant bien les couleurs du drapeau italien qui colorent le quartier.
Si l'on sait que Haight-Ashbury fut le foyer du mouvement hippie, peu se souviennent que la ***Beat Generation*** est née à North Beach. Dans les années 1950, les Italiens les plus aisés partaient en banlieue, laissant nombre de logements vacants à petits prix. Les jeunes *beats* investirent alors ce quartier vivant et accueillant. C'est ainsi que North Beach devint le haut lieu de la bohème littéraire et musicale (en même temps que Greenwich Village, à New York, et Venice, à Los Angeles). Des marjos aux cheveux gris, qui hantent certains bars, sont là pour nous le rappeler.
North Beach reste l'un des quartiers les plus animés pour sortir le soir. On y trouve un nombre impressionnant de bons restos et de bars. On aime aussi y aller le samedi matin (9h-13h), quand le Farmer's Market investit Columbus Avenue, au niveau de Washington Square.
Avant de vous y aventurer, sachez toutefois que North Beach est le quartier le plus cauchemardesque de San Francisco pour se garer. Au lieu de tourner pendant des heures, il est préférable de vous y rendre en transports en commun.

Où dormir ?

De bon marché à prix moyens

■ ***Green Tortoise Hostel*** *(zoom centre détachable F2,* ***4****)* **:** *494 Broadway St. ☎ 415-834-1000. ● greentortoisesf.com ● Lits en dortoir (4-8 lits) 35-85 $, doubles 90-140 $, petit déj inclus.* Cette célèbre AJ, à l'ambiance routarde et conviviale, séduira tous ceux qui rêvent de rencontres, de voyages au long cours et de soirées festives. On est dans l'ambiance beatnik qui a fait la réputation du quartier. Au programme, une quarantaine de chambres et dortoirs agréables et très bien tenus, avec salles de bains à l'étage. Nombreuses activités et longue liste de petits plus : concerts, *pub crawls*, sauna, grande cuisine, consigne, laverie... Immense salle commune (ex-salle de bal) avec billard. L'agence de voyages maison organise aussi de super *road trips* (voir « Agence de voyages » dans « Adresses et infos utiles »). Une adresse fêtarde qui ne conviendra pas aux couche-tôt.

San Remo Hotel *(zoom centre détachable E1,* ***79****) : 2237 Mason St. ☎ 415-776-8688. • sanremohotel.com • Doubles 110-160 $.* Proche de la ligne du *cable car,* à 4 blocs de Fisherman's Wharf, cet hôtel italo-victorien datant de 1906 a conservé une atmosphère *old fashioned* plutôt amusante. Une grosse soixantaine de chambres pas bien grandes mais nickel, avec ou sans lavabo, et meublées à l'ancienne de lits en cuivre, mobilier de brocante et vieux bibelots (ni TV ni téléphone). Salles de bains communes (et w-c vieux style là encore !) pour tout le monde. Une adresse où l'on vient surtout pour le charme et le dépaysement, même si le confort est aussi au rendez-vous. Éviter les chambres au-dessus des cuisines du resto à cause du bruit.

De plus chic à très chic

Hotel Bohème *(zoom centre détachable E2,* ***80****) : 444 Columbus Ave. ☎ 415-433-9111. • hotelboheme.com • Doubles 225-355 $. Pas de petit déj.* Pas certain que Kerouac et sa bande retrouveraient leur notion de la bohème dans ce petit hôtel feutré au charme intime, mais les routards argentés prendront plaisir à y bivouaquer. Il occupe un vénérable immeuble de 1907, où l'on ne dénombre qu'une quinzaine de chambres de taille modeste mais très coquettes, meublées à l'ancienne : lits en cuivre, tons chauds, objets des années 1950, jolies salles de bains, douce atmosphère... Pour éviter le tapage des noctambules, mieux vaut occuper l'une des chambres qui ne donnent pas sur Columbus (contrairement au poète beat Allen Ginsberg, qui exigeait toujours la vue sur la rue). Accueil soigné.

Washington Square Inn *(zoom centre détachable E1,* ***81****) : 1660 Stockton St. ☎ 415-900-8514. • wsisf.com • Doubles 180-300 $, petit déj compris.* Fort bien situé face au Washington Square, ce petit hôtel de charme, cossu à souhait, se distingue par un beau lobby-salon avec cheminée et mobilier de style, au diapason des chambres douillettes, à la déco soignée (mais un peu petites pour certaines). Atmosphère cosy et feutrée, une vraie bonbonnière dans l'esprit d'un *B & B* anglais, à l'image de délicates attentions. On regrettera juste les tarifs un peu (trop) élevés en saison.

Où manger ?

Spécial petit déjeuner

Mama's *(zoom centre détachable E1,* ***180****) : 1701 Stockton St. ☎ 415-362-6421. Tlj sauf lun 8h-14h (15h w-e). Plats 12-18 $. CB refusées.* Tout le monde connaît *Mama's* : pour sa petite salle qui semble sortie d'un bled du Midwest et ses fenêtres donnant sur le charmant Washington Square, mais surtout pour ses breakfasts de compétition ! Grand choix d'omelettes, succulents *eggs Benedict,* pancakes, *French toasts* au chocolat et à la cannelle, tout est frais du jour, préparé avec talent et joliment présenté. Même la confiture est maison. La file d'attente le week-end est évidemment à la hauteur de sa réputation (parfois plus d'1 heure).

Pat's Café *(zoom centre détachable E1,* ***181****) : 2330 Taylor St. ☎ 415-776-7835. Tlj 7h30-14h. Brunch le w-e. Plats 12-22 $.* Au rez-de-chaussée d'une charmante maison victorienne, une adresse de quartier à la déco hétéroclite sans grand goût, d'où l'on regarde passer le *cable car* Powell-Mason. Ici aussi, la spécialité maison, ce sont les *eggs Benedict,* fort bien préparés et déclinés de plusieurs façons (il y a même parfois un *crab cake Benedict* !). *French toasts* moelleux à souhait, omelettes aux épinards, crêpes fourrées et gaufres belges, ainsi que sandwichs, salades et burgers pour le lunch.

Bon marché

Molinari Delicatessen *(zoom centre détachable E2,* ***182****) : 373 Columbus Ave. ☎ 415-421-2337. Tlj sauf dim 10h-16h30. Sandwichs 15-17 $* Fondée en 1896, cette épicerie fine italienne semble sortir tout droit d'un film de Cinecittà. Boîtes de tomates empilées comme à la foire, huiles d'olive sur plusieurs étages, coppas pendues au-dessus du comptoir comme autant de tuyaux d'orgue, c'est beau comme dans un rêve d'Italie. Vous pourrez repartir avec des raviolis frais (encore faut-il pouvoir les cuisiner), du gorgonzola ou un bon sandwich bien costaud. À la belle saison, on peut grignoter son butin sur les quelques tables posées sur la rue.

Liguria Bakery *(zoom centre détachable E1,* ***183****) : 1700 Stockton St. ☎ 415-421-3786. Tlj sauf dim-lun 8h-14h. Fermé plus tôt si tt est vendu.* Focaccia env 5 $. Comment ça, il n'y a plus rien ? C'est que vous n'êtes pas venu assez tôt. Derrière leur devanture anonyme où languissent vieilles balances et caisses enregistreuses, mère et fille débitent des *focacce* à gogo, et rien que ça. Au choix une dizaine de saveurs : oignon, ail, olives noires, champignons et, pour plaire aux Ricains, fromage au *jalapeño.* Quand c'est fini, le rideau tombe jusqu'au lendemain. *E basta !*

Golden Boy Pizza *(zoom centre détachable E2,* ***185****) : 542 Green St. ☎ 415-982-9738. Tlj 11h30-20h30 (21h30 ven-sam). Part de pizza env 5 $.* La file d'attente ne vous a pas fait de l'œil ? La main géante à néons pointée vers la pizzeria non plus ? Impossible de louper cette échoppe de poche à moins de le faire exprès ! Ici, on débite des mètres carrés de pizza qui sortent du four par plaque à longueur de journée. N'ayez pas une idée fixe en tête, les garnitures changent de fournée en fournée et le temps que ce soit votre tour, la jambon fromage aura sûrement été liquidée ! Délicieux, à condition d'aimer la pâte épaisse.

Mo's Grill *(zoom centre détachable E2,* ***179****) : 1322 Grant Ave. ☎ 415-788-3779. Tlj 8h30-22h. Sandwichs et burgers 10-13 $.* Dans ce quartier dévolu aux restos italiens, ce *diner* passe presque pour une incongruité. Mais c'est sans compter les bons et copieux burgers d'*Angus beef* cuits à la flamme (on peut les voir griller depuis la rue) ! Une quinzaine de variétés, dont le *French burger,* au chèvre et aux oignons caramélisés, à déguster avec une *Sierra Nevada* (bière locale). Le cadre, lui, n'a guère d'intérêt.

Prix moyens

Sotto Mare *(zoom centre détachable E2,* ***187****) : 552 Green St. ☎ 415-398-3181. Tlj 11h30-22h. Plats 20-25 $. Chercher un espadon au « bec » cassé pour repérer l'adresse.* Une fois n'est pas coutume, ce resto de *seafood,* dans une salle tout en longueur aux murs chargés de déco marine, sert une excellente cuisine à prix très raisonnables. La valeur étalon de la maison, c'est le *cioppino,* sorte de bouillabaisse tomatée à l'italienne, gorgée de moules, coques, crabe et autres crevettes. Un panneau en façade l'annonce : « *The best damn cioppino* ». Pour environ 50 $, il nourrit 2 personnes (bavoirs inclus !). On vous offrira un verre de vin le temps de braver la file d'attente. Sinon, goûtez les huîtres, la sole, le risotto, les *linguine...* La carte est limitée, mais les déceptions sont rares. En revanche, pas de dessert.

Tony's Pizza Napoletana *(zoom centre détachable E2,* ***188****) : 1570 Stockton St. ☎ 415-835-9888. Tlj 12h-22h (21h lun-mar, 23h ven-sam). Pizzas 15-31 $; part à emporter 5-6 $.* D'un côté le resto, de l'autre le *takeaway* pour les parts de pizza à l'unité à emporter. Vous voilà dans l'antre de Tony Gemignani, le 1er Américain à avoir gagné le Championnat du monde de la pizza à Naples, en 2007. Depuis, il est à la tête d'une dizaine de restos et d'une école de pizzaiolos ! C'est vrai que cette fameuse *margherita* au feu de bois, à pâte épaisse, qui lui permit de remporter le trophée, est bonne et tendre (et grande : 30 cm de diamètre) ! Également des boulettes de viande et des calamars frits, qu'on déguste au comptoir, dans la salle sobre avec ses photos anciennes ou sur les quelques tables installées sur le trottoir aux beaux jours.

De prix moyens à plus chic

Tommaso's *(zoom centre détachable E-F2,* ***189****) : 1042 Kearny St. ☎ 415-398-9696. Mar-dim 17h-22h. Fermé lun. Pâtes, pizzas et autres plats 16-30 $.* Ouvert depuis 1935, *Tommaso's* est l'un des plus vieux restaurants italiens de North Beach, et toujours l'un des plus authentiques. Ses pizzas fines, croustillantes et généreusement garnies (la *small* est déjà grande !) sortent du four à bois qui, selon la légende, fut le 1er à cuire des pizzas sur la côte Ouest. Même abondance pour les spaghettis *marinara* et les raviolis maison. Rançon de ce succès mérité, la petite salle en demi-sous-sol, aménagée en une flopée de petits box pour 4 encadrant une longue tablée principale, est comble tous les soirs. Si vous êtes gentil, l'accueillante famille Crotti vous fera sans doute patienter un verre de vin à la main...

China Live *(zoom centre détachable E2,* ***191****) : 644 Broadway. ☎ 415-788-8188. Tlj 11h30-21h30. Plats 14-34 $.* Changement de registre avec cette vaste salle épurée aux tables en bois clair, très agréable, pourvue de divers fourneaux et bars bien en vue, le tout baignant dans un joyeux brouhaha. Au menu, de succulents plats chinois, soignés et variés, qu'il s'agisse des *dim sum* (délicieux !), des soupes (essayez celle aux nouilles et bœuf), des plats végétariens (hmm, ces choux chinois et champignons braisés !), ou encore des fruits de mer et viandes grillés façon asiatique (et pour le dessert, tentez donc le *sesame shaved mango ice*)... Un excellent resto chinois, pour le dire en un mot, qui tranche agréablement avec ceux, plus traditionnels, du Chinatown situé à 2 pas !

Chubby Noodles *(zoom centre détachable E2,* ***220****) : 1310 Grant Ave. ☎ 415-655-3335. Tlj 11h (10h w-e)-22h. Plats 11-17 $; brunch env 50 $.* Bruyant (c'est ainsi qu'on l'a repéré), ce resto asiatique branché se vante de cuisiner les meilleures *noodles* de la ville et de passer le meilleur son. Pas idéal pour un tête-à-tête, on y vient entre potes pour les délicieuses nouilles (à l'ail ou à la citronnelle), *pad thaï,* tacos à la coréenne, *ribs* de porc et autre poulet frit à tomber. Pour le brunch du dimanche, mieux vaut se lever tôt (et ne pas avoir mangé la veille !). Au menu : 15 plats, 3 boissons et 90 mn top chrono pour terminer tout ça et laisser sa place au service suivant. *Dim sum,* légumes, riz cuisinés et nouilles s'enchaînent arrosés de sangria et mimosa... et pourquoi pas un petit saké pour digérer ? Au fait, *chubby* signifie : joufflu !

Maykadeh *(zoom centre détachable E2,* ***192****) : 470 Green St. ☎ 415-362-8286. Tlj 11h30-21h. Plats 22-45 $.* Et pour clore notre sélection à North Beach, un resto iranien, le meilleur de San Francisco. La déco nous fait penser à une salle de séminaire, mais le contenu de l'assiette est tout ce qu'il y a de plus sérieux, avec de savoureuses viandes (bio ou produites dans de bonnes conditions) cuites juste comme il faut et accommodées de bons légumes grillés, le tout généreusement servi. Dans ce quartier littéralement inondé de restos italiens, ça change !

Pâtisserie

Stella Cafe and Pastry *(zoom centre détachable E2,* ***80****) : 446 Columbus Ave. ☎ 415-986-2914. Tlj 7h30-22h (20h lun, minuit ven-sam).* *Stella* a une cour de vrais aficionados, conquis par son tiramisù (bon), ses *biscotti* (pas trop croquants) et sa *sacripantina,* une génoise au sabayon, à la crème et au rhum, spécialité maison déposée ! Le matin, on trouve aussi des viennoiseries. Quelques tables pour s'asseoir.

Où prendre un verre ou un café ?

North Beach a conservé toute une série d'anciens bars, bistrots, rades et autres troquets, dont les proprios n'ont pas changé un bouton de porte. Adresses immuables, chaleureuses et conviviales.

Caffe Trieste *(zoom centre détachable E2,* ***313****) : 601 Vallejo St. ☎ 415-982-2605. Tlj 7h-21h. CB refusées.* Photos de soirées joyeuses, portraits de clients célèbres (Pavarotti...), fresques patinées, vieux poêle, piano... On adore cette adresse pour son ambiance, sa bonne odeur de café, et son état d'esprit généreux, avec régulièrement des petits bœufs improvisés ou qui semblent l'être... De plus, c'est un véritable café italien, fondé en 1956, où l'*espresso,* très serré, est considéré par certains comme le meilleur en dehors de la Botte. Même les pâtisseries sont de là-bas (et pourtant elles sont fraîches !). Les habitants de North Beach y prennent leur breakfast en pianotant sur leur ordi, les poètes, écrivains ou philosophes y viennent en pèlerinage sur les traces des *beat days.* Coppola y résida presque en continu pendant un an, le temps d'écrire *Le Parrain...* Un lieu tout sauf formaté, et c'est pour ça qu'on l'aime.

Vesuvio Cafe *(zoom centre détachable E2,* ***314****) : 255 Columbus Ave. ☎ 415-362-3370. Tlj 8h-2h.* Situé juste à côté de la légendaire librairie *City Lights,* ce bar ouvert depuis 1948 a toujours été l'un des principaux repaires beatniks. Comme le raconte fièrement la maison, Neal Cassady, qui inspira le personnage de Dean Moriarty dans *Sur la route,* de Kerouac, fit une halte au *Vesuvio* le 17 octobre 1955. C'était sûrement pour prendre une cuite avec son pote Kerouac, un habitué des lieux ! La superbe déco n'a pas bougé depuis ses 1res heures : lampes Tiffany, mezzanine, chandelier à gaz, boiseries, photos jaunies, souvenirs divers, collages... un vrai inventaire à la Prévert ! Dylan Thomas y écrivait des poèmes jusqu'à épuisement. Aujourd'hui, habitués aux cheveux longs et lunettes rondes et touristes béats se partagent le bar et les box en bois sur un petit air jazzy, un verre à la main ou autour d'une partie d'échecs.

Specs' *(zoom centre détachable E-F2,* ***317****) : 12 William Saroyan Pl, dans un minuscule recoin qui donne sur Columbus (entre Broadway et Pacific St, presque en face du Vesuvio). ☎ 415-421-4112. Tlj 16h-minuit (2h ven-sam).* Une vénérable institution conservée dans son jus depuis plusieurs décennies. Déco sombre et chargée à mort, sol brut et murs imprégnés de nostalgie, de souvenirs exotiques et maritimes rapportés par des bourlingueurs au long cours, bière qui coule à flots, vieux jazz ou indéfinissable rock sans discontinuer, le *Specs'* accueille depuis toujours les poivrots, les écrivains et les artistes de North Beach (et quelques écrivains poivrots aussi). Un des piliers de la Beat Generation, le *Specs'* n'a toujours pas dit son dernier mot, même s'il a pris un p'tit coup de vieux, comme tout le monde...

15 Romolo *(zoom centre détachable E2,* ***321****) : 15 Romolo St. ☎ 415-398-1359. Accès par une ruelle pentue partant de Broadway, à l'angle du Beat Museum. Tlj 17h-23h.* La patine du temps n'en a pas encore fait un classique, mais on y vient déjà presque religieusement savourer les cocktails (à base de sherry notamment) mixés par certains des meilleurs *bartenders* de la ville. Confiez-leur vos envies et laissez-les faire. À moins de partager un pichet de sangria ou de *Pimm's.* La musique plutôt rétro et la pénombre n'empêchent pas de discuter, bien au contraire... sauf quand le volume monte un peu trop, ce qui arrive aussi (surtout en fin de semaine). Juke-box et Photomaton pour encrer une bonne soirée sur papier glacé.

Café Zoetrope *(zoom centre détachable F2,* ***315****) : 916 Kearny St. ☎ 415-291-1700. Tlj 12h-19h (20h sam). Plats 16-30 $.* Au rez-de-chaussée du *Sentinel Building,* superbe immeuble de 1904 en cuivre verdi, avec bow-windows (photo à ne pas rater avec la Transamerica Pyramid derrière), dont la structure métallique a résisté au séisme de 1906. Il abrite le café-resto-boutique de Francis Ford Coppola, sorte d'antenne de son vignoble californien. Pour les fans, le pèlerinage s'impose : les scénarios d'*Apocalypse Now, Rumble Fish* et *Conversation secrète* furent écrits ici. Le bistrot, chic, à la mode franco-italienne, est décoré d'affiches de cinéma (dont plusieurs de Jacques Tati), de photos des copains (Scorsese, Spielberg, Lucas...) et de Sofia (la fille réalisatrice). On y déguste un choix de crus californiens, au verre ou par *set* de 3, avec un bon plat (plutôt italien) si l'estomac vous en dit. Original, le distributeur de nouvelles à dispo des clients. Vous choisissez votre temps de lecture (1 mn, 3 mn, 5 mn...), et une nouvelle format ticket de caisse à rallonge sort. Gratuit et génial.

🍷 🍽 ***Grumpy's*** *(zoom centre détachable F2,* ***316****)* **:** *125 Vallejo St. ☎ 415-434-3350. Lun-ven 8h-22h. Fermé le w-e. Plats 10-17 $.* À l'écart de North Beach, ce pub d'Embarcadero était fréquenté en majorité par les employés des bureaux voisins. On comprend mieux pourquoi il est fermé le week-end... On est dans un *American pub,* rien à voir avec ceux de la City londonienne. Décor de murs en brique, avec plafond punaisé de billets de 1 $, ambiance bruyante et joviale, pas du tout *grumpy* (grincheuse), comme le gros chien de l'enseigne pourrait le laisser croire... Si vous passez dans le coin à l'heure du déjeuner, les burgers et les sandwichs chauds sont originaux, goûteux, juteux à souhait... et d'un excellent rapport qualité-prix.

Où assister à un concert, à un spectacle ?

🍷 ♩ ***The Saloon*** *(zoom centre détachable E2,* ***319****)* **:** *1232 Grant Ave. ☎ 415-989-7666. Tlj 12h-1h30. Ven-sam soir, entrée 5 $.* L'un des plus vieux rades en activité, fondé en 1861 par un Alsacien. Les mauvaises langues racontent que si le bâtiment a survécu au grand incendie de 1906, c'est parce que les pompiers voulaient sauver les prostituées qui travaillaient au-dessus du saloon ! Bien sombre et usé jusqu'à la trame, il rassemble autour du comptoir et de la petite scène habitués sans âge et touristes curieux. Mais ce qui garantit vraiment une excellente ambiance, ce sont les concerts de blues années 1950 tous les jours dès 16h (et de rockabilly le lundi soir). Et chacun de reprendre en chœur les vieux tubes tout en poussant les tables pour esquisser 3 pas de danse qui parfois débordent dans la rue. Une institution dans le genre !

🍷 ♩ ***Comstock Saloon*** *(zoom centre détachable E2,* ***322****)* **:** *155 Columbus Ave. ☎ 415-617-0071. Mar-sam 16h (12h ven)-2h. Fermé dim-lun.* Contrairement aux autres vieux rades du quartier, le *Comstock* a subi une petite cure de jeunesse. Les plus beaux éléments du décor, comme ces ventilos à l'indienne centenaires, s'intègrent désormais aux murs marron garnis d'armoires vitrées. Sans oublier la rigole au pied du bar, où les clients crachaient du tabac. Le lieu, qui s'est certes « yuppifié », possède un joli cachet et, surtout, baigne dans une ambiance de folie certains soirs, lorsque les orchestres de jazz débarquent. Il faut dire qu'un écriteau à l'entrée invite les clients à laisser « tristesse, médiocrité et regret » au vestiaire...

♩ ***Bimbo's 365 Club*** *(zoom centre détachable E1,* ***323****)* **:** *1025 Columbus Ave. • bimbos365club.com • Entrée à partir de 30 $.* Le nom fait allusion au fondateur de cette salle de concerts et de spectacles super classieuse, Agostino Giuntoli, alias Bimbo. Le cadre est superbe, avec ses sirènes du vestibule, ses bars en bois sombre, ses chandeliers et sa grande salle principale drapée de velours, au sol en damier noir et blanc. Elle se partage entre la scène, un petit espace pour danser et tout un ensemble de tables où s'installer, un peu comme au *Lido.* Ici, pas de tables privées à des tarifs démesurés : elles sont disponibles selon le principe du « 1er arrivé, 1er servi », ce qui explique aussi les files d'attente parfois démentes 3h avant le début d'un show... La salle accueille principalement des concerts de chanteurs bien établis, mais aussi des spectacles.

À voir

North Beach

Washington Square *(zoom centre détachable E1-2)* **:** voici le cœur de North Beach, une vaste esplanade aux pelouses bondées les beaux jours d'été –

sympa pour faire une pause avant ou après l'ascension de la Coit Tower (voir plus loin). Tôt le matin, il est courant d'y voir les habitants de Chinatown faire leurs exercices de tai-chi, à côté de la statue de... Benjamin Franklin (mais où est George Washington ?). L'esplanade est dominée par l'***église Saints Peter and Paul*** qui, de l'extérieur, ressemble à une grosse pâtisserie. On est accueilli par un ange qui porte le bénitier. L'intérieur, plutôt chaleureux, mérite le coup d'œil pour son dôme en mosaïque dorée et le maître-autel en marbre étonnant, qui évoque une basilique coiffée de minicoupoles. Marilyn Monroe et Joe DiMaggio furent immortalisés sur le parvis le jour de leurs noces, bien que le mariage ait été prononcé civilement seulement (ils étaient divorcés tous les 2). Les messes sont dites en anglais, italien, chinois... et latin une fois par mois ! Si vous les loupez toutes, vous pouvez toujours écrire vos intentions de prières à la Madonna della Guardia.

Nuova Porziuncola *(zoom centre détachable E2,* ***454****)* **:** *624 Vallejo St. Mer-sam 10h-16h, dim 12h-14h. Fermé lun-mar.* *Porziuncola* signifie « petit carrefour du monde ». On ne vous parle pas de l'église Saint-François-d'Assise, attenante, mais du bâtiment coincé à gauche, dans un renfoncement. Il abrite une réplique (aux 3/4) de l'église d'Assise, en Italie, que saint François avait lui-même reconstruite... et qu'il aimait au point d'exiger d'y mourir. Les matériaux ont tous été importés d'Italie. Une pierre symbolique envoyée par les Franciscains après le séisme de 1997 est conservée avec son sceau à gauche de l'autel. On ressort par une boutique religieuse malicieusement appelée *Francesco Rocks* (« trop cool, saint François »)...

City Lights Bookstore *(zoom centre détachable E2,* ***455****)* **:** *261 Columbus Ave. ● citylights.com ● Tlj 12h-20h.*
Créée en 1953, cette librairie est le creuset du mouvement beat (voir « Un peu d'histoire. San Francisco, berceau de Jack London et des beatniks » dans l'introduction sur la ville). C'est effectivement le poète et fondateur de la boutique, Ferlinghetti, qui prit l'initiative de publier *Howl* d'Allen Ginsberg. Ce poème révolutionnaire qui prit vite l'allure d'un manifeste fut à l'origine d'un mouvement de rupture et de ralliement. Depuis, Ginsberg est considéré comme un classique de la littérature américaine, à l'instar de ses copains Kerouac et Burroughs.
Longtemps fréquentée par les seuls intellos et les alternatifs de tout poil, enfants de la contre-culture en général et de la culture beatnik en particulier, *City Lights* s'est peu à peu ouverte à tous les publics. On y trouve encore néanmoins pas mal d'ouvrages « parallèles » (non commerciaux), qu'il s'agisse de philosophie, de psychologie, d'anti-impérialisme, d'anarchisme et de sciences politiques, d'écologie ou de féminisme. *City Lights* est aussi une maison d'édition (une petite dizaine de titres par an), qui publie, outre les ouvrages de la Beat Generation, toutes sortes d'écrivains philosophiquement proches du mouvement et de jeunes auteurs underground. Lectures de poèmes et de textes, débats, signatures y sont régulièrement organisés.

Beat Museum *(zoom centre détachable E2,* ***456****)* **:** *540 Broadway. ● kerouac.com ● Jeu-lun 10h-19h. Fermé mar-mer. Entrée : 8 $; réduc.* Une visite pour les nostalgiques, à caser entre une halte au *City Lights Bookstore* et un verre au *Vesuvio*. Ne vous attendez pas à des flots d'émotions ni à une surprise-partie improvisée : si on y rencontre parfois encore quelques

JEU À LA CON

William Burroughs, père de la Beat Generation (et héritier des machines à écrire), tua accidentellement sa femme d'une balle en pleine tête alors qu'il imitait l'exploit de Guillaume Tell avec un revolver, tout en étant ivre. Il écopa seulement de 13 jours de prison, sa femme étant « consentante ».

allumés, ce musée de poche présente surtout une panoplie d'objets collant aux basques de la Beat Generation. Ici le miméographe (ronéotypeuse, l'ancêtre de la photocopieuse) de Ginsberg, son orgue à l'étage, quelques éditions originales de *On the Road* de Jack Kerouac (Jean-Louis de son vrai prénom), qui mit 7 ans pour trouver un éditeur, et aussi son blouson, des photos de famille... Dans une autre vitrine, une édition annotée de *Howl* d'Allen Ginsberg (œuvre pour laquelle il fut jugé) côtoie un document officiel de la ville de San Francisco reconnaissant, 50 ans plus tard, l'héritage littéraire et culturel des beatniks. En redescendant au rez-de-chaussée, on pourra assister à la projection de films et documentaires sur la Beat Generation. On ressort par une minilibrairie spécialisée, où est exposée la Hudson 1949 utilisée pour l'adaptation cinématographique de *On the Road* en 2012, avec la poussière originale du tournage !

Telegraph Hill

Au nord-est de North Beach, Telegraph Hill (83 m) est coiffée par la fameuse Coit Tower. La balade est sympa, le panorama superbe, mais il serait dommage de s'en tenir là. Largement épargné par l'incendie qui suivit le séisme de 1906, le coin est semé de ***maisons en bois du XIXe s dominant de superbes perspectives sur la baie.*** Sur le flanc nord, la pente se fait trop raide et la nature reprend un instant ses droits : des ratons laveurs vivent là, en pleine ville, et une colonie de petits perroquets sud-américains (conures à tête rouge), sans doute échappés ou relâchés par leurs propriétaires, y a élu domicile ! Côté est, quelques ***escaliers merveilleux*** dévalent à travers un fouillis végétal aux airs de grand jardin. Cachées sous les arbres, quelques maisons sommeillent ; intellos et architectes y ont remplacé les capitaines de marine de jadis.

Coit Tower (zoom centre détachable E-F1) **:** *Telegraph Hill Blvd. ☎ 415-249-0995. Bonne balade à faire à pied, mais ça grimpe sec. Sinon, bus nº 39 depuis Washington Sq. Tlj 10h-17h (18h mai-oct). Entrée : 8 $; 10 $ avec audioguide ; réduc.*
On y monte pour le superbe panorama sur la ville, la baie et le Golden Gate. La tour elle-même, érigée en 1933 dans un style Art déco, n'a pas un immense intérêt, si ce n'est celui d'être associée à Lillie Hitchcock (rien à voir avec le cinéaste), personnage haut en couleur qui vécut essentiellement à San Francisco, de 1843 à 1929. Cette Lillie est surtout connue pour ses excentricités... et son amour des pompiers, une profession qui la fascina toute sa vie (elle fut elle-même pompier volontaire et finit sainte patronne des pompiers de San Francisco !). Devenue très riche suite au décès de son époux, Howard Coit, elle légua à son tour, à sa mort, une partie de sa fortune à la ville, pour qu'on y construise des choses qui « ajouteraient à la beauté de cette cité qu'elle a toujours aimée ». Outre une statue à la gloire des pompiers sur Washington Square, les architectes de San Francisco décidèrent d'édifier cette tour, qui aujourd'hui se visite.
On peut y voir, au rez-de-chaussée (accès libre), des fresques murales dans la veine de Diego Rivera, réalisées par des étudiants de l'École des beaux-arts de Californie.

On peut redescendre de la Coit Tower vers l'Embarcadero par les escaliers en bois des ***Filbert Steps*** (à droite en sortant). Une promenade charmante et bucolique le long de maisons de rêve noyées dans une végétation luxuriante et odorante : citronniers, chèvrefeuilles, rosiers, jasmins, fuchsias, agapanthes, capucines, framboisiers... On passe 2 ruelles privées, Darrell Place et Napier Lane, avant de dévaler vers Levi's Plaza, occupée par le siège de *Levi's,* fondé à San Francisco.

Exploratorium (zoom centre détachable F1) **:** *Pier 15, The Embarcadero. • exploratorium.edu • Mer-dim 10h (12h dim)-17h (jeu, nocturne 18h-22h pour les plus de 18 ans). Entrée : 30 $; réduc ; jeu 18h-22h 20 $. Inclus dans le CityPass.*

Pour les curieux de la science... à l'aise dans leur budget car le prix d'entrée est gonflé ! Grand musée bien conçu, installé au cœur du *waterfront,* dans d'anciens hangars s'avançant sur l'eau. Fonctionnant sur le principe de la Cité des sciences et de l'industrie, à Paris, il regroupe 6 galeries proposant quelque 600 modules visant à mettre en lumière un grand nombre de lois et principes de la physique ou de phénomènes biologiques, de manière ludique et interactive. Certains de ces modules sont des classiques que l'on retrouve dans tous les musées du genre, d'autres sont plus surprenants, comme ce miroir concave renvoyant une image inversée en 3D, la possibilité de prendre une photo stroboscopique de soi sur grand écran, ou encore cette fontaine à eau posée sur une cuvette de w-c... pour tester la capacité de chacun à adapter sa psychologie à des réalités inhabituelles. Car le musée vise aussi à mettre au jour nos préjugés, réflexes et comportements stéréotypés, à la fois personnels et sociaux.
Un peu différente, l'***East Gallery*** se consacre aux systèmes vivants et au milieu naturel local, avec une batterie de tuyaux d'orgue en Plexiglas reflétant les mouvements de la marée du jour sous le *pier.* À l'étage, la ***Bay Observatory Gallery*** sert de poste d'observation, mais aussi du paysage urbain. La visite se termine par l'***Outdoor Gallery,*** le long du quai, où sont mis en lumière quelques phénomènes météo (avec un sacré brouillard artificiel).
|●| ***Cafétéria*** sur place.

FISHERMAN'S WHARF *(plan d'ensemble détachable D-E1 et zoom centre détachable D-E1)*

Ancien quartier des pêcheurs et des conserveries réhabilité, le Wharf s'est transformé en une ***zone hyper touristique,*** attirant des millions de visiteurs chaque année. Ambiance assez lourdement commerciale donc, osons même le mot mercantile. Reste qu'on y trouve une poignée d'attractions intéressantes, ne relevant pas du tout de l'attrape-touristes, pour le coup... C'est aussi d'ici que l'on embarque pour Alcatraz et que se concentrent les loueurs de vélos pour traverser le Golden Gate.

Où dormir ?

De bon marché à prix moyens (AJ)

■ ***HI San Francisco Fisherman's Wharf*** *(zoom centre détachable D1,* ***82****) : 240 Fort Mason. ☎ 415-771-7277. • hiusa.org • Réception 24h/24. 40-60 $/pers en dortoir 4-20 lits, doubles 120-200 $, petit déj compris. Parking gratuit.* À quelques minutes à pied du Fisherman's Wharf en longeant la mer (mais au retour, ça grimpe sec !), un point de chute idéal pour les amateurs de tranquillité : cette vaste et très agréable AJ (la plus ancienne de la ville), membre de *Hostelling International,* occupe de vieux baraquements balayés par la brise marine, perchés sur une colline plantée d'eucalyptus, face à la baie et au Golden Gate Bridge. Dortoirs cosy et chambres privées assez simples (toutes avec un lit double surmonté d'un lit simple), mais très bien tenus, avec sanitaires communs uniquement. Également un salon convivial avec poêle et piano, une cuisine (avec billard), une laverie et un café très agréable où l'on sert salades et sandwichs midi et soir. Toutes sortes d'activités (visite guidée gratuite de la ville, concerts...).

De plus chic à très chic

■ ***Hotel Zephyr*** *(zoom centre détachable E1,* ***70****) : 250 Beach St. ☎ 415-617-6565. • hotelzephyrsf.com • Doubles 200-400 $.* Pas très engageant de l'extérieur, cet hôtel de 400 chambres réserve pourtant bien des surprises. Containers, bouées colorées, fauteuils hublots et graffitis, la déco pimpante et originale nous plaît d'office. Même plaisir dans les jolies chambres, aux tons marins, décorées de balises, cartes, bouées et coussins mouettes. Grandes, lumineuses et modernes, les chambres offrent tout le confort espéré et les plus chères profitent d'une vue sur Fisherman's Wharf et l'océan. Quelques soucis d'insonorisation côté rue, éviter les chambres aux étages les plus bas. Mais l'originalité de l'hôtel, c'est son patio extérieur avec *food trucks,* feu de joie et jeux loufoques : table de ping-pong cylindrique, Puissance 4 géant... Original et décalé comme on aime.

Argonaut Hotel *(zoom centre détachable D1,* ***83****) : 495 Jefferson St. ☎ 415-563-0800. • argonauthotel.com • Doubles 350-600 $.* Attenant à la *Cannery,* ce fort bel établissement occupe les anciens entrepôts en brique de la *Haslett Warehouse* (1907). Si les poutres en bois et métal rivetées restent, le lieu a été totalement réinventé, avec 250 chambres design, spacieuses et très réussies, d'un confort exquis. Leurs grands miroirs ronds façon hublot, leur bleu marin, leurs coussins et motifs en étoile (façon ligne de paquebot), les parties communes et le resto, décoré de peintures marines, rendent un hommage vibrant à l'océan tout proche, que les plus chanceux contempleront de leur fenêtre. Service impeccable.

Où manger ?

Spécial petit déjeuner

Hollywood Cafe *(zoom centre détachable E1,* ***195****) : 530 North Point St. ☎ 415-563-3779. Tlj 8h-14h. Compter 12-20 $.* C'est un vrai miracle : émergeant de la médiocrité générale des restos du Wharf, ce café ensoleillé, agrémenté d'une terrasse sur la rue (chauffée l'hiver), sert d'ex-cellents petits déj ! On s'y bouscule pour profiter des plats d'œufs très copieux, éventuellement agrémentés de *hash-browns,* on y dévore les tartines beurrées qui remplacent les habituels toasts et on se pâme devant ces pancakes noyés sous les fraises, framboises, myrtilles et cerises... Reste à choisir parmi les petits déj emblématiques : alors êtes-vous plutôt Marilyn Monroe, Audrey Hepburn ou Vivien Leigh ? Venez vite inscrire votre nom sur la liste d'attente.

De bon marché à prix moyens

Le hot-dog, vous connaissez ? C'est le moment de tester le ***corn dog.*** Cette saucisse sur bâtonnet enrobée de pâte à frire est vendue dans les kiosques sur les quais. Compter environ 6 $. De la *junk food* certes, mais avouons qu'on a trouvé ça plutôt bon !

Autre spécialité du coin, devant le Pier 45, au niveau de Taylor Street, la *Chowder Hut (tlj 10h-19h, 20h ven-sam et 21h dim)* abrite des comptoirs servant, sans surprise, des ***clam chowders*** (soupe de palourdes servie dans une miche de pain), mais aussi des crabes, calamars et autres fruits de mer en barquettes *(compter tt de même 10-20 $),* à manger sur le pouce et sur les quais.

Codmother *(zoom centre détachable E1,* ***196****) : 496 Beach St. ☎ 415-606-9349. Jeu-mar 11h30-18h (19h sam). Fermé mer.* Fish & chips *env 15 $.* Ce n'est qu'une sorte de roulotte avec quelques tables et chaises posées devant, mais c'est indéniablement le meilleur *fish & chips* du coin (peut-être même de la ville !). On s'en lèche encore les doigts.

Boudin Bakers Hall *(zoom centre détachable E1,* ***197****) : devant Pier 43 ½, en retrait de Jefferson St. Tlj 9h30-20h. Soupes, sandwichs et salades 12-15 $.* Ce vaste entrepôt réhabilité abrite 2 restos de la boulangerie *Boudin,* du nom d'un émigrant français, Isidore Boudin, arrivé avec la ruée vers l'or. Il ne s'est pas trompé puisque, aujourd'hui, on y vend sa fameuse miche au levain *(sourdough)* comme des petits pains, et quasiment au prix de l'or (on exagère un peu). Une institution architouristique du Wharf. Le bistrot à l'étage n'a pas grand intérêt mais on se presse au *Bakers Hall* pour commander la fameuse *clam chowder* (soupe crémeuse aux palourdes), servie dans une boule de pain au levain maison qui fait office de bol. On mange d'abord la soupe à la cuillère avant de croquer dans le pain tout imbibé. Également des pizzas et sandwichs, mais vous n'êtes pas ici pour ça. Côté boulangerie, on vend (cher !) des viennoiseries, des miches au chocolat...

Petit ***musée*** à l'étage *(ouv 11h30-20h ; GRATUIT)*, racontant la saga familiale. De là-haut, on peut observer les boulangers pétrir et confectionner les fameux pains.

De prix moyens à très chic

I●I ***Scoma's*** *(zoom centre détachable D1, **198**) : 1965 Al Scoma Way, Pier 47 (ruelle presque dans le prolongement de Jones St). ☎ 415-771-4383. Tlj 11h30 (15h30 lun-mer)-21h (21h30 ven-sam, 20h dim). Résa conseillée. Compter 25-65 $ le plat.* Il a bien changé depuis 1965, le petit café de 6 tables des frères Scoma qui servait uniquement le petit déj et des burgers aux marins du coin ! Aujourd'hui, c'est l'un des restos de poisson les plus réputés (et chers) du quartier, une belle affaire familiale directement installée sur ce qu'il reste du port de pêche. Les budgets plus serrés s'y rendront au déjeuner : *fish & chips*, *crab roll*... Le soir, grand choix de poissons du jour préparés sur des notes italiennes et servis copieusement, mais également d'excellents *crab cakes* et *cioppino* (bouillabaisse californienne) qu'on déguste sans hâte face aux grandes fenêtres, le nez dans les haubans... Très beau décor boisé et marin, et cadre assez chic et posé, à l'abri de l'agitation touristique des quais voisins. Évidemment assez cher.

Où boire un verre ? Où faire une pause sucrée ?

🍸 ***Buena Vista Cafe*** *(zoom centre détachable D1, **325**) : 2765 Hyde St. ☎ 415-474-5044. Tlj 10h (9h w-e)-22h (23h ven-sam). Compter env 13 $ l'Irish coffee.* *Ice cream parlor* sous la Prohibition, le *Buena Vista* se vante d'avoir initié les États-Unis à l'*Irish coffee* en 1952. Depuis, ça ne désemplit pas ! Un café avec 2 sucres, une bonne rasade de whisky, le tout coiffé d'une mousse de lait, installez-vous au bout du comptoir (s'il y a de la place !) pour assister en direct à la réalisation du célèbre breuvage. Les habitués et les touristes viennent s'y humecter le gosier et parler fort, au rythme de 2 000 cafés irlandais par jour, tout en profitant d'une vue imprenable sur le terminal des *cable cars* et la baie. Au comptoir, la potion magique faisant son effet, rencontres fraternelles toujours possibles.

🍦 🧺 ***Ghirardelli*** *(zoom centre détachable D1, **327**) : Ghirardelli Sq, 900 North Point St. ☎ 415-474-3938. Tlj 11h-22h.* D'accord, le chocolat brassé dans de grandes cuves est surtout là pour le folklore, mais on aurait tort de se priver d'une pause gourmande dans la plus vieille chocolaterie de Californie (lire « Ghirardelli Square » dans « À voir. À faire »). Pyramides de ganache, palets, glaces, ou même *sundaes* raviront les vrais becs sucrés. On trouve pas moins de 3 boutiques-salons de thé *Ghirardelli* sur le square ! Évidemment très touristique.

À voir. À faire

The Cannery *(zoom centre détachable D1) : occupe le pâté de maisons délimité par Beach, Leavenworth, Jefferson et Hyde ; plusieurs entrées.* Cette ancienne conserverie, dont on ne garda que quelques murs de brique rouge, a été transformée en un centre commercial plutôt réussi, avec un grand patio. L'été, concerts gratuits dans la cour. Le pittoresque terminus de la ligne du Powell-Hyde Street *cable car* se trouve juste à côté : on y voit les conducteurs retourner les wagons à la main, sur une plateforme pivotante... vous aurez plus que le temps de les observer, vu l'attente pour embarquer...

San Francisco Maritime National Historical Park Visitor Center (zoom centre détachable D1) : The Cannery (entrée angle Jefferson et Hyde St). • nps.gov/safr • Tlj 10h-16h (dernière entrée à 15h30). GRATUIT. Demander la plaquette en français.

Installé dans un recoin de la Cannery, ce centre des visiteurs du service des parcs nationaux, rattaché aux *Historic Ships* voisins, se double d'un intéressant musée. La 1re partie présente, en avant-goût, l'univers des marins et de la navigation ; on peut y voir exposée l'impressionnante lentille du phare des îles Farallon.

C'est toutefois l'expo principale, consacrée à l'histoire de San Francisco et de la baie sous l'angle maritime, qui retient le plus l'attention. Particulièrement claire et bien conçue, elle passe en revue la vie à l'époque des peuples amérindiens, l'arrivée des colons, la pêche, le développement de la fameuse *Barbary Coast,* l'immigration (chinoise et d'ailleurs), le développement des infrastructures, etc. Véritables embarcations, film sur l'histoire du port, photos, reconstitution sonore, on a été bluffés ! Vraiment très bien fait.

Historic Ships (San Francisco Maritime National Historical Park ; zoom centre détachable D1) : Hyde St Pier. • nps.gov/safr • Tlj 10h-16h (dernier ticket à 15h30). Entrée gratuite pour accéder au pier, 15 $ pour pénétrer dans les bateaux (ticket valable 7 j.) ; gratuit moins de 15 ans. Interagency Annual Pass accepté.

Le Hyde Street Pier, bâti en 1922 pour les bateaux qui reliaient San Francisco à Sausalito avant la construction du Golden Gate, accueille aujourd'hui un superbe alignement de bateaux anciens admirablement restaurés. Une escale incontournable pour les amoureux de la mer, toujours appréciée des enfants.

Le 1er à s'imposer sur la droite, l'***Eureka,*** est un colossal navire à aubes de 1890 à la coque en bois, conçu à l'origine pour transporter des trains (!), puis devenu un temps le plus gros ferry du monde : 2 300 passagers et 120 véhicules ! On découvre quelques belles voitures anciennes alignées comme à la parade sur le pont inférieur, les salles des passagers et le poste de pilotage, nid de pie perché au sommet de la montagne flottante.

Presque en face, le ***C.A. Thayer*** est une superbe goélette à 3 mâts de 1895 qui transporta du bois de construction, puis du saumon et de la morue en barriques, des hommes et des marchandises sur la route de l'Alaska. À 2 pas flotte le fleuron de la collection, le ***Balclutha,*** splendide 3-mâts anglais à la coque en acier, lancé en Écosse en 1886 pour acheminer le blé californien vers l'Europe. Il a survécu à 17 passages du cap Horn et à un échouage. Les quartiers du capitaine, splendides, tout en bois verni, contrastent singulièrement avec le confort rudimentaire auquel étaient soumis les matelots. Dans la soute s'entassent les tonneaux, caisses de poissons et sacs de blé. On y voit aussi les couchettes superposées de l'équipage... Sur le pont, une grande cage rappelle que cochons et poulets étaient embarqués à bord pour être sacrifiés lors des repas de fête ! Descendez dans les cales pour admirer la structure splendide de la coque et les cargaisons reconstituées. On s'y croirait.

Quelques autres navires plus petits complètent la collection : le croquignolet ***Hercules*** de 1907, rouge avec sa cheminée orange, petit remorqueur qui écuma les eaux du Pacifique, d'Alaska jusqu'au Panamá ; l'***Eppleton Hall*** de 1914, qui traversa l'Atlantique tout seul comme un grand en 1969 ; ou encore le chaland à voile ***Alma*** de 1891, qui naviguait dans la baie et sur ses affluents.

Immédiatement à l'ouest du Hyde Street Pier, on découvre une jolie ***plage,*** le long de laquelle se dresse le *Dolphin Swimming & Boating Club,* à l'élégante architecture de bois blanc surannée. Croyez-le ou non, certains se baignent malgré la fraîcheur des eaux (certes, plutôt en combi) ! Quel plaisir d'observer d'ici le ballet des kitesurfeurs et leurs voiles multicolores avec le Golden Gate en arrière-plan. Une agréable ***promenade*** longe cette section du front de mer, dans une atmosphère de farniente assez étonnante pour cette ville. Des étudiantes bien sages viennent y bouquiner, quelques jeunes allumés s'élancent sur leurs rollers et de nombreux touristes s'embarquent pour une journée de vélo jusqu'à Sausalito en franchissant le Golden Gate.

Aquatic Park Bathhouse *(zoom centre détachable D1)* **:** *900 Beach St (en bas de Polk St, face à la plage). ☎ 415-447-5000. Tlj 10h-16h.* Bâtiment Art déco évoquant un paquebot, avec une vaste terrasse donnant sur la plage. On dit qu'il fut construit pour occuper les sans-emploi durant la grande crise. À l'intérieur, on peut admirer les fresques aquatiques d'un certain Hilaire Hiler (si, si !), réalisées dans un style vaguement inspiré par l'œuvre de Salvador Dalí. De temps en temps, une petite expo aussi...

Ghirardelli Square *(zoom centre détachable D1)* **:** *occupe le bloc délimité par Beach, Polk, North Point et Larkin St.* Domingo Ghirardelli ne reconnaîtrait pas son business. D'origine italienne, cet artisan chocolatier avait commencé à travailler dans des petits ateliers à Jackson Square, au moment de la ruée vers l'or. Ses enfants transférèrent la chocolaterie Ghirardelli ici, dans une ancienne usine, en 1893, et lui ajoutèrent plus tard la Clock Tower (au coin de North Point et Larkin), inspirée, paraît-il, du château de Blois... Quand l'usine ferma ses portes, un milliardaire non dénué de flair, amoureux de cette remarquable architecture de brique rouge, la racheta et décida d'en faire un complexe commercial. On y trouve aujourd'hui une vingtaine de boutiques chics et de restaurants, répartis au gré de terrasses paisibles. De la chocolaterie subsistent 3 boutiques très touristiques avec salon de thé-cafétéria où l'on déguste glaces et autres douceurs chocolatées (voir « Où boire un verre ? Où faire une pause sucrée ? » précédemment).

Repassez devant la *Cannery* pour rejoindre le Pier 45 par Jefferson Street. Vous pourrez voir ce qu'il reste du ***port de pêche*** de San Francisco et de sa flotte. Sur les centaines de bateaux en activité il y a 30 ans, moins de 50 travaillent encore. Pour assister au débarquement et à la vente du poisson, venir de très bonne heure le matin (à 9h, c'est fini !).

Le Musée mécanique *(zoom centre détachable E1)* **:** *à l'entrée de Pier 45, juste avt l'accès à l'USS Pampanito. ● museemecaniquesf.com ● Tlj 10h-18h. GRATUIT, mais jeux payants (avec des pièces de 25 cts).* On doit ce musée à Edward Zelinsky (1922-2004) qui, à l'âge de 11 ans, gagna le grand prix d'un *bingo game* consistant en 5... bidons d'huile de moteur. Il les revendit à son prof de piano et, avec les 75 cents, acheta son 1er jeu mécanique. Il fit jouer ses copains et, avec les gains, démarra sa collection ! Aujourd'hui, cet étonnant musée-salle de jeux rassemble une insolite collection de plus de 200 machines, du XIXe s à nos jours, toutes en état de marche ! Les plus anciennes sont naturellement les plus surprenantes : diseuses de bonne aventure, bras de force, courses de vélos ou de petites voitures, automates, pianos mécaniques, jeux de tirs, *Kiss-o-meters...* Dans un registre plus récent, flippers et jeux d'arcade au fond. Voici enfin l'occasion de vous débarrasser de toutes vos piécettes accumulées au fond de vos poches (sinon, change possible sur place)... et de retrouver un peu de votre âme d'enfant dans cet univers de fêtes foraines. Un voyage dans le temps, délicieusement régressif.

USS Pampanito *(zoom centre détachable E1)* **:** *Pier 45. ● maritime.org ● Tlj 10h-18h. Dernier ticket 30 mn avt. Entrée : 20 $; réduc.* Étroit et fuselé comme une torpille longue de 95 m, ce sous-marin opérationnel pendant la Seconde Guerre mondiale dévoile toutes les facettes de sa mécanique subtile... et donne une idée de la vie hors norme des équipages. Il faut plonger dans les entrailles du vaisseau, se courber pour passer de la salle des machines aux dortoirs, longer la cuisine de poche et les douches minuscules, passer devant les toilettes, ou encore traverser le poste de commandement pour entrevoir le quotidien des 70 marins et 10 officiers stationnés à bord pendant un mois et demi. Pour remonter le moral des troupes, le chef cuistot faisait de son mieux et la machine à glaces fonctionnait à temps plein. Sans oublier les films et... les pin-up placardées sur les parois ! L'*USS Pampanito* envoya par le fond 6 navires japonais et en endommagea 4 autres.

Jeremiah O'Brien *(zoom centre détachable D-E1)* **:** *Pier 45. • ssjeremiahobrien.org • Le navire est amarré juste derrière l'*USS Pampanito. *Tlj 10h-16h, parfois plus tard. Entrée : 20 $; réduc. Demander la brochure en français.*
Le *Jeremiah O'Brien* est l'un des 2 derniers *liberty ships* de la Seconde Guerre mondiale encore en état de fonctionnement (sur 2 710 !). Ces navires ne furent pas moins que les piliers de la logistique du débarquement en Normandie de juin 1944. Assemblé par des femmes un an plus tôt, en seulement 56 jours, le *Jeremiah O'Brien* traversa l'Atlantique à plusieurs reprises, puis 11 fois la Manche, avant d'appareiller pour le Pacifique, où les combats contre les Japonais perduraient. Puis, mis au rancart, il reprit du service en 1994 pour le 50e anniversaire du Débarquement, ce qui lui valut de retrouver la Normandie !
À bord, pas mal d'espaces vides, un ***petit musée*** (avec un diorama d'Omaha Beach) et, plus rigolo, un ensemble de cabines qui semblent encore occupées, avec leurs couvertures et oreillers froissés, leurs casques, gilets de sauvetage, ventilos, cadenas aux armoires métalliques et cintres qui pendouillent... Mais le clou, c'est la vertigineuse descente dans la ***salle des machines,*** qui donne vraiment l'impression de s'enfoncer dans les entrailles du navire. Peut-être cette salle vous rappellera-t-elle quelque chose d'ailleurs ? Bon, on vous aide : c'est celle que l'on voit (magnifiée, certes...) dans le film *Titanic* de James Cameron ! Et si vous êtes là le 3e week-end du mois, vous pourrez voir tourner les moteurs !
Nos lecteurs les plus en fonds pourront même s'offrir une croisière à bord lors de la *Fleet Week* qui se déroule tous les ans à la mi-octobre. *Compter 150 $/pers pour la journée.*

Pier 39 *(zoom centre détachable E1)* **:** *en saison, boutiques en général tlj 11h-20h, restos 11h-21h (plus tard pour certains).* Avançant sur la mer, ce village de maisonnettes en bois forme le centre commercial à ciel ouvert le plus populaire du Wharf. Tout est factice, tout est coloré et... tout est bon pour attirer le touriste ! Bref, on serait presque tentés d'appeler ça « la politique du Pier ». En été, manèges, clowns, musicos, bateleurs entrent dans la danse dans une ambiance de fête foraine. Il n'y a qu'une vraie bonne raison de venir ici : pour voir la colonie d'otaries fort peu farouches qui a élu domicile sur les pontons situés à l'ouest du quai, auparavant réservés aux plaisanciers (on leur a demandé de plier bagage !). La date de l'arrivée des 1ers pinnipèdes, entre le 17 et le 20 janvier 1990, est célébrée chaque année ! Pas plus de 300 au début, ils peuvent désormais atteindre le triple en hiver. Quand vient l'été, beaucoup migrent vers les îles au large de Santa Barbara, à l'exception d'un petit groupe de résidents (payé par l'office de tourisme ?).
Sur le Pier 39 également, l'***Aquarium of the Bay,*** sans oublier un point de ramassage (gratuit) pour ceux qui voudraient survoler la ville en hydravion avec la compagnie *San Francisco Seaplane Tours (☎ 415-332-4843 ; • seaplane.com •).* Décollage de Sausalito à 6 km au nord du Golden Gate Bridge. Lire nos infos dans « À voir. À faire » à Sausalito, plus loin.

Aquarium of the Bay *(zoom centre détachable E1)* **:** *Pier 39. • aquariumofthebay.org • Tlj 10h-18h. Entrée : env 30 $; réduc. Inclus dans le* CityPass.
D'abord, une précision : si vous envisagez de visiter la California Academy of Sciences, dans le Golden Gate Park, il est sans doute inutile de venir ici ; leur aquarium est plus intéressant – et celui de Monterey Bay mieux encore ! Attendez-vous, ici, à un gentil voyage au cœur de la faune marine de la baie de San Francisco. Quelques temps forts quand même : un amusant aquarium cylindrique rempli d'anchois argentés qui tournent toujours dans le même sens, un long tunnel

vitré d'où l'on admire les espèces vivant dans ou près de la baie (requins, grandes raies, esturgeons, *Californian shepards* – à tête de mouton –, ainsi que des bars géants, pesant au moins 250 kg et vivant plus d'un siècle !). Après cette balade sous-marine, retour en surface pour une séance de découverte tactile des poissons pour les enfants (raies et... requins, mais plus petits).

***Balade en bateau dans la baie de San Francisco** (zoom centre détachable E1, **458**) : Pier 39, avec **Blue & Gold Fleet, Bay Cruise Adventure.** • blueand goldfleet.com • Départs env ttes les heures 10h30-18h (16h15 en hiver). Tarif : 35 $; réduc. Inclus dans le CityPass. Nous indiquons cette excursion dans la mesure où elle est comprise dans le City Pass, mais sachez que, si vous ne l'avez pas, bien d'autres compagnies proposent des sorties similaires.* Une autre façon d'aborder San Francisco et de découvrir la ville et la baie depuis le large. Le tour de 1h mène près d'Alcatraz (une petite consolation si vous n'avez pas pu réserver vos billets !) et passe sous le Golden Gate Bridge. Vous aurez peut-être la chance d'apercevoir des phoques ou des dauphins. Commentaires en anglais uniquement, très scénarisés, avec pas mal d'humour. N'oubliez pas vos jumelles et un bon coupe-vent (il fait frisquet sur l'eau !). Renseignez-vous bien sur la météo avant de prendre vos billets : ça ne vaut pas le coup s'il y a trop de brume.

Alcatraz : il y eut d'abord un phare (1854), puis un fortin avec une garnison au moment de la guerre de Sécession. Confédérés, mutins, membres des tribus amérindiennes, Espagnols capturés lors de la guerre hispano-américaine y furent tour à tour emprisonnés. En 1907, Alcatraz devint une prison militaire, accueillant déserteurs et objecteurs de conscience pendant la Première Guerre mondiale ; puis, en 1934, elle passa au gouvernement fédéral. C'est alors qu'elle entra dans la légende, avec l'arrivée de l'ennemi public numéro un, ***Al Capone « Scarface »,*** sous le matricule AZ 85. Il y passa 4 ans et demi. D'autres suivirent, parmi lesquels Machine Gun Kelly et Robert Stroud, « The Birdman of Alcatraz ».

PRISONNIERS DES EAUX

En 29 années de fonctionnement en tant que pénitencier fédéral, Alcatraz a enregistré 36 tentatives d'évasion. Officiellement, toutes ont échoué. La traversée n'était pas si considérable (2 km) pour un bon nageur. L'eau froide (10 à 12 °C) était la principale entrave à toute évasion. Pour empêcher les prisonniers de s'y habituer, d'ailleurs, on leur donnait systématiquement des douches bien chaudes... sans omettre de faire courir des rumeurs sur la présence de nombreux squales, alors qu'il n'y a en fait jamais eu de requins !

Devenu le ***pénitencier le plus célèbre des États-Unis,*** « The Rock » (d'où le titre du film avec Sean Connery), posé au milieu de la baie, était particulièrement redouté des criminels pour ses conditions de vie pénibles et son isolement – sans perspective raisonnable d'évasion. Certains ont-ils réussi ? Le débat perdure. En 1963, ***Robert Kennedy décida de fermer Alcatraz,*** trop vétuste, et surtout trop chère à faire fonctionner. En 1969, période de forte contestation sociale, l'île fut occupée par une centaine de membres de ***tribus amérindiennes,*** la plupart étudiants ou professeurs à UCLA, qui proposèrent au gouvernement fédéral de la racheter contre des perles de verre... histoire de bien souligner l'appropriation illégale de leurs terres par les colons au fil des siècles. L'occupation dura 19 mois, jusqu'à ce que les protestataires soient évacués de force par les troupes d'assaut. Peu importe : leur message avait résonné aux oreilles du monde. Des traces de leurs graffitis sont encore visibles.
Intégré au *Golden Gate National Recreation Area,* formé en 1972, Alcatraz est ***aujourd'hui un musée d'État,*** géré par le service des ***parcs nationaux américains*** *(• nps.gov/alca/index.htm •).* Beaucoup de monde s'y rend, bien sûr, surtout à la belle saison. Alcatraz, c'est près de 4 000 visiteurs par jour ! Vous ne pourrez pas dire que vous étiez à l'isolement...

➢ ***Pour aller sur l'île,*** s'adresser à la compagnie *Alcatraz Cruises,* la seule habilitée à gérer les visites :

■ ***Alcatraz Cruises*** *(zoom centre détachable F1)* **:** *au Pier 33. Infos :* • *alcatrazcruises.com* • *Plusieurs excursions possibles.* Day Tour, *départ ttes les 30 mn env, 9h10-14h, du Pier 33 ; retour 9h25-16h25. Horaires restreints de nov à mi-mars. Pour l'excursion classique, on revient à terre quand on veut, mais comptez env 2 à 3h de visite selon votre curiosité.* ***Résa indispensable sur Internet plusieurs j. avt (et même plusieurs sem en été).*** *Tarifs : 41 $; réduc ;* family ticket *(2 adultes et 2 enfants 5-11 ans) env 120 $.* Night Tour *: 2 départs variables entre 16h et 18h30, env 49 $; durée : 2h30.* Behind the Scenes Tour *: 2 départs, à 16h20 et 16h50, env 94 $; durée : 2h de visite guidée + le temps que vous voulez passer sur place. Enfin, combiné* ***Alcatraz-Angel Island*** *(tlj en saison, à 9h30 et 9h40) env 80 $; durée : 5h30. Pour ts les tours, audioguide en français compris et réduc.* Prévoir une petite laine (toute l'année), car il peut faire frais à bord et le vent souffle fort sur le rocher. Notons que le *Night Tour* est le plus complet, avec des commentaires et des visites thématiques en plus, notamment sur l'occupation amérindienne.

La visite

En débarquant sur l'île après 20 mn de traversée, un ranger vous fera un petit topo (en anglais donc difficile à suivre pour certains) sur les conditions de visite. Derrière lui, un tableau indique toutes les ***visites thématiques*** de la journée (les jardins, la vie après Alcatraz...), ces visites sont guidées (en anglais) et comprises dans le prix du billet, libre à vous de les suivre ou non. Ensuite, on grimpe jusqu'à la prison (haut perchée !) en passant devant les casemates où veillaient les pièces d'artillerie du temps de l'armée, la morgue riquiqui (pas d'exécution sur l'île mais il y a eu des décès) et les quartiers réservés aux familles des gardiens. Car il y avait de la vie sur l'île : une salle commune, une boutique, des jardins et des habitations dignes d'une petite banlieue proprette. Rien à voir avec l'atmosphère sinistre qui régnait à l'intérieur de la prison, perchée au sommet du rocher...

C'est le moment de pénétrer dans la prison, accueilli par ce panneau : « *Break the rules and you go to prison, break the prison rules and you go to Alcatraz* ». On passe ensuite devant la blanchisserie et les douches communes qui témoignent déjà de l'atmosphère glauque des lieux. On vous remet alors l'***audioguide gratuit.*** 4 blocs distincts, de A à D (le plus dur, pire que les quartiers de haute sécurité) abritaient 450 cellules de 4 m² (il n'y eut jamais plus de 250 prisonniers en même temps), où ils mijotaient jusqu'à 23h par jour ! Les plus chanceux n'en passaient que 17 et travaillaient au réfectoire ou à la bibliothèque.

Au cours de la visite, on découvre les cellules, le réfectoire, la bibliothèque, les bureaux de l'administration... le tout reprend presque vie grâce à l'audioguide (45 mn) qui délivre d'excellents commentaires en français très scénarisés, avec des interviews d'anciens gardiens et de prisonniers sur leurs conditions de vie dans le pénitencier, accompagnés de bruits de gamelles, de serrures qui grincent, de portes qui claquent...

Le récit de ***l'évasion la plus rocambolesque*** de l'histoire d'Alcatraz est un des moments forts de la visite. 1962, Frank Morris et les frères Anglin réussirent à sortir de leurs geôles et n'ont jamais été retrouvés. Ils passèrent des semaines à creuser le béton de leurs cellules (certains disent à la petite cuillère mais il semblerait qu'ils aient pu se bricoler une perceuse de fortune). Pour ne pas se faire repérer, ils ne s'attelaient à la tâche que 1h par jour, pendant la séance de musique. Le jour J, ils laissèrent sur leur lit des têtes en papier mâché et savon censées les représenter, pour ne pas alerter les gardes ! Longtemps, les autorités ont affirmé qu'ils s'étaient noyés. Pourtant, on signale le vol d'une voiture dans le secteur cette même nuit et, dans les années qui suivirent, des cartes postales envoyées à leurs familles. Officiellement, le dossier ne sera pas refermé avant leur 100ᵉ anniversaire (soit 2026, 2030 et 2031) ! Un film a même été tiré de cette histoire : *Escape from Alcatraz* (1979) avec Clint Eastwood.

La visite se termine logiquement par... la boutique de souvenirs, où l'on trouve des livres écrits par d'anciens détenus, des films sur Alcatraz *(The Rock, Escape from Alcatraz...)*, des tee-shirts ou casquettes et, surtout, un livre très chouette intitulé *Alcatraz : Believe It Or Not*, avec plein d'anecdotes méconnues sur la célèbre prison.
– Ami, si tu es fauché (ou si l'idée de visiter Alca te rase), contente-toi du ***ferry qui va à Sausalito*** : très belle vue sur la baie et le Golden Gate Bridge.

MARINA, COW HOLLOW ET PACIFIC HEIGHTS

(plan d'ensemble détachable B-C-D1-2-3 et zoom centre détachable D1-2)

À l'ouest du Fisherman's Wharf, le quartier de ***Marina*** a vu le jour à l'occasion de l'exposition « Panama Pacific International », organisée en 1915 pour prouver au monde entier que San Francisco n'était plus un champ de ruines... Ironie du sort, tous les bâtiments érigés pour l'occasion ont été démolis, à l'exception du monumental *Palace of Fine Arts*. Après l'expo, les familles italiennes descendues de North Beach ont donné à l'endroit un cachet, surtout explicite autour de Chestnut Street, la rue des restos historiques du quartier.
Marina est prolongé par le corridor de ***Cow Hollow*** où, jadis, paissaient les vaches. Ce miniquartier, où se regroupent la plupart des motels de la ville, est délimité, grosso modo, par Lombard Street au nord et Union Street au sud.
Au-delà, les pentes se redressent, offrant une vue splendide sur la baie. ***Pacific Heights est parmi les quartiers les plus chics, les plus huppés et les plus chers de tout San Francisco*** : une maison y coûte en moyenne 3 millions de dollars ! Dès la fin du XIXe s, les nouveaux riches s'y installèrent, Nob Hill et Russian Hill étant déjà trop construits. Grand bien leur fit, car ils échappèrent ainsi aux incendies consécutifs au tremblement de terre de 1906. En se promenant dans le quartier, délimité par Van Ness Avenue à l'est, le Presidio à l'ouest et California Street au sud, on découvre des maisons victoriennes et d'étonnantes villas aux multiples styles architecturaux. Le long de la très chic Fillmore Street se regroupent bars, cafés et boutiques.

Où dormir ?

C'est ici que se regroupent la plupart des ***motels,*** bien pratiques si vous arrivez de nuit par le nord (Highway 101). Les motorisés y apprécieront en particulier le ***parking gratuit,*** même si beaucoup d'établissements ont moins de places que de chambres (1ers arrivés, 1ers servis !), mais devront s'accommoder d'alentours bruyants, en particulier pour les adresses situées sur Lombard Street. Petit déjeuner souvent inclus : céréales, toasts et café à disposition à la réception et on embarque sa pitance dans la chambre.

De prix moyens à plus chic (motels)

■ ***Greenwich Inn*** *(plan d'ensemble détachable C2,* ***85****)* ***:*** *3201 Steiner St.* ☎ *415-921-5162.* • *greenwichinn.com* • *Doubles 100-200 $, petit déj inclus. Parking gratuit.* L'un des meilleurs motels du secteur pour le prix, de quoi ravir les budgets serrés motorisés. Partagé en 2 bâtiments jaune et vert, de part et d'autre de Steiner Street, il abrite des chambres impeccables et tout confort (frigo, cafetière...), avec en prime des photos noir et blanc sur les murs. De plus, il se situe dans une rue calme, un peu en retrait de Lombard Street. Petit déj (avec céréales) servi à la réception. N'hésitez pas !

■ ***Marina Motel*** *(plan d'ensemble détachable B-C2,* ***90****)* ***:*** *2576 Lombard St.* ☎ *415-921-9406.* • *marinamotel.com* • *Doubles 140-250 $. Parking gratuit.* À condition d'éviter les chambres côté rue, bruyantes, on découvre avec surprise un motel original, ouvert en 1939 par le fils d'un chercheur d'or ayant fait fortune. C'est toujours la même famille qui tient l'affaire. Les bâtiments au look un peu méditerranéen, noyés de plantes et de fleurs, abritent des chambres mignonnes, claires et bien tenues, avec frigo ou kitchenette, et même une cuisine équipée dans certaines des familiales. Le garage clos sous chaque logement libère agréablement la cour des véhicules. Pas de petit déj sur place, mais plein de possibilités alentour.

Motel Capri *(plan d'ensemble détachable C2,* ***88****)* **:** *2015 Greenwich St. ☎ 415-346-4667. • sfmotelcapri.com • ♿ Doubles 100-200 $. Parking gratuit.* En retrait de Lombard Street aussi, donc au calme. Ce bon gros motel tout droit sorti des sixties, dans les tons vert-jaune-marron un peu délavés, propose lui aussi des chambres petites et un peu sombres mais propres, au rapport qualité-prix tout à fait honorable même si la déco n'est pas des plus actuelle. Le parking est un peu étroit : n'arrivez pas trop tard, vous risqueriez de le trouver plein. Petit déj léger à disposition à la réception. Accueil inégal mais qu'importe si on n'y reste que pour dormir à petit prix.

Travelodge *(plan d'ensemble détachable B2,* ***84****)* **:** *2755 Lombard St. ☎ 415-931-8581. • travelodgepresidio.com • Doubles 150-230 $, petit déj inclus. Parking gratuit.* Bien situé en bordure du parc Presidio, un motel dans un environnement assez calme (ça change !), abritant des chambres pas très grandes et plutôt sombres mais bien équipées : cafetière, coffre, TV avec 300 chaînes, frigo, excellente literie... Mais le gros point fort de l'adresse c'est Raymond, le jovial intendant. Pas avare de bons plans, il partagera volontiers ses tuyaux avec vous ! Sans sa présence, l'hôtel ne mériterait pas vraiment sa mention dans notre guide.

De prix moyens à plus chic

Infinity Hotel *(plan d'ensemble détachable C2,* ***73****)* **:** *2322 Lombard St. ☎ 415-913-7311. • infinityhotelsf.com • Doubles 160-200 $.* Installé dans un quartier où les motels sont légion, on ne cache pas notre plaisir à dégoter une adresse avec un minimum de style et de personnalité. Les chambres ne sont certes pas immenses, mais elles s'avèrent tout à fait fonctionnelles avec petit frigo, micro-ondes, penderie, bureau, bouilloire et machine à café. Salles de bains dans la même veine, petites mais pratiques, avec w-c japonais. Manque selon nous un espace commun où *chiller* un moment en fin de journée, mais là, vraiment, on cherche la petite bête. Tout nouveau, tout beau (et tout propre !), une belle trouvaille !

Hotel del Sol *(plan d'ensemble détachable C2,* ***91****)* **:** *3100 Webster St. ☎ 415-921-5520. • hoteldelsol.com • Doubles 150-250 $, petit déj léger inclus.* Cet ancien motel arbore un aspect plus coloré qu'une palette de peintre : chambres confortables dans un style contemporain bariolé, avec une touche vintage, et grande cour ensoleillée où palmiers, bambous et orangers ombragent une petite piscine (chauffée) bordée de transats. Un côté vacances sous les tropiques, surtout depuis les hamacs suspendus aux palmiers ! Reste que les tarifs estivaux sont assez élevés...

Pacific Heights *(plan d'ensemble détachable C-D2)*

De plus chic à très chic

Jackson Court *(plan d'ensemble détachable C-D2,* ***92****)* **:** *2198 Jackson St. ☎ 415-929-7670. • jacksoncourt.com • Double env 250 $, petit déj et teatime compris. Le w-e, 2 nuits min. Résa conseillée (10 chambres seulement).* Ce *B & B* cossu est parfaitement à sa place dans ce quartier résidentiel chic. Il occupe une grande maison 1900 aux aménagements luxueux : superbe salon aux lambris de bois sombre et beaux objets d'art, chambres spacieuses, confortables et de bon goût, dans un esprit *townhouse* californienne à la déco penchant vers le style victorien. Le matin, le petit déj est servi dans une cuisine comme à la maison (ou dans la chambre), et l'après-midi, à l'heure du thé, un bon feu crépite dans la cheminée, sur fond de musique classique.

Une adresse de charme, à condition d'apprécier le petit côté rétro.

■ ***Union Street Inn*** *(plan d'ensemble détachable C2,* ***93****) : 2229 Union St. ☎ 415-346-0424. • unionstreetinn.com • Doubles 250-370 $, bon petit déj inclus. Min 2 nuits le w-e. Résa au moins 1 mois à l'avance en été, seulement par tél.* Posé au cœur de la principale rue commerçante du quartier, ce charmant *B & B,* tenu par des proprios anglo-irlandais, occupe une maison victorienne qui cache un petit trésor : un jardinet tout fleuri. Les 6 chambres de la maison principale, cossues et pleines de charme, ont chacune leur salle de bains et sont toutes décorées de mobilier ancien et de tableaux. Notre préférée reste cependant la *Carriage House,* cachée au fond du jardin, avec ses beaux parquets et son caractère plus intime. *Wine & cheese* le soir.

■ ***Hotel Drisco*** *(plan d'ensemble détachable C2,* ***94****) : 2901 Pacific Ave. ☎ 415-346-2880. • hoteldrisco.com • Doubles 500-... 1 100 $ (!), petit déj inclus.* Hors du temps et de l'agitation de la ville, le *Drisco* se perche en sentinelle au plus haut point de Pacific Heights, avec vue panoramique. De l'ancienne pension bâtie en 1903 restent des salons baignés de musique classique et le sentiment d'ouvrir une porte sur le San Francisco d'autrefois. Les chambres, à l'avenant, offrent un confort parfait, avec mobilier ancien, salles de bains spacieuses avec baignoire, et *pillow menu* qui vous permettra de choisir le moelleux de votre oreiller ! Assurez-vous d'en avoir une avec *city view.* Nombreux services inclus : vin et fromage en fin de journée, prêt de vélos, accès au centre sportif de la *YMCA* du Presidio (piscine, tennis, etc.)... Le personnel peut même déplacer votre voiture toutes les 3h pour respecter les consignes de stationnement du quartier ! Prestations de haute volée !

Où manger ?

À Marina et Cow Hollow

Spécial petit déjeuner

☕ ***Home Plate*** *(plan d'ensemble détachable C2,* ***200****) : 2150 Lombard St. ☎ 415-922-4663. Tlj 7h-14h (15h w-e). Plats 8-20 $.* Ce *coffee shop* au cadre boisé plutôt chic et ses fauteuils capitonnés est renommé pour la qualité de ses petits déj (attente assurée le week-end, arriver avant 9h). On vient en particulier pour les œufs, préparés de toutes les manières, mais on peut aussi composer son omelette à partir d'une vingtaine d'ingrédients différents, ou choisir une *frittata* ou un *special* du jour. Le tout accompagné de toasts, de *hashbrowns* ou de galettes de carottes et pommes de terre (ça change !). Excellents *banana pancakes* et muesli aux fruits.

🥖 ☕ ***La Boulangerie de San Francisco*** *(plan d'ensemble détachable C3,* ***202****) : 2327 Pine St. ☎ 415-738-0722. Tlj 7h30-15h30. Plats 9-16 $.* Les Américains raffolent de cette minichaîne locale de boulangeries-salons de thé, créée à l'origine par un boulanger français qui a fait fortune avec son savoir-faire. Salle épurée avec chaises bistrot et sol en ardoise pour un cadre plutôt raffiné. Pains de tradition cuits au four, croque-monsieur, sandwichs, salades fraîches, quiches, viennoiseries et pâtisseries séduiront les gourmands pris du mal du pays, même si on ne les a pas trouvées aussi savoureuses que chez nous. La star du petit déj, c'est le café au lait, servi dans un grand bol en faïence, comme à la campagne.

☕ Et aussi pour son brunch ***Mel's Drive-In*** (lire plus loin).

De bon marché à prix moyens

🍴 ***Tacolicious*** *(plan d'ensemble détachable C1-2,* ***204****) : 2250 Chestnut St. ☎ 415-346-1966. Tlj 11h-22h (23h jeu-sam). Compter 6 $ pour 1 taco, 22 $ pour 4 et 50 $ pour 10.* Fini le fast-food et les stands de rue : le taco intègre la cour des grands et se « chiquifie ». Ici, les petites galettes de maïs renferment morue à la crème de cumin, bœuf au piment, *carnitas* (porc) ou poulet au fromage... D'autres snacks d'inspiration mexicaine, avec l'incontournable guacamole préparé à la commande. Les yuppies adorent et la salle contemporaine se remplit vite. 2 autres adresses à SF : à Mission et North Beach.

Pacific Catch *(plan d'ensemble détachable C1-2,* ***233****) : 2027 Chestnut St. ☎ 415-440-1950. Tlj 11h-21h. Plats 13-27 $.* Le cadre simpliste ne paie pas de mine, avec ses quelques tables à l'avant et son long comptoir face aux fourneaux, mais les sandwichs, *rice bowls* et salades, à base de poisson, mais pas seulement, sont succulents ! Au choix : *wasabi bowl, poke chirachi, hawaiian teriyaki...* Le tout servi sur une feuille de papier journal dans de grandes assiettes en bois. Vite pris d'assaut en soirée, mieux vaut arriver tôt. Autre adresse (plus grande) du côté du Golden Gate Park, au 1200 9th Ave *(plan Golden Gate Park et Presidio C3,* ***270****).*

Mel's Drive-In *(plan d'ensemble détachable C2,* ***205****) : 2165 Lombard St. ☎ 415-921-2867. Tlj 6h-1h (minuit ven) et sam 24h/24. Plats 12-20 $.* Ce vrai *diner,* parmi les plus anciens de la ville, semble sortir de *Happy Days* ou d'*American Graffiti* avec ses chromes, ses banquettes en skaï et ses tables en formica vert et crème, ses petits juke-box juste au-dessus, ses vieilles photos en noir et blanc aux murs et ses serveurs coiffés d'un calot en carton très, très fifties ! Au menu : panoplie habituelle des sandwichs, burgers, salades et plats du jour, auxquels s'ajoutent des *sundaes* pour les mômes et un grand choix de breakfasts. Un peu graillonneux mais ô combien pittoresque ! On peut y venir en famille ou se contenter d'y siroter un milk-shake dans la journée. 2 succursales : à SoMa (801 Mission St) et au 3355 Geary Blvd.

Roam Artisan Burgers *(zoom centre détachable D2,* ***206****) : 1785 Union St. ☎ 415-440-7626. Tlj 11h30-21h (21h30 ven-sam). Burgers 10-15 $, frites env 5 $.* Des burgers-frites à base de produits triés sur le volet : animaux élevés en plein air, salades et tomates cultivées dans le coin et pain bio. Il ne vous reste plus qu'à choisir le type de viande (bœuf, dinde, bison, mais aussi version veggie), le style (*classic, Chalet, Pacific blue,* BBQ...) et les frites (patates douces ou pommes de terre, oignons et courgettes)... à moins que vous ne préfériez créer votre propre burger ! Les milk-shakes sont délicieux, surtout surmontés d'un chamallow grillé, et les sodas sont maison ! Autre adresse à Pacific Heights : 1923 Fillmore St, entre Bush et Pine *(tlj 11h-22).*

De prix moyens à plus chic

Radhaus *(plan d'ensemble détachable C1,* ***207****) : Fort Mason, building A ; accès par Beach et Laguna. ☎ 415-445-4556. Tlj 12h (11h dim)-21h (22h ven-sam). Plats et snacks : 10-24 $.* Dans le quartier portuaire de Fort Mason, ce resto allemand a investi un ancien entrepôt, tirant parti d'une situation privilégiée à fleur d'eau. Vaste salle immaculée et lumineuse, dont les larges fenêtres donnent sur les voiliers voisins. Déco brute et épurée avec un long comptoir en bois et des cuisines carrelées impeccables. La jeunesse branchée s'y retrouve pour descendre quelques mousses (une quinzaine de pressions au choix) en picorant des petits plats germaniques, revisités à la sauce californienne : saucisses-frites (*currywurst* ou *bratwurst*), sandwichs de poisson fumé, *potato pancakes* et quelques recettes plus consistantes le soir. Un spot de choix à l'heure de l'apéro, superbe quand le soleil décline.

Greens Restaurant *(plan d'ensemble détachable C1,* ***207****) : Fort Mason, building A ; accès par Beach et Laguna. ☎ 415-771-6222. Mar-dim 11h30 (10h30 w-e)-14h30, 17h30 (17h ven-dim)-21h. Fermé lun. Plats 11-30 $.* Un must de la cuisine végétarienne à San Francisco. Niché dans un ancien entrepôt de Fort Mason, devant le Pier 1, ce vaste resto profite d'une belle situation avec ses immenses baies vitrées face aux bateaux du port de plaisance et les haubans du Golden Gate Bridge en guise de ligne d'horizon ! Une mise en condition idéale pour découvrir un savant mélange de saveurs végétales au gré de l'humeur du chef. Tous les produits proviennent de fermes bio du

Marin County, juste au nord de la ville. Les vins (chers) sont eux-mêmes bio. Dommage que la déco rappelle celle d'une quelconque salle de séminaire. Également un *Greens to go* (tlj à partir de 11h30) si vous préférez pique-niquer sur les pelouses de Fort Mason ou à Crissy Field.

Très chic

Isa Restaurant (plan d'ensemble détachable C1-2, **203**) : 3324 Steiner St. ☎ 415-567-9588. Mar-dim 17h30 (17h w-e)-21h30 (22h ven-sam, 21h dim). Résa conseillée. Menu mar-jeu et dim 43 $; repas à la carte 40-50 $ (hors boissons). Apôtre de la cuisine californienne, relevée de quelques notes *Frenchy,* Luke Sung est l'un des jeunes cuisiniers les plus prometteurs de Californie. Il a développé un concept original. Tout est présenté en portions légères (en compter 2 par personne pour manger), histoire de pouvoir toucher aux différentes facettes de l'inventivité du chef que l'on voit s'activer dans la cuisine centrale. Entre produits végétariens, volaille, viande rouge, poisson et fruits de mer, il y en a pour tous les goûts ! Les desserts maison sont excellents, et le cadre, chic et design, charmant. À l'arrière, un patio bâché, chauffé lorsque cela s'impose.

À Pacific Heights

Spécial petit déjeuner

Jane on Fillmore : voir plus loin.

De bon marché à prix moyens

Whole Foods Market (zoom centre détachable D2, **213**) : 1765 California St. Tlj 8h-22h. Chaîne de supermarchés bobo-bio très en vogue aux États-Unis. Beaux étalages de fruits et légumes d'une grande fraîcheur et superbe section *deli* où l'on se sert au poids (env 10 $ la livre) de plats de tous horizons très bien cuisinés : soupes, salades composées, belles pizzas..., bref, tout ce qu'il faut pour élaborer un pique-nique.

Jane on Fillmore (plan d'ensemble détachable C3, **250**) : 2123 Fillmore St. ☎ 415-931-5263. Tlj 7h-16h. Petits déj 10-16 $, sandwichs et salades 9-17 $. Un café dans l'air du temps et à l'image du quartier : *trendy healthy*. On vous voit venir avec vos préjugés sur les adresses branchées. Stop ! Ici, on attaque la journée par des toasts banane-beurre de cacahuète pour les plus gourmands ou par un gros bol de *granola* et fruits pour les plus raisonnables. Au déjeuner, la file s'allonge pour commander au comptoir de généreuses salades colorées et originales. Parfait si l'on sature des sandwichs et burgers.

La Méditerranée (plan d'ensemble détachable C2, **212**) : 2210 Fillmore St. ☎ 415-921-2956. Lun-sam 11h-20h30 (21h ven-sam). Fermé dim. Plats env 16 $ le midi et 15-22 $ le soir. Ce petit restaurant, à la salle chaleureuse garnie de plantes et de bibelots, a été fondé par un Arménien qui a vécu en France. La carte est riche des saveurs de toute la *mare nostrum* et s'ouvre également aux spécialités arméniennes, aussi rares sur la scène gastronomique que bonnes à déguster. On retrouve aussi les hors-d'œuvre méditerranéens : houmous, caviar d'aubergine *(baba ghanoush),* taboulé, *dolma* ou encore tzatziki, à prendre en entrée ou en *mezze.* Terminez par un baklava et un petit café bien serré, à siroter en écoutant Aznavour... 3 autres adresses, à Russian Hill (1624 Powell St), à Castro (288 Noe St, angle Market) et à Berkeley (2936 College Ave).

Où boire un verre ?

À Marina et Cow Hollow

The Interval (plan d'ensemble détachable C1, **207**) : Fort Mason, building A ; accès par Beach et Laguna. ☎ 415-496-9187. Tlj 10h (13h w-e)-23h (22h dim-lun). Bienvenue dans un lieu hors norme, créé par la *Long-Now*

Foundation. Cette asso à but non lucratif s'érige comme un cercle de pensée pour réfléchir de façon créative à améliorer le monde de demain. Ici, on prend le temps de se poser dans un décor industriel Jules Vernesque : étagères blindées de livres sur le sujet, escalier en colimaçon, globe métallique... Contre donation, les habitués peuvent avoir leur propre flasque d'alcool accrochée au-dessus du bar. Les touristes de passage comme nous s'y arrêteront pour un café en journée, une bière ou un cocktail le soir, à siroter si possible dans la petite pièce avec vue sur le port. Un lieu unique et étonnant.

Bus Stop *(plan d'ensemble détachable D2,* ***332****) : 1901 Union St. ☎ 415-567-6905. Tlj 10h (9h w-e)-2h.* Happy hours *lun-ven 16h-18h.* Le *sports bar* par définition, installé dans un vieux saloon de 1900. Vous n'y trouverez peut-être pas Marilyn dès le 1er soir mais un juke-box (version moderne), des TV un peu partout et des jeunes Américains déchaînés les jours de match. Dans ces cas-là, la bière coule à flots dans une ambiance bon enfant. Également pas mal de *specials* (breuvages du jour) inscrits à l'ardoise. À l'entrée, tee-shirts de la maison signés par des sportifs, professionnels ou amateurs, comme le couple Clinton. Billards dans la salle du fond.

Black Horse London Pub *(zoom centre détachable D2,* ***329****) : 1514 Union St. Tlj 17h (14h ven, 11h w-e)-minuit. CB refusées.* Sans doute le plus petit pub de la côte Ouest, d'une largeur à peine supérieure à celle d'un placard à balais. À l'origine, il n'y avait là qu'une ruelle ! James, le boss, a tout de même réussi à y caser le bar et l'indéboulonnable jeu de fléchettes. Évidemment, dans ces conditions extrêmes, on a tôt fait de se faire des amis autour du comptoir, harponné par tous les amateurs de bonnes bières du canton. Au fait, vous avez remarqué où ils les rangent... les bières ? Une pépite !

A16 *(plan d'ensemble détachable C2,* ***331****) : 2355 Chestnut St. ☎ 415-771-2216. Mar-jeu 17h-21h, ven-dim 12h-21h. Fermé lun.* Rien à voir avec une autoroute (encore qu'aux heures de pointe...), il s'agit d'un restaurant-bar à vins italien installé dans une adorable maisonnette noire avec bow-window et lierre grimpant. *Trendy* à souhait, il est fréquenté par les *beautiful people* du quartier. Accoudé au comptoir minimaliste, ce petit monde insouciant sirote les nectars de Campanie *(14-20 $ le verre quand même...)* dans une atmosphère joyeuse et bourdonnante. Côté cuisine, bonnes pizzas cuites au feu de bois et pâtes bien fumantes *(15-30 $)* ou plats plus chers (surtout le soir), le tout servi dans une salle classieuse à l'arrière. Pour être à la page !

À Pacific Heights

Harry's Bar *(plan d'ensemble détachable C3,* ***333****) : 2020 Fillmore St. ☎ 415-921-1000. Tlj 16h (11h w-e)-23h (minuit mer, 1h jeu, 2h ven-sam).* Beau pub classique, à la fois classe et chaleureux, organisé autour d'un interminable et superbe bar en bois sculpté sur fond de colonnes corinthiennes, provenant paraît-il d'un vieux saloon d'Alaska ! On a tout de même préféré les banquettes confortables, surmontées de beaux miroirs. Idéal pour boire un verre en fin de journée ou tard le soir, mais attention, ça peut être bruyant. Soirées DJ du jeudi au samedi. On peut également y manger un bout (burgers réputés).

À voir

Pacific Heights possède certaines des plus ***fastueuses résidences*** de la ville. Autour du parc Lafayette, au 2150 Washington Street (et Octavia), on pourra, par exemple, jeter un coup d'œil à l'ancienne demeure de J. D. Phelan, maire de 1894 à 1902. En brique, elle s'inspire d'une villa romaine ! Au 2080, la *Spreckels Mansion* (1913) fut bâtie pour l'ancien administrateur du musée de la Légion d'honneur. En forme de palais néoclassique, elle compte 55 pièces et 26 salles de bains ! Elle appartient aujourd'hui à l'auteure de romans à l'eau de rose Danielle Steele, qui a fait pousser de grandes haies pour se cacher.

Haas-Lilienthal House *(zoom centre détachable D2)* **:** *2007 Franklin St. • haas-lilienthalhouse.org • W-e 12h-15h. Dernière visite 30 mn avt la fermeture. Visite guidée seulement, env ttes les 20-30 mn (durée : 1h) : 10 $; réduc.* Construite en 1886, cette magnifique villa de style victorien (Queen Anne) en bois gris perle a belle allure avec sa tourelle, son fier perron coiffant un haut escalier et son petit jardin qui la distingue de ses voisines. Elle échappa au grand incendie de 1906. De taille exceptionnelle, c'est la seule ouverte au public. Superbe mobilier qui donne une idée du quotidien de la bourgeoisie au XIXe s.

Les fans du regretté Robin Williams pousseront un peu plus à l'est, au 2640 Steiner Street (à l'angle de Broadway), où se dresse la maison style Queen Anne de ***Mrs Doubtfire*** *(plan d'ensemble détachable C2,* ***451****).* En 2016, elle a été vendue pour 4,5 millions de dollars ! Autant dire que le marché immobilier ne connaît pas la crise dans ce coin !

À ***Cow Hollow*** *(plan d'ensemble détachable C2,* ***459****),* à l'intersection de Filbert et Webster, se dresse une des demeures les plus délirantes, avec une loggia de style mauresque, un festival de toits et de coupoles bulbeuses et une tour crénelée...

Le fort Mason *(plan d'ensemble détachable D1)* **:** *• fortmason.org •* Veillé par une petite colline littorale boisée, directement à l'ouest du Fisherman's Wharf, le fort Mason fut durant la Seconde Guerre mondiale le principal port militaire de la côte Ouest américaine. Démilitarisé et intégré au *Golden Gate National Recreation Area,* il abrite un parc agréable, avec pas mal de dénivelées, où s'activent joggeurs et cyclistes le week-end. En contrebas, sur les *piers 1, 2* et *3,* les anciennes casernes ont été reconverties en commerces culturels, avec des librairies, des compagnies de danse et de théâtre, des ateliers d'artistes et de chouettes adresses pour manger ou boire un verre. On y trouve aussi un petit musée communautaire gratuit avec de jolies expos temporaires : le *Museo ItaloAmericano (• museoitaloamericano.org • ; mar-sam 12h-16h, dim 10h-14h, lun sur résa).*
Enfin, ***Farmer's Market*** sur le vaste parking le dimanche de 9h30 à 13h30.

WESTERN ADDITION *(plan d'ensemble détachable B-C-D3 et zoom centre détachable D3)*

Développé au tournant du XXe s à l'ouest de Van Ness Avenue et au pied de Pacific Heights, ce secteur aux frontières imprécises englobe le quartier de *Fillmore* et l'enclave de *Japantown.* La zone fut tour à tour un bastion juif, japonais et noir (Ella Fitzgerald y chantait dans les années 1940), avant de se voir en grande partie rasé et truffé de grands bâtiments résidentiels communs dans les années 1950 : pas une grande réussite ! On s'aventure surtout dans le coin pour jeter un coup d'œil à Japantown, ou pour ses boîtes et restos.

Où dormir ?

De plus chic à très chic

The Kimpton Buchanan *(plan d'ensemble détachable D3,* ***74****)* **:** *1800 Sutter St. ☎ 415-921-4000. • thebuchananhotel.com • Doubles 190-300 $.* Aux portes de Japantown, ce bel hôtel nous charme dès le lobby, design et chaleureux. Les chambres lumineuses suivent la même tendance, avec des lignes graphiques modernes, des détails décoratifs soignés et une literie au top. Si on peut en obtenir une du côté de l'agréable cour aménagée c'est encore mieux. Staff souriant et disponible. Pas de petit déj mais café servi à la réception le matin et dégustation de vin le soir. Un très bon point de chute.

Majestic Hotel *(zoom centre détachable D3, **97**) : 1500 Sutter St. ☎ 415-441-1100. • thehotelmajestic.com • Doubles 160-300 $; suites plus chères.* Dans Lower Pacific Heights, à 2 pas de Japantown, le *Majestic* a été construit en 1902 pour un magnat des chemins de fer. Ce bel hôtel victorien à la façade blanc, jaune et brun clair ornée de bow-windows et de stucs a été la résidence de l'actrice Olivia de Havilland (Mélanie Hamilton dans *Autant en emporte le vent*) durant près de 10 ans. Passé le lobby Belle Époque, on découvre une soixantaine de chambres confortables et plutôt cossues, certaines avec lit à baldaquin. Draperies et meubles anciens créent une atmosphère à la fois surannée et élégante. S'il est loin de figurer parmi les grands hôtels de la ville, l'établissement compte tout de même quelques hôtes illustres (comme Nicolas Cage), qui trouvent ici un refuge à l'écart de la foule et des projecteurs. Bar et resto.

Où manger ?

De bon marché à prix moyens

Tommy's Joynt *(zoom centre détachable D3, **214**) : 1101 Geary Blvd. ☎ 415-775-4216. Tlj 12h (13h sam)-19h (23h jeu-sam). Sandwichs et plats 5-19 $. CB refusées.* Caché derrière une immense enseigne peinturlurée, ce self-service pittoresque, ouvert en 1947, fait désormais partie des classiques. On y vient pour sa déco amusante (tête de taureau, lampes Tiffany, crosses de hockey pendant au plafond...) et son atmosphère bon enfant, mais surtout pour ses sandwichs, ses spécialités à base de viande de bison (le *buffalo chili* est un régal), ses 3 plats du jour et autres assiettes copieuses au rapport qualité-prix assez imbattable. Vaste choix de bières du monde et de *microbrews* californiennes.

Rosamunde Sausage Grill *(plan d'ensemble détachable D6, **258**) : 2832 Mission Str. ☎ 415-970-9015. Tlj 11h (10h w-e)-21h (22h jeu-sam). Env 10 $. CB refusées.* Bien pour manger sur le pouce, ce local propose une douzaine de saucisses (garanties sans conservateurs et produites avec une certaine éthique) servies sous forme de hot-dog : italienne, allemande, hongroise, au sanglier avec pommes et piment, au canard... ainsi que 3 végétariennes (dont une au vin rouge). À emporter toute fumante dans le parc voisin ou à manger sur place, une fesse posée sur un tabouret. Bon et pas cher.

De prix moyens à très chic

Benihana *(plan d'ensemble détachable D3, **216**) : 1737 Post St, dans le Japan Center. ☎ 415-563-4844. Tlj 11h30 (15h lun)-22h (23h ven-sam). Le midi,* lunch boat *à partir d'env 15 $ ou plats 15-20 $; le soir, plats 25-50 $.* Parmi les restos japonais du *Japan Center* celui-ci, spécialisé dans le *teppanyaki,* se distingue par son côté ludique qui plaira aux familles et aux bandes de copains. On s'installe à une table munie d'une vaste plaque de cuisson et, là, un cuistot, pas toujours japonais, vient vous saluer, lit les commandes et commence sous vos yeux un petit numéro de voltige avec ustensiles et ingrédients ! À force d'en faire trop, il y a toujours un morceau de carotte qui tombe dans la poche d'un client ou un œuf qui se casse à côté du bol. Bref, c'est bon enfant, et plutôt bon (sans casser des briques malgré tout). Cher le soir, cela dit. Si vous ne supportez pas l'odeur de graillon, passez votre chemin !

State Bird Provisions *(plan d'ensemble détachable C3, **217**) : 1529 Fillmore. ☎ 415-795-1272. Mar-sam 17h-21h30. Fermé dim-lun. Compter bien 40-50 $/pers, hors boissons.* Les Américains ont le chic pour inventer des trucs qui n'existent nulle part ailleurs... Voilà qu'ils ont mélangé le principe des tapas et celui des *dim sum* chinois. Résultat ? Des petites assiettes 100 % californiennes, à base de produits du marché, concoctées sous vos yeux, derrière le bar, et passées en salle sur un chariot jusqu'à épuisement ! Vraiment bon et original, super tendance... mais pas donné. Ne craquez pas à chaque passage, ou la note risque de grimper au plafond. On peut aussi commander certains plats à la carte.

Où déguster une glace ?

Matcha Cafe Maiko *(plan d'ensemble détachable C3,* ***193****)* **:** *1581 Webster. Tlj 11h30-17h.* Bien planquée dans un centre commercial, cette boutique décline le thé matcha en crème glacée, servie dans un cône maison. Cultivé à Uji, dans la province de Kyoto, ce thé est réputé pour sa qualité. Les plus curieux testeront le parfait : plusieurs couches d'ingrédients dont gélatine, corn-flakes, *mochi balls,* haricots rouges et crème glacée évidemment.

Où sortir ?

The Fillmore *(plan d'ensemble détachable C3,* ***334****)* **:** *1805 Geary Blvd.* Derrière ce porche noir incrusté dans une façade de brique se cache un salon de danse à l'italienne fondé en 1912. Depuis, le *Fillmore* a passé un siècle de musique ! C'est la salle de concerts mythique de San Francisco, rendue célèbre par le producteur Bill Graham, et où débuta toute la scène hippie dans les années 1960. Janis Joplin et Jefferson Airplane y firent leurs 1res vocalises... Plus tard, Miles Davis et Carlos Santana y enregistrèrent des disques live ! Nombre de têtes d'affiche en tournée mondiale passent encore ici : les grands groupes rock, mais aussi les meilleurs DJs électro, les stars de la *world music* et des groupes parfaitement inconnus chez nous. Programmations de qualité donc, à des prix évidemment très variables ; tablez sur 3 à 4 scènes par semaine.

Boom Boom Room *(plan d'ensemble détachable C3,* ***335****)* **:** *1601 Fillmore St. • boomboomroom.com • Mar-dim 19h-2h (3h ven-sam). Fermé lun-mar. Entrée : 5-15 $ en général.* Non loin du *Fillmore,* ce club ouvert par l'immense John Lee Hooker porte le nom du plus grand succès du bluesman, décédé en 2001. Il serait sans doute aux anges de voir que sa maison, rebaptisée « *San Francisco's home to live roots music* », présente encore de bons concerts de blues, de soul, de groove, de boogie et de funk. Pas mal de bluesmen noirs-américains dans la programmation.

Achats

Nijiya Market *(plan d'ensemble détachable C-D3,* ***410****)* **:** *1737 Post St. Tlj 10h-19h.* Le meilleur moyen d'appréhender le quotidien du petit Japantown san-franciscain est encore de visiter son supermarché le plus fréquenté. Vous y trouverez toutes sortes de produits invitant à se perdre dans la culture japonaise, ainsi que des sushis, sashimis et salades (essayez celle de *wakamé,* d'excellentes algues croquantes) pour un déjeuner sur le pouce, à des prix plutôt raisonnables.

À voir

Cathedral of St. Mary of the Assumption *(zoom centre détachable D3)* **:** *1111 Gough St. Lun-ven 8h-17h, sam 11h-17h30, dim 9h-16h (fermé entre 13h15 et 14h15).* L'intérieur est fabuleux. Construite en 1970, la cathédrale s'élance en forme de cloche, ses parois griffées de 4 longs bandeaux de vitraux se rejoignant au sommet, à 60 m au-dessus du sol, pour dessiner une croix. Le bâtiment est revêtu de travertin d'Italie (la pierre utilisée pour le Colisée à Rome). Admirez les superbes orgues, qui comptent pas moins de 4 842 tuyaux ! Au-dessus de l'autel, une tour de Babel composée de centaines de pics métalliques, complètement ahurissante, éclairée pour les grands services, représente la foi s'élevant vers le ciel. Pas très rassurant quand même !

Japantown *(zoom centre détachable D3)* **:** *porte d'entrée à l'angle de Buchanan et Sutter.* Japantown *(Nihonmachi)* n'a pas le cachet de Chinatown, loin s'en faut. Si l'on trouvait dans les années 1910-1930 une importante population nippone dans le quartier, beaucoup partirent après avoir été internés, pendant la Seconde Guerre mondiale, dans les camps dressés par le gouvernement américain pour tous les citoyens japonais ou américains d'origine japonaise (une réalité largement oubliée). Cela dit, il serait dommage de ne pas se balader un moment à travers les vastes centres commerciaux du *Japan Center,* où fleurissent les bons restaurants nippons et les magasins. Sur les franges de la Peace Plaza, la *Peace Pagoda* en béton culmine à 30 m.

HAYES VALLEY ET ALAMO SQUARE
(plan d'ensemble détachable C-D3-4)

À mi-chemin du Civic Center et des célèbres maisons victoriennes d'Alamo Square, Hayes Valley s'étend sur quelques blocs, de part et d'autre de la rue éponyme. Fini le temps où SDF et drogués y battaient le pavé : la destruction lors du séisme de 1989 de la *Central Freeway,* l'autoroute qui balafrait le quartier, a ouvert la voie à une renaissance spectaculaire. Aujourd'hui, le coin abonde en restos chics, galeries, magasins de déco et de fringues à la mode, créateurs inclus. Bref, Hayes Valley est un peu le SoHo de San Francisco. Mérite le détour pour les superbes demeures qui s'égrènent dans tout le quartier, surtout sur Oak Street et Hayes Street.

Où dormir ?

Prix moyens

Hayes Valley Inn *(plan d'ensemble détachable D4,* ***98****)* **:** *417 Gough St. ☎ 415-900-8514. • hayesvalleyinn.com • Doubles 130-190 $, petit déj continental inclus.* Ce vénérable hôtel de quartier début XXe s, rénové et décoré à la façon d'un *B & B* à l'anglaise, exsude un certain charme. Les chambrettes, douillettes et fraîches, avec lavabo, doivent se contenter de douches et w-c communs car la structure de l'hôtel ne permettait pas de gros travaux. On se console avec la cuisine-salle à manger conviviale et sa baie vitrée en angle sur le carrefour. Idéal pour l'*afternoon tea* et les cookies offerts. Ceux qui ont le sommeil léger demanderont de préférence une chambre à l'arrière.

The Grove – Design District *(plan d'ensemble détachable F4,* ***211****)* **:** *1 Henry Adams St. ☎ 415-834-5105. Tlj 8h-20h30. Plats 12-25 $.* Notre endroit préféré à Pacific Heights. Ce grand *coffee shop* rustique et chaleureux, baigné par un fond musical très rock, adopte une déco tendance western, avec fausse cheminée sur mur en pierre, comme à la montagne, sol en bois patiné façon vieux saloon, et un coin avec canapés et fauteuils tendus de peaux de vaches. Les yuppies s'y installent avec leur toutou, un verre de vin dans une main, l'ordinateur portable dans l'autre, à moins qu'ils ne profitent du soleil en terrasse. On y est bien pour prendre le petit déj (servi toute la journée), juste un café, dévorer de bons gros sandwichs ou une salade, quelques plats chauds et des gâteaux maison. De plus, excellent accueil ! Autre adresse au 690 Mission St.

Plus chic

Château Tivoli B & B *(plan d'ensemble détachable C3,* ***99****) : 1057 Steiner St. ☎ 415-776-5462. • chateautivoli.com • Doubles 200-350 $, petit déj compris et brunch au champagne le w-e.* Cette superbe bâtisse victorienne s'impose de loin avec ses couleurs rose brique et vert, ses moulures dorées et ses tours pittoresques. Bâtie en 1892, elle survécut au séisme de 1906 et accueillit acteurs et chanteurs lyriques jusqu'en 1917 – certaines des chambres et suites portent d'ailleurs leurs noms. Élégantes, la dizaine de chambres arborent un décor 1900 de bon ton. Seules 2 d'entre elles partagent une salle de bains ; les autres ont toutes la leur, même si elle n'est pas contiguë. Les 2 suites du 2[d], donnant sur les tours, sont les plus belles, en particulier la *Luisa Tetrazzini Suite* avec son lit à baldaquin qui appartenait à de Gaulle ! Les 2 suites du rez-de-chaussée sont peu lumineuses mais vraiment très grandes, avec leur propre entrée (l'une a une petite cuisine), et moins chères. Vin et fromage en début de soirée. La vie de château, en somme !

Où manger ?

De bon marché à prix moyens

Chez Maman *(plan d'ensemble détachable D4,* ***208****) : 401 Gough St. ☎ 415-355-9067. Tlj 11h30 (10h30 w-e)-22h. Plats 10-31 $; brunch 10-15 $.* Petite salle claire et joyeuse ornée de vieilles affiches publicitaires françaises (ah le pastis de Marseille et la promenade des Anglais !). On y fait invariablement la queue le dimanche matin pour le brunch, mais le lieu est fréquenté tout le temps, car la cuisine, moitié d'ici, moitié de chez nous, est soignée et savoureuse, sans excès tarifaire. En vedette, les moules, mais il y a aussi de belles salades, des burgers, crêpes (une savoyarde !), hachis parmentier, poulet bio-purée à l'ail et l'on en passe... La plupart des jeunes serveurs parlent le français.

Bean Bag Cafe *(plan d'ensemble détachable C4,* ***219****) : 601 Divisadero St. ☎ 415-563-3634. Tlj 7h (7h30 sam, 8h dim)-22h. Petits déj 10-15 $; plats 8-13 $.* Baignant dans une agréable atmosphère de quartier, ce *coffee shop* accueillant est fiable pour un bon petit déj, un simple bagel ou, plus tard dans la journée, pour ses salades, burgers, sandwichs, crêpes salées et sucrées, voire un smoothie s'il fait enfin chaud. Certes, avec la foule des *hipsters* qui ne cessent de débarquer dans le quartier, les prix ont un peu augmenté, mais ils restent encore démocratiques.

The Italian Homemade Company *(plan d'ensemble détachable D4,* ***252****) : 1 Franklin St. ☎ 415-757-0877. Tlj 11h-21h. Plats 13-23 $.* Cette petite chaîne locale se spécialise dans la *pasta fresca*. Fettuccine, tagliatelle, *pappardelle*, gnocchi, ravioli ou tortellini, on choisit ses pâtes avant d'y ajouter la sauce de son choix : *bolognese*, pesto, *parmigiano*... Cuites *al dente* dans les cuisines visibles depuis la petite salle indus', elles sont servies en un temps record. Également des *piadine* (pain plat) farcies de fromage et charcuterie ou des salades pour les petits creux. Une aubaine dans ce quartier où les restos bon marché ne courent pas les (chics) rues. 2 autres adresses : à North Beach (716 Columbus Ave) et Cow Hollow (1919 Union St).

RT Rotisserie *(plan d'ensemble détachable D4,* ***253****) : 101 Oak St. Tlj 11h-20h. Sandwichs 10-13 $; ½ poulet ou poulet entier 10-20 $; accompagnements 5-9 $.* Dans le très chic Hayes Valley, pas facile de dégoter une adresse où on ne casse pas sa tirelire-cochon. Bonne pioche dans cette rôtisserie où l'on commande au bar avant de s'installer dans la salle plutôt brute. Le ½ poulet est servi avec une sauce au choix (*chimichurri, chipotle yoghurt,* moutarde-miel) et l'on choisit aussi son accompagnement (en supplément) : frites de patate douce, chou rôti, riz, brocolis... Les plus voraces pourront même commander un poulet entier et les petits budgets se contenter d'un sandwich. Rapide, efficace et équilibré.

Voir aussi ***Lers Ros Thaï*** *(plan d'ensemble détachable D4,* ***139****)* : *307 Hayes St.* Voir « Où manger ? » dans Tenderloin).

De plus chic à très chic

Rich Table *(plan d'ensemble détachable D4,* ***221****)* **:** *199 Gough St. ☎ 415-355-9085. Mar-sam 17h-22h. Fermé dim-lun. Résa impérative (1 mois à l'avance !). Plats 20-50 $.* Encore un resto chic et bio, déclinant les produits de saison au gré de recettes semi-fusion typiquement californiennes... Mais le lieu en vaut vraiment la peine, comme en témoigne la fréquentation : sans résa, il ne vous reste plus qu'à compter sur le comptoir... Les murs sont en bois recyclé, la salle est naturellement ouverte sur les cuisines, et le bar s'ingénie à mettre au point des cocktails toujours plus extravagants. Le menu, quant à lui, change tous les jours. L'une des très bonnes tables du secteur !

Nopa *(plan d'ensemble détachable C4,* ***222****)* **:** *560 Divisadero St. ☎ 415-864-8643. Mar-sam 17h30-22h (23h ven-sam). Fermé dim-lun. Plats 18-42 $.* Emblématique de ces adresses smart qui éclosent dans la Hayes Valley, *Nopa* a élu domicile dans un vaste hangar reconverti. Le long bar de granit et les cuisines ouvertes sont surmontés d'une mezzanine haut perchée, au mur orné d'une longue fresque évoquant San Francisco et ses quartiers. C'est le rendez-vous privilégié des yuppies du quartier, pour un *after work* ou un *early dinner.* En vedette, le poulet rôti, le tajine marocain végétarien et les burgers de saison. Pour le reste, ça change tous les jours ! Pas de résa ? Le bar et une partie de la salle sont réservés aux têtes en l'air.

Zuni *(plan d'ensemble détachable D4,* ***223****)* **:** *1658 Market St. ☎ 415-552-2522. Ouv 11h30 (11h dim)-23h (minuit ven-sam). Fermé lun. Résa conseillée. Plats 17-32 $. Poulet entier pour 2 : env 64 $.* Très couru depuis les années 1980, ce resto-galerie a eu la bonne idée de proposer des poulets entiers (fermiers !) dans son four en brique, trônant au milieu de la grande salle lumineuse à 2 étages, passablement bruyante. Mmmm le doux fumet du poulet rôti titille les narines dès l'entrée. Le *one-hour chicken* (cuit pendant 1h, donc) nourrit au moins 2 personnes. En attendant, vous pourrez commander une bonne *Caesar salad* (tradition maison) ou piocher dans les plats du jour d'inspiration méditerranéenne. Belle carte des vins, de malts et de scotchs.

Où savourer une glace ?

Smitten Ice Cream *(plan d'ensemble détachable D4,* ***336****)* **:** *432 Octavia St. ☎ 415-863-1518. Tlj 13h (12h w-e)-21h (22h ven-sam).* Lait bio, sucre roux, caramel salé, saveurs chocolatées... les glaces sont préparées ici sous les yeux des clients, à la commande, dans de drôles d'engins fonctionnant à l'azote liquide et fumant comme autant de cheminées ! L'avantage ? Des cristaux plus petits, paraît-il, et donc une glace plus onctueuse. La boutique, née dans la rue, s'est installée dans un container réaménagé. Pas donné, comme tous les glaciers de qualité. Vous sentez cette bonne odeur de gaufre chaude ? Ce sont les cornets maison ! Choix restreints de saveurs, ne râlez pas, c'est plutôt bon signe. 2 autres adresses à SF : à Pacific Heights (2404 California St) et à Mission (904 Valencia St).

Où boire un bon café ?

Blue Bottle Coffee *(plan d'ensemble détachable D4,* ***337****)* **:** *315 Linden St. Tlj 6h30-18h (15h mer).* C'est ici, dans ce garage caché en retrait de

Hayes Street, qu'est né le chouchou des torréfacteurs de San Francisco (qui a essaimé depuis jusque sur la côte Est). Rien n'a changé, ou presque : on y commande son café au comptoir et on va le boire sur l'un des 2 bancs posés en face (s'ils sont libres !). Une dizaine d'autres adresses en ville.

Ritual Coffee Roasters *(plan d'ensemble détachable D4,* ***336****) : 432B Octavia St. Tlj 7h-17h.* Même principe que chez *Blue Bottle* : un café filtre préparé dans un comptoir-container (tout rouge et gris, celui-là !), vendu au prix de l'ambroisie... On choisit la provenance (souvent Guatemala, Éthiopie ou Costa Rica), puis on pioche parmi les croissants, scones et *jam bars*. Quelques chaises devant, sinon on s'assied dans le petit parc attenant. Une poignée d'autres adresses à SF.

Où boire un verre ?

Biergarten *(plan d'ensemble détachable D4,* ***339****) : 424 Octavia St. ☎ 415-252-9289. Mer-jeu 15h-21h, ven-sam 12h-21h, dim 12h-20h. Fermé lun-mar. Plats 9-14 $.* Aménagé sur un ancien parking, on y gare désormais de grosses tables en bois, où l'on s'accoude à qui mieux mieux, chopine – *pint* ou *mas* (litre) – en main. Des couvertures sont à disposition pour les soirées fraîches, et le *food container,* posé au fond, débite non-stop *bratwurst, currywurst, frankfurter,* pickles et autres *pork belly sliders.* Attendez-vous à une belle file d'attente le week-end. *Prost !*

Smuggler's Cove *(plan d'ensemble détachable D3,* ***340****) : 650 Gough St. ☎ 415-869-1900. Mar-dim 17h-1h15 (dernière commande). Fermé lun.* Ne vous laissez pas décontenancer par l'extérieur, genre entrée de bureau anonyme, l'intérieur est beaucoup plus chaleureux, avec ses fanfreluches à thème maritime, façon bateau pirate, et sa jeunesse dorée bien dans ses baskets, venue fêter anniversaires et diplômes sur des airs de rhum (plus de 600 choix au menu !). Le liquide ambré remplit des myriades de *punch bowls* à partager, que le barman se fera un plaisir de transformer en authentique éruption ! Au choix, 3 espaces : rez-de-chaussée, sous-sol (plus calme en début de soirée), et recoin cosy en mezzanine. Si vous tardez à venir, vous pourriez bien faire un petit brin de queue...

Hotel Biron *(plan d'ensemble détachable D4,* ***341****) : 45 Rose St (ruelle cachée derrière le resto Zuni). ☎ 415-703-0403. Tlj 17h-1h.* Seul un gros B cerclé l'indique aux initiés. Discret en diable, ce petit *wine bar* aux murs en brique, accueillant des mini-expos, n'a rien d'un hôtel mais tout d'un recoin pour amours (in)fidèles. Un vrai *secret spot,* avec juste ce qu'il faut de hip, parfait pour boire un bon verre de vin à la lueur des bougies, accoudé au minibar ou noyé dans le moelleux d'un microcanapé. Quelques en-cas pour les fringales.

Où écouter du jazz ?

SFJazz *(plan d'ensemble détachable D4,* ***342****) : 201 Franklin St. • sfjazz.org • Spectacles mer-dim. Billets 20-100 $.* Ce centre tout moderne et vitré, entièrement consacré au jazz, regroupe un *concert hall* de 700 places, un studio numérique et plusieurs salles de répétition. L'acoustique est excellente et l'espace conçu de manière à offrir une vue dégagée pour tous. Au programme : jazz et blues, *big bands* locaux et pointures internationales.

À voir

Alamo Square *(plan d'ensemble détachable C4) : de Downtown (Market St), on y accède par le bus n° 21 West en direction du Golden Gate Park. De Hayes*

Valley, il suffit de remonter Hayes St sur 4-5 blocs. Ce charmant parc haut perché donne définitivement envie de vivre à San Francisco. C'est là que l'on retrouve l'alignement de maisons victoriennes le plus célèbre de la ville, les fameuses ***Seven Painted Ladies*** *(plan d'ensemble détachable C4),* sur Steiner Street, à l'angle de Grove. En fond, à vos pieds, se détachent les buildings du centre-ville. Pour la photo-carte postale, c'est en fin de journée que la lumière est la plus belle : les ladies sont à l'ombre le matin. La pelouse du parc est aussi idéale pour un pique-nique. Mentionnons encore quelques très belles maisons de l'autre côté du parc, à l'angle de Fulton et Scott.

MISSION *(plan d'ensemble détachable D-E5-6)*

Historiquement, Mission District est le 1er quartier de San Francisco. En 1776, les Franciscains espagnols y célébrèrent la 1re messe, en même temps que les militaires s'installaient au fort du Presidio. 15 ans plus tard, la mission Dolores (toujours présente) était construite. Aujourd'hui encore, le ***caractère hispanique du quartier*** demeure, nourri en permanence par l'immigration mexicaine et centre-américaine.

Délimité par Church et Dolores Streets à l'ouest (Castro), Mission s'étend entre 16th et 26th Streets, pour se perdre à l'est vers la Highway 101, SoMa et le quartier résidentiel *middle-class* de Potrero Hill. C'est l'un des plus grands quartiers de la ville, l'un des plus animés et des plus colorés aussi. D'innombrables façades et allées discrètes s'y couvrent de ***peintures murales souvent superbes,*** aux thèmes volontiers contestataires, racontant les luttes latinas ou l'histoire de la ville. Amusant, sur Valencia Street, baissez les yeux sur les plaques métalliques qui protègent les racines d'arbres, les squelettes qui dansent dessus ont l'air de bien se marrer.

Les jeunes branchés déferlent sur « The Mish » tous les week-ends, avec un épicentre festif situé autour de la 16th Street. Résultat ? Un drôle de mélange, où cohabitent *taquerías* et bistrots élégants, bars à bière et épiceries bobos, salles de concert alternatives et *biergarten* branchouilles. Plus au sud, Mission est 100 % hispano. Petite mise en garde, beaucoup de *homeless* sont installés à la station BART *24th Street* et dans les ruelles alentour, ne pas se promener seul à la nuit tombée.

➢ De Downtown, ***bus n° 14 West*** jusqu'à 16th Street, ou ***ligne J*** du *MUNI Metro* jusqu'aux stations 16th Street ou 24th Street.

Où dormir ?

De prix moyens à très chic

☗ ***Nineteen 06 Mission*** *(plan d'ensemble détachable D5,* ***76****) :* *1906 Mission St.* ☎ *415-801-5000.* • *1906mission.com* • *Doubles 140-230 $.* Installée dans une belle maison victorienne, cette adresse se définit entre l'auberge et l'hôtel. La trentaine de chambres se partagent toutes des salles de bains, mais pas de parties communes pour faire des rencontres. Pas immenses, elles ont le mérite d'être fonctionnelles et impeccables. On adore la déco boisée hyper soignée, avec des pans de murs peints en bleu, rouge, vert. Les sanitaires hyper modernes sont nettoyés plusieurs fois par jour (serviettes, gel douche et shampooing fournis). Ajoutez le petit déj inclus et l'accueil sympathique, vous ne trouverez pas meilleur rapport qualité-prix dans le quartier ! Petite mise en garde : le quartier accueille pas mal de SDF, pas dangereux en soi mais certains ne s'y sentiront peut-être pas en sécurité.

☗ ***The Inn San Francisco*** *(plan d'ensemble détachable E5,* ***100****) :* *943 S Van Ness Ave.* ☎ *415-641-0188.* • *innsf.com* • *Doubles 185-350 $, sans ou avec sdb, bon petit déj* *inclus.* Ce n'est pas une plaisanterie à la Mr. Bean : cette superbe maison victorienne rose de 27 pièces a été bâtie en 1872 pour un certain John English, « *potato king* » de son état... Le bonhomme et ses successeurs avaient un sacré bon goût si l'on en juge par le festival de hauts plafonds à moulures, cheminées, gravures, baignoires à pattes et salons feutrés, où les drinks sont servis à volonté. Les tonalités sont aussi très victoriennes : vert sapin, bordeaux, rouge cramoisi, et les chambres, impeccables, à tous les prix. Certaines chambres riquiqui, avec sanitaires partagés, d'autres spacieuses et avec salle de bains privée. Petit toit-terrasse panoramique et adorable jardinet où se niche un jacuzzi. Une perle rare, on vous dit !

Où manger ?

Spécial petit déjeuner

Tartine Bakery & Café *(plan d'ensemble détachable D5,* ***224****) : 600 Guerrero St. ☎ 415-487-2600. Tlj 8h-17h. Viennoiseries et gâteaux 5-10 $, sandwichs 15-17 $.* En plus de délicieuses quiches, viennoiseries, croque-monsieur et bons sandwichs au pain de campagne, confectionnés à partir de produits largement bio, cette boulangerie-salon de thé propose au petit déj des cafés au lait et des chocolats chauds servis dans de grands bols, comme à la maison. Également quelques pâtisseries et du muesli. Le week-end, l'attente peut être interminable.

Wise Sons Delicatessen *(plan d'ensemble détachable E6,* ***227****) : 3150 24th St. ☎ 415-590-7955. Tlj 8h-20h. Compter 10-15 $.* Fondé en 5771 ? Ce *deli* juif de quartier fait référence à l'Ancien Testament ! Qu'y trouve-t-on ? *French toast* au *challah* (pain tressé), *babka* (sorte de kouglof), *rugelach* (petites pâtisseries fourrées aux raisins, noix, cannelle et/ou graines de sésame) et autres spécialités ashkénazes. Le midi, on s'intéressera aux bagels à la truite fumée, aux sandwichs au pastrami (tranches de bœuf fumé) ou au *reuben* (corned-beef et choucroute)... Une vraie petite aventure culinaire, à conduire dans la salle décorée de vieilles photos de famille, ou sur l'une des 2 tables posées sur le trottoir, au pied d'une fresque invitant à respecter l'harmonie sur terre et les autres cultures. Annexe au Contemporary Jewish Museum.

Bon marché

Valencia Whole Foods *(plan d'ensemble détachable D5,* ***228****) : 999 Valencia St. ☎ 415-285-0231. Tlj 8h-20h. Barquette env 10 $ la livre.* Avant de partir à l'assaut des peintures murales du quartier ou pour grignoter dans le parc Dolores, vous trouverez ici un petit choix de bons produits bio pour casser une graine (de taboulé, par exemple) : *salad bar,* soupes, fromage, yaourts, sandwichs préemballés, fruits et légumes.

Bi-Rite *(plan d'ensemble détachable D5,* ***229****) : 3639 18th St. ☎ 415-241-9760. Tlj 8h-21h.* Supermarché très bio-bobo un peu chic. On y trouve, dans un cadre d'épicerie de quartier, de beaux fruits et légumes, du pain frais (hors de prix), du fromage, des salades, des sushis, des plats frais cuisinés... Bref, tout ce qu'il faut pour aller pique-niquer dans le Dolores Mission Park voisin. C'est même devenu un rituel pour de nombreux habitants du quartier.

La Taquería *(plan d'ensemble détachable E6,* ***230****) : 2889 Mission St. ☎ 415-285-7117. Tlj 11h-20h. Plats 5-15 $. CB refusées.* Tacos, burritos, *quesadillas* fourrées de *carne asada*... Derrière sa lumineuse arcade blanche, tout le Mexique en *comida rapida* à prix léger, mais surtout d'une qualité et d'une fraîcheur inespérées pour ce type d'établissement. Cadre tendance fast-food, mais les nombreux habitués à la mine réjouie n'en ont cure. L'un des meilleurs rapports qualité-prix de la ville.

Taquería Can-Cún *(plan d'ensemble détachable D5,* ***231****) : 2288*

Mission St (et 19th). ☎ 415-252-9560. Tlj sauf mar 10h-0h30 (2h ven-sam, 1h30 dim). Compter 10-15 $. CB refusées. Habitués fauchés et *clubbers* en goguette savent qu'ils trouveront ici, au coude à coude autour de tables communes, l'un des meilleurs burritos de San Francisco et l'un des moins chers. Le *numero uno,* c'est l'énorme *burrito mojado,* recouvert de fromage fondu et de sauce très piquante. Sinon, classiques *quesadillas suizas, super nachos,* etc., on déguste ces plats bien copieux sous le regard bienveillant de la Virgen de Guadalupe. Les familles américaines adorent les *tortilla chips* gratos, les papiers découpés multicolores au plafond et les couleurs criardes. Succursales au 1003 Market Street (et 6th) et au 3211 Mission Street (et Valencia).

Pancho Villa Taquería *(plan d'ensemble détachable D5,* ***232****) : 3071 16th St. ☎ 415-864-8840. Tlj 10h-22h. Plats 7-15 $.* Le buste de Pancho Villa veille sur la grande salle aux airs de hall de gare, balayée par une lumière un peu assassine. N'empêche, cette cantine mexicaine est une petite institution à Mission ! On y fait la queue dans la fumée de la viande qui grille, sous l'œil indifférent des cuistots et serveurs en tablier bleu et casquette rouge, façon pompistes des années 1950. Tacos (grand choix) et burritos, appréciés pour la fraîcheur des produits et la largesse des portions, se vendent comme des petits pains, mais on peut aussi opter pour *chiles rellenos,* fajitas, *tamales,* et même un inattendu... *tofu ranchero,* concession à la mode californienne. À accompagner d'une bonne bière *Negra Modelo* et à arroser de sauces au *salsa bar.*

Voir **Rosamunde Sauvage Grill** *(plan d'ensemble détachable D6,* ***258****) : 2832 Mission St.*

De bon marché à prix moyens

Tacolicious *(plan d'ensemble détachable D5,* ***234****) : 741 Valencia St. ☎ 415-649-6077. Tlj 11h-22h (23h ven-sam). Compter 6 $ pour 1 taco, 22 $ pour 4 et 50 $ pour 10 ; happy hours sur les tacos lun-ven 15h-18h.* Petit (ou grand) frère du *Tacolicious* de Marina, celui de Mission ne désemplit pas le week-end. Joliment servis et arrangés, les tacos intègrent ici la cour des grands, avec des *fillings* (garnitures) chics, attirant une clientèle jeune et branchée, dans un cadre à l'avenant. Belles mosaïques au sol, larges baies vitrées et petite terrasse. C'est un peu plus cher que dans les *taquerías* voisines, mais les produits sont de meilleure qualité (souvent bio, élevage raisonné), et l'ambiance est autrement plus smart. Quelques salades, *pozole rojo* (soupe mexicaine) et autres *tostadas* au thon complètent l'offre. Autre adresse à SF au 2250 Chestnut St. Si la sauce prend, vous pourrez passer dans la pièce voisine, où le bar *Mosto* s'est fait une spécialité des alcools d'agave (voir « Où boire un verre ? »). Et si vous aussi vous flashez sur la photo de Barack Obama dévorant un taco... non, elle n'a pas été prise ici !

Puerto Alegre *(plan d'ensemble détachable D5,* ***235****) : 546 Valencia St. ☎ 415-255-8201. Mer-ven 16h-20h (21h ven), sam 14h-21h, dim 12h-17h. Fermé lun-mar. Plats 12-20 $.* Au-delà du simple resto, *Puerto Alegre* dégage une ambiance très *fiesta mexicana...* Les Américains adorent. Calés dans les box, sur les banquettes de moleskine, ils descendent en cadence des pichets de margarita au citron ou à la fraise, un œil distrait sur les mariachis (le week-end). Mettez-vous au bar : si on vous dit que la tequila coule à flots, vous verrez que ce n'est pas une simple image ! La cuisine est presque hors sujet mais n'est pas mauvaise pour autant, pas si bon marché mais bien consistante : comme partout, burritos, enchiladas, *mole poblano.*

Prix moyens

Pizzeria Delfina *(plan d'ensemble détachable D5,* ***229****) : 3611 18th St. ☎ 415-437-6800. Tlj 16h30-21h. Pizzas 20-30 $.* Cette annexe du célèbre resto attenant du même nom ne désemplit pas, en salle ou sur sa terrasse toute mimi. Le cadre clinique très urbain, noyé par un fond rock très présent, peut désappointer les tenants de la tradition, mais ils se consoleront avec les délicieuses pizzas à pâte fine et croustillante. Au choix : *white pies* ou *red pies* (base de sauce tomate). Les *antipasti*, choisis au gré des saisons et du marché, sont pas mal mais chers : *arancini, mozza di bufala, meatballs...* Prévoir de l'attente (c'est riquiqui !). Choix de vins italiens au verre. Autre adresse (plus grande) à Pacific Heights, au 2406 California St (et Fillmore).

Little Baobab *(plan d'ensemble détachable D-E5,* ***240****) : 3388 19th St. ☎ 415-826-92-87. Jeu-sam 16h-22h. Fermé dim-mer. Plats 11-20 $.* Décidément, Mission réserve bien des surprises : voici maintenant un resto-bar sénégalais, aux couleurs vives. La cuisine décline des saveurs bien épicées (*mafé, ri au cari, yassa* végétarien ou non), atténuées par une bonne *Tusker* fraîche. Le service est attentif, un poil brouillon mais si souriant. En fin de semaine, l'atmosphère passe sans prévenir du décontracté au chaud bouillant lors des soirées *Paris-Dakar,* aux rythmes 100 % africains.

De prix moyens à plus chic

Beretta *(plan d'ensemble détachable D6,* ***236****) : 1199 Valencia St. ☎ 415-695-1199. Tlj 17h (11h w-e)-23h (minuit ven-sam, 22h dim). Plats 13-26 $.* Un italien très tendance, à l'atmosphère sombre et bien rugissante en soirée. Il faut dire qu'on y dévore, sur des tables hautes, de savoureux *antipasti* et de délicieuses pizzas bien fines, servies sur des plateaux en alu. Également des risottos et autres petits plats tout aussi bien troussés. Accueil agréable et service qui assure. Revers de la médaille : c'est plein tout le temps. Arrivez tôt (pas de résa pour moins de 5 personnes) ou armez-vous d'un peu de patience.

Limón Rotisserie *(plan d'ensemble détachable E5,* ***242****) : 1001 S Van Ness Ave. ☎ 415-821-2134. Tlj 12h-21h (22h ven-sam). Poulet entier env 30 $, autres plats 13-20 $.* Dernière incursion exotique de notre liste, le *Limón* se fait le chantre d'un mets classé trésor national au Pérou : le *pollo a la brasa,* un poulet mariné et rôti à la flamme. Comme là-bas (mais pour plus cher...), on le commande en quart, en demi ou entier, à partager. Sans oublier les ceviches, *empanadas* (chaussons frits), *seco de costilla* (bœuf en sauce) et autres *lomito saltado* (bœuf émincé aux oignons et frites), grands classiques péruviens. Vous pourrez les accompagner d'une *chicha morada Inca Blue,* boisson à base de maïs. Cadre chic contemporain, sur des notes sud-américaines et ambiance ultra-bruyante. Bon plan du *lunch special* avec plateau d'*empanadas* et *arroz con pollo.* Succursale au 512 Valencia St *(plan d'ensemble détachable D5,* ***243****).*

De plus chic à très chic

Foreign Cinema *(plan d'ensemble détachable D5-6,* ***244****) : 2534 Mission St. ☎ 415-648-7600. • foreigncinema.com • (horaires des films). Mar-sam 17h-22h. Brunch le w-e 11h-14h (15h dim). Fermé dim soir et lun. Résa conseillée. Plats 28-40 $.* Un dîner original en perspective dans ce resto excentrique et ouvertement bobo ; entendez un patio avec mur blanc sur lequel sont projetés des films américains (souvent des classiques) et français. La grande salle, elle, mélange savamment tables en bois, plancher et murs en béton, dans une ambiance feutrée et élégante. Pas d'attrape-gogo, on y déguste à la lueur des bougies une cuisine californienne inventive, encline aux mélanges sucré-salé. Fait aussi bar à huîtres et fruits de mer (cher). Vous pouvez finir la soirée à côté, au très branché *László Bar* (même maison), où des DJs officient en fin de semaine.

SAN FRANCISCO, LE WINE COUNTRY ET LA SILICON VALLEY

Où manger une bonne glace ?

Bi-Rite Creamery & Bakeshop *(plan d'ensemble détachable D5,* ***343****) : 3692 18th St. Tlj 8h-21h. Glaces 6-8 $.* Les files d'attente les après-midi d'été battent des records... En cause, les meilleures glaces de la ville (ex-æquo peut-être avec 2-3 autres glaciers...) ! De plus, les parfums sont fort peu classiques : miel-lavande, *black sesame, cream cheese-carrot,* banane rôtie... On peut aussi craquer pour les *sundaes* noyés sous le chocolat chaud, ou pour les *stuffed donuts,* un beignet fourré de glace ! Une autre adresse au 550 Divisadero *(tlj 8h-21h).*

Humphry Slocombe *(plan d'ensemble détachable E6,* ***344****) : 2790A Harrison St. Tlj 11h (8h sam)-21h.* Un autre glacier très prisé, comme en atteste l'habituelle file de gourmands qui attendent devant la porte. Le quartier est loin d'être *hype,* mais les parfums étonnants, toujours changeants, ont fait la réputation de la maison. Jugez plutôt : hibiscus-betterave, carotte-mangue, chocolat brun au malt, vanille tahitienne, fraise-margarita... À essayer absolument si vous passez par là, même si ce n'est pas donné !

Où boire un café, un thé ou un chocolat ?

Stable Café *(plan d'ensemble détachable E5,* ***259****) : 2128 Folsom St. ☎ 415-552-1199. Mar-dim 8h-15h. Fermé lun. Sandwichs et salades 7-13 $.* Repaire des trentenaires branchés du quartier, ce café mérite le détour les jours ensoleillés. La superbe terrasse végétalisée se remplit vite de travailleurs solitaires ou petits groupes de potes qui pianotent sur leurs claviers et papotent en mordant dans un bagel, un *turkey club,* ou un *avocado toast*. Bien agréable pour une pause café au calme au verre, mais un peu chérot tout de même.

Ritual Coffee Roasters *(plan d'ensemble détachable D5-6,* ***345****) : 1026 Valencia St. ☎ 415-641-1011. Tlj 7h-20h.* Tenant de la *coffee culture,* réputé dans toute la ville et au-delà pour ses cafés à l'arôme et au goût un peu plus puissants, *Ritual Roasters* attire la foule malgré les 5 mn d'attente nécessaires pour que le café passe à travers le filtre (eh oui, comme dans le temps)... Décor (trop ?) épuré et musique (trop ?) forte.

Four Barrel Coffee *(plan d'ensemble détachable D5,* ***346****) : 375 Valencia St. ☎ 415-896-4289. Tlj 7h-17h.* Concurrent de *Ritual Roasters, Four Barrel* fait les choses en grand : le café, ici, est servi dans un immense hangar au décor industriel et boisé très aéré. Quelques cookies pour faire trempette dans sa tasse. À l'arrière, les sacs en provenance de toute l'Amérique latine s'empilent au pied des torréfacteurs. Ce sont nos places préférées, au comptoir, en face des grains en train d'être moulus.

Dandelion *(plan d'ensemble détachable D5,* ***347****) : 740 Valencia St. ☎ 415-349-0942. Tlj 11h-19h (10h-21h w-e).* C'est une chocolaterie, mais comme les Américains ne font rien comme tout le monde, ils ont mélangé l'atelier et le salon de thé ! On y déguste donc chocolat noir, chocolat chaud ou froid et pâtisseries (au chocolat, évidemment !) devant les machines à torréfier et les sauciers géants qui tournent en rond. Attardez-vous un moment devant le grand mur ardoise où est expliqué le procédé de fabrication, de la cabosse à la tablette. Une escale incontournable (mais chère) pour les *chocoholics,* comme on dit ici.

Samovar Tea & Chai *(plan d'ensemble détachable D5,* ***357****) : 411 Valencia St. ☎ 415-553-6887. Tlj 7h-20h.* Après le café et le chocolat, place au thé... dont les effluves se font sentir dès qu'on franchit l'entrée (et pour cause, le tout mijote dans de grandes marmites). Au choix : *green tea, white tea, herbal tea, oolong, puerh...* à siroter, pourquoi pas, avec une délicate petite pâtisserie au chanvre ou à la cardamome rose. Pas grand-chose pour s'asseoir, en revanche : juste une banquette en pierre face au comptoir, visez plutôt la terrasse.

Où boire un verre ?

El Techo de Lolinda *(plan d'ensemble détachable D5-6,* ***244****) : 2516 Mission St. ☎ 415-550-6970. Tlj 16h (11h w-e)-23h (minuit ven-sam).* Pour vivre heureux, vivons perchés ! Alors grimpez sur ce *techo* (toit en espagnol), on vous garantit une ambiance *caliente* et la musique à fond. Là-haut, margaritas et sangrias se sifflent par pichet, à moins de préférer la piña colada ou autre cocktail à base de mezcal. *Quesadillas, empanadas* et tacos permettent d'éponger, mais on a été franchement déçus par les portions et la qualité : c'est bien gras tout ça ! Pointez-vous dès l'ouverture et ne vous découragez pas s'il y a déjà la queue, souvent ça avance plutôt vite, et la vue mérite de poireauter un peu. Petit conseil au passage : vous obtiendrez une table plus rapidement si vous dînez sur place.

Urban Putt *(plan d'ensemble détachable E6,* ***356****)* **:** *1096 S Van Ness Ave. ☎ 415-341-1080. Tlj 16h (11h w-e)-22h (23h ven-sam, 21h dim).* Qui est partant pour taper quelques balles ? C'est l'idée géniale proposée par ce bar souvent plein où a été aménagé un golf miniature de 14 trous. Le long du parcours, on revisite les sites emblématiques d'un San Francisco lilliputien. La balle roule dans les tentacules d'une pieuvre de l'aquarium, file entre les squelettes festifs du quartier mexicain, en passant par les célèbres *Seven ladies* et l'univers mystérieux des sous-marins. On y croise des familles, mais aussi des collègues de bureau venus se défouler. Original et franchement marrant !

Barrel Proof *(plan d'ensemble détachable D5,* ***354****)* **:** *2331 Mission St. ☎ 415-932-6132. Tlj 11h-22h.* Que nos lecteurs joueurs soient prévenus, si vous passez cette porte, vous ne ressortirez pas de sitôt ! Sur 2 étages, ce bar déjanté compte 2 billards, un flipper, une table où jouer en binôme à Pac-Man, des jeux de société et d'arcade mais aussi un Photomaton, une trentaine d'écrans TV et on y organise des soirées quiz. Bruyant et survolté ! On se faufile jusqu'au bar pour commander une bière entre 2 parties de *Street Fighter.* Régressif ? Et alors !

Teeth *(plan d'ensemble détachable D5,* ***354****)* **:** *2323 Mission St. ☎ 415-285-2380. Lun-jeu 16h-22h, ven 14h-23h, sam 11h-23h, dim 10h-21h.* Voisin du *Barrel*, le *Teeth* se repère au dentier mécanique en façade. Musique à fond et ambiance plutôt *dark* côté bar, on vous l'indique surtout pour son super *biergarten* arboré à l'arrière. Parfait pour descendre quelques mousses entre potes en se léchant les doigts, pleins de la sauce BBQ des *chicken wings* qui sortent des cuisines par plateaux !

Kilowatt *(plan d'ensemble détachable D5,* ***353****)* **:** *3160 16th St. ☎ 415-861-2595. Tlj 18h (17h ven, 16h w-e)-2h.* Il manque indubitablement quelques kilowatts à ce grand espace tamisé (y a-t-il un électricien dans la salle ?) permettant tous les excès, où se coltinent tatoués, barbus, cougars en maraude, filles sages (ou pas) et joueurs de fléchettes sur fond de rock énervé. On vient y voir un match, jouer au billard (2 tables) ou au flipper et, surtout, descendre une bière à la pression (une vingtaine de différentes), à choisir au tableau noir.

Elixir *(plan d'ensemble détachable D5,* ***349****)* **:** *3200 16th St. ☎ 415-552-1633. Tlj 16h (12h sam, 14h dim)-22h (2h jeu-sam).* Voici un vieux saloon de 1858 reconverti en pub classique bourré d'habitués (et non l'inverse, encore que...), idéal pour un drink avant ou après dîner. La maison est spécialisée dans le whisky (quelle carte !) et la clientèle à majorité masculine. Super ambiance en fin de semaine et lors des soirées à thème (cocktail club le jeudi). Si l'on gagne le quiz du mardi, les consommations sont offertes !

The Monk's Kettle *(plan d'ensemble détachable D5,* ***350****)* **:** *3141 16th St. ☎ 415-865-9523. Tlj 12h-minuit. Plats 8-24 $.* C'est une *craft beer tavern,* entendez un bar à bières, l'un des meilleurs de la ville, avec plus de 200 « broues » méticuleusement sélectionnées, certaines locales et quelques autres à la pression. Rien à voir avec les pubs au sol collant : ici l'ambiance se veut plutôt smart. Le week-end, une foule jeune colonise le comptoir, les tables, le trottoir, jusqu'à ce qu'on ne puisse plus bouger un orteil. Pour ne rien gâcher, la nourriture est bonne et le service éclairé.

Mosto *(plan d'ensemble détachable D5,* ***234****)* **:** *741 Valencia St. ☎ 415-649-6077. Mar-sam 17h-minuit (23h sam). Fermé dim-lun.* Attenant au *trendy*

Tacolicious (voir « Où manger ? »), *Mosto* offre un choix de plus de 300 sortes d'alcool à base d'agave, présentés dans un menu long comme un petit bottin ! Tequilas, mezcal et *sotol* (originaire du Chihuahua) se boivent *straight* ou en cocktails, avec un en-cas de *guacamole y queso* ou de bons tacos *al pastor* (à l'ananas). Un lieu apprécié des jeunes branchés, qui y tuent l'attente pour une table au *Tacolicious.*

Trick Dog *(plan d'ensemble détachable E5,* ***351****) : 3010 20th St. ☎ 415-471-2999. Pas d'enseigne, c'est la façade rose pâle. Tlj 16h-minuit.* Aux limites orientales de Mission, au milieu de nulle part, *Trick Dog* fait de l'œil à tous les amateurs de cocktails sérieux avec ses mix sortant de l'ordinaire concoctés par des barmen souvent tatoués. Le menu est présenté sous forme de livret romancé, un peu compliqué à déchiffrer (alors imaginez après 2 verres !). Style industriel dénudé, un long comptoir avec son lot de tabourets hauts, sinon peu de places pour poser une fesse. L'ambiance est souvent chaude et la musique envahissante, mais les *hipsters* ne manqueraient ça pour rien au monde.

Cha-Cha-Cha *(plan d'ensemble détachable D5,* ***354****) : 2327 Mission St. ☎ 415-824-1502. Lun-jeu 17h-23h, ven-dim 16h-minuit (23h dim). Tapas 8-19 $, plats 13-22 $.* C'est le petit frère de celui de Haight, en plus sage. Côté cadre : murs de brique rouge ornés de grandes photos et immense bar en U où s'agglutine une clientèle jeune et joyeuse, parfois sur fond de musique à tue-tête. La carte navigue entre tapas et plats hispano-mexicains, mais les habitués apprécient avant tout la sangria maison (version rouge... ou blanche). *Live Cuban music* le mardi dès 20h. On préfère celui de Haight.

Zeitgeist *(plan d'ensemble détachable D4,* ***348****) : 199 Valencia St. ☎ 415-255-7505. Tlj 14h (13h w-e)-23h (minuit jeu, 1h ven-sam, 21h30 dim).* À voir sa façade fripée, on n'imagine pas que cet ancien repaire de *bikers* renferme un vaste *beer garden* inondé de soleil en journée et de rock le soir, avec une fresque revisitant la *Naissance de Vénus* de Botticelli, en version trash... pas toujours visible le soir tant la foule peut être compacte ! Les étudiants débarquent en masse dès le printemps, partageant les pichets de bière accoudés aux tables communes, un œil sur le gril où rôtissent burgers et saucisses. Un classique dans le quartier.

Où sortir ?

Roxie *(plan d'ensemble détachable D5,* ***352****) : 3117 16th St. • roxie.com • Ticket : 13 $; réduc.* On aime beaucoup ce vieux théâtre fondé en 1909, reconverti en salle de cinoche d'art et d'essai, parmi les dernières indépendantes. Remarquable programmation par thème, hommages à des cinéastes oubliés ou à découvrir, cinéma de pays lointains et films présentés dans certains festivals.

Achats

Paxton Gate *(plan d'ensemble détachable D5,* ***415****) : 824 Valencia St. • paxtongate.com • Tlj 11h-19h.* Peut-être notre boutique préférée dans tout San Francisco, c'est dire ! Un formidable cabinet de curiosités où l'on trouve les outils du parfait taxidermiste, entomologiste (qui étudie les insectes), jardinier... Animaux empaillés ou en bocaux, affiches botaniques, pierres et coquillages et même des bestioles tricotées et disséquées !

826 Valencia Pirate Supply *(plan d'ensemble détachable D5,* ***415****) : 826 Valencia St. • shop.826valencia.org • Tlj 12h-18h.* Apprentis pirates, voici votre antre ! Cette boutique, connue dans toute la Californie et qu'on adore, stocke bouteilles à la mer, drapeaux tête-de-mort, boîte-coquillage, longues-vues et tout le nécessaire pour partir à l'abordage ! Amusants carnets pour apprendre à affronter la haute mer, résister aux conditions de vie spartiates à bord... Décor à la hauteur du thème. Plein de chouettes petits cadeaux à rapporter.

Dog Eared Books *(plan d'ensemble détachable D5,* ***416****) : 900 Valencia St. • dogearedbooks.com • Tlj 10h-22h.* Une librairie bien calée dans les matières alternatives, des bouquins sur le Che et les Anonymous, sans oublier des sections *queer studies* (gay), religions du monde, féminisme, littérature beat, et même jardinage ! Petit choix de bouquins d'occase en français et même un rayon enfants... pour grandir intelligemment.

À voir. À faire

La mission Dolores *(San Francisco de Asís ; plan d'ensemble détachable D5) : 3321 16th (et Dolores). Tlj sauf certains j. fériés 10h-16h. Entrée gratuite mais donation suggérée : env 7 $. Brochure en français.*
C'est ici qu'est né San Francisco, lorsque fut célébrée la 1re messe de la région, le 29 juin 1776. Moins d'une semaine plus tard, à l'est du continent, les colons américains proclamaient leur indépendance. Mais la mission San Francisco d'Assise, de son vrai nom, date en réalité de 1791. Elle est la 6e des 21 missions fondées tout au long du Camino Real, qui reliait San Diego à Sonoma, sur près de 1 000 km.
En arrivant, l'œil est d'abord attiré par la grande basilique (1918) qui, de l'extérieur, évoque un peu une église mexicaine avec ses riches ornementations baroques. La chapelle proprement dite, bien plus petite, fut achevée en 1791 par des ouvriers indiens. Les poutres peintes en séquoia de la charpente sont reliées entre elles par des lanières en cuir, ce qui a sans doute permis à l'édifice de résister au tremblement de terre de 1906... Ce modeste sanctuaire abrite un maître-autel du XVIIIe s importé du Mexique, assez baroque, et 2 autres plus petits, sur les côtés, contrastant avec la sobriété des murs blancs. À la sortie, une grande maquette présente la mission à ses origines.
On peut ensuite accéder à la basilique (moche) puis à un minimusée (une seule salle) exposant des objets liturgiques et rappelant l'existence des Ohlone, la tribu amérindienne qui peuplait jadis la région. Vient ensuite le charmant cimetière, temps fort de la visite où, entre les rosiers, figuiers, agapanthes et palmiers, s'égrènent des pierres tombales portant de nombreux patronymes irlandais et quelques français. Au milieu, une hutte ohlone, un peu incongrue, a été reconstituée. Une des scènes de *Sueurs froides,* de Hitchcock, a été tournée ici.

Mission Dolores Park *(plan d'ensemble détachable D5) : à 2 blocs au sud de la mission.* C'est un parc au frais gazon, avec un très beau point de vue, depuis son sommet, sur Downtown et ses gratte-ciel. Aux beaux jours, on se croirait sur une plage de La Grande-Motte : la pelouse est prise d'assaut par les adeptes du bronzage, ce qui vaut à l'endroit d'être surnommé « Dolores Beach ».

Bernal Heights *(plan d'ensemble détachable E6) : au sud de Mission, dans le prolongement de Folsom St.* La colline, nue à l'exception d'un bouquet d'arbres et d'une antenne radio, offre une vue panoramique sur la ville. Le lieu est nettement moins fréquenté que Twin Peaks.

Balade spéciale peintures murales

Le quartier prend dans certains secteurs de vraies allures de galerie d'art à ciel ouvert. Ce serait dommage de passer à côté ! Nous vous indiquons les plus belles fresques, mais pour une visite complète, vous pouvez vous rendre au ***Precita Eyes Mural Arts and Visitors Center*** *(plan d'ensemble détachable E6,* ***26****) : 2981 24th St. • precitaeyes.org • Lun-sam 10h (12h sam)-17h. Fermé dim. Visites guidées le w-e à 11h30 ; compter 20 $/pers pour 2h15 de tour ; réduc.*

En plus de vendre tous les pigments dont ont besoin les muralistes, la boutique organise des visites guidées autour de ces véritables œuvres d'art. Il suffit de se présenter à l'heure dite. Plus simple : y acheter une carte (5 $) répertoriant tous les *murals* les plus intéressants. La situation évolue : si certaines fresques sont restaurées, d'autres disparaissent et d'autres encore sont créées chaque année ! Certaines, décrites dans ce guide, auront peut-être disparu lors de votre passage.

➢ ***Balmy Alley*** *(plan d'ensemble détachable E6,* ***460****) :* à 2 pas de *Precita Eyes,* cette petite allée très étroite et fleurie, reliant 24th et 25th Streets, entre Treat et Harrisson, abrite l'une des plus grosses concentrations de peintures murales de la ville. Plutôt photogénique ! On peut y admirer Quetzalcóatl, le serpent emplumé mexicain, plusieurs versions de la Vierge, Michael Jackson, le combat des femmes indiennes dans les plantations de thé pour plus de justice, des hommages aux victimes du sida, aux combattants des causes amérindiennes et à l'archevêque Oscar Romero, qui défendit les Droits de l'homme dans le Salvador ensanglanté par la dictature. L'immigration est un thème récurrent, avec une touchante lettre écrite par un *wetback* (clandestin mexicain) à sa femme et son fils restés au pays, et un slogan affirmatif : *Aquí estamos y no nos vamos.* Traduction : on y est, on y reste ! Juste au-dessus, une fresque décrit les ravages de Wall Street et du capitalisme, avec des CRS débarquant dans le jardin d'Éden... Bref, des peintures plutôt militantes.

➢ Revenez vers Mission Street par 24th Street. Juste avant de l'atteindre, vous verrez partir sur la gauche une longue ruelle étroite, ***Lilac Street,*** un peu plus trash et taguée mais riche de nombreuses peintures. À l'angle de la rue *(plan d'ensemble détachable E6,* ***461****),* sur le parking à gauche, se dessine une longue fresque militante, qui en appelle à la solidarité et rend hommage aux combats populaires. Le Che s'y cache derrière un arbre, à côté de Quetzalcóatl (symbole du pouvoir amérindien) et d'une inscription : *We didn't cross the border, the border crossed us !* (« Nous n'avons pas traversé la frontière, c'est elle qui nous a traversés ! ») Ou encore : manifestants, soldats en armes, gangs et appel à l'autodétermination palestinienne. Dans Lilac Street elle-même, les fresques se font plus brouillonnes et répétitives, avec pas mal de tags et un vrai engouement pour les monstres en tout genre.

➢ Remontez Mission Street jusqu'à l'angle de 23rd Street *(plan d'ensemble détachable E6,* ***462****).* Côté droit, avant Capp Street, la façade se couvre d'un grand paysage symboliste sur lequel voisinent sierra, forêt de pins et désert semé de cactus. Au centre, un personnage énigmatique et solitaire, reflet de tout un chacun. Le coiffeur d'à côté (nº 3284) a peint sa boutique de médaillons représentant des portraits de personnalités engagées : Gandhi, Frida Kahlo, Mandela, le Che, Zapata, Sandino, Pancho Villa...

➢ À l'angle de Van Ness et 23rd Streets, la princesse toltèque Xochtil, accompagnée d'un jaguar, et à l'angle de Shotwell et 23rd Streets *(plan d'ensemble détachable E6,* ***463****),* le thème de l'immigration, avec le départ de l'être aimé, très poignant dans un ciel rougeoyant à la nuit tombante.

➢ Retour vers Capp Street, qu'on remonte jusqu'à la 21th Street pour admirer la fresque particulièrement chatoyante intitulée *Bethany (plan d'ensemble détachable D-E5,* ***464****),* qui occupe toute la façade d'un immeuble. Puis, en retraversant Mission Street, à l'angle de Bartlett Street, ne pas manquer ce *mural* où mythes amérindiens et modernité, à nouveau, se côtoient...

➢ Rejoignez alors Valencia Street, un bloc à l'ouest, et remontez-la jusqu'à la 18th Street. Moins de 100 m à gauche, au nº 3543, à l'angle de Lapidge et Linda Streets, tout le bâtiment du ***Women's Building*** *(plan d'ensemble détachable D5,* ***466****),* haut de 3 étages, est recouvert de fresques colorées rendant hommage aux femmes du monde entier (maternités, portraits, etc.). À notre avis, les plus jolies de toutes. Couronnant l'édifice, une peinture représente une femme enceinte avec son fœtus par transparence. Peut-être la plus belle fresque du quartier !

➢ De retour sur Valencia, continuez votre marathon-fresques jusqu'à la petite Sycamore Street, un demi-bloc plus haut. On y voit quelques oiseaux bleus au milieu de fleurs roses un tantinet psychédéliques. Juste après, Clarion Alley et ses chaussures suspendues aux câbles électriques *(plan d'ensemble détachable D5, **467**)*, étirée entre Valencia et Mission, montre, pêle-mêle, une profusion de visages très graphiques, un tigre et des lions, 2 éléphants indiens et quelques peintures murales à thème politique. Une des rues les plus colorées du quartier. Pour plus d'infos : ● *clarionalleymuralproject.org* ●

➢ Et encore, 2 blocs plus au nord, à l'angle de 15th Street et Valencia *(plan d'ensemble détachable D5, **468**)*, un tigre affublé d'une casquette de base-ball et des requins un peu marteaux.

CASTRO ET NOE VALLEY *(plan d'ensemble détachable C-D5-6 et zoom Castro-Lower H détachable)*

Castro, la grande Mecque des homos ! À l'origine, la densité des homosexuels n'y était pas supérieure à la moyenne nationale, mais la plus grande tolérance des Californiens a attiré les gays de tout le pays, et plus encore des États conservateurs comme le Texas... Délimité à l'est par Church Street et au sud par 21th Street, le *Gay Village* se centre sur Market Street, entre les 14th et 17th Streets, et bien sûr, sur Castro Street.
Le quartier est prolongé au sud par ***Noe Valley, très tranquille et résidentiel, partagé entre gays et straights*** (hétéros), yuppies et familles des classes moyenne à supérieure. Il ne s'y passe pas grand-chose. Les commerces s'y regroupent sur 2 secteurs : 24th Street et Church Street (entre les 24th et 30th Streets).

CONNAISSEZ-VOUS UN ENDROIT GAY ?

L'homosexualité n'a pas toujours été légale aux États-Unis : il fallut attendre 2003 pour que la Cour suprême déclare anticonstitutionnelles les lois anti-homosexuels encore en vigueur dans... 13 États. Un homme n'avait pas le droit de tenir la main d'un autre homme en public. Pour aborder sans danger ceux qu'ils voulaient draguer, les intéressés utilisaient un mot de passe : « Connaissez-vous un endroit gay ? » c'est-à-dire gai, cool... Cette phrase anodine pour un hétéro (et sans danger même si, par malheur, on avait affaire à un policier) annonçait la couleur pour celui qui était concerné. Peu à peu, ça s'est su, et gay est devenu synonyme d'homosexuel.

➢ De Downtown (Market Street) ou de l'Embarcadero, le ***tramway historique F*** conduit directement à Castro (son terminus), de même que le métro (lignes K, L ou M). Pour Noe Valley, mieux vaut prendre la ***ligne J,*** qui revient en surface et dessert toute une série de stations le long de Church Street.

Adresse utile

■ ***The San Francisco Lesbian Gay Bisexual Transgender** (LGBT) **Community Center** (plan d'ensemble détachable D4, **27**) :* *1800 Market St.* ☎ *415-865-5555.* ● *sfcenter.org* ● *Tlj 9h-17h.* Vous ne pourrez manquer l'élégante architecture moderne et colorée de ce centre qui se fixe comme objectif de centraliser tous les services et infos en faveur de la communauté LGBT de la ville. C'est aussi, on l'aura compris, une machine de combat politique. Anime un intéressant programme culturel.

Où dormir ?

De prix moyens à plus chic

The Willows B & B Inn *(zoom Castro-Lower H détachable,* ***101****) : 710 14th St. ☎ 415-431-4770. ● willowssf.com ● Doubles 150-195 $, petit déj continental inclus. Min 2 nuits le w-e (5 j. pour la Gay Pride).* Ce B & B très *gay friendly* possède une douzaine de chambres accueillantes et de bon confort (sans être luxueuses ni très modernes dans leur déco), toutes avec lavabo, frigo et peignoirs, partageant 4 salles de bains parfaitement tenues sur 2 étages. Les cocktails servis le soir sont les bienvenus, l'accueil est chaleureux, et le tram F est à 2 pas pour gagner le centre-ville.

Beck's Motor Lodge *(zoom Castro-Lower H détachable,* ***78****) : 2222 Market St. ☎ 415-621-8212. ● becksmotorlodge.com ● Doubles 180-300 $.* Ils ne sont pas nombreux les hébergements de ce côté de la ville. Pourtant, il y a tant de bonnes raisons d'y résider. Loin des clichés du motel cracra et glauque de bord de route, cette adresse rétro nous a bluffés par sa déco soignée, ponctuée d'objets vintage et égayée de murs bleus rafraîchissants. Impeccables, les chambres sont grandes, climatisées et tout aussi modernes côté salle de bains. Parking gratuit (mais places limitées) et la célèbre ligne de tram F passe juste à côté. Accueil charmant en prime. On regrette juste l'absence de petit déj et le manque d'insonorisation..., éviter les chambres collées à la rue.

Où manger ?

Dans Castro

Spécial petit déjeuner

Orphan Andy's *(zoom Castro-Lower H détachable,* ***359****) : 3991 17th St. ☎ 415-864-9795. Tlj 24h/24. Petits déj et plats 8-20 $.* Une institution pour les habitants du quartier et membres de la communauté LGBT qui viennent y dévorer à toute heure du jour et de la nuit des plats costauds. On adore le décor rétro de ce *diner,* avec lampes Tiffany, juke-box, et tabourets en skaï rouge alignés au comptoir, égayés de lampions en papier multicolores. Pour les grosses fringales du matin, large choix d'omelettes (version salée ou sucrée) et *French toasts* (craquez donc pour ceux à la crème et pommes rôties, mmhhh). Burgers et sandwichs généreusement garnis complètent la carte pour le reste de la journée. On a aimé le service souriant assuré par Denis et Bill, le couple de proprios. Une adresse à l'image du quartier : joviale et accueillante.

Thorough Bread and Pastry *(zoom Castro-Lower H détachable,* ***245****) : 248 Church St. ☎ 415-558-0690. Mer-dim 8h-15h. Fermé lun-mar. Viennoiseries 4-6 $.* Échappant à la multiplication des petits pains (pas de chaîne ici !), cette boulangerie-pâtisserie, parmi les meilleures de la ville, propose d'excellents croissants aux amandes, des *sticky buns, rustic tarts, coconut macaroons,* muffins, scones, gougères et pains aux raisins (en français sur la carte). On peut également acheter du pain, se faire préparer un savoureux sandwich. Petit patio végétalisé aux beaux jours.

Voir aussi plus loin **Squat & Gobble** et **Café Flore.**

De bon marché à prix moyens

I'a Poké *(zoom Castro-Lower H détachable,* ***246****) : 314 Church St. ☎ 415-829-8030. Tlj 11h30-20h (19h dim). Compter 15-20 $.* Si vous n'avez pas encore goûté au *poké* hawaiien, c'est peut-être le moment ! Très en vogue depuis quelque temps sur la côte californienne, il s'agit de grands bols où l'on mélange du riz, des cubes de poisson cru et de petits légumes genre algues et concombre, avec bien sûr une sauce pour relever le tout. Sain, léger (tout en étant copieux) et surtout délicieux ! On peut aussi opter pour la version « burrito ». Plutôt à emporter, même si l'on peut s'asseoir sur les quelques tabourets face au mur. Au passage, amusez-vous à détailler la très belle fresque *Market Street Railway Mural* sur la façade voisine.

Café Flore *(zoom Castro-Lower H détachable,* ***249****) : 2298 Market St. ☎ 415-651-8579. Tlj 9h-21h (22h ven-sam). Brunch le w-e 9h-16h. Plats 10-23 $.* Installé dans une grande baraque en tôle, le *Flore* exhibe l'une des terrasses les plus agréables du quartier. Gays et *straights* s'y côtoient, entre plantes vertes et belles plantes (!), pour le petit noir du matin (recommandé) accompagné d'une viennoiserie, pour le brunch dominical très populaire, ou pour un gros sandwich, une soupe, une salade ou un plat chaud, à commander au comptoir du fond. Simple et correct.

La Méditerranée *(zoom Castro-Lower H détachable,* ***251****) : 288 Noe St. ☎ 415-431-7210. Mar-dim 11h-20h30. Fermé lun. Brunch le w-e 11h-14h. Plats 14-16 $ le midi, 16-22 $ le soir.* Cette salle agréable, à la déco un peu arabe, est la petite sœur des restaurants *La Méditerranée* de Pacific Heights et Berkeley. Mêmes recettes arméniennes, libanaises et moyen-orientales avec, notamment, d'excellents *mezze*. Pour plus de détails, voir « Où manger ? » à Pacific Heights. Aux beaux jours, quelques tables dehors, mais le midi... le soleil brille au *Flore*, en face !

Voir aussi précédemment **Orphan Andy's** dans « Spécial petit déjeuner ».

De prix moyens à plus chic

Anchor Oyster Bar *(plan d'ensemble détachable C5,* ***247****) : 579 Castro St. ☎ 415-431-3990. Jeu-lun 14h-20h. Fermé mar-mer. Pas de résa. Plats 20-30 $.* N'arrivez pas trop tard car une queue se forme invariablement devant ce petit resto bien connu ! Il faut dire que la cuisine (de la mer, vous l'aurez compris) est vraiment réussie et à des tarifs encore raisonnables pour la qualité, comme ces délicieuses et copieuses assiettes de *greenlip mussels* (dans un bouillon bien parfumé), *steamed clams*, gambas mexicaines, poissons bien saisis, *Boston chowder* et autres suggestions du jour genre pâtes aux fruits de mer bien fumantes ! Sans oublier, naturellement, les huîtres. Tout ça dans une petite salle à la déco marine avec un joli comptoir qui accueille aussi les convives. Vin au verre pas cher pour San Francisco, accueil et service souriants...

Dans Noe Valley

Prix moyens

Firefly *(plan d'ensemble détachable C6,* ***255****) : 4288 24th St. ☎ 415-821-7652. Mar-sam 17h30-20h30. Fermé dim-lun. Résa conseillée. Plats 13-30 $.* Connue des aficionados et des voisins immédiats, cette charmante adresse à l'enseigne en forme de grosse luciole et aux lumières tamisées réserve un accueil élégant et chaleureux. Assis dans l'une des salles à la déco simple ou au comptoir, on goûte une cuisine de saison sans frontières, bien maîtrisée. Gardez de la place pour les excellents desserts et écoutez bien les conseils éclairés du sommelier si vous envisagez de partir sur la route des vins californiens...

Où manger un cookie coquin ?

Hot Cookie *(zoom Castro-Lower H détachable,* ***358****) : 407 Castro St. ☎ 415-621-2350. Tlj 11h-22h (1h ven-dim). Basic Bitch, Sexy Brian* ou *Lil' Bitch,* cette échoppe de poche rameute les p'tits gourmands du quartier gay amadoués par les délicieux cookies aux pépites de chocolat, au beurre de cacahuète, aux noix... On peut aussi mordre dans un brownie *Venus body* en forme de vulve ou un *Penis dick* (a priori pas besoin de vous le décrire). Les murs sont tapissés de photos de clients en sous-vêtements. En un mot : *Hot !*

Où boire un verre ou un café ?

Café Flore *(zoom Castro-Lower H détachable,* ***249****)* **:** voir « Où manger ? » précédemment.

The Castro Coffee Company *(zoom Castro-Lower H détachable,* ***358****)* **:** *427 Castro St. ☎ 415-552-6676. Tlj 7h (8h sam, 9h dim)-21h (20h dim).* Ce minuscule *take-away,* tenu par une accueillante famille de Palestiniens, embaume l'angle de Castro et de Market avec ses cafés en provenance du monde entier. Au choix : une dizaine de cafés chaque jour, contenus dans de grands thermos. Propose également du thé, quelques pâtisseries et en-cas salés, comme des *empanadas.* Une poignée de tables en terrasse mais rien pour siroter son p'tit noir au chaud à l'intérieur.

Twin Peaks Tavern *(zoom Castro-Lower H détachable,* ***359****)* **:** *401 Castro St (angle 17th). ☎ 415-864-9470. Tlj 12h (8h jeu-sam, 10h dim)-2h.* Stratégiquement placé au terminus du tram F, le *Twin Peaks* est un pionnier : c'est le 1er bar homo de Castro à être sorti de l'ombre pour prendre l'apparence d'un café de quartier cosy. On l'appelait à l'époque le *Cheers* gay ! Son bar orné de boiseries, ses lampes Tiffany et ses banquettes latérales composent un cadre chaleureux encore très populaire pour une bière ou un verre de vin – et pas seulement auprès des gays.

Où sortir ?

The Café *(zoom Castro-Lower H détachable,* ***360****)* **:** *2369 Market St (au 1er étage). ☎ 415-779-3171. Jeu-sam 21h-2h. Fermé le reste de la sem. Entrée gratuite ou max 5 $.* Dans un décor aux tons argentés un peu frisquet, cette petite institution locale offre une piste de danse prise d'assaut en fin de semaine par de beaux mecs et des couples de nanas (mais tout le monde est le bienvenu). Musique à fond et cocktails décoiffants. Soirées à thème différentes selon le jour de la semaine.

The Castro Theatre *(zoom Castro-Lower H détachable,* ***363****)* **:** *429 Castro St (et Market). Entrée : env 15 $; réduc.* La salle de ce cinéma, véritable institution locale, date des années 1920. Elle est superbe avec ses peintures aux murs, ses fauteuils rouges rénovés et ses lourds rideaux de velours. La programmation comprend films étrangers (français notamment) et classiques hollywoodiens.

Achats

Dog Eared Books *(zoom Castro-Lower H détachable,* ***411****)* **:** *489 Castro St. • dogearedbooks.com • Tlj 10h-22h.* Une librairie alternative où l'on trouve plein de bouquins sur l'histoire du quartier, Harvey Milk, la communauté LGBTQI+, mais aussi sur le féminisme, la littérature beat, les religions du monde... Aussi un chouette rayon enfants, pour grandir intelligemment !

À voir. À faire

➢ **Cruisin' the Castro :** *☎ 415-550-8110. • cruisinthecastro.com • Rdv mar-sam à 10h, à l'angle de Castro et Market St, face à l'arrêt du tram F et à la station de métro. Compter 30 $ la visite ; réduc. Durée : 2h. Résa obligatoire par tél ou sur le site internet.* Intéressante balade à travers le quartier, en individuel ou en petit groupe, pour tout apprendre sur les origines de la Mecque des gays. Pour info, *cruise* signifie « draguer »... Les visites sont menées par des résidents du quartier, guides professionnels et activistes des droits civiques.

Castro Street *(zoom Castro-Lower H détachable)* **:** de Market Street à 20th Street, Castro et ses abords sont considérés comme le centre de la communauté gay, avec une concentration maximale de bars et boutiques dédiés à cette clientèle. Bannières et passages piétons multicolores égaient d'ailleurs ce petit coin de SF. Près de l'arrêt du tram F, à l'orée de la 16th Street (face à Pond Street), ne manquez pas la grande fresque peinte en hommage à Harvey Milk. Sur Castro, au n° 429, jetez un coup d'œil au ***Castro Theatre*** *(zoom Castro-Lower H détachable,* ***363****)*, un vieux cinéma qui a conservé son beau décor (façade et intérieur) inspiré de l'architecture hispanique (voir précédemment « Où sortir ? »). Au n° 575, ***le magasin de photo et l'appartement de Harvey Milk*** *(plan d'ensemble détachable C5,* ***469****)* servit de QG de campagne à Milk lorsqu'il se présenta aux élections municipales. Une plaque insérée sur le trottoir rappelle ses combats passés. La boutique vend surtout des fringues, pins, casquettes et autres babioles multicolores, dont les recettes sont reversées à l'asso.

MILK DAY

En 1972, Harvey Milk s'installa à Castro avec son compagnon. Dans les années qui suivirent, il s'imposa comme un des leaders de la communauté gay et y gagna le surnom de « maire de Castro Street ». Moins d'un an après son élection au conseil municipal, début 1978, Milk fut abattu. Une des cassettes audio retrouvées chez lui après son assassinat contient la phrase suivante : « Si une balle devait traverser mon cerveau, laissez-la aussi briser toutes les portes de placard », allusion à tous les homos qui redoutaient alors de faire leur coming out. Le 22 mai, jour de sa naissance, est devenu le Harvey Milk Day.

GLBT Historical Society Museum *(zoom Castro-Lower H détachable)* **:** *4127 18th St. • glbthistory.org • Mar-dim 11h-17h. Fermé lun. Entrée : 10 $; réduc ; gratuit ts les sam, résa conseillée en ligne.*
Le 1er musée sur l'histoire du mouvement gay aux États-Unis a été inauguré en janvier 2011 à San Francisco par la *GLBT Historical Society.* Ce n'est que le 2d établissement de ce genre dans le monde après celui de Berlin, créé en 1985. Un lieu petit certes, mais très symbolique, qui retrace les réalités, les combats et le quotidien des homosexuels au cours du siècle passé, mais aussi leurs victoires peu à peu acquises et l'évolution des mentalités, dans la communauté comme à l'extérieur. La collection présente aussi quelques objets ayant appartenu à Harvey Milk. Ne partez pas sans écoutez la K7 enregistrée par l'activiste qui avait prédit son assassinat. Glaçant et émouvant.

La maison bleue de Maxime Le Forestier *(zoom Castro-Lower H détachable)* **:** *3841 18th St.* Pendant de longues années, elle fut un mystère, cette « maison bleue adossée à la colline » dans laquelle l'artiste avait passé l'été 1971 avec ses copains de la chanson. Personne ne savait vraiment où elle était, pourtant tout le monde avait l'impression de la connaître. Il fallut 30 ans pour la retrouver, au cœur du quartier de Castro, au 3841 18th Street. Mais surprise : elle avait été repeinte en vert ! Qu'à cela ne tienne, une opération marketing rondement menée par Polydor et une marque de peinture lui a redonné sa couleur mythique. Une plaque a depuis été apposée sur la façade.

Petite balade architecturale dans Noe Valley **:** au sud de Castro, le quartier de Noe Valley, qui s'articule autour de 24th Street et de Church Street, se compose d'une succession de collines couvertes de vieilles maisons en bois et de pavillons. Attention, avant d'entamer vos pérégrinations urbaines, chaussez vos meilleures baskets pour attaquer ces rues particulièrement pentues. C'est un quartier mixte d'homos et de familles friquées, réputé pour son calme et sa qualité de vie. Sur Liberty Street, entre Noe et Castro (bloc des numéros 500), vous découvrirez une très belle rangée de ***demeures*** *(plan d'ensemble détachable C5,* ***470****)* aux couleurs pastel, avec d'élégantes vérandas et de hauts escaliers. La plupart des façades sont enluminées de stucs. Juste en contrebas, sur Castro, un autre joli alignement du n° 713 au n° 737 (entre Liberty et 20th Street).

Fêtes gay

– Les fêtes de ***Pâques*** sont célébrées d'une drôle de manière par les « Sœurs de l'indulgence perpétuelle », une association d'hommes travestis en bonnes sœurs façon drag-queens... L'association milite contre l'homophobie et le sida.
– ***The San Francisco Pride Parade :*** *dernier w-e de juin. Infos :* ● *sfpride.org* ● Une des journées les plus animées et les plus folles de San Francisco. Organisée chaque année depuis 1972, elle déplace aujourd'hui des centaines de milliers de personnes. Toutes les chapelles de la communauté défilent : gays, lesbiennes, drag-queens, *leather contingent* (les amateurs de cuir SM), etc. La parade n'a pas lieu à Castro, mais dans Downtown. Partant de Market Street, au niveau de Front Street, dans le Financial District, elle s'achève au Civic Center. Trans et motards *(Dyke March)* organisent leurs propres parades.
– ***The Castro Street Fair :*** *1er dim d'oct.* ● *castrostreetfair.org* ● Fête homo très réputée, créée en 1974 par Harvey Milk. De multiples attractions tout le long de Castro Street.

LOWER HAIGHT *(plan d'ensemble détachable C-D4 et zoom Castro-Lower H détachable)*

Entre Castro (au sud) et Alamo Square (au nord), le petit quartier de Lower Haight s'étend autour de la partie basse de Haight Street. Le secteur, jadis bourgeois, a décliné à partir de la crise des années 1930, tandis que se construisaient des *housing projects* vite devenus ghettos. Contrairement à Haight-Ashbury, qui s'étend plus à l'ouest, Lower Haight n'a joui d'une certaine renommée que dans les seventies, grâce à des artistes d'avant-garde, apôtres de la contre-culture, membres de la génération X et fidèles de Kerouac. Si Upper Haight (Haight-Ashbury) s'est un peu embourgeoisé au fil des ans, Lower Haight est resté plus proche de son récent passé : contre-culture *grungy,* nombreux bars et magasins underground moins commerciaux. Pour une pause, le *Duboce Park* offre ses tapis de gazon, bordés de ruelles où se dressent de jolies maisons de bois.

➢ De Downtown, ***bus n° 6*** sur Market Street. Il remonte tout Haight Street jusqu'à Haight-Ashbury.

Où dormir ?

Prix moyens

Metro Hotel *(zoom Castro-Lower H détachable,* ***103****) :* *319 Divisadero St.* ☎ *844-785-1664.* ● *metrohotelsf.com* ● *Doubles 150-300 $.* Ce petit hôtel d'une grosse vingtaine de chambres, avec salle de bains privée, possède une déco presque design, des lits très confortables, et un accueil au poil. Résultat : c'est plein presque tout le temps, malgré la situation assez excentrée. Petit patio à l'arrière partagé avec le resto voisin. Une excellente adresse. Pas de petit déj.

Où manger ?

Spécial petit déjeuner

Kate's Kitchen *(zoom Castro-Lower H détachable,* ***256****) :* *471 Haight St.* ☎ *415-626-3984. Jeu-lun 9h-14h. Fermé mar-mer. 10-15 $.* Toujours une petite file d'attente le week-end, pour les légendaires petits déj qui excitent la convoitise de tous les affamés, tant pour les portions généreuses que pour la qualité des plats : du classique *Big guys breakfast* (pancakes, pommes de terre, bacon, œufs, saucisse...) à la célèbre *French toast orgy* avec fruits, *granola,* yaourt et miel, tout est frais et cuisiné dans les règles (américaines !). Cadre sympa de petit café, avec carte illustrée des États-Unis.

De bon marché à prix moyens

|●| ***Axum Café*** *(zoom Castro-Lower H détachable,* ***260****) : 698 Haight St. ☎ 415-252-7912. Tlj sauf lun 16h-21h. Plats 13-17 $.* Nouvelle aventure culinaire : ce petit resto brut de décoffrage, nommé d'après la ville tigréenne d'Aksoum, vous donnera l'occasion de goûter à la cuisine éthiopienne, réputée pour son caractère incandescent (prévenez si vous êtes sensible !)... Au programme, des plats avec ou sans viande et poisson. Pour un tour d'horizon, demandez le plateau dégustation de 5 spécialités. Tous les plats sont servis avec l'*injera,* le pain non levé éthiopien (sorte de grosse crêpe), traditionnellement utilisé en guise de couvert. À tester également : la bière *Harar* ou *Hakim* (une stout) et le *Tej (honey wine).*

Où boire un verre en journée ?

Café International *(zoom Castro-Lower H détachable,* ***364****) : 508 Haight St. ☎ 415-552-7390. Tlj 7h-16h. Plats 5-12 $. CB refusées. Coffee house* décontractée, où artistes et étudiants refont le monde, bien calés dans les canapés fatigués du salon ou dans le patio, petite oasis décorée d'une superbe fresque *world music* qui résume parfaitement l'esprit de la maison. Sur les murs courent des œuvres d'artistes locaux. Excellente musique, et parfois des concerts. On peut aussi y grignoter quelques délicieux petits plats du Moyen-Orient : houmous, taboulé, falafels, *baba ghanoush,* ainsi que des salades, sandwichs et soupes.

Où boire un verre ? Où sortir ?

Toronado *(zoom Castro-Lower H détachable,* ***369****) : 547 Haight St. ☎ 415-863-2276. Tlj 11h30-2h. CB refusées.* Bercé de hard rock, *Toronado* débite depuis plus de 3 décennies une quarantaine de bières à la pression (et bien d'autres en bouteilles), attirant une foule dense d'amateurs éclairés (ou non). Pas de *Bud* ni de *Miller* ici, mais des *microbrews* et *craft beers* élaborées dans l'intimité. Si la tête ne vous tourne pas trop, matez un peu la collection de têtes de tireuses à bière qui fait le tour de la salle ! En novembre, la maison organise le Barleywine Festival, dédié aux « broues » à fermentation haute, crémeuses et cuivrées (et un peu traîtres aussi... ça cogne !).

Molotov's *(zoom Castro-Lower H détachable,* ***366****) : 582 Haight St. ☎ 415-558-8019. Tlj 14h-minuit (2h w-e).* Ce bar de quartier rouge et noir, assez sombre, ne désemplit pas. La meilleure raison ? La bière y est bon marché. Les habitués s'y sentent comme chez eux, installent leur chien sur les tabourets du bar et se posent en maîtres des lieux. Plein de poils sur les banquettes, niveau hygiène on repassera ! Côté bande-son, la tendance est au hard rock et au punk rock (Iggy Pop, The Clash). Pour se divertir : juke-box, flippers et festival de tronches déjantées. Aucun risque de voir débarquer un yuppie ici.

Noc Noc *(zoom Castro-Lower H détachable,* ***369****) : 557 Haight St. ☎ 415-861-5811. Tlj 17h (15h ven)-1h (2h ven-sam). Happy hours jusqu'à 19h. Noc Noc* ? Pas la peine de frapper, la porte est ouverte et conduit à une grotte à bières (pas bien chères) un peu étrange, tendance *Mad Max* réincarné en cyberpunk avec des peintures primitives, du mobilier zoulou et des lumières glauques. Un côté fin du monde vaguement baroque, selon l'humeur et la musique du moment... Un peu comme un voyage dans les entrailles d'un animal mort... Certains aimeront. D'autres non.

Achats

Costuming on Haight *(zoom Castro-Lower H détachable,* ***418****) :* *735 Haight St. Tlj 14h-19h.* Cette boutique complètement folle propose des panoplies géniales pour se déguiser et faire la fête : postiches, masques, chapeaux, perruques multicolores, vestes à paillettes... mais aussi des casques de cosmonaute, des têtes en peluche géantes, des chaussures de clown, et même de vrais uniformes de pompier et de flic ! Idéal en cas de soirée à thème impromptue ou juste pour le coup d'œil... Également des costumes à louer, mais pas à ceux qui vont au *Burning Man, sorry* !

Rooky Ricardo's Records *(zoom Castro-Lower H détachable,* ***419****) : 419 Haight St. Tlj 12h-18h.* La boutique de ce disquaire d'occasion n'est pas aussi grande que celles de Haight-Ashbury, mais les DJs viennent s'y fournir, c'est dire si le choix est pointu pour ceux qui aiment la musique des 50's, 60's et 70's. 2 platines, au centre du magasin, permettent d'écouter avant d'acheter.

HAIGHT-ASHBURY *(plan d'ensemble détachable B-C4-5 et zoom H-Ashbury détachable)*

À 10 blocs de Lower Haight en direction du Golden Gate Park, ce quartier mythique de San Francisco a vu germer de nombreux mouvements culturels, hippies en 1er lieu, skinheads, raves... Mais revenons un peu en arrière. ***À la fin du XIXe s, Haight-Ashbury est un quartier résidentiel huppé,*** investi par les plus riches familles attirées par la proximité du Golden Gate Park. Le tremblement de terre de 1906 l'éprouve, mais la plupart des ***belles demeures victoriennes*** passent l'épreuve du feu. Elles sont encore nombreuses aujourd'hui le long des rues pentues. Après la Seconde Guerre mondiale, la communauté noire se développe. L'*upper class* s'en va, les loyers chutent, d'autant plus qu'un projet d'autoroute traversant le quartier est officialisé (elle ne sera jamais construite). ***Au début des années 1960, les 1ers hippies*** s'installent, fuyant North Beach devenu trop cher et trop touristique. Une maison à Haight-Ashbury pouvant accueillir une douzaine de personnes se loue alors moins de 60 $ par mois ! Les médias s'emparent du phénomène et le popularisent indirectement aux 4 coins du pays. Les jeunes affluent. En mai 1967, le journaliste Hunter Thompson trouve un surnom de circonstance à ce quartier où l'on fume pétard sur pétard : ***Hashbury.*** En vérité, toutes sortes de drogues y circulent, en particulier le LSD, pourtant déclaré illégal en octobre 1966. Quelques mois plus tôt, le Trips Festival, le plus grand des *acid tests* jamais organisés à San Francisco, avait un peu trop attiré l'attention des autorités...

Des concerts généralement gratuits marquent cette période, respectant le mot d'ordre des Diggers : « Le monde est à toi. » ***En 1967,*** Haight-Ashbury connaît son apothéose avec le ***Summer of Love,*** qui attire plusieurs centaines de milliers de jeunes en quête de nouvelles expériences. En juin, le ***festival de Monterey*** consacre Jefferson Airplane, Janis Joplin, Jimi Hendrix, Ravi Shankar, The Mamas and Papas, et Scott McKenzie avec sa chanson « San Francisco ». Le rock psychédélique s'invite sur les ondes de toutes les radios du pays. Paradoxalement, c'est un peu le chant du cygne. La popularité énorme du mouvement l'étouffe. À Haight-Ashbury, l'afflux massif de nouveaux arrivants crée de gros problèmes d'hébergement. Le taux de criminalité augmente. Certains repartent.

En octobre 1967, une cérémonie de 3 jours décrète ***la fin du mouvement hippie.*** Très peu de temps après, Haight-Ashbury sombre pour de bon dans des problèmes de violence liés principalement à la consommation d'héroïne par des vétérans de la guerre du Vietnam. En 1969, le meurtre de la femme de Roman Polanski, Sharon Tate, sur ordre de Charles Manson, un gourou raciste qui constitue sa secte à Haight-Ashbury durant le *Summer of Love,* achève de discréditer les hippies.

Que reste-t-il du quartier aujourd'hui ? Des ***coffee shops*** (pas dans le sens néerlandais du terme), des petits restos pas trop chers, des ***friperies et des boutiques de disques,*** pas mal de SDF aussi, des musiciens qui improvisent des petits concerts sur les trottoirs. La jeunesse branchée de San Francisco, piercings bien en vue, déambule à longueur de week-end le long de Haight Street, en un concours de looks sans cesse renouvelé. Mais au fond, on ne peut s'empêcher de penser que le rêve de « Hippyland » a un peu cédé la place au matérialisme du nouveau millénaire.

➢ De Downtown, ***bus n°s 6 ou 71*** sur Market Street jusqu'au carrefour de Haight Street et Masonic Avenue. De Marina (Lombard Street ou Fillmore angle Chestnut), ***bus nº 43*** très pratique. Également la ligne N du *MUNI*.

Où manger ?

Spécial petit déjeuner

Pork Store Café *(zoom H-Ashbury détachable,* ***263****) : 3122 Valencia St. ☎ 415-626-5523. Tlj 8h-21h (21h30 ven-sam, 20h dim). Plats 10-20 $.* Pas de grand méchant loup dans cette ancienne boucherie (d'où le nom) à la déco hors d'âge, mais une meute d'affamés entassés au comptoir pour engloutir de bons gros plats variés et goûteux, y compris au petit déj. L'embarras du choix pour satisfaire petits et gros appétits : omelettes, pancakes, sandwichs, burgers, steaks, salades, et même de nombreuses options végétariennes. Pas mal d'attente pour le brunch du week-end. Une institution locale, avec une succursale au 3122 16th Street (angle Albion), dans le quartier de Mission.

Et aussi ***Café Cole*** : voir plus loin.

De bon marché à prix moyens

Haight Street Market *(zoom H-Ashbury détachable,* ***271****) : 1530 Haight St. ☎ 415-255-0643. Tlj 8h-21h.* Parfait pour s'acheter un petit frichti, se composer un sandwich ou s'acheter un plat tout préparé à emporter, on trouve de tout dans ce petit supermarché qui fait la part belle aux produits frais et locaux. Bar à salade, traiteur, mais aussi sushis, plats sous vide à réchauffer, bar à *poke bowl* et beau rayon charcuterie où l'on prépare des sandwichs à la minute, les idées ne manquent pas pour s'improviser un repas sur le pouce. Beau choix de fruits et légumes pour la touche fraîcheur. Pas donné, certes, mais toujours moins cher que le resto.

Cha-Cha-Cha *(zoom H-Ashbury détachable,* ***266****) : 1801 Haight St. ☎ 415-386-7670. Tlj 12h-22h. Plats 9-18 $ le midi, un poil plus chers le soir.* Populaire en diable, bondé aux heures de pointe, ce bar-resto ne cesse d'absorber une foule compacte et bruyante. Le cadre est exotique et clinquant à souhait pour des spécialités hispanisantes et des Caraïbes, servies sur un air de reggae ou de transe latino : ceviche, *arroz con pollo, cajun shrimps* ou *jerk chicken,* paella aux fruits de mer et bananes plantains frites, le tout plutôt à partager avec le reste de la tablée entre 2 rasades de sangria. Peut-être notre adresse préférée dans le quartier. On peut aussi se contenter de s'installer au bar pour descendre un pichet de sangria maison !

Vegan Burg *(zoom H-Ashbury détachable,* ***194****) : 1466 Haight St. ☎ 415-548-8000. Tlj 11h30-21h. Burgers 10-12 $; accompagnements 3-10 $.* Amis viandards, passez votre chemin. En fait, non ! Testez plutôt ces burgers végétariens bien dodus dans lesquels une galette de céréales et protéines remplace le steak haché souvent raplapla des fast-foods. *Avocado-beetroot, smoky BBQ, hawaiian teriyaki,* on fait son choix au comptoir avant de s'installer dans la salle immaculée. Et tant qu'on y est, pourquoi ne pas craquer pour les *creamy garlic fries* ? À grandes bouchées, on mord dans son burger étonnamment goûtu et on trempouille ses frites dans une sauce BBQ bien épicée. Qui a dit que veggie rimait avec ennui ?

DragonEats *(zoom H-Ashbury détachable, **264**) : 1671 Haight St. Tlj 11h-18h (17h dim). Compter 8-9 $.* A priori, juste un snack vietnamien avec quelques tabourets face au mur, dans un décor aseptisé. Mais on y prépare d'exquis *banh my,* ces sandwichs au rôti de porc, poulet (5 épices), canard, sardine ou encore tofu *teriyaki*... Tout simplement délectable et copieux, parfait pour manger sur le pouce dans le quartier ! Également des bols et des rouleaux de printemps.

Où prendre un café ? Où boire un verre (en mangeant un morceau) ?

Magnolia Pub & Brewery *(zoom H-Ashbury détachable, **372**) : 1398 Haight St. ☎ 415-864-7468. Tlj 15h (12h ven, 11h w-e)-22h. Plats 7-17 $.* 3 en 1, c'est plus malin ! Le *Magnolia* est un *gastropub* : un bar doublé d'un resto doublé, dans le cas présent, d'une brasserie. Et voilà, d'ailleurs, la meilleure raison d'y venir : la bière, tendance *English ales.* Les choix du jour s'affichent au tableau noir, même s'ils ont toujours la *Kalifornia Kölsh* (agréable et légère) et la *Proving Ground IPA* (assez savoureuse, au goût de houblon). Quoi qu'il en soit, vous pouvez demander à les goûter ! À accompagner d'un assortiment de fromages ou de charcuteries... ou d'un plat plus élaboré (surtout le soir). Banquettes capitonnées, musique à fond et beau comptoir.

Cha-Cha-Cha *(zoom H-Ashbury détachable, **266**) :* voir « Où manger ? », précédemment. Un resto latino-caraïbe à la déco assez délirante, réputé notamment pour sa sangria !

Où sortir ?

Hobson's Choice *(zoom H-Ashbury détachable, **373**) : 1601 Haight St. ☎ 415-621-5859. Tlj 12h-20h. Happy hours lun-ven 17h-19h.* En anglais, *Hobson's Choice* désigne un choix qui n'en est pas un, quand une seule option est offerte. Et c'est vrai que, même si l'on peut boire autre chose, c'est surtout pour le rhum qu'on échoue dans ce bar aux banquettes mollassonnes et aux tables en bois hors d'âge. Pas moins de 150 sortes, plus ou moins arrangées, provenant de toute la Caraïbe et au-delà – tiens, du rhum Clément ! Au moment des *happy hours,* on commande carrément de pleins saladiers de punch corsé, à partager à 4, 5 ou plus si affinités. Très convivial et un tantinet agité en soirée.

Club Deluxe *(zoom H-Ashbury détachable, **374**) : 1511 Haight St. • clubdeluxe.co • Tlj 16h (14h ven-dim)-minuit (1h ven-dim). CB refusées.* Tables rondes et murs en bois clair pour ce sympathique club de jazz à l'ancienne mode. Des *big bands* envahissent la salle tous les soirs à partir de 18h et mettent une énorme ambiance. Suivez la programmation sur leur site internet.

Achats

Pour plus de commodité, les boutiques suivantes sont présentées dans l'ordre où elles vous apparaîtront si vous venez de Lower Haight ou du centre.

Bound Together Bookstore *(zoom H-Ashbury détachable, **420**) : 1369 Haight St. En principe tlj 11h30-19h30.* Cette librairie anarchiste plus que quadragénaire, à l'atmosphère révolutionnaire intacte, est tenue par des bénévoles (d'où les heures parfois fluctuantes). On y trouve avant tout des livres d'histoire et de politique, mais aussi des affiches anars, des magazines, des tee-shirts aux slogans sans concessions... et bien sûr la littérature beatnik.

Piedmont Boutique *(zoom H-Ashbury détachable,* ***421****) : 1452 Haight St. Tlj 11h-19h.* En quête d'un legging psychédélique, d'une veste transparente, d'une banane brillante ou d'un body à froufrou ? Bienvenue dans LA boutique qui va vous faire perdre la boule. Incroyable palette d'accessoires, tous plus loufoques les uns que les autres, comme ces boucles d'oreilles canard en plastique. Si vous arrivez à en ressortir les mains vides, chapeau !

Haight Ashbury Tattoo & Piercing *(zoom H-Ashbury détachable,* ***423****) : 1525 Haight St. Tlj 12h-19h.* La plus ancienne boutique de tatouage du quartier. Un bric-à-brac de publications sur le sujet, de revues d'épouvante, cartes postales, bijoux, accessoires, fringues, etc. Au fond, bien sûr, un salon de tatouage et de piercing, mais vu l'accueil blasé, on n'a pas eu envie de leur confier nos oreilles ! Ceux qui veulent repartir avec un souvenir encré de SF pourront faire toute confiance à l'équipe très pro de ***Cold Steel America*** un peu plus loin *(1783 Haight St ; tlj 12h-20h).*

Held Over *(zoom H-Ashbury détachable,* ***423****) : 1543 Haight St. Tlj 11h-19h.* Sur fond de musique rétro, on trouve ici une grande variété de vêtements vintage, des plus classiques aux plus originaux, avec beaucoup de fripes datant des 60's aux 90's, des chemises hawaiiennes en pagaille, des robes de communion froufroutantes, des lunettes hippies de toutes les couleurs, des vestes en jean, etc. Bien classé par décennie, et prix corrects. Pour ceux qui voudraient comparer avant de se décider, il y a d'autres boutiques du même style dans la rue, notamment ***Buffalo Exchange,*** juste à côté *(au nº 1555 ; lun-sam 11h-20h, dim 11h-19h),* qui propose des fringues plus actuelles.

Relic Vintage *(zoom H-Ashbury détachable,* ***425****) : 1475 Haight St. Lun-sam 11h-19h, dim 12h-18h.* Une de nos boutiques préférées dans la rue. Point de rayonnages en vrac ni de musique à fond dans ce magasin hors du temps, la sélection de robes et costumes est rigoureuse et les produits de qualité. Beaux choix de chapeaux, chaussures et bijoux en très bon état. Peut-être un chouia plus cher qu'ailleurs, mais accueil aux petits soins et conseils avisés. Une belle adresse, plus proche du tailleur ancien que de la friperie.

Decades of Fashion *(zoom H-Ashbury détachable,* ***424****) : 1653 Haight St. • decadesoffashionsf.com • Mer-dim 12h-19h (18h dim). Fermé lun-mar.* Cette boutique (notre favorite !) vaut le coup d'œil pour son incroyable inventaire de vêtements des années 1880 aux années 1980. On peut vraiment, ici, s'habiller à la mode de la décennie de son choix ! Superbe collection de robes Charleston. Les prix sont très variables, comme la qualité. On déambule dans les rayons sur fond de musique jazzy. Reste à fermer les yeux et à s'imaginer en 1920 !

Amoeba Music *(zoom H-Ashbury détachable,* ***426****) : 1855 Haight St. • amoeba.com • Tlj 11h-19h.* Mélomanes, hors de question de rater cet étalage gigantesque de disques, abrité dans un ancien bowling ! *Amoeba* est le plus grand disquaire indépendant des États-Unis. Tous les genres musicaux sont représentés, à des prix souvent bas, des occases et des raretés en CD, vinyles, cassettes. Également plusieurs dizaines de milliers de DVD. On y trouve aussi des affiches de concerts, des posters de nos idoles et autres idées cadeaux. Mélomanes, ne soyez pas pressés !

À voir. À faire

Petite promenade architecturale

Haight-Ashbury conserve un grand nombre d'élégantes demeures victoriennes épargnées par le séisme de 1906. Inutile bien sûr de toutes les citer, mais voici un petit itinéraire à la découverte des fleurons du quartier. Commençons à l'ouest de Haight Street, côté Golden Gate Park.

➢ Sur Cole Street, à l'angle de Haight *(zoom H-Ashbury détachable, **370**)*, une ***peinture murale*** symbolise l'évolution de l'univers, du chaos originel à celui qui nous attend. De loin, cela ressemble à un arc-en-ciel pas très bien exécuté. De plus près, de nombreux détails apparaissent : symboles religieux, animaux, monstres, etc.

➢ Sur Haight, au n° 1660, se dresse un ex-vieux cinéma reconverti en boutique de fringues, le ***Wasteland,*** à l'architecture très rococo punk, avec puma et grotesques peints en façade.

➢ Continuez de descendre Haight vers l'est sur 2 pâtés de maisons, puis remontez à droite dans Ashbury. Un peu plus haut, juste après *Waller,* vous verrez, au n° 710 *(zoom H-Ashbury détachable, **471**)*, la jolie maison victorienne gris violacé des ***Grateful Dead,*** groupe symbolique de San Francisco, à l'instar des Beatles à Liverpool. Presque en face, au n° 715, l'ancien quartier général des ***Hells Angels.*** On ne dirait pas, aujourd'hui, à ses airs coquets...

➢ Suivez Waller Street sur un pâté de maisons vers l'est, jusqu'à l'angle de Masonic. Aux n°s 1301-27 *(zoom H-Ashbury détachable, **472**)*, superbe série de ***maisons victoriennes*** aux façades ornementées, perchées au-dessus de grands escaliers, dont il faut détailler le décor extérieur.

➢ Redescendez vers Haight par Masonic. Là se dresse un joli tir groupé de 5 ***maisons victoriennes*** *(zoom H-Ashbury détachable, **473**)*.

➢ La balade se poursuit vers l'est de Haight-Ashbury, toujours par Haight Street. Ne ratez pas la plus belle brochette de ***maisons victoriennes,*** pastel et pimpantes, grimpant sur Central Avenue. Au bloc suivant, prenez à gauche sur Lyon Street. ***Janis Joplin*** habita au n° 122 *(zoom H-Ashbury détachable, **474**)* de 1967 jusqu'à sa mort, en 1970. C'est une belle maison, encadrée de 2 autres du même tonneau. À 100 m à l'est *(plan d'ensemble détachable C4, **475**)*, Page croise Baker Street ; le carrefour est entouré de belles ***demeures victoriennes.*** Contrairement à ce que certains racontent, la grande maison bleue n'est pas celle de la chanson de Maxime Le Forestier, cette dernière se situant dans le quartier de Castro ! La maison du n° 1262 de Page Street s'enveloppe de couleurs particulièrement inhabituelles : bleu, rose et violet !

➢ Remontez par Baker sur Haight Street. Là, à l'angle des 2 rues (au n° 1080 de Haight), l'imposante ***Spencer House*** *(plan d'ensemble détachable C4, **476**)* présente une somptueuse décoration extérieure, naviguant entre styles néoclassique et néomauresque. Puis, 2 blocs plus loin vers l'ouest, ne pas rater, sur Central Street (côté droit), la très belle série de façades colorées à rotondes ouvragées (entre Haight et Page).

➢ Juste au sud de Haight se dessine le grand ***Buena Vista Park*** *(plan d'ensemble détachable C4-5),* fréquenté assidûment par les *dog-keepers* mais pas trop conseillé la nuit. Beaucoup d'arbres touffus, dont un grand nombre de cyprès plantés il y a une centaine d'années, couvrent cette ancienne colline sablonneuse. Des escaliers raides grimpent vers le sommet, d'où l'on devine une jolie vue sur la ville et sur le Golden Gate Park à travers les branches.

➢ Au sud du parc de Buena Vista, on peut encore grimper au sommet de la colline dénudée de ***Corona Heights*** *(zoom Castro-Lower H détachable),* d'où l'on jouit d'une vue panoramique dégagée sur presque tous les quartiers de la ville : Downtown d'un côté, le Wharf et la baie au loin, Mission et Castro au sud.

➢ Autres lieux mythiques pour les collectionneurs de stars : la maison de ***Jefferson Airplane*** (130 Delmar), celle où vécut un moment ***Jimi Hendrix*** (142 Central), ou encore celle où habita le poète et romancier ***Richard Brautigan*** (2500 Geary), auteur, entre autres, de l'indispensable *Dreaming of Babylon* (*Un privé à Babylone,* éd. 10/18).

COLE VALLEY (zoom H-Ashbury détachable)

Situé juste au sud de Haight-Ashbury, jusqu'à la 17th Street et un peu plus avant, ce quartier longtemps méconnu est symbolique de San Francisco : de belles maisons calmes et ombragées, des bois d'eucalyptus sur les hauteurs, une vie de quartier tranquille, des *coffee shops,* une très belle vue du haut de Tank Hill et aucun touriste. Bref, une ambiance à découvrir pour ceux qui ont du temps à revendre, en déambulant tranquillement sur Cole Street et Belvedere Street. Très belles maisons à la hauteur de Grattan Street.

Où manger ?

De prix moyens à plus chic

Zazie *(zoom H-Ashbury détachable,* ***267****)* **:** *941 Cole St. ☎ 415-564-5332. Brunch tlj 8h-14h ; dîner 17h-21h30 (22h sam). Brunch 17-30 $; le soir, compter 30-40 $ le plat.* Les riverains ont tranché : pour un bon brunch comme pour un joli dîner en amoureux, la cuisine franco-méditerranéenne de *Zazie,* appuyée sur d'excellents produits frais californiens, fait mouche. À la carte le soir : ravioli à la ricotta, poulet aux champignons, saumon en croûte... La salle aux murs de brique et jaune soleil est guillerette, et la miniterrasse débordant sur la rue ajoute sa pierre à l'édifice. Seul hic (outre les prix un peu chics) : il n'est pas rare d'attendre plus que de raison. Venez tôt... ou tard ! Bon à savoir : ici pas de *tips* à laisser, ils sont inclus dans les tarifs.

Où déguster une glace ? Où boire un vrai soda ?

The Ice Cream Bar *(zoom H-Ashbury détachable,* ***375****)* **:** *815 Cole St. Mer-dim 15h (14h ven-dim)-21h (22h ven-sam). Fermé lun-mar.* Sautez dans la machine à remonter le temps et mettez le compteur sur 1930, au temps du jazz, de l'Art déco et des *soda fountains.* Le Coca n'avait pas encore conquis le monde et on mixait alors, dans les arrière-boutiques, l'eau gazeuse et les composants carbonés des sodas à la main. Sous vos yeux, la *soda jerk* (la barmaid pour les sodas !) mélange eau, sucre et extraits alignés sur le comptoir... Surprenant, ce goût médicinal (en plus, c'est pas donné) ! Sinon, l'endroit élabore aussi de superbes glaces bio, aux parfums peu courants comme la *mint chip,* la crème fraîche ou la *coconut milk dark chocolate almond* ! Elles sont servies dans des cornets craquants ou sur un brownie. Tout est fait sur place, y compris le pain des sandwichs et des hot-dogs. Un vrai coup de cœur !

À voir

Tank Hill Park *(plan d'ensemble détachable B5)* **:** *on y accède à pied (escaliers au niveau de Twin Peaks Blvd). Attention aux buissons de poison oak, extrêmement urticants.* Moins élevée mais aussi moins fréquentée que Twin Peaks, cette colline a l'avantage d'offrir une superbe vue sur le Golden Gate Bridge et sur Downtown, Mission et Castro. Très courue pour les feux d'artifice du 4 Juillet.

Twin Peaks *(plan d'ensemble détachable B6)* **:** *au sud de Tank Hill Park. Accès par une route sinueuse partant de Clarendon Ave (accessible par 17th St). Sinon, Ⓜ Forest Hill (ligne K, L ou M, direction Outbound) ; traverser la rue et sauter dans le bus nº 36 North ; descendre au carrefour de Skyview et Marview St, puis suivre cette dernière presque jusqu'à Fairview Court ; peu avt, sur la droite, on trouve le sentier montant à Twin Peaks. Attention, l'ensemble représente tt de même une bonne trotte.* Culminant à 281 m, ces collines jumelles, largement dénudées et vierges de constructions, offrent l'un des plus beaux panoramas sur la ville, quoique assez distant du littoral.

LES PARCS ET MUSÉES À L'OUEST DU CENTRE

• Plan Golden Gate Park et Presidio *p. 194-195*

Longtemps restée en marge du développement de la ville, la façade pacifique de San Francisco, accidentée, voit se succéder une immense plage (Ocean Beach) et 3 grands parcs, tous tournés au moins partiellement vers l'océan. Du nord au sud : le ***Presidio,*** qui donne sur le Golden Gate Bridge, avec la superbe Baker Beach ; le ***Lincoln Park*** avec la Cliff House ; et le ***Golden Gate Park,*** le plus populaire des 3. Ces magnifiques poumons verts, très appréciés des promeneurs, cyclistes et joggeurs, abritent certains des plus grands musées de la ville.

Où dormir ?

Camping

Rob Hill Campground *(plan Golden Gate Park et Presidio B1,* ***40****) : dans le Presidio. ☎ 415-561-4323. • presidio.gov/explore/Pages/rob-hill-campground • Ouv avr-oct ; sur résa seulement, en renvoyant par e-mail le formulaire rempli (• camp@presidiotrust.gov •), à partir de mi-janv pour l'année en cours. Empl. env 125 $ pour max 30 pers (paiement par CB), 3 nuits max.* Oui, on peut camper à San Francisco même ! Certes, les conditions sont particulières : le camping ne dispose que de 2 sites réservés exclusivement aux groupes. Donc si vous voyagez en groupe (et seulement dans ce cas précis)... Les résas se font dès la mi-janvier pour l'année en cours, et tout part très vite, surtout le week-end (1er arrivé, 1er servi), alors soyez dans les starting-blocks. Le camping est situé en pleine forêt, dans le parc du Presidio, au-dessus de Baker Beach !

Très chic

Inn at the Presidio *(plan d'ensemble détachable A2 et plan Golden Gate Park et Presidio C1,* ***105****) : 42 Moraga Ave. ☎ 415-800-7356. • presidiolodging.com • Doubles et suites 350-500 $, petit déj continental et wine & cheese du soir inclus. Séjour de 2 nuits min. Parking 10 $.* Membre des *Historic Hotels of America,* l'établissement occupe le centre administratif de l'ancien camp militaire du Presidio, un bel édifice en brique de 1903 délaissé par l'armée en 1996. Il a été très élégamment restauré et abrite aujourd'hui une quarantaine de chambres et suites (avec cheminée à gaz) de très bon confort (frigo, cafetière, peignoirs, etc.) et lumineuses à souhait. Avis aux randonneurs, des sentiers partent à l'assaut des pentes boisées du parc du Presidio juste à l'arrière de l'hôtel... Le lieu est excentré, mais des navettes gratuites permettent de parcourir le secteur et de rejoindre à chaque heure le centre-ville (compter 45 mn). Reste qu'il vaut quand même mieux être motorisé pour séjourner ici.

Où manger ?

Bon marché

Garden House Cafe *(plan Golden Gate Park et Presidio B2,* ***268****) : 3117 Clement St. ☎ 415-668-1640. Lun-sam 6h (6h30 jeu, sam et 7h dim)-19h30. Plat env 10 $. CB refusées.* En balade du côté de Land's End et du California Palace of the Legion of Honor ? Si une fringale vous prend, poussez la porte de ce gentil *coffee shop* aux vieilles tables et chaises dans une salle garnie de plantes, bercé par un fond de musique classique. Le rythme est *laid-back* (décontract'), la patronne, accueillante, les sandwichs et les pâtisseries sont bons (il y a aussi des soupes et des salades), et le patio jardin est bien appréciable s'il fait beau.

De prix moyens à plus chic

Outerlands *(plan Golden Gate Park et Presidio A3,* ***269****) : 4001 Judah St. ☎ 415-661-6140. Tlj 9h-15h, 17h-22h. Résa très conseillée ven et sam soir. Plats max 15 $ le midi, env 25 $ le soir.* Vous ne viendrez pas ici spécialement (quoique...), mais si vous traînez dans le coin d'Ocean Beach ou à l'ouest du Golden Gate Park, n'hésitez pas. Même si la mer est à 4 blocs, les embruns semblent voler jusqu'ici sans entrave. Derrière le bar, entre murs en bois flotté et sol en béton, des serveurs à bonnets jouent les affiches vivantes de la *cool attitude*. La cuisine est à l'avenant : saine, bien travaillée, avec pas mal de légumes et de fruits, sans oublier quelques calories, on est en Amérique quand même ! Terrasse sur rue. Une adresse très fréquentée : arrivez tôt ou pensez à réserver.

Achats

Sports Basement *(plan d'ensemble détachable A1 et plan Golden Gate Park et Presidio C1,* ***427****) : 610 Old Mason St, en contrebas du Presidio, face à Crissy Field. Bus nº 30 jusqu'au terminus, puis 15 mn à pied sur Mason St. Lun-ven 11h-19h, w-e 9h-18h. Parking gratuit.* Les grandes marques de vêtements de sport et loisirs *(The North Face, Columbia...)* sont vendues ici au bas mot 20 % moins cher qu'ailleurs, de même que le matériel de camping, vélo, ski, rando, fitness, maillots de bain... Ambiance cool avec coin jeux pour les enfants, vieux canapés de récup' et espace communautaire pour échanger des tuyaux entre sportifs. On y trouve aussi des cartes détaillées pour les randos dans les parcs californiens, et on peut y louer matériel de camping, de ski, etc. Un vrai bon plan. Succursale au 1590 Bryant Street, au sud de SoMa, ouverte aux mêmes horaires.

À voir. À faire

Golden Gate Park *(plan d'ensemble détachable A-B-4-5 et plan Golden Gate Park et Presidio A-B-C3) : à env 3 km à l'ouest du Civic Center. • goldengatepark.com • Pour s'y rendre : de Market St, bus nº 5 jusqu'à Fulton St (limite nord du parc), ou nº 21 par Hayes St jusqu'à l'entrée est, sur Stanyan. Autre option : Ⓜ Irving St et 9th (ligne N, direction Outbound) ; le parc est situé à un pâté de maisons vers le nord.*

Limitrophe du quartier de Haight-Ashbury, ce magnifique parc s'étire sur 5 km de long et 800 m de large (450 ha) ; il est plus long que Central Park à New York ! C'est aussi le 3e parc le plus fréquenté du pays. Lorsqu'il fut créé en 1870, San Francisco ne s'étendait pas encore jusque-là. Il ne s'agissait alors que d'une vaste étendue de dunes... Les paysagistes voulurent faire mieux que le bois de Boulogne à Paris et plantèrent 1 million d'arbres. On y découvre aujourd'hui pas moins de 6 000 variétés de plantes de toutes les régions du globe et une multitude de jardins, de bois, d'aires de jeux et de pique-nique, d'infrastructures sportives et culturelles. Certains secteurs sont très fréquentés (surtout à l'est), d'autres le sont beaucoup moins (à l'ouest).

Le Golden Gate Park est si vaste qu'il est ***préférable de louer un vélo pour le parcourir.*** Plusieurs loueurs se regroupent d'ailleurs sur Stanyan Street (à l'est, côté Haight-Ashbury) et Fulton Street (au nord). Vous bénéficierez de plus de 10 km de pistes cyclables et trouverez des garages à vélo où attacher votre petite reine le temps de visiter les musées. Sinon, venez un week-end ou un jour férié pour profiter du service de navette gratuite qui sillonne le parc de bout en bout (9h-18h, toutes les 15-20 mn). Il dessert tous les sites intéressants. ***Attention si vous venez en voiture le samedi après-midi ou le dimanche : une bonne partie des voies de circulation passant dans le parc sont alors fermées !*** Le parc peut être

■ Adresses utiles

- **12** Golden Gate Park Bike & Skate (C3)
- **28** McLaren Lodge (C-D3)

Où dormir ?

- **40** Rob Hill Campground (B1)
- **105** Inn at the Presidio (C1)

Où manger ?

- **268** Garden House Cafe (B2)
- **269** Outerlands (A3)
- **270** Nopalito (C3)

Achats

- **427** Sports Basement (C1)

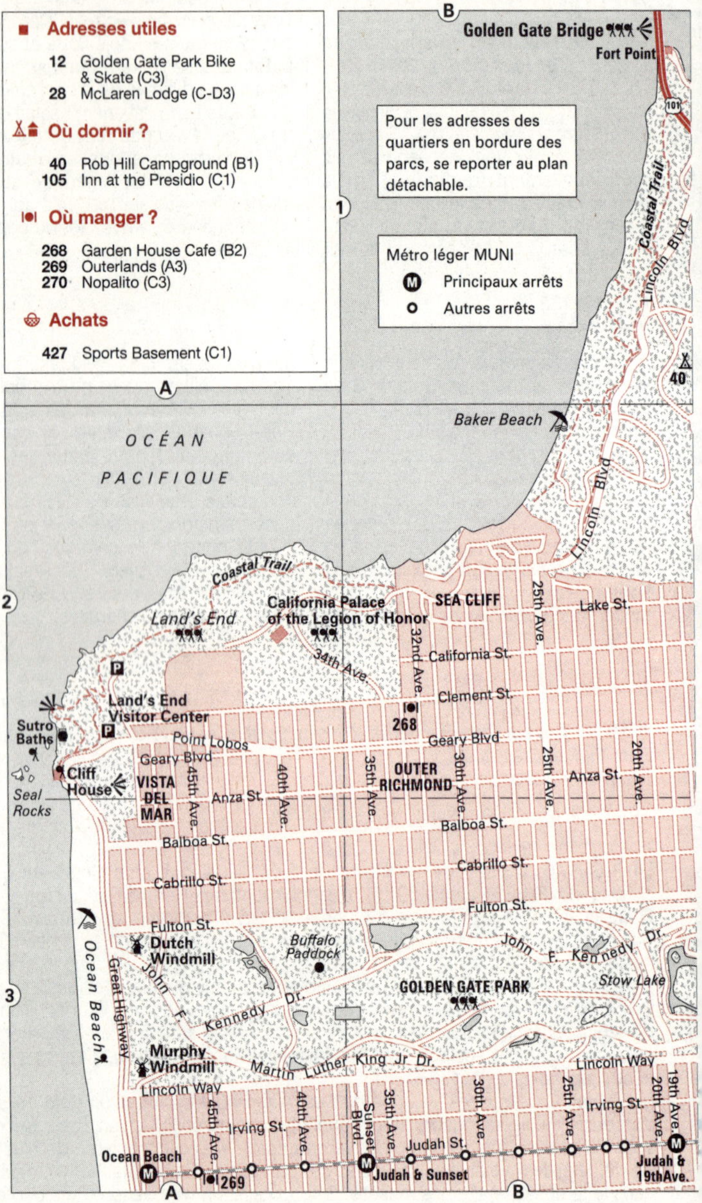

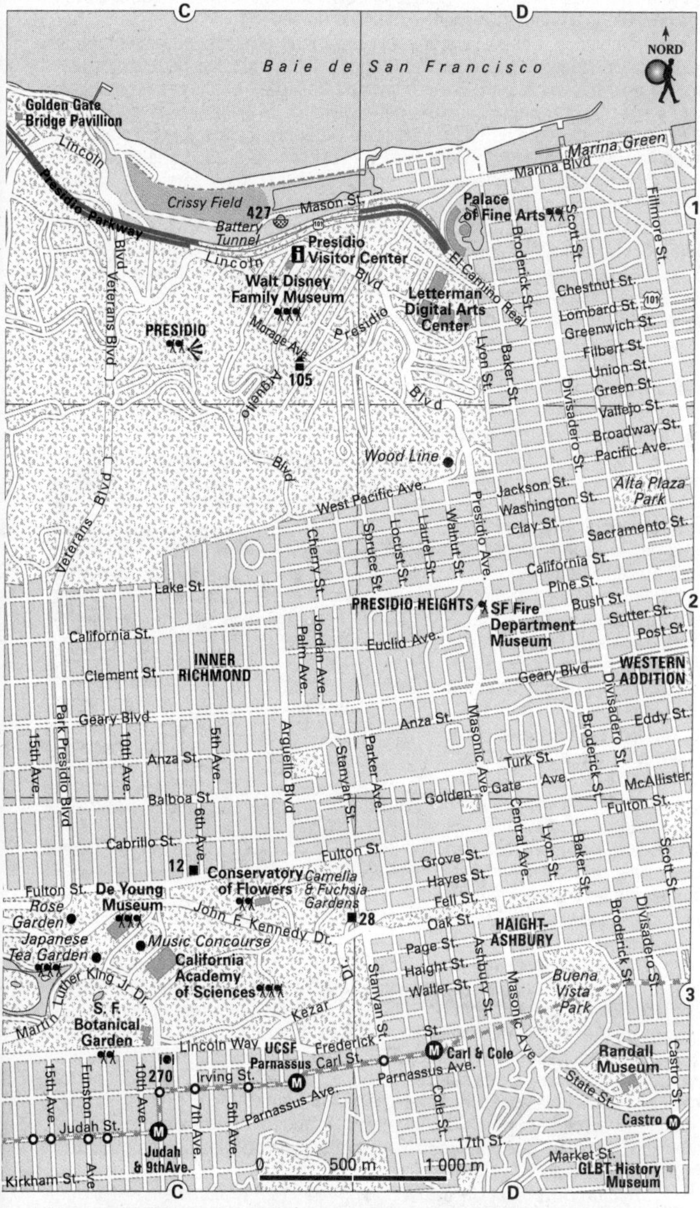

LE GOLDEN GATE PARK ET LE PRESIDIO

fermé à la circulation pendant certaines manifestations (marathon, Labor Day...). Renseignez-vous ! C'est assurément le meilleur moment pour visiter le parc et percevoir son ambiance. Des milliers de familles y pique-niquent, jouent au foot, au base-ball, au frisbee, à la pétanque (les Français !), font du roller, de la musique...

– On peut ***entrer dans le parc par n'importe quel côté*** : en dehors de quelques secteurs spécifiques, aucune clôture ne le délimite. Si vous arrivez de Haight-Ashbury, faites une halte au QG du parc, au **McLaren Lodge** *(plan d'ensemble détachable B4 et plan Golden Gate Park et Presidio C-D3, **28**)*. Vous y trouverez une carte sommaire pour mieux vous repérer. D'autres, plus détaillées, sont en vente dans certaines attractions, comme le *Conservatory of Flowers,* tout proche.

– Passé le *McLaren Lodge* et Conservatory Drive, on trouve les ***Camellia et Fuchsia Gardens*** *(plan d'ensemble détachable A-B4 et plan Golden Gate Park et Presidio C-D3).* Les 1ers fleurissent soit au printemps, soit à l'automne (selon les espèces), les 2ds tout au long de l'été.

– Juste après, voici la serre du **Conservatory of Flowers** *(plan d'ensemble détachable A4 et plan Golden Gate Park et Presidio C3)* : *mar-dim 10h-16h30. Fermé lun. Entrée : 10-12 $ selon j. ; réduc ; gratuit 1er mar du mois.* Cette superbe structure de bois et de verre typiquement victorienne est inspirée des Kew Gardens londoniens. Pas moins de 16 800 carreaux diffusent une douce lumière sur un carré de forêt tropicale grimpant jusqu'aux voûtes. Superbe.

– De l'autre côté de John F. Kennedy Drive, des ***fougères arborescentes,*** puis le coin des ***rhododendrons,*** dont John MacLaren, le grand paysagiste écossais, était amoureux.

– On rejoint ensuite l'immense esplanade plantée séparant le De Young Museum (au nord) de la California Academy of Sciences (au sud). Voir plus loin les infos sur ces ***musées.***

– Le ***Music Concourse*** *(plan d'ensemble détachable A4 et plan Golden Gate Park et Presidio C3),* au sud de la California Academy of Sciences, accueille des concerts gratuits le dimanche en été. À 2 pas, le même jour, certains s'en donnent à cœur joie sur des rythmes de swing (de 11h à 14h, avec leçons pour débutants à midi ; • *lindyinthepark.com* •).

HIPPIE HILL

Tous les 20 avril se tient, au lieu-dit « Hippie Hill » dans le parc du Golden Gate, le festival du cannabis : la colline se couvre ce jour-là de fumeurs et, à 16h20 tapantes, tout le monde allume son joint. Pourquoi le 20/04 ? Pourquoi à 16h20 ? Les explications sont nombreuses mais, finalement, cela viendrait bêtement du nom de code de rendez-vous (4-20, pour 16h20) d'un groupe de lycéens qui se retrouvaient après les cours pour fumer, dans les années 1970... Le festival est illégal mais devant le nombre de participants, la police se déclare impuissante à l'empêcher !

– Notre endroit préféré, le ***Japanese Tea Garden*** *(plan Golden Gate Park et Presidio B-C3),* inauguré en 1894, se trouve juste à l'ouest du De Young Museum. *Tlj 9h-17h45 (16h45 nov-fév). Entrée : 10 $; réduc ; gratuit lun, mer et ven 9h-10h.* On déguste un excellent thé au jasmin ou thé vert dans cet endroit ciselé comme une gravure : des pagodes, des bonsaïs fabuleux, des ruisseaux et des bassins où barbotent des *koïs* (carpes), des petits ponts, des écureuils qui courent partout et même un bouddha assez important remontant au XVIIIe s... C'est le créateur du jardin qui aurait importé à San Francisco la mode du *fortune cookie,* ce petit gâteau sec contenant une prédiction. On regrette juste que la quiétude du lieu soit perturbée par la foule.

– ***San Francisco Botanical Garden*** *(Strybing Arboretum ; plan d'ensemble détachable A5 et plan Golden Gate Park et Presidio B-C3)* **:** *9th Ave et Lincoln Way.* • *sfbg.org* • *Tlj dès 7h30 ; dernière entrée à 16h nov-janv, 17h de fév à mi-mars et oct-nov, 18h de mi-mars à fin sept. Entrée : 10-13 $ selon j. ; réduc ; gratuit tlj 7h30-9h, 2e mar du mois et Thanksgiving, Noël et Jour de l'an.* Cette fabuleuse oasis étendue sur plus de 22 ha abrite quelque 8 000 espèces de plantes provenant du monde entier. Elles sont présentées par secteurs géographiques et biotopes : Méditerranée, rhododendrons, Australie, Nouvelle-Zélande, forêt andine, camélias, forêt des nuages, sans oublier un poétique jardin des parfums *(Garden of Fragrances)*.

– Le ***jardin de roses*** *(plan Golden Gate Park et Presidio B-C3)* situé un peu après le De Young Museum, sur John F. Kennedy Way, ne mérite pas forcément un détour. Joli, oui, mais les bruits de la circulation gâchent sacrément la sérénité des lieux.

– Plus à l'ouest, les visiteurs se font moins nombreux. On atteint le ***Stow Lake*** *(plan Golden Gate Park et Presidio B3),* au centre duquel flotte l'île de Strawberry Hill, couverte de pins, acacias et eucalyptus. Possibilité de pique-niquer, manger un morceau au snack et de louer canots et embarcations à pédales, mais c'est cher (minimum 22 $/h).

– Dans la partie ouest du parc, ***Buffalo Paddock*** *(plan Golden Gate Park et Presidio A3),* l'enclos à bisons, existe depuis 1890. Mais seuls quelques bestiaux un peu pelés sont visibles. Juste derrière se trouve un *terrain de pétanque* où, parfois, le dimanche, les Français de San Francisco se retrouvent.

– Passé le golf, enfin, on atteint l'angle nord-ouest du parc, veillé par un moulin néerlandais, le ***Dutch Windmill*** *(plan Golden Gate Park et Presidio A3).* À ses pieds, cela va de soi, se trouve un beau jardin de tulipes ! Un autre moulin, le ***Murphy Windmill*** *(plan Golden Gate Park et Presidio A3),* occupe l'angle sud-ouest du parc. L'un et l'autre servaient jadis à pomper les eaux souterraines.

– Au-delà, le parc s'ouvre sur ***Ocean Beach,*** la plus longue plage de San Francisco (voir plus loin).

De Young Museum *(plan d'ensemble détachable A4 et plan Golden Gate Park et Presidio C3)* **:** *50 Hagiwara Tea Garden Dr, Golden Gate Park. • deyoung.famsf.org • De Union Sq, Ⓜ Irving St et 9th Ave (ligne N), le musée est à 4 blocs à pied, ou continuer en bus n° 44. Sinon, bus n° 5 depuis Market jusqu'à la hauteur de la 8th ou 10th Ave. ♿ Mar-dim 9h30-17h15 ; dernier billet 1h avt. Fermé lun. Entrée : 15 $; réduc ; gratuit 1er mar du mois (sauf expos temporaires) ; compter env 20-35 $ pour les expos temporaires (entrée générale incluse). Inclus dans le CityPass. Le billet permet l'entrée gratuite le même j. au California Palace of the Legion of Honor (mais faut pas traîner !).*

Endommagés par le tremblement de terre de 1989, les bâtiments ont été rasés pour faire place à un ensemble futuriste érigé en 2005 par les architectes suisses Jacques Herzog et Pierre de Meuron, à qui l'on doit notamment la géniale Tate Modern de Londres. Avec sa façade recouverte d'une peau en cuivre, on croirait qu'un porte-avions rouillé s'est échoué dans le Golden Gate Park ! Avec le temps, le cuivre devrait virer au vert pour se fondre dans la végétation. Pas de méprise sur la fissure courant sur les pavés de l'entrée, c'est l'œuvre d'un artiste britannique, Andy Goldsworthy, à qui le musée a passé une commande spéciale sur le thème sismique de la Californie.

Le De Young possède des collections aussi diverses qu'intéressantes, même si la muséographie peut sembler déroutante. En effet, les œuvres sont classées à la fois par thèmes et par donateurs pour ne pas froisser les susceptibilités et les bonnes volontés...

– Le ***rez-de-chaussée*** est divisé en 2 grands ensembles. L'un est dédié à l'art contemporain américain, représenté (à travers des œuvres tournantes) par Willem De Kooning, Richard Diebenkorn, Edward Hopper, Robert Motherwell, Frank Stella, Mark Rothko... Du classique en somme, avant de faire le grand écart historique et culturel en abordant les collections consacrées aux cultures amérindiennes. D'abord, une très jolie petite galerie d'art inuit, avec des pièces rares, comme cette splendide boîte en bois incrusté d'animaux en ivoire de morse. Derrière s'ouvre une petite salle de poterie pueblo moderne. Vient ensuite le plus beau : une section d'art précolombien. On y trouve de véritables trésors.

Mentionnons cette splendide petite figurine en mosaïque de pierres huari (Pérou), de superbes ornements en or, un couteau cérémoniel mixtèque (Mexique) en obsidienne, au manche en mosaïque de turquoises, des anneaux de jeu de balle ciselés d'une rare beauté, des encensoirs et un vaste ensemble de poteries polychromes mayas, sans oublier un masque en jadéite, et encore une collection admirable de fresques murales rapportées de Teotihuacán... Même les musées spécialisés sur le sujet peinent à présenter des pièces d'une telle beauté : rien que du 1er choix.

– Le ***1er étage*** est particulièrement intéressant pour les passionnés d'art primitif. Les collections, parfaitement mises en valeur, se décomposent en fonds africain et océanien, d'une rare richesse. On y croise pêle-mêle de fort beaux objets dogons (Mali), d'innombrables masques à têtes d'animaux, un curieux tabouret de chef ghanéen représentant 2 jambes se disputant un ballon de foot (vers 1920), un cercueil (aussi ghanéen) en forme de cabosse de cacaoyer, des statuettes de l'île de Pâques, des tikis maoris et tahitiens, puis une énorme collection provenant de Papouasie-Nouvelle-Guinée – des boucliers, des têtes d'ancêtres reliquaires, de très grands *yipwon* (représentations d'esprits guerriers ou de la chasse) sculptés en crochets, des planches votives... plus de 400 objets en tout, rien que pour cet espace culturel. On passera plus rapidement dans la section des arts décoratifs, inégale, pour aller faire un tour du côté de l'art américain, du XVIIIe au XXe s. Étonnantes natures mortes dans la salle 25, superbes paysages dans la salle 26, tandis que la salle 28 regroupe les œuvres impressionnistes et réalistes, notamment des portraits par Robert Henri et John Singer Sargent *(Le Verre de porto).* Sans oublier la fresque des *Sauvages de la mer Pacifique,* de Joseph Dufour.

Du ***sommet de la Hamon Tower,*** accessible par des ascenseurs depuis le rez-de-chaussée, on bénéficie d'une vue saisissante, à 360°, sur San Francisco, de Twin Peaks au Golden Gate et d'Ocean Beach à la *Transamerica Pyramid.*

Au rez-de-chaussée, le ***De Young Café*** propose des sandwichs et autres petits plats.

California Academy of Sciences *(plan d'ensemble détachable A4 et plan Golden Gate Park et Presidio C3)* **:** *55 Music Concourse Dr, Golden Gate Park, face au De Young Museum. • calacademy.org • Bon plan : si vous venez en bus ou à vélo, réduc de 3 $ sur l'entrée (conservez le billet). Tlj 9h30 (11h dim)-17h. Entrée (trop chère) : 34-38 $; réduc. Inclus dans le CityPass. Soirée spéciale ts les jeu 18h-22h pour les plus de 21 ans avec conférence, projection au planétarium, musique et cocktails (entrée : 15-20 $). Arriver le plus tôt possible pour éviter les files d'attente !*

10 ans de travaux et 500 millions de dollars ont été nécessaires à la renaissance de ce musée, endommagé par le tremblement de terre de 1989. Rouvert en 2008, il fait concurrence à son voisin le De Young par l'originalité de son architecture, en particulier son toit vallonné et paysager, œuvre de l'architecte italien Renzo Piano. Tout a été pensé pour en faire un modèle de design éco-énergétique : de vieux jeans servent à l'isolation, des panneaux solaires fournissent une partie de l'énergie, et le bâtiment est soutenu par de l'acier recyclé. Le toit, étendu sur 1 ha, est laissé à la nature : les graines apportées par le vent y prennent racine sous le contrôle vigilant des jardiniers (on peut y monter par un ascenseur et profiter de la vue).

En pénétrant dans le musée, 2 sphères vous font face : à gauche le planétarium, à droite la bulle vitrée de la forêt tropicale humide. Entre les 2, au fond face à l'entrée, un marais habité par un curieux alligator albinos.

– Le ***planétarium*** abrite l'un des plus grands dômes numériques au monde. On y projette des films en images de synthèse assez époustouflants sur le cosmos, l'origine de la vie, la nature, ou encore les séismes, en faisant voyager les spectateurs au-dessus de la faille de San Andreas. Conseil : allez chercher les billets d'entrée au planétarium (gratuits) dès votre arrivée pour la séance qui vous intéresse (nombre de places limité).

– La visite de la ***rainforest*** *(ouvre à 10h seulement)*, forêt tropicale humide, permet quant à elle de découvrir, le long d'une passerelle hélicoïdale, les différents étages de végétation de ce milieu commun, entre autres, à l'Amazonie, Bornéo, Madagascar et au Costa Rica. De nombreux papillons et oiseaux volettent librement et des vivariums présentent insectes (certains géants, comme la *jungle nymph* de Malaisie), amphibiens (extraordinaires petites grenouilles orange !) et reptiles. Parvenu en haut (on peut voir aussi à cet étage une jolie ***section minéralogique***), un ascenseur vitré permet de plonger directement au sous-sol, dans la partie immergée de la forêt, où nagent piranhas, anguilles électriques, gigantesques *arapaimas* et autres *arowanas* (capables de sauter à 2 m de hauteur hors de l'eau pour attraper des insectes !), prélude au *Steinhart Aquarium*.
– Le ***Steinhart Aquarium,*** lui, est riche de quelque 900 espèces d'animaux marins. Passé la zone amazonienne, les nombreux aquariums présentent la faune sous-marine de la Californie du Nord et, plus loin, celle d'un récif philippin. À voir en vrac : oursins violets, incroyables méduses à crinière de lion, *ribboned pipefishs* (hippocampes à branches), *garden eels* (anguilles) qui s'extraient du sable raides comme des piquets, dragons des mers, poissons-archers, rares nautiles, poissons bioluminescents, etc. Les enfants pourront toucher coquillages et étoiles de mer.
– De retour au rez-de-chaussée, il reste à voir l'***African Hall*** où lions, guépard, dik-diks et autres antilopes empaillés côtoient des pingouins sud-africains bien vivants, et l'expo « ***Color of Life*** », sur le rôle des couleurs (souvent fruits de l'évolution) dans le monde vivant (la capacité du vert à capturer les rayons solaires, les étonnantes techniques de camouflage, etc.).
– Enfin, derrière la forêt tropicale, une expo présente le milieu naturel de la Californie et les risques de séismes auxquels elle est soumise. Les visiteurs se pressent surtout dans la petite *Shake House,* où vous pourrez revivre (en 2 temps) les tremblements de terre de 1989 (6,9 sur l'échelle de Richter), puis de 1906 (7,9). Soudain, les murs se mettent à trembler, le chandelier oscille et le poisson rouge est sur le point de tomber de son bocal...
🍴🍸 Pour faire une pause, l'***Academy Café,*** au rez-de-chaussée, propose des petits plats variés, à des prix raisonnables.

🚶 ***Ocean Beach*** *(plan Golden Gate Park et Presidio A3)* **:** bordant toute la côte ouest de San Francisco, la plage s'étire sur 6,5 km entre Cliff House (au nord) et les abords du lac Merced (au sud). On pourrait imaginer une plage ensoleillée envahie de baigneurs, mais il n'en est rien : entre le brouillard qui colonise la côte tout au long de l'été, le vent, les courants dangereux et la température de l'eau (9-12 °C), les amateurs sont rares. Seuls les surfeurs se jettent à l'eau, à leurs risques et périls : chaque année, plusieurs d'entre eux y laissent la vie.

🚶 ***Cliff House*** *(plan Golden Gate Park et Presidio A2)* **:** *1090 Point Lobos Ave. • cliffhouse.com • Bus nos 38 ou 38L de Geary St (dans Downtown) jusqu'au terminus.* La Cliff House est surtout intéressante pour son histoire rocambolesque, que l'on découvre grâce aux photos anciennes exposées au bar et dans le *Visitor Center* situé un peu plus haut sur Point Lobos Avenue (voir ci-après). Construite en 1858 avec la cargaison de bois d'un navire naufragé sur le site même, à une époque où le secteur était encore totalement vierge, elle fut endommagée lorsque la goélette *Parallel* vint se fracasser au pied de l'édifice, ses soutes bourrées de dynamite... Réparée en vain : elle brûla entièrement en 1894. Adolph Sutro (voir ci-après) la reconstruisit 2 ans plus tard. Survivant au tremblement de terre de 1906, elle brûla à nouveau en 1907... Le bâtiment actuel, récent donc, a été restauré pour ressembler à la Cliff House reconstruite à cette époque. Il abrite un restaurant cher *(Sutro's),* très touristique et de qualité discutable, et un bistrot un peu plus accessible. On peut éventuellement y prendre le petit déj, histoire de bénéficier de la belle vue sur les Seal Rocks. Le bar (sans vue) est sympa aussi, avec son énorme comptoir en bois français du XIXe s et son dallage à petits carreaux.

★ ***Sutro Baths*** *(plan Golden Gate Park et Presidio A2)* **:** en contrebas de la Cliff House, côté nord, se détachent les vestiges de cet ensemble de loisirs construit par le millionnaire Adolph Sutro. Né en Prusse, celui-ci fit fortune dans les années 1860 en installant un système de ventilation et d'évacuation des eaux dans les mines d'argent de Comstock, au Nevada, permettant ainsi leur exploitation. 1er maire juif de San Francisco (1894-1896), il fit construire un établissement balnéaire où les San-Franciscains pouvaient profiter de 7 piscines d'eau douce et salée, un théâtre, un musée, et même une patinoire. Un petit train fut aménagé pour transporter les visiteurs jusqu'aux bains. Pour des raisons financières, les Sutro Baths furent fermés dans les années 1960. Ils ont été détruits par le feu (décidément...) en 1966. Cliff House et Sutro Baths font aujourd'hui partie du *Golden Gate National Recreation Area,* géré par le service des parcs nationaux. Le *Visitor Center* raconte leur histoire *(680 Point Lobos Ave ; ven-lun 9h-17h ; fermé mar-jeu).*

★★★ ⇜ **Lands End** *(plan Golden Gate Park et Presidio A2)* **:** du *Visitor Center* des Sutro Baths part l'un des plus beaux sentiers de balade de la côte. Relativement plat dans sa 1re partie, il offre de très belles vues (par temps dégagé, bien sûr) sur les bains, les Seal Rocks, les îles Farallon au loin, Marin Headlands et, plus avant, le Golden Gate et l'entrée de la baie de San Francisco. À marée basse, on peut apercevoir les restes de quelques-uns des nombreux bateaux qui se sont échoués au pied de ces falaises. Des escaliers vous permettront de descendre jusqu'à la petite plage isolée de *Mile Rock,* et une branche vous mènera vers le *Camino del Mar* et jusqu'au musée de la Légion d'honneur. Attention, une partie du sentier est inaccessible aux vélos (marches). Pour plus d'infos : ● *nps.gov/goga/planyourvisit/landsend.htm* ●

★★★ ***California Palace of the Legion of Honor*** *(plan Golden Gate Park et Presidio A2)* **:** *100 34th Ave, dans Lincoln Park (par Clement St).* ● *legionofhonor.famsf.org* ● *De Downtown, bus nos 38 ou 38L sur Geary St jusqu'à 33rd Ave, puis 10 mn à pied en traversant le golf (ou changer pour le no 18) ; également bus no 1 depuis Chinatown ou Embarcadero via California St.* ♿ *Mar-dim 9h30-17h15. Fermé lun. Entrée : 15 $ (plus cher avec l'expo temporaire) ; réduc, dont 2 $ en montrant votre billet de bus ; gratuit 1er mar du mois (sauf expo temporaire). Inclus dans le* CityPass. *Le billet permet l'entrée gratuite le même j. au De Young Museum. Audioguide (en anglais seulement) pour les expos : 8 $.*
L'architecture de ce très beau musée d'art s'inspire librement de celle de l'hôtel de Salm à Paris, qui abrite le musée de la Légion d'honneur – d'où le nom de l'endroit et la devise au fronton en français, *Honneur et Patrie.* À l'entrée, dans une cour cernée de colonnes, *Le Penseur* annonce l'une des plus belles collections de Rodin au monde. Par sa belle situation dans le parc Lincoln, son architecture, la richesse de ses collections et la qualité de leur présentation, ce musée est l'un des plus beaux de San Francisco. Attention, comme souvent aux États-Unis, les œuvres tournent régulièrement ; certaines expos temporaires s'étendent parfois jusque dans les salles permanentes, reléguant un temps leurs collections dans les réserves.

Rez-de-chaussée
Prendre à gauche après la billetterie et rejoindre les salles du fond pour suivre l'ordre chronologique.
– *Salle 2 :* **primitifs toscans,** avec aussi un bas-relief en albâtre catalan du XIVe s où Adam ressemble étrangement au Christ, et un beau Couronnement de la Vierge anglais, aussi en albâtre.
– *Salle 3 :* levez la tête pour admirer la belle coupole de style mudéjar (Espagne, XVe s) en bois polychrome, madones typiques du ***gothique*** espagnol, flamand et germanique : *Madone et Enfant* de Dierick Bouts, *Vierge à l'Enfant* du maître de la légende de sainte Lucie (fin travail sur les drapés, rouge éclatant). Splendides éléments de retable, dont on retiendra surtout le panneau des *Damnés de*

l'enfer, avec tous ces rois, moines et archevêques attendant d'expier leurs fautes dans d'atroces souffrances... Beaux portraits de femmes, dont un tableau de *Salomé* attribué à Cranach (1537) auquel répond une *Lucrèce* de Joos van Cleeve.

– *Salle 4 :* œuvres de la ***Renaissance florentine et vénitienne,*** avec une *Vierge à l'Enfant* en céramique de Della Robbia, beau candélabre en bronze du XVIe s de Ravenne.

– *Salle 5 :* ***Renaissance et maniérisme*** avec des tableaux de l'école de Fontainebleau, un buste en marbre de Cosme Ier (de Médicis) par Cellini, et *Saint François et saint Jean-Baptiste* par le Greco. Également quelques beaux émaux.

– *Galerie George et Mary Hecksher (salle 6) :* le ***baroque français et italien*** s'exprime au travers d'œuvres comme *Samson et le nid d'abeilles* du Guerchin, *Le Vieil Homme* et *La Vieille Femme* de Georges de La Tour, un *Martyre de saint Barthélemy* en clair-obscur de Luca Giordano, et une vue du Tivoli du Lorrain. Notez aussi cet impressionnant cabinet français du XVIIe s.

– *Galerie Robert Dollar (salle 7) :* pas mal de ***mobilier français baroque,*** dont de jolies commodes marquetées des XVIIe-XVIIIe s. Le XVIIIe s français est représenté par Nattier *(Les Muses),* Van Loo, Fragonard *(Éducation de la Vierge),* Boucher, Watteau (*Le Quatuor,* réunion galante de 2 hommes et de 2 femmes, s'inspirant de la commedia dell'arte)...

– *Salles 8, 10 et 12 :* consacrées à la ***sculpture de Rodin,*** elles abritent quelque 80 œuvres du maître. Parmi elles : Victor Hugo, plâtres et modèles préparatoires pour les *Bourgeois de Calais* et pour le décor inachevé du musée des Arts décoratifs de Paris. Notons aussi un superbe *Rodin* par Camille Claudel.

– *Salle 9 :* un salon de 1740, entièrement reconstitué après avoir été démonté dans un château rouennais, sert d'écrin aux ***arts décoratifs français*** de l'époque rococo. Noter le superbe cabinet du XVIIe s en ébène, écailles de tortue, ivoire et bois précieux.

– *Salle 11 :* reconstitution du beau *Salon Doré* de l'ancien hôtel parisien de La Trémoille, démoli en 1905.

– *Salle 13 :* ***peinture anglaise*** du XVIIIe s (Gainsborough, Wilkie, Reynolds...). Beau mobilier.

– *Salles 14 et 15 :* chefs-d'œuvre de la ***peinture baroque hollandaise et flamande*** (XVIIe s). Au menu : la *Sainte Famille* de Jacob Jordaens, *Rogier Clarisse* (et son épouse) de Rubens, *Marie-Claire de Croy* de Van Dyck, le portrait de Joris de Caulerii par Rembrandt, *Élégant gentilhomme* de Dirck Hals, scène de pêche sur la glace de Cuyp...

– *Salle 16 :* le ***néoclassicisme français,*** avec Greuze, David, Delacroix, Géricault... Buste de femme par Houdon.

– *Salle 17 :* ***les réalistes, les pré-impressionnistes et l'école de Barbizon*** avec Corot, Jongkind et Courbet, une belle tête de Christ de Manet et un étonnant tableau du Russe Makovski *(The Russian bride's attire)* dépeignant avec une foison de détails les préparatifs d'un mariage. Au passage, un joli *Wagon de troisième classe* de Daumier.

– *Salle 18 :* rapide passage chez les ***victoriens.***

– *Salle 19 :* on termine par les peintres ***impressionnistes,*** dont une belle série de Monet entre nymphéas et océan, Degas (voir aussi le bronze de cheval trottant), Renoir, Cézanne... et 2 Van Gogh.

Sous-sol

C'est ici que se tiennent les ***grandes expos temporaires.*** Également un ensemble de vitrines présentant des ***antiquités*** assyriennes, égyptiennes, perses, grecques, étrusques et romaines, et une ***galerie de porcelaines,*** en majorité anglaises (magnifiques majoliques italiennes néanmoins).

Museum Café : au sous-sol, agréable, avec terrasse aux beaux jours. On y grignote salades, quiches, sandwichs et autres petits plats (comme le *Monet's chowder*). Un peu cher.

👁👁 ⋞ ***Presidio*** *(plan d'ensemble détachable A-B1-2 et plan Golden Gate Park et Presidio B-C-D1)* **:** *210 Lincoln Blvd.* • *nps.gov/prsf/index.htm* • *GRATUIT.*
➢ *Accès par les bus* MUNI *n°s 28, 29 et 43, ou par le* Presidio Downtown shuttle, *un bus gratuit, à prendre au Transbay Terminal, à la station* BART *de l'Embarcadero, ou à l'angle d'Union St et Van Ness Ave. Ce dernier circule env 6h-20h30 en sem et 9h-19h le w-e ; passage ttes les 30-60 mn. Il dessert le* Transit Center, *situé à côté du* Visitor Center *et du Walt Disney Family Museum. De là, le* PresidioGo Around the Park, *un autre bus gratuit, effectue 2 boucles à travers tt le parc du Presidio, permettant de gagner ses différents centres d'intérêt sans efforts (Baker Beach pour une ligne, Golden Gate Bridge pour l'autre). Celui-ci circule ttes les 30 mn, lun-ven 7h30-18h30 (6h30-19h30 pour Baker Beach), le w-e 11h-18h30 seulement. Infos pour les transports au ☎ 415-561-5300 (sem) ou 415-561-4323 (w-e).* • *presidio.gov* •
Occupant un immense territoire (1 491 ha) accidenté et boisé au nord-ouest de la ville, face au pont du Golden Gate, ce parc doit son nom au fort qu'y construisirent les Espagnols en 1776, aujourd'hui disparu. Cet emplacement stratégique gardant l'entrée de la baie de San Francisco a été occupé jusqu'en 1994 par l'armée. Il est désormais géré par le service des parcs nationaux. Si les abords du *Visitor Center* ont gardé leur caractère très militaire (entendez : pas grand intérêt, sauf à venir voir le Walt Disney Family Museum), les ***sentiers (40 km) et pistes cyclables (22 km)*** offrent l'occasion de belles balades entre pins, cyprès et eucalyptus, jusqu'à découvrir de très beaux panoramas sur le Golden Gate Bridge à l'extrémité nord-ouest du parc. Mais sachez-le : ça grimpe ! Une balade très populaire à faire à vélo (éventuellement à pied) : partir du Fisherman's Wharf pour rejoindre Sausalito via le Golden Gate, en passant par Crissy Field et Fort Point, situés dans les limites du parc du Presidio. On peut aussi rejoindre la belle plage de Baker Beach par le superbe *Coastal Trail.* Ce parc est considéré par les rangers comme étant sûr durant la journée.
Voici les principaux centres d'intérêt, présentés d'est en ouest :
– ***Letterman Digital Arts Center*** *(plan d'ensemble détachable B2 et plan Golden Gate Park et Presidio D1)* **:** *1 Letterman Dr ; accès par Lombard St, à l'est du Presidio.* Ces locaux abritent les différentes sociétés de George Lucas. Les mordus de *Star Wars* y croiseront Yoda en haut d'une fontaine, Dark Vador et plein d'accessoires de la saga *Star Wars* dans le lobby du bâtiment B.
– ***The Wood Line*** **:** *sur Presidio Blvd, avec accès par W Pacific Ave.* Une belle promenade à faire à l'ombre des eucalyptus, en suivant les méandres de cette sculpture ondulante réalisée par Andy Goldsworthy, avec des morceaux de la même essence de bois. Ce long serpent ondule sur près de 365 m !
– ***Crissy Field*** *(plan d'ensemble détachable A1 et plan Golden Gate Park et Presidio C1)* **:** *le long de la baie, à la hauteur du Palace of Fine Arts.* On s'y promène à vélo ou à pied le long de la plage et d'un marais côtier restauré où s'ébattent quelques aigrettes. La zone servit de piste d'atterrissage militaire de 1919 à 1936. Très belle vue sur le Golden Gate.
– ***Fort Point National Historic Site*** *(plan Golden Gate Park et Presidio B1)* **:** *Marine Dr, au pied du pilier sud du Golden Gate Bridge. ☎ 415-561-4969.* • *nps.gov/fopo/index.htm* • *En été, jeu-lun 9h-17h ; le reste de l'année, ven-lun 10h-17h. GRATUIT.* Ce serait le seul bâtiment de ce genre à l'ouest du Mississippi. Construit en 1853-1861, ce vieux fort en brique assurait la défense de la baie conjointement avec le bastion d'Alcatraz et le fort Mason (plus à l'est, dans le quartier de Marina). Dans les années 1930, devenu obsolète, il servit de QG aux ingénieurs du Golden Gate, qui lui passe juste au-dessus de la tête. Les salles d'expo semées au gré des couloirs venteux se consacrent à ces 2 périodes, à travers de vieux uniformes, magasins à munitions, photos anciennes et autres. Dans la cour, le vieux canon de San Martín, fondu au Pérou en 1684, appartenait au fort espagnol dressé en ces lieux à la fin du XVIIIe s, et disparu depuis. Ne manquez pas de monter sur la terrasse supérieure : de là, on peut presque toucher le Golden Gate ! Les cinéphiles reconnaîtront l'endroit où Kim Novak se jette dans

la baie dans le film de Hitchcock *Sueurs froides* ; aujourd'hui, ce sont les surfeurs qui se lancent à l'eau, histoire de dire qu'ils ont fait une session sous le pont !
– ***Coastal Trail*** *(plan Golden Gate Park et Presidio A2, B1-2)* **:** longeant la côte ouest du parc du Presidio, elle relie (en 4,4 km) le Golden Gate Bridge à Baker Beach, offrant des points de vue spectaculaires sur le pont, particulièrement en fin de journée.
– ***Baker Beach*** *(plan Golden Gate Park et Presidio B2)* **:** à l'ouest du parc du Presidio, cette jolie plage offre l'un des plus beaux points de vue de la ville sur le Golden Gate – particulièrement au coucher du soleil. Aux beaux jours, elle est fréquentée dans sa partie nord par les nudistes (gays surtout). Les bronzeurs plus « traditionnels » se regroupent plus près du parking. Pas de baignade.

Palace of Fine Arts *(plan d'ensemble détachable B1 et plan Golden Gate Park et Presidio D1)* **:** *à l'extrémité nord-est du Presidio, à la limite du quartier de Marina.* Dernier vestige grandiloquent de la *Panama-Pacific Exposition* de 1915, organisée pour montrer la renaissance de San Francisco après le séisme de 1906, il est précédé d'une rotonde aux colonnades néoclassiques monumentales se mirant dans un petit plan d'eau.

Walt Disney Family Museum *(plan d'ensemble détachable A1 et plan Golden Gate Park et Presidio C1)* **:** *104 Montgomery St, dans le Presidio. • waltdisney.org • Pour s'y rendre en transports en commun, voir les infos du Presidio, ci-avt. Jeu-dim 10h-17h30 ; dernière entrée à 16h30. Fermé lun-mer et certains j. fériés. Résa conseillée (via Internet) le w-e et pdt les vac scol. Entrée : 25 $; réduc ; gratuit moins de 6 ans (plus cher avec l'expo temporaire). Audioguide (en français) inclus.*

FRANÇAIS, DISNEY ?

Vous l'ignoriez peut-être, mais Walt Disney possède des origines bien gauloises ! Son nom provient en fait de celui de la petite ville normande d'Isigny-sur-Mer, d'où partit vers l'Angleterre, un jour de 1066 (dans le sillage de Guillaume de Normandie), son plus lointain ancêtre connu, Robert d'Isigny. Ce dernier s'installa sur l'île et, bien vite, son nom s'anglicisa en Disney. Finalement, des siècles plus tard, les descendants de Robert émigrèrent vers le Nouveau Monde.

Inauguré en 2009 dans l'un des anciens bâtiments militaires du Presidio, c'est le 1er musée du monde dédié à Walt Disney, sa vie, son œuvre. La famille du dessinateur, notamment sa fille Diane, est à l'origine de ce vaste projet qui a coûté quelque 100 millions de dollars (et on n'en est pas peu fier !).

Au rez-de-chaussée

Le parcours commence par les nombreux prix et oscars reçus par le maître du dessin animé. Puis panneaux et saynètes à l'ancienne retracent l'histoire familiale, de la naissance à Chicago en 1901 à la ferme du Missouri, du rachat du *Kansas City Star* vendu par le petit Walt aux petits boulots à Chicago, en passant par ses 1res caricatures jusqu'à son engagement dans la Croix-Rouge en France pendant la Première Guerre mondiale (il ment sur son âge pour pouvoir partir !). À son retour, cet admirateur de Charlie Chaplin trouve un job à 50 $ par mois, s'achète sa 1re caméra et filme sa famille tout en inversant les images pour créer des effets humoristiques au fond de son garage.

À l'étage

On vous racontera au moyen de jolies animations comment, arrivé à Hollywood avec 40 $ en poche, Walt Disney décroche un contrat pour ses petits *cartoons (Alice Comedies)*... Mais aussi comment il pensait être arrivé trop tard sur le marché face à la concurrence de *Felix the Cat* et à l'indifférence des grandes *majors*. Il crée tout de même un nouveau personnage, *Oswald the Lucky Rabbit,* qui connaît un franc succès. Mais, à son grand désespoir, il se fait totalement spolier par son producteur ! Dans le train du retour entre New York et Los Angeles, Walt Disney

crée enfin son personnage fétiche, *Mickey Mouse* (qui faillit s'appeler Mortimer Mouse !), afin de remplacer Oswald... dont il s'est d'ailleurs inspiré. Cette fois, il monte son propre studio. La légende se met enfin en place...
Ne pas manquer son ***1er dessin animé*** avec son synchronisé (en 1928), ***Steamboat Willie*** : sur un pan de mur entier, les 348 agrandissements de planches que vous voyez correspondent à une minute d'action seulement. Possibilité de s'essayer à l'exercice de la synchronisation entre le son et l'image (pas facile !). Puis on découvre des vitrines remplies de Mickey sous toutes ses formes, prémices du merchandising, ses 1ers *cartoons* en couleur et l'importance grandissante que Disney accordait à la musique de ses films. Ne pas louper la vidéo consacrée à la naissance de la musique de *Who's Afraid of the Big Bad Wolf ?* (Qui a peur du grand méchant loup ?), particulièrement réjouissante. On passe ensuite en revue tous les grands classiques, tous des chefs-d'œuvre il faut bien le dire, des *Trois Petits Cochons* à *Blanche-Neige et les sept nains.* Ça vous rappellera votre jeunesse !
Dans la partie suivante, les studios Walt Disney ont bien grandi et fait fortune grâce au succès de *Blanche-Neige,* un très gros... carton. Le génie se lance dans la réalisation de *Pinocchio, Fantasia* et *Bambi.* Il lance l'énorme Burbank Studio en 1940. La dimension familiale s'estompe, et certains artistes s'assoupissent un peu dans l'anonymat... Pourtant, un certain Salvador Dalí y travaille quelque temps. Disney embauche même Stravinsky pour la musique de *Fantasia,* créant ainsi le 1er son polyphonique *(Fantasound)* porté à l'écran. Puis c'est la saison des déboires... La Seconde Guerre mondiale gèle l'activité des studios, poussant Disney dans le film de propagande *(Der Fuehrer's Face, Victory through Air Power).* Une grève de 3 mois achève de le faire enrager : c'est d'ailleurs, dit-on, à cause de ce conflit social, qu'il ne digéra jamais, que Walt Disney aurait dénoncé 3 de ses employés, tous syndicalistes, lors d'une audition en 1947 auprès de la Commission des activités antiaméricaines, annonciatrice du sinistre maccartisme. Une affaire bien peu glorieuse que le musée se garde de raconter en détail... Finalement, après la guerre, les studios se lancent dans le tournage de « vrais » films, tournés avec des acteurs. La visite se termine par une batterie de vieux écrans projetant des vidéos, de vieilles caméras, un gros œil tournant, une maquette géante du Disneyland rêvé par le maître, le train miniature *Lilly Belle* construit par Disney en personne, un *optical printer* original expliqué par une animation, et le récit du tournage de *Mary Poppins,* qui engloutit toutes les réserves financières de la compagnie... et obtint finalement 5 oscars. L'épilogue, évidemment, c'est la mort, le 15 décembre 1966, du « Showman of the world »... pleuré par de nombreuses unes de journaux et magazines avec Mickey en larmes !
Café et ***boutique*** sur place.

POURQUOI MICKEY N'A-T-IL QUE 4 DOIGTS ?

Quand Disney l'inventa en 1928, tous les dessins étaient faits à la main. Même à 12 images/seconde (rythme de l'époque), le travail était énorme, donc on simplifiait au maximum les traits. Les personnages les plus anciens, comme Pinocchio et les 7 nains de Blanche-Neige, n'ont eux aussi que 4 doigts. Et à l'écran, ça leur va comme un gant !

San Francisco Fire Department Museum *(plan Golden Gate Park et Presidio D2)* **:** *655 Presidio Ave (entre Pine et Bush), au nord-est du Golden Gate Park, en direction du Presidio. • guardiansofthecity.org/sffd • Jeu-dim 13h-16h (mais mieux vaut appeler – à partir de 13h – pour être sûr). Fermé lun-mer et j. fériés. GRATUIT (donation appréciée).* Nos lecteurs fascinés par les soldats du feu découvriront des pompes à main, des voitures à incendie, une intéressante expo de photos sur l'incendie qui ravagea San Francisco à la suite du tremblement de terre de 1906, et un ensemble de souvenirs de Lillie Hitchcock Coit, l'héritière qui s'enflamma tant pour cette héroïque corporation (lire « À voir. Coit Tower » à Telegraph Hill).

ET ON JOUA LA SÉCURITÉ

Durant la construction du pont, les ouvriers durent pour la 1re fois porter obligatoirement un casque de sécurité. On s'inspira aussi des trapézistes de cirque pour installer un immense filet de sécurité qui sauva 19 ouvriers.

Golden Gate Bridge (plan Golden Gate Park et Presidio B1) : le plus célèbre des ponts suspendus, mis en service en 1937, fut conçu et réalisé en moins de 5 ans ! Long de 2 737 m très précisément (1 280 m pour la partie suspendue), il enjambe la baie pour relier San Francisco au comté de Marin, au nord. L'architecte Joseph Strauss le dota d'un petit côté Art déco subtil.
Chaque semaine, 25 peintres utilisent environ 2 t de minium pour l'entretien ininterrompu de la structure métallique. Celle-ci est soutenue par de colossaux câbles dont tous les filins mis bout à bout s'étendraient sur... 129 000 km ! Un chiffre qui rassure lorsque, par mauvais temps, le pont oscille de 7 m !
Les voitures paient 7,35 $ pour entrer en ville par le Golden Gate (voir nos ***informations importantes sur ce péage*** au début du chapitre « San Francisco », dans « Comment se déplacer à San Francisco et dans sa région ? Location de voitures »), mais c'est gratuit pour en sortir. Les fauchés revendront donc leur voiture de l'autre côté ! Les piétons et les cyclistes peuvent l'emprunter sans problème, à l'aller comme au retour, et peuvent combiner leur balade avec un trajet en bus (qui acceptent les vélos) ou un retour en ferry de Sausalito (5 km plus avant). Attention, le dernier bateau part à 18h45 le week-end et les jours fériés, 19h20 en semaine.
➢ ***En transports en commun :*** prendre le bus n° 101 du centre-ville (tarif : 4,50 $), toutes les heures environ, 5h-minuit. Autre option : le North Bound 30 *MUNI* jusqu'à Toll Plaza (le péage du Golden Gate).
➢ Ceux qui disposent d'un véhicule doivent absolument faire la ***route panoramique,*** au nord du Golden Gate Bridge. Vue fantastique sur le pont et San Francisco en arrière-plan. Sortir de la 101, juste après le Vista Point, et suivre la direction « Golden Gate National Recreation Area ». Un endroit super pour pique-niquer (lire plus loin « La baie de San Francisco. Sausalito. À voir. À faire dans les environs. Marin Headlands »).
– Autre ***point de vue*** idéal pour admirer le ***coucher du soleil*** sur le pont : *Baker Beach,* à l'ouest du Presidio. Au lever, on privilégiera plutôt *Crissy Field* ou le *San Marin Vista Point,* à droite après avoir franchi le pont (par la Highway 101).

LE PONT DES DERNIERS SOUPIRS

Le Golden Gate est le monument d'où l'on se suicide le plus au monde. Parmi les quelque 1 600 personnes à s'être jetées des 67 m du tablier, seules 33 ont survécu. Des barrières de sécurité anti-suicide ont été mises en place, comme c'était déjà le cas dans la plupart des lieux à risques : la tour Eiffel, l'Empire State Building...

LA BAIE DE SAN FRANCISCO

• Carte *p. 207*

TREASURE ISLAND

Le nom fait rêver... l'île au Trésor ! Ne fantasmez pas trop, ce gros caillou jeté au beau milieu de la baie sert avant tout d'ancrage au Bay Bridge. Pourquoi y aller

alors ? Pour une seule bonne raison : le panorama extraordinaire sur Downtown au lever et au coucher du soleil. Face à vous, toute la *skyline* de la ville se déroule jusqu'au Golden Gate, avec les gratte-ciel du Financial District et le phare de la *Transamerica Pyramid,* particulièrement bien visibles de nuit.
Treasure Island est entièrement artificielle – seule l'île de Yerba Buena, par laquelle on y accède en sortant de l'autoroute, est naturelle ! Bien avant Dubaï, les Américains avaient donc déjà leur île surgie des eaux. Bâtie pour les *flying boats* (hydravions) de la *Pan American World Airways,* elle accueillit l'Exposition internationale de 1939, avant de devenir base navale. Rendue aux civils en 1997, elle commence tout juste à sortir de sa torpeur et de grands projets sont en cours : on parle de plusieurs hôtels, d'un centre commercial et de 8 000 résidences. Un grand marché aux puces s'y tient le 1er dimanche du mois.

SAUSALITO *(7 140 hab.)*

Situé au nord-ouest de la baie de San Francisco, de l'autre côté du Golden Gate Bridge, Sausalito fut un bastion hippie dans les années 1970. De cette époque joyeuse demeurent ***un quartier entier de* houseboats *(maisons sur l'eau)*** et une multitude de demeures charmantes entourées de jardins foisonnants émaillant les collines. Pour le reste, Sausalito accueille plutôt aujourd'hui des gens qui se prennent pour des hippies, des yuppies en quête de calme et pas mal de touristes locaux... Le coin est joli, mais attention à votre bourse : les boutiques sont chics, les restos chers et les hôtels hors de prix. Reste la très jolie balade en ferry depuis San Francisco.

LA CEINTURE DE BANANES

Dans les années 1870, les collines ensoleillées de Sausalito virent débarquer de riches San-Franciscains attirés par cette enclave échappant au brouillard estival. Son climat et ses plantes tropicales lui valurent vite le surnom de Banana Belt *! Dans les années 1890, les fêtes fastueuses dans les villas incarnaient le chic ultime de l'époque victorienne. William Randolph Hearst s'installa avec sa maîtresse, mais se vit boudé par la haute société locale : sa liaison extraconjugale choquait les bonnes mœurs. Non mais !*

Arriver – Quitter

D'abord, ***éviter d'y aller le week-end en été,*** c'est archibondé ! Le matin, à la belle saison, le brouillard envahit encore souvent la baie ; pour économiser quelques sous, on peut venir en bus (par le Golden Gate Bridge) et attendre que le temps se lève pour rentrer en ferry dans l'après-midi.

En bus

■ ***Golden Gate Transit :*** ● 511.org ● goldengate.org ● De San Francisco, prendre le bus n° 30 du Salesforce Transit Center. Ttes les heures, 5h-minuit env. Trajet : 45-50 mn. Tarif : 7 $; réduc. Autres options : les bus nos 2 ou 92 (mais ils sont moins fréquents). Attention, le *pass MUNI* et le *CityPass* ne sont pas valables pour Sausalito.

➢ ***Bolinas :*** avec *Marin Transit* (● marintransit.org ●). Bus n° 61 depuis l'office de tourisme les w-e et j. fériés, avec 9 bus/j., 11h-20h30 env ; retours (de Bolinas) 8h35-20h env. Sinon, 4 bus/j. lun-ven depuis le *Marin City Hub,* Donahue St et Terners Dr, à 2 km au nord du centre, 8h20-18h45 ; retours 6h55-17h25. Service réduit nov-fév. Tarif : 2 $.

En *ferry-boat*

Le ferry est tout aussi valable que l'excursion dans la baie en bateau et nettement moins cher ! Compter 30 mn de traversée.

SAN FRANCISCO, LE WINE COUNTRY ET LA SILICON VALLEY

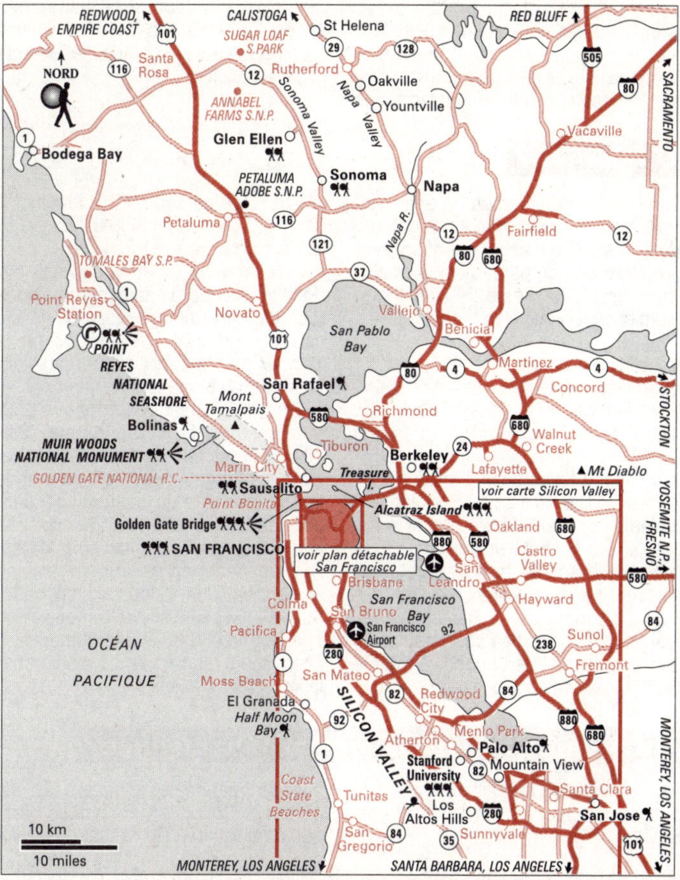

LA BAIE DE SAN FRANCISCO

■ ***Golden Gate Ferry :*** *Ferry Building, au début de Market St.* ● *goldengateferry.org* ● En sem, 9 départs/j., 7h40-19h55 de San Francisco, 7h10-19h20 de Sausalito ; w-e et j. fériés, 6 départs/j., 10h40-18h de San Francisco, 11h20-18h45 de Sausalito. Pas de bateau à Thanksgiving, à Noël et le 1er janv. Prix : 13 $; réduc. On peut embarquer son vélo.

■ ***Blue and Gold Fleet :*** *départs de Fisherman's Wharf, Pier 41, mais les billets peuvent aussi être achetés au Pier 39, à bord ou sur Internet.* ● *blueandgoldfleet.com* ● Mai-déb sept, 6-7 bateaux/j., 11h-20h20 de San Francisco, 11h45-21h10 de Sausalito. Service réduit en hiver. Ticket : 13 $; réduc.

Adresse utile

i ***Sausalito Visitor Center :*** *22 El Portal, juste en bordure du Sausalito Ferry Landing.* ☎ *415-331-7262.* ● *sausalito.org* ● *Ouv 10h-17h (18h ven-sam).*

Fermé lun-mar. Carte gratuite avec liste des hôtels, restos et galeries d'art, infos sur les loisirs dans la baie, etc. Abrite aussi une petite expo historique sur Sausalito (gratuite), qui permet de voir l'évolution du village, des 1ers explorateurs à la Seconde Guerre mondiale, à travers photos, documents et objets anciens.

Où dormir ?

Dormir à Sausalito lorsqu'on visite San Francisco, c'est la cerise sur le gâteau. Mais il y a peu d'hôtels, ils sont souvent complets longtemps à l'avance, et surtout très chers. Reste l'AJ de Marin Headlands (si vous êtes motorisé).

Hotel Sausalito : *16 El Portal (et Bridgeway). ☎ 415-332-0700. • hotelsausalito.com • Doubles 185-315 $. Min 2 nuits le w-e. Parking public (20 $/j.) attenant.* Cher, oui, et néanmoins le meilleur rapport qualité-prix de Sausalito ! Dressé à 2 pas (littéralement) du ferry, ce charmant hôtel familial aux airs de *B & B* abrite une quinzaine de chambres dans les tons orangés, joliment arrangées, mais pas bien grandes pour les moins chères. Rideaux épais, grands miroirs, lits très confortables en font de vrais petits cocons. Agréable petite terrasse fleurie à l'étage.

The Gables Inn : *62 Princess St. ☎ 415-289-1100. • gablesinnsausalito.com • Doubles 225-545 $, petit déj inclus. Parking 20 $.* Ce petit nid douillet occupe 3 anciennes maisons réunies, légèrement au-dessus du centre. Construit en 1869, ce fut le 1er hôtel de Sausalito, successivement utilisé comme mairie, hôpital et église, avant d'être entièrement rénové pour retrouver sa fonction initiale. Ses 19 chambres aux noms d'arbres et aux tons beiges disposent de grands lits moelleux, d'un canapé (dépliant pour certaines), d'un grand écran plat et d'une baignoire d'antan ou thalasso. La plupart ont en plus une cheminée et certaines un balcon ou un patio. Accueil aux petits soins, fromage et vin offerts entre 17h30 et 19h autour de la cheminée à l'entrée. Atmosphère chaleureuse et très zen.

Où prendre le petit déjeuner ? Où manger ?

Les fauchés se ravitailleront dans le petit supermarché situé sur California Street.

Fred's Place : *1917 Bridgeway. ☎ 415-332-4575. À env 1 km du ferry. Tlj 7h-14h30. Plats 10-20 $.* Certes, le port est un peu loin, mais l'endroit est populaire et pratique des prix encore raisonnables. On y prend un plantureux petit déj à base d'œufs (à toutes les sauces) en regardant les cuistots mexicains faire rissoler le bacon et les *hashbrowns.* À midi, misez sur un bon *homemade chili* servi avec la soupe du jour, une salade, un burger ou un sandwich. Rien de bien fin, mais c'est bon, copieux et servi avec le sourire. Petit plus : le jus d'orange est fraîchement pressé.

The Trident : *558 Bridgeway. ☎ 415-331-3232. Tlj 11h30 (11h w-e)-20h (21h sam). Plats 20-45 $.* Voici la plus centrale de nos adresses (à 3 mn du ferry). Occupant une grosse baraque en bois jetée sur l'eau, le *Trident* a connu sa période de gloire à l'époque hippie – les fresques psychédéliques du plafond en témoignent encore. Janis Joplin y avait sa table, Joan Baez et Clint Eastwood ont fréquenté les lieux, et Woody Allen l'a immortalisé dans *Tombe les filles et tais-toi...* Le temps a un peu oublié le *Trident,* mais il reste de jolies lignes courbes rétro, de vastes baies vitrées, une terrasse sur la baie et des banquettes formant comme de petites alcôves qui plairont aux amoureux. Dans l'assiette, une cuisine sans génie mais qui tient la route, plutôt tournée vers les produits de la mer. Musique live le vendredi soir.

Sushi Ran : *107 Caledonia St. ☎ 415-332-3620. À env 500 m du ferry. Tlj 12h-14h30, 17h-21h30 (22h ven-sam).* Bentos *15-30 $ au lunch, le soir* *compter bien 40-50 $/pers.* Pas donné, mais quitte à dépenser une petite fortune pour se sustenter, autant le faire en beauté. La cuisine, ici, est à l'image de l'équipe : américano-nippone. Les *rolls* et sushis traditionnels, exquis, y côtoient des plats naviguant entre corne d'abondance californienne et subtilité japonaise, élaborés avec des produits d'une rare fraîcheur. Certains poissons viennent même par avion du célèbre marché tokyoïte de Tsukiji plusieurs fois par semaine ! Au déjeuner, on vous conseille le *bento* (boîte-repas) avec morue glacée au *miso.*

Où manger une glace ?

Lappert's Ice Cream : *689 Bridgeway (en plein centre). En été, tlj 11h-22h ; ferme vers 17h en basse saison.* Rien de tel qu'un bon cornet avec sa crème épaisse pour affronter l'air de la baie. Bon choix de parfums *typically American* et quelques autres plus exotiques. Insolite et patriote : pour nos lecteurs membres actifs de l'armée américaine, ici, les glaces sont gratuites ! Les files d'attente sont parfois phénoménales en saison. Pour ne pas trop poireauter, remontez un peu la rue jusqu'au n° 813 : moins de choix, mais moins de monde.

À voir. À faire

Traverser le Golden Gate à vélo depuis San Francisco : une petite balade très sympa pour gagner Sausalito autrement (13 km ; 1h30). Il suffit de louer un VTT en ville (voir « Adresses et infos utiles » dans le chapitre « San Francisco »). Plan, itinéraires et infos sur les sites à découvrir sont fournis par les loueurs, et on peut aussi s'inscrire pour un tour guidé. Attention, ne vous prenez pas pour Lance Armstrong sur le pont, ça souffle pas mal ! Ensuite, on suit la même route que les voitures. Et on repart en ferry avec son vélo.

Les houseboats : *à 2,5 km au nord-ouest du ferry en suivant la côte par Bridgeway Ave ; tourner à droite dans Gate Five Rd (au niveau du n° 3030 Bridgeway Ave). Si vous venez en voiture de San Francisco, n'allez pas jusqu'au centre de Sausalito : une fois arrivé en bord de mer, à la sortie de l'autoroute, tournez à gauche.* De toutes les tailles et de toutes les couleurs, ces maisons sur l'eau forment un gentil village flottant. On en compte près de 400, certaines particulièrement belles et originales. Les *houseboats* (ou *floating homes,* c'est plus chic !) sont construits sur des barges de débarquement héritées des chantiers navals qui cessèrent leurs activités après la Seconde Guerre mondiale. Jack Kerouac et d'autres écrivains de la Beat Generation y séjournèrent. Otis Redding aurait écrit les paroles de *Dock of the Bay* depuis Waldo Point. Aujourd'hui, ces *houseboats* valent une petite fortune.

Survol du Golden Gate et de San Francisco en hydravion : *avec* ***Seaplane Adventures.*** *☎ 415-332-4843. • seaplane.com • Départ du Commodore Center Seaplane Base, à la sortie nord de Sausalito. Jeu-lun 10h-17h en saison ; fermé mar-mer plus jeu janv-mars. Sinon, on peut venir vous chercher à San Francisco (Fisherman's Wharf) 25 $/pers (mais confirmation obligatoire par tél 24h à l'avance), pour les vols de 10h45, 13h et 15h15 (45 mn avt). Vols 189-329 $/pers, mais réduc de 10 % sur présentation de votre guide préféré (pensez à la demander à la résa avec le code LEGUIDEDUROUTARD !).* **6 vols différents** sont proposés, tous exigeant au moins 2 personnes. Le *Golden Gate Tour (30 mn ; 229 $)* est l'idéal évidemment pour bien voir le pont et embrasser la ville et ses environs. Le moins cher, le *SF City Tour (20 mn ; 189 $),* est peut-être un peu court. Il est rare de pouvoir passer au-dessus d'une ville à cette altitude. L'alignement des rues, les différents quartiers apparaissent clairement. On tutoie du regard le centre-ville, mais aussi Alcatraz et le Golden Gate Bridge (de très près). On embarque dans un puissant *Beaver* (6 passagers), l'avion mythique des aventuriers... Les fous amoureux ou les futurs mariés réserveront quant à eux le *Sunset Champagne Tour (40 mn ; 289 $)* avec coupe de champagne et coucher de soleil sur le Golden Gate. Les pilotes sont vraiment sympas et commentent tout ce que l'on voit avec humour. Si la météo n'est pas bonne, le vol est remis au lendemain sans problème.

À voir. À faire dans les environs

Bay Area Discovery Museum : *au Fort Baker, 557 McReynolds Rd. • bayareadiscoverymuseum.org • À 3 km au sud de Sausalito, en contrebas du Vista Point sur le Golden Gate Bridge (sortie Alexander Ave depuis la 101). Tlj sauf lun-mar 9h-17h. Fermé 2 sem en sept ou oct. Entrée : 18 $.* Installé dans un ancien fort, ce musée pour enfants (de préférence un peu anglophones) est en réalité une sorte de parc de jeux et de découverte, où les 6-10 ans (surtout) s'adonnent à des activités créatives, apprennent à comprendre les vagues, construisent des cabanes géantes, se prennent pour des marins ou des pêcheurs, etc.

Marin Headlands : *Marin Headlands Visitor Center, Fort Barry Chapel. • nps.gov/goga • À 8 km au sud de Sausalito. De Sausalito, accès par un tunnel depuis Alexander Ave, peu avt de rejoindre la Hwy 101 à l'entrée nord du Golden Gate. En arrivant de San Francisco, prendre la sortie Alexander Ave juste après le pont ; tourner à gauche en direction de la 101 S/San Francisco pour passer sous l'autoroute, puis prendre à droite Conzelman Rd, route magnifique surplombant tte l'entrée de la baie. Accès par le bus n° 76X depuis Downtown San Francisco les w-e seulement, ttes les heures, 9h30-18h30 (retours 10h30-18h30). Tlj 9h-18h. Fermé j. fériés. GRATUIT.*
La large péninsule de Marin Headlands, qui ferme la baie de San Francisco par l'ouest, est l'un des joyaux du *Golden Gate National Recreation Area.* À peine franchi le Golden Gate Bridge se déroule un vaste territoire de collines sèches et accidentées, de côtes sauvages et de falaises, quasi vierge d'empreinte humaine. Un petit miracle ! Ce territoire, battu par les vents une bonne partie de l'année, est assez austère. On peut y randonner, et même y camper (voir « San Francisco. Où camper dans les environs ? »). La plupart des visiteurs, cependant, se contentent des panoramas sublimes sur le Golden Gate et la ville en toile de fond, que l'on découvre depuis Conzelman Road, à peine quittée la Highway 101 à Alexander Avenue (prenez à gauche vers le parc). Les plus belles photos du pont, juré, craché ! Au-delà, on découvrira :
– ***Point Bonita :*** *à l'extrémité ouest de Conzelman Rd ; les derniers 800 m pour accéder au phare se font à pied. Dim-lun 12h30-15h30.* Le phare du même nom, planté à l'extrémité sud-ouest des Marin Headlands, a été construit en pleine ruée vers l'or. Il balise l'entrée nord de la baie de San Francisco, tandis que celui de Fort Point indique le sud. Une fois le goulet franchi, le phare d'Alcatraz aide aussi les bateaux à se diriger dans le brouillard épais. Malgré ce dispositif, près de 300 bateaux ont fait naufrage dans le secteur entre 1850 et 1906. En 1901, le vapeur *City of Rio de Janeiro,* qui reliait Hong Kong à San Francisco, coula juste au pied du phare : 128 passagers périrent, 85 furent secourus. Ce lieu sauvage est certainement l'un des plus romantiques de toute la côte ; on y accède par un pont suspendu, après avoir traversé un tunnel. La superbe lentille en verre de Fresnel éclaire à 30 km à la ronde quand le temps est dégagé. Le phare fonctionne toujours, mais il est automatisé depuis 1980. Beaucoup de vent et de brouillard en été, couvrez-vous !
– ***The Marine Mammal Center :*** *2000 Bunker Rd, Fort Cronkhite. • marinemammalcenter.org • De Point Bonita, prendre Field Rd sur env 1 km jusqu'au Visitor Center, puis à gauche vers Rodeo Beach sur la route principale ; à droite,*

un embranchement mène au centre. Tlj 10h-16h. GRATUIT. Visite guidée 10 $ (réduc) 3 fois/j. en été, ven-lun seulement en basse saison ; compter 45 mn. Une statue grandeur nature d'un éléphant de mer accueille les visiteurs sur le perron : le ton est donné. Phoques, lions de mer, otaries, dauphins ou loutres de mer, le *Marine Mammal Center* récupère tous les animaux mal en point sur 1 000 km de côtes californiennes, pour les remettre sur pattes (ou palmes, ou nageoires) ici avant de les relâcher. Plus de 20 000 d'entre eux ont déjà bénéficié de leurs soins attentifs (soit 600 à 800 par an) ! Les causes de détresse sont très variées : malnutrition, séparation des petits de leur mère, maladies diverses, morsures de requin, empêtrement dans des filets, et même, croyez-le ou non, blessures par balles... L'association veille aussi au bien-être des otaries du Pier 39, à San Francisco, et organise des actions de prévention et de formation, notamment grâce à son *Whale Bus* qui circule auprès des écoles de la région. Que peut-on voir sur place ? Les cuisines où les bénévoles préparent les repas des pensionnaires, le laboratoire où sont réalisés les tests sanguins, et même la salle des autopsies ! La visite se termine par la terrasse supérieure, avec vue sur les enclos et les bassins. Si jamais vous trouvez un animal blessé, appelez-les ! Pour la peine, vous aurez le droit de lui donner un nom...

Rodeo Beach : *à 500 m du Marine Mammal Center.* La route longe une lagune fréquentée par des oiseaux d'eau et migrateurs pour atteindre cette belle plage sauvage battue par les vents. 3 gros rochers pointus s'y dressent, les pieds dans l'eau. L'eau est froide, les courants sont violents, mais quelques surfeurs émérites bravent le danger omniprésent.

San Rafael : *à env 16 km au nord de Sausalito. De San Francisco, prendre le Golden Gate Ferry au Ferry Building, pour Larkspur, au sud de San Rafael ; 1-2 départs/h lun-ven 6h20-21h35 (retours 5h45-20h50) ; 4 départs seulement les w-e et j. fériés 12h40-19h25 (retours 9h30-16h45). Trajet : 12,50 $; réduc. Sinon, bus n° 70 depuis San Francisco, ttes les heures (env 7 $). De Sausalito, bus n° 17 ttes les 30-60 mn, 6h28-22h27 (w-e, ttes les heures, 7h29-22h26) ; retours 5h30-21h30 (w-e 6h30-19h30).*

Cette ville d'un peu plus de 50 000 habitants, plutôt agréable, a été fondée en 1817 autour de la ***mission San Rafael Arcangel,*** l'une des plus septentrionales de Californie. Située au 1104 5th Avenue (et A Street), à côté d'une jolie église rose bonbon aux airs vaguement Art déco, elle est ouverte à la visite *(en sem 6h30-17h, w-e 9h-17h)* et possède un ***petit musée*** *(mer-ven 11h-16h, w-e 11h-15h).* En contrebas, la rue principale a été choisie par George Lucas pour tourner des scènes d'*American Graffiti* en 1972 ; les gastronomes y trouveront quelques bons restaurants.

À 1,5 km au nord par la Highway 101, la North San Pedro Road conduit au ***Marin County Civic Center,*** pointe levée vers le ciel, à la façon d'un Mandarom californien ! Ce bâtiment ultra-futuriste, tout en longueur, qui devait « se fondre dans les collines écrasées de soleil », semble sorti d'un film de science-fiction. Œuvre de Frank Lloyd Wright, il servit de décor dans le film *Bienvenue à Gattaca,* avec Uma Thurman.

Muir Woods National Monument : *1 Muir Woods Rd, à env 12 km au nord-ouest de Sausalito. • nps.gov/muwo • De la Hwy 101, sortir à Mill Valley-Stinson Beach (fléché). Le bus n° 66F y mène depuis le ferry de Sausalito, 2 fois/h 8h45-14h45 (retours 9h40-15h40) en sem de mi-juin à début août, et ts les w-e de mi-mars à fin oct (2 bus/h aussi, 10h30-15h30, retours 12h30-17h50) ; env 5 $ l'A/R. Tlj 8h-18h. Entrée : 15 $; gratuit moins de 15 ans. Visitor Center à l'entrée.*

Cette splendide forêt de séquoias côtiers *(redwoods),* dont certains atteignent 75 m de haut, doit son existence à un membre du Congrès, William Kent, et à sa femme qui, au début du XXe s, rachetèrent cette vallée isolée qui n'avait pas encore succombé aux haches des bûcherons. La démarche n'aurait sans doute pas abouti sans un coup de pouce du président Roosevelt. Une sacrée bonne

idée lorsque l'on sait qu'il ne subsiste plus aujourd'hui que 5 % des séquoias qui existaient alors ! Kent fut quelques années plus tard à l'origine de la loi instituant le service des parcs nationaux américains.
Plusieurs sentiers permettent de se balader entre les arbres, vieux pour certains de 600 ans, plus fins que les séquoias géants. Le plus populaire remonte la vallée, formant 3 boucles plus ou moins longues de 30 mn, 45 mn et 1h30. Observez la manière qu'ont les arbres de souvent former des cercles : en fait, l'arbre initial, au centre, est mort, mais ses racines ont redonné naissance à plusieurs autres arbres tout autour ! L'*Ocean View Trail* (4,2 km) forme une autre boucle qui grimpe au-dessus de la vallée : l'occasion de découvrir une vue plongeante sur la forêt, avec l'océan en toile de fond. Superbe.
La visite de ce parc, très fréquenté en été (parking vite plein), se combine idéalement avec une journée sur le sable de Muir Beach et/ou Stinson Beach à quelques kilomètres de là, parfaits pour un pique-nique.

Où aller à la plage ?

Muir Beach : *env 3 km en contrebas de Muir Woods par Muir Woods Rd. Sinon, prenez la Hwy 101 et sortez à Mill Valley-Stinson Beach, pour rejoindre Muir Beach par la route n° 1. Au creux de la vallée, une petite pancarte sur la gauche indique la plage.* Adossée à une petite zone humide, elle est jolie et plutôt sauvage, cette plage, avec les maisons du village accrochées aux pentes de la colline, côté nord. Sur le sable, quelques barbecues à demeure composés de pierres empilées invitent à griller un bon steak, s'ils ne sont pas squattés. À droite de la plage, passé les rochers, les adeptes du grand air trouveront une bande de sable plus petite où l'on peut enlever le bas.

Pelican Inn : *10 Pacific Way, à Muir Beach, au croisement de la route n° 1 et de la rue menant à la plage. ☎ 415-383-6000. • pelicaninn.com • Doubles 280-400 $, petit déj inclus. Plats 10-20 $ au pub et 20-40 $ au resto.* On adore ce lieu hors du temps, transplanté comme par magie depuis l'Angleterre victorienne. C'est un cottage à colombages, un vrai pub anglais, avec des chambres au-dessus, des *Guinness stew, shepherd's pie,* et autres *bangers and mash* servis au bar, chaleureux comme une cabine de bateau après la tempête. À côté, le resto ronronne face à une immense cheminée, au conduit incrusté de morceaux de verre pour mieux décourager les sorcières de s'y engouffrer. Le décor n'a pas seulement l'air vrai, il l'est vraiment. L'essentiel provient d'un hôtel britannique du XVIIe s, transporté jusqu'ici par les ancêtres du fondateur de l'auberge ! La cuisine est simple et bonne (un peu plus élaborée au resto qu'au pub), et les chambres, au-dessus, de style rustique, sont confortables. Musique live le week-end en saison, mais pas de quoi, a priori, empêcher une bonne nuit de sommeil... Sinon, venez au moins y boire une pinte !

Muir Beach Overlook : *à env 1,5 km au nord-ouest de Muir Beach, sur la route n° 1.* Ce point de vue grandiose, ancien site d'observation de l'armée américaine, est à couper le souffle (au sens propre comme au figuré, ça souffle fort !). Le poste est évacué, à vous de jouer la vigie. Un court sentier entrecoupé de marches se laisse happer par le vide jusqu'à une pointe avancée, dardée vers l'océan. Par beau temps, la vue porte au sud

LA BRETAGNE QUI GAGNE... PUIS PERD

Joseph Yves Limantour naquit en 1812 près de Lorient. Commerçant avisé, il fit fortune en Californie. Il se faisait payer en terrains, à tel point qu'il posséda pratiquement tout San Francisco. Mais la ruée vers l'or attira des gredins de tout poil qui, peu à peu, le dépossédèrent de ses biens. Une plage existe toujours à son nom à Point Reyes.

jusqu'à San Francisco, avec Muir Beach au 1er plan, et au nord, jusqu'à Point Reyes. La faille de San Andreas, ici encore marine, passe juste sous vos yeux. Priez pour que la terre ne tremble pas tout de suite ! Il n'est pas rare de voir des baleines en hiver. Pique-nique possible.

Stinson Beach : *plus loin sur la côte, vers le nord-ouest, mais la route est magnifique.* Superbe plage de 1,5 km, la plus connue et la plus prisée des San-Franciscains. Beaucoup mieux aménagée que les autres, avec petits restos de fruits de mer et location de surfs. Les week-ends d'été, beaucoup de monde, mais c'est vraiment convivial : glacière, volley-ball et crème à bronzer. Durant cette saison, toute cette région du nord de San Francisco échappe parfois à la nappe de brouillard qui s'abat sur la ville.

BOLINAS

À environ 50 km au nord de San Francisco. Après Sausalito, sortir de la Highway 101, puis prendre la route n° 1 vers le nord. Ne pas aller jusqu'à Mill Valley mais tourner à gauche à la station *Arco.* Bolinas est à environ 11 km au nord de Stinson Beach, sur la gauche de la route n° 1 (juste après la fin de la lagune). Pas si évident à trouver, du moins sans GPS, car les habitants enlèvent régulièrement les panneaux indicateurs, histoire de ne pas être dérangés, et ce, depuis le XVIIIe s ! Le village de Bolinas est en effet un ***repaire d'anciens hippies, l'un des plus mythiques de Californie*** et probablement le seul à être resté quasi intact... Les maisons anciennes ont été préservées et le calme règne dans ce petit village d'irréductibles, installé dans un cadre superbe, au bord d'une lagune envahie par les oiseaux, avec les hautes collines en toile de fond. Ajoutez à cela quelques maisons de pêcheurs sur pilotis et vous comprendrez pourquoi les petits veinards qui vivent ici entendent préserver leur isolement, malgré la présence d'un musée, d'une poignée de galeries d'art et de 2-3 établissements qui attirent les gens du coin. Plage au bout de Wharf Road à côté de l'estuaire de la lagune.

Où dormir ? Où manger ? Où boire un verre ?

Smiley's Schooner Saloon & Hotel : *41 Wharf Rd. ☎ 415-881-1851 (hôtel) ou 415-868-1311 (bar). • smileyssaloon.com • Au centre du village. Doubles 200-250 $.* Voici un authentique saloon (créé en 1851) digne d'un vieux western, auréolé de son drapeau « *Peace* », proposant 6 chambres simples mais non dénuées de charme dans 2 bâtisses sur l'arrière. Style un peu campagnard (mais literie neuve) ; ni TV ni téléphone. Même si vous n'y dormez pas, venez au moins y prendre un verre pour le coup d'œil sur les habitués, avec quelques personnages hauts en couleur. Bâti durant la ruée vers l'or, le saloon, qui serait le plus vieux bar toujours en activité à l'ouest du Mississipi, survécut au tremblement de terre de 1906 et prospéra sous la Prohibition (un barbier servait alors de couverture !). *Live music* de qualité en fin de semaine (programme sur le site).

Coast Café : *46 Wharf Rd, face au Smiley's. ☎ 415-868-2298. Ouv 11h (8h w-e)-15h, 17h-20h (21h ven-sam). Fermé lun. Résa indispensable le w-e. Plats 18-30 $.* Située à un carrefour stratégique, sa petite terrasse permet d'observer la rue principale de Bolinas. Mais la salle, tout en bois, est bien chaleureuse aussi, à l'image de l'accueil ! Carte variée et portions copieuses : burgers, plats mexicains, salades, sandwichs le midi, et plats plus élaborés le soir. Réputé pour son *fish & chips* (poisson fourni par les pêcheurs du coin) et pour son *chile verde Benedict* (au brunch du week-end). Barbecue et ragoût d'huîtres aussi. Se fait un devoir d'acheter aux fermiers locaux des produits frais et bio. Un lieu plein de saveurs.

À voir à Bolinas et dans les environs

Bolinas Museum : 48 Wharf Rd, face au Smiley's Schooner Saloon & Hotel. • bolinasmuseum.org • Ven 13h-17h, w-e 12h-17h. Fermé lun-jeu. GRATUIT. 4 salles consacrées à des artistes contemporains et à la culture locale, dans le cadre d'expos temporaires surtout. Derrière, un autre bâtiment dédié à l'histoire de la région, avec une exposition de souvenirs de marins, d'outils utilisés à l'époque des pionniers, etc.

➢ En continuant la route nº 1 vers le nord, on parvient à ***Bodega Bay*** : on en parle plus loin dans « La route du Vin ». Quant aux habitants de Bolinas, ils aiment bien aller à ***Bass Lake*** (tourner à gauche en sortant du village). Belles balades dans la nature. Demander, tout le monde connaît.

BERKELEY *(env 120 000 hab.)*

• Plan *p. 216-217*

Au nord-est de San Francisco (East Bay), ***l'une des plus célèbres universités au monde,*** qui compte pas moins de 29 Prix Nobel et 14 Prix Pulitzer. Pas étonnant, avec plus de 35 000 étudiants par an, ça laisse des chances ! Le campus de Berkeley (surnommé *Cal*) fut aussi le ***temple de la contestation des sixties.*** Ça s'est quand même bien assagi depuis, mais la petite ville de Berkeley reste extraordinairement jeune, vivante, et diffuse une certaine douceur de vivre, avec ses modestes maisons de bois noyées sous les arbres. Plein de petits restos, meilleur marché souvent qu'à San Francisco. Mais surtout, ici, quand on n'étudie pas, on fait la fête et on reste très actif, à tous les niveaux, notamment dans les maisons qui hébergent les étudiants. Souvent montées sous forme d'associations, elles ont pour nom une lettre grecque (phi, kappa, oméga... accrochée sur la façade) et sont rarement mixtes. Elles sont le théâtre d'immenses *parties,* où sont conviées les associations du sexe opposé, et souvent quiconque passe devant la porte (vous, avec un peu de chance !). À moins qu'on ne monte une tente au coin de la rue le soir venu, et qu'on improvise un petit bar pour rencontrer d'autres étudiants venus du monde entier. Chaleureux en diable.
En bref, Berkeley est en activité permanente. Allez-y pour prendre le pouls de ce centre culturel et intellectuel de 1er plan, pour faire des rencontres et comprendre comment vit la jeunesse californienne d'aujourd'hui, ce qu'elle pense des problèmes de société ou des relations internationales du moment... En cherchant un peu, vous y passerez peut-être les nuits les plus dingues de votre existence !

Arriver – Quitter

Situé de l'autre côté de la baie par rapport à San Francisco (à env 15 km).
– ***Infos :*** • 511.org •
➢ Le plus simple pour y aller est de prendre le ***BART*** (RER local) au bas de Powell Street (au centre de San Francisco) en direction de Richmond et de descendre à *Downtown Berkeley Station* (sur Shattuck Ave ; *plan B2,* ***3***). Fonctionne jusqu'à 20h env.
➢ ***En voiture :*** traverser le Bay Bridge (gratuit dans ce sens) et prendre la Hwy 80 East, sortie « Berkeley University » ; prendre ensuite University Street, tourner au croisement de Shattuck Avenue et suivre « Center ». Parking payant, à durée limitée qui plus est (souvent 2h max), partout dans le centre. Et comme d'hab', des « voiturettes à amendes » patrouillent sans cesse ! Nombreux parkings payants sinon (env 15-20 $/j.).
➢ ***En bus :*** compagnie AC Transit, • actransit.org • Ligne FS au *Transbay Terminal* (angle de Mission et 1st St). Prix : 6 $. Durée : 30-45 mn.

Orientation

Le cœur de Berkeley, c'est bien sûr son campus, encadré de différents quartiers aux atmosphères bien distinctes. Côté ouest bruisse le ***Downtown,*** affairé en journée, où se mêlent étudiants et travailleurs. Il est traversé par ***Shattuck Avenue,*** qui aligne des boutiques, des bars et plein de restos, certains pour fines gueules. Surnommé le « *Gourmet Ghetto* », ce secteur a d'ailleurs vu naître la nouvelle cuisine californienne, avec le resto d'Alice Waters, *Chez Panisse.* Ambiance plus studieuse et résidentielle au nord, autour d'***Euclid Avenue,*** au caractère calme et intimiste, propice à la lecture et à l'étude. Au sud, enfin, bouillonne l'une des artères les plus connues et excentriques de la ville, ***Telegraph Avenue,*** débordant de petits snacks-restos, disquaires (neuf et occase), bouquinistes, magasins de fripes, hippies vendeurs de bijoux...

Adresse utile

Berkeley Visitor Center *(plan B2,* ***1****)* **:** *2030 Addison St (entre Shattuck et Milvia). ☎ 510-549-7040. ● visitberkeley.com ● Lun-ven 9h-17h. Fermé w-e.* Bonne doc et plan gratuit très bien fait. Tous types d'infos sur la ville et excellent accueil, d'une petite équipe joviale qui ne compte pas son temps !

Où dormir ?

Comme ailleurs, les prix fluctuent selon le taux d'occupation des hôtels, et donc surtout en fonction des – nombreux – événements (conférences, concerts, etc.) qu'accueille cette ville universitaire. Les ***motels de chaîne,*** souvent l'option la moins chère, se concentrent sur University Avenue *(plan A2),* à l'ouest du centre.

De bon marché à prix moyens

Downtown Berkeley YMCA *(plan B2,* ***10****)* **:** *2001 Allston Way (et Milvia St). ☎ 510-848-9622. ● ymcaeastbay.org ● Entrée sur Milvia St. Double env 100 $ (single env 60 $).* On vous l'indique parce que c'est l'une des adresses les moins chères, mais le lieu n'a rien d'excitant. Uniquement des chambres à 1 ou 2 lits (simples), assez basiques, sur 2 étages, avec salles de bains à partager. Cuisine commune et coin à manger un peu vieillots. Pas de charme ni d'atmosphère particuliers. Au moins, le prix inclut l'accès au club de gym voisin avec ses 3 piscines, c'est toujours ça !

Nash Hotel *(plan B2,* ***11****)* **:** *2045 University Ave. ☎ 510-841-1163. ● nashhotel.com ● Réception au 1er étage. Doubles sans ou avec sdb 120-170 $.* Dans un bâtiment presque centenaire, un hôtel d'une quarantaine de chambres convenables et bien tenues, avec moquette épaisse, frigo, machine à café, petit bureau et, pour les plus chères (qui sont plus grandes aussi), des sanitaires privés. L'ensemble, tenu par une famille chinoise, date un peu mais est encore correct pour le prix, d'autant que des travaux d'amélioration sont prévus.

De prix moyens à plus chic

Bancroft Hotel *(plan C2,* ***12****)* **:** *2680 Bancroft Way (et College Ave). ☎ 510-549-1000. ● bancrofthotel.com ● Doubles 170-230 $, petit déj continental compris. Parking de nuit 15 $.* Bel hôtel de caractère installé face au campus, dans un bâtiment classé de 1928 aux airs de grande villa italienne, ancien siège du *Women's Club* du coin. Il abrite une vingtaine de chambres douillettes et assez charmantes, rénovées dans un souci de respect de l'environnement : draps en coton bio, serviettes en bambou, rideaux en polyester issu du recyclage de bouteilles plastique. 2 d'entre elles partagent une terrasse,

Adresses utiles

1 Berkeley Visitor Center (B2)
2 Koret Visitor Center du campus (C2)
3 Station BART (B2)

Où dormir ?

10 Downtown Berkeley YMCA (B2)
11 Nash Hotel (B2)
12 Bancroft Hotel (C2)
13 Graduate Hotel Berkeley (C2)

Où manger ?

20 Bette's Oceanview Diner (hors plan par A2)
21 The Cheese Board (B1)
22 La Note (B2)
23 Berkeley Bowl Market (B3)
24 Top Dog (C2)
25 Saul's (B1)
26 Chez Panisse Restaurant & Café (B1)
27 Durant Food Court (C2)
28 The Butcher's Son (B2)
29 Gather (B2)
30 Tender & Greens (B2)
31 Angeline's Louisiana Kitchen (B2)

Où siroter un café ?
Où déguster une glace ?

40 Caffè Strada (C2)
41 Yogurt Park (B2)
42 Almare (B2)

Où boire un verre ? Où sortir ?

50 Jupiter (B2)
51 Cornerstone (B2)
52 Triple Rock (B2)

Achats

60 Moe's Books (B-C3)
61 Rasputin (C2-3)
62 Amoeba (C3)

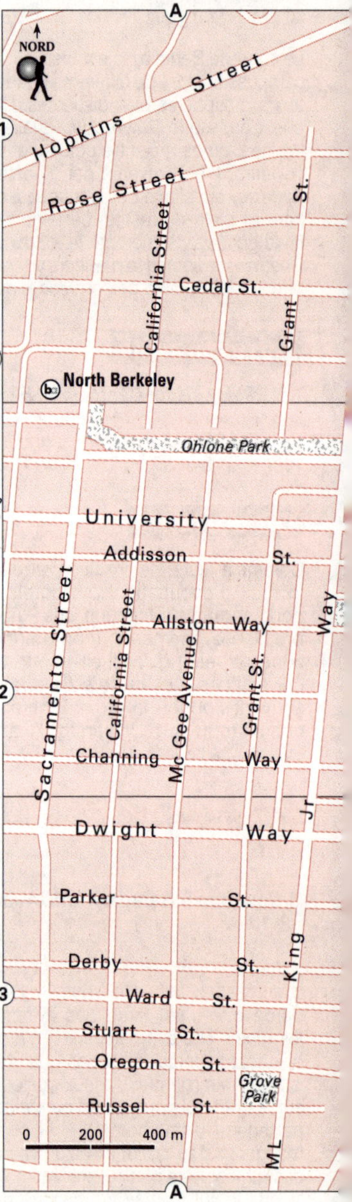

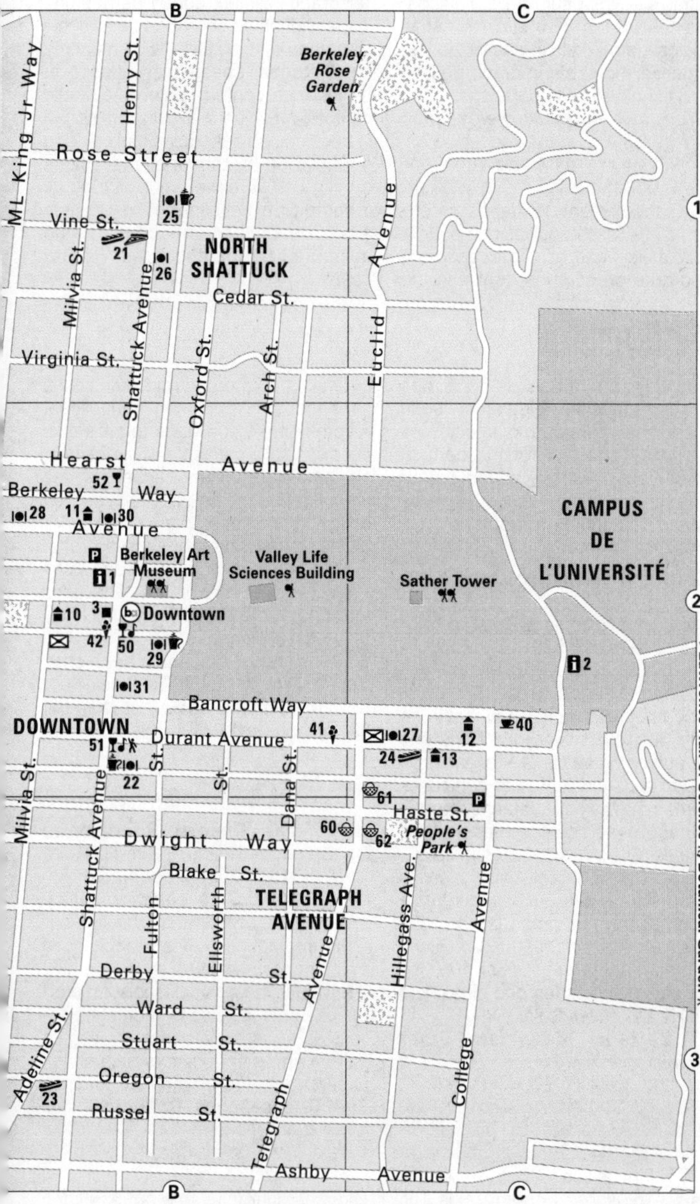

BERKELEY

↑ Lawrence Hall of Science, Botanical Garden

d'autres s'ouvrent sur un petit balcon. Certaines sont un peu étroites (salles de bains idem), mais le cachet du lieu compense. Agréable véranda pour le petit déj. Accueil très courtois.

Graduate Hotel Berkeley *(plan C2, **13**) : 2600 Durant Ave. ☎ 510-845-8981. • graduatehotels.com/berkeley • Doubles 160-250 $. Parking 35 $.* Établissement de standing, couronné d'une frise néoclassique pour la touche d'élégance, et idéalement placé en bordure du campus, tout près de Telegraph Avenue. Lobby garni d'une impressionnante collection de *National Geographic* et près de 150 chambres sur 6 étages, spacieuses, classe et de très bon confort (excellente literie, minibar, machine à expresso, etc.), à la déco un peu hétéroclite mais de bon goût, arborant chacune une affiche du film *Le Lauréat* au mur... Le genre d'endroit où descendent les pontes avant de donner une conf'. Resto et pub au rez-de-chaussée. *Fitness center.*

Où manger ?

À Berkeley, on trouve de tout, des petits fast-foods sur Telegraph Avenue aux adresses plus ou moins chics du *Gourmet Ghetto,* sur North Shattuck Avenue, en passant par les *coffee shops* de University Avenue. Il y en a vraiment pour toutes les bourses !

Spécial petit déjeuner

La Note *(plan B2, **22**) : 2377 Shattuck Ave. ☎ 510-843-1525. Tlj 8h-14h (15h w-e), et jeu-sam 18h-22h. Viennoiseries et plats 5-17 $.* Pour un petit déj moitié d'ici moitié de chez nous, c'est l'endroit ! Dans une salle aux couleurs de la Provence, on déguste de succulentes et copieuses assiettes d'œufs délicatement brouillés sur toasts avec des pommes de terre rissolées à l'ail, des tomates grillées... Un régal ! Sans oublier les viennoiseries maison, les céréales, le pain perdu... à accompagner d'un grand bol de café. Également des salades et sandwichs (sur baguette) à midi, ainsi que des plats plus élaborés (un peu plus chers aussi) le soir en fin de semaine.

Bette's Oceanview Diner *(hors plan par A2, **20**) : 1807 4th St, à l'ouest du campus. ☎ 510-644-3230. De l'I-80 E, sortir sur University Ave, puis suivre Frontage Rd, puis 4th St. Tlj 9h-14h (8h-15h w-e). Compter 10-20 $.* Pas de vue sur l'océan comme le laisse présager le nom, mais l'un des meilleurs breakfasts du coin. En moyenne, temps d'attente de 45 mn, alors inscrivez votre nom sur la liste et profitez-en pour vous balader dans les boutiques qui bordent cette ancienne zone industrielle joliment réhabilitée. À votre retour, soit dans la salle 60's avec son sol à damier et son juke-box, soit en terrasse, vous dégusterez des *French toasts* moelleux, omelettes bien baveuses, boulettes-purée, ou la spécialité, le pancake soufflé aux fruits. Juste à côté, un comptoir à sandwichs « *to go* », avec de bonnes pâtisseries maison pour le dessert. Accueil jovial du patron allemand.

Bons petits déj également chez **Saul's** *(plan B1, **25**).* Le week-end, brunch gourmet chez **Gather** *(plan B2, **29**)* : lire plus loin.

Sur le pouce

The Cheese Board *(plan B1, **21**) : 1504 Shattuck Ave (et Vine). ☎ 510-549-3183. Mar-sam 8h-16h. Fermé dim-lun. Le comptoir à fromages sert à partir de 9h.* Une authentique fromagerie où les nostalgiques pourront assouvir leurs envies de bleu d'Auvergne, brie, cantal, époisses, crottin, et autres variétés de fromages italiens ou suisses... à déguster avec un pain fait maison (*focacce,* baguettes). Excellente petite pizzeria mitoyenne : **The Cheeseboard Collective** *(sur la gauche ; jeu-sam 17h-20h ; pizza entière 22-30 $ – suffisante pour 2 –, sinon, 11 $ la ½ pizza).* Propose un seul choix par jour (plus une option *gluten free* et une option végane, ainsi qu'une salade, changeant tous les jours également), mais les produits sont ultra-frais et de saison. Le concept a du succès, la queue s'étire avant même l'ouverture et les rares tables sont vite prises d'assaut. Les chanceux qui ont pu s'asseoir croqueront leur pizza en musique : un orchestre joue tous les jours.

Top Dog *(plan C2,* ***24****) : 2534 Durant Ave. Tlj 10h (11h w-e)-2h (3h ven-sam). Compter 5 $.* Depuis 1966, cette gargote sert des hot-dogs fourrés de *garlic frankfurters* et autres saucisses polonaises, calabraises, *Louisiana style,* au poulet fumé, végétarienne, etc. Les étudiants apprécient !

Berkeley Bowl Market *(plan B3,* ***23****) : 2020 Oregon St (entre Milvia et Adeline St), au sud de la ville. ☎ 510-843-6929. Lun-sam 9h-20h, dim 10h-19h.* Grand supermarché proposant une excellente sélection de pains, fromages et fruits-légumes, bio ou non. Également une section *deli* avec plats chauds et froids. L'étape idéale avant un pique-nique sur le campus, par exemple. Succursale au 920 Heinz Avenue.

De bon marché à prix moyens

The Butcher's Son *(plan B2,* ***28****) : 1954 University Ave. ☎ 510-984-0818. Lun-ven 11h-15h, w-e 10h-16h. Compter 10-15 $.* Ce n'est pas ce que vous croyez : ici, tout est d'origine végétale, aussi bien les œufs et le lard que la dinde et le poulet frit. Et sans être tout à fait semblable sur le plan gustatif, le résultat est convaincant ! On commande son plat au comptoir et l'on va s'asseoir dans une salle bien dans son jus, avec murs en brique et baies vitrées vieux style, le tout bercé par une gentille musique rock. De quoi faire une expérience différente !

Tender & Greens *(plan B2,* ***30****) : 2071 University Ave. ☎ 510-356-0697. Tlj 10h30-21h. Compter 10-15 $.* Alors là, on a été conquis ! Déjà par le cadre, une sorte d'entrepôt clair et très joliment rénové, avec petites et grandes tables d'un côté et fourneaux bien en vue de l'autre. Mais, surtout, on y déguste d'exquis sandwichs et assiettes composés de salade bio (choix entre 6 sortes), de délicats légumes de saison grillés et de viande de bœuf ou de poulet élevés en plein air, sans aucun antibiotique ni hormone... Accueil et service très souriants, pour ne rien gâcher. En bref, un super plan pour un repas rapide, sain, savoureux et pas cher !

Saul's *(plan B1,* ***25****) : 1475 Shattuck Ave (et Vine). ☎ 510-848-3354. Tlj 8h-20h30 (21h ven-sam). Compter 10-25 $.* Très populaire, ce *delicatessen* (à la fois épicerie et resto) repris par un ancien chef de *Chez Panisse* sert le meilleur de la cuisine juive, dans un décor typique de ce genre d'adresse : box avec banquettes, carrelage en damier et photos noir et blanc sur l'histoire des lieux. On y vient entre autres pour ses excellents breakfasts (servis jusqu'à 14h en semaine, jusqu'à 15h le week-end), en particulier sa spécialité, le *Challah French toast* (qu'on peut, moyennant supplément, faire recouvrir de fraises et de chantilly). Sinon, belles omelettes et carte bien fournie (soupes, salades, bagels, falafels, *pastrami sandwichs, ruskie* et *knishes*). Le tout fait avec des produits locaux, souvent bio et issus de l'agriculture durable.

Durant Food Court *(plan C2,* ***27****) : 2517 Durant Ave. Tlj midi et soir. 10-15 $ (cash seulement dans la plupart des enseignes).* Le long d'une allée, plusieurs petits restos exotiques sans prétention : chinois, japonais, coréen, thaï, vietnamien, grec, mexicain et italien. Bref, il y en a pour tous les goûts ! Agréable en été, mais c'est vite pris d'assaut et les places assises sont limitées...

Prix moyens

Angeline's Louisiana Kitchen *(plan B2,* ***31****) : 2261 Shattuck Ave. ☎ 510-548-6900. Mar-dim 11h30-21h. Fermé lun. Plats 17-22 $.* Envie d'essayer la cuisine louisianaise ? Direction ce resto animé et chaleureux, à la lumière tamisée le soir et décoré d'un vieux plan de La Nouvelle-Orléans... De quoi mettre de suite en condition pour savourer un excellent *buttermilk fried chicken,* un *jambalaya,* un *voo doo shrimp* ou un *crawfish etoufee...* Sans oublier les *hushpuppies* (fritures typiques de là-bas) ! Prix raisonnables, bonnes portions et service sympa. Que demander d'autre ?

Gather (plan B2, **29**) : 2200 Oxford St. ☎ 510-809-0400. Tlj 11h30 (10h w-e)-14h, 16h-20h (21h ven-sam). Brunch le w-e 11h-14h30 Plats 18-30 $. Au pied d'un étonnant building cylindrique, une élégante salle de même forme, arrondie autour d'un comptoir encombré de bocaux de pickles multicolores. Au menu, burger à l'aïoli, ragoût d'agneau piquant, gâteau de riz au champagne... Une nouvelle cuisine américaine fraîche et plutôt inventive, osant des associations de goûts parfois surprenantes. Également de belles pizzas (notamment à la saucisse et au shiitake !), servies aussi pour le bon brunch du week-end. Grande terrasse protégée.

De plus chic à très chic

Chez Panisse Restaurant & Café (plan B1, **26**) : 1517 Shattuck Ave. ☎ 510-548-5049 (café) ou 510-548-5525 (resto). Café ouv 11h30-15h (14h45 lun-jeu), 17h-22h30 (23h ven-sam) ; resto le soir seulement. Fermé dim. Résa très conseillée. Au café, plats 20-35 $. Au resto, menu unique 75 $ lun, 100 $ mar-jeu, 125 $ ven-sam. Une institution ! Fondé en 1971 par Alice Waters, vice-présidente du mouvement *Slow Food, Chez Panisse* est un peu le précurseur de la tendance locavore, des restos où l'on ne sert que des produits bio, locaux, de saison. Des produits si frais que les plats changent quotidiennement. En revanche, si le lieu est né du mouvement contestataire des seventies, si son nom fait référence à l'univers truculent de l'auteur marseillais, l'ambiance n'a plus grand-chose d'alternatif ni de pagnolesque. Mais qu'importe, cela reste l'une des meilleures tables de la ville !

Où siroter un café ? Où déguster une glace ?

Caffè Strada (plan C2, **40**) : 2300 College Ave (et Bancroft). ☎ 510-843-5282. Juste à côté du Bancroft Hotel. Tlj 6h-minuit. Un *coffee shop* très prisé pour sa grande terrasse ombragée vraiment très agréable, squattée par une nuée d'étudiants jouant à cache-cache derrière leur écran d'ordinateur. Bon café et excellentes pâtisseries.

Yogurt Park (plan B2, **41**) : 2433 Durant et Telegraph Ave. ☎ 510-549-0570. Lun-sam 12h-23h (minuit ven-sam). Fermé dim. Une petite institution à Berkeley, réputée depuis 1977 pour ses yaourts glacés. Au choix, 6 parfums qui changent tous les jours, à agrémenter de différents *toppings*. Portions généreuses.

Almare (plan B2, **42**) : 2170 Shattuck Ave. ☎ 510-649-1888. Tlj 11h-23h (minuit ven-sam). Le meilleur glacier de la ville ? Allez savoir... Mais leurs glaces en tout cas laissent un grand souvenir, qu'il s'agisse de la pistache (qui a vraiment le goût de la pistache), de la rose ou de la rhum-raisin (qu'ils n'ont – hélas ! – pas tous les jours)... Bien sûr, tout est fait maison.

Où boire un verre ? Où sortir ?

Jupiter (plan B2, **50**) : 2181 Shattuck Ave. ☎ 510-843-8277. Tlj 16h (12h w-e)-22h (23h ven-sam). Grand bar très animé, prolongé d'un espace ouvert avec brasero et d'une terrasse surélevée, où joue chaque soir (ou presque) un petit groupe. Pour les amateurs, pas moins de 34 bières au fût, majoritairement locales, à accompagner en soirée d'un bon bout de pizza. Excellente ambiance !

Cornerstone (plan B2, **51**) : 2367 Shattuck Ave. ☎ 510-214-8600. • cornerstoneberkeley.com • Tlj 12h-minuit (2h ven-sam). À 2 pas du *Jupiter*, vaste salle là encore, version moderne. Le coin bar (et ses 40 bières au fût !) se remplit vite en fin de semaine, avec ses sessions de *live jazz, soft rock...*, suivies d'un DJ pour faire guincher l'assemblée ! Également une scène où se tiennent de vrais concerts (payants ceux-là) plusieurs fois par semaine. Beau patio tout en béton à l'arrière.

🍸 ***Triple Rock*** *(plan B2,* ***52****) : 1920 Shattuck Ave, à 150 m du carrefour avec University Ave. ☎ 510-843-2739. Mar-dim 12h-21h (22h mer et sam, 23h jeu-ven).* Pour ceux qui préfèrent une ambiance plus intime (ici, pas de musique !), un *brew pub* tout en longueur, parfait pour siroter une bière brassée sur place (essayer l'*Ipax*) sans devoir s'époumoner. On peut aussi y manger un morceau.

Achats

Librairie

Amis papivores ou bibliophiles, Berkeley, avec ses dizaines de librairies et bouquinistes, a de quoi vous occuper ! Voici notre préférée :

Moe's Books *(plan B-C3,* ***60****) : 2476 Telegraph Ave (à la hauteur de Dwight). • moesbooks.com • Tlj 11h-19h.* 4 niveaux de bouquins neufs et d'occase classés par thèmes... Si avec ça vous ne trouvez pas de quoi combler votre soif de lecture ! Même le rayon en français est bien fourni, alignant surtout des classiques potassés par les étudiants en littérature (l'occasion d'enfin les lire...), mais aussi quelques *Astérix*... Section de livres rares au 4e étage *(mer-sam 11h-16h).*

Disques

Rasputin *(plan C2-3,* ***61****) : 2401 Telegraph Ave. ☎ 510-704-1146. Jeu-dim 11h (12h dim)-18h30. Fermé lun-mer.* Rasputin est la plus ancienne chaîne de disquaires indépendants de la région, fondée en 1971 à Berkeley (avant la sortie de la chanson de Boney M., donc. Quel rapport ? aucun...). Le magasin d'origine se trouvait alors sur le trottoir d'en face. Énorme choix de disques neufs ou d'occase.

Amoeba *(plan C3,* ***62****) : 2455 Telegraph Ave. ☎ 510-549-1125. Mer-dim 11h-19h. Fermé lun-mar.* Un autre disquaire bien connu dans la région. Créée par d'anciens employés de son voisin et concurrent *Rasputin*, l'enseigne de Berkeley est plus modeste que celle de Haight-Ashbury à San Francisco, mais propose déjà une impressionnante sélection de disques, vinyles et DVD neufs et d'occase.

À voir

👥 ***Visite du campus :*** *• visit.berkeley.edu • Visite guidée gratuite par des étudiants anglophones tlj à 10h. Compter 1h30. Départ du Koret Visitor Center, 2227 Piemont Ave, dans le California Memorial Stadium (plan C2,* ***2****). En principe, il faut réserver min 1 sem à l'avance (plus en été !), sur le site internet. Pour une visite guidée en français, compter 50 $, avec résa au moins 2 sem à l'avance. Sinon, le Visitor Center donne une feuille qui permet de visiter un peu le campus par soi-même.* Vaut vraiment le coup si l'on se demande à quoi ressemblent ces fameux campus américains. Une vraie ville, avec ses rues, ses parcs, son stade, ses piscines, ses terrains de sport, ses musées, ses bibliothèques, son hôpital, ses écureuils, etc. ! L'endroit idéal pour faire ses études... si papa-maman ont les moyens : il en coûte la bagatelle de 44 000 $ par an (14 000 $ seulement pour les Californiens)... Bon, on peut toujours se dire que Harvard est encore plus cher...

En sillonnant le campus de cette université fondée en 1868, vous pourrez discuter librement avec les étudiants. Berkeley conserve, depuis les sixties, son petit côté rebelle. Et puis appréciez juste le lieu, très vert, avec ses nombreuses essences d'arbres, dont des *redwood* (famille des séquoias).

👥 ***Visite de la Sather Tower*** *(ou campanile ; plan C2) : au centre du campus. Tlj 10h-16h (17h w-e) ; dernier ascenseur 15 mn avt fermeture. Entrée : 5 $.* Haute de près de 95 m, son architecture est inspirée du campanile de Saint-Marc à Venise. Du sommet, vue imprenable sur San Francisco, sa baie et les collines. On y grimpe en ascenseur. Concerts de carillons des 61 cloches 3 fois par jour, à 7h50, 12h et 18h (seulement à 12h et 18h le samedi et à 14h le dimanche). Au pied de la tour, jetez un coup d'œil à l'immense et vénérable ***Doe Library*** *(tlj 8h-21h).* Accueille des expos temporaires, dans la *Bernice Layne Brown Gallery.*

BAMPFA *(Berkeley Art Museum & Pacific Film Archive ; plan B2)* **:** *2155 Center St. ● bampfa.org ● Mer-dim 11h-19h. Fermé lun-mar et j. fériés. Entrée : 14 $; réduc ; gratuit 1er jeu du mois.*
Rien de moins que l'un des plus importants musées universitaires au monde, niché dans un bâtiment flambant neuf (flanqué d'une structure en acier) offrant de superbes espaces d'exposition, dont certains baignent dans la lumière naturelle. Les collections du BAMPFA sont vastes et comprennent aussi bien des peintures mogholes indiennes ou de la période chinoise Ming que de l'art baroque européen, des œuvres américaines du XVIIIe s à nos jours, et des photographies anciennes. Sans oublier les collections d'œuvres audiovisuelles, notamment la plus grande collection de films japonais en dehors du Japon.
Outre les nombreuses expos temporaires (d'art contemporain mais pas uniquement), le fonds permanent du musée est exposé par roulements. Difficile donc de décrire ce que vous y verrez lors de votre passage. Pour vous mettre l'eau à la bouche cependant, sachez que selon l'accrochage du moment, on peut y admirer des œuvres de Raymond Saunders, Mark Rothko, Francis Bacon, Magritte, Klee, Picasso, Soulages, Miró, et on en passe. Bien sûr, nombreuses projections aussi, très éclectiques. Vous trouverez tout le programme à l'accueil ou sur le site internet.

Possibilité de faire une pause ou de manger un bout au ***Café Babette,*** situé au 1er étage. Petits plats bio et bons cookies.

Galerie de Paléontologie **:** *sur le campus, dans les couloirs du* ***Valley Life Sciences Building*** *(plan B2). Ouv lun-ven 9h-17h. GRATUIT.* On signale cette modeste galerie pour le plus vieil oiseau du monde, le ptéranodon, qui survole un T-Rex au grand complet. Impressionnant ! Sinon, les plus belles pièces de la collection (l'une des plus importantes d'Amérique du Nord) sont pieusement réservées aux chercheurs.

People's Park *(plan C3)* **:** *angle Hillegass et Haste.* C'est sur cette esplanade mythique qu'eurent lieu les grands rassemblements contestataires des sixties. On peut y admirer, sur Haste Street, une fresque militante rénovée régulièrement. Peinte en 1976, elle retrace de façon assez expressionniste les temps forts de l'époque, le *Free Speech Movement,* la guerre du Vietnam, les Black Panthers, le *Bloody Thursday* du 15 mai 1969 (manifs et féroces répressions), etc. Aujourd'hui, à part quelques jardins potagers communautaires semi-abandonnés, il ne reste plus grand-chose de l'esprit de ces années-là. L'université et les promoteurs convoitent cet immense espace en plein centre, mais n'osent toujours pas y toucher, de peur d'attenter à un symbole et de réveiller les vieux démons...

Berkeley Rose Garden *(plan B-C1)* **:** *1200 Euclid Ave (et Eunice St). Tlj du lever au coucher du soleil.* Ce parc floral situé au nord du campus, sur les hauteurs, présente dans un vaste amphithéâtre plus de 3 000 roses appartenant à 250 espèces différentes. À découvrir de préférence au printemps, donc. Par temps clair, panorama magique sur la baie et le Golden Gate Bridge.

Lawrence Hall of Science *(hors plan par C2)* **:** *1 Centennial Dr, sur les hauteurs, à 3 km au nord-est du campus. ● lawrencehallofscience.org ● Tlj 10h-17h (hors saison, dès oct, fermé lun-mar). Entrée : 20 $ (+ 5 $ pour le planétarium). Parking 1 $/h.* Un musée scientifique qui plaira aux gamins curieux. Mais l'intérêt de pousser jusqu'ici, selon nous, c'est surtout le superbe panorama sur Berkeley, San Francisco et le Golden Gate... qu'on peut admirer (gratuitement) depuis l'esplanade ! Dans le musée même, on s'attardera à la sphère figurant la Terre, qui illustre bien le phénomène du réchauffement climatique et de la tectonique des plaques (on s'aperçoit qu'il y a tout le temps une secousse quelque part sur la planète !).

Les autres salles proposent, au gré de l'agencement changeant des lieux, plein de modules interactifs sur la science. Expos plus disparates au sous-sol, avec entre autres un crâne de T-Rex, un fossile de tricératops, un squelette de *mastodon,* mais aussi des tarentules bien vivantes, une famille de chinchillas (rongeurs), des lapins, geckos, tortues, oiseaux, serpents, etc. Enfin, un planétarium projetant des films sur le ciel bien sûr, mais aussi sur le monde vivant, le fond des océans, etc.

Botanical Garden *(hors plan par C2) : 200 Centennial Dr, sur la route du Lawrence Hall of Science. • botanicalgarden.berkeley.edu • Tlj (sauf 1er et 3e mar du mois) 10h-17h. Entrée : 15 $; réduc.* Prix d'entrée assez élevé, mais c'est l'un des ensembles d'arbres et de plantes les plus riches du pays, rassemblant des essences de tous les continents sur une petite quinzaine d'hectares.

LE WINE COUNTRY (NAPA ET SONOMA VALLEYS)

• Carte *p. 225*

Au nord de San Francisco, on entre dans le pays du vin *(Wine Country),* composé de 2 petites vallées réputées bien au-delà des frontières de l'État : Napa Valley et Sonoma Valley. Une agréable escapade en perspective, séduisante aussi par la diversité de ses paysages : vignobles évidemment, mais aussi forêts touffues et spectaculaires panoramas côtiers vers Bodega Bay. De quoi intéresser les amateurs de bons crus bien sûr, mais aussi les lecteurs de Jack London, qui s'était réfugié dans le coin. En 2014, la Napa Valley a été secouée par un violent séisme de magnitude 6, qui a provoqué d'importants dégâts matériels à Napa-Ville, mais que dire des terribles incendies d'octobre 2017, qui ont ravagé 64 000 ha de terrain au cœur de la région, détruit près de 9 000 constructions et causé la mort d'une quarantaine de personnes ?
Ces catastrophes mises à part, compter une bonne journée d'excursion depuis San Francisco. Si possible, éviter les foules du week-end entre mai et novembre : embouteillages, hébergements saturés, prix surévalués... Juillet et août sont, évidemment, les pires. Les sportifs pourront sillonner cette région à vélo, en empruntant de préférence les petites routes, qui grimpent joliment mais durement par endroits.

LE VIN CALIFORNIEN

À la différence de la France, ici on boit un cépage plutôt qu'un terroir. Et ces cépages sont essentiellement européens (pinot noir, chardonnay, cabernet, etc.). À l'inverse de la France, peu de domaines produisent des vins d'assemblage. Ce que la clientèle veut, c'est un « chardonneille » ou un « meurlot » (avec l'accent) au goût immédiatement identifiable. Résultat, des vins agréables, souvent faciles à boire mais sans grand caractère, en tout cas pour ce qui est des entrées de gamme.

QUAND LE VIN FAIT SON CINÉMA

Nombreux sont les acteurs hollywoodiens qui placent leur fortune dans la production de vin. Ce sont les recettes du Parrain *qui ont permis à Coppola de se consacrer à sa 2e passion et de s'offrir de prestigieux domaines du côté de Napa et Sonoma Valley. Son credo : des vins accessibles dans un cadre... cinématographique. Chez lui, les copies de ses films et ses bouteilles sont conservées ensemble, à température idéale dans des caves climatisées.*

Pour plus de complexité, il faudra aligner un paquet de dollars. Car la nouvelle popularité des crus californiens a entraîné une hausse considérable des tarifs. Le rapport qualité-prix en est parfois outrageusement mauvais ! En attendant une juste et raisonnable réévaluation des cours, on se contentera dans bien des cas d'une dégustation dans les domaines. À notre avis, le pinot noir et l'*Emerald Grey* font partie des meilleurs, et certains blancs secs soutiennent la comparaison avec les nôtres.
Sachez, cependant, que ***l'approche du vin n'a pas grand-chose à voir avec celle qui prévaut en France.*** On a plus le sentiment de pénétrer chez des businessmen que chez des viticulteurs (et encore moins chez des paysans...). Les grands domaines sont de vraies usines à *tasting* aux tours bien rodés, des Disneyland du vin. Inutile d'espérer goûter un pinard gratos sur un coin de tonneau avec le proprio, ***presque toutes les dégustations se paient,*** minimum 20 $ en général (on goûte alors plusieurs crus). On peut récupérer dans les offices de tourisme des ***coupons de réduction,*** du genre une dégustation offerte pour une payée. Pour compliquer les choses, rappelons l'adage : celui qui conduit, c'est celui qui ne boit pas... Sauf que les domaines ne sont accessibles qu'en voiture ! Le taux d'alcoolémie toléré au volant est de 0,8 g, soit 2 ou 3 verres. De plus, les vins californiens sont sournois ; plus sucrés (normal, il y a plus de soleil), ils sont donc plus forts que les vins français.
– ***Bon à savoir :*** dans les Napa et Sonoma Valleys, il n'est pas rare que les restos pratiquent le système du ***BYOB (Bring Your Own Bottle).*** Moyennant un droit de bouchon *(corkage fee),* vous pouvez apporter votre bouteille de vin.

SONOMA

env 11 100 hab.

Située à une cinquantaine de kilomètres au nord-est de San Francisco, cette tranquille petite ville au cachet ancien, entre style Nouvelle-Angleterre et *pueblo* mexicain, marque l'entrée de la bucolique vallée du même nom, en majeure partie couverte de forêts grignotées ici et là par les domaines viticoles. Centre névralgique de la ville, la Sonoma Plaza est une belle et grande place carrée (la plus grande de l'État) transformée en îlot de verdure et encadrée d'hôtels de charme, galeries d'art et restos gourmets, logés dans d'élégantes bâtisses historiques en bois et adobe. C'est autour de cette place adorable que se regroupent la plupart des endroits à visiter, et nos meilleures adresses. Vous l'aurez compris, avec sa douce atmosphère champêtre, Sonoma dégage un charme certain... et ça se sent au moment de l'addition.

LA « RÉPUBLIQUE DE CALIFORNIE »

Sonoma fut le théâtre d'un curieux épisode historique : la ***Bear Flag Revolt.*** En 1846, une trentaine d'Américains, surnommés les « Ours », s'emparent de la ville sans tirer un coup de feu, et font prisonniers le gouverneur mexicain et ses hommes. Ils proclament la république de Californie et en hissent le nouveau drapeau sur la Plaza (le *Bear Flag,* orné d'un dessin de grizzli et de la mention écrite à la main *California Republic*). Un président est même élu. La république dure 25 jours, jusqu'à ce que, le 7 juillet 1846, la marine américaine s'empare de Monterey, siège du pouvoir mexicain, et que soit décidée l'intégration définitive de la Californie aux États-Unis. Les insurgés acceptent la nouvelle situation et le remplacement de leur drapeau par le *Star and Stripes.* En 1911, l'Histoire leur rend grâce, puisque le *Bear Flag* est adopté comme drapeau de l'État. Un monument sur la Plaza rappelle cet insolite événement politique.

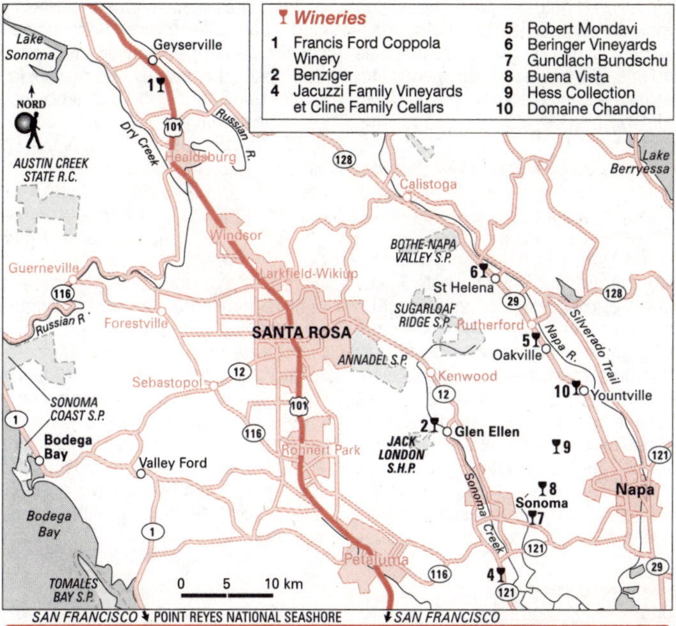

LE WINE COUNTRY (Napa et Sonoma Valleys)

Adresses et infos utiles

Visitor Center : *453 E 1st St, dans un pavillon posé sur la place centrale. ☎ 707-996-1090. • sonomavalley.com • Tlj 9h (10h dim)-17h.* Riche doc, dont un plan gratuit de la vallée. Personnel disponible et compétent.

Location de vélos : Wine Country Cyclery *(262 W Napa St ; ☎ 707-996-6800 ; • winecountrycyclery.com • ; à un bloc et demi de la place ; tlj 10h-18h ; 12 $/h et 36 $/j.)* propose un plan du coin avec des *wineries* offrant des réductions sur présentation du plan.

Stationnement gratuit partout, mais limité à 3h dans le centre. Pour une durée illimitée, parking public, gratuit aussi, juste au-dessus de la place, passé l'angle de E 1st St et E Spain St.

➢ **Pas de Greyhound à Sonoma.** Pour rallier SF, bus local *Sonoma County Transit (• sctransit.com •)* pour Petaluna et Santa Rosa. Là, changement de monture pour la ligne assurée par le *Golden Gate Transit (• goldengate.org •).* Sinon, une navette assure la liaison depuis les aéroports de San Francisco, mais c'est plus cher *(• airportexpressinc.com •).*

Où dormir ?

Pas de motels à petits prix à Sonoma, que des adresses plutôt chics et charme.

De prix moyens à plus chic

Sonoma Hotel : *110 W Spain St. ☎ 707-996-2996. • sonomahotel.com • À l'angle de la place. Doubles 130-310 $, petit déj (léger) compris. En hte saison, 2 nuits obligatoires le w-e.* Logé dans un pittoresque bâtiment construit en 1880 par un immigrant allemand, ce petit hôtel plein de charme revendique une atmosphère de maison d'hôtes. À juste titre, si l'on prend en compte la déco personnalisée des chambres, garnies de meubles anciens, de baignoire sur pieds, etc. Les moins chères sont un peu étroites, mais bon, elles n'en sont que plus mignonnes !

The Swiss Hotel : *18 W Spain St. ☎ 707-938-2884. • swisshotelsonoma.com • Sur la Plaza. Doubles 130-280 $, petit déj inclus. Plats 15-35 $ (moins cher à midi).* Avec seulement 5 chambres, l'appellation « hôtel » pour cette vieille bâtisse élégante paraît un peu exagérée. Tant mieux, cela dit, on gagne en intimité et en caractère : chambres douillettes, cossues et décorées avec goût dans un style ancien. On aime bien aussi, au 1er étage, le long balcon en bois qui donne sur la place, où l'on peut s'installer à l'heure de l'apéro ! Également un bar au rez-de-chaussée avec une terrasse animée à l'avant, ainsi qu'un resto où l'on mange pizzas, pâtes et plats plus travaillés (le soir) à des tables garnies de roses fraîches ou de nappes vichy (dans le patio à l'arrière)... Le patron, italo-suisse, fait régner dans sa maison une ambiance agréable et raffinée.

El Pueblo Inn : *896 W Napa St. ☎ 707-996-3651. • elpuebloinn.com • À 9 blocs et demi à l'ouest de la Plaza (à peine 5 mn en voiture du centre), sur la route de Santa Rosa. Doubles 200-250 $ (à partir de 140 $ l'hiver), petit déj inclus.* Élégant motel à la belle architecture en bois et brique. Pas mal de caractère ici encore, à l'image de son jardin luxuriant agrémenté d'une fontaine, dont les allées mènent à une séduisante piscine à l'abri des regards. Les chambres, pourvues de plancher et de cloisons en bois et en brique, sont spacieuses et soignées. Les plus chères profitent d'un balcon. Accueil agréable. Location de vélos *(30 $/j.)*.

Où manger ?

Spécial petit déjeuner

The Sunflower Caffé et le ***Basque Boulangerie Café :*** lire ci-après.

De bon marché à prix moyens

Basque Boulangerie Café : *460 E 1st St, en face du Visitor Center. ☎ 707-935-7687. Lun-ven 6h-18h (19h ven), sam 7h-19h, dim 7h-18h. Petit déj et sandwichs 5-10 $.* Bonne boulangerie avec pain fait sur place et vaste choix d'excellentes pâtisseries : cookies, muffins, *cinnamon rolls, raisin Danish, morning bun,* mais aussi croissants et gâteaux basques. Quelques tables dehors, face au square. Idéal pour prendre un petit déj ou un lunch sur le pouce, à base de croque-monsieur, salades, quiches, sandwichs et soupes du jour. Copieux, frais et savoureux.

The Sunflower Caffé : *421 W 1st St. ☎ 707-996-6645. Tlj 7h-16h. Compter 10-22 $.* Belle bâtisse en adobe de 1846, dissimulant un joli patio fleuri avec une fontaine et une tonnelle couverte de chèvrefeuille. Très couru pour le petit déj (se préparer à faire la queue le week-end...), mais on y vient aussi le midi pour ses sandwichs frais, *bowls* colorés et bons plats du jour à commander au comptoir.

The Red Grape : *529 W 1st St (à 100 m au sud de la Plaza). ☎ 707-996-4103. Tlj midi et soir. Plats 15-27 $.* Un beau choix de fromages (feta, gorgonzola, gouda, parmesan, etc.), des poires, des noisettes, des oignons caramélisés, de l'huile d'olive et des légumes frais, ici on réinvente la pizza version gourmet. De quoi séduire les locaux, qui viennent croquer la vingtaine de variétés, blanches ou rouges, dans l'immense salle lumineuse façon hangar ou sur la douce terrasse à l'arrière, bercée par le glouglou d'une fontaine. On peut même créer sa propre recette, à arroser bien sûr d'un cru de la vallée. On pourra juste regretter la pâte un peu trop fine (et donc la pizza un peu légère). Également des salades, burgers et pâtes fraîches.

De prix moyens à très chic

The Girl and the Fig : *110 W Spain St, à côté du Sonoma Hotel. ☎ 707-938-3634. Tlj 11h30 (10h w-e)-21h. Brunch dim 10h-15h. Menu 3 plats 45 $ (change ttes les sem) ; sinon, salades et sandwichs 15-20 $, plats 15-40 $.* Ce nom intrigant préfigure la carte, une irrésistible sélection de plats (d'inspiration française pour certains) aussi originaux que bons, à déguster sans façon au comptoir, affalé dans des canapés ou, plus élégant, dans la salle de bistro chic ou sur la charmante terrasse (chauffée) à l'arrière. Dans l'assiette, que des produits rigoureusement sélectionnés chez les fermiers du coin, préparés avec soin et présentés avec la manière, de quoi faire de cette table une référence dans tout le *wine country.* Beau choix de vins bien sûr, et de fromages, locaux pour la plupart, présentés dans un improbable « salon de fromage ».

Café La Haye : *140 E Napa St. ☎ 707-935-5994. Ouv 17h30-21h. Fermé dim-lun. Résa conseillée. Plats 20-40 $.* Art et gastronomie se conjuguent à merveille dans le cadre adorable de ce resto de poche, où une douzaine de tables à peine garantit l'intimité du lieu. Évidemment, seuls les détenteurs d'un portefeuille joufflu pourront goûter la belle cuisine italo-californienne mitonnée avec de beaux produits du coin. La carte est courte, avec une spécialité, le risotto (délicieux), dont la recette change chaque jour.

Où déguster une glace ?

Sweet Scoops : *408 1st St E. Tlj 12h-21h (22h ven-sam).* Le glacier de la ville, stratégiquement situé sur la place. Des 200 parfums, certains aussi bons qu'originaux comme la noix noire, la lavande-figue ou la poire-*brandy,* une douzaine sont proposés chaque jour... Passez et vous verrez !

Où boire un verre en soirée ?

Pour un peu d'ambiance le soir, allez voir ce qui se passe au ***Murphy's Irish Pub*** *(464 1st St E),* niché dans une allée qui part de la place, où jouent des musicos les vendredi et samedi soir *(programme sur • sonomapub.com •).* Bonne sélection de bières irlandaises et britanniques au fût aussi.

À voir. À faire

Sonoma State Historic Park : *se compose de la* mission San Francisco Solano, *des* Sonoma Barracks *et de* Lachryma Montis. *☎ 707-938-9560. Tlj 10h-17h. Billet commun (à se procurer à la mission San Francisco Solano) : 3 $; réduc.*

– ***La mission San Francisco Solano :*** *angle 1st St et E Spain St, quasi sur la Plaza. Petite feuille d'explication en français.* Dernière mission construite en Californie (en 1823), et la seule établie sous domination mexicaine, elle est aussi la plus au nord de l'État. Peu de choses à voir : des 27 pièces qu'elle comptait à l'origine, il n'en reste que 5. Seulement une exposition d'aquarelles représentant les différentes missions de Californie et une jolie chapelle édifiée sur ordre du général Vallejo en 1841. Sympathique cour intérieure également, pittoresque avec ses oliviers et figuiers de Barbarie *(visite des lieux ven-dim 11h-15h ; GRATUIT).*

– ***Sonoma Barracks :*** *E Spain St, sur la Plaza.* Ce bâtiment en adobe austère, organisé autour d'une grande cour pour les dépendances, fut construit vers 1835 pour servir de caserne à la garnison mexicaine de la ville. Une salle abrite une reconstitution superficielle des quartiers des soldats, une autre propose une vidéo historique sur Sonoma et son emblématique gouverneur, Vallejo, une 3e rassemble un bric-à-brac de souvenirs sur les 1ers colons américains, les guerres avec le

Mexique, la *Bear Flag Revolt,* la ruée vers l'or... Sur la gauche, accolé à la caserne, le ***Toscano Hotel,*** bâti en bois en 1852 pour abriter un magasin et une bibliothèque, avant d'être converti en hôtel, donc. En 1906, une nuit en pension complète y coûtait 1 $! À travers une grille, on aperçoit quelques pièces d'ameublement d'époque : le vieux comptoir et sa caisse enregistreuse, 2 poêles en fonte, des tables de poker, etc. *(visite des lieux w-e 13h-16h – 11h-15h pour les Barracks ; GRATUIT).*

– ***Lachryma Montis :*** *W 3rd St ; accessible par la W Spain St depuis la Plaza.* *Lachryma Montis,* les « Larmes de la Montagne » en latin, voilà le nom de la maison familiale des Vallejo, référence aux sources qui irriguent le domaine. Un poète, ce général... doublé d'un caméléon politique. Gouverneur mexicain au moment du rattachement de la Californie aux États-Unis, il se fit ensuite élire sénateur du nouvel État ! La structure de la maison vient en fait du nord-est des États-Unis et fut acheminée ici par bateau via le cap Horn... Le mobilier, très Nouvelle-Angleterre, n'ayant pas bougé depuis, la visite de l'intérieur donne une bonne idée du quotidien de la bourgeoisie rurale de l'époque. Agréable jardin également. Au-dessus, l'*Ermitage,* bicoque dans laquelle s'installa pour ses 15 ans Napoléon (pas facile à porter comme prénom), le fils cadet de Vallejo, qui vivait entouré de 14 chiens, 2 singes, 3 chats et un perroquet ! *(Visite des lieux w-e 13h-16h ; GRATUIT.)*

Depot Park Museum : *270 1st St. • depotparkmuseum.org • À 5 mn à pied de la Plaza. Visite (guidée) w-e 13h-16h. GRATUIT (mais donation bienvenue).* Reconstitution d'un bureau de chef de gare de la fin du XIXe s et du début du XXe s, avec son télégraphe et la cloche (qu'on peut sonner !) d'une vieille loco à vapeur. Également une cuisine, une salle de classe et d'autres souvenirs de cette époque.

Les *wineries*

Bon, c'est tout de même surtout pour le vin qu'on vient jusqu'ici... et pour tout dire, on a préféré la visite des vignobles de la Sonoma Valley à celle des domaines de la Napa Valley, plus grande, plus commerciale... et plus chère ! De plus, la Sonoma présente quelques surprises très agréables, comme le zinfandel, un cépage d'origine croate, suffisamment charpenté pour rappeler parfois un bourgogne. Les vignobles (une centaine) sont aussi plus petits, plus familiaux qu'à Napa. (Pensez à réserver à l'avance.) Voici notre sélection :

– ***Jacuzzi Family Vineyards*** *(plan Wine Country,* ***4****) :* *24724 Arnold Dr, à env 10 km au sud de Sonoma. • jacuzziwines.com • Tlj 10h-17h30. Dégustations 20-35 $. Tours 20-35 $.* Un vignoble familial où l'on vous fera goûter les différents crus, qui n'ont du reste pas à rougir face à ceux d'exploitations plus grandes... De plus, ils proposent des visites guidées du domaine. Pourquoi se priver ? Attenante à la boutique de vins, une boutique d'huiles d'olive de haute qualité, ***The Olive Press.*** Mérite vraiment le détour.

– ***Cline Family Cellars*** *(plan Wine Country,* ***4****) :* *24737 Arnold Dr, en face de Jacuzzi Family Vineyards. • clinecellars.com • Tlj 10h-18h. Dégustation 15-20 $.* L'autre vignoble de Sonoma... Et vu qu'il est juste en face du *Jacuzzi Vineyards,* ce serait dommage de ne pas faire le détour ! Ici, il s'agit notamment de vins faits avec des cépages de la vallée du Rhône, mais ils ont aussi un zinfandel très plaisant... et pas trop cher. *Également des visites gratuites.*

– ***Benziger*** *(plan Wine Country,* ***2****) :* *1883 London Ranch Rd, sur la Hwy 12, sur la route du Jack London State Historic Park, à* ***Glen Ellen.*** *• benziger.com • Tlj 11h (10h w-e)-17h. Dégustation 25 $. Différentes visites possibles, 30-55 $.* Une de nos caves favorites dans la vallée, bucolique à souhait avec ses vignes et bosquets de fleurs chevauchant les collines. On y cultive des vins en biodynamie (mais aussi juste bio). Spécialités de pinot noir, « *Burgundy style* » (essayez le *De Coelo,* exquis !). La visite classique s'effectue en wagonnet, tiré par un tracteur !

– ***Gundlach Bundschu*** *(plan Wine Country,* ***7****)* **:** *2000 Denmark St. ☎ 707-938-5277. • gunbun.com • À 10 mn en voiture au sud-est de Sonoma ; suivre E Napa St jusqu'au bout, puis à droite dans 8th St ; ensuite, c'est fléché. Tlj 11h-17h30 (16h30 nov-mai). Visite guidée des caves (sur résa) tlj à 11h et 14h : 65 $. Dégustations env 25-35 $.* Si l'on vous signale ce domaine, outre l'évident défi orthographique, c'est parce qu'il est le plus vieux vignoble familial de Californie, fondé par un Allemand en 1858. Situation enchanteresse, le caveau de dégustation, adossé à un bassin, domine l'exploitation avec, en toile de fond, les collines mordorées l'été. Quant à la cave, elle loge dans un tunnel creusé sous une colline, on croirait pénétrer dans la ligne Maginot. Quelques tables pour pique-niquer en profitant du cadre (gratuit) et en sirotant un vin du domaine (rosé, pinot noir, gewurztraminer).

– ***Buena Vista*** *(plan Wine Country,* ***8****)* **:** *18000 Old Winery Rd. ☎ 1-800-926-1266. • buenavistawinery.com • Tlj 11h (10h w-e)-17h. Dégustation 25-75 $. Tour (compter 45 mn-1h) 40 $.* Et pour finir, voici le domaine viticole le plus ancien de Californie, fondé en 1857 par un Hongrois qui s'autoproclama comte de Buena Vista et disparut, 12 ans plus tard, dans une rivière infestée de crocodiles au Nicaragua ! Le vignoble, lui, a toujours poursuivi son petit bonhomme de chemin et est aujourd'hui entre les mains d'un Bourguignon. On y trouve évidemment de fort bons crus, comme le *Sheriff of Buena Vista.* Si vous devez faire la visite d'un domaine, c'est aussi l'une des plus intéressantes, pour son musée et ses fastueux salons et caves.

GLEN ELLEN

env 800 hab.

Petit village paisible rangé sous les arbres, à une dizaine de kilomètres au nord de Sonoma. Son principal intérêt (et non des moindres) est d'avoir hébergé Jack London pendant sa courte retraite. C'est fou comme le moindre hôtel ou resto récupère le nom de l'écrivain. Ne pas manquer la visite du *Jack London State Historic Park.*

Où dormir à Glen Ellen et dans les environs ?

Camping

⛺ ***Camping du Sugarloaf Ridge State Park :*** *à env 15 km au nord de Glen Ellen ; suivre la Hwy 12 sur env 10 km jusqu'à Kenwood, puis prendre à droite l'Adobe Canyon Rd jusqu'au bout. ☎ 707-833-5712. Résa sur • reservecalifornia.com • Empl. 35-45 $.* À la fois paumé en pleine nature et pratique pour rayonner dans la région, le camping, superbe et sauvage, est installé dans un vaste amphithéâtre au milieu des collines, au bout d'une belle route serpentant dans la forêt. Répartis sous les arbres autour d'une grande clairière, les emplacements sont bien isolés les uns des autres. Tables, barbecue et douches *(payantes)* bien fichues. Bien sûr, nombreux départs de randos à proximité.

De prix moyens à plus chic

🏠 ***Jack London Lodge :*** *13740 Arnold Dr. ☎ 707-938-8510. • jacklondonlodge.com • Au début de la route d'accès au parc, sur la droite. Doubles 180-220 $, petit déj inclus l'été.* Petit motel fleuri sur 2 niveaux, dans un coin tranquille. Chambres vastes et bien équipées (frigo, cafetière), mais leur déco un peu chargée ne fera pas l'unanimité. Petite piscine en surplomb de la rivière. Laverie juste en face.

🏠 ***Beltane Ranch :*** *11775 Sonoma Hwy. ☎ 707-833-4233. • beltaneranch.com • À 3,5 km au nord de*

Glen Ellen par la Hwy 12 ; discret panneau sur la droite, peu après la bifurcation pour Oakville. Doubles 185-385 $, petit déj inclus. Suspendue hors du temps, une belle maison en bois jaune pâle entourée de chênes centenaires, de bosquets de roses et de grasses pelouses. Elle renferme 5 chambres à l'ancienne, cossues et lumineuses, s'ouvrant toutes sur le porche encadrant la maison. Chacune y jouit de son espace, avec tables et fauteuils. Le petit déj, maison, se prend dans la salle à manger, où les effluves émanant de la cuisine mettent de suite en appétit. En contrebas s'étendent les vignes, les oliviers et les prairies du domaine. Partout, des recoins pour s'isoler. Pour encore plus d'intimité, un cottage pour 2 avec salon, cheminée, et jardinet privé.

Où manger ? Où prendre le petit déj ?

Garden Court Cafe : *13647 Arnold Dr. Ouv 8h-14h. Fermé mar. Plat env 15 $.* Petit café lumineux au vieux plancher. Gros sandwichs, soupes, burgers, salades... Au petit déj, spécialité d'*eggs Benedict* parmi les omelettes variées, pancakes et autres classiques américains.

The Fig Café : *13690 Arnold Dr. ☎ 707-938-2130. Tlj 17h-21h (voire plus tard). Brunch le w-e 11h-15h. Menu du jour env 30 $; plats 15-20 $ le midi, jusqu'à 25 $ le soir.* Même maison qu'à Sonoma, ici dans une version de bistrot contemporain relax et très chaleureux. La cuisine suit le mouvement, un peu plus simple (il y a aussi pizzas et burgers) mais savoureuse aussi, et toujours à base de bons produits mitonnés dans les règles. Autre point fort : pas de droit de bouchon ! Une aubaine dans la région.

À voir

JACK LONDON STATE HISTORIC PARK

Accès par la London Ranch Rd ; fléché depuis Glen Ellen. ☎ 707-938-5216. • jacklondonpark.com • Ouv 9h-17h. Entrée : 10 $/voiture. Petit plan avec explications à l'accueil.

À 29 ans, en 1905, Jack London, un des plus célèbres écrivains américains, choisit de poser son sac loin du bruit et de la fureur, au milieu des superbes collines densément boisées de la vallée de la Lune : « Je jetterai ici une ancre si lourde que le diable lui-même ne pourra la soulever », écrit-il à ses amis. L'aventurier, le vagabond, l'ouvrier, le chercheur d'or, le pêcheur, le journaliste, le militant... voulait devenir fermier, tout en continuant à écrire de façon acharnée. Entre 1900 et 1916, il écrivit plus de 50 livres. Il faut « bêcher » sans cesse, répétait-il, s'astreignant à accoucher de 1 000 mots chaque matin...

Il décide de se faire bâtir une vaste demeure de 26 pièces, la *Wolf House,* une sorte de ranch composé de gros blocs de lave, d'énormes pierres brutes et de bois. « Avec l'aide de Dieu, ma maison se dressera pour mille ans », affirme l'écrivain. Mais Dieu n'aide pas. En août 1913, juste avant que Jack London ne s'installe avec sa femme, la maison brûle complètement. Il y avait mis toute sa fortune et n'avait pas d'assurance. Quelques jours plus tard, il se remet cependant à écrire. Avec les 1ers 2 000 $ touchés pour un article pour *Cosmopolitan,* il ajoute un studio à la petite maison où il vivait depuis 1911, manifestant une énergie peu commune. London n'eut cependant pas le temps de rebâtir son rêve. Il mourut le 22 novembre 1916, sans doute d'une crise d'urémie. L'auteur à succès de *L'Appel de la forêt, Martin Eden, Le Talon de fer, Croc-Blanc, Jerry dans l'île, La Vallée de la Lune* venait d'avoir 40 ans.

Ce beau parc, créé en 1960, abrite un musée dédié à l'écrivain, ainsi que les ruines de Wolf House, la maison qu'il n'habita jamais, et sa tombe. Non loin de là, on

trouve le cottage en bois dans lequel il vécut et des installations agricoles. Tout autour, de nombreux sentiers de balade serpentent dans la forêt. Outre les multiples souvenirs de l'écrivain, le domaine offre donc de belles occasions d'excursions, dans un cadre sauvage.
– ***Le musée :*** installé dans la maison que la femme de Jack London, Charmian, fit construire en 1920 en l'honneur de son mari et où elle vécut de 1935 à 1945. Plus petite mais édifiée dans le même style que la maison qui brûla, c'est aujourd'hui un musée qui réunit nombre d'objets personnels de l'écrivain. Vitrines de photos, maquette de son bateau, le *Snark* (à bord duquel il visita les îles du Pacifique avec sa femme – des panneaux racontent le périple), nombreux souvenirs et photos des îles Salomon, meubles originaux et plein de petits objets insolites. Noter, dans une vitrine, ces lettres de refus (parmi les centaines qu'il reçut !) d'un de ses 1ers manuscrits. Ou cette lettre de démission du parti socialiste auquel il reproche sa tiédeur *(« lack of fire and fight »)*. Également les articles sur les conflits qu'il couvrit comme correspondant de guerre (guerre russo-japonaise de 1904 et intervention de l'armée américaine à Vera Cruz en 1914). On ne peut qu'être impressionné par tout ce qu'il a accompli et l'énergie déployée dans tout ce qu'il entreprenait...
– ***Les ruines de la Wolf House :*** *par un petit chemin, à 1 km du musée.* De ce ranch imposant, caché dans un massif de séquoias, il ne reste que les hauts murs de pierre, mais on devine encore l'organisation des espaces. Prendre l'escalier qui mène à une galerie de bois : on y trouve un plan de la maison telle que l'avait conçue l'écrivain. Il avait prévu un bassin piscicole (car il aimait le poisson frais !), et avait installé sa chambre dans une tour !
– ***La tombe :*** *peu avt la Wolf House, sur une petite colline.* Simple, dans une clairière au milieu des chênes, avec pour seule matérialisation un gros bloc de pierre retiré des ruines de sa demeure. Les cendres de Charmian rejoignirent celles de son mari en 1955. À côté, 2 morceaux de bois indiquent la sépulture de 2 enfants d'une famille de pionniers. Là aussi, un tête-à-tête émouvant avec le prolifique écrivain.

Le cottage : *on y accède par un petit sentier à partir d'un autre parking que celui du musée. Bien indiqué sur la carte. Ouv 12h-16h. Entrée : 3 $; réduc.* C'est ici qu'à partir de 1911 Jack London écrivit ses romans les plus célèbres (et qu'il mourut, dans la petite véranda vitrée). Il s'agit en fait de 2 maisonnettes en bois, dont l'intérieur a été en partie recréé d'après des photos, avec les meubles et objets qui lui appartenaient. On pénètre donc un peu plus dans l'intimité et la réalité quotidienne de l'écrivain. Ne pas manquer, par exemple, sa machine à écrire et son dictaphone (certes, plus volumineux qu'aujourd'hui !), dans son bureau. Tout autour du cottage, on trouve des granges, une ancienne distillerie, une écurie... et même le « *pig palace* », où des porcs étaient élevés dans de bonnes conditions, avec accès à l'extérieur et tout le confort. Au-dessus du parking, une charmante aire de pique-nique.

NAPA VALLEY

Moins sauvage et moins belle que Sonoma Valley, la Napa est avant tout une terre de vignes, la région étant un peu à la Californie ce que le Bordelais est à la France. Entre Napa-Ville et Calistoga, le long de la Highway 29, s'échelonnent plus de 500 domaines, dont les bâtiments rivalisent d'excentricité

PIEUSE EXCUSE

La cave Beaulieu, fondée par un Français, fut l'une des seules de la région à continuer à produire du vin pendant la Prohibition, car son propriétaire prétendait que c'était du vin de messe. Ce mensonge ayant permis de sauver des emplois, Dieu resta magnanime.

et de luxe. Quant à Napa-Ville, si elle ne soutient pas non plus la comparaison avec sa charmante rivale Sonoma, elle n'en demeure pas moins une grosse bourgade proprette pas désagréable pour une étape, avec ses maisonnettes en bois colorées, ses demeures victoriennes héritées de l'âge d'or de la ville au XIXᵉ s et ses troquets accueillants.

Comment visiter Napa Valley ?

La vallée est parcourue par 2 routes parallèles. L'axe principal, la ***Highway 29,*** dessert presque toutes les *wineries* mais est engorgée par la circulation dense. Les week-ends d'été, elle se transforme même parfois en une file ininterrompue de voitures avançant au pas (quand elles avancent !)... De quoi vous gâcher le plaisir des dégustations. On pourra alors opter pour le ***Silverado Trail,*** qui effectue le même trajet plus à l'est, en musardant entre forêts, vignes et collines. De nombreuses transversales relient les 2 routes, à peine distantes de 3 à 5 km l'une de l'autre.

Adresse utile

ℹ ***Napa Valley Welcome Center :*** *1300 1st St, à **Napa.** ☎ 707-251-5895. • visitnapavalley.com • Bien fléché dès l'entrée de la ville. Tlj 10h-17h30 (19h ven-sam).* Plan-relief de la région et quantité d'infos et brochures sur les différentes *wineries.* Prenez-y aussi des coupons de réduc pour les dégustations. Bon accueil, comme souvent.

Où dormir ?

Prix moyens

Wine Valley Lodge : *200 S Coombs St, **Napa.** ☎ 707-224-7911. • winevalleylodge.com • À 1 gros km au sud du centre. Doubles 90-300 $, petit déj continental inclus.* Un grand motel en U, banal de prime abord mais offrant une cinquantaine de chambres rénovées, fraîches et très bien équipées (frigo, micro-ondes, TV grand écran, bouteilles d'eau offertes, etc.). Une bonne affaire ! En prime, une piscine (au milieu du parking), voisinant avec un espace barbecue en libre-service, encadré de quelques arbustes et équipé de tables de jardin.

Chablis Inn : *3360 Solano Ave, **Napa.** ☎ 707-257-1944. • chablisinn.com • Sur la Hwy 29 North, sortie Redwood Rd-Trancas St. Doubles 100-190 $.* Un motel logé dans un bâtiment rouge à étage. Chambres classiques mais refaites à neuf et impeccables là encore, dans les tons verts. Piscine de poche et *hot tub.* Juste à côté, le **Motel 6 Napa CA** *(☎ 707-257-6111 ; • motel6.com • ; doubles 100-145 $),* qui ressemble à un *Motel 6,* dans la version rénovée, c'est-à-dire avec des chambres très convenables (parquet flottant et touches d'orange). Petite piscine sur le parking.

Plus chic

Napa Valley Railway Inn : *6523 Washington St, **Yountville.** ☎ 707-944-2000. • napavalleyrailwayinn.com • Doubles 245-375 $.* Presque mieux que l'*Orient-Express* ! Cet hôtel extravagant s'est installé dans 2 trains de la fin du XIXᵉ s, à quai de part et d'autre d'une plateforme à l'ancienne. Les chambres, cossues, aux cloisons en lattis de bois ornées d'une vieille carte de la Californie, occupent chacune tout un wagon. Dans le genre, ça rappelle un peu le salon ambulant de James West et Artemus Gordon dans *Les Mystères de l'Ouest* !

Candlelight Inn : *1045 Easum Dr, **Napa.** ☎ 707-257-3717. • candlelightinn.com • De l'autre côté de la*

Hwy par rapport au centre-ville, dans le prolongement de 1st St. Doubles 200-450 $, petit déj inclus. En retrait dans un jardin soigné au bout d'une allée résidentielle, ce *B & B* de prestige occupe un pittoresque logis à colombages. Beaucoup de confort : chambres cossues à l'anglaise, copieusement pourvues en coussins et doubles rideaux à fleurs, la plupart avec jacuzzi et cheminée, certaines avec balcon. Vin, café, cookies offerts toute la journée et *gourmet breakfast* face à la piscine. Et pour les amoureux (qui ne vivent pas que d'amour et d'eau fraîche !), un cottage cosy suspendu au-dessus du ravin encaissé de la Creek River.

Où prendre le petit déj ? Où manger ?

De bon marché à prix moyens

🍽 ***Heritage Eats :*** *3824 Bel Aire Plaza,* ***Napa.*** *À quelques km au nord du centre. Tlj 11h-20h (21h ven-sam). Compter 10-15 $.* Au choix, des salades, bols de riz, sandwichs ou wraps à composer avec des ingrédients tous plus savoureux les uns que les autres : *cowboy steak, chicken tikka masala, lemongrass pork* (à tomber !), ou encore falafels, sans doute les meilleurs de toute la région. Puis on ajoute une sauce *(creamy cilantro, lemon tahini, aji verde...),* des garnitures végétales... et on se régale ! On peut aussi choisir une des formules proposées, pour plus de facilité. En revanche, oubliez le cadre (de fast-food) et l'environnement (un centre commercial)...

🍔 ⛱ ***Gott's Roadside :*** *933 Main St,* ***St. Helena.*** *Tlj 11h-21h (22h en été). Compter 10-15 $ (frites en sus).* Paumé en bord de route, ce grand comptoir rutilant débite pour pas cher d'excellents burgers. Il n'a rien à envier à son jumeau de San Francisco : les mêmes queues délirantes (mais résorption rapide) et la même qualité. Tous les produits sont frais, cuisinés à point et combinés au gré de recettes aussi bonnes qu'originales. Même les frites font l'objet d'une attention spéciale, et l'on peut savourer sa prise avec un cru de la vallée. Pas de salle, mais une agréable terrasse à l'arrière, les pieds dans la pelouse.

🍽 Sans oublier l'***Oxbow Puble Market*** *(610 1st S, dans le centre de Napa ; tlj 7h30-21h),* qui rassemble petits cafés, bar à sushis et à fruits de mer, comptoirs à fromages et à sandwichs, débit de tacos, glacier, chocolatier, microbrasserie, coin fruits-légumes, boutiques d'huiles d'olive, etc. Très pratique pour le déjeuner !

De prix moyens à plus chic

🍽 ☕ ***Grace's Table :*** *1400 2nd St (angle Franklin St),* ***Napa*** *(en plein centre). ☎ 707-226-6200. Tlj 9h-15h, 17h-21h. Plats 15-35 $.* Avec ses tables de bistrot et sa grande baie vitrée donnant sur la rue, ce restaurant coloré s'approvisionne au *Farmer's Market* de Napa pour ne travailler que des produits locaux, bio ou issus de l'agriculture raisonnée. Une cuisine fraîche et saine donc, qui puise des 2 côtés de l'Atlantique : *empanadas* argentines, *tamales,* burgers, gnocchis, osso bucco ou encore quelques plats d'inspiration française (cassoulet, *the French way !*). Une bonne adresse également pour le petit déj et le brunch.

🍽 ***Zuzu :*** *829 Main St,* ***Napa*** *(en plein centre). ☎ 707-224-8555. Lun-ven 11h30-14h30, et ts les soirs 16h-22h (23h ven-sam, 21h30 dim). Compter min 30 $ (hors boissons).* Ambiance chaleureuse dans ce petit resto espagnol très vite plein (s'attendre à devoir patienter un peu...). Il faut dire que la formule séduit : de petites portions (il en faut bien 2-3 pour un repas) de préparations succulentes et inventives, genre *paella del día,* gambas à l'ail, tortilla..., mais aussi quelques mets moins hispaniques, comme le brik tunisien au crabe et à l'œuf bio ou le ceviche. Vous l'avez compris, la difficulté, ici, est de faire son choix !

Achats

Napa Premium Outlets : *sur la Hwy 29 ; depuis San Francisco, sortie « 1st St Exit ». • premiumoutlets.com • Tlj 11h-19h (20h ven-sam).* Une trentaine de boutiques (de fringues surtout) offrant d'importantes remises (de 25 à 65 %) : *Gap, Levi's, Brooks Brothers, Lucky Brand...*

Les *wineries*

– **Robert Mondavi** *(plan Wine Country,* **5***) :* *7801 St. Helena Hwy,* ***Oakville.*** *☎ 888-766-6328. • robertmondaviwinery.com • Sur la route de Rutherford. Tlj 10h-16h. Dégustations env 65-125 $. Tours (résa conseillée).* Voici le domaine de l'homme (disparu en 2008) qui a sorti les vins californiens de l'anonymat. Réputé pour son *Opus One* (fruit d'une collaboration avec Château Mouton-Rothschild), mais aussi pour ses cabernets-sauvignons et son pinot noir. Malheureusement, succès oblige, c'est l'un des vignobles les plus touristiques (et chers) de la vallée. Une atmosphère *business is business* qui tranche un peu avec la finesse des crus.

METTRE DE L'EAU DANS SON VIN

En Californie, en dessous de 21 ans, l'alcool est proscrit, même pour les étudiants en œnologie. Pas évident alors de se former au divin breuvage si on peut en apprécier la robe, le nez, mais pas le goût. Une loi a récemment assoupli la règle : les élèves ont le droit de goûter mais pas d'avaler !

– **Beringer Vineyards** *(plan Wine Country,* **6***) :* *2000 Main St,* ***St. Helena.*** *☎ 707-257-5771. • beringer.com • Tlj 10h-17h30. Dégustations 30-125 $. Tours sur résa.* Célèbre pour son manoir à pignons, colombages et tourelles en pierre basaltique, réplique de la propriété familiale dans la vallée du Rhin, ce domaine fondé en 1876 est devenu avec le temps l'une des valeurs sûres de la vallée. Les visites font un détour par les vénérables caves voûtées où vieillissent les vins, tandis que les dégustations se déroulent dans le vieux cellier ou dans un bar très cossu niché dans le manoir. C'est là, accoudé aux belles boiseries, qu'on goûtera les meilleurs vins du domaine, comme le *Private Reserve Cabernet Sauvignon.*

– **Hess Collection** *(plan Wine Country,* **9***) :* *4411 Redwood Rd,* ***Napa,*** *au bout d'une adorable route serpentine. ☎ 707-255-1144. • hesscollection.com • Tlj 10h-17h30. Dégustations env 25-85 $. Tours sur résa.* C'est un paradoxe ; si Hess est connu, ce n'est pas forcément pour ses vins, mais parce que le propriétaire, amateur d'art éclairé, a doté son domaine d'une galerie riche en œuvres contemporaines : Motherwell, Frank Stella, et même Francis Bacon ! Un vrai petit musée, qu'on peut visiter. Une des salles de la galerie ouvre sur l'atelier de mise en bouteilles, une autre sur les cuves. Tant qu'à avoir poussé jusque-là, certains crus du domaine méritent quand même une petite dégustation (comme le séduisant – mais cher – *Mount Veeder Cab*).

– **Domaine Chandon** *(plan Wine Country,* **10***) :* *1 California Dr,* ***Yountville.*** *☎ 1-888-242-6366. • chandon.com • À l'entrée de Yountville (sur la gauche en venant de Napa). Tlj 10h-17h. Dégustations à partir de 25-30 $.* Moët et Chandon, agacé par la concurrence des mousseux américains, s'est acheté des terres dans la Napa Valley pour y produire un vin « méthode champenoise », présenté dans un pompeux complexe touristique qui tient plus du hall d'hôtel de Las Vegas que du domaine viticole. On pourra goûter, au bar, ces fameux *sparkling wines,* censés offrir une alternative au vignoble champenois. Intéressant, assurément ; convaincant, c'est moins sûr. Sert aussi des petits plats, pas donnés.

DANS LES ENVIRONS DE NAPA VALLEY

★★★ ***Francis Ford Coppola Winery*** (plan Wine Country, **1**) **:** *300 Via Archimedes, à* ***Geyserville*** *(sortie 509, « Independence Lane », sur la 101). ☎ 707-857-1471. • thefamilycoppola.com • Tlj 11h-17h. Dégustation 30-35 $. Pass piscine env 45 $/pers, serviette incluse ; réduc. Résa conseillée pour la piscine (très prisée !).* Après le domaine Inglenook à Rutherford dans la Napa Valley, le célèbre réalisateur d'*Apocalypse Now* et du *Parrain* s'est offert l'ex-Château Souverain. L'entrée par le grand escalier est grandiose, on sent déjà la mise en scène bien rodée. On accède ensuite au bâtiment principal où se trouve la salle de dégustation. Le domaine produit 55 vins différents, syrah, malbec, pinot gris, muscat... On sirote les nectars en admirant les quelques objets sortis des films du maître : le bureau du *Parrain,* la voiture de *Tucker,* et les nombreuses récompenses récoltées au fil des années. En été, le domaine attire de nombreuses familles, grâce à sa piscine flanquée d'un bar, le *Pool Café,* et de petits bungalows à louer à la journée (résa indispensable pour ces derniers). Pas mal d'affluence, arriver tôt, les places sont limitées.

Sur place, le ***Rustic Restaurant*** *(☎ 707-857-1485 ; tlj 11h-21h ; plats 15-40 $)* sert une bonne cuisine, doublée d'un accueil fort agréable. On y trouve les classiques de la cuisine italienne, mais aussi les recettes favorites de Francis, originales et savoureuses. Installez-vous en terrasse s'il y a de la place, face aux vignes et aux collines. Sinon, la grande salle ne manque pas de cachet, avec son haut plafond charpenté et ses plaques ou bidons métalliques publicitaires ornant les murs.

BODEGA BAY

Bodega Bay a tout d'un bout du monde. Très peu peuplée, la localité s'étire au bord d'une large baie protégée, à 100 km au nord de San Francisco par la Highway 1. Quand le brouillard se dissipe apparaissent chalutiers rouillés et barques de pêche, qui l'emportent encore sur les yachts et bateaux de plaisance. Autour, une nature brute, des collines couvertes d'herbes folles et de fleurs. Au bout de la baie, les falaises déchiquetées encaissent les assauts furieux des vagues.

Les californiens aisés adorent venir se détendre à Bodega, car les activités sportives y sont nombreuses : pêche, vélo, balades, surf (sans oublier les plages) et observation des baleines à quelques kilomètres à peine. Prévoir quand même des vêtements chauds, car les soirées sont fraîches... Pour ceux qui ont du temps, magnifique route côtière (la One) de Bodega Bay à Legett, au nord. Sinueuse mais en bon état, elle surplombe de belles falaises et offre de remarquables points de vue. Au passage, quelques colonies de phoques. De même, la portion qui serpente plein sud vers San Francisco mérite largement une balade, surtout pour le merveilleux *Point Reyes National Seashore* (lire plus loin).

LES OISEAUX DE HITCHCOCK

Bodega Bay et le hameau voisin de Bodega (situé à quelques miles dans les terres) servirent de décor, en 1962, au film *Les Oiseaux* d'Alfred Hitchcock, en partie tiré d'une nouvelle de Daphné du Maurier se déroulant dans un petit village de bord de mer anglais. La maison du film dut être détruite, car les inconditionnels du maître venaient par dizaines chaparder les pierres de la bâtisse. En revanche, on peut toujours observer l'école de l'extérieur (la *Potter Schoolhouse*), au 17110 Bodega Lane, à côté de l'église de Bodega (sur la route de Santa Rosa). Église fort bien conservée d'ailleurs, juchée sur une colline bien verte, dans l'environnement photogénique à souhait de cet autre village du bout du monde.

AMOUR VACHE

Hitchcock avait le béguin pour Tippi Hedren, mais ce n'était pas réciproque. Pour se venger, Alfred fut particulièrement dur avec elle dans les scènes d'attaque des oiseaux. De quoi expliquer le réalisme hallucinant des scènes. Tout était fait pour la terroriser.

Adresse utile

🅸 ***Sonoma Coast Visitor Center :*** *913 Hwy 1. ☎ 707-377-4459. • sonomacounty.com • Au milieu de la localité, à côté de la station-service. Tlj 9h-17h.* Riche en documentation. Le personnel peut aussi vous aider à trouver un logement. Quand c'est fermé, une boîte extérieure contient des plans de la ville sur lesquels les adresses (hôtels, restos...) sont pointées.

Où dormir ? Où manger à Bodega et dans les environs ?

Une bonne vingtaine de logements, du *B & B* au motel en passant par l'auberge de luxe, le cottage et la maison à louer. Le hic, c'est que tout est vite complet, et les prix s'en ressentent...

Campings

⛺ Plusieurs ***campings*** sont disséminés autour de la baie, dans des parcs naturels. Cadre sauvage à souhait. Mais ils sont, eux aussi, vite pleins en saison. On peut par exemple opter pour le ***Westside Campground,*** de l'autre côté de la baie par Bay Flat Road. Douche et w-c rustiques *(résa et infos au ☎ 707-565-2267 ou sur • parks.sonomacounty.ca.gov • ; empl. 37 $).*

Bon marché

🍴 ***Spud Point Crab Company :*** *1910 Westshore Rd. ☎ 707-875-9472. De l'autre côté de la baie, à 2-3 km du centre. Tlj 9h-17h. Compter 10-15 $.* Collectionne les prix pour son *clam chowder* (version blanche ou rouge) bien épais et aillé. S'attendre d'ailleurs à faire la queue avant de passer commande et d'aller s'asseoir à l'une des tables en bois (si l'une se libère !), face aux chalutiers. Sinon, *seafood cocktail, crab cakes* et *crab sandwichs...*

De prix moyens à plus chic

🏠 ***Bodega Harbor Inn :*** *1345 Bodega Ave. ☎ 707-875-3594. • bodegaharborinn.com • Doubles 85-170 $, petit déj léger inclus ; cottages 125-375 $.* Posé sur les hauteurs de la bourgade, ce mignon petit hôtel en bois propose les chambres les moins chères de Bodega, tout à fait correctes pourtant, dans les tons bleu marin, avec mobilier en vieux bois. Autre option, plus onéreuse, de jolies maisons avec cheminée, jacuzzi, cuisine et vue sur la baie, pouvant accueillir 2 à 8 personnes. Idéal pour les grandes familles ou petites bandes de copains.

🏠 🍴 ***Valley Ford Hotel :*** *14415 Coast Hwy 1,* ***Valley Ford.*** *☎ 707-876-1983. • vfordhotel.com • À env 15 km au sud-est de Bodega Bay par la Hwy 1. Hôtel ouv tlj ; resto jeu-dim 17h (15h sam, 10h dim)-20h30. Doubles 140-185 $ (min 2 nuits w-e). Plats au resto 15-35 $.* Dans un patelin typique de l'Ouest américain, un minihôtel (7 chambres à peine) qui tient plutôt du *B & B* tellement on s'y sent chez soi.

C'est douillet et frais, avec des couleurs douces. Au rez-de-chaussée, attenant au petit bar squatté par les gars du coin, le resto *Rocker Oysterfeller's* mitonne une cuisine locale qui tient au corps. Courte carte, mais grand choix de vins.

Lucas Wharf : *595 Hwy 1 (à l'entrée de la localité en venant du sud). ☎ 707-875-3522. Tlj sauf mar 11h30 (10h45 w-e)-20h. Sandwichs et plats 15-30 $.* Ambiance assez populaire dans une grande salle en bois vitrée donnant sur la lagune. Pas le fin du fin dans l'assiette, mais c'est bon quand même, généreusement servi, et les frites croustillent bien. La carte fait la part belle aux produits de la mer (*fish & chips,* ragoût du pêcheur, steak de calamar, tacos de saumon...). Bonne sélection de bières locales au fût. Accueil sympa.

DANS LES ENVIRONS DE BODEGA BAY

Point Reyes National Seashore : *à 45 km au nord de San Francisco et une cinquantaine de km au sud de Bodega Bay par la Hwy 1.* Immense parc naturel, étirant sur 13 500 ha de bande côtière de majestueux massifs de forêts, brusquement interrompues par des rivages sauvages, des plages d'une beauté à couper le souffle où s'ébattent de nombreux oiseaux marins. Sillonné par 240 km de sentiers, le *Point Reyes National Seashore* mérite un crochet, le temps de découvrir son phare, isolé sur un roc au bout d'un escalier de 300 marches, et les interminables plages de Point Reyes ou de Limantour (on ne se baigne pas), voire de grimper jusqu'au point de vue de Mount Vision (accessible en voiture). Avec un peu de chance, vous croiserez en route l'un des nombreux wapitis *(elk)* vagabondant dans le coin. Mais la zone peut aussi constituer une destination en soi, pour 1 ou 2 jours en pleine nature aux portes de la ville. Vous trouverez alors restos, commerces et quelques *B & B* à **Point Reyes Station,** sympathique bourgade gentiment touristique au cachet *Old West,* située à 5 km de l'entrée du parc.
– **Bear Valley Visitor Center :** *à l'entrée du parc ; en arrivant du sud, quitter la Hwy 1 à gauche à Olema. ☎ 415-464-5100. • nps.gov/pore • En principe, tlj 9h30-17h.* Plan du parc et des sentiers, programme des animations assurées par les rangers, expo sur la faune. C'est aussi là que l'on récupère son permis pour camper sur l'un des 4 sites dédiés du parc, que l'on rejoint uniquement à pied. Le plus accessible, le *Sky Camp,* est posté sur une colline à 2,4 km de la route *(attention, fermé lors de notre dernier passage ; départ de Limantour Rd ; compter 20 $ pour 1-6 pers ; résa jusqu'à 6 mois à l'avance sur • recreation.gov •).*

Où dormir dans le coin ?

Olema Campground : *10155 Hwy 1 ; aux portes du parc, au bord de la route, 5 km au sud de Point Reyes Station. ☎ 1-800-655-2267. • olemacampground.net • Ouv tte l'année. En tente, compter 40-45 $; en RV, 47-65 $.* Vaste terrain paisible et bucolique, en partie ombragé par de grands pins. Chaque emplacement dispose d'une table de pique-nique et d'un barbecue. Sanitaires impeccables. Petite épicerie de dépannage. Laverie.

Hostelling International Point Reyes : *1390 Limantour Rd, à 11 km de Point Reyes Station, au cœur du parc. ☎ 415-663-8811. • hiusa.org • De la Hwy 1, à Olema, prendre la direction du parc et du* Lighthouse, *puis suivre le fléchage. Lits en dortoir env 30-35 $; chambres privées 105-130 $ (3-5 pers).* AJ assez incroyable, dans un ensemble de petits bâtiments bien insérés dans le paysage sauvage et grandiose du parc. Au choix, des dortoirs (10 lits) dotés de confortables lits superposés en bois, et 4 chambres privées pouvant loger jusqu'à 5 personnes. Belle cuisine et salon commun très convivial, façon chalet, avec tapis, bois de cerfs aux murs et bouquins pour les soirées d'hiver. Barbecue. Multiples balades dans la nature alentour, bien sûr. La plage la plus proche est à 3 km.

LA SILICON VALLEY

• Carte *p. 239*

Son nom, apparu en 1971, est bien connu, et pourtant peu de gens savent la localiser, il faut dire qu'elle ne figure pas sur les cartes routières. C'est moins un lieu qu'un esprit d'entreprenariat et d'innovation. Si, sur la route, vous vous retrouvez entouré de Tesla, c'est que vous êtes arrivé !

Ce pôle de haute technologie couvrant une surface de 400 km² a été créé à une soixantaine de kilomètres au sud de San Francisco, dans une région autrefois couverte de vergers, de conserveries et de mines. L'ensemble, dont les frontières sont sans cesse redessinées, a la forme d'un V, dont la pointe se situe vers San Jose et le centre est occupé par le sud de la baie de San Francisco.

Le paysage n'a pas perdu son aspect méditerranéen, parsemé de petits bâtiments industriels ou administratifs, alternant avec des quartiers résidentiels noyés dans la verdure, les Downtowns d'une quinzaine de petites villes et quelques centres commerciaux.

Le cœur historique (plus que géographique) de la Silicon Valley, c'est Palo Alto et la prestigieuse université Stanford. Alors que de nombreuses facs se cantonnaient à une poursuite académique de la recherche, Stanford a poussé ses étudiants à mettre à profit leurs nouvelles connaissances dans des firmes : les entrepreneurs étaient nés.

La Silicon Valley doit bien sûr son nom à l'essor de l'informatique (le silicium – ***silicon*** **– étant un composant des puces des ordinateurs). N'en déplaise à Bill Gates et à son Microsoft, qui ont préféré s'installer dans l'État de Washington, elle a été et reste une pépinière extraordinaire tant pour le hardware (les ordinateurs et leurs constituants, Apple, HP et surtout Intel) que pour le software (les logiciels et toutes les activités qui en découlent, du moteur de recherche Google aux réseaux sociaux Facebook et LinkedIn...).**

Mais l'informatique n'est pas le seul fleuron de la Silicon Valley ; il y a aussi les biotechs, les nanotechnologies (la manipulation de la matière à l'échelle moléculaire et atomique) et la cleantech, qui désigne les innovations dans le domaine de l'énergie.

LES PIONNIERS DE LA SILICON VALLEY

C'est dans leur garage, en 1938, que Bill Hewlett et David Packard (les « HP » de votre PC) ont, à 26 ans et avec 538 $ en poche, lancé leur entreprise. Cotée en bourse dès 1957, la firme lança, en 1968, le 1er ordinateur personnel, qualifié alors de calculateur de bureau. Un an plus tard, HP produisait les images diffusées en direct du 1er homme sur la Lune. C'est aussi à HP que l'on doit la nouvelle philosophie de l'entreprise : proximité entre dirigeants et salariés, incitation à l'innovation. Pas étonnant que le fameux garage d'origine ait été classé Monument historique !

UN PEU D'HISTOIRE

La Silicon Valley a longtemps été vue comme un ***eldorado*** : climat, dynamisme, fortune rapide... Elle a attiré de nombreux étrangers, parmi lesquels beaucoup d'Asiatiques qui n'avaient « que » le Pacifique à traverser. C'était ***la réunion de tous les mythes*** : ***le melting-pot, le rêve américain...*** On arrive de n'importe où dans le monde avec une bonne idée et on devient millionnaire au bout de quelques années.

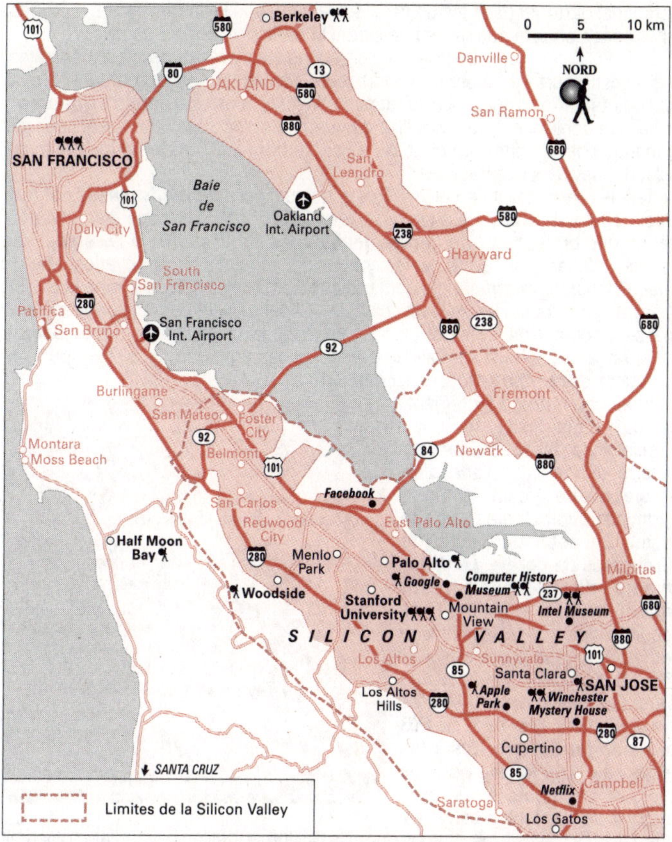

LA SILICON VALLEY

Pourtant, sur place, la vie n'a jamais été un long fleuve tranquille. Pour démarrer une entreprise, une start-up, il faut survivre à la concurrence féroce, et le constat est sans appel : 80 % des projets échouent...

Pour profiter de ce marché, des ***incubateurs*** proposent aux start-up le gîte et le couvert : locaux, matériel, aide juridique et recherche d'investisseurs, le tout moyennant loyer et surtout des parts dans la future entreprise. *Business is business !*

Avec le développement d'Internet dans les années 1990, la Silicon Valley devient le royaume des ***entreprises virtuelles.*** Leurs sites fleurissent, proposant services et matériel en ligne, à peu de frais, avec une visibilité à l'échelle de la planète. Beaucoup d'investisseurs se précipitent pour acheter très cher les actions de ces ***dot-com*** (en français « point-com ») représentant l'avenir. À la fin des années 1990, ***le Nasdaq, l'indice boursier des valeurs technologiques, flambe.*** La Silicon Valley aussi : elle représente alors 20 % de l'activité mondiale dans les technologies de l'information. Tandis que l'Europe essaie de sortir cahin-caha du chômage, toute la région de San Francisco traque du

personnel partout : dans les universités avant même la fin des cycles d'études, à l'étranger, chez le concurrent voisin... On parle de ***« chômage négatif ».***
Mais fin 2000, les résultats de la nouvelle économie s'avèrent des plus médiocres. Les investisseurs se hâtent de vendre leurs actions, le Nasdaq perdant jusqu'à 300 points certains jours. La tendance s'inverse. ***Les dot-com s'effondrent,*** entraînant dans leur sillage un millier d'entreprises plus classiques asséchées par le manque de liquidités. ***Le choc du 11 septembre 2001*** porte l'estocade à une Silicon Valley déjà très fragilisée.
Pertes de financements et de marchés entraînent ***licenciements massifs et faillites.*** Le taux de chômage atteint 8,4 % en 2002. Dès 2003, cependant, ***l'émergence des biotechs et de la cleantech donne un 2d souffle à la région*** ; les capitaux affluent pour alimenter les centres de recherche et d'innovation. Mais la ***crise financière mondiale*** qui démarre aux États-Unis en 2008 frappe la Silicon Valley de plein fouet : les start-up voient leurs financements se tarir, on licencie en masse, y compris dans les très grandes entreprises. ***Le chômage monte jusqu'à 12 % en 2009,*** le taux de faillites personnelles augmente de 50 %... puis les 1ers signes de ***reprise*** se font sentir dès 2010.
L'embauche reprend lentement, surtout dans les entreprises spécialisées dans les ***énergies solaire*** *(Solar City, Nanosolar)* et ***électrique*** *(Tesla Motors)* : l'administration Obama apporte même un coup de pouce de 70 milliards de dollars. ***Le dynamisme de la vallée reste incontestable*** et permet de rebondir rapidement : le chômage retombe sous la barre des 4 % dès 2016, tandis que la région émet annuellement 13 % des brevets américains. Avec un ***PIB par habitant parmi les plus élevés au monde,*** elle possède toujours les atouts qui lui permettent de surmonter les crises, aussi graves soient-elles. Notons que si la Californie était un pays, elle se placerait (grâce à la Silicon Valley, évidemment !) au 5e rang des puissances économiques de ce monde devant la France et la Grande-Bretagne.

> **DE FACEMASH À FACEBOOK**
>
> *C'est dans une chambre d'étudiant de Harvard qu'est né Facebook, en 2004. Son créateur, Mark Zuckerberg, a failli se faire virer de l'université pour avoir hacké les données de Harvard. Le concept de sa 1re mouture de Facebook (qui s'appelait Facemash), c'était de voter pour les étudiantes les plus sexy des résidences universitaires. Les photos mises en ligne furent consultées plus de 22 000 fois dans les 4 premières heures d'existence du site. Installé près de San Jose, le site a dépassé en 2017 les 2 milliards d'utilisateurs dans le monde.*

Les laboratoires et centres de recherche restent à la pointe des nouvelles technologies, et des capitaux sont toujours disponibles pour développer des idées neuves dans les entreprises. ***Google,*** installé à Mountain View, ***Yahoo*** à Sunnyvale, ***Apple*** à Cupertino, ***Facebook*** à Menlo Park, ***Netflix*** à Los Gatos, ***Intel*** à Santa Clara et ***eBay*** ou ***Adobe*** à San Jose drainent les meilleurs cerveaux mondiaux. Petite précision quand même : ***ces entreprises ne sont pas ouvertes au public et ne se visitent pas.*** En revanche, rien ne vous empêche de jeter un œil aux bâtiments, mais de l'extérieur seulement... Le selfie devant les panneaux d'entrée des sièges sociaux de la Tech est même une tradition chez les touristes geek.

PALO ALTO

66 500 hab.

À 55 km au sud-est de San Francisco et 23 km au nord-ouest de San Jose, Palo Alto est le berceau et le cœur de la Silicon Valley. Ici, il y a tellement

de cerveaux au kilomètre carré, tant d'énergie et d'argent injectés dans les entreprises de haute technologie que cette ville méconnue a fini par battre le record du revenu familial annuel moyen le plus élevé des États-Unis pour une cité de plus de 50 000 habitants (autour de 135 000 $).
La ville s'étend entre la baie de SF et les Foothills, une barrière de collines d'allure méditerranéenne. Au milieu passe El Camino Real (« la voie Royale »), une voie express au nom prédestiné ! Celle-ci trace une sorte de frontière entre le centre-ville et l'immense campus de l'université Stanford, la pépinière des cerveaux de la vallée. D'un côté du Camino Real, on étudie d'arrache-pied. De l'autre, on vit, on mange, on dort, on sort (quand on a le temps). Et partout aux alentours, dans les usines et les laboratoires de recherche et de développement, on travaille dur, on invente la technologie électronique et informatique du monde de demain.

UN PEU D'HISTOIRE (RÉCENTE)

Hormis Stanford, université centenaire, tout est neuf, et tout va très vite. Ici, on est déjà bien ancré dans le IIIe millénaire. Et pourtant, un petit retour en arrière s'impose, pour comprendre.
En 1941, le gouvernement américain constitue une équipe de 850 universitaires et militaires dont le but est de décrypter les systèmes de radars allemands. D'autres chercheurs rejoindront ensuite le projet et donneront ainsi naissance à l'énergique Silicon Valley.
Palo Alto fut la 1re ville de la Silicon Valley à bénéficier, dès le départ, du tourbillon d'innovation technologique issu de Stanford dans les années 1940. Sa croissance économique, comme pour toute la vallée, est largement stimulée par cette ***fusion extraordinaire, en un même lieu, du capital, de la recherche et de l'esprit d'entreprise.*** De nombreux étudiants et des professeurs de Stanford habitent à Palo Alto. Un quartier s'appelle même Professorville : il s'étend entre Lincoln, Kingsley, Waverley et Ramona Streets, et est classé aujourd'hui district historique.
À Palo Alto vécurent ***David Packard*** et ***William Hewlett.*** En 1938, ces 2 jeunes diplômés de Stanford inventent, dans un vieux garage d'Addison Avenue, leur 1er audio-oscillateur électronique. Ce garage est aujourd'hui considéré par certains comme le lieu de naissance de la vallée – qui ne s'appelait pas encore la Silicon Valley puisque le développement de la recherche sur le silicium est postérieur (lire « À voir »). Les ***studios Disney*** commandent illico 8 exemplaires de cet audio-oscillateur pour leur ***dessin animé Fantasia,*** marquant le début d'une longue *success-story.* En 4 décennies, la compagnie *Hewlett-Packard* est devenue un géant de l'électronique (très concurrencé, il faut le dire), dont le siège est resté à Palo Alto jusqu'en 2018 (relocalisé depuis au Texas).
Steve Jobs et ***Stephen Wozniak*** travaillaient aussi à Palo Alto dans les années 1970, fréquentant le *Homebrew Computer Club* de la ville, où se retrouvaient les mordus d'informatique. En ***1976,*** nos 2 inconnus inventent ***le***

LES P'TITS BOULOTS DES STARS

Les stars de Hollywood sont devenues les poules aux œufs d'or de la Silicon Valley. À l'image d'Ashton Kutcher (qui incarna Steve Jobs à l'écran), Jared Leto, Leonardo DiCaprio ou Justin Timberlake, ils sont des dizaines de « celebrity angels » à investir une partie de leurs cachets dans les jeunes start-up californiennes, leur apportant tout simplement leur notoriété. Certains vont même encore plus loin, lançant leur propre site d'e-commerce ou s'associant avec des grands noms de la Valley pour monter des sociétés d'investissement parfois risquées (comme le chanteur Bono).

1er ***micro-ordinateur*** (Apple I) dans le garage (encore !) des parents de Steve Jobs (à Los Altos), ancêtre du *Macintosh.* La maison, typique des pavillons de banlieue californiens (située au 2066 Crist Drive), est aujourd'hui l'une des attractions les plus visitées de la région, et même classée monument historique. Mais saviez-vous qu'il y avait un 3e larron au commencement de la saga Apple ? Celui-ci se nommait Ron Wayne et décida, 10 jours après la création de l'entreprise, de revendre ses parts pour 800 $. S'il avait su que les 10 % retirés de l'affaire vaudraient plusieurs milliards...
Aujourd'hui, le ***siège d'Apple*** est à ***Cupertino,*** et ***Facebook*** a quitté Palo Alto pour installer son mégacampus dans la ville voisine de ***Menlo Park.*** Les sociétés technologiques ne sont en effet plus les bienvenues dans la ville. Circulation encombrée, disparition des petits commerces, flambée de l'immobilier... Une nouvelle réglementation est entrée en vigueur afin de limiter la création de nouveaux bureaux dans la ville. Et si ***Amazon*** s'est malgré tout installé ici en 2013, la firme sera probablement contrainte de déménager au terme de son bail.

Adresse et info utiles

ℹ ***Palo Alto Chamber of Commerce & Visitor Center :*** *355 Alma St (et Lytton), en face de la gare. ☎ 650-324-3121. • destinationpaloalto.com • Lun-ven 9h-17h.* Dans le même bâtiment que la chambre de commerce. Brochures, plans détaillés, et surtout un intéressant ***Tech Tour*** de la Valley, sous forme de listing (pas de visite guidée).

Où dormir ?

Rien de bon marché, autant vous prévenir. La plupart des ***motels*** sont alignés ***le long d'El Camino Real,*** la voie express qui sépare Palo Alto (la ville) du campus de Stanford, mais leurs tarifs sont excessifs pour ce type d'établissement. ***Attention, les prix (déjà haut perchés !) grimpent en semaine par rapport au week-end. Le pic est atteint mi-juin,*** en raison de la ***remise des diplômes*** à Stanford, ou lorsque l'université accueille des compétitions sportives de haut niveau. Là, c'est le coup de bambou !

Prix moyens

🏠 ***Coronet Motel :*** *2455 El Camino Real. ☎ 650-326-1081. • coronetmotel.net • Doubles 140-240 $.* Petit motel tout ce qu'il y a de plus classique, mais bien tenu et impeccablement situé, près de Stanford et à un demi-bloc de l'animation de California Avenue. Un des moins chers du secteur. Autre atout : la kitchenette dans chaque chambre. Piscine haricot sur le parking.

De chic à très chic

🏠 ***Cowper Inn :*** *705 Cowper St. ☎ 650-327-4475. • cowperinn.com • À 2 blocs d'University Ave. Double 250 $, petit déj gourmet et parking inclus.* Dans une jolie rue superbement arborée à 2 enjambées de l'animation de Palo Alto, voici un lieu plein de cachet, tenu avec soin par un proprio très accueillant. La quinzaine de chambres se répartissent dans 2 maisons victoriennes et sont décorées de mobilier d'époque, papier peint fleuri à l'ancienne et parquet. 2 d'entre elles, moins chères, partagent une salle de bains. Le petit déj, servi dans la salle à manger de la maison principale, est un vrai moment de plaisir. Un excellent rapport qualité-charme-accueil-prix.

🏠 ***Creekside Inn :*** *3400 El Camino Real. ☎ 650-493-2411. • creekside-inn.com • Doubles 120-210 $ w-e, 175-400 $ sem.* Presque un esprit *lodge* pour ce complexe en bois d'excellent standing, entouré d'une végétation luxuriante soigneusement entretenue. Réparties dans différents bâtiments plus ou moins grands, la plupart des 150 chambres ont un petit espace extérieur privé, pour profiter de ce bout de nature aux portes de la ville et de l'université. Côté pratique, minifrigo et micro-ondes dans toutes. Agréable petite piscine, fitness et laverie.

Où dormir pour pas cher dans les environs ?

Hidden Villa : *26870 Moody Rd, à* ***Los Altos Hills.*** *☎ 650-949-8650. • hiddenvilla.org • Réception de 9h jusqu'au soir.* ***Ouv seulement sept-mai*** *(fermé juin-août) ! Résa obligatoire. Lit en dortoir (en principe seulement dim-jeu) env 30 $; private cabins, avec linge de lit fourni, 45-75 $.* Nichée dans un vallon tranquille, entourée de champs bio et de verdure, la *Hidden Villa* est une ferme pédagogique qui peut accueillir une quarantaine de personnes dans des bungalows tout en bois. Certes, elle n'est pas ouverte tout le temps, et les dortoirs (à réserver au moins 2 semaines à l'avance !) ne sont pas dispo le week-end, mais on l'indique quand même, car c'est probablement l'option la moins chère du coin. Grande cuisine tout équipée et vaste salle à manger qui s'ouvre sur la vallée. Pour les amoureux de nature et de calme, plusieurs chemins de randonnée partent de l'*hostel.*

Où manger ?

2 axes principaux concentrent tout ce qui est restos et boutiques : ***University Avenue*** et sa perpendiculaire ***Emerson Street.***

Spécial petit déjeuner

Whole Foods Market, Palo Alto Creamery Fountain and Grill, Blue Bottle Coffee et ***Local Union 271*** *(brunch w-e)* : voir ci-dessous.

Bon marché, sur le pouce

Whole Foods Market : *774 Emerson St. Tlj 8h-22h.* Cette chaîne de supermarchés bio, qui a largement contribué au succès de la vague *organic* aux États-Unis, propose un superbe buffet de crudités, soupes, plats chauds souvent originaux (végétariens, latinos, asiatiques, indiens...), desserts, etc. Bien aussi pour un petit déj (smoothies, jus de fruits frais, bons bagels, scones, etc.) à emporter ou à déguster sur place, dans le petit coin dédié.

Prix moyens

Palo Alto Creamery : *566 Emerson St (angle Hamilton). Tlj 8h-21h (22h ven-sam). Plats 15-22 $. Welcome back to the 50's !* Box d'époque en moleskine rouge avec leur portemanteau intégré, long comptoir chromé et juke-box, on se croirait dans un décor de cinoche. On vient d'ailleurs dans cette institution créée en 1923 pour cette atmosphère ricaine pur jus, plus que pour sa cuisine, pas très raffinée... Contentez-vous d'un bon gros breakfast, d'un burger, une salade ou un milk-shake à l'ancienne. Très fréquenté pour son brunch le week-end.

Oren's Hummus : *261 University Ave. ☎ 650-752-6492. Tlj 11h-21h (22h ven-sam). Plats 10-20 $.* Très populaire parmi les jeunes geeks du coin, ce resto a fait du houmous (purée de pois chiches) sa signature, déclinée de différentes façons. C'est bon, c'est frais, parfumé et volontiers relevé. Aussi d'autres spécialités israéliennes genre *shakshuka,* brochettes et salades. Terrasse de poche. Succursales à Cuppertino et Mountain View.

Pizzeria Delfina : *651 Emerson St. ☎ 650-353-2208. Tlj 11h30-22h (21h dim-lun). Pizzas 14-23 $.* Une pizzeria *trendy* au décor actuel très *Modern American,* assortie d'une fort agréable terrasse végétalisée et protégée de la rue. Fines et croustillantes, rouges ou blanches (avec ou sans base de tomate) et garnies de beaux produits, les pizzas tiennent largement leurs promesses. Tout comme les *antipasti* et *pasta,* d'ailleurs. Cocktails raffinés et belle sélection de vins.

Local Union 271 : *271 University Ave. ☎ 650-322-7509. Tlj 11h (16h lun, 9h w-e)-21h30 (22h jeu, 23h ven-sam, 21h dim). Plats 12-20 $.* La grande salle, ouverte sur la rue, en jette avec ses plantes accrochées aux murs blancs. Une adresse dans l'air du temps, située au cœur de l'animation de Palo Alto, mais qui ne néglige pas pour autant le contenu de l'assiette, avec une carte éclectique et appétissante, tendance *Farm to table* : risotto, tacos *gluten free* (d'une *tortilla factory* locale), salades *healthy,* burgers « bien élevés », soupes et bons petits plats créatifs.

Où boire un café ? Où déguster une glace ?

Blue Bottle Coffee : *456 University Ave. Tlj 7h-18h.* Connue des amateurs de bon café, cette petite chaîne californienne de torréfacteurs artisanaux nouvelle génération a investi les locaux d'un théâtre historique de 1927. Les tables sont réparties dans le patio hispanisant bordé d'arches en stuc avec fontaine glougloutante ainsi que dans le hall, communiquant avec un espace de *co-working* ultra-design.

Scoop Microcreamery : *203 University Ave. Tlj 12h-22h (23h ven-sam).* Des glaces au nitrogène liquide (on n'est pas dans la Silicon Valley pour rien) : un procédé de congélation instantané qui donne à la crème une consistance plus riche et plus dense que les méthodes traditionnelles. Quelques places assises, sinon la rue est idéale pour baguenauder, cornet (maison) à la main. Cher *(env 6 $),* comme toutes les glaces artisanales aux US, mais goûteux. Un autre très bon glacier dans la rue (au nº 250) : ***Salt & Straw.***

Achats

Apple Store : *340 University Ave. Lun-sam 9h-20h, dim 11h-18h.* Difficile de faire plus locale que cette pomme-là ! L'*Apple Store* de Palo Alto fut d'ailleurs l'une des toutes 1res du monde, proximité du siège de Cupertino oblige. Steve Jobs y passait régulièrement en voisin, pour les gros lancements de produits notamment. La boutique historique a été relocalisée à 2 pas, arborant l'architecture high-tech vitrée fidèle au style de la maison. Mais pour les fans, elle fait bel et bien partie du mythe.

Stanford Shopping Center : *660 Stanford Shopping Center. Tlj 11h (10h ven-sam, 12h dim)-19h (18h dim).* Initialement prévu pour la clientèle estudiantine de Stanford, ce centre commercial moderne et agréablement paysagé tire aujourd'hui vers le luxe branché. On y trouve malgré tout des enseignes de fringues américaines comme *Anthropologie, Urban Outfitters, Lucky Brand* ou *The North Face...* qui côtoient *Hermès, Louis Vuitton,* Apple, Microsoft et Tesla !

À voir

L'animation se concentre principalement sur University Avenue, dans le prolongement de ***Palm Drive, l'allée de palmiers menant à l'université Stanford,*** et sa perpendiculaire ***Emerson St.*** Atmosphère estudiantine cool et vivante, très *Californian way of life,* et concentration de restos, terrasses et boutiques. Les arbres sont décorés de loupiotes allumées le soir venu. Vraiment sympathique.

Le « lieu de naissance » de la Silicon Valley : *367 Addison Ave.* C'est dans le garage de cette mignonne maison privée (fermée au public), située au fond du jardin, que David Packard et William Hewlett inventèrent en 1938 leur 1er audio-oscillateur, point de départ d'une aventure industrielle qui a transformé la vallée en l'espace d'un demi-siècle. Une plaque devant la maison, rachetée puis retapée comme en 1938 par HP, indique que tout a commencé là : « *Birthplace of Silicon Valley* ». Précisons que Frederick Terman, professeur de génie électrique à Stanford, joua un rôle déterminant en encourageant ses étudiants à créer dans la vallée leur propre société d'électronique. Tel un mécène visionnaire, il prêta 538 $ à Hewlett et Packard pour les pousser à se lancer. Les grandes inventions se font souvent dans des endroits insolites. Steve Jobs et Stephen Wozniak n'ont-ils pas eux aussi mis au point leur 1er micro Apple dans un garage ? Notons, par ailleurs, qu'Addison Avenue est située dans un petit quartier résidentiel qui vaut aussi le coup pour ses maisons de tous styles, aux architectures de caractère, noyées dans une végétation luxuriante.

Stanford Theatre : *221 University Ave. ☎ 650-324-3700. • stanfordtheatre.org • Tarifs : 7 $; 5 $ moins de 17 ans (pop-corn inclus !). CB refusées.* Dans un théâtre des années 1920, voici une des plus belles salles de cinéma de tous les États-Unis, qui continue de projeter les grands classiques du 7e art américain. En prélude à la séance de 19h30 (et après celle-ci), ne ratez pas le concert d'orgue, qui accompagne aussi les films muets.

DANS LES ENVIRONS DE PALO ALTO

Computer History Museum : *1401 N Shoreline Blvd, à* ***Mountain View.*** *• computerhistory.org • À env 10 km à l'est de Palo Alto par la Freeway 101. Ouv 10h-17h. Fermé lun-mar. Entrée : 17,50 $; réduc et 10 $ pour ts dès 15h30.* Un musée que les geeks et tous ceux que les ordinateurs ne laissent pas de marbre ne sauraient ignorer. Très complet sur la question, il retrace dans une vingtaine de salles ***l'histoire de l'informatique au sens large,*** de la *pascaline* (l'ancêtre de la calculette, que Pascal mit au point après 50 prototypes !) et des bouliers chinois (qui permettent de compter jusqu'à 10 milliards) aux microprocesseurs d'Intel, en passant par les cartes perforées, les grosses machines hérissées d'ampoules (occupant toute une pièce) des années 1940, les balbutiements de la robotique dans les années 1950, les mini-ordinateurs de cuisine au look futuriste destinés aux ménagères (les ancêtres de Marmiton.org, qui furent un échec commercial), ou encore les 1ers PC des années 1980. Bien sûr, l'histoire des télécommunications n'est pas oubliée, du télégraphe au moteur de recherche Google et à l'Internet avant l'heure que fut *Arpanet* (abandonné en 1990). Enfin, ne pas manquer le 1er robot de 1951 (un écureuil qui attrapait des balles de tennis !), le prototype de l'ordinateur de bord d'*Apollo,* les vieux jeux vidéo (le fameux Pong d'*Atari* inspiré du tennis de table, auquel on peut s'essayer), le mythique *Apple I* de 1976, ni le *Babbage Engine,* une énorme machine à calculer de 5 t et 8 000 pièces, conçue en 1849 mais qui ne fut construite qu'en... 2002 ! Sans oublier le *PalmPilot* de 1996, l'ancêtre du smartphone. Gardez un peu de temps pour les démos à la fin du parcours, notamment celle de l'ordinateur IBM à carte perforée : le musée détient 2 des 3 derniers engins encore opérationnels dans le monde.

Le campus de Google : *1600 Amphitheatre Pkwy, à* ***Mountain View*** *(adresse officielle).* ***Accès visiteurs*** *sur Charleston Rd, au niveau du panneau « The Landmark at Shoreline », 1861-2151 Landings Dr. Possibilité d'entrer et de se garer sur le parking destiné au public. Accès possible aussi en transports avec le Caltrain depuis SF et la navette gratuite « La Marguerite » qui s'arrête devant le campus. La* ***Google Merchandising Store*** *(boutique) est dans le building* ***LMK4,*** *1981 Landings Dr. Lun-ven seulement, 8h-20h.*

Surnommé « ***The Googleplex*** », c'est un des rares *headquarters* (sièges sociaux) de la Silicon Valley en partie accessible aux visiteurs, tout au moins l'extérieur. Les fans pourront donc fouler les pelouses et déambuler sur les allées qui serpentent entre les bâtiments formant ce campus tentaculaire. Voire emprunter discrètement les fameux vélos multicolores sur lesquels se déplacent les *Googlers* ! Mais en dehors de la boutique de merchandising *(fermée le w-e),* vous ne verrez pas grand-chose... Devant la boutique, des sculptures XXL de friandises et de figurines Android servent de décor aux selfies, mais le plus amusant est à l'intérieur : l'écran géant connecté à Google Maps sur lequel vous pourrez projeter votre maison et poser devant !

LE 1ER SERVEUR GOOGLE ÉTAIT EN LEGO !

En 1996, Larry Page et Sergueï Brin, alors étudiants en informatique à Stanford, travaillaient sur le projet de leur 1er moteur de recherche. Avec des moyens limités, forcément. Le 1er serveur consistait donc en un empilement de disques durs enchassés dans une structure en briquettes de Lego. Il est exposé dans le hall du Huang Center, sur le campus de Stanford. Le logo de Google en a gardé les couleurs vives : jaune, vert, bleu, rouge.

Le « pouce-like » de Facebook : *1 Hacker Way, à* ***Menlo Park.*** Ici non plus, impossible de pénétrer dans les *headquarters* de Facebook sans le badge de la maison. Maigre consolation, les visiteurs ont le droit de se photographier devant le panneau du rond-point à l'entrée du siège, affichant le pouce dressé mythique. L'envers du panneau porte encore le logo de *Sun Microsystems,* l'ancien propriétaire des lieux qui a fait faillite en 2009. C'est Mark Zuckerberg lui-même qui a tenu à garder l'enseigne originale de cette icône des 90's, pour se rappeler que rien n'est jamais acquis...

GUIDE DES RECORDS

En 2005, Facebook demanda à l'artiste David Choe quelques graffitis pour décorer son siège social. N'ayant pas trop de liquidités, la start-up proposa de le payer en actions. Elles sont évaluées actuellement à plus de 200 millions de dollars ! C'est certainement l'œuvre la plus chère au monde payée du vivant d'un artiste.

Woodside : *à env 12 km à l'ouest de Palo Alto.* De ce village dans les montagnes, il est possible de rejoindre la ***Highway 1*** et la côte ***(Half Moon Bay)*** par un bel itinéraire en suivant la route 35, puis la 92. Cette route suit la ligne de crête, puis sinue au milieu des chênes et des pins, qui forment un tunnel sombre, souvent noyé par le brouillard venu de l'océan. C'est dans cette ambiance fantasmagorique, à l'abri des regards, qu'ont trouvé refuge quelques célébrités, comme feu Steve Jobs, Joan Baez et Neil Young. Ce dernier, comme tout le gratin de la high-tech, a ses habitudes chez ***Buck's,*** l'institution locale :

Buck's of Woodside : *3062 Woodside Rd, à env 8 km à l'ouest de Stanford. ☎ 650-851-8010. Tlj 8h-20h30 (21h ven-sam). Plats 12-30 $.* Bienvenue dans le repaire des geeks et le royaume du délire ! Plus que pour la cuisine, *typically American* mais sans intérêt particulier, c'est pour le capharnaüm décoratif qu'on vient ici. Les murs sont criblés de souvenirs de la Tech, collections en tout genre et clins d'œil bourrés d'humour, comme ce numéro de *Playboy* en braille signé par Stevie Wonder ! Et ce n'est pas tout, astronaute, zeppelin et hélicoptère sont accrochés au plafond. Quand on pense que c'est sur ces tables que furent mis au point *Netscape, Hotmail* et *PayPal...* Mythique !

STANFORD UNIVERSITY

Au bout d'une allée monumentale bordée d'une centaine de palmiers, des bâtiments de pierre blonde sont rassemblés dans une atmosphère sereine, parfumée d'eucalyptus. Un cadre idyllique, situé à 55 km au sud-est de San Francisco, pour une des universités les plus prestigieuses au monde, qui rivalise avec le MIT ou Harvard. Probablement aussi le plus beau campus des États-Unis. Peu de béton, tout (ou presque) est bâti en vraie pierre jaune dans un style rappelant l'architecture hispanique des missions de Californie. Accolée à la ville de Palo Alto, Stanford s'étend sur plus de 3 300 ha.

L'université n'était au départ qu'une vaste ferme appartenant au gouverneur de Californie, Leland Stanford, qui fit fortune dans les chemins de fer pendant la ruée vers l'or. En 1884, son fils unique, Leland Jr., est emporté par la fièvre typhoïde à l'âge de 15 ans, lors d'un voyage en Europe. Pour conjurer leur chagrin, Stanford et sa femme Jane décident, en 1886, de consacrer leur fortune à l'édification d'une université qui deviendra leur raison de vivre : « Les enfants de Californie seront nos enfants. » Les Stanford achètent un immense domaine (3 272 ha) à un Français, Pierre Coutts, ancien communard exilé en Californie après 1870. En 1891, l'université ouvre ses portes. Extrêmement en avance sur son temps, elle fut mixte, à une époque où la plupart des universités privées étaient réservées aux hommes. Et laïque, quand une majorité d'entre elles étaient soutenues par des Églises. Sa vocation initiale est encore la même aujourd'hui : « Produire des citoyens cultivés et utiles à la société. »

STANFORD, UNE MINE D'ART

À Stanford, on aime les grands nombres : 17 000 étudiants, plus de 2 000 enseignants, 19 bibliothèques et... 9 millions d'œuvres ! La prestigieuse université abrite des œuvres splendides, dont 200 sculptures de Rodin (la plus grande collection de l'artiste après Paris), le script original de Star Wars, *un original du traité de Versailles et le 1er exemplaire de la* Pravda, *daté de 1917.*

UNE VILLE DANS LA VILLE

Stanford compte ***7 schools*** (médecine, sciences humaines, ingénierie, sciences de la terre, de l'énergie et de l'environnement, éducation, droit et business), ***une vingtaine de bibliothèques,*** un hôpital ultramoderne, une centrale électrique qui lui permet d'être autosuffisante et 43 000 arbres, terrains de jeux favoris des nombreux écureuils et ratons laveurs qui peuplent le campus. Les ***infrastructures sportives,*** impressionnantes, comprennent un complexe aquatique de 4 piscines, un stade de 50 000 sièges, un terrain de golf, 17 courts de tennis... Comme dans beaucoup d'universités américaines, l'admission est conditionnée aussi par les activités parascolaires (le sport, entre autres), car Stanford recrute des leaders, des passionnés. Qu'on soit une sommité intellectuelle ou un simple étudiant, tout le monde se déplace à vélo, rollers ou skateboard (on recense 9 000 deux-roues sur le campus !). Dès les 1res chaleurs, en mars, tongs, shorts et minijupes sont de rigueur tandis que les pelouses se couvrent d'étudiants.

Beaucoup d'espace donc, un environnement hospitalier, d'énormes moyens de recherche et d'enseignement, c'est aussi cela, la clé de la réussite à Stanford : offrir aux 17 000 étudiants et aux professeurs les meilleures structures possibles, tant pour servir leur travail que leurs loisirs, afin d'atteindre un rendement maximal.

UNE PÉPINIÈRE DE CERVEAUX

L'autre atout de Stanford est d'avoir su, dès les années 1930, ***réunir en un même lieu enseignement et recherche, entreprises high-tech et capital.*** De cette fusion est née la Silicon Valley (voir « Un peu d'histoire (récente) » à Palo Alto).

Pas étonnant, dès lors, de trouver parmi les ***anciens élèves de Stanford*** les noms des ***dirigeants d'entreprises*** très florissantes : Carly Fiorina, ex-PDG de *Hewlett-Packard,* qu'ont précédé, dans les années 1930, William Hewlett et David Packard, fondateurs de *HP* ; Philip Knight, fondateur et ancien PDG de *Nike* ; Scott McNealy, cofondateur de *Sun Microsystems* ; Jerry Yang, fondateur de *Yahoo !* ; Sergey Brin et Lawrence Page, créateurs de *Google* ; Blake Ross, cocréateur de *Firefox.*

ÉLITE EST UNE FOIS STANFORD

C'est ici que sont nés Google, PayPal, Yahoo, Instagram et Snapchat. Dans l'annuaire des alumni *(anciens élèves), on recense une trentaine de milliardaires encore en activité.*

Stanford compte aussi parmi ses anciens étudiants Herbert Hoover, J.F.K., le golfeur Tiger Woods, le tennisman John McEnroe, l'écrivain John Steinbeck, Chelsea Clinton (la fille de Bill et Hillary), la 1re Américaine à se rendre dans l'espace, Sally Ride, et les actrices Jennifer Connelly et Sigourney Weaver.

Côté ***professeurs,*** la liste des célébrités qui enseignent à Stanford est tout aussi impressionnante : une trentaine de Prix Nobel (principalement de physique, de chimie et d'économie), 4 lauréats du prix Pulitzer, sans compter les quelque 280 profs membres de la fameuse *American Academy of Arts and Sciences.* Par ailleurs, le philosophe et écrivain français Michel Serres y a donné des cours pendant plus de 30 ans.

Cette qualité conjuguée d'enseignement, de recherche et de vie évidemment se paie, et cher. Car, contrairement à Berkeley, qui est publique (et qui coûte malgré tout 35 000 $), Stanford est une université privée. Aussi, ***les frais d'inscription figurent-ils parmi les plus élevés des États-Unis et du monde*** (environ 50 000 $ par an, sans compter le logement, la nourriture, l'assurance médicale et autres faux frais !). Bref, sans des parents très fortunés ou une bourse d'études importante, il est impossible d'étudier à Stanford. N'a pas sa place au soleil qui veut...

LA 1RE CONNEXION INTERNET

La 1re liaison historique du réseau Internet (alors Arpanet) eut lieu en 1969, peu de temps après le festival de Woodstock, entre des ordinateurs installés à l'université de Californie à Los Angeles (UCLA) et l'institut de recherche de Stanford. Les expérimentateurs, qui se parlaient par machines interposées, furent aussi émus que les 1ers hommes à avoir marché sur la Lune !

Adresses et infos utiles

Visitor Center : *295 Galvez St (angle Campus D2).* • *visit.stanford.edu* • *Tlj 8h30 (10h w-e)-17h.* Plan précis du campus. C'est de là que partent les ***visites guidées.***

– ***Parking payant :*** *lun-ven 8h-16h, 2 $/h. Gratuit le reste du temps.*

Stanford Bookstore : *au cœur du campus, en face de la poste. Ouv 9h (10h sam, 11h dim)-18h (17h w-e).* Sur 3 niveaux, la librairie-boutique principale du campus, où les étudiants viennent acheter leurs fournitures. Gros rayon de bouquins, mais ce pourquoi les touristes viennent, c'est la collection de produits dérivés siglés de la prestigieuse université : tee-shirts, sweats, vêtements de sport, mugs, etc.

Où manger ? Où boire un verre ?

Une trentaine de petites cafétérias sont disséminées un peu partout sur le campus, ouvertes aux visiteurs.

Tresidder Memorial Union : *459 Lagunita Dr, au cœur du campus.* Au cœur de la Maison des étudiants, c'est l'un des *food courts* les plus animés du campus, avec 2 terrasses pour profiter du soleil, et divers petits comptoirs : bar à jus, chinois, sandwichs, sushis, salades... et l'inévitable *Starbucks*. Dans le bâtiment attenant, on aime beaucoup la ***Coho*** : concerts *(jeu-ven)* et bonne ambiance cool. Encore à côté, ***The Treehouse*** sert des plats du monde entier et des pizzas.

À voir. À faire

Si jamais vous vous trouvez à Stanford vers ***mi-juin,*** ne manquez pas la ***cérémonie de remise des diplômes (Commencement Ceremony),*** qui attire plus de 20 000 personnes chaque année. Vous pourrez assister au défilé des quelque 1 700 jeunes diplômés (les *undergraduate students*), en costume et chapeau carré noirs, dans la plus pure tradition américaine.

Visites guidées du campus : *tlj à 11h et 15h15, en anglais, gratuites et assurées par des étudiants (durée : 1h). Départ du* Visitor Information Center, *sur Galvez St (voir plus haut). Visites en voiturette de golf à certaines périodes et sur résa en ligne, de préférence 2 sem avt ; 5 $/pers ; nombre de places limité à 5. Rens et résas • visit.stanford.edu •*

Palm Drive : la manière la plus impressionnante d'aborder Stanford est d'emprunter en voiture cette route bordée de palmiers sur toute sa longueur, soit 1,5 km. Elle mène directement au Main Quad et à la Memorial Church via une vaste pelouse ovale (surnommée *The Oval*), lieu de rendez-vous des étudiants pour chiller.

Main Quad : cœur historique du campus, ce quadrilatère est constitué des 1ers bâtiments de Stanford, construits en grès jaune entre 1887 et 1891. On enseigne encore ici les matières dispensées à l'origine : littérature, philosophie... Les arcades qui bordent le ***Quad*** donnent l'impression d'être dans une hacienda mexicaine. Le plan de ces bâtiments fut dessiné par Frederick Law Olmsted, architecte de Central Park, à New York. Face à la Memorial Church, vous pourrez admirer une copie étonnamment dissociée des célèbres ***Bourgeois de Calais*** de Rodin, dont de nombreuses sculptures sont exposées au *Rodin Sculpture Garden,* près du *Cantor Arts Center.*

Cantor Arts Center : *328 Lomita Dr (en face de la grande pelouse ovale). • museum.stanford.edu • Ouv 11h-17h. Fermé lun-mar. Visite guidée mer-dim à 13h. GRATUIT.* Dans un imposant bâtiment à l'architecture néoclassique, voilà un musée d'art « universitaire » qui n'a pas à rougir de l'ampleur ni de la qualité de ses collections ! On peut y voir des œuvres de tous les continents, couvrant pas moins de 5 000 ans d'histoire : des cratères grecs aux masques océaniens en passant par les statues africaines, les céramiques précolombiennes, les boucliers touareg, les hauts totems indiens ou encore les paravents nippons ! Sans oublier les ***bronzes de Rodin,*** dont *Les Portes de l'Enfer,* situés à l'extérieur. Une visite très agréable.

Rodin Sculpture Garden : *visites guidées mer à 14h, sam à 11h30 et dim à 15h. Départ du Cantor Arts Center.* Plusieurs sculptures de Rodin se trouvent sur Lomita Drive (accès par Campus Drive West), près du *Cantor Arts Center.* Il ne s'agit pas d'œuvres originales à proprement parler, mais de bronzes coulés (tardivement) dans des moules d'origine, parmi lesquels *Les Portes de l'Enfer* et *Adam et Ève.* À noter que de nombreuses autres sculptures sont disséminées un peu partout sur le campus, notamment sur Santa Teresa et Lomita Drive, dans le *New Guinea Sculpture Garden.* Enfin, une des nombreuses reproductions du *Penseur* se trouve à l'intérieur du musée.

Anderson Collection : *314 Lomita Dr (tt près du Cantor Arts Center).* • *anderson.stanford.edu* • *Ouv 11h-17h. Fermé lun-mar. GRATUIT. Visites guidées gratuites mer à 12h30, le w-e à 12h30 et 14h30.* L'autre musée d'art du campus abrite depuis 2014 la riche collection *Anderson,* qui regroupe une centaine d'œuvres d'artistes américains de l'après-guerre, comme Mark Rothko, Clyfford Still, De Kooning, Ellsworth Kelly et Joan Mitchell. Ce couple étonnant (Harry était prestataire de service alimentaire) s'était pris de passion pour l'art en visitant le Louvre au début des années 1960. Avant de céder leurs œuvres à l'université Stanford, les tableaux décoraient en toute simplicité les pièces de leur ranch, presque modeste. Leur fille ado avait pour tête de lit un Jackson Pollock !

Hoover Tower : *tlj 10h-16h. Entrée : 4 $; réduc.* Sorte de grand campanile de 87 m de haut, construit en 1941 pour le 50e anniversaire de Stanford, qui abrite (au rez-de-chaussée) la bibliothèque de l'institut Hoover, spécialisé dans la politique, et dont Condoleezza Rice fait partie. Ascenseur jusqu'au sommet, d'où l'on a un panorama à 360° sur le campus (très vert et méditerranéen) et une vue partielle sur la Silicon Valley. Par beau temps, on distingue même San Francisco au loin !

Memorial Church : *lun-sam 8h-17h, dim 11h30-15h30. Visite guidée ven à 13h et dernier dim du mois à 11h30 ; départ devant l'église.* Édifié en 1903 par Jane Lathrop Stanford, à la mémoire de son mari, Leland Stanford, décédé en 1893, ce lieu de culte œcuménique a dû être restauré après les tremblements de terre de 1906 et de 1989. La mosaïque qui orne son fronton a été réalisée par un maître italien du genre et comporte plus de 20 000 nuances de couleurs différentes. À l'intérieur, un buffet d'orgue composé de 7 777 tuyaux ! C'est ici que les enseignants, qui exercent souvent jusqu'à la fin de leurs jours, reçoivent un dernier hommage. Le service funéraire de Steve Jobs fut prononcé ici.

Pas très loin, sur Escondido Mall, se dresse un ***beffroi à horloge*** *(Clock Tower)* moderne, dont la base en verre révèle le mécanisme de son horlogerie.

Hanna House : *737 Frenchmans Rd.* • *hannahousetours.stanford.edu* • *Visites guidées quelques rares fois dans l'année...* Les férus d'architecture feront un crochet pour voir de l'extérieur cette monumentale maison en brique, dessinée en 1936 par ***Frank Lloyd Wright,*** pour un prof de Stanford. Très original plan hexagonal, avec aucun angle droit et style mi-japonisant, mi-*Prairie House*. Accessible à pied depuis le cœur du campus (environ 1,5 km en direction sud-est) ou facilement en voiture.

SLAC *(National Accelerator Laboratory)* **:** construit en 1962, ce centre situé sur les hauteurs de Stanford, près de l'Interstate 280, est spécialisé dans la recherche sur les particules élémentaires ; 3 chercheurs du SLAC ont d'ailleurs reçu le prix Nobel. Depuis l'autoroute qui l'enjambe, vous pourrez voir l'***accélérateur de particules*** : avec ses 3 km, le « bâtiment » qui l'abrite (bon, c'est plus une gaine qu'autre chose) est le plus long du monde !

SAN JOSE

1 030 000 hab.

Située à environ 80 km au sud de San Francisco (et plus grande qu'elle !), San Jose est considérée comme la capitale « officielle » de la Silicon Valley. En réalité, cette grande agglomération plate et tentaculaire, occupant le fond de la baie de SF, marque le début (ou la fin) de la fameuse vallée. Grâce à l'expansion foudroyante de la région, la ville s'est développée très rapidement et est aujourd'hui la 10e ville américaine en termes de population. Même si San Jose fut la 1re ville fondée en Californie en 1777, tout semble neuf, propre et un peu sans âme. Rien à voir avec Palo Alto qui respire la douceur

de vivre. Et si on s'y presse la semaine pour travailler (*Adobe, eBay* et *Cisco Systems* y ont leurs sièges sociaux), le week-end, tout est désert, excepté le soir, quand les noctambules viennent repeupler le centre-ville.

Arriver – Quitter

➢ ***En voiture :*** de San Francisco, prendre l'Interstate 280 vers le sud. Cette route, légèrement plus longue que la Hwy 101, est généralement plus rapide, car moins fréquentée. Sortir à San Jose Downtown, en prenant Guadalupe Parkway (route 87). Attention, ***circulation souvent dense*** (env 1h30 de trajet).

En train *(Caltrain) :* *• caltrain.com • Gare au 65 Cahill St, juste à la hauteur du stade de l'Arena. Les bus pour se rendre au centre-ville partent du parking voisin.* Entre SF et San Jose, compter 1h à 1h30. Circule tlj. Départs fréquents (surtout en début et fin de journée) en sem, 5h-minuit env. Le w-e, 1 départ/h de 8h30 à minuit. Env 11 $ le trajet San Jose-San Francisco.

✈ ***En avion :*** *le* ***Mineta International Airport*** *se situe à env 3 km au nord de San Jose. • flysanjose.com •* La plupart des compagnies américaines le desservent. De l'aéroport, le bus 10 *(Free Airport Flyer)* de la compagnie *VTA* fait gratuitement la liaison avec la station de Light Rail et celle de Caltrain de Santa Clara.

Circuler à San Jose

Pour tous renseignements sur les transports en commun ci-dessous : ***VTA*** *(• vta.org •).*

➢ ***En bus :*** dessert la ville et la région proche. Trajet : env 2,50 $; *pass* journée : 7,50 $.

➢ ***En Light Rail :*** dessert San Jose, Mountain View, Milpitas et Santa Teresa. Tlj 5h-minuit env. Même prix que le bus.

Adresse utile

ℹ ***San Jose Visitor Information & Business Center :*** *408 Almaden Blvd. • sanjose.org • Dans le Convention Center, au fond à droite en entrant (cherchez le bureau indiquant « Administration Office »). Ouv 8h-17h. Fermé w-e.* Petit bureau symbolique, avec très peu de doc.

Où dormir ?

Hôtels et motels de chaîne un peu partout dans la ville, notamment le long de The Alameda (à 2-3 km du centre-ville vers Santa Clara) et de North 1st Street, à l'est de l'aéroport. Comme ailleurs, leurs tarifs jouent au yo-yo en fonction de l'affluence, mais sont rarement bas *(min 150 $).* Si vous voulez faire étape dans la Silicon Valley, voyez plutôt du côté de ***Palo Alto,*** plus sympa, estudiantin et animé (lire précédemment).

Où manger dans les environs en compagnie des employés de la Tech ?

Rien de folichon dans le Downtown. Le peu d'animation se concentre dans un micropérimètre compris entre Saint John, San Pedro, Santa Clara Street et Alameden Avenue, ainsi qu'autour de SoFa District un peu plus au sud (1st et 2nd Streets entre San Fernado et San Carlos Streets). En revanche, on vous a dégoté une perle à Santa Clara, pas très loin de l'Intel Museum !

Athena Grill : *1505 Space Park Dr, à* ***Santa Clara.*** *☎ 408-567-9144. Lun-sam 10h30 (11h sam)-20h30 (21h ven-sam) ; fermé dim. Plats 10-20 $.* Une improbable mais authentique taverne grecque, paumée au milieu d'une zone industrielle en plein cœur de la Silicon Valley et bondée d'employés badgés, rien de tel pour se mettre dans l'ambiance ! Les employés de Cisco, Intel et Nvidia viennent se régaler de fameuses spécialités à commander au comptoir, servies ensuite sur les tables nappées de bleu et blanc, dedans ou dehors, sur la terrasse fleurie. Tout est frais, cuisiné comme là-bas et copieux : *gyropita* d'un excellent rapport qualité-prix, *souvlaki* (brochettes) et fameuses frites à l'ail avec purée d'olives... Service efficace, atmosphère chaleureuse : on a adoré cet endroit.

À voir

Tech Interactive : *201 S Market St. • thetech.org • Tlj 10h-17h. Fermé 1re quinzaine de sept. Entrée : 25 $ musée seul (moitié prix 1h avt fermeture), réduc. Film Imax en supplément.* Dans un plantureux bâtiment orangé, ce musée typique de la Silicon Valley s'articule en plusieurs galeries thématiques consacrées à l'informatique (tiens, tiens...), la robotique, la biotechnologie, le corps humain, les sciences de la Terre ou encore l'exploration spatiale. La vocation du lieu est clairement pédagogique, et, sur le principe de l'interactivité, on apprend tout en s'amusant. On peut se faire tirer le portrait par un robot, découvrir le fonctionnement et la fabrication d'une puce informatique (authentique *wafer stepper*), dessiner un grand huit et l'expérimenter virtuellement, transplanter un gène de méduse sur une bactérie (et la voir luire 24h après sur le site internet du musée !), se déplacer dans un fauteuil spatial, ressentir la force d'un tremblement de terre au moyen d'un simulateur ou encore mesurer (à travers le module « *body metrics* ») ses caractéristiques mentales, physiques et même sociales (on n'arrête pas le progrès !). Dommage, tout de même, que le prix d'entrée soit si élevé.

DANS LES ENVIRONS DE SAN JOSE

Intel Museum : *2200 Mission College Blvd, à* ***Santa Clara.*** *• intel.com/museum • À env 10 km au nord de San Jose. Ouv 9h-18h (10h-17h sam). Fermé dim. GRATUIT.* Pour tout savoir sur la saga d'Intel, passionnante à bien des égards étant donné le rôle central joué par l'entreprise dans l'évolution des technologies informatiques depuis le début des années 1970. En effet, c'est en 1971 que les ingénieurs de la firme créent le 1er microprocesseur (l'*Intel 4004*), qui ouvre la voie à la diminution de la taille des ordinateurs et révolutionne l'électronique. Peu après, son cofondateur, Gorden Moore, annonçait (c'est même devenu une loi !) que le nombre de transistors dans un circuit intégré (le microprocesseur) doublerait tous les 2 ans... prédiction qui s'est révélée assez juste puisque, 4 décennies plus tard, les progrès en la matière ont été stupéfiants : de 5 couches de circuits dans une puce, on est passé à 40, tandis que la largeur des transistors a été divisée par 500 (1 centième de millimètre en 1971 contre 22 nanomètres en 2012 !), ce qui a permis de multiplier par des centaines de milliers le nombre de connexions pour une même surface... et fait de la puce l'un des objets manufacturés les plus complexes qui soient, fabriqués dans des lieux... des milliers de fois plus aseptisés qu'une salle d'op' ! Intéressant, quand on sait que sans tout cela, nous n'aurions ni PC, ni smartphones... ni Internet !

Boutique avec sacs et vêtements à l'effigie d'Intel (y a pas de petits profits !).

Winchester Mystery House : *525 S Winchester Blvd. • winchestermysteryhouse.com • À 9-10 km à l'ouest de San Jose. Tlj dès 10h, horaires de fermeture variables.* ***Entrée horriblement chère*** *:* Mansion Tour *(visite guidée en anglais seulement,*

durée : 1h05) 42 $, 20 $ moins de 12 ans. L'Explore More Tour ne mérite pas la dépense supplémentaire. Brochure en français. Photos interdites dans la maison.
L'histoire de cette bâtisse victorienne est aussi étrange que son architecture. Éplorée par la mort de sa fille unique et de son mari, Sarah Winchester, veuve du célèbre fabricant de carabines, consulta un médium pour soulager sa peine. Celui-ci la convainquit que la vie de ces 2 êtres chers avait été prise par les esprits des morts tués par une Winchester. Afin de conjurer ce mauvais sort, il lui suggéra de construire une maison à la mémoire de ces esprits. Durant 38 ans, jusqu'à la mort de Sarah en 1922, le bruit des marteaux résonna 24h/24 pour bâtir la demeure dont les plans étaient directement dictés à la veuve par les esprits. Le résultat est pour le moins délirant : un labyrinthe de 160 pièces (on en visite 110 !), 2 000 portes (certaines s'ouvrent sur un mur, ou même sur 2 étages de vide), 10 000 fenêtres, 47 escaliers qui, parfois, ne mènent nulle part, comme dans un décor de théâtre ! Sarah consacra 5 des 20 millions de dollars de son héritage pour décorer la maison de vitraux, parquets marquetés en bois précieux et importer du mobilier japonais. Basée sur cette histoire extraordinaire (dont un film a été tiré avec Helen Mirren, *La Malédiction de Winchester*), la maison a malheureusement pris un tournant de parc d'attractions... Tout fait carton-pâte, on se croirait dans un ersatz de maison hantée de Disney ! À réserver aux amateurs de bizarreries prêts à dépenser 40 $ pour ça...

Apple Park : *à **Cupertino,** à une douzaine de km à l'ouest de San Jose.* Inauguré en 2017 et jalousement gardé (inutile d'espérer y entrer), le quartier général futuriste de la marque la plus valorisée au monde fut le dernier chantier de Steve Jobs, estimé à 5 milliards de dollars ! Véritable prouesse architecturale avec ses panneaux de verre courbé, le bâtiment circulaire fait 1,6 km de circonférence. Alimenté intégralement par des énergies renouvelables, il a été conçu comme une véritable attraction et abrite entre autres l'auditorium Steve-Jobs, pièce maîtresse du site.

Apple Park Visitor Center : *10600 N Tantau Ave, à **Cupertino.** Tlj 10h-18h.* La seule manière de tutoyer le mythe, c'est ce *Visitor Center* situé en face du campus, à l'architecture spectaculaire dans l'esprit des *Apple Stores.* Maquette immersive du site, café donnant sur les oliviers et, au-dessus, terrasse avec vue sur les courbes du building principal, impossible à approcher sinon. Sans oublier la boutique, évidemment ! On y vend des tee-shirts et autres produits dérivés introuvables ailleurs, à ce qu'il paraît.

Los Gatos : *à une quinzaine de km au sud de San Jose.* Perchée dans les collines, cette jolie bourgade B.C.B.G., lieu de balade très populaire le week-end, abrite pléthore de boutiques, galeries, petits restos et cafés sympas comme tout, ainsi que le grand ***Vasona Park*** pour s'aérer. N'hésitez pas à vous y arrêter le temps d'un déjeuner si vous poursuivez votre route vers Santa Cruz (par la Highway 880/17). Le ***siège de Netflix*** est au nord du centre-ville : *100 Winchester Circle (à la sortie de l'autoroute 85 sur Winchester Blvd).* Là encore, selfie devant le panneau d'entrée, mais pas plus ! Quel dommage, même pas une boutique de *goodies* pour les fans de séries.

Gilroy : *à une cinquantaine de km au sud de San Jose (35 mn par la Hwy 101).* Si votre nez commence à piquer, pas de doute, vous êtes bien arrivé ! Autoproclamée « capitale mondiale de l'ail », Gilroy ne craint ni les vampires ni la mauvaise haleine, et célèbre chaque année sa culture emblématique par un festival dédié à l'ail sous toutes ses formes, le dernier week-end de juillet. Ne manquez pas l'élection de Miss Garlic !

Gilroy est aussi bien connue pour ses ***magasins d'usine (Gilroy Premium Outlets),*** situés au 681 Leavesley Road (depuis la 101, la sortie est indiquée), qui proposent les grandes marques comme *Banana Republic, Brooks Brothers, Nike, Levi's, Gap, Guess...* à prix cassés *(lun-jeu 11h-19h, ven-sam 10h-20h, dim 12h-18h).*

DE SAN FRANCISCO À LOS ANGELES PAR LA CÔTE

Si vous vous rendez de San Francisco à Los Angeles par la route, 3 options s'offrent à vous : prendre l'autoroute I-5, la plus rapide mais la moins intéressante ; suivre la route 101, une double voie qui suit la côte à distance via San Jose (lire « La Silicon Valley »), San Luis Obispo et Santa Barbara (elle emprunte le tracé de l'ancien Camino Real, la « voie Royale » qui reliait un chapelet de missions sous la colonisation espagnole) ; ou encore, descendre par la célèbre Highway 1. Les Californiens affirment qu'il s'agit de la plus jolie route côtière de la région. Ils ont raison.

Le long du trajet se succèdent parcs naturels, plages sauvages, falaises spectaculaires, forêts de séquoias et zones agricoles, ponctués de villes balnéaires charmantes et cossues (dont Monterey, Carmel et Santa Barbara, pour ne citer que les plus connues). Superbe. Chacun a ses tronçons de Highway 1 préférés. Pour beaucoup, les environs de Big Sur restent un must... Toutefois, il serait dommage, selon nous, de zapper la portion San Francisco – Santa Cruz. Il est possible de sillonner le coin en bus en grande partie, mais c'est assez compliqué, et on ne voit que quelques sections du trajet, pas forcément les plus intéressantes. L'idéal est de voyager en voiture, bien sûr, et de disposer d'un minimum de temps car la route est tout ce qu'il y a de moins direct.

L'été, mieux vaut voyager en semaine, les prix des motels atteignant des sommets indécents le week-end. Ce n'est d'ailleurs pas la meilleure saison pour découvrir la Highway 1, la côte étant souvent enveloppée dans la brume (prévoir une petite laine). L'hiver, en revanche, il faudra prendre garde aux tempêtes, qui s'accompagnent même parfois de glissements de terrain. Bref, le top, c'est le printemps ou l'automne. Petit rappel enfin : à moins d'être insensible au froid ou de revêtir une combinaison, on ne se baigne guère sur cette portion de côte... D'autant que la mer est agitée. La baie de Santa Barbara fait exception (eaux calmes et température acceptable).

DE SAN FRANCISCO À SANTA CRUZ

Ça commence fort, avec une cinquantaine de miles de côte sauvage, spectaculaire, battue par le vent et les vagues. Peu de zones construites, une alternance de superbes plages vierges et de falaises déchirées. Et 2 *hostels* d'exception, isolés au pied d'anciens phares abandonnés au ressac.

HI Point Montara Lighthouse Hostel : *16th St and Hwy 1.* ☎ *650-728-7177.* • *hiusa.org* • ***Entre Montara et Moss Beach,*** *en retrait de la*

Hwy 1, à env 40 km au sud de San Francisco et 10 km au nord de Half Moon Bay (à droite, peu après le tunnel en venant du nord). Lits en dortoir 35-40 $; chambres privées 2-3 pers avec sdb partagée 100-140 $ (3 $ de plus pour les non-membres). AJ dans un site extraordinaire, étalée au pied d'un minuscule phare en acier construit en 1900, en surplomb d'une belle crique de sable accessible par un sentier. Les dortoirs (3-6 lits), nickel, sont logés dans la bâtisse principale, bordée d'un agréable jardin ombragé d'un grand pin. Les 4 chambres privées, dans un 2[d] bâtiment, regardent l'océan et disposent presque toutes d'un grand lit et d'un petit lit superposés. Grande cuisine-salle à manger-salon avec vue sur le Pacifique. Et des tables de pique-nique avec *firepits* pour faire du feu le soir face aux rouleaux qui s'écrasent en contrebas.

HI Pigeon Point Lighthouse Hostel : *210 Pigeon Point Rd. ☎ 650-879-0633. • hiusa.org • Sur la Hwy 1, à 30 bons km au sud de Half Moon Bay et 45 km au nord-ouest de Santa Cruz. Lit en dortoir env 35 $; chambres privées 2-3 pers 90-200 $ (3 $ de plus pour les non-membres).* Battu par le vent et la houle, un promontoire s'enfonce vaillamment dans l'océan, colonisé par une bande de phoques. Au bout, un phare décati, érigé en 1872 : presque un tableau de Hopper ! Et, à ses pieds, 4 maisonnettes de bois, chacune avec cuisine et salle de bains à partager entre 3 dortoirs et chambres privées. Jacuzzi (payant) en surplomb de l'océan. Environnement brut de toute beauté, parcouru de sentiers côtiers (on est dans un *Historic State Park*). Dans une cabane est exposée l'ancienne lentille de Fresnel du phare, avec quelques explications sur les naufrages.

Half Moon Bay : *à env 50 km au sud de San Francisco (par la Hwy 1).* Petite ville côtière, située au pied des montagnes qui longent la faille de San Andreas. En retrait du front de mer, Main Street aligne petites boutiques et galeries d'art. À ***El Granada,*** où se trouve la marina, à quelques kilomètres au nord de Half Moon Bay, vous pourrez admirer les prouesses des surfeurs qui défient les vagues du Pacifique, ou faire une promenade le long de la baie en forme de croissant de lune. Même en été, pensez à prendre une petite laine, car le vent souffle et le brouillard tombe vite.

Año Nuevo State Park : *entrée du parc située à env 12 km au sud de Pigeon Point et 35 km au nord de Santa Cruz, sur la Hwy 1. Résa visites : • parks.ca.gov •* Cette réserve naturelle bordant le littoral est fréquentée depuis les années 1950 par une colonie d'otaries (10 000 spécimens). Pour préserver la tranquillité des animaux, elle est ***fermée la 1re quinzaine de décembre,*** pendant la période des naissances. De mi-décembre à mars, on peut observer les *elephant seals* lors de sorties guidées avec un naturaliste, sur réservation en ligne. Le reste de l'année, accès libre mais permis nécessaire, attribué sur la base du 1er arrivé, 1er servi à l'entrée du parc *(tlj 8h30-16h).*

SANTA CRUZ

Au nord de la baie de Monterey, cette station balnéaire modeste allie les plaisirs du shopping à ceux du skate et du surf (la 1re planche de surf utilisée en Californie le fut ici même). L'animation se concentre sur Pacific Avenue, l'artère commerçante. On passe allègrement des manèges et montagnes russes du grand parc d'attractions foraines, façon foire du Trône ***(Santa Cruz Beach Boardwalk),*** à la reconstitution de la mission espagnole (sur la colline), après avoir visité le petit musée d'art et d'histoire (***Museum of Art and History,*** au *McPherson Center*) qui restitue de façon plaisante l'histoire de la région. Sans oublier, pour les fondus de glisse, le petit ***Surfing Museum*** dans un phare de poche au bord d'une falaise. Pas loin de là, une arche rocheuse est peuplée d'oiseaux marins.

Où dormir ?

HI Santa Cruz : *321 Main St. ☎ 831-423-8304. • hihostels.com • Lit en dortoir de 5-6 pers, 45 $ (+ 3 $ non-membres), doubles avec sdb privée ou partagée 120-160 $ (familiales aussi).* Situation au poil, à quelques enjambées de la grande plage et de sa jetée, pour cette formidable AJ de charme nichée dans d'adorables petits cottages victoriens en bois blanc, entourés d'arbres et de parterres fleuris. Les 3 dortoirs ont leur espace commun, en plus de la cuisine-salle à manger aménagée dans un des cottages, avec terrasse pour manger dehors. Le frigo est rempli en fin de semaine et les *guests* ont le droit de piocher dedans. Salle de jeux et ciné, laverie à pièces. Pas donné, donné mais vraiment sympa !

La plupart des motels pas chers se situent le long de Riverside Avenue, perpendiculaire à la plage, entre les n°s 500 et 100, de chaque côté de l'artère.

Dream Inn Santa Cruz : *175 W Cliff Dr. ☎ 831-740-8069. • dreaminnsantacruz.com • Doubles 260-430 $.* Planté carrément les pieds dans le sable, ce gros hôtel chic et fun d'architecture *mid-century* a été entièrement rénové sur un thème surf vintage frais, coloré et pêchu. Toutes les chambres, superbement décorées, ont vue mer avec un balcon-terrasse surplombant la plage pour profiter de ce panorama exceptionnel sur la baie et le *pier.* Adorables salles de bains rétro dans les tons jaune-orangé très 60's. Belle piscine et *pool bar* sur la plage et petit *coffee shop* à l'entrée. Bref, une ambiance de *resort* familial qui fleure bon les vacances.

Où manger ? Où déguster une glace ?

Il y a bien sûr le ***front de mer,*** mais on préfère vous recommander 2 petites adresses à l'écart :

Harbor Café : *535 7th Ave. ☎ 831-475-4948. Tlj 9h-14h. Fermé mar-mer. Plats 10-20 $.* L'une des haltes les plus sympas de la ville pour le petit déj ou le déjeuner (c'est fermé le soir), pour ses appétissants œufs et omelettes (possibles aux fruits de mer) ou ses succulents burgers, sandwichs et salades. Salle informelle sous un toit pentu avec longues banquettes et tables en bois, ou petite terrasse. Très fréquenté par les locaux et les vacanciers de passage. Service jeune et décontracté.

Penny Ice Creamery : *913 Cedar St. Tlj 12h-23h.* En plein centre, c'est le seul glacier de Santa Cruz qui produit tout sur place (cônes compris). Une petite dizaine de parfums chaque jour, de saison, à base de produits locaux et volontiers bio. Que du bon !

Où acheter des CD et disques d'occasion ?

Streetlight Records : *939 Pacific Ave. Dim-lun 12h-20h, mar-sam 11h-21h (22h ven-sam).* Si l'on vous signale cette boutique (située dans la rue principale), c'est parce que c'est l'une des plus riches en CD et vinyles d'occasion (mais il y a aussi du neuf) qu'on ait vues. Pour un authentique revival, il y a aussi des K7 ! Très grande sélection de qualité, à tarifs raisonnables et quelques promos à 50 cents, max 2 $.

À faire

Santa Cruz Beach Boardwalk : *400 Beach St. • beachboardwalk.com • Horaires variables, voir leur site. Pass journée 40-50 $ (réduc en hiver), sinon 4-7 $ par attraction.* Étonnant parc d'attractions longeant la plage, dans un esprit vintage très Coney Island. Fidèle au poste depuis les années 1920, il appartient à la même famille depuis sa création. D'ailleurs, la plupart des manèges sont d'origine : montagnes russes, *merry-go-round* (carrousel), bateau pirate... toutes ces attractions tiennent fort bien la route et n'ont pas à rougir devant les manèges dernier cri de chez Disney. Des panneaux stipulent l'interdiction d'afficher toute appartenance à un groupe ou une communauté particulière. Ça n'a l'air de rien, mais c'est pour éviter les rencontres de gangs, aux codes très marqués, qui venaient autrefois sur le *boardwalk* pour en découdre. C'est qu'ici on tient à la paix des familles.

Derrière le *boardwalk*, la ***longue plage*** accueille familles et grappes de jeunes, armés de glaces, ballon de volley ou surf. Plus sauvage, en allant vers l'est, ***Seabright State Beach*** et encore un chouia plus loin, ***Sunny Cove***, crique entourée de falaises.

SALINAS

150 000 hab.

Ville paisible située dans une large vallée agricole prospère sur la Highway 101 en venant de SF, à 27 km au nord-est de Monterey. Ces terres fertiles produisent carottes, betteraves, laitues, fraises, raisin, artichauts et orge, ce qui leur valut le surnom de « saladier de la nation ». Mais si l'on signale cette ville, c'est parce qu'elle vit naître John Steinbeck (souvenez-vous, *Les Raisins de la colère* !), et qu'un intéressant musée lui est consacré, justifiant à lui seul une halte par ici. Chaque année aussi, le 1er week-end de mai, le *Festival Steinbeck* met l'écrivain à l'honneur.

CERTAINS L'AIMENT (ARTI) CHAUD...

C'est dans la ville voisine de Castroville que Marilyn Monroe fut consacrée Miss Artichaut 1948. Rien d'étonnant pour une aussi belle plante qui ne se mange pas mais se déguste feuille après feuille avant d'atteindre le cœur.

Arriver – Quitter

C'est à Salinas qu'on trouve les gares *Greyhound* (bus) et *Amtrak* (train) les plus proches de Monterey et Carmel.

En bus

➢ ***San Francisco, Santa Cruz, San Jose, Santa Barbara et Los Angeles :*** 3-4 bus/j., avec *Greyhound* (3 Station Pl ; ● greyhound.com ● ; bureau de la gare routière ouv selon départs des bus). Trajet : env 3-4h pour San Francisco et 7-8h pour Los Angeles.

➢ ***Monterey :*** avec les bus locaux *MST* ligne 20 (Monterey-Salinas Transit ; ● mst.org ●).

En train

Amtrak : ● amtrak.com ●

➢ ***Sacramento, Oakland (en face de San Francisco), San Jose, San Luis Obispo, Santa Barbara, Los Angeles :*** 1 liaison/j. dans les 2 sens avec le *Coast Starlight*.

Où manger ?

First Awakenings : 171 Main St (angle Gabilan). ☎ 831-784-1125. Tlj 7h-14h. Compter 15 $. Petit frère d'une de nos bonnes adresses de Pacific Grove (voir plus loin, « Monterey »), ce *local favourite* a élu domicile dans un beau building historique de la fin du XIXe s, en plein centre et à 2 pas du Steinbeck Center. Idéal pour démarrer la journée autour d'un bon breakfast ou pour une pause déjeuner reconstituante le midi. Prix raisonnables et assiettes copieuses.

The Steinbeck House : *132 Central Ave. ☎ 831-424-2735. Mar-sam 11h30-14h.* ***Résa conseillée.*** *Plat env 20 $. Aussi dîner le 1er ven du mois, 17h30-20h, menu 50 $ tt compris.* La maison natale de l'écrivain accueille un resto, pour une expérience immersive totale. Lire plus bas « À voir ».

Patria : *228 Main St. ☎ 831-424-5555. Tlj sauf dim 16h-21h. Plats 15-30 $.* Pas très loin du Steinbeck Center, voici un beau resto au décor rustique chic cossu, avec plein de coins et recoins, et des petits détails savamment étudiés. Cuisine italianisante bien travaillée, faisant la part belle aux produits fermiers et aux légumes de la région, notamment les fameux artichauts de Castroville. Possibilité de s'en tirer à bon compte avec les excellentes pâtes maison, salades et pizzas. Belle carte des vins, mais on peut aussi apporter le sien *(droit de bouchon env 20 $).*

Achats

The Farm : *sur la Hwy 68 (à l'angle de Foster Rd) direction Monterey, à 3 km au sud de Salinas. ☎ 831-455-2575. • thefarm-salinasvalley.com • Avr-oct, lun-sam 10h-17h. Fermé dim.* Une exploitation bio mais qui borde la Highway 68 ! Outre les visites guidées, l'endroit est intéressant pour sa petite boutique de fruits et de légumes *organic.* Si vous passez par là, les fraises méritent le crochet. Et le vendredi, ne manquez pas les tartes maison aux fruits (le mardi, c'est cookies) !

DE SAN FRANCISCO À LOS ANGELES PAR LA CÔTE

À voir

National Steinbeck Center : *1 Main St. • steinbeck.org • Au bout de la rue principale, avec un superbe ciné Art déco et un parking (0,50 $/h) sur la droite. Tlj (sauf fériés) 10h-17h (21h 1er ven du mois). Entrée : 15 $; réduc.*

Issu d'une famille germano-irlandaise, ***Steinbeck a écrit 19 livres dont l'action se déroule en Californie*** ; une carte à l'entrée montre les différents lieux mis en scène dans chacun d'eux. On entre ensuite dans l'univers de l'écrivain – sa famille, la maison où il est né à Salinas, ses lectures de jeunesse (il lisait tout le temps !) –, avant de pénétrer littéralement dans l'atmosphère de ses principaux livres, recréée avec des décors très réalistes, extraits de films et objets personnels : *À l'est d'Éden, Le Poney rouge, Les Raisins de la colère, Rue de la Sardine* ; puis un petit détour par le Mexique, avec *La Perla* et *Viva Zapata !* Émouvante scène finale du film *Des souris et des hommes,* avec John Malkovich et Gary Sinise.

Ensuite, clin d'œil à ses activités de correspondant de guerre pour le *New York Herald Tribune* durant la Seconde Guerre mondiale, avec *Lifeboat* (adapté au cinéma par Hitchcock), avant d'aboutir à sa période new-yorkaise et son prix Nobel en 1962. À la fin de l'expo, évocation de son voyage à travers les États-Unis et du livre qu'il tirera de cette expérience unique : *Travels with Charley.* On voit le camping-car avec lequel il fit son périple dans les années 1960, accompagné de son chien Charley, un caniche français. On découvre Steinbeck en vrai routard, qui avait fait le choix de partir à la rencontre de ses contemporains le plus simplement possible. Un film de 10 mn retrace sa vie et donnera quelques repères à ceux qui connaissent peu l'écrivain et son œuvre.

Dans le hall d'entrée du musée, on peut également jeter un œil à l'expo (complétée d'un petit film) sur l'activité essentielle de la vallée de Salinas : l'agriculture.

Steinbeck House : *132 Central Ave. ☎ 831-424-2735. • steinbeckhouse.com • À un angle, à 2 blocs à droite en sortant du National Steinbeck Center.*

Resto dans la maison ouv mar-sam 11h30-14h ; ***résa conseillée*** *; plat env 20 $.* C'est dans cette coquette maison victorienne de style Queen Anne (1897) que John Steinbeck est né, le 27 février 1902. Il y passa toute son enfance, jusqu'à son admission en 1919 à l'université Stanford, dont il ne fut jamais diplômé. Depuis 1974, la maison est administrée par la *Valley Guild,* une association féminine de promotion du patrimoine de Salinas qui l'a transformée en restaurant. Le menu à base de produits du terroir change chaque semaine. Sympathique de pouvoir déjeuner dans la maison natale de l'écrivain, entouré des quelques meubles d'époque et de photos de famille. Accueil charmant de la part des femmes de l'association, toutes vêtues comme à la fin du XIXe s.

MONTEREY

29 500 hab.

• Monterey, Pacific Grove et Carmel (plan d'ensemble) *p. 260-261*
• Monterey – Centre (plan I) *p. 263*

Une station balnéaire à 200 km au sud de San Francisco. Accessoirement petit port de pêche, mais ici on voit avant tout des touristes qui viennent dépenser leurs dollars au fabuleux aquarium de Monterey, l'un des plus beaux du monde. Autre attraction : les sorties en mer pour aller observer les cétacés, nombreux par ici. En revanche, le quartier de Cannery Row, naguère celui des pêcheurs et des sardiniers (en plein boom dans les années 1920-1940), cher à l'écrivain John Steinbeck, n'est plus qu'un vulgaire attrape-touriste. Le reste du temps, on pourra se balader dans les quelques quartiers résidentiels de Monterey et surtout dans sa charmante voisine, Pacific Grove, à la découverte des plages sauvages enserrées de collines verdoyantes et tranquilles comme tout, où la foule des touristes ne s'aventure jamais. Les fans de la série *Big Little Lies* (avec Nicole Kidman, Reese Witherspoon, Laura Dern et Meryl Streep dans la saison 2) s'amuseront à retrouver les nombreux lieux de tournage, éparpillés entre Monterey et Big Sur.

UN POIDS SUR L'ESTOMAC

Pour son film Les Oiseaux, *Hitchcock s'inspira en partie d'un fait divers survenu dans la baie de Monterey en 1961, quand des milliers d'oiseaux devenus subitement fous se jetèrent en pleine nuit sur les façades des immeubles pour y mourir. 50 ans plus tard, des chercheurs ont découvert les causes du phénomène, plus triviales que fantastiques. Les piafs s'étaient intoxiqués en boulottant des algues empoisonnées par des rejets de fosses septiques...*

– ***Évitez d'y aller le week-end*** (surtout en juillet-août et les ponts de Memorial et Labor Days), les hébergements sont alors bondés et doublent, voire triplent leurs prix.
– ***Festival de jazz*** célèbre, en septembre, chaque année. Infos : • *montereyjazzfestival.org* •

UN PEU D'HISTOIRE

En 1542, Don Juan Cabrillo pénètre dans une baie qu'il nomme Bahía de los Pinos, mais sans y aborder. En 1602, un autre conquistador espagnol, Sebastian Vizcaino, découvre à son tour ce site bien abrité de la côte et

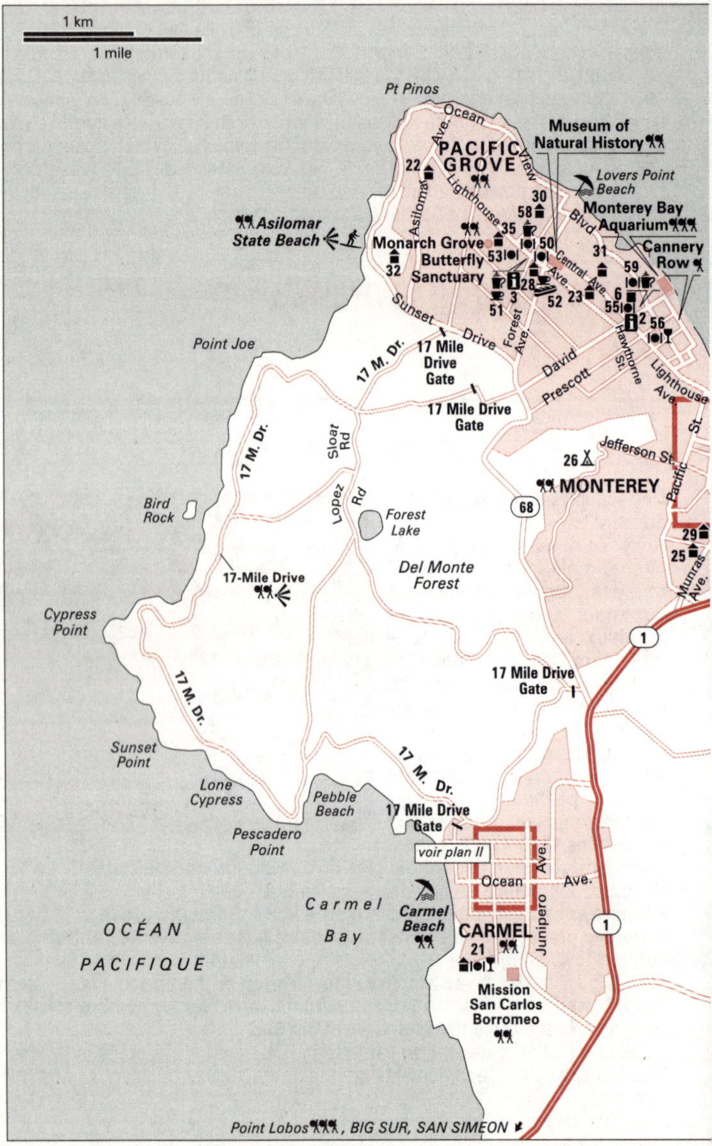
1 km
1 mile
Pt Pinos
Ocean
Ave.
PACIFIC GROVE
View
Museum of Natural History
Lovers Point Beach
Lighthouse
Asilomar
Blvd
Monterey Bay Aquarium
Asilomar State Beach
Monarch Grove Butterfly Sanctuary
Cannery Row
Central Ave.
Sunset Drive
Forest Ave.
Point Joe
17 M. Dr.
17 Mile Drive Gate
David
Prescott
Hawthorne St.
Lighthouse Ave.
17 Mile Drive Gate
Sloat Rd
Jefferson St.
MONTEREY
Pacific St.
Lopez Rd
Forest Lake
68
Bird Rock
17-Mile Drive
Del Monte Forest
Munras Ave.
Cypress Point
17 Mile Drive Gate
Sunset Point
Lone Cypress
Pebble Beach
17 M. Dr.
17 Mile Drive Gate
Pescadero Point
voir plan II
Ocean Ave.
Ave.
Carmel Bay
Carmel Beach
OCÉAN PACIFIQUE
CARMEL
Junipero
Mission San Carlos Borromeo
Point Lobos, BIG SUR, SAN SIMEON

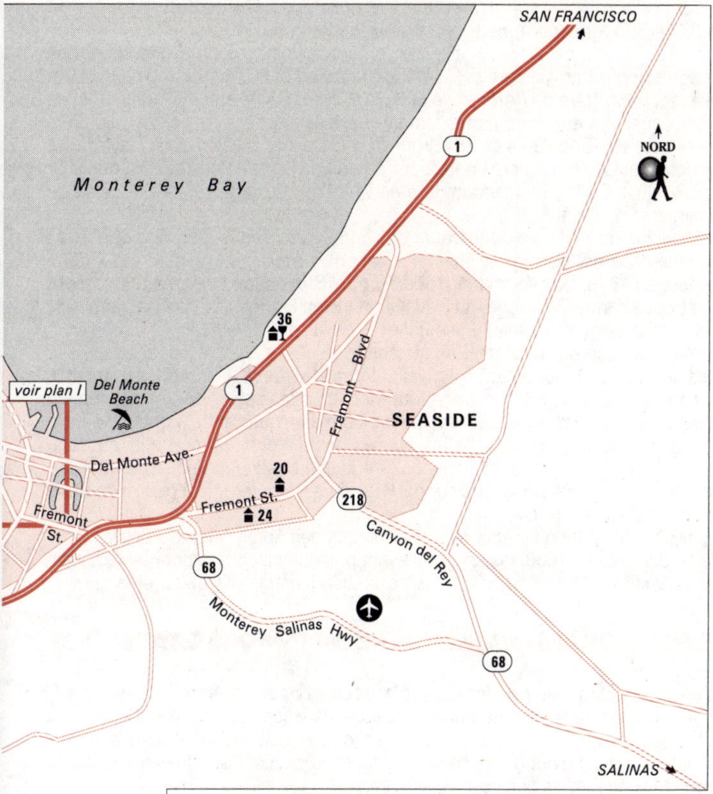

MONTEREY ET PACIFIC GROVE

■ **Adresses utiles**

- 2 Pacific Grove Tourist Information Center
- 3 Pacific Grove Chamber of Commerce
- 6 Big Sur Adventures (vélos électriques)

Où dormir ?

- 20 Lone Oak Lodge
- 22 Bide-A-Wee Inn & Cottages
- 23 Old St Angela Inn
- 24 Motel 6 Monterey
- 25 Monterey Surf Inn
- 26 Veteran's Memorial Park Campground
- 28 Gosby House Inn
- 29 Arbor Inn Monterey
- 30 Borg's Ocean Front Motel
- 31 Green Gables Inn
- 32 Asilomar Hotel
- 35 Butterfly Grove Inn
- 36 Monterey Tides

Où manger ?

- 50 Peppers
- 51 The Bookworks
- 52 Pavel's Backerei
- 53 Passionfish
- 55 Il Vecchio
- 56 Hula's Island Grill
- 58 Red House Café
- 59 First Awakenings

CARMEL

Où dormir ? Où manger ? Où boire un verre ?

- 21 Mission Ranch

MONTEREY, PACIFIC GROVE ET CARMEL – Plan d'ensemble

lui donne le nom de son protecteur : ***le comte de Monte Rey,*** vice-roi de Nouvelle-Espagne (on appelle alors ainsi le Mexique).
Vers 1770, la ville devient le 1er *presidio* d'Alta California, c'est-à-dire le QG des Espagnols en Haute-Californie. En 1775, elle prend plus d'importance encore en devenant la ***capitale de l'Alta et de la Baja (Basse) California.*** À l'indépendance du Mexique, elle est donc naturellement mexicaine, et elle le restera jusqu'à la guerre avec les États-Unis en 1842, qui se solde par la cession de la Californie à ces derniers. La ville sombre dans l'oubli à partir du jour où San Jose est déclarée capitale de la Californie (pendant la ruée vers l'or). Ensuite, ce sera le développement de San Francisco.
La 2de moitié du XIXe s voit débarquer des immigrants venus d'Europe et d'Asie : pêcheurs italiens, portugais, chinois et japonais pour la plupart. C'est à cette époque, en 1879, que ***l'écrivain Robert-Louis Stevenson*** séjourne à Monterey. Il y retrouve Fanny Osbourne, qu'il avait connue en France, et l'épouse. Il travaille pour le journal local et s'inspire, semble-t-il, de la péninsule de Point Lobos (vers Carmel) pour écrire son roman ***L'Île au trésor.***
Dans les années 1930, un autre écrivain, ***John Steinbeck*** (voir précédemment le chapitre sur Salinas), évoque à son tour Monterey dans ses livres, et notamment dans ***Rue de la Sardine.*** Dans ***Tortilla Flat*** (nom d'un quartier de Monterey peuplé alors de Mexicains), inspiré par les oubliés de l'histoire, il raconte la vie tragi-comique d'un jeune *paisano.* Steinbeck fréquente beaucoup le quartier de Cannery Row, ce coin si haut en couleur qui vaut alors à Monterey le titre de « ***capitale mondiale de la sardine*** ».
Aujourd'hui, l'auteur reconnaîtrait à peine le quartier. Après l'abandon de la pêche à la fin des années 1950, les sardines ayant presque disparu, Monterey redevient une bourgade ordinaire. Seul le tourisme a réussi à tirer la ville de sa léthargie.

LE PLUS GRAND SANCTUAIRE MARIN DES ÉTATS-UNIS

La péninsule et la baie de Monterey ***(classées « Zone protégée » depuis 1992)*** abritent un sanctuaire marin d'une incroyable richesse : des loutres de mer, des otaries, des éléphants de mer, des phoques, et, bien sûr, des kyrielles de poissons de toutes sortes. En outre, des baleines grises y séjournent au printemps, en route vers le Mexique, et les bleues y passent en été.
D'où vient cette richesse naturelle ? D'un ***gigantesque canyon sous-marin qui plonge à pic jusqu'à 4 000 m de profondeur.*** Celui-ci renvoie sans cesse vers la surface des courants d'eau froide chargés de plancton et d'une masse de débris organiques qui attirent une foule de créatures marines et leur permettent de se multiplier.
Les chercheurs du centre océanographique rattaché à l'aquarium s'intéressent, entre autres, aux animaux qui peuplent les grandes profondeurs de la baie, entre - 1 000 et - 4 000 m. Pour ce faire, ils disposent d'un matériel dernier cri, de robots performants et de sous-marins capables d'opérer dans les abysses. La tâche est ardue, car ces animaux meurent dès qu'ils sont remontés à la surface. Habitués aux milieux extrêmes, ils vivent dans le noir et le froid, supportant des pressions terribles et l'absence totale d'oxygène. Le monde du silence !

Topographie

Monterey est une localité relativement difficile à appréhender en voiture, à cause de sa topographie tout en collines. Contrairement à la plupart des villes américaines, on s'y perd facilement si on quitte les quelques rues tirées au cordeau du centre. La station se divise grosso modo en 2 parties : d'une part le ***Downtown*** (un peu mort) et, dans son prolongement, le quartier du ***Wharf*** en bord de mer (où se concentrent la plupart des touristes) ;

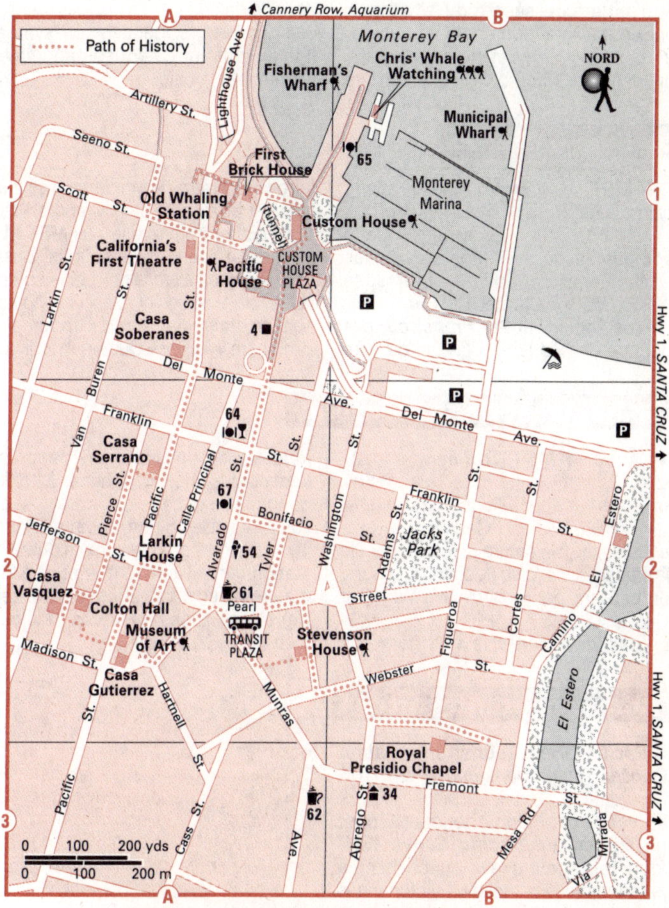

MONTEREY – Centre (plan I)

Adresse utile

4 Adventures by the Sea (loc vélos, kayaks et SUP ; A1)

Où dormir ?

34 Hotel Abrego (B3)

Où manger ?

61 Old Monterey Cafe (A2)
62 The Wild Plum Cafe (A3)
64 The Crown and Anchor (A2)
65 Domenico's on the Wharf et Café Fina (B1)
67 Alvarado Street Brewery & Grill (A2)

Où déguster une glace ?

54 Revival Ice Cream (A2)

Où boire un verre ?

64 The Crown and Anchor (A2)

et d'autre part, séparé du 1er secteur par un passage souterrain, le quartier de ***Cannery Row*** et de l'***aquarium,*** prolongé par ***Pacific Grove.*** À l'arrière de la partie côtière, les collines abritent des quartiers résidentiels fort sympathiques, offrant quelques panoramas uniques sur la baie.

Arriver – Quitter

MST *(Monterey-Salinas Transit ; plan I, A2)* **:** *Transit Plaza, 201 Pearl St, à l'angle de Tyler St.* • *mst.org* • Cette compagnie dessert Monterey et les villes alentour : Salinas, San Jose (Silicon Valley), Carmel, Big Sur.

➢ ***Los Angeles et San Francisco :*** pas de gare de bus *Greyhound* ni de gare ferroviaire *Amtrak* à Monterey. Les 2 se trouvent à Salinas. Pour s'y rendre, il faut donc d'abord prendre le bus *MST* (voir ci-dessus). De là, plusieurs liaisons/j. sont assurées avec le nord et le sud de la Californie, soit en bus, par *Greyhound,* soit en train, par *Amtrak* (pour plus d'infos lire « Arriver – Quitter » à Salinas).

Se déplacer dans Monterey

➢ ***Avec le MST Trolley :*** *fin mai-début sept, tlj 10h-19h (20h le sam en juil-août) ; sept-mai, le w-e seulement, 10h-19h. GRATUIT.* Ce bus très pratique dessert le centre de Monterey, de la Transit Plaza *(plan I, A2)* à l'aquarium, en passant par Fisherman's Wharf et Cannery Row.

P ***Stationnement :*** la ville gère une trentaine de parkings, pas nécessairement tous chers (demander à l'office de tourisme la carte des parkings, qui vous sera utile). Sinon, comme ailleurs, il y a des rues gratuites (mais durée de stationnement souvent limitée à 2h), d'autres avec parcmètres (dans le centre) et des zones interdites. Toujours bien lire les panneaux.

Adresses et infos utiles

i ***Pacific Grove Tourist Information Center*** *(plan d'ensemble,* ***2****)* **:** *100 Central Ave (angle Eardley). Tt près de l'aquarium.* Doc abondante, dont un intéressant ***Pacific Grove Walking Tour,*** petit circuit qui chemine à la rencontre des maisons victoriennes du quartier, toutes plus adorables et tarabiscotées les unes que les autres. Autre *Visitor Center* plus petit, près de Lovers Point *(****Pacific Grove Chamber of Commerce,*** *plan d'ensemble,* ***3****)* : *au 584 Central Ave ; lun-ven 9h30-17h.*

Location de vélos, kayaks et SUP : ***Adventures by the Sea,*** *624 Ocean View Blvd (plan I, A1,* ***4****), Lovers Point à Pacific Grove (sur la plage). Ou encore sur Cannery Row, aux nos 32, 685 et 299.* ☎ *831-372-1807.* • *adventuresbythesea.com* • *Tlj 9h-coucher du soleil. Loc de vélos (30 $ la ½ journée et 40 $ la journée complète ; env le double pour vélos électriques), kayaks (35 $/j. ou 60 $ pour une sortie accompagnée dans la baie) ou encore* SUP (paddle).

Location de vélos électriques : ***Big Sur Adventures,*** *127 Ocean View Blvd (plan d'ensemble,* ***6****), dans le centre commercial* American Tin Cannery, *125 Ocean View Blvd.* ☎ *831-244-0169.* • *bikebigsur.com* • *Tarifs : 20 $ la 1re heure, 10 $ la suivante ; 70 $/j.* Avec une batterie supplémentaire, vous avez de quoi faire l'aller-retour jusqu'à Point Lobos. Pratique, car ces vélos permettent de transporter confortablement un enfant d'une dizaine d'années derrière.

Où dormir à Monterey et à Pacific Grove ?

En plus d'être ***très élevés*** de manière générale, les ***prix*** de l'hébergement à Monterey varient beaucoup en fonction de la demande, celle-ci étant plus forte l'été et le week-end (les week-ends d'été étant les pires !). Ça peut aller du simple au triple (du simple au double dans le meilleur des cas), alors renseignez-vous bien avant de vous pointer quelque part !

Les ***motels*** se regroupent pour l'essentiel sur ***Abrego et Munras Avenues*** (en direction de Carmel), plutôt verdoyantes, ainsi que sur ***Fremont Street et Fremont Boulevard,*** dans l'est de la ville (vers Seaside), beaucoup moins sympa et surtout proche de l'aéroport, donc nuisances sonores palpables...

Si vous avez un budget plus conséquent, offrez-vous l'un des ***B & B de luxe de Pacific Grove,*** la commune voisine en continuité ; victoriens pour la plupart, chics, charme et pour beaucoup ancrés face à l'océan.

Attention, ***vérifiez bien où se situe l'adresse*** que vous avez choisie : à Monterey ou à Pacific Grove (notre préférence).

À Monterey

Camping

⛺ ***Veteran's Memorial Park Campground*** *(plan d'ensemble, **26**) : 1200 Veterans Dr, sur les hauteurs de Monterey. ☎ 831-646-3865. Empl. env 35 $ avec une voiture ; seulement 6 $ à vélo ou à pied. Max 3 nuits (plus s'il y a de la place).* On dépose son dû dans une enveloppe et on accroche son nom sur un poteau, devant un emplacement. Le seul camping de Monterey, donc s'y prendre assez tôt (pas de résa, 1er arrivé, 1er servi). Seulement une quarantaine d'emplacements. Grands espaces verdoyants en pente douce, bien ombragés par de vénérables pins. Calme total, belle aire de jeux et vaste pelouse. Douches avec consignes.

Prix moyens

Les 2 premières adresses (*Motel 6* et *Lone Oak Lodge*) sont à environ 3 km à l'est du centre (passé l'embranchement avec la Hwy 1), proches de l'aéroport. Pas de vol de nuit, mais on ne va pas vous mentir, on entend les avions décoller le matin tôt et le soir tard... Correct pour une étape d'une nuit, pas tellement plus. Non loin de Del Monte Beach, le secteur de Munras (adresses suivantes) est plus agréable pour séjourner quelques jours.

🏠 ***Motel 6 Monterey*** *(plan d'ensemble, **24**) : 2124 N Fremont St. ☎ 831-646-8585. • motel6.com • Doubles 60-150 $.* Sur cette route passante qui enfile les motels, un *Motel 6* dans sa version rénovée, avec des chambres pas grandes mais confortables. Petite piscine sur le parking. À qualité égale, difficile de trouver moins cher !

🏠 ***Lone Oak Lodge*** *(plan d'ensemble, **20**) : 2221 N Fremont St. ☎ 831-372-4924. • loneoaklodge.com • Doubles 80-250 $.* Un peu après le *Motel 6* en venant du centre, un autre motel en U autour d'une vaste cour fleurie pour une petite cinquantaine de chambres de tailles variables, avec ou sans cuisine, cheminée, jacuzzi... mais toutes avec frigo, micro-ondes, cafetière, et même BBQ à dispo. Déco pas très gaie, mais impeccablement tenu et excellent accueil. Réduc pour le petit déj au *Grandma's Kitchen,* à 2 pas.

🏠 ***Arbor Inn Monterey*** *(plan d'ensemble, **29**) : 1058 Munras Ave. ☎ 831-372-3381. • arborinnmonterey.com • Doubles 65-250 $.* Motel en bois blanc et bleu délavé, gentiment fleuri. Chambres classiques, organisées sur 2 niveaux dans 2 ailes se faisant face, bien équipées, avec cheminée et volumes cathédrale pour certaines. Bien bonne adresse.

🏠 ***Monterey Surf Inn*** *(plan d'ensemble, **25**) : 1200 Munras Ave. ☎ 831-372-5821. • montereysurfinn.com • Doubles 55-250 $.* Motel tout ce qu'il y a de plus classique, avec ses chambres ordinaires mais impeccables, et sa petite piscine en forme de haricot devant la route. Intéressant pour ses prix planchers certains jours, cher payé sinon.

Plus chic

🏠 ***Hotel Abrego*** *(plan I, B3, **34**) : 755 Abrego St. • hotelabrego.com • Doubles standard 150-250 $.* Vaste motel de luxe de 2 étages. Les chambres sont très plaisantes et cossues, avec moquette épaisse, super literie et même une cheminée au gaz pour les *deluxe* ou les *premium* (plus chères). L'environnement n'est pas formidable, mais l'hôtel lui-même et les chambres sont décorés dans les tons sable du meilleur effet, avec des matériaux nobles. Piscine chauffée et jacuzzi entourés de verdure, bar-resto cosy. Bon accueil, très pro. Au final, des prix assez compétitifs pour la qualité !

Monterey Tides *(plan d'ensemble,* ***36****) : 2600 Sand Dunes Dr. ☎ 831-394-3321. • montereytides.com • Doubles 150-350 $ selon vue.* Posé directement sur la plage de Seaside (avec la Highway juste derrière quand même), ce gros hôtel de chaîne a pour lui une vue imprenable sur le Pacifique. La vue depuis les baies vitrées du grand salon-lounge-bar à la déco contemporaine est juste exceptionnelle. On la retrouve dans les chambres orientées vers le large (les plus chères, *of course*). Piscine et plage privée pour les *guests*.

À Pacific Grove

Prix moyens

Butterfly Grove Inn *(plan d'ensemble,* ***35****) : 1073 Lighthouse Ave. ☎ 831-250-8191. • butterflygroveinn.com • Juste à côté du Monarch Grove Butterfly Sanctuary. Chambres 2-4 pers 100-220 $, petit déj inclus.* Un motel tout rose dans un coin paisible, en lisière d'une forêt. Les chambres, conçues comme des maisonnettes avec un toit pentu, sont vastes, confortables et bien équipées (frigo, micro-ondes et même, parfois, cheminée), malgré une déco simple. C'est le cadre qui fait le charme du lieu : petite piscine (avec jacuzzi) entourée d'un carré de verdure et bel espace arboré planté de spécimens immenses. Idéal avec des enfants. D'autant qu'à 4, à certaines périodes, c'est un excellent rapport qualité-prix.

Borg's Ocean Front Motel *(plan d'ensemble,* ***30****) : 635 Ocean View Blvd (face à Lovers Point). ☎ 831-375-2406. • borgsoceanfrontmotel.com • Doubles 100-220 $.* Long motel crème et bleu-gris tout à fait standard, mais situé pile face à l'océan (et avec la rue qui passe devant tout de même). C'est d'ailleurs son principal intérêt, mais pas des moindres ! Les chambres les moins chères sont au rez-de-chaussée et sur l'arrière (sans vue, donc), et les plus onéreuses face à la mer, au 1er étage.

De plus chic à très chic

Old St Angela Inn *(plan d'ensemble,* ***23****) : 321 Central Ave. ☎ 831-372-3246. • oldstangelainn.com • Doubles 150-300 $, petit déj compris.* Dans cette séduisante maison bleu et rouge fané construite en 1910, une dizaine de chambres charmantes et personnalisées, plus ou moins grandes et joliment décorées dans le style champêtre, avec du bois et des imprimés fleuris à l'ancienne. Les plus chères, au 1er étage, ont vue sur la baie, comme la *Whale Watch,* vraiment spacieuse ; les autres donnent sur le ravissant jardinet, fleuri de toutes parts. La gentille patronne confectionne elle-même les délicieux cookies et muffins du matin, servis dans la véranda ou dans le jardin (mais vous aurez aussi droit, au petit déj, à un vrai plat cuisiné !). *Wine tasting* en fin d'après-midi. Une adresse tout simplement délicieuse...

Gosby House Inn *(plan d'ensemble,* ***28****) : 643 Lighthouse Ave. ☎ 831-375-1287. • gosbyhouseinn.com • Doubles 150-300 $, petit déj et wine & cheese l'ap-m compris.* Le charme désuet de cette maison victorienne classée à la façade coquille d'œuf nous a bien plu. Une vingtaine de chambres de configurations différentes (vieille bâtisse oblige), à la déco ancienne mais pas trop chargée, confortables et cosy. Les plus chères sont presque luxe, avec terrasse privée, cheminée, bains à bulles, etc. A contrario, les 1ers prix sont vraiment intéressants pour le standing du lieu.

Green Gables Inn *(plan d'ensemble,* ***31****) : 301 Ocean View Blvd. ☎ 831-375-2095. • greengablesinnpg.com • Doubles 170-350 $, petit déj compris.* Imposante et superbe maison victorienne crème et vert sapin, hérissée de parties saillantes et de petits toits pentus, posée sur la route longeant l'océan. L'entrée ouvre sur un magnifique salon cossu avec vue époustouflante sur le Pacifique, où est servi le breakfast. Une dizaine de chambres toutes différentes, délicieusement cosy et très confortables. Si certaines sont assez sobres, d'autres débordent d'exubérance fleurie, des rideaux aux papiers peints, en passant par les dessus-de-lit. L'ensemble dégage un charme indéniable. Une ribambelle de *Teddy bears* peuple aussi les lieux. *Wine tasting* offert en fin d'après-midi, le fameux goûter pour adulte !

Asilomar Hotel *(plan d'ensemble,* ***32****) : 800 Asilomar Ave (entrée angle Sinex Ave). ☎ 888-635-5310. • visitasilomar.com • Doubles 180-350 $.* Isolé entre dunes et forêt, dans une zone préservée de la péninsule de Monterey, ce vaste complexe de style Arts & Crafts fut conçu entre 1913 et 1928 par Julia Morgan, la future architecte du Hearst Castle. Les 300 chambres sont disséminées dans une trentaine de bâtiments historiques classés. Simp[...] *lodge* de parc[...] bouilloire), les[...] bien leur nor[...] cloisons fines[...] peu plus de [...] ges pouvant loger ju[...] Piscine intérieure chauffée, mais le [...] plus, c'est la sublime plage sauvage d'Asilomar juste devant vos yeux. Un refuge pour les amoureux de la nature, fréquenté par une faune variée.

Bide-A-Wee Inn & Cottages *(plan d'ensemble,* ***22****) : 221 Asilomar Ave. ☎ 831-372-2330. • bideaweepg.com • Doubles 120-350 $, petit déj léger inclus (à la réception).* Un ensemble pimpant dans les tons brun-gris, avec des touches de rouge, situé en bordure d'une pinède, au calme, dans un quartier cossu, à 2 pas de la mer et du phare. Les chambres sont installées dans des petits cottages, certaines avec cheminée et cuisine. Confortables, mais un peu désuètes côté déco. Celle-ci est largement compensée par le cadre coquet, planté d'arbustes et de coins de pelouse qui verdissent joliment l'ensemble. Bon accueil.

Où manger à Monterey et à Pacific Grove ?

À Monterey

Spécial petit déjeuner

The Wild Plum Cafe *(plan I, A3,* ***62****) : 731 Munras Ave. ☎ 831-646-3109. Ouv 7h-15h30. Fermé mar. Compter 10-15 $.* L'endroit idéal pour un petit déj *homemade* à base de produits frais et bio. Œufs en pagaille, excellentes viennoiseries maison aux fruits et *biscuits* salés (genre de scones), bols de *granola* ou porridge, pancakes. Le midi, tacos, burritos, soupes, salades et sandwichs complètent l'offre, inscrite sur le grand tableau noir au-dessus du comptoir. À déguster dans la petite salle à la large baie vitrée, colorée et chaleureuse, genre bohème à la californienne. Service cool.

Old Monterey Cafe *(plan I, A2,* ***61****) : 489 Alvarado St. ☎ 831-646-1021. Situé en haut de la rue principale du vieux Monterey. Tlj 7h-14h30. Fermé mar. Compter 10-15 $.* Petit resto américain de quartier, particulièrement populaire en ville et depuis longtemps pour ses copieux petits déj : œufs et omelettes cuisinés de mille manières, pancakes, *French toast,* gaufres... Aux murs, photos et affichettes de stars, bibelots et objets du quotidien d'autrefois. Le week-end, il y a foule.

Voir aussi ***nos adresses de Pacific Grove*** ci-après.

De bon marché à prix moyens

The Crown and Anchor *(plan I, A2,* ***64****) : 150 W Franklin St. ☎ 831-649-6496. Ouv 16h (12h w-e)-minuit. Plats 11-20 $.* Vieilles cartes géographiques, gouvernails, maquettes de navires et cordages aux murs, ce pub patiné situé en sous-sol, véritable ode

… anglaise, fait très bar chic …s. Presque un petit musée ! …dé au bar en U ou attablé … une alcôve, vous y dégusterez …s spécialités british bien maîtrisées (*fish & chips, bangers & mash* – saucisse-purée...), en sirotant l'une des 20 bières pression et en taillant le bout de gras avec le barman. Courette avec bancs à l'arrière pour les fumeurs.

Alvarado Street Brewery & Grill (plan I, A2, **67**) **:** 426 Alvarado St. ☎ 831-655-2337. Cuisine tlj 11h30-22h (23h ven-sam). Plats 10-20 $ (10-15 $ le midi). Microbrasserie, macro-ambiance ! Rugissante, l'immense salle avec cuisine ouverte s'étire tout en longueur, à partir des cuves de bière en service à l'entrée. Sur les murs, de gigantesques reproductions de canettes de bière vintage, glorieuses ancêtres des quelque 200 mousses brassées ici (dont 20 sont servies par roulement). Côté cuisine, sélection éclectique de burgers créatifs, pizzas et plats fusion. Petit *biergarten* à l'arrière.

Plus chic

Domenico's on the Wharf (plan I, B1, **65**) **:** 50 Fisherman's Wharf. ☎ 831-372-3655. Tlj 11h30-21h. Plats 12... 80 $! Intéressants today's specials. Un classique du Wharf, présent depuis plus de 3 décennies. Le cadre est chic, et le patron, issu d'une famille sicilienne émigrée en Californie, est pêcheur et fervent défenseur de la pêche raisonnée. Vaste salle aux généreuses baies vitrées offrant une vue extra. Crabe et calamars du coin sont à l'honneur, mais on peut préférer une bouillabaisse (en français dans le texte) ou son équivalent local, le *cioppino*, spécialité des immigrés italiens de San Francisco. Portions généreuses. Juste en face, le **Café Fina** (47 Fisherman's Wharf ; ☎ 831-372-5200 ; tlj 12h-20h30 – 15h30 mar-mer). Même proprio et même cuisine, dans un cadre plus sélect (nappes et serviettes blanches) avec, en plus, quelques tables en terrasse, de délicieuses pizzas au feu de bois et des spaghettis aux *meatballs* (boulettes) maison.

Du côté de Pacific Grove

Spécial petit déjeuner

Et aussi **Red House Café** (plan d'ensemble, **58**), **First Awakenings** (plan d'ensemble, **59**) et **Bookworks** (plan d'ensemble, **51**) : voir ci-dessous.

De bon marché à prix moyens

First Awakenings (plan d'ensemble, **59**) **:** 125 Ocean View Blvd (entrée à l'angle de Eardley Ave). ☎ 831-372-1125. Tlj 7h-14h. Plats 10-15 $. Dans un grand bâtiment peint en rouge brique, qui abritait une conserverie avant d'être converti en petit centre commercial (*American Tin Cannery*), ce resto aux airs d'entrepôt ne désemplit pas... Près de 1h de queue pour le brunch du week-end ! Il faut dire que les prix sont raisonnables et les assiettes copieuses : salades, burgers, pancakes, plats mexicains, omelettes... Pas de la grande gastronomie mais très correct, et l'ambiance est extra. Terrasse sur l'arrière.

Hula's Island Grill (plan d'ensemble, **56**) **:** 622 Lighthouse Ave. ☎ 831-655-4852. Tlj 12h (16h lun-mar)-21h (21h30 mar et ven-sam). Plats 15-30 $. *Welcome to Hawaï !* Ici, on célèbre le mythe du surf dans un esprit 50's-60's, jeune et *trendy.* Décor tiki, ambiance chaleureuse et animée, musique *punchy,* bref un lieu qui bouge bien. La cuisine n'est pas en reste, surfant habilement entre les poissons grillés de différentes manières, le poulet *jerk* (ultra *spicy !*), la soupe de poissons hawaïenne, les *poke bowls,* curries et autres options végétariennes. Terrasse verdoyante à l'arrière.

Peppers (plan d'ensemble, **50**) **:** 170 Forest Ave. ☎ 831-373-6892. Tlj sauf mar 11h30 (16h dim)-21h. Plats 12-20 $. Un mexicain *super popular* depuis 1986, toujours plein d'habitués qui apprécient son ambiance animée et la déco plus californienne que folklorique latino, même si les *peppers* (poivrons-piments) sont à l'honneur. Encore un bon point : la cuisine fraîche et goûteuse, servie en format familial : un plat pour 2 suffit ! Très bonnes margaritas pour faire glisser tout ça, concoctées à base de différentes tequilas ; mais celle de base est déjà bien festive !

De prix moyens à plus chic

Red House Café *(plan d'ensemble,* ***58****) : 662 Lighthouse Ave. ☎ 831-643-1060. Tlj sauf dim soir-lun 8h-14h30, 17h-21h. Plats brunch et lunch 10-15 $; le soir 12-25 $.* On aime beaucoup ce charmant petit resto dans une maisonnette en bardeaux rouges classée, flanquée d'une mignonne terrasse. À l'intérieur, dédale de petites pièces avec cheminée, comme dans une maison de campagne. Cuisine au diapason, simple, fraîche et goûteuse. Excellents *crabcake Benedict,* raviolis au fromage et aux épinards sauce beurre blanc, poisson du jour, *cheeseburger* à l'ancienne...

Il Vecchio *(plan d'ensemble,* ***55****) : 110 Central Ave. ☎ 831-324-4282. Fermé mar midi. Plats 15-32 $; le midi 13-15 $.* À la limite entre Monterey et Pacific Grove, voici un vrai bon resto italien au décor rustique-chic bien dans son temps. Mobilier dépareillé, cheminée, tableaux des années 1940 et bois de récup' (le comptoir du bar vient d'une église luthérienne de Brooklyn). La cuisine de *trattoria* fait la part belle aux recettes romaines, toscanes et d'Ombrie. Pas de pizzas, mais des gnocchis et pâtes maison (vraies *carbonara, puttanesca...*) et de fameux plats de viande et poisson. Excellents *cannoli* en dessert. Le midi, *lunch specials* d'un formidable rapport qualité-prix. Une valeur sûre.

Passionfish *(plan d'ensemble,* ***53****) : 701 Lighthouse Ave. ☎ 831-655-3311. Tlj 17h-21h. Résa très conseillée le w-e. Plats 18-40 $.* Adresse réputée pour sa cuisine inventive. Déco épurée et élégante, de superbes photos sous-marines en noir et blanc, banquettes, fauteuils de cuir et murs vanille. Courte carte, cuisine de marché à base de poisson, vous l'aviez compris. Produits locaux très frais, élaborés par un chef de talent, et plats dignes de surprendre le plus blasé des gourmets. Portions généreuses qu'on peut même partager à 2. Intéressante carte des vins. Service pro et addition encore raisonnable pour la qualité.

Où boire un café ? Où déguster une glace, une pâtisserie ou un bon sandwich ?

À Monterey

Revival Ice Cream *(plan I, A2,* ***54****) : 463 Alvarado St. Tlj 12h-22h (23h ven-sam). Ferme 1h plus tôt oct-avr.* Au menu de ce glacier artisanal, une douzaine de parfums chaque jour, *locally sourced* et parfois bio, dont la moitié végane. Parmi les « signatures » de la maison, la pur chocolat (sans crème ni œufs) et celle au miel, cire d'abeille et pollen. Les cônes sont maison.

À Pacific Grove

The Bookworks *(plan d'ensemble,* ***51****) : 667 Lighthouse Ave (angle Park). Tlj 7h-17h30.* Rendez-vous des locaux toutes générations confondues, c'est le café-librairie cool et *friendly* de Pacific Grove. Salle très agréable, avec ses baies vitrées encadrées de bois coloré, façon véranda. Canapés moelleux, table communale ou chaises disposées sur le trottoir pour profiter de l'animation, chacun trouve sa place selon l'humeur du moment. Cafés et thés bio.

Pavel's Backerei *(plan d'ensemble,* ***52****) : 219 Forest Ave. Tlj sauf dim-lun et jeu, dès 7h et jusqu'à épuisement des stocks (15-16h max). CB refusées.* Cette boulangerie artisanale est une institution de Pacific Grove pour ses pains et ses viennoiseries *king size* à prix plancher. Il n'y a qu'à voir la file d'habitués le matin pour s'en convaincre. Armez-vous de patience si ça vous tente ! Peu de choix cela dit : énormes donuts, *cinnamon rolls, apple fritters* aux pommes caramélisées, croissants aux amandes. Aussi d'excellents sandwichs très bien garnis.

Où boire un verre ?

The Crown and Anchor *(plan I, A2, **64**)* **:** *150 W Franklin Ave. Tlj jusqu'à 1h.* Ce pub-resto (voir « Où manger ? ») est également un chouette bar qui propose une belle sélection de bières locales et import. Atmosphère british tout en convivialité.

À voir

Dans le centre de Monterey (plan I)

Fisherman's Wharf *(plan I, A-B1)* **:** • *montereywharf.com* • Aujourd'hui très touristique, cette longue jetée fut construite au XIXe s par les chasseurs de baleines et les sardiniers. C'est un ensemble architectural cohérent, composé d'un ponton bordé d'anciennes maisons de pêcheurs, toutes transformées en boutiques de souvenirs et restos proposant à peu près tous la même chose, à savoir une cuisine classique de la mer (à prix surévalués). Cela dit, ne vous privez pas du plaisir de goûter à la ***clam chowder*** (soupe de palourdes crémeuse) proposée aux passants et servie dans une miche de pain évidée (pour la version XXL) ou en gobelet (version petite), c'est délicieux et... typique. Plusieurs restos proposent des dégustations gratuites, n'hésitez pas ! Avis aux fans de la ***série Big Little Lies*** (avec Nicole Kidman, entre autres), le café où se retrouvent régulièrement les héroïnes se trouve tout de suite à droite en entrant sur le quai : *Paluca Trattoria.* Enfin, les scènes extérieures seulement, l'intérieur a été reconstitué en studio.
C'est sur le *wharf* aussi que vous trouverez les ***agences organisant des sorties en mer*** pour aller zieuter les ***baleines*** (lire plus loin)... Enfin, on peut souvent admirer, au début ou au bout du ponton, des ***loutres et otaries*** s'ébattre à la surface de l'eau, surtout quand les pêcheurs reviennent de mer.
Parallèle au Fisherman's Wharf, voir aussi le ***Municipal Wharf,*** encore aujourd'hui dédié à la pêche. Tout au bout du quai, la pittoresque ***Monterey Abalone Co*** est une des rares fermes d'élevage d'*abalones* (ormeaux) encore en activité aujourd'hui. Ses casiers sont immergés sous la jetée. La production des abalones est désormais aux mains de la Chine, gros consommateur de ces coquillages rares... Souvent des otaries qui folâtrent dans le coin, donc ayez l'œil !

Monterey State Historic Park* :** regroupe les maisons historiques en adobe du cœur de Monterey. Demander le ***plan du Monterey Historic Park, sur lequel est tracé en pointillé le ***Path of History*** et qui localise aussi les maisons historiques (il y a une appli sur le même principe). On suit l'itinéraire soi-même (balisé par des macarons jaunes sur les trottoirs) en traversant des petites rues pavées et ombragées, des jardinets secrets. Autre possibilité, le ***Walking Tour*** guidé qui explore un certain nombre de maisons aussi. • *walkmonterey.com* • *Tarif : env 25 $; gratuit moins de 13 ans ; durée : 2h.*
Certaines maisons en chemin sont ouvertes gratuitement à la visite. Nous indiquons les 3 principales (lire ci-après), ouvertes régulièrement, mais il y en a d'autres, avec des horaires plus aléatoires. Renseignements à ce sujet auprès des rangers de *Custom House* ou *Pacific House.*

Pacific House *(plan I, A1)* **:** *Custom House Plaza.* • *parks.ca.gov* • *Ouv 10h-16h. Fermé lun. En hiver, ouv a priori fin de sem seulement. GRATUIT.* Le Monterey State Historic Park a élu domicile dans cette vieille maison en adobe datant de 1847. Transformée en musée, elle abrite des expositions consacrées à la vie quotidienne à travers l'Histoire, à Monterey et en Californie. Les nombreux panneaux explicatifs constituent une bonne introduction aux maisons historiques de Monterey à découvrir autour du Wharf et à l'histoire de la ville. À l'étage, la collection amérindienne couvre un grand nombre de tribus d'Amérique du Nord : Sioux en particulier, mais aussi Pueblos, Zunis... La collection de vannerie est magnifique.

Custom House (plan I, A1) : *à la base du Fisherman's Wharf. Tlj. GRATUIT.* Cette bâtisse allongée, qui fait aussi partie du parc historique, n'est autre que l'édifice public le plus ancien de Californie. Construite en 1827 sous la férule mexicaine, elle abritait le service des douanes : à cette époque, Monterey était le seul port d'entrée officiel de la province. L'entrepôt a été reconstitué tel qu'il devait apparaître alors, avec des tonneaux de brandy, des sacs de céréales, d'antiques caisses de savon, du papier peint d'Alsace et autres peaux de vaches en attente de dédouanement...

Stevenson House (plan I, A2) : *530 Houston St (entre Pearl et Webster). • parks.ca.gov • Ouv très rarement. GRATUIT.* Maison dans laquelle Robert Louis Stevenson vécut avec Fanny Osbourne pendant quelques mois, à la fin de 1879. Certains disent qu'il se serait inspiré des paysages de la péninsule de Monterey pour écrire *L'Île au trésor.* La maison renferme aujourd'hui quelques souvenirs. Un endroit de pèlerinage pour les fans de ce grand écrivain-voyageur.

On signale également le ***Monterey Museum of Art*** (plan I, A2) : *559 Pacific St. • montereyart.org • Tlj sauf mer 11h-17h. Entrée : 10 $; gratuit moins de 18 ans.* Au menu : peinture et art californien du XXe s surtout, avec des expos temporaires.

Dans le quartier de Cannery Row (plan d'ensemble)

Monterey Bay Aquarium : *886 Cannery Row. • montereybayaquarium.org • Tlj 10h-17h. Entrée : 50 $; 13-17 ans 40 $; 5-12 ans 35 $. Attention à la queue, très longue certains j. d'été ; en général, moins d'affluence l'ap-m que le mat. Résa sur le site internet officiel conseillée. Compter 3 bonnes heures de visite (cafét' et resto sur place, mais on peut aussi sortir de l'aquarium et y revenir sans problème).*
Tout a commencé par l'idée généreuse de David Packard, le cocréateur de la firme électronique Hewlett-Packard (voir « Palo Alto » dans le chapitre sur la Silicon Valley). Industriel et philanthrope, il a lancé le projet de cet aquarium en 1981, sur le site de la dernière des conserveries à avoir fermé ses portes (en 1973). Grâce à beaucoup de dollars et autant d'idées, l'aquarium est une réussite depuis son ouverture en 1984 (1,8 million de visiteurs par an !) : des milliers de mètres cubes d'eau de mer, directement pompée dans la baie à raison de plus de 7 500 l/mn, et des aquariums géants (où cohabitent plus de 35 000 animaux) permettent de reconstituer intégralement le milieu naturel de la baie, depuis les rivages jusqu'aux eaux profondes. Ajoutez à cela un personnel d'encadrement (pour la plupart bénévole) qui sait expliquer et informer, ainsi que des documentaires de 15 mn (à l'auditorium) très bien faits sur le canyon sous-marin de Monterey, la faune qui l'habite ou la gestion de l'aquarium. Bon, vous avez compris, on aime vraiment beaucoup !
Toutes les espèces qui peuplent la baie sont présentées par thèmes et ***sur 2 niveaux, dans 2 bâtiments reliés à l'étage supérieur par une passerelle,*** le long d'un parcours qu'on organise à sa guise. Aquariums gigantesques, terrasses donnant sur l'océan, sections plus intimes, parties explicatives... On alterne en permanence entre l'esthétique, l'artistique même parfois, le ludique et le pédagogique, avec une sensibilisation à la protection environnementale.
À gauche de l'entrée au rez-de-chaussée, la ***Kelp Forest*** présente une algue géante, typique de la flore californienne sous-marine, qui forme une sorte de cathédrale végétale avec nombre d'animaux tout autour dans un bassin de 8,50 m de haut (et quelque 1,3 million de litres d'eau). Tous les jours à 11h30 et 16h, ***un***

plongeur vient nourrir les bébêtes sous les yeux ébahis des visiteurs. Non loin de là, vous pourrez assister au ballet des ***poulpes géants (octopusses)*** qui, lorsqu'ils sortent de leur planque, changent de couleur suivant leurs émotions ; puis découvrir la variété d'oiseaux peuplant les côtes et apprivoiser raies, étoiles et concombres de mer dans des ***bassins tactiles*** (la *Bat Ray Touch Pool* permet de toucher une raie – silence dans les rangs !), grâce aux conseils de bénévoles très pédagogues. À côté, un faux restaurant (le ***Real Cost Café***) explique de manière insolite l'origine et la méthode d'élevage des poissons et fruits de mer que nous consommons habituellement.
La zone ***The Open Sea*** qui s'étend sur 2 niveaux est vraiment remarquable, avec notamment l'***immense aquarium*** (***4,5 millions de litres,*** celui-là !) de tortues de mer, requins-marteaux, thons, mérous curieux, barracudas, etc., qui se disputent la nourriture prodiguée tous les jours à 11h... avec un impressionnant banc de sardines, un spectacle unique à ne pas rater ! Admirable ***bassin aux loutres*** **(sea otters)** aussi, que l'on voit évoluer à la fois dans et sur l'eau. Nourrissage toujours très suivi à 10h30, 13h30 et 15h30.
Mais notre section préférée reste celle consacrée aux ***méduses*** (***jellyfish*** ; au niveau supérieur), précédées par un banc d'anchois argentés tournant inlassablement et à toute vitesse dans un superbe aquarium en forme de dôme. Ces mystérieuses créatures d'une beauté et d'une grâce peu communes évoluent à leur rythme derrière de grandes vitres, sur une musique New Age. Magique et envoûtant, on pourrait les regarder se contorsionner pendant des heures ! Constituées à 95 % d'eau, les méduses sont particulièrement difficiles à élever.
Autre moment fort pour les esthètes, la section ***Tentacles,*** dédiée aux céphalopodes, ces insondables créatures tentaculaires que sont les calamars, poulpes, pieuvres, seiches et autres nautilus.
La ***Splash Zone,*** elle, est conçue pour les enfants. Plein d'animations interactives, y compris pour les tout-petits qui pourront profiter à leur manière de l'aquarium en se déguisant, en rampant ou en manipulant. C'est ici aussi que vous verrez une tribu de ***pingouins*** curieux s'agglutinant frénétiquement devant une vitre, au nez des gamins rigolards (nourrissage à 10h30 et 15h).
Également la section ***¡ Viva Baja ! Life on the Edge,*** dédiée à la vie dans le sable ou proche de la surface de l'eau. Au programme : des serpents, tortues, scorpions, lézards, iguanes et tarentules de Basse-Californie, des poissons tropicaux des récifs coralliens et des créatures évoluant dans la mangrove.
Café-resto avec vue sur la baie.

En longeant la côte par le sentier pédestre, juste après le Monterey Bay Aquarium, en direction de Pacific Grove, vous pourrez voir une ***multitude de phoques et de loutres à proximité du rivage.*** Contrairement à la 17-Mile Drive (voir plus loin « À Pacific Grove »), ici c'est gratuit !

PELUCHE VIVANTE

Les scientifiques américains ont déterminé que la loutre avait le meilleur cuddling factor *(ce taux de sympathie qui donne envie de dorloter, de cajoler...) de toutes les espèces menacées. En d'autres termes, elle s'apparente tellement à une peluche que les gens sont prêts à donner beaucoup plus pour sa sauvegarde que pour celle d'autres espèces... Ah, les injustices de la nature !*

Cannery Row : il s'agit de la rue où s'alignaient toutes les ***conserveries*** qui firent la renommée et la richesse de la ville avant qu'elles ne cessent leur activité. Aujourd'hui, les 18 anciennes usines abritent un musée de Cire, des restos de chaîne et une ribambelle de boutiques. Rien de plus lisse, de plus standardisé ; pourtant, nombreux sont les lecteurs de Steinbeck qui viennent tenter d'y retrouver l'atmosphère de ses chroniques. Hélas, ils seront bien déçus... et ne trouveront du grand homme qu'un petit buste sculpté sur la Steinbeck Plaza.

À Pacific Grove (plan d'ensemble)

Située juste à l'ouest de Monterey, dans le prolongement de Cannery Row, Pacific Grove est une jolie station balnéaire occupant la pointe nord-ouest de la péninsule. On ne vient pas vraiment pour s'y baigner (la côte est très rocheuse et la mer agitée), mais pour y respirer l'air du Pacifique dans un cadre très victorien. On peut déambuler agréablement sur le front de mer adorablement découpé, longé par une ***promenade piétonne*** parallèle à Ocean View Boulevard, puis parcourir les rues bordées de ***superbes maisons en bois peintes de couleurs vives.*** Pour ce faire, demander à l'office du tourisme *(100 Central Ave ; lire plus haut « Adresses utiles »)* leur ***Pacific Grove Walking Tour.*** Le circuit part tout près de leur bureau.

Le ***sentier pédestre longeant le Pacifique*** *(plan d'ensemble)* permet de marcher depuis l'aquarium jusqu'aux dunes de la magnifique plage d'Asilomar qui ferme la pointe de Pacific Grove. Compter 6 km en tout. On peut aussi le faire à vélo mais la piste cyclable n'est pas continue.

Lovers Point Beach : mignonne comme tout, cette miniplage aux eaux calmes accueille les familles avec enfants venues patauger dans les eaux fraîches, mais calmes car l'anse est protégée des rouleaux. Possibilité aussi d'y louer sur place vélos, kayaks et *paddles* *(● adventuresbythesea.com ● Lire précédemment, « Adresses et infos utiles »).*

Asilomar Beach : juste au nord de 17-Mile Drive, sublime plage sauvage de sable blanc dans un coin battu par les vents. Un sentier côtier longe le littoral et une promenade en bois serpente à travers les dunes qui la borde. Légèrement en retrait des dunes et bien intégré dans ce site de toute beauté, l'ensemble classé de maisons et petits bâtiments rustiques en bois et grosses pierres, datant des années 1913-1928 (style Arts & Crafts), est une œuvre de jeunesse de Julia Morgan, connue pour avoir dessiné ensuite les plans de Hearst Castle. Le lieu est aujourd'hui reconverti en hébergement-centre de conférence (lire aussi « Où dormir ? »).

17-Mile Drive *(plan d'ensemble)* **:** *plusieurs points d'entrée entre Monterey et Carmel, le plus proche de Pacific Grove étant à l'angle de Sunset Dr. Ouv du lever au coucher du soleil. Accès : env 11 $/voiture, en cash seulement (remboursés si vous mangez pour 35 $ min dans l'un des restos de cette zone) ; gratuit pour les vélos et interdit aux motos. À l'entrée, brochure avec un plan et une bonne description de ce qu'offre chaque point de vue. Suivre toujours le fléchage « 17-Mile Drive » car la zone dessert aussi des quartiers résidentiels. Pique-nique autorisé aux emplacements signalés.*

Cette route côtière de 17 miles, comme son nom l'indique (soit 27 km), fait le tour de la péninsule séparant la baie de Monterey au nord de celle de Carmel au sud. Une réserve naturelle où les riches du coin se sont fait construire des baraques de rêve, avec panorama époustouflant. Certaines sont ultra-bling-bling, d'autres d'un goût exquis, mais toutes transpirent le dollar et le privilège ! Sur une bonne partie de la route, vous verrez davantage les propriétés de millionnaires et les greens des golfs (il y en a 6 dans le secteur !) qu'ils fréquentent plus que le littoral lui-même... On profite malgré tout de quelques beaux points de vue, égayés par des cyprès frémissant sous l'appel du vent, même si la brume voile malheureusement souvent le paysage, surtout en été... Mais c'est tout de même bien plus léché et bien moins sauvage que les panoramas offerts dans les parcs de la côte, notamment Point Lobos.

Si vous êtes ***à vélo (ou pressé), concentrez-vous sur la section comprise entre la Pacific Grove Gate et Pebble Beach,*** qui longe véritablement la mer. Commencez par remonter le long de la jolie plage de ***Spanish Bay*** et arrêtez-vous plus loin aux ***Seal and Bird Rocks,*** où vous verrez pélicans, cormorans, loutres et phoques s'ébattre entre les rochers, à proximité du rivage. Puis on longe la côte jusqu'à

Cypress Point, un des plus beaux panoramas de la réserve *(fermé avr-sept pdt la période de naissance des bébés phoques).* Après *Sunset Point,* autre arrêt à ***Lone Cypress,*** un cyprès isolé au sommet d'un rocher depuis plus de 2 siècles, qui offre une belle image. Plus loin encore, un petit arrêt à ***Pescadero Point,*** avec un ensemble de troncs de cyprès morts aux formes tourmentées. On est là au point le plus au sud du *17-Mile Drive.* En poursuivant la route, ***Pebble Beach*** est surtout une plage et un grand *resort* très chic à l'américaine avec boutiques sans grand intérêt. La route passe ensuite à l'intérieur des terres pour revenir à Monterey.

Monarch Grove Butterfly Sanctuary *(plan d'ensemble)* **:** *Ridge Rd et Lighthouse Ave. Depuis Lighthouse Ave, tournez à gauche sur Ridge Rd au niveau du* Butterfly Grove Inn. *GRATUIT.*
De novembre à février (en règle générale), ***des milliers de papillons monarques,*** célèbres pour leur couleur orangée, se regroupent sur les pins et eucalyptus de ce sanctuaire, pour hiberner. Ils viennent de l'ouest des Rocheuses, de zones pouvant se situer à 2 000-3 000 km de Monterey ! Une distance qu'ils arrivent à couvrir en 2 semaines à peine, en faisant 100-150 km par jour, à petits coups d'ailes, à une altitude pouvant dépasser les 3 000 m. Plutôt surprenant pour un insecte aussi chétif ! Ceux qui viennent de l'est des Rocheuses font de même, mais vers le Mexique, l'idée étant toujours de migrer au début de l'hiver vers des contrées plus chaudes... et à la fin de l'hiver vers des zones plus fraîches (mais là, c'est une autre génération qui prend le relais !). Pourquoi reviennent-ils chaque année au même endroit ? Et comment s'orientent-ils ? Le mystère, comme pour les autres espèces migratrices, reste entier.
Quoi qu'il en soit, ces papillons forment d'impressionnantes colonies, se concentrant en grappes pour se tenir chaud et ainsi survivre quand la température baisse. Mais dès que soleil apparaît, le matin, ils recommencent à voleter. Des quelques sites accessibles en Californie, 2 se trouvent à Pacific Grove : au *George Washington Park* et au *Monarch Grove Butterfly Sanctuary.* Cette invasion ailée (10 000 à 60 000 papillons débarquent selon les années et les conditions météo, pas facile à compter) a valu à Pacific Grove le surnom de *Butterfly Town.* Festival à la clé (le 1er samedi d'octobre).
Attention, la protection de ces papillons durant l'hiver est prise très au sérieux par les autorités de Pacific Grove. Gardez-vous bien de déranger la colonie, ou vous vous exposeriez à une forte amende !
– Pour en savoir plus sur les papillons monarques, vous pouvez visiter le ***Pacific Grove Museum of Natural History*** *(165 Forest Ave ; • pgmuseum.org •),* l'un des plus anciens musées du genre aux États-Unis.

Excursions pour aller voir les baleines

On peut voir des ***dauphins*** et des ***orques*** toute l'année, et des ***baleines à bosse*** de mars à novembre. En revanche, les ***baleines bleues*** (les plus grandes de toutes !) sont surtout visibles de juin à octobre, les ***grises*** prenant ensuite le relais (à partir de décembre), jusqu'à mi-avril. Quoi qu'il en soit, les chances d'apercevoir au moins une espèce de cétacés sont très élevées, et dans le cas où l'on ne voit rien, les agences permettent en principe à leurs clients de refaire l'excursion (le lendemain ou un autre jour). On conseille vivement ***le tour du matin,*** car il n'est pas rare que le vent se lève et que la mer s'agite un peu dans l'après-midi.
Il existe plusieurs agences à Monterey, toutes situées sur le *Fisherman's Wharf (plan I, B1),* proposant chacune des sorties un peu différentes à des tarifs qui varient quelque peu eux aussi. N'hésitez pas à faire votre marché !

■ ***Chris' Whale Watching*** *(plan I, B1)* **:** *48 Fisherman's Wharf, sur la droite, juste avt le restaurant* Domenico's. ☎ *831-375-5951. • chriswhalewatching.com • A priori, 2 sorties/j. (selon météo) à 10h et 13h30. Durée : 3h. Prix : 55 $ adulte ; 35 $ enfant.* La plus petite, la plus sympa et la moins chère des agences. Ses 3 bateaux sont aussi plus petits (45 à 70 personnes), ce qui ne gâche rien. Bons commentaires, distillés juste comme il faut. Aussi des ***sorties pêche,*** à partir de 75 $.

CARMEL

4 090 hab. 847 chiens 5 golfs

• Monterey, Pacific Grove et Carmel (plan d'ensemble) *p. 260-261*
• Carmel – Centre (plan II) *p. 277*

Située à seulement 6 km au sud de Monterey, Carmel *(« by-the-Sea »)* est une petite bourgade noyée dans la végétation qui étale ses fastes sur de belles collines couvertes de pins, de cyprès et d'eucalyptus descendant jusqu'à l'océan, bordée par une admirable plage de sable blanc. En réalité, il n'y a pas grand-chose à voir à Carmel, la localité est d'abord un repaire de millionnaires... qui doit sa renommée aux nombreuses personnalités qui y ont résidé – et y résident toujours –, à commencer par Clint Eastwood, qui en fut le maire de 1986 à 1988. Tout ici, en effet, n'est que prospérité. Le site est aussi protégé que l'Acropole (sinon plus !), et depuis longtemps, on y interdit les néons, les panneaux publicitaires et les feux de signalisation, si peu esthétiques. Même la station-service est habillée de bois et son enseigne *Shell,* en lettres dorées *siouplaît,* est en partie masquée par de la végétation. Les maisons n'ont pas de boîte aux lettres non plus, non pas parce que c'est laid, mais pour le plaisir d'aller chercher son courrier à la poste et d'y croiser ses voisins. Une loi interdit aussi de couper tout arbre, si bien que les racines dévorent les trottoirs et gagnent même la plage.
Clientèle friquée oblige, Carmel est réputé pour ses *wine tastings,* mais pas de méprise, rien à voir avec nos routes des vins ou les dégustations à la bonne franquette chez de petits producteurs. Ici, il s'agit de dégustations payantes à l'esprit avant tout commercial. Enfin, la ville se veut « *pet friendly* », au point que certains restos proposent des menus pour chiens !

UN PEU D'HISTOIRE

L'écrivain ***Jack London*** vint souvent à Carmel voir ses amis romanciers, George Sterling, Mary Austin et Sinclair Lewis. Il y écrivit et s'y reposa (camping sauvage et bivouacs dans les bois !), mais il n'y vécut jamais longtemps. Quant à ***Henry Miller,*** auteur de *Tropique du Capricorne,* il n'y a pas non plus vécu, contrairement à ce que l'on croit, préférant la nature farouche de Big Sur à la bonbonnière trop confortable (et trop chère !) de Carmel.

Arriver – Quitter

En bus

Bus Station *(plan II, D5)* **:** *angle Mission St et 6th Ave, proche de la caserne des pompiers.*
➢ ***De/vers Monterey :*** 1 bus/h env.
➢ ***De/vers Salinas :*** pas de liaisons directes. Il faut passer par Monterey.

En voiture

➢ Si vous continuez en voiture vers le sud, pensez à ***faire le plein AVANT de quitter Carmel.*** Les stations-service situées sur la très belle Highway 1 vers Big Sur sont assez peu nombreuses, et surtout, l'essence y est carrément plus chère (de 30 à 40 %).

Adresse et info utiles

ℹ @ ***Carmel Visitor Center*** *(plan II, D5,* ***5****)* **:** *au 2e niveau du centre commercial Carmel Plaza, Ocean Ave (entre Junipero et Mission). • carmelchamber.org • Lun-sam 10h-17h, dim 11h-16h.* Accueillant et bien documenté. Demander l'*Official Visitor Guide to Carmel*, gratuit et très complet, le plan *Visit Camel-by-the-Sea* avec pointage des principaux centres d'intérêt historiques et le dépliant spécial sur les maisonnettes de contes de fées *(Guide to the Fairy-Tale Cottages in Carmel)*. Ils peuvent également vous aider à trouver un hôtel (y compris par téléphone), car ils reçoivent une liste des dispos du jour.

– ***Carmel Bach Festival*** **:** *2 sem mi-juil. • bachfestival.org •* Un festival réputé chez les amateurs de musique baroque, qui compte déjà plus de 80 éditions ! Différents lieux de concert, dont la mission de Carmel et même une église dans la forêt à Pebble Beach, pour rester dans l'esprit nature !

Où dormir ?

Sans surprise, ***l'hébergement à Carmel est encore un peu plus cher qu'à Monterey*** : vraiment pas grand-chose à moins de 100-150 $ la nuit pour 2, et encore, on vous parle des tarifs en semaine. Cela dit, on n'est pas obligé de dormir ici : Monterey n'est qu'à quelques encablures si vous êtes en voiture...

Camping

⛺ ***Saddle Mountain Ranch*** **:** *27625 Shulte Rd. ☎ 831-624-1617. • carmelcamping.com • À env 8 km à l'est de Carmel. Résa impérative juin-sept. Env 70-80 $ l'emplacement pour 2 pers, 45 $ au creux de l'hiver (et 5 $/pers en plus). Également des cabins.* Agréable camping un peu isolé dans l'arrière-pays, accueillant camping-cars et tentes. Les emplacements pour ces dernières sont disséminés sur une colline boisée, en pleine nature, au milieu des cyprès, des pins et des lauriers. Piscine à la belle saison et douches chaudes gratuites. Aussi des *cabins* mais ce n'est pas le même prix, évidemment.

Prix moyens

🏠 ***Hofsas House*** *(plan II, C4,* ***38****)* **:** *San Carlos St (entre 3rd et 4th St). ☎ 831-624-2745. • hofsashouse.com • Doubles 145-200 $, petit déj léger inclus.* La façade rose à colombages noirs de cet hôtel familial donne le ton : ici, la thématique est bavaroise ! Un peu incongrue à Carmel, mais le rapport qualité-situation-prix est vraiment intéressant pour la ville, et c'est ça qui compte. Une quarantaine de chambres confortables et impeccablement tenues, à la déco plus ou moins vieillotte. Petite piscine chauffée et terrasse au 1er étage, surplombant la verdure et la mer en arrière-plan. Places de parking à proximité.

🏠 ***Comfort Inn*** *(plan II, D5,* ***39****)* **:** *sur Torres St, à l'angle d'Ocean Ave. ☎ 831-622-7090. • carmelconfortinn.com • Doubles 150-250 $, petit déj continental compris. Parking gratuit.* Un établissement classique de taille familiale (environ 20 chambres), décoré avec un goût certain et équipé avec le souci du détail. Un balcon fleuri dessert les chambres. Petit déj pas si mal pour une fois, et en prime la proximité de la plage (moins de 10 mn à pied).

De plus chic à très chic

🏠 ***Mission Ranch*** *(plan d'ensemble,* ***21****)* **:** *26270 Dolores St (à l'extrémité sud de celle-ci). ☎ 831-624-6436. • missionranchcarmel.com • De 135 $ la double à 350 $ pour un cottage, petit déj continental inclus.* ***Résa à l'avance*** *impérative.* Tout près de la mission, un peu au sud de Carmel, près d'une généreuse prairie verdoyante, l'océan à l'horizon, cet ancien corps de ferme de 1850 en bois blanc propose une trentaine de chambres chaleureuses et ultra-confortables : 6 dans le bâtiment principal, les autres dans des cottages et dépendances autour, toutes avec terrasse.

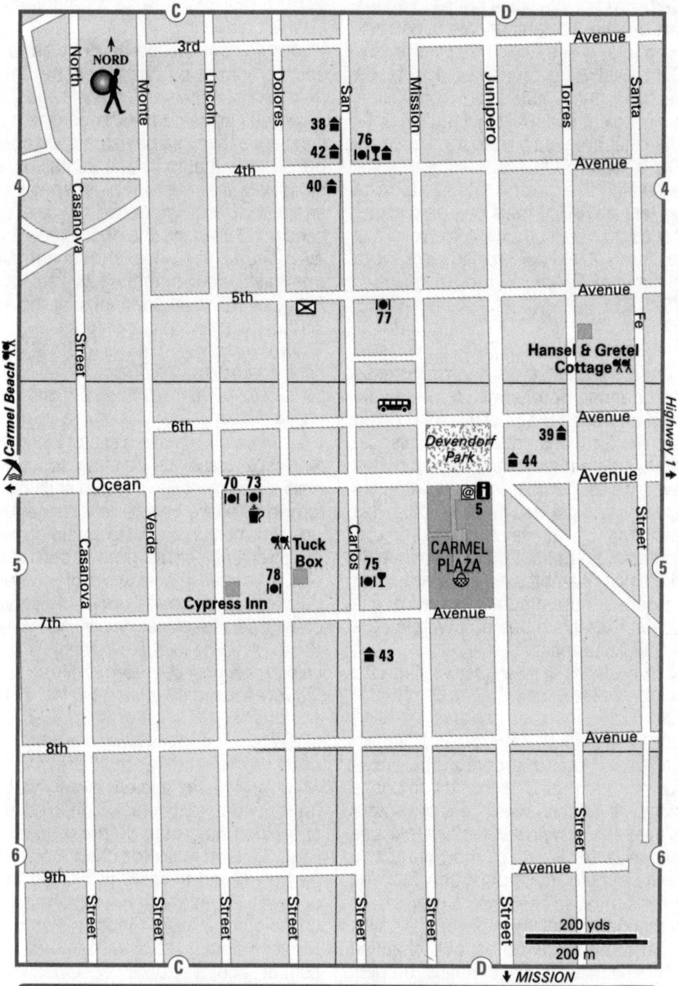

CARMEL – Centre (plan II)

Adresse utile

- **5** Carmel Visitor Center (D5)

Où dormir ?

- **38** Hofsas House (C4)
- **39** Comfort Inn (D5)
- **40** Carmel Fireplace Inn (C4)
- **42** Svendsgaard's Inn (C4)
- **43** Coachman's Inn (D5)
- **44** The Getaway (D5)
- **76** Hotel Carmel (D4)

Où manger ?

- **70** Dametra Café (C5)
- **73** Carmel Bakery (C5)
- **75** Pescadero (D5)
- **76** Brophy's Tavern (D4)
- **77** Casanova (D4)
- **78** La Bicyclette (C5)

Où boire un verre ?

- **75** Pescadero et Barmel (D5)
- **76** Brophy's Tavern (D4)

Certaines ont vue sur la prairie, d'autres sur la petite école attenante. L'heureux propriétaire des lieux n'est autre que Clint Eastwood, qui avait acheté de vastes espaces autour pour empêcher qu'ils soient construits. Clin d'œil spécial cinéphiles, sa vieille guimbarde de *Sur la route de Madison* est garée sur le parking des *guests* ! Fitness, terrains de tennis *(10 $/j.)* mais pas de piscine. Accès privilégié au bar-resto (voir « Où manger ? »). Accueil pro sans être snob.

Carmel Fireplace Inn *(plan II, C4,* ***40****) :* *angle 4th Ave et San Carlos St. ☎ 831-624-4862. • fireplaceinncarmel.com • Doubles 120-350 $, petit déj continental compris.* Une adresse non dénuée de charme, à mi-chemin de l'hôtel et du *B & B,* et inspiré du style architectural des cottages anglais : un dédale de petites unités mignonnettes avec portes fermières, toutes fleuries et séparées par des haies de buis, des petits patios intimes où glougloute une fontaine. En dehors de la cheminée, la déco des chambres est standard, c'est l'extérieur qui est adorable ainsi que la vue sur les courettes et la végétation. Accueil charmant.

Svendsgaard's Inn *(plan II, C4,* ***42****) :* *angle 4th Ave et San Carlos St. ☎ 831-624-1511. • svendsgaardsinncarmel.com • Doubles 240-330 $, petit déj compris.* Hôtel très confortable, non-fumeur même en extérieur, d'une bonne trentaine de chambres agencées autour d'un paisible jardin revêtu d'une pelouse accueillante : le vrai plus du lieu. Déco toute simple mais, pour une fois, les *premium* (avec cheminée à gaz et salle à manger) valent le supplément à payer. Piscine en forme de haricot, chauffée toute l'année. Tous les matins, un petit déj succinct est apporté devant votre porte dans un panier. Très bon accueil.

Coachman's Inn *(plan II, D5,* ***43****) :* *San Carlos St (entre 7th et 8th Ave). ☎ 831-624-6421. • coachmansinn.com • Doubles 250-350 $, petit déj (léger) inclus.* Au cœur de Carmel, voici un motel au calme, caché derrière une jolie maison à colombages. Il a un peu l'allure d'un relais de poste à l'ancienne, avec sa balustrade de bois qui court tout autour. Une trentaine de chambres très confortables, spacieuses et vraiment impeccables, organisées sur 2 niveaux, à la déco élégante, avec des teintes douces, donnant sur une vaste cour intérieure pavée (qui fait aussi office de parking). *Hot tub* et sauna. *Wine hour* en fin d'après-midi.

The Getaway *(plan II, D5,* ***44****) :* *à l'angle de Junipero St et Ocean Ave. ☎ 831-624-3864. • thegetawaycarmel.com • Doubles 255-... 600 $, avec petit déj gourmet.* Un motel blanc et bleu sur 2 niveaux, classique dans sa structure mais entièrement lifté dans un style californien balnéaire *trendy,* pour oublier un peu le sempiternel parking central. Environ 35 chambres plaisantes et confortables, avec cheminée, et une petite dizaine de vélos à dispo (1er arrivé, 1er servi, comme pour les places de parking). Verre de vin en fin de journée. Agréable, mais un peu cher pour du motel revisité.

Hotel Carmel *(plan II, D4,* ***76****) :* *angle 4th St et San Carlos St. ☎ 855-622-7635. • thehotelcarmel.com • Doubles 250-... 600 $, petit déj et wine hour inclus.* Un ancien motel historique récemment relooké de pied en cap façon magazine de déco dans le vent. Sur la trentaine de chambres tout en bois blond et rotin, la plupart ont un petit espace extérieur privatif ou un balcon partagé. Sinon, ravissante terrasse commune avec pergola, feu central, jacuzzi et belle végétation tout autour. Encore un bon point, le resto-pub *Brophy's Tavern* attenant (voir « Où manger ? » plus loin). Une adresse chic et charme à condition d'en payer le prix.

Où manger ?

Spécial petit déjeuner et brunch

Carmel Bakery *(plan II, C5,* ***73****)* et aussi **Mission Ranch :** *brunch w-e chez Clint Eastwood (lire ci-après) !*

Bon marché

Carmel Bakery *(plan II, C5,* ***73****) :* *sur Ocean Ave (entre Dolores et Lincoln). ☎ 831-626-8885. Tlj 7h-22h. Plat env 10 $.* Cette boulangerie-pâtisserie-*coffee shop* est une des rares adresses « populaires » de Carmel, les locaux s'y pressent. On y sert à toute heure une panoplie de gâteaux, scones, muffins, salades, sandwichs, soupes et boissons. Rien de gourmet, mais certainement l'un des petits déj sur le pouce les moins chers du secteur. La salle n'est pas bien grande (à peine 3 tables). On commande au comptoir et on attend d'être appelé.

Brophy's Tavern (plan II, D4, **76**) : *San Carlos, à l'angle de 4th Ave. ☎ 831-586-5566. Tlj 11h-22h. Plats 15-20 $ (lunch special 10 $).* Entre les salades et les burgers (plus qu'honorables), on a choisi le goûteux et croustillant *fish & chips* au flétan frais. Fait rare (surtout à Carmel), les prix ne grimpent pas le soir, alors profitez-en. C'est aussi un pub sympathique, dans un chaleureux décor de *sports bar* revisité au goût du jour ; voir « Où boire un verre ? ».

Prix moyens

Dametra Café (plan II, C5, **70**) : *Ocean Ave (angle Lincoln). ☎ 831-622-7766. Tlj 11h-22h (23h ven-sam). Résa conseillée. Compter 15-30 $.* Dametra (pour Damas et Petra, villes d'origine des proprios) est notre adresse préférée à Carmel, mais on n'est pas les seuls ! La déco arabo-orientale ne trompe pas, on est bien quelque part entre l'Italie, la Turquie et le Moyen-Orient. La cuisine ressemble à ce mélange haut en couleur, et c'est très réussi. *Gyros,* moussaka, fameux plats à base d'agneau, pizzas, falafels, kebabs... Les portions sont généreuses, les saveurs ensoleillées, les assaisonnements goûteux. Midi et soir, les serveurs décrochent leurs instruments et embarquent les convives dans la danse. Chaleureux et simple.

Pescadero (plan II, D5, **75**) : *dans Carmel Sq, une petite courette donnant sur San Carlos (entre Ocean Blvd et 7th Ave). ☎ 831-624-7400. Tlj 11h30-20h (21h ven-sam). Fermé dim-lun. Plats 15-20 $.* Un Mexicain branchouille, apprécié pour sa déco colorée dans l'air du temps et son ambiance jeune et festive. La salle est très sympa et la petite terrasse adorable, plantée de succulentes typiquement californiennes et protégée de la rue. *Good vibes* aussi au *dive bar* attenant, ***Barmel.***

De plus chic à très chic

Mission Ranch (plan d'ensemble, **21**) : *26270 Dolores St. ☎ 831-625-9040. À la sortie sud de la ville, près de la mission. Le soir seulement, à partir de 17h. Brunch w-e 10h-14h.* ***Pas de résa.*** *Plats 20-45 $.* Ici, vous êtes chez Mister Clint Eastwood et l'ambiance est au rendez-vous, très américaine. L'acteur-réalisateur a acheté cet endroit magnifique en 1986 pour éviter une opération immobilière qui aurait bousillé la beauté du lieu (et perturbé sa tranquillité). Les habitués se retrouvent d'abord au bar, où joue un pianiste, sans vouloir imposer sa musique. Sur la terrasse, des parasols chauffants pour vaincre la fraîcheur et profiter de la jolie vue. Bonne surprise : en lisant bien la carte, on s'en tire raisonnablement (pour le lieu, bien sûr).

La Bicyclette (plan II, C5, **78**) : *sur Dolores St (entre 7th et Ocean Ave). ☎ 831-622-9899. Tlj midi et soir. Plats 30-40 $; pizzas 20-25 $.* Petit frère du fameux *Casanova* (voir ci-après), ce bistrot de campagne revu à l'américaine propose une exquise cuisine aux accents franco-italiens, dont on ne regrettera que le goût de trop peu. Les produits sont *organic* (bio) et cultivés dans la région. Également de fines pizzas cuites au feu de bois dans un amusant four central, qui permettent de s'en tirer à meilleur compte.

Casanova (plan II, D4, **77**) : *5th Ave (entre San Carlos et Mission). ☎ 831-625-0501. Mer-dim à partir de 16h30. Plats 30-60 $.* Dans une charmante maisonnette tout droit sortie d'un conte pour enfants et qui appartenait à une ancienne cuisinière de Charlie Chaplin, voici le restaurant le plus romantique de Carmel. On y sert une cuisine raffinée, aux influences méditerranéennes (et un peu françaises !) : viandes succulentes, pâtes fameuses aussi. À déguster dans un cadre très cosy ou dans un ravissant patio aux murs vieillis et couverts d'assiettes, avec lumière tamisée en soirée. Une adresse idéale pour un dîner en amoureux, à condition de mettre la main au portefeuille. N'oubliez pas de jeter un œil à la reconstitution de la chambre de Van Gogh à l'*Auberge Ravoux* à Auvers-sur-Oise.

Où boire un verre ?

Mission Ranch (plan d'ensemble, **21**) **:** *26270 Dolores St.* À partir de 16h et avant que les clients n'y viennent dîner (voir « Où manger ? »), la superbe terrasse s'ouvrant sur une pittoresque prairie tondue par de gras moutons d'Écosse et l'océan en toile de fond vous accueillent pour un verre, bien calé sur des sièges en lattes de bois. Un moment inoubliable. En plus, la bière n'est pas plus chère qu'ailleurs et les verres de vin sont très généreusement servis. Merci qui ? Merci Clint !

Barmel (plan II, D5, **75**) **:** *dans Carmel Sq, une petite courette donnant sur San Carlos (entre Ocean Blvd et 7th Ave). ☎ 831-626-3400. Tlj jusqu'à 2h.* Le bar *trendy* de Carmel, à la déco actuelle pointue, mix de style victorien décati, californien pour la terrasse fleurie, indus' brut et 80's. Visez un peu les pochettes de vinyles de Renaud, Vartan-Sardou et Laurent Voulzy au-dessus de la petite scène dédiée aux concerts *(jeu-sam).* Le bar partage la courette avec ***Pescadero,*** resto-bar mexicain branché de la même trempe (voir précédemment dans « Où manger ? »).

Brophy's Tavern (plan II, D4, **76**) **:** *San Carlos, à l'angle de 4th Ave. ☎ 831-624-2476. Tlj 11h-22h.* Ce resto-bar à l'anglaise réunit les vrais Carmélites (les habitants de Carmel ?), qui parlent haut et boivent la bière à la bouteille. Ambiance sympa, tout comme l'accueil, avec musique et écran télé branché sur une chaîne sport à chaque angle, pour ne rien perdre des derniers événements sportifs les plus débiles qui soient.

Achats

Très couru par les amateurs d'art depuis le début du XXe s, Carmel compte une centaine de ***galeries et ateliers,*** qui exposent les artistes en vogue. Les magasins, quant à eux, comptent parmi les plus beaux (chichiteux parfois) de Californie – les plus chers aussi. Ici, les vitrines sont arrangées comme des œuvres d'art, les intérieurs soignés comme dans *Vogue* ou *Harper's Bazaar.* Les objets à vendre doivent être sophistiqués et originaux. Il faut dire que les indigents qui viennent se balader par ici sont toujours prêts à craquer pour une petite œuvre à quelques dizaines de milliers de dollars, réalisée par un artiste en devenir (forcément en devenir !). À Carmel, on dégaine la Gold comme autrefois la Winchester. Tiens, au passage, allez donc jeter un œil au ***Carmel Plaza*** *(sur Ocean Ave angle Mission St)* pour se donner une idée du centre commercial version Carmel.

À voir

Carmel Beach (plan d'ensemble et hors plan II par C5) **:** *à l'extrémité ouest d'Ocean Ave (parking gratuit). Si c'est complet, suivez Scenic Rd et garez-vous quand vous pourrez, de manière légale et sans gêner personne (fourrière garantie autrement).* On adore cette plage de sable blanc, absolument superbe, en arc de cercle, ourlée de dunes et frangée de végétation et d'arbres magnifiques, à 2 pas du centre-ville. Un modèle du genre. On y vient en famille le week-end pour se balader, surfer, pique-niquer, faire du cerf-volant et se tremper les pieds... mais pas plus à cause des grosses vagues !

Les maisons de contes de fées de Carmel *(plan II, C5 et D4)* **:** une des curiosités de Carmel, ce sont ces maisonnettes aux toits pentus hérissés de cheminées tarabiscotées, que l'on retrouve un peu partout en ville. Elles sont l'œuvre d'un seul et même homme, Hugh Comstock (ni architecte ni promoteur immobilier pourtant !), qui décida en 1924 de construire un petit cottage pour sa femme, afin qu'elle puisse y confectionner ses poupées. De fil en aiguille, il acheta des terrains et continua de concevoir ses maisonnettes mignonnes comme tout. La mode était lancée, suivie par de vrais architectes qui prirent le relais. Il reste aujourd'hui une bonne vingtaine de ces croquignolettes bicoques dans le centre de Carmel, une petite moitié étant concentrée sur Torres, Santa Fe et Santa Rita Street, entre 5th et Ocean Avenue. La toute 1re construite, ***Hansel Cottage,*** et sa jumelle ***Gretel Cottage,*** se trouvent sur Torres Street, entre les 5th et 6th Avenues. Quant à la ***Tuck Box*** (Dolores Street, entre Ocean et 7th Avenue), elle est aujourd'hui reconvertie en salon de thé-resto. Si vous êtes intéressé, l'office de tourisme a édité un dépliant avec photos sous forme de circuit, *A Guide to the Fairy-Tale Cottages in Carmel-by-the-Sea,* qui les recense toutes.

CHIENS GRIFFÉS

Sur la superbe plage de Carmel, vous noterez la beauté des chiens qui se pavanent. Il faut les voir se dandiner comme à la parade, presque conscients de leurs conditions privilégiées. Et ça se renifle avec classe, ça se retient même de souiller la plage. Pompon et foulards décorent les canidés comme des sapins de Noël. On a même vu une petite chienne avec du rose aux griffes ! Des fois qu'on rencontre le grand amour en courant après la baballe...

La mission San Carlos Borromeo *(plan d'ensemble)* **:** *au sud de Carmel, au 3080 Rio Rd. ☎ 831-624-1271. • carmelmission.org • Tlj 9h30-17h. Entrée : 10 $; réduc ; sur donation le dim, en raison des messes (5/j. !) : on peut voir l'église entre les offices, tandis que le reste se visite normalement.*

C'est la 2e mission créée en Californie (le 3 juin 1770), et sûrement ***l'une des mieux conservées.*** On doit sa superbe restauration à sir Harry Downie, qui lui a consacré 50 ans de sa vie. Les visiteurs entrent par les petits jardins, en direction de l'église, au maître-autel tendance baroque, encadré de statues polychromes. Au sol, sous une dalle, la sépulture du prêtre franciscain espagnol qui fonda la mission. L'église fut élevée au rang de basilique par le pape Jean XXIII (en 1961). Dans les petites pièces, au fond à gauche, quelques vêtements liturgiques. Dans un étroit couloir, voir l'***incroyable crèche*** représentant des dizaines de personnages et anges virevoltants, qui fait fi de l'architecture de l'époque et des tenues vestimentaires.

À droite de l'église, 2 salles rendent hommage à Harry Downie en évoquant la construction, le développement, le déclin et la restauration de la mission. Longeant le flanc droit de l'église, le ***cimetière*** très dépouillé, aux tombes encadrées de gros abalones (coquillages locaux). On y trouve celle de Harry Downie. Derrière l'église, le petit ***Munras Museum*** rappelle la destinée de la famille Munras. La vaste cour à l'arrière, avec au centre une fontaine ornée au fond d'azulejos et encadrée par les bâtiments d'habitation des religieux, donne une idée de l'importance de la mission.

Puis on accède au ***Mora Chapel Museum*** où est décédé Junipero Serra, qui fonda la mission ainsi que de nombreuses autres en Californie. S'y trouve son cénotaphe. À noter que le prêtre a été canonisé par le pape François en 2015. Comme celui-ci n'a pas pu se déplacer, la cérémonie s'est déroulée par caméras et écrans interposés. On n'arrête pas le progrès. Différentes pièces nous sont présentées : chambre, salon, cuisine, cellule (très spartiate) de J. Serra, objets religieux et usuels, riche bibliothèque (la 1re de Californie), etc.

DANS LES ENVIRONS DE CARMEL

Point Lobos State Reserve : *à un peu plus de 3 km au sud de Carmel. • pointlobos.org • Tlj de 8h jusqu'à 30 mn après le coucher du soleil (dernière entrée à 19h). Entrée : 10 $/voiture ; gratuit à vélo (mais c'est loin et vous devrez rester sur la route, les sentiers étant interdits aux vélos – emplacements prévus pour les attacher), ainsi qu'à pied (bus n° 22 depuis Monterey). Brochure détaillée à l'entrée (existe en français), avec ttes les randos.* ***Nombre de visiteurs limité dans le parc,*** *attente possible à l'entrée (une voiture sortie, une voiture entrée) ; possibilité sinon de se garer le long de la Hwy 1 et d'entrer à pied (gratuit dans ce cas).*

Cette réserve écologique (depuis 1973) est encore plus belle et plus intéressante que le *17-Mile Drive.* Les routes étroites se terminent par des petits sentiers pédestres qui longent la mer et permettent d'accéder à pied aux plus jolis sites, des promontoires dominant le Pacifique. Si on a le temps, on peut même passer une journée entière à marcher dans cette belle nature en observant la faune. Sévèrement protégée, la péninsule était déjà décrite dans les années 1920 par un célèbre architecte comme le plus pittoresque des paysages de rochers sur fond de houle, combiné à une végétation unique, de toute la côte californienne. L'une des scènes les plus caractéristiques, en effet, ce sont ces bosquets de cyprès de Monterey, une espèce d'arbre rare, accrochés aux falaises, tordus par le vent et fouettés par les embruns. On peut également y observer de nombreux oiseaux et animaux marins : ***loutres de mer et phoques sont presque toujours au rendez-vous,*** les 1res barbotant dans les lits de *kelp* (une algue géante), les 2ds se dorant la pilule au soleil. Il n'est pas rare non plus de voir batifoler des dauphins. Des rangers sont d'ailleurs souvent postés aux endroits stratégiques, prêtant volontiers leur longue-vue aux visiteurs. Enfin, la réserve est un spot de plongée très réputé.

Superbes balades le long de la côte et dans la presqu'île. Ne pas manquer le ***Cypress Grove Trail*** (une boucle de 2 petits kilomètres longeant la côte déchiquetée avec incursion dans la forêt de pins et chênes dégoulinant de mousse espagnole), le ***Sea Lion Point Trail,*** le ***South Shore Trail*** ou le ***North Shore Trail.*** À *Sea Lion Point,* sur les rochers, se rassemblent des otaries, qu'on entend de très loin. Les marins espagnols qui découvrirent la région trouvèrent une grande ressemblance entre leur cri et les hurlements de loups, et nommèrent l'endroit *Punta de los Lobos Marinos* (la pointe des loups marins). D'où le nom *Point Lobos.*

On peut également, en décembre-janvier, apercevoir les ***baleines grises*** longeant la côte du nord au sud, et en mars-avril en sens inverse. Mesurant une quinzaine de mètres et pesant jusqu'à 40 t, elles couvrent 22 000 km par an ! C'est la migration la plus longue enregistrée chez un mammifère.

Pour finir, sachez que c'est dans le site sauvage de Point Lobos que Robert Louis Stevenson, établi à Monterey en 1879, aurait trouvé l'inspiration pour écrire son roman d'aventures ***L'Île au trésor.*** On parle au conditionnel, mais pour son biographe, le Breton Michel Le Bris, qui connaît bien la région, ça ne fait aucun doute.

– À ***Whaler's Cove,*** le ***Whalers Cabin Museum*** *(ouv normalement tlj 9h-17h)* est une cabane de pêcheur qui retrace l'histoire de la péninsule de Point Lobos, révélant son rôle (assez accessoire toutefois) dans l'ère baleinière qui enflamma le Pacifique au milieu du XIXe s. Installé dans une maisonnette en bois de la même époque, qui appartenait à des pêcheurs chinois. Plus tard, en ces lieux, des plongeurs japonais exploitèrent les abalones – les coquillages préférés des loutres. Un film d'une dizaine de minutes, consacré à la faune du parc, est projeté sur demande.

– ***ATTENTION au*** **poison oak,** un arbuste vénéneux dont les feuilles brillantes ressemblent à celles du chêne – d'où son nom américain traduisible par « chêne poison ». N'y touchez pas, car il sécrète une substance qui provoque des éruptions et des démangeaisons sévères pouvant durer des semaines.

Garrapata State Park : sur la Hwy 1, à une dizaine de km au sud de Carmel et une trentaine de km au nord de Big Sur. Après Point Lobos, guetter le panneau côté droit de la route (juste avt le Garrapata Creek Bridge). ☎ 831-624-4909. • parks.ca.gov • Parking possible sur le bas-côté de la route. En 5 mn, un sentier mène à une sublime plage sauvage, encadrée de falaises de granit couvertes de griffes de sorcière et de fleurs multicolores, avec les collines en arrière-plan. Très photogénique et idéal pour pique-niquer.

BIG SUR

• Plan Big Sur et la Highway One *p. 285*

Voici une région magnifiquement préservée, idéale pour tous les amateurs de nature sauvage. D'un côté, des falaises vertigineuses et des criques rocheuses battues par les vagues d'un océan pas toujours très pacifique. De l'autre, de denses forêts de séquoias – une espèce côtière, plus haute mais moins corpulente que celle de la Sierra Nevada. Ça rappelle parfois la Méditerranée, de temps en temps la Bretagne, les côtes d'Écosse ou de Scandinavie, toute comparaison étant relative, du fait des variations de la météo. Pas étonnant que beaucoup d'artistes aient été subjugués par cet endroit, comme l'écrivain Henry Miller dans les années 1950 : « Voici la Californie dont rêvaient les hommes d'autrefois ; voici le Pacifique que Balboa contempla ; voici le visage de la Terre tel que le Créateur l'a conçu. » Sur leurs traces, tous ceux qui recherchaient la tranquillité, l'isolement et l'émerveillement des grands espaces ont posé là leurs pénates. C'est ce désir de paix qui vaut à Big Sur (prononcez « big sœur ») une tranquillité et une nonchalance qui se font rares dans la Californie d'aujourd'hui. Dommage cependant qu'il soit désormais si difficile de quitter la Highway 1, tant les accès (aux plages, notamment) sont limités.

– ***La meilleure époque*** pour y venir, c'est ***au printemps et à l'automne,*** lorsque les températures sont douces et le ciel souvent dégagé. En été, le temps est agréable aussi (et même un peu plus chaud), mais il y a beaucoup plus de monde ! L'hiver est la saison où il pleut le plus (et où il fait le plus froid, naturellement), même s'il arrive que survienne un splendide ciel bleu...

– Si vous descendez vers le sud par la Highway 1 depuis la péninsule de Monterey, ***veillez à faire le plein d'essence AVANT d'aborder Big Sur*** (à Monterey ou à Carmel, donc), où elle est tarifée 30 à 40 % de plus (et il faut déjà bien dépasser Big Sur en allant vers le sud pour qu'elle retombe à un prix normal).

UN PEU D'HISTOIRE

Ce n'est que ***vers le milieu du XIXe s*** que débuta véritablement l'exploration de la région. Des pionniers s'installèrent, bûcherons pour la plupart, travaillant à l'abattage des séquoias. Parmi eux, les Pfeiffer, dont le nom se retrouve partout à Big Sur. L'industrie avait un tel poids que la population des lieux était alors plus importante qu'aujourd'hui. C'est à cette époque que ***Jack London*** parcourut la région à cheval depuis la vallée de la Lune. En 1889, la construction du phare de Point Sur permit d'éviter les naufrages autrefois si fréquents

le long de cette côte traîtresse, souvent plongée dans les brouillards créés par la rencontre des courants froids du Pacifique et des terres californiennes gorgées de soleil.
Le grand public, lui, ignora la région jusqu'en 1937, date à laquelle fut ouverte ***la route reliant Carmel à San Simeon.*** Celle-ci longe le Pacifique sur près de 200 km. Dans son sillage, l'électricité finit par atteindre Big Sur... dans les années 1950. 10 ans plus tard, un autre Jack, ***Kerouac*** celui-là, écrivain charivarique et grand buveur devant l'Éternel, vint dans ce coin sauvage pour se désintoxiquer d'une java qui avait duré 3 ans. Pour lui, Big Sur n'était pas le paradis, mais l'enfer. Comme après une mauvaise gueule de bois, l'endroit lui apparut comme un lieu de terreur avec des « rochers noirs » et une « mer dévastatrice ». Il ne voulut même pas rencontrer Miller.
L'***âge d'or de Big Sur*** semble aujourd'hui appartenir au passé. Depuis les années 1980, les ***artistes désargentés et bohèmes*** ont petit à petit cédé la place à des résidents de plus en plus aisés. Mais lorsque les tempêtes hivernales entrent en scène, il n'est pas rare que Big Sur retrouve, l'espace de quelques jours ou de quelques semaines, l'isolement du passé (parfois provoqué aussi par des catastrophes naturelles, comme les incendies de 2008 et l'effondrement partiel de la Highway 1 en 2017). D'une certaine manière, les habitants de Big Sur aiment cette dureté de la nature mêlée à sa beauté, qui écarte les importuns et les opportunistes. Le phénomène de mode ne joue pas longtemps par ici. Pour résider à Big Sur (au-delà des 2 mois d'été), il faut être taillé pour ça !

HENRY MILLER À BIG SUR : UN DIABLE AU PARADIS

Après des ***années de misère à Paris*** (où il écrivit *Tropique du Cancer* et *Jours tranquilles à Clichy*) et d'errance en Grèce, Henry Miller revint en Amérique pendant la Seconde Guerre mondiale et s'installa en Californie. Effrayé par le « cauchemar climatisé » qu'était devenu son pays, l'artiste, toujours sous la menace de la censure, décida de ***fuir le plus loin possible cette société de consommation*** qu'il détestait. La découverte de Big Sur, enclave dépeuplée et isolée, fut pour lui une révélation. « Pour la première fois de ma vie ... je sentais que j'habitais le monde où j'étais né. »
En ***février 1947,*** le nomade posa son sac à Partington Ridge, dans une ***bicoque accrochée à une falaise*** en à-pic surplombant l'océan Pacifique. « Tout vous est jeté pêle-mêle : l'océan, le paysage, les forêts, les rivières, les oiseaux... les vagabonds, les couchers de soleil, le génépi, et même les rochers qui ont un attrait hypnotique. » Mais cette ***solitude*** avait un prix : la pauvreté, l'inconfort. Au début, sa maison n'avait ni gaz, ni électricité, ni téléphone, ni frigo, ni chauffage, ni tout-à-l'égout. Rien qu'une cabane améliorée. Il ne recevait le courrier que 3 fois par semaine. Pas de voiture, mais une petite charrette qu'il chargeait de victuailles et tirait comme une mule, presque entièrement nu. Pendant longtemps, pour survivre, le Robinson vendit ses peintures au bord de la route. De nombreux admirateurs lui adressaient aussi des dons, des cadeaux, de l'argent qu'il recevait par la poste. Le ***succès*** arriva. Ses livres se vendirent. Il put acheter sa maison.
Il fut de moins en moins seul car, bien avant l'époque hippie, Big Sur devint le ***refuge d'une communauté d'artistes et d'anticonformistes,*** démunis mais solidaires et décidés à se tenir loin du tapage du monde moderne. Miller partageait son temps entre l'écriture (il y écrivit notamment *Big Sur et les Oranges de Jérôme Bosch*), les promenades à pied, les visites aux amis (Emil White, surtout), les bains aux sources sulfureuses de Slade's Spring, et ses amours. C'est dans ce paradis à la fois splendide et terrible, fait de paix et de solitude, que le diable Miller devint Miller-Bouddha, un grand artiste illuminé de l'intérieur et sans cesse créatif. À ses côtés, il eut plusieurs femmes différentes (dont une Japonaise), mais surtout ses enfants, Tony et Valentine.

BIG SUR ET LA HIGHWAY ONE

Adresses utiles

- Big Sur Station
- 12 Big Sur Health Center
- 14, 16, 18 Distributeurs de billets et épiceries
- 16, 18, 23 Pompes à essence

Où dormir ?

- 10 Bottchers Gap Campground
- 12 Big Sur Campground and Cabins
- 13 Riverside Campground and Cabins
- 14 Fernwood Campground et Fernwood Resort
- 15 Pfeiffer Big Sur State Park et Big Sur Lodge
- 16 Glen Oaks Big Sur et Ripplewood Resort
- 17 Deetjen's Big Sur Inn and Restaurant
- 18 Big Sur River Inn
- 19 Ventana et Ventana Campground

Où manger ?

- 14 Fernwood Resort
- 16 Ripplewood Café et Big Sur Roadhouse
- 17 Deetjen's Big Sur Inn and Restaurant
- 18 Big Sur River Inn Restaurant
- 19 Big Sur Smokehouse
- 21 Nepenthe et Café Kevah
- 23 Big Sur Bakery & Restaurant

Où boire un verre ?

- 21 Nepenthe
- 23 Big Sur Taphouse

Achats

- 21 Phoenix Shop
- 30 Coast Big Sur

Henry Miller vécut à Big Sur de 1947 à 1962, puis déménagea à Pacific Palisades (près de Los Angeles), où il resta jusqu'à sa mort, en 1980.

Topographie

Big Sur n'est ni une ville ni un village. C'est ***une microrégion*** qui, selon Henry Miller, « a de deux à trois fois la superficie de la république d'Andorre ». Cette enclave sauvage commence à une quinzaine de kilomètres au sud de Carmel et s'étend jusqu'après Lucia et, à l'est, jusqu'à la vallée de Salinas. Une rangée de hautes collines (presque des petites montagnes) barre l'accès à l'arrière de la côte. On se contente donc, gâtés qu'on est, de longer la route côtière (la fameuse Highway 1) merveilleusement coincée entre mer furieuse et falaises majestueuses. ***Big Sur n'a pas vraiment de centre (voir la carte).*** C'est une localité émiettée, avec des maisons étalées le long de la route, enfouies dans les bois ou accrochées aux versants des collines et des falaises. La concentration de quelques boutiques, hôtels, motels et pompes à essence à *Big Sur Station* peut être considérée comme l'épicentre de la région, mais n'a pas grand-chose à voir avec une agglomération.

Arriver – Quitter

➢ ***De/vers Monterey et Carmel :*** le bus 22 relie Big Sur à Monterey *(Monterey-Salinas Transit ; • mst.org •).*

Adresses et infos utiles

Big Sur Station : *à gauche de la route en venant du nord, peu après le Pfeiffer Big Sur State Park. ☎ 831-667-2315. • bigsurcalifornia.org • Tlj 9h-16h.* Représente à la fois le service des parcs d'État *(State Parks)* et l'office de tourisme : tous les renseignements pour découvrir le coin, dormir et manger. Également des cartes topographiques payantes (qu'on peut photographier gratos) et une foule d'infos sur les randonnées praticables dans les parcs de la région. Enfin, on peut s'y procurer ***Big Sur Guide,*** la feuille de chou locale, très bien faite pour connaître l'actualité, les randonnées organisées par les rangers et les bons plans du coin.

– ***Day pass pour les State Parks de Big Sur :*** ce *pass (10 $/véhicule)* permet d'entrer durant 24h dans les *State Parks* de Big Sur (et seulement les *State Parks*) que sont Pfeiffer Big Sur, Andrew Molera, Julia Pfeiffer Burns et même Point Lobos (juste au sud de Carmel). Exception faite de Limekiln (*State Park* aussi mais concession) : 10 $ en plus. On paie dans le 1er visité, puis on garde le reçu, à placer sur le tableau de bord au parc suivant.

■ ***Distributeurs de billets :*** *dans l'épicerie du **Big Sur River Inn** (plan, **18**), au **Fernwood Resort** (plan, **14** ; distributeur dans le bar) et au **Ripplewood Resort** (plan, **16**).*

■ ***Pompes à essence :*** *au **Big Sur River Inn** (plan, **18**) ; à côté du **Ripplewood Café** (plan, **16**) ; et à côté de la **Big Sur Bakery** (plan, **23**).* On rappelle que l'essence est ici beaucoup plus chère qu'ailleurs (environ 30 à 40 % de plus).

■ ***Épicerie, ravitaillement :*** *au **Big Sur River Inn** (plan, **18**) ; au **Ripplewood Resort** (plan, **16**) ; et au **Fernwood Resort** (plan, **14**).* Ces 2 dernières sont plutôt bien approvisionnées.

Big Sur Health Center *(centre médical ; plan, **12**)* **:** *sur la Hwy 1, à l'entrée du **Big Sur Campground and Cabins** (plan, **12**). ☎ 831-667-2580. Lun-ven 10h-13h, 14h-17h.*

– ***Big Sur International Marathon :*** *généralement le dernier dim d'avr. • bsim.org •* Le long de la côte, entre falaises et eucalyptus, c'est l'un des plus beaux marathons du pays.

Où dormir ?

Les hébergements sont chers et souvent réservés plusieurs mois à l'avance ! La solution la moins coûteuse reste de loin ***la tente*** ou, plus confortables, ***les petites cabanes dans les campings.***

Campings

La région n'en manque pas, mais ils sont pris d'assaut en été, ce qui rend la ***réservation indispensable.*** Certains proposent aussi des petits bungalows *(cabins),* équipés ou non de sanitaires privés et cuisine. Ça peut être une alternative au motel, mais, attention, les tarifs ne sont pas réellement plus bas ! Nous vous indiquons les campings dans l'ordre où ils apparaissent en venant du nord.

⛺ ***Bottchers Gap Campground*** *(plan,* ***10****)* ***:*** *dans la partie nord de Big Sur, juste au sud du resto* Rocky Point *(voir « Où manger ? ») et un peu avt le pont de Bixby ; prendre la petite et discrète Palo Colorado Rd sur la gauche. ☎ 805-434-1996. Empl. 20 $ (2 pers).* ***Fermé en 2022, surveiller sa réouverture.*** Certainement le camping le moins cher de tout le secteur. Au sommet d'une route étroite qui grimpe à l'assaut des montagnes et serpente le long d'un torrent sur 12 km, entre de magnifiques séquoias. On plante sa tente (camping-cars exclus) en pleine nature. Seulement une douzaine d'emplacements, mais on ne s'y bouscule pas vraiment (sauf peut-être au cœur de l'été). Il n'y a rien sur place. Toilettes sèches et pas de douche.

⛺ 🏠 ***Big Sur Campground and Cabins*** *(plan,* ***12****)* ***:*** *situé juste après le* Big Sur River Inn *en venant du nord. ☎ 831-667-2322. • bigsurcamp.com • Empl. 70-90 $; tent-cabin 2 pers 140-195 $ (20 $/pers en plus) ; bungalows 210-460 $ (jusqu'à 6 pers).* On est à 2 pas de la route (qui d'ailleurs s'entend), mais l'environnement est sauvage, à l'ombre de séquoias d'une cinquantaine de mètres de haut, avec une rivière. Outre la partie camping, on trouve ici une vaste gamme de bungalows : de la maisonnette confortable dominant la rivière (certaines avec cuisine ou cheminée) à la simple *tent-cabin* sans sanitaires. Ces dernières sont de grandes tentes aménagées avec murs en toile, toit en Plexiglas (bruyant lorsqu'il pleut) et lit unique pour une roucoulade sous la voûte céleste. Laverie, terrain de basket, location de chambres à air (pour la rivière), boutique et café offert (mais avoir sa tasse !), bref, pas mal de services (et les sanitaires sont impeccables), mais les tarifs sont élevés. Excellent accueil.

⛺ 🏠 ***Riverside Campground and Cabins*** *(plan,* ***13****)* ***:*** *le 2e camping à droite de la Hwy 1 en venant du nord. ☎ 831-667-2414. • riversidecampground.com • Empl. 70-75 $ (5 $/pers en plus) ; cabins, avec sdb et cuisine, 175-275 $ (jusqu'à 6 pers).* Situé comme le précédent sous les séquoias, au bord de la rivière, dans laquelle on peut se baigner si on n'est pas trop frileux. Que vous dormiez sous la tente ou en *cabin,* vous aurez droit, ici, à votre cheminée privée ! Électricité pour les camping-cars et eau potable. Petite épicerie, laverie et douche payante.

⛺ ***Fernwood Campground*** *(plan,* ***14****)* ***:*** *47200 Hwy 1, en contrebas du* Fernwood Motel. *☎ 831-667-2422. • fernwoodbigsur.com • Empl. 70-105 $ pour 2 (5 $/pers en plus) ; tent-cabin (2-4 pers) 130-190 $; cabin avec sdb et cuisine 2-6 pers 290-355 $.* Une soixantaine de places réparties dans une majestueuse forêt de séquoias, de part et d'autre de la rivière Big Sur. Électricité pour les camping-cars. Sanitaires bien tenus, douches chaudes (incluses), épicerie, et station-service à 400 m.

⛺ ***Pfeiffer Big Sur State Park*** *(Big Sur Lodge ; plan,* ***15****)* ***:*** *Hwy 1. ☎ 831-667-1112. Résas : ☎ 1-800-444-PARK. • parks.ca.gov • Empl. 35 et 50 $ (près de la rivière).* Situé au cœur du parc, au milieu d'une magnifique forêt, ce camping d'État est le plus grand et de loin le plus agréable de tout Big Sur. Plus de 200 emplacements, vastes et dispersés, où vous aurez la visite des écureuils et des geais. Sur place, douches chaudes (payantes), petite épicerie et resto de l'hôtel *Big Sur Lodge* situé lui aussi dans le parc et à proximité du camping. On peut réserver spécifiquement les sites bordant la Big Sur River, à condition de s'y prendre plusieurs mois à l'avance pour l'été !

Ventana Campground *(plan,* ***19****) : 48123 Hwy 1. ☎ 855-391-8683. • ventanacamping.com • Empl. tentes seulement (pas de RV), 5 pers max, env 85-105 $.* Au milieu des bois, dans un site exceptionnel, on plante sa tente entre les séquoias géants pour une immersion nature totale, mais un peu cher payée, Big Sur oblige. Il faut dire que chaque emplacement (60 en tout) dispose d'une belle table de pique-nique et d'un foyer creusé intégré pour faire son feu de camp. Les 3 blocs sanitaires sont aussi tout neufs.

Prix moyens

Ripplewood Resort *(plan,* ***16****) : 47047 Hwy 1. ☎ 831-667-2242. • ripplewoodresort.com • Réception à l'épicerie* Ripplewood Resort. *Cabanes 2-5 pers 120-300 $.* Jolies cabanes en bois assez rustiques, dispersées sous de majestueux séquoias, en contrebas de la Highway 1, au bord de la rivière, ou de l'autre côté de la route, sur la colline au-dessus de l'épicerie. Elles sont plus ou moins équipées : avec ou sans cuisine, cheminée ou terrasse. Un bon endroit pour qui souhaite prolonger son séjour à Big Sur (pour le calme, comme dans la majorité des autres hébergements, il faudra faire avec le bourdonnement de la route, invisible mais audible), notamment avec les cuisines équipées qui permettent des économies côté repas (même si elles sont plus chères). Du reste, elles sont assez espacées pour préserver l'intimité de chacun. Un bon compromis qualité-confort-prix.

Fernwood Resort *(plan,* ***14****) : 47200 Hwy 1, au début de Big Sur, sur la droite en venant du nord. ☎ 831-667-2422. • fernwoodbigsur.com • Resto ouv tlj 12h-22h. Chambres 180-235 $.* L'un des motels les moins chers de Big Sur, avec l'avantage qu'ici on paie pour la chambre (et non par personne) et que certaines peuvent accueillir 6 personnes. Les petites, simples mais soignées et agréables (avec même un petit effort dans la déco !), se trouvent le long de la route et elles sont donc un peu bruyantes (on ne peut pas tout avoir). Pas de vue, juste ce qu'il faut pour ronfler et repartir le lendemain. Autre avantage du *Fernwood* : il fait aussi resto (burgers, sandwichs, tacos, burritos) et épicerie plutôt bien fournie. Pas mal de *bikers*.

Plus chic

Deetjen's Big Sur Inn and Restaurant *(plan,* ***17****) : 48865 Hwy 1. ☎ 831-667-2377. • deetjens.com • À la sortie sud de Big Sur, peu après la bibliothèque de Henry Miller, sur la gauche. Doubles 130-340 $; 250-435 $ avec sdb.* Ce lieu de rêve, chargé d'histoire, fut un des 1ers hébergements à Big Sur, construit entre 1936 et 1942 par un Norvégien. Les chambres, toutes différentes, sont dispersées dans plusieurs cabanes en bois posées en lisière de forêt, rustiques et charmantes tout à la fois mais sans TV ni réseau téléphonique ou wifi (ni même de clé pour fermer sa porte !). Pour un peu on se croirait dans « La Petite Maison dans la prairie » ! Quelques chambres (les moins chères) partagent même les sanitaires. C'est que, ici, on vient avant tout pour l'esprit *bohemian* typiquement *Big Sur*. Excellent resto où l'on peut prendre breakfast et dîner (voir « Où manger ? »). Accueil cool et chaleureux, au diapason.

Big Sur River Inn *(plan,* ***18****) : à Pheneger Creek, entrée nord de Big Sur. ☎ 831-667-2700. • bigsurriverinn.com • Doubles 175-310 $; suites 4 pers 300-495 $.* Installé dans la forêt de part et d'autre de la route, donc un peu bruyant, ce motel historique abrite une vingtaine de chambres fort bien tenues et agréables avec leur déco tout en bois clair revue au goût du jour.

Ceux qui voyagent à 4 peuvent profiter des suites, qui donnent sur la Big Sur River. Piscine chauffée (juin-septembre) et resto (voir plus loin).

De plus chic à très chic

Glen Oaks Big Sur *(plan, **16**) : après le* Riverside Campground *et avt la* Big Sur Station*, sur la gauche de la Hwy 1 quand on vient du nord. ☎ 831-667-2105. • glenoaksbigsur.com • Doubles 310-425 $; 440-950 $ pour les cabanes.* Le petit lobby donne le ton : on a voulu faire chic et branché plutôt que fruste et cow-boy. Jolies chambres (une quinzaine) à la déco épurée, contemporaine, jouant sur le bois brut, la brique ou l'adobe, le verre et les couleurs terre. Ça sent le magazine de déco à plein nez, mais c'est réussi. Toutes ont un minifrigo et une cheminée vitrée, ainsi qu'un coin terrasse. De l'autre côté de la route, des cabanes en bois pas bien grandes mais charmantes là aussi et dans le même esprit, disséminées dans une superbe forêt de séquoias géants. Celles posées au bord de la rivière sont évidemment les plus chères (et pour le coup, elles sont vraiment chères). Une adresse certes pas donnée mais idéale pour jouer aux trappeurs bobos !

Big Sur Lodge *(plan, **15**) : 47225 Hwy 1, à l'intérieur du Pfeiffer Big Sur State Park. ☎ 855-238-6950. • bigsurlodge.com • Doubles 250-500 $.* Dans une vaste clairière entourée d'une superbe forêt de chênes, pins et séquoias, au cœur de la nature luxuriante du parc Pfeiffer, une soixantaine de chambres réparties dans une série de grands cottages en bois. Les plus chères, les plus grandes et les plus confortables ont cuisinette et cheminée. Piscine entourée de transats et d'une pelouse au milieu de l'ensemble. Reste que les tarifs sont un peu gonflés et l'accueil pas toujours au niveau. Resto également mais pas particulièrement notable. Plutôt un 2d choix si les autres adresses sont complètes.

Coup de folie

Ventana *(plan, **19**) : 48123 Hwy 1. ☎ 831-667-2331. • ventanabigsur.com • Tentes de luxe (glamping) ou doubles standard min 240 et 1 500 $ (!), dégustation de vins et fromages incluse mais pas le petit déj...* ***Adultes seulement,*** *pas d'enfants. Resort* de grand luxe d'une soixantaine de chambres réparties dans de petites unités en bois, dans un immense domaine de nature vierge sur les hauteurs de Big Sur. Déco pointue, matériaux nobles et tendance, salles de bains de rêve ouvrant directement sur la chambre (cloisons japonaises pour plus d'intimité). 2 grandes piscines dont une où l'on peut se baigner à poil, histoire de se plonger dans le Big Sur des 70's, un bassin chaud face à la montagne et d'incroyables bains japonais. Le resto *(The Sur House),* avec exceptionnelle terrasse dominant le Pacifique, est à 500 m de marche de l'accueil, par un sentier boisé ; pas rare de croiser des animaux en chemin. Voiturettes de golf pour aller d'un point à un autre, cours de yoga et multiples attentions. Une adresse exclusive pour une occasion rare.

Où manger ?

S'attabler à Big Sur est, au mieux, pas trop cher, au pire, ruineux. ***Les fauchés arriveront avec leurs provisions et une glacière.*** Les moins prévoyants feront leurs petites courses à l'une des ***épiceries*** du coin pour se bricoler un ***pique-nique.*** Sinon, on trouve plusieurs restos le long de la Highway 1, notamment ceux des motels qu'on signale.

Spécial petit déjeuner

Le ***Ripplewood Café*** *(plan, **16**)* est parfait pour un petit déj tranquille à prix raisonnable. Pour une bonne viennoiserie à l'américaine accompagnée d'un café (et 2-3 autres options), on recommande vivement aussi le ***Big Sur Bakery & Restaurant*** *(plan, **23**),* qui fait aussi brunch le week-end. Enfin, il y a aussi le ***Café Kevah*** *(plan, **21**)* pour sa terrasse avec vue plongeante sur le Pacifique, ***Deetjen's Big Sur Inn and Restaurant*** *(plan, **17**)*, bourré de charme, et enfin ***Big Sur Roadhouse*** *(plan, **16**)*.

De bon marché à prix moyens

Ripplewood Café *(plan, **16**)* **:** *47047 Hwy 1. ☎ 831-667-2242. Tlj 8h-14h. Petits déj 10-15 $, lunch 10-20 $.* Un petit resto au cadre tout en bois, avec banquettes rembourrées et dessus de table en carreaux de faïence. On y trouve tout un choix de bons petits déj très copieux (un des meilleurs du coin) et de sandwichs savoureux, accompagnés au choix d'une salade ou de la soupe du jour maison. Quelques plats mexicains aussi. Accueil souriant. Petite terrasse ensoleillée à l'arrière.

Café Kevah *(plan, **21**)* **:** *en contrebas du* Nepenthe Restaurant, *près du parking. ☎ 831-667-2344. Tlj 9h-15h30, selon météo. Fermé janv-fév (parfois mars aussi). Plats 13-20 $.* Café dont la terrasse offre une très belle vue sur la côte déchiquetée qui plonge dans le Pacifique. Pas mal de peintres amateurs viennent d'ailleurs profiter de ce point de vue exceptionnel. Prix plus abordables que ceux du *Nepenthe* (situé au-dessus, c'est d'ailleurs la même maison), mais menu assez limité (salades et panini surtout). Sinon, le petit déj est servi jusqu'à midi, et on peut aussi s'y arrêter pour une pâtisserie maison.

Big Sur Roadhouse *(plan, **16**)* **:** *c'est le resto du* Glen Oaks Big Sur *(voir plus haut). Tlj 8h-14h30. Plats 15-20 $.* En face du *Glen Oaks Big Sur*, un resto à la déco dans le même esprit country folk vintage, flanqué d'une terrasse avec un âtre crépitant. On y sert une petite cuisine simple mais pas trop chère pour Big Sur : *avocado toast, veggie omelet*, sandwichs, burgers et wraps. Parfait pour une halte breakfast ou lunch léger.

Big Sur Smokehouse *(plan, **19**)* **:** *48123 Hwy 1, au sud de Big Sur, côté gauche de la route, en contrebas du* Ventana Resort & Campground *(enseigne discrète). ☎ 831-667-2419. Mer-dim 11h-20h. Plat complet 20-25 $.* Un barbecue joint dans l'esprit du sud des États-Unis, revisité à la sauce californienne : produits du coin, bien sourcés et décor rustique-chic, dans une vieille maison en bois peinte en rouge. Les viandes lentement fumées sont servies avec sauces maison et de bons *sides* : haricots, *mac & cheese*... Malheureusement, l'addition penche plus du côté Big Sur que fin fond du Texas !

Fernwood Resort *(plan, **14**)* **:** *au bord de la Hwy 1, au début de Big Sur, sur la droite en venant du nord. ☎ 831-667-2129. Tlj 12h-22h. Plats 11-40 $.* Rien de bien exceptionnel à se mettre sous la dent dans cette salle tout en bois, mais pour Big Sur, les prix se tiennent et on y mange correctement (pizzas, burgers, plats mexicains).

De plus chic à très chic

Nepenthe *(plan, **21**)* **:** *au sud de Big Sur, proche de la bibliothèque de Henry Miller. ☎ 831-667-2345. Tlj 11h30-22h. Pas de résa si vous venez à moins de 5 : préparez-vous à un peu d'attente. Plats 18-55 $.* Perché au sommet de la falaise, *Nepenthe* est un restaurant mythique, dans un site à couper le souffle, où Orson Welles possédait un cabanon avec sa femme, Rita Hayworth. Subjugués par l'époustouflante beauté du lieu, les proprios suivants, les Fassett, jugèrent indécent de ne pas le partager. Ils embauchèrent un disciple de l'architecte Frank Lloyd Wright afin de concevoir une structure en bois vitrée avec une terrasse pour pouvoir danser devant ce paysage d'anthologie. Depuis 1949, *Nepenthe* est une institution de la région, attirant une clientèle éclectique d'artistes, de touristes, campeurs, randonneurs et locaux, toujours émerveillés par le cadre et charmés par l'ambiance néobaba cool. De la chaleureuse salle éclairée aux bougies le soir ou depuis les différentes terrasses, la vue plongeante sur la côte avec les montagnes dévalant vers le Pacifique est spectaculaire. Le soir, les prix grimpent, mais en décryptant bien la carte (*Ambrosia* *burger* à 20 $, par exemple), on peut limiter les frais ou même s'en tenir à un verre. Coup de cœur absolu.

Deetjen's Big Sur Inn and Restaurant *(plan,* ***17****)* **:** *48865 Hwy 1, à la sortie sud de Big Sur. ☎ 831-667-2378. Tlj pour le petit déj 8h-12h et le dîner 17h30-20h30. Fermé mer-jeu. Résa très conseillée le soir. Petits déj 7-18 $; le soir, plats 25-45 $.* Le resto de cet hôtel historique est niché dans les différentes pièces d'une adorable maison en bardeaux de bois classée. À l'intérieur, tout est plein d'esprit, chaleureux et bourré de cachet. L'accumulation d'*antiques,* tableaux, sculptures et assiettes anciennes donne un caractère fou au lieu. Les excellents petits déj et dîners sont servis aux chandelles, autour d'un feu crépitant, dans une intimité propice aux roucoulades. Une table très courue et un service impec et cool à la fois (Big Sur oblige).

Big Sur Bakery & Restaurant *(plan,* ***23****)* **:** *juste au-dessus de l'adorable station-service du* Big Sur Center. *☎ 831-667-0520. En principe, lun-mar 8h-15h seulement ; mer-dim 8h-15h, 17h30-20h30. Petit déj 9-15 $; plats 15-35 $.* On aime beaucoup cette adresse qui joue à fond la carte de la qualité et du charme, aussi bien pour le petit déj que pour déjeuner ou dîner. Même le pain est maison. Le soir, les pizzas au feu de bois permettent de profiter de l'endroit sans se ruiner non plus. Étroite terrasse le long de la maison et courette fleurie sur le côté donnant sur d'extraordinaires cactées.

Big Sur River Inn Restaurant *(plan,* ***18****)* **:** *dans l'hôtel du même nom (voir plus haut). ☎ 831-667-2700. Tlj 9h-21h. Plats petit déj et lunch 12-20 $ le midi, 15-30 $ le soir.* La grande maison en rondins où se trouve le restaurant fut bâtie par un descendant de la famille Pfeiffer, un des 1ers pionniers installés dans la région. Il abrita un temps la poste de Big Sur. On y sert aujourd'hui une cuisine country rustique, pas très subtile mais généreuse. Vaste salle à manger avec cheminée et terrasse sur la rivière aux beaux jours. Très touristique – comme ailleurs, nous direz-vous, mais encore un peu plus ici !

Où boire un verre ?

Nepenthe *(plan,* ***21****)* **:** *lire plus haut le descriptif de cet incontournable de Big Sur.*

Big Sur Taphouse *(plan,* ***23****)* **:** *47250 Hwy 1. ☎ 831-667-2197. Tlj 12h (8h w-e)-21h.* Le bar baba cool et jeune, où se retrouvent les bohèmes du coin pour chiller dans une ambiance gentiment *roots.* On descend sa bière (10 pressions au choix, un peu chères, mais c'est Big Sur !) dans un des recoins de la maisonnette ou sur la terrasse en bois juste au-dessus, face à la montagne. Il y a aussi de quoi grignoter sur le pouce pour éponger le liquide.

Achats

Quelques artistes locaux utilisent la ***jade de Big Sur*** pour confectionner des bijoux. On trouve leurs petites créations dans les quelques boutiques du coin ou bien au *Ripplewood Resort (plan,* ***16****).*

Phoenix Shop *(plan,* ***21****)* **:** *en contrebas du* Nepenthe Restaurant *et du* Café Kevah *(c'est la même maison), près du parking. Tlj 10h30-18h.* Grande et belle boutique (cette vue à travers les baies vitrées !) réunissant un peu de tout ce qui fait l'esprit Big Sur d'aujourd'hui : artisanat du coin, bijoux, cosmétiques, bougies et produits zen, livres, vêtements *peace & love* (à l'étage inférieur)... Des souvenirs à tous les prix.

Coast Big Sur *(plan,* ***30****)* **:** *49901 Hwy 1, tout au sud de Big Sur après* Nepenthe, *côté gauche. Tlj 11h-18h.* Galerie d'art-boutique assortie d'un petit café, plébiscité autant pour ses glaces *soft serve* bien légères que son mini-*rooftop* dominant le Pacifique. Un lieu multifonction, donc, campé dans d'anciennes citernes à eau.

À voir. À faire à Big Sur et dans les environs

Les différents sites sont présentés du nord au sud :

👣👣👣 ⋞ ***Bixby Creek Bridge*** *(pont de Bixby) : env 3 km au sud de Rocky Point et après le passage d'un 1er pont (le Rocky Creek Bridge), il enjambe la Bixby Creek au-dessus d'un gouffre de près de 80 m de hauteur. Si vous voyez le trafic ralentir, c'est que vous approchez !* Ce pont à l'arc de cercle reconnaissable entre mille est une des images mythiques de Big Sur et même de Californie, reprise dans de nombreux films, séries et pubs. La construction de cet ouvrage d'art par des prisonniers, en 1932, permit d'ouvrir la Highway 1 et de relier Monterey à San Simeon par la côte. Quand on voit la complexité du site, avec ses falaises à pic, on imagine sans mal la bravoure qu'a dû nécessiter le chantier. Avant ce pont, le littoral était l'un des endroits les plus sauvages et les plus inaccessibles de Californie. Aujourd'hui, les locaux se plaignent des bouchons terribles causés par les touristes et instagrameurs qui bloquent la circulation de la Highway 1 pour un selfie...

👣👣👣 ⋞ Entre **Bixby** et **Point Sur Light,** la végétation se fait plus rase, les falaises abruptes, le relief minéral, et les plages en contrebas s'étirent dans une puissante écume évoquant de longs voiles de mariée. Sublime.

👣👣 ⋞ ***Point Sur State Historic Park :*** *plus au sud mais encore à 8 bons km au nord des 1res infrastructures de Big Sur. • pointsur.org • Visites guidées seulement, mer et sam à 10h et 13h, se renseigner avt. Quelques visites au clair de lune avr-sept (25 $; voir site). Durée : env 3h. Pas de résas : « first come, first serve ». Ticket : 15 $; réduc.* Un vieux phare perché en sentinelle, à près de 100 m au-dessus des vagues, sur une impressionnante presqu'île rocheuse (volcanique), reliée à la côte par une magnifique langue de sable. Il fut construit en 1889, à l'issue de 11 années de lutte des marins qui avaient perdu leurs frères lors des trop nombreux naufrages. On ne peut y accéder qu'à l'occasion de visites guidées, organisées uniquement si le temps le permet. Comme c'est assez cher et la visite particulièrement longue, mieux vaut être vraiment passionné ! On peut se contenter de contempler le site depuis la route, le tableau est superbe.

👣👣👣 ⋞ ***Andrew Molera State Park :*** *le plus grand parc naturel de Big Sur, situé sur le littoral, peu avt d'atteindre les 1ers motels et campings en venant du nord. ☎ 831-667-2315. • parks.ca.gov • Parking : 10 $ (inclus dans le Day Pass). Si vous vous garez sur le petit parking au-dessus, au bord de la Hwy 1, et venez à pied, c'est gratuit ! Ouv du lever au coucher du soleil. Si vous avez le Day Pass, parking à l'entrée du parc.* On aime bien ce parc qui propose un agréable sentier *Creamery Meadow Trail,* menant en 20 mn à une superbe plage, sauvage, venteuse et romantique à souhait, encadrée d'une végétation remarquable. Sur la plage, pour s'abriter du vent, les autochtones qui adorent le lieu ont construit petit à petit quelques abris en bois flotté, semi-circulaires, du plus bel effet et qui protègent du vent, du soleil. Un endroit idéal pour pique-niquer, sauf quand le vent souffle.

👣👣 ⋞ ***Pfeiffer Big Sur State Park :*** *☎ 831-667-2315. Entrée : 10 $/véhicule (inclus dans le Day Pass).* Un autre parc de 272 ha, avec un camping et un *lodge* (série de bungalows). Plusieurs agréables balades parmi les séquoias, érables, peupliers, saules... Les charmants rangers pourront vous renseigner sur place.

👣👣👣 ⋞ ***Pfeiffer Beach :*** *env 1 km au sud de la Big Sur Station, l'étroite Sycamore Canyon Rd mène (en 3 km env) à Pfeiffer Beach. Accès (peu visible) 9h-20h. Parking souvent blindé en saison (une voiture sortie pour une entrée). Entrée : env 10 $/véhicule (non inclus dans le Day Pass).* Une très jolie plage délimitée par un promontoire rocheux percé d'une arche qui s'ouvre sur une 2de, plus grande et battue par les vagues. Un cadre superbe pour une promenade marine, entre air iodé et brumes matinales.

Henry Miller Memorial Library *(bibliothèque-galerie de Henry Miller)* **:** *au sud de Big Sur, côté gauche de la Hwy 1, dans un virage. • henrymiller.org • Ouv 11h-17h. Fermé lun-mar. Donation appréciée pour la fondation.* Non, ce n'est pas un mausolée mais une jolie et modeste demeure rustique en bois (qui rappelle un peu un temple japonais), entourée de séquoias et précédée d'une pelouse qui sert de lieu d'expo aux artistes de Big Sur ou de plus loin. C'était l'antre d'Emil White, le meilleur ami de Miller. Son nom figure d'ailleurs toujours sur la boîte aux lettres. Ça vaut le coup de s'y arrêter et de rencontrer le maître des lieux, Magnus Torén, un très sympathique Suédois francophone et plein d'humour (mais il n'est pas là tout le temps). Magnus habite Big Sur et connaît la région par cœur. Il pourra vous donner de bons tuyaux. On y prend un café avec plaisir (toujours un thermos sur une table de la terrasse), à l'ombre des grands arbres. Petite bibliothèque consacrée à l'écrivain Henry Miller (à l'homme et à son œuvre), ainsi qu'à la mouvance qui lui est associée. On peut aussi y voir des affiches, de superbes photos et même une machine à écrire Remington de l'écrivain. Lisez *Big Sur et les Oranges de Jérôme Bosch* avant ou après votre passage, et tout s'éclairera.
– Régulièrement des ***concerts,*** de la danse et autres spectacles. En été, le jeudi soir vers 20h, en général projection de courts-métrages *(entrée payante).*

Nepenthe *(plan, **21**)* **:** *au sud de Big Sur, proche de la bibliothèque de Henry Miller.* Lire précédemment « Où manger ? » le descriptif de ce resto historique de la région. Allez-y au minimum pour boire un verre et profiter de la vue !

Julia Pfeiffer Burns State Park : *à env 18 km au sud de Big Sur, sur la route de Hearst Castle (ne pas confondre avec l'autre parc portant le même nom). Entrée sur la gauche de la route en venant du nord. Ouv du lever au coucher du soleil. Entrée : 10 $/véhicule (inclus dans le* Day Pass *; sinon, paiement par enveloppe).* Ce parc abrite les *MacWay Falls,* seules chutes d'eau du littoral californien, qu'on rejoint en 5 mn de marche (vers la mer depuis le parking). Elles forment au printemps un joli panache tombant de 15 m de haut directement sur une crique paradisiaque aux eaux turquoise. On les admire d'en haut (on ne peut pas descendre sur la plage, dommage), depuis une promenade encadrée d'eucalyptus (hmm, la bonne odeur !). À la fin de l'été, le débit se réduit parfois à un mince filet d'eau. D'autres balades agréables démarrent du parking, comme la *Ewoldsen/Canyon Trail* (en aller-retour). Elles grimpent gentiment dans le sous-bois d'un cours d'eau, d'où l'on profite de l'ombre de beaux séquoias.

Entre ***Big Sur*** et ***Piedras Blancas,*** la route se rétrécit et suit les contours des majestueuses falaises qui plongent dans l'océan, offrant des points de vue magiques. Végétation d'une grande richesse malgré le vent, les embruns et le froid qui sévit l'hiver. La route prend parfois de l'altitude, replonge soudainement dans des bancs de brouillard. Les falaises prennent tour à tour des reflets bleutés, or, orange. Une nature brute, parfois brutale, qui joue en permanence avec des tonalités d'une grande harmonie.

HEARST CASTLE (SAN SIMEON CASTLE)

À 370 km de San Francisco et 390 km de Los Angeles, perchée dans un site paradisiaque à environ 500 m d'altitude sur une haute colline dominant de loin la mer, cette gigantesque résidence du magnat de la presse William Randolph Hearst fut commencée en 1922 mais jamais achevée : les travaux durèrent pourtant 28 ans ! Hearst avait hérité des terres à l'âge de 56 ans. Il rêvait depuis longtemps de faire construire une résidence ici, mais il dut attendre la mort de sa mère (victime de l'épidémie de grippe espagnole de

1918-1919), qui était opposée au projet. Hearst était alors à la tête de la 36e fortune des États-Unis et possédait 6 autres demeures, mais il gagnait tout de même 10 fois moins que Rockefeller, le pauvre...
Il fit construire son château avec ce seul principe : « Peu importe le prix et le temps que ça prendra. » Il en confia la réalisation à Julia Morgan, diplômée de Berkeley et de l'École des beaux-arts de Paris, et 1re architecte à utiliser le béton armé pour répondre aux normes antisismiques. Le résultat en est un style officiellement méditerranéen faisant appel autant aux techniques modernes qu'à l'inspiration classique – une sorte de syncrétisme bétonné ! Dans le parc du ranch, où paissait du bétail du temps de sa mère, le maître de céans installa aussi daims, bisons, lamas et autres zèbres, qu'il laissa en liberté, et dont on peut encore voir quelques descendants aujourd'hui.
Mais avant tout cela, Hearst habitait la côte Est. Sa femme refusa d'aller vivre à l'Ouest, et ils se séparèrent (mais ne divorcèrent jamais). Ce fut Marion Davies, une starlette de Hollywood, qui profita de la demeure. Marion était mignonne, elle faisait son petit effet dans les films muets. Mais quelle stupeur quand arrivèrent les 1ers films parlants : on s'aperçut qu'elle bégayait ! Elle resta aux côtés de Hearst pendant 30 ans, jusqu'à sa mort, en 1951.

BALLE PERDUE

Hearst était jaloux. Lors d'une croisière organisée sur son yacht en 1924, Charlie Chaplin eut l'indélicatesse de courtiser sa maîtresse, la starlette Marion Davies. Fou de rage, Hearst sortit son revolver, tira sur la star, mais la manqua. Tant mieux pour le cinéma et dommage pour l'acteur-réalisateur Thomas Ince, qui reçut la balle en pleine tête (et mourut sur le coup). La fortune de Hearst suffit à étouffer l'affaire.

Cette résidence extravagante, totalisant quelque 115 pièces dans la *Casa Grande* (la maison principale), dont 38 chambres, 42 salles de bains, 14 salons et 30 cheminées (sans compter les dépendances), reste l'une des maisons les plus chères du monde. Si l'argent ne fait pas le bonheur, il ne fait pas non plus le bon goût ! Les œuvres d'art qui s'amoncellent du sol au plafond (certaines venant de palais italiens) sont toutes inestimables, mais leur disposition inappropriée dans les différentes salles, aux côtés de pièces de mobilier modernes, diminue de beaucoup leur attrait. Pour le détail de la visite, lire plus loin.

Où dormir au sud de Hearst Castle ?

Entre mai et octobre, éviter de venir un week-end : les prix des hôtels s'envolent (surtout le samedi !) et on a toutes les peines du monde à trouver une chambre, car tout est complet... sans compter que la foule au Hearst Castle est vraiment pressante. Si vous n'avez pas le choix, essayez au moins de ***réserver bien à l'avance.*** Voici quelques adresses dans 2 localités, de la plus proche à la plus éloignée de Hearst Castle.

À San Simeon (4 km)

San Simeon est en fait un simple ***rassemblement de motels*** (une bonne vingtaine), à tous les prix, qui s'étirent de chaque côté de la route. La contre-allée sur le côté gauche de la Highway quand on vient du nord s'appelle Castillo Drive et celle située à droite (côté mer) s'appelle Hearst Drive. Les grandes chaînes *(Best Western, Quality Inn, Motel 6...)* y sont implantées. Rien de bien séduisant, à part le camping. Une halte dodo éventuellement, si vous n'avez pas trouvé à vous loger à ***Cambria*** (voir plus loin), une vraie petite ville, elle, charmante qui plus est.

⛺ ***San Simeon State Park :*** *500 San Simeon Creek Rd. ☎ 805-927-2035. Résa : ☎ 1-800-444-7275. Au sud de San Simeon. 2 campings en un : empl.*

(8 pers max) env 25 $ au ***San Simeon Creek Campground,*** *site possédant des douches, et 20 $ au* ***Washburn Primitive Campground,*** *sur un site plus éloigné, sur la colline et sans sanitaires. Résa impérative en été (au moins 2 sem avt pour le plus cher).* Au bord de la Highway, mais en contrebas pour la majeure partie du site, le 1er camping est situé sur un immense domaine. Douches payantes et emplacements en grande partie ombragés. Mais comme on ne peut pas tout avoir, on entend la rumeur de la Highway voisine. Un bémol amplement compensé par l'accès à pied à l'immense plage désertique ! Le 2d est exilé sur une colline en hauteur et offre une vue magnifique et un calme total mais peu d'ombre et pas de douches. Toilettes sèches. Un point d'eau tout de même.

San Simeon Lodge : *9520 Castillo Dr. ☎ 805-927-4601. • sansimeonlodge.net • Chambres 60-200 $.* Grand bâtiment gris et blanc qui abrite des chambres impeccables, certaines avec vue sur le Pacifique ou bien petite terrasse donnant sur la piscine chauffée. Très correct.

Cavalier Oceanfront Resort : *9415 Hearst Dr. ☎ 805-927-4688. • cavalierresort.com • Doubles 135-350 $.* Directement en bord de mer et un peu plus cossu que le précédent. 2 piscines chauffées, jacuzzi et, au plus près des flots, des petits foyers sur la pelouse pour se réchauffer le soir en regardant les étoiles.

À Cambria *(12 km)*

Notre endroit préféré pour séjourner dans les environs de Hearst Castle. Bourgade très touristique avec un petit côté *Old West* plaisant, flanquée de collines ondulantes et boisées. Plusieurs ***magasins d'antiquités*** et un vieux bar de cow-boy dans son jus et pittoresque comme tout, ***Mozzi's Saloon*** (depuis 1866 !).

Nos 2 premières adresses sont au centre du village (côté gauche de la Highway 1 en allant vers le sud), les suivantes sur Moonstone Beach Drive, côté droit de la Highway 1, le long de basses falaises surplombant l'océan. Là, la vue est extra (une petite route passe devant tout de même), et une jolie promenade longe le front de mer au milieu des fleurs. De quoi faire méchamment grimper les prix ! Cambria compte de nombreux autres établissements, situés dans l'une ou l'autre de ces 2 zones.

Creekside Inn : *2618 Main St. ☎ 805-927-4021. • creeksidecambria.com • Doubles 120-200 $.* Agréable petit motel jaune et vert plutôt coquet, aux chambres rénovées, installées sur 2 étages. La plupart sont sobres (un atout) et donnent sur une petite rivière et la végétation, à observer d'un balcon. Quelques-unes sont plus simples, plus petites et sans vue mais moins chères aussi. Pour le coin, c'est un excellent plan dans cette catégorie de prix. Très bon accueil.

Oceanpoint Ranch : *7200 Moonstone Beach Dr. ☎ 805-927-4668. • oceanpointranch.com • Doubles 150-310 $.* Ce fut le 1er motel de Cambria à la fin des années 1950. Aujourd'hui entièrement rénové et agrandi, il abrite une soixantaine de chambres de configurations différentes, superbes dans leur style country contemporain. On a aussi beaucoup aimé les espaces extérieurs vastes et verdoyants, avec jeux et feux pour se réchauffer le soir, la belle piscine et l'accès direct à la plage par un sentier, en moins de 2 mn. Bon petit resto sur place *(The Canteen)*. Une adresse qui cumule les atouts.

Castle Inn : *6620 Moonstone Beach Dr. ☎ 805-927-8605. • cambriainns.com • Doubles 135-250 $, petit déj continental compris.* Motel sur 2 niveaux d'une trentaine de chambres aux tons clairs, spacieuses et impeccables, avec vue (parfois un peu tronquée) sur l'océan pour celles à l'étage. Profitez des fauteuils Adirondack en bois rouge installés sur la bande de pelouse sur le devant pour y prendre votre petit déj ou un bain de soleil. Piscine et jacuzzi.

Sea Otter Inn : *6656 Moonstone Beach Dr. ☎ 805-927-5888. • seaotterinn.com • Doubles 180-260 $, petit déj inclus (dans la chambre).* Motel dans un style mi-anglais (buissons fleuris), mi-Far West. Les chambres sont très soignées : cheminée, mobilier clair. 3 d'entre elles donnent sur l'océan (plus chères évidemment) et 2 sont des suites pour 6 personnes (bon plan pour les petits groupes). Agréable piscine chauffée et jacuzzi donnant sur les collines. Accueil charmant.

White Water Inn : *6790 Moonstone Beach Dr. ☎ 805-927-1066. • whitewatercambria.com • Doubles 215-415 $ en moyenne, petit déj inclus, servi dans les chambres.* Petites maisonnettes jaunes collées les unes aux autres, fleuries de beaux rosiers, abritant des chambres spacieuses, lumineuses (déco fraîche) et très bien tenues, équipées de frigo, micro-ondes et cheminée. Les 2 suites sur le devant disposent d'un patio et d'un jacuzzi. Pas de piscine. Accueil plein de gentillesse.

Où manger à Cambria ?

De bon marché à prix moyens

The Café on Bridge Street : *4286 Bridge St. ☎ 805-927-2890. Mer-dim 11h-15h. Compter 10-15 $.* Dans une maisonnette rouge classée de 1877, entourée d'une adorable courette paysagée. Un hotspot local connu et apprécié pour ses burgers aux viandes bien élevées, ses sandwichs généreusement garnis et ses salades colorées. Tout est ultra-frais et délicieux.

Creekside Garden Café : *2114 Main St. ☎ 805-927-8646. Au fond du parking du Redwood Center. Tlj 7h-14h (13h dim). Plats 10-15 $. Formule brunch w-e 20 $ (champagne compris).* L'adresse idéale pour se sustenter agréablement dans une ambiance sans façon mais typiquement américaine. Très populaire pour ses petits déj aussi généreux que délicieux, à déguster dans la petite salle quelconque ou, plus agréable, sur la longue terrasse fleurie abritée à l'arrière. Pas mal aussi pour s'envoyer un plat du jour à l'heure du lunch.

The French Corner Bakery : *2214 Main St (angle de Burton). ☎ 805-927-8227. Tlj 6h30-18h. Sandwich env 10 $.* Malgré la fresque parisienne, rien de vraiment français dans cette *bakery*, mais les sandwichs sont frais, bien garnis, et les gâteaux appétissants *(black forest, key lime tart...)*.

De prix moyens à très chic

Indigo Moon : *1980 Main St. ☎ 805-927-2911. Tlj sauf lun 11h (10h dim pour le brunch)-15h, 17h-21h. Compter 10-20 $ le midi, 20-40 $ le soir.* La petite boutique attenante (même maison) expose fièrement une belle sélection de fromages et de vins locaux, mais on lui préfère le resto, surtout la grande et chaleureuse véranda, ou encore le paisible jardin à l'ombre des noyers. Plats californiens classiques mais bien faits – ni trop gras, ni trop crémeux – avec en prime un *seafood special* tous les jours. Un bon choix pour se poser tranquillement dans une atmosphère verdoyante.

Robin's : *4095 Burton Dr (rue perpendiculaire à Main St). ☎ 805-927-5007. Tlj 11h-15h, 16h30-20h30 (21h30 ven-sam). Fermé mer midi. Brunch dim 11h-15h. Plats 15-25 $ le midi, 24-42 $ le soir.* Pionnier du concept *Farm to table* aujourd'hui si tendance, *Robin's* soutient les petits producteurs locaux depuis 1985 et concocte une cuisine éclectique fusion bien travaillée. On se régale dans cette maison historique au décor de charme. La salle chaleureuse est précédée d'une géniale terrasse couverte, palissée de treilles de bignone, comme un jardin d'hiver. Accueil et service tout en délicatesse. C'est l'un des restos préférés des locaux, à juste titre !

Moonstone Beach Bar & Grill : *6550 Moonstone Beach Dr. ☎ 805-927-3859. Tlj 11h-15h, 17h-20h30. Brunch dim 10h30-15h. Plats 12-35 $.* À Moonstone Beach, l'un des seuls restos sur la promenade qui longe le Pacifique. Du coup, il est très fréquenté, pour sa grande terrasse face à l'océan ou sa salle toute vitrée et un peu surélevée pour mieux profiter de la vue. Cuisine pas donnée (on paie un peu la situation !), sans génie mais correcte. Extra pour manger face à la mer, surtout au soleil couchant.

Sea Chest Oyster Bar : *6216 Moonstone Beach Dr. ☎ 805-927-4514. Tlj 17h30-21h. Fermé mar. Plats 30-35 $ le soir. Pas de résa et CB refusées.* Pour ceux qui ont les moyens, ce resto aux airs de club nautique chic est une institution de Cambria. Tout en bois verni patiné façon coque de bateau de vieux loup de mer, la salle, avec ses coins et recoins couverts de gravures marines et autres objets, surplombe le Pacifique. Bons poissons et plats de *seafood* bien cuisinés, bar à huîtres. Venir tôt pour être sûr d'avoir une table.

La visite de Hearst Castle

Hearst Castle étant une attraction incontournable, il est ***impératif de réserver sur le site internet dédié,*** surtout en saison et le week-end, afin d'éviter de se casser le nez. ***La visite est obligatoirement guidée.*** Mieux vaut bien piger l'anglais pour profiter des anecdotes.

Informations et réservations

– ***Par téléphone :*** *résas (depuis les États-Unis seulement), ☎ 1-800-444-4445.*
– ***Sur Internet :*** *• hearstcastle.org •*
– ***Horaires et tarifs :*** *départs tlj. Tarifs (+ 8 $ de frais de résa) : 25 $; 5-12 ans 12 $.* Evening Tour *(mars-mai et oct-nov seulement) : 36 $ (enfant 18 $) ;* Designing the Dream Tour *: 30 $ (enfant 15 $). Foule d'autres formules possibles.*
– On peut en théorie ***se pointer à l'improviste*** (à partir de 8h30) au centre d'accueil. L'obtention d'un billet pour la visite suivante est très aléatoire, mais il y en a toutes les 10 mn en haute saison (toutes les 20 mn en hiver). ***Juillet et août sont les mois les plus chargés,*** novembre à février les plus tranquilles (en dehors des vacances scolaires et des ponts !). Hors saison et hors congés, on a plus de chances d'obtenir un ticket. L'heure de la dernière visite varie selon le jour et la saison : le *Grand Rooms Tour* part en principe jusqu'à 16h en été et 15h20 l'hiver. Les autres tours sont moins fréquents. Des écrans à côté des caisses indiquent les heures de départ des visites qui suivent celle qui vient de démarrer. Procurez-vous la brochure en français.

Déroulement de la visite

La visite commence par un ***trajet en bus de 15 mn*** depuis le centre d'accueil des visiteurs (où l'on achète son billet), par une route privée de 8 km qui grimpe jusqu'au château. Les conditions de visite sont draconiennes : pas question de mâcher du chewing-gum, de photographier au flash à l'intérieur... ou de sortir du tapis qui balise le parcours (penchez-vous un peu trop vers une pièce de mobilier et une alarme se déclenche ; l'avantage, c'est qu'il n'y a ni barrière ni corde dans les pièces).

> **AND THE WINNER IS... CITIZEN KANE !**
>
> *Hearst, très contrarié par l'image qu'Orson Welles donnait de lui dans* Citizen Kane, *a tout fait pour empêcher la sortie du film. Tentative d'achat par ses alliés de Hollywood pour faire brûler la copie, approche du FBI pour enquêter sur Welles... Par chance pour l'histoire du cinéma, tous ses coups bas ont échoué !*

6 tours sont proposés (sans compter l'*Evening Tour*), qui durent environ 1h (1h15 pour le *Designing Tour* et jusqu'à 2h pour les plus onéreux) et se terminent par la visite libre ***des jardins et des 2 piscines*** (qui sont, en fait, ce qu'il y a de plus beau) : la ***Neptune,*** extérieure, magistrale, au fond en dalles de marbre, dans un style gréco-romain avec temple et statues, et qui a servi (durant 20 s !) au tournage du film *Spartacus* ; et la ***Romaine,*** tout aussi grandiose, intérieure et entièrement couverte de mosaïques bleu et or représentant des monstres marins qui ornaient les thermes romains. Il fallut 3 ans et demi à une équipe de 8 personnes pour la réaliser.

- Le ***Grand Rooms Tour*** est la visite la plus indiquée pour avoir une vue d'ensemble de l'édifice car il se concentre sur la maison principale, la *Casa Grande.* Son étonnante façade, inspirée d'une cathédrale européenne, est un mélange de tous les styles, un condensé d'histoire. On découvre d'abord le ***salon,*** très chargé avec ses immenses tapisseries, ses stalles d'église, sa cheminée d'un château de Bourgogne... Suivent la ***salle de billard,*** avec une autre exceptionnelle tapisserie française du XVe s faite à Arras, aux couleurs superbement préservées, et, surtout, la ***salle à manger médiévale,*** de style « gothique Disney », l'une des rares à présenter une certaine unité, avec son plafond à caissons, ses bannières, ses antiques chandeliers en argent et sa très longue table du XVIIe s – sur laquelle trône une bouteille de ketchup *Heinz* d'époque (il paraît que Hearst en mettait sur tout !). Ici prirent place des invités tels que J.F.K., Churchill, Disney, Greta Garbo, H. G. Wells, ou encore l'astronome Hubble. On passe ensuite au ***théâtre,*** orné de caryatides, où est diffusé un film de quelques minutes, et enfin aux ***jardins*** (avec les ***2 fameuses piscines***), pour la visite libre.
- Le ***Upstairs Suite Tour*** est axé sur les étages supérieurs de la *Casa Grande.* Au programme : la suite privée des invités, inspirée du palais des Doges à Venise, la ***bibliothèque*** et ses quelque 4 000 volumes rares que le magnat ne lut jamais, les quartiers privés (très gothiques) de Hearst et de sa maîtresse, Marion Davies.
- Le ***Cottages & Kitchen Tour*** comprend la visite de la ***cave*** de la maison, avec ses milliers de bouteilles de vins européens et californiens, restées la propriété de la famille Hearst (car, si l'État est désormais propriétaire de l'ensemble du domaine, il ne peut pas posséder d'alcool !). On découvre également la ***cuisine,*** la *Casa del Monte,* réservée aux invités qui séjournaient à Hearst Castle, et la *Casa del Mar,* où le maître des lieux habita quelques années avant sa mort.
- Le ***Designing the Dream Tour*** est une ***visite architecturale*** pour ceux qui voudraient en savoir plus sur la collaboration entre Hearst et Julia Morgan, 1re femme architecte des États-Unis.
- Les ***Art of San Simeon*** et ***Hearst and Hollywood Tours*** mettent respectivement l'accent sur la collection d'œuvres d'art que renferme la demeure et sur les étroites relations que le milliardaire entretenait avec le gratin du cinéma. Intéressant sans aucun doute, mais il vous en coûtera la bagatelle de 100 $ pour y assister...
- L'***Evening Tour,*** en principe les vendredi et samedi soir, est un condensé des différentes visites. Compter un peu plus de 2h avec le trajet en bus.

On vous reconduit ensuite en car au point de départ, au moment de votre choix (bus toutes les 5 mn, dernier à 18h30). Si vous avez encore du temps, plusieurs ***salles d'expo*** présentent Hearst et sa famille, ainsi que l'incroyable empire qu'il bâtit durant sa vie (il posséda jusqu'à 26 quotidiens, 13 magazines, 8 chaînes de radio et une compagnie de production de cinéma !). Cette dernière visite est libre et gratuite. Ne manquez pas la superbe mosaïque romaine (rapportée de Tunisie) représentant des pêcheurs, ainsi que les photos des pièces que vous n'avez pas pu voir lors de votre visite du château. Également un docu-fiction de 40 mn sur grand écran.

|●| Casse-croûte possible sur place (mais rien de génial).

DANS LES ENVIRONS DE HEARST CASTLE

Piedras Blancas Colony *(Elephant Seal Viewing Area)* **:** *en bordure de la Hwy 1, 7 km avt la sortie pour Hearst Castle en venant de Big Sur. Bien indiqué.*

Site ouv en permanence et accès gratuit (pour une fois !). Tlj 10h-16h, des guides bénévoles et compétents arpentent la promenade pour donner d'excellentes explications. Également des panneaux très bien faits, détaillant la vie de ces curieux animaux.

Le long de cette grande plage sablonneuse encadrée de rochers et d'une anse voisine, une incroyable ***colonie d'éléphants de mer*** a élu domicile dans les années 1990. On les observe depuis une longue promenade en bois qui surplombe la plage. Depuis, ils reviennent chaque année au gré de la saison des amours et des mues successives. Le reste du temps, mâles et femelles font chambre à part, les uns vivant en Alaska et les autres en Colombie-Britannique. Les 1res naissances ont eu lieu en 1992, et la colonie ne cesse de s'agrandir depuis : en 2018, c'est près de 5 800 petits qui sont nés ici, contre seulement un en 1992 ! Bon, 55 % des bébés ne passeront pas l'année, et encore 30 % décéderont avant de souffler leur 4e bougie. Et puisqu'on est dans les chiffres, les mâles vivent environ 15 ans, les femelles autour de 23 printemps.

Il existe une dizaine de points de rencontre comme celui-ci tout le long de la côte du Pacifique, mais Piedras Blancas est le plus important. La population totale sur la côte Ouest des États-Unis est estimée à environ 170 000 individus, dont 10 à 15 % mettent patte à terre ici au cours de l'année. Janvier et février sont les mois de plus grande affluence car mâles et femelles se rassemblent pour se reproduire. Lors des rencontres nuptiales, il peut y en avoir jusqu'à plusieurs milliers sur la plage. Le sable en est littéralement recouvert. Saint-Trop' au mois d'août ! Cette période est précédée de celle des naissances et d'allaitement, où il y a aussi foule. En avril-mai, on assiste à la mue des femelles et des jeunes. Un vrai strip-tease... Ou plus exactement une sorte de pelade collective spectaculaire ! Puis la fréquentation baisse brutalement au cœur de l'été, avant une reconstitution progressive de la colonie à partir de l'automne.

LE HAREM À POIL...

Généralement en décembre, les éléphants de mer mâles combattent pour leur domination. Et les affrontements s'étirent sur plus de 3 semaines. Des mastodontes de 2 t et de près de 5 m de long qui se jettent les uns contre les autres à grands coups de boules et de cris impressionnants. Résultat : un seul mâle peut se trouver à la tête d'un harem de 50 femelles ! Bon, après, faut assurer pour ne décevoir personne...

En journée, ces amas de graisse se prélassent en se répandant régulièrement du sable sur le dos pour ne pas prendre de coup de soleil ! Et ça s'étire, se gratouille, bâille, renifle, aboie, pique des petits roupillons, avec toujours cette sorte de petit sourire en coin attendrissant. Parfois l'un se réveille pour donner un coup de boule à son voisin, puis se rendort tranquillou. Pour plus d'infos, consulter le site de l'organisation des Amis des éléphants de mer : ● *elephantseal.org* ●

SAN LUIS OBISPO

45 000 hab.

Situé à 70 km au sud de Hearst Castle, ce chef-lieu de comté affirme son ancrage dans le passé hispanique. En dehors d'une mission de 1772 et d'un hôtel délirant, devenu une attraction touristique, pas grand-chose à y voir cela dit. Malgré tout, San Luis Obispo (SLO pour les intimes) peut constituer une courte halte entre Santa Barbara et Hearst Castle (il y a une chouette AJ), et les amateurs de vin en profiteront pour explorer le Wine Country tout autour.

Arriver – Quitter

En bus

Greyhound : *South St, à l'angle de S Higuera St. • greyhound.com •* Liaisons vers Salinas, Santa Barbara, Los Angeles et San Francisco.

Adresse utile

San Luis Obispo Chamber of Commerce : *895 Monterey St (angle Morro). ☎ 805-781-2777. • slocal.com • Tlj 9h30-17h (18h jeu-sam).* Plan et brochures. Peut aussi vous informer des disponibilités hôtelières le week-end.

Où dormir ?

Au cas où nos quelques adresses ne suffiraient pas, pas mal de ***motels*** se regroupent sur les hauteurs de Monterey Street, à l'est de la ville.

De bon marché à plus chic

HI San Luis Obispo : *1617 Santa Rosa St. ☎ 805-544-4678. • hihostels.com • Check-in 17h-22h. Lits en dortoir (4-6 pers) 35-50 $ (+ 3 $ pour les non-membres) ; chambres privées 2-4 pers (sanitaires communs) 90-120 $, petit déj compris (pancakes).* Dans cette ravissante petite maison en bois d'un quartier résidentiel tranquille, voici une AJ nickel où il fait bon poser son sac à dos. Seulement 27 lits, ce qui donne l'impression d'être plutôt dans une grande coloc. Également 2 chambres familiales (2 adultes et 2 enfants) à prix intéressant et une immense suite sous les toits, avec de beaux volumes et salle de bains privée. Sur le devant, terrasse de poche et balancelle sur le perron pour prendre le petit déj ou grignoter un sandwich. Grande cuisine conviviale ouverte sur le salon-salle à manger, avec piano, guitare et cheminée. Location de vélos. Une excellente adresse.

Sunbeam Motel : *1656 Monterey St. ☎ 805-543-8141. • sunbeammotel.com • Compter 60-90 $ pour 2 et 70-130 $ pour 4.* Tout petit motel coincé entre 2 rues passantes, sans aucun charme mais l'un des moins chers en ville, c'est son seul intérêt. Une quinzaine de chambres propres. Un peu plus cher mais rénové, le ***Kinney*** voisin (1800 Monterey Street) offre parfois de bonnes promos sur Internet.

Petit Soleil : *1473 Monterey St. ☎ 805-549-0321. • petitsoleilslo.com • Doubles 190-280 $, petit déj inclus.* Bien en bord de route (qu'on entend un peu), un mignon petit hôtel (ou un gros *B & B* !) de style provençal. Et pour cause, il est tenu par un charmant couple francophile, mais pas francophone... À l'intérieur, 16 chambres coquettes et vraiment personnalisées sur les thèmes « Van Gogh », « Tournesol », « Vendange » « Côte d'Azure » (sic)... Copieux petit déj avec œufs, pain perdu, *granola* maison et 2 *daily specials* genre quiche, pancake aux fruits... servi dans une salle pittoresque. *Wine & cheese* en fin d'après-midi.

Quality Suites San Luis Obispo : *1631 Monterey St. ☎ 805-541-5001. • qualitysuitesslo.com • Doubles 175-300 $, petit déj complet inclus.* Le plus de cet hôtel de chaîne, c'est son architecture, style hacienda fleurie, et sa piscine centrale entourée d'arbres, extra avec des enfants. Les chambres sont standard, mais avec l'avantage d'avoir d'un coin salon-sofa-kitchenette séparé. Bref, pratique si vous avez besoin de faire une halte à SLO.

Madonna Inn : lire le – long – texte que nous consacrons à ce monument du kitsch dans la rubrique « À voir ». ***Résa à l'avance indispensable.***

Où manger ? Où boire un café ?

Spécial petit déjeuner

Linnaea's Café : *1110 Garden St. ☎ 805-541-5888. Entre Higuera et Marsh St ; entrée discrète. Tlj 6h30-18h. Compter 5-10 $.* Pâtisseries, *granola, oatmeal, egg burrito* ou *egg bowl,* joli choix de cafés et thés pour un petit déj à déguster en priorité dans la charmante cour-jardin, très feng shui. Un vrai repaire d'étudiants, et de jeunes à barbe et à bonnet, les yeux rivés sur leur *laptop.* La plupart des propositions à l'ardoise sont bio et « équitables », avec détail des ingrédients (végan ou *gluten free*). Nickel aussi pour boire un café, faire une petite pause gourmande ou déjeuner : soupes, quiches, « taboulleh »...

Et aussi ***F.McLintocks Saloon*** : voir plus loin.

De bon marché à prix moyens

Scout Coffee : *1130 Garden St. ☎ 805-439-2175. Tlj 6h30-18h30.* Le café *hipster* comme on se l'imagine : sol en béton, petit mur végétal sur fond de briques patinées et carreaux blancs, vieux perco. On y sert toute la liste des cafés de rigueur dans ce genre d'endroit, du café filtre à l'*affogato* en passant par l'*americano* et le cappucino. Autre adresse au 880 Foothill Blvd.

F.McLintocks Saloon : *686 Higuera St. ☎ 805-541-0686. Tlj 7h-21h (plus tard jeu-sam). Plats 12-15 $ midi, 15-30 $ soir.* Depuis 1975, on vient ici pour se taper une bonne tranche d'Amérique. Un breakfast traditionnel qui tient au corps, un burger le midi ou un steak le soir. 2 ambiances différentes : à l'intérieur, sous l'œil des têtes de bisons, chevreuils et caribous naturalisées aux murs, ou sur la petite terrasse tout au fond, très paisible, où vous aurez presque le nez dans la verdure, avec un bout de rivière en contrebas.

Plus chic

Novo : *726 Higuera St. ☎ 805-543-3986. Tlj 11h (10h dim)-21h. Plats lunch 15-20 $ (env 10 $ l'ap-m), le soir 20-30 $.* Si on vous indique ce resto-bar lounge, c'est pour sa délicieuse terrasse à l'arrière, ombragée et donnant directement sur la rivière et ses rives arborées. Les chaises en fer multicolores et les loupiotes le soir apportent une petite touche festive. Cuisine internationale fusion tout à fait honorable. Très agréable pour manger dehors.

Où boire un verre ? Où écouter de la musique ?

Frog & Peach Pub : *728 Higuera St. ☎ 805-595-3764. Tlj sauf lun 15h (13h w-e)-2h. Happy hours lun-ven 15h30-18h. Live music tlj à 22h.* Un vrai pub anglais sous le soleil californien, patiné comme on aime et ambiancé par un super fond musical. On se presse autour du grand bar pour regarder le championnat de NBA ou écouter les concerts assurés tous les soirs par des *local bands,* dans une ambiance chaleureuse. Aussi une petite terrasse derrière (avec sa cabine téléphonique rouge, forcément), donnant sur la rivière.

À voir

Dans le centre-ville

L'animation du centre-ville (restos, bars, boutiques) se concentre sur 2 rues parallèles dans l'Historic District : ***Monterey Street*** (entre Osos et Chorro Street) et ***Higuera Street*** (entre Osos et Broad Street). Au niveau du 733-737 Higuera Street (entre Garden et Broad), ne pas louper la curiosité locale,

Bubblegum Alley. Oui, oui, une allée étroite bordée de 2 murs en brique sur lesquels près de 2 millions de chewing-gums s'accumulent depuis 1960 ! Le résultat en jette... Insolite et odorant. Toujours sur Higuera (entre Nipomo et Osos), le ***SLO Farmer's Market*** est le rendez-vous incontournable du jeudi soir (18h-21h). C'est le marché des agriculteurs du coin et l'occasion pour tous les habitants de la ville de se retrouver autour de barbecues fumants, d'étals de fruits et légumes et autres stands. Les accès sont bouclés, la zone devient piétonne. Animations de rue et *live music* dans une ambiance conviviale et bon enfant.

La mission San Luis Obispo de Tolosa : *angle Monterey et Chorro St, en centre-ville. • missionsanluisobispo.org • Tlj 9h-17h (16h nov-mars). Donation encouragée.* Fondée en 1772 par le père Junipero Serra, c'est la 5e mission de Californie. Elle doit son nom à saint Louis, évêque de Toulouse. Elle fut détruite au cours du tremblement de terre de 1830. On lui donna un petit coup de neuf à la fin du XIXe s, dans le style Nouvelle-Angleterre, avant de lui rendre plus tard son apparence d'origine. Bon, il n'en reste pas grand-chose. En tout et pour tout, une église et un modeste petit musée. Dans ce dernier, petites salles d'expo un peu vieillottes, avec objets consacrés aux Indiens chumashs (os taillés, flèches décorées, bijoux, poteries...). Également des représentations des 21 missions de Californie, une salle sur l'histoire de la ville, du matériel et des outils anciens.

History Center of SLO : *696 Monterey St (presque à côté de la mission). • historycenterslo.org • Ouv 11h-17h. Fermé mar. GRATUIT (donation bienvenue).* Installé dans une belle bâtisse construite au début du XXe s, qui fut la 1re bibliothèque publique (et gratuite) de San Luis Obispo. 2 minuscules salles présentant des expos temporaires sur l'histoire ou différents aspects de la ville et de la région. Simple mais généralement bien fait.

Au sud de la ville

Madonna Inn : *100 Madonna Rd. ☎ 805-543-3000. • madonnainn.com • Contre la Hwy 101, sortie Madonna Rd (exit 201). Doubles env 250-350 $ (20 $/pers supplémentaire). Prix identiques tte l'année. Parfois des promos sur Internet.* Les réverbères roses qui bordent l'accès donnent déjà un avant-goût de ce temple du kitsch. Construites en 1958 par la famille Madonna (rien à voir avec la chanteuse !), les 12 premières chambres furent un tel succès que l'hôtel n'a cessé de s'agrandir : il compte maintenant 110 chambres, toutes différentes, toutes plus délirantes les unes que les autres. Les couleurs sont criardes à souhait : vert pomme, turquoise hawaïen et rose, bien sûr ; attention aux cauchemars ! Sans compter la tête de bison empaillée veillant sur les dormeurs au-dessus du lit de la *Buffalo Room* et les imprimés panthère de la *Lucky Rock* ! Choix multiple entre une ***nuit dans la jungle,*** un ***lit-charrette*** ou une ***tente de safari.*** Mais la plus célèbre reste sans conteste la ***Caveman,*** reconstitution de ***grotte préhistorique,*** pour retrouver les instincts les plus primaires dans des rochers en carton-pâte ! Inconvénient : elle est souvent réservée plus d'un an à l'avance. Même sans y dormir, venez y boire un café ou manger un sandwich ou une salade à la ***cafétéria,*** le temps de jeter un coup d'œil au restaurant (très cher, lui) : comme le reste, tout est rose bonbon, dégoulinant de fausses fleurs, d'un mauvais goût absolu, d'un baroque absolument décadent. Il faut le voir pour le croire. Ah, ne partez pas sans avoir fait un tour aux ***toilettes*** : côté hommes, un ensemble d'urinoirs en forme de cascade ; côté femmes, grands miroirs et portes capitonnées !

DANS LES ENVIRONS DE SAN LUIS OBISPO

Pismo State Beach : *au sud de San Luis Obispo. Depuis la route 101, sortie Pismo Beach/Hwy 1 ; suivre la Hwy 1 jusqu'à l'entrée du* North Beach Campground *sur la droite. On peut y camper (voir ci-après), mais c'est aussi un* *excellent point d'accès au littoral, où se rassemblent les fans de surf (pas mal de magasins spécialisés).* La plage s'étend sur 8 km, et il existe 3 points d'accès (dont celui du camping indiqué ci-après). Dans la partie sud de la plage, les voitures peuvent même ***rouler (au pas) sur le sable façon Daytona*** (5 $ par véhicule). Le long de la plage de sable rosé, les dunes se couvrent d'un rideau d'eucalyptus, en fleur au printemps. Sur la grève, des hordes d'oiseaux migrateurs. Entre novembre et mars (et surtout de décembre à février), possibilité de voir l'un des principaux ***sites d'hivernage des papillons monarques.*** Ils sont des milliers à se regrouper dans un bosquet d'eucalyptus proche de la route – le site est indiqué à l'entrée du camping par un panneau montrant un papillon orange.

North Beach Campground : *☎ 1-800-444-7275. ● parks.ca.gov ● Empl. (1 voiture) env 40 $ (moins cher en hiver).* Penser à réserver car très prisé en été. Vaste terrain herbeux tout plat, doté d'espaces bien dégagés et donc pas très intimes, avec quelques coins ombragés et un accès direct à la plage (pas mal de surfeurs). Essayer d'avoir un emplacement proche de celle-ci. Ambiance familiale. Douches payantes.

LOS ALAMOS

À mi-chemin de San Luis Obispo et de Santa Barbara. Arrêt de diligence au XIXe s, puis dépôt de la *Pacific Coast Railroad,* la compagnie ferroviaire qui reliait jadis le nord et le sud de la Californie, Los Alamos fut ensuite totalement oublié pendant un bon paquet d'années. Et le patelin, minuscule (il doit tenir sur 7 blocs), en a, de fait, conservé un cachet *Old West* assez unique. Les promoteurs immobiliers ont fini par repérer le filon et se sont donné le mot pour rénover tout ça à la sauce western chic... Longtemps seul dans l'unique rue, l'historique *Union Hotel* (qui ne fait plus que saloon) voisine désormais avec des motels vintage relookés, une tripotée de restos surfant aussi sur la vague country et bien sûr des *wine tastings* (dégustations de vins). Si vous aimez chiner, faites un tour au *Depot Mall,* formidable brocante dans une ancienne gare de la *Pacific Coast Railway. Attention :* Los Alamos est complètement mort en début de semaine, donc venez plutôt du jeudi au dimanche.

BAMBI CHEZ LES COW-BOYS

C'est en venant tourner le clip de « Say, Say, Say... », *duo chanté avec* Paul McCartney, *à l'*Union Hotel, *que* Michael Jackson *s'est entiché de la région. Il avait loué une maison à Los Olivos durant la durée du tournage, non loin de Los Alamos. Le coin lui plut tellement qu'il acheta la demeure et les collines alentour (tant qu'à faire !), qu'il transforma en un parc gigantesque connu sous le nom de Neverland Ranch, avec zoo, parc d'attractions et tout le cirque qui va avec.*

Où dormir ?

De prix moyens à très chic

Alamo Motel : *425 Bell St. ☎ 805-344-2852. ● rememberthealamomotel.com ● Doubles 120-160 $ sem, 160-250 $ w-e. Pas de petit déj, juste thé et café (mais minifrigo dans ttes les chambres, voire kitchenette).* L'enseigne lumineuse donne le ton, ce motel en U joue à fond le charme *Old West* revisité façon magazine de déco. Les cactées montent la garde devant les chambres, mignonnes comme tout avec leurs peaux de bête jetées au sol. Différentes configurations possibles, certaines sont communicantes avec cuisine, pratiques en famille. Dehors, un foyer entouré de fauteuils Adirondack, pour les veillées au feu de camp, et des tables de pique-nique sur une pelouse. Animations certains soirs : ciné en plein air les samedis d'été, yoga, Pilates... Très bobo, mais fort agréable.

The Victorian Mansion : *326 Bell St. ☎ 805-344-1300. • thevick.com • Entrée par l'arrière de la maison (là où il y a le vieux bateau sur cale). Résa impérative. Doubles 245-275 $, petit déj inclus.* Superbe maison victorienne de 1864, avec pignon ciselé, tourelles, petites avancées, fines colonnettes, balcons... Si l'extérieur répond aux canons classiques de la demeure traditionnelle XIXe s, l'intérieur et les 6 suites participent d'un tout autre délire. L'une est entièrement dédiée aux fifties, avec lit niché dans une Cadillac (on espère que les amortisseurs sont bien huilés !), néons et juke-box. Une autre évoque le monde *gipsy* (on dort dans une roulotte), une 3e vous envoie dans un univers égyptien doré à souhait, une autre encore dans le monde des pirates, à moins que vous préfériez un trip à la romaine. Seule la « *French* » est presque classique, avec son escalier en fer forgé. Toutes ont une bande-son et des films à dispo en rapport avec le thème. De nombreux artistes et artisans ont œuvré pour réaliser ce lieu particulièrement original... qui se paie.

Où manger ? Où boire un verre ?

1880 Union *(dans l'*Union Hotel*) : 362 Bell St. ☎ 805-344-2744. Ouv 16h (11h ven-dim)-23h. Fermé mar. Soupes, burgers, sandwichs et plats simples env 15 $.* Cet *Union Hotel* a toute une histoire ! C'est ici que Michael Jackson et Paul McCartney ont tourné le clip de la chanson « *Say, Say, Say...* » en 1982 (lire aussi l'encadré). Sa façade en bois, polie par les vents et patinée par le soleil, a vraiment de la gueule, comme sortie d'un western. La grande salle du rez-de-chaussée régale déjà les mirettes : canapés rouges, boiseries anciennes, lustres d'époque... Quel dommage qu'on ne puisse plus dormir dans la partie hôtel, aujourd'hui réservée pour des réceptions. Heureusement, on peut toujours boire un verre et manger au *saloon*, un bar lounge qui sert toute la journée bières, verres de vin, cocktails et petits plats. Dans une ambiance entre *OK Corral* et *Les Mystères de l'Ouest.*

Full of Life Flatbread : *225 Bell St. ☎ 805-344-4400. Jeu-dim 16h-20h ; ouv aussi le midi, le w-e seulement. Fermé lun-mer. Compter 15-25 $.* Une pizzeria de haute volée. Car tout ici est bio, les produits sont du jardin (ou de petits producteurs locaux) et les pizzas cuites au feu de bois, originales et délicieuses, parmi les meilleures de Californie, disent certains. L'adresse fait d'ailleurs partie du mouvement *Slow Food.* Également d'autres plats créatifs pour ceux qui ne sont pas très pizzas, et d'excellents desserts. Grande salle sur l'arrière et terrasse, mais on préférera la véranda sur le devant.

DANS LES ENVIRONS DE LOS ALAMOS

La mission La Purísima : *à* **Lompoc,** *à env 25 km au sud-ouest de Los Alamos. • lapurisimamission.org • Tlj 9h-17h. Visitor Center, tlj sauf lun 10h-16h (tlj en juil-août). Entrée : 6 $/voiture (on ne paie que le parking). Brochure-plan en français, très utile pour se repérer car aucun panneau dans les différentes salles : 1 $. Tour guidé tlj à 13h juil-août, mer-dim le reste de l'année (durée : 1h30 env ; GRATUIT).*

On rappelle qu'environ 50 missions furent établies entre San Francisco et Cabo San Lucas (actuel Mexique) du XIIIe au XIXe s. Celle-ci fut l'une des plus importantes. Elle fut refondée sur ce site en 1812 après le séisme qui jeta à terre la 1re mission de Lompoc (1787), La Purísima abrita jusqu'à un millier d'Indiens chumashs. Sécularisée conjointement avec les autres missions en 1834, elle fut vendue en 1845 puis laissée à l'abandon. Patiemment restaurée depuis 1934, elle restitue aujourd'hui à merveille le quotidien des missionnaires dans l'ancienne Californie espagnole. Le cadre bucolique, paisible, la taille de la mission, la qualité de sa restauration et la reconstitution des pièces constituent un ensemble cohérent et accentuent encore le sentiment d'un retour dans le passé, faisant peut-être de La Purísima la plus intéressante des missions californiennes. Certains samedis d'été des figurants en costumes d'époque contribuent à redonner vie à ce passé révolu.

La visite débute par le ***Visitor Center,*** qui met en perspective l'histoire de la mission : diorama sur la vie des Indiens, cloche fondue au Pérou pour la mission, énorme livre de chants du XVIe s, quelques objets liturgiques, instruments agraires. Des photos et la reconstitution d'une chambrée rappellent l'engagement des militaires dans la restauration de La Purísima.

La ***mission*** elle-même se trouve à 200 m de là. Elle se compose d'une grande église et de 2 longs édifices à arcades qui accueillent de nombreuses salles et pièces communes, mettant en scène la vie de la mission. Au fil de la visite, on découvre les quartiers des gardes, avec leurs dortoirs spartiates, les appartements du commandant de la place et des soldats mariés, guère plus folichons, l'économat (ranch manager), la bibliothèque, les ateliers des artisans qui permettaient de faire fonctionner cette véritable entreprise (atelier de tissage, tannage de peaux, sellerie...). Dans une autre pièce, les murs écorchés permettent d'observer la construction en adobe. Bref, toute la vie de l'époque... jusqu'aux chaises des cabinets d'aisance ! Dans l'église, très sobre et rustique, on verra des peintures au pochoir un peu naïves dans le chœur, qui semblent telles qu'il y a 2 siècles. Dans une salle attenante, on évoque l'histoire des missions sur la côte californienne et la rencontre des missionnaires avec les Indiens. Sur l'arrière, dans une cour, un four à pain, un moulin à huile, d'anciens jardins.

– Quelques ***tables de pique-nique*** sous les arbres.

Old mission Santa Inés : *1760 Mission Dr, à* ***Solvang.*** *À env 25 km au sud-est de Los Alamos. • missionsantaines.org • Sortie est de la ville, sur la droite. Tlj 9h (10h dim)-16h. Entrée : 6 $; réduc.* Fondée en 1804 par le frère Estevan Tapis, c'est la 19e mission de Californie (sur 21 au total), édifiée en l'honneur de sainte Agnès, martyre du IVe s. Elle servait de relais entre La Purísima et celle de Santa Barbara. L'histoire dit que la mission fut sauvée de la destruction complète en 1824 grâce à une jeune Indienne, Tulare, venue prévenir le père Francisco (qui l'avait sauvée auparavant d'une mort certaine) que sa tribu allait incendier la mission. Celui-ci, ancien soldat avant d'être missionnaire (comme quoi !), réussit à sauver quelques bâtiments. Maquette de la mission telle qu'elle était à l'origine. Plusieurs salles avec vêtements sacerdotaux, missels, livres de musique et vieux outils retraçant la vie de la mission. Coffre de bois sculpté. Puis viennent la chapelle de la Madone et l'église, aux peintures fraîches et naïves, au charme désuet. Derrière l'église, le cimetière, avec quelques modestes pierres tombales et ses croix de bois. La visite se termine par un très joli jardin fleuri, planté de grands arbres qui s'organisent autour d'une vieille fontaine.

Elverhøj Museum : *1624 Elverhøj Way, à* ***Solvang.*** *• elverhoj.org • Jeu-lun 11h-17h. Fermé mar-mer. Donation suggérée (5 $).* Une résidence, dont l'architecture s'inspire des grandes fermes du Jutland au XVIIIe s, abrite ce musée consacré à l'histoire de Solvang (« champ ensoleillé ») depuis sa fondation en 1911, et à la culture danoise traditionnelle. Bien documenté, joliment présenté, bref, intéressant et pas seulement folklorique. L'endroit est d'autant plus émouvant qu'il est généralement animé par des bénévoles descendants de ces familles danoises. Étonnant de penser que 90 000 Danois ont émigré vers les États-Unis à la fin du XIXe s (quand on sait qu'aujourd'hui la population danoise s'élève à 5,4 millions et qu'elle a beaucoup augmenté au XXe s, la proportion est énorme !). Objets de la vie de tous les jours, photos datant de la création du village... Dans une maisonnette à côté, diorama de la ville à ses débuts. Parfois, une dentellière fait un crochet par le musée. Également des expos temporaires.

Hans Christian Andersen Museum – Librairie The Book Loft : *1680 Mission Dr, à* ***Solvang.*** *Musée à l'étage de la librairie. Tlj 9h-18h pour la librairie, 10h-17h pour le musée. GRATUIT.* Pas vraiment un musée, juste des rayonnages de livres (avec des centaines de volumes de ses œuvres) consacrés au plus célèbre des auteurs danois (1805-1875), où l'on apprend qu'Andersen excellait aussi dans l'art du papier découpé et que sa vie fut jalonnée d'échecs sentimentaux. Quelques objets et photos évoquant le pays.

LA *PETITE SIRÈNE* CALIFORNIENNE

Solvang est une improbable petite ville créée de toutes pièces par une colonie de Danois en 1911, et entièrement construite dans le style de leur pays : maisons à colombages, nids de cigogne et moulins à vent, réplique de la Petite Sirène *de Copenhague. On y mange même de la soupe de pois cassés, dans une ambiance à la Disney.*

SANTA BARBARA

env 90 000 hab.

• Plan *p. 308-309*

Lovée entre de majestueuses montagnes et l'océan, à environ 150 km au nord de Los Angeles et à 530 km au sud de San Francisco, cette station balnéaire huppée bénéficie d'un climat doux tout à fait exceptionnel (84 % de beaux jours !), très apprécié dès le début du XXe s pour ses bienfaits sur la santé. Il est vrai que c'est un des rares coins de la côte où l'on se baigne sans difficulté : eaux calmes et tempérées.
Fondée en 1782 autour du *Presidio,* la ville a gardé quelques traces de son passé espagnol, notamment ses maisons d'adobe (terre rouge) miraculeusement conservées après un séisme en 1925, ses places à arcades et ses quelques ruelles qui invitent à la flânerie. Ses habitants en ont fait un bel exemple de qualité de vie. Une nombreuse population estudiantine contribue également à lui donner une atmosphère décontractée et vraiment plaisante. Beaucoup de stars vivent ou ont vécu dans le coin, comme Oprah Winfrey, Gwyneth Paltrow, Kevin Costner, Tom Cruise, J'Lo... Mais même dans le centre-ville, très commerçant, subsistent quelques îlots de population assez pauvre, contribuant à la mixité sociale. Ajoutez à cela un certain nombre de *homeless* – dont s'occupent de nombreuses associations – et vous trouverez une ville moins frimeuse que bien d'autres, plus sincère et pleine de contrastes. Un bémol à ce tableau idyllique, le prix de l'hébergement, cher, très cher, surtout l'été.

UNE VILLE ESTUDIANTINE ET ANIMÉE

Contrairement à ce que beaucoup imaginent, Santa Barbara est ***une ville jeune,*** qui vit au rythme de ses étudiants. Le gros de l'animation de la ville se concentre sur le côté sud de ***State Street*** au niveau du Paseo Nuevo Mall, situé entre Cañon

Perdido et Ortega Street. C'est là aussi qu'a lieu le ***Farmer's Market,*** le mardi après-midi et le samedi matin (autour des blocs 500 et 600). Depuis quelques années, la ***Funk Zone,*** un nouveau quartier alternatif coincé entre la Hwy 1 et la plage (près de la gare Amtrak), essaie timidement de décoller, mais n'est pas encore si funky...

LE 7e ART À LA PLAGE

Au début du XXe s, à l'avènement du cinéma, Santa Barbara (avant Hollywood) fut la capitale du 7e art, pendant un laps de temps très court, de 1912 à 1919. L'immense studio de l'*American Film Company,* le plus grand du monde à cette époque, se trouvait alors à l'angle de State et de Mission Street. Sur à peine 7 ans, plus de 1 200 films, des westerns pour la plupart, furent réalisés dans le comté.

La suprématie de Hollywood éclipsa les débuts de Santa Barbara. La station balnéaire fit ses adieux à la production et ouvrit les bras aux stars à la recherche de calme et de soleil. Douglas Fairbanks et Mary Pickford y possédèrent une propriété dans les années 1920. En 1928, Charlie Chaplin, jeune millionnaire, fit construire le ***Montecito Inn,*** le refuge des vedettes des « rugissantes » années 1920. L'hôtel existe toujours mais n'a plus le même charme aujourd'hui, coincé qu'il est contre l'autoroute... Le célèbre cinéaste allemand engagé par la *Fox,* Friedrich W. Murnau, auteur de *Nosferatu,* trouva la mort à Santa Barbara dans un accident de voiture en 1931 à l'âge de 42 ans, victime, selon la légende, d'une malédiction pour avoir violé les tabous religieux de Bora Bora (où il avait tourné le film *Tabou,* avec Flaherty, la même année). L'acteur Ronald Colman et Alvin Weingand achetèrent en 1935 le très hispanique *San Ysidro Ranch,* où vinrent séjourner des célébrités comme Bing Crosby, Jack Benny, Audrey Hepburn et Groucho Marx. Vivian Leigh et Laurence Olivier s'y marièrent et, en 1953, John et Jackie Kennedy y passèrent une partie de leur lune de miel.

Dans les années 1980, la ***série télévisée Santa Barbara*** (avec la toute jeune Robin Wright) a fait connaître la ville dans les chaumières du monde entier, de Limoges à Jakarta ! Et pourtant, la plupart des scènes du feuilleton ont été tournées en studio à Los Angeles, sauf les scènes de plage (quand même !). Pour ceux que le sujet passionne, procurez-vous à l'office de tourisme la brochure *Santa Barbara County Film Tour.*

Arriver – Quitter

En train

Gare Amtrak *(plan B2)* **:** *209 State St.* • *amtrak.com* • À l'extérieur de la gare, à l'angle de Chapala St et Montecito St, voir ***l'arbre gigantesque,*** un *Moreton Bay Fig Tree (Ficus macrophyllia).*

➢ ***Pacific Coast Route :*** le *Coast Starlight* relie 1 fois/j. Los Angeles, Santa Barbara et Seattle (et retour) en passant par San Luis Obispo, Salinas, San Jose, Oakland (en face de San Francisco), Sacramento et Portland. Sinon, le *Pacific Surfliner* relie 5 fois/j. San Luis Obispo à Santa Barbara, puis Los Angeles et San Diego.

En bus

Greyhound *(plan B2)* **:** *224 Chapala St.* • *greyhound.com* • *À côté de la gare Amtrak. Guichets ouv seulement autour des heures de départ des bus.*

➢ ***De/vers Salinas, Santa Cruz, San Jose, Oakland, San Francisco :*** 2-3 bus/j. Durée : entre 8h30 et 9h pour San Francisco.

➢ ***De/vers Los Angeles :*** 2-3 bus/j. Durée : 2h30-3h.

En avion

✈ ***Aéroport :*** *à* ***Goleta,*** *à env 13 km à l'ouest de Santa Barbara.* • *flysba.*

DE SAN FRANCISCO À LOS ANGELES PAR LA CÔTE

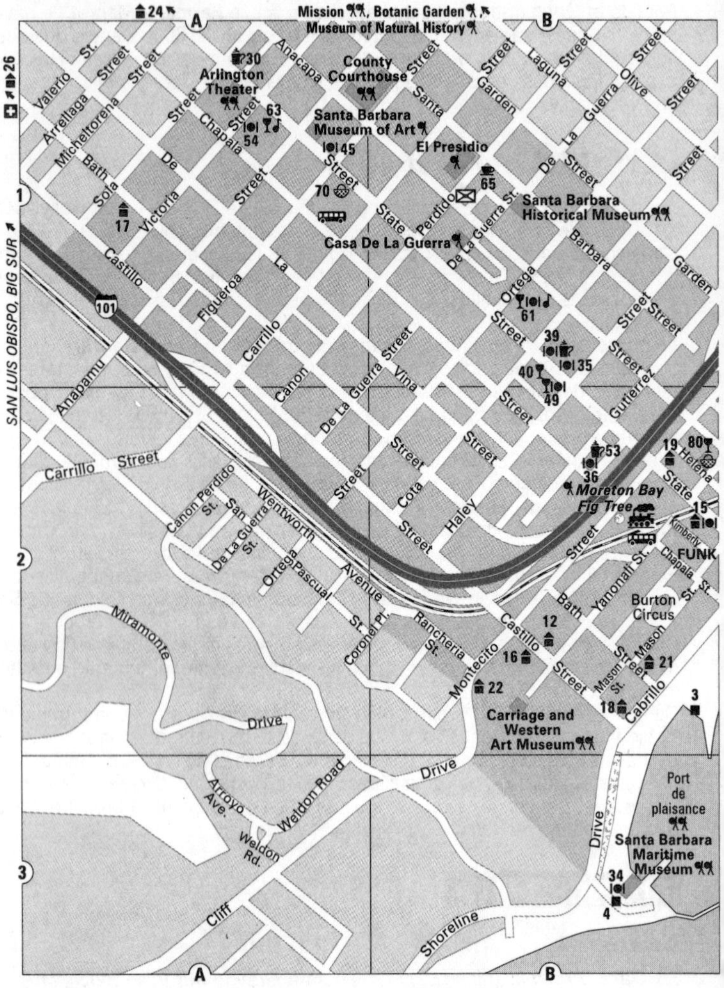

■ **Adresses utiles**

- ℹ Visitor Information Center (C2)
- 2 Wheel Fun Rentals (C2)
- 3 Santa Barbara Sailing Center et Condor Express (B2)
- 4 Paddle Sports Center et Sunset Kidd Sailing Cruises (B3)

Où dormir ?

- 10 Blue Sands Inn (D1)
- 12 Lavender Inn by the Sea (B2)
- 13 Motel 6 Santa Barbara (D1)
- 14 Pacific Crest Hotel (D1)
- 15 Hotel Indigo (B2)
- 16 Brisas del Mar Inn (B2)
- 17 A White Jasmine Inn (A1)
- 18 Beachside Inn (B2)
- 19 The Waterman (B2)
- 21 Casa del Mar Inn (B2)
- 22 Inn By the Harbor (B2)
- 24 Motel 6, Cheshire Cat Inn, Simpson House Inn, La Quinta Inn & Suites (hors plan par A1)
- 26 Secret Garden Inn & Cottages (hors plan par A1)

Où manger ?

- 15 Rusty's Pizza Parlor (B2)
- 30 Renaud's Pâtisserie & Bistro (A1)

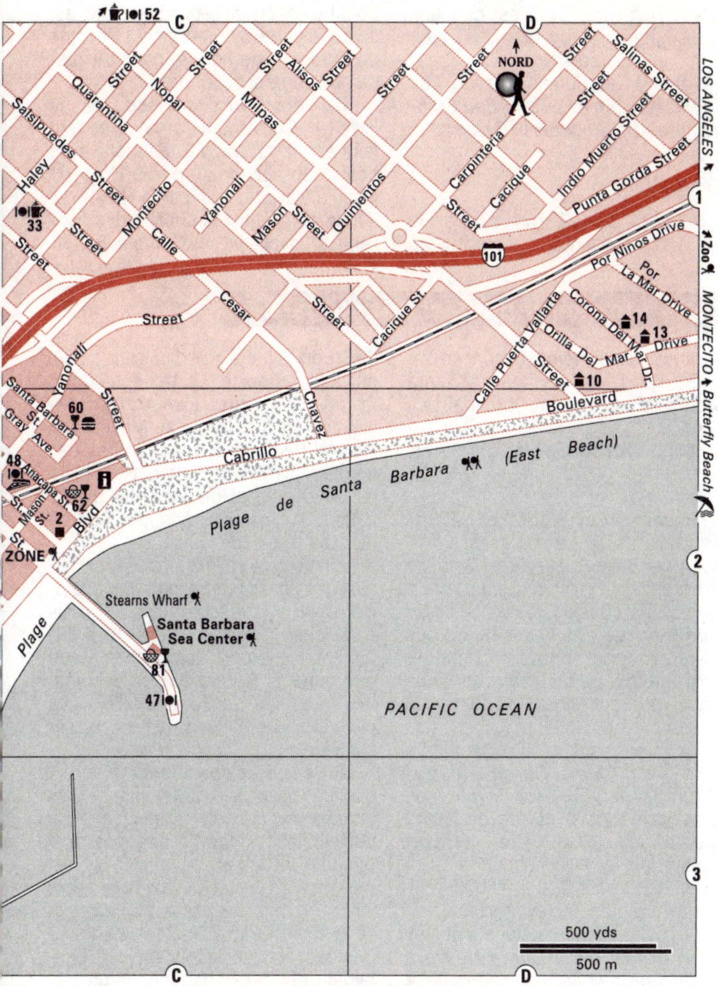

SANTA BARBARA

33 Rose Café (C1)
34 Brophy Bros (B3)
35 The Natural Café (B1)
36 Lilly's Taqueria (B2)
39 Joe's Café (B1)
45 Petit Valentien (A1)
47 Santa Barbara Shellfish Company (C2)
48 Lucky Penny et The Lark (C2)
52 The Shop Kitchen et La Super-Rica Taqueria (hors plan par C1)
53 D'Angelo's Bakery (B2)
54 Bouchon (A1)

Où boire un café ?

65 Handlebar Coffee Roasters (B1)

Où boire un verre ? Où écouter de la musique ?

40 The James Joyce (B1)
49 The Cuisery (B1-2)
60 Lama Dog (C2)
61 Dargan's Irish Pub (B1)
62 Municipal Winemakers (C2)
63 SOhO (A1)
80 Santa Barbara Winery (B2)
81 Deep Sea (C2)

Achats

70 Crossroads Trading (A1)

santabarbaraca.gov • Il est desservi par la ligne n° 11 du bus *MTD* (voir « Comment se déplacer... ? »).

➢ Liaisons quotidiennes avec ***Los Angeles*** (un saut de puce !), ***San Francisco, Seattle, Phoenix*** et ***Denver.***

En voiture

➢ ***De/vers Los Angeles :*** par la Hwy 101. Assez direct, compter 2h pour l'aéroport de *LAX*... si le trafic est fluide, c'est-à-dire rarement ! Pour ne pas prendre de risque, compter jusqu'au double si bouchons !

➢ ***De/vers San Francisco :*** par la Hwy 101. Conviendra à ceux qui veulent faire le trajet au plus vite. Plus long mais beaucoup plus beau, par la Hwy 101 jusqu'à Gaviota, puis par la Hwy 1 qui suit la côte. C'est le chemin des écoliers, un voyage en soi. Compter 8-10h.

Comment se déplacer... et se garer ?

Pour tous renseignements concernant les transports en commun à Santa Barbara, s'adresser au terminal des bus *MTD* :

MTD Transit Center *(plan A1) :* *1020 Chapala St.* • *sbmtd.gov* •

➢ ***Downtown et Waterfront Shuttles :*** 2 petits bus électriques. Le 1er relie Upper State St à la plage. De là, un autre *shuttle* fait la navette entre le port et le zoo. Ne pas oublier de demander un *transfer ticket* au chauffeur du bus Downtown pour pouvoir continuer le voyage le long du *waterfront*. Très sympa et économique (50 cents par trajet, avoir l'appoint). Fréquence : ttes les 15-30 mn env, 10h-18h (21h sam).

➢ ***En bus du Santa Barbara Metropolitan Transit District*** *(MTD)* ***:*** bus desservant tout le comté de Santa Barbara jusqu'à Goleta et l'aéroport à l'ouest (ligne n° 11 ; circule en sem 6h-23h30, sam 6h-22h, dim 6h30-12h). Comme toujours, monnaie exacte exigée (1,75 $ le trajet, transferts gratuits).

➢ ***En trolley de la Santa Barbara Trolley Company :*** • *sbtrolley.com* • Départs à 10h, 12h et 14h. Billet : 25 $ pour 2 j. Il s'agit d'un tour guidé, en quelque sorte. Le trolley dessert les principaux sites touristiques de la ville (du *Visitor Center* au Museum of Natural History), et vous profitez des commentaires historiques. Possibilité de descendre et de remonter quand vous le souhaitez. Pratique quand on dispose de peu de temps.

➢ ***À vélo ou à rollers :*** location possible chez *Wheel Fun Rentals,* par exemple – voir « Adresses utiles » –, mais c'est cher. Certains hôtels ou *B & B* prêtent des vélos. La bicyclette est l'un des moyens favoris de déplacement des habitants de Santa Barbara. La piste cyclable qui longe le front de mer sur 5 km est vraiment agréable.

➢ ***Si vous êtes en voiture :*** la plupart des rues possèdent des emplacements gratuits pour se garer. Bien regarder la couleur des trottoirs (ne jamais se garer quand le trottoir est peint, sauf si c'est en vert, mais le stationnement est alors limité à 15 mn), les panneaux indiquant la durée maximale et les périodes d'interdiction... et le tour est joué. Également des parkings payants un peu partout, mais pas trop chers.

Adresses utiles

Visitor Information Center *(plan C2) : 1 Garden St, angle Cabrillo Blvd.* ☎ *805-965-3021 ou 805-568-1811.* • *sbchamber.org* • *Tlj 9h (10h dim)-17h (16h nov-janv).* Plan gratuit du centre-ville et de la région, cartes routières, cartes de randos, livres et guides sur la région. Demandez aussi la feuille qui décrit le *Scenic Drive Tour,* un itinéraire pour découvrir la ville en voiture.

Cottage Hospital *(hors plan par A1) : angle Pueblo et Bath St.* ☎ *805-682-7111.*

Location de vélos et de rollers : ***Wheel Fun Rentals*** *(plan C2,* ***2****), 24 E Mason St.* ☎ *805-966-2282.* • *wheelfunrentals.com* • *Tlj 8h-20h*

(9h-17h – 18h w-e – hors saison). Compter 21 $ la ½ journée pour des rollers et 35 $ la ½ journée pour un vélo, ce que l'on trouve bien cher.

■ **Location de kayaks de mer : Santa Barbara Sailing Center** *(plan B2,* ***3****), sur le port. ☎ 805-962-2826. • sbsail.com • Tlj 9h-18h (17h l'hiver). Dernière loc 1h30 avt fermeture. Compter 12 $/h ou 50 $/j.* Loue des kayaks, mais également de petits bateaux, à moteur comme à voile, et organise en saison des sorties pour aller voir les baleines (lire plus bas « Dans les environs de Santa Barbara »).

■ ***Location de kayaks et paddles SUP*** *(plan B3,* ***4****) :* ***Paddle Sports Center,*** *117 Harbor Way, sur le port. ☎ 805-617-3425. • paddlesportsca.com • Tlj 8h-18h. 1h de kayak ou paddle respectivement 20 et 30 $.* Carrément sympa de pouvoir se balader comme ça au milieu des bateaux de plaisance.

Où dormir ?

En été, Santa Barbara est inondée de touristes en provenance de toute la Californie car c'est une destination balnéaire très à la mode. Les hôtels sont alors généralement complets ***(réservez très à l'avance),*** et le prix des chambres explose (surtout le week-end !). Ici plus qu'ailleurs les tarifs pour un même hôtel peuvent aller du simple... au triple, voire au quadruple (pendant les *graduations* des étudiants, par exemple). Les tarifs que l'on vous donne ne sont que des indications. C'est à y perdre son latin.

De nombreux ***motels*** se regroupent sur Upper State Street, en direction de Goleta.

HÔTELS ET MOTELS

De prix moyens à plus chic

🏠 ***Motel 6 Santa Barbara*** *(plan D1,* ***13****) : 443 Corona del Mar Dr. ☎ 805-564-1392. • motel6.com •* ***Résa très à l'avance conseillée pour juil-août.*** *Doubles 120-250 $.* Le 1er motel de la chaîne (1962) a 2 atouts en plus de ses prix attractifs : sa situation à 2 pas de la plage et son look propret. Les chambres sont tout à fait convenables bien qu'un peu étroites. Pas étonnant qu'il soit littéralement pris d'assaut l'été ! Petite piscine pour faire trempette. Si vous êtes en voiture, vous pouvez aussi tenter le *Motel 6* situé au 3505 State Street *(hors plan par A1,* ***24****).* Même style, même prix et piscine aussi, calée entre les bâtiments.

🏠 ***Casa del Mar Inn*** *(plan B2,* ***21****) : 18 Bath St. ☎ 805-963-4418. • casadelmar.com • Doubles 180-250 $, copieux petit déj et dégustation de vins et fromages 17h-19h compris.* Cet agréable petit hôtel resserre autour d'un patio central joliment verdoyant ses petites unités au style hispanisant, séparées par d'étroites allées plantées de palmiers. Pas de piscine mais le lieu a un charme certain. Bois sombre, murs blancs et petits cactus... Les chambres sont confortables et impeccables, certaines avec kitchenette. Et la situation n'est pas mal non plus, à 2 pas du port de plaisance.

De plus chic à très chic

🏠 ***Blue Sands Inn*** *(plan D1,* ***10****) : 421 S Milpas St. ☎ 805-965-1624. • bluesandsinn.com • Doubles 190-300 $. Pas de petit déj (café et thé au lobby, frigo et micro-ondes dans les chambres).* À 100 m de la longue plage la plus propice à la baignade de la ville, motel familial bleu et blanc d'une dizaine de chambres de configurations différentes, donnant sur une petite piscine chauffée. Déco actuelle de très bon ton : murs immaculés, lin, raphia... et confort bien appréciable (literie notamment). Certaines ont une vraie cuisine, d'autres une vue sur mer, d'autres encore une cheminée. Une bonne petite adresse.

🏠 ***Pacific Crest Hotel*** *(plan D1,* ***14****) : 433 Corona del Mar Dr (East Beach). ☎ 805-966-3103. • pacificcresthotel.com • Doubles 190-320 $, petit déj inclus.* Dans un coin calme tout près de la plage, un motel classique des 50's avec piscine, agrandi depuis et rafraîchi récemment. Pas de faute de goût dans les chambres (certaines avec kitchenette), le style est balnéaire sobre et l'ensemble est impeccablement tenu même si cela manque un peu d'âme et de végétation. Location de vélos sur place (borne automatique).

🏠 ***Beachside Inn*** *(plan B2,* ***18****) :* *336 W Cabrillo Blvd.* ☎ *805-965-6556.* • *beachsideinn.com* • *Doubles 170-360 $, petit déj inclus.* Un hôtel tout neuf, sobrement décoré dans des tons neutres plutôt actuels et surtout impeccablement situé en bordure du port de plaisance, proche de tout : le *pier,* la plage, State Street et la Funk Zone. Piscine et terrasse en surplomb de la promenade longeant le front de mer. Certaines chambres lorgnent aussi de ce côté.

🏠 ***Inn By the Harbor*** *(plan B2,* ***22****) :* *433 W Montecito St.* ☎ *805-963-7851.* • *sbhotels.com/inn-by-the-harbor* • *Doubles 200-320 $, petit déj et wine & cheese inclus.* C'est la végétation au cœur du bâtiment, où foisonnent palmiers, bananiers et fougères, qui fait le charme de l'endroit. Sinon, les chambres sont standard mais leur atout est de donner sur cette verdure ainsi que sur la piscine (chauffée). Bonne situation non loin du port. Prêt de vélos (4h max).

🏠 ***Lavender Inn by the Sea*** *(plan B2,* ***12****) :* *206 Castillo St.* ☎ *805-963-4317.* • *sbhotels.com/lavender-inn-by-the-sea* • *Doubles 270-340 $, petit déj et wine & cheese compris.* Situé à 100 m du *Inn By the Harbor* et appartenant au même groupe que celui-ci. Les tarifs sont plus élevés... pour des chambres au moins aussi bien, dotées d'un excellent équipement et, en prime, le champagne offert ! En revanche, l'établissement est plus exposé au bruit de la route (la piscine et la terrasse où se prend le petit déj notamment). *Beach bike* (vélo de plage) à disposition.

🏠 ***Brisas del Mar Inn*** *(plan B2,* ***16****) :* *223 Castillo St.* ☎ *805-966-2219.* • *sbhotels.com/brisas-del-mar-inn-at-the-beach* • *Doubles ou quadruples 270-390 $, avec petit déj et wine & cheese.* Motel de charme dans le style hispanique (murs ocre et carreaux de céramique). Les chambres sont en retrait de la rue, spacieuses et nickel, certaines ont même une cuisine. Autre atout du lieu : la jolie petite piscine au soleil, agréablement située, au calme et en hauteur.

🏠 ***Hotel Indigo*** *(plan B2,* ***15****) :* *121 State St.* ☎ *805-966-6586.* • *indigosantabarbara.com* • *Doubles 220-450 $.* Un bel hôtel concept, égrenant quelques étranges œuvres contemporaines dans le lobby et le long de ses couloirs. Une adresse gentiment branchouille, donc, mais sans en faire des caisses. La gentillesse de l'accueil fait oublier le côté un peu frime. Les chambres sont à l'avenant, pop, *arty,* bien dans leur époque, impeccables et ultra-confort. Dommage qu'elles soient si petiotes (notamment les salles de bains) et que l'environnement immédiat, le quartier de la gare, ne soit pas des plus fun. En compensation, la plage est à 2 pas, la Funk Zone aussi (très sympa pour sortir le soir), et on vous prête de chouettes vélos *(2h/j. max).*

🏠 ***La Quinta Inn & Suites*** *(hors plan par A1,* ***24****) :* *1601 State St.* ☎ *805-966-0807.* • *wyndhamhotels.com* • *Doubles 160-350 $, petit déj inclus.* Le plus de cet hôtel de chaîne à l'architecture vintage récemment liftée, c'est sa belle piscine bordée de végétation, comme le bâtiment du reste. Les 70 chambres sont vraiment agréables et grand confort, même les *standard* sont spacieuses. Et celles à 2 lits permettent de laisser les valises ouvertes, même à 4 !

🏠 ***The Waterman*** *(plan B2,* ***19****) :* *12 E Montecito St.* ☎ *805-845-1000.* • *marriott.com* • *Doubles 300-500 $; petit déj inclus.* À côté de la Freeway 101 (pas génial ça, mais, en revanche, on est pile entre le centre et la plage, à touche-touche avec la Funk Zone, le quartier branché), un hôtel contemporain looké. Malgré la situation, l'insonorisation est bonne. Pour se détendre, une agréable piscine (hélas un peu bruyante, elle) entourée de transats et des animations variées. Une bonne option quand les prix ne s'envolent pas en saison.

BED & BREAKFAST

Situés dans des quartiers résidentiels très calmes et nichés dans de ***belles***

maisons anciennes, victoriennes pour la plupart, les *B & B* de Santa Barbara possèdent une même note d'élégance nostalgique, malheureusement vendue bien trop cher. Ils ont presque tous un agréable ***jardin pour prendre le petit déj.*** Le ***wine hour*** (verre de vin californien et les amuse-gueules du soir servis vers 17h) est compris dans le prix de la chambre. Attention, séjour de 2 nuits minimum parfois exigé le week-end.

De prix moyens à plus chic

☗ ***Secret Garden Inn & Cottages*** *(hors plan par A1,* ***26****) :* *1908 Bath St.* ☎ *805-687-2300.* • *secretgarden.com* • *Doubles 135-180 $ dans la maison, 165-275 $ dans les cottages.* Tenu par l'adorable et *Frenchie* Dominique, ce *B & B* offre un cadre de séjour cosy. 2 chambres dans la maison (les moins chères), confortables et fleuries, et 9 cottages jaune et blanc nichés dans un jardin luxuriant qui sent bon le jasmin et abrite un avocatier centenaire. Les plus chers sont dotés d'un jacuzzi individuel sur une minuscule terrasse. Petit déj-buffet avec croissants à la française, servi au cœur du jardin. Dominique pourra vous donner des infos sur la région. Sa maison n'est peut-être pas la plus luxueuse, mais elle dégage un charme certain, et les gourmands s'y sentiront bien. Il règne ici une vraie douceur de vivre.

☗ ***A White Jasmine Inn*** *(plan A1,* ***17****) :* *1327 Bath St.* ☎ *805-966-0589.* • *whitejasmineinnsantabarbara.com* • *Doubles et suites 170-350 $, petit déj compris.* Une douzaine de chambres réparties entre la maison verte et son mignon jardin (rosiers, fougères tropicales) et 2 autres demeures juste de l'autre côté de la rue. À l'intérieur, l'atmosphère désuète est figée dans le temps, mais ce qui fait le charme de l'endroit, c'est l'accueil aux petits soins et l'atmosphère de *home sweet home* entretenue par John, le proprio. Fleuries et colorées, toutes les chambres possèdent une cheminée, et la plupart ont aussi un jacuzzi ou un bain à bulles. *Full breakfast* servi dans la chambre ou le jardin.

Très, très chic

☗ ***Cheshire Cat Inn*** *(hors plan par A1,* ***24****) :* *36 W Valerio St (angle Chapala).* ☎ *805-569-1610.* • *cheshirecat.com* • *Doubles dès 205-275 $ (dès 335 $ pour les cottages), très bon petit déj compris.* Un élégant *B & B* tout en référence à *Alice au pays des merveilles.* Ses chambres, réparties dans 2 maisons (6 dans chaque) et délicieuses avec leur déco *so British,* sont baptisées d'après les personnages du célèbre récit. Certaines ont un jacuzzi ou une cheminée, ce qui n'est pas le cas des moins chères. Partout règne une atmosphère cosy et cossue. Beau jardin avec transats, au milieu duquel trône un kiosque abritant un jacuzzi.

☗ ***Simpson House Inn*** *(hors plan par A1,* ***24****) :* *121 E Arrellaga St.* ☎ *805-963-7067.* • *simpsonhouseinn.com* • *Doubles et cottages 200-570 $, somptueux petit déj compris.* Une magnifique maison victorienne de 1874, entourée d'un vaste et délicieux jardin. On choisit entre les chambres de la demeure principale, décorées sur une note très victorienne, celles de la vieille grange reconvertie, tout aussi chaleureuses, avec tapis d'Orient, couette en duvet et cheminée, ou encore entre les quelques cottages, avec plancher, cheminée, jacuzzi... le grand luxe, quoi ! Superbe chêne au fond du jardin. Le petit déj (gastronomique !) est servi sur le porche surélevé – et garni de glycines – de la maison, tout comme les rafraîchissements dans l'après-midi, le vin et les hors-d'œuvre le soir. Bicyclettes à dispo. Accueil stylé et extrêmement attentionné.

Où camper dans les environs ?

Pensez à réserver en été, car les places sont prises d'assaut. Voici notre sélection, classée par ordre de proximité de la ville, pas par préférence :

⛺ ***Carpinteria State Beach :*** *205 Palm Ave, à* ***Carpinteria,*** *à un peu moins de 20 km à l'est de Santa Barbara.* ☎ *805-684-2811.* • *parks.*

ca.gov • Empl. 35-45 $ tentes, 50-60 $ camping-cars. Attention, ce *State Beach Park* abrite 4 campings. Les moins chers sont l'*Anacapa* et le *Santa Cruz*. Ce sont d'ailleurs les 2 seuls qui prennent les tentes et les plus proches de Santa Barbara, situés le long d'une plage de sable grisonnant. Les places manquent un peu d'intimité, et le train passe... à quelques dizaines de mètres derrière le camping ! Bon, en cherchant bien, certains emplacements ne sont pas désagréables, même si ce ne sont pas, et de loin, les plus beaux campings de la côte. C'est, en revanche, la manière la moins chère de se loger aux abords de Santa Barbara. Douches payantes (fermées en période de sécheresse).

El Capitán State Beach : *à* ***El Capitán,*** *à 32 km à l'ouest de Santa Barbara par la Hwy 101. ☎ 805-968-1033. • parks.ca.gov • Empl. 35-45 $.* Des aires bien délimitées, un rien trop organisées mais assez espacées et pouvant accueillir, comme partout, jusqu'à 8 personnes. Elles sont en retrait et en surplomb de la plage, dans un bois touffu sur lequel planent les senteurs des eucalyptus. Autrement plus agréable que le *Carpinteria State Beach*. Évitez de vous installer au fond du camping : au cas où ça vous aurait échappé, la voie ferrée passe par là et, la nuit, on a le sentiment que le train nous roule dessus !

Cachuma Lake Campground : *à 34 km au nord-ouest de Santa Barbara par la Hwy 154 menant à la vallée de Santa Ynez et à Solvang (sortie Cachuma Lake County Park). ☎ 805-568-2460. • countyofsb.org/parks • Empl. de base 25-30 $, ou 40 $ avec vue sur le lac ; yourtes 3-6 pers 75-120 $; cabins 4-6 pers 125-175 $ (prévoir draps et couvertures). Possibilité d'utiliser le site à la journée (day use 10 $).* Cet immense camping (450 emplacements), établi tout contre le lac de retenue de Cachuma, est très populaire chez les pêcheurs à la belle saison. Beaux emplacements, vastes zones de pelouses, avec plus ou moins d'ombre et de vue. Demandez au ranger à l'accueil qu'il vous dégote un site qui vous convienne. Pour nous, les plus agréables sont tout au bout du camping, à proximité du rivage. Barbecue à dispo, sanitaires en nombre suffisant. Nombreux services : épicerie, pompe à essence, piscine, laverie, douches chaudes (payantes), etc. Le lac servant de réservoir d'eau potable, il est formellement interdit à la baignade, mais on peut louer un bateau à la marina (super cher)... Tiens, puisque vous êtes dans le coin, sur la route de Santa Barbara, faites un arrêt à la *Cold Spring Tavern* pour un verre, ça vaut le coup (voir « Où manger dans les environs ? »).

Où manger ?

Spécial petit déjeuner

D'Angelo's Bakery *(plan B2,* ***53****) : 25 W Gutierrez St. ☎ 805-962-5466. Tlj 7h-14h. Petits déj 13-25 $.* Sans conteste l'un des meilleurs petits déj de la ville, avec de très bonnes omelettes (hyper copieuses), *granola, waffles,* pain et pâtisseries maison (le fournil approvisionne nombre de restos dans et autour de Santa Barbara). L'adresse est connue et les quelques tables entre le long comptoir (derrière lequel on pétrit et cuit) et la baie vitrée ainsi que la petite terrasse sur la rue sont vite occupées. Quelques photos en noir et blanc de stars buvant leur café égaient les murs, pour ceux qui prendront le temps de lever le nez de leur assiette.

The Shop Kitchen *(hors plan par C1,* ***52****) : 730 N Milpas. ☎ 805-845-1696. Tlj 8h-14h. Plats 10-16 $.* N'hésitez pas à rouler quelques minutes depuis le centre pour savourer un des petits déj gourmets les plus prisés des locaux. Carte assez originale, inspirée des 4 coins des US mais avec une touche *healthy* et créative. Choix de tartines de bon pain garnies de fameuses petites choses, œufs fermiers variés et café de bons *coffee roasters* du coin. Petite salle épurée ou plus sympa, la terrasse d'angle donnant sur les hauteurs de Santa Barbara. Parfait aussi pour le lunch.

☕ ***Renaud's Pâtisserie & Bistro*** *(plan A1, **30**) : 1324 State St (en retrait de la rue, sur Arlington Plaza). ☎ 805-892-2800. Tlj 7h-16h (15h w-e). Petits déj 10-15 $.* Petite pâtisserie-*coffee shop* tenue par un *Frenchy,* pour prendre un bon petit déj à la française (excellents croissants aux amandes, chocolat ou abricot) ou un *American breakfast* (omelettes, *eggs Benedict...*). Le midi, on y sert aussi des salades bien fraîches et des snacks goûteux. Et à toute heure, un vrai bon café ! Petite terrasse calée contre un parking.

☕ Et aussi **Rose Café** et **Joe's Café** : lire plus loin.

De bon marché à prix moyens

🍽 ***Lilly's Taqueria*** *(plan B2, **36**) : 310 Chapala St. ☎ 805-966-9180. Tlj sauf mar 10h-21h. Compter 10 $.* Coincée entre la Highway, le dépôt de trolleys et le chemin de fer, cette authentique *taqueria* ne désemplit pas. Il faut dire que ses tacos à 2 $ pièce sont d'un formidable rapport qualité-prix pour Santa Barbara. On choisit type de viande (attention, il y a aussi des abats !) ou légumes et on arrose ensuite soi-même de sauce piquante, citron vert, oignon, radis et coriandre. Tout simple mais frais, goûteux, pas cher, et propreté impeccable. Salle assez grande, donc on peut s'y poser. Un vrai plan *Routard.*

🍽 ***The Natural Café*** *(plan B1, **35**) : 508 State St. ☎ 805-962-9494. Tlj 11h-21h. Plats 10-16 $.* Cette petite chaîne de cafés, qui s'efforce de servir une nourriture naturelle et saine, tire plutôt bien son épingle du jeu : salades, soupes du jour, houmous, burgers, pâtes et de nombreux plats, végétariens ou non, aux accents mexicains. Le sandwich poulet *teriyaki* (à prendre avec de l'avocat) est succulent et très copieux ! Passer commande au comptoir et garder le numéro pour être servi. Salle banale et quelques tables en terrasse sur la rue.

🍽 ☕ ***Rose Café*** *(plan C1, **33**) : 424 E Haley St. ☎ 805-966-3773. Tlj 8h-20h. Plats 8-16 $.* Un bon petit resto mexicain, fidèle au poste depuis 1930, qui pourtant ne paie pas vraiment de mine et est un peu excentré (on peut toutefois encore y aller à pied). Cadre simple avec large comptoir de formica clair, tabourets et tables du même matériau, pour un bon choix de burritos, enchiladas, tacos, etc. Parfait aussi pour le petit déj (uniquement mexicain), à condition d'apprécier les haricots rouges et le riz au réveil. Bonnes omelettes. Clientèle fidèle du quartier. Simple et bon, le sourire en prime.

🍽 ***La Super-Rica Taqueria*** *(hors plan par C1, **52**) : 622 N Milpas St (angle Alphonse St). ☎ 805-963-4940. Ouv 11h-21h30. Fermé mer. Tacos 3-10 $. CB refusées.* Tenue par la même famille depuis 1980, une *taquería* mexicaine, genre cantoche, à la réputation incontestée dans toute la ville. Si vous voyez au moins 10 personnes devant une petite bicoque blanche et vert lagon, c'est là ! Les sauces *verde* et *picante* ont le goût du pays, tout comme les excellents tacos, *lomitos* et *quesadillas.* Vous choisissez vos plats au tableau noir à l'entrée, puis on vous appelle par votre numéro quand votre commande est prête. La salle est une sorte de terrasse couverte, style guinguette. Bières mexicaines, évidemment. Souvent bondé, ambiance bavarde et bon enfant. Comme c'est un peu excentré, le mieux est de venir en voiture.

🍽 ***Rusty's Pizza Parlor*** *(plan B2, **15**) : 111 State St. ☎ 805-564-1111. Tlj 11h-minuit. Salad bar env 7 $ (1 seul passage) ; pizzas 10-22 $ selon taille.* C'est une chaîne, OK ; la mégasalle n'est pas des plus romantique, OK. Mais où peut-on profiter d'une bonne *salad* bien fraîche, avec légumes et crudités, dont on peut remplir un généreux gros bol jusque tard le soir à ce prix ? Nulle part. C'est uniquement pour ça qu'on vous l'indique !

🍽 ***Santa Barbara Shellfish Company*** *(plan C2, **47**) : 230 Stearns Wharf. ☎ 805-966-6676. Tt au bout de la jetée, après le* Moby Dick Restaurant. *Tlj 11h-21h (dernier service). Plats 12-22 $.* Dans une mignonnette maison en bois tout au bout du ponton, ce resto propose depuis fort longtemps de délicieux plats de fruits de mer et poissons, simples et copieux à déguster au comptoir ou sur les banquettes dehors en sirotant une bière pression. Si vous êtes en fonds, testez donc la bisque et les huîtres Rockefeller. Les *seafood pasta* sont aussi délicieuses et pas si chères. Si c'est complet ou qu'il y a de l'attente (souvent le cas), allez donc au guichet sur le flanc gauche du resto : on y sert la même chose, mais à emporter. Bien plus rapide ! Et on mange sur les tables publiques, au grand air, sur le quai. Étonnamment abordable pour la qualité.

Et aussi : ***The Shop Kitchen*** *(hors plan par C1, **52**) : lire plus haut.*

De prix moyens à plus chic

Brophy Bros *(plan B3, **34**) : 119 Harbor Way, sur le port de plaisance. ☎ 805-966-4418. Tlj 11h-22h. Plats 13-30 $ (10-15 $ au bar du rdc).* Ce bistrot du port, situé au 1er étage d'un bâtiment du quai, vaut autant pour son atmosphère animée et son décor *navy* chic que pour sa cuisine. *Seafood* à l'honneur avec, en vedette, la fameuse *clam chowder* de la côte Est (soupe crémeuse de praires), suivie des *clams* farcies à l'ail, des poissons du jour et moules marinière façon américaine. Étroit balcon-terrasse toujours pris d'assaut, car la vue y est sympa de jour comme de nuit. Au rez-de-chaussée, c'est le bar, grand comme un mouchoir de poche (avec minuscule terrasse), où l'on se contentera de grignoter quelques *appetizers*.

Lucky Penny *(plan C2, **48**) : 127 Anacapa St. ☎ 805-284-0358. Tlj 11h-21h (22h ven-sam). Plats 13-24 $.* C'est la pizzeria *casual* du resto en vue *The Lark* (voir plus loin). Facile à identifier, sa façade est couverte de pièces de 1 cent (penny). Pas de salle, seulement une mignonne terrasse ombragée de parasols jouxtant la maison mère. On y sert des pizzas à la pâte fine et croustillante, garnies de produits bien goûteux. Certaines associations sont un peu américanisées (jambon-ananas, par exemple), mais on retrouve aussi les classiques. Également de savoureux sandwichs avec chips *homemade* et des salades.

Joe's Café *(plan B1, **39**) : 536 State St (angle Cota). ☎ 805-966-4638. Tlj 7h30-22h (minuit ven-sam). Plats 11-35 $; breakfasts 12-20 $.* Ouvert depuis 1928, voici un resto historique, avec l'atmosphère qui va avec. Comptoir usé, photos noir et blanc et nappes à carreaux, le décor patiné garde l'âme des générations de clients passées avant vous. La cuisine, qui décline les standards du régime ricain, est avant tout copieuse mais pour démarrer la journée, c'est parfait. En revanche, fuyez si vous cherchez une ambiance tranquille pour un tête-à-tête : la salle peut être extrêmement bruyante (surtout le week-end en soirée), succès oblige !

Petit Valentien *(plan A1, **45**) : 1114 State St, dans la Plaza Arcada (entrée possible aussi sur E Figueroa). ☎ 805-966-0222. Tlj 11h30-14h30, 17h30-20h (17h-19h30 dim). Fermé lun. Lunch special env 15 $; à la carte, plats 22-25 $; menus éthiopiens principalement végans 6-15 $ le w-e à midi.* Tranquillement posé dans un joli passage, ce petit resto qui, comme son nom ne l'indique pas, n'a pas grand-chose de français, est un des plus agréables de State Street. Cuisine même plutôt fusion, proposant des plats raffinés et joliment mis en scène dans les assiettes, suivant les saisons et l'inspiration du chef. Parquet sombre et mobilier bistrot sous haut plafond. Le soir venu, l'éclairage tamisé ajoute encore un peu plus d'élégance au lieu. Une belle adresse.

De plus chic à très chic

The Lark *(plan C2, **48**) : 131 Anacapa St. ☎ 805-284-0370. **Résa conseillée** via • opentable.com • Tlj 17h-21h (22h ven-sam). Plats 15-50 $ (ultra-copieux).* Le resto *Farm to table* chic et *trendy* de Santa Barbara, dans la Funk Zone en pleine ébullition. Le cadre est superbe, tant dedans que dehors en terrasse. Atmosphère joyeuse et élégante à la fois, clientèle bien mise, service un peu apprêté (en tablier quand même !) mais gentil. Cuisine inventive avec des associations audacieuses volontiers épicées. Aussi de fameux cocktails. Si c'est plein, vous pouvez aussi tenter la pizzeria attenante, *Lucky Penny,* délicieuse et beaucoup moins chère (lire précédemment) !

Bouchon *(plan A1,* ***54****) : 9 W Victoria St. ☎ 805-730-1160. Tlj 17h-21h (22h ven-sam). Plats 25-42 $.* Voici l'une des meilleures tables de Santa Barbara. La jolie salle (qui rappelle effectivement un bouchon presque lyonnais) laisse apercevoir les fourneaux où s'affaire la brigade. Le chef propose une cuisine talentueuse inspirée par la France, avec une audace jubilatoire. Très beaux produits locaux traités avec brio, certains très originaux, beaucoup d'herbes aussi. Joli choix de fromages (californiens pour le coup), magnifiques desserts et très belle carte des vins (là encore locaux). Service pro et charmant.

Où manger ? Où boire un verre dans les environs ?

Cold Spring Tavern : *5995 Stage Coach Rd, à* ***San Marcos Pass,*** *dans la montagne surplombant Santa Barbara, à 18 km env du centre. ☎ 805-967-0066. Sur la 154 direction lac Cachuma, tourner à gauche dans Stage Coach Rd (bien faire attention), puis c'est indiqué. Cuisine tlj 11h-15h, le soir à partir de 17h. Le w-e, petit déj dès 8h. Résa très conseillée le soir (surtout le w-e). Déj 10-21 $, dîner 12-38 $.* Ces 2 maisons en rondins au milieu de la forêt font partie d'un ancien relais de diligence de 1886, situé sur la vieille route qui reliait, il y a longtemps, Santa Barbara à l'intérieur du pays. Le resto n'a guère changé depuis un siècle et conserve toujours la *good Old West flavor,* avec des trophées aux murs et un feu crépitant dans la cheminée. Plusieurs petites salles tapissées de bois, chaleureuses et aussi sombres les unes que les autres. Bonne cuisine country (moins chère le midi) et snacks dans la journée (parfois burgers de chevreuil). Dans la taverne à côté du resto, baignée de la même atmosphère cow-boy, les vendredi soir, samedi et dimanche après-midi, groupes folk, country ou rock. Ambiance extra et décontractée, au comptoir ou aux vieilles tables rondes.

Où boire un café ?

Handlebar Coffee Roasters *(plan B1,* ***65****) : 128 E Canon Perdido St. Tlj 6h30-16h.* En face du *Presidio,* à quelques enjambées de State Street, un café-torréfacteur bien dans son époque, avec son style « *hipsterish* » désormais standardisé : carreaux de ciment, béton ciré et vélo accroché au mur.

Où boire un verre ? Où écouter de la musique ?

Si State Street a longtemps été *the place to be,* l'animation nocturne tente une percée du côté de la ***Funk Zone,*** hausse des loyers oblige. ***Wineries*** et ***bars branchés*** y investissent peu à peu les anciens entrepôts désormais habillés de street art.

Bars et clubs

Lama Dog *(plan C2,* ***60****) : 116 Santa Barbara St. ☎ 805-880-3364. Tlj 11h30-22h (minuit ven-sam).* Un des bars les plus branchés et *popular* de la Funk Zone. Les jeunes de SB viennent chiller dans cet énorme entrepôt qui fait à la fois bar à bières et *wine on tap* : on peut acheter sa bouteille de vin sur place et la boire moyennant un droit de bouchon. Aussi une vingtaine de pressions, locales, des américaines et même de plus loin, toutes typées. À écluser dedans, autour du comptoir central ou sur la terrasse, tout en longueur. Atmosphère rugissante certains soirs, super fond musical et, à l'entrée, un comptoir à burgers dans un container recyclé, pour éponger le liquide, ***The Nook*** *(env 15-17 $).*

The Cruisery *(plan B1-2,* ***49****) : 501 State St. ☎ 805-770-0270. Tlj 11h30-minuit (10h-1h w-e). Plats 10-20 $.* Microbrasserie produisant une dizaine de variétés maison, dont quelques saisonnières. Assez animé le soir, surtout le week-end ; plein d'écrans de TV en permanence branchés sur le sport assurent, avec les bières, la popularité du lieu (les jours de gros match de football américain, c'est l'enfer !). On peut aussi y manger des sandwichs, tacos et salades sans se ruiner.

The James Joyce *(plan B1,* ***40****) : 513 State St. ☎ 805-962-2688. Tlj 11h-2h.* Chouette bar aux accents irlando-louisianais, avec son long comptoir où s'accoudent les figures locales, son plancher jonché de coques d'arachides et son coin à musicos. Du jeudi au samedi, on chante ici le blues, on joue du jazz ou on gratte la guitare sur des airs de rock, c'est selon. C'est un bar, donc l'entrée est gratos, mais on régale généreusement le chapeau de ceux qui nous ont régalé les oreilles.

Dargan's Irish Pub *(plan B1,* ***61****) : 18 E Ortega St. ☎ 805-568-0702. Tlj 11h30-23h (2h ven-sam).* Ce hangar reconverti, à 2 pas de State Street, abrite un immense pub avec billards et, dans un coin, une cheminée allumée surmontée d'une lyre. C'est qu'ici tout est irlandais : la *Guinness,* bien sûr, mais aussi le patron, une partie de la clientèle et la musique folklorique du jeudi soir (groupes locaux le samedi). Le midi, sandwichs, burgers, salades et tartes. Ambiance chaleureuse et animée, avec en prime billard et jeux de fléchettes.

SOhO *(plan A1,* ***63****) : 1221 State St, au 1er étage, à l'intérieur de Victoria Court. ☎ 805-962-7776. • sohosb.com • Concerts tlj. Entrée payante (10-40 $).* Ce club plutôt *middle age* est un classique du genre. Tous les jours s'y produisent des groupes de rock (toutes tendances), reggae, funk, hip-hop, jazz, *tribute,* etc. (programme sur le site). Salle de taille raisonnable, avec une agréable terrasse. On peut aussi y manger.

Wineries

Une des spécialités de Santa Barbara. Il ne s'agit pas de domaines viticoles (ceux-là se trouvent au nord-ouest de la ville ; voir plus loin « La route des Vins » dans les environs de Santa Barbara) ni de caves à vins, mais de boutiques-bars à vins qui s'en font la vitrine, et qui ont fleuri ces 15 dernières années dans le centre-ville. On en compte aujourd'hui une trentaine, la plupart concentrées dans la ***Funk Zone,*** autour de Anacapa Street, entre la Highway 101 et le front de mer *(plan B-C2)* ; quelques autres aussi du côté du *Presidio.* On peut y acheter du vin, bien sûr, mais aussi juste le goûter, moyennant participation financière (généralement 12-15 $ les 5-6 dégustations). Elles sont pour la plupart ouvertes tous les jours de midi jusqu'en début de soirée. Si vous souhaitez faire la tournée, le *Visitor Center* fournit la brochure gratuite ***Urban Wine Trail,*** qui les recense toutes. Sinon, voici une petite sélection :

Municipal Winemakers *(plan C2,* ***62****) : 22 Anacapa St. Tlj 12h-20h (22h ven-sam). Dégustation env 15 $.* Parmi toutes les *wineries* qui quadrillent la Funk Zone, on a bien aimé celle-ci, pour sa déco industrielle vintage détournée, son accueil sans façon et ses 2 petites terrasses cosy, ombragées par 1 palmier et 2 pieds de vigne (la Californie, quoi !). Vous y dégusterez différents crus du coin sélectionnés par un négociant.

Santa Barbara Winery *(plan B2,* ***80****) : 28 Anacapa St. ☎ 805-963-3633. • sbwinery.com • Tlj 11h-17h (18h ven-sam). Dégustation env 15 $.* C'est la plus ancienne de la ville (1962). Vins de la Santa Ynez Valley (syrah, chardonnay, sauvignon blanc, pinot noir...).

Deep Sea *(plan C2,* ***81****) : 217 Stearns Wharf. ☎ 805-618-1185. • conwayfamilywines.com • Tlj 11h-20h (21h ven-sam). Dégustation env 20 $ pour 5 vins.* À côté du *Sea Center,* on la signale surtout pour sa situation, sur le ponton, avec une terrasse dominant les flots. C'est aussi l'une de celles qui ferment le plus tard.

Achats

Crossroads Trading *(plan A1, **70**)* : *1025 State St. Tlj 11h-19h.* Grande boutique de fringues vintage, pour hommes et femmes. À condition de bien fouiner, on peut y faire de vraies affaires. Le turn-over est régulier, souvent des pièces de designers et pas mal de marques californiennes, à prix sacrifiés !

State Street aligne aussi quelques-unes des marques américaines (californiennes même) favorites des touristes : *Levi's, Vans, Sketchers, Volcom...*

Pour vous rapporter une bonne boutanche de vin californien, voir aussi les ***wineries*** ci-dessus.

À voir. À faire

À quelques exceptions près, la plupart des musées et sites sont chers. Mais en combinant les lieux gratuits (comme le Carriage and Western Art Museum et la County Courthouse) et les billets couplés, on peut finalement s'en tirer raisonnablement. Lisez bien nos textes pour organiser vos visites au plus près de votre porte-monnaie.

State Street : vertèbre de la vieille ville. Quasiment tout se tient dans ses parages proches. La descendre sur une douzaine de blocs, de jour comme de nuit, se révèle une promenade plaisante. Jolies boutiques, terrasses sur le trottoir, quelques figures locales marrantes à regarder... À articuler avec le ***Red Tile Walking Tour,*** un itinéraire conçu par le *Visitor Information Center* (on le trouve au dos du plan de la ville distribué par ce même bureau), et qui permet d'admirer d'anciens édifices en adobe (entre State, Anapamu, De La Guerra et Santa Barbara Streets).

Les plages et le port de Santa Barbara *(plan B-C-D2-3)* : le port, animé et joyeux, est une balade à ne pas manquer, ne serait-ce que pour son ***Maritime Museum*** (voir ci-après). Entre les bateaux de pêche et les superbes voiliers de plaisance, on découvre une ville attachée aux choses de la mer, et pas seulement des yachts de milliardaires qui font des ronds sur l'eau. Concernant les plages, entre la marina et le Wharf s'étend une plage pas forcément adaptée à la baignade, puisque proche de l'entrée du port et assez fermée. C'est pourtant sur celle-ci, la plus proche du centre, que se retrouvent tous les jeunes pour les parties de volley, *beach-foot* et autres activités sportives éminemment californiennes. Chouette ambiance. Mais pour la baignade, donc, on conseille plutôt ***East Beach*** (située un peu plus à l'est du centre, normal), souvent moins venteuse et donc aux eaux plus calmes, où se rassemblent les familles pour le pique-nique du week-end. ***Une longue piste cyclable ourle tout le front de mer.*** Rollers, joggers, poussettes, vélos et caddys de SDF, bref, tout ce qui roule occupe le terrain. Pour terminer, le ***Stearns Wharf,*** long ponton de bois situé dans le prolongement de State Street, fait également partie des balades classiques, à arpenter en léchant une glace. ***La plage située à l'ouest*** de la marina *(hors plan par B3)* est également à découvrir. Belle anse d'un bon kilomètre, joliment dessinée, tranquille et surveillée. Elle est beaucoup moins fréquentée (sauf le week-end) que les 2 précédentes et possède du caractère. Douches, toilettes et barbecue.

Santa Barbara Maritime Museum *(plan B3)* : *113 Harbor Way. • sbmm.org • Tlj sauf mer 10h-17h. Entrée : 8 $; réduc.*
Pour les amateurs, cet intéressant musée passe en revue de manière didactique le passé et l'univers maritime de Santa Barbara, à travers toutes sortes d'objets et de documents. Rien n'est laissé au hasard pour divertir et informer le visiteur. On y découvre les îles plantées au large de la ville, véritables petits joyaux écologiques à préserver. Collection unique de casques de scaphandriers pour rappeler que Santa Barbara est un grand centre de formation des plongeurs professionnels et militaires. À commencer par cet incroyable scaphandre surnommé Jim (utilisé

dans un *James Bond*), avec lequel on peut descendre jusqu'à 600-700 m (sans nous !). On découvre ainsi l'allégement progressif du matériel au fil des décennies, depuis les chaussures de plomb (Hergé ne nous avait pas menti !) jusqu'aux équipements plus souples. Autre fleuron de la collection : la lentille Fresnel conçue en France en 1854, qui guida les navires au large de Point Conception pendant 160 ans. Nombreuses maquettes de navires, de la barge de forage aux chalutiers, en passant par les bâtiments de guerre (on apprend que la plus grande catastrophe maritime du pays – en temps de paix – fut le naufrage en 1923, dû à une tempête, de 7 destroyers à l'est de Santa Barbara). Également des vitrines évoquant le commerce des Espagnols entre le Mexique et les Philippines (entre les XVIe et XVIIIe s), ainsi que les 1ers explorateurs qui débarquèrent ici, comme Cabrillo en 1542. Voir la maquette en coupe des anciens navires en bois. La chasse au phoque, à la baleine, l'histoire du *wharf* (quai) et l'exploitation du pétrole offshore ne sont pas non plus oubliées.

Au 1er étage, amusant périscope de sous-marin pour une vue du port en immersion, et une brève histoire de la navigation et du surf à Santa Barbara (vénérables *boards*), ainsi qu'une section « verte » consacrée à la pollution des eaux (c'est au large de Santa Barbara, en 1969, qu'eut lieu la 3e plus importante marée noire des États-Unis, un désastre écologique auquel fait écho la fuite de brut massive survenue au nord de *Refugio State Beach* en 2015). Également un petit ciné montrant différents films sur le thème de la mer. Bref, une visite très instructive.

La mission de Santa Barbara *(hors plan par B1) : tt au bout de Laguna St (no 2201, à la hauteur de Los Olivos). • santabarbaramission.org • Tlj 9h30 (11h dim)-16h. Visites guidées possibles. Entrée : 15 $; réduc. Dépliant en français très complet.*

La 10e mission franciscaine de Californie, fondée en décembre 1786 par Fermin Lasuen. Surnommée la « Reine des missions », elle a subi 2 terribles séismes, en 1812 et 1925. Le bâtiment actuel fut édifié entre 1815 et 1833, d'après un plan de l'architecte romain Vitruve. Longtemps paroisse des Indiens chumashs et école de théologie jusqu'en 1986, la mission abrite toujours une dizaine de frères et pères.

On entame la visite par le beau ***cloître*** fleuri et arboré. Une salle présente une vidéo sur l'histoire de la mission. On passe ensuite par le cimetière où furent enterrés près de 4 000 Indiens (sans tombes, ce qui explique qu'on ne voit pas grand-chose), pour beaucoup victimes des maladies nouvelles introduites par les colons, mais aussi de mauvais traitements et de malnutrition. Superbe ficus, quelques pierres tombales de pères de la mission et d'explorateurs. Au centre, imposant *Moreton Bay Fig Tree (ficus)*. On pénètre ensuite dans l'église, dont la porte est surmontée de têtes de mort. Intérieur charmant, modestement orné de quelques sculptures.

Un ***petit musée*** complète la visite : évocation de la construction de la mission avec maquette, un soupçon d'artisanat chumash, statues qui armèrent le fronton jusqu'au séisme de 1925, quelques livres enluminés, les outils du moine forgeron, statuaire de bois polychrome, cuisine reconstituée, catéchisme en dialecte indien avec partition, reconstitution de la cellule d'un moine, etc. C'est la seule mission de Californie à posséder une crypte, mais on ne peut pas la visiter. Devant la mission, sur la place, fontaine avec bassin construit en 1808 pour servir de lavoir aux femmes indiennes.

Santa Barbara Historical Museum *(musée d'Histoire de la Ville ; plan B1) : 136 E De La Guerra St. • sbhistorical.org • Ouv 12h-17h (19h jeu). Fermé lun-mar. Visite guidée w-e à 14h. Entrée : 7 $, réduc.* Ce très bon musée présente chronologiquement l'histoire de Santa Barbara. Pas bien grand, mais objets choisis avec soin, belle muséographie et éclairage bien distillé. La 1re grande pièce est consacrée aux expos temporaires (en rapport avec la région). Puis sont évoqués les Indiens chumashs (voir les vanneries et le gros récipient rond, résistant à la chaleur). L'arrivée des Espagnols au début du XVIIe s est illustrée par des éléments religieux (statue de sainte Barbe, beau Christ en croix...), des selles ouvragées, des coffres... On passe ensuite à la période mexicaine (1822-1848) avec des objets variés, puis l'incorporation de la Californie aux États-Unis en 1850. À ne pas manquer : les vitrines consacrées à la vie des soldats dans le *Presidio,* celle de José De La Guerra et de sa famille, *commandante* de la place forte, et aussi à l'âge d'or de Santa Barbara à la fin du XIXe s (mobilier, reconstitution d'un intérieur bourgeois, vaisselle...). Noter également les toiles de John Edward Borein, surnommé le « peintre cow-boy ». Tout au fond, le superbe autel chinois sculpté et doré rappelle que Santa Barbara abritait autrefois une importante communauté chinoise. Enfin, n'hésitez pas à jeter un œil à l'ancienne résidence d'aristocrate en adobe, la *Casa Covarrubias,* derrière le vaste patio à fontaine du musée. C'est l'une des plus belles de Californie.

Carriage and Western Art Museum *(musée des Diligences, Chariots et Charrettes ; plan B2)* **:** *129 Castillo St. • carriagemuseum.org • Ouv 9h-15h. Fermé w-e (sauf 3e dim du mois : visites guidées 13h-16h). GRATUIT (donation libre).* Petit musée qui présente une exceptionnelle collection de diligences (levez les yeux vers la mezzanine) et de chariots dignes de figurer dans les meilleurs *Lucky Luke.* Celui entièrement en osier ne devait pas supporter les nids-de-poule. La plupart sont du XIXe et du XXe s. La cinquantaine de selles de parade en vitrine est tout bonnement incroyable : certaines en cuir repoussé et martelé, soigneusement décorées, avec pommeau en argent et tout le tintouin. Noter celles de Jimmy Stewart et Clark Gable. Superbes pantalons en cuir aussi, et puis la charrette à vins, aux bords relevés pour que les barriques ne roulent pas. Au fond, autre salle avec une série de diligences, certaines avec amortisseurs à lamelles de cuir et frein à main. Vieux chariots bâchés du Far West, ancêtre de la 404 du même nom. On a toutefois un faible pour celui du croque-mort, avec sa vitre ovale ! On les dépoussière chaque année au moment de la grande parade d'août des *Old Spanish Days.* Pour finir, reconstitution d'un coin saloon. *Yihaa !*

El Presidio de Santa Barbara State Historic Park *(plan B1)* **:** *123 E Canon Perdido St (angle Santa Barbara St). • sbthp.org • Tlj 11h-16h. Entrée : 5 $ (billet couplé avec la Casa De La Guerra) ; réduc. Visite guidée en anglais sur rdv (sans supplément mais min 5 pers).*
Fondé en 1782, le *Presidio* royal de Santa Barbara fut le dernier d'une série de 4 places fortes édifiées par les Espagnols le long de la côte californienne (les autres furent construites à San Diego, Monterey et San Francisco).
Les *presidios* jouèrent un rôle vital dans la colonisation de la Nouvelle-Espagne. Ils protégeaient les missions et les nouveaux arrivants contre les attaques indiennes et les envahisseurs éventuels. Celui de Santa Barbara était le siège de l'état-major du gouvernement pour toute la région s'étendant depuis la limite sud du comté actuel de San Luis Obispo jusqu'au village de Los Angeles inclus. Toute la vie de la colonie s'organisait autour de lui. Comme tous les autres, il fut construit en adobe à partir de briques d'argile séchées au soleil, puis blanchi à la chaux. Les tremblements de terre de 1806 et 1812 ayant endommagé les structures, le *Presidio* était en ruine quand les Américains occupèrent la Californie (1846). Seules quelques portions du quadrilatère survécurent quand la ville se construisit selon le schéma américain en 1850, ce qui explique pourquoi l'ensemble fut savamment tranché par les rues de la ville comme des portions de cake, avant d'être restauré. Aujourd'hui, il ne reste que 2 bâtiments d'origine : le principal (où se trouve l'accueil), qui abrite une petite salle pour les expos temporaires, la chapelle entièrement reconstruite, car détruite par le tremblement de terre de 1857 (avec sa fresque colorée en guise de retable), le logement des religieux et les quartiers du commandant et des soldats. Et *El Cuartel* (2e plus vieux bâtiment de l'État de Californie), qui était la maison du militaire chargé de la porte ouest, à côté duquel subsistent les bâtiments de l'ancien Chinatown de la ville. De l'autre côté de la rue, *la cuisine et le quartier nord-est* ont été reconstruits. Modeste expo d'objets retrouvés sur le site (boulets, éperons, pot de chambre...). Bon, l'ensemble laisse tout de même un peu l'impression d'une coquille vide.

Casa De La Guerra *(plan B1)* **:** *15 E De La Guerra St. • sbthp.org • Ouv mar-dim 12h-16h. Fermé lun. Entrée : 5 $. Billet couplé avec le* Presidio *(voir ci-avt) ; cette visite n'a d'ailleurs d'intérêt que si vous la faites dans la foulée, sinon il vous faudra payer une 2de fois.* Construite en 1828, l'ancienne résidence de José De La Guerra y Noriega, 5e *commandante* du *Presidio* pendant 27 ans, a été réhabilitée et transformée en musée informel. C'est pour héberger ses nombreux enfants (12 !) que De La Guerra s'installa ici. Sa résidence, qui tenait à l'origine plus de la ferme, avec des corps de bâtiments annexes abritant divers artisans, fut, durant tout son mandat, le centre de la vie sociale de Santa Barbara. Elle resta dans la même famille jusqu'en 1944. Cet ensemble en forme de U, avec une cour centrale et une coursive soutenue par d'épais piliers, servit de modèle pour la reconstruction de la ville après le terrible tremblement de terre de 1925. Les pièces ne sont que très partiellement meublées, mais on peut y voir quelques coffres, meubles d'époque et des éléments religieux, ainsi qu'une grande maquette de la propriété et des dépendances en 1828. Le lieu se mue en cantine chaque année en août, lors des festivités des *Old Spanish Days.*

County Courthouse *(plan A-B1)* **:** *1100 Anacapa St. Accès libre à l'édifice ainsi qu'à la tour d'observation : en sem 8h-17h, w-e et j. fériés 10h-16h30. Visite guidée (gratuite, mais donation bienvenue) tlj à 14h, ainsi que lun-ven à 10h30.* Petit palais de justice bâti en 1929 dans un style d'inspiration hispano-mauresque tellement bien fait qu'on le croirait plus ancien. Beau jardin et généreuse pelouse dans l'enceinte. En semaine, on peut visiter librement les salles du tribunal (et même assister aux procès en cours, mais entrer discrètement si c'est le cas). La plupart sont couvertes de fresques, particulièrement belles dans *The Mural Room.* Les murs racontent l'épopée de la colonisation, avec des peintures de fiers Indiens accueillant les conquistadors. Picturalement intéressant, historiquement discutable. Larges couloirs, portes sculptées, murs d'azulejos et plafonds magnifiques où les effets dorés sont rendus par un mélange de zinc et de cuivre. Ne pas manquer de grimper au sommet de la tour (accès à droite de l'entrée principale, par l'ascenseur ou par l'escalier) pour admirer le panorama sur la ville. Extra !

– ***Cinéma en plein air*** dans la grande cour, les vendredis soir de juillet-août. Films familiaux et *blockbusters.*

Santa Barbara Museum of Art *(plan A1)* **:** *1130 State St (angle Anapamu). • sbma.net • Ouv 11h-17h (20h jeu). Fermé lun. Entrée : 10 $; réduc ; gratuit jeu 17h-20h.* Le musée d'Art de la ville vient d'être rénové et expose de riches collections venues des 4 coins du monde. Art asiatique, toiles impressionnistes françaises, une poignée de sculptures et de l'art contemporain sous forme d'expos temporaires...

Arlington Theater *(plan A1)* **:** *1317 State St. • thearlingtontheatre.com •* Un des plus beaux cinémas de la côte, rappelant à sa manière le *Grand Rex* à Paris. Construit en 1875, ce fut d'abord un hôtel très chic. Ravagé par le feu en 1909, victime d'un tremblement de terre en 1925, il fut démoli. Ensuite, avec le retour en vogue du style colonial hispanique, on réédifia à cet endroit un théâtre en 1931. Sa vocation première est d'être un centre d'art plus qu'un cinéma, puisqu'il accueille concerts, ballets, etc. Chaque année, depuis 1986, s'y déroule un festival de cinéma fort couru. Si l'extérieur de style colonial est extravagant, l'intérieur n'est pas mal non plus, avec son décor de village mexicain occupant chaque mur éclairé d'un petit lanternon coloré et son plafond peint en ciel étoilé. En prime, un écran large et des sièges confortables.

Funk Zone *(plan B-C2)* **:** c'est le nouveau petit quartier branché de la ville, coincé entre la Highway 1 et la plage, et traversé par la ligne de chemin de fer. Compris exactement entre State Street à l'ouest, Garden Street à l'est, Montecito Street au nord et Mason Street au sud. Stationnement possible sur le parking du *Visitor Center (env 12 $/j.).* Comme dans de nombreux quartiers alternatifs qui émergent, les anciens entrepôts sont peu à peu réhabilités pour se reconvertir en *wineries,* bars, microbrasseries, restos *trendy,* galeries et ateliers d'artistes... Un peu de street art aussi.

Santa Barbara Sea Center *(plan C2) : 211 Stearns Wharf. • sbnature.org • Tlj 10h-17h. Entrée : 9 $; réduc.* ***Fermé pour rénovation jusqu'à mi-2022.*** Si vous comptez visiter l'aquarium de Monterey, vous pouvez tranquillement oublier cette visite (chère pour ce que c'est). Sur la jetée qui prolonge State Street, voici une annexe du musée d'Histoire naturelle consacrée à la vie dans l'océan qui borde les côtes de Californie : aquariums avec oursins, élégantes méduses, étoiles de mer, belles anémones et *swell sharks,* des requins de poche... qui peuvent néanmoins doubler, voire tripler, de volume (d'où le nom). Reproduction d'une baleine aussi, et intéressante reconstitution d'un petit laboratoire de navire de recherche, où l'on vous explique les analyses faites dans le sable et sur les petits organismes de la baie, sous vos yeux. À l'étage, les âmes non sensibles jetteront un œil à cette troublante maman dauphin (une dauphine ?), morte et naturalisée alors qu'elle attendait un petit.

Museum of Natural History *(hors plan par B1) : 2559 Puesta del Sol Rd. • sbnature.org • Au-delà de la mission (par la route de gauche). Tlj sauf mar 10h-17h. Entrée : 17 $ (super cher !) ; réduc.* Juste devant l'entrée s'étire un squelette de baleine de 22 m de long... À l'intérieur, à l'agencement un peu vieillot, quelques sections intéressantes, en particulier celle consacrée aux Indiens chumashs, experts en vannerie. On trouve ici la plus grande collection au monde de leurs paniers. La section consacrée à la paléontologie présente d'étonnants fossiles : mastodonte voisinant avec un mammouth pygmée, trouvé dans les Channel Islands (un des rares lieux où ils vivaient), crâne de lion à dents de sabre, calamar de belle taille (mais pas un géant), conservé dans une solution liquide, etc. La section d'entomologie abrite une expo sur les papillons monarques et leur incroyable migration, et une impressionnante collection d'insectes. Section minéralogique du sud de la Californie et d'oiseaux naturalisés.

À voir dans les environs du centre

Botanic Garden *(hors plan par B1) : 1212 Mission Canyon Rd. • sbbg.org • Sur les hauteurs de la ville, à 2 bons km de la mission et du musée d'Histoire naturelle (c'est fléché). Tlj 10h-18h (17h nov-fév). Entrée : 16 $; réduc. Visite guidée possible (1h-1h30 ; comprise dans le prix du billet).* Ce jardin botanique très aride (ne vous attendez pas à quelque chose de luxuriant) présente un panorama de la flore californienne, des cactus aux *redwoods,* à travers différents paysages que l'on parcourt à pied (environ 1,5 km pour le tour complet) : prairie, forêt, canyon, île et désert. Plus de 1 000 plantes, dont de rares espèces indigènes. Le jardin est établi sur le flanc d'un ravin au fond duquel s'écoule une rivière (en hiver seulement car l'été, elle est à sec, surtout avec la sécheresse qui sévit ces dernières années), canalisée dès le début du XIXe s par les franciscains pour alimenter Santa Barbara en eau ; on voit encore les vestiges des installations.
– Pour les fans de botanique, ***le plus grand ficus des États-Unis,*** le ***Moreton Bay Fig Tree,*** est planté depuis 1874 sur Chapala Street *(au niveau de Montecito St ; plan B2),* près de la gare, contre la Highway 101. Il s'étend sur près de 50 m de large !

Santa Barbara Zoo *(hors plan par D1-2) : 500 Niños Dr. • sbzoo.org • Tlj 9h30-17h (tickets jusqu'à 16h). Entrée : 20 $; 2-12 ans 15 $. Parking : 11 $.* Bordé par la Highway 101 (idéal pour la paix des animaux !), ce petit zoo est bien entretenu. Prix d'entrée dissuasif. Environ 500 animaux (gorilles, wombats, fourmiliers, girafes, lions, otaries, perroquets, éléphants...), bénéficiant d'un espace qui tente de ressembler à leur environnement naturel. La section « *Eeeww !* » est consacrée à toutes les petites bestioles qui font dresser les cheveux sur la tête : araignées, serpents... Agréable aire de pique-nique située sur une colline, près du *cactus garden*. Enfin, un petit train permet de faire le tour du zoo *(7 $)*.

Excursion pour aller voir les baleines

En provenance d'Alaska et du Canada et en route vers les eaux chaudes du Mexique, les baleines passent au large de Santa Barbara à l'aller comme au retour. Les sorties ont lieu toute l'année (du moins avec l'agence *Condor Express*), mais sachez que les gros cétacés s'observent surtout de janvier à août-septembre : de janvier à avril pour les baleines grises, de mars à juillet pour les baleines à bosse et de juin à la fin de l'été pour les grosses baleines bleues. Attention, en dehors de la période hivernale, le prix de l'excursion grimpe, car il faut aller plus loin pour voir les animaux !

■ ***Condor Express*** *(plan B2,* ***3****)* ***:*** *301 W Cabrillo Blvd, sur le port. ☎ 805-882-0088. • condorexpress.com • Excursions tte l'année sauf lun-mar. Compter 110 $ (excursion de 4h30) et 65 $ de mi-fév à mi-mai (2h30) ; réduc.*

■ ***Santa Barbara Sailing Center - Double Dolphin Cruises*** *(plan B2,* ***3****)* ***:*** *sur le port, à côté de Condor Express. ☎ 805-962-2826. • sbsail.com • Sorties de 2h30 env, de mi-fév à mi-mai seulement. Compter 65 $; réduc.*

■ ***Sunset Kidd Sailing Cruises*** *(plan B3,* ***4****)* ***:*** *125 Harbor Way ou 3 E De La Guerra. ☎ 805-962-8222. • sunsetkidd.com • Excursions sur un bateau à voile de 13 m, de mi-fév à mi-mai pour les baleines (le reste de l'année, plutôt pour admirer la côte depuis le large). Prix : env 50 $; réduc.*

Manifestations

- ***Festival international du film :*** *vers fin janv-début mars, dans ts les cinémas de la ville. • sbiff.org •*
- ***Santa Barbara Vintners Festival :*** *en mai. • sbvintnersweekend.com •* Une journée en l'honneur du vin de la région. Portes ouvertes, dégustations... Le même événement se répète en octobre, au moment des vendanges.
- ***Summer Solstice Parade :*** *le w-e du solstice d'été. • solsticeparade.com •* Grande fête extrêmement colorée. Le vendredi soir, fête à Alameda Park et, le lendemain, à partir de 12h, grande parade sur State Street. La moitié de la ville défile dans des costumes fantaisistes pendant que l'autre moitié rigole. Vraiment une bonne ambiance.
- ***French Festival :*** *le w-e le plus proche du 14 juil, à Oak Park (prendre la Hwy 101, sortie Pueblo ou Mission). • frenchfestival.com •* C'est la célébration française la plus importante de la côte Ouest. Danse, musique, saltimbanques et cuisine française. Intéressant de voir comment la France est représentée à l'étranger.
- ***Old Spanish Days :*** *début août. • sbfiesta.org •* C'est la grosse fiesta. 5 jours assez fous avec parade de vieux buggys, rodéo, chants de mariachis et danse dans les rues bondées. Le vendredi, grande parade équestre (la plus grande de l'Ouest américain !), et le samedi, c'est le tour des enfants. Animation super. Pour se loger, réserver plusieurs mois à l'avance.
- ***Santa Barbara Harbor & Seafood Festival :*** *mi-oct, sur le port. • harborfestival.org •* Une journée consacrée à la vie du port, son histoire, son activité, avec quantité de fruits de mer à déguster !
- ***The University of California of Santa Barbara*** organise d'excellents concerts et spectacles de danse. *• artsandlectures.sa.ucsb.edu •* À articuler avec la visite de son musée d'Art, riche en toiles intéressantes.

DANS LES ENVIRONS DE SANTA BARBARA

Montecito : jolie petite ville à quelques kilomètres à l'est de Santa Barbara, en direction de Los Angeles. Entre les collines luxuriantes et l'océan Pacifique, elle est surnommée ***le « petit Beverly Hills » de Santa Barbara.*** En 1928, Charlie Chaplin, jeune millionnaire, y avait fait construire le ***Montecito Inn,*** refuge de célébrités des *Roaring Twenties.* Une tradition toujours vivace, puisque pas mal de people se sont offert ici un petit pied-à-terre pour les vacances... : Oprah Winfrey, Ellen de Generes... Une cité résidentielle huppée, donc, bordée d'une étroite plage en contrebas d'une falaise : ***Butterfly Beach.***

Bree'Osh : *1150 Coast Village Rd (la rue menant au* Montecito Inn *puis à la plage). Tlj 7h-14h.* Si vous avez un petit creux, faites donc une halte chez ce jeune couple de *Frenchies* qui a monté une petite affaire autour du thème de la brioche. Tout est maison, volontiers bio, et les pâtes sont travaillées sur levain, pour une meilleure digestion. Celle de l'*avocado toast* est même végane et *gluten free.* De la boulangerie française de qualité, mais adaptée au goût californien, comme ce soupçon de cannelle dans la brioche feuilletée.

La route des Vins : le vignoble se situe au nord-ouest de Santa Barbara, autour des localités de Santa Ynez, Los Olivos et Santa Maria, où l'on compte une centaine d'exploitants viticoles, produisant du vin sur des cépages de chardonnay et pinot noir en particulier, mais aussi de riesling, sauvignon blanc, cabernet-sauvignon et gewurztraminer. La plupart des caves se visitent. Liste et carte des vignobles en vente *(5 $)* au *Visitor Information Center (Santa Barbara Wine Country).* Compter une demi-journée, ou tout simplement une escale en quittant Santa Barbara pour San Francisco (ou le contraire dans l'autre sens). Le film *Sideways* (2004) a pour cadre la Santa Inez Valley.

Channel Islands : on les appelle aussi ***îles de la Baie.*** Au nombre de 8, elles flottent au large de la côte californienne, de la hauteur de San Diego jusqu'à Santa Barbara. Découvertes par Cabrillo en 1542, elles étaient alors habitées par les Indiens chumashs. 5 d'entre elles ***(Anacapa, Santa Cruz, Santa Rosa, San Miguel et Santa Barbara Islands)*** font partie d'un parc national.

➢ Parmi les compagnies qui proposent des excursions, seules *Truth Aquatics* à Santa Barbara et *Island Packers* à Ventura sont habilitées à débarquer des passagers sur les îles, les autres compagnies n'en font que le tour par la mer. Le mieux est de partir pour une journée complète, voire de camper sur place, ou encore d'y faire une excursion en kayak de mer, afin d'apprécier toutes les richesses de la faune et de la flore, et d'explorer les nombreux chemins de randonnée de ces îles restées sauvages.

Sur *Santa Cruz,* l'île la plus étendue, réside une espèce endémique de geai, plus grand et plus bleu que la normale. Plus de 50 000 lions de mer se rassemblent sur la côte venteuse et souvent plongée dans le brouillard de *San Miguel,* située à 90 km de la côte. Quant à *Santa Rosa,* elle est surtout célèbre pour le squelette de mammouth pygmée qu'on y a découvert en 1994 et qui est maintenant exposé au musée d'Histoire naturelle de Santa Barbara. Autre habitant célèbre de cette île : le putois à pois. Attention où vous mettez les pieds !

– ***Infos*** sur le parc des Channel Islands : • *nps.gov/chis* •

■ ***Truth Aquatics :*** *301 W Cabrillo Blvd, à* ***Santa Barbara.*** *☎ 805-962-1127. • sealanding.net • Env 100 $ pour les* Adventure Tours *sur Santa Cruz (n'a pas lieu tlj, voir calendrier sur le site internet).*

■ ***Island Packers :*** *1691 Spinnaker Dr, à* ***Ventura.*** *☎ 805-642-1393. • island packers.com • Pour les excursions à la journée, compter env 65 $/pers pour Santa Cruz et 85 $ pour Santa Rosa.*

L'INTÉRIEUR DE LA CALIFORNIE (LA SIERRA NEVADA)

SACRAMENTO

508 500 hab.

Située à mi-distance de San Francisco et de South Lake Tahoe, la capitale de la Californie, née avec la ruée vers l'or en 1849, surprend par son air débonnaire. Semé de parcs et d'élégantes maisons de bois rangées sous de grands arbres, le centre compte une microscopique vieille ville en toc (Old Sacramento) reconstruite comme au temps des westerns, à 2 pas de la rivière où s'ancre l'ancienne gare. De magnifiques trains à vapeur y sifflent encore, mais on découvre vraiment ces monstres dans le superbe *California State Road Museum* voisin, le site le plus intéressant de la ville. Si elle ne constitue pas à elle seule un but de séjour, Sacramento peut faire office d'étape culturelle sur la route des grands espaces de la Californie intérieure.

Arriver – Quitter

En avion

✈ ***Sacramento International Airport :*** *à 16 km au nord-ouest de Sacramento, par l'I-5 N. • sacramento.aero/smf •*

En bus

🚌 ***Greyhound :*** *420 Richards Blvd. • greyhound.com • Bus n° 11 pour le centre.* ATM, snacks...

➢ ***De/vers San Francisco :*** 3-7 bus/j. Durée : env 2h30.

➢ ***De/vers Reno :*** 2-5 bus/j. Durée : env 3h.

➢ ***De/vers Los Angeles :*** 3-5 bus/j. Durée : 8-10h.

En train

🚂 ***Amtrak :*** *angle 4th et 401 I St. • amtrak.com •*

➢ Env 15 départs/j. vers la région de ***San Francisco*** (connexion en bus pour San Francisco ville), 6 pour ***Los Angeles*** et 1 pour ***Chicago,*** via ***Reno, Salt Lake City*** et ***Denver*** *(California Zephyr).*

Adresse et info utiles

ℹ ***Visitor Center :*** *1002 2nd St, dans **Old Sacramento.** ☎ 916-808-7644. • visitsacramento.com • oldsacramento.com • Tlj 10h-18h.* C'est l'ancien bureau du *Poney Express.* Admirez la diligence au passage.

P Pas de problème de ***stationnement*** en ville. Nombreuses zones à parcmètres (limités de 1h à 3h). Les restos et hôtels ont leurs propres parkings.

Où dormir ?

Bon à savoir : contrairement aux villes touristiques, les hôtels de Sacramento sont beaucoup moins chers le week-end. Et on circule mieux !

De bon marché à prix moyens

HI Sacramento : *925 H St (angle 10th St), à* ***Downtown.*** *☎ 916-668-6632. • hiusa.org • Lits en dortoir 35-45 $, doubles 80-120 $ (+ 3 $/pers pour les non-membres). Quelques places de parking env 6 $/j.* L'une des plus belles AJ du pays, installée dans une magnifique maison victorienne toute verte, en plein centre-ville et pourtant au calme. Depuis sa construction en 1885, cette maison a déménagé 3 fois (l'édifice en entier sur camion, si, si !). Le tic-tac des 6 horloges centenaires dans l'entrée ajoute au charme du lieu... Très beaux salons au rez-de-chaussée, salle à manger et terrasses. 8 dortoirs (8-12 lits), mixtes ou non, hauts de plafond et lumineux, ou chambres privées spacieuses, avec salle d'eau commune. Serviettes et draps fournis. Belle cuisine, salle TV, machines à laver. Le top !

Econo Lodge Sacramento Convention Center : *711 16th St, à* ***Downtown.*** *☎ 916-668-6263. Chambres 2-4 pers 75-100 $, petit déj (léger) compris.* Motel passe-partout aux chambres propres, dont les prix bas feront oublier la triste banalité. En dépannage si l'AJ est complète. Plusieurs autres motels sur la 16th Street, autour de G Street.

Plus chic

Best Western Plus Sutter House : *1100 H St, à* ***Downtown.*** *☎ 916-441-1314. • thesutterhouse.com • Doubles 125-300 $, petit déj copieux inclus. Réduc sur Internet.* Central, cet hôtel cossu offre de grandes chambres aux couleurs chatoyantes, assez haut de gamme. Les plus calmes encadrent la grande piscine.

Où manger ?

De bon marché à prix moyens

Tower Café : *1518 Broadway St. ☎ 916-441-0222. Tlj 8h-21h (22h ven-sam). Plats 12-22 $.* Assez excentré (voiture obligatoire), jouxtant un vieux cinoche Art déco, ce sympathique café agrémenté d'un beau bric-à-brac et de pas mal de plantes profite d'une terrasse noyée sous les arbres. Un lieu original où l'on sert d'excellents petits déj et brunchs. La spécialité, c'est le *French toast,* pain perdu bien moelleux, pas perdu pour tout le monde. Côté salé : tapas, sandwichs et salades d'inspirations orientale et sud-américaine. Belles portions.

Fox & Goose : *1001 R St (en bordure sud de Midtown). ☎ 916-443-8825. • foxandgoose.com • Tlj 6h30-minuit (22h mar, 2h ven-sam, 15h dim). Plat env 15 $.* Brique nue, parquet usé et verre dépoli, voilà l'adresse historique de ***R Street*** *(• rstreetcorridor.com •),* le nouveau quartier branché, enfilant les bars-restos logés dans des entrepôts réhabilités. Campé là depuis 1975, cet immense pub à l'anglaise, populaire et convivial, est resté quant à lui fidèle aux recettes d'outre-Manche qui ont fait son succès : *fish & chips, shepherd's pie, banger & mash,* burgers bien sûr, et des scones ou du pudding en dessert ! Animations presque tous les soirs, avec le traditionnel pub quiz le mardi et des groupes live du jeudi au samedi.

|●| Zócalo : *angle Capitol Ave et 18th St, à* **Midtown.** *☎ 916-441-0303. Tlj 11h-21h (22h30 ven-sam). Brunch le w-e 11h-14h. Plats 15-20 $. Happy hours 15h-18h.* Vaste salle grandiloquente ouverte sur la rue (terrasse), avec palmiers et vieux zinc. On y sert une cuisine mexicaine (bons *baja fish tacos*), copieuse et plutôt bien faite. Pas mal d'autres ***restos*** dans le coin, autour de l'angle entre L Street et 18th Street.

|●| **Burgers and Brew :** *1405 R St (en bordure sud de Midtown). ☎ 916-442-0900. Tlj 11h-22h (23h ven-sam). Burgers 10-12 $.* Le nom résume le concept : une vingtaine de bons burgers bien juteux et autant de bières à la pression, toutes brassées dans la région. Y a que les frites qui pêchent, dommage. Quant au cadre, c'est un ancien entrepôt évidemment, marque de fabrique de la branchée *R Street.* Terrasse.

À voir. À faire

La vieille ville *(Old Sacramento)* **:** à l'ouest du Downtown, sur les berges de la rivière Sacramento, où les 1ers colons arrivèrent. Si les édifices de briques et de bois ont été joliment restaurés, on y trouve seulement des boutiques et restaurants touristiques, sans grand intérêt. Un petit petit coup d'œil aux bateaux à aubes et aux devantures faussement western, et on file au *musée des Trains* voisin.

California State Railroad Museum : *125 I St (angle 2nd St), dans* ***Old Sacramento.*** *• californiarailroad.museum • Tlj (sauf j. fériés) 10h-17h. Entrée : 12 $; réduc. Brochure en français.*

Impressionnant ! Cet extraordinaire musée est dédié à l'histoire du chemin de fer en Californie et à l'importance de Sacramento comme nœud ferroviaire. Dans les années 1860, la conquête de l'Ouest bat son plein. L'ingénieur Theodore Judah lance l'idée d'une ligne transcontinentale, qui relierait l'Est et l'Ouest, et dont Sacramento serait le terminal. Grâce à l'appui du président Lincoln, la ligne est inaugurée en mai 1869. Un film de 20 mn retrace cette aventure (horaires à l'accueil).

À l'intérieur, on change d'époque : sont exposés une vingtaine de véritables monstres – de ***magnifiques et monumentales locomotives*** ainsi que des ***wagons rutilants*** couvrant la période de la fin du XIXe s jusqu'à 1949. Superbe mise en scène, avec mannequins en pleine action. On peut pénétrer dans certains trains pour admirer l'équipement des wagons de transport, comme le train couchettes *Pullman* de 1920 (attention, ça bouge !) et le luxueux wagon-restaurant *Santa Fe Cochiti* de 1937. Très classe aussi, le *Georgia Northern,* avec sa salle à manger présidentielle et sa salle de bains. À voir encore, un wagon postal avec ses casiers de tri, et l'impressionnante machinerie de la locomotive *Cab Forward 4294.* Également une intéressante section sur la grande grève des ouvriers *Pullman* en 1894, soutenus par 125 000 cheminots à travers tout le pays, qui refusaient d'atteler les wagons *Pullman* aux trains. Un mouvement finalement brisé dans le sang par l'armée, au motif que le boycott empêchait la livraison du courrier... À l'étage, belle expo de trains miniatures. De quoi retomber en enfance (les gamins peuvent d'ailleurs jouer avec). Expos temporaires.

➢ Si toutefois vous préférez les vrais aux modèles réduits, une ***balade en train à vapeur*** de 10 km le long de la rivière part le week-end, ttes les heures environ 10h-16h, entre avril et septembre *(tickets en vente au Central Pacific Railroad, sur Front St, entre J et K St, à 2 pas du musée ; prix : 15-25 $, réduc ; durée : 50 mn).*

Le Capitole : *à l'angle de 10th et L St, à* ***Downtown.*** *Tlj 7h30-18h (w-e 9h-17h). GRATUIT. Tours guidés chaque heure 10h-16h, ou visite libre. Brochure*

L'INTÉRIEUR DE LA CALIFORNIE (LA SIERRA NEVADA)

en français. Flânerie sous la grandiloquente coupole, le long des couloirs au cachet Art déco, avec coup d'œil sur plusieurs bureaux tels qu'ils étaient au début du XXe s, dont l'ancien bureau du gouverneur (1906) et la salle du trésor (voir le crachoir au sol pour les hommes). S'il n'y a pas de séance, accès possible, au 3e étage, à la salle de l'assemblée. À l'extérieur, immense et magnifique parc.

Sutter's Fort State Historic Park : *2701 L St (entre 27th et 28th). • parks.ca.gov • Tlj 10h-17h. Entrée : 5 $; réduc.*

Au cœur de la ville se trouve le vieux fort restauré de John Sutter. Une visite intéressante, encore plus pour ceux qui ont lu *L'Or,* de Blaise Cendrars, dont le héros est justement Sutter. Sa vie est un roman. Né en Allemagne en 1803 mais se considérant suisse, John Augustus Sutter laisse sa femme, ses 5 enfants et ses lourdes dettes pour émigrer en Amérique en 1834. Il travaille à New York, passe par le Missouri, navigue jusqu'à Hawaii, et débarque en Californie en 1839 pour y faire fortune. Le gouvernement mexicain d'alors lui accorde une immense concession territoriale et, en échange, il s'engage à participer à la « pacification » des terres indiennes.

Dès l'été suivant, il entreprend la construction de ce fort, qui fut son QG jusqu'en 1849. Pionnier dans l'âme, il rêve de fonder la « Nouvelle Helvétie ». Il y parvient à sa manière, devenant même ***le plus grand propriétaire de l'Ouest,*** n'hésitant pas à réduire en esclavage les Indiens des tribus voisines pour parvenir à ses fins. En 1847, Sutter demande à un menuisier, Marshall, de construire une scierie à Coloma, sur la rivière South Fork (à environ 80 km de Sacramento). Au début de l'année suivante, Marshall découvre par hasard quelques pépites. ***C'est le début de la ruée vers l'or.*** Ironie de l'histoire, Sutter n'y gagna pas un sou, et finit même ruiné, dépassé par l'afflux d'émigrants. Il mourut en 1880.

VILLE CHAMPIGNON

Ruée vers l'or... L'expression n'a rien de galvaudé. Selon un témoin de l'époque, en avril 1849, le hameau au bord de la rivière dans laquelle Marshall venait de découvrir quelques pépites comptait à peine 4 maisons. 6 mois plus tard, près de 10 000 personnes vivaient dans un camp de tentes. En tout, ce sont près 80 000 pionniers qui affluèrent dans la région en une seule année.

Tout autour de la grande cour, des casemates meublées « comme à l'époque » présentent la vie de Sutter et le développement de la ville (petit film). Ateliers d'artisans, cuisines, quartiers d'habitation, entrepôt, infirmerie et poste de garde restituent fidèlement le cadre du début du XIXe s, aidé par un commentaire audio de qualité (en anglais). Parfois, des acteurs en costume font revivre l'atmosphère d'antan.

State Indian Museum : *2618 K St, contre le fort Sutter. • parks.ca.gov • Tlj (sauf fériés) 10h-17h. Entrée : 5 $; réduc. Texte en français à disposition.*

Lorsque Marshall découvrit sa 1re pépite en 1848, environ 150 000 Indiens vivaient en Californie, 10 fois plus que de colons. Ce fut le début de la fin. 10 ans plus tard, ils étaient moins de 20 000. Ce musée (une seule grande salle) leur est consacré, et présente de magnifiques photos et pièces d'artisanat dans une série de grandes vitrines : parures de danse en plumes d'aigle, jolies jupes en peaux, graines et coquillages, colliers en griffes d'animaux, vannerie, paniers recouverts de plumes (spécificité californienne), etc. Tout le quotidien est décliné par section : chasse, musique, croyances, échanges commerciaux... Au fond, la triste histoire d'Ishi, dernier survivant de la tribu des Yahis, étudié comme une bête curieuse par un groupe de scientifiques durant les dernières années de sa vie. À sa mort, en 1916, ils disséquèrent son cerveau...

SOUTH LAKE TAHOE

22 000 hab.

• Carte Lake Tahoe *p. 331* • Plan South Lake Tahoe (zoom) *p. 334-335*

Ville de vacances située à la pointe sud du *Lake Tahoe,* plus grand lac de type alpin d'Amérique du Nord, à cheval sur la Californie et le Nevada (Stateline). D'un côté on admire le paysage, on profite des plages et on pratique la rando et, de l'autre, on s'enferme sous les néons pour jouer dans les casinos ! 2 mondes qui s'opposent.

Lake Tahoe, c'est un immense et magnifique lac aux eaux bleu azur, entouré de forêts de conifères et cerné par une superbe route panoramique, traversant une myriade de bourgades plus ou moins touristiques, dont South Lake Tahoe constitue le point d'ancrage principal. Mention spéciale pour la rive sud-ouest, jusqu'à D. L. Bliss State Park. Avec ses eaux claires et ses plages méditerranéennes, on se croirait partout sauf en altitude ! Et pourtant c'est un authentique lac de montagne, perché à 1 867 m. Le climat y est ensoleillé, tout en conservant une certaine fraîcheur.

Le tourisme s'y est développé à une vitesse foudroyante depuis une vingtaine d'années. Beaucoup de San-Franciscains y débarquent le week-end. L'été, ils sont des milliers à profiter des plages, pratiquer des sports nautiques et se balader en forêt. C'est pourtant en hiver que Lake Tahoe fait le plein. C'est en effet la porte d'accès à plusieurs stations de ski, notamment la fameuse Squaw Valley (site olympique en 1960). Il y a d'ailleurs parfois de la neige sur les routes d'accès jusqu'en avril ! Quant à *South Lake Tahoe* même, la bourgade s'étire tout le long de la Highway 50, en une interminable litanie de motels et de centres commerciaux, encombrée par le trafic auto. Pas franchement de charme donc. La vedette, ici, c'est bien le lac.

QUELQUES INFOS SUR LE LAC

Situé dans une cuvette formée par un effondrement du relief, son nom vient de la déformation du mot *dá'aw,* en langage amérindien *washo,* qui signifie « lac ». C'est donc le « lac Lac » ! De belles dimensions (35 km sur 19 km), il faut parcourir environ 115 km pour en faire le tour et c'est le 3e lac le plus profond d'Amérique du Nord (493 m !).

Il est alimenté par la fonte des neiges des montagnes alentour. Curieusement, aucune goutte ne rejoint l'océan. Sa température tourne autour de 20 °C en moyenne l'été le long du rivage, mais l'eau est bien plus froide au cœur du lac. Si vous faites un tour en bateau, vous serez surpris pas la ***transparence des eaux.*** La visibilité peut atteindre 22 m. Elle était encore bien meilleure dans les années 1960, mais les sédiments s'accumulent et favorisent la prolifération d'algues. La pollution humaine n'arrange rien : rejets domestiques des maisons toujours plus nombreuses, sans compter ceux des bateaux à moteur et autres jet-skis. Malgré le travail d'associations locales et certaines mesures contraignantes, la situation se dégrade, accentuée par les grandes sécheresses des dernières années, qui ont provoqué une baisse sensible du niveau des eaux.

Orientation

La ville s'étire sur une dizaine de kilomètres, du carrefour de la Hwy 50 avec la Hwy 89 jusqu'à la Stateline. Juste avant celle-ci, le *Heavenly Village,* gros complexe touristico-commercial et cœur de la station de ski l'hiver, fait

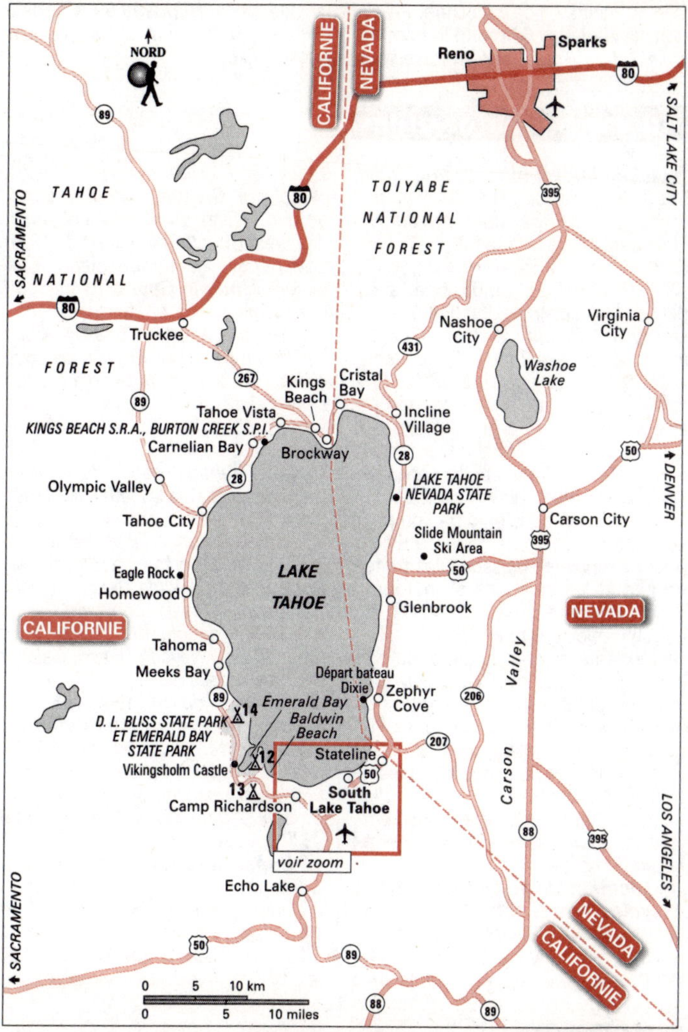

LAKE TAHOE

Où dormir ?	**13** Bay View Campground
12 Eagle Point Campground	**14** D.L. Bliss State Park Campground

plus ou moins office de centre. Précision : la ***Highway 50*** prend le nom de ***Lake Tahoe Boulevard*** en traversant la ville et la ***Highway 89*** s'appelle ***Emerald Bay Road*** sur la rive sud-ouest du lac.

Adresses et infos utiles

i ***Visitor Information Center*** *(plan South Lake Tahoe,* ***1****) : 169 Hwy 50, après les casinos, côté Nevada, à l'intersection de la route 207. ☎ 775-588-4591. • tahoesouth.com • Tlj 9h-17h (16h w-e).* Guide local avec plan du lac et plein de doc gratuite.

i ***Taylor Creek Visitor Center*** *(plan South Lake Tahoe,* ***2****) : à Camp Richardson. ☎ 530-543-2674. Env 5 km à l'ouest de la ville, le long de la Hwy 89. De mi-juin à fin sept, tlj 8h-16h30 ; à la mi-saison, seulement le w-e.* Bonnes infos et très serviable. Du *Visitor Center*, départ du *Rainbow Trail* (800 m en boucle), d'où l'on peut voir une coupe souterraine de rivière pour observer les poissons (les truites en juin et les saumons en octobre). Extra. On peut aussi, en 15 mn de marche, rejoindre la plage et le Tallac Historic Site, tout en profitant du parking gratuit du *Visitor Center.* Lire plus loin « À voir. À faire ».

Transports locaux : le bus n° 50 parcourt toute la ville *(tlj 6h30-20h env).* Connexion possible ensuite avec le trolley, qui longe la rive ouest du lac jusqu'à Tahoe City *(l'été seulement ; ttes les heures 9h-17h). • tahoetransportation.org •*

Location de vélos : ***Anderson's Bicycle Rental*** *(plan South Lake Tahoe,* ***4****), 645 Emerald Bay Rd, sur la Hwy 89, angle 13th St. ☎ 530-541-0500. • andersonsbicyclerental.com • Tlj 9h-18h – 21h30 sam (10h-17h à la mi-saison). Compter 10 $/h (8 $ pour un vélo enfant).* Situé juste à proximité du *Forest Bicycle Trail* (circuit de 16 km aller-retour), ça tombe bien... *Également* ***Moutain Sports*** *(plan South Lake Tahoe,* ***5****) : en face du Camp Richardson Resort. ☎ 530-542-6584. Tlj 9h-17h (19h w-e). Et dans le centre,* ***Tahoe Bike Company*** *(plan South Lake Tahoe,* ***6****) : 3131 Harrison Ave. ☎ 530-600-0267. Tlj 9h-18h (19h w-e). Tarifs comparables.*

■ ***Kayak Tahoe*** *(location de kayaks et paddleboards ; plan South Lake Tahoe,* ***7****) : à Pope Beach. ☎ 530-544-2011. • kayaktahoe.com • Tlj 9h-17h en saison.* Également présent à *Emerald Bay, Pope Beach, Nevada Beach* et *Baldwin Beach. Kayak simple ou paddle env 35 $/h, double 45 $.* Également à *Emerald Bay, Nevada Beach, Baldwin Beach et Meeks Bay.*

■ **Location de bateaux, jet-skis, kayaks, paddles, embarcations à pédales, etc. :** *à la* ***Ski Run Marina*** *(plan South Lake Tahoe). ☎ 530-544-9500. • skirunmarina.com • Bateaux à moteur (7-9 pers) dès 175 $/h, kayak 45 $/h.*

Supermarchés : ***Raley's*** *(plan South Lake Tahoe,* ***8*** *; 6h-minuit), au croisement des Hwy 50 et 89, et* ***Safeway*** *(plan South Lake Tahoe,* ***9*** *; 24h/24) sur Lake Tahoe Blvd, juste avt le croisement avec Johnson Blvd.*

Où dormir ?

Le week-end, les prix des hôtels grimpent de façon vertigineuse, et tout est souvent complet ! En semaine et hors saison, la concurrence fait baisser les tarifs. Certains hôtels jouxtent des plages privées. Ils vous fournissent alors un *beach pass.* Plein d'hôtels également dans les bourgades encerclant le lac (notamment rive ouest), mais tarifs très élevés.

Campings

La plupart des campings n'ouvrent qu'à partir de mai ou juin, selon la météo. En saison, résa impérative. En voici quelques-uns situés sur la rive sud-ouest. S'ils sont pleins, on en trouve d'autres en longeant la rive ouest vers le nord. Attention, partout des ours en goguette (utiliser les *bear boxes* pour la nourriture).

L'INTÉRIEUR DE LA CALIFORNIE (LA SIERRA NEVADA)

⛺ ***Campground By the Lake*** *(plan South Lake Tahoe,* ***10****)* **:** *1150 Rufus Allen Blvd.* ☎ *530-542-6096.* • *cityofslt.us* • *Résa via* • *reserve america.com* • *Derrière la bibliothèque, au bord de la Hwy 50. Ouv avr-fin oct. Empl. env 36 $ pour 6 pers et 1 véhicule, 46 $ avec l'électricité ; cabins et tent-cabins (4 pers) 52-77 $.* ***Fermé pour rénovation en 2022.*** Immense et très central, mais en bord de route. Pas franchement sauvage donc, mais pas bruyant pour autant. On plante sa tente sous les pins, au milieu des écureuils. Pour les *cabins* et *tent-cabins,* pas de sanitaires ni de mobilier, juste des lits. Douches chaudes (incluses). Piscine municipale juste à côté. Pas mal de *RV.*

⛺ ***Eagle's Nest et Badger's Den Campgrounds*** *(plan South Lake Tahoe,* ***11****)* **:** *1900 Jameson Beach Rd, à l'angle de la Hwy 89, à* ***Camp Richardson.*** ☎ *530-541-1801.* • *camprichard son.com* • *Ouv de mi-mai à sept. Résa très conseillée. Empl. env 45 $.* Ces 2 campings (même gestion) se situent de part et d'autre de la route. Le *Badger's Den* est côté lac. Beaux emplacements sous les grands arbres, certains à 2 pas de la plage. Douches. Si c'est complet, se rabattre sur l'*Eagle's Nest,* de l'autre côté de la route.

⛺ ***Eagle Point Campground*** *(carte Lake Tahoe,* ***12****)* **:** *env 16 km au nord-ouest de South Lake Tahoe, sur la route 89. Infos :* ☎ *530-525-7275.* • *tahoesouth.com* • *Ouv de mi-juin à sept. Résa indispensable en saison et le w-e ! Empl. 25-45 $.* Site superbe (le plus beau autour du lac), comptant une centaine d'emplacements éparpillés sur une péninsule boisée dominant Emerald Bay. Pour une vue exceptionnelle, choisir les emplacements 65 à 80, tout au bout du camping. Douches chaudes payantes.

⛺ ***Bay View Campground*** *(carte Lake Tahoe,* ***13****)* **:** *juste face à Inspiration Point.* ☎ *530-543-2600. Empl. env 20 $.* Sous les pins, comme d'habitude. Toilettes sèches, pas de douche ni d'eau, donc un peu moins fréquenté que les autres.

⛺ ***D.L. Bliss State Park Campground*** *(carte Lake Tahoe,* ***14****)* **:** *sur la Hwy 89, à env 20 km à l'ouest de South Lake Tahoe, après Emerald Bay.* ☎ *530-525-7275.* • *parks.ca.gov* • *En été, résa fortement conseillée sur* • *reservecalifornia.com* •*, ou venir à 14h tapantes, en espérant qu'un emplacement se soit libéré. Empl. 35 $ jusqu'à 8 pers et 2 véhicules, 45 $ proche de l'eau.* Superbe camping, avec des emplacements relativement espacés, qui s'étagent jusqu'au lac. Douches chaudes payantes. 2 plages quasi méditerranéennes en contrebas (Lester Beach et Calawee Cove). Coins pique-nique et des kilomètres de sentiers de randonnée. Si vous n'y séjournez pas, possibilité d'accéder au *State Park* pour la journée (tables de pique-nique, plage...). *Entrée : 10 $/véhicule.*

De bon marché à prix moyens

🏠 ***Mellow Mountain Hostel*** *(plan South Lake Tahoe,* ***16****)* **:** *4081 Cedar Ave (dans le secteur du Heavenly Village, presque au pied du casino Harveys).* ☎ *530-600-3272.* • *mel lowmountainhostel@gmail.com* • *Lits en dortoir 30-35 $; doubles 60-90 $.* Adresse la moins chère du coin (et de loin !), le seul *hostel* de la ville squatte un ancien motel dont les piaules ont été réaménagées en dortoirs de 4 lits avec salle d'eau, plus une paire de chambres privées. Grand salon cuisine également, avec écran géant pour se mater un film, et un vieux baby-foot pour tuer le temps. Tables et chaises éparpillées dehors, pour se siffler une bière entre routards au long cours. On ne vous promet pas une tenue étincelante, mais le confort est bon (prise, lampe et miniventilo pour chaque lit !) et l'ambiance on ne peut plus relax.

🏠 ***Lake Tahoe Boulevard,*** entre Fairview Avenue et Wildwood Avenue, abrite nombre de petits motels, sans aucun charme mais aux prix parfois intéressants. Une solution si vous êtes coincé pour 1 nuit.

De prix moyens à plus chic

🏠 ***The Jeffrey Hotel*** *(plan South Lake Tahoe,* ***15****)* **:** *4074 Pine Blvd.* ☎ *530-208-0999. Doubles 100-200 $, petit déj inclus.* Un mignon petit hôtel familial

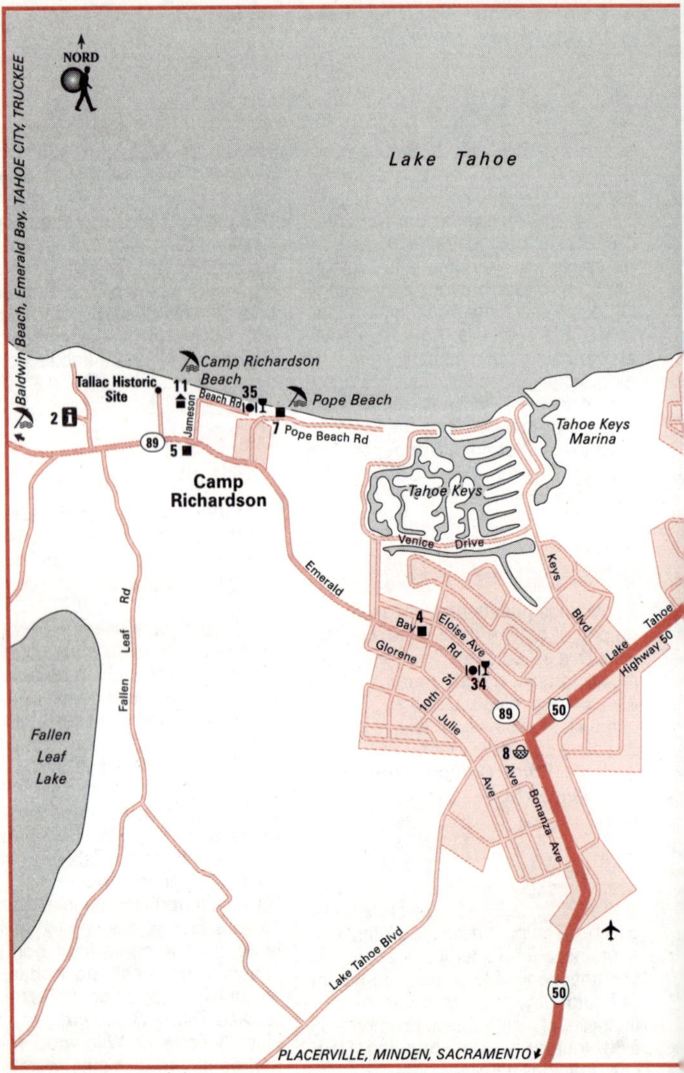

Adresses utiles

- 1 Visitor Information Center
- 2 Taylor Creek Visitor Center
- 4 Anderson's Bicycle Rental
- 5 Moutain Sports Center
- 6 Tahoe Bike Company
- 7 Kayak Tahoe
- 8 Raley's
- 9 Safeway

Où dormir ?

- 10 Campground By the Lake
- 11 Eagle's Nest, Badger's Den Campgrounds et Camp Richardson

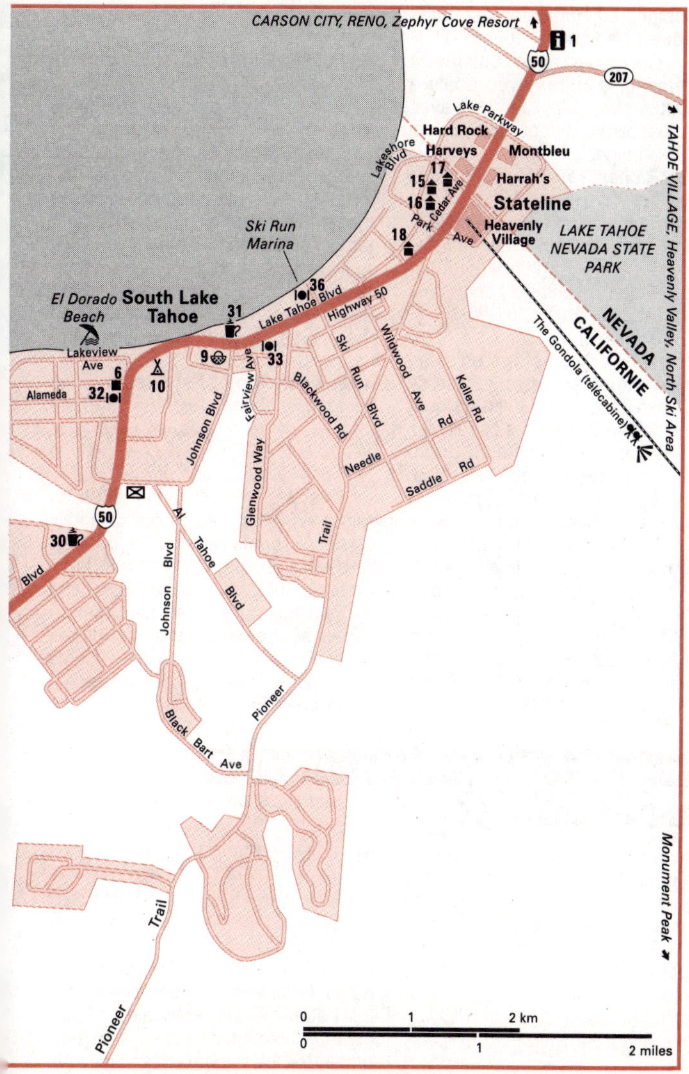

SOUTH LAKE TAHOE (zoom)

15 The Jeffrey Hotel
16 Mellow Mountain Hostel
17 Basecamp Hotel
18 Heavenly Inn et Secrets Inn

Où manger ? Où prendre le petit déj ? Où boire un verre ?

30 The Red Hut Café
31 Heidi's
32 Sprouts Café
33 The Brewery
34 Sonney's BBQ Shack Bar and Grill
35 Beacon Bar & Grill
36 Riva Grill

vert et blanc en bois, aux chambres coquettes et soignées, toutes différentes. Certaines avec cuisinette (supplément), d'autres avec poêle à gaz, toutes avec clim. Jardinet avec barbecue à dispo. Un coup de cœur, à 2 pas de la plage.

🏠 ***Camp Richardson*** *(plan South Lake Tahoe,* ***11****) : 1900 Jameson Beach Rd, à l'angle de la Hwy 89.* ☎ *800-544-1801.* • *camprichardson.com* • *Tte l'année. Résa très conseillée. Logement en cabins 2-8 pers 105-250 $; chambres doubles dans la partie hôtel 95-165 $.* Isolé à proximité d'une plage, cet étonnant hôtel historique profite d'un cadre bien plus nature que les adresses de South Lake Tahoe ville, avec sa quarantaine de cabanes vastes et très bien équipées (cuisine, chauffage, grand salon...) dispersées sous les pins, presque au bord de l'eau. Également quelques chambres simples dans la partie hôtel, au-dessus de la réception. Problème : souvent complet. À côté, sympathique resto, le *Beacon* (lire plus bas « Où manger ? Où prendre le petit déj ? Où boire un verre ? ») et *General Store* qui sert petits déj et sandwichs.

🏠 ***Basecamp Hotel*** *(plan South Lake Tahoe,* ***17****) : 4143 Cedar Ave.* ☎ *530-208-0180.* • *basecamphotel.com* • *Au niveau de la Stateline, au pied du casino* Harveys. *En saison, doubles 120-210 $, petit déj inclus ; familiales.* Motel branché ambiance sportive, aux chambres honnêtes relookées dans un style vaguement vintage, les plus chères avec balcon, certaines avec lits superposés, voire une tente dressée dans la piaule, pour garder l'esprit rando... Mais le vrai plus du lieu, c'est sa cour commune flanquée d'un bar qui brasse ses propres bières et sert des petits plats pas bien chers. Sympa pour socialiser entre *sunglasses.*

🏠 ***Heavenly Inn*** et ***Secrets Inn*** *(plan South Lake Tahoe,* ***18****) : 924-930 Park Ave (à l'entrée du Heavenly Village, à gauche).* ☎ *530-544-6767.* • *heavenlyinn.com* • *secretsinn.com* • *En saison, doubles 140-200 $.* Côte à côte au calme, en retrait de la route, 2 motels améliorés, ornés de fleurs et de rambardes en fer forgé. Chambres douillettes et tout confort, avec kitchenette au *Heavenly* (plus cher), plus romantiques au *Secrets,* avec cheminée, douche vitrée et bain à bulles à même la chambre. Café et cookies maison à la réception. Excellent accueil.

Où manger ? Où prendre le petit déj ? Où boire un verre ?

Les ***casinos*** sont les lieux les moins chers pour manger, mais on a mieux à vous proposer. Outre les adresses ci-dessous, on trouve plusieurs restos assez standard au ***Heavenly Village,*** la plupart accueillant un petit live le soir en saison.

Spécial petit déj

☕ ***The Red Hut Café*** *(plan South Lake Tahoe,* ***30****) : 2749 Lake Tahoe Blvd. Tlj 6h-14h. Plats 10-15 $.* Institution du petit déj à Tahoe depuis 1959 (lire l'historique au dos du menu), cette petite bicoque a conservé sa déco d'époque (box, vieux comptoir, skaï rouge...). Dans l'assiette, gaufres aux fruits frais, pancakes, omelettes, bref, les classiques du petit déj made in USA. De quoi faire le plein d'énergie !

☕ ***Heidi's*** *(plan South Lake Tahoe,* ***31****) : 3485 Lake Tahoe Blvd. Tlj 7h-14h. Plats 10-15 $.* Sous ses airs de chalet suisse tout jaune surmonté d'un clocheton rigolo, la maison est spécialisée dans les petits déj à l'américaine depuis 1962, et notamment dans les grosses omelettes et pancakes déclinés de mille manières. Le choix est vaste, les plats copieux et de bonne qualité. Un vrai petit déj-repas.

Bon marché

🍽 ☂ ***Sprouts Café*** *(plan South Lake Tahoe,* ***32****) : 3123 Harrison Ave, angle avec Alameda Ave. Tlj 9h-19h. Plat env 10 $.* Pas mal de choix dans ce snack-resto tendance bio : bagels, sandwichs, soupes, salades originales, *rice bowls* (riz et légumes), et grande variété de jus frais et smoothies. Essayez donc le jus de blé *(wheatgrass)* : les jeunes pousses sont récoltées devant vous, aux ciseaux. On commande au comptoir et on vous appelle dès que c'est prêt. Fait aussi des petits déj. Petite terrasse sur la rue. Sans doute le meilleur rapport qualité-prix de la ville, et ça se sait !

De prix moyens à chic

Sonney's BBQ Shack Bar and Grill *(plan South Lake Tahoe,* ***34****)* **:** *787 Emerald Bay Rd. ☎ 530-541-7427. Tlj 11h-22h. Plats 15-25 $.* Si une grosse envie de *spare ribs* ou d'une *combo platter* vous tenaille, faites donc halte dans cette cabane de trappeur flanquée d'une terrasse-jardin, pour vous en mettre plein le ventre. *Ribs* copieuses et délicieuses, frites maison. Que du bon. Pour le régime, rendez-vous demain ! À l'intérieur, un comptoir pour qui préfère rester vissé au bar, et plein de télés pour ne louper aucun match.

The Brewery *(plan South Lake Tahoe,* ***33****)* **:** *3542 Lake Tahoe Blvd. ☎ 530-600-4141. En face du Lakeland Village. Tlj 11h-22h. Plats 12-20 $.* Une banale maisonnette en brique, doublée d'une poignée de tables en terrasse, plutôt agréables bien qu'en bord de route. Menu à tout faire : des pizzas (la plus petite est largement suffisante pour caler une grosse faim), mais aussi pâtes, salades, burgers, etc. Bières brassées maison pour accompagner.

Beacon Bar & Grill *(plan South Lake Tahoe,* ***35****)* **:** *1900 Jameson Beach Rd, à* ***Camp Richardson.*** *☎ 530-541-0630. Tte l'année, tlj 11h30-minuit. Brunch le w-e. Plats 15-20 $ le midi, 20-35 $ le soir. Parking 10 $ en été, déduits de la note à partir de 25 $.* Beau site, isolé sous les pins au bord du lac, avec une terrasse extra venant lécher le rivage. Burgers et sandwichs le midi, plats plus élaborés le soir, plutôt viandards, avec quelques options encore abordables. Ne pas s'attendre pour autant à de la grande cuisine, c'est d'abord le cadre qu'on déguste. Sympa aussi pour boire un verre les pieds dans le sable. Musique live en saison du mercredi au dimanche.

Riva Grill *(plan South Lake Tahoe,* ***36****)* **:** *900 Ski Run Blvd. ☎ 530-542-2600. Tlj 11h30 (10h30 w-e)-21h30. Plats 20-25 $ le midi, 30-45 $ le soir.* Jolie terrasse donnant sur la minuscule marina, et grande salle élégante, flanquée d'un superbe escalier en acajou. Carte assez éclectique, d'une cuisine plutôt simple le midi (*fish tacos, crabcakes,* etc.), plus élaborée le soir, quand l'adresse se fait chic (coquillages, poissons, plus tous les classiques habituels). *Live music* le week-end.

À voir. À faire

Si l'on trouve quelques ***plages*** à South Lake Tahoe ville, on vous conseille plutôt de fuir l'urbanisation vers le sud-ouest. En saison, partez tôt, pour ne pas être pris dans les embouteillages et pour pouvoir vous garer avant que les parkings soient pleins. Presque tous les parkings à proximité des plages et sites à visiter sont ***payants*** *(day use de 10 $; gratuit pour les vélos et piétons).* On trouve parfois un petit parking informel gratuit un peu plus éloigné.
La zone compte de ***nombreuses randos balisées.*** Renseignements aux *Visitor Centers*.

La route panoramique autour du lac *(shoreline)*

Longue de 115 km environ, elle offre des ***points de vue superbes.*** Cela dit, pas vraiment besoin de faire tout le tour, les plus beaux sites se trouvent au sud-ouest. Notre descriptif démarre au niveau du croisement des Highways 50 et 89.

Longée par une chouette piste cyclable enfouie sous les pins, la portion menant à *Spring Creek* aligne une série de plages très agréables, équipées de tables, barbecue, w-c, parfois avec locations de kayaks ou *paddleboard* (balades extra). On tombe d'abord sur ***Pope Beach*** puis ***Camp Richardson.*** Juste après, détour par le ***Tallac Historic Site*** : surplombant le rivage, quelques maisons en gros rondins ou bardées de bois se visitent *(fléché ; tlj 10h-16h ; GRATUIT).* Ce furent parmi les 1res maisons de villégiature du lac, au début du XXe s. Avec leur mobilier d'époque, on les croirait encore habitées. Un peu plus loin s'étire la longue ***Baldwin Beach.*** Tout ce secteur peut être exploré au départ du *US Forest Taylor Creek Visitor Center (parking gratuit).*

Puis la route se fait plus étroite et grimpe sévèrement vers ***Emerald Bay*** (plus question de vélo !) jusqu'à se retrouver comme suspendue dans le vide, cheminant sur une ligne de crête dominant en contrebas les eaux turquoise du Lake Tahoe et, sur la gauche, le petit Cascade Lake. Impressionnant ! On parvient ensuite au bien nommé ***Inspiration Point,*** qui domine *Emerald Bay.*

Emerald Bay State Park : *parking 10 $.* Mignonne baie très fermée, que l'on gagne à pied (ou en bateau...) par un sentier de 1,6 km en descente (et autant à remonter...). En son cœur émerge ***Fannette Island,*** la seule île (îlot plutôt) du lac. Location de kayaks pour la rejoindre d'un coup de pagaie. Baignade possible. En retrait du rivage se dresse le ***Vikingsholm Castle,*** pseudo-forteresse de 38 pièces, inspirée d'un château scandinave du IXe s, édifiée en 1929 par une riche veuve. Visite guidée possible *(fin mai-fin sept, tlj 10h30-16h30 ; 15 $/pers, réduc).* Une partie du château est en bois, l'autre en pierre et ciment (bof...). Pousser plutôt jusqu'aux ***Eagle Falls,*** jolies cascades dégringolant des montagnes, à 300 m du lac. En pleine saison, venir tôt ou en fin d'aprèm ; le site est sinon bondé, et il est impossible de se garer.

MARIN D'EAU DOUCE

Dans les années 1860-1870, un vieux marin anglais échoué sur la terre ferme, Richard Barter, officiait l'hiver comme gardien d'une villa d'été d'Emerald Bay. Pour tromper l'ennui, il partait en canot écumer les saloons de Tahoe City, et faillit en mourir, pris une nuit dans une tempête sur le chemin du retour. Marqué par l'événement, il se construisit une tombe sur Fannette Island, au cas où. Elle ne servit jamais. Il disparut dans une autre tempête et on ne retrouva jamais son corps.

D. L. Bliss State Park : *env 4 km plus loin. Parking day use 10 $.* Petit parc abritant 2 jolies plages, *Lester Beach* et *Calawee Cove,* et un chouette camping. Plusieurs sentiers, dont le *Rubicon Trail,* qui rejoint Emerald Bay (6,5 km aller).

En continuant vers le nord, la route circule sous les arbres, desservant de loin en loin de petites baies bordées de plages et de marinas. Si vous poursuivez l'exploration, guettez, sur la gauche à la sortie de Homewood, l'***Eagle Rock*** (pas de panneau), un énorme rocher basaltique. On atteint son sommet en 15 mn de grimpette pour un beau panorama sur le lac.

Autres activités

Excursion en bateau *(lake cruise)* **:** plusieurs options, la plus sympa étant le *M.S. Dixie,* un bateau à aubes qui assure jusqu'à 3 croisières/jour en été d'environ 2h30, jusqu'à *Emerald Bay.* Départ de Zephyr Cove, sur la rive est *(☎ 775-589-4607 ; • zephyrcove.com • ; compter 75 $/pers, 45 $ 3-11 ans).* Sinon, excursions sur des yachts plus classiques au départ de la *Ski Run Marina,* à South Lake Tahoe *(plan South Lake Tahoe ; ☎ 775-588-1881 ; • tahoecruises.com • ; tarifs équivalents).*

Scenic Gondola Ride : cette **télécabine** qui permet d'accéder au sommet de la Heavenly Mountain est tout simplement hors de prix *(59 $/pers, réduc 30 $ 5-12 ans, 46 $ 13-18 ans),* même si la vue est superbe. Au sommet, plein d'activités possibles, payantes évidemment (toboggan, *zipline, roller coaster,* etc.). Infos sur • *skiheavenly.com* •

Les casinos *(plan South Lake Tahoe)* : *juste après la Stateline.* Quelques casinos prétentieux et moches, qui détonnent sérieusement dans cet environnement naturel.

YOSEMITE NATIONAL PARK

• Carte *p. 341*

À environ 515 km au nord de Los Angeles et 290 km à l'est de San Francisco, Yosemite fut le 1er site protégé du monde, dès 1864, par un décret signé par Abraham Lincoln en personne ! Grâce à l'intense travail de lobbying de John Muir (1838-1914), un Écossais botaniste et géologue, il devint officiellement un parc national en 1890. Son nom (prononcer « ossémiti ») fut donné en référence à une tribu indienne, les Uzumatis, exterminée au milieu du XIXe s.
Étagé entre 600 et 3 960 m d'altitude, couvrant plus de 300 000 ha en plein cœur de la Sierra Nevada, il est l'une des grandes zones privilégiées de la faune et de la flore du continent, l'image même que l'on se fait des montagnes de l'Ouest américain : profondes forêts de pins et séquoias géants, vertigineuses parois de granit, panoramas à couper le souffle, avec tous les animaux sauvages (loups, ours, pumas et daims) qui complètent superbement le tableau ! La vallée de Yosemite (au centre du parc), dominée par El Capitàn et le Half Dome, de fantastiques monolithes uniques au monde, est l'un des plus beaux exemples de vallée glaciaire qui soient, caractérisée par des flancs hauts et abrupts et un fond plat, où coule la Merced River, vestige du lit du glacier.
Revers de la médaille, ce site exceptionnel attire les foules l'été (4 millions de visiteurs annuels), entraînant même des embouteillages dans la région ! Un peu frustrant comme retour à la nature, même si les centaines de kilomètres de sentiers devraient vous permettre d'oublier les affres du trafic. Autre menace, le feu, avec 2 incendies géants venus lécher les limites sud et ouest du parc en 2013 puis en 2018, ravageant chacun plusieurs dizaines de milliers d'hectares. On en voit encore les cicatrices.

Comment y aller ?

En bus ou en train-bus

➢ ***Par l'ouest :*** de San Francisco ou Los Angeles, la solution la plus simple est de prendre le train jusqu'à Merced, à 130 km de Yosemite Village, puis de rejoindre le parc avec la *Yarts Bus Line* (voir plus loin). Prévoir 3h de route.
Amtrak : • *amtrak.com* • Liaisons en train jusqu'à Merced depuis San Francisco (4h) ou Los Angeles (6h). Billet combiné possible train-bus.
Yarts Bus Line : • *yarts.com* • *Env 20 $ l'aller entre Merced et Yosemite Valley, droits d'entrée au parc inclus ; 10 $ depuis Mariposa. Yarts* propose env 6 bus/j. pour le parc. Ils empruntent la route 140 depuis Merced (horaires en fonction des heures d'arrivée du train) via Mariposa, Midpines

et El Portal. En été seulement, liaisons également avec Lee Vining et Mammoth Lakes, à l'est du parc (quand la route est ouverte), avec Sonora et Groveland à l'ouest, et avec Fresno Airport puis Oakhurst et Fish Camp au sud. Achat des billets à bord du bus.

➢ ***Par l'est :*** *Eastern Sierra Transit* relie Lone Pine à Reno via Mammoth Lakes et Lee Vining, où l'on peut attraper un bus *Yarts* pour la vallée (● estransit.com ●). ATTENTION, cette route franchit le Tioga Pass, col d'altitude ouvert seulement de mai à octobre, selon l'enneigement.

En voiture

Le parc est immense, les routes sinueuses et la vitesse limitée. Compter environ 2h pour le traverser d'ouest en est. C'est un territoire de 3 108 km² tout de même !

➢ ***4 entrées :*** 2 à l'ouest, ***Big Oak Flat Entrance*** (Freeway 120), facile d'accès si vous venez de San Francisco, et ***Arch Rock Entrance,*** un peu plus au sud par la Freeway 140, cheminant sur sa dernière portion dans l'étroit et superbe défilé de la vallée de Merced. Ceux qui viennent de Los Angeles arriveront a priori par la ***South Entrance*** (Freeway 41). En arrivant de Las Vegas, Death Valley, Mammoth Lakes ou du lac Tahoe, on emprunte à l'est, au départ de Lee Vining, la *Tioga Pass Road,* belle route panoramique menant à la ***Tioga Pass Entrance*** (à 55 km de la Yosemite Valley). ATTENTION, cette route n'ouvre qu'en mai (parfois début juin) à cause de la neige (col à 3 031 m). Si elle est fermée, seule solution pour atteindre le parc : un détour d'environ 8h jusqu'à l'entrée la plus proche ! Bien se renseigner avant. Road Conditions *en Californie : ☎ 1-800-427-7623, ● roads.dot.ca.gov ● ; et sur Yosemite ☎ 209-372-0200.* Les 3 autres entrées sont ouvertes toute l'année, mais de novembre à avril, chaînes souvent nécessaires.

Enfin, si vous avez un GPS, vous pouvez le ranger au fond du sac. Infos farfelues ou peu fiables. Sans parler des routes fermées dont il n'aura pas été prévenu ! La couverture réseau étant aléatoire, ne comptez pas trop sur votre smartphone non plus...

Transports intérieurs

Dans la vallée de Yosemite proprement dite (Yosemite Valley), une route en sens unique effectue une boucle, desservant tous les campings et les *lodges,* de même que les points de départ des sentiers les plus populaires.

➢ Une ***navette gratuite*** *(shuttle)* effectue des rotations toute l'année dans le principal secteur de la vallée (campings, *lodges* et villages). En été, tlj 7h-22h, ttes les 10 mn env, et ttes les 20-30 mn avt 10h et après 19h. Attention, la route de Mirror Lake et Happy Isles, à l'est de la vallée, n'est accessible que par le *shuttle* (arrêts 16 à 19). Plan du circuit aux *Visitor Centers.*

➢ ***En été et les week-ends de mai à septembre,*** énormément de monde à Yosemite Valley ! Et même des embouteillages monstres régulièrement. C'est la raison de la mise en place de navettes gratuites au-delà de la vallée. Possibilité également de prendre les bus *Yarts* (lire plus haut la rubrique « Comment y aller ? ») pour relier, par exemple, le secteur de Tuolumne Meadows à la vallée (1-2 /j.). Ces bus desservent aussi les villes aux abords du parc. Les trekkeurs pourront également emprunter le bus pour Glacier Point (lire plus loin la rubrique « À voir. À faire »).

Infos et conseils pratiques

– ***Infos sur le parc :*** *☎ 209-372-0200 (puis taper 3 ou 5). ● nps.gov/yose ●* Site internet très complet.

– ***Entrée :*** *35 $/véhicule, valable 7 j. consécutifs ; 30 $ à moto ; 20 $ à pied ou à vélo.* Pass America the Beautiful

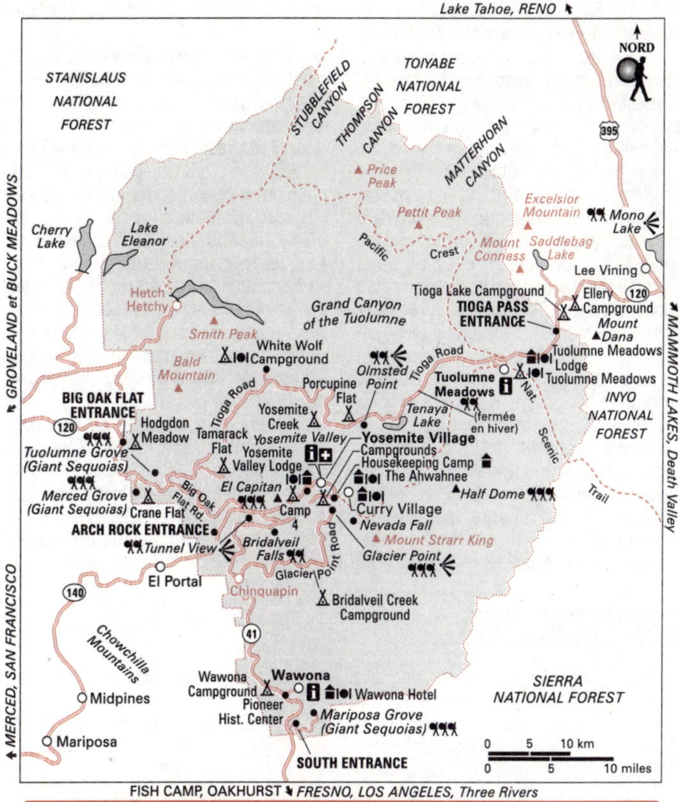

YOSEMITE NATIONAL PARK

(Interagency Annual Pass) *accepté.* On vous remet un plan détaillé du parc et le *Yosemite Guide,* journal officiel. Tous 2 très utiles.

– ***PAS DE STATION-SERVICE*** dans la vallée elle-même, mais plusieurs à proximité : à Crane Flat, El Portal et Wawona. Elles sont attenantes à des boutiques mais accessibles 24h/24 avec CB. Bien sûr, l'essence est plus chère dans le parc. Faire le plein avant.

– ***Climat :*** il est préférable de réserver votre visite pour les mois d'été si vous comptez randonner. Sinon, il fait très froid, même en avril-mai (avec souvent de la neige). Cela dit, les paysages hivernaux, avec les rivières partiellement gelées et un silence assourdissant, sont magnifiques, et vous serez quasiment seul ! Important : ***chaînes obligatoires entre octobre et avril.*** Possibilité d'en acheter ou d'en louer sur place, notamment dans les stations-service aux alentours du parc. Lors de la fonte des neiges, chutes d'eau vraiment spectaculaires, alors qu'elles se réduisent à un filet à la saison chaude. Sinon, n'oubliez pas que, même en été, si les journées sont (très) chaudes, il peut faire frisquet le soir car on est en altitude.

– ***Les ours sont très nombreux à Yosemite*** et moins gentils que ceux de Walt Disney ! Des randonneurs se font attaquer chaque année, et il est impératif de ***respecter les règles de sécurité*** données par les rangers si vous campez ou partez en randonnée. Conserver toute la nourriture, ainsi que tout ce qui sent bon (savons, parfums, mousse à raser) dans une grosse boîte en fer *(bear boxes)* présente à chaque emplacement de camping (également la location de *bear cans* – s'ouvrant avec un tournevis – au magasin de sports). Ne rien laisser non plus dans votre tente, ni dans votre voiture (les ours arrachent les portes avec une étonnante facilité). La plupart des voitures sont « contrôlées » chaque nuit par les rangers et vous risquez une amende s'ils voient de la nourriture. Toutes ces mesures ne sont pas à prendre à la légère, pour votre propre sécurité mais aussi afin de protéger l'instinct sauvage de ces animaux. L'homme fait d'ailleurs des dégâts tous les ans sur les routes du Yosemite. Chaque année, entre 13 et 15 ours sont renversés par des voitures. Certains doivent être achevés. Alors ***respecter les limitations de vitesse*** dans le parc, c'est aussi respecter la nature !

– ***Moustiques :*** moins dangereux que les ours mais beaucoup plus nombreux ! Ils pullulent en été, même à plus de 2 000 m d'altitude ! Un répulsif efficace est ***o-bli-ga-toire*** (voir la rubrique « Santé » dans le chapitre « Californie utile » au début du guide). Évitez le parfum, les moustiques adorent ça !

– Plus inoffensifs, les ***écureuils*** abondent et viennent jusqu'à vos pieds quémander à manger. Il est interdit de les nourrir, d'autant que certains trimbalent la rage.

– Il est ***interdit de couper des arbres sur pied*** (que ces arbres soient vivants ou morts !) et de récolter du bois dans la Yosemite Valley (même si vous campez).

– Vous pouvez laisser votre ***téléphone*** au fond du sac, le réseau est très capricieux dans le parc. Ça tombe bien, on est venu pour décompresser !

Adresses utiles

Visitor Center principal : *à Yosemite Village, dans la vallée. Tte l'année, tlj 9h-17h.* Excellentes cartes indiquant routes, randonnées pédestres, pistes cyclables, hébergements, etc., ainsi qu'un petit journal indispensable et très complet *(Yosemite Guide).* Infos sur la météo, l'état des routes et les dispos dans les campings. Brochure générale en français. Bonne expo pédagogique et vidéos présentant le milieu naturel du parc (géologie, topographie... et les dangers du feu). En saison, les rangers proposent tous les jours des balades accompagnées sur différents thèmes (faune, flore, photo, etc.).

Autres ***Visitor Centers*** : *à **Tuolumne Meadows** (mai-oct, tlj 9h-17h – 18h en hte saison) et à **Wawona** (mai-oct, tlj 8h30-17h).* Mêmes infos très complètes et moins de monde.

Ceux qui envisagent de partir plusieurs jours en randonnée doivent s'adresser au ***Wilderness Center*** *(☎ 209-372-0826 ; mai-oct, tlj 9h-17h),* à 100 m à droite du *Visitor Center* principal. Lire plus loin « À voir. À faire. Randonnées et trekking ». Vente de cartes détaillées, infos météo et sur l'état des sentiers.

Distributeurs de billets *(ATM)* **:** *dans les **supérettes** de **Yosemite Village, Curry Village** et **Wawona** ; à la réception du **Yosemite Lodge** ; au **Yosemite View Lodge** à **El Portal.***

Yosemite Medical Clinic : *à **Yosemite Village.** ☎ 209-372-4637. Lun-ven 9h-17h. Urgences 24h/24.*

Location de vélos : *au **Yosemite Lodge** (☎ 209-372-1208) tte l'année (si le temps le permet) et au **Curry Village** (☎ 209-372-8319) avr-oct.* Lire plus loin « À voir. À faire. Autres activités dans le parc. Balades à vélo ».

Supérettes : *à **Yosemite Village** et au **Curry Village.** Tlj 8h-20h et 9h-19h. Petites épiceries en saison à **Housekeeping Camp** (tlj 8h-21h), **Tuolumne Meadows** (tlj 8h-20h) et **Wawona** (tlj 8h-20h). Et après la sortie ouest, à **El Portal** (tlj 7h-19h). Horaires restreints hors saison. Grands supermarchés à **Oakhurst,** à 26 km au sud du parc.*

Laverie : *au **Housekeeping Camp,** dans la vallée. Tlj 8h-21h.*

■ ***Douches :*** *à la piscine du* ***Curry Village*** *et au* ***Housekeeping Camp*** *(à partir de mai). Gratuit si on vient avec sa serviette (5 $ sinon).*

Magasin de sports : ***Mountain Shop*** *au* ***Curry Village.*** *Tlj 8h-17h30.* Sacs à dos, équipement de camping, chaussures de randonnée...

■ ***Accès personnes à mobilité réduite :*** *☎ 209-379-1035. ● nps.gov/yose/planyourvisit/accessibility.htm ●*

Restos, snacks, boutiques : *à* ***Yosemite Village*** *et au* ***Curry Village,*** *les 2 points les plus « civilisés » du parc. En saison, petit snack à* ***Tuolumne Meadows*** *également.*

Où dormir ? Où manger dans le parc ?

CAMPINGS

Comme dans tous les parcs nationaux, c'est la solution idéale : la plus économique mais aussi le meilleur moyen de vivre au plus près de la nature (bien suivre les consignes pour ne pas attirer les ours...).

Le parc compte ***13 campings avec des niveaux de confort variables.*** La moitié peut être réservée à l'avance, l'autre non. Les campings de la vallée sont évidemment les plus fréquentés, mais pas les plus sympas. L'été, et même les week-ends de printemps et d'automne, c'est absolument bondé. On préconise plutôt de ***choisir un camping hors de la Yosemite Valley,*** incontournable à visiter mais pas la meilleure zone pour planter sa tente. Il y a d'autres coins vraiment superbes et bien plus tranquilles. Si vous visez un camping en particulier parmi ceux les mieux équipés, mieux vaut réserver au plus tôt. Il est parfois possible de trouver de la place au dernier moment, mais c'est rare.

Seuls 4 terrains sont ouverts toute l'année : *Upper Pines* et *Camp 4* (dans la vallée), *Wawona* (au sud) et *Hodgdon Meadow* (au nord ; fermé lors de notre dernier passage). Ceux proches de l'entrée ouest et de la Tioga Pass Entrance (à l'est) ne le sont que de juin-juillet à septembre-octobre. Séjour maximum autorisé : 2 semaines en haute saison. Toutes les infos sur *● nps.gov/yose/planyourvisit/camping.htm ●*

– ***Prix :*** les emplacements avec eau potable sont généralement à 36 $ (parfois moins chers hors saison), 12-14 $ s'ils n'en ont pas.

– ***Réservations :*** *sur ● recreation.gov ● ou, depuis l'étranger, au ☎ 606-515-6777 (10h-12h seulement, heure de la côte Est). Résa possible jusqu'à 5 mois à l'avance, avec sa CB.*

– ***Si vous n'avez pas réservé,*** il reste la possibilité de vous présenter très tôt le matin (ils se remplissent vite) sur les sites fonctionnant sur la base du « ***first come, first served*** » (« 1er arrivé, 1er servi »). Un seul est situé dans la vallée *(Camp 4).* Les autres se trouvent pour la plupart sur la route de Tioga Pass, et 3 d'entre eux n'ont pas d'eau potable (*Tamarack Flat, Yosemite Creek* et *Porcupine Flat*). Voiture indispensable pour ces secteurs. Avantages : comme ils sont plus rustiques et plus éloignés, la demande est plus faible. Si tout est complet, il vous reste éventuellement la possibilité de demander gentiment à des gens de partager leur site. Ça peut marcher.

– Si tout est plein, vous pouvez aussi vous rabattre sur les ***campings*** situés ***hors du parc,*** dans les forêts d'Inyo, Sierra et Stanislaus, respectivement aux sorties est, sud et ouest (par Big Oak Flat). Ils sont assez nombreux, agréables, sans réservation et certains sont gratuits (équipement rudimentaire). On en indique quelques-uns.

Dans la Yosemite Valley

Les 4 campings situés dans la vallée, *Lower Pines, Upper Pines, North Pines* et *Camp 4,* sont ***très demandés*** durant la période estivale. Si vous voulez y dormir, il est quasi obligatoire de ***réserver plusieurs semaines à l'avance.*** Mais, encore une fois, la sérénité attendue est rarement au rendez-vous. Il y a foule ! Hors saison, il y a plus souvent de la place (sauf le week-end) et tout est plus calme. Tous sont accessibles en voiture ou *shuttle* (gratuit). À noter, le *Camp 4* fonctionne par tirage au sort.

– ***Équipement des campings :*** toilettes (sèches ou *flushing*) et point d'eau partout. Pas de douche, mais on peut en prendre au ***Curry Village*** à proximité *(5 $).*

⛺ ***North Pines Campground :*** *ouv avr-oct, sur résa. Empl. 36 $.* Campement sur un terrain sablonneux, sous les pins. Seulement 81 emplacements, vastes, ombragés et très demandés, à la confluence des rivières Tenaya et Merced. Plus agréable que ses 2 voisins, sur l'autre rive.

⛺ ***Upper Pines Campground*** *(tte l'année, sur résa)* et ***Lower Pines Campground*** *(fin mars-début nov, sur résa)* **:** *empl. 36 $.* Sous les pins, à 2 pas l'un de l'autre, légèrement en retrait du cours d'eau et un peu proches de la route (circulation interdite cela dit). Emplacements légèrement plus grands au *Lower Pines.*

⛺ ***Camp 4 :*** *à l'ouest de la vallée, juste après le Yosemite Lodge, au pied du sentier menant aux Upper Yosemite Falls. Tte l'année. Empl. 20 $/pers (frais de tirage au sort inclus).* C'est un *walk-in campground* : on laisse sa voiture sur un grand parking, juste à côté. Petit camp basique aux espaces non délimités, pas d'un charme débordant avec la route devant. Ça manque d'intimité mais ça dépanne quand tout est complet.

Dans le reste du parc

Si vous aimez la tranquillité et que vous êtes motorisé, privilégiez en haute saison ces terrains plus tranquilles, situés hors de la vallée. Cela dit, les trajets étant assez longs dans le parc, choisissez bien votre point de chute. Hormis celui de Tuolumne Meadows, pas de douches.

⛺ ***Hodgdon Meadow :*** *près de l'entrée ouest du parc (Big Oak Flat Entrance). Tte l'année. Résa obligatoire avr-oct ; le reste de l'année, « 1er arrivé, 1er servi » (arrivez tôt !). Empl. 26-36 $.* Situé tout contre l'entrée ouest, sous les pins et les séquoias. Une centaine d'emplacements, très agréable car il offre espace et intimité. Point d'eau.

⛺ ***Wawona Campground :*** *au sud du parc. Tte l'année. Résa obligatoire avr-oct. Empl. 36 $.* L'un des moins agréables de par sa situation, juste en contrebas de la route (que l'on entend un peu), avec une petite centaine d'emplacements assez rapprochés. Toutefois, au bord de la rivière et plutôt moins fréquenté que les autres. Point d'eau.

⛺ 🍽 ***Tuolumne Meadows Campground :*** *au nord-est du parc, proche de la Tioga Pass Entrance. Desservi par les bus* Yarts. *Ouv août-fin sept. Possibilité de résa pour la moitié des sites (pour les autres, venir tôt).* ***Fermé jusqu'en 2024 au moins.*** Certes éloigné de Yosemite Valley mais vaste (300 emplacements), donc pratique quand tout est plein ailleurs. Environnement très agréable, noyé dans la forêt, avec plein de superbes randos dans le coin, dont les fameux *PCT (Pacific Crest Trail)* et *John Muir Trail.* Pas mal de randonneurs au long cours, donc. En prime, plusieurs services à côté : *Tuolumne Meadows Grill,* mini-fast-food-caféteria qui sert petit déj et lunch *(tlj 8h-18h), Ranger Station,* poste, supérette, etc.

⛺ 🍽 ***White Wolf Campground :*** *au nord, en retrait de la Tioga Rd. Desservi par les bus Yarts. Ouv de mi-juin à sept. Empl. 26 $. Paiement par enveloppe.* Petit camping (74 emplacements) sur le mode du « 1er arrivé, 1er servi », qui occupe un joli site en pleine forêt. Calme total. Également un resto champêtre et quelques *cabins* dans le petit *White Wolf Lodge.* Point d'eau.

⛺ Également le ***Bridalveil Creek Campground,*** paisible et isolé sur la route de Glacier Point, ses 110 emplacements plutôt intimes dispersés entre pins et rochers. Point d'eau. *Ouv de juil à mi-sept. Pas de résa.* ***Fermé jusqu'en 2023.*** Ainsi que ***Crane Flat Campground*** sur Big Oak Flat Road vers l'entrée ouest. *Desservi par les bus Yarts. De juil à mi-oct. Résa obligatoire. Plus de 160 empl.* ***Fermé jusqu'en 2023.*** Avantage : on est à 2 pas du *General Store* de Crane Flat. Emplacements un peu les uns sur les autres en revanche. Point d'eau.

⛺ Enfin, ***3 autres campings*** que l'on aime bien, car moins fréquentés et « primitifs » (toilettes sèches mais pas d'eau potable), sur la base du « *first* *come, first served* ». On les gagne à partir de Tioga Road. Pour tous, 20 $ l'emplacement. Outre le prix bas, voilà une chance de trouver de la place pour ceux n'ayant rien réservé. ***Tamarack Flat*** *(fin juin-fin sept)* s'atteint par une jolie route de 5 km, en lacet et en cul-de-sac. On campe entre les arbres et les énormes rochers de granit. Le ***Yosemite Creek*** *(juil-début sept)* est lui aussi isolé au bout d'une étroite route puis piste de 8 km, au milieu des pins géants. Le ***Porcupine Flat*** *(de mi-juil à mi-oct),* plus proche de la Tioga Road, reste pour autant très calme. Enfouis dans la forêt, tous sont réservés aux tentes seulement (sympa !). Évidemment, à part les ours, ce n'est pas la foule des grands jours !

Quelques kilomètres après la sortie est du parc, vers Lee Vining, d'autres campings peuvent dépanner, notamment le ***Tioga Lake Campground,*** idéalement situé au bord d'un joli lac (peu d'ombre en revanche), ou encore le ***Ellery Campground,*** en retrait d'un lac de barrage. Tous 2 sont situés dans la Inyo National Forest. Point d'eau et toilettes. On est en revanche à une soixantaine de kilomètres de la vallée. *Empl. 24 $. Paiement par enveloppe.*

LODGES, CABINS ET RESTOS

– ***Tous les lodges et cabins à l'intérieur du parc sont gérés par le même organisme.*** *Infos et résas au ☎ 602-278-8888 (résas tlj 7h-19h ; 8h-19h w-e) et sur • travelyosemite.com •* Dépôt obligatoire du prix d'une nuitée. De juin à septembre, vous entendrez le répondeur vous dire que tout est *sold out* (plein à craquer), car il faut en principe réserver 1 an à l'avance ! Tentez tout de même votre chance, et comptez sur les annulations de dernière minute !

Dans la Yosemite Valley

Bon marché

Aucune option pour loger dans cette catégorie...

Base Camp Eatery : *au Yosemite Valley Lodge. Tlj 7h30-10h, 11h-15h, 16h-20h. Plats 10-15 $.* Énorme *food court* où l'on piochera avec bonheur toutes sortes de plats aux différents stands : burgers, pizzas, belles salades, plats asiatiques ou classiques US... De loin le meilleur rapport qualité-prix de la vallée, et le choix le plus large.

Degnan's Kitchen : *à Yosemite Village. Tlj 7h-18h. Sandwichs préparés à la demande (env 10 $), pizzas (10-20 $ selon taille), salades, boissons.* Pratique pour remplir le sac avant de partir en rando !

De prix moyens à plus chic

Housekeeping Camp : *à côté du Curry Village. Ouv de mi-avr à mi-oct. Compter 100-110 $ pour 2-4 pers.* L'option la moins chère dans le parc. Une sorte de village-vacances basique et populaire, genre camping plutôt compact, composé de tentes mitoyennes un peu améliorées, avec une chambre (1 lit double et 2 superposés) logée dans une partie en dur surmontée d'un toit en toile, et une terrasse fermée par une palissade. Pour la tranquillité, on repassera, sauf pour les *cabins* situées près de la rivière. Douches communes. Location de draps, oreillers, couvertures, chaises...

Curry Village : *ouv w-e seulement janv-mars. Canvas tent-cabins pour 2 sans ou avec chauffage ou cabins (murs en dur) sans ou avec sdb 100-200 $. Quelques doubles tt confort 250-270 $. Compter 10 $/pers en plus.* Au milieu de la forêt, un immense campement à la romaine aux unités alignées comme à la parade. Charme discutable. Des tentes donc, abritant 4 lits sommaires posés sur des plateformes en bois. Draps et couvertures fournis. Douches (chaudes) communes mais en nombre insuffisant. Quant aux *cabins,* ce sont de gros chalets en bois (4 chambres par unité), avec lits, étagères et chauffage. Pas désagréables, mais certaines face au parking (à éviter). Grande piscine (accessible aux non-résidents, *5 $* – l'occasion de prendre une douche !). Également une maison de bois qui fait salon, où l'on se retrouve car il y a le wifi. Pour **manger,** on retient 2 options : le *Meadow Grill,* immense cafét' qui sert petit déj et dîner à prix moyens ; et le *Deck,* avec ses pizzas à commander au comptoir puis à dévorer en terrasse *(ouv 12h-21h ; pizzas 8-33 $ selon taille).* Rien d'inoubliable dans les 2 cas...

De très chic à ultra-chic

■ |●| ***Yosemite Valley Lodge :*** *tte l'année. Doubles 210-280 $. À côté, grand* food court *bon marché (*Base Camp Eatery *; lire précédemment) et le* Mountain Room Restaurant *ouv le soir seulement, 17h-21h (bien plus cher : 20-40 $).* Vaste hôtel composé de 250 chambres disséminées dans plusieurs bâtiments sans charme de 1 ou 2 étages. Un peu l'usine, mais les chambres sont très confortables, avec balcon ou terrasse donnant sur la forêt. Bon, tout cela reste très anonyme. Grande piscine, ouverte aux personnes extérieures *(6 $).*

■ |●| ***The Ahwahnee :*** *tte l'année. Doubles et cottages 425-610 $ (!). Au resto, petit déj-buffet et lunch 15-30 $, dîner 30-50 $.* Le plus beau, le plus cher des *lodges* du parc. Construit en 1927, cet énorme chalet en bois et pierre déroule un intérieur rustique chic : hauts plafonds avec chandeliers, salons d'apparat aux cheminées monumentales, antiquités indiennes... du très haut standing ! Chambres ultra-confortables et cottages joliment répartis dans le jardin luxuriant, au pied des falaises. Belle pelouse et petite piscine sous les pins. Reste que, vu les tarifs stratosphériques, on se contentera plutôt d'y prendre un repas, histoire d'admirer la spectaculaire salle de restaurant, véritable cathédrale de bois et de pierre brute (tenue correcte exigée le soir).

Dans le reste du parc

■ |●| ***Wawona Hotel :*** *entrée sud du parc, à* **Wawona.** *Ouv fin mars-fin nov. Doubles avec sdb commune ou privée 150-230 $. Lunch 15-20 $; dîner 25-35 $.* Bâti en 1876, cet élégant *lodge* victorien en bois blanc est le 1er à avoir été édifié dans le parc. Les nostalgiques de Rhett Buttler et de Scarlett O'Hara apprécieront la délicieuse atmosphère rétro du lieu, en rêvassant depuis les grandes galeries donnant sur le parc. En tout, 6 édifices style Southwest, abritant des chambres agréables avec une petite touche de romantisme, à l'image de la maison mère. Le meilleur du chic ! Les sportifs y trouveront un golf de 9 trous, un terrain de tennis et une piscine. Resto chic mais pas si cher. *Visitor Center* à 2 pas et navette gratuite pour les séquoias géants de Mariposa Grove.

■ |●| ***Tuolumne Meadows Lodge :*** *proche de la Tioga Pass Entrance, au nord-est du parc. Ouv de mi-juin à mi-sept (selon enneigement). Resto ouv au petit-déj et au dîner, sur résa seulement au ☎ 209-372-8413. Compter 160 $ pour 2 (et 17 $/pers en plus).* Campement rustique dans un environnement sauvage, à 2 pas d'une rivière. Logement dans 70 *tent-cabins* où l'on tient debout, équipées d'un grand lit et de 2 petits. Dommage qu'elles soient installées à touche-touche. Chauffage au poêle (au poil !), draps et serviettes inclus, mais pas d'électricité (on vous fournit une lanterne). Douches et toilettes communes, impeccables. Aires de pique-nique et resto sur place. Nombreuses belles randos au départ du site.

Où dormir ? Où manger à l'extérieur du parc ? Où boire un verre ?

On vous indique ces adresses selon leur situation géographique, dans le sens des aiguilles d'une montre, du plus proche au plus éloigné du parc.

À l'est : Tioga Pass Entrance

Pour l'hébergement plus à l'est du parc après la Tioga Pass Entrance *(route fermée nov-mai),* reportez-vous au chapitre sur Lee Vining.

Au sud : South Entrance

À Fish Camp

À quelques kilomètres de l'entrée sud du parc, Fish Camp n'est pas vraiment un village, plutôt un hameau constitué de quelques hôtels perdus en pleine forêt.

Narrow Gauge Inn : *48571 Hwy 41. ☎ 559-683-7720. • narrowgaugeinn.com • À 3 km de Fish Camp en direction d'Oakhurst. Doubles 180-290 $ avr-nov (jusqu'à 2 fois moins cher en hiver) ; petit déj 10 $. Dîner 24-42 $.* Bien caché en contrebas de la route, voici un beau *lodge* pas dénué de caractère (voir à l'entrée le beau camion de pompier de 1952). Chambres chaleureuses, de taille raisonnable (pour le pays) mais soigneusement décorées dans le style *Old West,* toutes avec balcon ouvert sur la forêt. Également des *cabins* dispersées dans les bois, hors de prix en revanche. Jolie piscine et jacuzzi. Resto chic pour s'offrir un dîner romantique, dans un cadre rustique.

À Oakhurst

À 26 km au sud de Yosemite Park, sur la route 41, cette ville-dortoir sans attrait aligne de nombreux motels de chaînes *(Best Western, Comfort Inn...).* Également un grand ***supermarché, Raley's*** *(tlj 6h-23h).*

Yosemite Southgate Hotel : *40644 Hwy 41. ☎ 559-683-3555. • yosemitesouthgate.com • En saison, doubles 155-240 $, petit déj continental inclus.* Grand hôtel sur la *highway,* dont les confortables et spacieuses chambres feront l'affaire si vous passez dans le coin. Piscine sur le parking, spa et sauna. Une bonne adresse de dépannage.

Hounds Tooth Inn : *42071 Hwy 41. ☎ 559-642-6600. • houndstoothinn.com • À env 3 km au nord d'Oakhurst. Doubles 270-350 $, petit déj copieux et apéro wine & cheese inclus.* En contrebas de la route, une grande maison moderne d'inspiration victorienne, comptant une douzaine de chambres douillettes et chics dans les tons blanc et gris, toutes avec cheminée, parfois un jacuzzi, certaines donnant sur un joli coin de verdure. L'aménagement presque luxueux, l'ambiance intime et l'accueil sympathique en font une étape agréable.

Nature's Inn B and B : *44625 Silver Spur Trail, à* ***Ahwahnee,*** *à 16 km d'Oakhurst par la route 49. ☎ 559-641-2444. • naturesinnbnb.com • Prendre le chemin goudronné juste après le panneau indiquant le hameau de Nipinnawasee. Tte l'année. Doubles 160-195 $, petit déj compris.* Grosse maison de bois abritant une poignée de chambres cosy et tranquilles, bien équipées, dont 2 suites. Terrasse avec piscine, dominant la vallée, bien agréable en fin d'après-midi. Table de ping-pong, jacuzzi.

South Gate Brewing Company : *40233 Entreprise Dr (Hwy 49). ☎ 559-692-2739. Tlj 11h-21h. Plats 15-44 $.* Égarée dans une zone commerciale sans intérêt, cette petite brasserie artisanale toute de bois vêtue attire les foules pour sa jolie carte saisonnière, alignant tapas, grosses salades, sandwichs originaux, petits plats généreux en légumes et burgers bien joufflus. Des produits de qualité, à arroser, bien sûr, de bonnes mousses maison à la pression.

Au sud-ouest : Arch Rock Entrance

À El Portal

Sur la route 140, en direction du parc, El Portal n'est pas un village, pas même un hameau, tout juste un vallon encaissé où l'on trouve 2 immenses motels (on ne vous en cite qu'un). C'est l'hébergement le plus proche de Yosemite Valley.

Yosemite View Lodge : *11156 Hwy 140. ☎ 209-379-2681. • yosemiteviewlodgeelportal.com • Desservi par le bus Yarts. Doubles 120-250 $.* Plusieurs longs édifices sans charme, mais sa situation stratégique en fait un bon camp de base. Plus de

300 chambres, classiques, grandes et confortables, la plupart avec kitchenette. Celles avec terrasse ou balcon donnant sur la Merced River sont nettement plus agréables (et plus chères, évidemment). Restaurant de bon aloi *(tlj 7h-10h30, 17h-21h30),* aux plats très corrects et généreux mais pas donnés *(15-25 $),* égayé par une terrasse en surplomb de la rivière. Pizzeria convenable sinon *(mai-oct, tlj 17h-22h).* Plusieurs piscines (dont une couverte) et jacuzzis. Laverie, distributeur ATM.

À Midpines

Yosemite Bug Rustic Mountain Resort : *6979 Hwy 140. ☎ 209-966-6666. • yosemitebug.com • À env 16 km au nord de Mariposa et 30 km de Yosemite. Desservi par le bus Yarts. Avr-oct, nuit en dortoir env 50 $/pers, tent-cabins pour 2-4 pers env 85 $ (sdb extérieure), doubles (avec ou sans sdb) 85-185 $. Petit déj et lunch 8-16 $; dîner 14-28 $.* Enfin une AJ dans cette région qui en est si dépourvue ! Et pas n'importe laquelle : un village de tentes et de *cabins,* éparpillées sur une colline boisée. Chacun y trouvera son compte. Formule AJ dans 4 dortoirs rudimentaires (6 à 12 lits), mixtes ou non (cuisine à dispo), ou chambres privées joliment décorées, des plus simples, avec salle de bains communes, aux grandes familiales, avec salle d'eau privée. On peut aussi dormir dans l'une des *tent-cabins* (tente meublée pour 2 à 4 personnes, avec sol en dur). Laverie. Distributeur ATM. En été, possibilité de nager dans un *swimming hole* (retenue d'eau naturelle) à proximité, ou de se délasser dans le spa (payant), avec vaste jacuzzi (soins et massages). Mention spéciale pour le ***June Bug Café,*** enfin, charmant chalet-resto où l'on s'attarde près de la cheminée du salon avant d'aller savourer une petite cuisine bio d'une fraîcheur irréprochable. Goûter le *flat iron steak,* du tonnerre ! De quoi attaquer sainement les balades à Yosemite. L'été, *camp fire* 3 fois par semaine, avec *live music.* Une excellente adresse.

À Mariposa

Au débouché d'un spectaculaire défilé, à une cinquantaine de kilomètres au sud-ouest du parc, au carrefour des routes 140 et 49, cette petite bourgade style western, née de la ruée vers l'or, compte une dizaine de motels et une poignée de restos.

Mariposa Hotel Inn : *5029 Hwy 140, dans le centre. ☎ 209-966-7500. • mariposahotelinn.com • Double env 150 $, petit déj continental compris.* On grimpe une volée de marches bien raides pour accéder à la réception de cet hôtel de 1901, « dans son jus » et très *Old West,* tenu par un couple adorable. Parquet qui craque, papier peint à fleurs, meubles anciens et objets hétéroclites ; on se croirait dans une B.D. de *Lucky Luke* ! Seulement 6 chambres pas bien grandes mais confortables et vraiment agréables. Balcon-véranda à l'arrière.

Mariposa Lodge : *5052 Hwy 140, dans le centre. ☎ 209-966-3607. • mariposalodge.com • Doubles 110-170 $.* Un motel de taille raisonnable, à la tenue impeccable et aux chambres spacieuses et bien équipées, encadrant 2 parkings arborés. Petite piscine pas trop déprimante pour une fois. Pas le coup de foudre mais un bon rapport qualité-prix.

Sweetwater Grocery & Deli : *5016 Hwy 140. Tlj 8h-21h (horaires réduits hors saison). Petits déj 5-10 $; sandwichs 8-10 $; plats 12-15 $.* Épicerie-café lumineuse et proprette, où l'on peut aussi bien faire ses emplettes pour se bidouiller un pique-nique (fruits, charcut', fromage, salades en barquette, etc.) que se faire confectionner un sandwich avec les ingrédients de son choix. Également des burgers et *fish tacos,* très simples et bien frais, à croquer sur la mignonne terrasse de bois.

Savoury's : *5034 Hwy 140. ☎ 209-966-7677. Tlj 17h-21h30. Plats 20-48 $.* Cuisine créative et raffinée aux influences méditerranéennes, dans un cadre contemporain assez sophistiqué. Chaque plat est accompagné d'une salade ou d'une soupe du jour, le tout présenté avec beaucoup de soin. Excellents plats de pâtes et bon *cajun New York steak.*

Charles Street Dinner House : *Hwy 140, à l'angle de 7th St. ☎ 209-966-2366. Tlj à partir de 17h (sauf lun et dim). Plats 20-26 $.* Quoi que l'on choisisse, c'est réalisé avec finesse et goût. Assiettes bien pleines, servies avec le sourire. Ajoutez à cela un cadre chaleureux de cabane de trappeur, et on tient là une jolie adresse.

The Alley : *5027 Hwy 140, dans le centre. Tlj 16h (14h sam-dim)-22h (minuit ven-sam, 20h dim).* Bar populaire proposant un grand choix de bières locales et quelques vins de la région. Terrasse sur l'arrière.

À l'ouest : Big Oak Flat Entrance

À Buck Meadows

Un hameau proche du parc, où l'on trouve tout juste 2 motels et un restaurant.

Yosemite Lakes RV Campground : *31191 Hardin Flat Rd. ☎ 209-962-0103. • stayatyosemite.com • Accès par la Hwy 120, entre Buck Meadows et l'entrée ouest du parc (à 8 km). Tte l'année. Résa conseillée. Camping env 80 $, lit en* hostel *70 $,* bunkhouse *(4 pers) env 100 $,* cabin *(4 pers) env 190 $, yourtes familiales et cottages (4-6 pers) 215-310 $.* Bien situé aux portes du parc, sur une grande prairie entourée de pins, ce vaste complexe un peu usine propose différents types d'hébergement à tous les prix, et c'est son point fort. Du camping aux yourtes familiales sur la colline parfaitement aménagées (salle de bains et cuisine, vue sur la rivière pour les plus chères) en passant par les *hostel rooms* (2-6 personnes ; sans sanitaires) et les *rustic bunkhouse cabins* (pour 4), genre maisons de jardin en bois (sans les outils), toutes petites et avec sanitaires communs. Sur place, épicerie, pompe à essence.

Yosemite Ridge Resort : *7589 Hwy 120, à 18 km de l'entrée du parc. ☎ 209-888-0248. • yosemiteridge.com • L'été, camping* cabin *pour 2 env 70 $ (60 $ hiver).* Modeste complexe touristique avec station-service et épicerie. Confort et propreté variables. Petite piscine. Beaucoup de *RV*. À 300 m, le **Buck Meadows Restaurant,** pour grignoter.

À Groveland

À 37 km de l'entrée ouest du parc, Groveland est le spot le plus agréable pour faire escale de ce côté-ci du parc, car il ressemble vraiment à un village. Sur un air western, on y trouve tout ce dont on peut avoir besoin, à des prix raisonnables, et même un *hostel* !

Yosemite International Hostel : *18605 Main St. ☎ 209-962-0365. • yosemitehostels.com • Tte l'année, réception 7h-23h. Lits en dortoir 37-45 $ (env 30 $ l'hiver) ; doubles 80-90 $; petit déj (léger) et draps inclus (serviettes à louer).* Au bord de la route, dans plusieurs bicoques, des dortoirs mixtes ou pour les filles (4-12 lits), et des chambres avec salle de bains commune. Confort sommaire (matelas modèle camping, clim portable) et entretien irrégulier, mais les prix sont quasi imbattables pour le coin. Cuisine à disposition, laverie, petit salon convivial et jolie terrasse de bois sur l'arrière.

Hotel Charlotte et The Groveland Hotel : *respectivement au 18736 et au 18767 de Main St. ☎ 209-962-6455 et 209-962-4000. • hotelcharlotte.com • groveland.com • Doubles 190-220 $.* Presque en face l'un de l'autre, 2 établissements historiques, gérés par la même équipe et rénovés dans un esprit contemporain sobre et élégant, tout en conservant quelques touches *Old West* : lits en fer forgé au *Charlotte*, lavabos rétro, photos d'époque et peaux tannées au *Groveland*. Pas mal de cachet donc, de la lumière et un confort au top, surtout au *Groveland*, dont les chambres sont à la fois plus spacieuses et plus cossues *(compter 10-20 $ de plus)*, celles du *Charlotte* étant un peu étroites pour le prix. Installé à l'arrière du *Groveland*, le resto **Provisions** *(tlj 7h-21h ; plats 15-30 $)* profite d'une agréable terrasse lovée sous les arbres. Menu différent tous les jours, en fonction du marché. Sert aussi le petit déj.

Iron Door Saloon : *18761 Main St. ☎ 209-962-8904. Tlj 8h-21h, plus tard pour le bar. Plats 10-14 $ et* *jusqu'à 25 $ le soir. Sert aussi le petit déj.* Fondé en 1852, c'est le plus vieux saloon de Californie à avoir fonctionné sans interruption ! D'abord *liquor store* et bureau de poste, le bâtiment devint véritablement saloon en 1896. Derrière les lourdes portes en fer, importées d'Angleterre, s'ouvre une salle qui a bien peu changé depuis cette époque, avec son grand comptoir en bois, ses trophées de chasse aux murs et ses dizaines de dollars punaisés au plafond. Le week-end, elle devient piste de danse et accueille des groupes live. Au menu, du classique : salades, burgers, viandes grillées. Éviter la salle attenante, sans intérêt. Même si vous n'y dînez pas, halte obligatoire pour prendre un verre, histoire de rendre hommage au lieu.

À voir. À faire

– ***Scenic tours :*** si vous manquez de temps, diverses excursions plus ou moins longues sont organisées chaque jour au départ du *Yosemite Lodge,* notamment le *Valley floor tour (37 $, réduc),* une visite commentée de la vallée en 2h, dans une sorte de wagon à ciel ouvert (avril-septembre) ou un bus (octobre-mars). Bof. Également le *Glacier Point Tour (mai-nov env, seulement 3 départs/j. ; résa conseillée ; 52 $)* en 4h. On peut ne faire que l'aller *(26 $)* et revenir à pied. Dans ce cas, 2 sentiers possibles, le *4 Mile Trail* (2-3h) et le *Panorama Trail* (6h). Lire plus loin « Randonnées et trekking ». ■ ***Infos et résas :*** *☎ 209-372-1240. ● nps.gov/yose/planyourvisit/tours.htm ●* Également aux *Tour & Activity Desk* du *Yosemite Lodge* et au *Curry Village* (en saison). Nous mentionnons les ***sites majeurs*** de cet immense parc ***dans le sens des aiguilles d'une montre, en partant de l'entrée nord-est (Tioga Pass Entrance).***

Au nord-est

Les 2 sites suivants sont accessibles par la superbe ***Tioga Pass Road*** (55 km), qui circule sur les hauteurs nord du parc en distribuant de beaux points de vue.

Tuolumne Meadows : *à un peu plus de 11 km à l'ouest de la Tioga Pass Entrance (entrée est du parc).* Tuolumne Meadows est une vaste prairie subalpine sillonnée de cours d'eau, située dans la région sauvage des terres hautes. On y trouve les paysages les plus rudes de la sierra. En raison du climat et de l'altitude (2 580 m), les forêts se font rares, au profit d'une maigre mais tenace végétation de haute montagne ; l'avantage, c'est qu'il fait bien moins chaud que dans la vallée, où la température avoisine les 40 °C en été. Nombreuses randos dans le secteur (infos au *Visitor Center* local), notamment une belle balade, assez facile, qui mène à l'***Elizabeth Lake*** (moustiques en été), où les moins frileux pourront se baigner dans une eau... très fraîche ! Compter 7,5 km et 4-5h aller-retour. Citons également ***Cathedral Lakes*** (13 km ; 5-6h) et, bien plus facile, ***Dog Lake*** (5 km ; environ 2h30).

Olmsted Point : *une douzaine de km après Tuolumne Meadows en allant vers la vallée, peu après le Tenaya Lake.* L'un des points de vue les plus grandioses du parc : depuis le promontoire, on embrasse d'un seul regard la vallée encaissée de la Tenaya Creek et d'impressionnantes coulées de granit ponctuées de pins, dont les racines se faufilent dans les failles de la roche. Dominant l'ensemble, le Half Dome. Du parking, un sentier descend pour embrasser un autre splendide panorama. D'autres sentiers démarrent de là.

Dans la Yosemite Valley

El Capitàn, avec ses 900 m, est la plus haute falaise monolithique du monde. C'est le point de rendez-vous des *free climbers.* Impressionnant.

Presque en face, les ***Bridalveil Falls*** *(chutes du Voile de la mariée),* hautes de 189 m. Depuis le parking (au début de la route 49), un court sentier (800 m) conduit à leur pied. Douche-brumisateur garantie... Bien logiquement, ces chutes sont plus belles au printemps, lorsqu'elles sont nourries par la fonte des neiges. Au début de l'automne, débit réduit évidemment. Du parking, autre sentier vers le *Curry Village.*

Voilà ensuite le ***Half Dome,*** majestueux pic de granit à la forme si caractéristique de demi-sphère, comme coupé à la hache. Culminant à 2 695 m, il est devenu le symbole du parc car on aperçoit sa silhouette de pratiquement partout dans la vallée. Son sommet reste enneigé jusqu'à la fin du printemps.

Yosemite Museum : *à* ***Yosemite Village,*** *à côté du* Visitor Center. *Tlj 9h-17h. GRATUIT.* Consacré aux Miwoks et aux Paiutes, ce modeste musée présente un condensé de l'artisanat traditionnel et des coutumes de ces tribus indiennes. À l'extérieur, reconstitution d'un village avec la hutte du chef, la maison des cérémonies, etc.

Un peu plus loin en suivant la route de la vallée, juste après Yosemite Village (et avant le *Yosemite Lodge*), au niveau de l'arrêt 6 du *shuttle,* le ***Lower Yosemite Fall Trail,*** un sentier facile (800 m), mène en 15 mn aux chutes d'eau du même nom. Dégringolant de 739 m, les ***Yosemite Falls*** sont les cascades les plus hautes du parc. Superbes, particulièrement lors de la fonte des neiges, lorsque leurs eaux rugissantes dévalent la montagne dans un halo de brumes fantastique. N'espérez pas être seul à les contempler... Un peu plus loin, juste derrière le camping *Camp 4* (arrêt 7 du *shuttle*), un autre sentier, le ***Upper Yosemite Fall Trail*** (11,6 km ; dénivelée de 823 m ; compter 6-8h aller-retour), permet d'accéder aux *Upper Yosemite Fall,* la partie haute des chutes. Nettement moins fréquenté car beaucoup plus sportif... D'autres sentiers fameux comme le ***4 Mile Trail*** ou le ***Half Dome*** (on en parle plus loin).

En quittant la vallée par la même route, dernier coup d'œil panoramique depuis le point de vue de ***Valley View,*** d'où on l'embrasse dans toute son immensité.

Glacier Point : *à 26 km (30 mn de voiture) de l'intersection de Chinquapin. À Glacier Point, toilettes, point d'eau, buvette et gift shop (9h-17h).* Juste avant l'arrivée, à droite, arrêt au ***Washburn Point,*** point de vue extra sur le Half Dome et les Nevada et Vernal Falls. Puis, une fois en haut de cette saillie rocheuse dominant de près de 1 000 m le fond de la vallée, le panorama devient proprement époustouflant. L'idéal est de s'y rendre au coucher du soleil. Face à vous, les Yosemite Falls, nourries au printemps de mille affluents. Juste sur la gauche, l'*Overhanging Rock,* un rocher qui s'avance courageusement au-dessus du vide. En face, le *North Dome* et à droite le *Half Dome.* Et en toile de fond se dessinent, majestueux, les sommets de la Sierra Nevada. Les plus sportifs peuvent aussi emprunter à pied le fameux *4 Mile Trail* (voir plus loin).
Autre rando, plus accessible (3,5 km en environ 2h), le sentier vers ***Sentinel Dome*** (départ 3 km avant Glacier Point). Pas vraiment de difficulté pour une belle récompense. Encore un remarquable point de vue sur la vallée, qu'on sera seul ou presque à apprécier. Possibilité de poursuivre ensuite vers un autre point de vue, *Taft Point.*

Ailleurs dans le parc

Tunnel View : superbe point de vue quand on arrive dans la vallée en voiture depuis l'entrée sud (route 41). C'est après un tunnel sur la gauche. D'un coup se découvre toute la Yosemite Valley, avec, à l'ouest, la falaise d'El Capitan et, à l'arrière-plan, le sommet du Half Dome, tandis que les Bridalveil Falls tombent en panache sur le versant sud. Vaut le détour même si vous n'arrivez pas par ce côté.

Mariposa Grove : *à la porte d'entrée sud du parc. Du parking, navette gratuite ttes les 10 mn 8h-20h qui mène en 5 mn au départ des sentiers. Hors saison, on accède directement en voiture au 2d parking.* Délicieuse balade très aménagée, dans un bosquet de ***séquoias géants*** qui émergent d'une forêt de pins. Parmi les spécimens les plus spectaculaires, le *Grizzly Giant,* 1 800 ans au compteur, 64 m de haut et 29 m de circonférence, s'atteint après 20 mn de marche en prenant le 1er sentier à droite. En chemin, coup d'œil à l'impressionnant *Fallen Monarch,* allongé de tout son long. Quelques centaines de mètres plus loin, voilà le *California Tunnel Tree,* dont le tronc a été creusé d'un passage pour les diligences en 1895, pour faire office d'entrée symbolique du parc. On peut prolonger l'exploration par 2 sentiers en boucle de 10 et 11 km (4-6h de marche), le plus long passant par le *Wawona Tunnel Tree,* autre arbre-tunnel emblématique du parc, dont le tronc laissait passer une route à 2 voies ! Déraciné sous le poids de la neige en 1969, il gît, depuis, couché.

BRACONNAGE DE SÉQUOIAS

Des bûcherons clandestins sévissent dans les forêts du parc, à la recherche des loupes, excroissances bossues qui poussent sur les troncs des séquoias, très prisées de la marqueterie de luxe, notamment pour équiper les tableaux de bord de voitures haut de gamme. Si les nervures sont harmonieuses, le butin vaut alors très cher.

On peut voir ***d'autres séquoias géants à l'ouest du parc***, près de Crane Flat : les 1ers (dont un autre arbre-tunnel) à ***Tuolumne Grove,*** en 1 à 2h de marche (3,2 km A/R) ; les 2ds à ***Merced Grove,*** en 3-4h de marche (4,8 km A/R ; dénivelée importante).

Pioneer Yosemite History Center : *à* ***Wawona,*** *à côté du parking. Ouv en permanence. GRATUIT.* Dans un environnement paisible, en bord de ruisseau, quelques jolies maisons historiques du parc, bâties en rondins dans les années 1850-1900, démontées puis rassemblées soigneusement ici. Également un beau pont couvert en bois. Petit centre équestre (lire plus loin « Autres activités dans le parc »).

Randonnées et trekking

Yosemite est l'un des meilleurs spots de randonnées pédestres aux États-Unis : le parc compte près de 1 350 km de *hiking trails,* bien balisés, de tous niveaux et de durées variées, dont une bonne dizaine dans la Yosemite Valley et une quinzaine ailleurs dans le parc. Les rangers des *Visitor Centers* sont là pour vous aider à choisir vos randos selon vos envies et votre condition physique. Même si vous ne partez que pour une balade de quelques heures, renseignez-vous auprès d'eux sur la durée et la difficulté du chemin que vous souhaitez emprunter, cela vous évitera de vous embarquer pour un entraînement commando si vous aviez juste prévu de faire une petite balade digestive !

– ***Si vous partez plus de 1 journée, vous devez obtenir un permis*** *(wilderness permit).* Il faut le ***réserver à l'avance*** via un système de loterie ou 1er arrivé, 1er servi *(10 $/pers + 5 $ de frais),* en ligne *(● recreation.gov/permits ●),* le nombre de permis délivrés par jour et par sentier étant limité. Toute la procédure est décrite sur *● nps.gov/yose/planyourvisit/wildpermits.htm ●* Si vous visez un sentier en particulier, mieux vaut réserver le plus tôt possible (jusqu'à 24 semaines avant). Si vous n'avez pas réservé, venir au *Wilderness Center* proche du *Visitor Center* de Yosemite Village à 11h tapantes la veille de votre départ, pour espérer obtenir un permis pour le lendemain. Un quota de permis restants est alors attribué gratuitement sur le principe du 1er arrivé, 1er servi. Ces précautions permettent aux rangers de gérer le flux de visiteurs et de savoir où vous chercher en cas de non-retour aux dates prévues. Évidemment, prévenez-les de votre retour. Et n'oubliez pas toutes

les mesures de sécurité pour éviter d'attirer les ours... et les moustiques ! Voir en intro la rubrique « Infos et conseils pratiques ».
Voici ***quelques randos*** parmi tant d'autres :

➢ ***Mirror Lake :*** *départ de l'arrêt 17 du shuttle.* Au fond de la vallée, entre forêt et prairie, ce lac dans lequel se reflètent les falaises est accessible par une balade familiale facile en boucle de 8 km (2h).

➢ ***Vernal Fall (et Nevada Fall) :*** la 1re rando est une boucle de 4,8 km (environ 3h), sur l'un des sentiers les plus beaux et les plus fréquentés. Départ de Happy Isles (arrêt 16 du *shuttle,* petit centre d'infos et cabane à sandwichs). Le chemin ombragé longe la rivière. À mi-parcours, toilettes et point d'eau près du pont. Aucune difficulté. Baignade interdite, mais on peut se rafraîchir à différents endroits. Au retour, possibilité de redescendre par le ***John Muir Trail,*** ce qui rallonge un peu la balade, mais la descente se fait ensuite facilement pour rejoindre le trajet d'origine au niveau du pont. Les plus courageux continueront jusqu'à ***Nevada Fall*** (ça grimpe mais c'est superbe ; 8,7 km en tout, 5-6h aller-retour).

➢ ***Ascension du Half Dome :*** *départ de Happy Isles (arrêt 16 du shuttle).* Trek d'une grosse journée nécessitant une bonne condition physique. La dernière partie se fait par une sorte de via ferrata (escaliers creusés dans la roche, que l'on gravit en s'aidant de câbles). Pas insurmontable, mais pas facile non plus. Compter pour un marcheur expérimenté entre 10 et 12h pour parcourir les 22,5 km (ou les 24,4 km selon les options choisies) aller-retour entre la vallée et le sommet du Half Dome. Compter 1 463 m de dénivelée. *Ouv seulement fin mai-début oct. Attention, un permis spécifique est requis, attribué par un système de loterie. Demande à faire idéalement en mars ou sinon 2 j. avt l'ascension : • nps.gov/yose/planyourvisit/hdpermits.htm • Coût de la résa : 10 € de frais de dossier (non remboursables), auxquels s'ajoutent les 10 $ de permis si vous êtes sélectionné (remboursable si vous renoncez).*

➢ ***4 Mile Trail :*** *départ sur South Side Dr (arrêt 7 du shuttle).* Un sentier historique du parc, qui grimpe depuis le fond de la vallée jusqu'au superbe Glacier Point. La rando démarre en pente douce, sur un agréable sentier ombragé, qui grimpe progressivement sur des dizaines de lacets rocailleux, sacrément raides à l'approche du sommet ! On termine l'ascension en traversant une petite forêt de séquoias, avant d'atteindre Glacier Point, au milieu de la foule venue en voiture... Une balade sportive (975 m de dénivelée), accessible à tout bon marcheur, avec de superbes points de vue en perspective. Compter 3-4h de grimpette selon le nombre de pauses photo, et autant pour redescendre (15,5 km en tout). Autre option, plus pépère, se faire déposer au sommet par la navette du *Glacier Point Tour,* et redescendre à pied. *Résas à l'avance au ☎ 209-372-1240, ou directement au Tour & Activity Desk du Yosemite Lodge. Compter 26 $.*

➢ Voir aussi plus haut les randos au départ de ***Tuolumne Meadows, Glacier Point*** et vers les ***séquoias géants de Mariposa Grove, Tuolumne Grove*** et ***Merced Grove.***

➢ ***Pour les vrais trekkeurs,*** des dizaines de randos de 2 à 10 jours. Infos auprès des rangers.

Autres activités dans le parc

Informations très complètes sur *• travelyosemite.com •*

– ***Baignade :*** on peut se baigner dans la rivière Merced, qui coule au creux de la vallée *(seulement de mi-juil à sept).* Le reste de l'année, les rapides et la température glaciale de l'eau ne rendent pas la baignade très agréable ni prudente. Beaucoup de monde en été. Plus tranquille et bordé de plages de sable clair, le ***lac Tenaya,*** sur Tioga Road, offre une eau limpide, calme et pas si froide que ça.

– ***Escalade :*** la réputation de Yosemite dans le monde de la grimpe n'est plus à faire. C'est le royaume des *big walls,* des murs verticaux : Half Dome, Nut Cracker, Serenity Crack, Sons of Yesterday et Direct North Buttress sont parmi les voies les plus renommées. Possibilité de prendre des cours : ☎ *209-372-8344.*

– ***Rafting :*** possible sur la Merced River. Location du matériel au *Curry Village.* On descend la rivière tout seul (très tranquille) sur environ 5 km (compter 1-2h). Navette pour le retour toutes les 45 mn environ *(5 $). Seulement fin mai-juil, tlj 10h-16h si le temps le permet. Réserver au plus tard la veille. Env 30 $/pers (2 min, 4 max). Loc de casque et gilet de sauvetage : 5 $.*

➢ ***Balades à cheval :*** *à* ***Wawona,*** *au Wawona Stable. Ouv juin-sept. 4 départs/j. Balade facile 2h ; compter 70 $/pers.* Accessible à partir de 7 ans.

➢ ***Balades à vélo :*** 19 km de pistes parcourent le fond de la vallée, en longeant la route pour la plupart. Plus agréable, le petit circuit de 6,5 km à proximité de Mirror Lake, en 1h-1h30. Sympa à faire en famille. *Loc de beach bikes (vélos californiens) ou VTT au* ***Yosemite Lodge*** *et au* ***Curry Village :*** *12 $/h ; env 35 $/j. ; casque (obligatoire - de 18 ans) : 5 $.*

SEQUOIA NATIONAL PARK

IND. TÉL. : 559

À environ 130 km au sud du Yosemite, une splendide région (2 000 à 2 500 m d'altitude moyenne) qui regroupe d'imposants sommets granitiques, des gorges profondes, des lacs, des rivières, des forêts d'arbres millénaires et, notamment, des séquoias géants, dont le célèbre *General Sherman Tree* au tronc de 31 m de circonférence, l'organisme vivant le plus imposant au monde. Attenant au Sequoia National Park, Kings Canyon offre aussi des paysages de forêts et rivières tumultueuses. Un patrimoine naturel exceptionnel menacé par la recrudescence des incendies qui ravagent la région ces dernières années. En 2020, pas moins de 10 % des séquoias présents sur Terre sont partis en fumée. Et rebelote en 2021 où quelque 2 200 arbres géants ont tragiquement brûlé.

Cela dit, évitez de vous y rendre avant juin : les routes sont enneigées. Évidemment, mis à part les séquoias, le relief et les montagnes qui leur servent de décor de fond ne sont pas aussi spectaculaires qu'au Yosemite, autant le savoir.

UN CHEF INDIEN TRANSFORMÉ EN ARBRE

Avec plus de 100 m de haut, le séquoia géant américain est le plus haut des conifères et peut donc être considéré comme le roi des forêts. Ce nom lui fut attribué par un botaniste autrichien en mémoire du chef indien Sequoyah (1767-1843), inventeur de l'alphabet cherokee.

– ***Il n'y a que 2 entrées :*** *l'une au sud,* ***Ash Moutain Entrance,*** *sur la route 198 (en venant de Three Rivers) et l'autre par la 180 (Fresno), la* ***Big Stump Entrance.*** *Si vous venez de Death Valley, il n'y a pas d'entrée à l'est du parc, il faut faire le grand détour. Attention : l'accès par la 198 (Three Rivers) est réservé aux véhicules de moins de 22 feet de long (6,70 m).*

– ***Entrée :*** *35 $/véhicule (ticket valable 7 j.) ; 20 $ si l'on est à pied, en bus ou à vélo (Interagency Annual Pass accepté).*

Adresses et infos utiles

Plusieurs *Visitor Centers* dans le parc. Voici les plus importants.

Visitor Center de Foothills : *à l'entrée sud du parc, en venant de Three Rivers. ☎ 559-565-3341. Tlj 8h-16h30.* Formulaires pour les *wilderness permits.* Petite expo.

Visitor Center de Lodgepole : *à quelques km de la Giant Forest et du General Sherman. ☎ 559-565-4436. En été seulement, tlj 9h-18h. Fermé pour rénovations jusqu'à nouvel ordre.*

Visitor Center de Kings Canyon : *à l'entrée nord du parc, à Grand Grove Village, à 2 pas du séquoia General Grant. ☎ 559-565-3341. Tlj 9h-17h (hiver 9h-16h, voire 10h-15h).*

Infos sur le parc : *☎ 559-565-3341. • nps.gov/seki • Infos pratiques et résas : • recreation.gov •*

Autres services à Lodgepole : ***poste, laverie, épicerie*** (équipement pour randonneurs et campeurs), ***snack.***

Où dormir ? Où manger ?

Dans le parc

Une quinzaine de ***campings,*** répartis entre Sequoia National Park, Kings Canyon et Sequoia National Forest. *Attention, la plupart sont ouv seulement mai-oct. Résas : ☎ 559-565-3714. • recreation.gov • Empl. 22 $ avec table et barbecue. Les plus agréables sont ceux de* ***Buckeye Flat*** *(entrée sud, env 30 empl., toilettes, tentes seulement),* ***Camping Sunset*** *(env 160 empl., douche à proximité) et* ***Azalea*** *(Grant Grove Area), et aussi* ***Canyon View*** *(Cedar Gr, à l'extrémité est de Kings Canyon).*

Wuksachi Lodge : *à l'ouest de Lodgepole. ☎ 1-866-807-3598. • visitsequoia.com • Doubles 200-250 $.* Réparties entre plusieurs bâtiments, la centaine de chambres plutôt luxueuses de ce complexe jouent la carte du rustique chic : décor en bois très chaleureux, beaucoup d'espace, frigo. Restaurant sur place. En retrait de la route principale et au milieu des majestueux séquoias.

À Three Rivers

Three Rivers Hideaway : *43365 Sierra Dr, Hwy 198, à 5 km de l'entrée sud. ☎ 559-561-4413. • threerivershideaway.com •* Cabins *2-4 pers 120-170 $; empl. tente 30-40 $ pour 2 et 2 $/pers en plus ;* RV *45-60 $.* Seulement 2 *cabins,* dont 1 avec cuisine, climatisées et propres, avec sanitaires. Surtout fréquenté par les campeurs. Emplacements ombragés, dans un site agréable, qui s'étend entre route et rivière. Machines à laver.

Sequoia Motel : *43000 Sierra Dr, Hwy 198. ☎ 559-561-4453. • sequoiamotel.com • À 5 km de Three Rivers, sur la route du parc, à droite. Doubles et cabins env 150 $ pour 2 et jusqu'à 270 $ pour 4.* Petit motel aux bâtiments en bois, dont les chambres et les *cabins,* de tailles variables, n'offrent pas un charme particulier mais s'avèrent confortables et propres. Petite piscine. Pas de petit déjeuner.

À voir

Crystal Cave : *à 24 km au nord de l'entrée sud du parc. Attention : accès réservé aux véhicules de moins de 22* feet *(6,70 m). Entrée : env 16 $ pour une visite guidée d'env 50 mn ; réduc. Attention, en raison des distances et de la fréquentation, les billets doivent être achetés au moins 1h30 avt l'horaire de la visite guidée et sont en vente seulement aux* Visitor Centers *de Lodgepole et de Foothills.* Après une petite marche en pente douce de 15 mn au milieu de la forêt, on entre dans cette grotte découverte en 1918, où la température oscille entre 9 et 10 °C ; pensez à votre petite laine. Les rivières souterraines ont façonné des décors étonnants dans différentes salles, où stalagmites et stalactites s'entremêlent, tantôt en nef de cathédrale, tantôt en orgues. L'éclat du marbre ajoute à l'ambiance particulière. Commentaires intéressants.

Moro Rock : du sommet de ce dôme en granit situé dans la Giant Forest, vue imprenable sur la partie ouest du parc. On y accède par un escalier assez raide, qui permet de gravir les 91 m du rocher. En poursuivant vers l'est, on peut passer en voiture à travers le tronc d'un séquoia couché, avant d'atteindre ***Crescent Meadows,*** lieu de villégiature préféré des ours bruns.

Le séquoia géant General Sherman : *dans la Giant Forest, à droite de la General Hwy qui traverse le parc du sud au nord. Env 3 km avt le* Visitor Center *de Lodgepole.* Ce monstre sacré de la forêt porte le nom d'un héros de la guerre de Sécession.

Le séquoia General Grant : *situé vers la sortie ouest du parc.* On y accède en se baladant entre d'autres géants, en particulier le Fallen Monarch, un séquoia couché dans le tronc duquel on peut marcher, comme dans un tunnel. Encore un autre vieux patriarche bien conservé. Le concurrent du séquoia General Sherman est moins vieux, moins haut, mais plus grand à sa base (diamètre de 12,30 m).

MAMMOTH LAKES

8 100 hab.

Sur l'US 395, au sud de Lee Vining, à environ 60 km de l'entrée est de Yosemite Park. Vaste station de ski, très vivante en hiver, plus tranquille l'été, dont le domaine skiable, très réputé en Californie, attire même les stars de L.A. L'été, place aux randonneurs et autres férus de montagne qui trouvent là un fantastique terrain de jeux. Si on n'y a pas vu de mammouth, la région dévoile en effet un chapelet de délicieux petits lacs, et si ses paysages ne sont évidemment pas aussi spectaculaires, elle constitue une halte nature sereine et bien agréable avant, ou après, la foule de Yosemite. Format station de ski, le village présente en revanche bien peu d'intérêt, même si on y dégote chalets chics et restos chaleureux. Sportive avant tout, Mammoth Lakes se couche assez tôt.

Orientation

Le « village » s'étale sur quelques centaines de mètres seulement, autour du croisement en T formé par Main Street et Old Mammoth Road. C'est là que l'on trouve la plupart des restos, magasins, stations-service... Au bout de Main Street, 2 options : tout droit, Lake Mary Road mène vers les lacs (et campings) du secteur de Mammoth Lakes Basin (4 km) ; à droite, Minaret Road, après avoir dépassé les commerces du « *new village* », grimpe vers la station de ski proprement dite (6,5 km) puis vers le Devil's Postpile National Monument.

Adresses et info utiles

Mammoth Lakes Welcome Center : *2510 Main St. ☎ 760-924-5500. • visitmammoth.com • À l'entrée de la ville, sur la droite. Tlj sauf j. fériés 8h-17h.* Bien documenté, notamment sur les balades aux environs. Cartes et brochures : demander le ***Visitor's Guide*** et le ***Eastern Sierra Visitor's Guide,*** qui passent en revue toutes les activités sportives.

– ***Transports publics gratuits autour de Mammoth Lakes :*** pour les routards non motorisés, se procurer la ***Transit Map*** *(● estransit.com ●),* indiquant les liaisons et les fréquences du *shuttle,* ***navette gratuite*** qui parcourt la ville et les lacs alentour (plusieurs lignes). Les bus prennent les vélos. Pratique pour explorer les environs.

Mammoth Hospital : *85 Sierra Park Rd. ☎ 760-934-3311. ● mammothhospital.org ●*

Sierra Sundance Whole Foods : *au centre du village, dans la zone commerciale à l'angle de Main St et Old Mammoth Rd. Tlj sauf dim 10h-17h.* Petit supermarché bio, pratique pour garnir le pique-nique.

Footloose Sports : *3043 Main St, dans la zone commerciale à l'angle de Main St et Old Mammoth Rd. Tlj 8h-18h. Dès 45 $/j.* Loueur de vélos qui propose toutes sortes de bécanes et vend une foule d'articles de sport. D'autres loueurs dans le village.

Où dormir ?

Campings

On trouve ***une quinzaine de campings publics*** dans les forêts domaniales encadrant Mammoth Lakes, les plus sympa bordant les différents lacs du ***Mammoth Lakes Basin,*** tous au même tarif *(26 $)* et ouverts de mai à octobre (ou de juin à septembre selon la météo). On commence par le ***Twin Lakes*** *(résa conseillée),* le plus grand, le plus beau, le mieux équipé (*General Store,* laverie, douche payante – *6 $* – accessible 8h-18h). Il s'étend à l'ombre de grands pins, en retrait des Twin Lakes, donc, dans l'un desquels dégringole une cascade. Waoww... Suivent, logés dans des sous-bois, les 3 campings du Lake Mary, le lac le plus fréquenté : ***Lake Mary*** (le plus grand), ***Pine City*** (un peu proche de la route) et ***Coldwater*** (plus isolé à la pointe sud du lac). Enfin, ***Lake George*** *(tentes seulement),* en retrait du lac du même nom, joliment lové au creux de falaises de granit. Tous (sauf *Lake George*) sont desservis par les navettes gratuites depuis le village. Point d'eau, barbecue et toilettes sèches partout, douche au *Twin Lakes* seulement. Certains sont sur le principe du « *first come, first served* », d'autres sont réservables. *☎ 606-515-6777. ● recreation.gov ● Panneau des disponibilités du jour au Visitor Center.*

Voir aussi plus loin dans la rubrique « À voir. À faire » les campings plus sauvages et isolés du ***Devil's Postpile National Monument.***

De bon marché à prix moyens

Davison St Guest House : *19 Davison St. ☎ 760-924-2188 ou 858-755-8648. ● mammoth-guest.com ● Sur la droite en descendant Lake Mary Rd. Lit en dortoir env 40 $; doubles sans ou avec sdb privée 85-105 $.* Avec un ours comme totem et son grand salon commun offrant un panorama splendide sur les pics enneigés, cette AJ privée de poche logée dans un chalet est l'idéal du routard de haute montagne. Seulement 3 chambres privées et 2 dortoirs (4 lits pour les filles, 10 lits pour les garçons), petits mais très corrects. Cuisine équipée, 2 salles de bains communes (pas beaucoup d'intimité pour les toilettes !). Ambiance chaleureuse autour du poêle en hiver, sur la grande terrasse avec barbecue en été. Rien à redire sur l'accueil, il n'y en a pas, on s'enregistre soi-même... Une chouette adresse.

The Innsbruck Lodge : *913 Forest Trail. ☎ 760-934-3035. ● innsbrucklodge.com ● Dans une petite rue à droite au début de Minaret Rd. Doubles 130-220 $; env 30 $ de plus pour 4.* Une grande maison un peu en retrait de la route, proposant une quinzaine de chambres avec ventilo, un peu étroites et à la déco vieillotte, mais bien équipées et honnêtes pour le prix. Cuisine et balcon pour celles côté sud.

En dépannage, plusieurs ***motels de chaîne sur Main Street*** (*Motel 6, Quality Inn,* etc.).

De plus chic à très chic

🏠 ***Wildyrie Lodge :*** *à env 3 km du centre, au bord du Lake Mamie, entre Twin Lakes et Lake Mary (accès par Lake Mary Rd).* ☎ *760-934-2444.* • *wildyrie lodge.com* • *Ouv juin-oct. Cabin 2 pers 215 $ (min 3 nuits en hte saison) ; doubles dans le lodge 130-140 $.* Un petit havre de paix pour un séjour en pleine nature, au bord d'un lac peu fréquenté, interdit aux bateaux à moteur. Dispersées dans les bois, seulement une douzaine de *cabins,* avec salon, cuisine équipée et terrasse donnant sur le lac, les nos 3 (1 chambre), 6 et 7 (2 chambres) s'y approchant au plus près. Également des doubles toutes simples à l'étage du *lodge,* ancien *General Store* bâti en 1929. Les cloisons sont fines mais les prix compétitifs pour le coin. L'une des chambres, avec cuisine, profite d'une jolie vue sur le lac (même prix qu'une *cabin*). Pas de petit déj, mais café, toasteur et frigo en libre-service au rez-de-chaussée. Accueil chaleureux du maître des lieux, amoureux de son coin de nature. Une excellente adresse en somme, qu'on se refile entre habitués. Location de barques.

🏠 ***Edelweiss Lodge :*** *1872 Old Mammoth Rd.* ☎ *760-934-2445.* • *edelweiss-lodge.com* • *Pour 2, compter 120-200 $.* Un coup de cœur ! Une dizaine de gros chalets en bois de 1955 (plusieurs chambres par unité), lovés sous les pins, dans un quartier paisible. Intérieurs tout en bois, ravissants, avec salon, cheminée, cuisine équipée et balcon pour les plus chers. Tant qu'à casser la tirelire, essayer d'obtenir les chambres nos 2 ou 9, les 2 plus charmantes, ambiance trappeur chic. Les doubles sans cuisine (frigo et cafetière seulement) sont en revanche un peu étroites pour le prix. Barbecue, jacuzzi et machine à laver. Accueil charmant.

🏠 🍽 ***Alpenhof Lodge :*** *6080 Minaret Rd (presque à l'angle de Main St).* ☎ *760-934-6330.* • *alpenhof-lodge.com* • *Doubles 120-280 $, petit déj-buffet inclus. Au resto, plats 30-35 $.* Grosse structure façon motel amélioré, en partie logée dans un énorme chalet qui semble droit sorti des montagnes tyroliennes. Charme relatif donc, mais l'emplacement est central et les chambres, toutes confortables et plutôt élégantes, offrent une large gamme de prix selon leur taille et niveau d'équipement. Piscine sur le parking en été, jacuzzi et sauna en toute saison. Également un très bon resto, ***Petra's*** (voir « Où manger ? Où prendre le petit déj ? »), et un bar sympa, ***Clocktower Cellar*** (voir « Où boire un verre ? »).

🏠 🍽 ***Tamarack Lodge & Resort :*** *accès par Lake Mary Rd, à env 3 km du centre.* ☎ *760-934-2442.* • *tamarack lodge.com* • *Selon période, doubles dans le lodge 135-230 $; chalets 170-400 $ pour 2 ; petit déj continental inclus. Au resto, plats 45-60 $!* Entouré de forêts, étagé en surplomb de l'un des Twin Lakes, un village de luxueux chalets en rondins pouvant accueillir 2 à 6 personnes. Ensemble cosy, moderne et ultra-confortable avec cuisine équipée, cheminée et balcon. Également de charmantes chambres tout confort dans l'hôtel principal, datant de 1924. Du grand standing, doublé d'un bon resto.

Où manger ? Où prendre le petit déj ?

De bon marché à prix moyens

🍽 ☕ ***Bleu Market & Kitchen :*** *106 Old Mammoth Rd.* ☎ *760-914-2538. Tlj 11h-21h. Compter 15-25 $ (16-30 $ le soir pour les specials du jour).* Le bon plan de la station, logé dans un grand chalet au design contemporain. Le midi, on vient profiter du comptoir *deli,* aux généreuses salades et alléchants sandwichs composés à la demande, à moins de se rabattre sur le *salad bar* et les plats chauds du jour facturés au poids, à emporter ou à déguster sur place, autour de la cheminée. Le soir, si le *deli* reste ouvert, on peut aussi opter pour une poignée de plats à la carte plus élaborés (et plus chers).

Quelle que soit l'option, tout est très frais, cuisiné du jour, à base de produits exclusivement bio, et locaux autant que faire se peut. Fait aussi épicerie et bar (bières artisanales). Une adresse au top, jusque dans l'accueil !

Shea Schat's Bakery : *3305 Main St. Tlj 6h30-18h (partie sandwich 9h-15h seulement). Sandwichs 10-15 $.* Grande boulangerie-pâtisserie, avec boutique sur le devant et salle à l'arrière. Pratique pour un petit déj, un déjeuner rapide ou un goûter gourmand : grand choix de gâteaux, biscuits, chocolat maison, pain frais pour le pique-nique. Énormes sandwichs variés (dinde, roastbeef, pastrami...) à commander à l'arrière (en demi ou en entier). Le tout à emporter ou à croquer sur place.

Breakfast Club : *2987 Main St (à l'angle d'Old Mammoth Rd). ☎ 760-934-6944. À l'entrée de Mammoth Lakes, à la 1re station Shell. Tlj 6h30-13h30. Compter 10-15 $. CB refusées.* Petite salle chaleureuse où la vache tient le haut du pavé, en bibelots, photos, lampes... On y sert une large panoplie de bons petits déj robustes à base de produits frais (*French toast,* œufs brouillés, omelettes, pancakes, etc.), mais aussi tout un tas de douceurs (muffins, *homemade cakes,* gaufres). Pour la pause déjeuner, classiques burgers, sandwichs et salades.

The Stove : *644 Old Mammoth Rd. ☎ 760-934-2821. Tlj sauf mer 7h-14h. Compter 10-15 $.* Salle sans chichis toujours bondée, où familles et sportifs viennent dévorer un gros breakfast avant ou après l'effort. Ça tombe bien, tout ici est géant, assiettes format mammouth, omelettes 4 œufs (abondamment farcies !), burgers qui n'en finissent pas de grimper... Rien de très raffiné, mais du roboratif efficace et bon marché.

Roberto's Café : *271 Old Mammoth Rd. ☎ 760-934-3667. Tlj sauf lun 11h- 22h. Plats 7-20 $.* À voir les records d'affluence certains week-ends, le *Roberto's* a la cote. Un succès qui s'explique par des enchiladas, burritos et autres tacos servis en format XXL. Terrasse agréable, ce qui est moins le cas de la salle. Mais l'ambiance est joyeuse, grâce, peut-être, à l'autre spécialité de la maison, les margaritas...

Chic

Petra's : *6080 Minaret Rd (presque à l'angle de Main St). ☎ 760-934-3500. Tlj sauf lun 17h-21h. Plats 28-44 $.* C'est le resto de l'*Alpenhof Lodge,* profitant d'un format bien plus intime que l'hôtel. Malgré son atmosphère *casual,* on y concocte une cuisine californienne élaborée et goûteuse, franche et originale, soutenue par une intéressante sélection de vins.

Où boire un verre ?

Mammoth Brewing Company : *18 Lake Mary Rd (à l'angle de Minaret Rd). Tlj 10h-21h30 (22h ven-sam).* Leurs bières inondent toute la région, mais voilà l'occasion de les écluser à la source, dans cette immense cabane en bois flanquée d'une grande terrasse, conviviale avec ses grosses tables de pique-nique. On peut aussi y grignoter *bites* et burgers, plutôt bien faits *(env 15 $).*

Clocktower Cellar : *6080 Minaret Rd. Au sous-sol de l'*Alpenhof Lodge. *Tlj 16h-23h (*happy hours *jusqu'à 19h).* Cadre typique de pub anglais avec une collection de sous-bocks et une flopée de capsules de bières collées au plafond ! Convivial et plein comme un œuf certains soirs. Pas mal de bières à la pression, mais aussi 150 whiskies. Écrans géants, baby-foot et billard.

À voir. À faire

Mammoth Lakes Basin : *à env 3 km au sud-ouest du village, par Lake Mary Rd. Desservi par les navettes. Accès gratuit. Récupérer une carte au*

Welcome Center. Un coin tout bonnement superbe, où se succèdent sur quelques kilomètres une poignée de lacs de montagne, petits ou grands, discrets ou plus fréquentés, très différents les uns des autres, jetés là pour le plus grand bonheur des amoureux de la nature. Une nature à contempler, mais aussi à vivre. Randos à foison, faciles ou moyennes, souvent en boucle, pistes cyclables, pêche... ou tout simplement une bonne sieste sous les arbres en respirant l'air des montagnes. Canotage possible sur tous, à moteur seulement sur le ***Lake Mary,*** le plus fréquenté, bordé de 2 marinas : *Lake Mary Marina* au sud (☎ 760-920-4075 ; ● lakemarymarina.com ●) et *Pokonobe Marina* au nord (☎ 760-934-2437). Location de *paddles,* kayaks, canots à moteur, etc. Baignade possible (prévoir une écharpe, elle est froide !) dans le spectaculaire ***Horseshoe Lake,*** presque lunaire et bordé de plages de sable (peu d'ombre en revanche). Également au ***McLeod Lake*** voisin, le seul que l'on ne rejoint qu'à pied. Tous les lacs sont d'ailleurs reliés entre eux par un ou plusieurs sentiers. Ne manquez pas non plus la cascade se jetant dans le ***Upper Twin Lake,*** diablement photogénique. Un chouette truc à faire pour les fainéants : monter en navette avec son vélo jusqu'à *Horseshoe Lake,* puis redescendre jusqu'à la ville sur votre biclou (ça descend tout le temps). Plusieurs campings dans la zone (lire précédemment).

🚶 ⋞ ***Gondola Scenic Rides :*** *à la Mammoth Moutain Ski Area (la station de ski), à 6,5 km du village par Minaret Rd.* ☎ *760-934-0745.* ● *mammothmountain.com* ● *En été, tlj 7h30-16h ; horaires réduits en hiver. Compter 30 $ adulte ; 22 $ enfant-ado selon âge (accès centre d'interprétation compris) ; gratuit moins de 12 ans accompagné d'un adulte ; 5 $ de moins pour un billet combiné avec la navette du Devil's Postpile.* Le téléphérique grimpe en quelques minutes à 3 369 m d'altitude. Au sommet, panorama à 360°, grandiose on s'en doute, surtout depuis le promontoire perché à quelques centaines de mètres à l'arrière de la station d'arrivée. On embrasse alors d'un regard le Mammoth Lakes Basin et la forêt de sommets de la Sierra Nevada, tachés de neiges éternelles. Café d'altitude *(Eleven53 Café).* Les casse-cou pourront redescendre à VTT, par les pistes du domaine skiable.

🚶🚶 ⋞ ***Devil's Postpile National Monument :*** *entrée à env 8 km à l'ouest de Mammoth Lakes, au bout de Minaret Rd. Infos :* ● *nps.gov/depo* ● *Le parc compte 5 campings, sur le principe du « first come, first serve ». Point d'eau pour chaque, douche au Reds Meadow seulement (le dernier, au bout de la route). Empl. 23 $ + 10 $ pour l'accès en voiture.*

Comme ce minuscule parc national est perché à près de 3 000 m d'altitude, on ne peut s'y rendre que de mi-juin à début septembre, lorsque la neige a fondu. À moins de camper dans le parc, les véhicules ne peuvent dépasser le point de vue de *Minaret Vista,* beau panorama sur la vallée, dominée par une couronne de pics acérés, les Minarets, qui marquent la frontière avec le parc de Yosemite. Accès autorisé et gratuit en revanche avant 7h et après 19h, et pour les piétons. L'été donc (hors horaires mentionnés ci-dessus), seuls les bus du parc sont autorisés à circuler sur la route étroite et sinueuse desservant cette vallée encaissée d'une dizaine de kilomètres de long. *Tarifs du bus : 15 $/pers (7 $ 3-15 ans).* Ils partent toutes les 20-30 mn de la station de ski Mammoth Moutain Ski Aera (1,5 km avant Minaret Vista), tous les jours 7h-19h, et relient les différents sites du parc.

On accède au fameux ***Devil's Postpile*** (arrêt n° 6 du bus, après 30 mn de trajet) par un petit sentier de 650 m. Les amateurs de phénomènes volcaniques pourront y admirer d'étonnantes colonnes basaltiques alignées comme les tuyaux d'un orgue, et si parfaitement rectangulaires qu'on les croirait taillées de la main de l'homme. Elles furent protégées par un décret présidentiel en 1911, alors qu'un projet prévoyait de les faire sauter à la dynamite pour ériger un barrage...

On peut poursuivre par une bucolique balade le long de la San Joaquin River jusqu'aux ***Rainbow Falls,*** cascade dont l'écume forme un petit arc-en-ciel permanent. Compter 3 km aller (ça descend tout le temps). De là, on peut remonter vers la route jusqu'à l'arrêt nº 10 de la navette, ou poursuivre le sentier sur 1,5 km jusqu'aux ***Lower Falls.*** Nombreuses autres randos possibles, notamment pour rejoindre le *Horseshoe Lake* à Mammoth Lakes Basin (6 km aller).

Manifestations

Nombreux événements sportifs, mais surtout de la musique en été.
- ***Mammoth Bluesapalooza & Festival of Beers :*** *4 j. fin juil-début août.* • *mammothbluesbrewsfest.com* • Festival mêlant le blues à la bière... tout un programme !
- ***Sierra Summer Festival :*** *3 j. mi-août. Infos via Facebook.* Concerts de musique classique, ensembles vocaux et instrumentaux.

LEE VINING ET LE MONO LAKE

400 hab.

Dominant le superbe lac Mono, Lee Vining se résume à une simple route-hameau, plantée d'une petite poignée d'hébergements et de 2 stations-service. Rien à y faire si ce n'est y passer une nuit pour profiter des belles lumières matinales sur le lac, visiter l'incroyable ville fantôme de Bodie (située à 50 km) et se rapprocher de l'entrée est *(Tioga Pass Entrance)* du parc de Yosemite (à 16 km). On rappelle que cette entrée est fermée jusqu'en mai (parfois juin) à cause de la neige. Dans ce cas, pas d'accès au parc par ce côté. On doit alors le contourner par le nord pour atteindre la porte ouest (1 journée de route !)...

Adresses utiles

Mono Basin Scenic Area Visitor Center : *☎ 760-647-3044. Sur un promontoire dominant le lac Mono, à la sortie nord de Lee Vining, sur la droite. Avr-sept, tlj 8h30-16h30.* Beau point de vue depuis la grande terrasse. Infos sur le lac et excellente expo sur son écosystème et ses concrétions. Film de 20 mn, librairie (cartes et topoguides). Infos sur les randos dans le secteur, Yosemite inclus.

Mono Lake Committee Information Center : *P.O. Box 29, Lee Vining. ☎ 760-647-6595.* • *monolake.org* • *Tlj 9h-17h.* Plein de doc également sur les balades et randos.

Mono Market : *51303 Hwy 395. Tlj 7h-21h.* Pratique pour un raccord de courses avant d'attaquer les parcs.

Où dormir ? Où manger ?

Nous avons sélectionné les adresses qui nous ont semblé sortir du lot, mais le village compte encore une poignée d'autres motels, en dépannage.

Mono Vista RV Park : *57 Beavers Lane, sortie nord du village. ☎ 760-647-6401.* • *monovistarvpark.net* • *Avr-oct. Pour 2, compter 30 $ en tente, 35-40 $ en RV ; 2 $/pers supplémentaire. Douche payante.* En retrait de l'US 395, des emplacements pour camping-cars très proches les uns des autres et un coin tranquille pour les tentes, sur une belle pelouse, le tout ombragé par de grands peupliers. Sanitaires nickel, ouverts également aux personnes extérieures. Une adresse agréable.

El Mono Motel et Latte Da Coffee : *51 Main St (US 395). ☎ 760-647-6310. • elmonomotel.com • Chambres 2-4 pers avec sdb commune ou privée 85-120 $. Sandwich env 10 $ (à partir de 7h).* Petite structure à l'ambiance relax de seulement une douzaine de chambres, pas bien grandes mais calmes et cosy, les plus agréables donnant sur un jardinet. Confort simple mais suffisant, avec un côté bohème qu'on aime bien (on ne se refait pas !). Le vrai plus, c'est l'accueil sympathique et le coin salon de thé, le ***Latte Da Coffee,*** avec ses quelques tables dispersées sur la pelouse, à l'ombre des arbustes. Beaux choix de cafés, cookies, muffins maison et de gros *breakfast sandwiches* servis toute la journée.

Lake View Lodge : *51285 Hwy 395. ☎ 760-647-6543. • lakeviewlodgeyosemite.com • Doubles 115-160 $.* Grand motel amélioré, bordé d'un agréable jardin arboré, avec quelques tables et transats disséminés dans l'herbe grasse. Chambres confortables, bénéficiant d'un petit effort de déco rétro chic. Bon petit resto, ***The Basin Cafe.***

Whoa Nellie Deli : *22 Vista Point Rd, station-service Mobil, route de Yosemite. À 100 m de l'embranchement de la Hwy 395 (sortie sud de Lee Vining). Ouv fin avr-fin oct, tlj 7h-19h. Plats 12-22 $.* Plutôt incongru, le comptoir de cette station-service se révèle être l'une des bonnes adresses du coin ! Bons petits déj, sandwichs frais, pizzas, mais aussi savoureuses salades, burgers juteux, sans oublier les *house specials* (hmm ! le *wild buffalo meatloaf...*). Terrasse pour profiter du soleil les pieds dans l'herbe, en regardant les voitures faire le plein.

À voir

Mono Lake : apparu il y a plus de 700 000 ans (ce qui en fait l'un des plus vieux lacs d'Amérique du Nord), le Mono occupe une cuvette dans une zone d'altitude hostile, semi-désertique, où survivent tout juste des buissons de sauge. En toile de fond, les sommets enneigés de la Sierra Nevada. Le cadre naturel est superbe, mais si le Mono est célèbre, c'est avant tout pour ses étonnantes concrétions calcaires (vieilles de 13 000 ans) qui se dressent sur ses berges et hors de l'eau, comme d'éternelles sentinelles. Formées sous la surface par un mélange de carbone et de calcium, elles ont peu à peu été exposées lorsque le niveau du lac a baissé. Si le spectacle est fascinant, il est aussi le révélateur d'un profond dérèglement. Car depuis les années 1960, le Mono vit un drame : les sources l'alimentant ont été détournées au profit de Los Angeles, avide d'eau potable, entraînant une baisse de son niveau de plusieurs dizaines de mètres. À terme pointe le risque d'assèchement.

Au centre du lac émergent 2 îles aux formes érodées. La blanche, *Pahoa,* est apparue il y a environ 300 ans. *Negit,* la noire, plus ancienne (1 700 ans), est le fruit d'un épisode volcanique. Une immense colonie de mouettes y niche entre avril et juillet.

– ***3 points d'accès permettent de s'approcher du lac.*** Le plus intéressant, et de loin, est situé sur la ***rive sud.*** *De Lee Vining, prendre l'US 395 vers le sud pdt 8 km, puis tourner à gauche (vers l'est) sur la route 120 ; après 7 km, prendre à gauche la piste de 1,5 km qui mène au bord du lac (panneau « South Tufa »). Entrée : 3 $/pers ; gratuit avec le pass annuel des parcs nationaux. Paiement par enveloppe s'il n'y a personne. Balade guidée tlj en été à 10h et 18h (et 13h w-e).* C'est d'ici que vous verrez les plus belles concrétions, avec notamment une délicieuse balade en boucle de 1,5 km, le *South Tufa trail,* longeant le rivage parmi les pitons blanchâtres aux formes tortueuses, léchés par des eaux bleues presque méditerranéennes. À faire idéalement le matin, pour en profiter seul ou presque, ou le soir, quand la lumière se fait plus douce. 200 m plus loin, possibilité de piquer une tête depuis la modeste *Navy Beach...* avec la certitude d'en ressortir blanc comme un plâtrier de retour de chantier.

Les 2 autres points d'entrée se trouvent sur la Hwy 395, au nord de Lee Vining (direction Bridgeport). *Le 1er au niveau d'Old Marina Site (rien à voir), le 2d au niveau du Mono Lake County Park (8 km plus loin, fléché sur la droite), bien plus agréable. Du parking, l'été, ven et dim à 8h, départ d'une balade ornithologique guidée (boardwalk ; GRATUIT).* Passé la grande pelouse et l'aire de pique-nique, une plateforme en bois permet de s'approcher du lac à travers d'anciennes concrétions dans une atmosphère marécageuse. Selon la saison, les formations dépassent franchement ou montrent tout juste le bout de leur nez. C'est également le point de départ d'une belle balade jusqu'au *Black Point.*

BODIE

Perdue au milieu de nulle part, une ville fantôme, née avec la ruée vers l'or, abandonnée un siècle plus tard, avant de parvenir jusqu'à nous en l'état, avec ses bicoques de bois, son école et ses saloons, sa mine. Une plongée fascinante dans l'histoire de l'Ouest. Toute la ville et ses environs sont classés *State Park.*

DE LA RUÉE VERS L'OR À LA VILLE FANTÔME

En 1848, un certain Marshall, employé des moulins à eau de la vallée de Sacramento, découvre quelques pépites d'or dans la rivière South Fork, à Coloma. Les rumeurs vont aussi vite que les diligences de la *Wells & Fargo.* Aussitôt, tous ceux qui rêvent de faire fortune se mettent en selle, des dizaines de villes jaillissent du désert, avec leur cohorte de saloons, de desperados et de filles. ***C'est le début d'une fantastique épopée : The Gold Rush.***

10 ans plus tard, les 1ers filons découverts sur le versant occidental de la Sierra Nevada commencent à s'épuiser. Certains mineurs décident alors de se rendre sur le versant oriental pour « voir l'éléphant », comme on disait alors (chercher de l'or)... En 1859, un certain W. S. Bodey tombe sur une pépite dans une zone d'altitude désolée. En quelques jours, une ville surgit de terre : Bodie. Le 1er hiver est terrible. Les morts, l'isolement, les difficultés d'approvisionnement poussent les prospecteurs à reprendre leur baluchon. Pourtant, Bodie survit.

En 1879, un filon très important est découvert. En quelques semaines, la bourgade paumée devient ***la 2e plus importante ville de Californie*** après San Francisco : 10 000 habitants s'y entassent. Prospecteurs bien sûr, mais aussi aventuriers de tout poil, bandits notoires, tenanciers malhonnêtes, prostituées et quelques rares prêcheurs illuminés, toujours prêts à racheter quelques âmes... Dès 1880, la ville compte 65 saloons, un nombre indéterminé de bordels, une Chinatown et 4 magasins de cigares ! Quant aux mines, elles forcent les hommes, payés 3 à 4 $ par jour, à travailler par 100 à 200 m de fond. Autant dire que Bodie n'est pas un paradis... D'ailleurs, à cette époque, quand on partait pour Bodie, la phrase consacrée était : « *Goodbye God, I'm going to Bodie !* » À la grande époque, il y avait un mort par jour.

En moins d'un siècle de prospection, les mines de Bodie livrèrent 100 millions de dollars d'or. Puis, en 1942, la ville fut définitivement

VILLE À VENDRE

Bodie n'est qu'une des nombreuses villes fantômes, témoins oubliés de la ruée vers l'or, qui parsèment la Californie. L'une d'elles, Cerro Gordo, 22 bâtiments abandonnés au sud de la Sierra Nevada, a même été mise en vente en 2018. Prix de départ : moins de 1 million de dollars. Une affaire !

abandonnée par arrêté gouvernemental. Ils n'étaient plus alors qu'une douzaine d'oubliés à vivre dans les décombres d'une ville en bois quasiment détruite 10 ans plus tôt par un gigantesque incendie. Si 95 % de la ville sont partis en fumée, ***il reste toutefois de très nombreuses maisons en état*** et la visite présente une page hautement symbolique de l'histoire de l'Ouest. On y découvre une église, des hôtels, une banque, la maison des pompiers, celle des pompes funèbres, une école, une prison, plusieurs bars, une salle de gym... ainsi que les imposants bâtiments de la vieille mine et de grosses machines d'extraction qui surplombent la cité fantôme. Située dans une lande désertique, où rien ne pousse sauf les cailloux, Bodie produit une impression assez fantasmagorique, presque angoissante. Rien n'a bougé. Si la plupart des bâtiments sont fermés, par les fenêtres sales on découvre des instants de vie figée. Quelques-uns sont ouverts et permettent de s'imprégner de cette atmosphère étrange. Impossible de ne pas laisser vagabonder son imagination. Manuels des écoliers, boîtes de conserve du *General Store,* billard du saloon, rocking-chair et tapis élimés... Tout est là, sauf les habitants, dont beaucoup ont fini au cimetière sans même être débottés. Les souvenirs de la population perdurent dans le ***petit musée,*** judicieusement situé dans l'ancien syndicat des mineurs (où se trouve aussi le *Visitor Center*), à travers une collection hétéroclite de vieux objets rassemblés dans des vitrines. Albums photos poignants, vêtements... Au fond, voir les 2 superbes corbillards à amortisseurs, pour être enterré en douceur.

Adresse et infos utiles

– ***Bodie est située sur la route 270,*** à 21 km de la Highway 395, à 30 km au sud de Bridgeport et à 52 km au nord de Lee Vining. Les 5 derniers kilomètres ne sont pas goudronnés mais sont aisément praticables avec une voiture de tourisme. La route n'est généralement dégagée que d'avril à octobre-novembre (l'hiver, on y compte jusqu'à 3 m de neige !). Assurez-vous d'avoir assez d'essence car pas de pompe dans le coin.

– ***Horaires et tarifs :*** *tlj 9h-18h (16h de nov à mi-mai). ☎ 760-616-5040. Entrée : 8 $/pers ; 5 $/enfant jusqu'à 17 ans. CB refusées.* Doc en français *(3 $)* proposée à l'entrée (commentaires utiles sur les bâtiments et certains résidents).

ℹ ***Visites guidées :*** *3 fois/j. (en été à 11h, 13h et 15h ; 6 $). Se renseigner dans le musée ou résa au ☎ 760-616-0859.* C'est la seule façon d'accéder aux installations de la mine, fermées au public sinon.

Où dormir ? Où manger dans les environs ?

À Bridgeport

Bourgade aux airs de western, isolée dans une vaste plaine, sur la Highway 395, au nord de la route 270 conduisant à Bodie. Quelques motels à prix raisonnables, pour dépanner.

Virginia Creek Settlement : *70847 Hwy 395, à 8 km au sud de Bridgeport et 800 m avt l'embranchement pour Bodie. ☎ 760-932-7780. • virginiacrksettlement.com • Doubles 120-160 $; chalets (pour 4-6 pers) 120-190 $; 2 vieux wagons env 40 $ pour 2 ; tent-cabins pour 2 ou 4 pers 50-60 $ (douche et draps en sus). Plats 12-22 $.* Les enfants seront ravis : reconstitutions amusantes, vieilleries et photos souvenirs dynamisent ce petit établissement pittoresque paumé au milieu de nulle part, où, « en 1897, rien n'est arrivé » ! Pas mal d'humour et des prestations originales. Au-dessus du restaurant, une suite familiale (4 à 6 personnes). D'autres chambres plus classiques à l'arrière, et quelques petites cabanes avec kitchenette. On peut aussi dormir dans une *tent-cabin* pas chère ou dans 2 minuscules chariots couverts (wagons) près de la rivière. Barbecue à disposition. Au resto, atmosphère Old West, on s'en doute, pour une cuisine sans surprise : pizzas, salades, viandes et pâtes.

LONE PINE

2 035 hab.

Postée sur la Highway 395 à la jonction vers la Death Valley, cette bourgade-rue écrasée par le soleil peut constituer une étape entre la Vallée de la Mort et Yosemite. Petite ville de l'Ouest, fondée au milieu du XIXe s lors de la ruée vers l'or, Lone Pine fut l'une des plus importantes annexes de Hollywood. C'est dans le désert et les montagnes des environs que furent tournés nombre de grands classiques du western et du film d'aventure : *La Charge de la brigade légère, Les Trois Lanciers du Bengale, Maverick, Gladiator* et tant d'autres. Vous mettez ici vos pas dans les empreintes des bottes de John Wayne, Gary Cooper, Errol Flynn, Cary Grant, Humphrey Bogart, Anthony Quinn, Kirk Douglas, Lee Marvin, Clint Eastwood, et on en passe. Un excellent musée retrace l'épopée cinématographique de la ville, tandis qu'une petite route mène aux Alabama Hills, où furent tournés près de 400 westerns. Paysages en Panavision !
Vers le nord, la route 168 conduit en altitude à une forêt de *bristlecone pines,* parmi les plus vieux arbres du monde (plus de 3 000 ans)... Également des randonnées superbes à faire dans le coin, car on est ici au pied du mont Whitney (4 421 m), le plus haut sommet des États-Unis en dehors de l'Alaska.

Adresses et info utiles

Chamber of Commerce : *120 S Main St (dans l'historique Lone Pine Hotel). ☎ 760-876-4444. • lonepinechamber.org • Lun-ven 8h-17h.* Demander la carte du circuit dans les Alabama Hills, à faire en voiture. Petite librairie.

Eastern Sierra Visitor Center : *à 2 km au sud de la ville, à gauche sur la Hwy 395. ☎ 760-876-6200. • sierranevadageotourism.org • Tlj 8h (9h nov-avr)-17h.* Infos complètes sur la Sierra Nevada, la Death Valley et le Sequoia National Park. Maquette du secteur.

Lone Pine Market : *119 S Main St. Tlj 8h-21h (22h ven-sam).* Pour faire le plein du sac à dos avant le désert.

– **Lone Pine Film Festival :** *début ou mi-oct. • lonepinefilmfestival.org •* Projections de vieux films, concerts, rencontres d'acteurs, etc.

Où dormir ?

Camping

Diaz Lake Campground : *Hwy 395. ☎ 760-873-5577. • inyocounty.us/services/parks-recreation/diaz-lake-campground-0 • Résas sur • reserveamerica.com • À env 3 km au sud de Lone Pine, sur la droite. Tte l'année. Empl. 14 $.* Camping isolé, dans un beau site sauvage au bord d'un lac, avec panorama sur la Sierra Nevada. Peu de confort (toilettes sèches, point d'eau, mais pas de douches). Emplacements ombragés mais assez proches les uns des autres.

De prix moyens à plus chic

Dow Villa Motel : *310 S Main St. ☎ 760-876-5521. • dowvillamotel.com • Doubles 95-145 $. Pas de petit déj, mais café et thé à la réception.* Construit dans les années 1920 pour héberger les équipes de tournage, cet hôtel abrite dans sa partie « historique » une cinquantaine de chambres relativement petites mais joliment rénovées, qui ont conservé leur atmosphère de l'époque. Celles côté motel sont plus spacieuses, plus classiques aussi, et mieux équipées, le charme en moins. Piscine sur le parking (évidemment !), jacuzzi. Pour les nostalgiques de westerns, photos de John Wayne et autres stars dans le salon, ainsi qu'une vitrine d'autographes de l'illustre acteur.

Best Western Plus Frontier Motel : *1008 S Main St. ☎ 760-876-5571. • bestwestern.fr • À la sortie sud de Lone Pine, sur la gauche. Doubles 100-150 $, petit déj continental inclus.* Chambres classiques mais confortables (certaines avec balcon) et bien équipées. En choisir une dans le fond. Piscine chauffée, plutôt agréable pour une fois.

Pour ceux qui voudraient pousser un peu plus au nord, ***tripotée de motels de chaîne à Bishop,*** à 90 km de Lone Pine, grosse bourgade sans attrait autoproclamée « capitale mondiale de la mule »...

Où manger ?

Bon marché

Alabama Hills Cafe & Bakery : *111 W Post St. ☎ 760-876-4675. En plein centre, rue perpendiculaire à Main St. Tlj 6h-14h (15h ven-dim). Plats 10-15 $.* Sur les murs de cette petite salle, quelques fresques présentent tous les drôles de rochers que l'on peut voir dans les Alabama Hills voisines. Longue carte pour le petit déj, avec une bonne dizaine de préparations d'œufs (les *Errol Flynn* ou *Gregory Peck's scramble* !), d'énormes salades, soupes, délicieux sandwichs, sans oublier les burgers. Quelques belles pâtisseries en vitrine. À la fois classique, copieux et bien fait. Clientèle d'habitués.

Où grignoter entre Lone Pine et Yosemite ?

Copper Top BBQ : *442 N Main St, à **Big Pine,** à 65 km au nord de Lone Pine. ☎ 661-220-4513. Jeu-dim 11h-20h. Compter 11-30 $ selon viande et quantité.* Hank (le père) et Matthew (le fils) sont les rois du barbeuc'. Ils ont installé le leur en bord de route et préparent devant vous de sublimes *pulled pork sandwichs* et autres poulets grillés. Tout est goûteux, fondant et parfumé, bien accompagné par différents assortiments de légumes. Une halte recommandée pour les affamés qui passent par là. Nom d'un bison, que c'est bon !

Erick Schat's Bakkery : *763 N Main St (angle Park Ave), à **Bishop,** à 90 km au nord de Lone Pine. Tlj 6h-18h (19h ven). Gros sandwichs 6-10 $.* Une énorme boulangerie-boutique (présente aussi à Mammoth Lakes), encombrée de bibelots. Choix immense de pains différents mais aussi d'excellents sandwichs à commander côté cafétéria *(tlj 8h30-15h – 15h30 ven-sam et jusqu'à 17h dim).* Sans oublier gâteaux, viennoiseries, véritable expresso et chocolats appétissants. Un petit côté usine malgré tout.

À voir. À faire

Museum of Western Film History : *701 S Main St. ☎ 760-876-9909. • lpmuseum.org • Avr-oct, tlj 10h-18h (19h jeu-sam, 16h dim) ; nov-mars, tlj 10h-17h (16h dim). Entrée : 5 $; réduc.* Petit musée mais halte indispensable pour qui s'intéresse au cinéma, et à l'âge d'or du western en particulier. Dès l'entrée, on reconnaît la charrette originale du dentiste de *Django Unchained* et le script signé par Tarantino. Rien que ça ! Suit une importante section sur les *singing cowboys* Roy Rodgers et Gene Autry. Voir aussi la voiture de Bogart dans *High Sierra,* une caméra Panavision, une rutilante *mail coach* du XIXe s, des centaines de superbes affiches... Partie consacrée aux films étrangers ou interplanétaires tournés ici

(*Storm over Bengal, Star Trek, Tremors* – un bijou de série B avec Kevin Bacon...). Costumes, accessoires et éléments de décors complètent cet univers magique. Tout un cinéma !

Alabama Hills Tour : *carte à récupérer à la Chamber of Commerce. Pour y accéder, prendre dans le centre la Whitney Portal Rd, puis 1re à droite dans Movie Rd.* Ce circuit d'environ 25 km emprunte des pistes faciles mais assez mal fléchées (si vous vous perdez, demandez votre chemin à la 1re diligence qui passe !), traversant des paysages de roches granitiques blondes aux formes étonnantes, superbes chaos tout en rondeur, théâtres de centaines de tournages. Un des derniers en date : *Django Unchained* de Tarantino. La piste rejoint l'US 395 un peu plus au nord. Plusieurs petites randos possibles.

DEATH VALLEY (LA VALLÉE DE LA MORT)

• Carte *p. 369*

Située à un peu plus de 200 km au nord-ouest de Las Vegas, la Vallée de la Mort est l'un des sillons les plus profonds de l'hémisphère nord, qui s'enfonce à 86 m sous le niveau de la mer. D'une superficie de 13 354 km², c'est le plus grand parc national des États-Unis, devant le Yellowstone. Son nom macabre lui vient de la phrase lancée par un pionnier rescapé d'une expédition en 1849, exprimant la reconnaissance des mormons : « Dieu merci, nous sommes sortis de cette vallée de la mort. » D'autres n'eurent pas cette chance et, à l'époque de la ruée vers l'or, un certain nombre de prospecteurs, en route vers la Californie, y perdirent plus que leur chemin. Certains y découvrirent des filons d'or (un peu) et d'argent (un peu plus). Contre toute attente, c'est finalement l'exploitation du borax, un minerai de moindre valeur, qui se révéla la plus rentable.

Death Valley est le point le plus chaud et le plus sec de tous les États-Unis. Entre les flancs resserrés de la vallée, le soleil est brûlant. Un désert impitoyable où la température, entre juin et septembre, dépasse constamment 40 °C à l'ombre (pas de pot, il n'y a pas d'ombre). En théorie, on peut faire frire un œuf sur le capot d'une voiture ! L'année 1913 fut propice aux records : on y enregistra la température la plus haute (57 °C le 10 juillet, à ce jour le record absolu de chaleur sur terre) et la plus basse (- 9 °C). Globalement, il n'est pas rare d'avoir des températures au-dessus de 120 °F (49 °C) en juillet-août ; durant l'été 1994, cela a duré plus de 30 jours d'affilée ! Et pourtant, il pleut bel et bien dans le désert... 3 à 4 cm par an en moyenne ! Cela dit, certaines années sont bien plus arrosées que d'autres. La vision de la vallée couverte de fleurs (le « *super bloom* ») est une attraction rare et presque surréaliste.

Ce paysage de western, torride, à la fois grandiose et lunaire, offre le spectacle d'une région brûlée par le soleil mais d'une incroyable diversité : mer

L'OR DU DÉSERT

Découvert en 1875 par un prospecteur français, le borax était alors utilisé dans la confection du savon et comme antiseptique. Aujourd'hui, ce minerai entre dans la composition d'engrais, d'insecticides, du verre, de la céramique, de la porcelaine, de composants électroniques, de l'antigel... Il sert même à protéger la navette spatiale de la surchauffe lors de son retour dans l'atmosphère ! Près de la moitié de la production mondiale vient encore de Californie.

de sel et montagnes arides striées de toute la palette des ocres, canyons et cactus, timides palmeraies et superbes dunes, cratères et phénomènes géologiques... Difficile de le croire – car on l'observe rarement –, mais ce désert est peuplé d'une faune plutôt riche : lynx, coyotes, mouflons, serpents, pumas, et le fameux *roadrunner,* l'oiseau « bip-bip » du célèbre dessin animé.

Infos et conseils pratiques

– ***Furnace Creek*** et ***Stovepipe Wells Village*** sont ***les 2 seuls points de civilisation et de ravitaillement*** dans la vallée.

– ***Quand y aller ? La meilleure saison s'étale de mi-octobre à mi-avril,*** avec des températures plus douces, propices aux randos et aux séjours en camping. C'est la période où l'on peut profiter des *Rangers Programs* (voir « Adresses et infos utiles »). En plein hiver, les nuits sont fraîches mais la lumière est superbe, et, au début du printemps, si l'année est favorable, la vallée se couvre de fleurs sauvages. Spectacle étonnant ! On le répète, ***l'été est torride.*** Peu de possibilités de balades et une chaleur à ne pas mettre le nez dehors. Si vous venez à cette période, privilégiez l'aube et le coucher du soleil pour visiter les sites ; la lumière y est plus belle et la chaleur moins étouffante. ***Randonner entre 10h et 17h est d'ailleurs fortement déconseillé.*** Dès que vous quittez la voiture pour une balade, prenez chapeau, crème solaire et beaucoup d'eau.

– ***Risques de déshydratation :*** l'humidité de l'air est quasi nulle et, au volant d'une voiture non climatisée, on peut perdre en transpiration plus de 1 l d'eau à l'heure. C'est pourquoi il est recommandé de boire au moins 4 l par personne et par jour, et très prudent – dans tous les cas – d'emporter des réserves d'eau (personne n'est à l'abri d'une panne ou d'une crevaison !). Il est aussi exclu de traverser la Death Valley en stop...

– ***Avis aux randonneurs :*** ce territoire désertique et hostile est le repaire de tout un tas de bestioles pas très fréquentables, telles que scorpions, serpents à sonnette *(rattlesnake)* et veuves noires (arrrgh !). Point trop de parano sur les sentiers, mais regardez tout de même où vous mettez les pieds.

– ***Règles de conduite automobile :*** la traversée est très dure pour les moteurs de voiture. Ne les faites pas trop chauffer. ***Coupez la clim de temps en temps*** ou bien mettez-vous face au vent (sans éteindre le contact), le moteur refroidira tout seul. On trouve parfois des réservoirs d'eau non potable pour les radiateurs des voitures *(radiator water only).* Ne vous avisez pas de la boire... En véhicule de tourisme, ***restez sur les routes goudronnées*** (votre voiture de location n'est d'ailleurs pas assurée hors de ces routes). La conduite sur les pistes du parc nécessite généralement un 4x4. Avant de les emprunter, s'informer impérativement de leur état auprès des *Visitor Centers.* Côté météo, des ***orages violents*** sont possibles toute l'année, été inclus, compte tenu des températures extrêmes. Ne prenez pas le volant pendant et soyez prudent après. Les fameuses *flash floods* (inondations soudaines – la terre étant trop sèche pour absorber l'eau) sont parfois redoutables, des coulées de boue pouvant couper les routes (et emporter ceux qui sont dessus !).

En cas de panne, ne quittez en aucun cas votre véhicule ; il passera tôt ou tard une voiture qui vous dépannera. On vous rappelle d'avoir toujours un ***stock d'eau potable*** avec vous. Tous ces conseils, prodigués par le *Visitor Center,* ne sont pas à prendre à la légère : les avis de recherche placardés dans les centres d'information donnent froid dans le dos.

Adresses et infos utiles

– ***Accès au parc :*** *30 $/voiture pour 7 j., 25 $ pour les motards, 15 $ pour les cyclistes ou les piétons (quelle drôle d'idée !). Pass annuel des parcs*

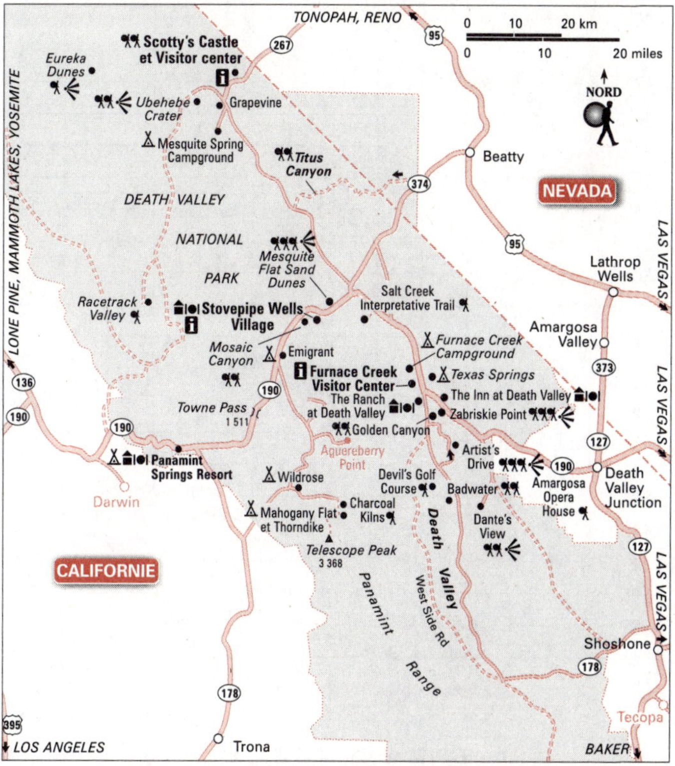

DEATH VALLEY NATIONAL PARK

nationaux accepté. Suite à des inondations qui ont emporté la route, ***la Scotty's Junction, qui mène au château du même nom, est fermée jusqu'en 2023.*** Si vous arrivez du nord-est par l'US 95 et qu'elle est encore fermée, l'accès au parc se fait donc par Beatty et la route 374.

Il n'y a ***pas de poste de contrôle aux frontières du parc.*** C'est donc au *Visitor Center* de Furnace Creek ou à celui de Stovepipe Wells que l'on paie l'entrée, ou encore à l'un des distributeurs automatiques disséminés dans une quinzaine de sites. Si vous optez pour cette dernière solution, pensez à garder votre ticket qui vous sera demandé, par exemple, dans les *Visitor Centers* en échange de documentation et de la carte du parc (indispensable). Dans les faits, il n'est pas toujours réclamé.

■ ***Infos sur le parc :*** *☎ 760-786-3200. Infos très complètes sur le site officiel : • nps.gov/deva •*

ℹ ***Visitor Center de Furnace Creek :*** *☎ 760-786-3200. Sur la route 190, à 200 m du* Ranch at Death Valley*. Tlj 8h-17h.* Plein d'infos utiles : état des routes, météo, conseils pour les balades et randos, etc. Plan du parc bien détaillé et quelques feuilles d'information avec conseils pratiques en français. Vente de cartes topographiques. ***Petit musée*** *(GRATUIT),* avec évocation de l'histoire quasi mythique des *forty-niners,* les pionniers de la ruée vers l'or de 1849 (d'où leur surnom).

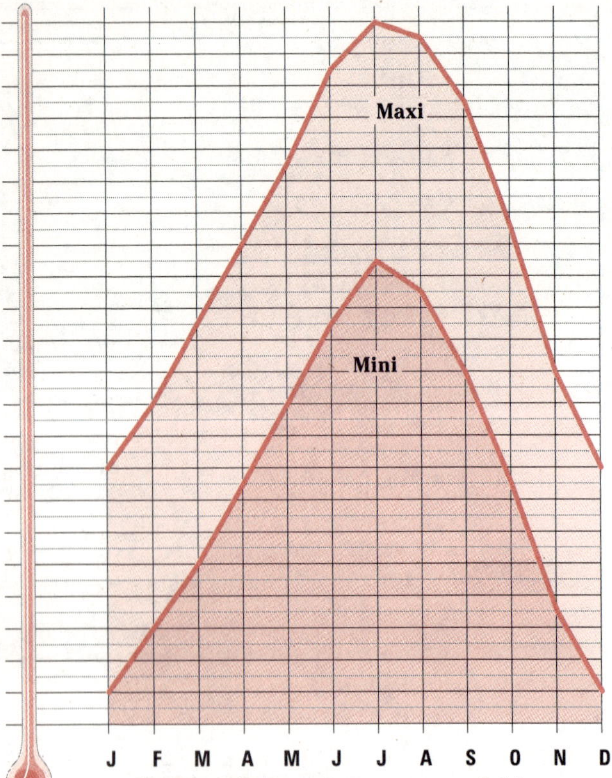

Moyenne des températures atmosphériques
PARCS NATIONAUX (Death Valley)

Également des sections sur toutes les facettes du désert : faune (animaux naturalisés), flore, géologie, cultures indiennes... et bien sûr la célébrité locale, Scotty (voir plus loin « Scotty's Castle » dans la rubrique « À voir. À faire »). Enfin, un film (20 mn). Autre bureau d'informations, plus petit, à ***Stovepipe Wells Village,*** pas toujours ouvert cela dit.

– ***Backcountry permits :*** *☎ 760-786-3200.* Permis (gratuit) conseillé si vous souhaitez camper ou faire une excursion à pied ou en 4x4 dans les coins reculés de la vallée. S'adresser au *Visitor Center* de Furnace Creek.

– ***Rangers Programs :*** pendant la saison d'hiver (nov-avr), les rangers organisent régulièrement des activités gratuites : conférences d'histoire naturelle, sorties guidées, animations pour les enfants... Toutes les infos dans le journal officiel du parc. *Résa conseillée via • nps.gov/deva •*

■ ***Distributeurs de billets :*** *au* ***Ranch at Death Valley*** *(Furnace Creek) et dans le* General Store *de* ***Stovepipe Wells Village.*** Pas moins de 5 $ de taxe !

■ ***Épiceries*** *(General Stores)* ***:*** *au* ***Ranch at Death Valley*** *(Furnace Creek ; tlj 8h-20h), à* ***Stovepipe Wells*** *(tlj 7h-22h) et à* ***Panamint Springs*** *(tlj 8h-20h).*

■ ***Pompes à essence :*** *à* ***Furnace Creek*** *(24h/24), à* ***Stovepipe Wells*** *(24h/24) et à* ***Panamint Springs*** *(24h/24).* Évidemment plus cher (faire le plein avant d'arriver dans la vallée). Essence meilleur marché dans le Nevada tout proche : à Amargosa Valley (frontière Californie-Nevada), à Lathrop Wells et à Beatty (1,50 $ de moins par gallon !).

■ ***État des routes :*** *California, ☎ 1-800-427-7623 ; Nevada Highways, ☎ 511 ou 1-877-687-6237.*

✚ ***Urgences :*** *☎ 911 (assistance 24h/24).*

✚ ***Cliniques, centres médicaux :*** *dans plusieurs villes autour du parc, à **Shoshone** (Death Valley Health Center : ☎ 760-852-4383), à **Beatty** (Beatty Medical Clinic : ☎ 775-553-9111) et à **Lone Pine** (Southern Inyo Healthcare District : ☎ 760-876-5501).*

■ ***Douches :*** *au **The Oasis at Death Valley** (Furnace Creek), à **Stovepipe Wells Village Hotel** et au **Panamint Springs Resort.** Env 5 $.* Pratique pour ceux qui campent, car il n'y a pas de douches dans les campings.

Où dormir ? Où manger dans le parc ?

Si vous souhaitez séjourner dans la vallée, ***réservation indispensable partout,*** longtemps à l'avance.

Campings

Il y a une dizaine de campings dans le parc, plus ou moins équipés. Ils fonctionnent sur le mode « 1er arrivé, 1er servi » *(first come, first served).* Résa possible uniquement au *Furnace Creek Campground,* de mi-octobre à mi-avril, auprès du ***National Recreation Reservation Service*** *(☎ 606-515-6777 ; ● recreation.gov ●).* La vallée compte également 2 *RV Park* (des parkings, quoi), gérés par les hôtels *The Oasis at Death Valley* et *Stovepipe Wells,* décrits plus loin. On rappelle une évidence : impossible de camper en été à cause de la chaleur. Il fait plus frais dans un four !

⛺ ***Furnace Creek Campground :*** *à côté du Visitor Center. Tte l'année. Résa possible de mi-oct à mi-avr. Empl. 22 $.* Le plus équipé. En tout, 136 emplacements, dont moins de la moitié avec de l'ombre (c'est le seul à en avoir). Choisir son site sous les tamaris. Toilettes et tables de pique-nique. Pas de douche sur place, mais de nombreux services au *Ranch at Death Valley* voisin *(douche 5 $).*

⛺ ***Mesquite Spring Campground :*** *au nord du parc, 5 km au sud de Scotty's Castle, dans un cul-de-sac. Tte l'année. « First come, first served. » Empl. 14 $.* L'un des moins hostiles, isolé dans un environnement montagneux (à 550 m d'altitude), mais ne comptez pas avoir de l'ombre ou du gazon pour autant... Environ 30 emplacements séparés par quelques broussailles, dotés de tables, bancs et barbecues (y a pas de raison que vous soyez les seuls à griller !). Eau et toilettes, mais pas de douches.

⛺ 3 autres campings payants dans la vallée, fermés l'été : sur le site de Furnace Creek, ***Sunset*** *(ouv de mi-oct à fin mai)* et ***Texas Spring*** *(ouv de mi-oct à mi-avr). Compter 14-16 $.* Le 1er est le plus grand du parc (270 emplacements), en principe réservé aux camping-cars mais ouvert aux campeurs au printemps. Toilettes et eau. Le 2e se situe au niveau de la mer (mais elle est où la mer ?), en plein cagnard, avec seulement 3 emplacements vaguement ombragés (sur environ 100 !). Également le site de ***Stovepipe Wells*** *(ouv d'oct à mi-mai ; empl. 14 $),* avec ses 190 emplacements alignés comme à la parade, sur un immense terrain sans ombre. Le charme d'un parking !

⛺ ***Campings gratuits :*** ce sont les plus petits et les moins équipés. ***Wild-rose*** *(tte l'année, sauf en cas de neige)* ; ***Thorndike*** et ***Mahogany Flat*** *(nov-mars seulement ; situés dans le Panamint Range, à 2 500 m d'altitude, loin de tt, à l'écart de la route 178 ; 4x4 nécessaire).* Tables et toilettes sèches, pas d'eau à *Thorndike* et *Mahogany Flat.* Partout, un soleil de plomb et pas d'ombre. Enfin, le camping d'***Emigrant,*** qui n'accueille que les tentes *(sur la route 190 et Emigrant Canyon Rd ; tte l'année).* Une poêle à frire caillouteuse, profitant toutefois d'une vue superbe sur la vallée. Toilettes, téléphone et point d'eau.

De prix moyens à plus chic

Stovepipe Wells Village Hotel : *sur la Hwy 190, entre Panamint Springs et Furnace Creek. ☎ 760-786-7090. • deathvalleyhotels.com • Résa vivement conseillée, longtemps à l'avance. Doubles 145-230 $; petit déj-buffet env 15 $. Plats 10-25 $.* Perdu au milieu de la rocaille, cet ensemble de bâtiments bas en bois doit son nom à un tuyau de poêle *(stovepipe)* planté par un pionnier pour indiquer une source d'eau. Ce fut le 1er hôtel établi dans la Vallée, en 1926 (il fallut même construire la route pour l'atteindre !). Il aligne des chambres banales, type motel 1er prix, avec différents niveaux de confort. Les moins chères *(patio-rooms)* sont les plus petites et les plus demandées, à réserver à l'avance. Plus grandes, celles des édifices *Road Runner* ou *Forty-Niner,* sur l'arrière. Piscine ouverte jusqu'à minuit, agréable avec son petit auvent pour buller à l'ombre. On y trouve aussi un chaleureux ***restaurant*** *(tlj 7h-10h, 17h30-21h),* où l'on sert tous les classiques, et le **Badwater Saloon** à la déco western typique *(tlj 7h-20h pour la cuisine, jusqu'à 22h pour boire un verre).* De l'autre côté de la route, *General Store* bien fourni, distributeur ATM et station-service (24h/24 par carte). Les non-résidents peuvent utiliser la piscine et les douches *(4 $).* Le meilleur rapport qualité-prix à l'intérieur de Death Valley.

The Ranch at Death Valley : *Hwy 190, à **Furnace Creek Village.** ☎ 760-786-2345. • oasisatdeathvalley.com • Doubles 250-270 $.* Un cadre assez exceptionnel car, après des kilomètres de désert total, on se retrouve dans une vraie oasis ! Entouré de pelouses taillées au cordeau, le « ranch », récemment repris et remodelé, est un véritable petit village, avec resto, bar, épicerie, poste et distributeur de billets. C'est le coin le plus « civilisé » du parc ! En prime : belle piscine d'eau minérale naturellement chaude (29 °C !), accessible jusqu'à 23h, plusieurs court de tennis (éclairés la nuit) et un golf 18 trous (ce qui n'est pas la meilleure idée écologique du moment, convenons-en !). On y loge dans de classiques chambres type motel, spacieuses et confortables, toutes avec balcon ou terrasse s'ouvrant sur les belles pelouses, les plus chères avec vue sur le golf, envahi d'oiseaux au petit matin. Douche-piscine payante pour les campeurs voisins *(5 $).* Reste que, immense et souvent bondé, le *resort* souffre d'un petit côté « usine » en haute saison. En contrepartie, on profite d'un emplacement idéal pour aller déguster le lever de soleil sur le Zabriskie Point tout proche.

Très, très chic

The Inn at Death Valley : *☎ 760-786-2345. • oasisatdeathvalley.com • Doubles 300-500 $.* Perché juste au-dessus de Furnace Creek, dans sa propre oasis de 1 500 palmiers-dattiers. Le plus charmant des hôtels de la vallée... pour les nantis seulement ! Bâti en grosses pierres volcaniques en 1927, le *Inn* accueillit alors les 1res stars du cinéma. Il abrite des chambres cossues à la déco 1930 et aux belles salles d'eau rétro, réparties sur 3 niveaux, à flanc de colline. En bas, vue sur les jardins où coule une source à 28 °C qui alimente la délicieuse piscine. Bon restaurant également, mais cher et guindé (chemise et baskets cirées obligatoire !). Plus abordable et plus *casual* le midi.

Où dormir ? Où manger ? Où boire un verre autour du parc ?

À l'entrée ouest

Panamint Springs Resort : *dans la Panamint Valley, juste à l'entrée ouest du parc (Hwy 190) et à env 80 km de Lone Pine. ☎ 775-482-7680. • panamintsprings.com • Resto tlj 7h-21h. Empl. tente 10 $ (douche comprise). Loc de tentes pour 2-4 pers 55-75 $. Doubles 160-200 $. Plats*

10-20 $. En plein désert, ce minuscule établissement en bois cuit par le soleil conviendra aux amateurs de grands espaces peu exigeants sur le confort. Chambres réparties dans des chalets sur l'arrière, basiques mais acceptables pour une étape. Resto basique lui aussi, avec quelques tables sous le porche, pour profiter à la fois de l'ombre et de la vue. De l'autre côté de la route, aire de camping rudimentaire sur un terrain sec, timidement ombragé. Également des tentes déjà montées, avec sol en béton (prévoir son nécessaire de couchage). Les proprios tiennent aussi la station-service et le *General Store* attenant.

Au nord-est, à Beatty (Nevada)

Ce bourg, égaré dans une petite vallée aride, domine le parc par le nord. De là, la route 374 file tout droit vers le principal carrefour de la Death Valley, à environ 45 km. Comme Beatty se trouve juste de l'autre côté de la frontière du Nevada, quelques casinos s'y sont installés, fréquentés par les *truckers* de passage. À 1re vue, rien d'excitant. On y trouve pourtant une ambiance un peu western qui colle bien à l'idée du Grand Ouest. Autres atouts, les hébergements y sont bien moins chers que dans le parc, et la chaleur plus supportable. Ah, les bienfaits de l'altitude (on est à 1 000 m au-dessus du niveau de la mer) ! Bref, de notre point de vue, Beatty est la meilleure option pour loger aux abords du parc. Un petit musée local sur la Hwy 95, le ***Beatty Museum and Historical Society*** *(tlj 10h-15h ; GRATUIT),* retrace l'histoire de la ville.

☗ ***Death Valley Inn & RV Park :*** *651 S Hwy 95 S. ☎ 775-553-9400. • deathvalleyinnmotel.com • Chambre 2-4 pers env 90 $.* Vaste motel composé de plusieurs bâtiments sur 2 étages, autour d'une cour plantée de quelques palmiers. Chambres sans surprise mais clean et confortables, malgré des salles de bains un peu petites. Piscine en plein soleil à l'arrière et jacuzzi. Un bon rapport qualité-prix.

☗ ***Exchange Club Motel :*** *119 W Main St. ☎ 775-553-2333. • exchangeclubbeattynv.com • Double env 80 $.* Pas un club échangiste, non, mais un petit motel rustique pas désagréable, en bois bleu, flanqué d'une longue galerie. Chambres banales, vastes et bien équipées. Possibilité d'utiliser la piscine et le jacuzzi du *Stagecoach Hotel & Casino* tout proche. Une bonne affaire.

☗ ***El Portal Motel :*** *420 W Main St. ☎ 775-553-2912. • elportalmotel.net • Double env 80 $.* À l'entrée de la ville côté Death Valley, un petit motel vert olive, tout simple mais bien équipé, bénéficiant d'une piscine plutôt agréable, pas sur le parking pour une fois. Les prix sont bas, l'accueil gentil. De quoi faire une étape honorable.

I●I ☕ ***Mel's Diner :*** *600 S Hwy 95 S, presque en face du* Death Valley Inn. *☎ 775-553-9003. Tlj 6h-15h. Moins de 10 $. CB refusées.* Une bicoque toute bleue, simple et proprette, et une cuisine qui nourrit les travailleurs et les routiers de passage avec générosité depuis des années. Quelques photos sépia du Beatty d'antan, d'autres de stars, à regarder en attendant un bon petit déj, des sandwichs classiques et copieux ou de grosses salades. Pas de grandes émotions gustatives en perspective, mais plus qu'honnête pour le prix.

I●I 🍸 ***Happy Burro Chili & Beer :*** *100 W Main St, Hwy 95 N. ☎ 775-553-9099. Tlj 11h-23h.* Bowls *ou* chili burgers *moins de 10 $.* Un saloon de poche pur jus, où vous avez de bonnes chances de croiser quelques cow-boys burinés par la clope et l'alcool, le colt à la ceinture. Pas de panique, Crystal ou Wendy confisquent les armes à l'entrée ! Vous voilà chez le grand champion du chili con carne (voir les médailles et récompenses sur les murs). Et on peut vous le dire, c'est du sérieux ! À peine un bout de comptoir et une table, on se cale donc plutôt sur la petite terrasse. Quant aux toilettes des hommes, messieurs, c'est tout un voyage.

À l'est, dans Amargosa Valley (Nevada)

Une station-service, quelques baraques isolées en plein désert, à l'extérieur du parc, déjà dans le Nevada, pratique quand les autres adresses sont complètes. Compter quand même environ 1h de trajet pour Furnace Creek, le cœur de Death Valley.

Longstreet Inn & Casino : *à la frontière Californie-Nevada, sur la route 373 (qui porte le n° 127 côté Californie) et à env 20 km du bourg d'Amargosa Valley. ☎ 775-372-1777. • longstreetcasino.com • Doubles 100-140 $.* En plein désert, un établissement sans charme mais convenable, qui vous donnera un (pâle) avant-goût de Las Vegas avec ses quelques machines à sous. Chambres spacieuses mais fatiguées, comme les routiers qui les fréquentent, certaines avec vue sur un mini-étang sur l'arrière. Petite piscine et 2 restos, une cafét' dans la salle de casino et une *steakhouse* ouverte le soir seulement. Épicerie.

Au sud, à Shoshone

Égaré à l'intersection des routes 127 et 178, ce minuscule village, ambiance *Bagdad Café,* regroupe une pompe à essence, une épicerie, une poste et même un ***musée pittoresque*** fait de bric et de broc (jetez un œil aux ossements de mammouths !), niché dans l'ancienne station-service décatie *(tlj 9h-15h ; GRATUIT).* Éventuelle étape pour qui arrive par le sud, le bled reste cela dit très éloigné du cœur de la vallée : on est à 110 km de Furnace Creek.

Shoshone Inn : *dans la rue principale. ☎ 760-852-4335. • shoshonevillage.com • Chambre 2-4 pers 150-175 $, petit déj léger inclus.* Cet étonnant motel, planté presque au milieu de nulle part, a été pourtant joliment rénové dans des tons clairs et boisés, et propose des chambres certes un peu étroites mais soignées, avec alcôve et parquet, certaines avec kitchenette. Coin barbecue à l'ombre des tamaris. Bon accueil et accès possible à la piscine du village (un bassin datant de 1921 !), alimentée par une source d'eau chaude. On peut aussi planter sa tente dans l'herbe du petit ***camping*** voisin *(empl. env 25 $).* Douche, accès à la piscine.

Crowbar : *à côté du Shoshone Museum. ☎ 760-852-4123. Tlj 8h-21h30. Plats 10-20 $.* Le saloon-resto du village, établi en 1920 par Charles et Stella Brown, 2 fameux pionniers de la Vallée de la Mort. Les cow-boys modernes garent leurs motos poussiéreuses avant d'avaler un petit déj, un sandwich ou un burger au comptoir ou en terrasse. La qualité est honnête (éviter les plats « mexicains »), l'accueil gentil et le cadre définitivement Old West.

À voir. À faire

Furnace Creek Area (sud)

Zabriskie Point : *7 km après Furnace Creek, sur la Hwy 190, direction Death Valley Junction.* Rendu célèbre par le superbe film éponyme d'Antonioni, c'est l'un des phénomènes géologiques les plus fascinants de la vallée. Le point de vue porte le nom de celui qui exploita le borax. S'y rendre absolument au lever ou au coucher du soleil : calme olympien et magie des couleurs assurés grâce à une douce lumière. La vue sur les collines voisines, ravinées par la force conjuguée des éléments,

SILENCE, ON TOURNE

La Death Valley a inspiré un nombre incalculable de films : canyons étroits, étendues steppiques, paysages lunaires, tout y est réuni pour offrir le plus beau des décors aux Indiens, aux cow-boys... ou aux Martiens ! Quelques exemples parmi une liste interminable : Three Godfathers *(1948) de John Ford, avec l'incontournable John Wayne ;* Zabriskie Point *(1970) d'Antonioni, avec Harrison Ford ;* Star Wars *(1977) de George Lucas ;* Valley of Love *(2015) de Guillaume Nicloux, avec Isabelle Huppert et Gérard Depardieu...*

L'INTÉRIEUR DE LA CALIFORNIE (LA SIERRA NEVADA)

offre un paysage absolument unique, à 360°. On se croirait sur la Lune ! La roche, plissée comme un drap jeté là négligemment, présente des couleurs merveilleuses, allant du vert à l'orange en passant par le rose. Quand on pense qu'il y a plusieurs millions d'années, il y avait là un lac...

Twenty Mule Team Canyon : *juste après Zabriskie Point (1,5 km au sud). À l'écart de la route 190, sur la droite.* Boucle (en sens unique) sur une piste de terre en bon état, tracée jadis pour l'exploitation des mines de borax. Interdit aux camping-cars. La route, étroite, s'enfonce sur près de 5 km dans les roches de couleurs de Zabriskie Point, serpente entre les gros mamelons de pierre et dégringole abruptement au creux de petits ravins. Évidemment plus photogénique le matin et le soir.

Dante's View : *à l'écart de la route 190 (à 20 bons km), après Zabriskie Point.* Promontoire perché à plus de 1 500 m d'altitude, d'où l'on embrasse une vue superbe sur une grande partie de la Death Valley (surtout au lever du soleil). En empruntant un petit chemin de crête depuis le parking, on la domine entièrement de 1 669 m de haut. Il est interdit aux gros camping-cars, qui doivent se garer 800 m plus bas.

Golden Canyon : *à 5 km au sud de Furnace Creek, sur la route 178 (direction Badwater et Shoshone).* Y aller très tôt pour éviter la grosse chaleur. Plusieurs randos (3 à 7 km) au fond d'un ravissant canyon (ouf ! un peu d'ombre). Intéressantes formations géologiques, de couleur jaune évidemment, et une superbe montagne rouge *(Red Cathedral)* en toile de fond. Les plus motivés pourront pousser jusqu'à Zabriskie Point via les *Badlands,* ou faire la boucle dans l'autre sens (10 km).

Artist's Drive : *boucle à sens unique à laquelle on accède par la route 178, à env 15 km au sud de Furnace Creek.* La petite route serpente sur environ 15 km dans un somptueux paysage de montagnes offrant de beaux panoramas sur la vallée, avant de parvenir à une curiosité naturelle qui justifie le détour. Un amphithéâtre, dont les pigments minéraux ont donné aux pierres volcaniques des couleurs très intenses, des nuances ocre mêlées à des pointes de vert. Cela donne l'***Artist Palette,*** superbe ! Le fer produit les rouges, roses et jaunes. La décomposition du mica donne les verts, le manganèse les pourpres et les violets. À faire de préférence en fin de journée pour profiter de la belle lumière mordorée. En plein jour, la luminosité écrase les contrastes.

Devil's Golf Course : *à 20 km au sud de Furnace Creek, le long de la 178, entre Artist's Dr et Badwater (la piste – env 1 km – qui rejoint le site est coupée en cas de fortes pluies).* Vue sur une immense étendue de sel en plein désert, apparu après l'assèchement d'un ancien lac. Le vent et la pluie ont sculpté le sel et craquelé la terre, faisant de chaque motte une œuvre d'art aux arêtes tranchantes. D'où le surnom de « terrain de golf du diable », car lui seul pourrait y jouer...

Natural Bridge Canyon : *à 25 km au sud de Furnace Creek, le long de la 178, entre Devil's Golf Course et Badwater.* Après avoir garé sa voiture sur le parking (pour y accéder, piste caillouteuse d'environ 4 km, 4x4 préférable ou bien voiture puissante), on emprunte un étroit canyon sur environ 1,5 km. En chemin, passage sous un pont naturel percé dans la roche. Du très beau, là encore...

Badwater : *toujours au bord de la route 178, à env 30 km au sud de Furnace Creek.* C'est le

ALLEZ VOUS FAIRE CUIRE UN ŒUF !

Les gardiens du parc national de Death Valley prient les visiteurs de ne plus faire cuire d'œufs sur la chaussée. On ne compte plus les coquilles cassées ni les boîtes en carton qui jonchent le sol. Avec une température dépassant parfois les 50 °C, l'expérience ne manque pourtant pas de sel. Mais dans ce cas, veillez à apporter le vôtre, et à bien ramasser vos détritus !

point le plus bas des États-Unis, à 86 m au-dessous du niveau de la mer ! Une vaste étendue aqueuse, résidu salé d'un lac immense qui recouvrait la vallée entière, il y a fort, fort longtemps. Il a fallu escalader la paroi rocheuse dominant la route pour fixer le panneau indiquant l'endroit exact du niveau de la mer... Un ponton de bois permet de s'avancer au-dessus des plaques de sel et des mares, où vivent quelques rares insectes malgré le fort taux de salinité. Encore un miracle de la nature ! On peut ensuite suivre sur plusieurs centaines de mètres une langue de sel durci qui s'enfonce dans la vallée, la croûte fondant en flaques à mesure qu'on s'approche du cœur de la fournaise. Dire qu'il y fait terriblement chaud est un doux euphémisme ! Prévoir eau et chapeau.

Stovepipe Wells Area (centre)

Salt Creek Interpretative Trail : *à env 1,5 km de la route 190, en direction de Scotty's Castle, par une piste.* Balade assez inattendue de 800 m sur un ponton en bois surélevé à quelques centimètres au-dessus du sol (pour éviter d'abîmer le milieu naturel). De loin en loin, quelques panneaux explicatifs sur la faune et la flore. Au printemps, c'est l'un des meilleurs endroits pour observer le *Cyprinodon salinus*, petit poisson très rare qui vit dans les mares d'eau salée. Autant dire qu'en plein été ça tape fort, et qu'à part le désert, les lézards blancs et les insectes il n'y a rien à voir.

Mesquite Flat Sand Dunes : *toujours sur la route 190, peu avt Stovepipe Wells Village, sur la droite.* L'un des points forts de la visite de Death Valley. On croit rêver : au loin apparaît une longue bande de dunes, véritable morceau de Sahara dans l'Ouest américain ! Ces dunes de sable fin sont l'œuvre des vents qui se rencontrent à ce point précis de la vallée, apportant grain par grain les fragments de roche des montagnes voisines. Essayez de venir au lever ou au coucher du soleil, c'est encore plus beau. Silence total et belle émotion en perspective. Possibilité d'atteindre les dunes en quelques minutes de marche (c'est autorisé), sans oublier de l'eau et un chapeau.

Mosaic Canyon : *accès par une piste depuis la route 190, 3 km à l'ouest de Stovepipe Wells Village.* Un autre must du parc, canyon étroit et sinueux composé de roches polies comme du marbre. Petit sentier accessible à tous et possibilité de continuer la balade sur près de 3 km aller (en file indienne !), sauf en cas de risques d'orage.

Titus Canyon : *accès par une* backcountry road *(piste non bitumée) en sens unique, à prendre à env 10 km au sud de Beatty, dans le Nevada, sur la route 374 (juste avt l'entrée dans le parc).* La piste traverse d'abord des paysages montagneux, puis rejoint l'entrée d'un défilé très étroit, assez spectaculaire. Superbes plis en forme de grosses vagues, formés par les différentes couches de roches et de sédiments. Méfiance toutefois, car cette piste d'environ 40 km n'est en principe accessible dans son intégralité qu'aux ***véhicules 4x4*** (ou hauts sur pattes) et souvent fermée en été. À défaut, on peut gagner le débouché du canyon à l'intérieur du parc, par l'ouest, depuis la route 190 entre Stovepipe Wells Village et Scotty's Castle. La piste carrossable (bien fléchée), à double sens sur 5 km, permet d'accéder au pied de la montagne et d'avoir un petit aperçu du canyon, mais on ne peut y pénétrer de ce côté-là (sens interdit), ou seulement pour une courte balade à pied.

Scotty's Castle Area (nord)

Scotty's Castle : ☎ *760-786-3200 (ext. 0).* **ATTENTION : le château, fermé suite à de sévères inondations, est censé rouvrir en 2023. Se renseigner.** *En attendant, des visites guidées partielles sont proposées. Infos sur • nps.gov/deva/learn/historyculture/scottys-castle.htm •* Walter Scott (aucun rapport avec l'Écossais d'*Ivanhoé*) était, au début du XXe s, un sacré escroc. Ancien du *Buffalo Bill Wild West Show,* pour lequel il fut tireur d'élite et cascadeur, il devint prospecteur dans la Vallée de la Mort et réussit à convaincre un certain Johnson, magnat des assurances, qu'il y avait découvert une mine d'or. Il parvint à lui soutirer des fortunes pour exploiter cette prétendue mine. Jusqu'à ce que Johnson y aille et se rende compte de la supercherie. Mais le milliardaire, très malade, s'aperçut aussi que le climat très sec du désert améliorait sa santé. Du coup, il n'en voulut pas à Scott et alla même jusqu'à lui verser une pension mensuelle. Johnson décida de se faire construire une résidence dans un vallon perdu en plein désert : rien de moins qu'un véritable palais (3 658 m^2) de 20 pièces, sorte de fils caché d'une hacienda espagnole et d'un château fort, avec tourelles, porches, dépendances et une tour horloge incongrue dans ce désert. L'ensemble, d'un kitsch redoutable, lui coûta 2 millions de dollars de l'époque, une sacrée somme ! Rien n'était trop beau : meubles anciens achetés en Europe, ferronnerie d'art, étoffes précieuses... Mais, comme souvent, l'assemblage de bonnes choses ne fait pas forcément une bonne recette ! Johnson y passa toutes ses vacances d'hiver avec sa femme, de nombreuses personnalités de l'époque leur rendaient visite. Scotty, qui avait une chambre attitrée, habitait pourtant une baraque en plein désert, et affirmait durant l'absence des Johnson que le « château » lui appartenait, construit grâce à l'or découvert dans sa mine fantôme – ce qui explique que la maison soit encore baptisée Scotty's Castle. Il y vécut, une fois le château revendu, jusqu'à sa mort, en 1954.

Ubehebe Crater : *à 8 km de l'entrée nord du parc, 13 km de Scotty's Castle et 80 km de Furnace Creek.* Un site magnifique qui mérite le détour. Dès que l'on s'éloigne de la route principale, les vastes étendues désertiques changent de couleur, désormais tapissées de poudre volcanique noire. Puis la route grimpe à flanc de colline pour déboucher au bord de ce remarquable cratère, cuvette de 800 m de large et 180 m de profondeur, due à une explosion volcanique d'il y a 2 000 ans. Beau panorama sur la vallée. Un sentier sur la crête ouest (à droite du parking) mène au ***Little Hebe Crater*** en 800 m, et à divers petits cratères mignons comme tout. La balade se poursuit avec une boucle de 2,5 km autour du volcan Ubehebe. Spectaculaire !

Depuis le cratère de Ubehebe, une piste de 44 km mène à la ***Racetrack Valley.*** *Accessible seulement aux véhicules 4x4 avec pneus renforcés ; se renseigner sur l'état de la piste auprès des rangers avt de l'emprunter.* Phénomène étonnant : de grandes traces, ressemblant à s'y méprendre à des empreintes de roues, marquent le sol. Mais aucun véhicule n'est passé par là ! En fait, de gros blocs de pierre ont tout simplement roulé sur le sol, poussés par le vent.

Eureka Dunes : *à l'extrême nord-ouest de Death Valley, accessibles par le nord (route de Big Pine).* Ce sont les plus hautes dunes de Californie (plus de 200 m !). Elles abritent une faune et une flore protégées. On peut toutefois grimper librement au sommet (fatigant de grimper dans le sable !). De là-haut, panorama spectaculaire et un fait surprenant : le *singing sand.* Lorsque le sable s'écoule le long du versant le plus raide, on entend un bruit de basse très musical, phénomène naturel qui donne l'impression d'entendre gémir la dune...

Trekking

Il existe une douzaine de sentiers balisés dans le parc, de la courte balade à la vraie rando. Tous ces circuits sont toutefois ***déconseillés en plein été,*** car il n'y a pas un poil d'ombre et la température atteint des sommets difficiles à supporter pour l'organisme. Restent 2 superbes *summer hikes,* dans la Panamint Springs Area : le *Wildrose Peak Trail* (13,5 km aller-retour), avec panorama spectaculaire depuis le sommet ; et le *Telescope Peak Trail* (22,5 km aller-retour et 900 m de dénivelée !), jusqu'au plus haut sommet du parc (plus de 3 300 m d'altitude), souvent enneigé jusqu'en juin.

À voir. À faire encore

Amargosa Opera House : *à* ***Death Valley Junction,*** *intersection des routes 190 et 127.* • *amargosaoperahouse.org* • *Billets vendus à l'Amargosa Hotel. Visite guidée de l'opéra tlj : 5 $/pers ; réduc. Parfois des spectacles (payants) le w-e.* ***Fermé jusqu'à nouvel ordre.*** Marta Becket fut un personnage. Un jour de 1967, la voiture de cette danseuse new-yorkaise tombe en panne dans ce petit hameau isolé du monde. Elle découvre alors le désert et décide d'y vivre, en y ouvrant son propre petit « Opéra ». Ainsi, tous les samedis soir pendant 45 ans, elle organise ou mène un spectacle de danse, ballet, comédie et pantomime, avant de donner sa dernière représentation en 2012, à l'âge de 88 ans ! Marta est décédée en 2017. Si une de ses dernières élèves a pris la relève sur scène, on peut se contenter d'une visite de l'ancien Opéra, avec ses gigantesques fresques aux murs.

PEINTRE MAUDITE

Avant de danser dans le désert, Marta Becket voulait être peintre. Les événements en décidèrent autrement. Prévu le jour de l'assassinat de JFK, le vernissage de sa 1re grande expo à New York fut logiquement annulé. Pour le 2d, une gigantesque coupure d'électricité plongea la ville dans le noir... Sa revanche, elle l'a peinte sur les murs de son théâtre d'Amargosa : une fresque de spectateurs, pour ne plus danser devant une salle vide.

Charcoal Kilns : *dans Panamint Springs Area, à l'ouest du parc.* Ces étonnants fours à charbon de bois, conçus par un ingénieur suisse en plein milieu de nulle part en 1877, ne valent la halte que pour ceux qui quitteront la vallée par la route 178 en direction de Ridgecrest (entre Panamint Springs et Trona). Si ce n'est pas votre chemin, laissez tomber. Les 10 fours, en forme de ruches, s'alignent parfaitement (c'est ça la précision helvétique !).

Mojave National Preserve : *à une petite centaine de km au sud de Death Valley Junction. Rens au* Mojave National Preserve Visitor Center, *situé au Kelso Depot, Kerbaker Rd.* • *nps.gov/moja* • *GRATUIT.* Si vous venez de Los Angeles ou si vous vous y rendez et que vous n'avez pas eu votre ration de désert, cette réserve est pour vous. C'est la 3e plus grande du pays, qui s'étend sur 6 500 km² de l'interminable désert de Mojave. On peut y découvrir une vaste étendue de grandes dunes (Kelso Dunes), d'une belle couleur mordorée, dont les plus hautes culminent à 180 m. À voir aussi, la plus importante forêt de *Joshua trees* de l'Ouest américain.

LOS ANGELES ET LE SUD DE LA CALIFORNIE

LOS ANGELES

3 990 500 hab. (18 700 000 pour le Grand Los Angeles)

• Plan couleur d'ensemble *p. 10-11* • Hollywood et Melrose (plan I) *p. 382-383*
• West Hollywood, Beverly Hills et Westwood (plan II) *p. 384-385*
• Santa Monica et Venice (plan III) *p. 388-389* • Downtown (plan IV) *p. 390-391*
• Los Feliz (plan V) *p. 393*

« C'est pour pouvoir lire Los Angeles dans le texte que j'ai appris à conduire. »

Reyner Banham, critique en architecture

À 640 km de San Francisco et 200 km de San Diego, Los Angeles dévore tout sur son passage. Riche, énergique, créative, bouillonnante, cette ville emblématique de l'esprit côte Ouest et du sacro-saint *American way of life* n'en demeure pas moins viscéralement inégalitaire, avec près de 3 millions de personnes vivant en dessous du seuil de pauvreté (dont quelque 30 000 SDF). Travaillée de l'intérieur par une foule de problèmes sociaux et de conflits ethniques, c'est une agglomération sans véritable centre, sorte d'immense puzzle de 88 quartiers juxtaposés vivant chacun de façon autonome, avec ses riches et ses pauvres, sa splendeur et sa misère, son or et sa poussière. On dit souvent de L.A. qu'elle n'est qu'une nappe infinie de béton et d'asphalte... Erreur ! Il suffit de prendre un peu de hauteur pour s'apercevoir que c'est tout le contraire. La ville frappe dès les 1ers instants par son horizontalité verdoyante ! Exception faite des gratte-ciel de Downtown, Los Angeles ressemble à une mer de petites maisons de plain-pied qui moutonne en jardins fleuris. Partout, des arbres, des taillis, des cactées... et des routes aussi.

On la dit inhumaine à cause de ses embouteillages. Ce n'est ni tout à fait vrai, ni vraiment faux. Côté circulation, c'est carrément la fourmilière, alors mieux vaut avoir une bonne appli de navigation (type Waze, Maps.me, City Mapper ou Osmand) pour espérer s'en sortir dans ce plat de spaghettis pour géant que représentent *highways* et *freeways,* échangeurs et bretelles... Mais pas de panique ! Une fois passé les *rush hours,* la ville est très facile à lire et on s'en sort très bien.

Il faut dire que L.A. ne fait pas dans la demi-mesure. Avec plus de 18 millions

d'habitants, banlieues comprises, la Cité des Anges est passée, en moins d'un siècle, d'une bourgade plantée en lisière du désert à l'une des villes les plus importantes du monde. Tout a commencé par l'usine à rêves de Hollywood. Ont suivi des objets, des styles et des modes de vie qui ont conquis la planète entière : le roller-skate et le roller tout court, le body-building et les corps tatoués, le jogging, la trottinette électrique... Et ce n'est peut-être qu'un début, car en dépit de la pollution qui la gangrène et de la mise au ban caractérisée de ses laissés-pour-compte, Los Angeles continue de porter le rêve américain à bout de bras !

SUPERFICIE

La ville (dans ses strictes limites administratives) s'étend sur 1 290 km², ce qui la place au ***2e rang des plus grandes villes des États-Unis*** après New York. Mais s'il s'agit du *Los Angeles County* (soit 88 communes), alors on arrive à une étendue presque 10 fois plus importante (12 308 km²), même si la zone urbaine proprement dite n'en couvre pas toute la surface. L.A. County a grosso modo la forme d'une enclume. Les dimensions de cette mégapole – bordée par le Pacifique à l'ouest, par les collines de Hollywood au sud, par celles de Beverly au nord et par le désert à l'est – sont impressionnantes : à vol d'oiseau, ***80 km d'ouest en est,*** soit de Malibu à Euclid Avenue (au niveau de la Highway 83), et environ ***60 km du nord au sud,*** entre la vallée de San Fernando et le bout de Point Fermin dans le quartier San Pedro, près du port de L.A. !

POPULATION

La ville compte environ ***4 millions d'habitants.*** Le Los Angeles County 10 millions, ce qui en fait le plus grand du pays, et la région de Los Angeles (qui, elle, s'étend bien au-delà de l'agglomération), plus de 18 millions. Des chiffres assez bas, compte tenu de leur superficie. C'est que les Angelenos (le nom des habitants de Los Angeles) ont le privilège de ne pas vivre serrés comme des sardines, contrairement aux habitants de New York ou de Chicago. Côté démographie, quand bien même L.A. est l'une des villes les plus étendues (si ce n'est la plus étendue) du monde, elle se positionne assez loin derrière Mexico, Tokyo, São Paulo ou même New York (plus de 20,18 millions d'habitants en comptant la grande banlieue). Pour vous donner une idée de cette faible densité, un quartier comme Beverly Hills ne compte que 34 687 âmes (triées sur le volet et bien nanties, il est vrai, mais bon...). Enfin, la densité dans la Cité des Anges est de 3 025 habitants au kilomètre carré, contre 7 100 à New York et plus de 21 000 à Paris !

QUARTIERS ET GROUPES ETHNIQUES

Dans cette Babel tournée vers le Pacifique, on recense ***plus de 140 nationalités et plus de 200 langages différents.*** Moins d'un tiers de la population est WASP (blanc, anglo-saxon et de confession protestante). Si une grande partie des immigrés est d'origine asiatique, près de la moitié des Angelenos (48,5 %) sont originaires du Mexique et d'Amérique centrale. Autrement dit, avec 1,8 million d'habitants hispanophones, Los Angeles constitue la 3e plus grande ville hispanique d'Amérique du Nord, après Mexico et Guadalajara (2e ville du Mexique). D'ailleurs, si l'*American English* est la seule langue officielle, l'espagnol est très présent dans les lieux publics.
Voici les principaux regroupements ethniques de la ville :
– ***Quartier latino :*** à Downtown, autour de la petite Olvera Street (seulement 100 m de long), le berceau hispanique de la ville. Mais les hispanophones habitent surtout dans les faubourgs à l'est de Downtown, notamment dans celui de Boyle

Heights. C'est le cœur du *barrio,* conglomérat de plusieurs petits quartiers juxtaposés entre Lincoln Heights et Whittier Boulevard. C'est la capitale *latina* des États-Unis, 94% des résidents y parlent l'espagnol.

– ***Chinatown :*** parmi les Asiatiques, qui forment environ 11 % de la population de L.A., les Chinois représentent la plus ancienne communauté d'Asie en Californie. Mais pas la plus nombreuse : 1,8 % de la population, derrière les Coréens et les Philippins. Même s'ils sont 72 % à avoir acquis la nationalité américaine, ils demeurent fidèles à leurs pays d'origine. L.A. Chinatown, situé au nord de Downtown, est beaucoup plus petit que le Chinatown de San Francisco.

– ***Filipinotown :*** quartier situé dans la partie sud-ouest d'Echo Park, au nord-ouest de Downtown. Même si les Philippins sont répartis un peu partout à L.A., c'est ici que les 1ers immigrants philippins s'établirent au début du XXe s. Ils constituent aujourd'hui la plus forte communauté asiatique de L.A., avec 3,2 % de la population.

– ***Little Tokyo :*** à l'est de Downtown, entre 1st, Alameda, 3rd et Los Angeles Streets. Ici vit la plus grande communauté japonaise en dehors du Japon... mais à peine 1 % de la population de L.A.

– ***Koreatown :*** il s'étend entre Wilshire et Western Avenues, Pico Boulevard et la Freeway 110. Le dynamisme et l'esprit d'entreprise des immigrés coréens se retrouvent dans la multitude de commerces qu'ils contrôlent. Toutes les enseignes sont écrites en coréen.

– ***Little Saigon :*** quartier peuplé presque exclusivement de Vietnamiens, accueillis aux États-Unis comme réfugiés politiques après la guerre du Vietnam et sa réunification par les communistes en 1975. Très excentré, Little Saigon se trouve au sud, dans Orange County. Les Vietnamiens comptent pour 0,5 % de la population totale.

– ***Les Afro-Americans :*** ils représentent environ 9 % de la population de L.A. et habitent principalement le sud de la ville. Cela dit, la population hispanique a commencé à grignoter certains de leurs quartiers, comme Compton. Les plus pauvres habitent South Los Angeles, et notamment Watts, un quartier défavorisé livré à la loi des gangs, tristement célèbre pour avoir été le théâtre d'affrontements qui firent plus d'une soixantaine de morts et plus de 2 000 blessés en 1992.

– Citons également les microquartiers de ***Thaï Town, Little Armenia*** ou encore ***Little Ethiopia.***

DANGERS ET ENQUIQUINEMENTS

Pour les secteurs dangereux à L.A., voir la rubrique du même nom dans la partie « Californie utile » en début de guide.

CLIMAT

Ce n'est pas la « Terre promise », mais pas loin. Avec 38 cm de pluie et 291 jours d'ensoleillement par an, le climat de Los Angeles fait partie de la zone subtropicale tempérée, de type méditerranéen.

Cela donne un résultat délicieux : des palmiers qui décrochent les nuages, des cyprès comme en Provence, des eucalyptus comme en Australie, des cactus comme dans le désert (qui commence aux portes de la ville), des orangers comme en Andalousie (le parfum de leurs fleurs est envoûtant !). Été comme hiver, on laisse tomber la veste pour le tee-shirt (sauf le soir et les jours venteux). Le climat de L.A., comme celui du sud de la Californie, est si clément que les tout 1ers pionniers du cinéma de Hollywood, trop heureux de pouvoir tourner toute l'année en extérieur, l'ont adopté tout de suite. Bref, avec de tels atouts météorologiques, on peut y venir à n'importe quelle époque de l'année. Cependant, l'été et l'hiver se distinguent quand même. Voici quelques nuances essentielles :

– ***D'octobre à avril :*** même temps qu'à Casablanca à la même époque ou à Paris au mois de mai. Température moyenne de 18 à 19 °C le jour et 8-9 °C la nuit. Prévoir un pull et une veste si vous venez pendant cette période.

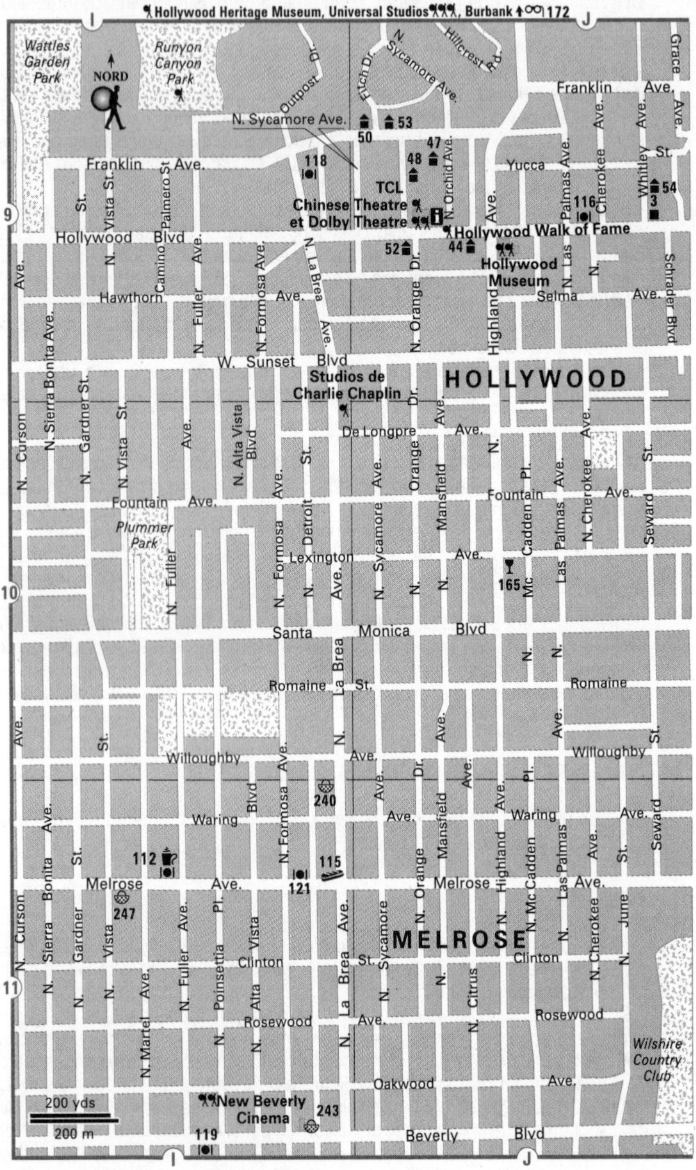
Hollywood Heritage Museum, Universal Studios, Burbank 172
I
J
9
10
11
NORD
Wattles Garden Park
Runyon Canyon Park
Outpost Dr.
Fitch Dr.
N. Sycamore Ave.
Hillcrest Rd.
Franklin Ave.
Grace Ave.
N. Sycamore Ave.
50
53
47
48
118
Yucca
Whitley
St.
54
3
116
TCL
Chinese Theatre et Dolby Theatre
N. Orchid Ave.
Hollywood Walk of Fame
Hollywood Blvd
52
44
Hollywood Museum
Palmero St
Camino
Vista St.
N. Vista St.
N. La Brea Ave.
Hawthorn Ave.
N. Fuller Ave.
N. Formosa Ave.
N. Orange Dr.
Highland Ave.
N. Las Palmas Ave.
N. Cherokee Ave.
Selma Ave.
Schrader Blvd
N. Sierra Bonita Ave.
W. Sunset Blvd
Studios de Charlie Chaplin
HOLLYWOOD
N. Curson Ave.
N. Gardner St.
N. Vista St.
N. Alta Vista Blvd
N. Detroit St.
De Longpre Ave.
N. Sycamore Ave.
Orange Dr.
Mansfield Ave.
Cadden Pl.
Las Palmas Ave.
N. Cherokee Ave.
Seward St.
Fountain Ave.
Plummer Park
Lexington Ave.
N. Fuller
N. Formosa
165
Mc
Santa Monica Blvd
Romaine St.
N. La Brea
Romaine
Willoughby Ave.
Willoughby
240
Waring Ave.
Waring Ave.
112
121
115
Melrose Ave.
Melrose Ave.
247
N. Curson
Sierra Bonita
Gardner
Vista
N. Fuller Ave.
Poinsettia Pl.
Alta Vista
La Brea Ave.
N. Sycamore
N. Orange
N. Highland
N. Mc Cadden
N. Las Palmas
N. Cherokee
June
MELROSE
Clinton St.
Clinton
N. Martel Ave.
N. Citrus
Rosewood Ave.
Rosewood
Wilshire Country Club
Oakwood Ave.
200 yds
200 m
New Beverly Cinema
243
119
Beverly Blvd

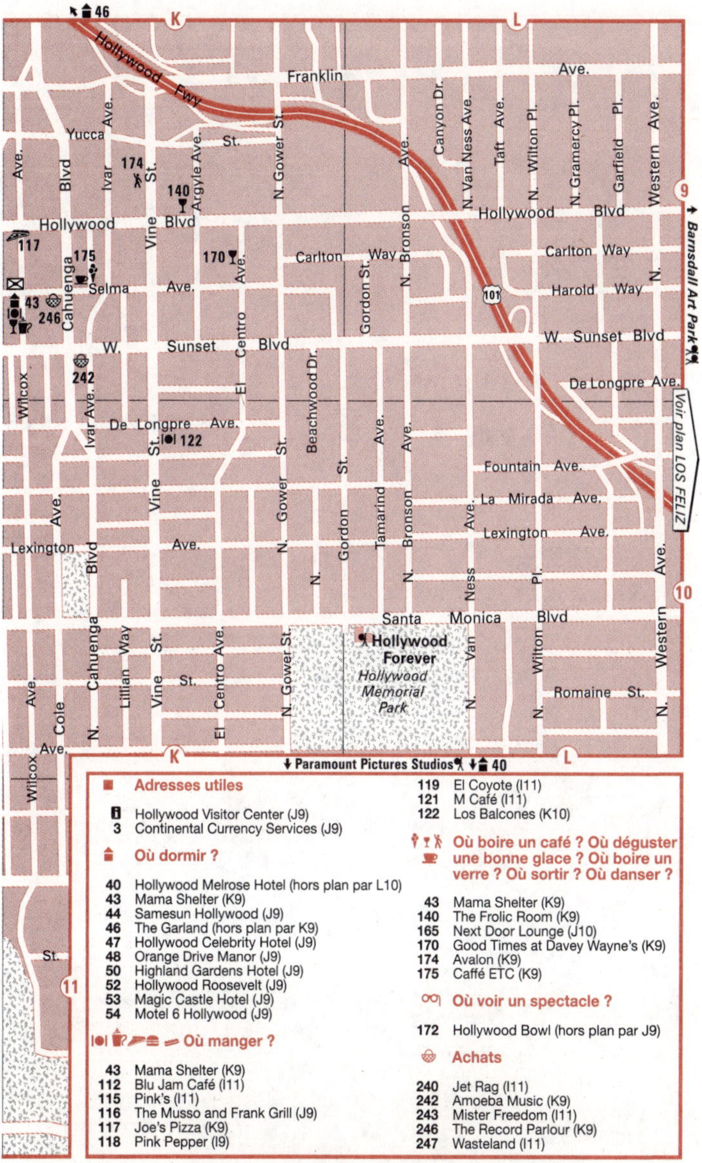

■ **Adresses utiles**

- i Hollywood Visitor Center (J9)
- 3 Continental Currency Services (J9)

Où dormir ?

- 40 Hollywood Melrose Hotel (hors plan par L10)
- 43 Mama Shelter (K9)
- 44 Samesun Hollywood (J9)
- 46 The Garland (hors plan par K9)
- 47 Hollywood Celebrity Hotel (J9)
- 48 Orange Drive Manor (J9)
- 50 Highland Gardens Hotel (J9)
- 52 Hollywood Roosevelt (J9)
- 53 Magic Castle Hotel (J9)
- 54 Motel 6 Hollywood (J9)

Où manger ?

- 43 Mama Shelter (K9)
- 112 Blu Jam Café (I11)
- 115 Pink's (I11)
- 116 The Musso and Frank Grill (J9)
- 117 Joe's Pizza (K9)
- 118 Pink Pepper (I9)
- 119 El Coyote (I11)
- 121 M Café (I11)
- 122 Los Balcones (K10)

Où boire un café ? Où déguster une bonne glace ? Où boire un verre ? Où sortir ? Où danser ?

- 43 Mama Shelter (K9)
- 140 The Frolic Room (K9)
- 165 Next Door Lounge (J10)
- 170 Good Times at Davey Wayne's (K9)
- 174 Avalon (K9)
- 175 Caffé ETC (K9)

Où voir un spectacle ?

- 172 Hollywood Bowl (hors plan par J9)

Achats

- 240 Jet Rag (I11)
- 242 Amoeba Music (K9)
- 243 Mister Freedom (I11)
- 246 The Record Parlour (K9)
- 247 Wasteland (I11)

LOS ANGELES – Hollywood et Melrose (plan I)

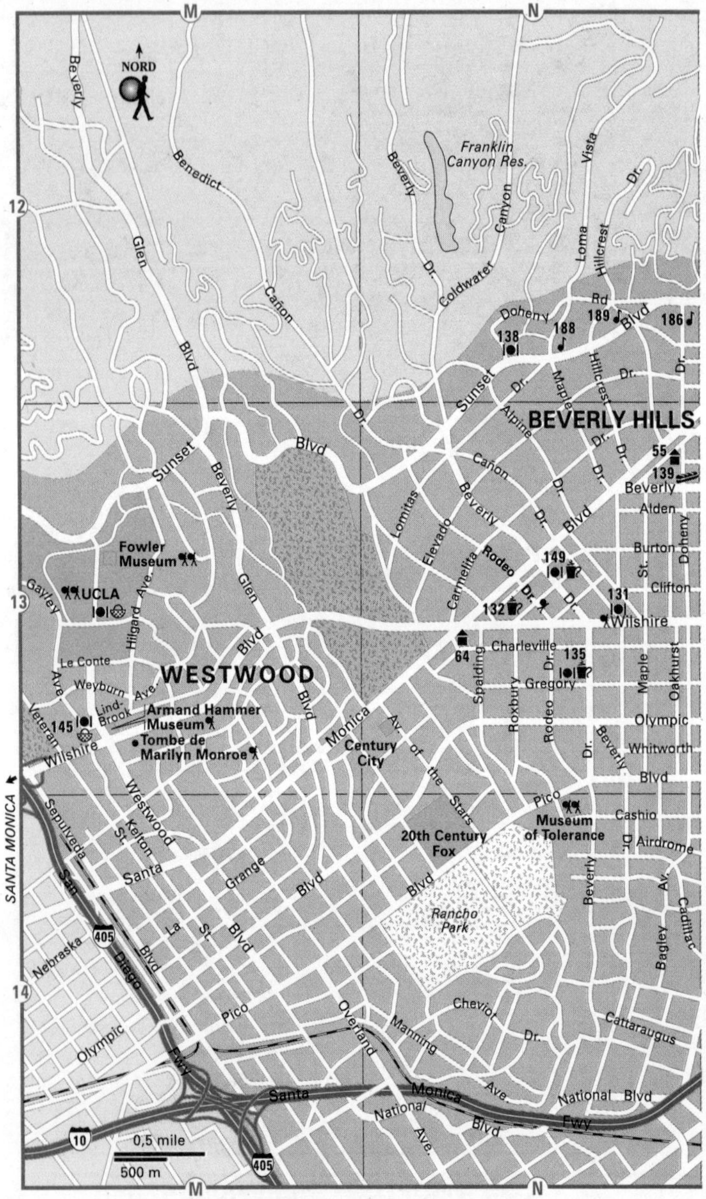
NORD
WESTWOOD
BEVERLY HILLS
Franklin Canyon Res.
Fowler Museum
UCLA
Armand Hammer Museum
Tombe de Marilyn Monroe
Century City
20th Century Fox
Museum of Tolerance
Rancho Park
SANTA MONICA
Sunset Blvd
Wilshire
Santa Monica Blvd
Pico
Olympic
San Diego Fwy
Santa Monica Fwy
National Blvd
Beverly Glen Blvd
Westwood Blvd
Sepulveda Blvd
Overland Ave.
Avenue of the Stars
Coldwater Canyon Dr.
Rodeo Dr.
Beverly Dr.
0,5 mile
500 m
405
10
55
64
131
132
135
138
139
145
149
186
188
189

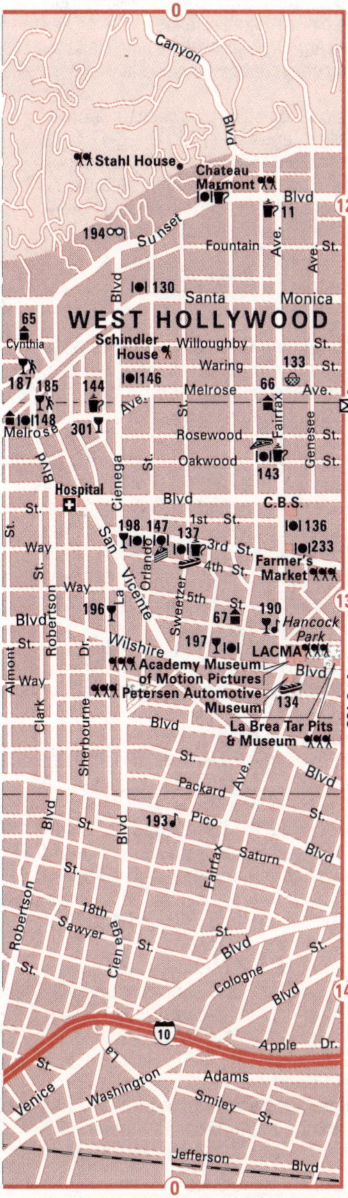

Où dormir ?

55 Hotel Beverly Terrace (N13)
64 Maison 140 (N13)
65 Montrose West Hollywood (O12)
66 Banana Bungalows (O12-13)
67 Wilshire Crest Hotel (O13)
148 Kimpton La Peer Hotel (O13)

Où manger ?

11 The Griddle Cafe (O12)
130 Barney's Beanery (O12)
131 Spago (N13)
132 Le Pain Quotidien (N13)
134 Food trucks du LACMA (O13)
135 Urth Caffe (N13)
136 Veggie Grill (O13)
137 Joan's on Third (O13)
138 Night + Market Weho (N12)
139 Bristol Farms (N13)
143 Canter's et Jon & Vinny's (O13)
144 Urth Caffe (O12-13)
145 Whole Foods Market (M13)
146 Koi (O12)
147 Son of a Gun (O13)
148 Gracias Madre (O13)
149 Nate'n Als (N13)
198 The Isaka-Ya by Katsu-Ya (O13)
233 Farmer's Market (O13)

Où boire un verre et manger en terrasse ? Où boire un bon jus de fruits ? Où déguster une bonne pâtisserie ? Où écouter de la musique ?

147 Magnolia Bakery (O13)
186 The Viper Room (N12)
188 The Roxy Theatre (N12)
189 Whisky a Gogo (N12)
190 Molly Malone's (O13)
193 The Mint (O14)
195 The El Rey Theatre (hors plan par O13)
196 Vista SLS Beverly Hills (O13)
197 Rooftop du Kimpton Hotel Wilshire (O13)
198 Kreation Kafe & Juicery (O13)
301 Joe & The Juice (O13)

Où boire un verre ? Où danser ? Où voir un spectacle ?

185 The Abbey (O12-13)
187 Fiesta Cantina et Micky's (O12)
194 The Comedy Store (O12)

Achats

133 Sportie LA (O12)

LOS ANGELES – West Hollywood, Beverly Hills et Westwood (plan II)

– ***Mai-juin :*** sorte d'intersaison, plus douce qu'en été (23-25 °C de moyenne journalière). Juin est connu pour son fameux *June gloom,* la grisaille de juin, avec ses matinées embrumées par le *smog* (mélange de *fog* et de *smoke*). Le soleil fait son apparition en début d'après-midi, et le ciel bleu chapeaute à nouveau la ville pour le reste de la journée.
– ***Juillet-août-septembre :*** les 3 mois les plus chauds et les plus secs de l'année. Les températures moyennes journalières oscillent entre 27 et 28 °C (16-17 °C la nuit). En juillet, il y fait quasiment le même temps qu'à Málaga (sud de l'Espagne), avec cependant des nuits un peu plus fraîches. En août, le soleil brille autant qu'à Faro (sud du Portugal), Casablanca ou Ajaccio. La lourdeur de l'air est heureusement tempérée par les brises du Pacifique. Aucune pluie à cette époque !

UN PEU D'HISTOIRE

– ***1542 :*** le navigateur portugais ***João Cabrilho*** (Juan Rodriguez Cabrillo) pose les yeux sur le site de Los Angeles, qu'il admire de son bateau. Les feux des Indiens forment une telle nappe de fumée au-dessus de la terre qu'il baptise l'endroit *Bahia de los Fumos.* Étonnant navigateur, ce Cabrilho qui découvre mais ne cherche pas à coloniser.
– ***1769 :*** alors que toute la Californie est aux mains de l'Espagne, son gouverneur, Gaspar de Portola, dirige une expédition à la recherche de la baie de Monterey. Il traverse, avec sa cavalerie, le vaste territoire de la ville actuelle. Objectif : établir une chaîne de missions franciscaines et de *presidios* (forts), reliés entre eux par ***El Camino Real*** (la voie Royale), afin de consolider la mainmise espagnole sur la Californie. ***21 missions*** sont ainsi créées à la fin du XVIIIe s, dont 2 dans les faubourgs de Los Angeles : San Gabriel Arcangel (1771) et San Fernando Rey de España.
– ***1781 :*** le 4 septembre, un groupe de 44 *vecinos pobladores* (des colons), en majorité d'ethnies mélangées (afro-indienne-hispanique), fondent un embryon de colonie qu'ils appellent *El Pueblo de Nuestra Señora La Reina de Los Angeles del Río Porciuncula,* du nom d'une sainte fêtée la veille dans le calendrier... Un nom à rallonge pour un petit village qui deviendra le centre de L.A.
– ***1822 :*** le ***Mexique*** devient indépendant de l'Espagne et hérite de la Californie, qu'il contrôle. Los Angeles est alors une succession de ***ranchos*** immenses où l'on élève des chevaux et des bêtes à cornes. Le *rancho* Rodeo de Las Aguas deviendra Beverly Hills, le *rancho* San José deviendra la ville de Pomona, le *rancho* San Vicente y Santa Monica donnera naissance à la célèbre station balnéaire de Santa Monica. « Sous l'asphalte, le *rancho* », pourrait-on dire de cette ville à l'histoire si récente.
– ***1835 : L.A. devient une ville*** *(ciudad)* à part entière et la ***capitale de l'Alta California.*** Le gouverneur mexicain continue de résider à Monterey.
– ***1846 :*** conséquence de la guerre entre les États-Unis et le Mexique, Los Angeles, comme le reste de la Californie, est rattachée aux États-Unis et devient ***une ville américaine.*** Tandis que San Francisco, au nord, connaît la fièvre de l'or (1848-1856), L.A., plus pauvre et moins connue, vit de son agriculture et de ses plantations. Avec l'ouverture en 1885 de la ligne de chemin de fer de Santa Fe, tout change. Le décollage économique de L.A. peut commencer.
– ***1886 :*** Horace et Daeida Wilcox, 2 émigrants, achètent un grand terrain dans les environs de la ville, qu'ils transforment en une ferme prospère (arbres fruitiers, cultures divisées en blocs et en parcelles). L'allée centrale de cette nouvelle propriété s'appelle Prospect (qui deviendra Hollywood Boulevard). Mme Wilcox baptise sa ferme *Hollywood,* « bois de houx », un nom qu'elle a piqué dans le train à sa voisine. Ce n'est guère original, mais bientôt un empire, celui du 7e art, naîtra et se développera au milieu des abricotiers, des orangers et des eucalyptus. Pour la suite, lire le ***texte sur Hollywood*** plus loin dans « Los Angeles quartier par quartier ».

– ***1992 :*** le 29 avril, un jury blanc de la Simi Valley, comté blanc et réactionnaire de L.A. (celui de Reagan), acquitte scandaleusement 4 policiers blancs accusés d'avoir passé à tabac ***Rodney King,*** un automobiliste noir. ***South Central,*** l'un des quartiers les plus pauvres de L.A., s'embrase et s'attaque à tous les symboles de la société de consommation par le pillage et l'incendie. ***L'émeute dure 2 jours*** et fait plus de ***50 morts et 1 milliard de dollars de dégâts.*** En juillet, la Cour suprême de Californie fait appel du verdict et renvoie les policiers en jugement. Et le 17 avril 1993, au 2d procès des mêmes policiers, 2 d'entre eux sont déclarés coupables : un verdict accueilli avec soulagement.
– ***1994 :*** le 17 janvier, à 4h30, un ***séisme d'amplitude 6,6 sur l'échelle de Richter*** réveille la ville. Certains habitants pensent que l'heure du Big One a sonné ! Ce tremblement de terre causera la mort de 51 personnes, fera 3 000 blessés, 9 000 sans-abri, endommagera près de 3 000 immeubles et touchera gravement l'infrastructure routière. Résultat : 15 à 30 milliards de dollars de dégâts !
– ***2018 :*** en juillet, par une nuit de grosse chaleur, un homme détruit à coups de pioche l'étoile dédiée à Donald Trump située sur le Walk of Fame (Hollywood Boulevard).
– ***2019 :*** Quentin Tarantino signe son 9e film très attendu, *Once Upon a Time in Hollywood,* marquant le cinquantenaire de l'assassinat de Sharon Tate par une bande d'illuminés hippies.

Arrivée à l'aéroport

➢ ***Pour rejoindre les différents quartiers de la ville*** (Hollywood, Venice, Downtown...) ***sans voiture de location,*** tout est très bien indiqué de la manière suivante :
– ***LAX Shuttle & Airline Connections*** *(signalétique rose)* **:** navettes gratuites desservant tous les terminaux. Certaines se rendent au *LAX City Bus Center* (la plateforme où vous prendrez le bus ou le métro pour vous rendre en ville ; voir le détail plus loin) et aux parkings longue durée (Lot B, C). Enfin, d'autres desservent l'*Aviation Metro Station* (*Metro Green Line Station, Big Blue Bus* n° 3 ou *Rapid 3* pour Santa Monica). *Infos : ● metro.net ● bigbluebus.com ●*
– ***Shared Ride Vans*** *(signalétique orange)* **:** taxis collectifs, assurés par 2 compagnies, *Primetime Shuttle* (*● primetimeshuttle.com ●,* minibus rouges) et *Super Shuttle* (*● supershuttle.com ●,* minibus bleus).
– ***Taxis*** *(signalétique jaune)* **:** ils se garent le long de la bordure de trottoir la plus proche des portes de sortie. Un *taxi starter* se charge de la police des départs.
– ***Fly Away*** *(signalétique bleue)* **:** bus blancs pour Union Station (arrêt Patsaouras Transit Plaza, le plus direct pour Downtown) ; Hollywood (arrêt 1627 N Vine St, entre Sunset Blvd et Hollywood Blvd), Westwood (Ucla, 11075 Kinross Ave), Long Beach (arrêt 107 E 1rst St, angle Long Beach Blvd). *Infos : ● flylax.com ●*
– ***Rental Shuttles*** *(signalétique violette)* **:** navettes gratuites qui conduisent aux plateformes des loueurs de voitures *(Hertz, Alamo, Dollar Thrifty, Avis, Budget...).*
– ***Hotel & Courtesy Shuttles*** *(signalétique rouge)* **:** navettes gratuites pour les grands hôtels.

➢ La solution la moins chère (mais la plus lente) consiste à prendre le ***bus*** ou le ***métro.*** Compter pour l'un ou l'autre au moins 1h de trajet jusqu'à Downtown ou Santa Monica et 1h30 pour Hollywood. Pour les lignes et les horaires : *● socaltransport.org ● bigbluebus.com ● metro.net ●*
– ***En bus :*** du *LAX City Bus Center* (accessible par la navette gratuite *LAX*), on peut acheter un ticket de bus ou un *pass* (voir « Comment se déplacer ? Bus »). De là, rejoindre la gare routière de Greyhound par le bus n° 111 (changer pour le n° 60, à l'intersection Florence Ave/Pacific Blvd) ; bus pour Culver City et l'UCLA, ou encore le n° 232 qui dessert Manhattan Beach, Hermosa Beach, Redondo

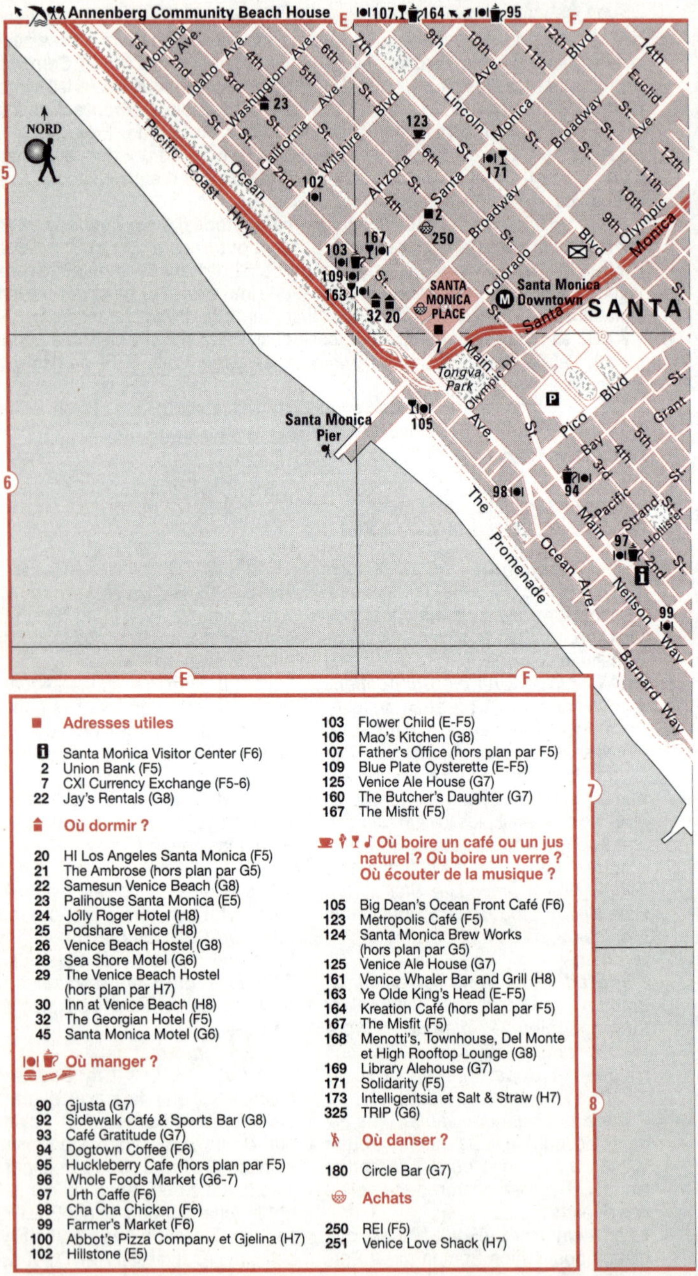

■ **Adresses utiles**

- **i** Santa Monica Visitor Center (F6)
- **2** Union Bank (F5)
- **7** CXI Currency Exchange (F5-6)
- **22** Jay's Rentals (G8)

Où dormir ?

- **20** HI Los Angeles Santa Monica (F5)
- **21** The Ambrose (hors plan par G5)
- **22** Samesun Venice Beach (G8)
- **23** Palihouse Santa Monica (E5)
- **24** Jolly Roger Hotel (H8)
- **25** Podshare Venice (H8)
- **26** Venice Beach Hostel (G8)
- **28** Sea Shore Motel (G6)
- **29** The Venice Beach Hostel (hors plan par H7)
- **30** Inn at Venice Beach (H8)
- **32** The Georgian Hotel (F5)
- **45** Santa Monica Motel (G6)

Où manger ?

- **90** Gjusta (G7)
- **92** Sidewalk Café & Sports Bar (G8)
- **93** Café Gratitude (G7)
- **94** Dogtown Coffee (F6)
- **95** Huckleberry Cafe (hors plan par F5)
- **96** Whole Foods Market (G6-7)
- **97** Urth Caffe (F6)
- **98** Cha Cha Chicken (F6)
- **99** Farmer's Market (F6)
- **100** Abbot's Pizza Company et Gjelina (H7)
- **102** Hillstone (E5)
- **103** Flower Child (E-F5)
- **106** Mao's Kitchen (G8)
- **107** Father's Office (hors plan par F5)
- **109** Blue Plate Oysterette (E-F5)
- **125** Venice Ale House (G7)
- **160** The Butcher's Daughter (G7)
- **167** The Misfit (F5)

Où boire un café ou un jus naturel ? Où boire un verre ? Où écouter de la musique ?

- **105** Big Dean's Ocean Front Café (F6)
- **123** Metropolis Café (F5)
- **124** Santa Monica Brew Works (hors plan par G5)
- **125** Venice Ale House (G7)
- **161** Venice Whaler Bar and Grill (H8)
- **163** Ye Olde King's Head (E-F5)
- **164** Kreation Café (hors plan par F5)
- **167** The Misfit (F5)
- **168** Menotti's, Townhouse, Del Monte et High Rooftop Lounge (G8)
- **169** Library Alehouse (G7)
- **171** Solidarity (F5)
- **173** Intelligentsia et Salt & Straw (H7)
- **325** TRIP (G6)

Où danser ?

- **180** Circle Bar (G7)

Achats

- **250** REI (F5)
- **251** Venice Love Shack (H7)

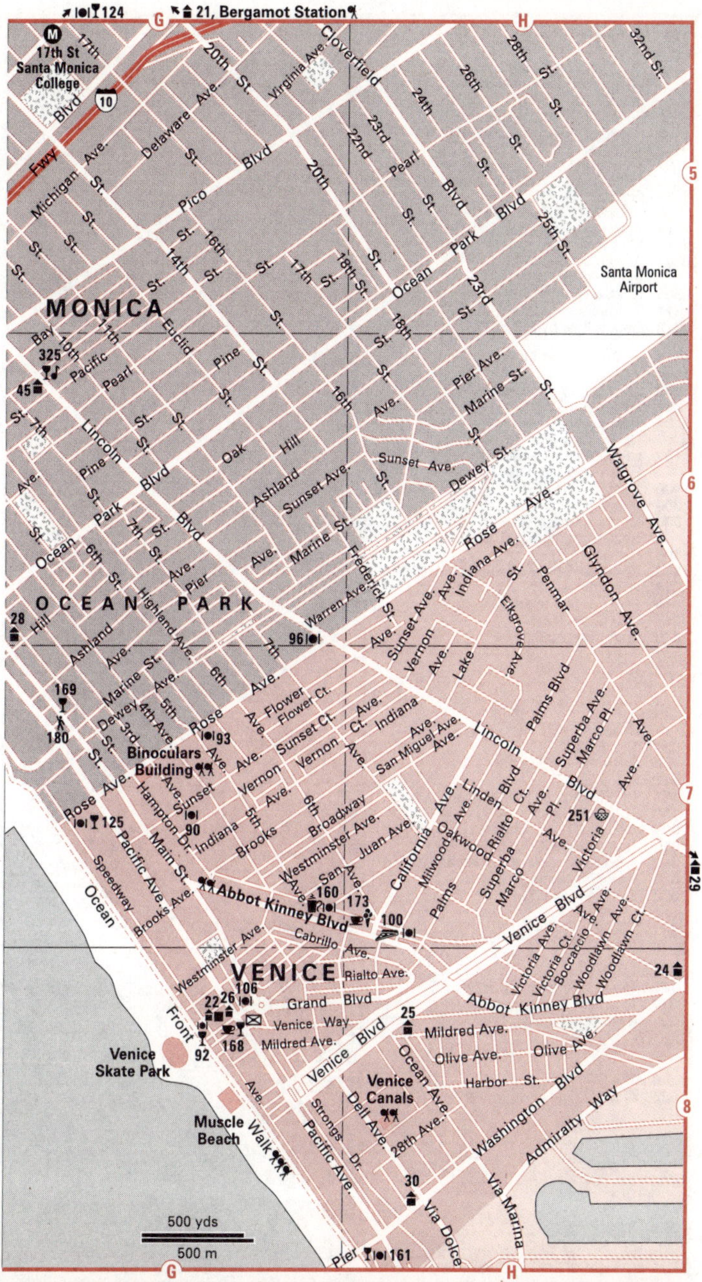

LOS ANGELES – Santa Monica et Venice (plan III)

■ Adresses utiles

- ℹ Discover Los Angeles Visitor Information Center et antenne (A3 et C2)
- 1 Foreign Currency Express (B2)
- 8 Foreign Currency Exchange (B3)

Où dormir ?

- 10 Freehand (A-B3)
- 11 Rodeway Inn (hors plan par A3)
- 14 Ace Hotel Downtown L.A. (A3-4)
- 17 Millennium Biltmore Hotel (B3)
- 304 Aventura Hotel (hors plan par A3)
- 305 NoMad Hotel (A-B3)
- 311 The American Hotel (C3)
- 312 Double Tree by Hilton (C3)

Où manger ?

- 80 The Original Pantry Cafe (A3)
- 81 Philippe's (C1)
- 84 Cole's (B3)
- 85 Nickel Diner (B3)
- 87 Grand Central Market et Horse Thief BBQ (B2-3)
- 89 Mitsuru Café (C3)
- 304 Moobongri (hors plan par A3)
- 306 Langer's Delicatessen & Restaurant (hors plan par A3)
- 308 Bar Amá (B3)
- 313 Shin-Sen-Gumi-Hakata Ramen (C3)
- 314 Wurstküche (C3)
- 315 Zinc Café & Market (C4)
- 317 Urth Caffe (C3-4)
- 318 Bavel (C4)

Où boire un café ? Où déguster une glace ? Où boire un verre ?

- 14 Upstairs – ACE Hotel (A3-4)
- 84 The Varnish (B3)
- 86 Clifton's Republic (B3)
- 141 Perch (B3)
- 152 The Rooftop at The Standard (A3)
- 153 BonaVista Lounge (A-B2)
- 309 Modern Times Dankness Dojo (A3)
- 316 The Pie Hole (C3)
- 319 Arts District Brewery Company (C3)
- 320 Angel City Brewery (C3)
- 322 Salt & Straw (C3)

Où écouter de la musique ? Où danser ?

- 175 The Mayan (A4)
- 161 The Edison (B2)
- 310 Teragram Ballroom (A2)
- 321 Resident (C3)

Achats

- 248 The Last Bookstore (B3)
- 323 Arts District Co-op (C3-4)

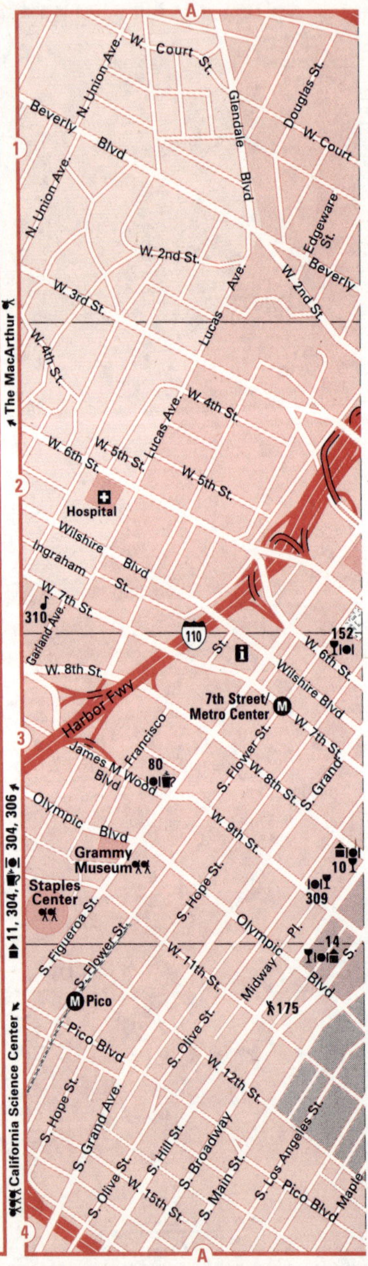

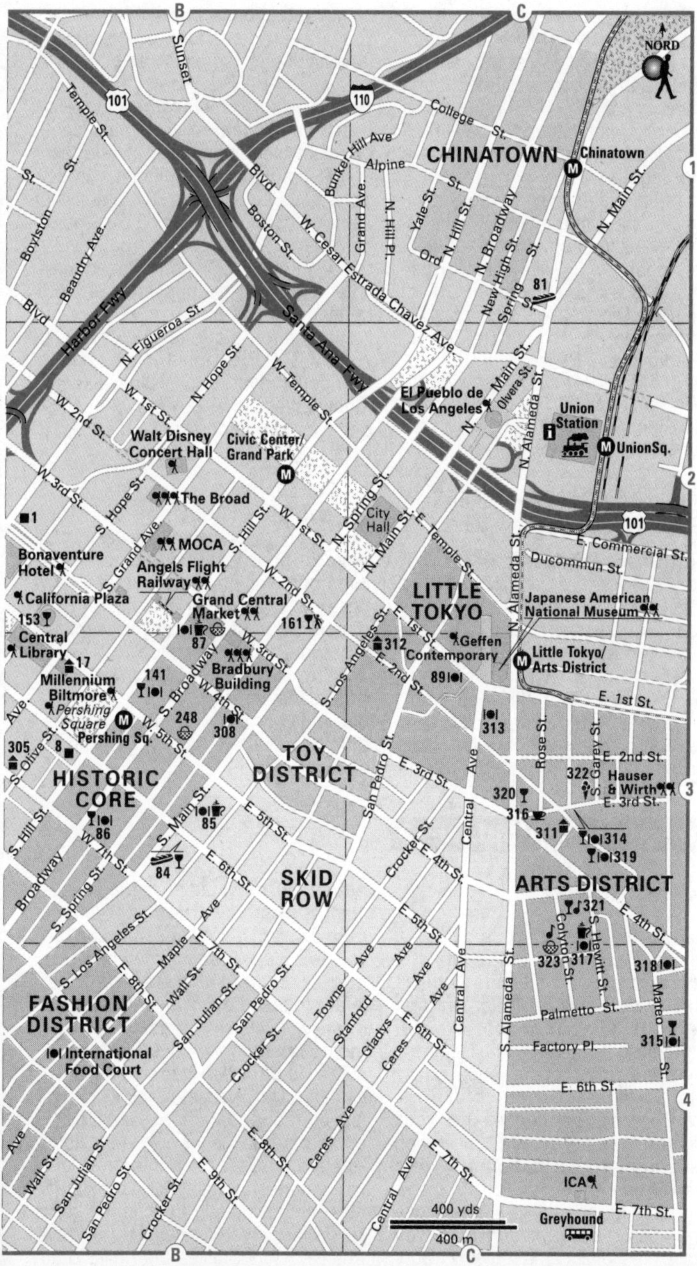

LOS ANGELES – Downtown (plan IV)

Beach et Long Beach. Comme dans tous les bus de L.A., prévoir le montant exact (à partir de 1 $), car le chauffeur ne rend pas la monnaie. Pour Santa Monica, le *Big Blue Bus* part aussi de l'*Aviation Metro Station.* Le *Rapid 3* s'avère le plus rapide, il dessert Venice au passage.

– ***En métro :*** d'Aviation Metro Station (voir plus haut comment s'y rendre), prendre la direction Norwalk *(Green Line),* changer à Willowbrook/Rosa Parks et prendre la direction Downtown *(Blue line)* pour se rendre dans le centre, ou Downtown Long Beach pour se rendre à Long Beach.

➢ ***En taxi :*** env 50 $ pour Downtown et 45 $ pour Santa Monica. Marchent au compteur. Selon les modèles, prennent 3-5 personnes. Si vous êtes seul ou plus de 4, on conseille de prendre un *Shared Ride Van.*

➢ ***En Shared Ride Van :*** *2 compagnies assurent ces systèmes de navette payante (minibus de 7 pers).* ***Super Shuttle,*** *☎ 1-800-258-3826,* • *supershuttle.com* •*, réduc de 10 % en réservant sur l'appli ;* ***Primetime Shuttle,*** *☎ 1-800-733-8267,* • *primetimeshuttle.com* • Elles vous déposent à l'adresse souhaitée. Vous pouvez les prendre en vous présentant au comptoir des compagnies, mais vous risquez d'attendre car il faut que le véhicule se remplisse et que l'itinéraire soit décidé. ***Pour gagner du temps, réservez en ligne*** (souvent des réduc). Idéal si vous êtes seul car c'est bien moins cher que le taxi et nettement plus facile et rapide que le bus ou le métro. Si vous allez dans un hôtel, compter 15-20 $/pers pour Santa Monica, Venice ou Downtown, et env 25 $ pour Pasadena. Quand un van ne dessert pas des hôtels mais des adresses privées, la 1re personne paie plus cher que les suivantes. Par exemple, compter env 20 $ pour la 1re personne allant à Santa Monica, Venice ou Downtown et 10 $ pour les personnes suivantes. C'est comme ça !

➢ Certains hôtels (surtout ceux situés à proximité de l'aéroport ou bien les hôtels chics) ont leur propre ***navette*** pour venir vous chercher à l'aéroport sur un simple coup de fil (résa conseillée). Par ailleurs, en cas d'urgence ou si vous arrivez en plein milieu de la nuit, fatigué et sans rien avoir réservé, les comptoirs ***Travelers Aid,*** dans les terminaux d'arrivée, peuvent vous proposer des chambres d'hôtel à tarifs réduits et se charger de la résa.

Comment se déplacer ?

Orientation

Avant toute chose, si vous disposez d'un smartphone ou d'une tablette, ***téléchargez la carte de Los Angeles sur Google Maps ou Maps.me dès que vous êtes connecté au wifi*** de manière à pouvoir l'utiliser hors connexion pour vous orienter par la suite. En effet, si vous optez pour la ***voiture de location*** et que vous comptez rayonner en ville, l'utilisation d'une ***appli de navigation sur votre smartphone*** (ou d'un ***GPS***) vous sera d'une très grande utilité. Cela ne dispense pas d'avoir ***un bon plan*** (voir détails plus loin), car la règle n° 1 pour une conduite efficace ici, c'est de toujours savoir où l'on va avant d'y aller. Autrement dit, étudier méticuleusement le plan pour ***déterminer l'itinéraire à suivre jusqu'à destination.*** En voiture à L.A., c'est comme en métro : pour se rendre d'un point à un autre, il faut toujours ***avoir en tête son itinéraire, le nom des sorties ou au moins les numéros des freeways*** à suivre, ***la direction dans laquelle on va*** (nord, sud, etc.), et savoir « prendre les correspondances ». Sans quoi, on se perd dès la 1re virée en voiture. Attention aussi à bien interpréter les indications fournies par votre GPS ou votre navigateur en ligne, qui aura tendance à vous orienter vers une *freeway* embouteillée pour aller d'un point A à un point B, ne serait-ce que pour faire 500 m, alors qu'un boulevard

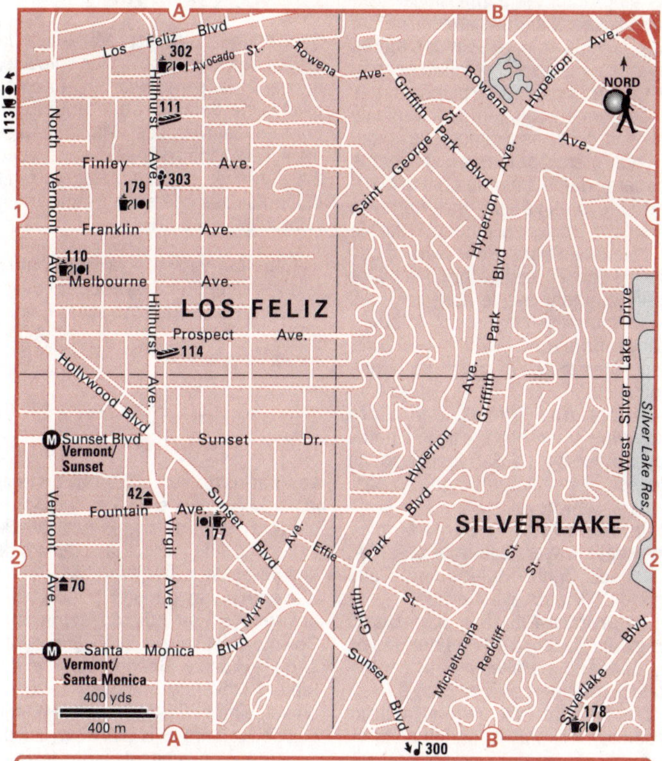

LOS ANGELES – Los Feliz (plan V)

Où dormir ?

- **42** Podshare Los Feliz (A2)
- **70** Hollywood Hotel (A2)

Où manger ?

- **110** Figaro Bistrot (A1)
- **111** Yuca's (A1)
- **113** The Trails (hors plan par A1)
- **114** Best Fish Taco in Ensenada (A1)
- **177** The Kitchen (A2)
- **178** Botanica Restaurant & Market (B2)
- **179** Alcove (A1)
- **302** Little Dom's (A1)

Où déguster une glace ?

- **303** Jeni's (A1)

Où sortir ?

- **300** The Echo (hors plan par B2)

fluide peut très bien s'y substituer. Sur une *freeway,* justement, la file de droite est souvent utilisée pour sortir, ce qui vous oblige à vous déporter sur la gauche pour continuer. Beaucoup de personnes changent de file à la dernière seconde, méfiez-vous ! Vous noterez cependant que, globalement, les Angelenos sont des as du volant, ce qui permet de garder une circulation relativement fluide et facilite les changements de voie.

Sur certaines* freeways, *la voie de gauche est réservée aux* carpools (covoiturage) *ou* HOV (High Occupancy Vehicle). *Si vous êtes au moins 2 dans le véhicule, profitez-en ! Attention, en revanche, à ne

pas emprunter les *Expresslane* (bien matérialisées par des panneaux et un marquage au sol), ce sont des routes payantes, mais sans guichet, contrôlées par un système de caméras. Les utilisateurs enregistrent leur véhicule puis sont facturés à chaque passage. Si vous n'êtes pas enregistré, vous écoperez d'une amende dont le montant sera prélevé sur votre carte de paiement par votre loueur. Enfin, la bonne nouvelle, c'est que le tracé des rues en damier rend la conduite plutôt aisée, d'autant que le nom des rues est toujours très clairement indiqué.
À apprendre par cœur cependant, les routes clés de cette immense métropole :
- L'***Interstate 5 (the Golden State Freeway)*** traverse la ville du nord-ouest (elle vient de San Francisco) au sud-est (elle va à San Diego), en passant par Downtown.
- L'***Interstate 10 (the Santa Monica Freeway)*** traverse la ville d'est en ouest, de Santa Monica vers Palm Springs, l'Arizona et le Nevada.
- L'***Interstate 405 (the San Diego Freeway)*** coupe la ville du nord-ouest au sud-est, parallèlement à Interstate 5, mais plus près de la côte.
- L'***Interstate 110 (the Harbour Freeway)*** relie Pasadena (au nord) au port de L.A. (au sud), en passant par Downtown.
- Enfin, la ***route 1,*** plus connue comme la ***Pacific Coast Highway,*** longe le Pacifique de Malibu (au nord-ouest de Santa Monica) à Laguna Beach, aux confins sud-est de L.A.

Plans et guides

La carte de Los Angeles distribuée gratuitement est suffisante pour se déplacer. Autrement, on trouve des cartes détaillées dans les librairies, les Rand MacNally sont les mieux faites. La *Streets of Los Angeles & Hollywood* ne couvre pas toute l'agglomération (comme son nom l'indique) mais elle est complète pour les quartiers traités dans ce guide (sauf Pasadena, les plages au sud et Anaheim). Les nombreuses *city maps* plastifiées sont plus maniables mais beaucoup moins précises.

Location de motos

Seul ou à 2, c'est probablement le moyen de locomotion le plus agréable, même si dangereux car les automobilistes ne tiennent absolument pas compte des 2-roues. Malheureusement, l'obligation de prendre une, voire 2 assurances supplémentaires, rend la formule très onéreuse. Permis moto obligatoire.

■ Ceux qui veulent « faire la route » à la manière d'un *Easy Rider* peuvent louer une Harley-Davidson chez **Eagle-Rider** : *11860 S La Cienega Blvd.* • *eaglerider.com* •

Stationnement, mode d'emploi

Les parkings surveillés ont généralement des tarifs élevés et fluctuants, qui vont parfois du simple au quintuple en fonction du jour de la semaine, de l'heure et de la fréquentation. À titre d'exemple, un parking peut coûter environ 45 $ la nuit en semaine à Downtown et seulement 10 $ le week-end ; à Venice Beach, c'est exactement l'inverse, compter 10-15 $/j. en semaine et 25-30 $/j. le week-end aux beaux jours. Si le tarif d'un parking vous paraît exorbitant, n'hésitez pas à en tenter un autre, parfois les prix s'effondrent d'une rue à l'autre. Si vous disposez d'un smartphone, les ***applis ParkMe ou Best Parking*** peuvent être très utiles, car elles permettent de visualiser d'un coup d'œil le parking le moins cher situé à proximité.
Avant de se garer, ***bien lire les panneaux le long du trottoir,*** toujours différents les uns des autres et donnant des règles de stationnement très précises. Par exemple, dans toutes les rues, le stationnement est interdit 2h un jour dans la semaine pour le nettoyage. Il faut parfois aussi enlever sa voiture entre 7h et 9h et entre 16h et 18h, au moment des *rush hours,* tandis que certaines rues ne sont réservées qu'aux résidents, etc. Bref, s'il y a plusieurs places vides dans une rue, ne vous réjouissez pas trop vite, il y a de grandes chances que vous arriviez pile dans la tranche horaire interdite...

Les ***amendes*** sont distribuées à la vitesse de l'éclair par des brigades mobiles et quasi invisibles, et les mises en ***fourrière*** sont tout aussi rapides (les *tow-away* sont généralement à l'œuvre une minute après l'heure indiquée sur le panneau !). Parfois, le stationnement est autorisé de 15 mn à 1h gratuitement (les agents relèvent alors, dans leurs tournées, les numéros de plaque minéralogique pour piéger les éventuels fraudeurs). De toute façon, même lorsque le stationnement est payant, vous pouvez rarement vous garer plus de 2h de suite au même endroit. Il faut alors nourrir le ***parcmètre*** (un par emplacement), qui n'accepte que les pièces de 25 cents et la carte de paiement. En général, le soir, passé 20h au plus tard, le stationnement devient gratuit et sans limite de temps (zieutez quand même le panneau !). Bien sûr, on trouve plus facilement des places dans les petites rues qu'aux abords immédiats des grands axes et des sites principaux.

- ***Une ligne rouge sur la bordure d'un trottoir :*** interdiction totale de stationner et de s'arrêter.
- ***Une ligne verte :*** stationnement possible pendant 20-30 mn.
- ***Une ligne jaune ou blanche :*** arrêt autorisé seulement pour débarquer (ou embarquer) un passager.
- ***Pas de marquage :*** garez-vous, sapristi !

Uber, Lyft

Aujourd'hui, nombreux sont ceux qui utilisent un smartphone connecté à l'étranger et les applis qui vont avec. Aussi peut-on se poser la question suivante : ***est-il indispensable de louer une voiture à Los Angeles ?*** La réponse est oui pour se déplacer en petit groupe (famille, amis), mais ce n'est pas toujours vrai quand on est seul ou même à 2. Les applis de trajets à la demande type *Uber* ou *Lyft,* faciles d'utilisation, permettent de faire des courses relativement bon marché tout en échappant au stress de la conduite et au coût cumulé des parkings. Combinée à l'excellent réseau de transport en commun, l'utilisation de ces applis mérite qu'on se penche sur le problème, a fortiori quand on a moins de 25 ans, ce qui est souvent l'âge minimum exigé pour pouvoir louer une voiture aux États-Unis.

Bus

Avant tout, le plus commode est de télécharger sur son smartphone une ***appli*** comme ***« LA Metro and Bus and Train Tracker ».*** Elle permet d'avoir un aperçu du réseau et du trafic en temps réel, et on peut également acheter son titre de transport avec.

À Los Angeles, les bus vont partout et sont bon marché mais ils sont lents car ils prennent rarement les *freeways,* et la plupart arrêtent de circuler à minuit. Le système est assez complexe (sans parler de la tarification...), car il y a plusieurs réseaux. Attention, les presque 200 lignes de bus sont gérées sous l'appellation METRO (ou MTA, c'est pareil), qui gère aussi le réseau du... métro (voir plus loin). Ce réseau de bus est complété par d'autres réseaux locaux, comme les *Big Blue Bus* à Santa Monica (qui rejoignent l'aéroport international LAX, Culver City et Westwood, ainsi que Wilshire Western Station et Downtown par bus rapide – lignes nos 7 et 10).

Prévoyez le montant exact avant de monter dans le bus, car on ne vous rendra pas la monnaie. Possibilité d'utiliser aussi le système de ***cartes magnétiques*** rechargeables *TAP,* sur lesquelles on charge un certain nombre de trajets.

Le trajet de base coûte 1,75 $ (on peut les acheter par 10, ce qui évite de courir sans arrêt après la monnaie). Le *METRO 1-Day Pass* coûte 7 $ (rentable à partir de 4 trajets/j.), le *7-Day Pass* 25 $ (rentable à partir de 15 trajets/sem) et le *30-Day Pass* 100 $. Notez également que les personnes handicapées ainsi que les seniors à partir de 62 ans bénéficient de réductions importantes (2,50 $ pour le *1-Day Pass,* 20 $ pour le *30-Day Pass,* etc.). D'autre part, un billet dans les *Big Blue Bus* coûte 1 $ (à acheter sur l'appli ou avec une carte rechargeable *TAP* ; plus de vente à bord). Par ailleurs, les bus express qui empruntent les *freeways* sont à supplément, et puis il y a aussi des zones à partir desquelles le voyage est plus cher (on vous l'avait dit que c'était compliqué !).

■ ***METRO*** *(plan IV, C2)* **:** *à Union Station, dans le MTA Bus Control, Gateway Plaza, à* ***Downtown.*** *• metro.net • Accès soit par l'entrée est de l'Union Station (par Vignes St), soit par le souterrain si vous arrivez par l'entrée principale de la gare (sur Alameda St). Lun-ven 6h-18h30.* Vous pourrez vous y procurer le plan du réseau (dont la lecture nécessitera un intense moment de concentration), les horaires et les billets forfaitaires. Le plus pratique est de télécharger l'appli LA Metro and Bus.

Terminal Greyhound *(plan IV, C4)* **:** *1716 E 7th St (angle Alameda). • greyhound.com • Ouv 24h/24.* Pour se rendre (entre autres) à Anaheim (Disneyland) pour celles et ceux qui n'auraient pas opté pour le train depuis Union Station. Le quartier n'est pas des plus engageant la nuit tombée. En cas d'arrivée tardive, prendre Alameda et remonter vers le nord, vous êtes à 16 mn à pied d'Arts District. Arrêt des *yellow cabs* sur le côté du terminal, côté des arrivées. Les fauchés prendront les nos 60 ou 62 du terminal *Greyhound* (arrêt de l'autre côté de la route, juste en face du terminal, sur 7th St). Attention, dernier bus vers 22h30.

Métro

Attention, le logo *METRO* recouvre à la fois le réseau de bus et le métro comme on l'appelle chez nous, ici appelé ***Metro Rail.***

Même si le métro de Los Angeles est encore trop peu développé et peu pratique, il permet tout de même d'atteindre très rapidement certaines destinations assez éloignées, pour un prix modique (1,75 $ l'aller simple). Système de *pass,* il faut d'abord acheter une carte pour y charger son billet.

Le « Metro Rail » compte 6 lignes : Red Line, Blue Line, Green Line, Gold Line et Purple Line ; la dernière, Expo Line, relie Downtown à Santa Monica via Culver City. Ces « Metro Rail Lines » sont complétées par 2 lignes de « Metro Liner » (Orange Line et Silver Line), qui sont en fait des bus au look de rame de métro et fonctionnant comme lui (arrêt à chaque station, entrée par la porte souhaitée, tickets uniquement vendus dans les distributeurs automatiques, etc.). Étonnant : de nombreuses stations se trouvent au beau milieu des *freeways* !

Train

Union Station *(plan IV, C2)* **:** belle gare dans un style assez indéfinissable, genre Art déco version rustique, située face au Pueblo de Los Angeles. C'est là que l'on prend son billet pour l'*Amtrak Coast Starlight,* le train qui relie L.A. à Seattle en passant par San Francisco et ses magnifiques paysages le long du Pacifique. D'ici part aussi le *Metrolink (• metrolinktrains.com •)* pour Anaheim, Santa Ana ou Ocean Side (correspondance pour San Diego). Devant la gare, toutes liaisons possibles : bus, métro, navette pour se rendre à LAX (aéroport de Los Angeles).

Adresses et infos utiles

Informations touristiques

Il y a plusieurs antennes de l'office de tourisme à Los Angeles : à Downtown, à Hollywood, et dans la ville de Santa Monica.

Discover Los Angeles Visitor Information Center *(plan IV, A3)* **:** *dans l'hôtel* InterContinental, *900 Wilshire Blvd. • discoverlosangeles.com • Tlj 9h-20h. Aussi une antenne à Union Station, 800 N Alameda St (plan IV, C2). Tlj 9h-17h.* Parmi les brochures et la doc utiles, plan gratuit de la ville, le dépliant du *DASH* (l'excellent réseau d'autobus qui permet de se rendre rapidement n'importe où à Downtown) et quelques magazines présentant tout ce qu'il y a à voir et à faire à L.A. Vente de la *Go Los Angeles Card* (mais bien étudier sa rentabilité avant de l'acheter...) et de tickets pour Disney et Universal.

Hollywood Visitor Center *(plan I, J9)* **:** *6801 Hollywood Blvd.* ☎ *323-467-6412.* • *discoverlosangeles.com* • *Au 1er étage, à gauche du Dolby Theatre, dans le centre commercial* Hollywood and Highland *(c'est un tt petit local, ne pas confondre avec le* Visitor Center *de la compagnie* Starline Tours*). Tlj 9h-22h (dim 10h-19h).* Carte de L.A., plus un mur entier de *flyers* et autres prospectus.

Santa Monica Visitor Center *(plan III, F6)* **:** *2427 Main St.* ☎ *310-393-7593.* • *santamonica.com* • *Tlj 9h-17h30 (17h le w-e).* Plan de Santa Monica (mais pas des autres communes). Horaires des transports en commun du Grand Los Angeles. Également 3 ***kiosques touristiques*** : *1400 Ocean Ave (à Palisades Park, face au* Georgian Hotel*, tlj 9h-17h), 200 Santa Monica Pier (tlj 11h-17h, dim 11h-19h) et 1300 Block of 3rd St Promenade (tlj 11h-20h).*

Argent, banques, change

Pour changer de l'argent liquide au comptoir, voici quelques adresses :

Union Bank *(plan III, F5,* **2***)* **:** *angle Santa Monica Blvd et 5th St à* ***Santa Monica.*** *Lun-ven 9h-17h (18h ven).*

Foreign Currency Exchange *(plan IV, B3,* **8***)* **:** *406 W 6th St A, à* ***Downtown****. Tlj sauf dim 9h-17h (10h-14h sam).*

Foreign Currency Express *(plan IV, B2,* **1***)* **:** *350 S Figueroa St, suite 134, à* ***Downtown.*** *Lun-ven 10h-15h, sam sur rdv.* En principe, pas de commission.

Continental Currency Services *(plan I, J9,* **3***)* **:** *6565 Hollywood Blvd. Change 24h/24.* En dépannage uniquement, car le taux de change est très médiocre (et variable selon la grosseur de vos billets...). Représente également *Western Union.*

Consulats

France : *10390 Santa Monica Blvd (angle Beverly Glen Blvd), 4e étage, suite 410, à Westwood.* ☎ *310-235-3200. N° d'urgence (hors horaires d'ouverture) :* ☎ *310-625-9713.* • *losangeles.consulfrance.org* • *Lun-ven 8h45-16h30 sur rdv.* Le consulat peut, en cas de difficultés financières, vous indiquer la meilleure solution pour que des proches vous fassent parvenir de l'argent, ou encore vous assister juridiquement en cas de problème. À l'arrière du bâtiment se trouve l'***Alliance française,*** suite 120 *(☎ 310-652-0306 ; lun-jeu 9h-20h, ven-sam 9h-17h, dim 9h-13h).*

Belgique : *6300 Wilshire Blvd (angle avec Fairfax Ave), suite 720, à West Hollywood (à proximité du Petersen Automotive Museum).* ☎ *323-857-1244. N° d'urgence (hors horaires d'ouverture) :* ☎ *213-247-9305.* • *unitedstates.diplomatie.belgium.be* • *Lun-ven 9h-12h30, 13h30-16h.*

Canada : *550 S Hope St (angle 6th St), 9e étage, à Downtown.* ☎ *213-346-2700.* • *international.gc.ca* • *Lun-ven 8h30-12h, 13h30-16h.*

Santé, urgences

Tous les hôpitaux ont un service d'urgences *(emergency).* Les 2 que nous vous indiquons ci-après ont bonne réputation.

Cedars-Sinai Medical Center *(plan II, O13)* **:** *8700 Beverly Blvd (entre San Vicente Blvd et George Burns Rd), West Hollywood.* ☎ *310-423-3277.*

Good Samaritan Hospital *(plan IV, A2)* **:** *1225 Wilshire Blvd (entre Witmer St et Lucas Ave), dans West Downtown.* ☎ *213-977-2121.*

Médecin français : *Dr Michel Mazouz, 1125 S Beverly Dr (Withworth Dr), suite 730, à Beverly Hills.* ☎ *310-201-0626.*

Journaux et magazines

– Se procurer l'hebdo gratuit ***L.A. Weekly*** (190 pages !) pour s'informer de tout ce qui se passe à L.A. Nombreux encarts publicitaires donnant droit à des réductions. • *laweekly.com* •

– Il existe également un mensuel, ***Where L.A.,*** pour tout savoir sur Los Angeles : attractions, musées, films, restaurants, tout ça classé par quartiers. • *socalpulse.com* •

Visites guidées

Architecture Tours L.A. : ☎ *323-464-7868.* • *architecturetoursla.com* •

Tlj, a priori à 10h. Dès 80 $ pour 2-3h de tour. Résa impérative. Pour ceux qui en auront les moyens, le site propose des tours architecturaux en minivan à travers Los Angeles. Plusieurs thématiques différentes : Downtown, Hollywood, West Hollywood et Beverly Hills, Pasadena, Silver Lake... Et pour les vrais passionnés, 2 circuits dédiés aux starchitectes Frank Lloyd Wright et Frank Gehry, mais compter minimum 150 $ par personne... (pour 6h de balade quand même).

■ ***L.A. Walking Tours :*** *☎ 213-623-2489. • laconservancy.org •* Pour celles et ceux passionnés d'architecture et qui maîtrisent un minimum la langue de Shakespeare, ***LA Conservancy*** organise depuis plus de 40 ans des visites guidées de Los Angeles. Plusieurs parcours au programme : le ***circuit Art déco*** part tous les samedis à 10h, il dresse l'inventaire de l'histoire, des matériaux et du style d'architecture des années 1920 à 1930. ***Downtown,*** quant à lui, se visite tous les samedis à 10h ainsi que le mercredi à 11h. Il offre un aperçu du centre-ville historique de la Cité des Anges. En été, quelques sorties en soirée, notamment le 2e jeudi du mois afin de faire coïncider cette visite avec le ***Downtown Art Walk.*** *Pour y participer il faut réserver en ligne. Durée des tours : 2h-2h30 ; prix : env 15 $/pers.*

Où dormir ?

À Los Angeles et Santa Monica, les hôtels sont chers. Si vous comptez séjourner plusieurs jours ici, nous vous conseillons plutôt de ***poser vos valises au bord du Pacifique,*** en particulier à ***Venice,*** ou bien à ***Santa Monica,*** voire carrément plus au sud vers ***Manhattan Beach*** ou ***Hermosa Beach*** si vous disposez d'une voiture. La trépidante ***Hollywood*** (sans oublier ***West Hollywood,*** son hémisphère ouest plus branché) recueille les suffrages de ceux qui veulent loger au cœur du mythe, mais elle n'offre pas le cadre le plus reposant ni toujours le plus esthétique. En revanche, sa situation à mi-chemin entre la plage et Downtown et pas trop loin de UCLA, des *Universal Studios* ou encore de Beverly Hills conviendra bien aux adeptes des déplacements en bus. Quant à ***Pasadena,*** c'est une ville résidentielle qui plaira avant tout à ceux qui aiment l'art (beaux musées), recherchent le calme et qui disposent d'un véhicule. ***Downtown,*** en pleine revitalisation depuis quelques années, en passe de devenir LE lieu à la mode pour sortir, peut s'avérer un bon point de chute pour nos lecteurs urbains-branchés. Ceux qui possèdent une voiture ne négligeront pas non plus les quartiers plus tranquilles : Little Armenia, Koreatown ou East Hollywood, à condition d'avoir dîné avant de rentrer se coucher...

Comme dans toutes les grandes villes américaines, ***le prix des chambres dépend de la loi de l'offre et de la demande,*** de la saison, des événements programmés, etc., et peut donc varier du simple au quadruple. Variables également, les ***taxes*** appliquées sur le prix des chambres, qui peuvent aller de 12 % (dans un camping) à près de 20 % dans certains hôtels de Santa Monica, par exemple. Dans les hôtels d'un certain standing, on peut vous exiger de vous un ***resort fee*** (ou *hotel fee*) qui tourne en général autour de 25-30 $/j., tarif auquel vous devrez ajouter les frais de parking (entre 20 $ et 45 $/nuit suivant l'hôtel mais vous pouvez aussi vous garer ailleurs pour moins cher souvent), ce qui au final alourdit considérablement la note. Si vous venez en été, qui est la haute saison, ***réserver plusieurs mois à l'avance*** vous garantit normalement de meilleurs tarifs.

Où dormir près de l'aéroport ? *(plan couleur d'ensemble)*

À moins d'arriver très tard ou d'avoir un avion à prendre de très bonne heure, ce secteur ne présente absolument ***aucun intérêt,*** surtout sans véhicule. De plus, les hôtels et motels ne sont guère folichons. ***Bref, en dépannage seulement !*** Beaucoup d'entre eux disposent de navettes gratuites ; sur demande, on viendra vous chercher ou vous conduire à l'aéroport.

De prix moyens à chic

Super 8 by Wyndham Inglewood/LAX : *4238 W Century Blvd (après l'intersection avec La Brea), à* ***Inglewood.*** *☎ 310-692-9351. • wyndhamhotels.com • À un peu moins de 4 km de l'aéroport. Double min 100 $. Navette aéroport : 10 $ sur demande. Parking gratuit.* Grand motel basique sur plusieurs niveaux, avec les bagnoles garées en dessous. Chambres correctement équipées. Pas grand-chose à faire dans le quartier.

Best Western Airport Plaza Inn : *1730 Centinela Ave (entre Short St et La Cienega Blvd), à* ***Inglewood.*** *☎ 310-568-0071. • bestwestern.com • À 5 km de l'aéroport ; accès par Tijera Blvd. Doubles à partir de 115 $, petit déj inclus. Navette pour l'aéroport gratuite. Parking 7 $.* Gros bloc de béton marron, sur 3 niveaux, avec au centre une courette au calme. Une soixantaine de chambres de bon confort (certaines avec jacuzzi), mais éviter, dans la mesure du possible, celles donnant sur la route, bruyantes.

En dehors des hôtels situés près de l'aéroport, ***tous nos hébergements sont décrits plus loin, dans les différents quartiers de Los Angeles.***

LOS ANGELES QUARTIER PAR QUARTIER

HOLLYWOOD ET MELROSE (plan I)

Un peu d'histoire de la capitale du cinéma

« Les pessimistes juifs sont à Hollywood.
Les optimistes, eux, sont à Auschwitz. »
Billy Wilder

Au commencement : une Terre promise et une étable

À l'avènement du cinéma, Hollywood ressemblait à un petit paradis. C'était une paisible localité, renommée pour la douceur de son climat et ses vastes horizons vierges de toute construction. On y respirait un air délicieusement tempéré de parfums d'orangers, d'eucalyptus et de jasmins. Des bougainvillées, des rosiers, des géraniums, des lupins poussaient en toute liberté, tandis que d'élégants palmiers s'élançaient dans l'azur du ciel. Les nuits de pleine lune, on entendait hurler les coyotes...

Un beau jour de décembre 1913, ***Cecil B. DeMille,*** de la compagnie *Famous Players Lasky* (qui deviendra la *Paramount*), débarque de New York avec son équipe. Après avoir remonté une large avenue nommée Vine Street, le groupe s'arrête au « studio » : une grange tachée par la chute des fruits des arbres voisins. DeMille envoie illico un télégramme à sa compagnie à New York : « Demande autorisation louer étable dans un lieu nommé Hollywood pour 75 $ par mois. » La réponse ne se fait pas attendre : « Autorisons location étable. » C'est ainsi que DeMille put tourner *Le Mari de l'Indienne (The Squaw Man),* le ***1er long-métrage (muet) de l'Histoire.***

Ainsi commence la ***ruée vers la Terre promise de Hollywood.*** Cinéastes et producteurs débarquent, attirés par la douceur du climat, qui leur permet de tourner été comme hiver. Le prix peu élevé des terrains, la présence d'une main-d'œuvre abondante et moins chère qu'à New York, et enfin la variété des paysages alentour finissent par décider nombre de pionniers du 7e art à venir s'y installer.

Le génial ***D. W. Griffith,*** qui traînait dans le coin depuis 1910, réalise la toute 1re superproduction : *Naissance d'une nation* (1914), suivie d'*Intolérance* (1916), pour laquelle il fait appel à 5 000 figurants ; le tournage durera 16 semaines et nécessitera 76h de pellicules pour un film de 3h ! Le film *Good Morning Babilonia,* de Paolo et Vittorio Taviani (1987) retrace magnifiquement ce Hollywood des années 1910.

C'est aussi à Hollywood que l'un des tout 1ers genres du cinéma muet voit le jour, la ***comédie burlesque,*** ou *slapstick.* Mack Sennett, son pionnier, tournera des centaines de ces courts-métrages comiques pour la *Keystone* dans des baraques minables. Il lancera la carrière de nombreux acteurs comiques, dont ***Charlie Chaplin.***

C'est alors que, fraîchement arrivé de son Angleterre natale, Chaplin invente son personnage de Charlot en fouillant dans la garde-robe de la *Keystone.* Le triomphe est immédiat et fulgurant. Sa canne, sa moustache, son chapeau melon et sa démarche inimitable le propulsent en tête d'affiche en moins de 3 ans. Succès planétaire. Embauché à 75 $ la semaine à ses débuts, Charlie Chaplin signera en 1917 le 1er contrat de 1 million de dollars enregistré dans les annales du cinéma.

GENTLEMAN CLOCHARD

*Pendant le terrible hiver 1954, Charlie Chaplin fit un don de 2 millions de francs à l'abbé Pierre et à sa fondation, Emmaüs, à la suite de l'appel urgent à la solidarité pour venir en aide aux sans-abri. Charlot (*The Tramp *en v.o.) eut ces paroles magnifiques : « Je ne les donne pas, je les rends. Ils appartiennent au vagabond que j'ai toujours été et que j'ai incarné. » Chapeau, Charlot !*

C'est ainsi qu'il devient multimillionnaire à 28 ans et s'installe, en 1918, dans ses propres studios, au 1416 North La Brea (ils sont toujours là, lire « À voir »). Avec ***Douglas Fairbanks*** et ***Mary Pickford,*** 2 vedettes en vue à l'époque, il fonde en 1919 *United Artists* (dont Griffith faisait partie), contribuant ainsi à asseoir l'image d'un Hollywood capitale mondiale du cinéma. Une conjoncture d'autant plus favorable que la Première Guerre mondiale avait ruiné les 1res années du cinéma en Europe.

L'âge d'or des usines à rêves

Les années 1920, 1930 et 1940 représentent l'âge d'or du cinéma hollywoodien. 2 raisons à cela. Primo, parce que la TV n'existe pas encore, secundo, de par l'esprit de liberté qu'il véhicule et le divertissement qu'il crée dans une société en proie à ses doutes (la Première Guerre mondiale, la Prohibition, le krach boursier de 1929...). De fait, la jeunesse ainsi que nombre de familles se mettent à fréquenter les salles avec assiduité (à l'époque, un ménage allait au cinéma en moyenne 3 fois par semaine). Ainsi naquit le culte des stars.

PSEUDO-STARLETTES

Dans les années 1930, un des plus grands studios de Hollywood possédait une maison close, le Mae's, afin d'amadouer les journalistes de cinéma et les exploitants de salles. Les filles proposées étaient les copies conformes des starlettes en vogue : Marlene Dietrich, Joan Crawford ou Lana Turner... On n'hésitait pas à recourir à la chirurgie esthétique si la ressemblance n'était pas parfaite.

La 1re Major Company voit le jour : la Paramount, dirigée par Adolf Zukor. Dans les années 1920, les fameuses *roaring twenties,* le cinéma de Hollywood se constitue en *movie business* (industrie du cinéma), dont Hollywood est l'épicentre. Tout en conservant leurs bureaux à New York, les grandes maisons de production montent d'énormes studios à Hollywood. Ce sont les ***dream factories*** (les usines à rêves).

Hollywood emploie alors près de 28 000 personnes, dont 170 réalisateurs et 350 scénaristes qui fournissent 500 à 700 scénarios par an. « Hollywood est une cité ouvrière », écrira Joseph Kessel. « Sous ses apparences de calme, de loisir, sous sa carapace de luxe, elle est pareille aux villes minières, aux agglomérations de hauts-fourneaux qui se vident de l'aube au crépuscule pour envoyer leur population aux galeries ou à la chaîne. Hollywood fabrique des images parlantes comme Ford sort des automobiles. »

5 grandes « usines à rêves » (les ***Big Five Majors***) dominent alors le monde du cinéma :

– La ***MGM*** *(Metro Goldwyn Mayer)* collectionne les stars, fidèle à sa devise *More stars than there are in heaven* (« Plus d'étoiles qu'il n'y en a dans le ciel »). Greta Garbo, Clark Gable, Marion Davies, Joan Crawford, Norman Shearer jouent pour la MGM.

– La ***Paramount*** : on y trouve l'irrésistible Mae West, le sémillant Gary Cooper, les Marx Brothers, Bing Crosby, Bob Hope, Tyrone Power et la divine Marlene Dietrich.

– La ***Warner Bros.,*** dirigée par les 4 frères Warner, n'a pas autant de stars mais rien que du brillant : Humphrey Bogart, James Cagney, Bette Davis.

– La ***Twentieth Century Fox*** ne renaît de ses cendres qu'en 1935, pour devenir la 4e des *Big Five Majors.*

– Enfin, la ***RKO*** aura le génie de produire *Citizen Kane,* d'Orson Welles. Elle appartenait à Joe Kennedy, le père de J.F.K. Il adorait les starlettes comme Gloria Swanson. Son fils John aussi.

LE LION DE LA METRO GOLDWYN MAYER

C'est tout simplement parce que l'un des fondateurs, M. Mayer, avait un lion, Slats, comme animal de compagnie (pas vous ?) que celui-ci devint la mascotte des films de la MGM. Slats fut le représentant rugissant de la MGM de 1924 à 1928. Depuis, 4 autres lions lui ont succédé aux différents génériques de la compagnie.

Après les *Big Five Majors,* place aux ***Little Three*** : ***Columbia, United Artists*** et ***Universal.***

Universal City, d'abord, la plus impressionnante, sorte de cité du cinéma, fondée par Carl Laemmle à quelques kilomètres au nord de Hollywood. Une ville dans la ville, entourée de murs infranchissables et gardée par des sentinelles. « Tout est organisé, hiérarchisé, standardisé. Jusqu'à la pensée, jusqu'à l'inspiration », dira Kessel.

À la tête de ces usines à rêves : les producteurs. Ils règnent en maîtres absolus, contrôlent tout, voient tout, interviennent à tous les niveaux : choisissent les sujets, les auteurs, les metteurs en scène, les acteurs, l'équipe technique. On les surnomme les « Moguls », entendez les Mongols, eu égard à leur omnipotence. Un de ces Moguls, Irving Thalberg (bras droit de Louis Mayer à la *MGM*), a servi de modèle à Scott Fitzgerald pour son *Dernier Nabab (The Last Tycoon).*

Quelques producteurs indépendants réussiront malgré tout à se faire un nom à l'ombre des *Majors,* comme ***Samuel Goldwyn*** et ***David O. Selznick,*** le producteur d'*Autant en emporte le vent* (1939), film feu d'artifice de l'âge d'or hollywoodien.

Les années 1930 sont marquées par de grands réalisateurs comme ***Frank Capra*** (le génie des comédies qui font réfléchir), ***John Ford*** (le père des westerns), ***Howard Hawkes*** (initiateur du

L'INEFFABLE CODE HAYS

Le sénateur républicain William Hays instaura des règles pour culs-bénits et interdit bien des films, dès 1934. Étaient censurés : crimes, danses suggestives, longs baisers ou injures religieuses. La commission traquait les nombrils. Lors du divorce de Hays, sa femme révéla que son mari était fétichiste et collectionnait les photos de nombrils. Bref, un trou béant dans sa réputation.

film noir). Les années 1940 ouvrent l'ère du film noir mais aussi des pin-up, ces *glamour girls* qui nous changent des beautés académiques d'avant-guerre. Rita Hayworth est surnommée « la Star atomique » ; Esther Williams, « la Naïade » ; Jane Russell, « la Brûlante » ; Lana Turner, « la Torride » ; Barbara Stanwyck, « la Perverse » ; Bette Davis, « la Garce » ; Ingrid Bergman, « l'Étrangère » ; Ava Gardner, « le Plus Bel Animal du monde ». Et bien sûr, ***Marilyn Monroe,*** star hollywoodienne par excellence, « la *Baby doll* du 7e art ». Toutes ces vedettes, « esclaves les mieux payées du monde », habitent ***Beverly Hills,*** à 2 pas des studios.
Côté réalisateurs, une pléiade de génies roule pour Hollywood : ***John Huston*** *(Le Faucon maltais, La Nuit de l'iguane, Asphalt Jungle...),* Raoul Walsh *(High Sierra...),* ***Billy Wilder*** *(Sunset Boulevard, Sept ans de réflexion...),* ***Joseph Mankiewicz*** *(Cléopâtre, Le Château du dragon, Ève, La Comtesse aux pieds nus...),* ***Ernst Lubitsch*** *(Ninotchka, Jeux dangereux, Le Ciel peut attendre),* ***Alfred Hitchcock,*** bien sûr (inventeur du thriller au cinéma). Et tant d'autres encore...

Les Nobel du cinéma

Un chevalier longiligne, en bronze plaqué or, tient une épée verticalement, les pieds posés sur une bobine de film : cette statuette est remise chaque année depuis 1929 comme récompense aux meilleurs films, réalisateurs, scénaristes et techniciens du 7e art. Une sorte de prix Nobel du cinéma, en somme. Pour la petite histoire, lors de la 1re remise des prix, on donna 15 statuettes devant un auditoire de 26 personnes !

UN ONCLE EN OR

Mais pourquoi ce prénom désuet d'Oscar ? Jusqu'en 1931, les Awards n'avaient pas de nom. Une obscure bibliothécaire de l'académie des Awards, Margaret Herrick, baptisa la statuette en raison de sa ressemblance avec son oncle Oscar ! Le sobriquet passa à la postérité en 1934.

Hollywood aujourd'hui

Le made in Hollywood représente toujours 90 % des personnes travaillant dans l'industrie du cinéma et des dépenses faites dans ce domaine aux États-Unis. Après avoir connu une crise extrêmement grave avec l'arrivée de la télé, les studios ont été sauvés de la catastrophe grâce à leur réorientation partielle dans la production d'émissions télévisées ; aujourd'hui, les films ne représentent plus que 20 % de leur chiffre d'affaires. Mais la concurrence est là, notamment l'État de New York, la Géorgie et la Louisiane, qui multiplient les avantages fiscaux pour attirer les grosses productions. En 20 ans, le nombre de tournages en Californie du Sud a diminué de plus de moitié !
Il est vrai qu'aujourd'hui la plupart des gros budgets – les fameux *blockbusters* – visent le marché des ados. Ces films génèrent de multiples revenus dérivés : merchandising, jeux vidéo, franchises, parcs d'attractions, etc. D'un autre côté, l'industrie cinématographique évolue. Si le chiffre d'affaires mondial continue de grimper, les studios doivent faire face à leurs nouveaux concurrents : ***Netflix, YouTube, Amazon,*** car les maîtres de la Toile sont capables eux aussi de produire des films eux-mêmes grâce à des ressources financières très supérieures à celles des studios, sans oublier le géant chinois qui pointe déjà le bout de son nez... Hollywood vit-il la fin d'un rêve ? Sera-t-il capable de garder ses créatifs ?

Hollywood, une industrie à part entière

D'authentiques hommes d'affaires règnent en maître sur l'industrie du rêve. Terminé les acteurs et les réalisateurs décisionnaires qui firent l'âge d'or du grand écran dans les années 1930. Aujourd'hui, les vrais décideurs sont les directeurs des programmes inféodés à la ***poignée de conglomérats*** qui détient les grands studios et un nombre incalculable de chaînes de télévision : Walt Disney en tête...

À coup de dizaines de milliards de dollars de budget annuel, ces derniers décident quels films recevront un financement, pour quel public et dans quel but. En cela, Hollywood est devenu un organe de propagande sans pareil, un passage obligé pour tout candidat à l'élection présidentielle. Avant chaque élection, de somptueuses réceptions sont organisées dans les plus belles villas de Beverly à seule fin de récolter des fonds et de pousser un candidat vers la Maison-Blanche. Avouons qu'à ce jeu-là les démocrates s'en sortent plutôt mieux que les républicains... En 2016, Hillary Clinton avait récolté 20 millions de dollars alors que Donald Trump en avait récolté 7 fois moins. Cependant, l'influence hollywoodienne dépasse largement les frontières des États-Unis. Aujourd'hui, ce sont les Chinois qui misent en masse sur le 7e art. Il faut dire que ***les industries culturelles américaines, dont Hollywood est le fer de lance, pèsent près de 500 milliards de dollars par an,*** alors évidemment, ça parle aux investisseurs !

Où dormir ?

Mirage ! Hollywood n'est plus ce qu'il était dans les années 1920-1940, sa période de gloire. Franchement, aujourd'hui, par endroits, on dirait un vague centre commercial avec ses parkings miteux et ses rues où s'encartonnent chaque soir des dizaines de laissés-pour-compte *(homeless)*. D'où l'importance de bien choisir l'endroit où se situe son hôtel. Dans les petites rues perpendiculaires à Hollywood Boulevard (partie est, c'est-à-dire grosso modo entre Highland et Western Avenue), quelques prostituées, sex-shops minables et mauvais garçons ont même fait leur apparition. En revanche, la partie ouest est restée sûre et plutôt chic, même si elle n'est pas plus gaie que ça. On vous le dit tout de go, malgré un grand nombre d'hôtels, ***Hollywood n'est pas notre quartier préféré pour loger à Los Angeles.***

De bon marché à prix moyens

■ ***Orange Drive Manor*** *(plan I, J9, **48**) : 1764 N Orange Dr. ☎ 323-850-0350. • orangedrivehostel.com • Lit en dortoir env 50 $ (possibilité de privatiser un dortoir pour 3-6 pers), doubles sans ou avec sdb 95-115 $, petit déj inclus pour les chambres avec sdb. Navette aéroport (payante). Parking 10 $.* Pas d'enseigne pour cette grande maison bourgeoise plantée au milieu des arbres dans un endroit calme en plein cœur de l'animation de Hollywood. À peine une dizaine de doubles et 4 dortoirs (moitié gars, moitié filles) avec salle de bains commune. Les chambres sont parfois un peu biscornues et la literie un peu molle, mais l'ensemble dégage un certain charme. Parquets encaustiqués, cuisine et salle TV, c'est propre et lumineux. Une maison où l'on se sent bien.

■ ***Samesun Hollywood*** *(plan I, J9, **44**) : 6820 Hollywood Blvd. ☎ 323-463-2750. • samesun.com • En face du métro Hollywood/Highland. Lits en dortoir 4-6 pers 35-55 $, doubles avec sdb partagée ou non 110-130 $, petit déj inclus.* Une auberge dont la situation est exceptionnelle (lors de la remise des oscars, vous êtes sur le devant de la scène !). Entièrement réhabilitée, elle dispose maintenant de chambres et dortoirs de qualité avec parquet flottant et agréables touches de couleur. Beaux espaces communs, une grande cuisine à dispo, sanitaires corrects. Plein de doc. Une activité différente proposée chaque soir. On est ici au cœur du Walk of Fame. Parfait pour celles et ceux qui veulent tutoyer le mythe.

Prix moyens

■ ***Motel 6 Hollywood*** *(plan I, J9, **54**) : 1738 N Whitley Ave. ☎ 323-464-6006. • motel6.com • Doubles 90-180 $. Pas de petit déj, juste café et thé à la réception. Parking 15 $ (places limitées).* Idéalement placé, dans une ruelle paisible à 2 pas du cœur de Hollywood, ce rejeton de la chaîne *low-cost* américaine a retenu notre attention. Sur 5 étages, il aligne des chambres avec parquet flottant, frigo, bon gros matelas et douche à l'italienne. C'est standard et sans aucune âme. À 4 personnes, hors saison, c'est moins cher qu'une AJ.

Hollywood Melrose Hotel *(hors plan I par L10, **40**) : 5162 Melrose Ave. ☎ 323-378-6312. Doubles 130-190 $. Pas de petit déj. Parking 18 $.* À un jet de pierre des studios Paramount, cet hôtel historique mis en service en 1927 a vu défiler tout le gratin du 7e art pendant des lustres. De cette époque révolue, il a conservé ses escaliers moquettés et ses couloirs peuplés de portraits de stars. Côté déco, pas grand-chose de nouveau sur la comète étant donné que la politique de la maison est de conserver des prix abordables. La clim date de l'après-guerre, et c'est tout juste si on n'entend pas grésiller la TSF dans la piaule d'à côté. Vieillot mais classe, on a dit...

Plus chic

Mama Shelter *(plan I, K9, **43**) : 6500 Selma Ave. ☎ 323-785-6600. • mamashelter.com • Doubles 185-300 $. Parking 22 $.* Voilà la *French touch* qui manquait au quartier ! On retrouve l'ADN des *Mama* : des espaces pas prise de chou pour un sou, où l'on privilégie les rencontres. Cela donne 70 chambres sobres et lumineuses, dont une poignée de suites vraiment top. Le tout assorti de quelques pieds de nez à l'esprit conservateur américain : la bible de Keith Richards en plus de celle des Gédéons et un film coquin dans chaque chambre... Ceux qui préfèrent CNN pourront quand même zapper sur leur Mac 19 pouces qui fait aussi Photomaton. Côté papilles, le chef œuvre en cuisine ouverte (façon *coffee shop*), avec table à partager pour ceux qui veulent. Côté détente, quelques grattes à dispo, un baby moitié homme moitié femme, un Monopoly revisité et un *rooftop* ciné avec une vue à 360° sur la Cité des Anges et le panneau de Hollywood !

Hollywood Celebrity Hotel *(plan I, J9, **47**) : 1775 Orchid Ave. ☎ 323-850-6464. • hotelcelebrity.com • Accès par Franklin Ave. Doubles 160-230 $, petit déj inclus. Parking 17 $.* Proche d'une station de métro, cet hôtel d'une quarantaine de chambres (la moitié avec kitchenette) est au cœur de Hollywood. Vous ne risquez pas d'y croiser la moindre vedette, sauf sur les murs de la réception et dans les chambres, agrémentées d'un sobre dessin représentant une star de l'âge d'or du cinéma. C'est globalement propre et lumineux. Terrasse sur la rue pour prendre son petit déj. Excellent accueil.

The Garland *(hors plan I par K9, **46**) : 4222 Vineland Ave. ☎ 818-980-8000. • thegarland.com • Doubles avec* king size bed *180-330 $; compter 20-30 $ de plus pour avoir 2* queen size beds *et pouvoir loger à 4. Parking env 30 $.* Cet ancien motel de chaîne des 70's a rouvert sous forme de gros « *boutique-resort-hotel* » familial et coloré en gardant le style de l'époque. Couleurs (orange, marron, blanc, gris clair), imprimés graphiques, mobilier, tout est revival, et l'ambiance vraiment fun en famille : piscine chauffée-solarium entourée de verdure, terrasses avec baby-foot, resto ultra-convivial... Les chambres sont bien fichues, avec un vrai coin enfants (lits superposés avec TV !). Navette gratuite pour les *Universal Studios (ttes les 30 mn 7h-23h).*

Highland Gardens Hotel *(plan I, J9, **50**) : 7047 Franklin Ave. ☎ 323-850-0536. • highlandgardenshotel.com • Doubles dès 200 $, petit déj inclus. Compter 20 $/pers supplémentaire. Parking 10 $.* Un motel mythique, fréquenté dans les années 1950 par Frank Sinatra, Sammy Davis, Errol Flynn... Pèlerins du rock'n'roll, sachez que c'est ici, dans la chambre nº 105, que Janis Joplin fut retrouvée morte. Les chambres, toutes avec 2 *queen size beds,* sans originalité, sont néanmoins agréables. La vaste et élégante réception, tout en verre, bleu et blanc, cache un ensemble malheureusement plus vieillot (choisir en priorité les chambres donnant sur la piscine et au 2e niveau). Celles côté jardin possèdent une petite terrasse. Piscine chauffée noyée dans la verdure.

De plus chic à très chic et plus encore...

Magic Castle Hotel *(plan I, J9, **53**) : 7025 Franklin Ave. ☎ 323-851-0800. • magiccastlehotel.com • Doubles 150-350 $, petit déj compris. Parking env 15 $.* Rien de vraiment *magic* ni *castle,* mais un hôtel très central et plutôt calme malgré sa situation proche du boulevard. Côté confort, c'est parfait, les *regular suites* sont spacieuses et cosy. Certaines rénovées dans un style revival très sympa, demandez-les. Sinon, préférer les chambres qui donnent sur la piscine (chauffée). Cuisine dans les 2 *junior suites.* L'hôtel avoisine un club de magiciens.

Hollywood Roosevelt *(plan I, J9, **52**) : 7000 Hollywood Blvd. ☎ 323-856-1970. • thehollywoodroosevelt.com • Au pied du Walk of Fame. Doubles 255-380 $, suites encore plus chères. Parking env 45 $.* Construit en 1927, en pleine effervescence hollywoodienne, ce palace étonnant de plus de 300 chambres a abrité les amours et les extravagances des producteurs, des stars de cinéma et de la littérature américaine. La toute 1re cérémonie des Oscars y eut lieu. Superbe intérieur Art déco tendance hispano-mauresque, avec plafonds peints, grilles en fer forgé et marbre blanc. Les chambres ont été redécorées, mais les salles de bains sont vraiment riquiqui. Profitez donc de l'immense piscine ! Superbe, décorée dans le fond par David Hockney, elle est bordée de hauts palmiers et se transforme le soir en lounge branché. Bar-resto pour grignoter de très bons et copieux burgers revisités, à prix raisonnables pour le cadre, mais ne commandez rien en chambre, votre carte de paiement n'apprécierait pas.

Où manger ?

Hollywood Boulevard, son fameux Walk of Fame et les rues adjacentes ne brillent pas pour la qualité de leurs restaurants, comparé à ***Third Street*** (West Hollywood) ou aux quartiers de ***Los Feliz*** et de ***Silver Lake,*** par exemple, situés au sud du Griffith Park, où l'on trouve aussi bien des petits restos, des centres de yoga que des boutiques de fringues. On vous indique plusieurs restos dans ce quartier, dans le chapitre suivant : ***« Griffith Park, Los Feliz, Silver Lake et East Hollywood. »***

Spécial petit déjeuner

Blu Jam Café *(plan I, I11, **112**) : 7371 Melrose Ave. ☎ 323-951-9191. Tlj 9h-14h. Brunch w-e et j. fériés. Petits déj 12-20 $. Plats 13-16 $. Le repas du midi est servi à partir de 11h, allez-y le plus tôt possible sinon c'est la queue assurée !* Créé à l'initiative d'un émigré tchèque passionné de cuisine, ce *Blu Jam* séduit les riverains pour ses produits sains, sa musique jazzy et sa terrasse ridiculement petite. Au petit déj, paraît que le *French toast* est si croustillant qu'il réveille tout le quartier ! Ici, des œufs dans tous leurs états : miroirs, brouillés, omelettes, *Benedict...* Mais aussi pancakes et une section *health & fitness* qui conviendra aux Rabelaisiens repentis. Sinon, on se régale d'une cuisine simple et goûteuse, parfois exotique ou francisée.

Et aussi ***Mama Shelter*** *(plan I, K9, **43**) : 6500 Selma Ave. ☎ 323-785-6666. Breakfast tlj, brunch le w-e.* Voir plus loin.

Bon marché

Pink's *(plan I, I11, **115**) : 709 N La Brea Ave. ☎ 323-931-4223. Tlj 9h30-23h (1h ven-sam). Hot-dogs à partir de 5 $, hamburgers à peine plus chers. Parking gratuit.* Le plus médiatique dealer de hot-dogs de L.A. voit sa file d'attente s'allonger irrésistiblement aux heures de grande fringale, et ce depuis 1939. Si vous ne prenez pas racine avant d'arriver au comptoir, décidez-vous vite, mais vous ne le regretterez pas. Énormes hot-dogs à toutes les sauces : pimenté, au fromage, à l'allemande, à la mexicaine, au *coleslaw,* au pastrami... À l'arrière, quelques tables pour s'empiffrer sous des parasols.

Joe's Pizza *(plan I, K9,* ***117****) : 6504 Hollywood Blvd. ☎ 323-467-9500. Tlj 11h-2h (3h jeu-sam). Part de pizza env 5 $; compter 20-25 $ pour une entière.* Dans cette partie de Hollywood Boulevard livrée aux attrape-gogos, pas la peine de se ruiner. Venez donc chez Joe commander une pizza à emporter. La pâte et la sauce tomate sont maison.

De prix moyens à plus chic

Los Balcones *(plan I, K10,* ***122****) : 1360 Vine St. ☎ 323-871-9600. Lun-sam 11h-22h (23h ven-sam), 13h-21h dim. Lunch menus 12-16 $; plats 15-25 $.* Une façade toute noire piquée de plantes grasses et une salle grande ouverte sur la rue. Ici, que du frais, des ceviches, un poulpe à l'huile d'olive servi avec des petits pains maison, une salade au quinoa, des frites de bananes plantains, un tartare de thon rouge, bref, une cuisine péruvienne un poil revisitée. Leur formule du midi est un vrai bon plan. D'autant que l'accueil de la famille Rodriguez, qui a fui la dictature péruvienne en 1980, est très sympa. Belle carte des vins à prix raisonnables.

M Café *(plan I, I11,* ***121****) : 7119 Melrose Ave. ☎ 323-525-0588. Tlj 10h-21h. Plats 15-20 $.* Bienvenue chez les virtuoses de la centrifugeuse ! Dans cette cafétéria où la vitrine prend plus de place que la salle (il y a aussi une terrasse), on vous sert une cuisine macrobiotique : salades (quinoa, soja...), sushis, wraps, sandwichs et *veg burgers*. Le tout à faire descendre avec des breuvages mystérieux portant les doux noms de *detox* ou encore *red beauty*. Clientèle intello cool.

Pink Pepper *(plan I, I9,* ***118****) : 1638 N La Brea Ave. ☎ 323-461-2462. Tlj 11h (17h w-e)-23h. Plats 10-29 $.* En terrasse ou dans la petite salle bien proprette, on sert ici tous les poncifs de la cuisine thaïe, et plutôt copieusement. On a particulièrement apprécié le *tom kha,* cette soupe de coco à la citronnelle, feuilles de *kaffir* et galanga que l'on sert aux légumes *(pak),* aux crevettes *(koong)* ou au poulet *(gaï).* Accompagné d'un riz blanc vapeur, c'est excellent et fort peu dispendieux, comme disent nos amis québécois.

Mama Shelter *(plan I, K9,* ***43****) : 6500 Selma Ave. ☎ 323-785-6666. Tlj 12h-minuit (2h ven-sam). Plats 15-25 $.* C'est la cantoche de la *Mama* et on ne s'en plaint pas. Le chef travaille une cuisine française ou italienne à la sauce californienne avec pour objectif un repas « comme à la maison ». Formule *coffee shop* avec table à partager entre convives le midi, ou ambiance plus intime le soir. La carte des vins vous permettra de découvrir les crus locaux. Bonne ambiance.

El Coyote *(plan I, I11,* ***119****) : 7312 Beverly Blvd. ☎ 323-939-2255. Tlj 11h30-22h (23h ven-sam). Plats 10-20 $.* Depuis 1931, ce mexicain d'un kitsch assumé bourdonne le soir, dans cette succession de salles de toutes les couleurs. Les serveuses sont en costume du pays, et la cuisine est tout à fait correcte, à des prix très raisonnables pour L.A., même si c'était mieux avant. C'est ici que la jeune actrice Sharon Tate et ses amis prirent leur dernier repas avant d'être assassinés par les disciples de Manson en août 1969. Mais que cela ne vous coupe pas l'appétit pour autant !

Très chic

The Musso and Frank Grill *(plan I, J9,* ***116****) : 6667 Hollywood Blvd. ☎ 323-467-7788. Mar-sam 17h-23h, dim 16h-22h. Fermé lun. Tenue correcte et résa conseillées. Plats 20-56 $ (sandwichs dès 10 $).* Le plus vieux restaurant de Hollywood ; il date de 1919 et la déco de 1934 « seulement » ! Il fut d'ailleurs immortalisé dans le *Once Upon a Time in Hollywood* de Tarantino. On y rencontre tout le gratin depuis que Hemingway, Dashiell Hammet, Aldous Huxley et William Faulkner y ont eu leur rond de serviette. Célèbre pour ses rôtis, ses *fettucini Alfredo* (la recette originale servie à Douglas Fairbanks et Mary Pickford !) et ses serveurs débordés, cette adresse propose 2 formules : le vrai restaurant et une brasserie avec petits box ou long comptoir pour ceux qui n'ont pas réservé. On peut aussi boire un cocktail

Martini au bar (le *signature drink* de la maison). *Daily specials* inchangés depuis le début : *corned-beef and cabbage* (mardi) ; *sauerbraten and potato pancakes* (mercredi) ; *chicken pot pie* (jeudi) ; bouillabaisse marseillaise (vendredi) ; *short ribs* (samedi) ; confit de canard (dimanche). Le midi, goûtez aux *flannel cakes* (entre crêpe et pancake) inventés par l'ancien chef !

Où boire un café ? Où déguster une bonne glace ?

Caffé ETC *(plan I, K9,* ***175****) : 6371 Selma Ave (angle N Cahuenga Blvd). Tlj 7h-21h (8h-22h sam).* Ce fut, entre 1967 et 1984, les studios d'enregistrement Heider. Toutes les pointures y ont enregistré, de Jimi Hendrix à Chuck Berry en passant par Bowie, Frank Zappa ou The Doors. Aujourd'hui, cette petite adresse sert brunch, lunch et *dinner,* mais on y vient surtout pour siroter un café et déguster de bonnes glaces italiennes dans une ambiance jeune et décontractée.

Où boire un verre ? Où sortir ? Où danser ?

Assez familial et populaire dans l'ensemble, Hollywood n'est pas le secteur le plus vivant le soir. Pour sortir, mieux vaut aller traîner ses envies de musique et de mojito du côté de West Hollywood (voir plus loin). Néanmoins, voici quelques adresses. Il y a aussi une grosse concentration de bars sur Cahuenga Boulevard, entre Hollywood et Selma Avenue *(plan I, K9).*

The Frolic Room *(plan I, K9,* ***140****) : 6245 Hollywood Blvd. Tlj 11h-2h.* L'enseigne lumineuse vintage donne le ton, vous voici dans le *dive bar* (rade) historique de Hollywood, datant des 30's. La meilleure place pour s'en descendre une, c'est au comptoir, contre l'amusante peinture murale du caricaturiste Al Hirschfeld, réunissant une pléiade de célébrités du cinéma, des arts, sciences, société... En sortant, ne loupez pas l'étoile de Charles Aznavour scellée dans le trottoir.

Mama Shelter *(plan I, K9,* ***43****) : 6500 Selma Ave. • mamashelter.com • Tlj 12h-minuit (2h ven-sam).* Vue à 360° sur L.A. et le panneau de Hollywood depuis le *rooftop* de cet hôtel design on ne peut plus *trendy* ; lire plus haut « Où dormir ? ».

Next Door Lounge *(plan I, J10,* ***165****) : 1154 N Highland Ave. Ven-sam 21h-2h.* Façade lie-de-vin et bronze vieilli. Portier en costard et feutre mou, plume dans les cheveux des serveuses, virevoltant de canapé Chesterfield en fauteuil club dans une ambiance Années folles. Voilà le décor de ce grand bar inspiré des *speakeasies,* les tripots clandestins de la Prohibition. Le concept est à la mode, c'est dur de trouver une place le week-end. Il ne reste plus qu'à s'accouder au comptoir pour siroter l'un des 40 cocktails maison, savoureux et surprenants.

Good Times at Davey Wayne's *(plan I, K9,* ***170****) : 1611 N El Centro Ave. • goodtimesatdaveywaynes.com • Tlj 17h-2h ; à partir de 14h le w-e.* Pas vraiment de signe avant-coureur. Avant de passer le « poste de contrôle » (*ID* obligatoire) et de pousser la porte du frigo qui permet d'entrer dans cette maison des années 1960, on n'imagine pas le barouf que c'est à l'intérieur. Mieux vaut aller siroter sa bière dans la petite cour sur l'arrière pour espérer s'entendre. Dernière chose : ne vous y pointez pas comme si vous sortiez du lit, habillez-vous un minimum. Programmation sur leur site.

Avalon *(plan I, K9,* ***174****) : 1735 Vine St. • avalonhollywood.com • Entrée 15-45 $, possibilité de coupe-file.* On y va d'abord en amateur d'art pour sa superbe et surprenante façade baroque ! Ce fut le studio de CBS dans les années 1940, puis le *Hollywood Palace,* où se produisirent les Beatles et Fred Astaire dans les années 1960, avant de devenir le théâtre privé du comique Jerry Lewis. Aujourd'hui, c'est une boîte branchée devant laquelle poireaute une file impressionnante de pépettes sur leur trente et un en fin de semaine. Comme les poupées russes, plusieurs boîtes dans la boîte. Également des DJs de la planète mondialisée. Programme sur le site ou la page Facebook.

Spectacle

Hollywood Bowl *(hors plan I par J9, **172**) : 2301 N Highland Ave. • hollywoodbowl.com •* Amphithéâtre de 18 000 places construit en 1922 pour accueillir le L.A. Philharmonic, qui s'y produit régulièrement. Un lieu incontournable où la tradition veut qu'on pique-nique pendant le spectacle ! Les plus grands musiciens (et chanteurs) y sont aussi programmés, de même que des festivals de jazz et de mariachis. Petit musée gratuit sur le *Bowl (de juin à mi-sept, mar-sam de 10h jusqu'à l'heure des concerts, ouvre 4h avt les shows dim et lun ; hors saison, seulement mar-ven 10h-17h, fermé à Thanksgiving, à Noël et 1er janv).* Les répétitions du Los Angeles Philarmonic sont libres d'accès, souvent les mardi, jeudi et vendredi matin : se renseigner avant d'y aller.

Achats

À Hollywood

À part le centre commercial ***Hollywood & Highland*** sur Hollywood Boulevard, épicentre de la kermesse hollywoodienne, entre North Highland Avenue et Cahuenga Boulevard, nombreuses boutiques de fringues folles, tee-shirts et gadgets. Pas vraiment notre tasse de thé. ***Pour le shopping,*** le vrai, rien de tel que ***Melrose Avenue*** (voir plus loin).

Amoeba Music *(plan I, K9, **242**) : 6200 Sunset Blvd. • amoeba.com • Tlj 11h-20h (21h ven-dim).* Immense magasin de disques, neufs et d'occasion, offrant un choix vaste et pointu. Pour les cinéphiles, la section DVD est d'une grande richesse (mais attention au format, pas toujours compatible avec les lecteurs DVD français). *Live shows* certains jours, consulter leur site ou leur page Facebook.

The Record Parlour *(plan I, K9, **246**) : 6408 Selma Ave. • therecordparlour.com • Tlj 10h30-23h30.* Ici, plus de 60 000 vinyles à qui on a promis un diamant attendent en silence qu'on les sorte de leur pochette pour aller faire un petit tour (et même plusieurs).

Sur La Brea et Melrose Avenue

Melrose est une longue avenue au sud de Hollywood, qui prend sa source à Beverly et disparaît dans les marais de la Hollywood Freeway. ***C'est l'avenue shopping par excellence.*** Les boutiques à l'angle de Melrose et de Fuller sont plus décalées ; la bohème vintage, la bourgeoisie bon chic bon genre et la *punk generation* s'y côtoient avec courtoisie. Entre Fairfax et San Vicente Boulevard, c'est beaucoup plus sélect et chic, avec des boutiques de créateurs et designers célèbres. Pour le vintage pur et dur et la tendance revival des 60's, on peut aussi aller à Burbank, ou d'une manière générale dans le Fashion District de Downtown.

Jet Rag *(plan I, I11, **240**) : 825 N La Brea Ave. Lun-sam 11h-19h30, dim 8h19h.* Avec ses roquettes en devanture, ce temple du vintage envoie grave ! Si vous voulez sortir avec des ailes d'ange en plume d'autruche, la robe de Mary Poppins, un cuir de *biker* façon Hells Angels, des cravates flashy ou des perruques psychédéliques, c'est assurément ici que ça se passe. La mezzanine, en revanche, est plus « habillée », c'est là que vous essaierez un stetson, une chemise hawaiienne ou une robe des années 1950. *Le dim, vente à 1 $ jusqu'à 17h !*

Wasteland *(plan I, I11, **247**) : 7428 Melrose Ave. Tlj 11h-20h (19h le dim).* La déco de la façade donne le ton. Voici un temple du vintage où se pressent les fashionistas et même, paraît-il, certains grands créateurs en quête d'inspiration... Tout n'est pas mettable, mais c'est plutôt marrant de voir la clientèle.

Mister Freedom *(plan I, I11,* ***243****)* **:** *7161 Beverly Blvd. Lun-sam 11h-16h.* Très belle collection de fringues vintage, des *early seventies* jusqu'en 1850 ! Et notamment pas mal de costumes français de la fin du XIXe s (on sent l'influence de Hollywood), mais aussi les tout 1ers *denim* (les 1ers jeans dans la langue locale !), des pulls western, des jacquards à motifs. *Mister Freedom* produit également sa propre ligne de vêtements. À coup sûr de l'introuvable ailleurs !

À voir. À faire

Le panneau « Hollywood » *(Hollywood Sign ; plan couleur d'ensemble)* **:** incontournable, il se découpe en lettres géantes dans les collines. On l'aperçoit d'un peu partout, au hasard d'un croisement d'avenues, depuis le *mall Hollywood & Highland* (lire précédemment « Achats »), le Runyon Canyon Park ou, mieux, depuis l'observatoire du Griffith Park (lire plus loin). ***L'accès aux abords du panneau est interdit*** pour des questions de sécurité, mais il existe ***plusieurs solutions pour s'en rapprocher*** par le sud. Sur Canyon Lake Dr, la grande pelouse du ***Lake Hollywood Park*** (un petit parc peu touristique) permet de faire de chouettes photos, notamment au coucher du soleil. Sinon, dans le chapitre consacré à Griffith Park, on vous propose aussi une ***petite balade à pied sur les hauteurs de Hollywoodland,*** avec une vue en fin de parcours (voir plus loin).

À l'origine, en 1923, le panneau « Hollywood » était une publicité imaginée par un promoteur, qui s'appelait à l'époque *Hollywoodland* (la fin du mot ayant depuis disparu ; il y avait 13 lettres mais ce chiffre porte malheur ici). En état de détérioration depuis longtemps, le plus grand panneau publicitaire du monde fut sauvé 2 fois in extremis. En 1978, grâce à une souscription nationale parrainée par des stars du rock qui ont chacune adopté une lettre pour la somme de 27 777 $: Alice Cooper en tête, qui a financé le dernier « O » – David Bowie a payé, quant à lui, la lettre « H ». Et en 2010, grâce à des dons de Steven Spielberg, Tom Hanks ou encore Hugh Hefner, le patron de *Playboy.* En 2013, le panneau mythique s'offrait son 1er vrai lifting pour son 90e anniversaire. C'est aujourd'hui une marque déposée, gérée, tout comme le fameux *Walk of Fame,* par la chambre de commerce de Hollywood !

LE FANTÔME DE HOLLYWOOD

En 1932, la starlette en mal de reconnaissance Peg Entwistle grimpa en haut du panneau « Hollywoodland » et se jeta dans le vide. Le fantôme d'une jeune femme blonde apparut peu après autour de la lettre « H » d'où l'actrice s'était suicidée.

TCL Chinese Theatre *(plan I, J9)* **:** *6925 Hollywood Blvd, près de Highland Ave. • tclchinesetheatres.com • VIP tours tlj ; compter 18 $/pers (enfant 8 $) ; durée : 30 mn.* Classé Monument historique en 1968, c'est certainement le cinéma le plus célèbre du monde. Les conditions de projection y sont parfaites. C'est là qu'ont lieu la plupart des

ALI OU À BAS !

Sur le Walk of Fame, une seule étoile est scellée à la verticale, c'est celle du boxeur Cassius Clay, alias Mohamed Ali. Converti à l'islam en 1964, il n'aurait pas supporté que des milliers de personnes piétinent chaque jour le nom du Prophète ! On ne peut pas en dire autant de celle dont a hérité Donald Trump (pour l'émission de téléréalité The Apprentice *dont il était l'animateur), et qui, elle, est régulièrement saccagée !*

« grandes premières ». Non, Sid Grauman n'était pas chinois. C'est à la suite d'un voyage en Chine qu'il eut l'idée de construire cette salle « à la chinoise » en 1927.

Les empreintes des stars *(plan I, J9) : sur l'esplanade au pied du Chinese Theater.* Les plus grandes personnalités du cinéma sont immortalisées par l'empreinte de leurs mains et de leurs pieds dans le ciment. À remarquer, celles de R2-D2 (le petit robot de *La Guerre des étoiles*) et celles de Donald Duck, l'humour de Bogart, les petits petons de Shirley Temple, les minuscules talons de Marilyn Monroe (elle voulut aussi immortaliser ses tétons !), le 6e doigt de Mel Brooks (éternel clown) et les immenses panards de Schwarzenegger. Tout ça fait un peu cheap ; pourtant, chaque année, de nouvelles empreintes s'ajoutent à la collection, comme les petites mains d'Emma Stone, l'actrice de *La La Land,* ou la parfaite symétrie des empreintes de Ridley Scott. Sur le parvis, un kiosque propose de faire la même chose que les stars, à savoir placer vos empreintes dans un cadre de ciment (à séchage rapide), puis de repartir avec, moyennant... quelques dizaines de dollars.

MARQUE DÉPOSÉE

Les belles histoires ont souvent une origine fort simple. C'est un maçon français, Jean Klossner, qui posa la 1re empreinte de main dans le ciment. Le propriétaire du théâtre, Sid Grauman, lui demanda ce qu'il faisait là. Il expliqua que, à l'image de ses ancêtres bâtisseurs de cathédrales, il était important de laisser sa marque pour la postérité... Il n'en fallut pas plus à Mr. Grauman pour lui donner l'idée de continuer, en invitant Mary Pickford et Douglas Fairbanks à faire de même le 30 avril 1927.

Hollywood Walk of Fame *(plan I, J-K9) : à partir du Chinese Theater, il s'étend, sur près de 2 km, de part et d'autre de Hollywood Boulevard.* Les fameuses étoiles de Hollywood sont attribuées aux grandes vedettes selon 5 catégories, indiquées par une pastille de laiton au centre de l'étoile : cinéma, radio, TV, théâtre et disques. L'intérêt de la promenade diminue à mesure qu'on s'éloigne du TCL Chinese Theatre, devant lequel se bousculent touristes et figurants en costume de Spiderman ou Dark Vador. Il y a aujourd'hui plus de 2 600 de ces grandes étoiles en ciment imitant le marbre et incrustées dans les trottoirs, une tradition née en 1958 pour redynamiser le quartier. Régulièrement, de nouvelles étoiles voient le jour : Charles Aznavour a ainsi décroché la sienne en 2017... Une distinction rarissime pour un Français ! Pour ceux qui la chercheraient, son étoile est un peu excentrée, devant le Pantages Theatre, entre Vine Street et Argyle Avenue.

LA GUERRE DES ÉTOILES

Pour obtenir son étoile sur le Walk of Fame, il faut en faire la demande à la chambre de commerce locale, puis, si celle-ci accepte, payer 30 000 $. Une somme qui peut aussi être versée par un sponsor, ce qui permet aux personnages de fiction d'avoir aussi leur place au soleil : Mickey, Shrek, les Simpson... Prestige oblige, les critères de sélection sont stricts. Kim Kardashian a eu beau insister, elle a été recalée. A contrario, certaines grandes stars comme George Clooney ou Clint Eastwood n'y sont pas, par choix personnel.

Starline Tours : *dans le centre commercial* Hollywood & Highland *; billetterie à côté de l'entrée du TCL Grauman's Chinese Theatre, au 6801 Hollywood Blvd. • starlinetours.com • Propose de nombreuses visites guidées à L.A. mais aussi à San Diego et jusqu'à Las Vegas. La plus prisée est le* ***Celebrity Homes Tour*** *(le tour guidé des maisons de stars). Départs 10h-16h30. Adulte env 60 $, enfant 50 $ (moins cher en ligne).* Excursion de 2h dans un véhicule décapoté qui sillonne

Hollywood et Beverly en passant par plus d'une quarantaine de maisons de stars. Prévoir un chapeau car le soleil cogne fort en été.

Dolby Theatre *(plan I, J9)* **:** *dans le centre commercial* Hollywood & Highland. • *dolbytheatre.com* • *Guichet* (box-office) *au rdc, ouv tlj sauf lun 10h (13h mar-jeu)-17h (16h dim). Visite guidée (en anglais) ttes les 30 mn 11h-16h (env 30 mn). Prix : 25 $; tarif famille ; réduc.* Longtemps itinérante, la cérémonie des Oscars dispose depuis 2001 de son propre écrin construit spécialement pour elle, le Dolby Theatre (ex-Kodak, la technologie évolue, et les sponsors avec). La visite guidée dans les entrailles de cet immense théâtre d'inspiration italienne part à la découverte de l'envers du décor de ce show millimétré conçu pour la télé. L'intérêt tient surtout dans la foule d'anecdotes savamment distillées par les guides. Mieux vaut donc bien maîtriser l'anglais. On emprunte les couloirs suivis par les stars, on découvre la loge des ultra-VIP (avec un coup d'œil, au passage, à la fameuse statuette) et, surtout, on grimpe sur la scène, aux dimensions spectaculaires.

UN FAUTEUIL POUR 2

Puisque les Oscars sont retransmis en direct à la télé, tous les sièges du Dolby Theatre doivent être en permanence occupés, car une place vide serait du plus mauvais effet à l'image. Alors, si durant la coupure pub une star est prise d'une envie pressante, un anonyme prend sa place et l'occupe jusqu'à son retour. Si Brad traîne, il devra attendre la prochaine coupure pour se rasseoir. On compte plus de 200 seat fellows *– le sobriquet de ces figurants squatteurs bénévoles – mobilisés durant la cérémonie. Aucun d'entre eux ne repart avec une statuette.*

Hollywood Museum *(plan I, J9)* **:** *1660 N Highland Ave.* • *thehollywoodmuseum.com* • *Ouv 10h-17h. Fermé lun-mar. Entrée : 15 $; réduc.* À 2 pas du Walk of Fame, un musée à ne pas manquer pour tous les nostalgiques du ciné-club. Jeter d'abord un œil à l'élégant *Max Factor Building,* du nom d'un célèbre maquilleur hollywoodien. On peut voir l'un de ses poudriers à l'entrée et, juste derrière, une évocation de l'actrice Lucille Ball (surnommée « Technicolor Tessie » car elle portait le rouge à lèvres de Max, le *Tru-Color* !). À côté, plusieurs petites salles : celle des *blondes* (*L.A. Times* original annonçant la mort de Marylin à cause d'une overdose ; une de ses robes), celle des *brunettes* (robes de Joan Crawford et Liz Taylor) et celle des *brownettes* (robe de Lana Turner). Plusieurs salles constellées de photos noir et blanc de Joe Ackerman. Dans la salle de projection voisine, un film sur la vie de Max Factor. Espace consacré à *La Planète des singes,* version 1968, avec Charlton Heston, l'armurier du cinéma. Les 2e et 3e niveaux accueillent des expos temporaires qui changent 3 fois par an (se renseigner sur le site internet). Enfin, au sous-sol, section films d'horreur.

HOLLYWOOD CANTEEN

Créée par Bette Davis à Hollywood, cette cantine était gérée uniquement par des bénévoles du monde du spectacle. De 1942 à 1945, les militaires américains de retour de mission y furent nourris gratuitement par les plus grandes stars qui, en plus, offraient un show. L'uniforme était le seul laissez-passer. On pouvait être servi par Lauren Bacall, Cary Grant ou Judy Garland. Au total, 3 millions de repas furent servis.

Runyon Canyon Park *(plan I, I9)* **:** *entrée au bout de N Fuller Ave.* Pour fuir un peu le goudron, direction ce canyon sauvage à la végétation rase, sur les contreforts duquel circule un sentier en boucle (compter environ 1h15, ça grimpe), offrant de beaux points de vue sur L.A. et le ***panneau « Hollywood ».*** Une échappée verte prisée des habitants du quartier, qui chaussent leurs baskets en fin de journée pour une séance de marche sportive, en traînant toutou derrière eux.

New Beverly Cinema *(plan I, I11)* **:** *7165 Beverly Blvd (entre N Detroit St et N Formosa Ave). • thenewbev.com • Programme détaillé sur le site. Env 12 $.* C'est le cinéma de Tarantino *himself* ! Le réalisateur de *Kill Bill* a racheté cette vieille salle mythique de Los Angeles. Client régulier, Tarantino n'hésitait pas à débouler à la séance de *Reservoir Dogs* pour répondre aux questions des spectateurs. Aujourd'hui, la programmation est toujours assurée par ses soins : soit des films en format 35 mm provenant de sa collec' personnelle, soit ses propres films, évidemment !

Hollywood Heritage Museum *(hors plan I par J9)* **:** *2100 N Highland Ave (angle Milner Rd). • hollywoodheritage.org • Ven-dim seulement, 12h-16h. Entrée : 10 $; gratuit moins de 12 ans. Parking gratuit.* Tout petit, voici le seul musée consacré à l'ère du cinéma muet, géré par des passionnés et destiné plutôt aux cinéphiles. Installé dans l'ancienne grange (déplacée et rénovée) qui servit tout à la fois de lieu de tournage, de vestiaire et d'écurie pour *The Squaw Man,* le 1er long-métrage de Hollywood, un western réalisé par Cecil B. DeMille en 1913. Le bureau du fondateur de la Paramount est reconstitué à l'entrée et on peut visionner son fameux film. Dans l'unique salle d'expo, quelques pièces de collection pour connaisseurs : une caméra Technicolor ayant servi au tournage d'*Autant en emporte le vent,* des projos utilisés par Buster Keaton, la mallette de maquillage de Mary Pickford...

Hollywood Forever *(Hollywood Memorial Park ; plan I, K-L10)* **:** *6000 Santa Monica Blvd ; entrée au niveau de Gordon St. Tlj 8h30-17h (16h30 w-e).* Un très beau parc planté d'arbres remarquables qui se visite en voiture. Là, les midinettes viennent pleurer sur les tombes de Rudolph Valentino (dans la cathédrale, crypte 1205), Fairbanks, Tyrone Power, Griffith, John Huston, Cecil B. DeMille... et Joe Dassin (tombe 79, rang 1, section 14 ; il voulait l'Amérique et il l'a eue !). Jayne Mansfield y a également sa sépulture, ainsi que Johnny Ramone, le 2d guitariste des Ramones (repérez la pyramide blanche, juste en face). Ne cherchez pas la sépulture de Marilyn, elle est au cimetière de Westwood (voir plus loin) ; en revanche, vous trouverez sans problème celle de Toto, la chienne la plus célèbre et la mieux payée du cinéma hollywoodien. Souvenez-vous quand Judy Garland lui chante *Over the Rainbow* dans *Le Magicien d'Oz* (1939).

Les studios de Charlie Chaplin *(plan I, I-9-10)* **:** *1416 N La Brea Ave. À l'angle de Longpré Ave (le nom d'un peintre français installé à Hollywood au début du XXe s).* L'ensemble est aujourd'hui occupé par un autre studio et ne se visite pas. Détour pour les vrais cinéphiles seulement !

Paramount Pictures Studios *(hors plan I par K-L-10-11)* **:** *5555 Melrose Ave ; entrée au croisement avec Windsor Blvd. Résa obligatoire sur • paramountstudiotour.com • ou par tél au ☎ 323-956-4848 (résa). Tlj, visites guidées de 2h en voiture électrique pour 7 pers ttes les 15 mn en été (ttes les 30 mn en hiver) seulement en anglais.* ***Les moins de 10 ans ne sont pas admis !*** *Venir avec une pièce d'identité. Photos autorisées, sauf sur les décors. Entrée : 63 $. Parking : 18 $.* Forts du succès de *The Squaw Man* (1913), Cecil B. DeMille et ses partenaires Jesse Lasky et Sam Goldwyn s'associent à Adolph Zukor pour créer les studios *Paramount.* Très rapidement, la Paramount devient la 2e *Major,* juste derrière MGM, et produit plus de 100 films par an entre 1920 et 1940, employant des stars comme les Marx Brothers, Cary Grant, D. W. Griffith, Marlon Brando. Après une traversée du désert dans les années 1950 et 1960, la Paramount est rachetée en 1967 et renoue avec le succès en produisant *Rosemary's Baby, Love Story, Le Parrain* et *Chinatown.* Aujourd'hui propriété de *Viacom,* la Paramount est loin de sa gloire d'antan, mais ce sont les seuls studios à être restés à Hollywood. Disons-le tout de go, on n'assiste à aucun tournage ! De plus, mieux vaut bien maîtriser l'accent américain (certains guides avalent les mots), et avoir un fond de culture solide sur les séries TV américaines car, à part quelques longs-métrages historiques évoqués, les références sont surtout de ce côté-là. Vous voilà prévenu.

Côté visite, rien n'a changé depuis des lustres. On égrène différents studios, comme les rues de New York, qui servirent à *Spiderman,* ou le parking où fut tournée la célèbre scène d'ouverture de la mer Rouge dans *Les Dix Commandements.* Tout ça enrichi par quelques visionnages de scènes de films ou de séries sur la tablette du guide. Passage devant le *Production Park,* les bureaux des producteurs, déjà tout-puissants à l'époque (le guide vous contera les malheurs de Judy Garland...). Sachez qu'aujourd'hui la Paramount emploie 6 000 personnes et que si vous comptez y tourner votre 1er long-métrage, il vous faudra débourser 30 000 $ par jour... pour un studio vide. Pour finir, un coup d'œil au château d'eau (devenu indispensable, à l'époque, après plusieurs incendies...), à l'effigie de la fameuse montagne de la Paramount. Avant de partir, arrêt impératif devant les portes mythiques de la Paramount, que Gloria Swanson franchit dans *Sunset Boulevard.* En résumé, comme aux studios Warner, visite un peu longue. Certains lecteurs ont été franchement déçus d'avoir dépensé plus de 60 $ pour ça.

LE PLAN AMERICAIN

À partir des années 1940, la mode du « plan américain » envahit le cinéma européen. Il consistait à cadrer les personnages entre le sommet du crâne et une ligne située entre la ceinture et les genoux. Nulle volonté esthétique dans ce choix. Il était imposé aux réalisateurs de westerns, de manière qu'on puisse apercevoir les pistolets des acteurs. Ce type de plan fut repris par les cinéastes de la Nouvelle Vague en France... mais sans les flingues.

Barnsdall Art Park (hors plan I par L9) **:** 4800 Hollywood Blvd (entre Edgemont et Vermont). En venant de l'ouest, entrée sur la droite juste après l'intersection avec Edgemont. Tlj 5h-22h. Dans l'est du quartier, un parc paisible et agréable, offrant une vue imprenable sur les environs. Les Angelenos viennent volontiers y pique-niquer. En haut de la butte, un petit musée d'art contemporain, le LAMAG (jeu-dim 11h-16h ; • lamag.org •) et, surtout, une maison de rêve signée Frank Lloyd Wright :

Hollyhock House (la maison des roses trémières) **:** • barnsdall.org • Visite (libre) mar-mer 11h-12h, 13h30-13h30, ven-dim 11h-16h. Fermé jeu. Entrée : 7 $ (vente des tickets au Visitor Center, dans le parc). C'est la 1re construction à Los Angeles de **Frank Lloyd Wright** (1921), considérée dans le parcours de l'architecte comme à mi-chemin entre ses *Prairie Houses* et ses œuvres les plus modernes. Depuis 1919, elle est classée au Patrimoine mondial de l'Unesco. L'extérieur de *Hollyhock House* offre déjà un petit aperçu de cette étonnante réalisation où les volumes s'interpénètrent en lignes biaises, droites ou ciselées, terrasse, décrochements, échancrures, meurtrières permettant à celui qui se trouve à l'intérieur de percevoir l'extérieur comme un tableau, une œuvre d'art, un reflet. Une archi qui n'est pas sans rappeler certains ouvrages massifs de l'architecture aztèque, ou encore les temples jaïns du sud du Rajasthan.

GRIFFITH PARK, LOS FELIZ, SILVER LAKE et EAST HOLLYWOOD (plan V et plan couleur d'ensemble)

Entre les Freeways 101 et 5 s'étend ***le plus grand parc municipal du monde.*** À l'origine, en 1896, un don effectué par Griffith J. Griffith, émigrant gallois qui fit fortune et s'installa à cet endroit au nord de L.A. Se souvenant qu'il avait été très pauvre, il mit une condition à son legs : que ses terres deviennent un lieu de loisirs et de repos pour la population. Une idée quasiment communiste !

Hautes collines, canyons, bois, des dizaines de kilomètres de sentiers de randonnée et de jogging, pistes cyclables, équitation, etc. Un bol d'air à 2 pas de Hollywood (le mont Hollywood culmine à 540 m). De nombreuses parties demeurent très sauvages. Enfin, on y trouve le zoo de L.A. et d'intéressants musées.

Au sud du parc se niche le quartier de ***Los Feliz,*** truffé de petites adresses sympathiques, notamment le long de Hillhurst Avenue, qui n'a d'égal que celui de ***Silver Lake,*** lui aussi très décontract' avec quelques bonnes adresses pour écouter de la musique. Plus au sud, le quartier résidentiel de ***Little Armenia*** sert de trait d'union avec ***East Hollywood.***

Adresse utile

ℹ ***Ranger Station et Visitor Center :*** *4730 Crystal Springs Dr. À l'est du parc, avt d'arriver à l'Autry Museum of the American West, 1,5 km après le Southern Railroad Station. Parc tlj 5h-22h30. Bureaux tlj sauf lun 9h-16h (mais même quand c'est fermé, accès à l'intérieur où se trouvent ttes les brochures).* Plan du parc.

Où dormir ?

De prix moyens à plus chic

🏠 ***Podshare Los Feliz*** *(plan V, A2,* ***42****)* ***:*** *4534 Fountain Ave (angle Westmoreland). Résa en ligne uniquement • thepodshare.cloudbeds.com • Lits en dortoir à partir de 55 $.* Une AJ privée nouvelle génération (résa internet obligatoire, accès limité aux seuls résidents, double porte à double accès codé, pas de réception) dans une grosse maison à la façade peinte de drôles de zozos semblant émerger d'une ville en ruine qu'on devine être L.A. Intérieur mêlant le bois brut de sciage au béton lissé, aménagé façon usine à dodo avec lits de 90 superposés type « capsules », équipés de liseuse individuelle, prise de courant et écran plat. Si ce n'est la cuisine et le petit coin « ordi », pratiquement pas de parties communes. Votre nom est inscrit sur votre lit à l'arrivée, ça évite de piquer celui du voisin.

🏠 ***Hollywood Hotel*** *(plan V, A2,* ***70****)* ***:*** *1060 N Vermont Ave. ☎ 323-746-0444. • thehollywoodhotel.com • Doubles 110-400 $, petit déj inclus. Parking env 30 $.* Un hôtel qui date de 1903 et passe pour être l'un des plus vieux de la Cité des Anges. Rénové heureusement à plusieurs reprises depuis ! Il abrite aujourd'hui des chambres aux murs couleur crème, sobrement décorées, disposant de 1 ou de 2 *queen size beds* et presque toutes d'un balcon. Les plus sympas donnent sur le patio, avec fontaine et bananier. Sinon, piscine entourée de transats et petit déj servi en sous-sol dans une salle ornée de guirlandes de fausses plantes vertes.

Où manger ?

Spécial petit déjeuner

☕ 🍴 ***Figaro Bistrot*** *(plan V, A1,* ***110****)* ***:*** *1802 N Vermont Ave (angle Melbourne Ave), à* ***Los Feliz.*** *☎ 323-662-1587. Tlj 8h30-22h30 (23h ven-sam). Happy hours 17h-19h. Petits déj 5-20 $. Plats 10-25 $ le midi, jusqu'à 35 $ le soir.* Ce *Figaro*-là, c'est un peu le *Café de Flore* local, 3 petits commerces accolés les uns aux autres, avec carte en français et standards des années 1930 en fond sonore. Au menu, tous les classiques du bistrot ou de la brasserie française, des croissants du petit déj au vol-au-vent du midi et à la fondue savoyarde du soir. Un peu chérot quand même.

☕ Et aussi ***Little Dom's*** *(plan V, A1,* ***302****)*, pour ses *ricotta & fresh blueberry pancakes,* entre autres ! Lire plus loin le descriptif complet.

Bon marché

🍴 ☕ ***The Trails*** *(hors plan V par A1,* ***113****)* ***:*** *à la pointe sud-ouest du* ***Griffith Park,*** *2233 Fern Dell Dr (une petite route qui monte dans le parc,* *perpendiculaire à Los Feliz Blvd, presque à l'angle de N Western Ave). ☎ 323-871-2102. Tlj sauf mar-mer 8h-14h. 5-10 $. CB refusées. Parking facile à proximité.* Dans la nature, un petit café idéal pour faire une pause avant d'explorer le parc : des sentiers partent d'ici et l'on est à 10 mn en voiture du Griffith Observatory. Cyclistes, marcheurs ou promeneurs de chiens, c'est le rendez-vous local ! Pour un lait d'amande énergisant, un bon *avocado sandwich,* une part de quiche ou de *pie* maison, à déguster à l'ombre des arbres.

Yuca's (*plan V, A1,* **111**) : *2056 Hillhurst Ave, à* **Los Feliz.** *☎ 323-662-1214. Ouv 11h-18h. Fermé dim. Tacos, burritos ou tortas 5-10 $.* Pour les routards à petit budget et pour ceux qui aiment se pourlécher les babines sans se ruiner. La souriante armée mexicaine qui se serre dans cette minuscule cahute vous servira les meilleurs tacos et burritos du quartier, et ce pour une poignée de dollars. Le tout sur 3 tables en bord de parking. Préférer l'excellent taco *cochinita pibil,* fourré au cochon du Yucatán. *Yummy !*

Best Fish Taco in Ensenada (*plan V, A1,* **114**) : *1650 Hillhurst Ave, à* **Los Feliz.** *☎ 323-466-5552. Tlj 11h-22h. Taco 2-3 $.* Pour une fois, ici on se gare sans problème ! C'est ce qui fait en partie le succès de cette adresse, dont l'atmosphère pourrait figurer dans un film d'auteur indépendant : une salle très simple, avec quelques croûtes sur les murs, où une mamie à la caisse tricote des bonnets et des écharpes (si, si) dont le bénéfice de la vente va aux enfants des hôpitaux... Quant aux tacos, c'est pas cher et on les sert à ce que vous voulez du moment que ça vient de la mer.

De prix moyens à plus chic

The Kitchen (*plan V, A2,* **177**) : *4348 Fountain Ave (angle Sunset Blvd), à* **Silver Lake.** *☎ 323-644-3663. Tlj 11h (10h w-e)-minuit. Lunch 13-20 $ (servi lun-ven seulement 11h-16h) ; plats 15-20 $. Parking sur l'arrière.* Tout est fait sur place dans ce petit resto de cuisine bio qui sans cesse réinvente ses recettes pour satisfaire sa clientèle. Au menu, une cuisine d'inspiration ricaine (soupes, burgers, *chicken,* salades) à laquelle viennent se mêler quelques accents italiens (tomates, pistache, épinards). Belle sélection de vins et de bières. Le tout à déguster dans une petite salle à l'atmosphère *arty* ou en terrasse, séparée de la circulation par une haie de bambous.

Little Dom's (*plan V, A1,* **302**) : *2128 Hillhurst Ave (et Avocado St), à* **Los Feliz.** *☎ 323-661-0055. Lun-ven 10h-16h, 17h-22h (23h ven) ; w-e 9h-15h, 17h-22h (23h sam). Plats brunch et lunch 15-30 $, le soir 20-30 $; lun soir, menu 3 plats 25 $.* Entre le style années 1940, les petites *booths* en bois ou les alcôves plus intimes et les tables nappées de blanc sur fond de portraits de stars de Hollywood, on est comme projeté dans un décor de film ! Dans l'assiette, une cuisine bien travaillée, très américaine elle aussi, avec une touche italienne : sandwich aux huîtres frites, *clams* au beurre fondu, grillades, pizzas, pâtes... Pas étonnant que Mohamed Ali en ait fait sa cantine. Pour plus de calme, optez pour la salle du fond.

Botanica Restaurant & Market (*plan V, B2,* **178**) : *1620 Silver Lake Blvd, à* **Silver Lake.** *☎ 323-522-6106. Mer-dim 9h-22h ; fermé lun-mar. Assiettes 13-34 $ (servies à partir de 17h). Brunch w-e 9h-13h30.* Dans ce quartier qui a le vent en poupe, *Botanica* est l'adresse locavore par excellence. Dans un intérieur lumineux à l'atmosphère quasi cycladique ou dans le très agréable patio aménagé sur l'arrière, la maison a fondé sa réputation sur la fraîcheur de ses produits pour concocter une cuisine méditerranéenne à la fois innovante et de qualité. Petite boutique où l'on peut acheter du vin, d'où le nom de « Market » un peu usurpé il faut bien l'avouer.

Alcove (*plan V, A1,* **179**) : *1929 Hillhurst Ave, à* **Los Feliz.** *☎ 323-644-0100. Tlj 9h-22h (23h ven-sam). Breakfast (servi jusqu'à 17h) et plats 14-26 $.* Emblématique du quartier, *Alcove,* qui a pendu sa crémaillère en 1927, est un resto de cuisine du Sud. L'endroit est très apprécié pour sa grande terrasse sous les parasols, prise d'assaut par les bobos du quartier dès que le soleil pointe le bout de son nez. Entre amis, on peut aussi privatiser la petite salle très cosy avec argenterie d'époque et quelques fauteuils datant de la Prohibition. Ici la cuisine (ouverte en continu jusqu'à 22h) sert de l'*organic food* tendance végane et *gluten free*, avec à la carte du *buttermilk fried chicken*, des sandwichs cubains et des salades méditerranéennes. Le tout accompagné d'une bière locale et d'un café équitable.

Où déguster une glace ?

Jeni's *(plan V, A1,* ***303****) : 1954 Hillhurst Ave (et Clarissa Ave), à* ***Los Feliz.*** *Tlj 12h-23h.* Pas loin du Griffith Park, un bon glacier artisanal apprécié pour ses parfums naturels (hmm ! le chocolat au lait crémeux...), à savourer sur des cônes maison. Pas donné *(compter 6 $ la glace),* mais les produits sont de qualité et on peut goûter tout ce qu'on veut avant de se décider.

Où sortir ?

The Echo *(hors plan V par B2,* ***300****) : 1822 W Sunset Blvd, au sud-est de* ***Silver Lake*** *(nord d'Echo Park).* • *theecho.com* • *Pas de nom mentionné en façade.* Une scène qui produit régulièrement de la qualité, et notamment de la scène émergente. La mouvance punk-rock y est bien représentée.

À voir

Griffith Observatory *(plan couleur d'ensemble) : 2800 E Observatory Rd.* • *griffithobservatory.org* • *Mar-dim 12h (10h w-e)-22h. Fermé lun. Entrée GRATUITE à l'observatoire et au télescope, mais pas au planétarium (7 $; réduc). Parking payant, même si on se gare plus loin sur le bord de la route.* ***La route d'accès est saturée de voitures le soir*** *(et le w-e aussi, même en journée), armez-vous de patience. Autre option : le bus DASH (ligne Observatory/Los Feliz) au départ de l'arrêt de métro Vermont/Sunset (angle Sunset Blvd et Vermont Ave), qui vous dépose en 15 mn au pied de l'observatoire pour 0,50 $/pers ; tlj 10h-22h.* ***La plus belle vue sur Los Angeles,*** « là où les stars sont les étoiles » ! C'est devant cet exceptionnel panorama à 360° qu'a été tournée la scène mythique du film *La La Land.* Celle où Ryan Gosling et Emma Stone se donnent leur 1er rendez-vous amoureux et esquissent un pas de danse malicieux et romantique avant de s'envoler dans les étoiles du planétarium. ***Les différentes terrasses de l'observatoire*** offrent autant de points de vue sur la ville, qui semble s'étendre à l'infini, entourée de collines arides. De nuit, le spectacle est un must absolu avec cet océan de lumières multicolores et scintillantes à perte de vue. Féerique !

L'histoire de cet observatoire est assez croustillante. Sa construction fut financée par Griffith J. Griffith, grâce à un don de 700 000 $, mais la ville de Los Angeles refusa dans un 1er temps cet argent, car Griffith venait de sortir de prison pour le meurtre manqué de sa femme. On attendit donc sa mort, en 1919, pour commencer la construction de cet édifice Art déco qui servit aussi de décor dans *La Fureur de vivre* (un buste de James Dean le rappelle) et *Terminator,* avant sa consécration dans *La La Land...*

En plus de la vue sur la ville et le panneau « Hollywood », la visite vaut aussi le détour pour les différentes animations qui y sont proposées, notamment l'***expo permanente sur la découverte spatiale,*** gratuite. Superbes photos des missions *Apollo,* puis quelques attractions plus ou moins interactives, telles qu'un pendule de Foucault, inventé par le physicien français en 1851, et qui apporte la preuve que la Terre tourne bien autour de son axe. Plus marrant, cette caméra vidéo qui vous filme en infrarouge : plus vous dégagez de chaleur, plus vous serez coloré (amenez-y votre dernière conquête, histoire de prendre la température...). Également tout un ensemble d'animations interactives montrant les galaxies, les différentes phases lunaires et solaires, le phénomène des éclipses et des marées. Intéressante section sur les éléments basiques constituant l'Univers, les atomes, les molécules, la décomposition de la lumière. Vidéos sur les éruptions solaires, les comètes.

Au sous-sol

Une intéressante muséographie présente de ***très belles météorites.*** On apprend tout sur ces cailloux qui tombent du ciel, leur origine, leur nature, le danger qu'ils représentent. Dans une grande salle, tout sur les planètes du système solaire, les étoiles (ça change des stars incrustées dans l'asphalte des trottoirs de Hollywood Boulevard !). On teste son poids sur Pluton, sur Neptune... Sur Jupiter, faut sérieusement penser à se mettre au régime ! Pour finir, le sismographe qui enregistre, en temps réel, les moindres tressaillements de la ville.

Autry Museum of the American West *(plan couleur d'ensemble) : 4700 Western Heritage Way. • theautry.org • Dans le Griffith Park, à la jonction de la 5 (Golden State Freeway) et de la 134 (Ventura Freeway) ; sortie « Zoo ». Depuis le centre, le plus simple est d'emprunter Los Feliz Blvd et de le suivre presque jusqu'à la 5 ; tourner à gauche sur Crystal Springs Dr et ensuite suivre le fléchage du zoo. Parking gratuit. Mar-dim 10h-16h ; juil-août, jusqu'à 20h jeu. Fermé lun. Entrée : 14 $; 3-12 ans 6 $; gratuit 2e mar du mois. Compter min 2h de visite. Visites guidées gratuites le w-e en principe à 11h, 13h et 15h.*

Autry était le cow-boy préféré des Américains. Son rêve était d'ouvrir un musée à la gloire des cow-boys, leur dur métier et leur mode de vie. Dans un vaste édifice à l'architecture rappelant les missions espagnoles, voici donc un grand musée (ouvert en 1988) de l'Histoire de l'Ouest, qui s'est offert une profonde refonte.

UNE STAR QUI AVAIT DU CHIEN

Rintintin, le célèbre toutou de Hollywood, est un rescapé de la Première Guerre mondiale. Le chiot fut recueilli par un soldat américain près de Pont-à-Mousson, en Lorraine. Le producteur Darryl Zanuck repéra son extraordinaire mémoire. Rintintin tourna 26 films (jusqu'en 1932) et loupa de peu l'oscar du meilleur acteur !

Au niveau 0 (lobby level) :

– ***Art of the West :*** religion et rituels, terre et paysage, migration et mouvement, voici les 3 thèmes principaux qui articulent cette section artistique présentant des œuvres éclectiques : peintures, photos, mobilier et arts décoratifs comme cette paire de chaises en forme de bisons...

– ***Imagined West Studios :*** l'histoire du western dans une formidable section qui ravira les cinéphiles. La caméra utilisée par Cecil B. DeMille dans *The Squaw Man* (1914), considéré comme le 1er western de l'histoire du cinéma. *Cowboys* (Bill Pickett, Gene Autry, John Wayne, Clint Eastwood...) et *cowgirls* (Patsy Montana, Katharine Hepburn, et même *Thelma & Louise*). Et une collection de souvenirs de tournages, comme la guitare de Gene Autry, le « cow-boy chantant », ou les chemises des héros de *Brokeback Mountain.*

Au niveau - 1 (lower level) :

– ***California Road Trip :*** probablement la section la plus originale du musée, dédiée aux connaissances ancestrales des *Natives* sur la préservation de l'environnement. 6 000 m² de jardins plantés d'espèces typiquement californiennes complètent ces espaces muséographiques déjà riches, c'est le jardin ethnobotanique.

– ***Journeys Gallery :*** exploration des personnages et des événements qui ont changé l'Ouest dans la 2de moitié du XIXe s. La galerie met en lumière diverses cultures autochtones ainsi que des récits de voyage dans l'Ouest en pleine période de la révolution des transports et de la technologie. Remarquable restauration d'une diligence de 1885, gros bison, vêtements et artisanat indiens, poupées, jouets, souvenirs de pionniers, broderies, meubles et objets domestiques datant de la ruée vers l'or.

– ***Community Gallery :*** superbes saloon (bar en acajou avec 2 cariatides), vitrines de colts et fusils, photos de la mort des frères Dalton (avec l'invitation pour assister à leur exécution), étoiles de shérifs, armes et objets ayant appartenu à Billy the Kid et Pat Garrett. Également une voiture de pompiers de 1873 et la reconstitution des conditions de vie quotidienne des Chinois, des Mexicains, des Noirs et des mormons dans l'Ouest. Ne pas manquer la *Greg Martin Colt Gallery,* sauf si vous haïssez les armes... À l'entrée, notez le *Gatling Gun,* la 1re mitraillette, produite par Colt en 1893. Dans la galerie elle-même, impressionnante collection d'armes, mais aussi de prototypes qui se sont avérés défaillants. Observer attentivement le 1er colt (de 1835), équipé d'un couteau au bout du canon, le raffinement de certaines crosses (celle de Gene Autry, par exemple) et la flamboyante collection de colts des présidents américains (Roosevelt, Reagan...). Comme vous le verrez, celui de J.F.K. n'a pu être achevé à temps...

– ***Cow-boys Gallery :*** l'évolution du cow-boy, véritable icône de l'Ouest américain, à travers vidéos, infographies et divers objets du quotidien (vêtements, outils, étriers, fers, brides, éperons, le *Chuckwagon* du cuistot...). Bel échantillonnage de barbelés et collection de selles. Photo de Yakima Canutt, cascadeur et spécialiste du rodéo dans *Autant en emporte le vent.* Projection grand format de paysages étonnants de l'Oklahoma à la Californie et grand poster montrant la diversité ethnique des cow-boys : eh oui, il y avait aussi des Noirs et des Mexicains...

Cafétéria sur place.

Los Angeles Zoo & Botanical Gardens : *5333 Zoo Dr. • lazoo.org • En face de l'Autry Museum of the American West. Tlj 10h-17h ; dernière admission à 16h. Fermé 25 déc. Entrée : 22 $; 2-12 ans 17 $. Spectacles proposés aux visiteurs tlj ; en principe, ceux avec les oiseaux se déroulent tlj (sauf mar) à 12h et 14h30 (ainsi qu'à 15h30 le w-e), celui avec les éléphants (rhinos, girafes et flamingo en sus) à 11h. Parking gratuit.* La balade dure au moins 4h, et le dépaysement est assuré. Quelque 370 espèces habitent le parc, bénéficiant pour la plupart de larges espaces de vie et non de ridicules enclos. Parmi les vedettes : les phoques, les dragons de Komodo, les gorilles, les éléphants, les chimpanzés, les hippopotames... Le zoo renferme également un superbe jardin botanique. On oublie presque qu'on est à Los Angeles. Venir de préférence le matin et éviter les vacances scolaires.

Travel Town Museum : *5200 Zoo Dr, tt au nord de Griffith Park. • traveltown.org • Tlj sauf mer 10h-17h. Fermé à Noël. GRATUIT (donation bienvenue).* Ce musée des transports rassemble la plus importante des expositions de locomotives à vapeur à l'ouest du Mississippi. Toutes sortes de véhicules de 1849 à la Seconde Guerre mondiale. Quelques voitures de pompiers aussi et une impressionnante *Union Pacific* de 110 t. Petit train miniature se baladant dans le musée *(env 3,50 $/pers).* Aire de pique-nique à côté. Pour les amateurs de grosses machines.

À faire

Balade à pied sur les hauteurs de Hollywoodland : une promenade d'une petite heure, rythmée par les ***escaliers historiques*** de Hollywoodland (près de 600 marches !) avec en toute fin de parcours une vision rapprochée du fameux ***panneau « Hollywood ».*** L'itinéraire serpente dans un quartier résidentiel cossu typiquement californien, où tous les styles architecturaux sont au rendez-vous : gros château style Disneyland, manoir normand, villa méditerranéenne ou cube futuriste... Le tout noyé dans une végétation luxuriante : jasmins odorants, bougainvillées flamboyantes, buissons de figuiers de Barbarie, cactées, cyprès, orangers et bananiers.

Départ au niveau du Beachwood Market, au 2701 Belden Drive (angle North Beachwood Drive). Une fois garé (de préférence dans la rue plutôt qu'à l'arrière du petit commerce), montez Belden Drive sur quelques mètres et prenez tout de suite à droite Woodshire Drive. Juste avant le n° 2795, montez à gauche la 1re volée d'escaliers et tournez à droite sur Belden Drive jusqu'au 2950. Là, tournez à droite et descendez l'escalier classé Monument historique qui relie Belden Drive à Beachwood Drive, continuez un peu à droite sur Beachwood et, de l'autre côté de la route, montez la volée de marches située entre le 2800 et le 2810 de la rue. Arrivé en haut, tournez à gauche sur Westshire et continuez sur Beachwood. C'est sur cette portion que les maisons sont les plus belles : cottage anglais, chaumière de Blanche-Neige, villa d'architecte années 1950. Grimpez les escaliers entre les nos 3020 et 3030 Beachwood (un coup d'œil sur la gauche dans le dernier tiers), poussez encore sur la gauche sur Hollyridge pour avoir une échappée sur les mythiques lettres blanches juste en face. Juste après le n° 3153, la vue sur le panneau est bien dégagée. Revenez ensuite sur vos pas sur Hollyridge. Vous redescendrez votre dernière volée de marches au niveau du n° 2823 pour rejoindre le parking via Westshire et Belden Drive.

– ***Nombreux sports pratiqués dans le Griffith Park :*** tennis, golf (4 terrains municipaux), équitation avec sentiers équestres spécialement prévus.

➢ ***Randonnées pédestres :*** très populaire ici d'aller se décrasser les bronches à travers les collines vierges du Griffith Park. Au moins 80 km de pistes, certaines partagées avec les sentiers équestres. Ne manquez pas d'aller au *Visitor Center* pour préparer votre randonnée (voir précédemment « Adresse utile »). L'une des balades les plus célèbres est celle du ***mont Hollywood.*** Elle débute au parking de l'observatoire (compter une dizaine de kilomètres aller-retour). Beau panorama sur tout L.A. ; entre juillet et fin septembre, plusieurs randos encadrées par un ranger sont proposées *(départ vers 7h, durée : 3h ; se renseigner sur ces* Public Hikes *sur* ● *laparks.org* ●*).*

➢ ***Équitation :*** voici un centre, mais il en existe d'autres. Renseignements au *Visitor Center* (voir précédemment « Adresse utile »).

■ ***Sunset Ranch :*** *3400 N Beachwood Dr.* ☎ *323-469-5450.* ● *sunsetranchhollywood.com* ● *De Hollywood, remonter Beachwood Ave, c'est au bout de la rue (au portail, sonner ; inutile d'y aller sans résa, ils ne vous laisseront pas entrer). Âge min : 8 ans. Env 65-75 $ pour une balade de 1h, 100 $ pour 2h.* Une bonne adresse. On se retrouve en pleine campagne à moins de 5 mn de voiture du centre de Hollywood, incroyable !

UNIVERSAL STUDIOS HOLLYWOOD
(plan couleur d'ensemble)

Au nord de Hollywood. ● *universalstudioshollywood.com* ● Ⓜ *Universal City (Red Line, direction North Hollywood) ; puis navette gratuite qui vous dépose en face de l'entrée du parc (la solution de loin la plus économique). En voiture, accès par la 101 N, sortie Universal City ou Universal Studios.* ***Parking exorbitant*** *: 30-60 $ selon emplacement. Inutile de prendre le plus cher, vous ne gagnez que 8 mn de marche. Tlj de 8h, 9h ou 10h à 17h au moins et jusqu'à 20h selon saison.* ***Entrée très chère*** *(tarifs en ligne sur le site officiel) : 110-135 $ selon j. ; réduc ; gratuit jusqu'à 2 ans. Le* Universal Express *(vendu en nombre limité) est un coupe-file qui vous coûtera entre 180 et 280 $ (selon le j.). Avec le* VIP Experience *(à partir de 350 $/pers !), vous serez traité comme un roi (valet parking à l'arrivée inclus dans le prix) : encore heureux !*

2 conseils : en été, ***y aller dès l'ouverture*** et de préférence ***en semaine,*** histoire d'échapper à la cohue. Et évitez d'y amener de trop jeunes enfants, les attractions sont surtout destinées aux plus de 8-10 ans, et l'on passe le plus clair de son temps à faire la queue pour y accéder.
Construit à côté des « véritables studios », ceux où l'on tourne pour de vrai, *Universal Studios Hollywood* est avant tout un parc à thème, qui permet d'expérimenter de nombreuses attractions basées sur des films célèbres et, accessoirement, de voir comment on monte les décors, réalise des trucages, etc. La visite vous donnera néanmoins l'occasion de voir une partie des vrais studios (notamment les décors extérieurs) en faisant, assis dans un petit train, le *Studio Tour,* que l'on vous recommande.
Les studios Universal furent créés en 1915 et la visite organisée, instituée pour dynamiser la firme, commença en 1964. De nouvelles attractions ont vu le jour, et le parc, peu à peu, a pris forme. Celui-ci comprend 3 parties : le *Upper Lot,* le *Lower Lot* et le *Back Lot* (tour des studios). On vous conseille de vous précipiter (c'est le mot) sur les attractions en contrebas *(Lower Lot),* puis de monter faire le *Studio Tour* qui parcourt les studios (véritable ville de hangars immenses, de rues et quartiers reconstitués), et de terminer par le *Upper Lot.* Vous ferez de toute façon la queue à un moment ou à un autre, mais un peu moins dans cet ordre.

Où dormir ? Où manger ?

Pour ceux qui en ont les moyens, l'hôtel ***The Garland*** est idéalement placé. (Voir précédemment « Où dormir ? » à Hollywood et Melrose.) En dehors des adresses « Où manger ? » situées à l'intérieur du parc (pas formidables...), il existe aussi tout plein d'endroits où grignoter un morceau à l'extérieur, mais c'est pas terrible non plus. Pour sortir puis entrer à nouveau, se faire « tatouer » la main.

À voir

Lower Lot *(niveau bas)*

Transformers : cette attraction de 4 mn en 3D et en voiturette vous donne l'illusion de participer au combat déchaîné des Autobots contre les Decepticons. Les transformers étant des machines qui se transforment en robots (plutôt méchants). Assez époustouflant, un des musts du parc ! Les enfants doivent être accompagnés.

Jurassic World : l'attraction, qui avait déjà coûté la bagatelle de 110 millions de dollars (soit 2 fois plus que le film éponyme de Spielberg), a été entièrement relookée ! On navigue à bord d'un grand radeau parmi les dinosaures et autres monstres préhistoriques. Au début, les bestiaux sont plutôt sympas, puis ils s'énervent franchement. Une sono de 10 000 watts délivre les rugissements d'un *T. rex* de 45 t qui fonce mâchoires ouvertes vers vous. Le final vous garantit un grand frisson... Protégez vos appareils photo et appareils vidéo, ça mouille !

Revenge of the Mummy : ce *roller coaster* (« montagnes russes ») démentiel a pour décor – très réussi – l'antre de la momie. Un parcours intense et nourri d'effets spéciaux saisissants, où se mêlent le feu, le noir, le vide et la vision horrible des momies. Sensations fortes garanties (même si certains trouvent l'attraction trop courte). Casier gratuit obligatoire.

C'est aussi l'endroit où se trouvent les studios proprement dits, que vous aurez l'occasion de frôler à bord d'un wagonnet en faisant le ***Studio Tour*** (départ de *Upper Lot*). Au programme, 100 ans de making of : pas mal de décors extérieurs, dont le motel *Bates* et la maison de *Psychose,* un Boeing 747 explosé de *La Guerre des mondes,* les maisons des *Desperate Housewives* et le décor de *Jurassic Park.* Laissez-vous entraîner, mais ne vous fiez pas trop au train-train de ce petit train-là. En chemin, vous pourriez bien vous retrouver au milieu des dinosaures plutôt agressifs de *Jurassic Park* ou en plein tremblement de terre à San Francisco, ou prendre part à une poursuite automobile pour le moins mouvementée dans ***Fast & Furious*** sur l'un des plus grands écrans à 360° au monde... On ne vous en dit pas plus... Les commentaires, pour peu que l'on comprenne l'anglais (tours possibles aussi en espagnol et en mandarin) et que l'on ait quelques références sur les séries télévisées américaines, sont très bien faits. Certains soirs en été, le *Studio Tour* existe aussi en version nocturne ***(Nighttime Studio Tour)*** pour une tranche de ciné au clair de lune.

Upper Lot *(niveau haut)*

The Wizarding World of Harry Potter : dans un cadre enchanteur, les fans y retrouvent l'ambiance magique de la saga ; le château de Poudlard (*Hogwarts* dans le texte), grandeur réelle, avec ses toits enneigés, les ruelles de Pré-au-Lard *(Hogsmeade),* la Forêt interdite et même le chemin de Traverse *(Diagon Alley),* la rue commerçante des sorciers. Supervisée par J. K. Rowling *herself* et inspirée par l'ensemble des 7 tomes, la zone comprend 2 attractions : d'abord, ***Harry Potter and the Forbidden Journey.*** On commence par traverser les différentes salles magnifiquement décorées d'un château hanté. Ensuite, une navette très agitée vous emmène dans le ciel à la rencontre de monstres et de morts-vivants (à éviter pour les jeunes enfants). Sinon c'est très réussi. Dans un autre genre, ***Flight of the Hippogriff*** vous embarque pour des montagnes russes au-dessus de champs de citrouilles. À voir également les boutiques et restos, où vous pouvez siroter une bière au beurre (en fait un modeste soda) et vous acheter une baguette magique, un paquet de dragées surprises de Bertie Crochue ou encore le parfait attirail du joueur de quidditch.

Despicable Me Minion Mayhem (Moi, Moche et Méchant) : ce simulateur en 3D à la pointe de la technologie met en scène les personnages principaux du film d'animation franco-américain (gros succès public et critique) : Gru le super-méchant, ses adorables filles adoptives et les désopilants « Minions ». Les images sont assez époustouflantes.

The Secret Life of Pets : Off the Leash ! : mais que font nos animaux de compagnie en notre absence ? Plein de choses ! Dans la peau d'une bande de chiens errants, c'est parti pour une balade mouvementée dans les rues de New York. Tout est bien qui finit bien naturellement, la promenade de santé s'achève dans un appartement cossu avec une agréable soirée.

The Simpsons Ride : on vous installe dans une petite voiture, avec la famille Simpson en goguette, dans le parc d'attractions Krustyland. Dommage pour vous ! C'est un parc *low-cost,* tenu par Krusty le Clown... Hilarant ! Ça secoue dans tous les sens, avec quelques petites surprises en cours de route.

WaterWorld : spectacle à heures fixes d'après le film avec Kevin Costner. Effets spéciaux assez impressionnants. Les jours de grande affluence, s'y pointer au moins 30 mn avant si on veut avoir une place (surtout si c'est le dernier show de la journée). Tout y est : les méchants, ces fameux *smokers* à la recherche de Dryland, et les gentils. Impressionnantes cascades sur l'eau dans un décor de fin du monde de haute tenue. L'atterrissage de l'hydravion est ahurissant. Attention aux éclaboussures, certaines places sont très arrosées (les bancs en vert aux 1ers rangs) !

Kungfu Panda : le cinéma *Dreamworks* accueille Po, le panda tout fou, héros d'un court-métrage projeté à 180° : « La Quête de l'Empereur », grâce à d'astucieux effets de volume, une véritable immersion dans la bande dessinée !

Universal's Animal Actors : des animaux acteurs (et un peu de cirque, il faut bien le dire) démontrent leurs talents. Beaucoup ont à leur crédit un joli petit nombre de films, presque de quoi faire baver d'envie certains comédiens. Les plus sensibles à la cause animale se réjouiront d'apprendre que la plupart des quadrupèdes montrés ont été recueillis dans des refuges, et qu'un programme de retraite leur est même réservé !

– Enfin, à chaque coin de rue, vous pourrez tomber sur Groucho Marx, Marilyn Monroe, Frankenstein, Charlot, Shrek, Dracula, les Simpson...

WARNER BROS. STUDIOS *(plan couleur d'ensemble)*

*Entrée au 3400 Riverside Dr, Gate 6, à **Burbank.** ☎ 1-818-977-8687. Attention, parking visiteurs au 3400 Warner Blvd (15 $, mais parfois des places gratuites dans la rue). • wbstudiotour.com • Visites guidées en anglais ttes les 15 mn, tlj 9h-15h30. Résas via leur site internet ou par tél ; sinon, c'est le principe du « first come, first served », donc arriver de bonne heure. Tarifs : 70 $ (5-10 ans 60 $). Durée : 3h-3h30.* Fondée par 4 frères, en 1929, la Warner a réalisé la même année le 1er film parlant de l'Histoire, *The Jazz Singer* (ça commençait fort !). La firme a aussi produit des chefs-d'œuvre comme *Casablanca,* les fameux dessins animés du lapin *Bugs Bunny,* certains films réalisés par Clint Eastwood, la série des *Harry Potter* et *The Artist.* Mais le plus gros de sa production aujourd'hui est tourné vers la série TV (*Friends* et *The Big Bang Theory* étant les plus connues chez nous). Contrairement à Universal Studios Hollywood, il ne s'agit nullement d'un parc d'attractions mais réellement des studios de la Warner Bros. Enfin, ce qu'on veut bien vous en montrer, c'est-à-dire pas grand-chose ! Ne vous attendez pas à assister à un tournage ni à côtoyer des stars, évidemment !

Les circuits de visite se font à bord d'un minibus ouvert. Le ***Tour Studio*** a les faveurs du public américain car surtout axé sur les shows TV et les séries. Un peu plus cher, le ***Classics Tour*** se concentre, comme son nom l'indique, sur les films historiques tournés ici, notamment *Casablanca*. Dans un cas comme dans l'autre, on vous présentera furtivement le magasin des accessoires et une petite expo thématique, en général de costumes ou de pièces originales de tournages. Les commentaires surjoués des guides et les anecdotes souvent incompréhensibles pour les profanes de la TV américaine finissent malheureusement par lasser... On en ressort avec un goût de trop peu.

INITIALS W. B.

On raconte que Jack Warner avait l'habitude de rabattre le caquet de ses détracteurs en montrant les lettres W. B. sur la grande citerne et en leur demandant : « C'est le nom de qui, là ? » Pas de chance, un jour ce fut Warren Beatty qui s'opposa ouvertement à sa volonté. Jack Warner, montrant la citerne du doigt, le questionna donc : « C'est le nom de qui, là ? », « C'est peut-être votre nom, répondit Warren Beatty, mais ce sont mes initiales ! »

Où manger près des studios Warner ?

Smoke House Restaurant : *4420 Lakeside Dr, à **Burbank.** Tlj midi et soir. Plats 13-50 $. Parking payant.* Juste en face de la Gate 1 de la Warner (et pas loin d'Universal), c'est le resto historique des studios de Hollywood, qui vit défiler les plus grandes stars depuis 1946. Sur le tournage d'*Urgences,* George Clooney a tellement aimé cette *steakhouse* qu'il a acheté des parts dans le resto ! Même le fond sonore (Frank Sinatra et compagnie) est raccord avec le décor évoquant l'âge d'or du cinéma. Carte très fournie, typiquement ricaine : sandwichs, burgers, BBQ, salades, belles pièces de viande et un fameux pain à l'ail. Service stylé et ambiance chaleureuse.

WEST HOLLYWOOD (plan II)

Beaucoup plus sympa et surtout plus branché que Hollywood, nettement plus surjoué que Los Feliz ou Silver Lake, West Hollywood (*WeHo* pour les intimes) se tient toujours à l'avant-garde de la mode et du beau. Dès la tombée de la nuit, ses bars débordent d'une clientèle tapageuse qui revendique haut et fort son penchant pour la fête. On y trouve de bonnes petites tables souvent à des prix raisonnables. C'est aussi le point de rencontre de la communauté LGBT. Côté shopping, Melrose aligne encore quelques boutiques dans le vent, sur fond de *murals* pas désagréables qui donneront un peu de couleur à vos selfies.

Où dormir ?

De bon marché à prix moyens

Banana Bungalows (plan II, O12-13, **66**) **:** *603 N Fairfax Ave. ☎ 323-655-2002. • bananabungalows.com • Lits en dortoir 25-35 $, doubles 66-120 $, petit déj compris. Parking gratuit.* Une AJ avec une déco vintage qui colle parfaitement à la tendance du quartier. Dortoirs (6-16 lits) avec salle de bains (extérieure et commune pour le plus grand) et belles chambres privées, très colorées, pour 2 ou 4 personnes. Certaines (de plain-pied ou à l'étage, avec terrasse) donnent sur la rue ou sur le patio du bar (heureusement, à minuit, extinction des feux). La salle TV avec ses canapés moelleux devient alors le refuge des noctambules. Billard, babyfoot, ping-pong, petite terrasse au soleil, grande cuisine équipée et laverie. Plein d'infos à la réception. Navette gratis pour les plages. Une adresse bien tenue et très conviviale.

Plus chic

Hotel Beverly Terrace (plan II, N13, **55**) **:** *469 N Doheny Dr. ☎ 617-300-0956. • hotelbeverlyterrace.com • Doubles 155-300 $, petit déj continental inclus. Parking 20 $.* Bien que situé à un carrefour passant, c'est un charmant petit établissement d'un blanc éclatant, avec un joli patio-jardin. Toit-terrasse également, semé de canapés et de lits de repos pour buller, un œil sur les collines de Beverly Hills. Toutes rénovées, les chambres – une quarantaine – ne sont pas grandes, mais elles sont claires, fraîches, douillettes. *Cafe Amici,* la *trattoria* attenante, sert une cuisine italienne réputée *(plats 15-45 $).* Une halte chic et romantique, à l'image du quartier.

Wilshire Crest Hotel (plan II, O13, **67**) **:** *6301 Orange St. ☎ 323-936-5131. • wilshirecresthotel.com • Dans une petite rue coincée entre 6th St et Wilshire Blvd. Double env 200 $; compter 15 $ pour un lit d'appoint, petit déj inclus. On se gare gratuitement dans la rue (sauf lun-mar, car c'est interdit).* Dans un quartier résidentiel tranquille, à 2 pas des musées (LACMA, Petersen Automotive Museum et La Brea Tar Pits Museum). Petit hôtel à la déco classique soignée, bordé de gazon. 23 chambres aux tons crème ou marron, confortables, même si certaines salles de bains sont un peu petites. Beau salon feutré. Petit déj à prendre en terrasse, très agréable aux beaux jours. Accueil très courtois.

Très chic

Montrose West Hollywood (plan II, O12, **65**) **:** *900 Hammond St. ☎ 310-855-1115. • montrosewesthollywood.com • Doubles à partir de 250 $. Parking 45 $; on se gare à moitié prix à env 800 m de l'hôtel.* En plein Beverly, une résidence hôtelière de standing nichée dans une zone résidentielle à l'écart de la turbulente Santa Monica Avenue (le quartier chaud n'est qu'à 10 mn à pied). Ici, une vingtaine de suites à géométrie variable, aménagées sur le thème de l'art, disposant d'une grande chambre, et pour la plupart d'une vraie cuisine (mais sans ustensiles), d'un coin repas, d'un salon avec cheminée (à gaz) prolongé par un balcon (avec vue pour les plus chères). Côté parties communes, un petit snack-bar, une salle de fitness et un *rooftop* avec piscine et, tout autour, de quoi se la couler douce avant de partir en foire. Un lieu stratégiquement bien placé pour les noceurs qui en ont les moyens.

Coup de folie

Kimpton La Peer Hotel *(plan II, O13,* ***148****) : 627 N La Peer Dr. ☎ 213-296-3038. • lapeerhotel.com • Doubles à partir de 350 $. Parking 50 $.* Imaginez un espace où l'art, la musique, la mode, la poésie, le cinéma et l'architecture s'entremêlent ? Un univers créé par la designer d'origine islandaise Gulla Jónsdóttir, à qui l'on doit aussi le *Grand Restaurant* du chef étoilé Jean-François Piège, à Paris. Murs de béton et de cuir, bronze, bois, carreaux à la Gaudí, murs végétaux dégoulinant de plantes vertes et plancher de chêne cérusé... Soulignée par un éclairage ad hoc, l'ambiance de nuit est carrément féerique. Les 105 chambres, elles, témoignent d'une maîtrise de l'espace toute nordique, avec des couleurs neutres rehaussées par 1 ou 2 touches de couleur. Ajoutez à cela une belle piscine, un resto chic et vous avez une adresse on-ne-peut-plus glamour. Si vous n'y résidez pas parce que les 6 numéros du Loto ne sont pas sortis, allez quand même y prendre un verre pour le plaisir des yeux !

Où manger ?

Spécial petit déjeuner

The Griddle Cafe *(plan II, O12,* ***11****) : 7916 W Sunset Blvd (entre Fairfax et Hayworth Ave). ☎ 323-874-0377. Entrée discrète, juste à côté de la « Directors Guild of America ». Mer-dim 8h-14h. Petits déj 10-15 $.* À part 3 tables sur le trottoir, une salle tout en longueur avec des briques apparentes, des ventilos qui s'agitent au plafond, des banquettes de moleskine rouge et un grand comptoir ovale. Au menu, différentes sortes de *French toast* et d'omelettes. Tout ça servi dans des proportions qui devraient vous permettre de tenir jusqu'au soir !

Urth Caffe *(plan II, O12-13,* ***144****) : 8565 Melrose Ave (entre La Cienega et San Vicente). ☎ 310-659-0628. Tlj 7h-22h (23h sam). Petits déj et sandwichs 10-15 $.* C'est la 1re adresse de cette chaîne de cafés (bio et issus du commerce équitable) que l'on trouve aujourd'hui un peu partout. Grand choix, entre viennoiseries et gâteaux, omelettes bien préparées et autres classiques du petit déj à l'américaine. Pas mal aussi pour le lunch et le dîner.

Et aussi ***Canter's Deli*** *(plan II, O13,* ***143****)* et ***Joan's on Third*** *(plan II, O13,* ***137****)* : lire plus loin.

Bon marché

Veggie Grill *(plan II, O13,* ***136****) : 110 S Fairfax Ave. ☎ 323-933-3997. Tlj 10h30 (11h w-e)-22h30. Plats 10-15 $.* De l'autre côté du parking du *Farmer's Market*, une cantine proprette arrosée d'une musique sonore, proposant des spécialités végétariennes d'excellente facture. Bons burgers et *buffalo wings* végétariens (c'est possible !), salades bien fraîches (thaïe, mexicaine), sandwichs... Le tout à accompagner d'une *ginger ale* pour stimuler les papilles. Bien sûr, c'est *gluten free*... Pour les fans, succursale à Santa Monica (2025 Wilshire Blvd). Ceux qui veulent s'épargner la file d'attente passeront commande sur leur appli avant d'arriver.

Pour ceux qui se contenteraient bien d'un casse-croûte sur le pouce (et d'une économie substantielle), on trouve, face au LACMA, devant le 5900 Wilshire Blvd, quelques ***food trucks*** *(plan II, O13,* ***134****)*, qui vendent tacos et sandwichs copieux pour environ 8 $. Pour ceux que la formule séduit, sachez qu'il y en a un peu partout à L.A. Pour savoir où et quand les trouver, consulter le site : *• findlafoodtrucks.com •*

De bon marché à prix moyens

Farmer's Market *(plan II, O13, **233**) : W 3rd St et Fairfax Ave. De Downtown, bus n° 16 à l'angle de 5th et de Flower St. Tlj 10h-20h (21h ven-sam) ; plus tard pour certains stands. Parking avec validation 90 mn gratis, sinon 8 $/h, max 30 $/j.* Une profusion d'échoppes dans un marché en plein air (lire également « À voir ») pour goûter à un peu de tout, des falafels aux sushis en passant par des plats chinois, pizzas, viandes rôties, crêpes, burritos, salades... à des prix raisonnables. Au total 40 restos, généralement familiaux. ***Bennett's*** (stand n° 548) fait de délicieuses glaces artisanales depuis 1963 et ***Light My Fire*** (n° 230) propose uniquement des sauces pimentées, avec des étiquettes assez incendiaires, comme la *Saddam Insane* ou la *Burn in Hell Osama* ! Compter environ 6 $ la fiole, sauf pour *The Source,* la *hot sauce* la plus forte au monde, un flacon à 140 $! À la ***French Crêpe Company*** (n° 318), laissez-vous tenter par la « Philippe aux champignons-épinards sauce Mornay ». ***Monsieur Marcel*** (n° 236), quant à lui, fait de la soupe à l'oignon, de la salade niçoise, du coq au vin... Tous les lundis, de 18h à 21h, on a même droit à un p'tit air d'accordéon !

The Isaka-Ya by Katsu-Ya *(plan II, O13, **198**) : 8420 W 3rd St. ☎ 323-782-9536. Lun-ven 12h-14h30, 17h-21h30 (22h jeu-ven) ; w-e 12h-22h30 (21h30 dim). Ceviches et petits plats 10-20 $; cuisine au wok 15-25 $; plats du jour 10-15 $.* Toujours plein à craquer (normal, ils font aussi *deli*), cet antre de la cuisine nippone à prix plancher sert d'excellents *ramen,* sushi, sashimi et autres plats aux algues cuisinés au wok à une jeunesse débridée qui ne jure que par la commande qu'elle vient de passer sur son smartphone. Reste plus qu'à se tasser un peu sur les tables en bois pour regarder le staff s'affairer en cuisine.

Barney's Beanery *(plan II, O12, **130**) : 8447 Santa Monica Blvd. ☎ 323-654-2287. À l'endroit précis où Santa Monica Blvd vire vers le sud-ouest (vers Santa Monica, quoi !). Tlj 11h30 (10h30 sam, 9h dim)-1h30. Happy hours tlj 16h-19h. Plats 15-20 $.* Depuis 1920, le resto le plus authentique de la mini-chaîne. Marylin, Steve McQueen, Jim Morrison, Janis Joplin (elle y prit même son dernier repas) ou encore Peter Falk sont venus poser leurs fesses sur les banquettes de cette grande cabane bardée d'objets les plus divers : vieilles coupures du *L.A. Times* punaisées au plafond, photos de pin-up et de stars... La liste est longue, tout comme le menu sous forme de journal : omelettes, *chili plates, stuffed potatoes,* hot-dogs extra-longs, pâtes, sandwichs, poulet, salades, pizzas, plats mexicains et, bien sûr, burgers. Côté boissons, 200 variétés de bières. Ambiance hyper animée et décontractée. Des écrans partout, même aux toilettes ! Et les sodas sont offerts au conducteur qui reste sobre...

Night + Market Weho *(plan II, N12, **138**) : 9043 Sunset Blvd. ☎ 310-275-9724. Mar-dim 17h-22h, plus ven-dim 13h-16h. Plats 12-20 $. Résa conseillée.* Petite cantoche thaïe, à 2 pas du Roxy Theatre, dans le coin qui bouge. Pas de quincaillerie folklorique, seulement des tables de bois et des chaises pliantes, dispersées entre les murs orange de ce resto point de rendez-vous des trentenaires en vadrouille. Les plats explorent le foisonnement culinaire du royaume du Siam, des incontournables *pad thai, sticky rice* et *papaya salad* aux spécialités plus originales de l'Isaan ou du Lanna. De quoi papillonner avec plaisir loin du régime ricain, et ce jusque dans les portions, taille thaïe plus que *king size* !

Canter's *(plan II, O13, **143**) : 419 N Fairfax Ave. ☎ 323-651-2030. Tlj 24h/24. Plats 10-20 $, burger env 15 $. Parking gratuit avec validation juste derrière.* Un *deli* au décor désuet, véritable institution réputée pour sa solide cuisine kasher et bien graillonneuse : Marc Canter a son étoile sur le Walk of Fame ! En vedette, Mister pastrami, mais la carte longue comme le bras ne snobe pas pour autant les incontournables US (sandwichs, burgers, petits déj servis à toute heure, etc.). À 3h du mat', on se croirait au coup de feu de midi !

Jon & Vinny's *(plan II, O13, **143**) : 412 N Fairfax Ave. ☎ 323-334-3369. Tlj 8h-22h (breakfast servi jusqu'à 11h30). Plats 10-20 $.* Mieux vaut passer un peu avant et s'inscrire sur la liste d'attente de ce petit resto-cantine aux allures scandinaves qui sert une excellente pizza aux assemblages parfois osés. Sinon cuisine italienne correcte (pâtes fraîches maison), mais pas transcendante non plus pour un palais européen un peu aguerri. Vins à prix astronomiques en revanche.

Joan's on Third (plan II, O13, **137**) : 8350 W 3rd St. ☎ 323-655-2285. Tlj 8h-20h (18h dim). Sandwichs et salades 9-16 $. Tout est alléchant dans ce *deli* un rien B.C.B.G. parfumé aux bonnes odeurs de crémerie, sur les grandes tables desquelles se poussent du coude les gens du quartier. On s'y presse à toute heure pour ses fromages, ses plats du jour (quiches, pains de viande, légumes grillés, viande rôtie, etc.), sa dizaine de sandwichs et salades à composer soi-même, sans oublier ses pâtisseries. Terrasse bordant l'avenue.

Bristol Farms (plan II, N13, **139**) : 9039 Beverly Blvd (angle Doheny Dr, entrée discrète). ☎ 310-248-2804. • bristolfarms.com • Tlj 6h-minuit. Sandwichs, plats cuisinés et salades env 10 $ (au poids). Ce bâtiment tout blanc coiffé d'une coupole cache un supermarché du bio et une épicerie fine. On y trouve des montagnes de produits frais que l'on peut emporter ou consommer sur place dans le petit *corner* prévu à cet effet. Donne aussi des cours de cuisine (réserver par Internet).

Prix moyens

Gracias Madre (plan II, O13, **148**) : 8905 Melrose Ave. ☎ 323-978-2170. Tlj 11h-22h (23h jeu-sam). Plats 14-24 $. Résa obligatoire. À une encablure du *corner* le plus endiablé de WeHo, ce resto *vegan-mexican* attire célébrités (Beyoncé y a ses habitudes), *hipsters* et post-hippies de confession 100 % *organic* et *sustainable trade.* Dans le vaste loft tout blanc à la déco tendance ou dans le grand patio veillé par 2 oliviers centenaires, on se rassemble en grandes tablées. Faut dire que la pêche braisée sur lit de roquette, la *crab cake torta* et autres variations sur le thème du légume rare ont le don de satisfaire les adeptes du *gluten free.*

De plus chic à très chic

Son of a Gun (plan II, O13, **147**) : 8370 W 3rd St. ☎ 323-782-9033. Tlj 12h-21h. Plats 17-35 $. En plein temple du shopping, c'est le resto de fruits de mer qui a « le vent en poulpe » (OK, c'est facile). La salle est vite remplie, alors si vous ne voulez pas vous retrouver au bar, mieux vaut réserver. Côté saveurs, rien à redire, le chef a pris le parti de marier le suave au *crunchy,* le sucré au salé, la Méditerranée au Pacifique. On ne s'en lasse pas puisque la carte change tous les jours. Seul bémol, l'assiette aura du mal à satisfaire les gros appétits. Bonne sélection de vins, un peu chers quand même.

Koi (plan II, O12, **146**) : 730 N La Cienega Blvd. ☎ 310-659-9449. Tlj 17h30-22h (22h30 ven-sam). Plats 20-50 $. Que ce soit sur la terrasse aux plantes luxuriantes, dans la salle japonisante avec cuisine ouverte et éclairage tamisé, dans le patio arrière où poussent de magnifiques bambous ou encore dans la petite salle du fond avec son « ciel ouvert », l'ambiance est résolument chic, le tout sur fond de musique pop. La cuisine n'est pas en reste, loin s'en faut : carpaccio de saumon, rouleau de crabe, sushis, thon épicé et riz croustillant...

Où boire un verre et manger en terrasse ?
Où boire un bon jus de fruits ?
Où déguster une bonne pâtisserie ?

Rooftop du Kimpton Hotel Wilshire (plan II, O13, **197**) : 6317 Wilshire Blvd. ☎ 323-852-6002. Tlj jusqu'à 23h, plus tard ven-sam. Depuis le lobby de l'hôtel, prendre l'ascenseur jusqu'au 6e, puis suivre le fléchage vers l'autre ascenseur. Cocktails, salades et burgers env 15 $. À 2 pas du LACMA, un de nos *rooftops* préférés. Pas super haut, il offre néanmoins une superbe vue à 360° sur la ville. En revanche, si vous n'êtes pas parvenu à réserver l'une des tables situées entre le bar et la piscine, n'oubliez pas vos solaires (crème et lunettes), car ça tape un max (seules les lampes à gaz font office de parasols). Sinon, la cuisine est signée Eric Greenspan, un ancien de chez *Ducasse,* aujourd'hui chef référence en matière de sandwichs à L.A.

Joe & The Juice *(plan II, O13,* ***301****) :* *8532 Melrose Ave. Tlj 8h-20h.* Ce café en noir et blanc du XXIe s, bien représentatif de l'actuelle branchitude angeline, sert un excellent nectar, des jus à tout ce qu'on veut, des smoothies crémeux à vous dessiner des moustaches et quelques sandwichs dont l'avocat semble être la pierre angulaire du système. Sinon *urban music,* magazine de mode à consulter, staff souriant (pas de vaisselle à faire, on sert tout dans du plastoc).

Kreation Kafe & Juicery *(plan II, O13,* ***198****) :* *8428 W 3rd St. Tlj 7h-21h. Jus env 10 $; petits déj 12-15 $; plats 15-30 $.* Beaucoup de monde dans ce temple du commerce équitable et du bio. Ici, on choisit son jus en fonction de son thème astral ou de son état d'esprit du moment. Une science que maîtrise à l'évidence l'escadron d'employés qui font vroum-vroum sur leurs centrifugeuses. Bien aussi pour un petit déj, un burger au saumon (bien pêché) ou des tapas à partager entre amis. Attention quand même, les prix ne sont pas indiqués, et ça peut monter vite.

Magnolia Bakery *(plan II, O13,* ***147****) :* *8389 W 3rd St (angle Orlando). Tlj 11h-19h.* La New-Yorkaise Magnolia Bakery est venue s'encanailler sous le soleil californien ! Les experts du *cupcake,* du scone et de la *pie* ont exporté leur savoir-faire pour régaler une clientèle plutôt orientée shopping. La grande salle nue imprégnée d'effluves de caramel est un refuge idéal pour déguster un *banana pudding* entre 2 gorgées de thé glacé, en louchant sur les gros gâteaux flashy qui attendent sagement qu'on les adopte.

Où écouter de la musique ?

Molly Malone's *(plan II, O13,* ***190****) :* *575 S Fairfax Ave (entre 5th et 6th). Tlj sauf lun 10h (18h mar-mer)-2h. Live music tlj 21h-minuit (23h dim) ; droit d'entrée variable, quelquefois 10 $.* Pub irlandais tenu par la même famille depuis plus de 3 décennies. On dit que l'établissement précédent fut l'un des 1ers à obtenir une licence après la Prohibition. Animé, même en semaine. Au programme : un peu de tout, mais pas de heavy metal, ni de rap, ni d'électro. Un vrai bar de quartier, en somme, avec ses habitués. On y danse, aussi.

Whisky a Gogo *(plan II, N12,* ***189****) :* *8901 W Sunset Blvd. Entrée env 10-15 $. Concert ts les soirs vers 20h. Moins de 21 ans acceptés mais pas d'alcool servi.* C'est le club le plus ancien de Hollywood (1964), endroit mythique où les Doors signèrent leur 1er contrat et où Police, Van Halen et Aerosmith se sont produits. Vous l'aurez compris, c'est 100 % rock. On est surpris par la petitesse de l'endroit.

The Roxy Theatre *(plan II, N12,* ***188****) :* *9009 Sunset Blvd. • theroxy.com • Repérer le néon rouge. Ouv seulement le soir, à partir de 19h, 20h ou 21h, quand concert ou show. Fermé dim. Entrée 10-30 $ selon spectacle.* La 1re grosse tête d'affiche du *Roxy* en 1974 fut Neil Young. Polnareff s'y est produit dans les années 1990. Depuis, la programmation s'est diversifiée, avec non seulement du rock, mais aussi du jazz.

The Viper Room *(plan II, N12,* ***186****) :* *8852 Sunset Blvd. • viperroom.com • Entrée sur Larabee St (juste après les feux). Tlj 16h-2h. Club avec concert ts les soirs à partir de 20h. Entrée 15-25 $.* Vous reconnaîtrez peut-être la scène du film d'Oliver Stone *The Doors,* bien que ces derniers n'aient jamais joué ici mais au *London Fog,* la boîte d'à côté, qui aujourd'hui n'existe plus. Dans les années 1940, ce club était le lieu de rendez-vous de nombreux gangsters, en particulier Bugsy Siegel. Jusqu'en 2004, il appartenait à l'acteur Johnny Depp... Une expérience purement hollywoodienne si vous avez la patience de faire la queue (et une fois à l'intérieur, vous comprendrez l'une des raisons pour laquelle il y a autant de monde dehors : la salle est toute petite !).

♪ ***The El Rey Theatre*** *(hors plan II par O13,* ***195****)* **:** *5515 Wilshire Blvd (entre Burnside et Dunsmuir Ave).* • *theelrey.com* • *Bus n° 20.* Dans un beau bâtiment Art déco, cet ancien cinéma, qui a ouvert ses portes en 1936, est devenu une salle de concert dans les années 1990, avec au programme beaucoup de rock indépendant (ou indie si vous préférez).

Où boire un verre ? Où danser ?

Dès la tombée de la nuit, des milliers de noceurs envahissent Sunset Boulevard autour du n° 9000 (à la hauteur de San Vincente Boulevard et de Doheny Drive). On y frôle une faune branchée, bruyante, aguicheuse, sophistiquée, voire carrément déjantée !

The Abbey *(plan II, O12-13,* ***185****)* **:** *692 N Robertson Blvd. Tlj 11h (10h w-e)-2h. Pas de droit d'entrée.* Enfants de chœur, passez votre chemin ! Dans ce décor gothique, rendez-vous des gays et des *straights,* les DJs disent la messe tous les soirs dans des confessionnaux, tandis que les fidèles s'adonnent au stupre dans les alcôves. Quelques shows de mecs en string léopard qui astiquent des barres en inox. Excellente musique et bonne ambiance pour les amateurs du genre. C'est plein à craquer le week-end (avant d'aller à la messe, bien sûr !).

Nombreux ***bars*** et ***restos gay*** sur Santa Monica Boulevard, aux abords de San Vicente, entre Doheny Drive et Westmount Drive, entre autres la ***Fiesta Cantina*** *(plan II, O12,* ***187*** *; 8865 Santa Monica Blvd),* un *tiki bar* surfant sur la vague hawaïenne 50's-60's dans une ambiance qui déménage. Pour du hyper branché, vous pouvez essayer ***Micky's,*** juste à côté, avec de beaux mecs à la barbe waxée qui dansent en « moule-bite ». Chaud, on a dit !

Achats

Sportie LA *(plan II, O12,* ***133****)* **:** *7753 Melrose Ave. Lun-sam 11h-20h, dim 12h-19h30.* Cette boutique est un véritable temple du sneaker, du plus simple au plus sophistiqué, mais aussi des casquettes introuvables ailleurs et toute une gamme de fringues super mode.

Où voir un spectacle ?

The Comedy Store *(plan II, O12,* ***194****)* **:** *8433 Sunset Blvd.* • *thecomedystore.com* • *Immanquable avec sa façade tte noire à côté de l'hôtel Andaz. Tlj 19h-2h. Entrée 10-20 $, à quoi il faut encore ajouter min 2 consos et le prix du parking. Spectacles parfois gratuits dans la Belly Room.* Un des plus fameux *comedy clubs* des États-Unis depuis près d'un demi-siècle. C'est ici que Robin Williams, Richard Pryor ou Jim Carey, entre autres artistes, ont fait leurs débuts.

À voir

LACMA *(Los Angeles County Museum of Art ; plan II, O13)* **:** *5905 Wilshire Blvd.* • *lacma.org* • *Dans le Hancock Park. Parking (au Pritzker Parking, 6th St à l'est de Fairfax Ave ; ou angle Wilshire Blvd et Spaulding Ave) : 16 $ (8 $ à partir de*

19h). Lun-mar et jeu 11h-18h, ven 11h-20h, w-e 10h-19h. Fermé mer. ***Attention : musée en totale restructuration jusque 2024,*** *renseignez-vous bien avt de payer le billet d'entrée, sur les expos et les œuvres réellement visibles. Entrée : 25 $, 10 $ 3-17 ans, gratuit pour ts 2e mar du mois. Réduc de 2 $ sur présentation du pass métro. Résa en ligne possible.*

Avec un fonds d'environ 150 000 œuvres, le LACMA est ***le musée d'art le plus important de l'ouest des États-Unis.*** C'est ce qu'on appelle un musée encyclopédique, on y trouve toutes sortes d'œuvres d'art, de l'Antiquité à nos jours. Cette grosse machine est actuellement en cours d'extension. Sous la houlette de l'architecte suisse Peter Zumthor, le projet comprendra notamment une nouvelle aile monolithique enjambant Wilshire Blvd : les ***David Geffen Galleries.*** L'idée étant de repenser le musée selon une approche non hiérarchique dans la présentation de ses œuvres, plaçant toutes les collections et domaines artistiques au même niveau.

Une sélection d'œuvres devrait rester visible tout au long de ce vaste chantier, exposées dans 2 sections : le *BCAM* et le *Resnick Pavilion.* Des ***expositions temporaires*** sont aussi programmées dans ces 2 bâtiments. Mais il faudra revenir dans quelques années pour admirer les œuvres de la collection permanente au complet !

– ***Les jardins :*** vous y trouverez un mobile de Calder et de nombreux bronzes : Moore, Rodin, ainsi que ***l'installation contemporaine la plus emblématique du musée, Urban Light*** de ***Chris Burden,*** sur l'esplanade où l'on achète ses billets. Composée de 202 lampadaires, c'est, selon son créateur, « une maison sans murs avec un toit de lumière », en fait une sorte d'Acropole contemporaine. Alimentée par des panneaux solaires, elle est particulièrement spectaculaire la nuit.

– ***BCAM*** *(Broad Contemporary Art Museum)* **:** consacré, comme son nom l'indique, à l'art contemporain, ce musée dans le musée a vu le jour en 2008 grâce à la généreuse participation de Eli et Edythe Broad (encore eux !), les célèbres philanthropes qui ont ouvert depuis leur lieu à eux dans Downtown, qui porte d'ailleurs presque le même nom : le spectaculaire *The Broad.* Symboliquement, on accède au musée par un énorme ascenseur, celui qui sert à monter les œuvres monumentales. Les œuvres, exposées par roulement, proviennent des collections du LACMA, mais aussi de celles du couple Broad. On y retrouve régulièrement les signatures de ***Warhol, Jeff Koons, Cindy Sherman*** ou encore ***Richard Serra. Seule œuvre « permanente » : Metropolis II,*** de Chris Burden (encore lui !), une amusante mégapole en Meccano, sorte de machine dans la machine, installée pour plusieurs années (animée toutes les heures 11h30-18h30).

– ***Resnick Exhibition Pavilion :*** consacré à de grandes ***expos temporaires*** (voir programme sur le site internet). Architecture spectaculaire signée Renzo Piano, comme le BCAM. Plus de 4 000 m² de plan ouvert tout vitré chapeauté d'un toit en dents de scie permettant un éclairage naturel. Derrière, allez donc jeter un œil à ***Levitated Mass*** de Michael Heizer, un rocher suspendu sous lequel on peut passer et qui a fait l'objet d'un sacré battage médiatique...

– Enfin, ***Smoke,*** la ***sculpture monumentale de Tony Smith,*** exposée dans le hall de l'Ahmanson Building, peut être admirée pendant les travaux.

Sur place, ***cafétéria, boutique.***

Academy Museum of Motion Pictures *(plan II, O13)* **:** *6067 Wishire Blvd. • academymuseum.org • Tlj 10h-18h (20h ven-sam). Entrée : 25 $; gratuit moins de 17 ans.* Très attendue et conçue par Renzo Piano, cette étonnante soucoupe volante semblant léviter au-dessus du sol abrite une véritable citadelle du ***cinéma.*** Bien plus qu'un musée thématique, c'est une véritable expérience immersive, ludique et inclusive ; la plus vaste des États-Unis avec plus de 4 500 m² d'espace d'exposition. Une section est consacrée au mouvement ***Black Lives Matter,*** et les expos reviennent régulièrement sur le cinéma afro-américain ou sur la place des femmes dans cette industrie entachée par le scandale ***#MeeToo.*** Au programme : 6 étages d'expositions présentant des reliques de l'Âge d'or de Hollywood (comme les chaussures écarlate de Judy Garland dans *Le Magicien d'Oz,* ou le requin de quelque 550 kg qui servit au tournage des *Dents de la mer*), l'attachant petit robot R2D2, de la saga *Star Wars,* une salle dédiée aux Oscars, des pans de décors entiers... et un théâtre de 1 000 places dans une spectaculaire géode en béton et verre, avec vue panoramique sur les collines de Hollywood et le panneau mythique. Un projet pharaonique orchestré par l'académie des Oscars *herself*.

La Brea Tar Pits & Museum *(plan II, O13)* **:** *5801 Wilshire Blvd.* ● *tarpits.org* ● *Juste à côté du LACMA. Parking : 15 $. Tlj 9h30-17h. Fermé mar. Entrée : 15 $; réduc ; compter 6 $ de plus pour assister à une projection au* 3D theater *; gratuit 1er mar du mois hors juil-août. Petite brochure en français disponible. Visites guidées régulières (rens sur place).*

Ce musée d'histoire naturelle est vraiment étonnant ! Il se trouve sur le site de l'ancien *Rancho La Brea,* immense ranch du début du XXe s planté ***au cœur d'un gigantesque gisement d'asphalte au centre de la ville.*** Plus surprenant encore, on y découvrit des milliers d'animaux dignes des personnages du film *L'Âge de glace* : 2 000 tigres à dents de sabre, 1 600 loups, des mammouths, insectes, oiseaux, micro-organismes, plantes, et... une femme (qui n'est pas exposée). Tous avaient été noyés dans la masse d'asphalte (on invite d'ailleurs le visiteur à comprendre pourquoi, en participant à une expérience intéressante). Découverte prodigieuse, donc, qui incita George C. Page, un milliardaire philanthrope, à créer ce musée. Milliardaire au destin curieux, qui quitta à 16 ans son Nebraska natal à la suite de la découverte d'une orange. Fantasmant sur le pays capable de produire un fruit aussi délicieux, il débarqua en Californie et fit fortune dans le... commerce des fruits tropicaux avec les pays froids (naturellement !).

Dans le musée, conçu en grande partie pour les enfants, on s'amusera de ce jeune mammouth animé (qui grince un peu !), de ce tigre géant attaquant un ours à museau court, du laboratoire derrière la vitre duquel travaillent encore de nombreux chercheurs. Mais, surtout, on se laissera volontiers impressionner par les ***squelettes d'animaux*** (comme celui du mammouth colombien), dont l'âge varie de 10 000 à 40 000 ans. Les plus nombreux à s'être fait piéger par le bitume sont les *Smilodon californicus,* genre de tigres géants à dents de sabre, les *dire wolves* (voir le mur composé de 404 crânes de ces loups énormes !) et puis les ours à « museau court », lions américains, chevaux, pécaris et autres bisons dont les ossements ont été particulièrement bien conservés.

S'ENDUIRE DE GOUDRON ET (Y LAISSER) DES PLUMES

La Brea est située sur une zone marécageuse où l'asphalte, roche bitumeuse naturelle, affleure depuis des milliers d'années. Des animaux préhistoriques furent irrémédiablement englués. Aujourd'hui, l'asphalte perle encore sur les trottoirs contigus au musée. Attention où vous mettez les pieds, la moquette de votre chambre d'hôtel risque de souffrir de votre passage !

Bien sûr, il faut ensuite ***faire le tour des pits (les sites de fouilles)*** à l'extérieur, où le goudron affleure encore en gros remous odorants ! Voir absolument le *Pit 91,* toujours en cours de fouilles, où, derrière les vitres, on voit les ossements apparaître dans le goudron... Films projetés toutes les 12 mn : le 1er, didactique, présente assez bien la découverte à l'origine du musée ; le 2d développe le sujet sur un mode se voulant comique.

Petersen Automotive Museum *(plan II, O13)* **:** *6060 Wilshire Blvd.* ● *petersen.org* ● *Entrée dans Fairfax par le parking. Tlj 10h-17h. Entrée : 17 $; 12 $ enfants et gratuit moins de 3 ans. Parking : 17-21 $ (gratuit seulement pour les 30 premières mn).*

Avec sa silhouette argentée de bolide lancé à vive allure, le Petersen est encore un musée à mettre à l'initiative d'un milliardaire, fondateur d'un empire de presse.

Un musée de l'automobile fabuleux, riche et ludique, qui ravira bien sûr les amateurs de belles calandres, tous les pistonnés et les fondus de carter, de chromes étincelants, mais aussi les moins passionnés de la bagnole, et ça, c'est un vrai argument ! Plus de 150 modèles exposés, dans un état exceptionnel (« polishées » en permanence !) retracent l'aventure de l'automobile en Californie depuis le début du XXe s jusqu'à nos jours avec son impact sur la société américaine. Aussi de nombreuses vidéos et ateliers interactifs où l'on décortique les processus mécaniques qui font rouler le rêve américain. C'est parti pour la visite, sachant que des mini-expos thématiques tournent régulièrement, donc difficile de décrire précisément ce que vous verrez.

– ***3rd Floor (History) :*** parmi les pièces maîtresses, on retiendra le 1er véhicule autopropulsé de l'histoire, une invention française de l'ingénieur Nicolas Cugnot en 1769. Un des tout 1ers modèles de ***Ford T*** (1910) : 20 ans de production pour cette voiture vendue à plus de 1,5 million d'exemplaires. Difficile de résister devant les couleurs tendres des ***belles Américaines des années 1950...*** Dans les vitrines d'accessoires, ne pas louper les sièges bébés des années 1940 à 1970 ni les rasoirs électriques, chauffe-biberon et radio-téléphone. Hollywood oblige, les ***voitures du cinéma*** sont bien représentées : Choupette, l'amour de Coccinelle, la Ferrari de Magnum (pour les vieux qui connaissent), la Duesenberg jaune citron conduite par DiCaprio dans *Gatsby,* sans oublier l'incontournable Batmobile.

– ***2nd Floor (Industry) :*** la conquête de la vitesse et de la performance. Les étapes de construction d'une ***Maserati.*** Le développement des différents carburants avec les 1ers ***véhicules électriques ou hybrides*** (dès les années 1910). Les motos ne sont pas en reste, avec la rivalité Harley-Indian et de fabuleux side-cars et les 1ers modèles remontant aux années 1900. Aussi un simulateur de course pour s'entraîner sur le circuit de son choix.

– ***1st Floor (Artistry) :*** les ***voitures de collection,*** dans une section mixant œuvres d'art et automobile.

★ ***L'architecture de Wilshire Boulevard :*** à partir de Downtown, vers l'ouest, vous y découvrirez quelques-uns des édifices Art déco les plus remarquables de L.A., ainsi que d'intéressantes maisons victoriennes en bois de la fin du XIXe s. Pour les découvrir, s'inscrire à une visite organisée par ***LA Conservancy*** • *laconservancy.org* • – voir précédemment la rubrique « Visites guidées ».

– ***Magnin Wilshire et Wiltern Theater :*** *respectivement aux 3050 et 3790 Wilshire Blvd.* Le Magnin date de 1928. Considéré comme le plus bel édifice Art déco de L.A. Abrite encore aujourd'hui une bibliothèque privée. Joli décor intérieur. Quant au Wiltern Theater, construit en 1931, il offre de pittoresques façades en céramique verte. Au rez-de-chaussée, une belle salle de spectacle. Ne pas manquer d'assister à une *performance,* là aussi pour le cadre intérieur.

★★★ ***Farmer's Market*** *(plan II, O13) :* *W 3rd St et Fairfax Ave. Lun-sam 10h-20h (21h ven-sam).* Fondé en 1934 par 18 agriculteurs qui décidèrent de vendre eux-mêmes leurs produits, le *Farmer's Market* compte aujourd'hui 160 stands qui proposent une variété infinie de produits alimentaires venus des 4 coins du globe. À l'époque, on y installa même la 1re station-essence en libre-service au monde. Un choix de restos fantastique et très abordable. Voir précédemment « Où manger ? ».

★★ ***Château Marmont*** *(plan II, O12) :* *8221 Sunset Blvd.* L'hôtel le plus rock'n'roll du monde ! Fred Horowitz, richissime avocat, s'était fait construire en 1929 cette bâtisse blanche perchée sur la colline, réplique du château d'Amboise dans le Val de Loire. Résidence de luxe à l'origine, elle fut très vite vendue (Dépression oblige) à un Anglais dingue de cinéma, qui en fit un hôtel. La liste de ses illustres hôtes est prestigieuse : Greta Garbo, Marilyn Monroe, James Dean (qui y a rencontré Natalie Wood), Humphrey Bogart, Liz Taylor (qui y a sauvé la vie de Montgomery Clift en retirant 2 dents coincées dans sa gorge après un accident de voiture !), Jim Morrison (il chute en tentant de sauter dans sa chambre depuis le toit), De Niro... Bref, un lieu mythique, hanté par les frasques des vedettes hollywoodiennes.

John Belushi (un des Blues Brothers) est mort d'une overdose dans le bungalow n° 3, le photographe Helmut Newton y a aussi perdu la vie en percutant avec sa Cadillac un mur de l'allée. Plus rigolo, le groupe Led Zeppelin a traversé en Harley-Davidson le lobby de l'hôtel, provoquant au passage quelques petits dégâts. Aujourd'hui, le charme opère toujours auprès des gens du cinéma, qui apprécient le côté préservé des lieux, à l'abri des regards indiscrets, et le style désuet d'origine. Sofia Coppola y a d'ailleurs tourné dans la suite 59 son 4e opus, *Somewhere.*

Si l'hôtel est assez « exclusif », le ***restaurant,*** lui, est plus abordable pour un breakfast ou un lunch au jardin *(☎ 323-656-1010 ; tlj du mat au soir ; breakfast servi tte la journée, salades et sandwichs 20-25 $; plats 25-35 $;* ***résa conseillée****).* Rien que le cadre est délicieux : un patio méditerranéen noyé dans la végétation et entouré d'arcades. Et puis, en étudiant bien la carte, l'expérience hollywoodienne reste abordable. En revanche, inutile de reluquer les *goodies* de la boutique, ils affichent des prix rédhibitoires !

Stahl House *(plan II, O12)* **:** *1635 Woods Drive.* ***Visite guidée sur résa seulement*** *via • stahlhouse.com • Tarif : 35 $/pers (dès 2 pers).* Evening Tour *encore plus cher.* Perchée sur Hollywood Hills, accrochée par on ne sait quel miracle au flanc de la colline, la Stahl House bénéficie d'une vue unique sur L.A. Cette maison moderniste iconique fait partie du programme lancé entre 1945 et 1966 pour enrayer la pénurie de logements engendrés par le retour aux États-Unis des soldats. Les architectes rivalisèrent alors d'ingéniosité pour concevoir ces ***Case Study Houses,*** des maisons fonctionnelles et abordables au commun, mais sans négliger le design. La Stahl House, signée Pierre Koenig en 1959, porte le numéro 22 de la série. Tout en baies vitrées, chapeautée d'une toiture en porte-à-faux, sa façade s'avance même légèrement dans le vide ! Assis dans le salon, on a la Cité des Anges à ses pieds. Une visite captivante pour les fans d'architecture.

Schindler House *(plan II, O12)* **:** *835 N Kings Rd (petite rue entre Orlando et Flores Ave). • makcenter.org • Ouv 11h-18h. Fermé lun-mar. Entrée : 10 $; réduc.* Séparée de la route par une haie de bambous, cette modeste maison fut pensée par Rudolf Schindler (1887-1953), architecte d'origine autrichienne qui fut un temps l'employé de Frank Lloyd Wright avant de se brouiller avec lui (on lui doit notamment une grande partie des plans de la Hollyhock House – voir le *Barnsdall Art Park* à Hollywood). Cette maison-atelier construite en 1922 fut la 1re qu'il créa en Californie du Sud en tant qu'architecte à son compte. Il la conçut de façon à ce que 2 couples puissent y cohabiter (lui et sa femme, et « son » ingénieur Clyde Chase avec son épouse), avec chacun son aile privée et son jardin. Chase et Schindler ont eux-mêmes bâti la maison. À l'intérieur, la maison est beaucoup plus « légère » que l'extérieur ne le laisse penser (le béton est remplacé par des cloisons en séquoia et verre). Complètement ouvert sur le jardin, l'endroit, évoquant l'habitat traditionnel japonais, surprend par son architecture très économe. Reste que la visite, rapide et un peu cher payée, intéressera surtout les passionnés d'architecture.

BEVERLY HILLS ET WESTWOOD (plan II)

Jumelée à Cannes (tiens donc !), ***Beverly Hills*** est une ville à part entière (34 000 habitants), avec une mairie et une administration distinctes du reste de Los Angeles. Ses habitants n'y naissent pas plus qu'ils n'y meurent puisqu'elle ne possède ni hôpital ni cimetière. Une ville sans problème, en somme, où l'heureux maire administre une communauté de résidents parmi les plus riches des États-Unis et du monde ! Stars du cinéma (du disque aussi) et producteurs ont pris l'habitude, depuis le début du XXe s, de venir faire leur nid dans cette incroyable zone résidentielle noyée dans la végétation tropicale, à 2 pas de l'asphalte cuisant de Hollywood. On travaille dans la plaine, mais on loge sur les collines, à l'écart du tohu-bohu de la ville.

Grosso modo, Beverly Hills se situe sur une chaîne de coteaux entre Hollywood et Santa Monica, prolongé à l'ouest par le quartier de Bel Air, largement aussi huppé. Sur le terrain, il faut faire le distinguo entre le Beverly Hills d'en bas et le Beverly Hills d'en haut. Celui d'en bas s'étend de Santa Monica à Sunset Boulevard, formant un immense quadrillage d'avenues bordées de magnolias, de jacarandas et de palmiers filiformes. Pas vraiment d'âme, sauf, peut-être, dans les quartiers purement résidentiels. Les espaces publics y sont réduits à leur portion congrue. Ici, c'est la propriété privée qui dicte sa loi ; d'ailleurs, pour éviter d'être enquiquinés, les résidents ont carrément interdit qu'on stationne dans les rues entre 19h et 7h du matin. Pas d'harmonie dans le traitement des rues ni d'unité dans l'architecture, c'est du chacun-pour-soi. Pas de vrai centre-ville non plus, mais plutôt une banlieue de luxe... Ce Beverly-là est quasiment plat. Les vraies collines commencent au-dessus de Sunset Boulevard. C'est le Berverly Hills d'en haut. Un repaire de célébrités, même si la tendance actuelle est plutôt d'aller s'installer sur la côte, à Santa Monica ou à ***Calabasas, la nouvelle ville-forteresse pour célébrités de Los Angeles*** (sur les hauteurs de Malibu), où Drake, Justin Bieber et les Kardashian ont élu domicile.
À l'ouest de Beverly Hills s'étend ***Westwood,*** l'un des villages les plus anciens de L.A. À la fin des années 1980, on y a construit le *Shopping Village,* agréable quartier commerçant de style hispano-méditerranéen. Le *Dome* (Westwood et Broxton), la *Tower* (Westwood et Weyburn) et le ravissant *Village Theater,* au 961 Broxton Avenue (édifié en 1930), restent les symboles de cette époque. Le week-end, Westwood s'anime furieusement autour de ses multiples boutiques, ses cinémas, théâtres et nombreux cafés et restaurants. La principale institution locale est l'*Université de Californie de L.A. (UCLA).* C'est la plus grande université de Californie en effectif (environ 42 000 étudiants) mais la plus petite en superficie (1,6 km^2).

Où dormir ?

Très chic

Maison 140 *(plan II, N13,* ***64****)* **:** *140 S Lasky Dr. ☎ 310-281-4000. ● maison140.com ● Doubles 160-350 $. Pas de petit déj, hotel fee env 17 $. Parking env 40 $.* Ancienne demeure de l'actrice du muet Lillian Gish *(La Nuit du chasseur),* qui l'avait transformée en dortoir pour actrices débutantes, cette maison chic propose 2 types de chambres. Une bonne trentaine de *Parisienne,* pas bien grandes, avec en majorité des lits *king size,* et une dizaine de *Mandarine,* tout aussi cosy, avec leur déco chargée à dominante rouge (lit à l'ancienne, miroirs), un peu plus grandes que les 1res, avec baignoire et machine à café. *Fitness center.* Accès à la piscine du *Mosaïc Hotel* situé à 300 m de là, dont on bénéficie aussi du *room service,* ce qui n'est pas négligeable.

Où manger ?

Spécial petit déjeuner

Urth Caffe *(plan II, N13,* ***135****)* et ***Nate'n Als*** *(plan II, N13,* ***149****)* **:** lire plus loin.

Le Pain Quotidien *(plan II, N13,* ***132****)* **:** *9630 S Santa Monica Blvd. ☎ 310-859-1100. Tlj 7h-16h. Petit déj, tartines et salades 12-16 $.* Dans cette boulangerie belge, basée sur un concept rural devenu branché (la grande table à partager entre convives), on vous recommande le *breakfast basket,* un échantillon de leurs pains bio, avec croissant ou pain au chocolat, jus de fruits et boisson chaude. Le midi, tartines multiples et variées, quiches et tartes, salades à la mode végétarienne (tofu, quinoa) ou non (chèvre, saumon), soupes... Terrasse sur le va-et-vient de la rue, agréable l'été.

De prix moyens à plus chic

Dans le quartier étudiant d'UCLA, les adresses les moins chères sont des ***petits cafés*** (asiatique, mex, etc.) et des ***fast-foods*** pas toujours terribles, il faut bien le reconnaître. Alors, pour les fans, signalons que Broxton Avenue abrite une succursale du ***Pain Quotidien*** et de ***Barney's Beanery*** (voir plus haut les textes décrivant ces 2 chaînes). Aussi un ***Diddy Riese*** (au n° 926) pour les amateurs d'*ice cream sandwiches* (cookies glacés).

Nate'n Als *(plan II, N13,* ***149****) : 414 N Beverly Dr. ☎ 310-274-0101. Tlj 8h-19h (20h ven-sam). Sandwichs 13-20 $, plat env 25 $. Parking public à 100 m au n° 440, les 2 premières heures gratuites.* Façades aux vitres fumées, box à touche-touche pour un petit déj au coude à coude, le *deli* le plus célèbre de Beverly Hills. Prisée par une clientèle aussi éclectique que distinguée, cette adresse fait le plein à n'importe quelle heure de la journée. Pour le déjeuner, nous recommandons l'*assorted deli,* qui permet de goûter toutes les spécialités. Sinon, viande d'Angus très tendre, saumon sauvage, harengs et autres produits d'une qualité irréprochable.

Whole Foods Market *(plan II, M13,* ***145****) : 1050 Gayley Ave. Tlj 7h-22h. Parking gratuit pdt 2h pour tt achat.* Cette chaîne de supermarchés bio bien connue des bobos propose un rayon *salad bar* aussi appétissant que varié, histoire de manger une bonne salade bien fraîche ou un plat bien cuisiné. Quelques tables.

Urth Caffe *(plan II, N13,* ***135****) : 267 S Beverly Dr. ☎ 310-205-9311. Tlj 7h-22h (23h sam). Petits déj 10-15 $, plats 15-20 $.* Comme d'hab', l'*Urth Caffe* a choisi une jolie bicoque dotée d'une adorable terrasse, où se presse un monde fou ! Grand choix de thés et de cafés *organic* pour accompagner de bonnes pâtisseries. Beaux cheese-cakes. Également des salades, lasagnes, quiches, soupes et sandwichs bio. On boit son caoua ou son jus de fruits dans la salle rustique qui sent bon le café ou en terrasse. En fin de semaine, pour le brunch, allez-y dès potron-minet !

Coup de folie

Spago *(plan II, N13,* ***131****) : 176 N Cañon Dr. ☎ 310-385-0880. Tlj sauf lun 17h-22h (22h30 ven-sam). Résa très fortement conseillée. Plats 25-...175 $!* Situé dans le quartier des affaires, cadre chic et sophistiqué, *Spago* passe pour être, sinon « L.A. », à tout le moins l'une des meilleures tables des États-Unis et l'un des lieux privilégiés des paparazzis, puisqu'on y croise du beau monde. Évidemment, ça se paie ! À l'arrivée, c'est un florilège d'influences, avec des saveurs asiatiques, notamment chinoises et japonaises, mais aussi italiennes, françaises et d'Europe de l'Est ou du Nord. Une cuisine sous la houlette du célébrissime chef Wolfgang Puck (l'Alain Ducasse américain), à la tête d'une quarantaine de tables renommées un peu partout dans le monde. L'établissement est devenu terriblement *trendy,* et « voir et être vu » semble être devenu sa devise.

Où boire un verre ? Où écouter de la musique ?

Vista SLS Beverly Hills *(plan II, O13,* ***196****) : 465 S La Cienega Blvd. ☎ 310-247-0400. Tlj 9h-19h.* Si vous n'avez jamais mis les pieds dans un vrai hôtel *hype* et design, c'est le moment ! Mais pas gagné, car le gorille à l'entrée veille au grain. Une fois le lobby à vous, vous serez sur une autre planète, dans un monde pensé par Philippe Starck. Le but du jeu consiste à prendre l'ascenseur pour finir à l'*altitude pool.* 2 piscines en fait, l'une salée, l'autre pas, et un bar où socialise du beau monde...

The Mint *(plan II, O14,* ***193****) : 6010 W Pico Blvd. • themintla.com • Reconnaissable de loin à son immense portrait de Bukowski. Ts les soirs 19h-1h ; horaires variables. Entrée env 10 $ en moyenne + conso.* En plein quartier juif, une petite salle assez intime ; enfin, c'est ce qu'on se dit au début car l'ambiance monte assez rapidement. Les plus grands de la scène pop, rock et folk s'y produisent régulièrement. Sinon, orchestres live de rock, blues, soul et jazz de très bonne qualité, qu'on écoute volontiers en picorant un burger-frites.

À voir. À faire

Les maisons des stars : sachez d'abord qu'elles sont toutes ***surveillées par d'importants systèmes de sécurité.*** Inutile de s'attarder devant les grilles, encore moins de se faire la courte échelle pour tenter de voir ce qui se passe dans le jardin : vous risquez de déclencher les alarmes et de voir rappliquer une société de vigiles, ou carrément les flics. En général, ces gars-là n'ont pas beaucoup de sens de l'humour. Sur Hollywood Boulevard à Beverly Hills, des vendeurs racolent les touristes avec leur ***carte*** pointant ces fameuses demeures ***(Star Maps),*** vous pouvez tenter le coup si ça vous amuse mais vous risquez d'être déçu : déjà, les infos sont souvent datées et certaines stars auront déménagé entre-temps (turnover rapide dans le milieu), mais, surtout, la plupart du temps, on ne voit absolument rien de l'extérieur. Eh oui, les célébrités ont une devise : pour vivre heureux, vivons cachés ! Parmi les rares maisons historiques visibles depuis la rue, voir la ***Spadena House ou maison de la Sorcière*** (9800 Carmelita Ave, angle Walden Dr, dans le bas Beverly Hills). Un vestige de la grande époque du film muet ! Alors que toutes les baraques autour rivalisent d'opulence et de luxe, voici une maisonnette de conte de fées, biscornue, de style vaguement bavarois, avec un insolite petit jardin. Un peu plus haut, la ***maison de Bugsy Siegel*** (810 Linden Dr), « l'homme le plus dangereux d'Amérique ». Dans les années 1930, il dirigeait le plus important réseau de jeu et de prostitution. Gangster mais visionnaire (il créa Las Vegas), il fut assassiné ici. Voir le film *Bugsy,* avec Warren Beatty.

CHARLOTS DE CHARPENTIERS !

Afin d'économiser sur les travaux de construction de sa maison, Chaplin fit appel aux charpentiers de ses studios, habituellement chargés de réaliser les décors des films. Ne sachant pas comment s'y prendre pour construire une structure solide et définitive, ils firent comme si c'était du provisoire. Résultat : Charlot était à peine installé dans son petit palace que des morceaux de stuc tombèrent du plafond, des éléments du plancher se mirent à craquer, des portes sortirent bizarrement de leurs gonds...

– ***Visites guidées :*** si vraiment vous êtes accro, le plus efficace pour s'offrir un selfie devant le portail de la maison d'une star et faire bicher ses potes sur Snapchat, c'est de faire appel à une agence spécialisée, type *Starline,* qui offre un tour des quartiers de Beverly Hills et de Bel Air (lire précédemment « À voir. À faire » à Hollywood et à Melrose). Plus ciblé, plus court et donc moins cher que les tours des autres agences *(VIP, Guideline...).* Au programme : une quarantaine de propriétés (enfin, le bout de trottoir devant, n'espérez rien de plus !), dont celles de Tom Cruise, Nicolas Cage, Jennifer Lopez, David et Victoria Beckham, et les anciennes demeures de Frank Sinatra, Elvis Presley, Madonna, Richard Gere...

DERNIER CRI

L'actrice Lana Turner vécut avec Johnny Stompanato, un mafieux notoire. Leurs disputes étaient violentes et devenaient presque un jeu amoureux (sado-maso !). Un jour de 1958, Cheryl, la fille de la star, 14 ans, entendit l'amant crier : « Je vais te découper en morceaux ! » Voulant protéger sa mère, elle tua le voyou d'un coup de couteau. Le tribunal l'innocenta pour légitime défense.

– Sinon, pour tout connaître des potins, des meurtres, des suicides qui ont fait l'histoire de Hollywood depuis plus de 80 ans, se procurer ***This is Hollywood,*** de Ken Schessler. Facile à comprendre, très complet, avec de nombreuses cartes.

Rodeo Drive *(plan II, N13) :* *entre Wilshire Blvd et Santa Monica Blvd.* L'avenue la plus chère du monde se situe à Beverly Hills. C'est le temple du luxe et du surfait. Ici, rien que du superficiel. Les grandes marques françaises et italiennes y attirent le gratin des collines, chauffeur lunetté et yorkshire toiletté stationnés en double file... Quant au magasin *Bijan,* il habille les présidents, les rois, les princes. Impossible d'y entrer comme ça, il faut prendre rendez-vous ! Chaque année, le dimanche de la fête des Pères, la rue est neutralisée pour une exceptionnelle présentation de voitures de collection. À ne pas manquer si vous êtes amateur (ou amatrice) de belles calandres.

Mulholland Drive : *dans les Hollywood Hills.* Rendue célèbre par le film éponyme de David Lynch, longue d'une quarantaine de kilomètres au total, itinéraire sur lequel ont été aménagés 7 belvédères panoramiques, Mulholland Drive est très agréable à parcourir à la nuit tombée, car elle offre un panorama superbe sur la ville tout illuminée. Pour attraper Mulholland Drive, prendre, par exemple, la Freeway 405 North et suivre la sortie Mulholland Drive, 5,5 km après celle du Getty Center. Après de multiples boucles dans les beaux quartiers, elle débouche à l'est sur la 101. Possibilité de descendre sur Sunset Boulevard en empruntant le Beverly Glen Boulevard qui traverse le très chic quartier de Bel Air ou encore par Coldwater Canyon qui traverse Beverly Hills.

Museum of Tolerance *(plan II, N14) :* *9786 W Pico Blvd. • museumoftolerance.com • Ouv 10h-17h (18h30 dim-jeu mais seulement pour l'expo Anne Franck) ; ferme à 15h30 ven nov-mars. Fermé sam et fêtes juives. Dernier ticket 1h30 avt fermeture. Entrée : 16 $; réduc. Parking gratuit en sous-sol.*
Ce sévère bâtiment de granit rose abrite un musée dédié principalement à l'***Holocauste,*** destiné à sensibiliser le public au problème global de l'intolérance. Un bon niveau d'anglais et une demi-journée sur place sont nécessaires pour bien tout explorer.
On conseille de commencer la visite en haut, par l'expo ***Anne Frank,*** très bien faite, avant de redescendre ensuite au sous-sol pour la section principale. Attention, la disposition du musée est parfois confuse, l'ordre des sections manque de logique, et le plan délivré à l'entrée n'aide pas à s'y retrouver. L'absence d'audioguide fait qu'on passe à côté de certaines choses, dommage. Bref, ne pas hésiter à solliciter les employés pour des explications.
– ***Anne Exhibit*** *(level 2) :* parcours interactif poignant, guidé par la voix d'Anne qui suit le visiteur de vitrine en vitrine, le long d'un mur de tissus empilés ; 17 528 coupons d'étoffe exactement, correspondant au nombre d'enfants hollandais morts pendant l'Holocauste. Chatoyantes au début, les couleurs s'assombrissent au fur et à mesure que l'espoir diminue... Les rayures émergeant du fond gris-noir symbolisent la déportation, les tissus ne retrouvant leurs teintes qu'à la toute fin, pour montrer l'espoir du *Journal* d'Anne pour la génération à venir. La famille Frank avait demandé l'exil aux États-Unis ou à Cuba mais à cause de la situation internationale (Pearl Harbor puis la déclaration de guerre), ça n'a pas été possible.
– ***Tolerancenter*** *(level M) :* s'efforce, de façon interactive, de démonter la logique du langage de la haine. Nombreuses vidéos sur la discrimination raciale aux États-Unis, sur les massacres au Rwanda ou encore (dans une pièce à part baptisée *Millennium Machine*) sur l'exploitation des femmes et des enfants dans le monde, sur la menace du terrorisme et la situation des réfugiés. Autour d'un *diner* des années 1950 reconstitué, les visiteurs sont invités à donner leur avis sur les limites du *free speech,* notion sacro-sainte en Amérique mais pas pour autant dénuée d'effets pervers, ainsi que le musée veille bien à nous le faire sentir... Frise chronologique retraçant 400 ans d'histoire américaine selon 3 points de vue : diversité, intolérance et lutte pour les droits. De là, on accède directement (sans s'en rendre

vraiment compte) à la 2de partie, qui retrace et explique l'***Holocauste*** à travers une longue série de mises en scène très réalistes (mais déconseillées aux moins de 12 ans).

Armand Hammer Museum of Art and Cultural Center *(plan II, M13)* **:** *10899 Wilshire Blvd. • hammer.ucla.edu • Ouv mar-dim 11h-18h. Fermé lun. GRATUIT. Tours guidés certains j. (se renseigner). Parking : 7 $ pour 3h, après validation.*
Armand Hammer (1898-1990), industriel qui fit fortune dans le pétrole, collectionneur d'art, ami de Lénine et membre du conseil d'administration du LACMA, s'apprêtait à léguer à ce dernier ses riches collections. Mais quand il sut qu'elles allaient être dispersées, il décida de créer son propre musée afin qu'elles conservent leur unité.
Malgré l'aspect imposant et massif du bâtiment, les salles consacrées aux accrochages sont peu nombreuses. Il s'agit en fait d'une sorte de centre culturel qui, outre les nombreuses conférences proposées toute l'année, abrite un cinéma à l'excellente programmation, un agréable café dans son vaste patio et une librairie fort bien fournie en livres d'art. Quant aux expos, à part ***les œuvres permanentes,*** accrochées dans la galerie n° 5 et dont les plus renommées ***sont souvent prêtées, elles changent très régulièrement.*** Cela étant précisé, peut-être aurez-vous la chance, lors de votre passage, de voir des tableaux de Rubens, Rembrandt (dont *L'Homme au chapeau*), Titien, Fragonard ou encore Goya, et surtout d'artistes français du XIXe s, comme Millet, Boudin, Gustave Moreau, Corot, Van Gogh, Gauguin *(Bonjour, Monsieur Gauguin),* Fantin-Latour, Monet *(Vue de Bordighera),* Renoir *(Le Déjeuner des vignerons),* Ingres, Géricault, Degas, Pissarro *(Mardi gras boulevard Montmartre),* Toulouse-Lautrec, ou encore du XXe s comme Vuillard, Bonnard, Chagall. ***Le musée possède enfin la plus grande collection de caricatures d'Honoré Daumier hors de l'Hexagone.***

La tombe de Marilyn Monroe *(plan II, M13)* **:** ***Westwood Memorial Park,*** *1218 Glendon Ave. À l'angle de Wilshire Ave et de Glendon, il y a 2 tours, la tour Oppenheimer et celle de la Wells & Fargo Bank ; juste après celle-ci, avt le 2e immeuble sur la gauche, c'est au panneau « Pierce Brothers Westwood Village ». La voie mène à un îlot de calme au pied d'une rangée de tours ; prendre tt de suite à droite, juste avt d'entrer dans le parking. Possibilité de se garer dans le cimetière. Tlj 8h-18h.*

L'ÉTERNITÉ AVEC MARILYN

Les tombes autour de celle de Marilyn se vendent à prix d'or. En 1954, bien avant la mort de la star, Richard Poncher avait acheté le tombeau au-dessus d'elle. Sa veuve l'a viré du caveau et a mis celui-ci aux enchères sur eBay pour finir de payer le crédit de sa maison ! Quant à Hugh Hefner, le patron de Playboy, *il avait acheté sa place à côté de la belle pour 75 000 $.*

Dans ce microcimetière planqué entre les tours, la tombe se trouve à gauche en entrant, après les 3 premiers *sanctuaries.* Une simple plaque dans le mur avec son nom d'artiste et ses dates (« 1926-1962 »), polie par les caresses des visiteurs et criblée de traces de rouge à lèvres.
Dans le même cimetière, vous trouverez la sépulture de Natalie Wood, disparue dans des circonstances troublantes. Son nom est accolé à celui de Wagner, du nom de son dernier mari, qui fut pourtant, un temps, mis en cause dans la disparition de l'actrice. Également celles de la drôle de dame Farah Fawcett, de Dean Martin, John Cassavetes, Billy Wilder, Truman Capote, Peter Lorre et Darryl F. Zanuck (simple plaque dans le gazon)...

University of California at Los Angeles *(UCLA ; plan II, M13)* **:** *délimitée par les av. Le Conte, Gayley, Hilgard et Sunset Blvd. • ucla.edu •*
Fondée en 1919, transférée à Westwood 10 ans plus tard, l'UCLA fut d'abord constituée de 4 édifices qui forment son centre historique, puis ne cessa de

s'agrandir, au point que les étudiants la surnommèrent longtemps « Under Construction Like Always ». Aujourd'hui, c'est un immense campus de 163 bâtiments, immergés dans une végétation dense de pins de Griffith, de cyprès d'Arizona et d'eucalyptus. Très odorant en été. Un cadre propice aux études pour les 45 000 étudiants (dont un sur 4 est d'origine asiatique) qui la fréquentent chaque année, à condition, bien sûr, d'avoir déboursé plus de 40 000 $ correspondant aux frais d'études d'un master (hors hébergement... mais ça reste quand même moins cher qu'une université privée !). Le classement varie tous les ans mais UCLA reste dans le Top 10 des meilleures universités du monde. Côté « gradués » de haut vol, 7 Nobel, 3 Pulitzer et une quinzaine d'oscarisés (dont Francis Ford Coppola) ont planché ici. Jim Morrison, lui, y a étudié le cinéma... et les effets du LSD.

Pour visiter l'UCLA, se garer au parking n° 3 *(accès au croisement de Sunset Blvd et Hilgard Ave ; 12 $ la journée).* De là, descendre vers le ***Sculpture Garden,*** par le passage souterrain ou bien en longeant les bâtiments. Sur une pelouse qui fait face au McGowan Hall, plusieurs bronzes sont dispersés entre les différents chemins d'eau et fontaines du jardin conçu par le paysagiste Ralph Cornell. On y trouve pêle-mêle des œuvres de Calder, Rodin, Deborah Butterfield et Henry Moore.

Descendez ensuite vers les ***Dickson Court North et South,*** 2 places se faisant face, ombragées par des arbres tortueux. C'est là que se déroulent les remises de diplômes en juin. Les études n'abattent pas les frontières, chaque communauté (Afro-Américains, Hawaiiens, Vietnamiens...) organise sa propre cérémonie... Sur la droite, une allée mène à la *Dickson Plaza,* encadrée des 4 bâtiments historiques de l'UCLA : les ***Powell, Kinsey, Royce*** et ***Haines Buildings,*** construits en brique en style dit « *Romanesque* » (néoroman). L'architecture du Royce Hall s'inspire de la basilique Sant'Ambrogio à Milan, tandis que celle de la Powell Library copie le *duomo* de San Sepolcro à Bologne (ainsi que l'église San Zeno Maggiore à Vérone pour l'entrée principale). De la fontaine qui fait face à l'entrée du Royce Hall, belle perspective sur le stadium de l'université en contrebas.

Fowler Museum at UCLA *(plan II, M13)* **:** *à côté du Royce Hall, en contrebas (descendre l'escalier vers le stade et prendre à droite, c'est fléché).* • *fowler.ucla.edu* • *Ouv mer-dim 12h-17h. GRATUIT. Parking du lot 4 (entrée par Westwood Plaza) 3 $/h min, max 13 $.*

Une sorte de ***musée ethnographique*** où les œuvres sont présentées non pas dans un but informatif (pas d'explications dignes de ce nom, pas de carte), mais plutôt pour mettre en valeur leur côté artistique. On saute d'ailleurs assez souvent du coq à l'âne et tout est un peu mélangé, l'important c'est que ça soit exotique ! À se demander si la fac de géographie d'UCLA est si performante que ça... Mais dans l'ensemble, grâce à une muséographie tip-top, on passe un bon moment. D'abord, des masques, totems, cimiers, parures et objets de culte africains (mais qu'est-ce que la Papouasie vient faire là-dedans ?). L'Inde est également bien représentée, ainsi que l'Océanie et la culture aztèque. Vous y verrez, entre autres, un étonnant calendrier divinatoire de Sumatra, ainsi que des parures et des bijoux. Tout ça sous forme de petites sections abordant les œuvres par thèmes : la mort et la mémoire, les plaisirs de la vie, les rites initiatiques, la religion dans tous ses états... En gros, l'Amérique et le reste du monde... Enfin, la *Fowler Gallery* proprement dite, qui recèle quelques pièces rares d'argenterie du XVIIIe s. Le musée accueille également des expos temporaires.

UCLA Store : *dans l'Ackerman Union Building (level B), sur Bruin Walk (ts les étudiants connaissent). Lun-mer 8h-18h (20h mar), jeu 11h-16h, ven 8h-20h30, w-e 11h-16h.* On y trouve de tout car c'est la coop des étudiants : tee-shirts et sweats aux couleurs de la prestigieuse université, matériel scolaire, calculatrices, films, bouquins, etc. À l'extérieur, le *Bruin Bear* (l'énorme ours), symbole de l'université, et le ***UCLA Athletic Hall of Fame,*** qui retrace toute son histoire sportive, ses succès, ses grandes vedettes sportives, etc. *(lun-ven 9h-16h, plus 1er sam du mois 10h-16h).*

Toujours dans l'*Ackerman Union Building,* plein de petits ***fast-foods*** où se sustenter.

DOWNTOWN *(plan IV)*

Depuis plusieurs années, Downtown Los Angeles (DTLA pour les intimes) est un quartier en pleine renaissance ! Le vent du renouveau, initié au début des années 2000 par la construction du ***Walt Disney Concert Hall*** de Frank Gehry et poursuivi par le succès du ***Broad,*** le spectaculaire musée d'art contemporain, n'a pas fini de souffler. Bien au contraire, car avec la reprise de la croissance, la Cité des Anges se sent pousser des ailes. Il faut dire que le potentiel du quartier est énorme ! Le ***Historic Core,*** un des centres-ville les mieux préservés du pays, recense un millier de buildings classés et affiche une collection de vieux théâtres qu'envieraient les capitales de l'*entertainment,* New York et Londres ! Quant au ***Grand Central Market,*** le fameux marché couvert centenaire, c'est un mélange étonnant de vieilles gargotes dans leur jus et de petites enseignes dans l'air du temps.
Les promoteurs ont senti le vent tourner et les prix de l'immobilier commencent à flamber. Les secteurs autrefois « craignos » connaissent un revival à l'image de certains no man's land d'autres grandes villes américaines. Les anciennes friches industrielles, entrepôts ou brasseries finissent en loft ou en ateliers d'artistes. Aujourd'hui, plus que sur Venice ou Beverly Hills, les *boutique-hostels* branchés misent sur Downtown, tandis que galeries d'art, brasseries et bars-restos tendance se tournent vers ***Arts District.***
Mais si la gentrification est bel et bien amorcée, certains quartiers restent encore sensibles, surtout la nuit. C'est le cas du quartier de ***Skid Row*** ou de celui des grossistes en jouets, le ***Toy District,*** qui accueille les SDF en masse dès que les employés ont regagné leurs banlieues. On est alors bien loin de la frime et des paillettes du « Los Angeles Terre promise » vanté par les magazines...

Infos utiles

– Un bon moyen de circuler à Downtown, c'est le bus ***DASH.*** Pour 50 cents, il relie tous les centres d'intérêt du quartier. Si vous devez changer de bus pour atteindre votre destination, demandez simplement un *transfer* (gratuit) en achetant votre billet.

P ***Nombreux parkings :*** *env 15-25 $/j. (15 $ le w-e).* Parmi les moins chers que nous ayons vus : tout près de Grand Central Market, sur S Broadway entre W 3rd et 4th St. Vous pouvez trouver des parkings un peu moins onéreux, mais certains sont dans des secteurs peu fréquentables le soir. Les applis ParkMe ou Best Parking permettent de visualiser le parking le moins cher en fonction de l'endroit où vous vous trouvez, à condition d'être connecté au réseau, bien entendu.

Où dormir ?

Longtemps délaissé par les touristes en raison des problèmes d'insécurité qui gangrènent quelques quartiers situés à sa proche périphérie *(Toy District, Skid Row)* et dont il est parfois difficile d'en apprécier la limite, le centre historique de Downtown, qui se développe à vitesse grand V, n'est aujourd'hui pas plus « craignos » que Hollywood. Il y a seulement moins de monde le soir, car c'est un quartier que les gens fréquentent pendant les heures de bureau. Et encore, l'éclosion de musées, restos et bars tendance a franchement changé la donne ces dernières années. Dans les quartiers vraiment chauds, type Florence, Inglewood, ainsi que dans certains secteurs de ces mêmes quartiers (où même la police ne met pas une roue), il n'y a pas d'hôtels de toute façon... Inutile, donc, de céder à la parano. En ce qui concerne les quartiers en pleine mutation, type Arts District, où éclosent restos et bars branchés, les visiteurs semblent avoir opté pour la formule *Airbnb.*

De prix moyens à plus chic

Freehand *(plan IV, A-B3, **10**) : 416 W 8th St (et S Olive St). ☎ 213-612-0021. • freehandhotels.com • Lits en dortoir dès 50 $ (80 $ en moyenne), doubles 200-360 $. Petit déj inclus seulement en formule dortoir (avec accès à une cuisine commune). Resort fee env 20 $/j. et parking 45 $ mais possibilité de se garer pour moitié prix dans le quartier !* Conçu pour une clientèle urbaine-branchée, voici un hôtel-AJ stylé qui a investi un immeuble historique de Downtown, entièrement relooké par une équipe de designers pointus dans un style folk-vintage où domine le bois. Ce concept de *boutique-hostel,* qui existe aussi à Miami, Chicago et New York, privilégie les espaces communs chaleureux. Ici, une piscine sur le toit assorti de son bar, le fameux *Broken Shaker,* réputé pour ses cocktails d'anthologie, et un resto de cuisine fusion *(The Exchange)*... Côté chambres, il y en a pour tous les goûts, du petit dortoir de 4, 6 ou 8 lits, à la suite en passant par le studio.

Rodeway Inn *(hors plan IV par A3, **11**) : 1904 W Olympic Blvd. ☎ 213-380-9393. • laconventioninn.com • Doubles 100-160 $, petit déj inclus. Parking gratuit (nombre de places limité).* Un peu excentré, un motel classique, avec des chambres équipées de tout l'attirail pour compléter le petit déj frugal servi à la réception. Cela dit, elles sont relativement spacieuses et leurs persiennes à jalousie leur confèrent un petit côté exotique sympa. Demander celles qui donnent sur l'arrière. Quelques « suites » avec salon d'un bon rapport qualité-prix. Au centre, une petite piscine (non chauffée) au bord de laquelle vous ne passerez pas vos vacances.

Aventura Hotel *(hors plan IV par A3, **304**) : 1020 Fedora St. ☎ 213-386-1020. • theaventurahotel.com • Doubles 135-190 $; pas de petit déj. Parking gratuit.* Dans la partie sud de Koreatown (quartier calme), cet hôtel, certes excentré, s'avère être un bon choix pour ceux qui veulent rayonner vers les différents musées du centre de Los Angeles tout en ménageant leur porte-monnaie. Chambres sans surprise (avec 1 ou 2 *queen size beds*), frigo-bar et machine à café. En voiture, compter 10 mn pour le Staples-Center et un petit quart d'heure pour The Broad Museum.

De plus chic à très chic

Ace Hotel Downtown L.A. *(plan IV, A3-4, **14**) : 929 S Broadway. ☎ 213-623-3233. • acehotel.com/losangeles • Doubles 130-250 $. Parking env 35 $ mais possibilité de se garer dans les parkings du quartier pour moins cher.* À une encablure de Fashion District, ce *big* bâtiment, qui hésite entre le style Art déco et le *gothic revival,* est sorti de terre en 1927 pour accueillir les bureaux de la United Artists de Chaplin et Fairbanks (l'enseigne dévale toujours le long de la façade). Reconverti en hôtel « urbain branché », il accueille aujourd'hui hommes d'affaires, touristes en goguette et créateurs de tout poil. Pas 2 chambres identiques, l'esprit vogue entre rétro et design indus' et a su garder un petit quelque chose de l'*office building,* tout en mariant le béton brut au mobilier vintage. Dans chaque chambre, une platine vinyle, une guitare ou les 2. Parfois, les pieds du lit se plaquent contre les larges fenêtres, pour s'endormir les yeux dans les yeux avec L.A. Son *rooftop upstairs* est très couru, son café-bistrot itou et son théâtre néogothique (United Artists Theater) un petit bijou des années 1920, accueille une programmation éclectique mais pointue.

NoMad Hotel *(plan IV, A-B3, **305**) : 649 S Olive St. ☎ 213-358-0000. • thenomadhotel.com • Doubles 180-350 $. Resort fee env 40 $/j. Parking 48 $.* En plein cœur de Downtown, l'ancienne banque d'Italie (1923) a été complètement liftée sous la houlette de l'architecte d'intérieur Jacques Garcia. Et quelle réussite ! Plus de 240 chambres sont nées de cette métamorphose aux accents siciliens, toutes dégageant une atmosphère vintage (œuvres d'art, photos anciennes) mêlée à un je-ne-sais-quoi d'oriental (luminaires, plantes). Car ici, tout a été pensé dans ses moindres détails, du verre à dents aux interrupteurs, de la robinetterie cuivre au livre de cuisine posé sur la table de chevet. Tout en haut, un agréable *rooftop* en U planté d'essences méditerranéennes au centre duquel trône un bar (belle sélection de 24 cocktails), sans parler de l'onde turquoise de la piscine qui tire sa révérence au bleu du ciel.

Millennium Biltmore Hotel *(plan IV, B3, **17**)* : *506 S Grand Ave. ☎ 213-624-1011. • millenniumhotels.com • Doubles 130-350 $. Parking env 50 $ (bien moins cher en ligne et dans les parkings du quartier).* Hôtel légendaire, construit en 1923 et fréquenté par les stars de cinéma et les présidents des États-Unis. Il n'a rien perdu de sa superbe et, même si vous n'y logez pas, il vaut le coup d'œil, notamment pour son immense lobby remarquablement décoré par un artiste qui œuvra entre autres au Vatican et à la Maison-Blanche. Magnifiques chambres (près de 700, il en comptai 1 500 à l'origine !), bien à la hauteur de leur coût. En un mot, si vous avez toujours rêvé de descendre dans un grand hôtel de Los Angeles, ne cherchez pas plus longtemps... Au sous-sol, superbe piscine Art déco calquée sur l'ambiance des paquebots transatlantiques.

Où manger ?

Spécial petit déjeuner

|●| ***Nickel Diner*** *(plan IV, B3, **85**)* : *524 S Main St. ☎ 213-623-8301. Jeu-dim 8h30-14h (breakfast servi non-stop). Plats 10-15 $.* Nickel à tous points de vue, ce *diner* populaire cumule les atouts : un décor d'époque au charme rétro, un service attentionné et une cuisine familiale aussi copieuse que goûteuse. Étonnant dans ce genre d'endroit, même les confitures pour accompagner les toasts sont maison. Le *hangover helper* (œufs brouillés, bacon, saucisse épicée, pommes de terre, fromage épicé, salsa et guacamole) est un régal.

Grand Central Market *(plan IV, B2-3, **87**)* : voir plus loin. Parmi les multiples comptoirs de ce marché couvert centenaire, ***Eggslut,*** spécialiste des *egg sandwiches* et ***Wexlers Deli,*** pour un excellent bagel garni de viande ou poisson fumés maison.

Et aussi ***The Original Pantry Cafe*** *(plan IV, A3, **80**)* : lire plus loin.

Bon marché

|●| ***Grand Central Market*** *(plan IV, B2-3, **87**)* : *entrée soit sur Hill St, soit sur Broadway. ☎ 213-687-4247. Tlj 8h-21h.* Ce marché traditionnel datant de 1917 est le cœur battant du Downtown historique. On peut toujours y faire quelques emplettes (fruits, légumes, piments, graines variées...), mais le mieux est d'y casser la croûte, en picorant aux différents stands d'hier et d'aujourd'hui, ce qui fait le charme de l'endroit. Savoureux burgers au bacon et œufs de plein air chez ***Eggslut,*** chinoiseries au ***China Café,*** très prisé des locaux à l'heure du déjeuner (plats sacrément copieux), *bowls* de nouilles chez ***Ramen Hood,*** bagels au pastrami de ***Werlers's Deli...***

Philippe's *(plan IV, C1, **81**)* : *1001 N Alameda St (à la hauteur de Main St). ☎ 213-628-3781. Entre El Pueblo de Los Angeles et Chinatown. Tlj 6h-22h. Sandwich env 10 $. Parking gratuit à l'arrière.* Depuis 1908, près de 3 000 personnes se pressent chaque jour dans cette salle rétro, avec de la sciure par terre et de grandes tables sur lesquelles on vient jouer des coudes pour avaler la spécialité maison, le *French dip sandwich.* Il s'agit d'un bon vieux burger au bœuf, porc, agneau, jambon, dinde ou thon, accompagné en option de salade de pommes de terre ou *coleslaw,* et servi avec une moutarde maison (assez forte !). Le secret de la réussite ? Le pain du sandwich est trempé au préalable dans le jus de viande, une idée d'un certain Philippe Mathieu, du sud de la France. Ne quittez pas l'endroit sans avoir jeté un coup d'œil à la collection de trains miniatures (dans la salle près des toilettes).

Cole's *(plan IV, B3,* ***84****)* **:** *118 E 6th St. ☎ 213-878-9034. Tlj 12h (11h w-e)-minuit (2h jeu-sam). Sandwich env 10 $.* Qui de *Philippe The Original* ou de *Cole's* peut revendiquer la paternité du *French dip sandwich* qui régale les mordus depuis 1908 ? Le débat reste entier, mais ce qui est sûr, c'est que *Cole's* est un des plus vieux bars de L.A. On y sert toujours, dans ce décor très américain avec long bar et petits box, les fameux sandwichs chauds à tremper dans du jus de viande. Et si vous vous demandez ce que font tous ces gens qui se faufilent dans le fond de la salle, allez voir, c'est un *speakeasy* tout mignon qui se cache là-dedans. On y sert de divins cocktails (lire « Où boire un verre ? » plus loin).

Langer's Delicatessen & Restaurant *(hors plan IV par A3,* ***306****)* **:** *704 S Alvarado St (angle 7th St, au sud-est du Macarthur Park). ☎ 213-483-8050. Tlj sauf dim 8h-16h. Sandwich 10 $, plats 12-15 $. Parking avec validation à l'angle de 7th St et de Westlake.* Cet établissement maintes fois distingué par la presse pour la qualité de son pastrami (ils le livrent même en avion dans tous les coins des États-Unis), a fêté ses 70 ans d'activité en 2017. Depuis l'ouverture, rien n'a vraiment changé : on mate la longue vitrine réfrigérée derrière laquelle s'active le staff des mirlitons avant d'aller prendre place dans un des box pour regarder le ketchup faire le poirier à côté des 2 couverts délicatement posés sur leur petite serviette blanche, en attendant la serveuse.

Moobongri *(hors plan IV par A3,* ***304****)* **:** *543 S Western Ave. ☎ 213-387-1600. Tlj 10h-20h. Plats coréens à partager à 3 ou 4, sinon compter 12-15 $/pers.* En plein Koreatown (tout est écrit en coréen), un petit resto à la fois économique et dépaysant. Sert des soupes au porc, au bœuf, le traditionnel *gimbap* (l'équivalent des rouleaux de printemps chinois, mais entourés d'algues), ou encore le *bibimbap,* ce bol de riz cuit, souvent gluant dans lequel on incorpore viandes et légumes travaillés au gingembre et à la coriandre. Attention de ne pas forcer sur le *kimchi* (le piment), ça déménage !

De prix moyens à plus chic

Bar Amá *(plan IV, B3,* ***308****)* **:** *118 W 4th St. ☎ 213-687-8002. Mar-sam 17h-22h, dim 16h-21h. Compter 12-20 $. Super Nacho hours 17h (16h dim)-18h.* Aménagé au rez-de-chaussée d'une ancienne banque, ce rejeton du *Bäco Mercat,* avec ses tables en bois patiné, ses chaises métalliques et sa vaisselle en émail, propose une carte mexicaine intelligemment réinventée avec notamment de la *seafood* et une bonne liste de plats végétariens. Bière à la pression, vin au verre, service gentil. Vous demanderez l'addition avant de passer aux desserts, ils sont hors de prix.

The Original Pantry Cafe *(plan IV, A3,* ***80****)* **:** *877 S Figueroa St (angle 9th). ☎ 213-972-9279. Tlj 24h/24. Breakfast moins de 15 $, plats 10-20 $. CB refusées. Pas d'alcool. Parking de l'autre côté de la rue : 2,50 $ pour 1h30 avec validation.* Depuis 1924, date de sa création, ce resto semble ne pas avoir bougé avec ses tables en formica, sa déco surannée et ses serveurs en tablier de sommelier. Aujourd'hui, c'est un peu le village d'Astérix au milieu des nouveaux immeubles de Downtown. Son slogan : « *Never closed, never without a customer* ». Et c'est vrai qu'il y a toujours un peu de monde. Cuisine à l'américaine réputée pour ses steaks. Bons breakfasts, servis toute la journée, dans l'ambiance qui régnait dans les années 1960 ! Excellent cheesecake et *apple pie* pour conclure.

Horse Thief BBQ *(plan IV, B2-3,* ***87****)* **:** *324 S Hill St (juste à côté de l'entrée de Grand Central Market). ☎ 213-625-0341. Tlj 11h-15h (21h ven-sam) ; plus tard pour le bar. Plats 12-28 $.* Grande terrasse en plein air, au pied des buildings, pour dévorer un bon barbecue fumé au bois de chêne. On commande au comptoir et on s'installe ensuite sur les longues tablées communales à l'ombre des jacarandas. La barbaque bien moelleuse est accompagnée de 2 *sides* au choix : *mac'n'cheese, coleslaw,* patates douces, ou carrément *banana pudding* comme ça on a le dessert en prime.

Où boire un verre ?

Bars où manger

Modern Times Dankness Dojo *(plan IV, A3,* ***309****) : 832 S Olive St. ☎ 213-878-7008. Tlj 11h-22h (1h jeu-sam). Plats et assiettes à partager 6-16 $.* Dans ce gastro-pub végétalien, les portes de la brasserie ouvrent dès 7h du mat' ! On passe sur le décor ébouriffant façon *Star Wars* revisité à la sauce hippie-chic, on s'attarde sur l'assiette : salade de *noodles* aux épinards, légumes verts aux noix... Les omnivores opteront pour le double burger et son fromage au lait de coco et confit d'échalotes. Côté liquide, 30 bières à la pression dont 5 brassées en permanence sur le site. Le brunch du week-end est pris d'assaut par les herbivores du quartier, levez-vous de bonne heure !

Clifton's Republic *(plan IV, B3,* ***86****) : 648 S Broadway. ☎ 213-613-0000. Bar mer-dim, 18h-2h.* Dépaysement garanti dans cette énorme cafétéria de 1932 qui occupe tout un immeuble. Un *landmark* de Downtown L.A. au décor délirant, genre chalet suisse. On entre d'abord dans une grotte « disneylandisée » avant de trouver à l'étage un *lodge* de montagne flanqué d'une réplique de séquoia avec des vitrines d'animaux naturalisés... Tout est soigné dans le moindre détail, jusqu'aux empreintes d'ours sur le parquet. D'autres espaces avec bars encore au-dessus, dont un cabinet de curiosités tendance gothique et un *tiki bar* ! Quand bien même le *clam chowder* est délicieux, la cuisine en elle-même ne vous laissera pas un souvenir impérissable. Allez-y pour le fun.

Rooftops et bars panoramiques

Perch *(plan IV, B3,* ***141****) : 448 S Hill St. ☎ 213-802-1770. Tlj 16h (10h w-e)-1h (2h jeu-sam). Musique live le w-e.* Entrer dans le building historique, prendre l'ascenseur jusqu'au 13e étage et un autre jusqu'au 15e pour arriver sur ce *rooftop* chic et mode, cerné par les gratte-ciel de Downtown et les collines en arrière-plan. Au coucher du soleil, si vous arrivez à vous frayer un chemin, c'est féerique ! 2 niveaux de terrasses, celle du dessus est plus calme et avec une vue exceptionnelle à 360°.

Upstairs – ACE Hotel *(plan IV, A3-4,* ***14****) : 929 S Broadway. ☎ 213-623-3233. Pour le rooftop, prendre l'entrée à droite du resto de l'hôtel, au nº 921. Tlj jusqu'à minuit (2h jeu-sam). La cuisine ferme à 23h.* Le repaire de *yuccies (young urban creatives)* dans toute sa branchitude. Attention, ici c'est *full* du jeudi au dimanche, et à partir de 23h la queue remonte le trottoir. Pointez-vous de bonne heure ! Côté déco, là-haut, c'est du style *roots* étudié, table en gros morceaux d'arbres et fauteuils Emmanuelle. Le jacuzzi offre une belle vue sur les immeubles de Downtown. On vient surtout pour le DJ et les *frozen cocktails.* D'ailleurs, ça usine tellement certains soirs qu'on les sert à la pression.

The Rooftop at The Standard *(plan IV, A3,* ***152****) : 550 S Flower St (angle W 6th St.). ☎ 213-892-8080. Bar et biergarten tlj 12h-2h.* Encore un de ces petits paradis d'en haut, loin du vroum-vroum des bagnoles et plus près des étoiles. Ici la piscine est de dimension convenable et le *biergarten,* avec sa petite haie de lauriers et sa pelouse synthétique, est plaisant comme tout. Côté papilles, le chef propose de la cuisine moyen-orientale et mexicaine.

BonaVista Lounge *(plan IV, A-B2,* ***153****) : 404 S Figueroa St, au 35e étage du complexe hôtelier* Westin Bonaventure *à l'architecture étonnante (lire plus loin « À voir ») ; accès par l'ascenseur de la Circle Tower rouge mais pas avt l'heure d'ouverture du bar. Tlj 16h-1h (minuit lun-jeu).* Emblématique du Downtown des 70's, ce bar tournant à 360° offre, derrière les baies vitrées, une vue panoramique sur les gratte-ciel. La montée se fait par un ascenseur extérieur en verre. Fabuleux au coucher du soleil. On y dîne aussi, mais les prix atteignent là aussi des sommets !

Speakeasy

The Varnish *(plan IV, B3,* ***84****) : 118 E 6th St. ☎ 213-622-9999. Tlj 19h-1h30.* Live jazz *dim et mar dès 21h.* Ne cherchez pas l'enseigne *Varnish*, il faut entrer chez *Cole's*, traverser la salle sans façon du resto (à moins que vous n'ayez une petite faim, auquel cas lire le descriptif dans « Où manger ? » précédemment) pour déboucher au fond sur un petit *speakeasy* intimiste et raffiné, prisé pour sa courte sélection de cocktails ultra-pointus. Comme souvent, l'éclairage parcimonieux est de mise, mais pour une fois le volume sonore est light, et ce petit fond jazzy, ça repose.

Où écouter de la musique ? Où danser ?

Downtown est le nouveau hotspot branché pour sortir le soir ! Ici, les boîtes sont souvent dans des lieux hors normes, comme d'anciens bâtiments publics, entrepôts ou cinémas désaffectés. Soignez votre look si vous voulez entrer.

♩ ***Teragram Ballroom*** *(plan IV, A2,* ***310****) : 1234 W 7th St. • teragramballroom.com • Résa préalable conseillée pour certains shows. Entrée : 5-25 $.* Une salle très appréciée pour la qualité de sa programmation assez éclectique, rock, pop, funk, R'n'B. En général, 3 sessions de 45 mn par soirée. Mais attention, vu la qualité, certains shows sont déjà *sold out online* bien avant la date de programmation, soyez vigilant !

🍸 ***The Edison*** *(plan IV, B2,* ***161****) : 108 W 2nd St, mais entrée sur Harlem Pl. • edisondowntown.com • Ouv 17h (19h sam)-2h. Fermé dim-mar.* Live music, *DJ ou shows éclectiques : cover env 10 $.* Dress code *plutôt chic (ni tee-shirt ni jean).* Un des bars-clubs les plus spectaculaires qu'on connaisse, dans ce qui était une centrale électrique il y a plus d'un siècle (d'où le nom). L'impression de descendre dans les entrailles de la Terre et de se retrouver dans l'antre de Jules Verne ! Volumes cathédrale, imposants vestiges industriels mixés à de l'Art déco, projection de films muets sur les murs... Ça en jette. Excellents cocktails et la possibilité de dîner aussi *(plats 15-25 $).* Un must de la scène nocturne de L.A.

The Mayan *(plan IV, A4,* ***175****) : 1038 S Hill St (entre Olympic Blvd et 11th St). • clubmayan.com • Ven 20h30-2h, sam 21h-2h30. Entrée : env 15 $, parfois plus selon événements ; réduc avt 22h30.* Ancien cinéma avec un décor de temple maya-aztèque assez époustouflant, notamment la façade, le plafond et les bars. Impossible de manquer son néon la nuit ! Dans l'immense salle principale, énorme volume et un *stage* digne des plus beaux opéras rock. Le vendredi, c'est soirée *soundmachine,* tandis que le samedi, ce sont les tropiques à l'honneur ! Également des soirées et des compétitions salsa.

Achats

The Last Bookstore *(plan IV, B3,* ***248****) : 453 Spring St (angle 5th St). Tlj 11h-20h.* Immense bouquiniste foutraque et fantaisiste, installé dans un hall grandiloquent soutenu par d'impressionnantes colonnes néoclassiques. Des milliers de livres (petit rayon français), de l'histoire américaine aux comics. Tout peut se feuilleter sur place, suffit de se laisser choir dans les canapés semés au gré des allées. Également un énorme choix de vinyles. À l'étage, des boutiques de créateurs déjantés mènent au « labyrinthe des livres ». Génial !

À voir

Autour du Broad Museum et dans le Historic Core
(plan IV, B3)

Compris entre Hill Street à l'ouest, Los Angeles Street à l'est, 3rd Street au nord et Olympic Boulevard au sud, le *Historic Core* était le centre névralgique de la ville avant la Seconde Guerre mondiale. Après un long déclin, le coin est aujourd'hui en pleine transformation et renoue avec sa gloire passée.

The Broad (plan IV, B2) **:** *221 S Grand Ave (angle E 2nd St).* • *thebroad.org* • *Mer-dim 11h (10h w-e)-17h. Fermé lun-mar. GRATUIT, mais* ***résa à l'avance sur le site vivement conseillée*** *(possible aussi sans résa, mais il faut poireauter). Dès l'arrivée sur place, réserver un créneau horaire pour* The Infinity Room. *Expos temporaires payantes, à réserver aussi à l'avance car souvent prises d'assaut. Appli gratuite* Thebroad, *utile pour la visite.*
Derrière l'étonnante enveloppe nid d'abeilles d'un blanc immaculé se cache *The Broad,* l'un des plus emblématiques musées d'art contemporain du moment, qui a largement contribué à la revitalisation de Downtown. Ouvert en 2015, il ne désemplit pas ! Ce projet ambitieux imaginé par le cabinet d'architecture new-yorkais Diller Scofidio + Renfro aura coûté la bagatelle de 140 millions de dollars à ses généreux mécènes, Eli et Edythe Broad (les agences immobilières *Kaufmann & Broad* vous connaissez ?), propriétaires d'une des plus grandes collections d'art de l'après-guerre à nos jours dans le monde (plus de 2 000 œuvres), continuellement enrichie car le couple Broad achète encore une œuvre par semaine !
Le building, en voile de béton armé à la fibre de verre, est un chef-d'œuvre architectural qu'il faut prendre le temps de détailler avant d'entrer. Une fois dedans, à l'image de tous ces nouveaux grands musées d'art contemporain américains (le Whitney à New York, par exemple), le Broad est un musée facile et agréable à parcourir, même pour ceux qui n'y connaissent rien en art moderne. Les espaces sont magnifiques, chapeautés par un plafond alvéolé laissant filtrer magnifiquement la lumière du jour, certaines galeries livrant des échappées sur un pan de ciel bleu ou les courbes étincelantes du Walt Disney Concert Hall de Frank Gehry juste en face. Le fonds permanent du musée compte des œuvres majeures du ***pop art (Andy Warhol, Roy Lichtenstein...),*** la plus grande collection au monde de photos de ***Cindy Sherman*** et beaucoup d'autres grands noms : ***Keith Haring, Jean-Michel Basquiat, Damien Hirst, Cy Twombly, Jeff Koons, Elsworth Kelly, Murakami, Barbara Kruger...*** On n'est pas loin des choix de François Pinault. Difficile de décrire avec précision ce que vous verrez, seule une petite partie de la collection permanente est exposée par roulement au 3e niveau, les expos temporaires occupant le rez-de-chaussée. Souvent passionnantes voire décoiffantes, celles-ci remportent aussi un franc succès. Le niveau intermédiaire, fermé au public, est réservé à la partie administrative et à l'impressionnante réserve du musée, que l'on aperçoit à travers une cage d'escalier.
– ***Infinity Mirror Room :*** souvent beaucoup d'attente pour entrer (30 s, pas une de plus !) dans cette petite salle tapissée de miroirs et illuminée de milliers de LED scintillant à l'infini. Une installation de la Japonaise Yayoi Kusama, une des femmes artistes les plus cotées du monde, connue pour ses œuvres environnementales spectaculaires.

Otium : *tlj sauf lun 11h-22h (brunch le w-e). Résa conseillée.* Resto chic, dont la terrasse donne sur une esplanade d'oliviers centenaires. Il est aussi célèbre pour son Bloody Mary.

MOCA *(Museum of Contemporary Art ; plan IV, B2)* **:** *250 S Grand Ave (à la hauteur de la California Plaza).* • *moca.org* • *Lun, mer et ven 11h-18h, jeu 11h-20h, w-e 11h-17h. Fermé mar. Entrée : 18 $; réduc ; gratuit jeu 17h-20h et moins de 12 ans. Le billet permet aussi de visiter* The Geffen Contemporary at MOCA *(expos temporaires), à env 20 mn à pied d'ici (voir plus loin « Little Tokyo et Arts District »).*
Immanquable, avec, devant l'entrée, l'œuvre de Nancy Rubins réalisée avec des morceaux de carlingue d'avion, une sculpture devenue malgré elle une sorte de HLM pour oiseaux. Ouvert depuis 1986, ce musée, conçu par l'architecte japonais Isozaki, s'efforce de ne pas exposer que les artistes canoniques. On garde un œil sur les nouvelles tendances, les courants les plus fous, les œuvres les plus surprenantes. Ici, on n'attend pas que les artistes soient morts

pour apprécier leur travail, ce qui n'empêche pas le musée de posséder un très beau Miró *(Personnages dans la nuit)*, un surprenant Max Ernst *(Capricorne)*, un emblématique Pollock, 2 splendides statues de Giacometti et plusieurs Rothko (à admirer de près). Mais, globalement, les œuvres sont moins fortes que celles du Broad.
La collection permanente rassemble plus de 6 000 œuvres (exposées par roulement) d'artistes américains et européens postérieurs à 1945. Le lieu accueille aussi un grand nombre d'expos temporaires, possède une très riche librairie (sur la terrasse), et organise régulièrement conférences et discussions. L'ensemble des œuvres présentées change assez régulièrement.

Walt Disney Concert Hall *(plan IV, B2)* **:** *111 S Grand Ave (angle 1st St). Rens sur les concerts : ☎ 213-972-7211. • laphil.com • Tlj 10h-15h. Visite libre avec audioguide gratuit. Aussi 2 visites guidées possibles/j. : voir le site pour plus de précisions.* Sous ces extraordinaires volutes d'acier se cache le siège de l'orchestre philharmonique de L.A. Dessiné par Frank Gehry, le bâtiment fut créé en hommage à Walt Disney (grâce à la donation de sa veuve, Lillian) et inauguré en 2003. Ses ondulations scintillantes contrastent avec l'enveloppe blanche et mate de son nouveau prestigieux voisin, The Broad. La visite, qui s'effectue seul avec un audioguide, offre une vision complète du magnifique projet, nourrie d'explications techniques détaillées (presque un peu trop). Cœur du complexe, le *concert hall,* vaste salle tout en courbes de 2 265 places à l'acoustique réputée. Contrairement aux salles habituelles, les gradins font le tour de la scène, favorisant, malgré le nombre important de sièges, une atmosphère assez intime. Noter aussi la forme de l'orgue, qu'on croirait inspiré d'un cornet de frites de chez *McDo* ! Hélas, il n'est pas toujours possible de voir le *concert hall,* à cause des répétitions qui s'y tiennent fréquemment. Un peu frustrant tout de même. Même sans visiter, agréable jardin-terrasse pour se poser face aux buildings (tables et chaises).

Bradbury Building *(plan IV, B3)* **:** *304 S Broadway (et 3rd St). Accès libre aux rdc et 1er étage seulement, tlj 9h-18h (17h w-e).* Édifié en 1893, cet édifice de style Renaissance italienne est un des fleurons de l'*Historic Downtown.* Son créateur n'avait pourtant aucune formation en architecture ! Plus que la façade en brique rouge et terracotta, élégante mais sobre, c'est le lobby qui est de toute beauté. Le couloir, inspiré des passages couverts parisiens, mène à une cour centrale aux volumes de cathédrale, éclairée par une verrière. Boiseries cirées, balustrades de fer forgé ciselées comme de la dentelle, ornementations en tuiles, marbre, briques roses et jaunes... Un petit bijou. On y a même tourné des scènes de *Blade Runner.* Juste en face, superbe façade rococo du ***Million Dollar Theater,*** en attente de rénovation et réouverture.

Grand Central Market *(plan IV, B2-3)* **:** *entrée sur Hill St ou Broadway. Tlj 8h-21h.* Lire précédemment, dans « Où manger ? » le descriptif de ce marché centenaire qui rassemble vieilles échoppes et enseignes pour gourmets branchés dans une joyeuse atmosphère.

Angels Flight Railway *(plan IV, B2)* **:** *station du bas au niveau de 351 Hill St (en face de Grand Central Market), station du haut à California Plaza, 350 S Grand Ave. Tlj 6h45-22h (sauf si panne...). Trajet simple : 1 $ (moitié prix pour les titulaires d'un pass métro). • angelsflight.org •* Ce minifuniculaire historique (1901), peint en orange et noir, a traversé les époques et été immortalisé dans de nombreux films. Dont *La La Land* qui a relancé l'intérêt pour ce symbole de Downtown. Le circuit est minuscule : à peine une centaine de mètres pour grimper la petite colline de Bunker Hill cernée par les gratte-ciel.

Le Water Court du Cal Market Place *(California Plaza ; plan IV, B2-3)* **:** *300 S Grand Ave, sur Bunker Hill.* Complexe urbain assez réussi. Un petit espace de fraîcheur au cœur de Downtown. Outre les belles architectures du MOCA, du Broad Museum et du Wall Disney Concert Hall, noter l'audacieuse forme biseautée de la *Wells & Fargo.* Autour d'une sorte de petit lagon artificiel, quelques belles terrasses, où les gens des bureaux descendent de leur tour pour venir prendre un sandwich ou une salade à l'heure du déjeuner. Un *Farmer's Market* s'y tient tous les mercredis. On y trouve aussi un ***bureau de poste*** *(lun-ven 8h30-17h30).* Des concerts gratuits y sont régulièrement donnés en été ; renseignements : • *grandperformances.org* •

Westin Bonaventure Hotel *(plan IV, B2)* **:** *404 S Figueroa St.* Architecture étonnante (1976). Sa conception est proche du *Hyatt* de San Francisco et rappelle un peu les décors de science-fiction des années 1950. Presque une ville en lui-même, on y croise des joggeurs ! Boutiques, restos, salle de fitness, jet d'eau dans le hall. Vue spectaculaire du 35ᵉ étage : y aller rien que pour la montée dans l'un des ascenseurs extérieurs en verre (gratuit, mais pas avant 16h30), où s'est déroulée la bagarre entre Malkovich et Eastwood dans le film *Dans la ligne de mire.* On y a également tourné des scènes de *True Lies, Rain Man* et *L'Arme fatale.* Bar panoramique et tournant (lire précédemment « Où boire un verre ?... »). À la tombée de la nuit, c'est magique.

Central Library *(plan IV, B2-3)* **:** *630 W 5th St. Lun-jeu 10h-20h, ven-sam 9h30-17h30, dim 13h-17h. Visites guidées de la bibliothèque : lun-ven à 12h30, sam à 11h et 14h, dim à 14h ; du jardin : sam à 12h30 ; rdv devant le library store de la bibliothèque. Visite seule possible, demander les explications écrites à la réception.* Pas moins de 215 millions de dollars furent nécessaires pour restaurer la bibliothèque municipale, après l'incendie de 1986. Jeter un œil à la rotonde évoquant les problèmes d'identités des migrants mexicains du 2ᵉ niveau, rescapée des flammes (jolies fresques de 1927). Sur la belle façade arrière, on découvre les symboles sculptés de l'histoire, des lettres, arts, philosophie, sciences... À côté, dans le *Children Department,* observez les fresques splendides retraçant la conquête espagnole. Et en sortant, profitez du panorama exceptionnel sur les buildings depuis la petite esplanade arborée à l'angle de 5th et Flower Streets.

Millennium Biltmore Hotel *(plan IV, B3)* **:** *506 S Grand Ave.* Un lieu mythique, là encore, fréquenté par les grands de ce monde dans les années 1930, et où eurent lieu 8 cérémonies des Oscars. Cet hôtel de luxe a aussi servi de décor à de nombreux films dont *Le Flic de Beverly Hills, L'Arnaque* et *Dalton Trumbo* ou encore un clip d'Ed Sheeran. Curieusement, ce n'est pas l'hôtel le plus cher de Downtown, si bien qu'on vous le recommande (voir en début de chapitre « Où dormir ? Downtown. De plus chic à très chic »). Allez vous promener dans la *Main Galleria,* dont l'entrée se trouve sur 5th Avenue. La réception est délirante, avec des plafonds à caissons immenses. Les peintures murales dans les salons et les halls ont été réalisées par un artiste italien qui signa également celles de la Maison-Blanche et du Vatican. Enfin, le *Millennium Biltmore* cache dans son sous-sol une magnifique piscine dans un style Art déco rappelant la grande époque des paquebots transatlantiques.

Pershing Square *(plan IV, B3)* **:** depuis cette place plantée de palmiers, très belle vue panoramique sur l'alignement éclectique des tours de Downtown. Pour la photo, se placer sur Hill Street.

Autour du Staples Center, au sud de Downtown (plan IV, A3)

Grammy Museum *(plan IV, A3)* **:** *800 W Olympic Blvd, dans l'espace du L.A. Live.* • *grammymuseum.org* • *Entrée sur Figueroa St. Ouv 10h30-18h30 (10h-20h ven-sam), Fermé mar. Entrée : 15 $; 6-17 ans 13 $.*

Disons-le d'emblée, ce musée, dédié, certes, aux Grammy Awards (les Victoires de la musique américaine), mais surtout à la musique en général, est instructif, amusant, interactif, bref, passionnant. De quoi en prendre plein les oreilles ! La visite commence au 4e étage. En guise d'introduction, une grande table tactile dotée d'écouteurs explore tous les genres imaginables (de la country au classique en passant par le rock, le blues, le reggae, le hip-hop, etc.), avec leur définition, leur histoire et les sous-genres qui en ont découlé, le tout accompagné de multiples extraits musicaux.
La visite commence à peine, et on pourrait déjà rester scotché des heures à surfer d'un tube de Bob Dylan à une performance d'un guitariste flamenco. Derrière, une autre section retrace, toujours avec extraits sonores et images, les grands traits et événements musicaux de chaque décennie (rock des sixties, grunge des nineties, rap des années 2000, etc.). D'autres bornes situent « les épicentres » de la musique américaine et leur évolution depuis les années 1880, détaillant ce que chaque ville a pu apporter, les mouvements qui y sont nés, et ce qu'elles proposent aujourd'hui. Au 3e étage, on passe à la pratique, avec toute une gamme d'instruments électroniques en libre-service. Le reste de l'étage, plus technique, s'attarde sur l'évolution des technologies et leur influence sur la musique d'aujourd'hui. Au 2e étage, la boutique. Également une foule d'expos temporaires, généralement consacrées à un seul genre ou artiste. Un musée où les ados ne rechigneront peut-être pas à déchiffrer l'anglais !

Staples Center *(plan IV, A3)* **:** *1111 S Figueroa St. • staplescenter.com • Box-office ouv en principe lun-ven 10h-18h (si événement, w-e compris, le guichet ferme 30 mn après le début du show). Sinon, résa en ligne. Parking : 10-30 $ selon événement, voire plus.* Un des plus beaux espaces pour un concert ou une rencontre sportive, et pas des moindres. Les *Lakers,* ça vous dit quelque chose ? C'est juste l'une des meilleures équipes de la NBA (ligue de basket-ball), affichant un palmarès exceptionnel, dû en partie à la star incontestée, feu Kobe Bryant, qui a officié 20 années durant, de 1996 à 2016 ! Une ambiance incroyable, où les voix des quelque 19 000 fans à l'unisson vous donneront la chair de poule ! L'espace modulable accueille aussi les matchs de hockey, de football américain, des galas de boxe et bien d'autres manifestations, comme la remise des diplômes universitaires *(graduates)* et autres distinctions du genre.

The MacArthur *(ex-Park Plaza Hotel ; hors plan IV par A2)* **:** *607 S Park View St, en bordure de MacArthur Park, près de Koreatown St. Ⓜ Westlake-MacArthur Park (ligne rouge).* C'est l'un des plus beaux édifices Art déco de L.A. et par le passé un hôtel mythique, construit en 1925. Eleanor Roosevelt et Bing Crosby y descendaient. Bien avant que Charlton Heston, Sylvester Stallone, Richard Pryor, Robin Williams et d'autres ne leur emboîtent le pas. De nombreux films et téléfilms sont régulièrement tournés ici : *Bugsy, Bodyguard, Hook, Chaplin, Stargate, Nixon, The Fisher King, Gangster Squad*... Une rénovation majeure du building est en cours, pour le transformer en théâtre immersif.

Fashion District *(plan IV, B4)*

Périmètre immense (plus de 90 blocks !), mais le plus vivant est situé grosso modo d'ouest en est entre Main St et Wall St et du nord au sud entre S 8th St et Pico Blvd. • fashiondistrict.org • Grossistes ouv lun-ven 9h-17h ; détaillants tlj 10h-17h. Los Angeles est une capitale de la mode et elle le prouve. Plus de 1 000 boutiques de prêt-à-porter, de créateurs, du branché au tout-venant, de la fripe à 1 $ à la beaucoup plus chère, mais surtout du détail, de l'unique, de quoi tricoter des chaussettes sans oublier les chaussures qui vont avec, des chapeaux, des sous-vêtements, des maillots de bain pour alerter tout Malibu... Bref, tout ce qui de près ou de loin vous colle à la peau. Santee Street en est l'épine dorsale, mais ça déborde largement dans les rues alentour.

Autour de Chinatown *(plan IV, C1)*

Le petit Chinatown piéton *(plan IV, C1)* **:** *au nord de Downtown, enclavé entre les Freeways 110 et 101, délimité précisément par Bernard au nord, College au sud, Hill à l'ouest et Broadway à l'est.* Ce petit quartier fut créé en 1938, lorsque la communauté chinoise fut évincée de l'Union Station après la construction de la gare. Honnêtement, ce Chinatown vieillissant n'offre pas réellement d'attrait, c'est plutôt une petite curiosité en passant si vous êtes dans le coin...

El Pueblo de Los Angeles *(plan IV, C2)* **:** *sur Olvera St, coincée entre l'extrémité nord de Main St et Alameda St. Juste en face de la gare ferroviaire Union Station.* Le long et autour de cette petite rue, quelques maisons en adobe, construites à l'époque espagnole. 44 fermiers s'installèrent là en 1781, ce qui en fait le cœur historique de Los Angeles. Depuis, à l'image de Chinatown, on verse un peu trop dans le folklore, et c'est bien dommage. C'est devenu ultra-touristique, et les boutiques débordent de souvenirs ringards. On peut s'en passer. Cela dit, derrière les bazaristes, ne manquez pas l'***Avila Adobe*** et ses parquets craquants *(tlj 9h-16h).* Construite en 1818, elle est considérée comme la maison la plus ancienne de L.A. Pendant la guerre américano-mexicaine, elle servit brièvement de QG aux troupes américaines. Elle donne en tout cas une idée de l'habitat de l'époque. Intéressante et fraîche à visiter en été. Un peu plus bas, au 12 Olvera Street, la ***Sepulveda House,*** de facture typiquement victorienne (1887), à côté du siège de l'*America Tropical Interpretative Center* *(mar-dim 10h-15h ; GRATUIT)* qui, comme son nom l'indique, met en lumière ***America Tropical,*** une fresque murale réalisée en 1932 par l'artiste mexicain (et communiste) David Alfaro Siqueiros. Autres bâtiments intéressants : le ***Masonic Hall*** (1858), la ***Plaza Fire House*** aménagée dans la 1re caserne des pompiers de L.A. (1884) et dans laquelle on trouve quelques belles pompes et une intéressante collection de casques. À 2 pas, l'église ***Nuestra Señora de Los Angeles,*** l'église mère de la ville, et juste à côté, dans un grand bâtiment en brique rouge, ***La Plaza*** *(lun-ven 12h-17h, w-e 10h-17h ; fermé mar),* un centre culturel qui présente parfois des expos temporaires.

Dans Exposition Park *(plan couleur d'ensemble)*

Les 4 sites qui suivent se trouvent dans l'enceinte d'Exposition Park, situé au sud-ouest de Downtown. Pour y aller, bus DASH F South à l'angle de Flower et de 7th St. En voiture, prendre la 110 vers le sud et sortir à Exposition Blvd. Grands parkings communs pour ts les musées (env 12 $/j., cash only) : 1 sur Figueroa et 2 côté Vermont-Exposition Blvd.

C'est également sur ce site que sera implanté le ***futur musée de George Lucas : Lucas Museum of Narrative Art.*** Un projet pharaonique estimé à 1 milliard de dollars, entièrement financé par son généreux initiateur et dédié à l'art narratif sous toutes ses formes, à l'art du cinéma et aux arts digitaux. Le bâtiment, en forme de vaisseau spatial forcément, abritera la collection d'art du père de *Star Wars* (Norman Rockwell, Frida Kahlo, Andy Warhol, Degas, Renoir...) ainsi que des pièces emblématiques de films cultes, notamment les siens évidemment ! Ouverture très attendue en 2023. *Rens sur • lucasmuseum.org •*

California ScienCenter : *700 State Dr. • californiasciencecenter.org • Entrée sur Exposition Blvd et Figueroa. Tlj 10h-17h. GRATUIT (sauf pour les grandes expos temporaires, l'Imax Theater – env 9 $ adulte et 7 $ 3-12 ans – et les simulateurs). Pour la navette* Endeavour *(supplément de 2 $), il est indispensable de réserver en ligne entre juin et août (grandes vacances).*

Musée des sciences et technologies où l'on peut toucher à tout et tout essayer. C'est bien expliqué (en anglais évidemment, mais même les petits francophones pourront s'y amuser sans souci). Une succession d'ateliers interactifs met en évidence la plupart des phénomènes physico-chimiques ayant conduit à l'avancée des techniques. Tout sur l'espace, les tremblements de terre, les énergies, la santé (intéressante section interactive sur nos peurs et nos phobies : le bruit, le vide, la chute, l'électricité, les serpents, les araignées, etc.), les mathématiques, l'économie, l'alimentation de la planète, etc., divisé en plusieurs sections.

- ***Ecosystems :*** *au rdc (floor 1) et 1er étage (floor 2).* Belles images de la Terre, des océans, de la faune et de la flore, mais aussi des catastrophes plus ou moins naturelles, façon *La Terre vue du ciel*... Dans *Extreme Zone,* une pompe reconstitue la houle dans un grand bassin. Dans la section *Poles,* un mur de glace. Dans *Desert Section,* un détecteur infrarouge de la chaleur du corps (rigolo) et la reconstitution toutes les 10 mn d'un *flash flood,* soit une spectaculaire montée des eaux. Âmes délicates, évitez la *Rot Room,* sauf si vous aimez les asticots... Dans la *Global Zone,* un globe tournant sur lui-même passe en revue les zones nuageuses et les océans. Enfin, à l'entrée de la *Kelp Forrest,* le *Seafood Watch Café* abrite un tunnel passant sous l'aquarium cité plus haut. Murs d'escalade (payants) à la sortie pour les plus téméraires... Mais le clou de ce musée, c'est la ***navette spatiale*** **Endeavour,** garée ici en attendant de bénéficier d'un endroit bien à elle. Zapper tout de suite les simulateurs qui sont hors de prix et ne présentent aucun intérêt. Filer plutôt vers un de ces retraités volontaires passionnés par la navette. Il vous expliquera tout sur la bête, son prix, les avancées technologiques qu'elle a engendrées, notamment dans le domaine de la thermique. On est d'ailleurs stupéfait de son côté « mal fini » dû principalement aux 24 000 tuiles en céramique collées sur la carlingue. Il n'y en a pas une pareille car chacune doit résister à une contrainte qui lui est propre (prix d'une tuile : 2 000 $!). Une visite passionnante.

- ***World of Life*** *(au 1er étage (floor 2)* **:** dans le tunnel de la Vie, des écrans géants comparent les différentes formes de vie et montrent que les plantes, les animaux et les humains sont semblables dans leur fonctionnement. Plein de microscopes. Un corps humain géant permet d'explorer les différents muscles et organes, mais aussi, un peu plus trash, l'intégralité du système digestif (bruitages compris !). On peut ailleurs se prendre pour un globule rouge, et voir naître et évoluer de vrais poussins. Un simulateur de conduite teste vos réactions en cas d'ébriété. Le *surgery theater* permet d'assister à une opération chirurgicale du point de vue du médecin.

- ***Creative World*** *au 1er étage (floor 2) et au 2e étage (floor 3)* **:** des explications sur les communications par la mise en évidence des phénomènes ondulatoires, électriques ou magnétiques (sons, images digitales, ondes, puces électroniques) sur les structures (constructions de bâtiments antisismiques, simulation du *Big One* - un peu vieillot et sans intérêt), sur les sources d'énergie, avec recommandations pour moins polluer notre planète (ça fait rire !), et, au 3e niveau, sur les transports (voitures solaires, électriques, avions, principes d'aérodynamisme et de magnétisme). Plus prenant, le petit topo sur les nanotechnologies. Intéressante aussi, l'exposition des clichés de la NASA, pris par le télescope *Hubble,* placé en orbite, et qui livre les secrets des galaxies situées à plusieurs milliers d'années-lumière.

- ***Air & Space Gallery*** *au 1er étage (floor 2)* **:** pour les passionnés de l'espace, voici quelques « pointures » de la découverte spatiale, telles que la capsule ***Apollo-Soyuz.*** Prévue pour la mission *Apollo 18* vers la Lune, elle fut finalement utilisée pour rejoindre la capsule soviétique *Soyuz* après que les crédits furent réduits de manière drastique... Également la capsule ***Gemini 11,*** qui expédia à son bord les 1ers astronautes Pete Conrad et Dick Gordon en 1966, ainsi que ***Mercury-Redstone II,*** dans laquelle voyagea la femelle chimpanzé Ham, le 31 janvier 1961. Et, bien sûr, levez les yeux, pour voir quelques aéronefs remarquables...

- ***Imax Theater :*** propose d'extraordinaires conditions de projection, avec écran haut de 7 étages, long de 23 m, son sur 6 pistes, etc. Films à couper le souffle, bien entendu (genre incroyables exploits sportifs, éruptions de volcans...) et toujours en relation avec l'expo temporaire du moment. Programme, horaires et résas en ligne.

Natural History Museum : *900 Exposition Blvd (presque à l'angle de Vermont Ave). • nhm.org • Tlj sauf mar 9h30-17h. Entrée (tarifs online, un chouia plus cher sur place) : 15 $ (21 $ avec le jardin aux papillons, mars-sept seulement, ou celui des araignées, sept-nov) ; réduc enfants ; gratuit moins de 3 ans et pour ts 1er mar du mois hors juil-août. Visite guidée gratuite à 13h et 14h et présentation d'animaux à 15h.*

– ***Au rez-de-chaussée,*** gros succès pour le *Dinosaur Hall,* qui met à l'honneur ces monstres apparus il y a 230 millions d'années et disparus il y a 65 millions, à cause, dit-on, de la chute d'astéroïdes géants ayant entraîné la disparition de la plupart des espèces animales et végétales vivant à l'époque. Ne pas manquer le *Triceratops,* ni le spécimen de *Mamenchisaurus,* dont le cou pouvait atteindre 10 m, monumental par rapport au minuscule *Fruitadens...* Voir aussi la vitrine du *Plesiosaur* femelle, fossilisé avec son bébé dans le ventre, et les fossiles des mammifères marins éteints. Énorme vertèbre de sauropode (un dino à long cou). Au même niveau, profitez-en pour jeter un œil à la belle rotonde. Retour au rez-de-chaussée avec ses vastes salles à l'ancienne, où de ***grands dioramas*** présentent de grands mammifères empaillés dans leur « milieu » : l'Amérique du Nord, avec ses bisons sur fond de plaine montagneuse, otaries, loups gris, grizzlys, ou encore l'Afrique avec ses éléphants et toute la ménagerie. Enfin, plusieurs grandes salles consacrées aux minéraux (trop sombres pour mettre en valeur les pierres). On y découvre les gemmes autochtones, comme cet imposant jade du Wyoming à l'entrée, l'une des pierres précieuses les plus lourdes du monde ; très belles cristallisations de tourmaline, météorites, et quelques pièces rares, telle ***la plus grosse boule de cristal de roche du monde*** (30 kg) d'une pureté incroyable.

– ***À l'étage,*** une expo sur les oiseaux du monde entier (nombreuses vitrines de spécimens naturalisés) nous sensibilise à la fragilité des écosystèmes, et un marécage est reconstitué avec les différents cris des espèces. Sont expliqués les mécanismes du vol, le pourquoi des couleurs (pourquoi les flamants roses sont-ils roses, à la différence des éléphants, etc.) ainsi que la signification des différents gazouillis. Même chose pour la forêt tropicale. Voir aussi le centre d'études du *Dino Lab* et le *Discovery Center & Insect Zoo* pour les plus petits (animations, ateliers). Du coq à l'âne, ne pas manquer la section baptisée *Visible Vault,* une salle consacrée aux objets votifs incas, aztèques et mayas. Magnifique collection de statues et de poteries ! Dans la salle du fond (réponse de l'âne au coq), peut-être la partie la plus esthétique du musée : *BE LA,* une expo qui retrace la manière dont Los Angeles s'est construit, de son acte de naissance à nos jours, avec quelques objets rares, comme la table sur laquelle fut signé le traité de Cahuenga mettant fin aux hostilités entre Américains et Mexicains en Californie (1840), ou encore le tutu de Betty Grable, la célèbre pin-up qui fit les nuits douces des soldats américains pendant la Seconde Guerre mondiale.

– ***Au sous-sol,*** l'exposition sur l'histoire de la Californie, les Amérindiens, l'exploration du Nouveau Monde et la colonisation espagnole s'avère, en revanche, assez ridicule !

California African American Museum : *600 State Dr, à Exposition Park. • caamuseum.org • Ouv 10h (11h dim)-17h. Fermé lun. GRATUIT (donation suggérée).* Petit musée consacré à la culture afro-américaine dans l'ouest des États-Unis, en particulier en Californie. Sur les 4 salles, les ¾ sont consacrés à des expos temporaires.

Rose Garden : *Exposition Blvd, juste en face de l'entrée derrière le California ScienCenter. Tlj de 9h au crépuscule. Fermé en gros les 3 premiers mois de l'année. GRATUIT.* Une très grande roseraie en plein air qui ravira les amateurs de botanique et de fragrances subtiles. Plus de 15 000 pieds et 145 variétés. Très reposant après la visite des musées. Notez, juste en face, l'élégant bâtiment de l'ancien *History & Art Museum* qui accueille chaque année, fin avril, un très populaire *International Pow-Wow.*

À Watts (plan couleur d'ensemble)

Ce quartier pauvre est majoritairement habité par la communauté noire (comme par hasard). Cela dit, il est peu à peu grignoté par la communauté hispanique, qui s'est vu proposer les jobs des Noirs pour des salaires inférieurs dans les années 1980, et par la communauté coréenne, qui a repris une bonne partie des petits commerces. Le quartier est malheureusement connu pour ses problèmes d'insécurité depuis les sanglantes ***émeutes de 1965 et 1992.*** La 1re fois, c'est l'arrestation d'un minibus zigzaguant sur une *freeway* qui a révélé la misère sociale et a dégénéré. Résultat : 34 morts, plus de 1 000 blessés, 4 000 arrestations et 40 millions de dollars de dégâts. La 2e fois, c'était la fameuse ***affaire Rodney King,*** du nom d'un Noir tabassé par des policiers blancs qui ne se savaient pas filmés par un habitant du quartier. Le procès eut lieu et les policiers furent acquittés... Pas un Noir dans le jury... Résultat : des émeutes encore plus violentes (s'étendant même à d'autres villes du pays), 53 morts, 2 500 blessés, 4 000 arrestations et 1 milliard de dollars de dégâts. Sans compter de sérieux règlements de comptes avec la communauté coréenne à la suite de l'acquittement d'un commerçant coréen ayant abattu une adolescente noire. La garde nationale fut même envoyée pour rétablir l'ordre. Finalement, les policiers furent rejugés et condamnés à 2 ans et demi de prison. Il suffisait d'y penser... Quant à Rodney King, il fut retrouvé mort dans sa piscine, en 2012, peu de temps après avoir écrit un livre et avoir pardonné aux policiers. Aujourd'hui, si on doit toujours être prudent dans le quartier (Watts se visite de préférence le jour), les autorités essaient d'enrayer la mainmise des gangs, par exemple en introduisant un peu de... culture. Et puis il y a ces tours insolites...

👁👁 ***Watts Towers :*** *1727 E 107th St. ☎ 213-473-8343. • wattstowers.us • En métro, station « 103rd St ». Sinon, bus nos 117, 254, 305 et 612. Visite extérieure tlj, mais pour l'intérieur, visite guidée seulement : jeu-dim 11h (10h30 sam, 12h dim)-15h, ttes les 30 mn. Fermé lun-mer et en cas de pluie. Entrée : 7 $; réduc ; gratuit moins de 12 ans. S'adresser au* Watts Towers Center & Tours *à l'arrière.*
Ces tours étonnantes ont été construites par un facteur Cheval local, du nom de Simon Rodia. Ce modeste ouvrier du bâtiment, originaire d'Italie, voulait réaliser « *something big* ». En 1921, il commence alors à faire de la récup' de matériaux divers et bâtit ses tours le soir et pendant ses week-ends. Il les termine 33 ans plus tard, en 1954, à l'âge de 75 ans, puis abandonne subitement le site à son voisin, pour s'installer dans les environs de San Francisco, près de sa famille. Il ne reviendra jamais voir son œuvre.
Cela donne aujourd'hui 3 tours principales, dont la plus grande mesure 31 m, plus quelques petites réalisations annexes. Toutes sont en ferraille, ciment, coquillages, canettes de bière, bouts de verre et de céramique... Pourquoi une telle construction ? Sans doute un souvenir d'enfance de l'immigré italien : chaque année, à Ribbotoli, son village natal, une procession promenait dans les ruelles de petites tours composées d'anneaux en bois, couvertes de papier aux motifs semblables aux tours de Watts... Et dire qu'elles ont échappé à un projet de destruction de la municipalité en 1958 ! Beau compliment pour l'artiste-maçon : à l'époque, un test révéla qu'il était impossible de les abattre tant elles étaient solides !

LITTLE TOKYO ET ARTS DISTRICT (plan IV, C2-4)

Créé dès 1908, le quartier japonais s'étend entre 1st et 3rd Streets, Central Avenue et San Pedro Street. Dans les années 1940, il s'est presque totalement vidé de ses habitants quand les États-Unis ordonnèrent l'internement des Japonais après Pearl Harbor. Les rues piétonnes de ce quartier plus dynamique et plus intéressant que Chinatown offrent un dépaysement authentique. Le musée américano-nippon vaut à lui seul le détour.

Au sud de Little Tokyo se niche ***Arts District,*** un coin alternatif où les loyers abordables ont attiré artistes et galeries. Bâtiments industriels décatis ou réhabilités, rues presque désertes en journée mais plutôt animées le soir autour des bars-restos qui émaillent le quartier. Un cadre idéal pour le street art !
À l'ouest d'Arts District et au sud de Little Tokyo (entre Alameda, East 3rd, South Main et 7th Streets), ***évitez le quartier de Skid Row,*** littéralement « le quartier de ceux qui dérapent », où se concentrent près de 5 000 sans-abri *(homeless).*

Où dormir ?

Arts District est un quartier qui vit avec son temps, les offres *Airbnb* y sont nombreuses. Voici néanmoins 2 adresses qui ont retenu notre attention.

De prix moyens à plus chic

■ ***The American Hotel*** *(plan IV, C3,* ***311****) : 303 S Hewitt St. ☎ 213-545-4695. ● americanhotella.com ● On se gare dans la rue. Réception 8h-12h seulement. Doubles avec sdb à partager à partir de 100 $; familiales. Pas de petit déj.* En plein Arts District, cet ancien hôtel pour voyageurs de commerce qui a hébergé longtemps au 1er étage le *Al's Bar,* où se sont produits les Red Hot Chili Peppers et Jeff Beck, compte aujourd'hui une vingtaine de chambres entièrement rénovées (lits doubles, *king size* ou superposés) avec salles de bains à partager. L'ensemble n'est pas désagréable, propre et bien équipé. Un bon plan pour ceux qui veulent traîner dans le quartier le soir.

■ ***DoubleTree by Hilton*** *(plan IV, C3,* ***312****) : 120 S Los Angeles St. ☎ 213-629-1200. ● hiltonhotels.com ● Doubles à partir de 200 $. Parking dans les proches environs pour 15-20 $.* Pas trop dans les habitudes du *Routard* de fréquenter les *Hilton,* mais celui-ci présente le gros avantage d'être à mi-chemin entre le Downtown qui bouge et Arts District (10 mn à pied, à travers un quartier sûr, dans un sens comme dans l'autre). Sinon, pas de grosses surprises pour cet établissement, certes un peu vieillissant, mais de classe 4 étoiles. Les petits malins opteront pour les étages les plus haut perchés pour bénéficier d'un superbe panorama sur la ville.

Où manger ?

De bon marché à prix moyens

|●| 🍸 ***Wurstküche*** *(plan IV, C3,* ***314****) : 800 E 3rd St. ☎ 213-687-4444. Tlj 11h30-22h (minuit ven-sam). Moins de 10 $.* Pour ceux qui aiment la « vourchte », la vraie, celle qui rêve de moutarde, ou la fausse, la végétarienne (eh oui, ça existe !). Bref, celle qu'on accompagne d'une barquette de frites et d'une bonne bière locale. Le tout à consommer sur de grandes tablées façon *Oktoberfest* de Munich pour rester dans le ton. En soirée, un DJ vient faire résonner les murs de béton brut.

|●| ***Mitsuru Cafe*** *(plan IV, C3,* ***89****) : 117 Japanese Village Plaza. ☎ 213-613-1028. Au milieu de la Plaza. Ouv 11h-21h (19h dim). Fermé lun.* Un petit café-*diner* à la japonaise. Brochettes de crevettes, de porc ou de poulpe, et des *imagawayaki,* gâteaux de haricots sucrés dont on peut voir la fabrication. Pas cher et à emporter (on peut les manger sur la Plaza). Également des *combos,* nouilles et sashimis sur place (plus chers).

|●| 🍸 ⛱ ***Zinc Café & Market*** *(plan IV, C4,* ***315****) : 580 Mateo St. ☎ 323-825-5381. Tlj 9h-21h. Soupes, salades 6-10 $, plat env 15 $, pizzas 18-20 $.* Assez emblématique du renouveau du quartier, cette épicerie-resto-bar rassemble, dans sa petite cour gravillonnée peuplée de frêles oliviers, toute la mouvance *arty* descendue de son condo pour un cocktail centrifugé, une bière locale, un snack sur le pouce ou

un thé glacé. C'est locavore, italien, bio la plupart du temps et de bonne taille pour ce qui est des pizzas.

Urth Caffe (plan IV, C3-4, **317**) : *451 S Hewitt St (angle 5th St). ☎ 213-797-4534. Tlj 7h-22h (23h sam). Petits déj et plats 7-23 $.* Avec quelques tables qui courent sur le trottoir, une terrasse et une petite salle climatisée aux bonnes odeurs de café, ce *Urth Caffe*-là, dont l'architecture ressemble à son alter ego de Pasadena, n'a pas mis longtemps pour se faire une clientèle parmi les résidents du quartier. Une halte salvatrice dont on profite à toute heure.

Shin-Sen-Gumi-Hakata Ramen (plan IV, C3, **313**) : *132 S Central Ave. ☎ 213-687-7108. Tlj 11h-22h. Compter 13-17 $ le grand bowl de nouilles au bouillon (ramen).* Petit resto de *ramen* assez populaire dans le quartier de Little Tokyo. Faites comme tout le monde, saisissez vos coordonnées et votre numéro de portable et allez faire un tour en attendant qu'une table se libère.

De plus chic à très chic

Bavel (plan IV, C4, **318**) : *500 Mateo St. ☎ 213-232-4966. Tlj 17h-23h. Compter 50 $ le dîner (moins si on se contente de quelques mezze).* Une déco reprenant les classiques d'un *diner* mais revu à la sauce XXIe s, avec cascade de plantes vertes, brique blanc cassé dans une salle haute de plafond, et surtout une agréable terrasse bien ombragée. C'est ici que le chef de *Bestia* (resto italien de haute volée situé à une encablure d'ici) a planté le décor de son annexe de cuisine moyen-orientale. Comme rien n'est acquis d'avance et que tout est frais, le menu du soir est imprimé tous les jours suivant l'inspiration du chef.

Où boire un café ? Où déguster une pâtisserie ou une glace ?

The Pie Hole (plan IV, C3, **316**) : *714 Traction Ave. ☎ 213-537-0115. Tlj 8h-22h (23h jeu-dim).* Cette petite boutique aux bonnes odeurs de café engagée dans une approche *sustainable* (les producteurs sélectionnés sont des exploitations familiales exclusivement dirigées par des femmes), propose la tarte de votre grand-mère en version sucrée ou salée. Sert aussi un étonnant café glacé « à la pression », le *Nitro Cold Brew.*

Salt & Straw (plan IV, C3, **322**) : *829 E 3rd St. Tlj 12h-23h. Env 7 $ les 2 boules.* C'est THE glacier du moment, qui fait un carton sur toute la côte Ouest. Les produits sont le plus locaux possible et les recettes élaborées avec des classes d'élèves de quartiers défavorisés. Résultat : des associations de saveurs étonnantes ! Si vous calculez bien votre timing en zappant la tranche horaire 19h-22h, il est possible que vous échappiez à la queue qui s'allonge sur le trottoir...

Où boire un verre ? Où écouter de la musique ?

Arts District Brewery Company (plan IV, C3, **319**) : *828 Traction Ave. Tlj 15h (12h w-e)-minuit (2h ven-sam).* Énorme brasserie à l'atmosphère houblonnée dans l'air du temps, sur fond d'excellent rock. Pour éponger la mousse (excellente sélection !), quelques *wings* suintant de fromage fondu, des croquettes noyées dans du ketchup et des frites format XXL. Sinon *video games* pour les addicts et un mur entier de *skee-ball,* ce jeu typiquement américain qui consiste à faire entrer une boule dans le bon trou.

Angel City Brewery (plan IV, C3, **320**) : *216 S Alameda St. • angelcitybrewery.com • Tlj 16h (12h w-e)-22h (minuit ven-sam). Visite gratuite de la brasserie ttes les heures le w-e 13h-17h et en sem à 17h et 18h.* Dans un bâtiment industriel Art déco de 1931, à la fois brasserie, boutique, galerie d'art et lieu de rendez-vous (on vient y pratiquer le yoga tous les dimanches), la brasserie de la Cité des Anges produit *IPA, pilsner, lager* et autres *Saazberry.* DJ certains soirs (voir leur site). Un *food truck* sert des tacos sur le parking juste devant.

Resident *(plan IV, C3,* ***321****)* **:** *428 S Hewitt St.* ☎ *213-628-7503.* • *residentla.com* • *Tlj 12h-2h.* D'abord un petit jardin planté de cactus où l'on vient déguster le houblon brassé localement, ensuite le *KTCHN DTLA,* un *food truck* garé ici pour l'éternité, puis un *rooftop* parasolé avec vue sur le quartier. Dans la grande salle climatisée à la déco néo-indus', 2 Pères Noël verts montent la garde au-dessus du bar. Si vous en voyez 3, c'est qu'il est temps d'appeler votre capitaine de soirée. Programmation sur leur site.

Shopping

Arts District Co-op *(plan IV, C3-4,* ***323****)* **:** *453 Colyton St. Tlj sauf lun 12h-18h.* Dans l'immense volume d'un ancien entrepôt, quelques créateurs de fringues et d'accessoires exposent à côté de designers de mobilier, de luminaires, de bijoux. Sont également exposées quelques œuvres d'art selon l'humeur du moment. Jazz, *accoustic* ou *indie* en live le 1er samedi du mois. Voir Instagram : • *artsdistrictco_op* •

À voir

À Little Tokyo

Japanese American National Museum *(plan IV, C3)* **:** *100 N Central Ave (angle 1st St).* • *janm.org* • *Ouv 11h-17h. Fermé lun et j. fériés. Dernière admission 1h avt fermeture. Entrée : 16 $; réduc ; gratuit jeu.* Dans un bâtiment à l'architecture de verre, ce musée affilié à la prestigieuse Smithsonian Institution retrace ***l'histoire de la communauté japonaise émigrée sur le sol californien*** de la fin du XIXe s aux années 1920. Parce que la loi interdisait aux Chinois d'émigrer, les Nippons étaient une main-d'œuvre toute trouvée. Mais des mesures restreignent bien vite leur immigration : dès 1907, seules les femmes peuvent entrer sur le territoire ; en 1913, les Japonais perdent le droit d'être propriétaires de terres et, en 1924, toute immigration est interdite. On découvre, non sans une certaine émotion, la tragédie que 120 000 Japonais d'Amérique connurent à la suite du bombardement de Pearl Harbor, lorsque le gouvernement ordonna leur déportation massive dans des camps de concentration (de nombreuses photos en témoignent). Pourtant, 2 tiers d'entre eux avaient la nationalité américaine... Les excuses du gouvernement américain se firent attendre jusqu'à Reagan. On y apprend aussi que c'est aux soldats américano-japonais (14 000 s'engagèrent dans l'armée américaine) que l'on doit la libération non seulement de la ville de Bruyères, dans les Vosges, mais aussi du camp de Dachau, en Bavière. Parmi les pièces révélatrices : un monceau de valises symbolisant l'immigration, une affiche électorale du sénateur Phelan ayant pour slogan « *Keep California White* » et un fragment du bar de l'*Atomic Café,* ouvert à Los Angeles dans Little Tokyo en 1946, quelque temps après Hiroshima. Le musée propose également de petites expositions temporaires dédiées à l'art américano-japonais (dessin, peinture, sculpture...). Salon de thé sur place.

The Geffen Contemporary at MOCA *(plan IV, C3)* **:** *152 N Central Ave (derrière le Japanese Museum).* ☎ *213-626-6222.* • *moca.org* • *Tlj 11h-18h (20h jeu et 17h le w-e). Fermé mar. Entrée : 18 $; réduc ; gratuit jeu 17h-20h.* Une annexe du MOCA qui présente des expos temporaires. Renseignements sur leur site.

À Arts District

Au sud de Little Tokyo, inscrit dans le quadrilatère constitué d'ouest en est par Alameda Street et la Los Angeles River et du nord au sud par E 1st St et 7th St. Un microquartier en cours de mutation depuis plusieurs années, qui vaut le coup d'œil pour ses *murals* et son atmosphère *arty*.

ICA *(plan IV, C4)* **:** *1717 E 7th St – juste en face de la gare des bus Greyhound. • theicala.org • Mer-dim 12h-17h, fermé lun-mar ; GRATUIT.* Ce musée d'art contemporain, auparavant installé à Santa Monica, participe à sa manière à la gentrification du quartier. Le coin n'est pas des plus engageant, et l'espace voué aux expos est assez petit, mais il a le mérite d'exister.

Hauser & Wirth *(plan IV, C3)* **:** *901 E 3rd St, angle Garey St. • hauserwirth.com • Tlj sauf lun 11h-18h. GRATUIT.* Superbe galerie de 10 000 m² aménagée dans une ancienne minoterie, avec cour intérieure, jardin, librairie et resto branché, le *Manuela.* Spectaculaire, surtout que les œuvres exposées sont souvent décoiffantes, comme ce long couloir éclairé avec des slips en guise d'abat-jour (permanent). Sur le côté la petite galerie ***Over The Influence*** *(833 E 3rd St, angle Garey St ; tlj sauf lun 11h-18h ; GRATUIT)* avec ses beaux volumes, présente, elle aussi, des œuvres intéressantes.

MALIBU (plan couleur d'ensemble)

Au nord-ouest de Santa Monica s'étend la Pacific Coast Highway. Immortalisée par Jack Kerouac, la route côtière qui va de Leggett – environ 300 km au nord de San Francisco – à Dana Point – situé à mi-chemin entre Los Angeles et San Diego – est appelée la *California Dream Road* par les Américains. Par elle, on arrive à Malibu, lieu de villégiature préféré de la jet-set et des stars. Pour vous donner une petite idée du niveau de vie de Malibu, jetez donc un œil au centre commercial local, le très huppé ***Malibu Country Mart.*** Ni *CVS* ni *Starbucks,* mais que des marques de luxe !
Les maisons en bord de plage comptent parmi les plus chères de L.A. (de 1 à 10 millions de dollars) mais sont souvent d'une architecture banale. Qui plus est, la plupart d'entre elles sont coincées entre la mer et la route, les pauvres ! Parmi les people qui ont pignon sur plage : Pierce Brosnan, Steven Spielberg, Mel Gibson, Sting, Tom Hanks, Robert Redford, Dustin Hoffman, Bill Murray...
L'endroit le plus couru de Malibu est ***Carbon Beach,*** surnommée « *Billionaire's Beach* » car ce serait la plage la plus chère des États-Unis.
Pour les amateurs de surf, c'est à la ***Malibu Surfrider Beach*** que le *swell* est le plus régulier. Les Indiens chumashs, qui occupaient le territoire à l'origine, avaient déjà baptisé le secteur *Humaliwo,* soit « là où les vagues sont bruyantes »...

Où camper ?

Malibu Beach RV Park *(hors plan couleur d'ensemble vers l'ouest)* **:** *25801 Pacific Coast Hwy (la 1), à Malibu. ☎ 310-456-6052. • maliburv.com • Bus nº 534 depuis Colorado Ave (4th St) à Santa Monica ttes les 30 mn, 6h-20h. À env 25 km à l'ouest de Santa Monica, par la Pacific Coast Hwy. Pour 2 pers avec tente et voiture, forfaits 50-121 $.* Joli camping en surplomb de la route, avec vue magnifique sur l'océan pour certains emplacements, et sur la montagne pour les autres. Aménagé en terrasses, simple et très bien tenu, mais pas de gazon et un peu en pente pour planter sa guitoune. Douches incluses dans le tarif. Laverie et épicerie de dépannage. Bon accueil mais loin de tout. Les moins de 21 ans ne sont pas autorisés à camper seuls.

Où manger ? Où boire un verre ?

Whole Foods Market : *23401 Center Civic Way. Tlj 7h-21h.* Supermarché bio, impeccable pour se concocter un pique-nique gourmet à déguster ensuite sur la plage. Amusant aussi de voir la clientèle huppée, notamment les jeunes femmes donnant leurs directives aux employées de maison chargées de surveiller les gamins et de remplir le caddie...

Malibu Seafood : *25653 Pacific Coast Hwy. ☎ 310-456-3430. Un peu avt le camping en venant de Santa Monica. Tlj 11h-19h (la poissonnerie ouvre à 10h). Sandwichs 10-12 $, plats 15-25 $.* Une petite cahute avec terrasse en surplomb de la très passante (et dangereuse !) PCH. Alors, faites attention à vos bambins... On y vient acheter la pêche du jour pour l'emporter ou la manger sur les tables de pique-nique installées sur le côté. C'est frais : morue d'Alaska sauce tartare, colin, thon rouge, poulpes et toutes sortes de fruits de mer.

Cholada Thai Beach Cuisine : *18763 Pacific Coast Hwy. ☎ 310-317-0026. À env 8 km de Santa Monica, sur la droite après l'intersection pour le Topanga Canyon. Tlj 11h-21h. Plats 15-23 $.* Face à un des spots de surf les plus fréquentés de la côte, cette baraque bleue de traviole aux airs de paillote a vue sur la route et même pas sur la mer. Cependant, rassurez-vous, une fois les plats sur la table, on oublie le bruit des voitures. Les délicieuses saveurs de cette authentique cuisine thaïe, parfumée et épicée à souhait, retiendront toute votre attention. Et là, vous comprendrez pourquoi il y a toujours foule.

Paradise Cove Beach Café : *28128 Pacific Coast Hwy (à l'intersection de Webb Way Malibu Rd). ☎ 310-457-2503. À env 20 km de Santa Monica, sur la gauche. Tlj 8h-21h (22h ven-sam). Résa conseillée. Salades et burgers 15-20 $, poissons et viandes 25-30 $. Parking 4h max sur validation.* « *Welcome to Paradise Cove, sea the view, bring the kids, have a seat, enjoy Malibu !* » Le panneau d'entrée de ce resto de plage comme on les aime est un bon résumé : cadre de vieille cambuse avec des photos de pêche au gros prises dans les années 1950 à courir sur tous les murs, service jeune et plats d'une grande fraîcheur (pas donnés, en revanche). Idéal pour un déj les pieds dans l'eau... Hors saison, c'est que du bonheur, mais dès l'été, faut vraiment aimer la foule ! Touristes, résidents et *beautiful people* s'y pressent aux heures des repas. La résa est alors quasi obligatoire si on tient absolument à obtenir une table avec vue. Mais on peut aussi juste y boire un verre.

À voir

Les plages, évidemment ! En voici une sélection, en partant de Los Angeles et en remontant vers le nord. Pas trop difficile de se garer gratuitement le long de la Pacific Coast Highway mais soyez très prudent si vous devez la traverser à pied car le trafic est discontinu. Sinon, parkings payants *(10-12 $/j.).*

Topanga Beach : près de la Getty Villa, pour le surf surtout.

Carbon Beach *(Billionaire Beach)* **:** entre le Malibu Pier et Carbon Canyon Road. La plage des stars, où les villas sont alignées à touche-touche sur la petite langue de sable. Accès public via un passage entre les maisons au niveau du 22150 Pacific Coast Highway (indiqué sur une grille).

Malibu Lagoon State Beach : petit sentier nature menant en 5 bonnes minutes à une belle plage, là encore bordée de grosses baraques. Juste à côté, la **Malibu Surfrider Beach** est prisée des surfeurs.

Corral Canyon et Point Dume Beach : sympas et peu fréquentées.

Zuma Beach : longue (près de 3 km) et très populaire chez les Angelenos.

El Matador State Beach : majestueuse avec ses hautes falaises et ses rochers formant des arches émergeant dans l'eau. Descente un peu raide sur la plage, par des escaliers ou un sentier en bois aménagé, mais ça vaut le coup d'œil.

Leo Carrillo State Park : un peu après El Matador Beach, accès sur le côté droit de la route. Ne pas se garer sur le premier parking, poursuivre la petite route qui mène aux spots les plus sympas, un peu plus au nord, pour arriver sur un grand parking *(3 $/h ou 12 $/j.)* en surplomb de la longue plage, très sauvage et veillée par ses postes de sauvetage. Pas mal de surfeurs et souvent des tournages et shootings photos. Camping. • *parks.ca.gov* •

– Plus d'infos via le site internet du ***Department of Beaches and Harbors*** : • *beaches.lacounty.gov* • Pour tout savoir sur les 115 km de côte (dont 65 km de plages), les spots de surf, les conditions pour y pratiquer ce sport et les pièges à éviter (forts courants à la marée descendante), les plages qui sont surveillées, etc.

SANTA MONICA (plan III)

C'est ici, à l'entrée du *pier*, face au Pacifique, ***que s'achève la mythique Route 66*** qui prend sa source à Chicago (voir « Route 66 » dans « Hommes, culture, environnement » en fin de guide). Prolongement naturel de Venice vers le nord, Santa Monica est une petite ville qui a entrepris depuis quelques années une refonte de son centre-ville à l'occasion de l'arrivée dans le centre du train léger *Expo Line* (qui la relie à Downtown L.A. en 50 mn, même aux heures de pointe) : création de voies piétonnes, de parkings, de centres commerciaux et d'espaces verts. Aussi résidentielle et huppée que Venice est branchouille et déjantée, Santa Monica est célèbre dans tout le comté pour ses embouteillages démentiels. Entre 17h et 19h, c'est comme si tout le monde prenait sa voiture en même temps pour aller à la plage ! Heureusement, la municipalité a construit de précieux ***parkings silo*** (certains ne sont pas trop chers, en plus !) tout en développant un intéressant système de location de vélos, sans compter les myriades de ***trottinettes électriques*** en libre-service *(payant)* qui envahissent les trottoirs.
Côté farniente, large et impeccablement peignée, la ***plage*** s'étend en contrebas d'une corniche aménagée en promenade prisée des joggeurs et des patineurs. C'est un lieu de rencontre très en vogue des *yuppies* de tout poil avec, comme point de ralliement, la ***Santa Monica Place,*** le grand centre commercial, avec ses boutiques et ses restos, prolongement naturel de ***Third Street Promenade*** *(plan III, E-F5)*, une rue piétonne, véritable colonne vertébrale du centre-ville. Avec le *pier* et Main Street, c'est aujourd'hui la zone la plus animée du quartier. En outre, la ville possède son propre réseau d'autobus *(Big Blue Bus)*, qui la relie à Downtown, Hollywood et l'aéroport.
– ***En voiture :*** l'un des parkings les moins chers du centre-ville est celui situé en face de l'auberge de jeunesse *(1431 2nd St)*.
Wifi gratuit partout dans le centre-ville.

Adresses utiles

Santa Monica Visitor Center *(plan III, F6)* **:** *2427 Main St.* ☎ *310-393-7593.* • *santamonica.com* • *Tlj 9h-17h30 (17h w-e).* Également 3 ***kiosques touristiques*** : *1400 Ocean Ave (face au Georgian Hotel, ven-dim 9h-17h), 200 Santa Monica Pier (jeu-lun 9h-17h) et 1300 Block of 3rd St Promenade (brochure seulement).*

CXI Currency Exchange *(plan III, F5-6,* ***7****)* **:** *au 2e niveau du centre commercial* Santa Monica Place, *395 Santa Monica Pier (entrée possible aussi par 220 Broadway).* ☎ *310-393-7444. Tlj sauf dim 11h-19h.* Bureau de change.

Location de rollers (blades) et vélos : ***Santa Monica Beach Bicycle Rentals,*** *4th St et Broadway.* • *smbikerental.com* •

Un des moins chers : 7 $/h et 15 $/j. Et aussi ***The Bike Center*** : *1555 2nd St (et Colorado). ☎ 310-656-8500. • thebikecenter.com • Tlj 10h (9h w-e)-17h. Loc (env 30 $/j.) et tours.*

– Pour les tours guidés seulement : ***Pedal or Not,*** *214 Pier Ave, à Santa Monica. ☎ 310-917-1111. • pedalornot.net • Tlj 9h45-17h (13h dim).*

Où dormir ?

Malgré les tarifs élevés, Santa Monica n'est pas un mauvais plan pour un séjour longue durée à Los Angeles, car les centres d'intérêt sont à portée de transports en commun, ce qui évite de reprendre sa voiture, et donc de payer le parking à chaque déplacement. Ici, ça sent les vacances à plein nez, on peut faire du vélo, se balader le long de la plage, faire du skate ou du roller et arpenter la ville en trottinette électrique... Et surfer, bien sûr ! Dépaysement garanti. Côté stationnement, pas de problème pour celles et ceux qui peuvent marcher 10-15 mn entre la voiture et leur hôtel, car on trouve de grands parkings à 10-15 $ pour 24h. Sachez toutefois que les taxes appliquées sur les hébergements sont moins élevées à Venice qu'à Santa Monica.

De bon marché à prix moyens (AJ)

HI Los Angeles Santa Monica *(plan III, F5,* ***20****) :* *1436 2nd St. ☎ 310-393-9913. • hilosangeles.org • Lits en dortoir 35-60 $, doubles sans sdb 100-140 $, petit déj inclus. Ajouter 3 $/nuit pour les non-membres des AJ. Navette aéroport env 20 $. Parking payant juste en face.* Aménagée dans le plus vieux bâtiment de Santa Monica (1875), une auberge de jeunesse « de luxe » et écolo, en plein centre, à 2 pas de la plage. À l'intérieur, de spacieux espaces communs tout colorés. Ensemble bien tenu, intéressant pour la quinzaine de dortoirs (4-10 lits), séparés ou mixtes, mais chambres un peu chères. Grande cuisine, laverie, consignes, salon TV. Nombreuses activités proposées au *Hi Travel Store* voisin, dont des excursions à Disneyland et aux Universal Studios. Un bon endroit pour faire des rencontres, et sans conteste l'*hostel* le plus clean de Los Angeles. Bon accueil.

De prix moyens à plus chic

Sea Shore Motel *(plan III, G6,* ***28****) :* *2637 Main St. ☎ 310-392-2787. • seashoremotel.com •* ***Résa indispensable.*** *Doubles 115-200 $. Parking gratuit (gros avantage dans le coin !).* Ce petit motel en U tout rose, qui ne paie pas de mine, est situé dans un agréable quartier de Santa Monica en limite de Venice. Une vingtaine de chambres un poil désuètes mais confortables (frigo, bonne literie) et 5 vastes suites avec cuisine, salon et balcon pouvant accueillir 6 personnes, particulièrement avantageuses pour ceux qui voyagent en bande. Également quelques chambres avec kitchenette un peu plus loin dans la rue. Terrasse sur le toit du motel mais sans vue véritable. Un bon plan.

Santa Monica Motel *(plan III, G6,* ***45****) :* *2102 Lincoln Blvd. ☎ 310-392-6806. • santamonicamotel.com • Doubles 135-210 $, petit déj frugal inclus. Parking gratuit.* Le long du très fréquenté Lincoln Boulevard, on pourrait craindre le pire, mais ce motel de facture classique s'avère un bon plan. Une trentaine de chambres de bonne tenue pas spécialement grandes et avec salles d'eau microscopiques. Machine à café, frigo, clim, 2 *queen size beds* dans la plupart des chambres. C'est du classique de chez classique mais pour 1 ou 2 nuits, ça fait très bien l'affaire.

Très chic

The Ambrose *(hors plan III par G5,* ***21****) :* *1255 20th St (angle Arizona Ave). ☎ 310-315-1555. • ambrosehotel.com • Doubles 300-410 $, petit déj inclus. Parking 35 $.* Situé dans un quartier résidentiel où les églises poussent comme des champignons, un bel hôtel d'inspiration zen qui accueille avant tout une clientèle d'affaires. Chaque chambre est décorée dans un style japonisant très classe. Dans la salle de bains, peignoirs en coton, pousses de bambou, et même 2 poubelles pour trier ses déchets. Le petit déj se prend dans le salon donnant sur un jardin japonais. Navette gratuite pour le *pier* de 8h à 21h30 et accueil tout en douceur.

■ ***The Georgian Hotel*** *(plan III, F5,* ***32****) : 1415 Ocean Ave. ☎ 310-395-9945. • georgianhotel.com • Doubles de base à partir de 200 $; à partir de 250 $ pour une vue sur l'océan. Parking env 40 $.* Au milieu des immeubles de béton dressés sur le front de mer, il n'y a que lui qui se détache, ce séduisant hôtel Art déco de 1933, à l'élégante façade d'un bleu turquoise. À l'intérieur, si le confort (optimal) est contemporain, l'esprit reste fidèle aux origines : ascenseur tapissé de bois, design du mobilier style Années folles, salles de bains rétro jusque dans les vasques et faïences, clichés aux murs d'un L.A. mythique figé au temps du Technicolor. Un bel anachronisme, qui se monnaie trop cher si on vous refile une chambre sur l'arrière et dans les étages du bas.

Spécial coup de folie

■ ***Palihouse Santa Monica*** *(plan III, E5,* ***23****) : 1001 3rd St. ☎ 310-394-1279. • palisociety.com/hotels/santa-monica • Doubles 375-415 $. Valet parking 45 $, mais possibilité de se garer dans la rue.* Superbe établissement de 1927, de facture hispano-mauresque, parfaitement au calme, remodelé récemment en boutique-hôtel dans un style néovictorien spécial bobos en vadrouille. Une bonne trentaine de chambres avec lit *king size* (possibilité de lit d'appoint), studios et appartements (très chers), décorés bohème-chic : papiers peints à l'ancienne, salles de bains rétro, déco postdarwinienne, façon cabinet de dentiste du XIXe s amateur de chasse, etc. Vaste lobby aménagé entre manoir et club privé, et ravissant petit jardin fleuri. Quelques vélos à pignon fixe à dispo pour aller arpenter le *boardwalk* qui longe la plage. Évidemment, tout ça a un prix !

Où manger ?

Spécial petit déjeuner

☕ 🍴 ***Dogtown Coffee*** *(plan III, F6,* ***94****) : 2003 Main St. ☎ 310-310-3665. Tlj 7h-14h. Compter 10-15 $.* Le hot-spot local pour un bon breakfast sain ou gourmet, dans un haut lieu de la culture surf, à 2 blocs de la plage. Idéal pour démarrer la journée en douceur, bercé par le va-et-vient continu des clients, dans une atmosphère *easy going* typiquement californienne. Smoothies vitaminés, breakfast burritos bien frais, et même des sandwichs (*gluten free* pour la plupart), wraps et panini pour un lunch. Café glacé gourmand en diable, avec crème fouettée et pointe de sel.

☕ 🍴 ***Huckleberry Cafe*** *(hors plan III par F5,* ***95****) : 1014 Wilshire Blvd (entre 10th et 11th St). ☎ 310-451-2311. Tlj 8h-15h. Compter 10-20 $. Parking gratuit à l'arrière.* Un fameux *coffee shop* au look rétro vintage (sol en béton, comptoir carrelé bleu ciel, papier peint et photos anciennes colorisées aux murs) avec baies vitrées sur la rue. Très bruyant quand c'est plein. On se presse ici pour savourer les délicieuses pâtisseries maison préparées chaque matin, ou encore les sandwichs, salades, mueslis, porridges ou petits plats chauds. La maison a publié plusieurs bouquins de recettes de cuisine. Et presque tout est bio, en provenance du *Farmer's Market* voisin.

☕ 🍴 ⛱ ***Urth Caffe*** *(plan III, F6,* ***97****) : 2327 Main St. ☎ 310-314-7040. Tlj 7h-22h (23h sam). Petits déj 8-15 $, plats 10-20 $.* Point de ralliement des studieux, le nez dans leur *laptop*, des joggers sur le retour, des pressés, des moins pressés, *Urth Caffe* est un classique de Santa Monica. Ambiance très bio et nature avec cafés et thés de qualité. Au petit déj, les portions n'ont rien de démesuré, mais c'est frais et plutôt fin. Et la terrasse toute fleurie est vraiment agréable.

☕ 🍴 Et aussi ***Flower Child*** *(plan III, E-F5,* ***103****) : 1332 2nd St. ☎ 310-*

382-2901. Breakfast sain et vitaminé servi le w-e 9h-11h. Lire le descriptif plus loin.

Sur le pouce

Whole Foods Market *(plan III, G6-7,* ***96****) : 225 Lincoln Blvd. Tlj 7h-22h.* Grande chaîne de supermarchés bio, idéale pour remplir votre panier pique-nique. À signaler : l'excellent buffet de salades et autres plats cuisinés, végans, *gluten free* et sans OGM. Bar à bières. Petit *coffee shop.*

Farmer's Market *(plan III, F6,* ***99****) : à l'angle de Main St et Ocean Park (à côté du California Heritage Museum).* ***Seulement les dim 8h30-13h30.*** Depuis 1981, mais le dimanche seulement, un lieu de rencontre très agréable, surtout à la belle saison, quand les maraîchers de la région viennent proposer leurs fruits et légumes. On trouve de tout : des produits de bouche à la fripe, en passant par la brocante. On s'y presse à l'heure du brunch, dans une ambiance bon enfant. Les mercredi et samedi matin, le marché se délocalise près de la *Third Street Promenade,* au croisement avec Arizona Avenue *(plan III, E-F5).*

De bon marché à prix moyens

Flower Child *(plan III, E-F5,* ***103****) : 1332 2nd St. ☎ 310-382-2901. Tlj 11h-20h. Plats 7-16 $ (quelques $ de plus avec protéines animales).* On a bien aimé ce concept de cuisine californienne saine et colorée, produits locaux... dans un décor aéré et lumineux hésitant entre potager urbain et « Flower Power ». Même les toilettes sont fleuries ! On commande au comptoir avant de s'attabler, de préférence sur la mezzanine pour plus de calme, et de savourer un fameux *bowl* de quinoa-graines-légumes ou une salade vraiment originale. Menu-enfants pas cher du tout et breakfast tout ce qu'il y a de plus sain servi le week-end.

Father's Office *(hors plan III par F5,* ***107****) : 1018 Montana Ave. ☎ 310-736-2224. En sem, cuisine 17h (16h ven)-23h (minuit jeu-ven) ; le w-e 12h-minuit (22h dim). Le bar proprement dit ferme à 1h ou 2h. Plats 10-20 $.* Le décor ne paie vraiment pas de mine avec sa façade en bois verni qui tranche avec le style de Santa Monica. Pourtant, le magazine *Esquire* a classé son burger dans la liste des meilleurs du monde ! Essayez-le et faites-le donc descendre avec l'une des 36 bières microbrassées, dont les goûts sont bien détaillés à la carte : *malty, hoppy, yeasty, spicy, fruity...* Nous, on dit youpi !

Cha Cha Chicken *(plan III, F6,* ***98****) : 1906 Ocean Ave. ☎ 310-581-1684. Tlj 11h (10h w-e)-20h30. Compter 10-20 $ selon taille.* Improbable boui-boui jamaïcain tout bariolé et installé en plein carrefour. Dans les assiettes de cette cantoche, dont la terrasse frôle la circulation, de bons petits plats, exotiques et colorés, et surtout bien relevés à la sauce nationale jamaïcaine, le *jerk* : poulet coco, *ropa vieja,* riz au poulet ou encore enchiladas et *quesadillas* à la jamaïcaine. Idéal donc pour une halte le midi (ce n'est pas loin de la plage), et pour ceux qui recherchent quelque chose de pas aseptisé.

De prix moyens à plus chic

The Misfit *(plan III, F5,* ***167****) : 225 Santa Monica Blvd. ☎ 310-656-9800. Lun-jeu 16h-23h, ven 12h-minuit, w-e 11h-minuit (23h dim). Plats 12-34 $.* Immense bar-resto branché dans un très beau décor Art déco, prisé des bobos trentenaires. Souvent plein à craquer le soir, en fin voire en milieu de semaine. Du coup, c'est hyper bruyant mais tellement tendance... Si l'on peut y écluser de bonnes bières locales au comptoir (spectaculaires rayonnages de bouteilles sur une hauteur vertigineuse !), on s'y presse surtout pour manger. Au menu, une *pub food* réinventée, fraîche et soignée servie en portions un peu chiches, avec supplément décibels obligatoire. Pas mal de vins de Californie pour accompagner tout ça.

De plus chic à très chic

Hillstone *(plan III, E5,* ***102****) : 202 Wilshire Blvd. ☎ 310-576-7558. Tlj 11h30-21h30 (22h ven-sam). Plats 12-48 $.* Un concept-resto plutôt *East*

Coast, à la fois classe et moderne, chic et décontracté bien qu'assez *trendy* (tenue correcte exigée quand même !). Les locaux s'y pressent pour déguster, entre autres, les fameux *spare ribs* qui ont fait la réputation de la maison. Également sushis, burgers et salades. Une expérience à partager en amoureux, en famille ou entre potes, à condition d'avoir jeté un œil sur son relevé bancaire avant de venir, surtout si vous comptez prendre du vin !

Blue Plate Oysterette *(plan III, E-F5,* ***109****) : 1355 Ocean Ave. ☎ 310-576-3474. Tlj 11h (12h w-e)-22h. Plats 20-40 $.* Le bistrot marin-bar à huîtres un peu dans le coup de Santa Monica, inspiré des *clam shacks* de Nouvelle-Angleterre. Situé en front de mer (avec la route entre les 2) et plats pas exagérés pour de la *seafood* finement cuisinée et pleine de saveurs. On s'est régalé avec les *clams linguine.* Belle carte des vins, mais surtout européens.

Où boire un café ou un jus naturel ?

Metropolis Café *(plan III, F5,* ***123****) : 603 Metropolis Ave (et 6th St). Lun-ven 8h-14h. Fermé w-e (et pour cause !).* La façade gris foncé ne trompe pas, vous êtes bien dans une église, reconvertie la semaine en café *hipster,* avec start-up à l'étage ! L'idée étant de rentabiliser un espace occupé seulement le dimanche tout en prolongeant cette vie de communauté. L'intérieur est d'un design épuré (inédit pour une église) mais le plus, c'est cette terrasse protégée de la rue avec des chaises longues de bric et de broc pour siroter peinard son caoua passé à l'ancienne. Aussi des *events* : café philo le jeudi soir, musique live sans *cover* le vendredi. Tout un programme.

Kreation Café *(hors plan III par F5,* ***164****) : 1023 Montana Ave. ☎ 310-458-4880. En face de Father's Office. Tlj 7h-22h. Env 8 $ le cocktail de jus de fruits. Petits déj 10-17 $.* Pas d'alcool ici mais des cocktails de jus de fruits et de légumes bio, très bons pour votre petite santé, à emporter ou à déguster sur la terrasse posée sur du faux gazon. Choisissez selon vos besoins du moment : *feel better* (pomme, gingembre, citron, piment de Cayenne), *skin* (aux épinards, concombre et aloe vera) ou encore *brain* (à la carotte)... Également des smoothies et toutes sortes de variations sur le thème du breakfast.

Et aussi **Dogtown Coffee** : lire précédemment.

Où boire un verre ? Où écouter de la musique ?

Santa Monica Brew Works *(hors plan III par G5,* ***124****) : 1920 Colorado Ave, suite C. ☎ 310-828-7629. Mar-ven 18h-22h (23h ven), w-e 12h-20h (19h dim).* C'est la brasserie en vue du moment. On y déboule en soirée pour poser ses fesses sur des fûts avec pour horizon les cuves Inox des 5 bières brassées ici. Une *ale,* 2 *pale ale,* une *porter* et une *lager,* comme ça, il y en a pour tous les goûts ! Tous les soirs, un *food truck* vient se garer sur le parking pour ravitailler tout le monde en solide. Très tendance à Sainte Monique...

Big Dean's Ocean Front Café *(plan III, F6,* ***105****) : au commencement du pier, côté plage, face au Merry-go-Round (carrousel). Lun-ven 11h (12h lun)-20h (21h ven), w-e 10h-21h (20h dim). Sandwichs 5-10 $.* Un des plus anciens rades du coin. Ses tables en bois garnies de parasols sont éclaboussées en permanence par du vieux rock qui tache ! Cheese-burger, *Caesar salad,* tacos et hot-dog bien dans la tradition. Bonne bière locale. Clientèle populaire et pas guindée pour un sou de touristes et de gens du cru. Une ambiance qui tranche avec la faune m'as-tu-vu qui se la joue un peu plus haut sur le boulevard.

Library Alehouse *(plan III, G7,* ***169****) : 2911 Main St. ☎ 310-314-4855. Tlj 11h30 (11h w-e)-23h. Happy hours lun-ven 14h-16h, brunch le w-e 11h-16h.* La trentaine de bières à la pression (dont la moitié artisanales) a fait la réputation de ce bar-resto prétendument « littéraire » mais sans le moindre bouquin ! En soirée, c'est le point de ralliement des oiseaux de nuit en partance vers leur migration nocturne. On y mange aussi, mais juste pour solidifier les parois, si vous voyez ce qu'on veut dire !

TRiP *(plan III, G6,* ***325****) : 2101 Lincoln Blvd. • tripsantamonica.com • Tlj 12h-minuit (2h jeu-sam). Gratuit ou cover env 10 $. Striptease burlesque le mer, sinon env 3 sets de musique par soirée à partir de 20h (principalement de la folk et du rock).* Dans une salle pas bien grande, un long bar où l'on sert des bières allemandes, canadiennes, islandaises, belges ou locales (15 pressions). Au fond, un billard pour passer le temps et, en face, un petit *stage* où des bandes de chevelus se donnent régulièrement rendez-vous pour gratouiller leur guitare. Une atmosphère en total décalage avec la Santa Monica bimbo.

Ye Olde King's Head *(plan III, E-F5,* ***163****) : 116 Santa Monica Blvd. ☎ 310-451-1402. Tlj 9h (8h w-e)-2h (même plus tard si match de foot ou de rugby en Europe). La cuisine ferme à 22h en sem, 23h le w-e ;* happy hours *lun-ven 16h-19h.* Un pub particulièrement populaire et animé, composé d'une enfilade de petites salles aux ambiances différentes, toutes à la gloire de la Grande-Bretagne. Un coup la chasse, un coup la pêche, sans oublier les portraits des célèb' venues écluser une pression ici : Beckham, Hugh Grant, et même Margaret Thatcher. Aussi une partie resto croquignolet en diable, réputé pour son *fish & chips,* servi comme il se doit dans du papier journal (ici sulfurisé), pas trop gras et bien digeste.

Solidarity *(plan III, F5,* ***171****) : 1414 Lincoln Blvd. ☎ 310-393-8831. Tlj sauf lun 17h-22h (23h ven-sam).* Il faut contourner la partie restaurant pour trouver tout au fond de cette petite maison un *patio bar* éclairé de loupiotes et réchauffé par un brasero, à l'atmosphère assez unique à Santa Monica. Le petit plus : le resto polonais est très bon, restez donc dîner après votre drink.

The Misfit *(plan III, F5,* ***167****) :* on y mange, et on y boit ! Lire précédemment « Où manger ? ».

Où danser ?

Circle Bar *(plan III, G7,* ***180****) : 2926 Main St. • circle-bar.com • Tlj 21h-2h (*happy hours *jusqu'à 23h). Interdit aux moins de 21 ans. Passeport ou permis de conduire exigé.* Pas la peine de venir avant 23h ou minuit. Au centre, un vaste bar qui n'a rien de circulaire ; aux murs, des photos intrigantes, pas toujours de très bon goût ; un peu partout, une lumière rougeâtre et parcimonieuse... Clientèle à cheval entre la vingtaine et la quarantaine, qui rigole, s'époumone, se contorsionne, bref, qui s'éclate...

Achats

Santa Monica Place et Third Street Promenade *(plan III, E-F5) :* si le centre commercial de *Santa Monica Place,* situé dans le prolongement de Third Street Promenade, joue surtout la carte du luxe *(Tiffany & Co., Louis Vuitton, Diane von Furstenberg* entre autres...), Third Street Promenade, la rue piétonne très touristique (musiciens de rue, restos, cafés...), est aussi jalonnée d'enseignes de shopping international entre Broadway et Wilshire Blvd : *Anthropologie, Urban Outfitters, J Crew, Nike...* et bien sûr l'incontournable *Apple Store* au n° 1415.

Montana Avenue *(hors plan III par E5) : entre Lincoln Blvd et 17th St.* Une large avenue plantée d'arbres majestueux, où l'on trouve des antiquaires, de magnifiques boutiques de déco, mais aussi du prêt-à-porter et quelques magasins de luxe. Avenue Monta... igne ? Quand même pas !

REI *(plan III, F5,* ***250****)* **:** *à l'angle de 4th St et Santa Monica Blvd. Tlj 10h-21h (20h sam, 19h dim).* Sur 2 niveaux, tout pour les activités de pleine nature *(outdoor)* : vélo, camping, sports nautiques, rando, montagne. Également un beau rayon sportswear et une librairie.

À voir

Santa Monica Pier *(plan III, E-F6)* **:** *au bout de Colorado Ave.* Une fête foraine sur l'océan ! Longue de quelques centaines de mètres, cette immense jetée tout en bois est l'épicentre de la plage de Santa Monica. Touristes et familles en goguette s'y bousculent, et particulièrement le soir, quand tout est illuminé, entre stands de souvenirs, fast-foods, caricaturistes, grande roue et montagnes russes. Bourdonnant et bon enfant. Tom Hanks est venu courir ici dans *Forrest Gump.* La Paramount en a profité pour ouvrir sur le *pier* un resto de la franchise *Bubba Gump,* inspiré du long-métrage. Quand on vous disait, dans le chapitre « Hollywood », que les films étaient devenus des produits d'appel... Accessoirement, joli point de vue sur la côte et ses collines en arrière-plan, ses baigneurs et le chapelet de postes de guet des sauveteurs façon *Alerte à Malibu.*

The Getty Center *(plan couleur d'ensemble)* **:** *1200 Getty Center Dr, au nord du centre de Santa Monica ; adresse spéciale GPS : N Sepulveda Blvd et Getty Center Dr. • getty.edu • Accès par la 405 (San Diego Freeway), sortie Getty Center Dr (n° 59). De Santa Monica, bus nos 720 et 761. Ouv 10h-17h. Fermé lun et j. fériés. GRATUIT (plan-guide en français compris). Audioguide gratuit format smartphone (prévoir une pièce d'identité avec photo), mais version française limitée à une trentaine d'œuvres. Parking : 20 $; 15 $ si après 15h. De là, navette gratuite jusqu'au musée mais on peut aussi bien y monter à pied (15 mn). Fauteuils roulants et poussettes gratuites à disposition. Si vous prévoyez de visiter la Getty Villa (à Malibu) le même j., vous n'aurez pas à repayer le parking. Un conseil : arrivez avt l'ouverture, ça permet d'éviter la foule...*

MILLIARDAIRE, MAIS TRÈS ÉCONOME

J. Paul Getty fit fortune dans l'or noir, ce qui ne l'empêchait pas de faire grise mine pour sortir son argent. Dans son manoir londonien, il fit installer une cabine à pièces ! Mais le plus révélateur, c'est lorsque son petit-fils, John Paul Getty III, fut enlevé en 1973 : il mit plusieurs mois à payer la rançon. Pour accélérer sa décision, les ravisseurs coupèrent même une oreille à leur otage !

Perché sur une colline, ce musée (et centre de recherche) constitue ***l'un des complexes culturels les plus vastes au monde.*** Son histoire commence en 1953, lorsque J. Paul Getty, magnat du pétrole, crée un petit musée d'art sans prétention dans son ranch près de Pacific Palisades. Puis il fait construire une somptueuse villa romaine à Malibu, qui abritera ses collections de 1974 à 1997, année où elles seront transférées au tout nouveau tout beau *Getty Center.* À noter que les antiquités grecques, romaines et étrusques ont rejoint, depuis 2006, la *villa Getty* située à Malibu.

J. Paul Getty n'eut jamais l'occasion de voir ce magnifique Getty Center puisqu'il s'est éteint 21 ans plus tôt, en 1976. Avant de mourir, il légua 1,3 milliard de dollars à sa « fondation » afin que celle-ci continue d'acheter des œuvres. Ce qu'elle fit, mais non sans semer un certain chaos sur le marché de l'art : quelques-uns des administrateurs du musée obtinrent n'importe quoi à n'importe quel prix et dans des conditions pas toujours très nettes ! Certaines pièces ont même été (ou seront) restituées à leur pays d'origine, notamment l'Italie et la Grèce...

L'œuvre architecturale de Richard Meier

88 000 m² de bâtiments et pas moins de 45 ha de jardins... Conçue pour être visible des kilomètres à la ronde (comme « un village italien dans les collines », selon son concepteur), cette imposante construction, qui marie le verre et la pierre (du travertin italien), est taillée de telle sorte que la surface brute réfléchisse la lumière.

– ***Côté jardin, un gigantesque labyrinthe*** composé d'azalées travaillées « à la française » dans un bassin évoque une île flottante. Ou l'île de Catalina, peut-être ?

– ***Côté musée, 5 pavillons*** selon les 4 points cardinaux, plus une aile destinée aux expos temporaires. Les différentes galeries sont reliées entre elles par des cours, des jardins, des passerelles vitrées ou à ciel ouvert. L'idée de Meier était de guider les visiteurs en établissant un savant jeu de cache-cache avec le paysage. Mission accomplie. Le final est sublime, lorsqu'un panorama allant de Downtown à l'océan en passant par les collines de Hollywood vous en met plein les mirettes.

Les collections

– ***Le pavillon Nord*** *(1450-1600)* **:** le rez-de-chaussée est consacré à la Renaissance en Italie et en Europe du Nord. Voir, entre autres, la *Vénus* de ***Jean de Bologne,*** le cabinet français de Bourgogne, superbement sculpté, la *Nativité* de Fabriano, la belle série de céramiques italiennes, ainsi que des vitraux d'époque Henri II, un beau buste d'homme de ***Girolamo della Robia.*** À l'étage, les *Trecento* et *Quattrocento*. Ne manquez pas le *Saint Cyricus,* pour le moins songeur, de ***Francesco Laurana,*** ainsi que quelques primitifs italiens comme ***Fra Angelico*** ou Gentile da Fabriano *(Couronnement de la Vierge).* Mais aussi ***Beccafumi*** (la communion de Sainte Catherine de Sienne), les *Chasseurs sur la lagune* de ***Carpaccio,*** une *Adoration des Mages* de Mantegna, un beau *Portrait de hallebardier* de Pontorno, un *Christ en croix* du Greco et quelques œuvres de ***Titien*** (mais pas les plus passionnantes, sauf peut-être la *Madeleine pénitente* ?), sans oublier ***Véronèse.***

– ***Les pavillons Est et Sud*** *(1600-1800)* **:** au rez-de-chaussée côté Est, mal éclairées malheureusement, des tapisseries des Gobelins, du mobilier Louis IX, de la porcelaine, et une très belle série de meubles en marqueterie ainsi que des bronzes signés ***André-Charles Boulle.*** Côté Sud, beaux exemples de ce que furent les arts décoratifs au XVIIIe s, avec plusieurs pièces reconstituées avec du mobilier d'époque, la tapisserie et la ***porcelaine de Sèvres*** qui vont avec : styles Louis V, Régence, rococo, etc. À l'étage côté Sud, restons dans l'« *early seventeen-hundreds* » *(1700's),* comme disent les Américains, avec des peintres comme Antoine Watteau ou ***Nicolas Lancret,*** si enclin à dépeindre la légèreté des mœurs de son époque dans *La Danse devant la fontaine* (notez le coquin qui s'approche de la dame par-derrière et le geste de la main de celle-ci). Mais aussi ***Fragonard,*** Bellotto, ***Tiepolo*** et un beau *Buste de Bélisaire* de ***Jean-Baptiste Stouf.*** À l'étage côté Est, on trouve quelques peintres intéressants comme Guido Reni, le Guerchin, Carrache, Gentileschi, ***Van Dyck, José de Ribera*** (surprenant *Euclide,* en haillons, tout sale !), sans oublier Murillo... Également des Français : Le Brun, Le Sueur, Lorrain, de La Tour, ***Poussin*** et de Champaigne (beau *Portrait d'Antoine Singlin*). Parmi les nombreux ***Rubens,*** signalons la *Mise au tombeau,* dans laquelle la Vierge qui soutient le Christ paraît bien plus mal en point que lui ! Belle série de peintres flamands, notamment un amusant *Intérieur avec soldats et femmes,* de Jacob Duck, une *Adoration des Mages* de ***Nicolas Maes,*** des portraits signés Frans Hals, l'*Entrée des animaux dans l'arche de Noé,* de ***Brueghel l'Ancien,*** et une sympathique *Écurie* de Borch. Une salle entière consacrée à ***Rembrandt*** (dont un *Rembrandt souriant,* pioché parmi les 90 autoportraits que l'artiste a réalisés). Arrêtez-vous devant *Un jeune élève et son maître* (qui dépeint en fait un jeune prince), attribué à son atelier, et *Un vieil homme en habit militaire,* où se manifeste tout l'art du maître. Notez de quelle manière la plume du chapeau réduit ce visage si crûment éclairé... Puis chez les Italiens, Giovanni Lanfranco, ***Guido Reni.***

– **Le pavillon Ouest** *(fin XVIIIe s pour le mobilier et peinture européenne 1840-1880)* **:** au rez-de-chaussée, signalons le savoureux *Autoportrait* de Ducreux et l'amusant *Homme vexé,* une sculpture de ***Messerschmidt,*** en fait l'une des 69 têtes réalisées par le sculpteur pour décrire les différentes expressions humaines (l'essentiel de la collection est à Venise). Voir aussi la coquette *Juliette Récamier,* de ***Chinard,*** réalisée en terre cuite, et, derrière l'énorme vase en bronze de l'Exposition universelle de Paris de 1889, le *Portrait de Jeanne Kéfer,* de ***Khnopff,*** dans lequel la grande porte met ingénieusement en exergue la taille de la petite fille. La salle suivante accueille des statues inspirées de l'Antiquité, en particulier une copie du célèbre *Laocoon,* dont l'original se trouve au Vatican et qui fut un modèle pour les artistes de la Renaissance. Également un bel *Apollon se couronnant lui-même,* signé ***Canova.*** À l'étage, un peu de tout en matière de peinture, du préraphaélisme à l'impressionnisme. Courbet, ***Corot, Millet*** (*L'Homme à la houe* – au bout du rouleau), ***Turner,*** Géricault, ***Goya...*** Ils sont venus, ils sont tous là. Mais ce ne sont pas leurs œuvres les plus marquantes. La plus belle salle est sans conteste celle de l'impressionnisme. Oh ! les beaux ***Degas*** *(Modistes),* Manet *(Rue Mosnier),* Monet *(Portail de la cathédrale de Rouen au petit matin),* ***Van Gogh*** *(Iris),* ***Cézanne*** *(Jeune Italienne, Nature morte avec des pommes),* Pissarro *(Maisons à Bougival, Maison rouge)...* Noter la surprenante sculpture de Gauguin, sorte d'autoportrait en idole de l'artiste avec des traits polynésiens. Ne pas manquer la belle série de ***Jawlensky*** (un artiste russe du début du XXe s), plutôt originale, et le très caustique et controversé *Christ's Entry Into Brussels* (1889), de ***James Ensor,*** qui occupe un mur à lui tout seul. Pour finir, une intéressante série de lithographies signées Odilon Redon et ***Max Ernst.*** Également des expos temporaires au rez-de-chaussée et au sous-sol (souvent de la photo).

– La ***family room,*** avec ses jeux interactifs autour de différentes œuvres, permet aux plus petits (dès 5-6 ans) de découvrir la peinture et la sculpture.

The Getty Villa *(plan couleur d'ensemble)* **:** *17985 Pacific Coast Hwy, 90272* ***Pacific Palisades.*** *• getty.edu • Env 1 km au nord de Sunset Blvd ; attention, l'accès se fait seulement en arrivant par le sud (interdiction de tourner en venant du nord). Ouv 10h-17h. Fermé mar et aussi certains mer en août et sept. GRATUIT, mais* ***résa obligatoire*** *(choisir créneau horaire indispensable). Audioguide en anglais ou en espagnol. Parking obligatoire pour ceux qui viennent en voiture : 20 $. Si vous prévoyez de visiter le Getty Center le même j., vous n'aurez pas à repayer le parking. Sinon, le bus RTD n° 534 sur Ocean Ave, au bout de Santa Monica, vous dépose tt près.* ***Gardez votre ticket de bus,*** *il vous sera demandé à l'entrée. Plan-guide disponible en français.*

Pour tout savoir (ou presque) sur l'histoire de J. Paul Getty, voir précédemment le texte consacré au *Getty Center.*

Comme le raconte le film de 12 mn projeté sur place, tout commença lorsque J. Paul Getty tomba amoureux de la baie de Naples et s'y acheta une villa pour les vacances... Lovée dans un étroit canyon avec vue sur le Pacifique, ***la villa Getty fut construite au début des années 1970 sur le modèle de la villa dei Papiri (la « villa des Papyrus », la plus fastueuse découverte d'Herculanum).*** Les architectes chargés de son agrandissement au début des années 2000 se sont employés à utiliser des matériaux en usage à l'époque. Dans les jardins, quelque 300 essences de végétaux, un bassin tout en longueur, un immense péristyle, le tout orné de fresques inspirées de Pompéi. Getty mourut en 1976, sans jamais avoir vu sa villa.

Les collections regroupent des œuvres de l'Antiquité grecque, romaine et en moindre mesure étrusque. La muséographie est exceptionnelle. Sont exposés : sculptures monumentales, momies, objets de la vie quotidienne tels que vases, amphores peintes, pièces de monnaie, verreries, bijoux présentés dans des galeries thématiques faisant référence à un dieu particulier, à une période donnée, à un style et où les infos sont concises et ciblées.

Le rez-de-chaussée est consacré à Dionysos et à la tragédie. Voir notamment la statue sans tête de Bacchus (version romaine du Dionysos grec), le beau panneau de sarcophage orné de masques de théâtre, l'étonnant récipient à vin en bronze et en argent, le jeune satyre affublé d'un masque (notez la curieuse main sortant de sa bouche !) ou encore le pilier doté d'un sexe d'homme, symbole de fertilité. Ne manquez pas les petites salles remplies d'une vaisselle conçue dans tous les matériaux imaginables à l'époque : argent, marbre, terre cuite, bronze, verre, camée... Retour dans l'atrium, avec plusieurs salles consacrées aux ***monstres mythologiques,*** aux ***dieux et déesses grecs et romains*** : vases-bustes, dont celui de Perséphone, et statues de Vénus. Une aile reproduit un ***temple dédié à Héraclès*** (Hercule en romain), dont les 12 travaux sont représentés sur des amphores, et où est exposée une statue du demi-dieu trouvée dans la villa d'Hadrien à Tivoli. À l'entrée de l'atrium, une salle permet d'admirer des statues cycladiques et des ***poteries minoennes et mycéniennes,*** puis des mosaïques sur les animaux, les athlètes, les bijoux, les activités masculines, féminines et enfantines. Les plus belles ***mosaïques*** viennent de Villelaure en Provence. Ne pas manquer l'étonnante mosaïque représentant une scène de boxe avec taureau, la tête de femme datant de 2600 av. J.-C. (on dirait du Modigliani), ni les statuettes de la *Déesse de la Fertilité* et du *Joueur de harpe* datant de 3000 av. J.-C. Des expositions temporaires, toujours tournées vers l'Antiquité, y sont également programmées.

Très agréable ***coffee shop.***

Bergamot Station *(hors plan III par G5)* **:** *2525 Michigan Ave, à la hauteur de Cloverfield Blvd. • bergamotstation.com • et • smmoa.org • Metro Rail : Bergamot Station. Entrée galeries d'art et parking gratuit.* Les entrepôts rénovés d'une ancienne gare de trolleys accueillent plusieurs dizaines de galeries d'art. C'est la plus grande communauté d'artistes de Californie.

À faire

Annenberg Community Beach House *(hors plan III par E5)* **:** *415 Pacific Coast Hwy. • annenbergbeachhouse.com • Du centre de Santa Monica (Santa Monica Blvd), suivre Pacific Coast Hwy vers Malibu sur un bon mile et tourner à gauche dans California Ave (indiqué). Accès GRATUIT au complexe, tlj 8h30-20h30 mai-sept (17h30 nov-mars, 18h30 avr et oct). Piscine ouv fin mai-début sept, tlj 10h-17h, 18h ou 19h (selon la météo, voir site) ; sept, w-e seulement 11h-17h. Tarifs : 10 $; 4 $ moins de 18 ans. Parking payant (3 $/h ou 8-12 $/j. selon saison) mais accès libre à la plage publique.* Directement sur la plage, cette piscine hollywoodienne faisait partie d'une opulente propriété construite dans les années 1920 par le propriétaire de Hearst Castle pour sa maîtresse, l'actrice Marion Davies. La demeure principale a été détruite il y a longtemps mais le site a été entièrement restauré pour en faire un club de plage hors norme. ***La petite maison d'amis de Marion Davies*** se visite gratuitement et sans résa (horaires des tours guidés sur le site).

Petit resto les pieds dans le sable pour grignoter sur place, ***Back on the Beach*** *(tlj 8h-20h, 15h de mi-oct à fin avr).*

Eames House *(hors plan III par E5)* **:** *203, Chautauqua Blvd à* ***Pacific Palisades.*** *• eamesfoundation.org • Visite sur résa uniquement, lun, ven et sam. Tarifs : 30 $ pour la visite extérieure (photos autorisées pour un usage privé), gratuit pour les étudiants ; env 300 $ pour 1 ou 2 pers pour la visite intérieure (photos interdites) ; dans un cas comme dans l'autre* ***résa obligatoire*** *48h à l'avance.* Emblématique de l'architecture *modern mid-century,* la maison de Charles et Ray Eames (1949) se compose de 2 parallélépipèdes de verre et d'acier, le 1er servait de logement, le 2d d'atelier. Tous les 2 conçus comme des espaces modulables destinés à recevoir des objets, l'ensemble, très largement vitré, est ouvert sur la nature comme un principe harmonieux de vie pour les époux Eames, lesquels vécurent et travaillèrent ici jusqu'à leur mort.

VENICE *(plan III)*

La Venise des Amériques

À l'aube du XXe s, ***Abbot Kinney, baron du tabac,*** décide de faire de ce quartier une ***ville de détente et de plaisir*** à l'image de la Venise italienne. Ainsi naît *Venice of America,* et dès 1905, la foule découvre les promenades en gondoles (fraîchement importées d'Italie par bateau) sur les ***25 km de canaux*** gagnés sur le marécage. À l'époque, un petit train permet de relier la fête foraine située sur le ponton aux plages et à la grande piscine d'eau de mer couverte. À l'occasion, Kinney engage même des pilotes chevronnés pour réaliser des acrobaties aériennes au-dessus de l'océan.

En 1920, Kinney meurt d'un cancer du poumon (évidemment, il ne payait pas ses cigarettes...). La semaine suivante, un gigantesque incendie ravage une grande partie du front de mer. Venice est reconstruite, avant de devenir, dès 1925, un quartier à part entière de Los Angeles. Du coup, le trafic s'intensifie, et en 1929, une partie des canaux est comblée pour permettre aux voitures de circuler plus facilement. La même année, on découvre du ***pétrole*** en ville. Le pays étant alors en plein krach boursier, on profite de cette manne : quelque 148 puits sont creusés, défigurant très vite le paysage. L'exploitation se poursuit jusqu'à la fin des années 1960.

Venice, délaissée pendant près de 40 ans, devient le ***repaire des beatniks puis des hippies.*** En 1974, la construction d'une large piste cyclable le long de la plage relance l'attrait touristique. Venice devient alors la ***capitale mondiale du roller-skate.*** Aujourd'hui, il subsiste encore quelques ponts et maisons d'inspiration vénitienne, notamment sur Windward Street (le *Samesun Backpackers* en est un exemple) ou sur Ocean Front Walk (tel le *Sidewalk Café & Bar*).

Venice aujourd'hui

☆☆☆ ***Ocean Front Walk*** (le front de mer, quoi), fourmillant et populaire, est le lieu de rendez-vous des bimbos et des marginaux. Un marché de plage à vocation balnéaire s'y déroule toute la semaine (tee-shirts réputés pour être les moins chers de Californie, tatoueurs et stands de babioles), mais il ferme à la tombée du jour, abandonnant les abords de la plage aux *homeless.* Mieux vaut alors ne pas trop s'y balader. Dans le quartier, contrairement aux apparences, la chaleureuse fraternité n'est pas toujours de mise.

Dans la journée, et surtout le week-end, Venice, c'est d'abord la grande parade des corps sculptés, lustrés, siliconés, tatoués, huilés. Le plus gros de l'animation se situe dans les parages du *Sidewalk Café & Bar (plan III, G8,* ***92****).* Shows improvisés ou non, automates, bonimenteurs, équilibristes de tout poil brandissant des panneaux à l'humour olé olé (« un peu de monnaie pour faire grandir mon pénis, siou'plaît, m'sieurs dames » !). Les fêlés de la roulette, eux, se filent rancard au skatepark bordant la plage (spectacle assuré). En revanche, les body-builders ont l'air de déserter Muscle Beach, le centre de muscu en plein air et pieds dans le sable où Schwarzi avait ses habitudes dans sa jeunesse.

En poussant un peu plus loin, entre Winward et le *pier* (la jetée), la promenade du front de mer égrène un chapelet de maisons à touche-touche, parfois de style moderniste. Voir notamment au n° 2509 la *Norton House,* étonnante construction déconstructiviste de Frank Gehry (1984), avec un studio perché en haut d'un

poteau ! Le dimanche, le *pier* est pris d'assaut par les pêcheurs, qui, après avoir calé leurs cannes dans des trous spécialement prévus dans les rambardes, guettent la touche en piochant dans leur glacière.
Enfin, Venice, c'est aussi une poignée de ***canaux bordés de charmantes maisons*** de bobos, mais c'est surtout ***Abbot Kinney Boulevard*** : une artère branchée en permanence sur la « tendance », véritable creuset de la *cool attitude.* C'est là que se concentrent la plupart des boutiques, bars, restos et cafés *trendy* du Venice qui bouge. Un contraste saisissant avec l'atmosphère pas toujours reluisante de Venice Beach.

LE BOOM DE LA SILICON BEACH

La Silicon Beach de L.A. est le 3e pôle de la high-tech mondiale, après San Francisco et New York. Attirées par la douceur de vivre, la proximité de Hollywood, les prix de l'immobilier plus modérés que dans la Silicon Valley et par une série de success-stories stimulantes (SnapChat à Venice, Tinder à West Hollywood...), les start-up sont de plus en plus nombreuses à investir ici, dans des bureaux proches des plages. Depuis 2011, le mastodonte Google a pris ses quartiers à Venice, dans un célèbre bâtiment de Frank Gehry flanqué d'une paire de jumelles géantes, le Binoculars Building.

Adresse et infos utiles

On le répète, c'est à Venice que le ***roller*** est né. D'ailleurs, si vous n'optez pas pour la ***trottinette électrique*** en libre-service, on peut en louer une paire et s'éclater tout le long de la plage. Les piétons s'écartent, vu la foule qui se balade sur roulettes. Ça vaut la peine d'essayer. Vous pouvez aussi louer un skate ou un surf, si ça vous chante.

■ ***Location de vélos et de rollers : Jay's Rentals*** *(plan III, G8, **22**), à côté du Samesun Backpackers, à Venice Beach. ☎ 310-392-7306. Tlj 7h-20h (21h w-e).*

– ***En voiture : ne pas se garer sur les parkings privés des maisons*** en bord de plage ou des rues annexes ; fourrière garantie en quelques minutes. Plusieurs parkings non loin de la plage et des canaux *(env 10 $/j.)* ou derrière Abbot Kinney Boulevard. La nuit, il est difficile de stationner, mieux vaut négocier avec votre hôtel.

Où dormir ?

De bon marché à prix moyens (AJ)

🏠 ***Venice Beach Hostel*** *(plan III, G8, **26**) : 1515 Pacific Ave. ☎ 310-452-3052. • planetvenice.com • Lits en dortoir 30-50 $ et doubles avec sdb 95-145 $, petit déj inclus.* Grande AJ avec des dortoirs de 8 à 13 lits pas toujours nickel et un brin de guingois, où la faune de Venice ne figure pas seulement sur les grandes fresques colorées qui ornent les murs mais s'exprime aussi avec force décibels. Pas de tout repos, donc.

🏠 ***Samesun Venice Beach*** *(plan III, G8, **22**) : 25 Windward Ave. ☎ 310-399-7649. • samesun.com • Réception au 1er étage. Ouv 24h/24. Lits en dortoir (4-8 pers) à partir de 35-50 $ selon taille (60 $ en moyenne), doubles 135-200 $, petit déj inclus. Pas de parking.* À 2 pas de la plage de Venice, en plein cœur de l'animation. Une auberge vivante (ou bruyante, ça dépend du point de vue), assez bien tenue mais assez étriquée, à l'image de la minuscule salle commune aménagée au chausse-pied (en même temps, on vit dehors à Venice). Les tarifs des nuitées varient selon une foule de paramètres : nombre de lits, salle de bains privée ou sur le palier, piaule aveugle ou avec vue partielle sur le front de mer, etc. Toutes les doubles ont un frigo et une TV. Cuisine. Animations tous les soirs.

The Venice Beach Hostel *(hors plan III par H7, **29**) : 716 Washington Blvd, Marina del Rey. ☎ 310-301-3983. • venicebeachhostel.com • Bus n° 3 du terminal. Lits (ou plutôt matelas) en dortoir 30-45 $, doubles 90-115 $, petit déj inclus. Prise en charge à l'aéroport gratuite dès 2 nuits (sur résa seulement, s'arranger avec eux avt).* Le plus vieil *hostel* de Venice. Égaré dans un quartier résidentiel à seulement 20 mn à pied de la plage, dans une maison en bois avec jardin, cuisine, ambiance bordélique mais ô combien sympathique ! Une atmosphère *old school* qu'on ne retrouve plus si souvent dans les AJ et qui doit beaucoup à son proprio, le chaleureux Iain. Idéal pour ceux qui aiment nouer des contacts sans être trop regardants sur l'entretien. Car faut reconnaître que les 3 dortoirs sont spartiates : literie et moquette usées jusqu'à la corde !

Podshare Venice *(plan III, H8, **25**) : 522 S Venice Blvd, petit déj inclus. Résa en ligne uniquement • podshare.co • Lits en dortoir à partir de 65 $. Parking privé.* Une AJ nouvelle génération (résa Internet obligatoire, accès limité aux seuls résidents) dans une grosse maison rénovée et bien tenue, impeccablement située à 5 mn de la plage de Venice et encore moins de l'animation branchouille de Abbot Kinney Boulevard. Aménagement et déco bien dans l'air du temps. Les dortoirs, tout en bois, sont superbes et intelligemment conçus, avec un espace privatif bien délimité. Sanitaires tout neufs. Agréables espaces communs et jardin avec BBQ, jeux et ping-pong, location de vélos. Inutile de vous y pointer à l'improviste, vous ne serez pas accepté.

Plus chic

Jolly Roger Hotel *(plan III, H8, **24**) : 2904 Washington Blvd, Marina del Rey. ☎ 310-822-2904. • jollyrogerhotelmarina.com • Double env 200 $, petit déj continental inclus. Parking gratuit.* Motel moderne à la déco quasi inexistante, offrant une petite centaine de chambres plutôt spacieuses et confortables, disposant d'un ou de 2 lits *queen size*. Quelques petits plus (machine à laver, petite piscine, jacuzzi et plusieurs fontaines) rendent l'endroit relativement agréable à condition d'éviter les chambres donnant sur Washington Boulevard. Très bon accueil.

Inn at Venice Beach *(plan III, H8, **30**) : 327 Washington Blvd. ☎ 310-821-2557. • innatvenicebeach.com • Doubles 180-400 $, petit déj compris. Parking 22 $.* Une quarantaine de chambres très confortables, dont quelques lofts vraiment très sympas. Lumineuses et plutôt coquettes avec leurs couleurs neutres et leur design épuré, elles disposent de 1 ou 2 lits et peuvent accueillir 2 à 4 personnes. Toutes possèdent un balcon privatif, et certaines donnent uniquement sur le patio où murmure une fontaine. Accueil très aimable, avec petits cookies à l'arrivée...

Où manger ?

Bon marché

Abbot's Pizza Company *(plan III, H7, **100**) : 1407 Abbot Kinney Blvd (repérer l'enseigne Burro). ☎ 310-396-7334. Ouv 11h-23h (minuit ven-sam). Fermé lun. Slice env 5,50 $, pizza en 3 tailles : 23, 28 ou 33 $.* Petite adresse qui sert des pizzas (options sans gluten) et *focacce* larges comme des roues de charrette, et même une *salad-pizza* : ben... une pizza, avec de la salade dessus, pardi !

Gjusta *(plan III, G7, **90**) : 320 Sunset Ave (entrée discrète, à l'extrémité de 3rd St). ☎ 310-314-0320. Tlj 7h-20h. Sandwichs et plats cuisinés 15-40 $.* Devant : un *deli* haut de gamme vendant poisson fumé, vrai pain de campagne, fromage odorant, charcuterie des familles, jus, *shakes* et quiches. Derrière : un staff décontracté qui s'active comme dans *Les Temps modernes*. Les *hipsters* viennent se gaver d'un sandwich au pastrami, ou hésitent entre une *pie* aux fruits ou un smoothie vert. Et vous, là-dedans ? Allez partager une grande table sur l'arrière, mais gare aux moineaux chapardeurs !

Mao's Kitchen *(plan III, G8, **106**) : 1512 Pacific Ave. ☎ 310-581-8305. Lun-sam 12h30-15h30, 16h30-22h, dim 14h-22h. Plats 8-16 $.* À 2 pas de la plage de Venice, un resto typique du quartier : hyper *roots,* pas cher et plein d'humour. Ainsi, sous le portrait de Mao, version Andy Warhol, vous pourrez avaler une petite cuisine chinoise, de la « formule déjeuner pour les masses populaires » aux aubergines à la Sichuan (un peu épicées) en passant par les *Mao's hometown* (Mao venait de la province du Hunan) ou encore les bouchées vapeur au bambou. Le tout accompagné de riz au jasmin ou d'une salade. Une de nos plus vieilles adresses à Venice.

Prix moyens

Venice Ale House *(plan III, G7, **125**) : 2 Rose Ave. ☎ 310-314-8253. Tlj 12h-21h. Brunch bio jusqu'à 16h. Plats 10-22 $.* C'est le rendez-vous bio-bobo de la promenade du front de mer ! Très agréable terrasse, hyper prisée des trentenaires et quadras à l'heure de l'apéro et du dîner, qui se confondent d'ailleurs bien souvent... Du coup, beaucoup de bruit et une bonne musique qui, en se mêlant aux conversations, devient vite soûlante comme de la bière. À ce sujet, il y en a une vingtaine à la pression, dont une maison *(Venice Hip Hop XPA)* et un cidre bio *(Anthem),* excellent pour faire descendre un savoureux burger, vraiment très réussi, ou un sandwich.

Sidewalk Café & Sports Bar *(plan III, G8, **92**) : 1401 Ocean Front Walk. ☎ 310-399-5547. À hauteur de Horizon Ave, au cœur de Venice. Tlj 8h-minuit ; cuisine jusqu'à 22h. Sandwichs, salades, pizzas et burgers 11-20 $.* Pas facile de trouver une table ici, surtout le dimanche pour le brunch. Le bâtiment fut construit par Abbot Kinney et fréquenté par Jack Kerouac dans les années 1960, quand il servait d'atelier aux artistes. Avouons que c'est son côté mythique et sa grande terrasse abritée donnant sur la plage qui font son attrait plutôt que sa cuisine. Néanmoins, en semaine, la formule *happy hours (15h-19h)* avec ses burgers et *nachos* à 5-6 $ nous a paru être un bon plan.

The Butcher's Daughter *(plan III, G7, **160**) : 1205 Abbot Kinney Blvd. ☎ 310-981-3004. Tlj 8h-22h. Plats et pizzas 16-21 $.* La fille du boucher a tourné le dos à son père pour faire dans le *veggie healthy,* bien plus tendance ! Aux crochets sont suspendues non plus des pièces de barbaque mais une dégringolade de plantes vertes. Si le décor carrelé furieusement déco est autrement plus spectaculaire que la cuisine (honnête mais surcotée), l'atmosphère est bien représentative du *Californian way of life* d'aujourd'hui. Une adresse très *successful* auprès de la faune locale branchée.

Café Gratitude *(plan III, G7, **93**) : 512 Rose Ave. ☎ 424-231-8000. Tlj 9h-21h. Plats 11-19 $.* Ici, c'est votre corps qui vous dit merci. Prototype du resto *healthy* branché, la jeunesse écolo bien-pensante s'y presse du matin au soir pour y commander le *I Am Grateful bowl* : haricots noirs, riz, chou kale et crème de sésame. Une partie des bénéfices revient à l'association qui s'occupe du jardin communautaire. Sinon, ici, que du bio, du végan, du local. Y a pas de mal à leur faire du bien, c'est ça la gratitude !

Plus chic

Gjelina *(plan III, H7, **100**) : 1429 Abbot Kinney Blvd. ☎ 310-450-1429. Tlj 8h-23h. Pizzas 16-24 $, plats 15-35 $.* Pizzeria-*trattoria* de haute volée (humm, sentez-moi cette bonne odeur !), branchée mais sans esbroufe, bien connue des célèb' pour ses pizzas ultra-légères et ses petits plats savoureux, servis sur une terrasse protégée des regards indiscrets, entièrement close et palissée de jasmins odorants. À l'intérieur, le style rustique industriel domine : planches de bois brut, briques anciennes au sol. Attention, pourboire de 20 % compté d'office sur la note. Juste à gauche, la formule « à emporter » pour les plus pressés.

Où boire un bon café ? Où déguster une glace ?

Intelligentsia *(plan III, H7,* ***173****) : 1331 Abbot Kinney Blvd. Tlj 6h (7h w-e)-20h (22h ven-sam).* Un petit passage décoré d'un *mural* mène à ce grand hangar indus' bien lumineux, au centre duquel les employés jouent du percolateur en musique (bien présente). Grand choix de cafés sélectionnés, bio et « équitables » puisque cette marque née à Chicago est impliquée dans la production du divin nectar depuis sa source. Clientèle d'intellos plongés dans leur *laptop* et d'amateurs de vrai café.

Menotti's *(plan III, G8,* ***168****) : 56 Windward Ave. Tlj 7h-18h.* Au cœur de l'animation de Venice Beach, un petit *coffee shop* rétro-industriel bien dans son époque, avec sa platine disques, son comptoir en zinc comme à New York et sa table commune en « tranche d'arbre ».

Salt & Straw *(plan III, H7,* ***173****) : 1357 Abbot Kinney Blvd (angle California Ave). Tlj 11h-23h.* Une mini-chaîne locale de glaciers réputés pour leurs parfums de saison décoiffants, style fraise-avocat, chèvre-olive noire... Souvent de l'attente, car les dégustations sont illimitées, donc tout le monde en profite ! Pas de place assise, on embarque son cône maison en continuant son lèche-vitrines.

Où boire un verre ?

High Rooftop Lounge *(plan III, G8,* ***168****) : au 7e étage de l'hôtel Erwin, 1697 Pacific Ave (entrer dans le lobby et ascenseur jusqu'au niveau R). Tlj 15h (11h w-e)-22h (23 jeu, minuit ven-sam). Parking gratuit sur validation (durée limitée).* La plus belle vue qui soit sur Venice : le panorama à 360° embrasse tout, la plage juste en dessous, ses palmiers, les collines en arrière-plan. Et l'orange des parasols claque sur le bleu du ciel. Prix des consos en accord avec ce genre de *rooftop* classe et mode, mais mieux vaut réserver pour décrocher une table.

Townhouse *et* **Del Monte** *(plan III, G8,* ***168****) : 52 Windward Ave (porte anonyme à droite de Menotti's). Tlj 18h (12h dim)-2h (18h dim) ; speakeasy parfois fermé le w-e.* Le plus vieux bar de Venice (1915), à l'atmosphère authentiquement début de siècle, fréquenté par une clientèle plus policée que la faune qui traîne autour. Plusieurs espaces faiblement éclairés à la bougie, dont un bar fédérateur avec billard au fond ou un coin plus intime pour siroter son cocktail dans un Chesterfield. Et, au sous-sol, un *speakeasy,* un vrai de vrai datant de la Prohibition, qui accueille *live music* et soirées « burlesques ».

Venice Whaler Bar and Grill *(plan III, H8,* ***161****) : 10 Washington Blvd. Tlj 11h (9h w-e)-2h. Plats 13-21 $.* Un bloc bleu face à la plage, reconnaissable à l'immense fresque de sirène peinte sur le pignon. On vient y prendre un pot après le bureau, avant le footing ou entre 2 sessions de surf. À l'étage, terrasse protégée du vent mais pas du soleil. L'idéal pour déguster une bonne bière. On y mange aussi, du classique (petits déj, burgers, sandwichs et pizzas).

Voir aussi précédemment **Venice Ale House** *(plan III, G7,* ***125****)* pour sa terrasse bondée, sympa pour boire une bonne bière maison après un p'tit plouf dans l'eau.

Achats

Abbot Kinney Boulevard *(plan III, G7-H8) :* cette pimpante artère aligne une concentration croissante de boutiques plus tendance les unes que les autres. Lire le descriptif dans « À voir ».

Sinon, **Lincoln Boulevard** *(entre Venice Blvd et California Ave)* recèle lui aussi quelques boutiques de vêtements et de déco pas inintéressantes du tout.

Venice Love Shack *(plan III, H7, **251**)* **:** *2121 Lincoln Blvd. Tlj 10h-19h.* En plein dans le trip *Burning Man* (le mégarassemblement artistique post-hippie qui a lieu dans le désert de Black Rock, Nevada), cette brocante constituée d'un hangar et de 2 bus déglingués est farcie d'objets (bus bleu, plutôt vintage ; bus blanc, plutôt New Age). Ravi Shankar en musique de fond, on part à l'aventure de ce bric-à-brac rassemblant à la fois du vintage, du trash et de l'antiquité bizarroïde. Cours de yoga, stage de hula-hoop, rien que des trucs cool.

À voir. À faire à Venice et à Culver City

Abbot Kinney Boulevard *(plan III, G7-H8)* **:** cette longue rue commerçante bordée de hauts palmiers est un pur concentré de branchitude californienne (principalement entre Main Street et Palms Boulevard). En quelques années, entrepôts et petites maisons basses ont été rénovés et reconvertis en restos et boutiques de fringues ultra-tendance, qui s'ouvrent souvent sur des patios ou *coffee shops* bien cool. Les styles architecturaux se télescopent : villas-cubes modernistes avec jardins de cactées, maisonnettes pimpantes, bâtiments peints de *murals...* Une promenade agréable le nez au vent... mais l'œil sur la carte de paiement car les tentations sont multiples et les prix souvent astronomiques !
Quelques étapes représentatives : au n° 1118, ***Rag & Bone,*** le créateur new-yorkais a investi un grand bâtiment de briques au sol en béton ciré. Au n° 1224, ***Aviator Nation*** vend de la fringue vintage californienne homme-femme dans une maison bleue avec table de ping-pong à l'arrière. Au n° 1310, ***MedMen,*** le supermarché légal de cannabis sous toutes ses formes (la police garde l'entrée, accès aux plus de 21 ans seulement), autrement dit l'Apple Store de la *weed* ! Au n° 1316 ***Huset,*** le design danois si cher aux Californiens adeptes du style *modern mid-century.* Au n° 1323, ***Principessa*** vous fera tutoyer, mesdames, le revival du Flower Power. Et pour vous messieurs, direction ***STAG,*** au n° 1338, pour sa sélection de fringues tellement ricaines. Au n° 1344, l'original *flagship store* de ***TOMS*** et ses espadrilles éthiques conçues à Venice Beach (la boutique vaut le coup, avec son café dans la cabane du jardinier et sa terrasse derrière). En parlant de café, presque en face (au n° 1331), ***Intelligentsia Coffee*** est un must, et au coin suivant, les glaces de ***Salt & Straw*** valent aussi le coup de langue (voir précédemment « Où boire un bon café ? Où déguster une glace ? »). Au n° 1617, la maisonnette noire au toit japonisant abrite la marque de L.A., ***James Perse,*** au style casual chic sobre (mais plus c'est simple, plus c'est cher, on vous prévient !). Juste pour le coup d'œil toujours, au n° 1625, ***The Stronghold,*** le spécialiste des vêtements de travail depuis 1895, qui habilla Charlie Chaplin dans *Les Temps modernes* et Henry Fonda dans *Les Raisins de la colère*.

Venice Canals *(plan III, H8)* **:** *autour de Dell Ave, juste au sud de S Venice Blvd.* Minuscule section de **canaux** préservés (6 seulement), qu'on explore à pied. Ces quelques voies d'eau rescapées font imaginer ô combien romantique devait être l'ensemble du quartier ! Emprunter les chemins piétons qui longent les coquettes maisons, les architectures originales (beaucoup de style moderniste), sans luxe ostentatoire, les petits ponts qui enjambent élégamment ces sympathiques bras d'eau, séparant les jardins où pousse une végétation tantôt méditerranéenne, tantôt tropicale. Senteurs de chèvrefeuille, de magnolia, d'oranger du Mexique, on adore... Un art de vivre cultivé par une poignée de privilégiés bobos, car il ne faut pas se leurrer, ça coûte une petite fortune de vivre ici.

The Binoculars Building *(plan III, G7)* **:** *340 Main St (entre Rose et Sunset Ave).* Cette paire de jumelle géante (signée par l'artiste Claes Oldenburg) est le porche d'entrée des bureaux de Google, dans le building attenant. Une œuvre de jeunesse de Frank Gehry (1985-1991), dont on reconnaît déjà le goût pour les structures en équilibre précaire. Le grand architecte vit à Santa Monica depuis les 70's.

Museum of Jurassic Technology : *9341 Venice Blvd, 90232* **Culver City** *(presque à l'angle de Bagley Ave, collé au Veda Yoga Center). • mjt.org • Accès en voiture par les Hwys 10 et 405. En bus : lignes MTA 33, 333 et 436 ; de Santa Monica, Big Blue Bus nº 12. Jeu-ven 14h-20h, w-e 12h-18h. Fermé lun-mer. Entrée : 12 $; 13-21 ans 10 $.* **Appareils photo et smartphones interdits.** Pour les amateurs de cabinets de curiosités, celui-ci est un must, même s'il ne se résume pas à cela. En déambulant dans le labyrinthe obscur, vous découvrirez des personnages, des inventions, des technologies ou encore des collections surprenantes, parfois absurdes, mais aussi belles ou folles, bref, des choses n'ayant jamais été jugées dignes de figurer dans les musées traditionnels. Une partie du musée est assez bavarde (et pas toujours simple à comprendre si vous ne maîtrisez pas bien l'anglais), mais peu à peu, on se laisse prendre au jeu, on observe, on touche, on contemple, on s'interroge...

LES PLAGES DE LOS ANGELES ET SAN PEDRO

Manhattan Beach

Cette station 100 % non-fumeurs, avec ses ruelles tressées de fils électriques glissant vers la mer, est l'archétype même du *Californian way of life* ! On y surfe, bien sûr, mais pas que. Côté plage, l'animation se concentre autour du *pier* où s'alignent les filets de beach-volley. Et pour le shopping et les restos, c'est sur Manhattan Avenue que ça se passe (la rue principale parallèle au front de mer). Le tout à moins de 15 mn de l'aéroport et bien desservi par les transports en commun. Parking pas évident le week-end, mieux vaut viser les rues en s'éloignant du front de mer.

Où dormir ? Où manger ?

The Sea View Inn at the Beach : *3400 Highland Ave (au niveau de 34th St). ☎ 310-545-1504. • theseaviewinn.com • Doubles 220-250 $, suites et apparts avec 2 chambres plus chers. Parking gratuit.* Pas une chambre pareille, de la standard avec lit *queen size* genre chambre d'étudiant *deluxe* à l'appart à 2 chambres avec cuisine-salon, terrasse privative et vue sur mer. Dans l'intervalle, on peut opter pour les suites, tout aussi sympas, avec parquet en bois massif et intérieur très frais (idéal à 2 couples). Sa situation à moins de 100 m de la plage, la piscine chauffée bien protégée des embruns et les vélos et *bodyboards* mis à dispo en font un lieu de villégiature très prisé. Une bonne base pour rayonner dans le coin. Bon accueil de James, le manager.

Sloopy's Beach Café : *3416 Highland Ave. ☎ 310-545-1373. Mars-sept tlj 7h-22h (lun-ven 10h-21h, w-e 7h-21h en hiver). Breakfasts 9-17 $, salades et sandwichs 12-23 $.* Depuis plus de 50 ans, *Sloopy's* est le rendez-vous des surfeurs qui viennent se plâtrer l'estomac d'une nourriture à la fois fraîche et bio avant d'attaquer la vague. Dans une atmosphère de jardin d'hiver (beaucoup de plantes vertes), on y sert un excellent brunch qui parfois s'éternise. Quand on se sent bien on prend vite racine, non ?

The Izaka-ya : *1133 Highland Ave. ☎ 310-796-1888. Lun-jeu 12h-14h30, 17h-21h30 ; ven 12h-15h, 17h-22h ; w-e 12h-22h (21h dim). Salades 5-15 $, plats 10-16 $.* Carte réduite à sa plus simple expression. Ici, le poisson est travaillé avec art. Sushis très frais, créatifs et goûteux, servis par une équipe dynamique. Le seul problème, c'est que si vous n'avez pas réservé, il est difficile d'y trouver de la place. Sinon, faites comme les habitués, pointez-vous au moins 30 mn avant l'ouverture ou alors en horaires décalés.

Fishing With Dynamite *(FWD)* **:** *1148 Manhattan Ave. ☎ 310-893-6299. Tlj 11h30-21h. Résa conseillée. Plats 16-37 $, plateau de fruits de mer 65-175 $.* Ce néobistrot marin, intime et branchouille, est l'adresse en vue de Manhattan Beach. Déco Hamptons et cuisine surfant entre les classiques (huîtres, *clam chowder, crab cakes...*) et la *seafood* fusion.

Où boire un verre ? Où déguster une bonne glace ?

Ercole's : *1101 Manhattan Ave. Tlj 10h-1h30. Burger-chips env 10 $. CB refusées.* Depuis 1927, *Ercole's* attire son monde pour ses bières et burgers pas chers du tout. C'est un *dive bar* comme on aime, plein de cachet avec ses banquettes en bois incrustées de vieux graffitis, ses murs décrépits placardés d'écrans de TV et de néons publicitaires vintage. Le lundi, c'est chili (et non raviolis) devant le foot, et, le mercredi, 2 burgers offerts pour 2 boissons achetées ! Un classique de Manhattan Beach.

Manhattan Beach Creamery : *1120 Manhattan Beach Blvd (angle Manhattan Ave). Tlj 11h-21h (22h ven-sam).* Dans le prolongement du *pier*, donc l'étape incontournable au retour de la plage. Une trentaine de parfums de glaces, plus aussi des *ice creams sandwiches* (cookies et glace), cupcakes et bananes glacées.

Hermosa Beach

Au sud de Manhattan Beach, Hermosa est une petite station balnéaire entre Venice et San Pedro. La plage y est belle, l'ambiance un peu plus pépère et populaire qu'à Manhattan et nettement moins m'as-tu-vu qu'à Venice ou Santa Monica. Rues commerçantes, avec quelques restos et bars de nuit, boutiques de surf et même un ***petit musée consacré à la* beach culture.** Quelques scènes de *La La Land,* la comédie musicale aux 6 oscars, ont été tournées ici : sur le *pier,* où Ryan Gosling entonnait son envoûtant *City of Stars,* et au *Lighthouse Café* voisin (lire plus loin). Tous les vendredis, un *Farmer's Market* se tient du côté du gymnase et des tennis, à 2 blocs en retrait de la plage. Pour le poisson et les fruits de mer, ne pas hésiter à descendre jusqu'à la ***marina de Redondo Beach.***

Où dormir ? Où manger ? Où sortir ?

Surf City Hostel : *26 Pier Ave. ☎ 310-798-2323. • surfcityhostel.com • Lits en dortoir 35-45 $, doubles avec sdb à partager 80-95 $, petit déj continental compris.* À 50 m de la plage, cette petite auberge privée aménagée sur 2 étages intéressera surtout ceux qui privilégient la plage, le surf et les rencontres. Dans un aménagement style « colonie de vacances » (pas vraiment de déco, lits métalliques, ventilos, casiers, mais pas de clim), 3 chambres privées avec salle d'eau à partager et des dortoirs de 4 ou 6 lits, dont un réservé aux filles. Sinon, cuisine commune, petits salons pour bavasser, location de vélos et de *boards.* Un plan surf on vous dit...

Sea Sprite Hotel : *1016 The Strand. ☎ 310-376-6933. • seaspritemotel.com • Suites 2-4 pers 280-500 $. Parking gratuit.* Un hôtel les pieds dans l'eau sur la plage de Hermosa, ce qui est d'ailleurs sa principale qualité. Le bâtiment gris en dur, battu par les embruns (donc un peu vieillissant), abrite des chambres avec lit double, canapé convertible et kitchenette, et des apparts bien plus chers. C'est lumineux et ouvert sur la mer grâce à de grandes baies vitrées (attention, toutes les chambres n'ont pas la vue). Petite piscine chauffée. Pas un mauvais plan en famille.

The Lighthouse Café : *30 Pier Ave, à Hermosa Beach. ☎ 310-376-9833. Lun-ven 16h-23h (minuit mer, 1h jeu, 1h30 ven), sam 12h-1h30, dim 10h-22h. Jazz brunch dim 11h-15h.*

Ce bar emblématique de Hermosa Beach (il existe depuis 1949) a servi de décor au film *La La Land* : la scène où Ryan Gosling-Sebastian initie Emma Stone-Mia au jazz. La façade en briques éclairée par un néon vintage que l'on voit dans le film est celle de l'arrière, donnant sur le petit parking. *Live music* tous les soirs (reggae, country... vraiment de tout) mais pour du jazz comme dans le film, c'est le mercredi que ça se passe. Grosse ambiance avec les gens qui guinchent autour de la scène centrale !

|●| ***Captain Kidd's Fish Market & Restaurant :*** *209 N Harbor Dr, à* ***Redondo Beach.*** *☎ 310-372-7703. Dim-jeu 10h-20h, ven-sam 9h-21h. Sandwich env 15 $; formule déj env 10 $.* Ce *Fish Market,* beaucoup plus confidentiel que celui de San Pedro (voir plus loin), fonctionne de la même manière. On choisit son poisson, son crabe ou son homard vivant, on le fait peser, puis, dans l'intervalle des 25 mn que nécessite la cuisson à la vapeur, on a largement le temps de s'enfiler une petite bière. Sinon, pour les adeptes du tout cuit (ou du tout cru), il reste les ceviches, les soupes et tous les plats cuisinés : *cioppino* (la célèbre bouillabaisse de San Francisco), paella, etc. C'est frais, c'est bon, c'est pas hors de prix. En sortant, si vous voulez faire plaisir aux enfants, quelques toboggans aquatiques sur la plage artificielle située juste devant le *Ruby's Diner,* au centre du parking *(tlj 10h-17h45 ; adulte 7 $, réduc).*

Achats

■ ***ET Surf :*** *904 Aviation Blvd, à Hermosa Beach. • etsurf.com • Tlj 10h-20h (19h sam, 18h dim).* Un mégastock de *boards,* skates et autres engins de glisse, ainsi que tout l'équipement qui va avec. Excellents conseils sur le surf. Articles moins chers qu'en France. L'endroit où ne pas lâcher un surfeur avec une carte de paiement !

À voir

★★ ***Hermosa Beach Museum*** *(plan couleur d'ensemble)* **:** *710 Pier Ave, à Hermosa Beach (entrée face aux tennis). • hermosabeachhistoricalsociety.org • Mer-dim 14h-16h. Possible également sur rdv. GRATUIT.* La station a fêté ses 100 ans en 2017. Ce petit musée rassemble, sous forme de documents, de photos, d'articles de presse et d'objets (plus de 3 000 au total), l'histoire de Hermosa : son développement immobilier, la naissance de la *beach culture* (Hermosa avait la préférence d'Allen Ginsberg, considéré comme le fondateur de la Beat Generation), la musique : le jazz, mais aussi le punk, puisque c'est de Hermosa que tout est parti. Le surf, évidemment (très beaux *boards* de la 1re heure), mais aussi le beach-volley, ainsi que quelques inventions marrantes comme le 1er vélo conçu pour rouler sur la plage.

San Pedro

San Pedro, c'est la porte du Pacifique, un Los Angeles « portuaire » version XXL, avec des milliers de conteneurs en souffrance et des centaines de grues qui attendent de les picorer. La nuit, on dirait un gigantesque gâteau d'anniversaire. Depuis peu, la ville de Los Angeles a décidé de mettre en valeur ce patrimoine industriel en aménageant des promenades aux abords des bassins, le ***L.A. Waterfront.*** Résultat : des musées et de nombreux restos.

Où manger ?

|●| ***Fish Market & Restaurant :*** *1190 Nagoya Way. ☎ 310-832-4251. Tlj 9h-20h (21h ven-sam). Ceviche env 15 $, livre de crabe env 6 $ suivant*

l'espèce, de homard 30 $; sandwichs 10-15 $. Énorme restaurant ouvert sur le port, très familial et populaire (évitez d'y aller le dimanche, il y a vraiment trop de monde). Si on n'opte pas pour un *fish & chips,* un ceviche ou un plat cousu main, le principe est d'aller choisir « l'élu de son estomac » dans un des viviers (crabe, langouste ou homard) ou sur un étal (poisson), de le faire peser, de payer, d'acheter sa sauce (ah, les sauces !) et de commander la cuisson (15-20 mn suivant la bestiole). Alors on vous donne un *beeper,* vous vous attablez devant une bière ou un soda et, quand ça bipe, vous allez le rechercher. Des petits marteaux en bois sont à vendre (1 $) pour casser les pinces, et tout le monde peut jouer les commissaires-priseurs ! On s'amuse bien.

À voir à San Pedro et sur le *L.A. Waterfront*

Cabrillo Marine Aquarium (plan couleur d'ensemble) **:** *3720 Stephen M White Dr à San Pedro (Cabrillo Beach). • cabrillomarineaquarium.org • On s'y rend par le* Red Trolley *depuis le L.A. Waterfront, ttes les 30 mn le w-e. Musée ouv mer-dim 12h-17h, fermé lun-mar, à Thanksgiving et Noël. Donation de 5 $ bienvenue.* Étonnant petit musée sur la préservation des espèces marines, œuvre de l'architecte Frank Gehry, dont on reconnaît ici le penchant pour les clôtures. Quelques aquariums (belles méduses), une nursery, des crustacés du coin, une sensibilisation sur les conséquences de la pêche à la baleine. Rien d'exceptionnel, mais les enfants sont invités à participer aux expériences, alors on passe un bon moment.

Cabrillo Beach (plan couleur d'ensemble) **:** *3720 Stephen M White Dr à San Pedro. On s'y rend par le* Red Trolley *depuis le L.A. Waterfront, ttes les 30 mn le w-e.* C'est la plage populaire par excellence. Le week-end, les familles latinos y débarquent avec armes et bagages pour allumer des barbecues sous les eucalyptus qui poussent à même la plage (sable extra-fin). On se baigne avec à l'horizon les grues du port de Los Angeles. Très sympa.

Battleship USS Iowa (plan couleur d'ensemble) **:** *250 S Harbor Blvd, à Los Angeles (fléché depuis la 110). • pacificbattleship.com • On s'y rend par le* Red trolley, *ttes les 30 mn le w-e. Tlj 10h-17h (dernière entrée à 16h). Entrée : 23 $; 3-11 ans 15 $. Ajouter 6 $ pour le simulateur de vol. Parking : 2 $/h (1re heure gratuite).* À la retraite depuis 1990, cet impressionnant navire de guerre de 270 m de long, lancé en 1942, participa à une vingtaine de combats durant la Seconde Guerre mondiale et la guerre de Corée. En grimpant ses échelles de fer, on explore ses différents ponts, on prend la mesure de la force destructrice de ses 9 canons de 16 pouces (visez un peu la taille des obus), on découvre le poste de commandement et celui du pilote, on visite les cabines des officiers, les dortoirs de l'équipage, le mess et l'immense cantine conçue pour nourrir les 2 640 marins embarqués durant la campagne du Pacifique. Ils n'étaient « plus que » 1 450 à vivre à bord dans les années 1980. Vastes et cossus, les appartements du commandant logèrent Roosevelt durant les quelques semaines que dura son voyage pour Téhéran en 1943, où il rencontra Staline et Churchill. Seul regret, on ne descend pas dans les salles des machines.

Catalina Express : *95 Berth, à San Pedro (sous le Vincent Thomas Bridge à Smith Island). • catalinaexpress.com • Départs tlj. A/R env 80 $; réduc (ajouter 20 $ de parking pour la voiture). C'est d'ici que c'est le moins cher. Départs possibles aussi de Long Beach et Dana Point (plus au sud).* Compagnie assurant une demi-douzaine de liaisons quotidiennes avec l'île de Catalina. Différentes options disponibles selon vos goûts, comprenant le transport en bateau, l'hôtel et une activité (golf, pêche, plongée ou escalade). Également à votre disposition : un casino, des restos et bars, bref, tout ce qu'il faut pour vous encanailler...

PASADENA

Pasadena (« la vallée » en indien *chippewa*) est située au nord-est de Downtown. C'est traditionnellement l'avant-dernière étape avant le Pacifique pour les *riders* de la Route 66. À l'origine, elle fut bâtie par de riches industriels de la côte Est et du Midwest qui souhaitaient s'offrir un lieu de villégiature agréable pas trop loin de Downtown L.A. (Hollywood est à moins de 20 mn si ça ne bouchonne pas). Avec son centre-ville peigné de larges artères (à Pasadena, on traverse les feux en diagonale !), de somptueux musées et un superbe jardin botanique, Pasadena, où les communautés religieuses et ethniques vivent en harmonie, conviendra parfaitement à ceux qui recherchent la tranquillité. En revanche, pour les nuits trépidantes, on repassera !

Côté ludique, la ville organise chaque année, en janvier, une parade de chars fleuris qui attire 1 million de spectateurs. Elle est aussi réputée pour ses antiquaires et ses boutiques de déco (une mégabrocante a lieu tous les 2es dimanches du mois). Enfin, Pasadena, c'est aussi le *California Institute of Technology* (le *Caltech* pour les intimes), l'une des universités les plus cotées au monde. Faut dire qu'il en est sorti une trentaine de Prix Nobel !

L.A. TROPICAL

À Pasadena, on est étonné d'entendre le cri rauque de milliers de perroquets. En 1969, une oisellerie du coin prit feu. Les pompiers libérèrent quelques oiseaux pour les sauver des flammes. Depuis, ils ont sacrément proliféré !

➢ La plupart des musées d'art de Downtown L.A. ainsi qu'Arts District sont accessibles en ***Metro Rail** (Gold Line)* depuis les stations Del Mar ou Memorial Park, situées dans le centre de Pasadena (moyennant un changement, on peut même aller jusqu'à Hollywood, 2 changements jusqu'à Santa Monica d'un côté, Long Beach de l'autre), ce qui fait de cette ville un ***lieu de résidence privilégié pour les amateurs d'art*** réfractaires à l'automobile.

Compter 30 mn pour Downtown, 55 mn pour Hollywood, 1h20 pour Santa Monica et 1h50 pour Long Beach, ce qui, à l'échelle de Los Angeles, reste somme toute raisonnable...

Adresse utile

🅸 ***Visit Pasadena :*** *300 E Green St.* ☎ *626-795-9311. • visitpasadena.com • Dans le Conference Center. Lun-ven 8h-17h. Fermé w-e.* Nombreuses infos sur la ville et un *scenic tour* à faire avec sa propre voiture, qui, des somptueuses villas ou des belles résidences, vous conduit dans les quartiers huppés d'Old Pasadena à San Marino. ***Appli Pasadena City Guide*** à télécharger sur son smartphone (payante). Demandez aussi les brochures des visites thématiques à découvrir à pied ou à bicyclette : architecture, *murals*, etc. Elles sont très bien conçues.

Où dormir ?

Attention, les prix indiqués ici s'envolent pendant les fêtes de fin d'année...

Prix moyens

⌂ ***Saga Motor Hotel :*** *1633 E Colorado Blvd (angle Sierra Bonita).* ☎ *626-795-0431. • thesagamotorhotel.com • Doubles 110-135 $, petit déj inclus. Parking gratuit.* Un corps de bâtiment en L sur 3 niveaux, caractéristique des motels construits dans les 60's. La couleur vieux rose et les palmiers lui donnent un petit air exotique. On se croirait presque à Marrakech ! D'autant qu'une belle petite piscine chauffée invite à la baignade. Les chambres, avec leurs fenêtres à claire-voie, sont désuètes mais propres. Préférer celles à l'étage avec vue sur la piscine. Bon rapport qualité-prix-accueil.

Plus chic

Hotel Constance *(Dusit D2) : 928 E Colorado Blvd. ☎ 626-898-7900. • hotelconstance.com • Doubles 150-300 $. Parking 20 $.* Construit en 1926 par Constance Perry, une femme d'affaires avant-gardiste, cet hôtel fut longtemps une référence à Los Angeles. Aujourd'hui entièrement réhabilité par l'architecte d'intérieur hongkongais Joey Ho, cet hôtel de charme tout en rondeurs, en arabesques et en volutes, aux couleurs saisissantes, offre des chambres (130 au total) à l'atmosphère fraîche et reposante. Piscine chauffée, *fitness center,* piano en live tous les soirs à 18h, *tuk-tuk* gratuit pour vous déposer où vous voulez dans un rayon de 3 miles, location de vélos électriques, voilà un lieu de résidence parfait si vous en avez les moyens.

Où manger ?

Spécial petit déjeuner

Urth Caffe : *594 E Colorado Blvd (angle S Madison Ave). ☎ 626-844-4644. Tlj 6h-22h (23h sam). Petits déj 7-14 $, plats 10-20 $. Stationnement gratuit dans la rue.* C'est notre *Urth* préféré. Ici, la petite maison avec terrasse, canon de cette franchise, ressemble plutôt à un palais hispano-mauresque ! Beaucoup de monde et à toute heure, évidemment (rassurez-vous, on vient prendre les commandes dans la queue et ça va assez vite). Au menu, tout ce qui fait la réputation de l'enseigne. Le café, les salades et les quiches sont particulièrement appréciés.

De bon marché à prix moyens

Whole Foods Market : *465 S Arroyo Parkway. Tlj 7h-22h.* Dans cet hypermarché du bio, le *food court* très bien fourni se trouve au 1er étage. On peut y manger sur place, mais c'est aussi pratique pour préparer son pique-nique avant de partir à la découverte de la ville (la station de Metro Rail Del Mar – Gold Line pour Downtown L.A. – n'est qu'à 5 mn à pied).

Gyu-Kaku : *70 W Green St. ☎ 626-405-4842. Tlj 11h30-22h30 (23h30 ven-sam). Formules déj 11-13 $, BBQ 14-18 $; menus (2 pers) 70-85 $. Sinon compter 10-25 $ selon taille du plat.* Dans un hangar, quelques tables rouges comme une tranche de thon *ahi,* avec barbecue incorporé et des lumignons qui pendouillent. Aux murs, des estampes de Hokusai. Pas de doute, c'est bien le Japon ! On y mange plutôt bien et pour pas grand-chose : salades, riz, nouilles, poisson, viande, *yuzu shishito peppers* (poivrons grillés), mais le fin du fin, si vous êtes plusieurs, c'est de partager l'une des formules complètes. Service diligent et plutôt aimable.

All India Café : *39 S Fair Oaks Ave (entre Colorado Blvd et Green St), Old Pasadena. ☎ 626-440-0309. Tlj 11h30-22h (23h ven-sam). Plats végétariens 12-13 $ (13-19 $ non vég'), thalis 17-19 $.* Santokh Singh est le sympathique patron de ce véritable restaurant indien qui vous plonge illico dans les ambiances de la péninsule des dieux. Souvent du monde dans ce joli petit décor de brique, avec grandes toiles aux murs, nappes blanches sur les tables et grand écran diffusant les inévitables vidéos bollywoodiennes. Excellente cuisine : *thali, tandoori, mixed vegetables,* plats vég' ou non vég'... Seulement 2 tables en terrasse.

Barney's Beanery : *99 E Colorado Blvd (entre Raymond Ave et Arroyo Parkway), Old Pasadena. ☎ 626-405-9777. Tlj 11h (9h w-e)-2h. Plats 10-20 $. Attention, CB demandée dès l'arrivée pour éviter les mauvais payeurs...* Ne faites pas trop la fine bouche devant cet énième avatar de la chaîne, car c'est l'un des rares lieux animés en semaine à Pasadena ! Pendant la Grande Dépression, Barney faisait crédit de chili con carne à ses clients désargentés en échange de leur plaque d'immatriculation. Paraît que les plaques qui sont sur les murs sont celles des clients qui n'ont pas remboursé... Dans l'assiette, c'est du tout cuit : carte panaméricaine avec tacos, omelettes, burgers, guacamole et fajitas, plus toutes les sauces pour arrondir ses hanches. Pas moins d'une quarantaine de pressions au bar et 170 canettes, c'est peu dire...

Bacchus Kitchen : *1384 E Washington Blvd. ☎ 626-594-6377. • bacchuskitchen.com • Dans la partie nord de la ville ; pour s'y rendre depuis le centre de Pasadena, remonter N Hill Ave. Mar-sam 17h-22h, fermé dim-lun. Plats 25-35 $.* Aménagée dans un petit entrepôt en brique, une salle agréable car très aérée (on n'est pas les uns sur les autres), une petite terrasse couverte, mais surtout, une cuisine franco-américaine aux accents italiens, préparée à base de produits frais. Charcuterie, vin, fromage, c'est la Méditerranée dans votre assiette. Organise des dîners-jazz une fois par mois, voir leur site.

Où boire un bon café ? Où boire une bonne bière ?

Copa Vida : *70 S Raymond Ave (angle Green St). Lun-ven 7h-21h (22h ven), w-e 8h-22h (21h dim).* Quand ils ne sont pas à **Intelligentsia** *(55 E Colorado Blvd),* les amateurs de bon café se retrouvent ici, dans cet univers bien propret de bois et de béton ciré, ouvert sur la ville grâce à ses larges baies vitrées. Ils y viennent prendre un petit jus tout en pianotant sur leur ordi portable, choisissent aussi des pâtisseries, quelques en-cas, et parfois des *ice cream sandwiches.*

Rocco's Tavern : *44 West Green St. Tlj 12h-1h.* Pas moins de 16 grands écrans vidéo et de la bière qui coule à flots (une vingtaine à la pression). L'occasion de goûter des *microbrews* brassées dans le coin. Hauts dossiers de moleskine pour ceux qui tournent le dos aux écrans.

À voir

Norton Simon Museum *(plan couleur d'ensemble de Los Angeles)* **:** *411 W Colorado Blvd. • nortonsimon.org • Ouv 12h (11h ven-dim)-17h (20h ven-sam). Fermé mar. Entrée : 15 $; réduc ; gratuit moins de 18 ans et pour ts 1er ven du mois 17h-20h. Parking gratuit. Audioguide (anglais et espagnol) : 3 $. Brochure en français.* Un musée exceptionnel, à ne pas manquer ! Dans ce superbe bâtiment entièrement rénové entre 1995 et 1998 par Frank Gehry, les collections exposées sont d'un très haut niveau. Le soin apporté à la présentation y est remarquable et la taille très humaine du lieu permet d'y admirer vraiment chaque œuvre.

Pour la petite histoire, c'est l'ancien musée d'Art de la ville de Pasadena, 1er musée d'art contemporain de L.A., qui, en 1974, fit faillite, avant d'être repris par le richissime Norton Simon. Encore une *success story* à l'américaine pour ce jeune homme issu d'une famille aisée. Il a 20 ans, en 1927, quand il investit 7 000 $ dans une société de fruits et légumes. Puis il prend le contrôle de *Hunt's Foods,* qui fait sa fortune grâce à des méthodes et des campagnes publicitaires inhabituelles à l'époque dans le milieu de l'agroalimentaire. Après la Grande Dépression, il investit à tour de bras, notamment dans les cosmétiques *Max Factor* (le maquilleur de Hollywood), le loueur *Avis* ou encore *Canada Dry.* Norton Simon amassera de véritables trésors. Avant même l'entrée, le ton est donné avec ces exemplaires de *Balzac* et des *Bourgeois de Calais* signés **Rodin...**

Au rez-de-chaussée, les collections européennes

On y trouve l'art européen du XIVe au XXe s, avec bien sûr quelques-uns des plus grands. La liste des œuvres est longue, mais le musée est, par exemple, le seul de la côte Ouest à posséder un ***Raphaël,*** d'ailleurs connu sous le nom de *Madone Pasadena,* une œuvre peinte à 19 ans qui représente la Vierge regardant tendrement son enfant (le Christ), avec la Bible dans les mains. Présence d'artistes italiens, tels que ***Paolo Veneziano, Pietro Lorenzetti, Palma le Vieux, Luca Giordano, Guido Reni,*** ainsi que quelques toiles de l'école du ***Caravage.*** Ne pas manquer non plus le beau triptyque du *Couronnement de la Vierge* (XIVe s) et l'*Adam et Ève* de ***Cranach l'Ancien*** (XVIe s). La peinture hollandaise et flamande des XVIe-XVIIe s est aussi bien représentée, avec notamment ce bel *Autoportrait* de ***Rembrandt*** et son *Portrait d'un garçon* acheté dans des conditions rocambolesques (après le coup de marteau final, Norton osa enchérir de nouveau et eut gain de cause !). Voir aussi les charmants tableaux de ***Bruegel l'Ancien, Gabriel Metsu, Nicolas Maes*** et *Les Noces de Cana* de ***Jan Steen.*** Enfin, pour clore le XVIIe s, belle *Nature morte avec citrons, oranges et une rose* (symbolisant la Sainte-Trinité et la Vierge), signée ***Zurbarán.***

Passons aux XVIIIe et XIXe s avec une énième vue de Venise par ***Canaletto,*** mais aussi ***Hyacinthe Rigaud*** et le maître du rococo ***Corrado Giaquinto*** *(Le Mariage de la Vierge).* N'oublions pas les ***Poussin, Watteau, Boucher*** ainsi que d'aériens ***Fragonard*** *(La Cage aux oiseaux, Les Amants heureux)* et un beau portrait de *Thérèse, comtesse Kinsky,* signé ***Vigée-Lebrun,*** qui, rappelons-le dans ce monde d'hommes, était une femme. Quel contraste avec la *Doña Francisca* de ***Goya*** juste à côté ! Voir aussi le *Baron de Mortarieu,* une œuvre de jeunesse d'Ingres, l'*Autoportrait* de ***Quentin de La Tour,*** réalisé à 65 ans, et le *Triomphe de la Vertu et de la Noblesse sur l'Ignorance,* de ***Tiepolo,*** provenant d'une église, comme on pouvait s'en douter.

On entre vraiment dans le XIXe s avec une très belle collection de toiles et de bronzes de ***Degas,*** sur son thème fétiche de la danse, et une pléthore d'artistes français ***(Gauguin, Cézanne, Redon, Pissarro, Monet, Toulouse-Lautrec, Renoir, Boudin, Courbet...).*** Notez le portrait de sa mère peint par ***Van Gogh*** : le peintre s'est inspiré d'une photo noir et blanc, et comme il n'aimait pas l'absence de couleurs dans les photos à l'époque, sa chère maman est toute verte ! Cela dit, on lui préfère quand même son superbe *Mûrier.*

Terminons par les artistes du XXe s, avec les cubistes ***Picasso*** et ***Braque,*** des sculptures de ***Maillol,*** une *Vendeuse de fleurs* de ***Diego Rivera*** (cadeau de l'acteur Cary Grant), un *Paysage exotique* du ***Douanier Rousseau...*** Ne manquez pas non plus ***Kandinsky, Modigliani, Bonnard, Matisse...*** Bon, on ne peut pas citer toutes les œuvres tant il y a de trésors ! Mais sachez tout de même que le musée fut le 1er au monde à monter une rétrospective ***Marcel Duchamp.*** Allez, à voir encore : le *Basel Mural* de ***Sam Francis,*** un des 3 grands tableaux réalisés par l'artiste pour remplir de lumière et de couleurs la cage d'escalier du *Kunsthalle* de Bâle.

À l'étage inférieur, les collections asiatiques

Il abrite un ensemble exceptionnel de ***sculptures d'Orient,*** principalement du sous-continent indien, le tout superbement exposé. Volumes, espaces, lumière naturelle et artificielle, tout y est harmonieux. Au fait, pourquoi un tel éclectisme ? Il faut peut-être remercier l'actrice Jennifer Jones, car c'est le fruit de sa lune de miel indienne avec Norton Simon... Impossible de tout citer là encore, il n'y a que des splendeurs. Entre autres : un ***fragment de stûpa indien du IIe s av. J.-C.*** (la plus vieille

SHIVA, J'Y RETOURNE !

Sur le marché de l'art, les choses ne coulent pas toujours de source. Sommé par l'Inde de restituer une statue de Shiva achetée 900 000 $ mais dont on soupçonnait qu'elle avait été volée, Norton Simon finit, après de longues négociations, par obtenir l'autorisation de l'exposer pendant 9 ans avant de la restituer. Ça fait quand même cher la location de statue ! Précisons au passage que dans la religion hindouiste Shiva est le dieu de la dissimulation !

pièce du musée), un très beau bouddha en bronze du VIe s (appelant la terre à être témoin de sa victoire sur la tentation) et de nombreuses autres sculptures de la période *Chola,* l'âge d'or du bronze (si l'on peut dire) en Inde du Sud. Pas mal de figures en pierre aussi, comme ce ***Krishna joueur de flûte*** (qui captivait, outre les vaches, les vachères), ce Bouddha thaï (qui, contrairement au Bouddha indien, sourit), ou encore ce Vishnu khmer...
Pour finir la visite en douceur, dans le vert, allez donc vous promener dans le beau jardin conçu d'après celui de Monet à Giverny. Sculptures de Maillol et ***Henry Moore.***
Agréable ***cafétéria.***

Huntington Library and Art Gallery *(plan couleur d'ensemble de Los Angeles)* ***:*** *1151 Oxford Rd, à* ***San Marino.*** *• huntington.org • Tlj sauf mar 10h-17h (fermeture de la bibliothèque et des galeries à 16h30, dernière admission à 16h). Entrée : 25 $ (29 $ w-e et j. fériés), audioguide inclus ; réduc ; gratuit 1er jeu du mois, mais résa obligatoire en ligne. Parking gratuit.*
Un formidable centre culturel créé par Henry Huntington (1850-1927), un businessman de haut vol... si l'on ose dire à propos d'un magnat du rail. On y trouve une bibliothèque de livres rares dotée de seulement 7 millions de manuscrits et 2 millions d'ouvrages (!), plus 2 musées (art européen et art américain) ; enfin, de magnifiques *jardins botaniques* : tropical, japonais, chinois, du désert (des centaines de cactus), plus de 14 000 plantes du monde entier. Compter une bonne demi-journée de visite. C'est parti !

Les collections
La visite commence par l'ancienne maison de Huntington, réaménagée en galerie, la ***Huntington Art Gallery Mansion,*** à la très belle scénographie : une parfaite harmonie d'œuvres d'art, d'objets de la vie courante, dont mobilier et vaisselle du XVIIIe s. Dans la monumentale bibliothèque du rez-de-chaussée, superbes boiseries ripolinées, marqueteries vernies au tampon, remarquable tapisserie d'après une toile de ***François Boucher*** (1703-1710), puis, dans le hall, des œuvres de ***Thomas Gainsborough,*** un artiste visiblement très apprécié de la famille. La visite se poursuit dans la *Drawing Room,* puis dans la salle à manger décorée d'un inévitable portrait de Washington (l'une des 75 reproductions de l'original signé ***Gilbert Stuart***) et de mobilier français du XVIIIe s (c'était le goût de Mme Huntington). Admirer dans le boudoir un chiffonnier-table à en-cas de Nicholas Petit, une horloge de Joseph-Léonard Roque avec émaux de ***Barbezat*** (XVIIIe s). Belle collection de tabatières. Ne pas manquer la *Thornton Portrait Gallery,* une collection de grands portraits de notables britanniques du XVIIIe s, vendus et revendus pour des raisons pécuniaires, dont le fameux *Blue Boy* et la charmante *Pinkie.*
À l'étage, on trouvera ***Dubigny, Corot*** *(Le Pêcheur remontant son filet),* Louis Breton *(Les Dernières Moissons),* ***Turner*** *(Le Grand Canal à Venise),* ***Fragonard*** *(L'Amour dans un buisson de roses),* ***François Boucher, Watteau*** *(La Danse paysanne).* Une salle entière est dédiée aux porcelaines des Lumières, de Sèvres notamment. Noter le très élégant secrétaire-en-cabinet de Bernard Molitor, le maître ébéniste de l'époque. Les amateurs d'instruments de musique ne seront pas en reste : belle épinette en mahogani de Jacob Kirkman (début XVIIIe s), ainsi qu'une harpe du XVIIIe s. Bref, un ensemble très harmonieux.
Dans l'***American Art Gallery*** (aussi appelée ***Scott Art Gallery***) vous trouverez d'abord des œuvres, du mobilier et de la vaisselle du XVIIIe s. Citons le portrait presque naïf de ***Correlis Wynkoop,*** un propriétaire tué par un de ses esclaves, signé ***Vanderlyn,*** un autre *George Washington* de Stuart (on vous avait dit qu'il en avait fait des tas !), bien meilleur en tout cas que ses voisins sur le même sujet, ou encore *Une fillette portant une poupée* de ***James Peak*** (notez la disproportion totale entre le sujet, sa chaise et la poupée), qui a également réalisé d'autres beaux portraits à côté. Joli mouvement dans l'amusant *Half-way house,* de Blythe, une satire de l'alcoolisme et des confédérés qui sont en train de lire le très sécessionniste *Pittsburgh Post...* Côté sculpture, encore un *Bronco Buster* de Remington,

l'une des nombreuses répliques en circulation ! Côté XIXe s, des œuvres d'Américains ayant séjourné en France au temps de l'impressionnisme. Voir notamment *Scène de rue à Paris* de ***Childe Hassam,*** *Plage de Dieppe* de Boggs, *Nettie lisant* de Robinson ou encore *Petit déjeuner au lit* de ***Mary Cassatt*** (qui exposa avec Renoir, Degas, Monet et toute la bande). Côté XXe s, quelques œuvres intéressantes comme *Downtown New York* de Mathes, *The Butcher Shop* de Kruse, *Gloucester Landscape* de Davis ou *The Long Leg* du fameux ***Edward Hopper.*** Pour finir, un peu de mobilier signé Frank Lloyd Wright et du contemporain avec Sam Francis *(Free Floating Clouds)* et l'inévitable ***Andy Warhol*** *(Campbell's soup, Brillo box).*
Les bibliophiles et autres amateurs de beaux livres peuvent admirer l'extraordinaire collection du musée dans la ***Huntington Library*** récemment rénovée. On y retrouve le très bel ouvrage d'Audubon présentant pas moins de 400 espèces d'oiseaux et plantes des Amériques, la page manuscrite extraite de *Walden,* de ***Thoreau,*** et celle de *Martin Eden,* de ***Jack London,*** la lettre originale de Charlotte Brontë à William Smith, la *Lettre à Christopher* d'Isherwood, la ***1re édition du Léviathan de Hobbes*** (1651), l'édition originale de *Beaucoup de bruit pour rien* (1600) de Shakespeare, ou encore la ***Bible de Gutenberg*** imprimée à Mayence en 1455.

Les jardins

Ils ne manquent pas de piquant, notamment le ***Desert Garden,*** avec sa profusion d'euphorbes, de cactus et d'aloès, ainsi que toutes les variétés de plantes succulentes (dites « grasses »). S'offrir un moment de zénitude dans l'apaisant ***jardin japonais,*** avec sa maison traditionnelle et sa maison de thé (uniquement pour les yeux), sans oublier le ***jardin chinois,*** à côté, très différent, qui possède aussi sa maison de thé (mais celle-ci est ouverte au public le week-end, avec dégustation de thé et de *dim sum,* les bouchées à la vapeur). Point commun entre les Asiatiques et les Britanniques, le ***Rose Garden*** propose aussi un salon de thé... Enfin, terminer la visite par un hommage au fondateur et à son épouse, tous 2 inhumés dans le mausolée en forme de rotonde avec bas-reliefs en marbre, auquel on accède par une allée à la française entourée d'orangers.

USC Pacific Asia Museum : *46 N Los Robles Ave, Old Pasadena. • pacificasiamuseum.usc.edu • Mer-dim 11h-17h. Fermé lun-mar. Entrée : 10 $; réduc ; gratuit 2e sam du mois et ts les jeu. Parking gratuit (jeton disponible au musée si la barrière est baissée).*
Un musée créé par une passionnée d'art oriental, Grace Nicholson, une ancienne dactylo pour dames des beaux quartiers qui émigra de Philadelphie à Pasadena en 1901. Dans les années 1920, elle commence à collectionner et à vendre des antiquités provenant des tribus indiennes mais surtout d'Asie. Face au succès grandissant de son commerce, elle transforme une partie de sa maison dans le style chinois traditionnel que l'on peut admirer aujourd'hui. Après sa mort, en 1948, ses collections furent d'abord exposées au *Pasadena Art Museum* (l'actuel Norton Simon Museum) avant de revenir dans cette maison qui abrite aujourd'hui l'un des rares musées américains entièrement consacrés à l'Asie (et, plus modestement, aux îles du Pacifique).
Sur un fonds de 15 000 pièces, seulement 1 000 sont exposées, faute de place, ce qui fait que les expos changent 2 à 3 fois par an en moyenne. Parmi les pièces notables : des porcelaines japonaises de la période Edo et chinoises des dynasties Ming à Qing. Quantité de divinités de l'hindouisme, du bouddhisme (des bodhisattvas en veux-tu en voilà, des *thangkas* tibétaines), un tambour en forme de canoë de Papouasie-Nouvelle-Guinée, des *tapas* des îles Samoa, des saris brodés au fil d'or (Inde), des statuettes votives du chamanisme coréen, de la calligraphie, des estampes, etc. Accueille également des expos temporaires. Une visite rapide mais qui vaut le coup d'œil. Jolie boutique.

Gamble House : *4 Westmoreland Pl. • gamblehouse.org • Départs des visites mar et jeu-dim 11h15 (11h30 ou 12h dim)-14h15 (15h dim). Fermé lun, mer* *et la plupart des j. fériés. Visite guidée : 15 $; réduc. Librairie dans le petit chalet à côté. Parking gratuit.* Nom de Zeus ! Les cinéphiles la reconnaîtront, c'est la maison de Doc Emmett Brown dans *Retour vers le futur.* Gardée à l'année par des étudiants en architecture triés sur le volet, cette superbe maison Art déco d'influence japonaise, classée Monument national, a été réalisée par les frères Greene, du cabinet d'architecture... *Greene & Greene.* Sortie de terre en 1908, elle fut la résidence d'hiver du magnat de la lessive Mr Gamble (Procter & Gamble, ça vous dit quelque chose ?). Une visite intéressante pour les fondus d'archi.

PLUS LOIN, AU NORD DE LOS ANGELES

Six Flags Magic Mountain *(hors plan couleur d'ensemble de Los Angeles) : 26101 Magic Moutain Parkway. • sixflags.com • À 55 km au nord-ouest du centre de Los Angeles. Prendre la Freeway 405 N (qui deviendra la 5 N) jusqu'à la sortie Magic Mountain Parkway. Ouv en principe w-e, vac et j. fériés tte l'année ; tlj avr-Labor Day ; horaires variables. Attention, temps d'attente très long le w-e. Tarifs : 45-75 $ adulte sur le site internet. Aussi des coupons de réduc dans les hôtels. Se garer au parking (25 $, au passage !) et prendre les navettes gratuites qui conduisent jusqu'au parc.*

Un parc aux attractions démentes, qui, en tout cas, cumule les records ! Les dernières en date, *West Coast Racers,* qui garantit une montée d'adrénaline telle une course de Formule 1. Aussi, *CraZanity,* le plus grand balancier au monde, et *Justice League : Battle for Metropolis,* une expérience interactive en 4D, armé d'un pistolet laser au milieu d'effets spéciaux et sensoriels. Dans un autre style, le *Twisted Colossus* est le *roller coaster* hybride le plus long et le plus innovant du moment. 2 wagonnets en parallèle qui se vrillent, se chevauchent, s'enroulent pour déboucher sur un à-pic de 80° (pratiquement une chute libre) avant de repartir en accélérant de plus belle, les yeux au fond des orbites, l'estomac coincé derrière les amygdales. Certainement une des attractions qui génèrent le plus d'adrénaline, avec *Scream* (le principe du *roller coaster,* sauf que vous n'êtes pas dans un train mais sur un siège suspendu, les pieds dans le vide). À faire en dernier ; sinon, les autres, c'est de la guimauve. Il y a aussi des attractions plus tranquilles, mais on n'est pas là pour ça...

– À côté, **Six Flags Hurricane Harbor** propose 25 jeux d'eau très prisés des (grands) enfants, avec des toboggans tous plus déments les uns que les autres. Tentez le *Black Snake Summit,* le plus haut de Californie, le *Tornado,* ou encore le *Reptile Ridge.* Maillot de bain indispensable. *Juin-début sept, tlj 10h30-18h ou 19h. Tarifs : env 45 $ adulte ; 37 $ enfant ; réduc en ligne. Parking : 25 $.*

ANAHEIM (DISNEYLAND ET DISNEY'S CALIFORNIA ADVENTURE)

ONCE UPON A TIME... DISNEY STORY

Mickey est descendu du ciel à Hollywood en 1928. Contrairement à certains de ses collègues issus de la bande dessinée, Mickey a d'abord été pensé comme un héros de dessin animé. À noter qu'il fut 2d rôle jusqu'aux années 1940 ; avant, c'était plutôt Pluto la vedette. Disney n'était pas un dessinateur exceptionnel, si bien qu'il lâcha le crayon rapidement. C'était avant tout

un homme d'idées et un entrepreneur. Sa 1re idée de génie fut de donner aux visages de ses héros des expressions reflétant de manière toute simple leurs émotions et leurs sentiments.
La légende veut que Disney ait recueilli une petite souris qu'il appela Mortimer. Mais sa femme l'invita à trouver un nom moins ronflant, et ce fut Mickey (plus tard, elle s'opposera à ce que le canard préféré de son mari s'appelle Donald...). Bref, ***pour faciliter le travail des dessinateurs, Mickey se composera de ronds*** : les oreilles, la tête, les yeux... jusqu'aux boutons de culotte. Et sans poils pour éviter le surplus de travail ! Répétons qu'on dessinait image par image à l'époque. Plus tard, les psychanalystes décèleront dans ces rondeurs un signe d'humanité et de sympathie (le rond évoque la femme, les fruits...). Félix le Chat, avec ses oreilles en pointe, est plus dur, plus agressif. Pas toujours très courageux, ***Mickey a malgré tout l'héroïsme de Monsieur Tout-le-Monde.*** Il fuit devant Pat Hibulaire mais n'hésite pas à défendre l'honneur de Minnie, sa compagne. Timide avec les filles, Mickey bénéficie toutefois d'une noblesse de caractère qui le fait ressembler étrangement au personnage de Charlot. En somme, un exemple pour les enfants, doublé d'un personnage fréquentable.
Dès l'apparition du cinéma parlant, Disney a tout de suite été séduit par l'idée. *Steamboat Willie* (que l'on peut voir à Disneyland) est le 1er dessin animé doté d'une piste sonore synchronisée. Peu de gens savent que ***la voix nasillarde de Mickey n'était autre que celle de Walt Disney*** **himself.**
Disney inventa aussi le marketing et les études de marché avant la lettre. Il invitait son équipe au cinéma et faisait projeter son dernier dessin animé devant un public de manière à noter les réactions de la salle, afin d'en tirer des conclusions sur la manière d'améliorer la pertinence ou l'arrivée de certains gags.
Pour ceux que ça intéresse, sachez qu'« entuber » se dit en argot américain *to make somebody Mickey Mouse...*
En ce qui concerne les autres vedettes, Disney s'inspira purement et simplement de ce qui existait déjà sur ***le marché des contes pour enfants,*** notamment ceux tombés dans le domaine public. *Blanche-Neige* fut empruntée aux frères Grimm, *Cendrillon* à Charles Perrault (comme *La Belle au bois dormant*), *Alice au pays des merveilles* à Lewis Carroll, *Pinocchio* à Collodi, *Mowgli* à Kipling, *Peter Pan* à l'Écossais J. M. Barrie et, plus récemment, *Raiponce* aux frères Grimm et *La Reine des neiges* à Andersen.
Walt Disney est mort d'un cancer du poumon le 15 décembre 1966, à l'âge de 65 ans. ***Disneyland avait ouvert ses portes 9 ans plus tôt, en 1955, et, en 1971, Disneyworld (Floride) fut inauguré.***
Depuis 2001, Disneyland a un petit frère, le parc d'attractions ***Disney's California Adventure,*** situé juste à côté, axé, comme son nom l'indique, sur la Californie.

Comment y aller ?

Les parcs sont situés ***à environ 40 km au sud-est de Downtown.***

En transports publics

De Downtown, la solution la moins chère consiste à prendre le ***bus n° 460,*** sur Los Angeles St (5th St). Trajet : 1h30-2h. Billet : env 3 $. Le bus vous dépose à Harbor Blvd, en face du parc. La compagnie ***Greyhound*** (lire « Comment se déplacer ? » au début du chapitre « Los Angeles ») dessert aussi Anaheim. C'est plus direct, plus rapide (40-50 mn) mais plus cher (env 10-15 $ selon type de billet). Enfin, d'*Union Station,* prendre l'***Orange County Line*** du Metrolink (env une dizaine de trains/j., 1 de bonne heure le mat, le reste l'ap-m ; durée : 40 mn ; env 10 $).

En voiture

Prendre Santa Ana Freeway (la n° 5) et sortir à Disneyland ; on tombe sur W Katella Ave, sur laquelle sont alignés les principaux motels.

Adresse et infos utiles

– ***Infos sur le parc Disneyland :*** *• disneyland.disney.go.com •*
– ***Infos touristiques et pratiques concernant Anaheim :*** *• anaheimoc.org •*
ℹ ***Discount Tickets & Tours :*** *• discountticketsandtours.com •* Une centrale d'achats qui vend des tickets pour les parcs d'attractions à prix discount.
– ***OCTA*** *(• octa.net •)* est le réseau des transports en commun du *county* d'Orange et celui qui vous permettra de rejoindre les sites à voir autour d'Anaheim.

Tarifs

N'oubliez pas que ***c'est Onc' Picsou qui tient la caisse*** ! L'entrée est très chère (seuls les moins de 3 ans ne paient pas). Le tarif est le même pour les 2 parcs (Disneyland et Disney's California Adventure), et pour visiter les 2, il faudra ajouter 60 $ au prix. Si vous ne disposez que de 1 jour, on vous conseille plutôt Disneyland, parce qu'il est plus grand et possède plus d'attractions (on en a plus pour son argent, quoi !)...
– ***1 Day 1 Park Ticket :*** *105-160 $ selon jour, 100-150 $ 3-9 ans (autant dire le même prix).* Un jour, un parc, donc fromage ou dessert.
– ***1-Day Park Hopper Ticket :*** *+ 60 $ sur le ticket de base 1 Day 1 Park.* Possibilité de naviguer d'un parc à l'autre pendant une journée, mais ne pas oublier de se faire tamponner.
– ***2-Day Park Hopper Ticket :*** *env 315 $, et 300 $ pour les 3-9 ans. Donne accès aux 2 parcs d'attractions pdt 2 j.*

Infos préliminaires et tuyaux

– Si vous ne logez pas suffisamment près du parc pour vous y rendre à pied, prévoyez environ 20 $ pour le ***parking*** (pour la 1re heure, ensuite, 10 $/h maxi 60 $/j.). De ceux-ci, ***navette gratuite*** jusqu'aux parcs.
– ***Consignes*** à gauche de l'entrée de Disney's California Adventure, à côté des *Guest Relations* (7-15 $). Possibilité aussi de louer pour 15 $ (25 $ les 2) des poussettes *(strollers)* pour les tout-petits et des ***fauteuils roulants*** (12 $).
– ***Télécharger l'appli Disneyland,*** assez pratique sur place.
– ***Objets trouvés :*** à gauche de l'entrée de Disney's California Adventure, à côté des *Guest Relations.*
– ***ÉVITEZ LES WEEK-ENDS OU LES PÉRIODES DE VACANCES AMÉRICAINES,*** les parcs sont pleins à craquer ; plusieurs heures de file d'attente. Mieux vaut aussi, d'une manière générale, éviter l'été (de juin à septembre). En basse saison, même s'il n'y a plus de parade et que certaines attractions sont fermées, les prix restent les mêmes...
– ***Horaires :*** *en été, 9h-22h (vérifier sur le site internet ; les guichets ouvrent 30 mn plus tôt) ; Disney's California Adventure, tlj 9h-23h (minuit w-e). En dehors de cette période, horaires variables, à vérifier sur le site • disneyland.disney.go.com •*
– Si vous venez quand même en été, ***tâchez d'être là 30 mn avant l'ouverture*** puis, sitôt l'entrée franchie, de faire au pas de course les attractions les plus visitées (ben oui, c'est stressant chez Mickey !). En commençant par la gauche : *Indiana Jones, Pirates of the Caribbean, The Haunted Mansion, Big Thunder Mountain Railroad, Matterhorn Bobsleds* et, enfin, *Space Mountain.* Vous gagnerez facilement 2-3h de file d'attente ! Ensuite, quand les visiteurs commencent à affluer, allez vers les attractions les moins visitées, comme le *Liberty Square Riverboat* ou la *Tom Sawyer Island.*
– ***Penser à utiliser l'appli Disney Genie (payante)*** qui permet de réduire l'attente aux attractions en consultant le temps d'attente en temps réel pour chaque attraction. On peut également réserver un créneau moyennant paiement.

– ***Si vous voulez sortir et revenir plus tard, demandez un re-entry stamp*** gratuit à la sortie (et conservez votre ticket de parking si vous êtes en voiture).
– ***De nombreuses attractions parmi les plus anciennes ont été reprises à Disneyland Paris*** *(Space Mountain, Haunted Mansion, Big Thunder Mountain Railroad, Buzz Lightyear, Tower of Terror...)* : pour ceux qui seraient déjà allés à Marne-la-Vallée, il est probable que le parc aura un air de déjà-vu. Précisons aussi que pour les plus jeunes, les animations qui leur sont destinées ont l'inconvénient d'être en anglais...

Où dormir ?

Anaheim est toute dévouée à Mickey, donc ***vous ne logerez à Anaheim que si vous avez prévu de visiter les parcs*** Disneyland et Knott's Berry Farm ; sinon, ça n'a aucun intérêt. Si se réveiller, s'amuser, manger et s'endormir Disney vous rebute, vous avez tout intérêt à loger ailleurs : Long Beach, Huntington Beach et Newport Beach, voire carrément Dana Point ou Oceanside, bien desservies par le *metrolink* en 1h10 (voir « Sur la route entre Los Angeles et San Diego »). Le soir, après les parcs, c'est peut-être plus sympa d'aller faire trempette dans le Pacifique que de jouer au ballon sur le parking goudronné d'un motel.
Les tarifs hôteliers varient énormément en fonction de l'affluence (parfois du simple au triple). ***Préférez les séjours en semaine.*** On vous indique la fourchette des prix, étant entendu que c'est en été et le week-end que la note sera la plus salée. Le ***parking*** est généralement gratuit, sauf mention contraire. À noter, enfin, que ***le seul hôtel situé dans le parc même*** (à Disney's California Adventure) est le ***Grand Californian Hotel.*** Un vrai chef-d'œuvre d'architecture en bois, notamment pour l'immense hall et sa gigantesque cheminée. Si vous avez des amis pleins aux as qui y sont descendus, allez y jeter un œil, autrement, oubliez, c'est hors de prix !

De bon marché à prix moyens

☗ ***Little Boy Blue :*** *416 W Katella Ave. ☎ 714-635-2781. • littleboybluemotel.com • Doubles 80-120 $, café et donuts inclus.* Ce petit motel est tenu par une famille indienne qui rénove les lieux petit à petit. Sinon, l'ensemble est vieillot, les chambres n'ont aucun charme, mais c'est propre, pas cher et tout près de Disneyland. Petite piscine au fond du parking.

☗ ***Anaheim Astoria Inn & Suites :*** *426 W Ball Rd. ☎ 714-774-3882. • anaheimastoriainn.com • Doubles 90-130 $; quadruple avec 2 queen size 100-160 $. Pas de petit déj.* Situé à un bon quart d'heure à pied de l'entrée des parcs. L'un des hôtels les moins chers du coin, sans que la qualité de la trentaine de chambres ne s'en ressente : elles sont grandes et propres, meublées en bois sombre et disposent d'une cafetière. Piscine avec jacuzzi chauffé. Bon accueil.

De prix moyens à plus chic

☗ ***Alpine Inn :*** *715 W Katella Ave. ☎ 714-535-2186. • alpineinnanaheim.com • Tt près de Disneyland. Doubles 130-400 $, petit déj continental compris.* Reconnaissable à son drôle de faux toit enneigé. Une quarantaine de chambres confortables et plutôt ravissantes pour un motel ! Préférer celles de l'aile nord. Belle piscine chauffée et bon accueil.

☗ ***Islander Inn & Suites :*** *424 W Katella Ave. ☎ 714-778-6565. • anaheimislander.com • Chambres 2-4 pers 115-160 $, petit déj continental inclus.* Petit motel jaune d'une trentaine de chambres, à 2 étages, disposé en U, orné de plantes grimpantes, à 2 pas de l'entrée de Disneyland. Préférer les chambres situées au rez-de-chaussée de la partie ouest, plus fraîches en été. Service de lingerie. Piscine chauffée. Certainement l'hôtel le plus approprié pour les familles en raison de la variété des chambres.

Très chic

Park Vue Inn : *1570 S Harbor Blvd. ☎ 714-772-3691. ● parkvueinn.com ● En face de l'entrée de Disneyland. Doubles 180-250 $, petit déj inclus. Piscine chauffée et jacuzzi.* Un hôtel tout en longueur disposant de chambres confortables et impeccables, la plupart avec 2 lits *queen size,* mais également 2 suites familiales pouvant loger jusqu'à 6 personnes. Dommage que les restos des environs laissent planer dans l'air quelques odeurs de friture. Accueil aléatoire.

Où manger ?

Partout si vous n'êtes pas trop exigeant côté fraîcheur des produits et saveurs, mais sachez qu'il est interdit d'introduire de la nourriture et des boissons dans les parcs, Onc' Picsou ne serait pas content ! Une ***aire de pique-nique*** est toutefois installée à côté de l'entrée principale, et les habitués du Coke et du burger les trouveront aux mêmes prix qu'ailleurs.

À Disneyland

Si Onc' Picsou ne vous a pas encore tout piqué (bref, s'il vous reste au moins 30-50 $, quand même !), allez manger une salade ou l'un des plats d'inspiration cajun au ***Blue Bayou,*** à New Orleans Square. On se retrouve dans une plantation de Louisiane, sous une nuit étoilée comme on n'en a jamais vu. Éclairage très romantique à la bougie *(résa conseillée au ☎ 714-781-3463, ou sur ● disneyland.disney.go.com ●, car le lieu est très prisé).*

À California Adventure

Plus de restos qu'à Disneyland (pourtant, le parc est plus petit). Fruits frais au *Farmer's Market* à Bug's Land.

Wine Country Trattoria : *plats 15-35 $.* On passe devant un mini-vignoble pour accéder à la terrasse, bien au calme. Pâtes, panini et salades à manger dans un environnement agréable. Des dégustations de vin sont également organisées, avec petit grignotage en prime. Un autre type d'attraction, en somme.

En dehors des parcs

California Pizza Kitchen : *321 W Katella Ave, à l'entrée du Gardenwalk. ☎ 714-991-0305. Tlj 11h-22h (23h ven-sam). Salades 10-15 $; plats 15-30 $.* Certainement « le moins pire » de tous les restos des environs. On y sert une cuisine californienne très convenable, variée et goûteuse, qui change des burgers, *fish & chips* et autres plats tout juste décongelés ailleurs. En plus de ça, les portions sont généreuses. Personnel efficace et souriant.

À voir

Disneyland *(plan couleur d'ensemble de Los Angeles)*

La ***Guide Map disponible à l'entrée*** dresse la liste intégrale des attractions.
Pour bâtir les superbes maisons qui longent *Main Street,* on a utilisé la « perspective forcée », technique très employée pour les décors de cinéma. Ainsi, les 2e et 3e étages sont de plus en plus petits pour accroître l'impression de chaleur et d'intimité. Les Grecs avaient déjà découvert ce stratagème pour la construction du Parthénon !

Sur Main Street, une petite salle de cinéma projette sur 6 écrans ***Steamboat Willie,*** le 1er dessin animé de Walt Disney, créé en 1928. Un monument historique. D'autres petits chefs-d'œuvre également.
– Juste à l'entrée à droite, dans la Opera House, ***Great Moments with Mr. Lincoln*** présente l'histoire du parc.

Space Mountain : *à Tomorrowland.* Un modèle de perfection en matière d'effets spéciaux, qui vous emmène dans un voyage intersidéral mouvementé. Attaché aux commandes d'un vaisseau spatial, on est propulsé à une vitesse formidable (jusqu'à 45 km/h) au beau milieu d'une nuit bleutée éclairée par une pluie de météorites. Véritables montagnes russes dans l'espace.

POUR DE FAUX !

Au cœur du parc se dresse l'emblème de tous les parcs Disneyland, le fameux château, ici celui de la Belle au bois dormant. Walt Disney s'inspira du château de Neuschwanstein (en Bavière) pour le réaliser. Contrairement aux apparences, il n'est pas construit en pierre mais en... fibre de verre.

Star Tours : *à Tomorrowland.* Voyage dans l'espace sur un siège dynamique, signé par George Lucas. Assez tourmenté, comme le précise le *warning* à l'entrée. Beaucoup de monde aussi.

Pirates of the Caribbean : *à New Orleans Sq.* Vous voilà parti sur une barque dans le monde des corsaires. Il fait nuit. Jack Sparrow est recherché ; personne ne le voit, sauf peut-être vous. Une tête de mort vous délivre un message inquiétant, juste avant le grand plongeon ; puis les coups de canon fusent, et vous voici pris dans une bataille navale rangée.

Haunted Mansion : *à New Orleans Sq.* Ne manquez surtout pas de répondre à l'invitation de tous ces fantômes et morts-vivants. Installé dans une petite voiture, vous déambulerez dans l'enfilade des couloirs obscurs et des pièces diaboliquement poussiéreuses. Les cris succèdent aux grondements, les spectres aux vampires, jusqu'au frisson suprême provoqué par la valse lente d'une dizaine d'hologrammes extraordinaires réunis pour un bal morbide (notre moment préféré). Pas franchement terrifiant, mais une splendide leçon de mise en scène servie par de beaux décors.

Indiana Jones Adventure : *à Adventureland.* Une des grandes attractions du parc. On embarque dans une sorte de grosse jeep qui nous mène dans le dédale de ce maudit temple de l'Œil-Interdit. Coulées de lave, flèches empoisonnées, vermine, serpents menaçants, chutes de pierres... le parcours est semé d'obstacles, comme dans le film de Spielberg. Assez génial !

Jungle Cruise : *à Adventureland.* Le monde mystérieux de la forêt tropicale. Rien ne manque : animaux sauvages, vilains indigènes, etc.

Big Thunder Mountain Railroad : *à Frontierland.* Il s'agit d'une course folle à bord d'un petit train type Far West, qui crache une fumée ne piquant pas les yeux. À toute allure, on parcourt des tunnels au fond des mines pour resurgir dans un village du temps de la ruée vers l'or. Le tout dans un joli décor de montagnes aux roches rouges.

Mark Twain Riverboat : *à Frontierland.* Balade à bord d'un *steamboat* du Mississippi (fixé sur des rails).

Splash Mountain : *à Critter Country. Roller coaster* sur un tronc d'arbre qui circule le long d'une rivière bordée d'automates. Le final est mémorable (comme l'atteste la file d'attente).

Millennium Falcon, Smugglers Run : *à Star Wars, Galaxy's Edge.* Dans une nouvelle zone dédiée à la cultissime saga *Star Wars,* on atterrit sur la planète Batuu, inspirée de Tatooine, repaire de marginaux et de fugitifs échappant à l'autorité du Premier Ordre. Alors on chausse les bottes de Han Solo, l'héroïque contrebandier incarné par Harrison Ford, et on embarque à bord du *Faucon Millénium* pour une odyssée spatiale semée d'embûches.

Finding Nemo Submarine Voyage : *à Tomorrowland.* Une attraction tout droit sortie du dessin animé Pixar : partez à la conquête des océans à bord d'un sous-marin.

Exploration d'un volcan immergé, bavardage avec des mouettes et des poissons ou encore préparation d'une tempête vous feront passer un voyage en mer inoubliable.

– Ne pas oublier, pour les plus jeunes, les très belles attractions qui leur sont spécialement dédiées dans Fantasyland, comme ***It's a Small World*** (vraiment enchanteur). Sans oublier celles qui permettent de rentrer dans leurs histoires préférées comme *Peter Pan, Pinocchio Daring Journey, Dumbo the Flying Elephant...* Celle de *Blanche-Neige,* en revanche, est un peu décevante, et effraie souvent les petits.

Disney's California Adventure

Entièrement consacré au Golden State (la Californie), il se divise en 3 sections : *The Golden State,* bien sûr, *Paradise Pier* et *Hollywood Pictures Backlot.* L'entrée donne le ton, avec son mini-Golden Gate Bridge, emblème de San Francisco. Au centre, un espace rocailleux d'où émerge le corps d'un ours de pierre, symbole de la Californie. Quelques mots sur les attractions les plus spectaculaires ou les plus réussies sur le plan technique :

À Grizzly Peak

La plupart des baraques en bois rappellent l'épopée des pionniers, des 1ers petits ports et des conserveries de la côte sud de la Californie. Celle de Steinbeck et de Kerouac... revisitée par Disney.

Soarin' Around the World : attaché comme dans un ULM, on vous emmène dans un voyage visuel (en Imax dynamique) qui survole en rase-mottes les plus beaux paysages du monde (l'Opéra de Sydney, la Grande Muraille de Chine, etc.). Impressionnant, car on a vraiment le sentiment d'être dans les airs.

Grizzly River Run : installé comme sur une grosse chambre à air équipée de sièges, on descend des rapides qui éclaboussent singulièrement. Prévoir un vêtement de rechange ou un imperméable très couvrant. Amusant car l'environnement est plutôt bien reconstitué, avec minigeysers, végétation, vieille mine désaffectée et sa roue à aubes.

Redwood Creek Challenge Trail : pour les plus petits. Structure en bois permettant toutes les fantaisies (passage d'obstacles, traverse de ponts, escalade...).

À Hollywood Land

Remarquable reconstitution d'une rue de L.A. qui rend hommage au cinéma en général et à Hollywood en particulier. La rue se termine par un étonnant trompe-l'œil. On a savamment mélangé les styles paquebot, Art déco, *diner,* etc. De la belle ouvrage. Souvent un groupe de musique ambulant et des personnages de Disney qui s'animent. Les animations présentées ici étant très bavardes, la langue risque d'être une barrière pour certains.

Guardians of the Galaxy : 1re attraction *Marvel* de Disneyland Resort qui nous plonge dans l'univers du film du même nom. Aidez Rocket, le raton laveur aventurier, à libérer ses amis des mains du Collectionneur. Une expérience vertigineuse pour le moins rock'n'roll.

Animation Academy : *ateliers de ½ heure ttes les 30 mn à partir de 9h.* Plusieurs animations réunies en un espace, concernant le travail de la B.D. Décorticage de la création d'un *character* où un vrai dessinateur dialogue avec son futur personnage ou bien vous donne les trucs pour le dessiner vous-même (feuille et crayon à disposition), explication et démonstration du principe même de l'animation avec un système de manège, etc.

Hyperion Theater : *spectacles 3-5 fois/j.* Grande salle de spectacle où est présenté un show live.

Au Pixar Pier

Ensemble d'attractions qui s'organise autour du thème des *Indestructibles* (*The Incredibles* en anglais).

Au Campus Avengers

Un véritable centre de formation pour les super-héros en herbe ! Et l'occasion d'aller à la rencontre des extraordinaires Avengers.

Downtown Disney

L'artère piétonne située juste entre les 2 parcs. Très américain, avec des édifices aux couleurs acidulées et, bien sûr, une foule de boutiques où acheter un tas de trucs parfaitement inutiles et chers.

DANS LES ENVIRONS DE DISNEYLAND

Knott's Berry Farm *(plan couleur d'ensemble de Los Angeles)* **:** *8039 Beach Blvd, à* ***Buena Park.*** *• knotts.com • Au sud de la Santa Ana Freeway, à 10 km de Disneyland. En été, tlj 10h-22h (23h sam) ; hors saison, ouv de 8h ou 10h à 17h-22h (voire 23h) selon les j. (vérifier sur leur site). Entrée : 65-70 $ en ligne (bien plus cher sur place). Parking : 20 $.*

Sur près de 61 ha, encore un parc d'attractions qui remplit bien son rôle avec tout plein de restos et de magasins, et qui attire une clientèle assez populaire. Le plus drôle est cette étonnante *Ghost Town* (ville de chercheurs d'or abandonnée) en réalité virtuelle. Tout y est : saloon, gare de chemin de fer, *trading post,* armurier, maréchal-ferrant, prison, et même hôtel de passe ! On peut chercher de l'or, visiter une mine et entreprendre un circuit sur un vieux chemin de fer à vapeur (avec embuscades !). Parmi les attractions vedettes : *Voyage to the Iron Reef,* un voyage en 4D où, soigneusement calé dans un wagonnet, vous dégommez des vilains qui remontent des profondeurs de la mer avec un pistolet laser. Sinon, *Ghostrider* (un grand huit en bois), la descente de rapides la plus haute et la plus raide du monde (quasiment la taille des chutes du Niagara), *Supreme Scream* qui vous propulse en 3 s à 80 km/h... Sans oublier *Hangtime,* un *roller coaster* qui fait subir à ses *riders* une chute libre de 45 m à 96°, la plus abrupte de Californie.

Plusieurs restos : le mieux et le moins cher est sans conteste le ***Fireman's BBQ.*** On y mange des grillades (assez grasses) dehors, sur de grandes tables.

The Christ Cathedral *(ex-Crystal Cathedral, plan d'ensemble couleur de Los Angeles)* **:** *12141 Lewis St (à l'angle de Chapman Ave), à* ***Garden Grove*** *(à quelques mn au sud de Disneyland). De la Freeway 5, sortie W. Chapman Ave/State College Blvd. C'est désormais le siège du diocèse de l'Orange County.* On aperçoit cette extraordinaire cathédrale tout en verre et haute de 70 m de la *freeway.* Conçue en 1981 par l'architecte Philip Johnson (celui du Seagram Building à New York, prix

LA 1RE PIN-UP

En 2008, on célébra dans la Christ Cathedral les obsèques de Betty Page, décédée à 85 ans. Dans les années 1950, bien des ados, militaires et routiers avaient fantasmé devant sa photo en bikini, punaisée (to pin = épingler) dans leur chambre ou leur cabine. Pour l'Amérique réac, en revanche, sa nudité était intolérable, voire satanique. Peut-être l'entendit-elle puisque dans les années 1960, Betty Page quitta la vie publique ! Elle fut finalement diagnostiquée schizophrène.

LOS ANGELES ET LE SUD DE LA CALIFORNIE

Pritzker), elle a coûté la modique somme de 17 millions de dollars. C'est à l'initiative de Robert Schuller, le pasteur le plus célèbre des États-Unis, décédé en 2015, qu'elle fut construite. Jusqu'en 2013, ses prêches furent retransmis tous les dimanches par des dizaines de chaînes de TV pour près de 20 millions de téléspectateurs. « *If you can dream it, you can do it* », telle était la devise de ce gourou des temps modernes (c'est presque la même que *Nike*). Une église vraiment pas comme les autres.

LONG BEACH

Bénéficiant d'un climat idéal, ni trop chaud en été, ni trop froid en hiver, la ville de Long Beach, ancien ranch de bétail prospère, sort de terre à la fin du XIXe s avec l'arrivée du chemin de fer. Elle connaîtra une croissance effrénée (la plus forte des États-Unis à l'époque) avec l'établissement de son port dès 1911. Puis on y découvre du pétrole (1921), mais patatras, un puissant séisme la ravage en 1933. C'est à cette catastrophe naturelle qu'elle doit son aspect actuel, puisque dans la veine de l'explosion artistique qui suivra l'Expo universelle de Paris en 1925, le centre-ville sera presque exclusivement reconstruit dans le style Art déco.

Long Beach devient alors *the place to be,* et de nombreuses firmes s'y implantent, notamment dans le domaine des hautes technologies. De cette époque dorée demeurent quelques beaux édifices Art déco de style *Streamline,* un centre-ville agréable, beaucoup moins surfait que Santa Monica ou Venice, et une plage parmi les plus agréables de la côte. À 1h20 en Metrorail de DTLA et à 30 mn en voiture de chez Mickey (Anaheim), Long Beach est une alternative agréable pour un séjour à Los Angeles.

➢ Accès de Los Angeles : Long Beach est la dernière station de la *Metro Blue Line (● metro.net ●).* Une navette gratuite (bus rouge) circule entre le *Queen Mary I,* l'aquarium et *Shoreline Village (● ridelbt.com ●).*

Adresse utile

ℹ ***Visitor Bureau :*** *301 E Ocean Blvd.* ☎ *562-436-3645.* ● *visitlongbeach.com* ● *Dans le hall du* Beach Convention Center. *Lun-ven 8h-17h. Fermé w-e.* Nombreuses infos sur la ville. Annexe près de l'aquarium : *268 Aquarium Way.* ☎ *562-628-8550.*

Où dormir ?

🏠 ***Hotel Royal :*** *431 E Broadway.* ☎ *562-283-8755.* ● *hotelroyallb.com* ● *Doubles 100-200 $. Parking 8 $ (mais on peut se garer dans la rue).* En plein centre, un beau petit boutique-hôtel d'une vingtaine de chambres cosy bien retapées, qui ont su garder tout leur charme. La plupart avec salle d'eau à partager, mais nickel chrome. L'une d'entre elles possède une cuisine toute équipée et un petit salon avec sofa (idéal pour les familles). Sinon, le plus ici, c'est le coin « business » avec ordis à dispo, la cuisine commune ou encore le prêt de vélo pour aller à la plage. Excellent accueil. Bref, on se sent « comme à la maison ».

🏠 ☕ ***Dormir à bord du* Queen Mary,** dans l'une des 346 cabines aménagées en chambres d'hôtel style Art déco *(● queenmary.com ● ; à partir de 110-210 $, sans ou avec hublot, 350-500 $ pour les cabines de luxe). Surveiller les promos de dernière minute sur Internet*

LOS ANGELES ET LE SUD DE LA CALIFORNIE

Où manger ? Où boire un verre ? Où écouter de la musique ?

Thai District : *149 Linden Ave. ☎ 562-951-7181. Tlj sauf lun 11h (12h w-e)-22h (22h30 ven-sam). Plats 12-23 $, vins à prix raisonnables.* Intérieur rouge noir et or veillé par Bouddha en personne. Cette adresse de renom propose une cuisine thaïe préparée dans la tradition avec en plus quelques intentions gentilles, comme la bière servie dans un verre glacé ou le service aimable et plutôt rapide. Ne commettez pas l'erreur de quitter la table avant les desserts, ils sont excellents ! Manque juste une vraie terrasse, en revanche.

The Social List : *2105 E 4th St. ☎ 562-433-5478. Tlj sauf lun 11h30-22h. Plats 13 $ le midi, sinon 10-18 $.* Point de ralliement des trentenaires tendance *arty, The Social List,* resto emblématique de la très branchée 4th Street *(● 4thstreetlongbeach.com ●),* sert une cuisine américaine de bonne facture dans un intérieur tendance *European style* qu'on trouve quand même assez passe-partout. Cela dit, ici, c'est l'*impossible burger* qui fait le buzz : il est 100 % végan !

Claire's at the Museum : *2300 E Ocean Beach Blvd. ☎ 562-439-2119. Ouv 11h (9h w-e)-15h. Fermé lun-mer. Plats 12-20 $.* Un agréable petit resto qui sert sandwichs, pâtes, *fish & chips,* burgers, et des petits déj le week-end. Il est attenant au Long Beach Museum of Art *(jeu-dim 11h-17h ; entrée : 12 $, réduc),* mais avouons-le d'emblée : l'endroit vaut plus pour son cadre que pour sa cuisine.

Parker's Lighthouse : *435 Shoreline Village Dr,* ***Shoreline Village.*** *☎ 562-432-6500. Lun-ven 11h30-15h, 17h-21h (22h ven) ; w-e 11h30-15h30, 16h-22h (21h dim). Sandwichs, salades 13-29 $; plats 23-49 $.* C'est le resto aux toits rouges à l'extrémité des pontons. À l'intérieur, dans de grands volumes en noir et blanc, on se croirait sur un grand yacht bien chic, du temps où la *Cunard* expédiait ses passagers à l'autre bout de la terre. Belle terrasse sur la marina, avec pour toile de fond le *Queen Mary.* Dans l'assiette, une bonne cuisine mais pas donnée, avec du poisson, des huîtres ou encore des *crab cakes,* le tout à accompagner d'un verre de sauvignon ou d'un blanc sec du comté de Sonoma. Fait aussi *steakhouse* le soir (mais c'est plus cher). *Jazz live* certains soirs. Service agréable.

Blind Donkey : *149 Linden Ave. ☎ 562-247-1511. Tlj 17h-2h.* Un établissement en sous-sol looké *speakeasy* avec murs en béton brut et banquettes de skaï noir. Ici se côtoient les amateurs de whiskies (plus de 200 étiquettes avec une belle sélection de *single malts* écossais et irlandais) ou de bières microbrassées le long d'un long bar en béton. En fin de semaine, un petit groupe en live vient s'égosiller sous la lumière tamisée.

Yard House : *401 Shoreline Village Dr,* ***Shoreline Village.*** *☎ 562-628-0455. Tlj 11h-minuit (1h20 ven-sam). Plats 12-20 $ (plus cher pour la seafood). Happy hours lun-ven 15h-18h.* Comme l'indiquent les poignées de porte de cette adresse, celle-ci tire son nom d'un verre à bière de 3 pieds de haut que s'enfilaient les conducteurs de diligence après leur journée de travail. *Yard House* affiche clairement ses intentions : la plus grande sélection de bières à la pression au monde ! Plus de 250 manettes (185 marques de bières différentes). Dans l'assiette, cuisine californienne classique. On vient surtout ici pour l'ambiance !

À voir

Les amoureux d'architecture ne manqueront pas de télécharger l'appli ***Tour LBC*** *(● tourlbc.com ●)* avant de partir à la découverte – en voiture, à bicyclette ou à pied – des principaux bâtiments de la ville (voir plus loin, les associations qui proposent des tours guidés). Le *Queen Mary,* l'aquarium et le Shoreline Village, en revanche, sont tous dans la même zone.

The Queen Mary *(plan couleur d'ensemble de Los Angeles)* **:** *1126 Queen's Hwy. ☎ 877-342-0738. • queenmary.com • Tlj 10h-17h. Entrée : env 40 $ ou 25 $ 4-11 ans (réduc lun-jeu) comprenant aussi expo et théâtre 4D. Parking : 20 $ (10 $ avec validation au resto), 30 $ pour la nuit.*

Il fut longtemps le plus grand paquebot transatlantique jamais construit... jusqu'au lancement du *France,* puis de son successeur, le *Queen Mary 2.* Mis à l'eau en 1934, il fut acheté par la Ville de Long Beach en 1967 et aménagé en musée de la navigation et en hôtel de luxe. De son passé, si intimement lié aux Années folles, demeure le souvenir de ses illustres passagers : Churchill, Clark Gable, Greta Garbo...

Reconstitution de scènes d'époque grâce à des personnages en cire : jeune couple au resto, salle de jeu du navire... Plusieurs scènes rappellent la Seconde Guerre mondiale, lorsque le *Queen Mary* fut réquisitionné pour le transport des troupes. On visite des cabines, la salle des commandes. L'*Observation Bar* est un chef-d'œuvre Art déco. Ne pas manquer non plus la piscine, ni la salle des machines. Aussi une expo thématique en lien avec l'âge d'or du paquebot.

Shoreline Village : *près de Downtown et du Convention Center, un peu après l'Aquarium of the Pacific. Parking 3 $/h.* Une reconstitution de village de pêcheurs avec ses baraques en bois de toutes les couleurs, qui abritent des magasins de souvenirs et des restos. Location de vélos. L'été, concert au ***Melodrama Theater & Music.***

Aquarium of the Pacific : *100 Aquarium Way. • aquariumofpacific.org • Pas loin du Queen Mary. Tlj 9h-18h (20h w-e). Entrée : 37 $; 3-11 ans 27 $ (acheter en ligne pour éviter l'attente). Nombreux billets combinés notamment avec une sortie en mer pour observer les baleines 60 $. Parking juste en face : 8 $ après validation.* Ce bel aquarium, situé au bord de l'océan, est entièrement consacré au Pacifique. Dans le hall d'entrée, une énorme baleine bleue et son baleineau nagent au-dessus des visiteurs tandis que, à intervalles réguliers, on projette sur les murs des films sur les animaux marins. Tout au fond, dans la *Southern California & Baja Gallery,* ne pas manquer l'étonnant aquarium où l'on peut voir l'embryon du poisson en formation ! Ici, vous avez la possibilité d'observer les animaux par-dessous ou dessus. Une des attractions qui fonctionnent le mieux : la fosse où l'on voit évoluer les lions de mer et les otaries. Le lagon aux requins attire aussi les foules, bien évidemment : il faut dire qu'on peut les toucher (avec 2 doigts) mais, attention, que les petits ! Les gros, tel le requin bambou, se trouvent dans le grand aquarium derrière. Sur le côté, la raie, plutôt câline, aime se faire caresser. Bon, on passera sur le spectacle des lions de mer *(sea lion show),* façon Sea World, on n'en raffole pas...

Voir aussi l'aquarium qui permet d'observer les macareux *(puffins)* et autres oiseaux de mer en plongée. Également des méduses, dont les magnifiques *Moon Jellies,* minuscules mais d'une esthétique intersidérale, et une volière, la *Lorikeets Forest* où, à condition de payer 3 $ la dose de nectar, évoluent autour de vous une foule de petits corps colorés et criards. Une section est également consacrée aux tarentules, scolopendres, serpents à sonnettes et autres charmantes bestioles de Californie. On termine avec les poissons colorés de la zone tropicale, poisson-palette, poisson-clown. Étonnant : l'aquarium intitulé *Sex Change,* dans lequel se trouvent des poissons capables de changer de couleur et... de sexe (surtout des femelles devenant des mâles). Avant de partir, ne manquez pas la salle en charge de faire prendre conscience aux visiteurs du danger du réchauffement climatique et du massacre des océans.

Museum of Latin American Art (MOLAA) **:** *628 Alamitos Ave (angle 7th St). • molaa.org • Ouv 11h-17h (21h jeu). Fermé lun-mar. Entrée : 10 $; réduc ; gratuit moins de 12 ans et pour ts le dim ainsi que le 4e ven du mois 17h-21h. Parking gratuit sauf pdt les expos spéciales (5 $).* Un beau musée qui présente les œuvres d'artistes d'Amérique centrale et du Sud par le biais d'expos temporaires de qualité qui prennent en compte tous les modes d'expression de l'art contemporain (peinture, photo, sculpture, mais aussi vidéos et installations).

Long Beach Art Walk : • artslb.org • *Long Beach Art Walk* vous emmène à la découverte des galeries et *murals* de Downtown Long Beach. On peut télécharger la carte sur leur site et partir les découvrir seul.

Long Beach Heritage : • lbheritage.org • *Long Beach Heritage* propose plusieurs tours guidés à la rencontre de l'architecture *Queen Ann* ou Art déco de la ville. *Tours programmés à l'avance d'une durée d'env 2h30 ; compter 10-15 $/pers. Se renseigner sur leur site.*

La plage de Long Beach est nettement moins fréquentée que celles de Venice ou Santa Monica et tout aussi agréable. Précisons également que Long Beach possède une plage entièrement réservée aux toutous, la célèbre ***Rosie's Dog Beach*** *(4800 E Ocean Blvd ; tlj 6h-20h).*

À voir dans les environs

Bowers Museum : *2002 N Main St, à* ***Santa Ana.*** *• bowers.org • Mar-dim 10h-16h, fermé lun. Entrée : 15 $; réduc ; gratuit moins de 12 ans. Parking 6 $ (mais on peut se garer dans les rues adjacentes). Resto sur place 11h-14h (15h w-e). Audioguide gratuit (anglais, espagnol).* À 6 km au sud de Disneyland, le Bowers Museum, ***intéressera en priorité les amoureux d'art primitif.*** Avec plus de 100 000 objets dans la collection permanente (exposés par roulement), bénéficiant d'une muséographie de qualité (montages vidéo, ambiance sonore particulièrement étudiée), on y passe un agréable moment. Arts de la Méso-Amérique précolombienne, d'Afrique (des masques surtout), d'Asie (notamment de Chine : objets en jade, ivoires gravés de la dynastie Qing, porcelaines mais pas trop), d'Océanie. La ***salle consacrée à l'art des îles du Pacifique*** (Micronésie, Polynésie, Papouasie, Mélanésie) est tout simplement ***exceptionnelle.*** Une autre section est dédiée aux peintres californiens (1850-1930) : on y trouve, entre autres, Frank Coburn, ainsi que des artistes ayant fait partie de la colonie américaine de Giverny, comme Guy Rose. Le musée accueille aussi de nombreux temps forts et des expos temporaires (parfois en supplément).

LES PLAGES DE LA CÔTE SUD

Pour ceux qui souhaitent rejoindre San Diego en voiture, la *Pacific Coast Highway* (*PCH* pour les intimes) égrène un chapelet presque ininterrompu de plages et de spots de surf, ponctué de temps en temps par une petite station balnéaire et un camping. Cette côte attire depuis quelques années les Américains fortunés, lassés par Malibu ou Santa Monica : plages superbes s'étendant sur des kilomètres comme *Seal Beach* et *Sunset Beach,* lieux de prédilection des surfeurs. Grosses stations balnéaires telles *Huntington Beach* ou *Newport Beach,* ou plus petites comme *Laguna Beach.* Un peu plus au sud, c'est à *Dana Point* que vous embarquerez pour aller observer les baleines lors de leur migration.

– ***L'accès aux State Beaches*** est payant : environ 15 $/j. Système de parcmètres pour les autres plages.

LE RÊVE CALIFORNIEN

Dès 1961, ce sont les Beach Boys qui ont forgé ce mythe exagéré de la Californie : corps bronzés, palmiers et plages. C'est le seul groupe américain qui fit de l'ombre aux Beatles. Ils étaient 5, dont 3 frères, un leader dépressif et un seul qui faisait vraiment du surf. D'ailleurs, il est mort noyé...

SEAL BEACH

Seal Beach est une petite station balnéaire à dimension humaine. Très agréable avec ses maisonnettes colorées, noyées dans une végétation dense de palmiers, de bananiers et d'arbres du voyageur. Ses différents quartiers s'articulent autour de Main Street, où se trouve la majorité des commerces et qui débouche sur Ocean Boulevard. Les accès à la plage se font à partir d'Ocean Boulevard. Sympa d'aller jusqu'à la jetée *(pier)*, construite en 1906. Sur place, restos et snacks. Parking payant 6h-22h ; sinon, se garer dans la rue. Les boutiques de surf de Main Street vendent des cartes indiquant les meilleurs spots de la région.

SUNSET BEACH

La station en continuité de la précédente en allant vers le sud, de l'autre côté de la zone lagunaire. Un peu moins facile pour se garer, mais beaucoup plus animée. La plage y est très large.

HUNTINGTON BEACH

Bienvenue à ***Surf City*** ! Cette sympathique petite ville de 200 000 habitants, avec sa plage longue de 14 km, s'enorgueillit d'être le berceau du surf. Ce qui n'est ni tout à fait vrai, puisque la 1re démo de surf a eu lieu en 1907 à Redondo Beach (voir encadré), et pas vraiment faux dans la mesure où c'est ici que la mayonnaise a pris ! Chantée par les Beach Boys dans leur tube *Surfin' Safari* en 1962, la station a quasiment fait du surf une religion. Toute l'année, on peut admirer le ballet des surfeurs de part et d'autre du *pier*. Profitez-en ! Et chaque été, « *HB* » accueille au pied de sa fameuse jetée le *Vans US Open Surfing*, sponsorisé par la marque californienne de chaussures de sport, très branchée glisse. Les débutants fileront sur Bolsa Chica State Beach (au nord), le meilleur spot pour s'entraîner.

QUAND LE SURF VA BON TRAIN...

La 1re démo de surf a été réalisée en 1907 par l'Irlando-Hawaiien George Freeth. Ce dernier avait répondu à l'appel du magnat des chemins de fer Henry Huntington, qui souhaitait marquer le coup à l'occasion de l'inauguration de la ligne Redondo-Los Angeles.

Où dormir ?

Best Western Surf City : *19360 Beach Blvd. ☎ 714-962-4244. ● bestwestern.com ● Doubles 130-220 $, petit déj inclus. Parking gratuit.* En retrait du front de mer mais à portée de mollet si vous disposez d'un vélo, ce *Best Western* sans surprise offre des chambres classiques (1 lit *king size* ou 2 *queen*, grande douche, frigo, cafetière) réparties sur 3 niveaux. L'accueil est bon et l'établissement dispose d'une piscine et d'un *hot-tub* (bain nordique).

Kimpton Shorebreak Resort : *500 Pacific Coast Hwy (et 5th St). ☎ 714-861-4470. ● shorebreakhotel.com ● Doubles 200-500 $, resort fee 30 $/chambre et par jour.* Entièrement décoré sur le thème du surf, ce rejeton de la chaîne de boutique-hôtels *Kimpton* affiche le style tendance, pêchu et coloré caractéristique de l'enseigne. Situation au poil, face au *pier*, avec les vagues qui se brisent devant les fenêtres de votre chambre. Bar-resto branché de cuisine californienne. *Fitness center*. La totale, quoi.

Bisphenol A

MIXTE
Issu de sources responsables
FSC® C002321
FSC www.fsc.org

EXACOMPTA

0% Phenol
Bisphenol A

MIXTE
Issu de sources responsables
FSC® C002321
FSC www.fsc.org

AU VIEUX CAMPEUR

28 RUE DES ECOLES
75005 PARIS
TEL : 01 53 10 48 50
QL28Z0230003126

Numero	Date	Heure	Caisse	Vd
55250	17/04/2023	15:59	QL28Z	P2022

* 0 0 9 0 1 6 9 3 1 0 0 2 3 *

N° CARTE : 2100850359
Client : W850359
David SIMPSON
19 Rue Du Moulin A Vent
93160 NOISY LE GRAND

Désignation	Montant TTC
1x 827610108 ROUTARD CALIFORNIE Couleur 000 Taille 000	15,15€
1x 808110061 BOUSSOLE POCKET COMPAS Couleur 003 Taille 400	12,90€

****** 28,05 EUR ******

2 articles

Règlement

Carte Bancaire 28,05 €

Taxe	Montant	Taux	Base HT
TVA	2,15	20,00%	10,75
TVA	0,79	5,50%	14,36

Au Vieux Campeur
vous remercie de votre visite
Merci de conserver ce ticket sans limite
de durée pour garantie par exemple

Notez que les échanges ne sont acceptés que dans un délai d'un mois

Où manger ?

Sessions : *414 Pacific Coast Hwy. ☎ 714-594-3899. Tlj 8h-18h. Sandwichs env 8 $, plats 12-15 $.* Sandwicherie gourmet et *healthy* installée le long de la PCH. Bons produits, associations goûteuses et portions copieuses (ne pas hésiter à partager). On déguste son lunch ou son breakfast devant la rangée de palmiers bordant la plage, face au *pier.*

Pour un petit déj typiquement ricain, les locaux plébiscitent aussi ***Sugar Shack*** *(213 Main St ; tlj 6h-14h),* une institution familiale chaleureuse et patinée, avec ses murs couverts de photos-souvenirs du bon vieux temps et ses
l'avant,

Achats

Les 2 temples du surf sont postés l'un en face de l'autre, à l'angle de Main Street et de la Pacific Coast Highway, dans le prolongement du *pier.* C'est aussi là que commence le petit *Walk of Fame* local, au pied de la statue de Duke Kahanamoku, légende hawaiienne considérée comme le père du surf moderne.

Jac
(22h ve
access
tiques
O'Neil
locati
40 $/j.
Hu
fic Co

À voir

Surfing Walk of Fame : *départ angle Main*
l'énorme boutique Jack's. À l'image de Hollywo
trottoir incrusté d'empreintes des grandes figu
faire le *Shaka,* le signe amical distinctif du surfe
doigts du milieu baissés. L'anti-doigt d'honneur

International Surfing Museum : *411 Oliv*
beachsurfingmuseum.org • Ouv 12h-17h. Fer
sans prétention aux murs bardés de photos et c
Un mur complet est consacré au fameux Duk
aussi la planche en bois sur laquelle George Fre
démo à Redondo Beach. Et la plus grande pla
long ! Vidéos des 60's intéressantes aussi.

NEWPORT BEACH

Comme souvent sur cette côte, la grande plage s'étire de part et d'autre du *pier,* avec une promenade en arrière-plan. Quelques beaux spots de surf et un excellent *swell* juste en face de 17th Street, très prisé des *goofies* (ceux qui surfent le pied droit en avant). N'hésitez pas à quitter la PCH pour prendre Balboa Boulevard jusqu'au *pier,* c'est là que ça se passe.

Où dormir ? Où manger ?

Bayshores Peninsula Hotel : *1800 W Balboa Blvd. ☎ 949-675-3463. • thebestinn.com • Doubles 165-260 $. Parking gratuit.* Petit hôtel en retrait de l'agitation du centre. Ses chambres (pratiquement toutes avec un lit *king size*) sont fraîches et bien entretenues. Côté confort, rien à redire, il y a un *sundeck* avec l'océan d'un côté et la lagune de l'autre, l'accueil est très gentil, la maison met à disposition tous les articles pour parfaire son bronzage et quelques *bodyboards* pour aller dompter les vagues. *Cooking* quotidien au retour de plage, DVD à dispo. Ici, ça sent bon les vacances !

Mutt Lynchs : *2300 W Ocean Blvd (angle 23rd St). ☎ 949-675-1556. Tlj 7h-minuit (1h30 ven-sam). Plats 12-15 $, pizzas 10-25 $ (4 tailles).* Derrière une façade discrète en brique se cache l'un des plus anciens rendez-vous des surfeurs depuis 1950. Si on fait abstraction des 31 écrans de télé (si, si, comptez bien), rien ne semble avoir changé depuis. On s'empiffre toujours de bonne vieille *comfort food* (wraps, burgers, pizzas) entre potes sur de lourdes tables en bois et la serveuse (pressée) sert toujours la bière dans de grands verres à pied.

Bear Flag Fish Co : *3421 Via Lido. ☎ 949-673-3474. Tlj 11h-21h (20h dim-lun). Compter 12-20 $.* Poissonnerie-resto de *seafood* bien connu des locaux pour ses prix compétitifs et ses plats d'inspiration latino (burritos et tacos de la mer) et hawaiienne *(poké)*, servis sans chichis. Aussi des *rolls* californiens, poissons grillés, clams et moules sautées. Pas de vue sur la mer mais un sympathique décor marin carrelé de blanc et mâtiné de petites touches mexicaines. Simple et convivial.

Blackie's by the Sea : *2118 W Ocean Blvd. Tlj 10h-minuit (1h ven-sam). Blackie's ?* Avec son petit ciel de *boards* et un flétan naturalisé gros comme un homme, c'est depuis 1953 le point de ralliement des pêcheurs et des sauveteurs en mer. Quand ça tangue un peu trop, c'est ici qu'ils viennent jouer au billard en éclusant une des bières pression les plus fraîches du coin ; d'ailleurs, la température est fièrement affichée au degré Fahrenheit près au-dessus de la porte. On prend même la peine de vous la servir dans des verres givrés.

LAGUNA BEACH

Grosse station balnéaire, sorte de petit Pont-Aven local (pas mal de galeries de peinture) devenue capitale mondiale (carrément !) du *skimboard*, qui consiste à s'élancer depuis la plage avec sa planche pour surfer la vague ! Un sport récent, inventé par un maître-nageur sauveteur parti pour sauver une âme en peine. Le centre historique et commerçant, le *Hip District*, s'étire juste derrière le front de mer, entre Thalia Street et Bluebird Canyon. Mais notre coin préféré est incontestablement ***Crystal Cove State Park***, un peu plus au nord.

➢ ***Laguna Beach Summer Trolley :*** dessert gratuitement les plages depuis North Laguna Beach jusqu'au *Ritz Carlton*, toutes les 20 mn. Repérer la signalétique « T » aux arrêts.

Où dormir ? Où manger dans le coin ?

Crystal Cove Beach Cottages : *depuis Laguna Beach, suivre la Pacific Coast Hwy sur env 4 miles vers le nord de Laguna Beach, et tourner à gauche vers la mer à l'intersection Crystal Cove/Los Trancos. • crystalcove.org/beach-cottages • (descriptif complet de ts les cottages). Cottages privatifs 2-10 pers 80-280 $, cottage à partager mais chambre fermée à clé (sauf dans les dortoirs) 2-6 pers 40-115 $.* ***Résa obligatoire 6 mois à l'avance*** *et pdt 7 j. seulement, soit le jour correspondant jour pour jour à la date J - 6 du mois souhaité. Exemple : pour une résa à partir du 25 juin de l'année « n + 1 », vous pouvez réserver entre le 25 et le 31 déc de l'année « n ». On réserve au ☎ 800-444-7275 (tlj 8h-18h) ou via • reserveamerica.com • (se créer un compte avt). On peut aussi tenter sa chance sur le site (quelques créneaux) ou sur place, le j. même, dès 11h : ça marche aussi car il y a souvent des désistements.* Au bord du Pacifique, un lieu magique pour amateurs de robinsonnades ! À partir de 1920 s'installa ici une petite communauté d'habitués. D'abord dans des tentes, puis dans de petits cottages construits dans les années 1930-1950, certains directement sur la plage. Restaurées depuis par l'État, ces petites maisons (une vingtaine pour le moment mais d'autres sont prévues) se louent, et pour un prix raisonnable en plus ! Soit entière, soit en mode AJ (dortoirs de 6 lits), avec cuisine et espaces communs partagés. Autant vous dire que c'est le rêve. L'aménagement est simple et rustique, authentiquement vintage, idéal pour des vacances. En plus, pas de voiture, on la gare en haut puis on se déplace à pied ou en petites navettes. Il y a même un excellent resto de plage sur place, le *Beachcomber Café,* si vous avez la flemme de cuisiner (ou le fast-food *Ruby's* juste au-dessus de la crique, avec une vue géniale sur le Pacifique). Histoire, nature, authenticité, tranquillité, tout est réuni pour un retour aux sources.

Laguna Beach Lodge : *30806 Pacific Coast Hwy, à Laguna Beach. ☎ 949-499-2227. • lagunabeachlodge.com • Doubles et lofts 280-300 $, petit déj continental inclus.* En bordure de la PCH mais à une enjambée de la très belle plage, cet hôtel séduit par sa verdure, à l'image du village. Chambres confortables et joliment décorées. Bon confort (frigo, micro-ondes, café). Piscine dans le jardin, un bon point. Certes, on entend le bruit de la PCH, mais c'est comme ça partout sur cette côte. Évitez quand même de payer le prix fort en été, ou alors, renoncez aux *ocean view,* les plus chères.

Ruby's Crystal Cove Shake Shack : *7703 E Coast Hwy, à env 4 miles au nord de Laguna Beach (bâtiment jaune en tête de falaise, le long de la PCH). ☎ 949-464-0100. Tlj 7h-20h (21h ven-sam). Env 15 $. Ruby's* est une petite chaîne de burgers et hot-dogs sans prétention, mais celui-ci (comme celui sur le *pier* de Huntington Beach) a un emplacement de rêve, en surplomb du Pacifique et de la charmante plage de Crystal Cove. Pas étonnant que ce soit toujours plein, surtout au soleil couchant (turnover rapide, cela dit). On dévore son burger-frites assis au long comptoir, les yeux perdus dans le bleu de l'océan. Accès à la plage juste en bas des marches.

The Beachcomber at Crystal Cove : *sur la plage de Crystal Cove State Park, à env 4 miles au nord de Laguna Beach. ☎ 949-376-6900. • thebeachcombercafe.com • Se garer au parking de Los Trancos (en face de l'entrée de Crystal Cove, sur la PCH) puis 10 mn de marche ; 3h de parking gratuit sur validation du ticket de resto (min 20 $ d'achat). Sinon, s'il y a de la place, possibilité de se garer au parking du* Ruby's *(lire ci-dessus) et descendre ensuite l'escalier menant directement à la plage et au resto (5 mn à pied). Tlj 7h-21h30. Résa conseillée. Plats breakfast et lunch 12-29 $ jusqu'à 16h30, le soir 30-50 $ à partir de 16h30.* Situation imprenable pour ce resto de plage, les pieds dans le sable, qui fait partie de l'ensemble de cottages historiques recommandés plus haut. Pas donné, mais la cuisine californienne est savoureuse et le site exceptionnel : une plage protégée et sans voiture.

The Stand Natural Foods : *238 Thalia St, à Laguna Beach. ☎ 949-494-8101. Tlj 8h-19h. Compter 6-15 $.* Un petit repaire végan depuis 1975 ! Pas de salle, juste quelques tables posées autour de la petite baraque rouge et blanc, la meilleure place étant autour de l'arbre. Le wifi n'est pas encore arrivé jusqu'ici, pour encourager les gens à parler avec leurs voisins. Smoothies et citronnade maison, et une longue carte de salades, sandwichs, soupes, guacamole, burritos, *bowls* complets. Cool pour siroter un jus au retour de la plage à 2 pas.

À voir. À faire

Thousand Steps Beach : *à env 4 miles au sud de Laguna Beach, au niveau du n° 31965 Pacific Coast Hwy (presque en face du Mission Hospital).* Descendre l'escalier (220 marches qu'il vous faudra ensuite remonter !) pour déboucher sur une plage de sable extraordinaire, digne d'une carte postale. Le Pacifique est magnifique, agité ce qu'il faut (les vagues se fracassant sur les quelques rochers émergeant au bord) et l'arrière-plan photogénique en diable avec ces hautes falaises piquetées de villas de rêve. Sympathoches, les escaliers et même le funiculaire privé pour descendre directement sur la plage ! Et pour une fois, aucune voiture pour gâcher le panorama puisqu'on les gare en haut (comme on peut, soit le long de la PCH, soit dans les rues adjacentes). Pour un accès plus pépère, ***Aliso Beach,*** un chouia plus au nord, est belle aussi.

Crystal Cove State Park : *8471 N Coast Hwy, à env 4 miles au nord de Laguna Beach. • crystalcovestatepark.org • Parking plage 5 $/h (15 $ max).* Une réserve naturelle de toute beauté qui rassemble plusieurs kilomètres de plage de rêve pour se baigner, surfer et faire du kayak ou de la plongée, des sentiers de randonnées pour tous niveaux, un camping et un village de cottages anciens à louer. Le plan permet de bien se repérer, car le site se déploie de part et d'autre de la Pacific Coast Highway.

DANA POINT

De Newport Beach, avant d'arriver à Dana Point, quelques belles plages, notamment à la sortie de Laguna Beach (vers le n° 30000 de la PCH). De beaux endroits pour faire du ***snorkelling*** (plongée avec masque et tuba) ou de la plongée sous-marine ; aussi au niveau du *Ritz-Carlton.* Les autres choisiront de stationner sur le parking derrière le *Starbucks Coffee* et iront à la petite plage tranquille. Beau petit *swell* régulier et bien formé. Pas beaucoup de monde.
Dana Point est une ravissante petite station balnéaire, avec son architecture typique de maisons en bois qui cascadent vers le port. Très agréable marina. C'est à partir de Dana Point que vous embarquerez pour aller observer les ***baleines.***

Où dormir ? Où manger ?

Doheny State Beach Campground : *34381 Pacific Coast Hwy. Résas à faire très à l'avance : ☎ 949-496-6171. • reservecalifornia.com • Attention, l'entrée se trouve au panneau « Doheny State Beach ». 2 types d'emplacements : côté mer 60 $ ou sans vue 40 $ + 8 $ à ajouter par résa faite en ligne. Résa pour 7 nuits max en été (2 sem nov-mars). Day use 6h-22h 15 $.* Mieux vaut choisir les emplacements les plus chers, vous camperez carrément sur la plage, à même le sable, c'est plus confortable pour le dos que le goudron. Joli cadre et ambiance plutôt familiale. Pelouses avec tables de pique-nique. La présence de la PCH est supportable, surtout quand les vents viennent de la mer...

Marina Inn : *24800 Dana Point Harbor Dr. ☎ 949-496-1203. • danapointmarinainn.com • Doubles 135-300 $, petit déj compris. Parking gratuit.* Pour une escale entre L.A. et San Diego, ou si vous voulez être à pied d'œuvre pour partir observer les baleines aux aurores, c'est à coup sûr ici qu'il faut loger. L'hôtel est agréable, les chambres sont bien tenues (la plupart avec grande baie vitrée donnant sur la marina) et l'accueil est vraiment gentil. Piscine et jacuzzi. Resto *(The Brig)* juste à côté, ou *Jon's Fish Market* sur la marina, réputé pour son *fish & chips.*

Wind & Sea Restaurant : *34699 Golden Lantern St, Dana Point Harbor. ☎ 949-496-6500. À l'extrémité de la marina. Tlj 11h30 (11h ven-dim)-21h (22h ven-sam). Salades env 10 $, plats 19-50 $, pêche du jour 25-35 $ (plus cher pour le homard). Fish & chips,* pâtes aux fruits de mer, poisson du jour et salades variées. Pas vraiment gastronomique, il faut bien l'avouer mais l'endroit vaut le détour pour la grande salle vitrée avec vue sur la marina (éviter le patio, moins sympa). Formule *all-you-can-eat-breakfast* tous les dimanches à prix plancher.

À faire

Dana Wharf Sportfishing : *34675 Golden Lantern St, sur le port, marina de Dana Point.* ☎ *949-496-5794.* • *danawharf.com* • *À côté du resto* Jon's Fish Market. *Résa conseillée en saison. Observation des baleines : 56 $. Sorties pêche : 60-80 $ selon durée ; réduc ; moitié prix mar.* Un centre de pêche au gros qui propose des **sorties pêche** et du **whale watching** (observation des baleines et autres cétacés qui se « cachent à l'eau »). En hiver, de fin novembre à fin mars, c'est la baleine grise ; en été, de juin à août, la bleue – les soirs d'été, sur les coups de minuit, elle est même rose, c'est vous dire... Toute l'année, les dauphins. Le tour dure environ 2h, on peut acheter son pique-nique à bord (et éventuellement le donner aux dauphins si la mer est agitée). Côté bonnes prises, du barracuda, du *bass* et en août la *yellowtail,* la sériole à queue jaune.

SAN ONOFRE

Un des plus fameux spots de *longboard* de la côte californienne se trouve juste à côté de... la centrale nucléaire de San Onofre, au sud de San Clemente. Il s'agit d'une *State Beach,* l'accès en est donc payant *(15 $/j.).* On se gare à moins de 10 m de l'eau, fidèles au cliché des plages californiennes. Ici, gauches et droites alternent dans un rythme parfait. Pas de boutiques, pas de restos ni de cafés. C'est la plage, et basta ! Sur les zones de beau sable, quelques terrains de beach-volley. Il y a aussi une plage de nudistes (vers la centrale nucléaire !) et un camping, mais il est un peu près de la PCH.

Ralph's : *903 S El Camino Real. Juste à la sortie de* ***San Clemente*** *en direction de San Diego, à gauche. Tlj 6h-1h.* Un supermarché où l'on trouve de tout, notamment pour constituer son pique-nique avant d'aller à la plage. Aussi des pains de glace.

OCEANSIDE ET CARLSBAD

Oceanside est une station balnéaire tout en longueur, traversée par la PCH. Les accès à la plage contenteront plus les surfeurs que les adeptes de la bronzette. Pas mal de possibilités d'hébergement mais soit côté PCH, soit côté voie ferrée, ou même les 2 ! Après Carlsbad (réputé pour ses huîtres, avis aux amateurs), une très longue plage de sable fin le long de la route qui mène à San Diego.

Adresse utile

California Welcome Center – Oceanside : *928 N Coast Hwy.* ☎ *760-721-1101.* • *visitoceanside.org* • *Tlj sauf dim 10h-16h (15h30 lun).* Un office de tourisme très bien documenté, dans lequel vous trouverez les brochures et *Visitor Guide* de toutes les villes de Californie.

Où dormir ? Où manger ?

Rodeway Inn : *1103 N Coast Hwy, à* ***Oceanside.*** ☎ *760-722-1904.* • *rodewayinn.com* • *Doubles 70-160 $, à 2 lits* queen size *pour 4 pers 90-120 $, petit déj (frugal) compris.* Dans une ville où la plupart des hôtels sont coincés entre la voie rapide et la voie ferrée, voici « le moins pire ». Il offre

LOS ANGELES ET LE SUD DE LA CALIFORNIE

80 chambres bien insonorisées, propres et possédant une literie confortable. Inutile de prendre les plus chères, vous n'y passerez pas vos vacances mais la formule à 2 lits *queen size* est un bon plan pour une étape en famille.

101 Café : *631 S Coast Hwy (angle Wisconsin Ave), à* ***Oceanside.*** *☎ 760-722-5220. Tlj 8h-20h (14h lun). Plats 10-15 $.* Le café-*diner* le plus célèbre de la « ouane-o-ouane ». Il date de 1928 mais il a été relooké depuis, en gardant cela dit son petit côté rétro. Bardé de photos noir et blanc, c'est toute la mémoire d'Oceanside. Il y a tous les jours une queue du diable avant que se remplissent ses tables en acier brossé. Carte typique : œufs *Benedict,* burgers, salades et du bacon.

Campfire : *2725 State St, à* ***Carlsbad*** *(pile dans le centre). ☎ 760-637-5121. Tlj (sauf mar) à partir de 17h. Plats 15-35 $.* Les Américains ont le chic pour transformer les lieux industriels en restos, bars et boutiques tendance. Ici, on s'est servi d'un ancien garage pour recréer la convivialité du feu de camp et des escapades en forêt entre amis. Cela paraît conceptuel mais le lieu est surprenant et l'on y sert une cuisine *Modern American* fusion savoureuse. Viandes et saumon fumés sur place, huîtres de Carlsbad (froides ou chaudes) avec des assaisonnements créatifs, desserts exquis et belle carte de cocktails. Le tout servi par un staff cool en chemise de bûcheron et pompes de rando pour rester dans le thème !

À voir

Legoland California : *1 Legoland Dr, à* ***Carlsbad.*** *• legoland.com • Ouv 10h-17h (9h30-18h ou 20h juin-août, voire 21h certains sam d'été). Fermé certains mer et j. fériés. Vérifier sur le site avt d'y aller. Tarifs de base en réservant en ligne sur le site officiel (plus cher sur place) : 100-110 $; 3-12 ans 95-105 $; plus cher avec l'aquarium et le Water Park. Parking 25 $.*
Un parc très aéré, agréablement planté et moins fréquenté que Disneyland, complété par le **Sea Life Aquarium** et le **Legoland Water Park** (un parc aquatique en Lego ouvert à la belle saison seulement). Il est interactif, plutôt destiné aux familles, et comprend une cinquantaine d'attractions, où l'on doit nager, ramper et construire. C'est le paradis des petits. Tout est fait pour leur plaire, comme on peut le constater en regardant les sourires des petits diables sur les chevaux du carrousel de *Friends Heartlake City,* l'une de leurs attractions préférées. Et, il faut bien le dire, certaines réalisations sont vraiment étonnantes. Quelques points forts de la visite :

- **Aquazone :** *dans Imagination Zone* (où les familles sont invitées à jouer avec une multitude de constructions en Lego différentes ; idéal pour les Lego *maniacs* !). Un manège flottant où l'on s'assied à bord d'un simulacre d'hydrojet pour avoir la sensation de conduire vite sur l'eau.
- **Emmet's Flying Adventure :** *dans Lego Movie World.* Un vol virtuel pour s'immerger dans l'univers des films Lego. Cette attraction 4D fait appel à tous les sens et on est réellement transportés de l'autre côté de l'écran. Bluffant !
- **Bionicle Blaster :** *dans Imagination Zone.* Un genre d'autos tamponneuses pour petits, où l'on prend place à bord d'engins tournicotant sur eux-mêmes.
- **Lost Kingdom Adventure :** *dans Land of Adventure.* Installé à bord de wagonnets, vous voilà parti pour une chasse aux méchants. Bien sûr, vous devez tirer dessus avec un pistolet laser, le décompte de points s'affichant devant vous.
- **Beetlle Bounce :** *dans Land of Adventure.* Un manège où, alignés en rang d'oignons, on vous fait monter et descendre à toute vitesse ; ça crie, mais on n'y croit pas trop ! Idéal pour tasser votre burger-frites !
- **Miniland USA et Star Wars Miniland :** cette partie du parc plaira aussi aux grands puisqu'il s'agit d'une reproduction à l'échelle des principales villes américaines, avec leurs bâtiments les plus célèbres. 20 millions de briques ont été

nécessaires pour le construire. Les détails sont remarquables. Dans *Star Wars Miniland,* replongez-vous dans 7 scènes du film mythique.
– ***Knights' Tournament :*** *dans Castle Hill.* On fait ici un voyage vers les temps médiévaux. Avec, au programme, le *Dragon Coaster* et l'exploration de la forêt enchantée sur des chevaux en Lego.
– Dans ***Fun Town,*** les enfants peuvent conduire de véritables voitures électriques et passer leur permis à l'auto-école *Legoland,* ou encore prendre le contrôle de l'hélicoptère à la *Sky Patrol Lego.*
– ***Safari Trek :*** *dans Explore Village.* On vous propose de conduire une jeep à travers une Afrique factice et de découvrir des animaux en Lego.
– ***Pirate Shores :*** une zone d'où l'on ressort trempé jusqu'aux os, en participant à la *Splash Battle* à bord d'un bateau de pirates, en descendant des cascades en bûches, ou en recevant un seau de plus de 1 500 l sur la tête (vous pouvez acheter un maillot et une serviette sur place) !

Legoland Hotel : *à l'intérieur du parc, 5885 The Crossings Dr. • legoland.com • Chambres 180-550 $ (jusqu'à 5 pers) ; min 400 $ pour les suites.* Quelque 300 chambres familiales et suites jusqu'à 7 personnes. Tout est personnalisé sur les thèmes Lego, bien sûr (pirates, chevaliers, aventure...), avec lit *king size* pour les parents et lits superposés + lit gigogne pour les *kids.* Même déco criarde et hyper chargée. Piscine chauffée, resto, aire de jeux pour les enfants et boutique (sans blague ?). L'avantage, c'est que, comme chez Disney et Universal, les clients de l'hôtel peuvent accéder à certaines attractions avant l'ouverture officielle du parc.

AU SUD DE CARLSBAD

Encore quelques belles plages avant d'arriver à La Jolla et Punta Loma, les plages mythiques de San Diego. Celle de ***South Ponto,*** à la sortie sud de Carlsbad, avec son sable blanc, est superbe. Également un très agréable spot de surf à ***San Elijo.*** Beaucoup de monde quand la vague est là.

Où camper ?

Attention, dans les campings des *State Parks,* on le répète, pas de verre et pas d'alcool...

South Carlsbad State Beach Campground : *7201 Carlsbad Blvd, à env 5 km au* ***sud de Carlsbad.*** *☎ 760-438-3143. • parks.ca.gov • ou • reservecalifornia.com • (résa). Attention, entrée par le State Beach Park. Ouv tte l'année. 2 types d'emplacements : côté mer env 50 $ ou sans vue 35 $ (ajouter 25 $ pour l'électricité). Résa pour 14 nuits max, renouvelable ensuite nuitée par nuitée.* Un grand camping en surplomb de la plage (un peu sale, et prévoir des remontées difficiles) qui s'étire le long de la *highway.*

San Elijo State Beach Campground : *2050 S Coast Hwy 101, à* ***Cardiff.*** *☎ 760-753-5091. • parks.ca.gov • ou • reservecalifornia.com • (résa). Le bus pour San Diego s'arrête à proximité. Ouv tte l'année. 2 types d'emplacements : côté mer env 50 $ (+ 25 $ pour la formule* hookup *qui comprend l'eau et l'électricité) ou côté route 35 $.* Ici, préférer côté mer, mais dans la partie sud du camping seulement car, au nord, l'accès à la plage est ardu (vous aurez une falaise à descendre ou à remonter, et ce sans escalier...). Les emplacements sont assez poussiéreux, mais la mer, peu profonde, est idéale pour s'initier au surf. Un des campings les plus sympas de la côte. École de surf *(☎ 760-809-3069 ; • elihoward.com •),* location de *boards,* supérettes. Possibilité de se connecter à Internet à la bibliothèque voisine ou en wifi au *Starbucks.* Un bémol, cela dit : les trains sifflent la nuit, et pas que 3 fois...

SAN DIEGO

1 406 000 hab.

• Downtown *p. 506-507* • Plan Les environs de San Diego *p. 525*

À 190 km au sud de Los Angeles et à une trentaine de kilomètres de la frontière mexicaine (Tijuana), San Diego est la ville la plus méridionale de la côte californienne. C'est aussi la plus ancienne. Après le débarquement du navigateur espagnol Cabrillo, en 1542, sur la terre des Indiens kumeyaays, puis la cartographie du site en 1602 par un autre Espagnol, Vizcaíno, qui le baptise du saint du jour (San Diego), c'est en 1769 que le père Junipero Serra y fonde la 1re des 21 missions permettant aux Espagnols de coloniser la Californie. Mexicaine puis américaine, avant d'être oubliée par le chemin de fer au XIXe s, San Diego est aujourd'hui la 2e agglomération de l'État par le nombre d'habitants (plus de 3 millions pour le Grand San Diego) et la 8e ville du pays. Ville jeune (un quart des habitants a moins de 20 ans et l'âge moyen de la population est de 35 ans), elle est également, en raison de sa proximité avec le Mexique, fortement influencée par les Hispaniques (près de 30 % de la population).

Son climat chaud et sec (plus de 3 000 heures d'ensoleillement par an) et sa situation exceptionnelle, sur 2 baies bien protégées, en ont fait un centre résidentiel bien plus calme que la trépidante Los Angeles. Ce serait même la 10e destination touristique préférée des Américains. Ville étudiante très prisée des surfeurs, San Diego n'en demeure pas moins patriote (160 000 militaires y sont stationnés). Connue pour ses bases navale et aérienne, notamment celle de Miramar, qui a inspiré le film *Top Gun,* c'est aussi ici que fut construit le *Spirit of Saint Louis* de Charles Lindbergh.

Depuis, la haute technologie et la biotech ont pris le relais des industries militaires qui firent sa réputation. Un passé qu'il est permis d'effleurer dans les différents musées regroupés dans le Balboa Park, point de convergence des habitants le week-end. Côté animation, Gaslamp, le quartier animé du centre-ville, n'offre pratiquement que des pubs. Pas étonnant dans une ville qui compte pas moins de 85 brasseries artisanales.

AMAZING CHARLES !

C'est dans l'aéroport de San Diego, surnommé depuis « Lindbergh Field », que fut construit le Spirit of Saint Louis, *l'avion que Charles Lindbergh pilota en solitaire de New York à Paris, en 1927. Il stupéfia le monde une 2e fois quand on apprit ses sympathies nazies (il fut décoré par Göring en 1936). Et même une 3e fois quand on sut, en 2003, qu'il avait 3 enfants d'une maîtresse allemande.*

Arriver – Quitter

En bus

Greyhound Bus Terminal *(hors plan Downtown par C3) : Trolley Plaza.* • *greyhound.com* • Achat en ligne jusqu'à 2h avt le départ. Sur place, arriver min 30 mn avt l'heure H. Pour Los Angeles, 1 bus ttes les heures (env 20 $, moins cher si résa sur Internet).

– ***Transit Store :*** *100 Trolley Plaza.* • *sdmts.com* • *Ouv 8h-17h. Fermé w-e.* Juste à côté de la gare routière, pratique pour obtenir tous les renseignements sur les transports de la ville gérés par le *Metropolitan Transit System (MTS).*

– ***Horaires des bus et trams locaux :*** télécharger l'appli sur • *sdmts.com* •

En avion

✈ ***L'aéroport*** • *san.org* • *(plan Les environs de San Diego)* est dans la ville, à seulement 5 km au nord-ouest de Downtown (la plupart des vols en provenance de l'étranger arrivent au terminal 2). Sur l'I-5, qui jouxte les pistes, les avions passent si près au-dessus de notre tête qu'on a l'impression qu'il suffirait de tendre le bras pour leur gratouiller le ventre !

➢ ***De/vers Downtown*** *(Horton Plaza)* **:** très simple et rapide (trajet env 30 mn) avec le bus *MTS* nº 992 *(tlj 5h-23h30, ttes les 15 mn en sem, ttes les 30 mn w-e et j. fériés).* À l'aéroport, arrêt devant les portes des terminaux, au niveau des arrivées. Ticket : env 2,50 $; prévoir de la monnaie ! Horaires sur • *sdmts.com* •

– Entre fin mai et début sept, tlj 10h-23h, un bus fait la navette du *Sheraton* situé à la marina (à 10-15 mn à pied) au *Hilton Bay Front* en passant par le centre-ville. Prix du billet : 3 $.

➢ ***Si vous logez en périphérie*** *(Pacific Beach, Ocean Beach...)* **:** il est plus simple (mais beaucoup plus cher) de recourir au service des navettes *Super Shuttle* par exemple *(☎ 858-974-8885 ; • supershuttle.com •).* En sortant de l'aéroport, chercher le panneau « Shuttles for hire ». Env 25 $/pers pour Pacific Beach et 20 $ pour Ocean Beach (réduc si A/R).

– ***Les agences de location de voitures*** sont un peu à l'écart de l'aéroport. Des navettes vous cueillent ou vous déposent au niveau des arrivées. Si vous prenez un avion, prévoyez une marge de 30-40 mn supplémentaires.

Orientation

San Diego est quadrillée à partir d'un centre qui correspond à l'intersection entre 1st Avenue et Broadway, dans Downtown. Toutes les adresses figurant entre l'océan et 1st Avenue sont notées W (West), celles en deçà E (East). De même, toutes les adresses au sud de Broadway sont numérotées jusqu'à 1000 (1000 étant Broadway), celles qui partent de Broadway vers le nord, à partir de 1000. La plupart des rues sont à sens unique par alternance.

Adresses et infos utiles

Infos touristiques, services

🅸 ***Visitor Center*** *(plan Downtown, A2)* **:** *996 Harbor Dr (au niveau du Broadway Pier). ☎ 619-236-1242. Tlj 10h-16h (17h juin-sept) ; fermé à Thanksgiving et Noël.* Plans, brochures et catalogues, dont l'*Official San Diego Visitors' Planning Guide* (à télécharger en ligne sur • *sandiego.org* •), très bien fait. Vend aussi des tickets sur place et en ligne sur • *sandiegovisit.org* • à prix réduits pour la plupart des attractions du coin.

– Procurez-vous absolument le ***Reader,*** magazine distribué gratuitement dans les bars, restos, magasins et dans des bornes disposées dans Gaslamp, souvent à côté des journaux payants. Plein d'infos sur la ville : sorties, restos, etc. Le journal a aussi sa version en ligne : • *sandiegoreader.com* •

■ ***Consulat du Mexique*** *(plan Downtown, B1,* ***1****)* **:** *1549 India St. ☎ 877-639-4835. • consulmex.sre.gob.mx/sandiego • Sur rdv (par tél ou en ligne sur • mexitel.sre.gob.mx •) pour les demandes de visa des non-Mexicains.*

Parkings, transports

🅿 ***Stationnement*** compliqué, d'autant que dans le centre-ville, il est interdit de se garer à certaines heures à cause du nettoyage des rues. En général, stationnement payant 8h-18h (ou 20h selon certaines zones de Gaslamp), sauf le dimanche et les jours fériés. Vérifiez bien ces infos à chaque fois que vous changez de stationnement.

– ***Site officiel des transports de la ville :*** • *sdmts.com* • Tous renseignements (horaires et trajets) sur les bus et les trolleys (trams) de San Diego gérés par le *Metropolitan Transit System (MTS).* Les *San Diego Trolleys*

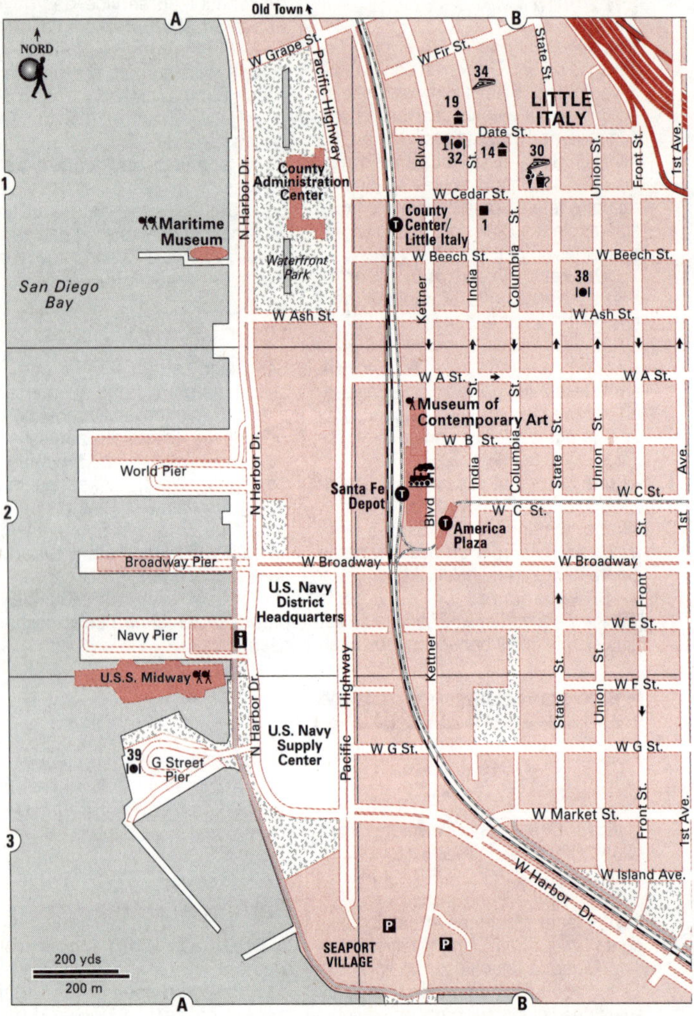

Adresses utiles

- Visitor Center (A2)
- **1** Consulat du Mexique (B1)
- **7** The Bike Revolution (C3)

Où dormir ?

- **10** HI San Diego Downtown (C3)
- **12** Lucky D's Hostel (C3)
- **13** Keating House Inn (hors plan par C1)
- **14** Urban Boutique Hotel (B1)
- **18** Motel 6 San Diego Downtown (C1)
- **19** La Pensione Hotel (B1)

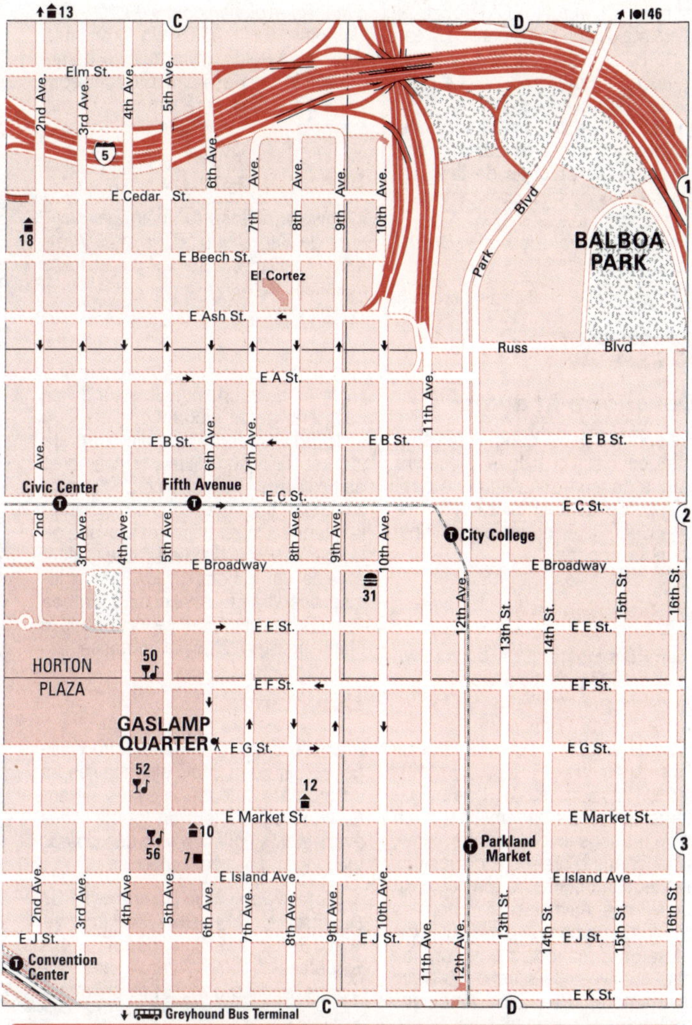

SAN DIEGO – Downtown

Où manger ?

- **30** Pappalecco (B1)
- **31** Hodad's (D2)
- **32** Ironside Fish & Oyster (B1)
- **34** Filippi's Pizza Grotto (B1)
- **38** Extraordinary Desserts (B1)
- **39** Fish Market (A3)
- **46** The Prado (hors plan par D1)

Où sortir à Downtown ?

- **50** Patricks Gaslamp Pub (C2-3)
- **52** The Shout ! House (C3)
- **56** The Field (C3)

desservent Downtown, Old Town, la frontière mexicaine et les banlieues est et nord. Billet simple : 2,50 $ (valable 2h, mais on ne peut pas passer d'un bus à un tram avec ces billets). *Pass* journalier 6 $. Le *Transit Store* donne aussi des infos sur le *coaster*, qui relie toutes les stations de la côte. Rens sur • *gonctd.com/services/coaster-commuter-rail* •

The Bike Revolution *(plan Downtown, C3,* ***7****) : 552 6th Ave (entre Market St et Island Ave). ☎ 352-817-8564.* • *thebikerevolution.com* • *Tlj 10h-19h. Compter 10 $/h, 25 $/j.* Un formidable réservoir à vélos. Livre aussi à domicile ou dans les environs, pour ceux qui veulent explorer la région en VTT par exemple.

Santé, urgences

Alvarado Hospital *(plan Les environs de San Diego, B1) : 6655 Alvarado Rd. ☎ 619-287-3270.* • *alvaradohospital.com* •

Où dormir ?

À Downtown et autour

Ici, ce sont les petits budgets qui sont avantagés car on trouve plusieurs auberges de jeunesse de bonne qualité. En ce qui concerne les hôtels, les prix peuvent varier du simple au triple les jours de congrès.

Très bon marché

Lucky D's Hostel *(plan Downtown, C3,* ***12****) : 615 8th Ave. ☎ 619-595-0000.* • *luckydshostel.com* • *De l'aéroport, bus n° 992 ; arrêt à l'intersection 8th/Market St. Lits en dortoir 30-60 $, doubles (sdb partagée ou non) 60-90 $, petit déj inclus (promos sur le site).* Une méga-auberge qui prend carrément tout un pâté de maisons en plein centre animé. Les bouchons d'oreilles à disposition à la réception donnent le ton. Ici, c'est un peu l'usine. Au menu : 35 dortoirs de 4 lits, filles et garçons séparés ou mixte, c'est selon... Planchers bois, grande cuisine au niveau 3 (évitez d'y prendre une chambre). Bref, une ambiance décontractée et même un tantinet revival, un bon plan pour ceux qui veulent rester « sur la route » et recherchent des contacts. Loue également des vélos.

HI San Diego Downtown *(plan Downtown, C3,* ***10****) : 521 Market St. ☎ 619-525-1531.* • *hiusa.org* • *En plein Gaslamp Quarter. De l'aéroport, bus n° 992 ; arrêt à l'intersection 4th Ave/Broadway. Lits en dortoir 33-50 $, doubles sans ou avec sdb 90-160 $, petit déj inclus. Réduc de 3 $/pers avec la carte des AJ.* Une vaste AJ dans un immeuble sur 3 étages, rénovée de pied en cap dans un style frais et contemporain. Dortoirs (de 4 et 10 lits non mixtes) ou chambres particulières. Attention à celles donnant sur la rue : vous êtes en plein Gaslamp, le quartier le plus animé (et bruyant) de la ville le soir. Cuisine, laverie, salon, salle de jeux et bons tuyaux. L'AJ organise des virées en ville ou à Balboa Park. Super bien pour se loger dans le centre si vous n'êtes pas motorisé.

Bon marché

Rien d'exceptionnel dans cette catégorie, loin de là, mais elle conviendra en gros aux budgets moyens. Attention, les prix varient en fonction des événements (inflation lors des grands meetings ou des conventions).

Motel 6 San Diego Downtown *(plan Downtown, C1,* ***18****) : 1546 2nd Ave. ☎ 619-236-9292.* • *motel6.com* • *Doubles 70-100 $; gratuit moins de 17 ans. Parking gratuit.* Les chambres ont été refaites dans un style très minimaliste et la literie entièrement changée. Pas très grandes, elles ne disposent que d'un seul lit de format *queen size,* mais, outre ses prix contenus, ce motel a le mérite d'être bien situé (10 mn à pied de Little Italy), propre et plutôt lumineux.

De prix moyens à plus chic

Urban Boutique Hotel *(plan Downtown, B1,* ***14****) : 1654 Columbia St.*

☎ 619-232-3400. • urbanboutiquehotel.com • En plein Little Italy. Doubles 120-180 $ en moyenne. Remises si résa directe sur le site et en cas de séjour de 3 nuits. Beau boutique-hôtel disposant de chambres agréables aménagées sur 3 étages à 2 pas du quartier animé de Little Italy. Côté confort, rien à redire : belle petite déco, literie impeccable (*full, queen* ou *king size,* c'est selon), salles de bains refaites, micro-ondes, machine à café, coffre-fort. Seul regret, les chambres les moins chères sont assez petites. Sinon, ça reste un bon plan. Bon petit déj.

Keating House Inn *(hors plan Downtown par C1,* ***13****) : 2331 2nd Ave. ☎ 619-239-8585. Au nord de Downtown, dans le quartier de Little Italy. Résa conseillée. Doubles env 110-140 $, petit déj continental inclus.* Dans un beau quartier résidentiel, splendide maison victorienne de 1888 entourée d'un verdoyant jardin avec jacarandas, palmiers, bananiers, roses et bougainvillées. Quasiment un *B & B.* Intérieur très soigné, décoré avec le souci du détail. Une petite dizaine de chambres avec douche ou bains, plus ou moins grandes, chacune avec sa propre déco. On a un faible pour la *Garden Suite* (la plus chère !) avec terrasse à l'arrière. Excellent accueil de nos hôtes, Ben et Doug. Une très belle adresse. Un seul bémol : on entend un peu trop passer les avions, comme souvent à San Diego, d'ailleurs…

La Pensione Hotel *(plan Downtown, B1,* ***19****) : 606 W Date St (angle India St). ☎ 619-236-8000. • lapensionehotel.com • À Little Italy. Doubles 150-210 $, quadruple à partir de 200 $; café et viennoiseries le mat. Petit garage (1er arrivé, 1er servi) 20 $.* Un joli petit hôtel qui revendique son *European style* en 3 mots : confortable, pas prétentieux et propre. Décoration générale très simple avec des reproductions de photos anciennes. Chambres petites, avec un seul lit *queen size,* mais lumineuses et nickel, toutes avec ventilo et frigo. Petit patio abritant une fontaine et un café en terrasse, le *Caffe Italia,* sympa pour le petit déj, un lunch léger ou le brunch du dimanche. Bon accueil.

Le long de la côte *(plan Les environs de San Diego)*

Bon marché

Samesun Ocean Beach *(plan Les environs de San Diego, A2,* ***22****) : 4961 Newport Ave (entre Bacon et Cable),* ***Ocean Beach.*** *☎ 619-376-6477. • samesun.com • Bus nos 35 ou 923. Résa conseillée en été. Lits en dortoir 28-50 $, chambres privées 130-180 $, petit déj compris.* Bien située, à 2 pas de la plage et reconnaissable à sa façade « Flower Power » surmontée d'un magistral « Peace & Love », une auberge très appréciée des *backpackers.* Pas mal de passage et d'ambiance. Les 23 dortoirs (4-8 lits) sont très convenables avec des sanitaires globalement bien tenus. Quelques chambres privées avec sanitaires ou pas. Draps fournis. Côté espaces communs : salon TV avec DVD et terrasse sur le devant. Bien sûr, possibilité de laver son linge et de faire la cuisine. *Lockers* gratuits (apporter son cadenas). Location de surfs. Plein de petits restos dans le coin. Bon accueil.

Prix moyens

Voir aussi l'auberge de jeunesse ci-avant qui proposent des chambres privées de bon marché à prix moyens (voire à prix chic en saison).

The Beach Cottages *(plan Les environs de San Diego, A1,* ***23****) : 4255 Ocean Blvd (entre Reed et Thomas Ave),* ***Pacific Beach.*** *☎ 858-483-7440. • beachcottages.com • Accès par Mission Blvd. Doubles type motel 135-175 $, studios et apparts (1-7 pers) 160-285 $, cottages (1-6 pers) 185-365 $.* En bordure de la plage, cet établissement à l'architecture balnéaire défraîchie abrite un large choix de logements (évitez le *North building*). Certes, on est un peu tassé, mais c'est un bon plan si l'on voyage à plusieurs, comparé à l'auberge de jeunesse calamiteuse située juste à côté. Évidemment, les plus près de la mer sont nettement mieux (plus chers aussi). Les amoureux à petit budget se contenteront d'une *motel room* un peu désuète, avec minifrigo, micro-ondes et cafetière. D'accord, c'est vieillot, mais l'ambiance est familiale, il y a des barbecues, et la plage est juste là. Bon accueil.

Coronado Inn et **Coronado Island Inn** *(plan Les environs de San Diego, A2,* ***24****) : 266 et 301 Orange Ave, sur* ***l'île de Coronado.*** *☎ 619-435-4121. • coronadoinn.com • coronadoislandinn.com • À 2 blocs du ferry pour Downtown (ttes les heures jusqu'à 21h - 22h ven-sam ; 7 $ l'aller). Doubles 120-200 $, suites 5-6 pers 150-250 $, petit déj continental inclus.* D'un côté, vous avez le *Coronado Inn,* qui propose des chambres un peu plus chics ainsi qu'une piscine et un peu plus en retrait de la route que le *Coronado Island Inn,* l'annexe du motel de l'autre côté du carrefour. Ce dernier, recouvert de bardeaux en bois sur 2 étages, se trouve juste au bord d'une rue très fréquentée, donc assez bruyante. Petites chambres très simples, avec micro-ondes et frigo. Vous trouverez difficilement moins cher sur cette île. Agréable petit déj servi en extérieur dès les 1ers soleils.

Plus chic

Ocean Beach Hotel *(plan Les environs de San Diego, A2,* ***22****) : 5080 Newport Ave (entre Bacon et l'océan), à* ***Ocean Beach.*** *☎ 619-223-7191. • obhotel.com • Doubles 180-270 $. Parking gratuit (à réserver à l'avance).* Un hôtel d'une petite cinquantaine de chambres réparties sur 2 niveaux autour d'un patio, presque sur la plage, dont la moitié avec vue. Toutes rénovées, les chambres ne sont pas très grandes (notamment les salles de bains, vraiment étroites) mais joliment meublées, confortables et propres, avec frigo et micro-ondes.

Scripps Inn *(plan Les environs de San Diego, A1,* ***28****) : 555 Coast Blvd, à* ***La Jolla.*** *☎ 888-976-2912. • scrippsinn.com • Doubles 200-500 $ (compter 300-330 $ en moyenne), petit déj léger inclus. Parking 18 $.* Difficile d'être plus près de la mer dans ce petit ensemble chic et charme de 14 chambres pour 2 à 6 personnes, surplombant la pittoresque « anse des phoques ». Certaines ont une vue imprenable sur le Pacifique, d'autres une cuisine ou une cheminée. Configurations différentes donc, mais toutes sont fraîches et lumineuses, avec une déco marine sobre et de bon goût : bois blond et tons blanc, beige, bleu grisé. Original, les lits orientés dans un angle de la chambre. Un vrai petit nid douillet.

Où manger ?

À Downtown

Pour dîner à Downtown San Diego, c'est le quartier de Little Italy qui emporte la faveur des habitants. Ok, ce n'est pas toujours de la cuisine de haute volée, mais c'est là que se concentre l'animation.

Spécial petit déjeuner

Pappalecco *(plan Downtown, B1,* ***30****) : 1602 State St (angle W Cedar St). ☎ 619-238-4590. Tlj 7h (7h30 w-e)-21h30 (22h ven-sam). Petit déj ou sandwichs 6-17 $, pizzas 13-19 $.* À l'orée de Little Italy, ce petit *corner* façon bistrot romain, avec quelques tables sur le trottoir, propose une cuisine d'inspiration toscane concoctée avec des produits frais (sauf les tomates de San Marzano, qui sont importées d'Italie). On s'y attable pour un breakfast-croissant, des panini, une pizza. Bonnes glaces.

Bon marché

Hodad's *(plan Downtown, D2,* ***31****) : 945 Broadway Ave (angle 10th Ave). ☎ 619-234-6323. Tlj 11h-21h. Burgers 5-16 $.* C'est crade, bruyant, placardé d'autocollants et de plaques d'immatriculation, et c'est ça qui plaît ! Ne venez pas ici pour le raffinement. La maison fait plutôt dans le lourdingue. Leur devise : « *No shirt, no shoes, no problem* ». Bref, comme le dit un concurrent célèbre, venez comme vous êtes, surtout si vous descendez de votre planche de surf (cela dit, ici, on est en pleine ville !). Le moins qu'on puisse dire, c'est que cette annexe de la maison mère d'Ocean Beach surfe sur sa réputation. Sinon, ça reste des bons gros burgers, servis plutôt bien cuits, en taille mini, entier ou double, à toutes les sauces et avec ou sans (grosses) frites. Le sandwich *BLT* (bacon, laitue, tomate) a aussi ses adeptes.

Prix moyens

|●| 🍸 ***Ironside Fish & Oyster*** *(plan Downtown, B1,* ***32****) :* *1654 Indian St. ☎ 619-269-3033. Tlj 11h30 (11h w-e)-22h (minuit ven-sam). Ceviches et plats env 15 $, pêche du jour env 30 $.* Grand bar à huîtres assez réussi avec sa déco néo-industrielle mêlant le voyage à la marine. On y vient, en famille ou entre amis, démantibuler un crabe ou lever les filets d'un *red snapper* (vivaneau campèche) devant une petite mousse brassée dans le coin ou un verre de sancerre (belle sélection de vins français). Mais pas d'« arêtes » ici, les végans opteront pour la carte *veggie* tandis que les autres pourront tout aussi bien s'acharner sur un demi-poulet servi avec sa *buddha's hand vinaigrette,* tout un programme !

🍕 ***Filippi's Pizza Grotto*** *(plan Downtown, B1,* ***34****) :* *1747 Indian St. ☎ 619-232-5095. Tlj 11h-21h (22h ven et sam). Pizzas et plats 15-20 $.* Un resto familial devenu petite franchise, né de la rencontre à New York, en 1925, d'un Napolitain et d'une Nîmoise. Ils débarqueront à San Diego au lendemain de la Seconde Guerre mondiale. Aujourd'hui, derrière leur petit supermarché se cache un resto qui paraît sans fond. Les connaisseurs s'y entassent sous un ciel de bouteilles de chianti pour savourer de grosses pizzas napolitaines noyées sous le fromage.

|●| ***Extraordinary Desserts*** *(plan Downtown, B1,* ***38****) :* *1430 Union St. ☎ 619-294-7001. Tlj 10h-20h30 (22h ven-sam). Snacks et tartines moins de 10 $, sandwichs et salades 15-20 $.* Un *concept store* façon hangar relooké spécial selfie pour s'immortaliser en compagnie d'une crème brûlée aux pétales de rose ou d'une *panna cotta gluten free,* avant d'expédier le tout en direct sur SnapChat pour faire bicher les copines au régime. Sinon, l'endroit est aussi apprécié pour un lunch ou un dîner léger (salades, panini, *bruschette*). Les prix sont élevés, mais les « en-cas » savoureux et costauds et, à moins d'être très gourmand, un gâteau pour 2 suffit. Malheureusement, la pâtisserie, ce n'est pas que du visuel, et les palais exigeants risquent d'être déçus !

Plus chic

|●| ⛱ ***Fish Market*** *(plan Downtown, A3,* ***39****) :* *750 N Harbor Dr (sur G St Pier). ☎ 619-232-3474. Tlj 11h30-20h (21h ven-sam). Résa conseillée en ligne : ● thefishmarket.com ● Plats 15-30 $ au rdc et 25-40 $, un peu plus cher pour le crabe ou le homard, à l'étage.* Ce resto emblématique du port de San Diego attire toujours autant les amateurs de poisson frais. Installez-vous en terrasse sur le port (à condition d'avoir réservé) ou dans l'une des belles salles panoramiques : brasserie au rez-de-chaussée, avec bars à sushis et à huîtres (pas besoin de réserver), *Banquet Room,* ou salle un peu plus chic à l'étage *(Top of the Market),* avec bois ripolinés, cuivres et miroirs pour une ambiance marine un poil rétro (la musique est là pour le souligner). Pas donné, mais une belle adresse.

Dans Balboa Park

De prix moyens à chic

|●| ***The Prado*** *(hors plan Downtown par D1,* ***46****) :* *1549 El Prado. ☎ 619-557-9441. En plein cœur du Balboa Park, juste à côté du Visitor Center. Tlj sauf lun 11h30-19h30 (17h dim). Sandwichs et salades 10-20 $; plats chauds 15-20 $ le midi, 25-40 $ le soir.* Resto très joliment décoré, parquet en bois verni, fauteuils en rotin de style colonial. Belle terrasse, ombragée par quelques parasols et rafraîchie

par une petite fontaine. On y sert une cuisine assez raffinée, en particulier de délicieuses salades très fraîches et des sandwichs avec du pain maison accompagnés de chips au *taro*. Les gros mangeurs se laisseront tenter par une savoureuse paella. Attention, pas mal de monde au déjeuner.

Dans Old Town et les environs de l'aéroport

De bon marché à prix moyens

Harney Sushi *(plan Les environs de San Diego, A2,* ***42****) : 3964 Harney St, à Old Town. ☎ 619-295-3272. Tlj 16h-22h. Plats 14-20 $.* L'adresse toujours dans le coup d'Old Town, qui sort du registre chicano-folklorique et sert tard (pas gagné dans le quartier !). Autre bon point, les produits, notamment les poissons, sont dûment sélectionnés, évitant l'écueil de la surpêche. Carte très appétissante, naviguant entre *California rolls* (souvent *spicy* !), makis, sashimis et plein d'options cuisinées, parfois *veggie* : *teriyaki*, moules sésame-gingembre-ail, *fried rice*... Le liquide n'est pas en carafe avec une belle sélection de sakés et des cocktails originaux à base de fruits ou spiritueux asiatisants.

Casa Guadalajara *(plan Les environs de San Diego, A1-2,* ***44****) : 4105 Taylor St, à Old Town. ☎ 619-295-5111. Tlj 11h (10h sam)-21h. Plats 15-20 $. Parking sur l'arrière.* Des 2 restos traditionnels mexicains d'Old Town, c'est celui-ci qu'on préfère car il est à l'écart de l'agitation touristique. Que ce soit dans la belle salle ou la partie bar, tout aussi colorée, ou encore sur la terrasse ombragée, au son des mariachis, on se régale de plats copieux et bien exécutés, des *tequila lime shrimps* aux énormes salades servies dans des tacos soufflés (pour 2). Attention, la margarita de base n'est pas préparée avec du citron frais : demander une traditionnelle « *with fresh lime juice* ».

Supannee House of Thai *(plan Les environs de San Diego, A2,* ***33****) : 2907 Shelter Island Dr, face à la marina de* ***Shelter Island.*** *☎ 619-795-8424. Lun et mer-ven 11h30-15h, 16h30-20h30 ; le w-e en continu 11h30-20h30. Plats 15-20 $.* La situation, sur le parking d'un banal petit centre commercial, n'a rien de sexy mais les locaux sont unanimes : voici un excellent resto thaï ! Grande salle moderne inspirée par l'architecture du pays et, dans l'assiette, une cuisine savoureuse et copieuse, à prix raisonnable en plus. Pour éviter les surprises, précisez *medium spicy* (moyennement épicé) lors de la commande.

Corvette Diner *(plan Les environs de San Diego, A2,* ***47****) : 2965 Historic Decatur Rd (Liberty Station), sur la presqu'île de* ***Point Loma.*** *☎ 619-542-1476. Mer-dim 12h-20h, fermé lun-mar. Burgers et salades 13-16 $.* Liberty Station est un ancien centre d'entraînement de la marine reconverti en centre commercial. Si vous êtes sans enfants, aucun intérêt, mais en famille, ce *diner* entièrement dédié aux 50's-60's vous fera gagner des points ! À l'intérieur, on a le choix entre l'ambiance rétro *Happy Days* ou une salle toute noire constellée de dessins fluo psychédéliques... Et comme les Américains ne font pas les choses à moitié, un DJ crée l'animation, les serveurs esquissant volontiers quelques pas de danse avec les gamins. Bref, une expérience 100 % ricaine, surtout qu'une fois le burger-milk-shake avalé, on peut filer à la salle de jeux vidéo attenante... Le week-end, vacarme assourdissant avec tous les anniversaires.

À La Jolla et Torrey Pines

Spécial petit déjeuner

Brockton Villa *(plan Les environs de San Diego, A1,* ***35****) : 1235 Coast Blvd. ☎ 858-454-7393. Tlj 8h-21h. Breakfast 12-20 $, plats 12-25 $ (jusqu'à 35 $ le soir).* L'adresse idéale pour démarrer la journée que cette charmante villa balnéaire en bois de 1894 entourée de plusieurs terrasses pour profiter de la vue sur le Pacifique. On est aux 1res loges pour observer dauphins et otaries batifoler juste en dessous. Très jolie déco

LOS ANGELES ET LE SUD DE LA CALIFORNIE

intérieure, avec le cachet des vieilles maisons de vacances (étonnante cheminée incrustée d'abalones). Au menu : *eggs Benedict* déclinés de plusieurs façons, œufs brouillés vapeur, salades fraîches, un délicieux pain perdu brioché et soufflé, et d'autres bonnes choses savoureuses et *healthy*. Copieux, donc n'hésitez pas à partager un plat pour 2 au petit déj.

De bon marché à prix moyens

🍽 🍸 ***Cliff Hanger Café*** *(plan Les environs de San Diego, A1, **43**) : 2800 Torrey Pines Scenic Dr, à **La Jolla**. ☎ 858-452-9858. Tlj 10h-16h, musique live sam 13h-16h. Sandwichs et salades moins de 10 $.* C'est le snack de l'aire d'envol des parapentistes du coin. Situé en tête de falaise, il domine toute la baie de La Jolla (vue superbe). Très reposant. De drôles d'oiseaux décollent et atterrissent pratiquement dans votre assiette. Côté nourriture, c'est du conventionnel : burgers, sandwichs variés, salades, etc. Possibilité de vol en tandem pour les amateurs *(compter 175 $ en parapente, 225 $ en deltaplane).*

🥪 ⛱ ***La Jolla Cheese Shop*** *(plan Les environs de San Diego, A1, **48**) : 2165 Avenida de la Playa (entre av. de la Ribera et calle de la Plata), à **La Jolla**. ☎ 858-459-3921. Tlj 8h-16h (ferme à 18h en été). Gros sandwichs 10-15 $, petits 7-8 $.* Ce minuscule *deli* un peu foutraque s'est bâti une solide réputation grâce à des sandwichs délicieux, copieusement garnis de plein de choses (pas que du fromage). Les amateurs de pastrami au saut du lit y prendront leur petit déj, les autres se caleront l'estomac avant d'aller surfer (arrivage de cookies frais en milieu d'après-midi). La plage est au bout de la rue !

De prix moyens à très chic

🍽 ***Herringbone*** *(plan Les environs de San Diego, A1, **36**) : 7837 Herschel Ave, à **La Jolla**. ☎ 858-459-0221. Tlj 10h-21h (22h jeu-sam) ; brunch le w-e. Plats 15-25 $ le midi ; le soir, pizzas 17-22 $ et plats 20-50 $. Live music jeu-sam.* Spectaculaire resto branché de *seafood* dans un ancien garage Oldsmobile, recréant un patio planté d'oliviers californiens centenaires (les branches sont fausses en revanche !). Beaux volumes et cachet industriel mixé à des éléments de déco hyper tendance. Le midi, les prix se tiennent et, le soir, on peut s'en tenir à bon compte avec les pizzas.

À Ocean Beach

Bon marché

🍔 ***Hodad's*** *(plan Les environs de San Diego, A2, **22**) : 5010 Newport Ave. ☎ 619-224-4623. Tlj 11h-21h. Burgers 5-16 $.* C'est l'adresse originelle, la Mecque du surfeur en quête du dieu Burger après avoir essuyé quelques vagues pas piquées des hannetons. Comme dans sa succursale de Downtown, le décor est constellé de plaques d'immatriculation. Pour vous distraire pendant que vous faites la queue (malheureusement incontournable à l'heure de la Grande Fringale), cherchez donc la seule plaque française ; un indice, elle est immatriculée dans la Charente-Maritime... Excellents burgers à déguster dans une ambiance bourdonnante. Énormes glaces pour le dessert ! On adore.

À Pacific Beach et autour

Bon marché

☕ 🍽 ***Kono's Cafe*** *(plan Les environs de San Diego, A1, **26**) : 704 Garnet Ave. ☎ 858-483-1669. Tlj 7h-15h. Petit déj et plats 8-10 $.* Une petite cabane colorée, située pile-poil à l'entrée du *Crystal Pier Hotel*. Ici, on sert de la bonne grosse bouffe « étouffe-surfeur » d'un excellent rapport qualité-prix. Bon choix de petits déj (burritos, pancakes, etc.), burgers, sandwichs, pitas et salades. En accompagnement, copieuses *potatoes* avec fromage, oignons et poivron. Terrasse en bois face à la mer, juste derrière la petite boutique de souvenirs.

Où bruncher ?

🍸 ☂ ***Hotel del Coronado*** *(plan Les environs de San Diego, A2,* ***53****) : 1500 Orange Ave,* ***Coronado Beach.*** *☎ 619-435-6611. Brunch-buffet dim (9h30-13h) 98 $ + taxes (36 $ pour les 6-12 ans, gratuit en dessous) !* Cet hôtel historique (lire notre commentaire dans « À voir ») sert un brunch légendaire dans une immense salle à manger *(The Crown)* avec plafond à caissons et en forme de carène de navire renversée. Billy Wilder, qui y a tourné une célèbre comédie, rebaptiserait sans doute son film *Certains l'aiment cher...* On peut donc se contenter d'y boire un verre à l'étage en dessous ou en terrasse !

Où sortir à Downtown ?

Déclarée capitale des États-Unis de la bière en 2017 *(America's Capital of Craft),* San Diego se fait mousser depuis 1868. La ville et sa région totalisent aujourd'hui plus de 130 brasseries, alors la bière, ici, ce n'est pas ça qui manque ! Dès la fin de l'après-midi, les gens se retrouvent pour boire un verre dans le quartier (très touristique) de Gaslamp à Downtown, puis, au fur et à mesure que la soirée progresse, la fête et la musique envahissent les rues. Il y en a pour tous les goûts ou presque, bon et mauvais mélangés, pour un cocktail folk-rock-blues servi dans l'un des nombreux pubs irlandais du quartier. La plupart se situent sur 5th Street. En semaine, quasiment jamais de *cover charge.*

🍸 ♩ ***Patricks Gaslamp Pub*** *(plan Downtown, C2-3,* ***50****) : 428 F St. • patricksgaslamppub.com • Tlj 10h (9h le w-e)-2h. Entrée env 5 $ le w-e.* Petit pub irlandais bien sombre, bien animé le soir et ouvert sur la rue en été. Tous les soirs, de bons orchestres de blues, jazz, soul et rock dès 21h. On a un gros faible pour la belle ambiance de ce repaire d'habitués pas clinquant pour 2 sous.

🍸 ♩ ***The Shout ! House*** *(plan Downtown, C3,* ***52****) : 655 4th Ave. • theshouthouse.com • Ouv de 19h (18h ven-sam) jusque vers 1h30 (2h ven-sam). Entrée gratuite en début de sem, aussi jeu avt 20h ; sinon 5 $, maxi 10 $ sam après 19h. Interdit aux moins de 21 ans.* Ici, la bière coule à flots, dans une ambiance de rade à l'époque de la Prohibition. Derrière le comptoir, les barmen s'activent aux manettes des pressions. Sur l'estrade, 2 grands pianos se font face. C'est simple : vous remplissez le *request form,* vous le déposez sur un piano, et votre morceau sera interprété moyennant souvent quelques arrangements délirants ou comiques par les duettistes. Ambiance déjantée. Burgers de rigueur ; quant à la bière, c'est bien connu, à partir de 3, dit-on, on comprend bien mieux l'anglais !

🍸 ♩ ***The Field*** *(plan Downtown, C3,* ***56****) : 544 5th Ave. • thefield.com • Tlj 11h (9h le w-e)-minuit (2h ven-sam). Concert ts les soirs vers 20h30 : folk,* Irish rock, Irish dancing, *il y en a pour ts les goûts. Pas de cover, sauf à la Saint-Patrick.* Encore un pub irlandais ! Rustique, celui-ci, plutôt sombre au rez-de-chaussée, plus lumineux à l'étage (en début de soirée), le tout très authentique, comme en témoigne la clientèle, plutôt joviale et plus irlandaise qu'ailleurs. Bric-à-brac en face du bar, vaisselle d'antan ornant les murs et cheminée avec chaudron. Méga-ambiance les soirs de match. Au dire des habitués, on y tire la meilleure *Guinness* de San Diego !

Où manger ? Où sortir à University Heights, à Hillcrest ?

– Au nord du Balboa Park, ***University Heights*** qui tire son nom de la construction d'une université à la fin du XIXe s. Aujourd'hui, c'est toujours un secteur étudiant, multiculturel et très fréquenté par les artistes de la ville.

|●| ***El Zarape*** *(plan Les environs de San Diego, B1,* ***37****) : 4642 Park Blvd. ☎ 619-692-1652. Tlj 7h30-minuit en principe. Plat moins de 10 $.* Une petite cantine mexicaine comme on les aime : excellente et totalement *inexpensive* ! On choisit au tableau, on paie au bar et on attend d'être appelé par son numéro. Grand choix de tacos, de burritos et autres *combinations*. Le *house burrito* est énorme et délicieux. Il y en a aussi des végétariens. À la fin, on vide son plateau avant de partir, siou'plaît, tout en se frottant la peau du ventre bien tendue. Merci, petit Rézousse !

– Au nord de Downtown, ***Hillcrest est un quartier fréquenté par la communauté LGBT.*** Beaucoup d'adresses sur 5th Avenue et University Avenue.

À voir. À faire

– ***Go San Diego Pass :*** *en vente au* Visitor Center. ● *gosandiego.com ● Env 102 $ pour 1 j., 159 $ pour 2 j., 199 $ pour 3 j. et jusqu'à 328 $ pour 7 j. ; réduc enfants env 20 %.* Cette carte donne accès à de nombreux musées, attractions, tours et excursions (y compris à Hollywood). Mais étudiez bien ce que vous voulez voir et faire avant de l'acheter, car ça ne vaut pas forcément le coup, surtout s'il faut courir toute la journée pour la rentabiliser...

Pour avoir une vue d'ensemble de la ville :

🚶 ***Trolley Tours :*** ● *trolleytours.com ● Départ d'Old Town Market, mais possibilité d'embarquer à d'autres arrêts (notamment Embarcadero Marinera Seaport Village,* Hotel del Coronado *et* Horton Plaza*) puis de descendre et remonter* (hop-on, hop-off) *quand on le souhaite. Passages env ttes les 30 mn, tlj 9h-18h (17h en hiver) ; dernier départ 2h avt. Possibilité de pick-up gratuit à votre hôtel. Adulte : 46 $ (4-12 ans 35 $) ; moins cher si résa par Internet.* Une visite de San Diego en trolley, lequel, d'Old Town, longe le port jusqu'au bout de l'île de Coronado, puis se dirige ensuite vers le zoo et les différents musées, Downtown, avant de revenir à son point de départ. Le tour dure un peu plus de 3h et permet d'avoir un excellent aperçu de la ville.

🚶 ***Scenic Drive :*** ce circuit de 95 km, balisé par des panneaux montrant des mouettes blanches sur fond bleu et jaune, permet de visiter la ville en voiture. Description et itinéraire gratuits disponibles au *Visitor Center.* Compter environ 3h pour faire tout le circuit, sans les arrêts. Description du parcours sur ● *sandiego.org* ●

Downtown

Quand bien même il connaît aujourd'hui un certain renouveau, notamment dans la partie la plus près du port, le centre-ville de San Diego s'est progressivement vidé au profit des banlieues résidentielles dans les années 1960. Ce n'est qu'à partir des années 1980 que la municipalité – consciente de la valeur de ses bâtiments historiques (belles façades victoriennes) – lui a redonné son éclat du début du XXe s. Cependant, cela n'a pas suffi pour en évacuer tous les problèmes sociaux, comme en témoigne le nord de Downtown, à partir de Broadway Avenue qui, la nuit, demeure un lieu de rassemblement des laissés-pour-compte.

🚶 ***Gaslamp Quarter*** *(plan Downtown, C2-3) : quartier historique de San Diego qui s'étend entre 4th et 6th Ave d'ouest en est et de Harbor Dr au sud à Broadway au nord. Visite guidée du quartier via ● gaslamp.org ● et ● gaslampfoundation.org ●* Son nom signifie « lampes à gaz », petit clin d'œil à son passé et à son style victorien. Un quartier surtout animé en soirée en raison de ses nombreux bars. Rien de folichon côté restos, en revanche, et cela reste malgré tout très touristique dans le mauvais sens du terme. Également quelques magasins intéressants, par exemple *Exotic Classic*, au n° 861 de la 5th Avenue (E Street), qui abrite de magnifiques voitures de collection : Corvette, Cadillac...

Maritime Museum *(Historic Ships ; plan Downtown, A1)* **:** *1492 N Harbor Dr (juste en face du Waterpark). • sdmaritime.org • Vente des tickets dans le kiosque situé entre Ash et Grape St, sur le quai. Résa en ligne possible également. Juin-août, tlj 9h-21h ; 10h-17h le reste de l'année. Entrée : 20 $; réduc.* On y trouve de très nombreux bateaux, de toutes tailles et de toutes les époques (même sans y entrer, on peut admirer plusieurs d'entre eux du quai). Il y a surtout le plus vieux navire du monde encore capable de naviguer : le *Star of India* (1863), ainsi que le *Berkeley* (un *steam ferry* de 1898), le *Medea*, un luxueux yacht de 1904 et 2 sous-marins (l'un soviétique, de 1974, l'autre américain, de 1968). Les amateurs de belles coques apprécieront le *HMS Surprise*, réplique d'un navire de la Royal Navy de la fin du XVIIIe s, utilisé dans *Master and Commander* avec Russell Crowe, et le *Californian*, réplique d'un bateau qui patrouillait le long de la côte pendant la ruée vers l'or. À voir également, le *San Salvador*, un vaisseau du XVIe s, véritable ADN de la ville de San Diego, dont la construction a coûté la bagatelle de 6,5 millions de dollars. Explications et informations données par des gens passionnés, souvent retraités des métiers de la mer. Visite à ne pas manquer pour ceux qui aiment la mer et les bateaux, d'autant plus qu'en fin de journée, l'été, la promenade sur les quais est très agréable.

U.S.S. Midway *(plan Downtown, A2-3)* **:** *910 N Harbor Dr (en face du Visitor Center). • midway.org • Tlj 10h-17h. Entrée : 26 $; réduc ; gratuit moins de 5 ans. Audioguide inclus (durée : 2h). Parking : 10-20 $; sinon 1,25 $/h limité à 2h dans les rues adjacentes.*
Ce gigantesque porte-avion, construit en 1945, fut le 1er mis en service après la Seconde Guerre mondiale et le plus grand du genre pendant une décennie. Il a participé à la guerre du Vietnam (1970-1972) et à la 1re guerre du Golfe (1990-1991), juste avant d'être déclassé en 1992 puis amarré à San Diego en 2003. Pour les amateurs de chiffres, il mesure 296 m de long, pèse 61 000 t et consommait la bagatelle de 380 000 l de fuel par jour... Il faut dire que son réservoir peut en contenir près de 13 millions ! Pour le faire tourner, il fallait également 4 500 hommes à bord, ce qui supposait de servir 13 500 repas par jour en puisant dans un stock de 10 t de nourriture. La visite plaira sûrement aux petits comme aux grands. Commençons par le haut. Sur le *flight deck*, plein d'hélicos et d'avions de combat aux ailes repliables, comme le Skyraider, l'Intruder, un F-14 Tomcat, un Panther, un Cougar, un Crusader à tête de requin, ou encore le Midway Phantom, dernier avion de la guerre du Vietnam.
Du pont supérieur, on peut aussi visiter le *Captain's Bridge* (toutes les 30 mn), histoire de jeter un œil aux postes de contrôle, salon, chambre, salle de décision, cuisine, etc. Explications données par d'anciens militaires à la retraite. Le *second deck* abrite également une cuisine collective, la laverie, la poste... Enfin, d'autres avions à voir à l'intérieur, des simulateurs de vol *(payants)*, un café-snack et, non loin de là, une terrasse pour le moins originale, avec vue.

LANCE-PIERRES

Sur les porte-avions, la piste est trop courte pour que l'aéroplane puisse décoller par ses propres moyens. On utilise donc une catapulte qui permet d'atteindre 100 nœuds (185 km/h) en quelques secondes.

Museum of Contemporary Art of San Diego *(plan Downtown, B2)* **:** *1100 et 1001 Kettner Blvd. • mcasd.org • Ouv 11h-17h (20h 3e jeu du mois). Fermé mer. Entrée : 10 $; gratuit moins de 25 ans et pour ts 3e jeu du mois 17h-20h.* Le musée d'Art contemporain de San Diego a 2 antennes, l'une à La Jolla (fermée pour restructuration complète) et celle de Downtown. Cette dernière, située dans un quartier en plein boom urbanistique, dans un beau bâtiment dont l'extérieur ne laisse pas présager l'intérieur, jouit d'un espace plus vaste et modulable que celui de La Jolla et accueille donc les installations ou les œuvres les plus « hors normes ». Roulement des expos tous les 3 ou 4 mois.

Dans Balboa Park (plan Downtown, D1 et plan Les environs de San Diego, B2)

Accès avec les bus n°s 7 ou 120 depuis Broadway. Rien à voir avec le célèbre boxeur de cinéma Rocky Balboa. Le nom de ce parc, véritable gisement de chlorophylle en pleine ville, tire son origine de Vasco Núñez de Balboa, le 1er Européen à avoir « découvert » l'océan Pacifique. C'est un espace vert de 560 ha au milieu duquel se trouvent les musées les plus importants ainsi que le très médiatique zoo de San Diego. Créé en 1868, au moment où San Diego n'était qu'un village de quelques milliers d'habitants, il est aujourd'hui un véritable bol d'oxygène pour plus d'un million de personnes. Dans un parc planté de 20 000 arbres, dont de nombreux palmiers, jacarandas et de magnifiques magnolias, on découvre des bâtiments de style colonial espagnol, parfois gentiment baroques, dont certains ne sont pas sans évoquer un style manuélin. Ce sont les vestiges de ceux qui ornèrent les grandes expositions Panamá-California de 1915 et 1935 (la 1re ayant été organisée en l'honneur de l'ouverture du canal de Panamá).

i ***Visitor Center :*** *House of Hospitality, 1549 El Prado. ☎ 619-239-0512. • balboapark.org • Tlj 9h30-16h30. Fermé j. fériés, de même que plusieurs musées du parc (bien se renseigner).* Y aller en premier pour se procurer le plan du parc (gratuit, mais donation bienvenue) sur lequel sont localisés les différents musées. Aussi pour récupérer ***les horaires des musées, qui peuvent fluctuer au cours de l'année.*** Possibilité d'acheter l'*Explorer Pass (67 $; enfant 43 $),* valable 7 jours, qui donne accès aux 16 musées du parc (mais on ne peut pas retourner dans un musée une fois qu'on l'a visité). Ne pas manquer non plus les 8 jardins *(accès gratuit, sauf au Japanese Garden),* dont le très beau *Desert Garden.* Possibilité de louer un audioguide *(seulement en anglais ; 5 $; à rendre avt 16h30)* sur l'architecture et l'historique du parc mais le plus pratique est de télécharger l'***appli Balboa Park*** *(gratuite et en français).*

– ***Visite guidée gratuite du parc par les rangers :*** *en principe dim à 11h, de l'architecture le 1er ven du mois à 10h, pour les autres visites, se renseigner au Visitor Center.*

– ***Un tram*** *(gratuit)* circule dans le parc et permet de relier les différents musées *(tlj 9h-20h du 1er mar de juin au dernier dim d'oct, 9h-18h le reste de l'année ; ttes les 8-10 mn).* Cela dit, les musées sont assez proches les uns des autres, donc utile seulement avec de jeunes enfants.

– ***Parking gratuit.***

☆☆ 👪 San Diego Zoo *(plan Les environs de San Diego, A-B2) : 2920 Zoo Dr. • zoo.sandiegozoo.org • De Downtown, prendre l'I-5, sortie Pershing Dr, puis suivre le fléchage. Tlj : fin juin-début sept 9h-21h (mais fermeture des portes à 16h !) ; aux intersaisons 9h-18h ; en hiver 9h-17h (20h 15-31 déc sauf j. de Noël). Entrée : 62 $; 3-11 ans 52 $. Tour guidé en bus et téléphérique. Option 1 Day Pass Plus (comprenant le ciné 4D) : 68 $; 3-11 ans 58 $. Billet combiné avec le Safari Park : 104 $; 3-11 ans 94 $, 165 $ en rajoutant SeaWorld (3-9 ans 155 $). Inclus dans la Go San Diego Card.*

C'est le zoo le plus visité des États-Unis ; comptez une bonne demi-journée de visite si vous voulez en profiter réellement, car il s'agit aussi du plus vaste zoo du monde. Situé dans une sorte de forêt tropicale avec un canyon naturel (malheureusement bordé par les grandes routes), il abrite plus de 4 000 animaux. Notez que les enclos ne sont pas si grands et que certains espaces, notamment celui des ours polaires, font un peu mal au cœur. Par ailleurs, les photographes risquent d'être frustrés : on observe très souvent les animaux derrière des vitres.

Les stars du zoo sont la panthère noire, les girafes, les koalas, les ours à lunettes, les rhinocéros et les okapis. Le zoo possède également une partie réservée aux enfants, ainsi qu'un jardin botanique riche de plus de 4 500 espèces. Un bus permet de visiter en 35 mn les endroits les plus intéressants. Si vous souhaitez voir les animaux évoluer dans un environnement plus proche de leur milieu naturel, nous vous conseillons plutôt le *Safari Park* à Escondido (voir plus loin).

San Diego Natural History Museum (NAT) **:** *1788 El Prado. • sdnat.org • Près de la fontaine, au bout de l'allée d'El Prado. Tlj 10h-17h. Entrée : env 20 $; 3-17 ans 12 $. Musée + expo temporaire en cours : env 35-40 $ adulte ; réduc.* Un musée qui vaut surtout pour ses grandes expos temporaires. Au rez-de-chaussée, quelques mots pour sensibiliser les visiteurs sur la nécessité de préserver les écosystèmes du désert. Sinon, les étages évoquent les dinosaures, les fossiles, la faune et la flore de Californie. On peut aussi y voir des documentaires historiques ou scientifiques sur écran géant. Rien d'exceptionnel. Ne manquez pas, au 2e niveau (près de la caisse), la rondelle de séquoia de 654 ans d'âge.
Sympathique ***The Flying Squirrel Cafe*** pour faire une pause.

Fleet Science Center : *1875 El Prado. • fleetscience.org • Tlj 10h-17h. Entrée : env 22 $; 3-12 ans 19 $.* Genre de palais de la Découverte où les gamins peuvent s'éveiller à l'astronomie, la mécanique des fluides, les illusions d'optique, la gravité, l'électricité... Le *Kid City* est un espace de découverte spécialement conçu pour les moins de 5 ans. Plusieurs fois par jour, projection d'un film Imax, généralement sur le sport ou les phénomènes naturels. Un peu cher pour ce que c'est, mais on passe un bon moment.

San Diego Model Railroad Museum : *au sous-sol de la Casa de Balboa, 1649 El Prado. • sdmrm.org • Jeu-dim 11h-16h. Fermé lun. Entrée : env 14 $; réduc.* Belles reconstitutions de lignes de chemin de fer des années 1940 *(Cabrillo Southwestern, Pacific Desert lines...)*. En tout, quelque 2 km de voies sur fond de montagnes miniatures. Un musée qui contentera petits et grands et tous les abonnés à *La Vie du rail*. Pour une fois, imaginez-vous à la place des vaches regardant passer les trains et admettez que c'est quand même assez fascinant (quelle finesse des détails, la science des aiguillages, la maestria du timing...) ! Également une petite expo consacrée aux femmes du rail, ainsi qu'une maquette des bâtiments les plus représentatifs du Balboa Park, réalisée en 2015 à l'occasion du centenaire de la 1re Expo universelle (conçue à l'aide d'imprimantes 3D, elle a coûté 150 000 $!).

Museum of Photographic Arts (MOPA) **:** *au rdc de la Casa de Balboa, 1649 El Prado. • mopa.org • Ouv 10h-17h (20h jeu juin-sept). Fermé lun. GRATUIT (donation libre).* Un musée pas très grand mais de qualité, où le fonds de plus de 9 000 photographies (qui couvrent toutes les époques de la photographie ainsi que de nombreuses installations vidéo) est présenté par roulement, par le biais de belles expos temporaires qui changent tous les 4 mois. Également une salle de ciné projetant des films indépendants *(indies)* ; gratuit ou payant, ça dépend de la programmation (se renseigner).

Timken Museum of Art : *1500 El Prado. • timkenmuseum.org • Mar-sam 10h-16h30, dim 12h-16h30. Fermé lun. GRATUIT (donation bienvenue). Audioguide avec l'appli gratuite* Timken App *ou directement sur le site internet.*
Plus petit que le San Diego Museum of Art, ce musée d'art abrite d'étonnants chefs-d'œuvre dans un cadre qui n'a guère dû changer depuis sa création dans les années 1940 par les sœurs Putnam (qui contribuèrent aussi à l'enrichissement des collections du San Diego Museum of Art).
Au rez-de-chaussée, salle italienne avec une *Vierge à l'Enfant* de **Niccolo di Buonaccordso** (XIVe s), la *Piazetta di Venezia* de Luca Carlevarijs et *Le Retour de l'enfant prodigue* du **Guerchin.** Dans la salle espagnole, un très touchant *Christ en croix* de **Murillo.** Ne pas manquer la salle des icônes russes, avec des pièces

étonnantes comme le *Calendrier de l'Église,* du XVIIe s, où l'on peut admirer la représentation miniature de tous les saints de l'année. Voir aussi le *Jugement dernier* (fin du XVIe s, école de Stroganoff), où l'on reconnaît saint Basile avec son étonnant manteau noir et blanc. Au rez-de-chaussée, une salle consacrée à la France des XVIe-XIXe s : noter le *Portrait du comte Laval* de ***Clouet,*** les délicieux tableaux de ***Boucher*** et ***Fragonard,*** et la *Rue de Volterra* signée Corot. Salle hollandaise : nombreuses natures mortes, paysages et portraits, dont le beau *Portrait d'homme* de Franz Hals, le *Saint Barthélemy* de ***Rembrandt,*** *Saint Jean-Baptiste dans la nature* de son élève ***Nicolas Maes,*** le *Portrait de femme* de ***Van Dyck,*** et un ***Bruegel l'Ancien.*** Enfin, ne manquez pas la peinture américaine des XVIIIe-XXe s : grandioses paysages et portraits de ***Peale,*** Johnson (un réaliste, le Millet américain), Bierstadt ou Chase, peintre impressionniste *(An Afternoon Stroll).*

Botanical Building : *El Prado, à côté du San Diego Museum of Art et du Timken. Ouv 10h-16h. Fermé jeu. GRATUIT.* Belle structure en bois dans lequel pousse un nombre incroyable de palmiers, bananiers, fougères arborescentes et autres plantes exotiques. Une promenade rafraîchissante parmi les orchidées en été.

San Diego Museum of Art : *1450 El Prado. • sdmart.org • Ouv 10h (12h dim)-17h (20h ven). Fermé mer, Thanksgiving, Noël et Jour de l'an. Entrée : 20 $; réduc.*
Ce musée d'art installé dans un bâtiment de style colonial espagnol rassemble des collections privées assez éclectiques. Une fois encore, il est difficile de vous décrire ce que vous verrez puisque les œuvres sont présentées par roulement, en particulier celles du XIXe et du XXe s (belles expos temporaires).
Au rez-de-chaussée, à gauche en entrant, l'art du XXe s, avec, entre autres, Maillol, Otto Dix, ***Diego Rivera,*** De Chirico, ***Georgia O'Keeffe,*** Yves Tanguy, ***Miró,*** Dalí, ***Giacometti,*** Chagall, ***Calder*** et Delaunay (Robert). Au même niveau, une section consacrée à l'art asiatique, avec quelques bodhisattvas debout ou assis, des terres cuites, des disques de jade et des bronzes chinois, des ***miniatures du Rajasthan,*** des corans enluminés, des céramiques persanes, etc.
L'étage est consacré à la peinture européenne. Voir notamment la salle majoritairement espagnole (n° 16) avec des œuvres de Bartolomé Bermejo, Murillo *(Marie Madeleine),* de ***Zurbarán*** et du Greco (une *Adoration des mages* de petit format). Mais également ***Jérôme Bosch*** et Van Dyck. Salle n° 17 : peinture de la Renaissance italienne avec de grands maîtres comme ***Fra Angelico,*** Lorenzo Veneziano, Luca Signorelli, Giotto ou ***le Pérugin.*** Peintres auxquels viennent se joindre ***le Tintoret*** et Véronèse *(Apollon et Daphnée).* Salle n° 18 : Ingres, Jacob de Wit, Canaletto ou Tiepolo, ainsi que la très émouvante *Jeune bergère* de ***Bouguereau*** (notez la délicatesse de ses mains, caractéristique du travail de l'artiste). La salle n° 19, quant à elle, recèle de la peinture essentiellement française : ***Renoir,*** Toulouse-Lautrec, ***Degas,*** Daumier, Monet, ***Sisley,*** Modigliani, ***Gauguin,*** Vuillard, Bonnard, ainsi que quelques bronzes de ***Rodin.*** La salle n° 20 est généralement vouée aux expos temporaires. Tout ça changeant, évidemment...
Terminez la visite par le beau petit jardin dans lequel trônent quelques bronzes de ***Moore*** et de ***Barbara Hepworth,*** et dans lequel il est très agréable de déjeuner au ***Panama 66*** : *en principe, tlj 11h (10h w-e)-21h, lun-mar cuisine jusqu'à 15h seulement ; plats 10-15 $; bière locale.*

Museum of Us : *1350 El Prado. • museumofman.org • Mer-dim 10h-17h. Entrée : env 20 $; réduc.* Installé dans un édifice genre belle église baroque espagnole, érigé pour l'expo Panamá-California de 1915. Musée anthropologique très pédagogique, en grande partie consacré à l'évolution des primates jusqu'à l'homme, avec une salle intéressante sur la génétique, le clonage, les nanotechnologies et le cerveau. Voir aussi l'amusante salle égrenant les dates des principales inventions. Sections sur l'Égypte ancienne (sarcophages, amulettes, faucon momifié, le cartouche « manquant » de Néfertiti, 2 têtes réduites par les Jivaros, dont on se demande bien ce qu'elles font là...), avec également un atelier interactif pour les enfants. Les Indiens qui peuplaient la région de San Diego (les Kumeyaays), ainsi que les peuples indigènes de tout le Sud-Ouest américain et du Mexique sont également représentés, comme en témoignent les reproductions de stèles mayas. Fréquentes expos temporaires, avec le souci de mettre en évidence les composantes essentielles de la vie humaine à travers les différentes cultures. Un musée qui se refait une beauté petit à petit. D'ailleurs, une nouvelle section dédiée aux cannibales a ouvert ses portes. Entre mythe et réalité, le voile est levé sur l'origine de ce rituel et de ses pratiquants.

Japanese Friendship Garden : *2125 Park Blvd. • niwa.org • À côté de l'amphithéâtre en plein air. Tlj 10h-19h (dernière entrée à 18h ; 1h plus tôt en hiver). Entrée : 12 $; réduc. Nombreuses animations tt au long de l'année (yoga, karaté, cérémonie du thé, etc.) ; se renseigner sur le site.* Un jardin japonais à San Diego ? Oui, car il y eut ici une forte communauté de pêcheurs japonais, spécialisés dans le thon. Le jardin est franchement minuscule et pas exceptionnel du tout mais il peut constituer une petite halte reposante.

Juste devant le jardin, le ***Tea Pavilion*** *(mer-ven 11h-15h30, w-e 10h30-16h)* propose quelques plats japonais version fast-food (*teriyaki,* curry, soupe, nouilles) et 45 variétés de thé. Agréable terrasse.

Air and Space Museum : *2001 Pan American Plaza. • aerospace museum.org • Tlj 10h-16h30 (17h en été). Fermé Thanksgiving et Noël. Entrée : env 23 $; 3-11 ans 12 $. Plus cher d'env 5 $ si expo temporaire.*

Plus de 100 appareils présentés. Dès l'entrée, une réplique du *Spirit of Saint Louis,* construit à San Diego, donne le ton : ici, on est chez les fous volants. Même pas besoin de bruitage pour y croire, la présence toute proche de l'aéroport se charge de vous mettre dans l'ambiance. *Hall of Fame* avec tous les grands pilotes de l'Histoire. Avions français et allemands de la Première Guerre mondiale, et avions de légende comme le *Zéro,* le *Flying Tiger* et un *Mig.* À l'entrée, 2 appareils assez impressionnants : l'avion furtif *A12* et l'hydravion supersonique *Sea Dart,* ainsi que la capsule *Apollo 9,* sans oublier la capsule *Mercury* qui propulsa Alan B. Shepard dans l'espace le 5 mai 1961 et qui précéda le programme *Gemini.* Également une large section consacrée à la Seconde Guerre mondiale.

Gratuits : des films en 3D de 5 mn chacun en rapport avec l'aviation (lunettes fournies). Décoiffant ! Et si vous avez le cœur bien accroché, *Be an Astronaut* propose des simulateurs parmi les plus élaborés du moment *(5-8 $ selon le modèle).* Souriez, vous êtes filmé ! Une visite complémentaire à son alter ego de Los Angeles, dans lequel est exposée la navette *Endeavour.*

Automotive Museum : *2080 Pan American Plaza. • sdautomuseum. org • Tlj 11h (10h w-e)-17h (dernière admission à 16h30). Fermé presque ts les lun, à Thanksgiving et Noël. Entrée : env 14 $; 6-17 ans 7 $.* Dans ce musée qui flirte entre la haute couture, la bijouterie et l'horlogerie fine sont exposés de véritables chefs-d'œuvre d'esthétique du début du XXe s à aujourd'hui. Côté voitures, on a un petit faible pour la Chevrolet Impala de 1959, la Ford T de 1924, et la Bizzarini de 2 millions de dollars. Drôle, une Cadillac de 1947 équipée d'un four, de toilettes chimiques, d'un évier, d'une table avec fer à repasser, d'un narguilé et d'une douche ! Elle offrait également, en cas de crevaison, la possibilité de changer sa roue tout en roulant, et traînait derrière elle un réservoir d'une capacité de 950 l ! Dans la partie consacrée aux motos, on notera une Harley de 1916, une Suzuki carénée ultra-économique puisqu'elle ne consomma que 56 l entre New York et Los Angeles. Aussi une Bultaco de 1966, des Guzzi, des Laverda et une moto belge de 1910 qui fut la 1re à dépasser la vitesse incroyable de... 40 km/h !

The Old Globe Theater : *1363 Old Globe Way. • theoldglobe.org • Proche du Museum of Us.* Ce théâtre, l'un des plus anciens de Californie, est une réplique de celui de Shakespeare, à Londres. Il produit une quinzaine de spectacles par an.

Dans les quartiers nord de San Diego

Old Town (plan Les environs de San Diego, A1-2) : *à env 8 km au nord-ouest de Downtown. En transports en commun, prendre la ligne bleue du* San Diego Trolley *ou les bus nos 30 ou 9 qui relient Old Town à Pacific Beach en passant par SeaWorld (pas de service dim vers Pacific Beach). Visites guidées, se renseigner sur les horaires et les prix au* Visitor Center *(*Robinson Rose House, *tlj 10h-17h).*
Ancien quartier de style espagnol, avec ses maisons en adobe, qui occupe environ 6 blocs. Créée en 1820, ce fut l'une des toutes 1res implantations en Californie. Depuis, on a beaucoup restauré, notamment pour attirer les touristes. Résultat : beaucoup de magasins de souvenirs et de restos touristiques dans un environnement qui manque cruellement d'authenticité (***évitez le week-end si possible,*** car c'est noir de monde). Le centre en est la *plaza.* Y aller dès l'ouverture, à 10h, pour découvrir les vestiges des 1res demeures de San Diego, lesquelles sont presque toutes transformées en musée : la ***Robinson Rose House*** (1853), la ***Casa de Machado y Stewart*** (1835), la ***Casa de Carillo*** (1820), la ***Casa de Estudillo*** (de 1827) où vous accueille une famille de l'époque *(tlj 10h-17h)...*
– ***Heritage Park :*** *2455 Heritage Park Row.* Une dizaine d'anciennes demeures victoriennes, transportées jusqu'ici pour les sauver de la démolition. Très belle *Sherman Gilbert House* (1887) au nº 2454. Un salon de thé à l'ancienne, le *Coral Tree Tea House (ouv ven-dim)* occupe la *Mc Conaughy House,* au nº 2490. Un peu plus bas, dominant le gazon, le *Beit Israel,* construction en bois de 1889 et 1re synagogue de San Diego qui servit de lieu de culte aux autres religions si elles n'avaient pas encore le leur. Enfin, un peu plus au nord, sur la colline surplombant Old Town, au 2727 Presidio Drive, on trouve un petit musée historique, le ***Junípero Serra Museum,*** installé dans un édifice de style colonial *(☎ 619-232-6203, poste 109 ; ouv seulement juin-début sept le w-e 11h-16h ; donation conseillée env 5 $; attention, le musée accueille parfois des expos temporaires, à des horaires différents).*

SeaWorld (plan Les environs de San Diego, A1) : *500 SeaWorld Dr, à* ***Mission Bay.*** *● seaworld.com ● De Downtown, bus nº 9 (ou ligne bleue du* San Diego Trolley*). En voiture, de l'I-5 ou l'I-8, sortie SeaWorld Dr. Juil-août, ouv 9h-21h, 22h ou 23h (la billetterie ferme 1h avt) ; le reste de l'année, les horaires varient selon saison et j. de la sem. Entrée : env 96 $ (sérieuses réduc en ligne, sur le site officiel du parc) ; possibilité de billet combiné avec le parc Aquatica ; gratuit moins de 3 ans mais pas de réduc enfants pour les plus grands... Parking : 25 $.*
Ce parc d'attractions-zoo dédié à la vie marine, connu surtout pour ses spectacles (controversés) mettant en scène des animaux, a dû revoir son concept, jugé anti-écolo. Après un accident mortel en 2010 au SeaWorld d'Orlando en Floride (l'orque Tilikum avait attaqué sa soigneuse en plein show), suivi du documentaire-choc de 2013, *Blackfish,* dénonçant les conditions de captivité des orques, et de la mort de Tilikum, c'est décidé, les cétacés ne donneront plus de représentations. Il était temps. En remplacement, 2 grandes nouveautés : *Ocean Explorer,* une immersion multisensorielle éducative dans le monde sous-marin (aquariums, simulateurs, etc.), et *Orca Encounter,* une rencontre avec les orques, mais dans une reconstitution de leur environnement naturel et sans interaction avec le public. En revanche, le show de dauphins est toujours au programme...
Parmi les autres attractions phares du parc, *Shark Encounter* permet d'admirer les squales en se laissant porter par un tapis roulant dans un tunnel de verre. De même que l'observation de pingouins et de bélugas au travers de vitres transparentes. Et au rayon des sensations fortes, *Journey to Atlantis,* des montagnes russes aquatiques dont vous risquez aussi de ressortir légèrement mouillé (en tout cas, si vous vous asseyez tout à l'avant). Enfin nouveauté, *Electric Eel,* le plus impressionnant *roller coaster* du parc où vitesse, torsions et loopings vous attendent dans une ambiance électrique (possibilité de casques de réalité virtuelle avec supplément). Bon, tout ça revient quand même très cher en famille.

Cabrillo National Monument *(plan Les environs de San Diego, A2)* **:** *1800 Cabrillo Memorial Dr, au bout de Point Loma. ☎ 619-523-4578 pour le* Visitor Center. *• nps.gov/cabr • De Horton Plaza, bus nº 30 (jusqu'au* Old Town Transit Center*), puis nºs 28 et 84 pour finir. Tlj 9h-17h. Entrée : 20 $/voiture ; 10 $/pers à pied ou à vélo.* Dédié à l'explorateur portugais João Cabrilho (Juan Rodriguez Cabrillo), qui fut le 1er Européen à découvrir la côte californienne en 1542, soit 50 ans après la grande découverte de Christophe Colomb. La fin de la route, bordée de part et d'autre du cimetière militaire de Fort Rosecrans et ses enfilades de plaques de marbre blanc, offre déjà de beaux points de vue sur la baie de San Diego (ne pas venir trop tôt le matin, car il y a de la brume), ses installations maritimes, ses bateaux, et sur les lointaines hauteurs du Mexique, dont Tijuana. À l'arrivée, balade possible jusqu'au phare et quelques *tide pools* (piscines naturelles). Se renseigner au *Visitor Center* qui propose une documentation en français, une petite expo et un film sur Cabrillo, ainsi qu'un film sur les baleines grises. Car de mi-décembre à mi-mars on peut observer leur migration vers le sud, jusqu'à la Baja California mexicaine où elles mettent bas. Il en passe alors une trentaine par jour (jusqu'à 200 mi-janvier). À Rosencrans et à Downtown (sur North Harbor Drive, au niveau du *Visitor Center*), des agences organisent l'observation des cétacés. Attention, parfois quelques *rattlesnakes* (serpents à sonnette) se « promènent » dans le parc. Beaucoup de vent aussi !

À La Jolla *(plan Les environs de San Diego, A1)*

À prononcer à l'espagnole mais avec l'accent américain ! Pour s'y rendre, prendre l'Interstate 5 ou le bus nº 150. Jolie station balnéaire huppée et résidentielle au nord de San Diego, où naquit Gregory Peck et où l'immense Raymond Chandler trouva le grand sommeil. Le républicain Mitt Romney, lui, a défrayé la chronique en équipant sa villa d'un ascenseur spécial réservé à ses voitures ! La station est très prisée par les adeptes du kayak ou du surf, ainsi que des amateurs de galeries d'art et de boutiques de luxe (notamment sur Prospect Street). Elle est aussi connue pour sa plage aux otaries, **La Jolla Cove,** où une petite colonie de *seals* a en effet élu domicile sur les rochers, souvent rejointes par des dauphins.

Stuart Collection at the University of California San Diego *(plan Les environs de San Diego, A1)* **:** *9500 Gilman Dr. • stuartcollection.ucsd.edu • Bus nºs 30, 101, 150 ou 201 ; arrêt au niveau du parking Gilman. Visites guidées possibles en principe dim à 14h (1er dim du mois à pied, les autres en bus) ; résa en ligne sur • ucsdnews.ucsd.edu/tours • ou au ☎ 858-534-4414, impérativement avt le jeu qui précède l'arrivée et avt 12h. Sinon, appli à télécharger. Parking gratuit le dim.* Un parcours d'environ 2h30 propose de partir à la découverte de différentes œuvres d'art contemporain à l'intérieur même du campus de l'université. Parmi la vingtaine d'artistes exposés ici, épinglons **Terry Allen,** John Baldessari, Richard Fleishner, **Robert Irwin,** Barbara Kruger, **Niki de Saint Phalle,** Tim Hawkinson. Toutes leurs œuvres sont accessibles en dehors des visites guidées. Il suffit de télécharger le plan sur le site de la fondation.

Mais le fin du fin, c'est de visiter la **Fallen Star** du New-Yorkais d'origine coréenne **Do Ho Suh,** une maison tout de guingois perchée en équilibre au 7e étage de l'école d'ingénieur du *Warren College.* Hallucinant ! Quand vous entrez dans cette petite bicoque typique de la Nouvelle-Angleterre, avec son jardinet et tout et tout, la tête vous tourne car l'artiste a su jouer entre le ressenti et le visuel. La maison est en pente mais toutes les perspectives intérieures ont été redressées si bien que ça vous file le tournis *(visite mar et jeu 11h-14h ; le parking le plus près se situe à côté de la* Geisel Library*, à 5-10 mn de marche ; en entrant dans le bâtiment, prendre l'ascenseur de droite, c'est au 7e étage ;* ***fermé jusqu'à nouvel ordre****).*

Museum of Contemporary Art of San Diego : *700 Prospect St. • mcasd.org •* ***Fermé pour travaux d'agrandissement jusqu'à nouvel ordre.***

La Jolla Kayak *(plan Les environs de San Diego, A1,* ***48****) : 2199 Avenida de la Playa. ☎ 858-459-1114. • lajollakayak.com • Tlj de 8h (8h30 ou 9h en hiver) au coucher du soleil...* Agence qui loue des surfs et des *paddleboards*, organise des sorties snorkelling (palmes, masque et tuba pour observer les poissons), mais également des randos en kayak de mer pour découvrir les grottes marines de la région.

Sur l'île de Coronado
(plan Les environs de San Diego, A2)

Hotel del Coronado : *1500 Orange Ave. • hoteldel.com • Prendre l'extraordinaire Coronado Bridge ou le bus n° 901 de Downtown (sur Broadway).*
Vue magnifique sur la ville depuis le pont. On ne vous indique pas cet hôtel pour que vous y dormiez (les prix y sont plus que prohibitifs) mais parce que c'est un monument historique. De style victorien, cette bâtisse extravagante a accueilli une dizaine de présidents et une kyrielle de milliardaires octogénaires, rois en exil et stars de cinéma. Ce fut, lors de sa construction, la plus importante structure utilisant l'électricité... après la ville de New York ! Thomas Edison lui-même y alluma le 1er sapin de Noël éclairé électriquement (l'arbre, un araucaria en fait, se trouve toujours à droite de l'entrée de l'hôtel). C'est là que le roi Édouard VIII d'Angleterre rencontra Wallis Simpson, pour laquelle il dut abdiquer en faveur de George VI. Depuis son ouverture en 1888, l'histoire du *Coronado* se confond avec celle de la politique, de l'argent et du cinéma.
Les amateurs de science-fiction et de fantastique ne manqueront pas de lire le très beau roman de Richard Matheson, *Le Jeune Homme, la Mort et le Temps,* dont l'action se déroule dans cet hôtel. Ne pas manquer non plus le grand dracaena (*Dragon tree* en anglais) planté à la fin du XIXe s et qui servit de décor pour Marilyn Monroe dans *Certains l'aiment chaud.*
À défaut de pouvoir s'offrir le fameux brunch du dimanche, excellent mais hors de prix (environ 100 $!), on peut toujours y boire un verre (voir « Où boire un verre ? », précédemment).

LE BAISER DU DIABLE

L'Hotel del Coronado *connut son apothéose le jour où Billy Wilder réussit à y traîner Marilyn Monroe, Jack Lemmon et Tony Curtis pour tourner le très célèbre* Certains l'aiment chaud *(en 1959). Marilyn était insupportable : angoissée et toujours en retard, il lui fallait 40 prises pour chaque plan ! Tony Curtis, à qui un journaliste demandait quel effet ça lui faisait d'embrasser l'une des plus belles femmes du monde, répondit : « J'aurais préféré embrasser Hitler... » 50 ans plus tard, Tony Curtis avouera dans ses Mémoires que Marilyn attendait un enfant de lui. Elle perdit le bébé peu de temps après.*

Ferry Landing Marketplace : *1201 1st St, à l'angle avec B Ave, sur l'île de Coronado. • flagshipsd.com • Pour s'y rendre de Downtown, prendre le pont ou bien le ferry de Broadway Pier (plan Downtown, A2) ttes les heures 9h-21h (22h ven-sam) ou du Convention Center (plan Downtown, B3) ttes les heures 9h25-21h55 (22h55 ven-sam). Dernier bateau pour rentrer : respectivement à 21h30 (22h30 ven-sam) et 21h40 (22h40 ven-sam). Traversée : env 7 $; gratuit moins de 3 ans. De Coronado, on achète son ticket au distributeur sur le quai, ou directement sur le bateau.*
Débarcadère du ferry, réaménagé en petit centre commercial, avec boutiques, cafés et restaurants, le tout assez touristique et sans grand intérêt. Vaut surtout pour la gentille traversée en ferry (durée : 15 mn) et la vue sur la baie avec en toile de fond les gratte-ciel de Downtown. À l'arrivée le bus n° 904 (gratuit) assure la liaison avec Coronado Beach *(tlj 9h-21h, ttes les 15 mn).*

Où surfer ?

De l'avis des experts, le meilleur spot est ***Black's Beach,*** à Torrey Pines, au nord de La Jolla. À La Jolla même, plus favorable aux surfeurs débutants, notez les spots plus consistants comme ***Horseshoe, Big Rock*** et ***Windansea.*** Juste au sud de ce dernier, ***Tourmaline Canyon*** n'est sans doute pas le spot le plus recherché (bien pour les débutants) mais il est quasiment classé « monument historique » par les surfeurs car ce fut le 1er spot reconnu aux États-Unis. Pas mal aussi sur ***Pacific Beach,*** mais les plus hardis iront aux ***Sunset Cliffs.*** Mais attention, ça peut être technique (présence de rochers et important ressac) ! Beaux *tubes* aussi à ***Mission Beach*** et ***Imperial Beach,*** plus au sud. Au nord de La Jolla, le spot ***South Del Mar,*** à Del Mar, propose ses meilleures vagues entre 15th et 29th Streets (particulièrement 19th, 23rd et 25th !). En hiver (oui, en hiver), à ***Encinitas,*** le spot de ***Cardiff Reef*** offre de superbes *breaks* et conviendra bien aux *longboarders,* tandis que ***Swami's,*** plus au sud, est prisé des « vrais de vrais ».

Les plages

Il n'y a que l'embarras du choix. L'île de ***Coronado*** offre une large plage de sable blanc plutôt tranquille, les familles y trouveront leur compte. Ce n'est pas le cas à ***Ocean Beach,*** une sorte de ville-saloon à moitié destroy, patinée par les restes de frites écrasées, la *wax* et les dégoulinures de bière. Ici, une seule religion : le surf. Plus au nord, à ***Mission Beach,*** les familles se sentiront plus à l'aise, notamment entre les postes de secours nos 11 et 15. Plus au nord, les surfeurs prennent le relais et c'est nettement plus surfait, plus « commercial ». Face au poste 23, le *Lahaina Beach House* rassemble les quadras du matin au soir autour d'une bière. Encore plus au nord, ***Pacific Beach*** est l'exemple même du courant *sea, sex and sun,* avec un *boardwalk* très prisé des cacous en tout genre qui rivalisent d'audace pour se faire remarquer. Dépaysant ! Enfin, ***La Jolla*** offre aussi une charmante petite plage, très prisée des kayakistes. Et juste au-dessus, celle de ***Torrey Pines*** (dans un *State Park)* est carrément grandiose avec ses falaises.

DANS LES ENVIRONS DE SAN DIEGO

Safari Park : *15500 San Pasqual Valley Rd, à* ***Escondido.*** *☎ 619-231-1515. • sdzsafaripark.org • À 55 km au nord-est de la ville. Prendre la Freeway 163 puis la 15 et la sortie 27 (via Rancho Parkway) ; suivre les indications sur 10 km. Juil-août, tlj 9h-19h ; ferme à 18h en intersaison, 17h le reste de l'année. Entrée : 62 $; 3-11 ans 52 $. Entrée combinée avec le zoo de San Diego : 104 $; 3-11 ans 94 $ et si on rajoute SeaWorld 165 $; 3-9 ans 155 $. Petite réduc sur le site officiel. Compris dans la Go San Diego Card. Certains safaris motorisés et attractions sont en supplément (et très chers !). Parking : 15 $. Loc de poussettes : 12 $.*
Un parc animalier que nous préférons au zoo de San Diego si on n'a pas le temps ni les moyens de voir les 2. À l'origine, c'était un centre d'élevage de rhinocéros pour les zoos américains. Aujourd'hui, ce parc de 730 ha accueille plus de 3 500 animaux (dont 1 600 mammifères et 235 espèces d'oiseaux) qui évoluent en semi-liberté. Chaque année, on y recense environ 450 naissances, dont une quantité non négligeable de rhinocéros, emblème du zoo. Pour avoir un 1er aperçu (lointain quand même), embarquez à bord du petit train *Africa Tram* (inclus dans le ticket de base ; durée : 30 mn). Vous pourrez ainsi observer les principaux habitants (de préférence pas trop tôt, car lors de leur toilette, ils ne sont pas visibles), notamment les éléphants, girafes, zèbres, rhinos, lions... Ensuite, promenez-vous dans le parc pour les observer de plus près. Attention, c'est immense, et la

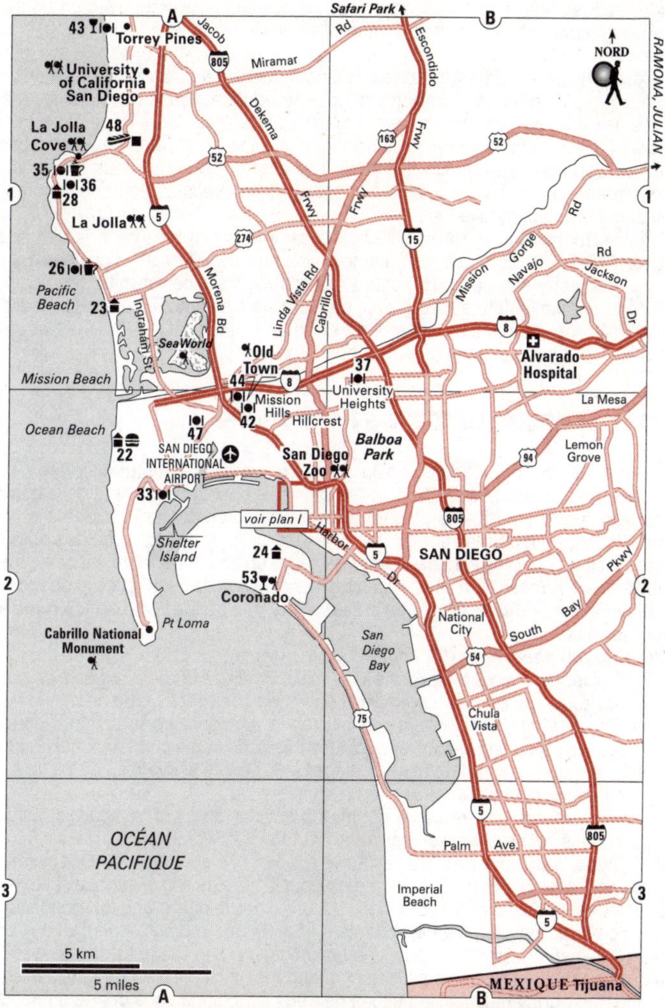

LES ENVIRONS DE SAN DIEGO

Adresse utile

- **48** La Jolla Kayak (A1)

Où dormir ?

- **22** Samesun Ocean Beach et Ocean Beach Hotel (A2)
- **23** The Beach Cottages (A1)
- **24** Coronado Inn et Coronado Island Inn (A2)
- **28** Scrips Inn (A1)

Où manger ?

- **22** Hodad's (A2)
- **26** Kono's Cafe (A1)
- **33** Supannee House of Thai (A2)
- **35** Brockton Villa (A1)
- **36** Herringbone (A1)
- **37** El Zarape (B1)
- **42** Harney Sushi (A2)
- **43** Cliff Hanger Café (A1)
- **44** Casa Guadalajara (A1-2)
- **47** Corvette Diner (A2)
- **48** La Jolla Cheese Shop (A1)

Où bruncher ?

- **53** Hotel del Coronado (A2)

signalétique s'avère parfois brouillonne ; prévoir une poussette avec un bout de chou et de quoi boire et manger (d'autant plus que les offres pour se restaurer sur place sont médiocres et chères).
Il existe aussi des tours (motorisés) qui permettent d'approcher les animaux de beaucoup plus près. Si vous optez pour cette solution, vous obtiendrez les meilleurs prix en réservant par Internet. Les plus abordables (55 $ par Internet) sont les *Cart Safari* (section africaine ou asiatique en minibus) et *Cheetah Safari* (observation rapprochée du guépard à 99 $). Les autres, beaucoup plus chers, vous permettent d'approcher les animaux par tous les moyens ou presque, y compris en Segway et en... tyrolienne.
Enfin, le ***Roar & Snore Safari*** *(149 $/pers par Internet ; à réserver très à l'avance au ☎ 619-718-3000)* consiste à camper une nuit dans le parc. Vous serez logé sous une tente (sac de couchage non fourni), nourri (dîner et petit déj), et vous visiterez le parc (entrée en sus !) avec des rangers à la tombée de la nuit. Cela dit, le site n'étant pas très sauvage, pour le coup les tentes sont très proches les unes des autres et peu ont une vue sur les animaux.

PALOMAR MOUNTAIN STATE PARK

Situé au nord d'Escondido et Julian, à 1 555 m d'altitude (prévoir une petite laine, voire un imper), le parc est un lieu privilégié pour la découverte de la nature. Par temps clair (y arriver le plus tôt possible et bien regarder la météo avant de partir !), beau panorama sur San Diego, les îles et le Mexique. Il offre des possibilités de camping toute l'année. Attention : arrivé au bout de la route, au croisement du *Mother's Kitchen,* la route de gauche mène au parc (à 5 km) et celle de droite à l'observatoire (à 8 km). ***Attention à l'essence, pas de station-service dans les montagnes !***
– ***Entrée payante :*** *env 10 $/voiture.*
– Petit ***kiosque d'accueil*** à l'entrée du parc. *☎ 760-742-3462. • parks.ca.gov • Ouv tte l'année du lever au coucher du soleil.* Plan des sentiers de découverte (de 1,5 à 6,5 km) vendu 2 $, dépliant pour apprendre à reconnaître les animaux d'après les traces laissées dans le sol, et quelques peaux de bêtes pour ceux qui n'auront pas la chance (ou auront la trouille) d'apercevoir chats sauvages, ratons laveurs, renards gris et autres pumas qui fréquentent le parc...
Pour camper, une trentaine de sites à environ 30 $ par véhicule et jusqu'à 8 personnes *(résa sur • reservecalifornia.com •).*
Par l'autre route qui part du restaurant, on arrive au ***Palomar Observatory*** (l'observatoire du mont Palomar), réputé pour la taille de son télescope Hale géant (miroir de 5 m de diamètre et 14,5 t). Il fut un temps le plus grand au monde, avec une portée de 1 million d'années-lumière, et reste très impressionnant vu de l'intérieur ! Malheureusement, la pollution lumineuse de San Diego et de Los Angeles a quelque peu dévalorisé le site. Jeter quand même un œil à la combinaison électrique que portaient les scientifiques de 1964 à 1978, ça vous donnera une idée du froid qui règne ici en hiver ! *Observatoire et musée à partir de 9h. • sites.astro.caltech.edu/palomar • GRATUIT.*

Mother's Kitchen : *33120 Canfield Rd, au croisement des routes pour le parc et l'observatoire. ☎ 760-742-4233. Ouv 11h (9h w-e)-16h. Fermé mar-mer. Plats 6-15 $.* Miracle, le seul resto du secteur est excellent ! Et, en plus, c'est un végétarien (comment ça, vous êtes déçu ?). Bien sûr, on y trouve tous les classiques (sandwichs, salades et plats mexicains), revisités sans viande, mais aussi, en saison fraîche, un très bon *chili sin carne* ou du *red pozole,* une bonne soupe précolombienne. Et puis miam miam l'*apple pie,* la *pumpkin pie* et les cookies tout juste sortis du four... Salle au look de chalet de montagne, avec cheminée, plus une terrasse sous les arbres à l'arrière. Le week-end à l'heure du déjeuner, pas mal de cyclistes. Accueil très sympa.

En mettant le cap vers Julian, le ***paysage*** n'est pas sans évoquer l'Afrique du Nord, et notamment la Kabylie en Algérie. En cours de route, quelques ***beaux points de vue,*** notamment sur le *lac Henshaw* (sur place, camping, restos). Puis la Highway 79 poursuit vers *Santa Ysabel,* région productrice de cidre (quelques restos et une station-service).

JULIAN *(1 502 hab.)*

À 1 280 m d'altitude, c'est l'une des excursions favorites des San-Diegans, qui viennent y chercher un peu de fraîcheur et retrouver leurs racines *Old West.* Cette ancienne petite ville minière, qui a pris le nom d'un très lointain assesseur du comté, n'a rien d'exceptionnel mais s'avère assez distrayante avec son allée centrale, ses maisons en bois peint et son petit musée. Surtout lorsque le Californien moyen vient s'y mettre au vert en saison (mais le logement sur place est cher). Si vous passez par là, ne manquez pas de goûter la tarte aux pommes, l'*apple pie,* la spécialité locale. Celles de chez ***Moms*** *(2119 Main St ; tlj 9h-17h)* ne sont pas mal du tout quoique pas données, mais plusieurs *coffee shops* « à l'ancienne » dans la rue principale servent quasiment les mêmes (faites jouer la concurrence)...

À la belle saison, la manière la plus agréable pour se rendre à Julian depuis San Diego est de prendre l'Interstate 8, puis la sortie 40 pour la charmante petite route 79, qui serpente au cœur d'un paysage d'arènes granitiques phagocyté par une végétation dense. Le parc de Cuyamaca et le petit hameau de ***Cuyamaca Lake*** offrent de belles occasions d'observer les oiseaux. Un itinéraire bucolique au cœur du Grand Ouest. Au printemps, la floraison est magnifique. En revanche, en hiver et par temps couvert, ça ressemble plutôt à l'Écosse : pull, chaussettes et imper sont alors de rigueur !

Adresse utile

Visitor Center : *dans le Town Hall, 2129 Main St (angle Washington St). ☎ 760-765-1857. • visitjulian.com • Tlj 10h-16h.* Quelques dépliants et plans du coin.

Où dormir ?

Julian Lodge B & B : *2720 C St. ☎ 760-765-1420. • julianlodge.com • Doubles 96-160 $, petit déj deluxe continental* inclus. *Parking gratuit.* À l'écart de la route (peu fréquentée, il est vrai), une petite adresse abordable pour se mettre au vert. Une vingtaine de chambres rénovées dans un style frais et lumineux : murs céladon, dessus-de-lit en boutis blanc, mobilier ancien. La plupart ont un lit *queen size* ; si vous venez en amoureux, réservez l'une des 2 possédant un *king size.* Agréable salle de petit déj qui fait aussi salon-boudoir le soir, avec piano. Accueil gentil.

À voir

Julian Pioneer Museum : *2811 Washington St. • julianpioneermuseum.org • Dans une rue perpendiculaire à Main St (en direction de la route 78 W). Ouv jeu-dim 10h-16h. Appeler le ☎ 760-765-0227 pour vous faire confirmer que le musée est ouv car il est dirigé par des bénévoles. Entrée : env 3 $; gratuit moins de 7 ans.* Petit musée consacré à l'histoire de la ville et ses fondateurs, où se mêlent dans un étonnant bric-à-brac un peu poussiéreux des objets du quotidien des chercheurs d'or, mais également de touchantes reliques de l'époque où la fièvre de l'or gagnait les plaines, des animaux empaillés, des vieux papiers, des photos surannées, des gamelles d'orpailleurs, des vêtements, et la plus grande collection de broderies au crochet ou au fuseau à l'ouest du Mississippi !

Eagle Mining Co. : *au bout de C St. • theeaglemining.com • Proche du centre-ville. Depuis Main St, prendre C St, direction nord ; monter jusqu'au bout d'un chemin de terre (indiqué). Tlj 10h-16h (17h w-e). Visite : env 10 $; réduc.* Endroit authentique où rien n'a bougé depuis la fermeture de la mine en 1941. Aménagement rudimentaire. Environ 45 mn de visite (30 mn dans la mine), avec explications détaillées (en anglais) et démonstration de filtrage de l'or avec les *pans* comme à l'époque de la *gold rush.* Visite intéressante pour ceux qui n'ont pas pu voir les mines fantômes du nord de la Californie, où s'est concentrée la ruée vers l'or entre 1848 et 1856.

LE DÉSERT D'ANZA BORREGO

À 2h de voiture de San Diego, un vrai et beau désert qui doit son nom à l'explorateur espagnol Juan Bautista de Anza et au mot espagnol *borrego,* qui signifie « mouflon ». Pas très connu (il faut dire qu'il y a beaucoup de déserts dans l'Ouest), mais c'est l'un des plus grands des États-Unis et le plus grand *State Park* du pays (2 500 km^2).
Pour s'y rendre : Hwy 8, puis la 67 jusqu'à Santa Ysabel ; ensuite, la 79, puis les S 2 et S 22 jusqu'à Borrego Springs. Variante : la Hwy 15 N, puis la 78, etc.
Au printemps, le désert explose de mille fleurs... mais bien vérifier qu'il a plu avant de venir, sinon la déception sera proportionnelle ! On y trouve aussi 12 variétés de cactus, des palmeraies et de nombreux animaux : 200 espèces d'oiseaux (dont des aigles royaux, des orioles, des colibris et le célèbre « bip bip », le *roadrunner*), des pumas, mouflons, renards, ratons laveurs... Mais attention aux serpents à sonnette, ils aiment aussi la région !
– Entrée du parc gratuite.

Adresses utiles

Visitor Center : *200 Palm Canyon Dr, à **Borrego Springs.** ☎ 760-767-4205. • ca.gov • À l'extrémité ouest de Palm Canyon Dr. Oct-mai, tlj 9h-17h ; juin-sept, seulement w-e, vac scol et j. fériés. En plein été (saison morte), quelques docs au* State Park Store *dans le Mall (centre commercial) à côté du magasin* Calico's *(ven-lun 10h-16h).* Dans un agréable bâtiment en pierre (si bien intégré au paysage qu'il est quasiment invisible de la route !), belle expo sur la vie du désert avec crâne de mammouth, projection de film et bonne documentation (disponible en français). Bien sûr, très compétent sur toutes les possibilités de belles balades et d'excursions.

Anza-Borrego Desert Natural History Association – Nature Desert Center : *652 Palm Canyon Dr, à **Borrego Springs.** ☎ 760-767-3052. • abdnha.org • Lun-sam 9h-17h, dim 10h-16h (pause déj en sem juin-sept).* Une association dynamique qui organise des tours guidés à la découverte de la faune, de la flore et de la géologie si particulière de ce désert. Sorties d'astronomie aussi. Dans la boutique, nombreux topoguides et abondante documentation, notamment sur les oiseaux. Quelques ouvrages de l'écrivain du désert Edward Abbey. Petit jardin botanique sur l'arrière. Accueil gentil comme tout.

Borrego Springs Chamber of Commerce : *786 Palm Canyon Dr, à **Borrego Springs.** ☎ 760-767-5555. • borregospringschamber.com • Lun-ven 10h-14h ; fermé w-e.* Pour toutes les infos sur l'hébergement et les activités à Borrego Springs et autour.

Où dormir ? Où manger ?

Possibilité de camper au ***Borrego Palm Canyon Campground,*** à côté du *Visitor Center,* le mieux équipé (eau potable, électricité). Le ***Tamarisk Grove,*** à 19 km au sud de Borrego Springs, est bien aménagé aussi *(compter env 25 $ la nuit en camping, 80 $ pour un bungalow ; résa obligatoire).* Également de nombreux *primitive campgrounds,* avec une grande souplesse concernant le choix de l'emplacement... vu que c'est désert. Évidemment, il faut tout apporter (eau, vivres et matériel) ; prévoir aussi un récipient métallique pour faire du feu (c'est interdit à même le sol). Infos au *Visitor Center* ou résas au *Anza-Borrego Desert State Park (☎ 760-767-4205).*

Hacienda del Sol : *610 Palm Canyon Dr, à **Borrego Springs.** ☎ 760-767-5442. En face du Mall. Doubles 80-165 $; gratuit moins de 14 ans.* Dans le bourg, aux portes du désert, un motel coloré, tenu par un couple sympathique. Dans un agréable jardin du désert, comme il se doit, quelques chambres de motel fort correctes. Également une dizaine de « duplex », c'est-à-dire 2 chambres mitoyennes dans un bungalow en brique assez spacieux, avec cuisinette et patio, pouvant accueillir jusqu'à 5 personnes. Enfin, 3 cottages s'intégrant particulièrement bien dans le décor, soit d'agréables maisonnettes avec cuisine, chambre double, salon, cheminée et patio. Piscine nickel et chauffée de surcroît. Un bon plan.

La Casa Del Zorro : *3845 Yaqui Pass Rd, à **Borrego Springs.** ☎ 760-767-0100. • lacasadelzorro.com • Au sud du centre-bourg, à droite en arrivant de Julian. Doubles 180-285 $; ajouter 15 $ de resort fee.* Unité hôtelière qui présente l'avantage de faire des promos en plein été. Bel environnement, belles chambres et superbes piscines, dont une où l'on peut vraiment nager (lignes d'eau). Resto avec cartes abordables (y compris celle des vins). Une bonne escale pour celles et ceux qui en ont les moyens. Évitez quand même les chambres situées près de l'entrée (le jardinier peut vous réveiller de bonne heure quand il met la pompe en marche).

|●| ***Carmelita's Mexican Grill :*** *575 Palm Canyon Dr, à **Borrego Springs.** ☎ 760-767-5666. À l'arrière du petit centre commercial et du bureau de police. Tlj 10h-20h ; parfois fermé lun en été. Petit déj et plats 10-15 $.* La meilleure cantine du coin. Dans une petite salle moderne et bien climatisée (très appréciable en été), bonne cuisine mexicaine avec petit déj *(chorizo con huevos),* tacos, burritos et autres enchiladas de bonne facture. Service très gentil mais parfois long.

À voir. À faire

Les sculptures de Ricardo Breceda : dans les proches environs de Borrego Springs, le sculpteur sur métal Ricardo Breceda a saupoudré le désert d'une quantité incroyable d'animaux. Un safari agréable à faire en voiture en fin de journée, quand le couchant donne une teinte orangée aux œuvres déjà rouillées.

Les balades les plus populaires : le *Palm Canyon Trail* (boucle de 5 km via une oasis), le *Glorieta Canyon* (très beau au printemps mais seulement s'il a plu avant !) et le *Slot Canyon* (joli canyon étroit, d'où le nom) sont les circuits les plus faciles d'accès. Si vous êtes en 4x4, vous pourrez accéder à *Font's Point* pour le lever ou le coucher du soleil et aux *Borrego Badlands...* Sinon, étant donné que ce désert était peuplé de mastodontes au Quaternaire (il y a 2 millions d'années), nombreux sont les restes d'ossements qui affleurent. D'une manière générale, toujours passer au *Visitor Center* pour se renseigner sur les accès et sur la météo (sachez que les remorquages dans le coin coûtent très cher...). Et prévoir beaucoup d'eau.

TIJUANA *(Mexique)*

Pour se rendre à Tijuana, le passeport seul suffit. En fait, on peut entrer au Mexique à pied, presque comme dans un moulin. La carte touristique, elle, n'existe que pour les ressortissants américains. Méfiez-vous du retour aux États-Unis : souvent une longue attente, et cela ne devrait pas s'arranger...
Si vous voulez y aller avec une voiture de location, assurez-vous que votre contrat vous autorise à franchir la frontière. Si c'est le cas, il vous faudra de toute façon prendre une assurance spéciale à la douane. En fait, le plus simple est d'attraper le trolley *(Blue Line)* sur C Street (dans le centre de San Diego), qui, pour quelques dollars, vous conduit à Tijuana (45 mn de trajet).
Cette ville frontière se trouve à une trentaine de kilomètres de San Diego. Franchement pas terrible : les bâtiments sont construits à la va-vite, comme dans beaucoup de ces villes qui se sont développées trop rapidement. Le samedi soir, les Californiens passent la frontière pour entrer dans les bars et y faire la fête, dans une ambiance indescriptible. Inutile de changer votre argent, à Tijuana tout se paie en dollars. **_On vous déconseille de boire de l'alcool_** dans la rue, même dans un sachet de papier, et surtout si vous avez une dégaine de *gringo* : vous auriez vite fait de vous retrouver en taule. Si cette mésaventure vous arrivait, précisez immédiatement que vous êtes français (ou belge ou suisse...).
En tout cas, Tijuana est très intéressant pour comprendre les rapports Mexique/États-Unis : un mois de travail au Mexique, c'est une semaine de boulot à Tijuana, un jour de travail à San Diego...

Shopping entre San Diego et Tijuana

Las Americas : *4211 Camino de la Plaza,* ***San Ysidro.*** *☎ 619-934-8400. En venant de San Diego par l'I-5, tourner à droite (« Last US Exit ») et suivre « Camino de la Plaza » ; c'est indiqué, à un bloc plus loin. Lun-mer 11h-20h, jeu-dim 10h-21h (19h dim).* Grand centre commercial regroupant 100 magasins d'usine, dont *Levi's, Nike* et *Ralph Lauren.*

PALM SPRINGS

48 000 hab.

• Plan *p. 533*

Située au cœur de la vallée de Coachella, à environ 175 km de Los Angeles, on atteint Palm Springs par l'Interstate 10 puis la 111 South. La route traverse d'impressionnants champs d'éoliennes qui rappelleront des souvenirs aux cinéphiles *(Rain Man).*
Voilà encore une ville surgie du désert, au milieu du Grand Nulle Part (comme dirait James Ellroy) et dont les Américains ont le secret.
Lorsque le *Southern Pacific Railroad* arriva jusqu'à cette oasis, les 1ers pionniers ne pouvaient se douter que, dans les années 1920-1930, les stars de Hollywood, Marlene Dietrich, Clark Gable, Greta Garbo ou

LE RACKET DES STARS

Selon la légende, Palm Springs doit sa notoriété auprès des comédiens à l'impatience de Marlene Dietrich. En 1932, celle-ci aurait viré 2 acteurs qui squattaient le seul court de tennis de la ville. En réaction, ils créèrent leur propre club (The Racquet Club) *et invitèrent tous leurs amis du showbiz à en devenir membres.*

encore les Marx Brothers en tête, y viendraient en villégiature, créant ainsi de toutes pièces une ville du jeu et du farniente.
Jusque dans les années 1960, Palm Springs continua d'être leur refuge. Robert Doisneau, envoyé par le magazine *Fortune,* vint immortaliser la faune locale et son mode de vie. Il faut dire qu'Elvis Presley, Frank Sinatra puis Kirk Douglas achevèrent de donner à la ville son aura glamour... qu'elle retrouve encore chaque année en janvier, à l'occasion de son Festival international du film, en compagnie des stars d'aujourd'hui, venues de Hollywood en voisines.
Résultat des courses : Palm Springs possède un patrimoine architectural unique en son genre, celui des villas et édifices de style *modern mid-century,* correspondant à la période des années 1933-1965. Rappelez-vous *American Graffiti.* L'ambiance est toujours là, intacte, avec ses bâtiments cubiques des années 1950, le tout hérissé de palmiers, évidemment, et encadré de montagnes arides dont les teintes ocre varient au gré du soleil. Un cadre sans pareil, qui a replacé ces dernières années la ville, un temps oubliée, sur la carte des lieux tendance, portée par la mode du vintage.
Palm Springs et ses voisines de la vallée de Coachella sont aussi des villes prisées des habitants très aisés des grandes métropoles des États-Unis, d'autant que les proches environs offrent de belles escapades en pleine nature. Le slogan local n'est-il pas « 360 jours de soleil par an » ? En réalité, plutôt 354, mais on ne va pas chipoter... Elle abrite une importante communauté homosexuelle et une forte proportion de riches retraités, l'une se confondant en partie avec l'autre.
Si ahurissant que cela puisse paraître, on compte une centaine de parcours de golf car, selon ses habitants, les nappes phréatiques pourraient assurer à leur ville 400 ans d'eau sans pluie (ben tiens !). Quoi qu'il en soit, la clim tourne à plein régime et les trottoirs du centre-ville sont brumisés à longueur de journée dès les 1res chaleurs, tout comme les terrasses des restos. Faut dire qu'en été il y fait un cagnard d'enfer (42 °C en moyenne). Résultat : peu d'ambiance et pas mal de choses fermées ou tournant au ralenti. Seul point positif : les hôtels sont beaucoup moins chers, la vraie saison touristique s'étendant d'octobre à mai.

Orientation

Très facile de se repérer, la ville étant constituée autour de 2 rues principales parallèles, chacune en sens unique : *Palm Canyon Drive* dans un sens (du nord au sud) et *Indian Canyon Drive* dans l'autre. La rue qui sépare le nord du sud est la Tahquitz Canyon Way.

Adresses et infos utiles

i *Visitor Center* *(zoom A2) : 2901 N Palm Canyon Dr. ☎ 760-778-8418. • visitpalmsprings.com • Dans la* Welwood Murray Memorial Library. *Tlj 10h-17h.* Plans, brochures (dont le *Visitor Guide,* bien fait, mais le site web est plus à jour), infos sur les balades dans le désert, etc. Accueil sympa. **Autre Visitor Center *au nord de la ville,*** à l'entrée de la route pour l'Aerial Tramway, dans une ancienne station-service restaurée *(plan A1).*

✈ ***Aéroport international*** *(hors plan par B2) : 3400 E Tahquitz Canyon Way.* Liaisons avec les villes principales des États-Unis et du Canada.

■ ***Stationnement :*** gratuit en ville, mais limité à 4h. Grand parking couvert gratuit et illimité à l'angle de Baristo Rd et Indian Canyon Dr *(plan zoom A3).*

■ ***Bike Palm Springs*** *(plan zoom A2, 1) : 194 S Indian Canyon Dr. ☎ 760-832-8912. • bikepsrentals.com • Tlj 8h-17h ; en été 8h-10h. Vélo standard env 35 $/j. adulte et 20 $/j. enfant.* Location de vélos, tandems et vélos électriques.

Où dormir ?

Ici encore plus qu'ailleurs, c'est la loi de l'offre et de la demande qui gouverne. Selon l'affluence et l'événement en cours, ***les tarifs varient du simple au quadruple*** (voire quintuple !). Moralité : en période creuse, ***de juin à août, on peut se payer le grand luxe pour le prix d'un motel.*** Inversement, en haute saison (d'octobre à mai), pendant un festival et tous les week-ends de l'année, mieux vaut avoir le portefeuille bien rempli. Pour les hôtels qui suivent, nous vous indiquons une fourchette de prix qui varient donc ***selon la saison et le jour de la semaine.***

De bon marché à prix moyens

■ ***Motel 6 Palm Springs East*** *(plan A3,* ***10****) :* *595 E Palm Canyon Dr. ☎ 760-325-6129. • motel6.com • Doubles 75-90 $ (170 $ pdt les événements !) ; gratuit moins de 17 ans partageant la chambre de 2 adultes. Café à dispo à la réception.* Du 100 % *Motel 6,* c'est-à-dire du mobilier genre chambre de cité U, avec 2 lits *full size* (un petit 2 places). Cela dit, le jardin et sa piscine sont vraiment agréables, surtout à un tel prix (essayer d'obtenir une chambre donnant dessus). Autre *Motel 6 (Palm Springs Downtown ; plan A3,* ***13****)* plus près du centre mais tout béton et bien moins sympa : *660 S Palm Canyon Dr ; ☎ 760-327-4200.*

■ ***Rodeway Inn Palm Springs*** *(plan A3,* ***11****) :* *1700 S Palm Canyon Dr. ☎ 760-327-1564. • choicehotels.com • Doubles 85-120 $, petit déj inclus.* Derrière la façade kaki en partie recouverte de pierre se cachent des chambres certes banales mais bien équipées et plutôt spacieuses, toutes dotées d'un balcon avec vue sur les montagnes ou la piscine. Bref, un plan honnête, tranquille et pas trop cher. Évitez tout de même le rez-de-chaussée et testez la clim avant, sauf si vous êtes habitué à dormir dans les aéroports.

■ ***Caliente Tropics*** *(plan A3,* ***10****) :* *411 E Palm Canyon Dr. ☎ 760-327-1391. • calientetropics.com • Doubles standard 100-140 $ (promos sur le site).* Un *resort* à prix réduit, dont la déco pseudo-tropicale assez ringarde, avec ses couvre-lits bariolés et boiseries imitation coloniale, s'efface devant la belle et grande piscine noyée dans la végétation. 2 restos sur place, le *Taste The World,* et un *tiki bar* rigolo, le *Reef Bar* (concerts et animations).

■ ***Quality Inn Palm Springs Downtown*** *(plan zoom A3,* ***12****) :* *390 S Indian Canyon Dr. ☎ 760-778-3699. • choicehotels.com • Doubles 100-140 $, petit déj complet inclus.* Encore un gros

Adresses utiles

- Visitor Center (zoom A2)
- **1** Bike Palm Springs (zoom A2)

Où dormir ?

- **10** Motel 6 Palm Springs East et Caliente Tropics (A3)
- **11** Rodeway Inn Palm Springs (A3)
- **12** Quality Inn Palm Springs Downtown (zoom A3)
- **13** Motel 6 Palm Springs Downtown (A3)
- **14** Ace Hotel (A3)
- **15** Orbit In (zoom A2)
- **16** Desert Hills (zoom A2)
- **17** Del Marcos Hotel (zoom A3)
- **18** Holiday House (zoom A2)
- **19** The Saguaro (B3)

Où manger ?

- **14** King's Highway (A3)
- **20** Cheeky's (A2)
- **21** Elmer's (B3)
- **22** Midmod Café (A2)
- **24** Tyler's Burgers (zoom A2)
- **25** Las Casuelas Terraza et Lulu (zoom A2)
- **26** Palm Greens Café (A3)

Où boire un verre ? Où sortir ?

- **30** Shanghai Reds Bar & Grill (zoom A2)
- **40** Bootlegger Tiki (A2)

À voir

- **15** Orbit In (zoom A2)
- **16** Desert Hills (zoom A2)
- **17** Del Marcos Hotel (zoom A3)
- **57** Palm Springs Architecture & Design Center (zoom A3)

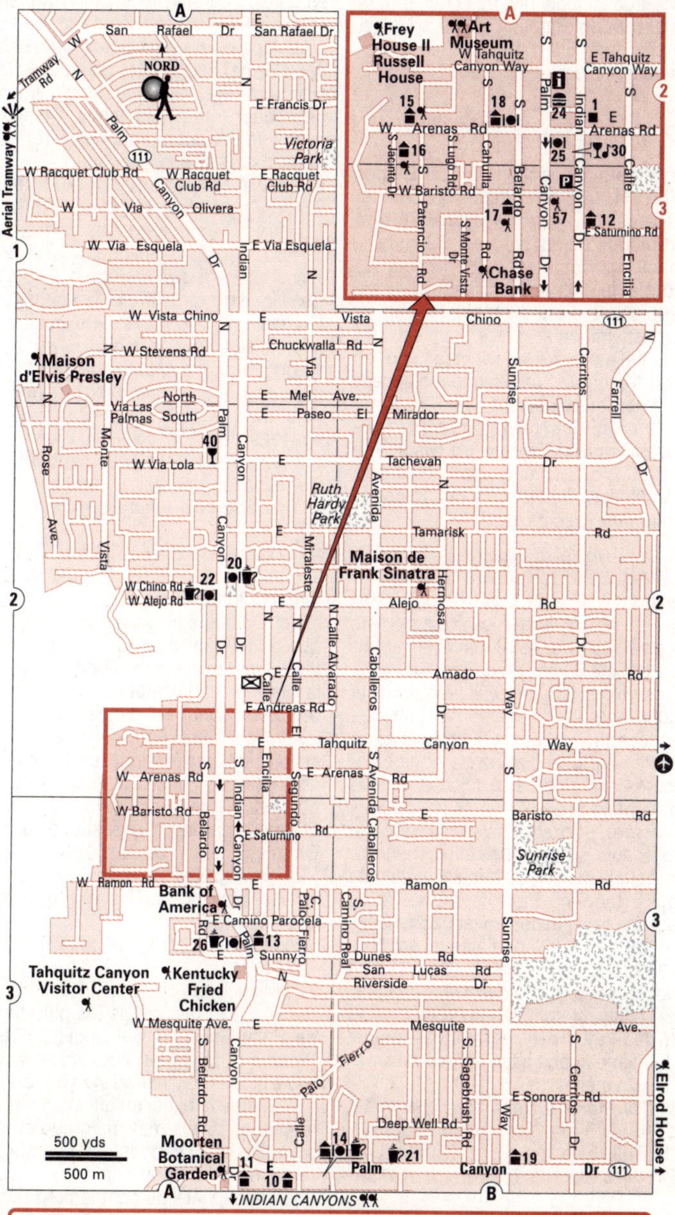

PALM SPRINGS

motel banal mais pas très cher, propre et assez confortable. Le plus, ici, c'est le spa, la piscine chauffée, et le vrai petit déj inclus.

De plus chic à très chic

Dans cette catégorie voisinent 2 types d'hôtels, très tendance l'un comme l'autre : les ***grands hôtels-clubs ambiance déjantée,*** avec DJ enflammant la piscine le week-end, et les ***hôtels de poche des fifties*** (rarement plus d'une dizaine de chambres), au cachet vintage soigné, offrant souvent une belle vue sur les montagnes. Bien plus tranquilles, ces derniers n'acceptent pas les enfants...

Attention, ***certains hôtels facturent en supplément un* resort fee** *(20-30 $/chambre et par nuit),* soi-disant pour l'utilisation des espaces communs (piscine, etc.) !

Orbit In *(plan zoom A2,* ***15****) : 562 W Arenas Rd. ☎ 760-323-3585. • orbitin.com • Doubles 150-250 $, petit déj inclus.* Séjourner ici, c'est comme mettre des lunettes de star et se retrouver projeté 60 ans en arrière. Churchill, Einstein et Chaplin ont fréquenté le quartier... Architecture typique des années 1950, avec un bâtiment bas de seulement une dizaine de chambres, toutes encadrant la piscine et dotées d'un patio privatif. Depuis le *108 Frey Lounge,* adorable avec sa douche extérieure, sa cheminée et son horloge, vue sur la maison du fameux architecte qui a façonné Palm Springs. Inclus dans le tarif : accès au jacuzzi, snacks et *happy hour* (spécialité : l'*orbitini*), vélos, prêt de films et de vinyles ! À ne pas louper si vous en avez les moyens. Si l'hôtel est complet, on vous loge au ***Hideaway Hotel,*** un établissement du même acabit situé un peu plus bas dans la même rue.

Del Marcos Hotel *(plan zoom A3,* ***17****) : 225 W Baristo Rd. ☎ 760-325-6902. • delmarcoshotel.com • Doubles 230-400 $. Resort fee env 20 $. Petit déj inclus. Apéro offert tlj 16h-18h.* ***Interdit au moins de 21 ans.*** Petit hôtel dessiné en 1947 par William Cody, l'un des grands architectes de Palm Springs. Là encore, déco vintage en diable ! La quinzaine de chambres spacieuses et claires comptent toutes un balcon ou un petit patio, certaines une cuisine. Si les salles de bains et la clim sont récentes, tout semble sinon débarquer intact des fifties. Piscine avec vue sur les montagnes. Prêt de vélos. Excellent service.

Desert Hills *(plan zoom A2,* ***16****) : 601 W Arenas Rd. ☎ 760-325-2777. • desert-hills.com • En face de l'Orbit In. Doubles 180-320 $, petit déj léger inclus.* ***Interdit aux moins de 21 ans.*** Celui-ci date de 1957, et là encore le charme opère. Toujours cette architecture basse autour de la piscine et cette vue imprenable sur les montagnes. Une quinzaine de chambres avec cuisinette, dont quelques suites luxueuses, toutes égayées de jolies couleurs crème et orange. Déco délicieusement rétro. Prêt de vélos. Jacuzzi.

The Saguaro *(plan B3,* ***19****) : 1800 E Palm Canyon Dr. ☎ 760-323-1711. • thesaguaro.com • Doubles 150-315 $. Resort fee 39 $.* Grande structure à la tonalité très pop. Côté dodo, les chambres sont aussi confortables que *punchy* avec leurs couleurs acidulées et leur balcon plongeant vers la piscine. La clientèle squatte cette dernière à longueur d'après-midi dès les 1res chaleurs. Faut dire que le DJ envoie du *pump'in* à fond les manettes, notamment le week-end. Pour la sieste, oubliez... Côté papilles, le bar-resto, *El Jefe,* signé du chef à succès José Garces, s'inspire de la *street food* de Mexico. Activités à la pelle : yoga, vélo, fitness, ping-pong... Navette gratuite pour le centre.

Ace Hotel *(plan A3,* ***14****) : 701 E Palm Canyon Dr. ☎ 760-325-9900. • acehotel.com • Doubles 150-350 $. Resort fee 34 $.* Un des hôtels les plus funs de Palm Springs ! Cet ancien motel typique du style local est devenu un lieu à la fois rock, revival et hyper branché. Même la direction affiche un look assorti et 35 ans maximum au compteur. Pas très grandes, les chambres recréent, en version confort bien sûr, une atmosphère de campement dans le désert. 2 piscines, une tranquille et la principale où l'on trempe en musique jusqu'à 2h du mat', un spa (le *Feel Good*), un chouette *diner* (le *King's*

Highway ; voir « Où manger ? ») et un bar souvent animé : karaoké, soirées DJ, etc. Prêt de vélos. Pendant le *Coachella Festival* (mais pas seulement), il faut voir la faune un peu déjantée qui se paie des chambres à pas de prix. Ça, c'est l'Amérique !

Holiday House (plan zoom A2, **18**) : 200 W Arenas Rd. ☎ 760-320-8866. • holidayhouseps.com • Doubles 310-360 $ (jusqu'à 500 $ et plus pour les plus grandes). Resort fee 22 $; petit déj inclus. **Interdit aux moins de 21 ans.** Si l'établissement date de 1951, il a été depuis largement remodelé, avec notamment – sacrilège ! – l'ajout d'un étage au traditionnel bâtiment bas encadrant la piscine. Il n'empêche, l'atmosphère *fifties* est plus vraie que nature, avec immenses salles d'eau au carrelage rétro, mobilier vintage et tapisseries à motifs bleu ciel qui collent si bien au nom du lieu. On s'y croirait ! Confort au top, de la literie au vrai bar dans chaque chambre, qui n'ont ici rien de mini. Une atmosphère résolument branchée et *arty,* que vient encore souligner le coin bibliothèque et ses bouquins d'art. Également un café-bar. Prêt de vélos.

Où manger ?

Sauf en été (où c'est très, très calme...), **beaucoup de monde le week-end,** mieux vaut réserver.

Spécial petit déjeuner

Cheeky's (plan A2, **20**) : 622 N Palm Canyon Dr. ☎ 760-327-7595. Ouv 8h-14h. Fermé mar-mer et de fin juil à mi-août. Petits déj 12-16 $. Pas de résa, donc venez tôt, voire avant l'ouverture, tant il y a de monde ! Le petit déj gourmet de la ville : œufs bio (servis *Benedict* notamment), saucisses maison, bacon fumé à différentes saveurs, jus de fruits frais et excellents pancakes aux myrtilles. Très goûteux mais les portions sont un peu chiches pour le prix. Voir aussi plus loin.

Elmer's (plan B3, **21**) : 1030 E Palm Canyon Dr. ☎ 760-327-8419. Tlj 6h-21h. Petits déj servis tte la journée 10-15 $. Depuis les 60's, une institution locale du breakfast qui tient au corps ! La carte est longue comme le bras : omelettes plantureuses, œufs sous toutes leurs formes, gaufres et un inédit *German Pancake* (la spécialité maison à goûter absolument), sorte de crêpe géante format pizza mais légère et craquante à la fois. Qualité très honorable et grande salle de cafét' banale mais typique de l'Amérique qu'on aime, tapissée de photos de célébrités passées dans le coin, de Nixon à Sinatra. Sert aussi sandwichs et burgers sans intérêt le reste de la journée. Accueil gentil comme tout.

King's Highway (plan A3, **14**) : à l'Ace Hotel, 701 E Palm Canyon Dr. ☎ 760-969-5777. Tlj 8h-22h. Petits déj (servis jusqu'à 14h) 6-16 $, plats 14-32 $. Smoothie de dattes du coin, *avocado toast, breakfast burrito, chilaquiles* (œufs brouillés et chorizo) ou encore *granola* maison... La sélection est éclectique. Voir aussi plus loin.

Voir aussi plus loin le **MOD Café** et le **Palm Greens Café,** pour entamer sainement la journée.

De bon marché à prix moyens

Cheeky's (plan A2, **20**) : 622 N Palm Canyon Dr. ☎ 760-327-7595. Ouv 8h-14h. Fermé mar-mer et de fin juil à mi-août. Plats 12-16 $. Avant tout, n'oubliez pas d'inscrire votre nom sur la *waiting list,* car ici on poireaute ! Il faut dire que l'on y mange fort bien, dans le registre *modern American.* Entendez par là : une cuisine élaborée à base de produits frais et locaux (fermiers souvent) et revisitée avec un petit twist Southwest ou fusion. Mais pas très copieuse. Terrasse brumisée l'été, très agréable.

Midmod Café (plan A2, **22**) : 515 N Palm Canyon Dr. ☎ 760-699-7714. Tlj 8h-15h. Plats 10-16 $. Une adresse où manger bio, sain et bon. Les plats respectent les grandes règles macrobiotiques mais proposent aussi poulet ou poisson, à accompagner de jus et smoothies mémorables. Quelques tables dehors dans un jardin au calme. Sert aussi le petit déj et vend à emporter, pas mal pour un pique-nique.

Palm Greens Café *(plan A3,* ***26****) : 611 S Palm Canyon Dr (dans un petit centre commercial). ☎ 760-864-9900. Tlj 8h-15h. Plats 10-22 $.* Les lanternes chinoises et la musique zen soulignent le concept de ce petit café cousin germain du *Midmod* : ici tout est bio, *healthy,* salades variées, *bowls* curry ou macrobiotiques, smoothies fruits-légumes, même la bière et les burgers pour ceux qui craignent de perdre leurs repères. Petit déj dans le même esprit. Un coup de frais sur le désert. Vente aussi à emporter.

King's Highway *(plan A3,* ***14****) : à l'Ace Hotel, 701 E Palm Canyon Dr. ☎ 760-325-9900. Ouv 8h-22h. Plats 20-32 $.* C'est le *diner* du très rock *Ace Hotel* (voir « Où dormir ? »). Un ancien resto *Denny's* relooké avec sobriété, en gardant le mur de pierre typique de Palm Springs années 1950. On y sert une *American comfort food* un peu revisitée et plutôt goûteuse, avec des accents tex-mex ou du Sud US. Bonne atmosphère.

Tyler's Burgers *(plan zoom A2,* ***24****) : la Plaza, 149 S Indian Canyon Dr. ☎ 760-325-2990. Ouv 11h-16h. Fermé dim et de mi-juil à fin août. Burgers 10-12 $, accompagnement en sus.* Un kiosque chic au milieu de la *Plaza,* avec 2 tentes-terrasses de chaque côté. Il y a souvent une *waiting list,* alors le mieux est de s'accouder au comptoir de la petite salle, pour observer la cuisine. Un conseil : demandez un maximum d'ingrédients (oignons caramélisés, fromage, avocat, bacon...), sinon vous aurez un burger tout bête et un peu sec. Également des salades, soupe du jour, chili et hot-dogs. Service speed et ambiance de ruche.

Las Casuelas Terraza *(plan zoom A2,* ***25****) : 222 S Palm Canyon Dr (angle Arenas Rd). ☎ 760-325-2794. Tlj 11h-22h. Fermé mar-mer. Plats 12-30 $.* C'est la brasserie mexicaine, pour ne pas dire l'auberge espagnole, du centre-ville. Multiples petites salles disposées autour d'une terrasse aux vagues airs d'hacienda. Depuis 1958, la même famille y sert tous les classiques du pays de Zapata, des tacos aux burritos, *chile relleños* et autres *quesadillas,* en quantités pantagruéliques, bien sûr. Musique live tous les soirs.

De prix moyens à chic

Lulu *(plan zoom A2,* ***25****) : 200 S Palm Canyon Dr. ☎ 760-327-5858. Tlj 11h (9h w-e)-21h (22h ven-sam). Plats 15-37 $.* Immanquable, cet élégant édifice pourtant récent reproduit à s'y méprendre le style années 1950. Grands volumes, terrasse flashy, le décor, californien jusqu'à la caricature, attire un monde fou chaque soir. Carte longue comme le désert, des sandwichs aux pâtes en passant par les pizzas et les fruits de mer. Une cuisine correcte et efficace à défaut d'être inoubliable, servie à une clientèle bien plus B.C.B.G. que chez le voisin *Las Casuelas.*

Où boire un verre ? Où sortir ?

L'animation se concentre sur South Palm Canyon Drive, entre Andreas et Baristo Roads, pour ce qui est des hétéros. Les homos, eux, n'auront que l'embarras du choix pour se rendre dans l'une des nombreuses boîtes gay, de Palm Springs à Palm Desert. ***Tous les jeudis soir*** *(sauf en plein été),* South Palm Canyon Drive est fermé à la circulation de 18h à 21h, bars et terrasses font le plein et des musiciens jouent à tous les coins de rue.

Bootlegger Tiki *(plan zoom A2,* ***40****) : 1101 N Palm Canyon Dr. Tlj 15h-23h (minuit ven-sam).* Un petit *tiki bar* dans la tradition kitsch de ce style polynésien vintage en vogue en Californie dans les 50's et à nouveau branché aujourd'hui. Atmosphère feutrée et cocktails tropicaux à la fois colorés et raffinés, avec le décorum de mise : ombrelles en papier, fleurs de tiaré...

Shanghai Reds Bar & Grill *(plan zoom A2,* ***30****) : 235 S Indian Canyon Dr. Dans le Fish Market. Tlj*

LOS ANGELES ET LE SUD DE LA CALIFORNIE

16h-23h. Sorte de petit dock reconstitué avec un mini *stage* en plein air où viennent se produire de bons groupes de blues ou de rock en fin de semaine (c'est plus tranquille en semaine). En cas de petit creux, quelques tables et chaises en plastoc et, dans les assiettes, du poisson et des crustacés. Ambiance plutôt *Woodstock* que *Burning Man.*

Achats

Desert Hills Premium Outlets : *48400 Seminole Dr, à* ***Cabazon.*** *• premiumoutlets.com/deserthills • Le long de l'I-10, à une trentaine de km sur la route de Los Angeles (sortie Malki Road). Tlj 11h (10h ven-dim)-19h (20h ven-sam, 18h dim).* Un méga-centre de magasins d'usine. Parmi les 130 boutiques, en plus des classiques *(Tommy Hilfiger, Levi's, Nike, Vans, Converse, Calvin Klein, Banana Republic, Quiksilver),* de nombreuses marques luxe *(Gucci, Alexander McQueen, Burberry, Jimmy Choo, Versace...).*

Cabazon Outlets : *48750 Seminole Dr, à* ***Cabazon.*** *• cabazonoutlets.com • Sur l'I-10, sortie Cabazon. Tlj 10h-20h ; horaires variables les j. fériés.* Complémentaire du précédent (et presque collé à lui). On y trouve notamment les marques *Puma, Columbia, Merrell* ou encore *Adidas.*

À voir. À faire

Petit circuit architectural du **modern mid-century** ***et des maisons de stars :*** avant toute chose, les passionnés d'architecture iront faire un tour au ***Palm Springs Architecture & Design Center*** (voir plus loin) et tenteront idéalement de venir lors de la ***Modernism Week en février*** (voir « Festivals et manifestations »).

Commençons par un descriptif du ***style.*** À la fois élégant et informel, assez minimaliste, le *modern mid-century* privilégie les lignes droites, les angles, les décrochements. Bref, la perspective. Appelé aussi ***desert modernism,*** il entend favoriser l'interaction entre l'intérieur du bâti et l'environnement montagneux et désertique local, d'où cette architecture basse qui privilégie l'horizontalité afin d'englober le champ de vision panoramique, pour ne pas dire cinématographique. Quant aux matériaux, ils furent choisis pour leur résistance à l'intensité du climat ou nés des avancées scientifiques de l'après-guerre, soit pas mal d'acier et de verre.

Parmi les ***promoteurs et architectes emblématiques,*** citons George et Robert Alexander (père et fils), William Cody (hôtel *Del Marcos* ; voir plus loin), E. Steward Williams, Robert Neutra ou encore John Lautner. Sans oublier Albert Frey, collaborateur suisse de Le Corbusier, dont la demeure à flanc de montagne où il vécut jusqu'à sa mort en 1998, la ***Frey House II*** *(plan zoom A2 ; 686 Palisades Dr, voie privée),* s'admire seulement de West Arenas Road (jumelles obligatoires). Juste à côté se détache l'originale ***Russell House*** *(plan zoom A2),* plantée au milieu des rochers par le même Albert Frey.

Si ce préambule vous a mis l'eau à la bouche, on ne va pas vous mentir, à moins de casser sa tirelire pour ***loger dans un hôtel des fifties*** parmi ceux cités précédemment dans « Où dormir ? » (***Orbit In, Desert Hills*** et ***Del Marcos Hotel***), on voit assez peu de l'architecture *modern mid-century,* la plupart des villas, privées, étant dissimulées derrière une haute clôture.

Pour se faire une idée, on se rabattra plutôt sur les bâtiments publics les plus emblématiques, à commencer par l'***Art Museum*** *(plan zoom A2 ; 101 Museum Dr* ; lire plus loin). Voir aussi la ***Bank of America*** *(plan A3 ; 588 S Palm Canyon Dr),* qui n'est pas sans évoquer la chapelle de Ronchamp de Le Corbusier, et sa concurrente, la ***Chase Bank*** *(plan zoom A3 ; 499 S Palm Canyon Dr),*

œuvre d'E. Stewart Williams. Autre splendide bâtiment (la cuisine l'est beaucoup moins), le ***Kentucky Fried Chicken*** *(plan A3 ; à l'angle de Palm Canyon et Sunny Dunes Rd).*
Quant aux ***maisons de stars,*** évidemment privées, elles se font bien discrètes : peu à voir de la rue. ***Celle d'Elvis Presley est une des rares visibles*** et se visite *(plan A1 ; 1350 Ladera Circle ; ☎ 617-262-4314 ; tour guidé tlj même l'été à 13h, 14h et 15h – résa conseillée par tél ; compter 30 $/pers).* Bâtie par la famille Alexander, la « Elvis Honeymoon Hideaway » (appelée aussi *House of Tomorrow,* soit la « maison du futur »), plus modeste que *Graceland* (!), présente l'originalité de n'avoir aucune pièce carrée, comme en témoigne l'arrondi de la suite nuptiale, visible en façade. Un type de maison très populaire parmi les stars de l'époque, mais qui paraît aujourd'hui bien daté... On peut aussi jeter un œil à la ***maison de Frank Sinatra*** *(plan B2 ; 1148 E Alejo Rd),* signée E. Stewart Williams également et surnommée *Twin Palms* à cause de ses 2 palmiers. Le turbulent chef du *Rat Pack* y organisait des fêtes mémorables... et y enregistrait aussi les maquettes de ses chansons qu'un émetteur sur le toit envoyait à L.A. !
Enfin, si c'est la fameuse *Modernism Week,* essayer de visiter l'***Elrod House*** *(hors plan par B3 ; 2175 Southridge Dr ; la voie d'accès est normalement interdite),* signée John Lautner, avec son incroyable radicalité : rochers pénétrant dans la maison, dôme de béton en forme de corolle, rideau de verre... Sinon, elle ne s'admire que dans le film de James Bond *Les diamants sont éternels* ! Pour info, on trouve dans ce même quartier (Rimcrest) les maisons de William Holden, Steve McQueen et Bob Hope (en forme de champignon) ; mais elles ne sont pas plus visibles...
Si vous voulez – tenter – d'en voir plus, les librairies et boutiques de souvenirs de la ville vendent pour 5 $ une ***Map of Modern Palm Springs,*** avec appli associée. Autre option, pour les passionnés aux poches bien pleines, les ***tours guidés*** d'une durée de 2h30 organisés par Michael Stern, qui permettent de pénétrer dans plusieurs maisons *(☎ 760-904-0904 ; • moderntour.com • ; résa au moins 24h à l'avance ; groupe de 6 pers max ; à partir de 200 $/pers).*

Palm Springs Art Museum *(plan zoom A2)* **:** *101 Museum Dr. • psmuseum.org • Tlj 10h (12h jeu)-17h (20h jeu). Fermé mer. Ouverture réduite l'été. Entrée : 14 $ (entrée au Palm Springs Architecture & Design Centre incluse) ; gratuit moins de 18 ans. Gratuit jeu 16h-20h et 2e dim du mois.*
L'édifice de l'architecte E. Stewart Williams, typique du style local, date de 1976. Ancien *Desert Museum,* il a été transformé en 1996 en musée d'art contemporain, eu égard au patrimoine local, agrémenté de quelques collections indiennes et mexicaines. Les œuvres sont présentées par rotation et l'agencement change régulièrement. Cela dit, en plus de belles expos temporaires, vous devriez y voir, entre autres, des sculptures de ***Henry Moore,*** de Picasso et de l'acteur George Montgomery (ancien résident local). Un tableau de Diego Rivera et un autre, *The Prisoner,* du pop artiste ***Roy Lichtenstein.*** Une série de photos montrant Jean-Michel Basquiat au travail. Une céramique de ***Chagall*** (*The Village,* 1952) et un gentil chien-chien blanc réalisé par un artiste japonais. Également une foison d'œuvres en verre *(Art glass)* et d'autres sur les thèmes de la réalité et l'illusion, avec notamment l'impressionnant travail de Timothy Thompkins, en référence au Caravage. Pas la peine, en revanche, d'attendre que les papis sur leur banc vous fassent de la place, ils sont en cire et signés ***Duane Hanson.***
Dans un tout autre genre, collections de statuettes mexicaines et mayas en pierre et terre cuite et d'artisanat *native-American* (poupées *kachinas* des tribus hopis, paniers, tapis...). Enfin, au sous-sol, ne manquez pas de flâner dans les 2 ***sculptures gardens*** agrémentés de bassins et de plantes du désert, dont l'un est attenant à l'agréable cafétéria.

Palm Springs Architecture & Design Center *(plan zoom A3,* **57***)* **:** *300 S Palm Canyon Dr. ☎ 760-423-5260. • psmuseum.org • Mêmes horaires que l'Art*

Museum. *Ouverture réduite l'été. Entrée incluse dans le billet de* l'Art Museum. *Sinon, 5 $ (réduc). Gratuit jeu 16h-20h.* Palm Springs étant la ville qui concentre le plus de bâtiments de style *modern mid-century* au monde, il lui fallait bien y consacrer un musée. C'est fait, avec la réhabilitation de ce bâtiment construit par E. Stewart Williams en 1961. À l'origine, c'était une banque, comme en témoignent la porte blindée visible dans la boutique et le système qui permettait de déposer des espèces tout en restant dans sa voiture (visible à l'arrière, sur le parking). Aujourd'hui, il accueille 3 à 4 expos temporaires par an, dont les thèmes tournent autour de l'archi et du design. Pour rester dans le thème, on pourra ensuite flâner dans le ***Uptown Design District,*** une poignée de blocks de N Palm Canyon Drive, de part et d'autre de Tamarisk Road *(plan A2),* enchaînant galeries et boutiques de créateurs. Très chic, on s'en doute.

Aerial Tramway et Mount San Jacinto State Park *(hors plan par A1)* **:** *au nord de la ville, à env 10 km. • pstramway.com • En remontant Palm Canyon Dr, prendre Tramway Rd à gauche, au niveau du Visitor Center. Départ env ttes les 30 mn, tlj 10h (8h w-e)-21h30 ; dernier départ pour la montée à 20h. Fermé en cas de météo exécrable et courant sept pour maintenance. Billet A/R : 29 $; 3-10 ans 17 $.*

Le ***téléphérique*** de Palm Springs a la particularité d'être rotatif : les cabines sont circulaires et tournent sur elles-mêmes pendant l'ascension, une sensation assez étrange, d'autant que la pente est réellement vertigineuse. En 10 mn, il vous porte de 800 m à plus de 2 800 m d'altitude, traversant 5 types de milieu naturel, du désert aux montagnes alpines. Pour les âmes sensibles, le plus délicat est le passage des tourelles métalliques qui supportent le tram (ça fait vibrer la cabine). Du sommet, le panorama sur la vallée est à couper le souffle, et les ***températures*** beaucoup plus supportables qu'en bas, du moins en plein été (10 à 20 °C de moins !). En revanche, en hiver et en cas de météo ronchonne, mieux vaut être chaudement vêtu. Boutiques et un resto chic et panoramique, le *Peaks* *(☎ 760-325-4537).*

La station d'arrivée donne accès à une belle vallée d'altitude, le ***Mount San Jacinto State Park*** *(• parks.ca.gov •),* chaos de rocs granitiques densément boisé de grands pins, dans lequel vaquent encore des lions des montagnes. Une nature sauvage, insoupçonnable depuis le désert, et parcourue de ***plus de 80 km de sentiers*** ! On peut commencer par le court *Desert View Trail* (2,5 km), distribuant plusieurs points de vue sur l'immensité du désert. Puis s'enfoncer dans le parc proprement dit, en suivant, par exemple, le *Round Valley Trail* (6,5 km ; environ 2h), boucle dans le fond de la vallée, enveloppé du bruissement des oiseaux. Les plus courageux partiront à l'assaut des 3 293 m du *San Jacinto Peak* (5-6h de marche pour 8 km). Du sommet, par temps clair, on distingue jusqu'à Las Vegas, Santa Barbara et la frontière mexicaine. Prévoir de l'eau en conséquence, d'autant plus l'été, quand les ruisseaux sont à sec.

Tuyau : inutile de vous arrêter au *Visitor Center* de la station d'arrivée du téléphérique, dont la carte des sentiers est payante et imprécise. Descendez directement par la rampe en béton jusqu'à la *ranger station,* qui fournit une carte bien meilleure, et gratuite ! C'est aussi là qu'il vous faudra remplir une fiche (un *permit* gratuit) pour pouvoir pénétrer dans le parc (pas nécessaire pour le *Desert View Trail*). On peut également demander un ***permis pour camper*** (sites préétablis mais non équipés ; *compter 5 $/pers ; en saison, résa recommandée au ☎ 651-659-2607*).

Indian Canyons *(hors plan par A3)* **:** *38500 S Palm Canyon Dr. Rens au Visitor Center ou via • indian-canyons.com • Au sud de la ville. Oct-juin, tlj 8h-17h ; juil-sept, seulement ven-dim (dernière entrée possible à 16h). Entrée : 12 $; réduc. Oct-juin, rando de 1h30 guidée par un ranger à 10h et 13h ven-dim. Attention, chaussures de marche obligatoires.*

De magnifiques balades à faire dans 3 différents canyons où vécurent, jusqu'à la fin du XIXe s, les Indiens cahuillas. Frank Capra y tourna en 1935 une partie de son film *Horizons perdus* car il cherchait un décor de montagnes tibétaines...

La marche la plus fastoche est celle qui mène à l'***Andreas Canyon,*** dont la promenade aller-retour s'étale sur seulement 1,6 km : belles formations rocheuses et plus de 150 espèces de plantes différentes, dont le *Washingtonia filifera,* le palmier autochtone, dans son milieu naturel. ***Murray Canyon*** est une marche de 6 km aller-retour qui vous conduit jusqu'à la *Seven Sisters Waterfall* : parcours escarpé sur la fin de l'itinéraire donc difficile avec de jeunes enfants (consulter la météo, prévoir 2 l d'eau par personne et partir tôt, car 1er et dernier kilomètres en plein soleil !). Le 3e, ***Palm Canyon,*** s'étend sur 25 km de long. C'est le plus grand réservoir de palmiers de l'espèce *Fan palm* de toute la Californie et donc, paraît-il, du monde... On peut en voir une partie en suivant la boucle du *Victor trail* (5 km en tout), avec des vues magnifiques sur le désert et la superbe oasis. Possibilité de pique-niquer au bord du cours d'eau. Se procurer la carte détaillée et gratuite des différents treks auprès du *Visitor Center* ou à l'entrée du site.

Tahquitz Canyon *(plan A3)* **:** Visitor Center *au 500 W Mesquite Ave.* • *tahquitzcanyon.com* • *À l'ouest de S Palm Canyon Dr. Oct-juin, tlj 7h30-17h ; juil-sept, ven-dim seulement ; attention, si vous optez pour une visite libre, dernière entrée à 15h30 et sortie du parc à 17h max. Entrée : 15 $; moins de 12 ans 7 $. Visites guidées de 2h30 avec un ranger, en principe tlj à 8h, 10h, 12h et 14h. 1 seul départ en été à 8h. 2 bouteilles d'eau/pers sont exigées par les rangers avt de vous lâcher dans la nature.* Selon la légende, Tahquitz serait le 1er chaman créé par Mukat, le Grand Créateur. Doté de grands pouvoirs, il fut généreux au départ puis mit sa puissance à son propre service. Les Cahuillas, furieux, décidèrent de le renier et même de le bannir. Il se réfugia donc dans les montagnes de San Jacinto, d'où il se manifeste encore de temps à autre à l'occasion d'une forte intempérie ou d'un grondement de tonnerre... Boucle de 3 km, à faire seul ou en visite guidée, qui mène jusqu'à une chute d'eau. Quelques rochers à escalader, dont certains gravés de motifs cahuillas.

Moorten Botanical Garden *(plan A3)* **:** *1701 S Palm Canyon Dr.* • *moortenbotanicalgarden.com* • *En été, ouv ven-dim seulement 9h-13h ; le reste de l'année, 10h-16h. Fermé mer. Entrée : 5 $; réduc.* Créé en 1938 par Chester Moorten, dit « Cactus Slim », c'est un joli jardin du désert, aujourd'hui entretenu par le fiston. Environ 3 000 espèces de plantes à découvrir le long d'un sentier, plus un piquant *cactarium.* Vite vu quand même.

– ***Golf :*** Palm Springs est le paradis des golfeurs, de quoi faire swinguer les passionnés. Certains golfs sont publics et on peut faire un parcours, l'été, quand il fait 40 °C à l'ombre, pour 30 à 50 $ (voire moins l'après-midi quand il fait 50 °C !). Liste complète et brochure avec photos *(Golf Course Guide)* au *Visitor Center* ou sur • *palmsprings.com/golf* •

Festivals et manifestations

Quelle que soit la manifestation, vous avez intérêt à réserver longtemps à l'avance votre hébergement et à ouvrir grand votre portefeuille...

– ***International Film Festival :*** *janv.* • *psfilmfest.org* • Festival réputé, qui précède toujours les Golden Globes et les Oscars, et où stars hollywoodiennes et films étrangers sont généralement à l'honneur.

– ***Modernism Week :*** *mi-fév et aussi mi-oct (en version réduite).* • *modernismweek.com* • *Acheter ses billets à l'avance (possible dès nov).* Comme son nom l'indique, une semaine consacrée à l'architecture et au design *modern mid-century,* avec visites guidées de certains édifices et maisons de stars, expos, conférences, lectures, etc. Et une petite édition en octobre, le temps d'un long week-end.

– ***The Dinah*** *(ou Dinah Shore Week-End)* **:** *vers sept-oct.* • *thedinah.com* • Festival lesbien (concerts, etc.) qui accueille 15 000 participantes chaque année depuis un quart de siècle. La *Pride parade* a, elle, lieu en novembre.
– ***Coachella Valley Music & Arts Festival :*** *2e et 3e w-e d'avr, à* ***Indio.*** • *coachella.com* • Toujours un gros succès pour ce festival musical très *hype* qui programme aussi bien des grosses pointures que du rock indépendant, des musiques actuelles et de la country (tout le 2d w-e lui est dédié). Connu, aussi, pour ses nombreux people dans le public... Attention, les places se vendent en quelques heures, alors surveillez l'ouverture de la chasse ! Possibilité de camper.

JOSHUA TREE NATIONAL PARK

À une cinquantaine de kilomètres environ au nord-est de Palm Springs.

Pour les *desert addicts,* le Joshua Tree National Park est une magnifique réserve naturelle, avec une grande variété d'animaux – coyotes, pumas, rats-kangourous... – et de paysages – le parc se divise entre le désert du Colorado, sec et reconnaissable à ses nombreux cactus chollas, et le désert de Mojave, plus élevé et tempéré (façon de parler), où poussent les célèbres *Joshua Trees.* De la famille des yuccas (et non des cactus), ils doivent leur nom aux mormons qui, les 1ers, traversèrent cette étendue désertique ; ils crurent reconnaître en ces arbres à la forme vaguement humaine Josué, qui leur indiquait le chemin vers la Terre promise.
Le parc est très prisé par les mordus d'escalade, qui viennent faire du bloc sur les arènes granitiques caractéristiques du site.
Attention, il y fait très chaud et toutes les règles de prudence des balades dans le désert s'appliquent ici.

LE PÉTOMANE DU DÉSERT

Dans le désert de Joshua Tree, certains animaux rivalisent d'audace pour lutter contre la chaleur ou se défendre. Le lièvre à queue noire se sert de ses grandes oreilles pour réguler sa température. Le scarabée, lui, ne boit jamais. Il puise son eau dans les plantes. Il est connu sous le nom de Circus Beetle, car quand il se sent menacé, il fait le poirier et il pète !

Infos pratiques

– ***Pour s'y rendre de Palm Springs :*** *suivre la route 62 (qui part de la Hwy 10) en direction de* ***Yucca Valley,*** *jusqu'au village de Joshua Tree ; là, prendre Park Blvd, à droite, jusqu'à la W Entrance Station.*
– ***Entrée du parc :*** *le parc est toujours ouv, mais certaines pistes, elles, sont ouv du lever au coucher du soleil. Tarifs : 30 $/voiture, 25 $/moto ; 15 $/pers à pied ou vélo ; gratuit certains j. fériés.* Pass America the Beautiful (Interagency Annual Pass) *accepté.* Le ticket est valable 1 semaine. Bien le conserver, car vous devez le montrer en ressortant.
– Attention, ***pas de carburant ni de nourriture à l'intérieur du parc.***

Adresses utiles

ℹ ***Joshua Tree Visitor Center*** *(West Entrance)* **:** *6554 Park Blvd (carrefour avec 29th Palms Hwy).* ☎ *760-366-1855* • *nps.gov/jotr* • *Tlj 7h30-17h.*

Pour tout renseignement sur le parc, les possibilités de logement aux alentours, etc. Brochure en français.

Oasis Visitor Center (North Entrance) : *74485 National Park Dr (oasis de Mara). ☎ 760-367-5500 • nps.gov/jotr • Tlj 8h30-17h.* C'est le *Visitor Center* principal. Abondante documentation.

Où dormir ? Où manger ?

Dans le parc

Pas d'hôtel à l'intérieur du parc, mais 9 ***campings*** *(empl. 15-20 $ suivant le site, pouvant accueillir 6 pers ; rens au Visitor Center). Black Rock* et *Cottonwood* ont l'eau courante, mais *Hidden Valley* est le favori des campeurs.

Dans les environs du parc

Plusieurs ***motels*** à prix bon marché ou moyens.

Joshua Tree Inn : *61259 Twentynine Palms Hwy, à l'entrée de la ville de* ***Joshua Tree,*** *sur la droite en venant de Palm Springs. ☎ 760-366-1188. • joshuatreeinn.com • Réception ouv 15h-20h. Doubles 140-150 $.* Motel proche de la route mais plutôt accueillant, comptant seulement une dizaine de petites chambres très simples (parpaing peint, clim désuète) avec patio privatif, distribuées en L autour d'une courette fleurie avec piscine. Un arrêt obligatoire pour les passionnés de rock et de folk : les Eagles, les Stones, Emmylou Harris et Donovan y ont séjourné ; le chanteur de folk Gram Parsons est mort d'une overdose de tequila et de morphine dans la chambre n° 8, en 1973, à 27 ans. Ses admirateurs sont encore nombreux à faire le pèlerinage.

29 Palms Inn : *73950 Inn Ave, à* ***Twentynine Palms.*** *☎ 760-367-3505. • 29palmsinn.com • De la route 62, prendre la Nat Park Dr, puis tourner à droite dans Inn Ave. Resto tlj 11h (9h dim)-14h, 17h-21h (21h30 ven-sam). Doubles 200-250 $, petit déj inclus. Plats 10-20 $.* Dissimulée dans la petite oasis de Mara, l'établissement compte une vingtaine de bungalows éparpillés sous les arbres et un charmant petit resto (ouvert aux non-résidents) au bord de la piscine chauffée. Ambiance cool et cuisine généreuse plutôt bonne, préparée dans la mesure du possible avec les produits du jardin. Service attentif et relax.

À voir. À faire

Hidden Valley : un des 1ers arrêts en entrant par l'ouest (à 16 km). Un petit sentier en boucle de 1,6 km mène, après une grimpette facile dans les éboulis, jusqu'à un cirque fermé où, selon la légende, des voleurs de bétail cachaient leurs larcins. Le sentier fait le tour du bel amphithéâtre. Quelques voies d'escalade.

Barker Dam : une retenue d'eau artificielle consécutive à la construction d'un barrage en 1800. Les animaux sauvages viennent s'y abreuver. On peut les voir de bonne heure le matin. Non loin de là, quelques gravures rupestres représentant des animaux.

Key's View : à 1 580 m, on embrasse d'un seul coup d'œil la vallée de Coachella, de Salton Sea au sud à Palm Springs. Quand la pollution de Los Angeles, poussée par les vents marins, ne brouille pas trop la vue, on peut voir la célèbre faille de San Andreas.

Cap Rock : à proximité de ce curieux rocher a été brûlé le corps du chanteur Gram Parsons, en 1973. Son cercueil, qui devait être rapatrié à La Nouvelle-Orléans pour y être enterré, a été volé par 2 de ses amis, qui prétendaient que Parsons souhaitait finir son existence dans le parc. Une pierre commémore toujours l'endroit de son incinération.

Skull Rock : une espèce de mamelon caractéristique du phénomène d'arénisation (érosion du granit en peau d'oignon créant des formes arrondies). Ici, le rocher prend la forme d'un crâne, d'où le nom. De là, un sentier de 2,9 km se faufile parmi les ***Jumbo Rocks,*** magnifiques rochers, certainement les plus somptueux du parc. Prévoir chapeau, eau, et éventuellement une boussole (une vraie ou celle de votre smartphone). Avec une telle chaleur, mieux vaut ne pas s'égarer.

Arch Rock : *départ du sentier pour y accéder dans le* White Tank Campground, *au niveau de l'empl. 9.* Un pont naturel comme on peut en voir souvent dans l'Ouest américain, mais, cette fois-ci, il est en granit et non en grès. Ce n'est peut-être pas l'arche elle-même qui est la plus impressionnante, mais plutôt la beauté du paysage qui l'entoure.

Cholla Cactus Garden : on y voit le plus grand nombre de chollas. Jolie balade, à la découverte des différents cactus et des animaux qui peuplent le désert.

– ***Joshua Tree Ranch :*** *à 1,5 km env avt l'entrée ouest du parc. Compter env 55 $ la leçon de 1-2h, 65 $ la balade de 1h, 85 $ celle de 2h30 et 125 $ pour 4h.* Ce centre équestre à dimension humaine propose des balades dans les environs du parc. Pas de sorties en été. Préférez y aller de février à fin mai ou de mi-septembre à novembre, c'est nettement plus agréable car il fait moins chaud. Promenades pour les débutants, plus pour les cavaliers confirmés. L'occasion de se rêver en John Wayne !

– Pour les grimpeurs, sachez que les meilleurs sites pour faire de l'***escalade*** sont *Oyster Bar, Hemingway* et *Hall of Horrors.*

HOMMES, CULTURE, ENVIRONNEMENT

UN PEU D'HISTOIRE CALIFORNIENNE

C'est en ***1540*** que le 1er homme blanc, Hernando de Alaron, posa le pied en Californie. On estime qu'à l'époque cette *terra incognita* regroupait une population de plus de ***300 000 Amérindiens,*** répartis en plusieurs centaines de tribus (dont les Pomos, les Miwoks, les Chumashs, les Gabrielenos et les Tulares). Pendant que les Français et les Anglais livraient bataille sur la côte Est, la Californie resta à l'écart ; certainement à cause des ***difficultés d'accès*** par l'océan Pacifique (il fallait passer par le ***cap Horn,*** un long et dangereux voyage) ou par voie terrestre à travers les plaines interminables d'un Far West encore mal connu... ***En 1769,*** le père espagnol ***Junipero Serra*** construisit la ***1re mission à San Diego.*** Celle-ci comprenait une église, une école, des bâtiments pour les prêtres et des dortoirs pour les convertis. L'agriculture et l'élevage se développèrent sur de grands pâturages fertiles. Puis d'autres colons espagnols, ainsi qu'une poignée de Russes, s'installèrent sur cette terre nouvelle au début du XIXe s (d'où le quartier de Russian Hill à San Francisco).

La guerre et la ruée vers l'or

En 1822, le ***Mexique*** se libéra de la couronne espagnole et devint indépendant, proclamant la Haute-Californie province mexicaine. Mais les États-Unis rêvaient de s'approprier ce grand territoire de l'Ouest, très vaste et peu peuplé. En 1846, une guerre éclata entre les États-Unis et le Mexique. Ce fut une défaite pour le Mexique, qui fut contraint de signer le ***traité de Guadalupe Hidalgo*** en 1848. Résultat : la ***Haute-Californie*** passa aux mains des Américains, la ***Basse-Californie*** restant sous souveraineté mexicaine (elle l'est toujours aujourd'hui). Ce fut une bonne affaire pour les Yankees car, la même année, de l'or fut découvert en quantité dans le sous-sol californien. L'histoire de la Californie commence avec cet épisode unique : ***la ruée vers l'or.*** Des milliers de pionniers affluent pour tenter leur chance. Il y a du travail, et ils peuvent s'enrichir. Pour transporter les hommes et les marchandises entre l'Est et l'Ouest nouvellement conquis, on prolonge le réseau ferroviaire américain. Pour construire les ***voies ferrées,*** des immigrants chinois quittent même leur pays natal pour ce nouvel « Eldorado ». Mais ils déchantent très vite, car la vie de ***pionnier de l'Ouest*** est très dure et les conditions de travail abominables. Arrivent aussi des migrants afro-américains qui fuient les ***États du Sud esclavagistes*** à la recherche d'une vie meilleure et plus digne. Bien plus tard, dans les années 1980, une vague d'immigration amène des milliers de Vietnamiens, les ***boat people,*** chassés de leur pays par la guerre et le communisme. Aujourd'hui, les Mexicains représentent une part très importante d'une société californienne multiculturelle, et beaucoup franchissent illégalement la frontière, fuyant la pauvreté de leur pays.

> **LA DEVISE CALIFORNIENNE**
>
> *C'est « Euréka » qu'on arbore sur les blasons de la Californie. On a repris le mot célèbre d'Archimède (« J'ai trouvé », en grec) en souvenir de la ruée vers l'or. Encore un mythe fort exagéré puisque cette fièvre ne dura que 8 ans.*

Le rêve américain en marche

Longtemps éblouie par les feux de Hollywood, quartier de Los Angeles chéri des réalisateurs de cinéma, la Californie s'impose maintenant comme le ***creuset des nouvelles technologies de l'information,*** dont les entreprises de pointe se situent au cœur de la Silicon Valley, banlieue de San Francisco. Aujourd'hui, malgré les turpitudes de l'Histoire (notamment une crise économique majeure), le *Golden State* continue d'incarner le rêve américain où tout est possible. Moderne, riche (mais outrageusement inégalitaire), il représente un ***modèle de réussite facile*** et attire ainsi des milliers d'immigrants chaque année.

BOISSONS

Les boissons non alcoolisées

L'INVENTION DU CAFÉ SOLUBLE

C'est à un inventeur chimiste anglo-belge émigré aux États-Unis, un certain George Washington (!), que l'on doit le 1er café soluble. Il fit fortune grâce aux commandes de l'armée américaine pendant la Première Guerre mondiale, mais lors du conflit suivant les militaires préférèrent... Nescafé *(suisse).*

– ***Café :*** finie l'époque du jus de chaussette ! Dans les villes, les *coffee roasters* (torréfacteurs) artisanaux un peu branchés sont de plus en plus nombreux. À San Francisco et Los Angeles, les enseignes les plus répandues sont *Ritual Coffee Roasters, Blue Bottle Coffee* et *Intelligentsia,* sans compter tous les petits cafés indépendants, à privilégier aux *Starbucks* qui poussent à chaque coin de rue. On y sert tout un éventail de cafés élaborés avec des grains de qualité : ***drip coffee*** ou ***pour over*** (café fraîchement moulu passé au goutte-à-goutte dans un filtre posé sur la tasse), ***americano*** (expresso allongé d'eau chaude), ***cortado*** (expresso très serré avec micromousse de lait), ***cappuccino*** (expresso et mousse de lait légère dessus), ***caffe latte*** (mousse de lait plus épaisse), ***macchiato*** (expresso « taché » d'une pointe de mousse de lait), ***mocha*** (*latte* avec une tombée de sirop de chocolat), ***Vietnamese coffee*** ou ***cafe Bombon*** (café serré adouci par une tombée de lait concentré sucré), ***Cold brew*** (café froid infusé à température ambiante avant d'être filtré) et ***iced coffee*** (café refroidi avec des glaçons). Cela dit, dans certains lieux plus populaires comme les *diners,* on sert toujours le café américain de base (*regular* ou ***American coffee***), très allongé (pour rester poli) et à volonté *(free refill),* en particulier au petit déjeuner. Les Américains en sirotent partout à longueur de journée.

– ***Thé :*** il est plus souvent servi glacé ***(iced tea)*** que chaud ***(hot tea).*** Ici, l'*iced tea* est un thé classique mais glacé que l'on commande *sweetened* (trop sucré) ou *unsweetened* (pas sucré du tout). Conseil aux amateurs, emportez quelques sachets de bon thé si vous avez du mal à vous en passer, car dans de nombreux endroits, c'est encore *Lipton* de base ***(black tea)*** ou ***herbal tea,*** c'est-à-dire de l'infusion. Mais, comme pour le café, on sert des thés de qualité dans les *coffee houses* nouvelle génération.

– ***Cocas et sodas :*** les Américains consomment des sodas *(soft drinks)* à longueur de journée, *Coca-Cola* (*Coke* comme on dit là-bas) en tête. Dans certains restaurants de chaîne, fast-foods et autres *coffee shops*, ils sont souvent à volonté. On se sert soi-même « à la pompe » *(soda fountain),* ou on demande un *free refill.*

– ***Smoothies :*** ce sont des cocktails de fruits et/ou légumes mixés et mélangés à du yaourt, du lait, du lait végétal et/ou de la glace, voire des céréales. On y ajoute parfois des compléments énergétiques. Frais et sain. Les ***bars à jus*** fraîchement pressés ont plus que jamais le vent en poupe. Surfant sur la déferlante bio, ils proposent des jus *detox* et *healthy*.

– ***Milk-shakes :*** boissons frappées à base de lait mixé avec de grandes louchées de glace à la vanille, à la banane, à la fraise...

– ***Floats ou ice cream sodas :*** encore une expérience culturelle à ne pas manquer ! Il s'agit d'un verre de soda (en général du Coca ou de la *root beer,* ce breuvage insolite au goût de médicament, qui n'a rien à voir avec de la bière) dans lequel on dépose une boule de glace à la vanille.

COCARICO !

C'est un Corse, Angelo Mariani, qui est un peu, dit-on, à l'origine du Coca-Cola. *Commercialisé dès 1863, son vin à base de feuilles de coca connut un succès phénoménal jusqu'à son interdiction en 1910. Il faut dire que, même s'il fut adoubé par le pape Léon XIII,* le Red Bull *de l'époque contenait tout de même 6 mg de cocaïne... Futé, un pharmacien américain, Pemberton, a dû s'inspirer de la recette en y ajoutant de la noix de kola du Ghana, puis en en supprimant l'alcool, pour cause de Prohibition. Ainsi naquit dès 1885 le* Coca-Cola, *qui ne contient, à notre connaissance, plus de cocaïne.*

Les alcools

Le rapport des Américains à l'alcool n'est pas aussi détendu que chez nous. La société, conservatrice et puritaine, autorise la vente des armes à feu mais réglemente de manière stricte tout ce qui touche aux plaisirs « tabous » (sexe et alcool). L'héritage de la Prohibition et, bien sûr, le lobbying religieux n'y est pas pour rien. ***N'oubliez pas vos papiers (ID, prononcer « aïdii »), car de nombreux bistrots et tous les bars et boîtes de nuit les exigent à l'entrée, et ce, quel que soit votre âge !***

– ***Âge minimum :*** on ne vous servira pas d'alcool si vous n'avez pas ***21 ans*** ou si vous ne pouvez pas prouver que vous les avez. Même accompagné de ses parents, un jeune de 20 ans devra se contenter d'un soda.

– ***Vente et consommation surveillées :*** dans la plupart des États, il est strictement ***interdit de boire de l'alcool dans la rue.*** Alors on descend sa canette de bière dans un sachet en papier. De même, on ne sert pas d'alcool aux terrasses de café installées sur le trottoir ! Les bières et le vin s'achètent dans les supermarchés et épiceries, mais les autres boissons alcoolisées ne se trouvent que dans les ***liquor stores,*** aux horaires réglementés. Là encore, vos papiers seront exigés à la caisse. ***La vente d'alcool est en principe interdite dans les réserves amérindiennes.*** De même, les horaires de fermeture des boîtes sont aussi fixés par l'État (à 2h, tout le monde remballe), avec possibilité d'amendement local.

– ***Les bières :*** à l'image du reste des États-Unis, on ne saurait trop vous recommander de privilégier les ***microbrasseries* (microbreweries)** qui ont fleuri partout ces dernières années. On y brasse de bonnes petites mousses artisanales et locales *(craft beer),* avec du caractère. Un peu de vocabulaire s'impose. Une bière pression se dit *draft beer*. Les *ales* sont des bières de haute fermentation, à plus haute teneur en alcool : de la moins maltée à la plus maltée, vous trouverez la *pale ale,* dont l'***IPA*** *(Indian Pale Ale),* d'origine anglaise, amère et très houblonnée, l'***amber ale*** ou encore la ***brown ale.*** Les ***lager,*** blondes, brunes ou ambrées, sont des bières de

INDIEN VAUT MIEUX QUE 2

L'Indian Pale Ale, *ou IPA pour les intimes, est très en vogue. Bière de fermentation haute à l'amertume prononcée, elle ne doit pas son nom aux natifs nord-américains mais à la compagnie anglaise des Indes qui en abreuvait dès XVIIIe s les colons britanniques alors en poste en Inde. En retour, ces derniers expédiaient du thé vers Londres.*

fermentation basse de bonne conservation, les moins alcoolisées et les plus courantes ; dans cette famille, les ***pilsner*** sont des *lager* blondes. Les ***wheat*** sont des bières légères et troubles (l'équivalent des blanches), composées en grande partie de malt de blé ou de froment. On trouve aussi des ***porter,*** des bières légèrement caramélisées qui se boivent tièdes et qui ont donné naissance aux *stout* (bière noire), filtrées ou pas.

– ***Les vins :*** il est loin le temps où la Californie faisait figure de parent pauvre des vignobles européens... Les progrès sont considérables depuis plusieurs décennies et de nombreux crus américains concurrencent désormais les vins de l'ancien monde. Évidemment, même si d'autres États comme l'Oregon, l'Arizona ou l'Utah tirent leur épingle du jeu, c'est toujours la Californie qui mène la danse. À elle seule, elle produit 90 % du vin américain. Respect.

VIGNES LE BIEN NOMMÉ

En 1831, l'aventurier venu de Bordeaux Jean-Louis Vignes s'installe en Californie, se met à développer la vigne, réservée alors au vin de messe des missions. Le résultat ne le satisfaisait guère : il fait alors venir de France des pieds de cabernet franc et de sauvignon blanc – enveloppés dans de la mousse et des rondelles de patate pour qu'ils résistent au long voyage ! Le succès est fulgurant.

Une spécificité cependant : à la différence de l'Europe, les États-Unis restent majoritairement fidèles à la tradition du monocépage. Issus majoritairement de cabernet-sauvignon, de merlot et de malbec pour les rouges, de chardonnay pour les blancs, ils sont concentrés, structurés et très charmeurs, car destinés à être bus jeunes, mais généralement peu complexes.

Pour plus de raffinement, il faut chercher du côté des vignobles stars, ou des rares vins d'assemblage... et le plus souvent casser sa tirelire. Seuls les plus fortunés peuvent s'offrir l'une des grandes cuvées de domaines comme Beringer ou Mondavi ! Car c'est le principal problème du vin américain : son rapport qualité-prix est la plupart du temps désastreux, même pour les domaines d'entrée de gamme. Une banale bouteille de chardonnay se paie 20 ou 30 $ (au resto, c'est facilement le double). Dans les meilleurs restos, on trouve aussi des vins français (pas les meilleurs), italiens, australiens et sud-américains, à des prix relativement comparables. Il est souvent possible de les commander au verre, mais c'est tout aussi cher (12-16 $ en moyenne).

Certains restos qui n'ont pas la licence d'alcool appliquent le principe du *Bring Your Own Bottle* ***(BYOB)*** : vous avez alors le droit d'apporter votre propre bouteille de vin ou de bière, ce qui a le mérite d'alléger considérablement l'addition, même si un petit droit de bouchon *(corking fee)* est exigé.

– ***Les cocktails :*** ce sont les Américains qui ont relancé la mode des cocktails traditionnels ainsi que des ***speakeasies,*** ces bouges de l'époque de la Prohibition où l'on devait « parler doucement » *(shhh... speak easy !)* pour siroter son whisky frelaté sans risquer d'attirer l'attention de la maréchaussée... Nombre de bars très tendance de San Francisco et de Los Angeles puisent leur déco dans cette époque, entre briques, lumières tamisées et recoins sombres. La carte des cocktails suit la même tendance, inspirée par les recettes historiques remises au goût du jour. Au-delà de ces grands classiques, les ***mixologistes*** les plus branchés créent leurs propres recettes, avec des alcools maison, les herbes aromatiques les plus inattendues, du piment, etc. Enfin, il y a les cocktails réservés à l'heure du ***brunch,*** comme le Bloody Mary, et surtout, le Mimosa (sans œuf, mais avec champagne et jus d'orange).

– ***Le bourbon*** *(prononcer « beur'beun »)* **:** impossible de passer sous silence ce whisky américain *(whiskey),* dont la production est fournie pour une bonne moitié par le Kentucky (et le Tennessee, qui se distingue par le filtrage de l'alcool à travers une épaisse couche de charbon). Cette région s'appelait autrefois le *Bourbon County,* histoire de remercier Louis XVI et la maison de Bourbon pour leur soutien pendant la guerre d'Indépendance. C'est donc depuis 1790 (en pleine Révolution

française !) que le célèbre whisky américain porte le nom de bourbon. Le *rye whiskey* est quant à lui un whisky composé de 51 % de seigle, tandis que le *straight corn* contient plus de 80 % de maïs.
– ***Happy hour :*** beaucoup de bars attirent les foules après le travail, en semaine, généralement entre 16h et 19h, en leur proposant moitié prix sur certains alcools, notamment les bières mais parfois aussi certains cocktails simples. La réduction s'applique parfois aussi aux grignotages.

LE BOURBON EST-IL UN WHISKY ?

Oui, bien qu'on utilise un mélange de céréales (et pas seulement de l'orge), dont au moins 51 % de maïs (faut bien écouler l'énorme production américaine). De plus, à la différence des Écossais ou des Irlandais, les Américains le font vieillir dans des fûts de chêne neufs, noircis à la fumée. Le goût du bois est donc plus prononcé que dans le whisky, avec une note de caramel.

CANNABIS

50 ans après avoir autorisé son utilisation pour raison médicale, ***la Californie a légalisé au 1er janvier 2018 l'usage récréatif du cannabis.*** Une nouvelle réglementation qui n'a rien de révolutionnaire en soi : 7 États avaient déjà sauté le pas, dès 2014 pour le Colorado. Pourtant, si certains prophétisaient un véritable *green rush* (en référence au *gold rush,* la ruée vers l'or), l'engouement pour le marché légal de l'herbe n'est pas si fulgurant. Les taxes sont le principal frein au développement de cette manne que l'on pensait bien plus lucrative. L'herbe est vendue à un prix bien plus compétitif sur le marché noir. Et plus de 1/3 des municipalités californiennes refusent l'implantation des entreprises liées à cette activité. C'est pourquoi le nombre de « *marijuana dispensaries* » explose surtout à San Diego, San Francisco et Los Angeles, faisant parfois figure de véritables ***supermarchés du cannabis.*** On y trouve non seulement tout un éventail d'herbes, mais aussi une foule de produits dérivés allant de la bougie aux sels de bain !

LES SŒURS PÉTARD

À Merced, une communauté de nonnes cultivent le cannabis. À vrai dire, The Sisters of the Valley *n'ont aucune obédience religieuse, mais elles ont commencé à se déguiser en 2011 par « déconnade ». Le succès ne s'est pas fait attendre pour ces produits à but thérapeutique, bien sûr !*

Naturellement, seuls les adultes peuvent se procurer de l'herbe (ou ses dérivés), à hauteur de 1 once par personne (environ 28 g), et ***il est interdit de fumer du pot en public.*** Paradoxe américain, la *weed* reste interdite à l'échelle fédérale, où elle est considérée comme une drogue dure, au même titre que l'héroïne...
Cela dit, l'***arrivée des démocrates au pouvoir*** a accéléré la libéralisation des mœurs en la matière, et la ***dépénalisation au niveau fédéral*** est en projet. ***Le cannabis est désormais légal pour les plus de 21 ans dans 15 États,*** soit 1/3 de la population américaine. Et son indice boursier a bondi de 80 % ! On estime que dans les prochaines années ce marché sera plus lucratif que celui du vin. Une perspective qui n'a pas échappé à certaines stars, Jay-Z en tête, qui investissent en masse dans cette nouvelle industrie verte.

CUISINE

Dire que les Américains mangent mal et trop est un peu simpliste. S'il s'agit encore d'une réalité pour une partie de la population ou dans certaines régions

des États-Unis, c'est certainement moins le cas en Californie qu'ailleurs, où vous ferez de vraies découvertes culinaires (notamment à San Francisco, capitale gastronomique au même titre que New York). À condition de fréquenter les bonnes adresses, bien sûr !
Les Californiens, qui ont toujours eu le culte du corps, pratiquent avec conviction le régime ***healthy*** (sain). Fans de ***bio (organic),*** ils sont aussi de plus en plus adeptes de la ***cuisine végane.*** Le ***phénomène « locavore »*** n'est pas en reste. Cette vogue née à San Francisco en 2005 n'est pas nécessairement bio. C'est l'équivalent de ce que l'on nomme circuit court en France. De plus en plus de restaurateurs affichent désormais fièrement la provenance de leurs produits, souvent des fermes des environs (le concept « ***Farm to table*** »), quand ils ne cultivent pas eux-mêmes leurs légumes dans leur propre potager ! Bref, le produit, au sens noble et artisanal du terme, a le vent en poupe.
Mais la grande particularité de la Californie (particulièrement dans les grandes villes comme San Francisco ou Los Angeles qui ont accueilli moult vagues migratoires), c'est qu'on y trouve toutes les cuisines du monde (ou presque), à tous les prix : de la ***street food*** vendue par les marchands ambulants à la ***New American cuisine*** concoctée par des chefs inspirés. Reste que, si l'on peut manger sain et varié sur la côte, c'est en revanche moins le cas dans les grands espaces de la Californie intérieure, où le graillon des cow-boys reste encore la norme...

Restaurant mode d'emploi

***Attention au service** (tip ou gratuity) :* il faut ajouter minimum 15-18 % (les Américains donnent facilement 20-25 %), sauf si exceptionnellement le service est déjà compté, car les serveurs ne sont rétribués qu'au pourboire.

Les plats sont généralement plus copieux que chez nous, sauf dans les restos chics ou branchés, où les portions ont tendance à diminuer. Aucun problème pour commander une entrée ou parfois un plat pour 2, à partager *(to share).* Idem pour le breakfast. Mais sachez que certains restos appliquent un supplément *(split charge).*

La plupart des restos sont ouverts midi et soir, parfois même sans interruption entre les 2 services. Certains servent le brunch le week-end et parfois aussi le petit déjeuner en semaine.

La plupart des restos proposent de la vente à emporter *(to go).*

Certains restaurants (assez rares cependant) n'ont pas la licence d'alcool, apportez donc votre « boutanche » (BYOB ; voir précédemment « Boissons »), ça ne sera pas mal vu !

Pensez à réserver, surtout le soir (et particulièrement dans les grandes villes), car les restos sont souvent pleins et l'attente de mise. Pratique : le ***site de réservation en ligne OpenTable*** (ne fonctionne pas avec tous les restos, cela dit) : ● *opentable.com* ●

Le breakfast

Ce n'est pas Supertramp, le groupe de rock phare des 70's, qui nous contredira : le *breakfast in America* est l'un des plus copieux qu'on connaisse. Pour les Américains, il s'agit d'un vrai repas, particulièrement le week-end (on parle alors de brunch). Abondant et varié, plus salé que sucré, le petit déj se prend souvent au resto. Certains établissements ne font d'ailleurs que ça ! Et puis il y a les cafétérias,

les *coffee shops* et les *diners* (prononcer « daill'neurz »), ces restos populaires et rétro avec leurs tables en formica calées dans des box...
La carte, souvent longue comme le bras, fait une place de choix aux œufs ***(eggs)*** sous toutes leurs formes : brouillés *(scrambled),* en omelette *(omelette), frittata* (omelette épaisse façon *tortilla* espagnole), pochés *(poached)* ou sur le plat *(fried).* Sur le plat, ils peuvent être ordinaires *(sunny side up)* ou retournés et cuits des 2 côtés comme une crêpe (*over easy,* c'est-à-dire pas trop cuits). Les œufs sont généralement accompagnés de ***bacon*** ou de ***saucisses,*** parfois de jambon grillé *(ham),* de ***pommes de terre sautées*** avec des oignons ou de *hasbrowns* (galettes façon röstis suisses). En prime, vous aurez droit à des ***toasts*** beurrés ; on vous demandera probablement si vous préférez du pain de mie blanc *(white),* complet *(brown)* ou entre les 2 *(wheat),* ou encore de seigle *(rye).* Mais le must, ce sont les ***eggs Benedict*** : pochés, posés sur un petit pain rond toasté (un *English muffin*) et nappés de sauce hollandaise, avec le plus souvent du jambon grillé ou du bacon ; voilà pour la recette traditionnelle mais on en trouve de nombreuses déclinaisons.
Au rayon des spécialités du breakfast figurent aussi les ***pancakes,*** ces crêpes épaisses et moelleuses arrosées de sirop d'érable – ou de canne –, accompagnées au choix de fruits frais, de bacon grillé, etc. Certains restos déclinent les pancakes en version sucrée (banane, crème fouettée, noix de pécan...) ou salée (fêta, courgettes...). Le pain perdu, appelé ici ***French toast,*** est aussi populaire.
Dans un registre plus « continental », il faut absolument goûter aux ***bagels.*** Inventés en Pologne au XVIIe s, ces petits pains en forme d'anneau, à la mie compacte, ont suivi les émigrés juifs jusqu'à New York pour devenir un *breakfast food* incontournable. Servis traditionnellement grillés *(toasted),* puis tartinés de *cream cheese* (souvent du *Philadelphia*) ou de beurre et confiture, ils existent en différentes versions : nature *(plain),* avec des raisins secs et de la cannelle *(cinnamon-raisin),* des graines de sésame ou de pavot, de l'oignon, multigrains, etc. Les *everything,* comme leur nom l'indique, ont un peu de tout dedans !
À ne pas confondre avec les ***doughnuts*** (ou ***donuts***), des beignets ronds (troués aussi au milieu), dont les Américains raffolent. N'oublions pas les ***muffins,*** aux myrtilles, à la framboise, à la banane, etc., moelleux et délicieux, qu'on trouve surtout dans les *coffee shops* et les pâtisseries. Et le ***granola,*** mélange croustillant de céréales caramélisées servi avec du yaourt ou du lait, des fruits frais et secs, etc.

CORN FLAKES VERSUS BROMURE

John H. Kellogg était directeur d'un sanatorium dans le Michigan. Très religieux, il prônait une alimentation végétarienne, soi-disant efficace contre... les pulsions sexuelles. Sa découverte eut lieu par hasard, en 1894, en faisant griller des flocons de maïs trop bouillis.

Dernière chose, dans les formules petit déj ou bien les brunchs, ***la boisson chaude et le jus de fruits sont rarement inclus.*** Mais si vous demandez un café *regular,* il sera en principe servi à volonté.

Le brunch

Une tradition du week-end incontournable chez les Américains. Le dimanche, et parfois aussi le samedi, de 10-11h à 15-16h en général, de nombreux restos et même des bars servent le brunch, c'est-à-dire un repas à mi-chemin entre le breakfast et le lunch, à accompagner d'une boisson chaude, parfois d'une coupe de ***champagne*** (ou de *prosecco*) ou d'un ***Bloody Mary*** ou ***Mimosa.*** Depuis plusieurs années, les brunchs « gourmet » ont le vent en poupe dans les lieux à la mode : produits de qualité et recettes élaborées, souvent inspirées des classiques américains mais revisitées avec légèreté et créativité. Revers de la médaille, les files d'attente peuvent être longues (réservez quand c'est possible).

Le lunch et le *dinner*

Lexique américain, spécial resto

Sur place ou à emporter ?	***For here or to go ?***
Entrées	***Appetizers***
Plats de résistance	***Entrees*** (à prononcer presque à la française)
Vous avez terminé ?	***Are you done ?***
Non, je n'ai pas fini (de manger)	***No, I'm still working on it***
L'addition, s'il vous plaît	***The check, please*** **(et non pas *the bill*)**

– ***Horaires :*** dans la plupart des restos (pas les fast-foods), le lunch est généralement servi de 11h à 14h-14h30. Puis les portes se ferment pour rouvrir vers 17h. Même dans les grandes villes de la côte du Pacifique, ***on dîne tôt*** ; rien de plus normal que de se rendre au restaurant à partir de 17h30-18h. D'ailleurs, passé 21h ou 21h30 en semaine, la majorité des restos ne servent plus, ne vous faites pas avoir ! Les chaînes de restauration rapide font bien sûr exception. Et, évidemment, dans une ville comme Los Angeles, les horaires sont plus souples : on peut se restaurer à n'importe quelle heure de la journée (sauf quelques restos « à l'européenne »), et ce, en général, jusqu'à 22h, voire 23h le week-end dans certains restaurants.

– ***La carte n'est pas toujours la même le midi et le soir.*** Au déjeuner, elle est souvent réduite et moins chère, avec des salades, sandwichs, soupes et autres burgers. Beaucoup de restos proposent aussi des formules *lunch specials* en semaine, souvent avantageuses. Le soir, les plats sont plus élaborés et les prix plus élevés – parfois du simple au double. Il arrive souvent aussi que le même plat soit plus cher le soir que le midi. Cela dit, certains restos proposent des ***tarifs « early bird »*** (spécial couche-tôt), c'est-à-dire des plats à prix réduits ou un menu avantageux au début de leur service du soir, en général vers 17h ou 17h30 et ce pendant 1h environ.

À TOUTES LES SAUCES

Le fameux ketchup n'aurait pas été inventé aux États-Unis mais... en Asie ! Il s'agirait à l'origine d'une sauce de saumure de poisson, appelée ke-tsiap. Au XVIIe ou au XVIIIe s, les Anglais en rapportèrent en Europe, où sa composition fut adoucie de champignons, puis de tomates, et son nom occidentalisé en ketchup.

– ***Les today's specials*** (ou juste ***specials***) désignent les suggestions du jour, servies en fait plutôt le soir, que les serveurs vous encouragent à choisir. Attention, contrairement à nos « plats du jour », les *specials* sont souvent plus chers que le reste de la carte, et le prix n'est pas toujours clairement indiqué.

– ***Les salad bars :*** dans de nombreux ***supermarchés,*** il y a une section avec tout un choix de crudités, salades composées, plats cuisinés de toutes sortes, y compris asiatiques ou mexicains, à consommer sur place ou à emporter. Il suffit de remplir une barquette et de passer à la caisse : on paie au poids (environ 8-10 $ le *pound,* soit 454 g), et on assaisonne à sa façon. La chaîne de supermarchés bio *Whole Foods Market* propose à notre avis les meilleurs.

– ***Les food courts et food halls :*** très populaires aux États-Unis, les *food courts* sont des espaces regroupant une foule de stands (avec généralement un espace où se poser) de cuisine du monde : asiatique, mexicaine, italienne, mais aussi BBQ, bars à jus de fruits et smoothies, etc. Pratique, rapide, souvent économique, mais pas toujours très fin, sauf dans la version *food halls* (plus actuelle) qui renouvelle le concept avec une sélection d'enseignes gourmet...

– Voir aussi « ***Curieux, non ?*** » plus loin.

La cuisine américaine en général

– ***Le hamburger (ou burger) :*** une institution aux États-Unis, et pour cause, c'est le plat national ! Tout tient à la qualité du *patty* (steak haché) et des ingrédients qu'on met avec. Oubliez les chaînes de fast-foods les plus populaires (*McDo* et consorts), qui utilisent des viandes bas de gamme, et allez plutôt dans les bons restos ou dans certaines minichaînes de qualité (comme *Super Duper Burger* à San Francisco), qui servent d'excellentes viandes *juicy,* tendres et goûteuses (bio parfois), lovées entre 2 tranches de bon pain *(bun)* et accompagnées d'une kyrielle d'ingrédients et de sauces qui font toute la différence. Si l'on vous demande la cuisson, il y a des chances que l'adresse soit de qualité ! Les ***frites (French fries)*** se commandent souvent à part.

LE HAMBURGER N'EST PAS AMÉRICAIN

Fin d'un mythe : le hamburger est né en Allemagne, à Hambourg, comme son nom l'indique. À la fin du XIXe s, de nombreux immigrés allemands originaires de la région affluèrent au pays de l'Oncle Sam. Le hamburger désignait alors le bifteck haché qu'on leur servait à bord des transatlantiques. C'est donc grâce aux immigrants que le burger a fait son apparition dans le Nouveau Monde, avant d'être récupéré par les frères McDonald, qui le placèrent alors entre 2 tranches de pain et le proposèrent en self-service !

– ***La viande de bœuf :*** de tout 1er ordre mais chère. La tendreté de la viande américaine provient aussi de sa découpe (perpendiculaire aux fibres du muscle), différente de celle des bouchers français. D'où la difficulté de traduire les noms des différents morceaux que l'on retrouve à la carte des restos américains : le ***filet mignon*** (pavé dans le filet et non un filet mignon de porc), le ***sirloin*** (faux-filet), le ***tenderloin*** (filet), le ***ribeye*** (entrecôte), le ***New York strip steak*** (partie haute du rumsteck), le ***flank steak*** ou ***skirt steak*** (bavette, onglet) et le célèbre ***T-bone,*** c'est-à-dire la double entrecôte avec l'os en T. Le très tendre ***prime rib*** (côte de bœuf) a aussi ses adeptes ; ne les confondez pas avec les très populaires *spare ribs* qui désignent du travers de porc (sauce barbecue).

Enfin, un peu de vocabulaire concernant la ***cuisson de la viande*** : ***rare*** **= saignant ;** ***medium rare*** **= à point tendance saignant ;** ***medium*** **= à point ;** ***well done*** **= bien cuit.**

– ***Le barbecue :*** une tradition du sud des États-Unis qui fait un carton partout dans le pays et bien sûr au-delà ! Le vrai BBQ se mange avec les doigts, et est servi avec du ***corn bread*** (pain de maïs), du ***coleslaw,*** des ***mac & cheese*** (macaronis au fromage), des ***collard greens*** (sorte de chou vert coupé menu et cuisiné à l'étouffée avec des épices)... Et le secret de cette viande juteuse et fondante, c'est la cuisson, longue et à tout petit feu *(slow-cooked).* Le ***poulet frit*** est également l'une des bases du menu américain.

– ***Les salades :*** les Américains sont les champions des salades composées, fraîches, appétissantes et copieuses. Les classiques : ***Caesar salad*** (romaine, de parmesan râpé et de croûtons, accompagnée en version *deluxe* de poulet ou de grosses crevettes), ***Cobb salad*** (salade verte, tomate, bacon grillé, poulet, avocat, œuf dur et roquefort), servies avec tout un cortège de sauces *(dressings),* ou bien la ***kale salad*** (au chou frisé), plat emblématique de la cuisine bobo-bio.

– ***Les pâtisseries :*** parmi les desserts traditionnels figurent le ***cheese-cake*** (gâteau au fromage blanc parfois agrémenté de fruits, de chocolat, etc.), le ***carrot cake*** (gâteau aux carottes et aux noix, sucré et épicé, nappé d'un glaçage blanc crémeux ; un délice), les ***layer cakes*** (gâteaux « à étages » garnis de crème au chocolat, à la noix de coco...), les ***pies*** (excellentes tartes) aux fruits de saison, à la mode de grand-mère... Sans oublier les toujours très populaires ***cupcakes*** (petits gâteaux ronds genre génoise, nappés d'un glaçage au beurre sucré et parfois

coloré) et les ***whoopie pies*** (sortes de minisandwichs de gâteau en forme de soucoupe volante, avec une garniture crémeuse au milieu).
- ***Les glaces (et dérivés) :*** les Américains ont l'habitude de les agrémenter de toutes sortes de garnitures *(toppings),* comme éclats de *M&M's,* noix, céréales, cacahuètes, caramel, *hot fudge* (chocolat chaud)... Outre la glace classique, il existe aussi le ***frozen yogurt*** (yaourt glacé), un peu plus léger et à la texture onctueuse.

La nouvelle cuisine californienne

Elle n'a jamais été aussi à la mode ! Saine, équilibrée, créative et colorée, mixant les influences ethniques, la cuisine californienne a connu une véritable révolution ces dernières années. Les ***produits frais, locaux et de saison*** sont la base de tout (le ***mouvement locavore*** est né à San Francisco, ne l'oublions pas). Fraises, tomates, asperges, ici, on en cultive toute l'année, en faisant fi de la saisonnalité grâce à une météo d'une rare stabilité. Une tendance *healthy* largement relayée à Hollywood où les stars font et défont les modes culinaires à grands coups de clichés alléchants sur les réseaux sociaux. Pour le reste, toutes les associations sont permises, même les plus osées. On joue avec le sucré-salé, on superpose du cru, du cuit, des graines, des céréales, on saupoudre de jeunes pousses, d'herbes à foison et d'algues, et on se régale !
La mode actuelle de la cuisine « fusion » démultiplie les possibilités d'accords audacieux, faisant se côtoyer dans une même assiette produits, techniques et préparations venus des 4 coins de la planète. Le burger s'asiatise, le burrito se mue en sushi, la pizza se nappe de miel, on a même vu des *chicken wings* devenir végans, c'est dire... Bref, la cuisine californienne est un ***festival de couleurs et saveurs.*** Voici quelques incontournables que vous retrouverez souvent au menu :
- ***L'avocat,*** bourré de vertus nutritives, est omniprésent (90 % de la production américaine se fait ici, en Californie), que ce soit en salade, en smoothie (mixé avec du lait d'amande) ou sur une tartine (agrémenté parfois d'un œuf poché) : le délicieux ***avocado toast*** servi dès le breakfast.
- Les ***California rolls*** : la version locale des makis, fourré d'avocat (évidemment), de saumon et de concombre. Petit détail, la couche de riz est à l'extérieur (souvent saupoudrée de sésame) et l'algue nori dedans.
- ***Le poké :*** venu d'Hawaii, c'est le cousin du ceviche sud-américain ou du sashimi japonais. Du poisson cru donc, assaisonné d'huile et de condiments variés : soja, algue, sésame, piment... et servi avec différents petits accompagnements (avocat, fruits, légumes, riz, graines...) dans un bol, le *poké bowl* donc.

Les restaurants et fast-foods de chaîne

Les chaînes de restos ont la cote auprès des Américains. Quand on est sur la route, il faut reconnaître que ça dépanne bien !
Voici, dans cet objectif, une sélection de nos enseignes préférées. Côté fast-foods, on recommande plutôt ***Carl's Jr.*** et ***In-N-Out*** que *McDo, Burger King* et *Wendy's.* Amis végétariens, les buffets à volonté de ***Souplantation & Sweet Tomatoes*** sont pour vous ! Pour un prix dérisoire (12 $ max le soir, encore moins le midi et grosse réduc enfants), vous ferez le plein de crudités, soupes, pâtes, pizzas et desserts. Dans un registre tex-mex, ***Chili's*** sert, comme son nom l'indique, un excellent chili con carne.

CURIEUX, NON ?

- ***How are you today ?*** C'est la question qui vous accueille partout dans ce pays, dans les restos comme dans les boutiques et autres. Même dans une mégapole comme L.A., ***on se dit facilement bonjour*** dans la rue, même si on ne se connaît pas, et on engage la conversation avec des inconnus, au resto avec les voisins de table et dans les ascenseurs aussi !

– ***Do you need help ? Are you lost ?*** 2 petites phrases que vous entendrez dès que vous ouvrirez un plan ou votre guide préféré dans la rue. Avec une spontanéité déroutante, les Américains se mettent en 4 pour venir en aide aux touristes.

– Les Américains sont les champions des ***files d'attente.*** Toujours stoïques, ils n'hésitent pas à poireauter 1h ou plus pour décrocher une place dans un resto ou un *rooftop* à la mode.

– ***Au resto :*** le ***bruit*** ambiant, entre les gens qui parlent fort (même si c'est vide !) et le fond musical toujours présent, les ***serveurs*** qui vous apportent l'addition avant que vous ayez commandé un café ou un dessert, le ***pourboire* (tip)** qui n'est pas compris (comme les taxes) mais obligatoire ! Même dans les adresses un peu populaires (type *diners*), on ne s'assied pas à n'importe quelle table, sauf si l'écriteau « *Please seat yourself* » vous invite à le faire ; on attend d'***être placé.*** Ne vous attendez pas à un ***service à l'européenne,*** du genre nappe, serviette, petite cuillère pour le café, etc. Ici, c'est efficacité et rendement.

– Toujours étonnant aussi de voir du monde ***manger à toute heure*** dans les restos. Difficile parfois de deviner si les gens en sont encore au déjeuner ou déjà au dîner... D'ailleurs, les restos commencent à proposer la carte du soir vers 17h et dans certains lieux, le petit déj est servi... toute la journée !

– ***Les sandwichs*** servis au resto n'ont rien à voir avec nos casse-croûte avalés sur le pouce. Ce sont de vrais repas chauds (comme les burgers), servis avec des frites, des chips ou une salade.

– Au petit déj, les ***omelettes sont souvent à 3 ou 4 œufs.*** Les cardiologues sont ravis.

– Dans les ***bars et les boîtes,*** les ***papiers d'identité* (ID)** sont demandés à l'entrée, même si vous avez 40 piges !

– La ***clim*** est toujours poussée à fond la caisse dans tous les lieux publics (transports compris) et dans les chambres d'hôtel, même quand il n'y a personne dedans...

– ***Embrasser*** fougueusement son amoureux ou son amoureuse dans la rue ne se fait pas. Le PDA *(Public Display of Affection)* est même très mal vu ! Dans le même ordre d'idées, les Américains se font ***rarement la bise.*** Quand on se connaît peu, on se dit juste « *Hi !* » (prononcer « haïe »), qui veut dire « Salut ! », « Bonjour ! ». Et quand on est plus proches, c'est le ***hug*** (l'accolade) qui prévaut. Il s'agit de s'enlacer en se tapant dans le dos.

LA MAIN SUR LE CŒUR

Naguère, les Américains avaient coutume de saluer leur drapeau en tendant le bras droit, en souvenir des légions romaines. Malheureusement, ce geste ressemblait trop au salut nazi. En 1942, le président Roosevelt décida de le remplacer par la main sur le cœur.

– De nombreux ***médicaments*** sur ordonnance chez nous sont ***en vente libre*** aux États-Unis. L'accès facile aux corticoïdes a tué des centaines de milliers d'Américains !

– Alors que l'hébergement est partout très cher, ***camper dans les parcs nationaux*** est incroyablement bon marché. ***Le paiement se fait parfois encore via un système d'enveloppe.*** On met la somme demandée dans l'enveloppe que l'on glisse dans la boîte. Le *ranger on duty* viendra le lendemain contrôler que tout le monde a payé. Ne vous avisez pas de tricher, l'amende est salée !

– Certains ***magasins bio*** ont ouvert un petit *corner* et servent des plats « *organic* » et équitables préparés sur place et servis... dans du plastoc ! Quand vous avez fini de manger, vous avez autant de déchets que si vous étiez allé manger chez *McDo* !

– Il existe plusieurs ***Dog Psychology Centers*** à Los Angeles. Certains chiens sont perturbés d'être trop chouchoutés : vêtements, bijoux, goûters d'anniversaire en leur honneur. Bien souvent, les séances de psy concernent autant les animaux que les maîtres.

– ***Ni CDI ni CDD*** et pas de contrat de travail... Aux États-Unis, le patron est roi ! Cet état de fait remonte au XIXe s, et à la jurisprudence du « *At Will* » inscrite dans la loi consécutivement à l'abolition de l'esclavage. À l'époque, puisque que les esclaves étaient libérés, il fallait aussi libérer leurs patrons !

– Le concept de ***liberté individuelle*** reste une valeur sacro-sainte du mode de vie américain : nombreux sont ceux qui sont opposés, par principe, aux obligations de sécurité routière (port du casque à moto, ceinture dans les voitures...). Ils pensent que c'est le domaine de la responsabilité de chaque individu d'assumer les risques s'il veut les prendre.

LA MORT À TOUT PRIX

Aux États-Unis, un nouveau business morbide se développe : le commerce de cadavres en pièces détachées ! Des « body brokers » *proposent à des familles endeuillées défavorisées de leur acheter une partie du corps du défunt (compter 500 $ pour une tête, 300 $ pour un pied...), profitant ainsi de leur précarité financière. Pour certains, c'est la seule façon de payer des funérailles à un proche. Les cadavres sont ensuite revendus à des chercheurs ou étudiants en médecine. Une faille juridique rend le procédé légal aux États-Unis.*

DROITS HUMAINS

La présidence de ***Donald Trump*** n'est plus qu'un mauvais souvenir. « Donald Trump a été un désastre pour les droits de l'Homme », la sentence vient de Kenneth Roth, le directeur de Human Rights Watch, à l'issue d'un mandat qui aura laissé des traces aux lourdes conséquences. Selon lui, sur le plan tant intérieur qu'extérieur, Joe Biden a fort à faire pour revaloriser l'image du pays. Mais déjà, la couleur de la nouvelle administration évoque un melting-pot, avec des femmes, des Hispaniques, des Noirs, et même une représentante des Premières Nations.

Sur le plan intérieur, le « ***muslim ban*** », à savoir l'interdiction d'entrée sur le territoire américain pour les ressortissants de 7 pays musulmans, a été symboliquement annulé dans les 1ers décrets présidentiels publiés par Biden. En termes d'***immigration*** également, le ton a changé. Alors que Trump avait bâti une partie de sa popularité sur le contrôle des flux à la frontière avec le Mexique, et multiplié les arrestations et expulsions de masse de migrants illégaux, le président a décidé d'accorder la citoyenneté aux « ***Dreamers*** », ces quelque 700 000 migrants arrivés enfants illégalement sur le sol américain, et ouvert les possibilités de régularisation pour les autres sous condition. Mais les frontières ne sont pas rouvertes pour autant. Si la construction du « ***Mur*** » a été suspendue, le contrôle aux frontières a été renforcé.

Les ***tensions raciales,*** qui ont vu la réaffirmation d'un puissant mouvement citoyen antiraciste, ***#BlackLivesMatter,*** n'ont fait que s'exalter sous le mandat de Trump. Plus de 50 ans après l'assassinat de Martin Luther King, le combat des Afro-Américains contre Jim Crow (surnom donné au racisme systémique) est plus que jamais d'actualité après l'arrestation filmée et la mort de ***George Floyd,*** qui a eu un retentissement mondial. Le policier mis en cause, Derek Chauvin, a été condamné pour meurtre en avril 2021. De son côté, Biden a officiellement demandé aux agences fédérales d'évaluer la question des inégalités raciales dans leurs politiques respectives.

CRISE DE L'ARME

Selon la journaliste Corine Lesnes du Monde, *les civils détiennent des armes depuis la guerre de Sécession. Quand la paix revint, les gouvernements ne récupérèrent pas les fusils comme en France en 1944. Ce furent les Amérindiens qui en firent les frais. La culture des armes est très forte dans les zones de pauvreté, où la sécurité est précaire.*

Même sur le plan des ***ventes d'armes,*** Joe Biden a surpris, fin mars 2021, après une énième fusillade de masse à Boulder (Colorado), en s'attaquant de front à la toute-puissante ***National Riffle Association (NRA).*** Grande première, le président a demandé une interdiction des ventes de fusils d'assaut. Pas sûr cependant que le Congrès le suive sur ce point, tant les Américains sont attachés à ce qu'ils considèrent comme l'une de leurs libertés fondamentales.

Sur le ***plan social,*** là encore, Biden a demandé l'extension des droits à l'aide sociale accordée aux plus pauvres, résidu de l'***Obamacare,*** une loi symbolique de l'ère Obama, qu'a fortement détricotée Trump.

Au sujet de la ***peine de mort,*** les lignes pourraient tout aussi bien bouger, Biden étant le 1er président à s'être prononcé contre la peine capitale, risquant là encore de se heurter aux parlementaires de sa courte majorité, et à la Cour suprême. Rappelons que la Floride est ***un des États les plus intransigeants sur la peine capitale.***

Sur le ***plan international,*** alors que Trump avait quitté avec fracas le Conseil des droits de l'Homme, Biden a annoncé une « nouvelle ère de diplomatie » lors de son 1er discours face à l'ONU, en septembre 2021. Bien qu'il ait affirmé que les États-Unis ne « veulent pas d'une nouvelle guerre froide, ni d'un monde divisé en blocs rigides », le ton pour le moins martial employé par le président à l'encontre de la Chine et de la Russie peut laisser craindre une montée des tensions. L'administration Biden se démarque par ailleurs en réautorisant les subventions fédérales aux organisations internationales qui promeuvent le ***droit à l'avortement.***

LES TROIS COUPS : LA LOI À ABATTRE

Le Three Strikes Law *édicte que toute personne condamnée 2 fois, même pour des délits mineurs, risque 25 ans d'emprisonnement au « 3e coup ». Cette loi promulguée par plusieurs États, dont la Californie en 1994, remplit les prisons avec des petits chapardeurs. Une loi similaire (la relégation) existait en France jusqu'en 1970.*

Reste de nombreux points sur lesquels Biden semble ne pas vouloir rompre avec la tendance de fond entamée par ses prédécesseurs, comme les ***pratiques d'écoutes de l'agence américaine de renseignements NSA,*** qui avaient été théoriquement restreintes après l'affaire Snowden, mais sont toujours d'actualité, ou encore l'utilisation des ***drones*** pour des assassinats ciblés à l'international, qui ont causé des milliers de victimes collatérales par le passé.

Pour en savoir plus, n'hésitez pas à contacter :

- ***Fédération internationale des Droits de l'homme*** *(FIDH)* **:** ● *fidh.org* ●
- ***Amnesty International*** *(section française)* **:** ● *amnesty.fr* ●

N'oublions pas qu'en France aussi les organisations de défense des droits de l'Homme continuent de se battre contre les discriminations, le racisme et en faveur de l'intégration des plus démunis.

ÉCONOMIE

« Croyez-vous au rêve américain ?
- Non, mais je crois qu'on peut en tirer profit. »
Andy Warhol

Les grands principes de l'économie américaine

L'économie américaine s'appuie sur la dalle de granit du ***libéralisme absolu,*** un credo qui tient en quelques principes simples : voir les choses en grand, laisser le marché se réguler tout seul, ne jamais contrarier la liberté des financiers, être à la pointe de l'innovation technologique, payer le moins possible d'impôts..., avec un minimum d'interventions des autorités publiques... sauf quand ça va mal. Et, avec la ***crise des subprimes*** en 2007, menaçant le système financier de s'écrouler comme un château de cartes, c'est allé plus que mal. L'État fédéral a dû dépenser 626 milliards de dollars pour renflouer les banques et les entreprises en difficulté alors que des dizaines de milliers d'Américains voyaient leur maison saisie. Pourtant, le budget national n'a rien perdu : remboursements effectués, l'État américain a même fait un joli petit bénéfice grâce aux intérêts des prêts consentis !

Gouvernement républicain ou démocrate, peu importe : la courbe de croissance du PIB américain et du PIB/habitant est quasi constante, avec encore une hausse moyenne de 2,2 % sur la dernière décennie. Cette homogénéité apparente cache toutefois une réalité plus sombre : à chaque crise, c'est l'emploi qui, plus que tout, sert de variable d'ajustement – une vérité universelle renforcée dans les systèmes très libéraux. Ainsi, en 2010, le chômage a-t-il atteint 9,63 %, pour redescendre à 3,68 % en 2019 et rebondir à 14,7 % en avril 2020 à cause de la ***crise du Covid-19*** (le pire chiffre depuis la Grande Dépression)... Il s'est depuis résorbé pour atteindre un excellent ***4,6 % en octobre 2021.***

Les États-Unis, plus encore que l'Europe, ont pris la mauvaise habitude de dépenser bien plus qu'ils ne gagnent. Ce recours maladif à l'***endettement*** a augmenté de manière disproportionnée depuis le début des années 2000, sous les mandats de George Bush, Barack Obama et Donald Trump. Ce dernier, en 2016, avait promis d'éliminer la dette du pays en 8 ans. Au lieu de cela, elle a encore augmenté de 33,6 % en 4 ans... Le ***déficit budgétaire américain*** dépassait déjà les 3 000 milliards de dollars en 2020 (contre 1 400 milliards en 2009, son précédent record). Et cela sans prendre en compte le super plan de relance promis par Joe Biden.

Parmi ses priorités, le nouveau président s'est attaqué à un problème de longue date : la stagnation du salaire minimal à 7,25 $/heure depuis... 2009. Promesse de campagne : atteindre 15 $/heure d'ici à 2025 dans tout le pays (certains États ont déjà un salaire minimal à 12-14 $/heure).

En attendant, près de 40 % des Américains en âge de travailler ne cherchent même plus d'emploi et sont sortis des statistiques du chômage... Le nombre de personnes vivant ***sous le seuil de pauvreté*** est estimé à 11,7 % de la population, soit 38,6 millions de personnes ! Chez les femmes seules avec enfants, ce taux (bien qu'en baisse) atteint 26,8 %. Parallèlement, les dirigeants des grands groupes cotés en bourse ont vu leur rémunération bondir. Ils gagnent aujourd'hui 216 fois le revenu moyen américain, contre « seulement » 183 fois en 2008 (et 15 fois en 1965)... Les inégalités restent donc abyssales.

L'économie vue de Californie

La Californie, l'un des ***fers de lance de l'économie yankee,*** longtemps décrite comme un paradis ensoleillé de la classe moyenne américaine, demeure l'***État le plus puissant économiquement des États-Unis*** (mais pas celui au PIB par habitant le plus élevé), grâce à une ***économie diversifiée et innovante*** (de l'agriculture aux dernières technologies de l'information, en passant par le tourisme, le cinéma et les énergies renouvelables). Mais si son PIB dépasse les 2 500 milliards de dollars, la situation est plus sombre qu'il n'y paraît. ***Le taux de chômage est plus élevé que la moyenne nationale*** et sa ***dette*** est la plus importante du pays. Mais comment le *Golden State,* 5e puissance économique mondiale (devant la France), a-t-il pu en arriver là ?

Il y a d'abord eu la ***crise énergétique de 2001*** et celle de la ***Silicon Valley,*** puis l'éclatement de la bulle de crédits immobiliers à risques depuis 2007. Pionnière dans le développement des *subprimes,* ***la Californie a été touchée de plein fouet par la crise financière et immobilière.*** La ***sécheresse*** est un autre facteur aggravant : la région, considérée comme le grenier de l'Amérique, a subi

d'importantes ***pertes agricoles.*** Parallèlement à l'accroissement incessant du service de la dette, les sources de revenus de l'État sont allées s'amenuisant, l'impôt sur le revenu rapportant de moins en moins en raison des licenciements en masse. Depuis 2008, ce sont aussi près de ***40 milliards de dollars qui ont été supprimés dans les dépenses sociales, les transports publics et l'entretien des infrastructures*** (nouveaux projets gelés, renouvellements de rames annulés...), et surtout ***l'éducation.*** L'État, qui était connu pour avoir le ***meilleur système éducatif*** et les ***meilleures universités du pays (Stanford, Berkeley, UCLA...)*** se trouve désormais à la traîne : les écoles voient leur ***budget restreint,*** celui des universités a été amputé de 25 %. En conséquence, le coût de la scolarisation universitaire n'a de cesse d'augmenter depuis 10 ans, limitant encore davantage l'accès aux études. Pour endiguer cette dérive, le gouverneur Gavin Newsom a signé une loi donnant la possibilité aux étudiants californiens ***d'étudier gratuitement pendant 2 ans*** (et ainsi d'obtenir un *bachelor*) dans les *community colleges*. Ces universités, méconnues car évincées des classements par les mastodontes de la Ivy League, sont pourtant une alternative économique et qualitative aux frais de scolarité exorbitants de ces célèbres établissements. D'autant qu'à l'issue de leur *bachelor* les étudiants peuvent les intégrer en 3e année. Et malgré cette ***cure d'austérité*** drastique, le déficit, effacé dès 2013, a repointé son nez en 2018. Les conséquences sociales sont violentes : de plus en plus de personnes sont obligées de ***cumuler 2 voire 3 emplois,*** les banques alimentaires distribuent toujours plus de repas. Si la Californie reste un État dynamique et la Silicon Valley une terre bénie pour les personnes hautement diplômées, les emplois « normaux » requérant des qualifications moyennes manquent toujours plus.
La Californie ayant rapidement pris les mesures nécessaires pour endiguer l'épidémie de Covid-19, le taux d'infection est resté plus bas qu'ailleurs aux États-Unis et les frontières ont pu rouvrir assez rapidement. Aussi les économistes sont-ils assez optimistes : ***la reprise a été fulgurante.*** À terme, certains prédisent que le taux de chômage californien devrait s'aligner sur celui du pays et comparent 2021 aux Trente Glorieuses.

Le cas particulier de la Bay Area

Si la Californie dans son ensemble peut mieux se porter, la Bay Area aurait plutôt tendance à sourire. En 2019, le PIB de la région (qui compte environ 7,7 millions d'habitants) pesait quelque 750 milliards de dollars ! L'essor de la Bay Area repose certes sur le tourisme (plus de 26 millions de visiteurs annuels), mais aussi, et surtout, sur le formidable ***moteur d'innovation de la Silicon Valley.*** Conséquence logique de cet état de fait, le PIB par habitant y est l'un des plus élevés des États-Unis.
Pour enfoncer le clou, on pourrait encore décliner quelques chiffres et statistiques : une productivité presque 2 fois supérieure à celle du reste du pays, le record de firmes de capital-risque et le plus grand nombre de brevets déposés par employé de tous les États-Unis. Remettez tout ça dans l'ordre, et une conclusion évidente se dégage : tout repose sur l'***innovation technologique.*** La Bay Area abrite d'ailleurs la plus forte concentration de mégabusiness des États-Unis après New York : Google, Yahoo, Facebook, Apple, eBay, Netflix... ils sont tous là.
Sans dire que la région risque la surchauffe, on relève toutefois quelques répercussions inquiétantes. L'accroissement spectaculaire du niveau de vie des employés et cadres des entreprises technologiques a ainsi bouleversé le marché immobilier, chassant les classes moyennes des quartiers centraux de San Francisco et de la Silicon Valley. Depuis 2009, les prix ont rebondi de près de 45 % ! De quoi faire de San Francisco la ville la plus chère des États-Unis. En parallèle, le nombre d'expulsions ne cesse de grimper, et la révolte commence à gronder contre ces « *techies* » qui gagnent jusqu'à 3 fois le salaire moyen de leurs voisins.

ENVIRONNEMENT

Des richesses naturelles

La Californie est l'un des États possédant la biodiversité la plus importante au monde. Côté flore, on recense plus de 3 500 espèces de plantes, dont plus de 60 % endémiques (qu'on ne trouve nulle part ailleurs dans le monde). Cette particularité est due au fait que ***le Golden State possède une topographie changeante, des zones climatiques différentes, ainsi qu'une géologie produisant des sols très variés.*** Côté faune, on répertorie plus de 340 espèces d'oiseaux, 70 espèces de reptiles, près de 30 000 sortes d'insectes et plus de 150 espèces de mammifères. Quant au fameux grizzly de Californie qui figure sur son drapeau, le dernier individu a été abattu par un chasseur en 1920...

Le patrimoine californien est extrêmement riche mais ***en réel danger à cause du développement des activités humaines*** et de l'appétit insatiable de l'agriculture (la Californie fournit près de la moitié des produits agricoles consommés aux États-Unis). La pression due à l'homme (expansion des zones urbaines, construction de routes, exploitation du sous-sol, notamment du pétrole et du gaz de schiste par fracturation, pollution, etc.) a fait de ***la Californie l'un des États les plus dégradés du pays.*** Depuis les années 1930, elle a perdu la moitié de ses grands arbres à cause de l'abattage massif et de l'urbanisation surtout, mais aussi à cause des changements climatiques. C'est également en Californie que se rencontre le marsouin du Pacifique, ***le mammifère marin considéré par WWF comme étant le plus en danger d'extinction dans le monde.*** Il en subsisterait seulement 9 individus...

LA PLUS GRANDE TRANSHUMANCE DU MONDE

Bien des pesticides tuent les abeilles. Tout le monde le sait, même les fabricants. Chaque année, pour polliniser leurs amandiers, les arboriculteurs californiens importent 35 milliards d'abeilles. Par camion et à prix d'or...

Un puits sans fond ?

Les grandes prairies emblématiques du Far West ne représentent plus désormais que 1 % de ce qu'elles étaient jadis. La plupart ont été converties en terres agricoles s'avérant ***particulièrement voraces en eau, puisqu'elles mobilisent 80 % des ressources disponibles.*** La faune en pâtit aussi, notamment à cause de l'assèchement des rivières. Mais l'agriculture n'est pas la seule à peser sur les ressources en eau. Pour maintenir les 40 °C nécessaires à la bonne conservation des données, les climatiseurs « à eau perdue » des ***800 data centers implantés dans la Silicon Valley consomment à eux seuls, en un an, de quoi remplir près de 160 000 piscines olympiques,*** sans compter les dépenses d'électricité ! Cette soif d'eau douce a un réel impact sur les nappes phréatiques, d'autant que le nombre des données stockées croît d'environ 5 % par an... Et la nature rechigne à fournir toujours plus de flotte à la Californie, qui a subi pendant plus de 7 ans une ***constante sécheresse,***

PAINT IT GREEN

Avec la récente sécheresse, les Californiens étaient inquiets pour l'entretien de leurs pelouses. Des entreprises ont trouvé la solution : la peinture pour gazon. Déjà utilisée dans les stades, cette peinture à base d'eau permet de conserver le vert des pelouses. En revanche, ses effets sur la santé ne sont pas encore connus. Permettons-nous d'émettre quelques doutes sur le bienfait écologique de la démarche...

contraignant les pouvoirs publics à décréter l'état d'urgence, assorti de mesures de restriction. Heureusement, l'hiver 2018 a été le plus humide que les États-Unis aient connu depuis... le XIXe s ! Il a permis de régénérer les stocks d'eau en surface (en revanche, les nappes phréatiques sont toujours à un niveau très bas).

La maison brûle

Si l'eau manque, le feu, lui, frappe toute l'année de plus en plus violemment, de gigantesques incendies pulvérisant mois après mois des records de surfaces calcinées. 2018 et 2019 auront été particulièrement destructrices avec plus de 100 000 ha de terres parties en fumée, causant au passage des dizaines de morts et des milliards de dollars de dégâts. En 2020, c'est carrément plus de 400 000 ha qui ont flambé au gré d'un seul incendie. Pourtant, 2021 a enregistré ***une hausse de 250 %*** en termes de surfaces brûlées. En cause, la sécheresse bien sûr, le vent aussi, mais surtout une pression urbaine toujours plus forte. 11 millions de Californiens vivraient dans des régions exposées aux incendies, dont 500 000 dans des zones à risque élevé. Et après le feu, l'eau ! Les précipitations prennent le relais alors qu'une violente tempête provoque inondations et glissements de terrain. Les experts estiment que ces revirements brutaux entre sécheresse et déluge n'auront de cesse d'augmenter dans les années à venir, poussant les « ***réfugiés climatiques*** » à quitter l'État vers des contrées plus sereines.

San Francisco, futur modèle de gestion des déchets ?

SF s'est engagé dans une drastique politique ***zéro déchet*** **(Zero Waste),** un objectif qui aurait dû être atteint en 2020. Mais avec 80 % des déchets recyclés (contre 21 % à New York, par exemple), le progrès est déjà considérable. Pour relever le défi, les citoyens ont l'obligation de trier leurs ordures en 3 catégories : organiques, recyclables et divers. Les déchets transformés en compost fertilisent les terres des fermiers désireux de se passer des polluants agricoles.

Pollution atmosphérique et réchauffement climatique

Et que dire de la ***qualité de l'air*** ? Malgré la baisse significative (environ 40 %) des 2 polluants les plus nocifs (dioxyde d'azote et particules fines) ces dernières années, les mégalopoles californiennes, Los Angeles en tête, demeurent celles dont l'atmosphère est la plus polluée du pays. Le smog de L.A. est maintenant aussi célèbre que le brouillard londonien ! Il faut dire qu'avec ses 35 millions de véhicules à moteur pour près de 40 millions d'habitants, la Californie est le 2e État le plus pollueur du pays (après le Texas) ; le tiers, environ, étant dû aux seuls transports routiers.

Cela, bien sûr, rejoint la ***question du réchauffement climatique.*** En 2015, le gouverneur Jerry Brown fixait de ***réduire les émissions de gaz à effet de serre de 40 % par rapport à leur niveau de 1990 d'ici à 2030.*** Depuis longtemps, des sommes considérables sont investies dans la recherche liée aux énergies renouvelables et à leurs applications. Cela afin de développer la voiture électrique mais pas seulement, car ***l'État, qui produit plus de la moitié de son électricité à partir des énergies propres, s'est fixé pour objectif d'en produire 60 % d'ici à 2030 et 100 % d'ici à 2045.*** Un objectif ambitieux, et même une gageure pour une économie qui équivaut à la 5e puissance mondiale (d'autant que la Californie importe toujours ¼ de son électricité et demeure le 3e plus gros producteur de pétrole du pays), mais réaliste selon certains. Déjà, l'installation de panneaux solaires devrait devenir obligatoire sur tous les bâtiments résidentiels. Cependant, la demande en électricité toujours croissante entraîne de régulières ***coupures de courant.*** C'est le gaz qui sauve alors le pays, contraint d'installer des minicentrales pour pallier le manque.

GÉOGRAPHIE

La Californie, ***3e État par la superficie*** après l'Alaska et le Texas, couvre ***424 000 km²***. Elle est bordée au nord par l'Oregon, à l'ouest par l'océan Pacifique (sur 1 350 km), à l'est par le Nevada et au sud par le Mexique.

Chaînes côtières de l'Ouest, crêtes, petites vallées et rivières dessinent son paysage. Sur une longueur de 800 km et une largeur allant de 80 à 120 km, les chaînes côtières (riches en argent, métaux non ferreux, pétrole et potentiel hydroélectrique) se divisent pour laisser place à la baie de San Francisco. Les rivières de l'ouest de la Sierra Nevada (« chaîne enneigée » en espagnol) et les plaines de la vallée Centrale s'y faufilent pour rejoindre le Pacifique. La vallée Centrale (Central Valley), qui s'étend des chaînes côtières de l'ouest à la Sierra Nevada à l'est, est délimitée au nord par la rivière Sacramento et au sud par la rivière San Joaquin. Cette immense vallée compte parmi les zones agricoles les plus riches et variées du pays. À l'est de la vallée Centrale, la ***Sierra Nevada*** offre de magnifiques canyons formés par l'érosion. En se promenant dans les parcs nationaux de Yosemite, Sequoia et de Canyon Kings, on profite de ces paysages granitiques.

Plus au sud s'étire une ***ceinture de déserts,*** depuis la Californie jusqu'au Nouveau-Mexique, avec des forêts de cactus près de la frontière mexicaine. Le désert le plus aride est la fameuse Vallée de la Mort (Death Valley). C'est ici, à Badwater, que se trouve le point le plus bas des États-Unis (86 m au-dessous du niveau de la mer). Enfin, culminant à plus de 1 000 m d'altitude, le désert Mojave est le plus irrigué et le plus haut.

En attendant le Big One

La Californie est une ***région tectonique instable*** ; les phénomènes sismiques y sont nombreux. La principale fautive, c'est la ***faille de San Andreas,*** fracture de l'écorce terrestre, qui traverse l'océan Pacifique et sillonne sous l'État, entre le golfe de Californie et le nord de San Francisco. Cette ville détient le triste record des tremblements de terre. Le plus dramatiquement célèbre reste celui de 1906 : l'incendie déclenché par le séisme a détruit les 4/5 de la ville. En 1989, nouveau tremblement de terre (7,1 sur l'échelle de Richter) provoque cette fois l'effondrement du Bay Bridge mais cause finalement peu de victimes en ville grâce à l'efficacité des nouvelles normes antisismiques. En 2019, le sud de la Californie a été frappé par un séisme de magnitude 7,1, le plus important depuis 1999. S'il a fait peu de dégâts dans cette région faiblement peuplée, il a ravivé la crainte du ***Big One.*** Ce tremblement de terre cataclysmique (les spécialistes parlent d'une intensité de 8,5 sur l'échelle de Richter) devrait secouer la région d'ici à 40 ans et causer d'importants ravages. Jusqu'ici, on ne parlait que de la faille de San Andreas, qui provoque 1 ou 2 secousses de magnitude 3 chaque jour et qui, d'après les spécialistes, sera à l'origine de la catastrophe. Mais depuis quelque temps, les scientifiques s'intéressent à une autre faille, nommée ***Hayward,*** proche de Berkeley et de San Jose. Elle traverse Oakland, une région très peuplée et peu préparée aux risques de séismes. Chaque soir, à la TV, l'*earthquake report* fait le détail des secousses de la journée. Et tous les ans, en octobre, une grande répétition générale est organisée dans les écoles, les immeubles et les entreprises de la région : *The Great Shake Out.* Il faut dire que la région enregistre pas moins de 17 700 secousses par an...

HISTOIRE

Quelques dates

- ***35000 à 10000 av. J.-C. :*** 1res migrations de populations d'origine asiatique à travers le détroit de Béring.

- ***2640 av. J.-C. :*** les astronomes chinois Hsi et Ho auraient descendu la côte américaine par le détroit de Béring.
- ***1000-1002 apr. J.-C. :*** Leif Erikson, fils du Viking Erik le Rouge, explore les côtes de Terre-Neuve et du Labrador, et atteint peut-être ce qui est aujourd'hui le nord-est des États-Unis.
- ***1492 :*** « découverte » de l'Amérique par Christophe Colomb.
- ***1619 :*** 1ers esclaves africains dans les plantations de Jamestown.
- ***1620 :*** le *Mayflower* débarque à Cape Cod avec 100 pèlerins qui fondent Plymouth (les Pères pèlerins).
- ***1641 :*** la colonie du Massachussetts est la 1re à légaliser l'esclavage.
- ***1647 :*** Peter Stuyvesant est le 1er gouverneur de La Nouvelle-Amsterdam, rebaptisée ensuite New York par les Anglais.
- ***1776 :*** adoption de la Déclaration d'indépendance le 4 juillet.
- ***1784 :*** New York est élue provisoirement capitale des États-Unis.
- ***1789 :*** George Washington est élu 1er président des États-Unis.
- ***1800 :*** Washington devient capitale des États-Unis à la place de Philadelphie.
- ***1831 :*** 2 millions d'esclaves aux États-Unis.
- ***1849 :*** ruée vers l'or en Californie.
- ***1861-1865 :*** guerre de Sécession. En 1863, Abraham Lincoln proclame l'abolition de l'esclavage.
- ***1865 :*** l'abolition de l'esclavage est définitivement inscrite dans la Constitution grâce au 13e amendement.
- ***1867 :*** les États-Unis achètent l'Alaska à la Russie.
- ***1872 :*** création du 1er parc national, le Yellowstone National Park.
- ***1873 :*** invention du jean par Levi Strauss et Jacob Davis.
- ***1886 :*** invention du *Coca-Cola* par J. Pemberton. La statue de la Liberté, d'Auguste Bartholdi, est offerte par la France aux États-Unis pour symboliser l'amitié franco-américaine à New York (une copie est érigée sur le pont de Grenelle, à Paris).
- ***1898 :*** guerre hispano-américaine.
- ***1900 :*** annexion d'Hawaii.
- ***1906 :*** grand séisme de San Francisco.
- ***1911 :*** 1er studio de cinéma à Hollywood.
- ***1914 :*** création de la Paramount.
- ***1923 :*** création de la Warner Bros par Harry M. Warner.
- ***1924 :*** l'*Indian Citizenship Act* octroie la citoyenneté américaine aux Amérindiens.
- ***1927 :*** création de l'académie des Oscars du cinéma par Louis Mayer.
- ***1928 :*** Walt Disney crée le personnage de Mickey Mouse.
- ***1933 :*** New Deal instauré par Franklin D. Roosevelt pour remettre sur pied l'économie américaine.
- ***1936 :*** l'athlète afro-américain Jesse Owens remporte 4 médailles d'or aux J.O. de Berlin. Hitler fait la gueule.
- ***1939 :*** sortie de *La Chevauchée fantastique,* de John Ford, et d'*Autant en emporte le vent,* réalisé par Victor Fleming, Sam Wood et George Cukor.
- ***1941 :*** attaque japonaise à Pearl Harbor (Hawaii) le 7 décembre. Déclaration de guerre des États-Unis au Japon le lendemain. Déclaration de guerre de l'Allemagne et de l'Italie aux États-Unis le 11 décembre.
- ***1944 :*** débarquement allié en Normandie le 6 juin.
- ***1945 :*** bombes atomiques sur Hiroshima et Nagasaki les 6 et 9 août.
- ***1946 :*** début de la guerre froide. Winston Churchill parle du « rideau de fer ».
- ***1948 :*** 1er fast-food, créé par 2 frères, Maurice et Richard MacDonald.
- ***1950 :*** début du maccarthysme, croisade anticommuniste menée par le sénateur MacCarthy.
- ***1955 :*** ouverture du parc d'attractions *Disneyland* en Californie.
- ***1962 :*** décès de Marilyn Monroe le 5 août.
- ***1963 :*** assassinat de John F. Kennedy à Dallas le 22 novembre.

– ***1965 :*** 200 000 soldats américains sont envoyés au combat au Vietnam.
– ***1966 :*** fondation des Black Panthers à Oakland par des amis de Malcom X. *Black Power,* expression lancée par Stockeley Carmichael, prône le retour des Noirs en Afrique.
– ***1968 :*** assassinat de Martin Luther King le 4 avril. Le 5 juin, Bob Kennedy, frère de John, meurt lui aussi assassiné.
– ***1969 :*** 1ers pas d'Armstrong sur la Lune.
– ***1973 :*** élections des 1ers maires afro-américains à Los Angeles, Atlanta et Detroit. Cessez-le-feu au Vietnam. Légalisation partielle de l'avortement.
– ***1974 :*** la crise du Watergate entraîne la démission de Richard Nixon.
– ***1976 :*** rétablissement de la peine de mort (après sa suspension en 1972).
– ***1981 :*** attentat contre Ronald Reagan.
– ***1984 :*** les J.O. de Los Angeles sont boycottés par les pays de l'Est.
– ***1988 :*** gigantesque incendie au parc de Yellowstone. 1/5 du parc est détruit.
– ***1989 :*** séisme de magnitude 6,9 à San Francisco (55 morts).
– ***1991 :*** du 17 janvier au 27 février, guerre du Golfe.
– ***1992 :*** émeutes à Los Angeles (59 morts et 2 300 blessés). Élection de Bill Clinton.
– ***1994 :*** séisme à Los Angeles (51 morts). Signature de l'ALENA, accord de libre-échange avec le Mexique et le Canada.
– ***1995 :*** le Sénat du Mississippi ratifie enfin le 13e amendement de la Constitution des États-Unis, mettant un terme à l'esclavage. Pas trop tôt !
– ***1996 :*** réélection de Bill Clinton.
– ***1999 :*** tuerie de Littleton (Colorado) ; 2 ados se suicident après avoir abattu 12 de leurs camarades et un professeur au lycée de Columbine.
– ***2000 :*** en décembre, George W. Bush devient le 43e président des États-Unis.
– ***2001 :*** le 11 septembre, les États-Unis sont victimes de la plus grave attaque terroriste de l'histoire mondiale (3 000 morts).
– ***2003 :*** en mars-avril, guerre en Irak. Occupation militaire de l'Irak par la coalition formée par les États-Unis. Le 7 octobre, Arnold Schwarzenegger est élu gouverneur de la Californie.
– ***2004 :*** en novembre, George W. Bush est réélu président des États-Unis, face à John Kerry.
– ***2007 :*** en octobre, le prix Nobel de la paix est décerné à Al Gore et au Groupe d'experts intergouvernemental sur l'évolution du climat (GIEC), pour leur rôle dans la lutte contre les changements climatiques ; de très violents incendies ravagent le sud de la Californie, où l'état d'urgence est déclaré.
– ***2008 :*** la Californie vit sa 2e année de sécheresse consécutive (nombreux incendies au cours de l'été). Une crise économique et financière sans précédent frappe les États-Unis. Le démocrate Barack Obama succède à George W. Bush et devient le 1er président afro-américain à entrer à la Maison-Blanche.
– ***2009 :*** à peine élu et un peu surpris lui-même, Barack Obama reçoit le prix Nobel de la paix « pour ses efforts extraordinaires en faveur du renforcement de la diplomatie et de la coopération internationales entre les peuples ».
– ***2010 :*** Barack Obama réussit à faire passer sa réforme du système de santé. En avril, une plateforme pétrolière de la *British Petroleum* (BP) sombre au large de la Louisiane et provoque l'une des plus grandes marées noires que les États-Unis aient jamais connues.
– ***2011 :*** le 1er mai, Barack Obama annonce officiellement la mort du chef d'Al-Qaida, Oussama Ben Laden.
– ***2012 :*** en novembre, Barack Obama est réélu à l'issue de la campagne présidentielle la plus coûteuse de l'Histoire. Simultanément, la Californie rejette par référendum l'abolition de la peine de mort. Légalisation du cannabis dans le Colorado et l'État de Washington.
– ***2013 :*** en juin, la Californie légalise le mariage homosexuel après des années de tergiversations. En août, la Californie connaît le 3e plus grand incendie de son

histoire, qui ravage plusieurs semaines durant les abords du parc national de Yosemite (100 000 ha détruits). Le 1er octobre, entrée en vigueur du 1er volet de l'*Obamacare* (assurance santé).

– ***2014 :*** fin août, séisme de magnitude 6 dans la région viticole de la Napa Valley. Victoire des républicains au Sénat et à la Chambre des représentants, aux élections de mi-mandat.

– ***2015 :*** au printemps, annonce du rétablissement des relations diplomatiques entre les États-Unis et Cuba après un demi-siècle d'embargo. En juin, la Cour suprême autorise le mariage homosexuel sur tout le territoire américain ; grande victoire pour l'égalité pour tous. Le 17 juin, tuerie de Charleston, en Caroline du Sud : 9 personnes afro-américaines sont abattues dans une église par un suprématiste blanc.

– ***2016 :*** le 12 juin, tuerie revendiquée par Daech dans une boîte gay d'Orlando (49 morts). La Californie légalise l'euthanasie pour les malades incurables en phase terminale. Le 8 novembre, le magnat de l'immobilier Donald Trump remporte l'élection présidentielle face à Hillary Clinton. Le même jour, la Californie se prononce pour la légalisation du cannabis à usage récréatif.

– ***2017 :*** le producteur Harvey Weinstein est accusé de viol et de harcèlement par des dizaines d'actrices. Le 1er octobre, fusillade à Las Vegas en plein festival de musique country (59 morts et plus de 500 blessés).

– ***2018 :*** depuis janvier, le cannabis est officiellement en vente libre dans l'État le plus peuplé des USA. London Breed est la 1re femme afro-américaine élue maire de San Francisco. En novembre, Trump conserve le Sénat mais perd la Chambre des représentants aux élections de mi-mandat.

– ***2019 :*** la Californie suspend la peine de mort sous l'impulsion de son nouveau gouverneur démocrate, Gavin Newson. La procédure de destitution qui pèse sur Donald Trump échoue et sa campagne pour un 2d mandat est lancée. À peine remise des incendies les plus meurtriers de son histoire en 2018, la Californie fait face à de nouveaux feux ravageurs : plusieurs dizaines de milliers d'hectares sont partis en fumée dans la région viticole de Sonoma et autour de Los Angeles.

– ***2020 :*** à la mi-mars, l'état d'urgence national est déclaré pour lutter contre la pandémie de Covid-19. De nombreuses manifestations marquées par le mouvement ***Black Lives Matter*** ont lieu suite au meurtre de George Floyd par un policier, le 25 mai à Minneapolis. Le 3 novembre 2020, le démocrate ***Joe Biden*** est déclaré vainqueur de l'élection présidentielle après un décompte des scrutins controversé ; sa vice-présidente, ***Kamala Harris,*** est afro-américaine et d'origine indienne.

– ***2021 :*** le 6 janvier, des milliers de partisans pro-Trump, harangués par le président sortant qui refuse d'accepter sa défaite, ***envahissent de force le Capitole.*** Une autre procédure de destitution est lancée mais échouera, elle aussi. Le 20 janvier, Joe Biden est officiellement investi à la présidence des États-Unis. Il réengage les États-Unis dans les ***accords de Paris pour le climat*** et fait passer un plan de relance à 1 900 milliards de dollars. En août, les États-Unis se retirent d'Afghanistan, les Talibans reprennent le pouvoir présageant une terrible crise humanitaire.

Le détroit de Béring

Certains spécialistes placent les 1res migrations en provenance d'Asie ***dès 50 000 ans av. J.-C.*** ; d'autres, plus nombreux, avancent les dates de 40 000 ou encore 22 000 ans av. J.-C. Cette toute 1re vague d'immigration dure jusqu'au XIe ou Xe millénaire av. J.-C. Ces « pionniers » américains franchissent le détroit de Béring à une époque où les températures, plus froides, font émerger un ***pont naturel entre Asie et Amérique.*** Suivant la côte Ouest, le long des Rocheuses, ces petites troupes éparpillées pénètrent peu à peu le nord et le sud du continent américain.

Contrairement à une certaine imagerie populaire, il n'y a jamais eu de « nation amérindienne », mais une multitude de tribus réparties sur l'ensemble du territoire nord-américain. Les estimations, très variables, font état ***de 1 (peu probable) à 2 millions d'habitants avant la conquête occidentale.*** Le continent est alors si vaste qu'on estime qu'il existait plus de mille langues amérindiennes, réparties en plusieurs groupes linguistiques, pour l'essentiel inintelligibles les unes aux autres. Isolés, les Amérindiens ne mesurent pas l'étendue de leur diversité, mais commercent cependant activement entre eux et jusqu'avec le Mexique voisin. Les modes de vie varient très largement selon les milieux et les tribus. Certaines sont sédentaires comme les Pueblos (baptisés ainsi par les Espagnols parce qu'ils habitent dans des villages), d'autres semi-nomades, mais la plupart vivent de chasse, de pêche et de cueillette, se déplaçant au gré du gibier et des saisons.

COUP DE SOLEIL

Non seulement les Indiens ne vivent pas en Inde, mais en plus ils n'ont pas la peau rouge ! « Indien » vient de l'erreur de géographie de Christophe Colomb, qui croyait découvrir les Indes. Si les colons les nommèrent « Peaux-Rouges », ce n'est pas en raison de la carnation de leur peau, mais à cause du vermillon dont s'enduisaient les guerriers des plaines. D'ailleurs, ce sont plutôt les colons européens à la peau claire qui se prenaient les coups de soleil...

La découverte

En ***1003, Leif Erikson*** (le fils d'Erik le Rouge), accompagné d'un équipage de 35 hommes, part du sud du Groenland, récemment colonisé, pour explorer toute la côte de l'actuel Canada. D'autres expéditions suivent, précédant des ***tentatives de colonisation à Terre-Neuve.*** Puis les Vikings rentrent chez eux, victimes, semble-t-il, des attaques amérindiennes. Cela se passe presque 500 ans avant que ***Christophe Colomb*** ne « découvre » l'Amérique... à notre avis, son attaché de presse était plus efficace que celui des Vikings !

Colomb, lui, cherche un raccourci pour les Indes. Puisque la Terre est ronde, il y a forcément une autre route vers les trésors de l'Orient que celle de Vasco de Gama, même si, paradoxalement, elle se trouve à l'ouest. D'origine génoise, Colomb vit au Portugal, et c'est donc vers le roi Jean II de Portugal qu'il se tourne pour financer son expédition. Ledit roi n'est pas intéressé, et finalement, c'est grâce à la reine Isabelle de Castille que Colomb peut monter son expédition. Son bateau (une caraque), la *Santa Maria,* ainsi que 2 autres petites caravelles, la *Niña* et la *Pinta,* partent le 3 août 1492, et 2 mois plus tard, ***le 12 octobre 1492, Colomb débarque, aux Bahamas*** sans doute, muni d'une lettre d'introduction... pour le Grand Khan de Chine !

LA ROUTE DES DINDES ?

N'étant pas très fort en géographie, Christophe Colomb était persuadé d'avoir découvert les Indes quand il débarqua en Amérique. D'où le nom « poules d'Inde » donné aux volatiles qu'il rapporta. Les Anglais, qui ne font jamais rien comme les autres, les appellent... turkey *! Ils avaient vu des volatiles similaires en Anatolie (Turquie).*

Le roi François Ier envoie à son tour ***Jacques Cartier,*** qui, lui, fait 3 voyages entre 1534 et 1541. Cartier remonte le Saint-Laurent jusqu'au Mont-Royal où des rapides arrêtent son entreprise. Puis, en 1520, ***Ferdinand de Magellan*** découvre le fameux détroit qui mène à l'océan Pacifique, à quelques encablures au nord du cap Horn. Ainsi, le malheur des Amérindiens et la colonisation de l'Amérique n'ont pour origine que la volonté de trouver un autre accès vers l'Asie !

Les 1res tentatives de colonisation

En 1513, Juan Ponce de León, dans sa quête de la fontaine de jouvence, atteint la Floride, qu'il croit être une île ; le 7 mars 1524, le Florentin Giovanni Da Verrazano, 1er envoyé de François Ier, débarque au Nouveau Monde – depuis peu baptisé *Amérique* en l'honneur de l'explorateur et géographe ***Amerigo Vespucci*** – et promptement le rebaptise *Francesca* pour honorer sa patrie d'adoption et son maître. La Nouvelle-France (futur Canada) est née. De 1539 à 1543, Hernando de Soto découvre et explore des cours d'eau comme la Savannah, l'Alabama et le majestueux Mississippi, mais il est finalement vaincu par la jungle ; au même moment, Francisco Vasquez de Coronado part du Mexique, franchit le Rio Grande et parcourt l'Arizona. La 1re tentative de christianisation par les moines de Santa Fe reçoit parallèlement le salaire du martyre chez les Amérindiens pueblos. Petit à petit, le cœur n'y est plus. L'or, les richesses attendues qui pourraient dissiper les hésitations ne sont pas découverts et les milliers de volontaires nécessaires à une véritable colonisation ne se manifestent pas. Et puis, finalement, pourquoi étendre encore un empire déjà si vaste, se dit la couronne espagnole, bien installée aux Antilles, au Mexique et en Amérique centrale ?

L'arrivée des Anglais

3 quarts de siècle passent. L'Angleterre devient plus prospère, les querelles religieuses s'apaisent, Élisabeth Ire règne depuis 1558. ***L'heure américaine a sonné.*** Sir Humphrey Gilbert propose d'installer une colonie en Amérique, qui fournirait, le moment venu, les vivres aux marins en route pour la Chine. Élisabeth lui accorde une charte mais la colonie ne se matérialise pas.

Une nouvelle charte est accordée, cette fois à son demi-frère sir Walter Raleigh. Il jette l'ancre près de l'île Roanoke et baptise la terre Virginia (Virginie) – le surnom de la reine Élisabeth. Seulement, après le 1er hiver, les colons préfèrent rentrer en Angleterre. La 2e tentative a lieu un an plus tard : le 8 mai 1587, 120 colons débarquent. Un événement marque cette 2e tentative : la naissance sur le sol du Nouveau Monde de la 1re « Américaine », une petite fille nommée Virginia Dare (nom lourd de sous-entendus, *dare* signifiant en anglais « oser » !). Mais c'est encore un échec, tragique cette fois-ci, car, quand le bateau revient, en 1590, les colons ont disparu sans laisser de traces.

Malgré ces échecs successifs, le virus du Nouveau Monde s'empare de l'Angleterre. ***La colonisation débute véritablement avec le successeur d'Élisabeth, Jacques Ier.***

Le 26 avril 1607, après 4 mois de traversée, 144 hommes et femmes remontent la rivière James dans 3 navires et choisissent un lieu de mouillage qu'ils baptisent James Town. C'est un aventurier-marchand de 27 ans, le capitaine ***John Smith,*** qui dirige les colons. Il s'enfonce dans le pays, fait des relevés topographiques... John Smith est finalement capturé par les Amérindiens mais aura la vie sauve grâce à la fille du roi Powhatan, nommée ***Pocahontas.*** Il comprend, ayant vécu avec cette tribu, que les colons ne survivront que par la culture du « blé indien » : le maïs. À son retour parmi les siens, et sur son ordre, les colons (très réticents car ils voulaient bien chasser, chercher de l'or ou faire du troc avec les indigènes, mais pas se transformer en agriculteurs) cultivent le maïs à partir de grains offerts par les Amérindiens.

CABOTIN

John Cabot, 1er Anglais à explorer le Nouveau Monde dès 1497, n'était pas un Anglais d'origine mais un Génois habitant la ville de Bristol. Lui aussi recherchait un passage vers l'Orient, et longeait dans ce but la côte américaine, de port en port. Faute de trouver ce fameux passage, il laissa son nom à la postérité, avec la pratique du... cabotage !

La Nouvelle-Angleterre

En ***1620,*** une nouvelle colonie est fondée par les pèlerins – *Pilgrim Fathers* – arrivés sur le ***Mayflower.*** Ces immigrants protestants transitent par la Hollande, fuyant les persécutions religieuses en Angleterre. Ils aspirent à un christianisme plus pur, strict, à un exercice plus personnel de la foi et exempt de toute idolâtrie, préceptes qui vont à l'encontre des pratiques anglicanes. Ce sont au total 100 hommes et femmes avec 31 enfants qui arrivent au cap Cod (« cap de la Morue »). Rien n'a préparé ces hommes et femmes à l'aventure américaine. Il faudrait pêcher, mais ils ne sont pas pêcheurs ; de plus, ils sont de piètres chasseurs et se défendent difficilement contre les Amérindiens, qu'ils jugent sauvages et dangereux. Plus grave encore, voulant atteindre la Virginie et sa douceur, les voilà en Nouvelle-Angleterre, une région éloignée, avec un climat rude et une terre ingrate. La moitié d'entre eux meurent le 1er hiver. L'année suivante, ***les survivants célèbrent le tout 1er Thanksgiving*** – une journée d'action de grâces et de remerciements –, symbolisé par la dégustation d'une dinde sauvage. Ces ***immigrants austères et puritains*** incarnent encore dans l'Amérique d'aujourd'hui une certaine aristocratie, et nombreux sont ceux qui se réclament – ou voudraient bien se réclamer – d'un aïeul venu sur le *Mayflower* ! La ténacité, la volonté farouche et une implication religieuse proche du fanatisme vont garantir le succès de cette nouvelle colonie qui compte déjà 20 000 âmes en 1660 ! Peu importent les excès des débuts, comme l'épisode de la chasse aux sorcières à Salem (1689-1692), durant laquelle 150 personnes sont emprisonnées et une vingtaine pendues...

Les Français et le Nouveau Monde

C'est grâce à ***René-Robert Cavelier de La Salle,*** un explorateur français né à Rouen en 1643, que la France a, elle aussi, pendant une période un peu plus longue que la précédente, une part du « gâteau » nord-américain. Après avoir obtenu une concession en amont de Montréal au Canada et appris plusieurs langues amérindiennes, il part explorer les Grands Lacs, puis il descend le Mississippi jusqu'au golfe du Mexique. Il prend possession de ces nouvelles contrées pour la France et tente d'y implanter une colonie en 1684. En l'honneur du roi Louis XIV, cette terre prend le nom de ***Louisiane.***

Cette nouvelle colonie s'avère être une catastrophe financière, sous un climat très malsain. La couronne française cède la concession à ***Antoine Crozat,*** qui ne la trouve pas plus rentable et qui, à son tour, vend ses parts à un Écossais, John Law, contrôleur général des Finances en France sous Louis XV, inventeur probable du crédit, du papier-monnaie... et de la banqueroute !

Grâce à l'aide de la *Banque générale* en France, il fonde en août 1717 la ***Compagnie de la Louisiane.*** Le succès est fulgurant mais de courte durée. Devant la montée spectaculaire des actions, beaucoup prennent peur, et l'inévitable ***krach*** s'ensuit, probablement le 1er de l'histoire de la finance. La ville de La Nouvelle-Orléans est fondée en 1718 par Jean-Baptiste Le Moyne de Bienville. Un 1er lot de 500 esclaves africains sont déportés ici en 1718 et la ***culture du coton*** commence en 1740. Puis, par un traité secret, une partie de la Louisiane est cédée aux Espagnols en 1762 et l'autre aux Britanniques ! Les 5 552 colons français de la Louisiane de l'époque ne goûtent guère ce tour de passe-passe, mais, dans l'ensemble, le règne dit « espagnol » est calme et prospère. C'est d'ailleurs à cette période que les exilés d'Acadie, persécutés par les Anglais, deviennent maîtres de leur territoire et émigrent en Louisiane (lors d'un épisode appelé le « Grand Dérangement »). Après une nouvelle distribution des cartes politiques, la Louisiane espagnole redevient française en 1800. À peine le temps de dire ouf, et Napoléon – à court d'argent pour combattre l'ennemi héréditaire – revend la colonie aux États-Unis le 30 avril 1803.

William Penn et les quakers

La plus sympathique implantation de l'homme blanc en Amérique est sans conteste celle des quakers. Avec son principe de non-violence, son refus du pouvoir des Églises quel qu'il soit et son doute quant à la nécessité des prêtres en tant qu'intermédiaires entre l'homme et Dieu, le quaker est appelé à une liberté radicale, irrépressible puisqu'elle se fonde sur Dieu lui-même. *Quakers* signifie « trembleurs » (devant Dieu), un nom dont ils écopent par moquerie, leur véritable appellation étant la ***Society of Friends*** (Société des Amis).

Hormis le célèbre paquet de céréales, c'est surtout le nom de William Penn qui vient immédiatement à l'esprit dès qu'on prononce le mot « quaker ». Il déclare ***son refus de la violence et son vœu d'égalité entre les hommes.*** À partir de 1668, ses vrais ennuis commencent ; il a alors 24 ans. De prisons en persécutions, Penn publie rien moins que 140 livres et brochures, et plus de 2 000 lettres et documents. *Sans croix, point de couronne,* publié en 1669, est un classique de la littérature anglaise. À la mort de son père, Penn devient lord Shanagarry et se retrouve à la tête d'une fortune considérable. Il met aussitôt sa richesse au service de ses frères. Les quakers ont alors déjà tourné leurs regards vers le Nouveau Monde afin de fuir la persécution, mais les puritains de la Nouvelle-Angleterre ressentent la présence des quakers sur leur territoire comme une invasion intolérable. Des lois antiquakers sont votées.

En 1680, après avoir visité le Nouveau Monde, William Penn obtient du roi Charles II (en remboursement des sommes considérables que l'État devait à son père) le droit de fonder une nouvelle colonie sur un vaste territoire qui va devenir la Pennsylvanie (« forêt de Penn », une terre presque aussi grande que l'Angleterre). Les Amérindiens qui occupent cette nouvelle colonie se nomment Lenni Lenape (ou Delaware), parlent l'algonquin et sont des semi-nomades. Penn et les quakers établissent avec eux des relations d'amour fraternel, et le nom de leur capitale, Philadelphie, est choisi pour ce qu'il signifie en grec, « ville de la fraternité ». Penn apprend leur langue, ainsi que d'autres dialectes amérindiens. La non-violence étant l'une des pierres d'angle des principes quakers, les Amérindiens auraient pu massacrer toute la colonie en un clin d'œil. Mais tant que les principes quakers dominèrent, les 2 communautés vécurent en parfaite harmonie.

La « *Boston Tea Party* » et l'indépendance

Dès 1763, une crise se dessine entre l'Angleterre et les nouvelles colonies, qui sont de plus en plus prospères. Le 16 décembre 1773, sur fond de montée nationaliste, l'adoption d'une série très impopulaire de taxes et de mesures par la Couronne déclenche la « Boston Tea Party ». Des colons, déguisés en Amérindiens, montent sur 3 navires anglais amarrés dans le port de Boston et jettent par-dessus bord leur cargaison de thé.

Au-delà de la péripétie, l'événement fait date. Les armes font leur entrée en scène en 1775 et, ***le 4 juillet 1776, la Déclaration d'indépendance rédigée par Thomas Jefferson est votée par les 13 colonies.*** Le fondement de la déclaration est la philosophie des droits naturels, qui explique que Dieu a créé un ordre, dit naturel, et que, grâce à la raison dont il est doué, tout homme peut en découvrir les principes. De plus, tous les hommes sont libres et égaux devant ces lois.

LE CRIME DU 1ER PRÉSIDENT AMÉRICAIN

En 1754, George Washington, alors officier dans l'armée britannique, dut affronter une troupe française. L'officier en face, le seigneur de Jumonville, voulut parlementer et s'approcha des troupes anglaises avec le drapeau blanc. Sans respecter les usages, George Washington fit ouvrir le feu, tuant l'officier français et 9 de ses soldats. Le 1er président des États-Unis traîna ce crime toute sa vie.

En 1778, les Français signent 2 traités d'alliance avec les « rebelles » ; en 1779, l'Espagne entre en guerre contre l'Angleterre. Mais il faut attendre le 3 septembre 1783 pour la signature d'un traité de paix entre l'Angleterre et les États-Unis, conclu à Paris. Les États-Unis, par la suite, s'étendent et les Amérindiens sont rejetés de plus en plus vers les terres désertiques de l'Ouest, tandis que la France vend la Louisiane et qu'un nouveau conflit se dessine : la guerre civile.

L'esclavagisme et la guerre de Sécession

L'esclavagisme était au cœur du déclenchement de la guerre de Sécession, qui opposa les États unionistes et abolitionnistes du Nord aux États séparatistes et esclavagistes du Sud. Lors de l'expansion vers l'ouest du continent, l'esclavagisme n'était pas garanti dans les nouveaux États, ce qui risquait d'engendrer une majorité de représentants anti-esclavagistes dans les chambres parlementaires. L'élection de Lincoln confirme cette tendance abolitionniste et les États du Sud, peu disposés à perdre ce privilège ancré dans leur culture, et essentiel à leur économie, décident de quitter l'Union pour former ce que l'on appelle les ***États « confédérés ».***
Les sudistes portent l'uniforme gris tandis que les nordistes sont en bleu. Bien qu'ils soutiennent les Afro-Américains, les nordistes n'hésitent pas à massacrer les Amérindiens. Tout ça pour rappeler que les bleus ne sont pas si blancs...
Pour être juste, ***cette guerre civile doit aussi être présentée comme une guerre culturelle,*** un affrontement entre 2 types de société. L'une – celle du Sud –, aristocratique, fondée sur l'argent « facile », très latine dans ses racines françaises et espagnoles, est une société à l'identité forte, très attachée à « sa » terre. L'autre – celle du Nord –, laborieuse, austère, puritaine, extrêmement mobile, se déplace au gré des possibilités d'emploi, avec des rêves de grandeur nationale, bâtie sur des idéaux démocratiques, mais dépourvue de ce sentiment d'appartenir profondément à une terre.
Les origines de ce grave conflit peuvent s'analyser rationnellement, mais son déclenchement relève de l'irrationnel.
Le détonateur est l'élection de Lincoln. ***Le conflit dure de 1861 à 1865, faisant en tout 630 000 morts et 400 000 blessés.*** Il illustre l'industrialisation des conflits armés et peut être considéré comme précurseur de la guerre « moderne » faisant s'affronter des navires cuirassés, des fusils à répétition, des mitrailleuses et des ébauches de sous-marins. Mais plus que tout, cette lutte fratricide est le théâtre de scènes d'une rare violence. 2 profonds changements dans la société américaine sont issus de cette guerre civile : le 1er est l'***abolition de l'esclavage le 18 décembre 1865,*** et le 2d la volonté de l'Union de représenter et de garantir désormais une forme de démocratie. Lincoln en sort grandi et devient un héros national. Son assassinat le 14 avril 1865 par ***John Wilkes Booth*** – un acteur qui veut, par son geste, venger le Sud – le « canonise » dans son rôle de « père de la nation américaine ».
Il reste que, 150 ans plus tard, les Afro-Américains et les *Natives,* c'est-à-dire les Amérindiens, sont toujours partiellement en marge du « grand rêve américain ».

DEATH ON THE 4TH OF JULY

Simple coïncidence ou date fatidique ? 3 des 5 premiers présidents des États-Unis sont morts un 4 juillet, jour de la fête nationale : John Adams (2e président) et Thomas Jefferson (3e président) la même année (1826)... pile-poil pour le 50e anniversaire de la Déclaration d'indépendance ; et James Monroe (5e président) en 1831.

L'immigration massive

À travers tout le XIXe s et le début du XXe s, le Nouveau Monde attire des immigrants en provenance du monde entier, mais principalement d'Europe. En 1790, on compte 4 millions d'habitants ; en 1860, ils sont 31 millions. Entre 1865 et 1914, la population triple encore pour atteindre 95 millions. Il y a autant de raisons historiques pour cette vaste immigration que de peuples et de pays concernés. Mais la persécution – religieuse ou politique – et la misère sont toujours les facteurs principaux de cette immigration, qu'elle soit russe, d'Europe centrale ou du Nord, italienne ou allemande.

L'arrivée dans le club des Grands

Au lendemain de la guerre de 1914-1918, la suprématie de la Grande-Bretagne est en déclin et les États-Unis comptent désormais sur l'échiquier mondial.

En 1919, l'alcool est prohibé par le 18e amendement à la Constitution. La fabrication, la vente et le transport des boissons alcoolisées sont interdits. La corruption est inévitable : règlements de comptes, trafics d'alcool, insécurité, prostitution remplissent les poches d'un certain Al Capone. La Prohibition fait mal au puritanisme américain. Roosevelt, dès son élection, en 1933, fait abolir l'amendement, soucieux de donner un nouvel élan au pays.

> **ET IL Y EUT UN HIC !**
>
> *Sous la pression des pasteurs et des ligues anti-alcooliques, la Prohibition fut instaurée en 1919. Elle dura 13 ans, le temps de faire la fortune de la mafia. Elle assura aussi la prospérité des médecins : en 1920, 45 000 docteurs prescrivirent des millions de litres de whisky sur ordonnance... pour raison médicale.*

Les femmes, grâce aux efforts des suffragettes, obtiennent le droit de vote le 4 juin 1919 (25 ans avant les Françaises !). Puis les années 1920 sont celles des Années folles. Pendant que les intellectuels américains se produisent dans les bars parisiens, la spéculation boursière s'envole et l'Amérique danse sur la nouvelle musique qui va ouvrir la voie à d'autres musiques populaires : le ***jazz.*** Mais cette grande euphorie se termine tragiquement en ***octobre 1929,*** avec le ***krach de Wall Street.***

Cette époque est aussi très noire pour les petits exploitants agricoles touchés par les tempêtes de poussière récurrentes du ***Dust Bowl,*** la 1re catastrophe écologique du siècle, provoquée par un excès de labours. Beaucoup doivent quitter leurs terres, émigrant vers l'eldorado californien. Steinbeck a laissé un témoignage poignant de leur réalité dans *Les Raisins de la colère.* L'auteur-compositeur-interprète Woody Guthrie aussi. Le père de la *folk song,* devenu clochard *(hobo)* par la force des circonstances, passe la ***Grande Dépression*** à voyager clandestinement sur les longs et lents trains sillonnant les États-Unis en compagnie de sa guitare, narrant le quotidien des gens à cette période.

McCarthy et les listes noires

Sur fond de Seconde Guerre mondiale, le ***New Deal de Franklin D. Roosevelt*** et la nouvelle donne mondiale – l'Europe s'est auto-anéantie – guérissent peu à peu l'économie des États-Unis, ouvrant une nouvelle ère de prospérité. L'*American way of life* affirme alors l'exceptionnalisme des États-Unis et la destinée hors du commun du peuple américain, en s'appuyant sur l'utopie du rêve américain.

Les années 1950 sont aussi, cependant, celles de Joseph McCarthy et de ses listes noires. Le communisme honni, antithèse de l'esprit de libre entreprise et des valeurs fondamentales américaines, est pourchassé à tous crins. Au-delà de l'idéologie, il est surtout question d'une querelle d'influence, l'URSS disputant aux États-Unis la domination mondiale. L'Amérique craint d'autant plus le communisme que les intellectuels de l'époque sont fascinés par cette doctrine d'approche humaniste et généreuse. ***Les listes noires frappent essentiellement le milieu du cinéma*** et instaurent un climat de peur et de malveillance. Le grand Cecil B. DeMille, entre autres, se révèle être un grand délateur, ainsi qu'Elia Kazan, l'auteur de *Sur les quais* et *Viva Zapata.* Des réalisateurs comme Jules Dassin, Joseph Losey ou John Berry décident d'émigrer en Europe. Symbole de cette période hystérique aux relents d'Inquisition, ***l'exécution en 1953 du couple Rosenberg,*** accusé à raison d'avoir transmis des éléments du programme atomique américain à l'URSS.

LOEWY, LE *FRENCH DESIGNER*

*Raymond Loewy fut le pionnier du design industriel, l'incarnation de l'*American way of life *du XX*e *s. Né en France, cet ingénieur fit surtout carrière aux États-Unis. On pouvait prendre un bus* Greyhound, *un avion, un train, une voiture ou fumer une cigarette* Lucky Strike, *le tout dessiné par lui ! Doué d'un sens inné du marketing, il collabora avec les plus grandes firmes :* Coca-Cola, Shell *(le logo coquille inchangé depuis, c'est lui aussi),* L'Oréal... *JFK l'embauchera pour relooker la déco d'Air Force One et la NASA pour aménager l'intérieur de la capsule spatiale* Skylab.

La ségrégation

Les barrières de la ségrégation commencent officiellement à s'estomper dès 1953, date à laquelle ***la Cour suprême décide de mettre fin à la ségrégation au sein du système scolaire.*** Ce 1er chamboulement n'empêche pas de nombreuses autres mesures discriminatoires de s'appliquer encore, notamment dans les États du Sud. ***Martin Luther King,*** pasteur à Montgomery (Alabama), lance en 1955 le boycottage des autobus de cette ville sudiste, à la suite de l'arrestation d'une femme afro-américaine, ***Rosa Parks,*** qui a refusé de céder sa place dans le bus à un passager blanc. L'écho des protestations gagne un retentissement international. ***Fin 1958, une nouvelle décision de la Cour suprême donne raison au mouvement antiségrégationniste,*** interdisant toute discrimination dans les transports publics.
Le mouvement des Droits civiques, organisé autour de Martin Luther King, donne raison à la non-violence malgré la concurrence de groupes plus radicaux (comme les ***Black Panthers***). Un an après la marche historique sur Washington, le 28 août 1963, le prix Nobel de la paix décerné à Martin Luther King récompense à travers lui la cause de l'égalité des hommes. Une prise de conscience nationale prend forme. L'assassinat de Martin Luther King, le 4 avril 1968, à Memphis, n'arrête pas le mouvement.

Le mal de vivre

La ***Beat Generation*** apparaît autour de 1960. À sa tête, des écrivains tels que Jack Kerouac et des poètes comme Allen Ginsberg. Insurgée, éprise de liberté, détachée des biens matériels, la Beat Generation prend la route à la recherche d'un mode de vie alternatif. L'opulence de la société, et son lot d'injustices, a créé un refus, chez les jeunes, du monde dit « adulte ». Pendant que les 1ers beatniks rêvent de refaire un monde plus juste en écoutant les héritiers de Woody Guthrie ***(Joan Baez et Bob Dylan),*** le ***rock'n'roll*** a déjà pris ses marques. Il a fait irruption dès 1956 dans la musique populaire avec ***Elvis Presley.***
Symbole d'une autre révolte, très différente de celle des beatniks, le rock'n'roll exprime certes un refus des valeurs institutionnelles, mais n'offre pas de solution, se contentant de condamner le monde adulte.
C'est ***James Dean,*** dans *Rebel Without a Cause* (chez nous *La Fureur de vivre,* un beau contresens), qui exprime peut-être le mieux le malaise de l'ensemble de la jeunesse. Jimmy Dean devient, après sa mort violente et prématurée, l'incarnation même du fantasme adolescent de « faire un beau cadavre » plutôt que de mal vieillir, c'est-à-dire le refus des compromis immoraux de la société.

Les années 1960 marquent aussi l'apparition de la ***musique afro-américaine*** enfin chantée par des Afro-américains, dans ce qu'on peut appeler le « Top blanc ». Auparavant, il y avait des radios « noires » et des radios « blanches » et les succès « noirs » ne traversaient la frontière culturelle que quand des chanteurs blancs reprenaient à leur compte ces chansons. Presley doit ainsi une partie de son succès au fait qu'il est un Blanc chantant avec une voix « noire ».

Contestation et renouveau

Les années 1960 sont presque partout dans le monde des années de contestation. Ce sont aussi des années pas très « clean » : affaire de la ***baie des Cochons à Cuba,*** début de la ***guerre du Vietnam*** sous John F. Kennedy, dont le mythe se révèle aujourd'hui fort ébréché (liens avec la mafia, solutions envisagées au problème « Fidel Castro », mort suspecte de Marilyn Monroe). ***L'assassinat du président John F. Kennedy à Dallas, en 1963,*** marque vraiment la fin d'une vision saine de la politique pour une image bien plus machiavélique du pouvoir.

MANQUE DE VISION POLITIQUE ?

Plusieurs fois, Kennedy affirma que ce serait une erreur d'arrêter l'engagement américain auprès du gouvernement du Sud-Vietnam pour éviter, selon la « théorie des dominos », la chute en cascade des régimes pro-occidentaux en Asie. D'ailleurs, des 1 200 GI's qui encadraient l'armée du Sud, il en augmenta le nombre à 15 400 en 1963, à la date de sa mort ! C'est son successeur Lyndon Johnson qui porta l'effectif américain jusqu'à plus de 500 000 hommes en 1968.

Les beatniks laissent la place aux ***hippies*** et le refus du monde politique se traduit par un massif retour à la campagne, avec l'idée de s'extraire d'une société dont les principes sont devenus trop contestables. Tout le monde rêve d'aller à San Francisco avec des fleurs plein les cheveux et, en attendant, les appelés brûlent leur convocation militaire pour le Vietnam.

L'échec américain dans la guerre du Vietnam est aussi l'un des corollaires de cette prise de conscience politique de la jeunesse. La soif de « pureté » et de grands sentiments a sa part dans la chute de Richard Nixon, à la suite de l'affaire du ***Watergate.*** Nixon a, en somme, seulement tenté de couvrir ses subordonnés dans une affaire de tables d'écoute... Quelques années plus tard, retour des démocrates avec le président ***Jimmy Carter.*** D'abord « faiseur de paix » (signature des accords de Camp David entre l'Égypte et Israël), ce dernier s'embourbe en fin de mandat dans l'affaire des otages de l'ambassade américaine de Téhéran. L'Amérique montre alors au monde le visage d'une nation victime de ses contradictions, affaiblie par sa propre opinion publique et en pleine récession économique.

Les années 1980 marquent un profond renouveau dans l'esprit américain. L'élection de l'acteur ***(Ronald Reagan)*** à la place du clown (Carter), comme le prônent les slogans, redonne au pays l'image du profil « cow-boy ». La récession se résorbe et l'industrie est relancée. Mais de nouvelles lois fiscales élargissent le fossé entre les pauvres et les riches, c'est l'avènement de l'***ultralibéralisme.*** Plus présente que jamais, l'Amérique des perdants se décline en un nombre scandaleux de *homeless* (sans domicile fixe) abandonnés à eux-mêmes. L'« autre Amérique », en harmonie avec Reagan, se passionne pour l'aérobic et la santé. L'apparition du sida marque la fin des années de liberté sexuelle.

Ordre mondial et désordre national

La chute du mur de Berlin et l'effondrement de l'URSS consacrent les États-Unis unique superpuissance. Bush père put ainsi entraîner une vaste coalition dans la ***1re guerre du Golfe*** en 1991. Mais pendant que les soldats américains libèrent le

Koweït, les conditions de vie aux États-Unis continuent à se détériorer : chômage galopant, aides sociales supprimées, violence accrue, propagation des drogues dures et du sida, etc. Les ***émeutes de Los Angeles*** (et d'ailleurs) révèlent aux Américains le fiasco total des républicains. À la présidentielle de novembre 1992, le peuple américain, déçu, sanctionne Bush, l'un des rares présidents à ne faire qu'un mandat.

Le nouveau président, le démocrate ***Bill Clinton,*** est à l'opposé de ses prédécesseurs : jeune, proche des petites gens, il incarne cette génération du Vietnam pacifiste, davantage soucieuse d'écologie et qui tend à donner plus de responsabilités aux femmes et aux représentants des minorités ethniques ; en un mot, il incarne une nouvelle manière de diriger. Le bilan de 8 années de présidence se révèle toutefois contrasté : une croissance fantastique, une résorption du déficit public, des créations d'emplois, mais aussi un échec de la politique de protection sociale ; à l'extérieur, des interventions tous azimuts, en Bosnie, en Israël, en Irak, en Afrique... Clinton est réélu en novembre 1996 en ne faisant qu'une bouchée de son rival, Bob Dole. Clinton défenseur du monde, voilà l'image que l'opinion publique américaine aura retenue de ses 2 mandats, en partie entachés (!) par le Monicagate.

D'Oussama Ben Laden à Saddam Hussein

Le 11 septembre 2001 a marqué d'une pierre noire l'entrée dans le XXIe s. Ce matin-là, 4 avions détournés par des terroristes kamikazes sont transformés en bombes volantes. 2 s'écrasent sur les Twin Towers de New York, le 3e sur le Pentagone à Washington. Le dernier appareil, quant à lui, se crashe en Pennsylvanie. C'est la plus grave attaque terroriste jamais commise contre un État : près de 3 000 morts et autant de blessés.

Pour la 1re fois depuis près de 2 siècles (Pearl Harbor mis à part), ***les États-Unis sont victimes d'un acte de guerre sur leur propre sol.*** Acte terroriste hautement symbolique : l'agresseur n'est pas un État, mais une nébuleuse de fanatiques islamistes.

L'ennemi public numéro un des États-Unis, ***Oussama Ben Laden,*** revendique l'attentat au nom d'Al-Qaïda.

L'entourage ultra-conservateur de George W. Bush en tire une nouvelle doctrine de politique étrangère américaine, basée sur l'existence d'un « ***axe du mal*** ».

1re cible : l'***Afghanistan,*** avec l'objectif de traquer sans relâche les réseaux de Ben Laden et d'éliminer le régime des talibans qui lui ont donné refuge... Médiocre résultat.

Dans la foulée, Bush demande au FBI et à la CIA de lui fournir des arguments pour s'attaquer à sa 2e cible : l'Irak de ***Saddam Hussein. Bush and Co décident alors de se passer de la légitimité internationale pour s'engager dans le conflit.*** En 19 jours, le régime de Saddam s'effondre. La « pacification » du pays démarre avec force difficultés. Avec l'accumulation des GI's qui tombent sous les embuscades, les attentats-suicides et le coût pharaonique de la guerre, l'opinion commence à se poser des questions. Petit à petit se profile sournoisement le ***spectre de l'enlisement*** de l'armée (comme au Vietnam). Saddam est finalement capturé par les Américains le 13 décembre 2003 : 3 ans plus tard, il est condamné à mort.

George W. Bush est, lui, réélu en 2004 et pousse la barre encore plus à droite, de l'unilatéralisme sans état d'âme à l'extérieur à la prééminence des critères moraux et religieux sur l'emploi ou l'économie.

« Yes we can ! »

Le 2d mandat de George W. Bush s'achève dans un marasme sans précédent. ***L'enlisement en Irak et en Afghanistan est total et, dès 2007, éclate la crise des subprimes.*** La campagne électorale démarre tôt. Chez les républicains, John

McCain, 72 ans, héros de la guerre du Vietnam, s'impose rapidement. Côté démocrate, une primaire interminable oppose ***Hillary Clinton,*** l'ex-First Lady, sénatrice de l'État de New York, à un quasi-inconnu du grand public, ***Barack Obama.*** Nous sommes ***le 4 novembre 2008.*** Jamais une élection présidentielle n'a suscité une telle mobilisation.

De la mauvaise passe au rebond ?

Dès les 1ers jours de son investiture (janvier 2009), le 44e président des États-Unis est mis au pied du mur. ***L'héritage de la période Bush est lourd à gérer.*** Barack Obama décide de retirer les troupes américaines d'Irak pour consacrer l'effort de guerre sur l'Afghanistan. C'est un échec. À défaut de solder l'héritage de son prédécesseur, Barack Obama ***réoriente la politique internationale des États-Unis vers l'Asie,*** selon la stratégie dite du « pivot ». Le nouvel « adversaire » est la Chine, devenue la 2e puissance mondiale.
Mais c'est surtout la ***réforme du système de santé*** américain qui marque son mandat. Obama va se livrer à une véritable guérilla pour faire adopter son plan visant à fournir une couverture médicale aux 46 millions d'Américains qui en sont dépourvus. Ce sera une victoire historique !
Cependant, en novembre 2010, ***les élections de mi-mandat sont une gifle pour Barack Obama*** : les démocrates conservent la majorité au Sénat mais perdent la Chambre des représentants. Côté républicain, un nouveau mouvement, les ***Tea Parties,*** impose ses thèmes. Volontiers réactionnaires, ultra-conservateurs, ils se posent surtout comme des adversaires acharnés de l'État fédéral et de ses impôts.
Le 1er mai 2011, coup de théâtre ! Barack Obama annonce qu'***Oussama Ben Laden, le cerveau présumé des attentats du 11 septembre 2001, a été abattu*** au Pakistan par un commando des forces américaines. Pour nombre d'Américains, une page est tournée.

Accords et désaccords

Si Barack Obama est réélu en 2012, les revers se succèdent : contrôle des armes à feu, régularisation de 5 millions de personnes sans papiers... Chaque initiative du président est étouffée par ***l'opposition systématique des républicains.*** Sauf sur le plan international, où il opère 2 virages majeurs. En 2015, un accord sur le nucléaire est signé avec l'***Iran,*** mettant fin à 12 ans de négociations. De quoi réintégrer l'Iran dans le jeu du Moyen-Orient, alors que les États-Unis peinent à influer sur la guerre civile qui déchire la région. Et les relations diplomatiques avec ***Cuba*** sont rétablies après 55 ans d'embargo. Visite historique, Barack Obama se rend sur l'île en mars 2016, et serre la main à Raul, mais pas à Fidel. Mais, déjà, l'Amérique s'apprête à tourner la page de son 1er président afro-américain et s'attend à voir une femme, ***Hillary Clinton,*** accéder à la fonction suprême... Patatras ! C'est son adversaire, ***Donald Trump,*** qui l'emporte.

L'épisode Trump

On attendait pour la 1re fois une femme, ***Hillary Clinton,*** mais c'est le ***milliardaire Donald Trump*** qui, sans n'avoir jamais exercé de mandat politique, endosse le costume de 45e président des États-Unis. Il s'embarque dans une aventure politique peu banale à coups de tweets incendiaires, vilipendant tous ceux qui osent s'opposer à lui. Sa méconnaissance des dossiers est évidente, sa légèreté en matière de relations internationales inquiétante, ses volte-face et ses fanfaronnades pathétiques, son manque d'empathie pour les victimes des ouragans et des fusillades... Durant la 1re année de son mandat, Trump passe davantage de temps sur les greens que son prédécesseur en 4 ans.

La présidence Trump n'est pas un long fleuve tranquille. ***Son administration est chaotique*** et ses conseillers vont et viennent... Ses opinions, toutefois, sont bien ancrées, et ses combats évidents : ***stopper l'immigration, abroger l'Obamacare*** (le système de santé instauré par Obama, jugé trop coûteux), ***réduire les mesures environnementales et sociales*** – plus globalement, tout ce qui entrave le business.

Trump conduit pourtant une ***politique de relocalisation des entreprises américaines*** et érige au fil des mois des barrières douanières pour protéger les emplois nationaux. Des droits de douane sont établis sur l'acier, puis sur des centaines de millions de dollars d'importations, chinoises notamment. Sur le plan international, Trump n'en fait qu'à sa tête. Adversaire déclaré du multilatéralisme, auquel il préfère les accords bilatéraux, ***il retire les États-Unis des accords de Paris*** destinés à limiter le réchauffement climatique, ***puis de l'accord de Vienne sur le nucléaire iranien*** (pourtant respecté par l'Iran), et renégocie au forceps les accords de libre-échange avec le Mexique et le Canada (ALENA). Il s'embarque parallèlement dans des rapprochements hasardeux avec certains régimes controversés, dont la Corée du Nord. Ses relations troubles avec la Russie de Vladimir Poutine font couler beaucoup d'encre.

Économiquement, tout va bien. La réforme fiscale passée fin 2017 a permis de reverser 1 500 milliards de dollars aux particuliers et aux entreprises, contribuant à une forte croissance. Le chômage est quant à lui au plus bas. Mais ces excellents chiffres cachent un (très) gros écueil : les baisses d'impôts ne reposent sur aucune réduction des dépenses ! Elles sont donc intégralement financées par de la dette.

En novembre 2018, ***les élections de mi-mandat marquent un tournant.*** Les républicains se retrouvent minoritaires à la Chambre des représentants et les démocrates montent au créneau. Affaire russe, entrave à l'exercice de la justice, enveloppes versées à des femmes pour cacher de supposées relations extra-conjugales avant son élection, allégations d'agressions sexuelles, les scandales se multiplient. Quelques mois plus tard éclate l'« affaire Biden » : Donald Trump a demandé au président ukrainien de lancer une enquête sur le fils de Joe Biden, candidat démocrate et son futur adversaire pour l'élection de 2020. Une ***procédure de destitution est alors lancée envers Donald Trump.*** Le Sénat, à majorité républicaine, vote l'acquittement.

LE POUVOIR DES ARMES

En vertu du 2e amendement de la Constitution, tout citoyen américain a le droit de porter une arme. La NRA, le lobby défenseur du port d'armes, est une institution qui compte 6 millions de membres, parmi lesquels de nombreux élus, souvent républicains. Ces derniers sont grassement récompensés pour toute loi pro-arme votée. La bagatelle d'une trentaine de millions de dollars pour Donald Trump lors des élections de 2016... On comprend mieux.

La Californie fait de la résistance

Dirigée par un gouverneur démocrate, la Californie a mal digéré l'accession au pouvoir du milliardaire mégalo. Les bras de fer se sont multipliés. D'abord sur l'immigration, où, prenant le contre-pied de la politique du tout répressif de l'administration Trump, ***la Californie s'est déclaré « État sanctuaire »,*** ordonnant à sa police de ne pas collaborer avec les agents fédéraux dans la traque des migrants clandestins. Un sanctuaire très relatif, puisque ceux qui sont pris sont tout de même, pour la plupart, jugés à la chaîne et expulsés (ou enfermés). Autre pomme de discorde, l'***environnement***. Dans la lignée de son prédécesseur qui avait porté plainte contre le gouvernement suite à l'assouplissement des normes anti-pollution, Gavin Newsom, gouverneur de Californie, s'est attiré les foudres de Trump ***en signant un accord directement avec des constructeurs automobiles pour réduire les émissions de gaz d'échappement.*** Il a ainsi court-circuité le pouvoir présidentiel, démontrant son impuissance face à l'État le plus riche du pays.

L'espoir d'un renouveau

Les États-Unis plongent dans l'épidémie de ***Covid-19*** la tête la 1re. Farouchement opposé aux restrictions qui pourraient entraver le commerce et les libertés individuelles, Donald Trump apparaît le plus souvent sans masque, incitant les Américains à en faire de même... Résultat : il tombe malade (s'en remet) alors que l'épidémie explose au pays de l'Oncle Sam – qui reste, à l'orée 2022, le pays le plus endeuillé de la planète avec près de 780 000 morts.
La ***campagne électorale présidentielle*** qui débute est marquée, le 25 mai 2020, par la mort à Minneapolis de ***George Floyd,*** un homme noir victime d'une bavure policière. Les images filmées de son arrestation, sur lesquelles on l'entend dire « *I can't breathe* » font le tour de la planète. De grandes manifestations ont lieu partout dans le pays, réaffirmant le mouvement ***Black Lives Matter,*** qui dénonce le racisme systémique et institutionnel envers les Noirs. Des statues de personnalités confédérées, d'évangélistes du temps de la colonisation, d'anciens présidents américains, mais aussi de Christophe Colomb, sont vandalisées ou déboulonnées. Ces manifestations trouvent écho partout dans le monde. Grande première, Derek Chauvin, le policier qui a tué George Floyd, sera ***condamné pour meurtre en avril 2021.***
C'est dans ce climat tendu que se déroule l'***élection présidentielle,*** le 3 novembre 2020. La participation citoyenne est spectaculaire, et ***Joe Biden est finalement annoncé vainqueur*** le 7 novembre après un dépouillement long et controversé en raison du recours massif au vote par correspondance dû à la pandémie. Comme il avait promis de le faire avant même l'élection, Trump nie sa défaite, se déclare victime d'une escroquerie électorale et appelle ses électeurs à s'y opposer. Ainsi, au gré d'un discours ambigu, il semble encourager ses partisans à entraver le processus démocratique par la force. Des centaines de trumpistes envahissent le Capitole le 6 janvier 2021 dans le but de paralyser la certification des voix par le collège électoral. 5 personnes perdent la vie. Une ***2e procédure de destitution*** est lancée contre Trump pour « incitation à l'insurrection ». Il sera acquitté bien que 7 sénateurs républicains se joignent aux démocrates pour le déclarer coupable.
Le 20 janvier 2021, ***Joe Biden est finalement investi 46e président des États-Unis et Kamala Harris 1re femme vice-présidente.*** Américain le plus âgé à prendre la tête du pays, Biden revient immédiatement sur tout un éventail de mesures prises par Trump : gestion de la crise sanitaire, transition écologique, lutte contre le racisme, abandon du projet de construction de mur à la frontière mexicaine, politique internationale... Mais, malgré des 1res semaines prometteuses et un nouveau plan de relance de 1 900 milliards de dollars, ***la crédibilité de l'administration Biden semble s'essouffler.*** L'image des États-Unis et entachée par la débâcle du retrait précipité des troupes américaines en Afghanistan, par le contrat des sous-marins signé avec l'Australie vécu comme une trahison par la France, ou encore par la poursuite de la guerre économique avec la Chine. Sans compter que les conditions des migrants à la frontière mexicaine demeurent chaotiques. Pour couronner le tout, il a été filmé en train de s'endormir pendant le discours d'ouverture de la COP26 à Glasgow...

INDIENS D'AMÉRIQUE (LES)

« Quand vous êtes arrivés, dit le vieil Indien,
vous aviez la Bible, nous avions la terre.
Vous avez dit : "Fermons les yeux, prions ensemble."
Quand nous avons ouvert les yeux,
nous avions la Bible, vous aviez la terre. »

Comprendre ne veut pas dire forcément pardonner. La majorité des immigrants européens sont partis sans aucune possibilité de retour, la plupart ayant été persécutés sur leurs terres d'origine. Or, qui dit persécuté dit, malheureusement trop souvent, persécuteur... En l'occurrence, c'est ce qu'ils furent pour les populations indigènes du Nouveau Monde.

Les Indiens d'Amérique, accordant un respect primordial à la « terre mère », n'avaient aucune notion de propriété. Ils ne savaient bien sûr rien de la mentalité, des lois, ni des règles régissant les sociétés européennes d'où venaient ces étrangers.

Les Amérindiens auraient pourtant pu, au début – et sans aucun problème –, rejeter ces quelques poignées de nouveaux venus à la mer. Au lieu de cela, certaines tribus leur permirent de survivre, notamment en leur apprenant à cultiver le maïs. Certains leur en furent reconnaissants (d'où *Thanksgiving*).

Les 1ers contacts furent donc le plus souvent pacifiques. D'ailleurs, de nombreux colons se sont unis avec les populations autochtones pour fonder des familles ! Mais l'idylle fut de courte durée, sapée par des divergences d'opinion trop grandes, notamment concernant les aspects religieux. Les Européens, percevant comme diabolique le polythéisme, ont très vite cherché à convertir de force les Amérindiens. Pour ne rien arranger, les répercussions des guerres entre les grandes puissances coloniales (Espagne, Angleterre et France majoritairement) n'ont fait qu'accentuer les désaccords et les tensions entre les tribus. Sans parler des maladies importées d'Europe, comme la variole, qui éliminèrent des pans entiers de populations indigènes.

POURQUOI LE SCALP ?

Les Amérindiens croyaient dur comme fer que l'âme des personnes se trouvait au sommet de leur crâne, puisque les cheveux continuaient de pousser après la mort. Selon eux, les Esprits prenaient les corps par la chevelure pour les tirer au ciel. Quand on scalpait un ennemi, on s'appropriait sa force et on l'empêchait de goûter au repos éternel. Pas étonnant que, aujourd'hui encore, les Amérindiens portent les cheveux longs.

Les guerres amérindiennes : larmes au poing

À peine 50 ans après l'arrivée du ***Mayflower,*** le fils du chef Massassoit, également appelé le roi Philippe, mesurant le danger que représente la multiplication des navires venus d'Europe avec leur cortège de violences, de rapts, de saisies de territoires et de meurtres, lève une confédération de tribus de sa région et part en guerre contre les puritains. Ce 1er conflit à grande échelle coûte la vie à quelque 600 colons et 3 000 Amérindiens. Un massacre ! Les survivants amérindiens sont vendus comme esclaves aux Antilles.

En 1830, l'***Indian Removal Act*** est signé par le président Andrew Jackson afin d'obtenir des Amérindiens résidant à l'est du Mississippi, sur des terres hautement convoitées par les colons, qu'ils deviennent agriculteurs et s'intègrent, ou qu'ils plient bagage et aillent s'installer à l'ouest – par ce que l'on a nommé le Trail of Tears... L'un des rares à s'opposer au texte s'appelle alors Davy Crockett ! Il s'agit ni plus ni moins d'épuration ethnique. Au total, quelque 46 000 Amérindiens sont ainsi déportés de gré ou de force (essentiellement de force).

Beaucoup résistent, mais les conflits sont des guerres perdues pour les autochtones qui ne sont pas assez armés et ne font preuve d'aucune cohésion. Seule la bataille de ***Little Big Horn,*** le 25 juin 1876, où le général Custer, de sinistre

CRI DE GUERRE

Lors du Débarquement en Normandie, les parachutistes américains prirent l'habitude de crier « Geronimo » pour conjurer la peur. Un choix surprenant quand on sait la véhémence et le courage de ce chef amérindien dans sa lutte contre les troupes américaines. C'est en référence à ce cri de guerre que fut nommée l'opération commando pour éliminer Ben Laden en 2011.

réputation, trouve la mort ainsi que 260 *blue coats* de la cavalerie, s'inscrit à contre-courant... Une victoire de courte durée, suivie de représailles qui culminent avec la boucherie de ***Wounded Knee,*** le 29 décembre 1890, où le 7e régiment de cavalerie massacre – malgré la protection du drapeau blanc – 150 Sioux, dont des femmes et des enfants.

Quand ce n'est pas la guerre, les colons trouvent d'autres moyens perfides d'exterminer les Indiens d'Amérique. La liste des horreurs est longue. Que dire de ces officiers de Fort Pitt (Pennsylvanie) qui, en 1763, distribuèrent à 2 envoyés amérindiens un mouchoir et des couvertures provenant d'un hôpital où étaient soignés des malades atteints de la petite vérole, « en espérant que cela produise l'effet escompté » ? Benjamin Franklin lui-même déclara un jour : « Le rhum doit être considéré comme un don de la Providence pour extirper ces sauvages et faire place aux cultivateurs du sol... »

Un bon Indien est un Indien assimilé

À l'aube du XXe s, à peine 250 000 Amérindiens survivent en Amérique du Nord. Combien étaient-ils avant l'arrivée des explorateurs et des colons ? Le débat perdure depuis plus d'un siècle : 1 million ? 7 plus probablement ? 15 millions comme l'affirment certains ? Une chose est sûre : la population a connu une chute brutale sur tout le continent dès les 1ers contacts, certainement en raison des unions mixtes, des maladies nouvelles introduites et des conflits meurtriers.

En 1887, le ***Dawes Act*** partage les terres tribales en parcelles individuelles pour tuer les collectivités amérindiennes et encourager la propriété privée. Résultat : nombre de terres passent aux mains d'Américains venus de l'Est. La politique d'assimilation s'intensifie dans les années 1920. On favorise et subventionne les missions chrétiennes, et on lutte contre les langues amérindiennes pour imposer l'anglais : « *Speak white !* », ordonne-t-on aux gamins amérindiens. Les cérémonies religieuses traditionnelles sont interdites, les *medecine men* (ou chamanes) aussi, jusqu'aux festins collectifs ! Bref, on tente par tous les moyens de sortir les autochtones de leurs coutumes et de leurs réserves pour les intégrer à l'*American way of life.*

DÉFENSE DE PARLER INDIEN

Les écoles américaines ont longtemps fait la guerre aux petits Indiens parlant leur langue maternelle. S'ils étaient pris en défaut, on les obligeait à avaler du savon ! Le but consistait à humilier la culture de leurs parents, en l'associant à la saleté.

En 1924, dans l'indifférence générale, les Amérindiens se voient finalement octroyer la nationalité américaine, ce qui ne manque pas d'ironie ! Pour la petite histoire, c'est indirectement grâce à la Première Guerre mondiale que cette reconnaissance tardive a lieu. Un Amérindien du Dakota s'était brillamment illustré en 1917, en France, capturant la bagatelle de 171 soldats allemands. Quand il fut question de lui décerner une médaille, on s'aperçut qu'il ne possédait même pas la nationalité américaine ! Dans les faits, les 2/3 des Amérindiens avaient déjà acquis la nationalité.

La politique d'assimilation forcée se poursuit jusque dans les années 1960, lorsque, enfin, les consciences s'éveillent. L'***American Indian Movement (AIM),*** fondé en 1968, lance les 1res revendications : lutte contre la pauvreté et le harcèlement policier, respect des traités, logement. Le *Red Power* commence à s'affirmer. L'année suivante, le groupe Indians of All Tribes occupe l'île d'Alcatraz, dans la baie de San Francisco, et la revendique pour le compte des peuples autochtones. L'occupation dure 19 mois et se solde, finalement, par l'évacuation forcée par la police. L'échec apparent est une réussite : la désobéissance civile s'étend dans tout le pays. En 1970, le *Native American Rights Fund* (NARF) amorce une bataille judiciaire pour la reconquête. En 1973, dans la réserve amérindienne de Pine Ridge, 300 activistes oglala lakota et membres de l'AIM occupent le village de Wounded Knee. Pendant 71 jours, ils font face à la garde nationale ; 3 morts sont relevés, de part et d'autre. Ironie du sort, un des plus grands bienfaiteurs des Amérindiens n'est autre que le président tant décrié de l'affaire du Watergate : Richard Nixon. C'est lui qui, d'un coup de stylo, tire un trait sur la désastreuse politique d'assimilation des Amérindiens. Enfin, l'***Indian Self-Determination and Education Assistance Act*** leur octroie le droit à l'autodétermination.

Un milliard de dollars de dédommagement

Depuis le réveil revendicatif des années 1960-1970, d'innombrables procès opposent régulièrement les États ou le gouvernement fédéral à certaines tribus. Ils portent sur des traités non respectés, des terres accaparées et sur la mauvaise gestion de celles-ci par le gouvernement. Quelques exemples : en 2011, un accord a été signé avec les représentants de 300 000 Amérindiens pour un montant global de 4,5 milliards de dollars ; en 2012, un jugement historique a accordé une indemnité d'un peu plus de 1 milliard de dollars à 41 tribus qui réclamaient la perception de redevance pour l'usage de leurs terres ancestrales, et surtout pour l'exploitation de leurs ressources. On estime à plus de 70 le nombre de tribus encore en conflit avec le gouvernement fédéral, en attente d'une solution négociée.

Ces procès (ou négociations) témoignent d'une nouvelle réalité : après les guerres, l'humiliation, l'acculturation et « l'intégration », les Amérindiens revendiquent et luttent pour que leurs droits soient reconnus, leurs anciennes possessions valorisées ou récupérées, et leur fierté rendue. Beaucoup se considèrent comme des survivants, défenseurs d'un mode de vie en voie de disparition. Après avoir traîné des pattes, les récents gouvernements ont changé de stratégie et semblent désormais prêts à solder ces conflits sans arrière-pensée.

Aujourd'hui, les Amérindiens sortent de leurs réserves

Les Amérindiens du XXIe s ne rejettent pas le progrès mais refusent souvent les structures d'une société dans laquelle ils ne se reconnaissent pas. On dénombre à ce jour 325 réserves (totalisant plus de 220 000 km^2, soit 2,3 % du territoire américain) pour 566 tribus reconnues au niveau fédéral – dont 229 en Alaska –, ce qui veut dire que certaines n'ont pas de territoire. La population amérindienne progresse désormais assez rapidement, et atteint entre 2,5 et 5,2 millions d'individus, selon que l'on considère une seule ou plusieurs origines, dont 22 % vivent sur des réserves.

Ces dernières peuvent apparaître à nos yeux comme des ghettos, et elles le sont par maints aspects, mais ce sont aussi des propriétés privées appartenant aux Amérindiens, où ils peuvent s'organiser en respectant leur culture et leurs traditions. D'une réserve à l'autre, les niveaux de vie varient énormément. Dans l'ensemble, les Amérindiens demeurent le groupe ethnique disposant du plus bas revenu par habitant. Loin des villes et des centres de décision, le travail manque souvent cruellement.

Même si les choses se sont passablement améliorées depuis la fin des années 1980, les Amérindiens ont toujours une espérance de vie inférieure à la majorité de la population. L'alcool se révèle être un facteur de mortalité important : le taux de décès liés à l'abus d'alcool est 6 fois plus élevé que dans la population générale ! Le diabète, avec des taux 3 fois supérieurs à la moyenne nationale, fait partout des ravages – à cause, semble-t-il, d'un « gène de la frugalité » (capacité à stocker les sucres). Bref, ce n'est pas pour rien que l'alcool est interdit dans les réserves (mais pas aux abords...) et qu'une Junk Food Tax (taxe sur tous les produits comestibles considérés comme malsains, tels que les sodas, les chips, les bonbons, les hamburgers, etc.) est appliquée depuis 2014 en territoire navajo.

Ces problèmes sanitaires sont les conséquences d'une histoire qui n'a pas permis aux Amérindiens de prendre en main leur santé. Mais depuis 1975, avec l'ouverture de cliniques autorisée aux tribus, puis 2010, avec la réforme de santé Barack Obama, un cap a été franchi. Dans les cliniques navajos, certaines traditions sont observées et, bien que le *medecine men* officient à l'extérieur, les consultations traditionnelles sont remboursées au même titre que les soins classiques. Dans d'autres domaines, l'activisme des Indiens en matière environnementale et la pratique écrite et orale de leur langue sont valorisés comme un bien commun nécessaire à tous (cela va sans dire !). Pourtant, 28 % d'Amérindiens vivent encore sous le seuil de pauvreté contre 15 % au niveau national, et les discriminations restent un sujet actuel.

Qui est amérindien ?

Les populations amérindiennes ont été maintes fois déplacées au fur et à mesure du non-respect des traités. Cette mobilité forcée est à la source d'un ***important brassage entre les tribus.*** Par exemple, les Shinnecock, qui possèdent leur réserve un peu à l'ouest de Southampton – la ville balnéaire la plus chic, la plus snob de Long Island, près de New York –, sont aujourd'hui très métissés, fruit d'unions tant avec des Européens qu'avec des Afro-Américains. Sur le long terme, ces mariages ne sont pas faciles à gérer : génération après génération, qui peut encore être considéré comme Amérindien ? Certaines tribus s'appuient exclusivement sur une ***affiliation généalogique.*** D'autres imposent un ***quota de sang*** minimal (1/4, 1/8, 1/16...) pour pouvoir être considéré comme membre de la « nation ». L'enjeu est parfois important : ceux qui ne répondent plus aux critères perdent les ***droits*** que confère l'appartenance à la tribu ! Et cet enjeu peut être de taille : les Amérindiens osages, en Oklahoma, ont ainsi découvert du pétrole sur leur territoire à la fin du XIXe s. De 1906 à 1972, les royalties leur ont rapporté 800 millions de dollars... Bref, rien n'est simple ni uniforme, même si une réalité s'impose : à une époque où la notion de propriété est devenue cruciale, même les anciennes terres peu convoitées prennent aujourd'hui de la valeur, surtout lorsque l'on découvre que leurs sous-sols abritent des matières premières intéressantes.

LE JACKPOT DES AMÉRINDIENS

*Les réserves amérindiennes ont souvent été constituées sur des terres arides, peu propices à l'agriculture. En 1988, le Congrès adopte l'*Indian Gaming Regulatory Act*, une loi qui y autorise les casinos pour pallier le manque de revenus. Résultat, les Amérindiens gèrent désormais quelque 460 maisons de jeu, dégageant un chiffre d'affaires de 26 milliards de dollars.*

Les Amérindiens du Southwest

C'est en Californie que les Amérindiens sont les plus nombreux (environ 725 000), mais ils n'y représentent que 1,6 % de la population. La proportion est beaucoup plus forte en Oklahoma, où furent déportés les Amérindiens de l'Est dans les années 1830, avec plus de 500 000 personnes, soit 9,3 % de la population de l'État. On en dénombre 228 000 au Nouveau-Mexique (soit 10,9 %, de la population) et 346 000 en Arizona (soit 5,3 %). Wyoming (2,7 %), Utah (1,5 %), Nevada (1,7 %) et Colorado (1,6 %) viennent loin derrière.

Le groupe le plus important est celui des ***Navajos*** (environ 330 000), installé sur un territoire de 70 000 km² situé dans la partie nord de l'Arizona et débordant sur l'Utah et le Nouveau-Mexique. C'est la réserve amérindienne la plus vaste des États-Unis, plus grande que certains États de l'Est ! Leurs proches cousins, les ***Apaches*** (70 000), occupent des territoires voisins, tout comme les ***Hopis*** (15 000), dont le territoire est enclavé dans la réserve navajo. Au nord, en Utah, se trouvent les ***Paiutes*** (10 200), puis les ***Shoshones*** (8 400) dans la région du Grand Lac Salé et les montagnes du Wyoming. Mentionnons enfin une constellation de petites tribus dans le sud de l'Arizona, comme les ***Papagos*** (Tohono O'odham), les ***Pimas*** (Akimel O'odham) et les ***Yumas*** (Quechan) – sans oublier les ***Havasupais*** sur les rives du Grand Canyon.

Au nord-ouest du Nouveau-Mexique et dans la région du Rio Grande vivent les ***Pueblos*** (52 000), baptisés ainsi par les Espagnols car ils occupaient déjà des villages (*pueblos* en espagnol) au moment de la colonisation. À bien y regarder, la région est d'ailleurs constellée de ruines de ces anciennes agglomérations, souvent bâties au creux et à flanc de canyons par leurs ancêtres, les ***Ancient Puebloans.*** Les plus beaux sont encore visibles au Navajo National Monument et au canyon de Chelly (Arizona), au Mesa Verde National Park (Colorado) et au Nouveau-Mexique (Aztec Ruins, Chaco Culture). Leur apogée dura de 1100 à 1300, avant que les populations ne se dispersent vers le sud, où vivent encore leurs descendants, répartis en 21 tribus – Zuni, Hopis, Keresans, Towas, Tewas, Taos, Picuris... Au nord, dans l'actuel Colorado et au nord-est de l'Utah, vivent 8 200 ***Ute*** – qui ont donné leur nom (« terre du soleil ») à l'État. Plus au nord encore, on trouve les ***Arapahoes,*** anciens alliés des Cheyennes et des Dakotas. On touche là aux peuples des plaines qui visitaient autrefois la région au gré d'échanges commerciaux ou de razzias. C'est aussi le cas des ***Comanches*** (13 500).

Pour percevoir un peu mieux ces mondes refermés sur eux-mêmes, vous pouvez brancher la radio : une quinzaine de stations amérindiennes émettent dans le Sud-Ouest (navajo, zuni, etc.).

Les Amérindiens et les touristes

En traversant une réserve amérindienne, les fantasmes se réveillent, les souvenirs de films colorisés refont surface, le mythe du bon sauvage corrompu par la civilisation pointe son nez... Pour ne pas être déçu, ne vous attendez à rien. La grande majorité des Amérindiens ayant rapport avec les touristes le font dans un but exclusivement ***commercial*** (*B & B,* vente de bijoux, tour en 4x4 dans la réserve, casino...). Ça ne les amuse pas forcément d'avoir à vous rencontrer. Rien à voir avec la décontraction américaine, les beaux sourires et les grandes embrassades. ***Distance, pudeur, retenue :*** voici les attitudes que vous rencontrerez le plus souvent. Si vous avez l'occasion de converser avec certains Amérindiens et que vous souhaitiez évoquer leur mode de vie, faites-le par petites touches, sans forcer la main. Parlez plutôt du présent, pas du passé. Bien souvent, votre interlocuteur bottera en touche, surtout s'il voit que votre propos est empreint de compassion – rarement appréciée. Bref, faites preuve de tact, soyez naturel et prudent. Une prudence de Sioux.

MÉDIAS

Votre TV en français : TV5MONDE, la 1re chaîne culturelle francophone mondiale

Avec ses 10 chaînes, ses 14 langues de sous-titrage, et sa nouvelle plateforme numérique TV5MONDEplus, TV5MONDE s'adresse à 353 millions de foyers dans 198 pays du monde par câble, satellite et sur IPTV, et est présent dans plus de 3 millions de chambres d'hôtels. Vous y retrouverez de l'information, du cinéma, du divertissement, du sport, des documentaires...

Préparez votre séjour grâce à son site voyage • *voyage.tv5monde.com* • et, sur place, restez connecté avec les applications et le site • *tv5monde.com* • Demandez à votre hôtel le canal de diffusion de TV5MONDE et contactez • *tv5monde.com/contact* • pour toutes remarques.

La télévision

Il existe 5 réseaux nationaux : ABC, CBS, NBC, FOX et PBS (la chaîne publique financée par l'État et les particuliers, sans pub, proposant les meilleures émissions mais pas pour autant les plus regardées). Chaque État possède pléthore de chaînes locales ou régionales. À ces réseaux hertziens vient s'ajouter le câble. Citons les chaînes d'information en continu comme CNN (plutôt démocrate) et FOX (clairement républicaine, axée sur les *trash news* – scandales), sans compter les thématiques, dont HBO (l'équivalent de Canal+), qui diffuse films et séries. Le plus insupportable étant l'omniprésence de la pub : 18 mn 30 s en moyenne par heure de diffusion !

La presse écrite

À l'échelle nationale, les ***quotidiens*** les plus importants sont le *New York Times* (journal progressiste et de qualité, plus de 1 million d'exemplaires vendus chaque jour, près de 1,5 million le dimanche), le *Washington Post* et le *Los Angeles Times* (inspiration politique plutôt libérale). Également le *Wall Street Journal* (sérieux et conservateur) et *USA Today* (très grand public et de qualité médiocre). Et encore plein de journaux locaux concentrés sur les faits divers et les manifestations culturelles. Il y a aussi les tabloïds (appelés ainsi à cause de leur format), *Daily News* et compagnie, souvent gratuits, et sans contenu de fond. On se contente des nouvelles locales, le reste de l'actualité n'étant traité que sous forme de dépêches. Côté hebdos, citons *Time* (plutôt libéral).
Pour ce qui est de la presse quotidienne californienne, vous trouverez principalement le *San Francisco Chronicle,* le *San Diego Union* et bien sûr le *Los Angeles Times* mentionné ci-avant. Sans oublier les nombreux magazines gratuits (voir « Adresses et infos utiles » dans les chapitres consacrés à San Francisco et à Los Angeles).

La radio

En écoutant la radio, on retrouve la « couleur » de l'État dans lequel on est. Beaucoup de country dans le Sud, *easy listening music* sur la côte Ouest, etc. Les stations portent des noms en 4 lettres, commençant soit par W (à l'est du Mississippi), soit par K (à l'ouest).

Liberté de la presse

Aux États-Unis, la liberté de la presse, inscrite dans le marbre du ***1er amendement à la Constitution de 1787,*** a dû faire face, ces dernières années, à des obstacles majeurs. Et le mandat de ***Donald Trump*** a confirmé ce déclin en matière de ***droit de la presse.*** L'ancien président américain était connu pour blâmer régulièrement les journaux, les présentant comme les « ennemis du peuple américain » lors d'attaques verbales contre des journalistes. Il avait également tenté de restreindre l'accès à la Maison-Blanche à plusieurs rédactions et qualifiait systématiquement de « fausses informations » les articles et reportages critiques à son égard. Il avait même demandé à ce que des autorisations d'antenne soient retirées à certains organes de presse. Cette ***violente rhétorique anti-média émanant du sommet de l'État*** s'est couplée d'une hausse des violations locales de la liberté de la presse. Le passage au pouvoir de Trump n'a fait qu'aggraver sa situation précaire, déjà affectée par la précédente administration. La loi ***Espionage Act*** prévoit des poursuites pour les lanceurs d'alerte s'ils révèlent des informations d'intérêt public. La presse ne bénéficie toujours pas d'une « ***loi bouclier*** » *(shield law)* lui permettant de protéger ses sources. De plus, les journalistes et leur matériel font encore l'objet de ***fouilles prolongées*** aux frontières des États-Unis quand ils ne sont pas carrément interdits de séjour dans le pays après avoir couvert des sujets sensibles, comme les Farc en Colombie ou le Kurdistan.

Ce texte a été réalisé en collaboration avec ***Reporters sans frontières.*** Pour plus d'informations sur les atteintes aux libertés de la presse, n'hésitez pas à les contacter.

■ ***Reporters sans frontières :*** *CS 90247, 75083 Paris Cedex 02. ☎ 01-44-83-84-84. ● rsf.org ●*

PERSONNAGES

Histoire, politique, société

– ***Jerry Brown*** *(1938)* **:** un drôle d'animal politique, à la fois 34e et 39e gouverneur de Californie. Fils de Pat (lui aussi gouverneur de Californie), Jerry voulut d'abord se faire ordonner prêtre avant de suivre les traces de son père et d'être élu gouverneur de 1975 à 1983. Démocrate, il est battu lors des primaires pour la présidentielle en 1980, puis dans sa course au Sénat, et abandonne la politique, avant de rempiler en 1989 et d'être élu maire d'Oakland. En 2010, il retrouve son fauteuil de gouverneur, succédant à Schwarzy, et se fait réélire pour un dernier mandat en 2014.

– ***Francis Drake*** *(1542-1596)* **:** corsaire et explorateur anglais. Durant son voyage d'exploration autour du monde pour le compte de la reine Élisabeth Ire d'Angleterre (1577-1580), il prend possession de la Californie qu'il nomme Nouvelle-Albion.

– ***Randolph Hearst*** *(1863-1951)* **:** jeune homme turbulent, il est expulsé de Harvard et prend la tête du quotidien *San Francisco Examiner* appartenant à son père. Très vite, il acquiert d'autres journaux, devenant un véritable magnat de la presse en concurrence avec Pulitzer, et se place sur le créneau du journalisme sensationnaliste. Voyant le potentiel à tirer de la B.D., il incorpore des « *funnies* », suppléments illustrés, au tirage dominical, puis crée le King Features Syndicate (1915) pour diffuser des *comic strips* sur tout le territoire. Paraissent ainsi *Flash Gordon, Mickey Mouse, Popeye...* Orson Welles en fait un portrait à peine voilé dans *Citizen Kane.*

– ***Robert Fitzgerald Kennedy*** *(1925-1968)* **:** Bobby, le frère de JFK. Ministre de la Justice de 1961 à 1963, sa destinée ne sera pas différente de celle de son frère puisqu'il meurt 5 ans après lui, assassiné à son tour, à Los Angeles, le soir de sa victoire à la primaire de Californie.

– ***Harvey Milk*** *(1930-1978)* **:** homme politique américain et militant actif de la communauté gay. En 1977, Milk est élu conseiller municipal de San Francisco. Il devient ainsi la 1re personnalité politique ayant annoncé publiquement son homosexualité à se voir confier un poste dans une administration aux États-Unis. Au cours de son mandat, il soutient un projet de loi en faveur des droits des homosexuels. Le 27 novembre 1978, 11 mois après sa prise de fonction, Harvey Milk est assassiné avec le maire George Moscone par l'ancien conseiller municipal Dan White, devenant un martyr de la cause gay. En 2008, Gus Van Sant lui a consacré un film (doublement oscarisé) avec l'excellent Sean Penn dans le rôle-titre. Conséquence directe du succès de ce film, le 22 mai est désormais le *Harvey Milk Day.*

VIVE L'EMPEREUR NORTON IER !

Norton était un doux dingue qui se baladait dans les rues de San Francisco, dans les années 1860. Respecté par tous, il était nourri, logé et bénéficiait des transports gratuits. Plusieurs restos lui offraient ses repas. À sa mort, 10 000 fidèles vinrent lui rendre hommage car il ne tua ni ne vola personne. Ce qui n'était pas le cas de ceux qui bénéficièrent du même titre.

– ***Richard Nixon*** *(1913-1994)* **:** « Tricky Dick » (Richard le Roublard) est un excellent joueur de poker. Une aptitude qui le prédestine peut-être à une carrière politique... En 1946, il est élu député de Californie puis sénateur, profitant du climat instauré par le maccarthysme pour taxer son adversaire de sympathisant communiste. 3 ans plus tard, il est vice-président d'Eisenhower, réélu à ce poste en 1956. Durant son mandat, il assure l'intérim de la présidence à 3 reprises. Cela ne lui est pourtant pas favorable, puisqu'il est battu par JFK à l'élection présidentielle de 1960. Son tour vient en janvier 1969 où il devient le 37e président des États-Unis. De son passage à la Maison-Blanche, on retient la création des agences pour la protection de l'environnement (EPA) et de lutte contre la drogue (DEA). Il est également l'initiateur du programme de construction de la navette spatiale. Moins glorieux, Nixon est indissociable de la guerre du Vietnam et du scandale du Watergate qui provoque sa démission en 1974.

- ***Ronald Reagan** (1911-2004)* **:** acteur de cinéma apparu dans des films et des séries B, ses connaissances ne se limitent pourtant pas aux 2 premières lettres de l'alphabet. En 1966, il est élu 33e gouverneur de Californie. Mais comme il le dit : « Les grands esprits ne sont pas au gouvernement. Si c'était le cas, ils seraient embauchés par les entreprises. » Considéré comme le « fondateur » du parti républicain moderne, le passage de Rony à la présidence des États-Unis marque le retour à un conservatisme et à un libéralisme économique fort. Sa politique sociale met des dizaines de milliers de personnes dans les rues.
- ***Joe Biden** (né en 1942)* **:** petit fils de migrants irlandais installés en Pennsylvanie puis dans le Delaware, issu d'une famille catholique et très modeste (son père est vendeur de voitures d'occasion), Biden devient à 29 ans (en 1972), le plus jeune sénateur du pays. Quelques semaines auparavant, c'est le drame : il perd sa femme et sa fille dans un terrible accident de voiture. Très présent au Sénat durant 36 ans, ce que vise Biden, c'est la Maison Blanche. Il échoue aux primaires démocrates en 1988 et 2008, mais est nommé vice-président par Obama durant ses 2 mandats. En 2016, il tente à nouveau sa chance mais renonce car le destin s'acharne : il perd l'un de ses 2 fils, Beau, d'une tumeur foudroyante. Joe-Six-Pack (Monsieur Tout-le-Monde) comme on le surnomme, ne lâche rien. Ce vétéran de la politique affronte Trump en pleine tempête du Covid. À 78 ans, il devient ainsi le plus vieux Président des Etats-Unis et fait figure de sage, dont le rôle sera de réconcilier l'Amérique avec elle-même après les années Trump.
- ***Arnold Aloïs Schwarzenegger** (1947)* **:** « Schwarzy », « Conan le républicain » ou encore « Governator », l'Autrichien arrivé en 1968 aux États-Unis est tout cela à la fois. Figure du culturisme, icône de films d'action, gouverneur de Californie de 2003 à 2010, président des États-Unis dans le film *Les Simpsons,* Schwarzy est l'incarnation du rêve américain. Marié 25 ans durant à une démocrate pur jus (Maria Shriver, nièce de John Kennedy), il va à l'encontre de la politique de Bush concernant le protocole de Kyoto en promulguant le *Global Warming Solution Act* afin de réduire les émissions de gaz à effet de serre en Californie, puis apporte son soutien à Barack Obama dans sa réforme du système de santé. En 2012, il lance l'Institut Schwarzenegger de réflexion politique étatique et mondiale (un *think tank*) à l'université de Californie du Sud, un projet ambitieux qui devrait, selon lui, lui permettre d'accomplir tout ce qu'il n'avait pu réaliser en tant que gouverneur, notamment dans les domaines de la santé et du réchauffement climatique.
- ***Donald Trump** (1946)* **:** magnat de l'immobilier par héritage, requin de la finance, créateur de mode, star de la téléréalité, *tweeteur* invétéré et... 45e président des États-Unis ! Pour plus de détails, voir plus haut la rubrique « Histoire ».
- ***Barack Obama** (né en 1961)* **:** le 44e président des Etats-Unis, élu le 4 novembre 2008, entre dans les manuels d'histoire comme le 1er président « africain-américain » de ce pays. Par ses origines, un père étudiant kenyan, une mère du Kansas, une jeunesse en Indonésie et à Hawaii, il est le symbole de cette nouvelle Amérique de la mixité et du brassage des cultures. Jeune diplômé de l'université de Columbia, travailleur social à Chicago, à nouveau diplômé de la prestigieuse université Harvard, sénateur de l'Illinois en 2004, marié à une brillante juriste et père de 2 filles, il est devenu à 47 ans l'un des plus jeunes présidents élus. De son

double mandat, on retiendra surtout l'*Obamacare,* sa fameuse réforme de l'assurance santé, un acquis historique mais difficile à faire passer, l'élimination de Ben Laden, le rétablissement des relations avec Cuba, ainsi que la fermeté dont il a fait preuve face à la Russie.
- ***Kamala Harris** (1964)* **:** née d'un père jamaïcain (il est économiste) et d'une mère qui vit le jour en Inde, dans l'État du Tamil Nadu (elle est biologiste et oncologue), cette dynamique Californienne est la 1re femme vice-présidente d'origine afro-américaine et indo-américaine. Avocate, procureure générale de San Francisco puis de Californie (2011-2017), elle mène une brillante carrière avant d'être élue sénatrice de Californie en 2017. Elle se présente à la candidature démocrate aux élections de 2020 où sa pertinence dans les débats la rend célèbre dans tout le pays. Joe Biden la choisit comme colistière sur son ticket démocrate. Progressiste, elle se déclare en faveur du contrôle des armes à feu, défend le mariage entre personnes du même sexe et préconise un système de santé universel renforcé.
- ***Meghan Markle** (1981)* **:** née à Los Angeles d'une mère afro-américaine prof de yoga et d'un père éclairagiste pour le cinéma, elle se distingue à 11 ans en écrivant à la firme Procter & Gamble pour exiger le retrait d'une pub pour un liquide vaisselle qu'elle jugeait sexiste. Après avoir obtenu gain de cause, la jeune fille, qui vouait une fascination sans limite à Lady Di, s'engagera comme son idole en faveur d'actions de charité. Sa rencontre avec le prince Harry, en 2016, la conduira en pré-lune de miel dans les réserves animalières du sud de l'Afrique. Le couple partage désormais son temps entre Angleterre et Amérique du Nord, prenant ses distances avec la famille royale.

Musique

- ***Joan Baez** (1941)* **:** au-delà de son statut de « reine du folk » qui a popularisé les chansons de Bob Dylan, cette Californienne d'adoption est le symbole de l'esprit révolutionnaire des sixties. Ses concerts, de Woodstock à la fête de l'Huma, et ses albums (plus d'une trentaine) sont autant de preuves d'un militantisme pacifique.
- ***Beach Boys (The)* :** palmiers, surf et jeunesse dorée... le fameux mythe californien des années 1960, rapidement ringardisé par l'émergence du mouvement hippie et la guerre du Vietnam. N'empêche, tandis que déferle la vague Beatles et autres Rolling Stones, « *everybody's gone surfin', surfin' USA !* ».
- ***John Cage** (1912-1992)* **:** influencé par le dadaïsme et la philosophie zen, ce compositeur, poète et plasticien angelin est un artiste d'avant-garde. Inventeur du piano préparé, une technique de jeu étendue qui consiste à placer des objets extérieurs (boulons, gommes...) entre les cordes pour modifier le timbre de l'instrument, John Cage est l'ambassadeur de la musique contemporaine expérimentale. Son œuvre majeure, *4'33,* est une pièce silencieuse pour un musicien qui, installé avec son instrument comme s'il allait en jouer, ne joue rien. La durée est libre (ah bon ?), mais 3 mouvements doivent être indiqués. Conceptuel...
- ***Nat King Cole** (1917-1965)* **:** pianiste de jazz et crooner à la voix suave comme un soupir d'amoureux, il est l'un des principaux musiciens qui contribuent à l'émancipation d'un courant californien : un blues de cabaret, sophistiqué et feutré, apprécié par un public averti. En 1948, il emménage dans le quartier de Hancock Park, à Los Angeles. Dans un pays encore marqué par la ségrégation raciale, il se heurte au racisme de ses voisins, fâchés de voir un « indésirable » s'installer dans leur prestigieux quartier.
- ***Cypress Hill* :** groupe de hip-hop formé en 1988 du côté de South Gate (Los Angeles). Ils commencent par se produire dans des clubs, surtout devant un public latino. Leur musique est identifiable aux instrumentaux funky avec une touche latino, au flow saccadé et à la voix nasillarde de B-Real. Leurs collaborations sont éclectiques : Prodigy, Eminem, Deftones, Rage Against the Machine, Damian Marley...

– ***Miles Davis*** *(1926-1991, à Santa Monica)* **:** trompettiste virtuose, animé par le goût de l'innovation et sans cesse à la recherche de territoires sonores à défricher, Miles Davis est à l'origine d'un jazz avant-gardiste qui lui vaudra l'incompréhension des puristes. Il transcende les genres, affirme le cool-jazz et compose des titres de jazz-rock, rapprochant ainsi 2 courants musicaux jusqu'alors bien distincts. À Paris, il côtoie Boris Vian, Juliette Gréco, Picasso, Sartre ou encore Jeanne Moreau, et reçoit même la Légion d'honneur française.

– ***Dr. Dre*** *(André Romell Young, 1965)* **:** rappeur et producteur de nombreux artistes de la scène rap et hip-hop actuelle, il popularise le gangsta rap et la culture hip-hop californienne en général, celle du bandana noué autour de la tête... Son 1er album, *The Chronic,* sorti en 1992 et dans lequel apparaît Snoop Dogg pour la 1re fois, est multiplatine. En 1995, il collabore avec Tupac sur *California Love.* Après l'assassinat de ce dernier en 1996, il déclarera l'ère du gangsta rap révolue.

– ***Ben Harper*** *(Benjamin Chase, 1969)* **:** né à Claremont – où sa famille possède, depuis les années 1950, un magasin d'instruments de musique –, il découvre la guitare très tôt. Jeune musicien, il accompagne Taj Mahal et John Lee Hooker, puis fonde son groupe, The Innocent Criminals, avec lequel il est révélé en 1997 grâce à l'album *The Will to Live.* Touches de reggae et de funk dans l'album *Diamonds on the Inside,* gospel avec The Blind Boys of Alabama sur *There Will Be a Light,* folk, blues et même hip-hop, ses morceaux couvrent toutes les variations de la musique afro-américaine. Fan de skate depuis son enfance, le bluesman est aussi le parrain de la Tony Hawk Foundation qui construit des skateparks dans tous les États-Unis dans le but de détourner les ados de la délinquance.

– ***Michael Jackson*** *(1958-2009)* **:** « *This is thriller, thriller night* »... Si ce titre et son clip aux allures de court-métrage ont érigé le cadet des Jackson Five au statut de « roi de la pop », sa vie elle aussi relève du thriller. De sa propriété de Neverland (dans les environs de Santa Barbara), avec son zoo et son parc d'attractions, à son recours obsessionnel à la chirurgie plastique, l'icône planétaire est un phénomène étrange. Même sa mort brutale, à 50 ans, reste auréolée de mystère.

– ***Metallica* :** « Power Metal ! » comme le scande leur 1re maquette. Formé en 1981, le groupe fait ses armes dans les clubs de L.A. Sa composition est mouvementée, du décès accidentel du bassiste Cliff Burton au départ de Dave Mustaine ; les seuls membres des débuts sont en fait Lars Ulrich et James Helfield. Il leur faudra attendre 1986 et l'album de trash metal *Master of Puppets,* puis une tournée de 2 ans pour goûter au succès. En 1991 sort le *Black Album,* plutôt heavy metal. Commercial pour les fans de la 1re heure, c'est cet album qui permet à Metallica de toucher un large public.

– ***Rage Against The Machine* :** comprenez « rage envers le système » et tout ce qu'il implique, mondialisation, néolibéralisme, racisme, élitisme, etc. Autant de concepts qui révoltent le groupe formé en 1990 à Los Angeles. Et pour le faire savoir, il n'hésite pas à user de symboles forts, comme brûler le drapeau américain sur le titre *Killing in the Name of.* Michael Moore, connu pour ses documentaires engagés, a réalisé 2 de leurs clips. Ces précurseurs du mix rap-metal parviennent au statut de groupe culte en seulement 10 ans et 3 albums. Aussi, le 21 janvier 2000, alors qu'ils donnent un concert sauvage dans le quartier de Wall Street, la Bourse est contrainte de fermer avant l'heure à cause de la foule. Ce n'était pas arrivé depuis 1929 !

– ***Snoop Dogg*** *(Cordozar Calvin Broadus Jr, 1971)* **:** attention, chien méchant ! Le petit Snoopy, comme l'appelait sa maman, a fini de ronger sa laisse. Proche d'un gang de L.A. surveillé par le FBI, de nature impulsive et agressive, Snoop fait dès son adolescence de fréquents séjours en prison et a des démêlés récurrents avec la justice depuis. Remarqué par Dr. Dre après avoir fait une maquette avec son cousin Nate Dogg et Warren G (le demi-frère de Dre), il sort *Doggystyle* en 1993, 1er album rap de l'histoire à se classer directement en tête des charts. Il devient ainsi une figure du rap *westcoast*... avant de tenter une reconversion reggae. En 2018, il recevait son étoile sur le Walk of Fame...

– **Warren G** *(1971)* **:** ce rappeur né à Long Beach est le demi-frère de Dr. Dre et membre du groupe 213 formé avec Snoop Dogg et Nate Dogg. Produit en solo par Dre (encore lui), Warren G s'impose comme le pionnier du G-Funk, rap de L.A. en référence au P-Funk des années 1970 de George Clinton et son « Parliament-Funkadelic ». Son album *Regulate* sort en 1994 et le révèle dans le monde entier.
– **Xzibit** *(Alvin Nathaniel Joiner, 1974)* **:** rappeur, acteur, il est surtout connu en France pour avoir présenté l'émission *Pimp my Ride* sur MTV. Bien qu'originaire de Detroit, c'est à Los Angeles qu'il est découvert lors d'une tournée avec le collectif de rappeurs West Coast Likwit Crew en 1996. Côté salles obscures, on l'a vu dans *8 Mile* et *X-Files 2 : Régénération* et entendu (il double le chef de la police) dans *L'Histoire vraie du Petit Chaperon rouge.*

Cinéma

– **Kathryn Bigelow** *(1951)* **:** la 1re femme à recevoir l'oscar du meilleur réalisateur (en 2010) s'est spécialisée dans les films chocs, destinés à dénoncer les heures sombres de l'histoire américaine. Après *Démineurs* (sur une équipe de déminage de l'armée américaine en Irak) et *Zero Dark Thirty* qui retraçait la longue traque menée par la CIA pour éliminer Ben Laden après le 11 Septembre, *Detroit* revient sur les violentes émeutes raciales qui mirent la ville à feu et à sang à l'été 1967. Un sujet malheureusement toujours d'actualité... Les films de Kathryn Bigelow s'appuient sur une longue entreprise d'investigation, sans pour autant sacrifier le travail sur l'image. Un regard de plasticienne qu'elle doit à ses études de dessin et peinture.
– **Francis Ford Coppola** *(1939)* **:** réalisateur, producteur et scénariste d'origine italienne, mais californien d'adoption depuis ses études à UCLA. Couronné de 6 oscars et 2 Palmes d'or, Coppola a réalisé des films au succès critique et public : la trilogie du *Parrain* débutée en 1972, *Conversation secrète* (1974), *Apocalypse Now* (1979), *Tetro* (2009) et *Twixt* (2012). À l'image de Gérard Depardieu (dont il partage aussi la corpulence !), Coppola est aussi vigneron et hôtelier. Il a d'ailleurs débauché le directeur d'exploitation du prestigieux Château Margaux pour prendre les rênes du domaine Inglenook dont il est propriétaire dans la Napa Valley. Et dans ses vignobles comme dans ses films, Coppola fait travailler la famille. 2 de ses enfants, Sofia et Roman, suivent d'ailleurs les traces de leur père.
– **Sofia Coppola** *(1971)* **:** fille de son illustre papa, elle étudie à l'Institute of Arts de Californie avant de devenir assistante du couturier Karl Lagerfeld. Réalisatrice talentueuse, remarquée dès la projection de son 1er court-métrage, *Lick the Star* (1998), elle devient l'emblème de la culture rock et cinématographique indépendante. Un statut confirmé par le succès de *Virgin Suicides, Lost in Translation* (2003), *Marie-Antoinette* (2006), aux allures de roman-photo acidulé sur fond électro-rock, *Somewhere* (tourné au *Château Marmont,* l'hôtel mythique des stars de Hollywood, et lion d'or à Venise en 2010) et *The Bling Ring* (2013), filmé aussi essentiellement à L.A. Après le succès mitigé de son remake des *Proies* (2017), elle s'intéresse à nouveau aux relations filiales dans *On the Rocks* (2020), avec Bill Murray.
– **Julie Delpy** *(1969)* **:** la comédienne qui enchante le cinéma d'auteur français est naturalisée américaine. Révélée à 14 ans par Godard dans *Détective,* elle enchaîne avec les plus grands (Leos Carax, Bertrand Tavernier, Krzysztof Kieslowski...) puis part pour New York suivre des études de cinéma. Quentin Tarantino la persuade alors de tourner à Los Angeles dans *Killing Zoe,* et elle s'y installe. Artiste touche-à-tout et indépendante, elle bidouille ses films de A à Z dans sa bicoque de West Hollywood, jouant aussi bien l'actrice que la réalisatrice, la productrice ou la scénariste (la trilogie des *Before* avec Ethan Hawke) et mettant en scène sa famille dans des comédies caustiques et désopilantes (la saga des *Two Days*). Truculente là-encore, la série *On the Verge* sortie en 2021, qui met en scène d'inénarrables quinquagénaires.

– ***Leonardo DiCaprio*** *(1974)* **:** ce pur produit de Hollywood (qui y est d'ailleurs né), propulsé par le succès de *Titanic* et enfin oscarisé pour *The Revenant* en 2016, n'est pas seulement l'un des meilleurs acteurs de sa génération (particulièrement lorsqu'il est dirigé par Martin Scorsese). C'est aussi un fervent militant écolo. La lutte contre le réchauffement climatique est au cœur de ses préoccupations, il en a même fait 2 documentaires, qu'il a coproduits et coécrits : *La 11e Heure, le dernier virage* (2007) et *Before the Flood* (2016).

– ***Walt Disney*** *(Walter Elias Disney, 1901-1966)* **:** curieusement, Walt Disney n'était pas un dessinateur exceptionnel. Très vite, il s'arrêta même de dessiner. C'était surtout un homme d'idées, à qui l'on doit, entre autres, le concept des parcs d'attractions. Son 1er trait de génie fut de donner aux visages de ses héros des expressions reflétant leurs émotions. Disney inventa aussi les études de marché : il invitait son équipe au cinéma et faisait projeter son dernier dessin animé avec le public. On notait ensuite les réactions dans la salle pour modifier le scénario. Au fait, saviez-vous que Mickey, créé en 1928, tint le 2d rôle jusqu'aux années 1940 ? La vedette, c'était plutôt Pluto.

MICKEY CRÉÉ PAR DÉPIT

Walt Disney commence par créer le lapin Oswald en 1927. Les studios Universal, producteurs et propriétaires des droits, lui refusent une augmentation. Viré, il imagine alors une petite souris, qui ressemble d'ailleurs à Oswald (mais sans les oreilles tombantes du lapin). Ne trouvant pas de diffuseur, Disney prend le risque de se produire lui-même. Ce sera le début de sa fortune.

– ***Clint Eastwood*** *(1930)* **:** avec un parcours atypique ponctué de grands succès et d'échecs cinglants, Clint Eastwood est un « hors-la-loi » du 7e art made in San Francisco. Après 217 épisodes de la série *Rawhide,* 3 westerns-spaghettis, dont *Le Bon, la Brute et le Truand* (1966), il se cantonne dans le rôle du terrible inspecteur Harry avant de séduire avec une grande subtilité Meryl Streep dans *Sur la route de Madison* et de poursuivre une brillante carrière de réalisateur : *Un monde parfait, Mystic River, Million Dollar Baby, Gran Torino* et *Sully.* Républicain assumé, le vieux cow-boy de Hollywood fut dans les années 1980 le maire de Carmel.

– ***Jodie Foster*** *(Alicia Christian Foster, 1962)* **:** originaire de L.A., diplômée de l'université Yale en littérature, elle aussi fut une enfant star, révélée dans *Taxi Driver* de Martin Scorcese, qui lui valut une nomination (à 13 ans !) pour l'oscar du meilleur 2d rôle. En 1988, elle est oscarisée pour son rôle dans *Les Accusés,* avant de recevoir une 2de statuette pour sa performance exceptionnelle dans *Le Silence des agneaux* (1990). Belle et charismatique, l'actrice (réalisatrice aussi) fut longtemps harcelée par un fan, John Warnock Hinckley Jr., qui, pour l'impressionner, tente même d'assassiner le président Ronald Reagan en 1981. En 2012, elle fit son *coming out* officiel en déclarant son amour pour sa compagne depuis 20 ans.

– ***Tom Hanks*** *(1956)* **:** originaire de Concord, cet acteur éclectique connut une reconnaissance tardive dans *Philadelphia* (1993). Il fait ses débuts dans des comédies, puis change d'orientation et devient rapidement l'un des acteurs les plus populaires de sa génération avec *Nuits blanches à Seattle* (1993), le cultissime *Forrest Gump* (1994) et encore *Apollo 13* (1995), *Il faut sauver le soldat Ryan* (1998), *La Ligne verte* (1999) et *Sully* (2016). Avec plus de 3 milliards de dollars au compteur, il est l'acteur le plus prolifique de l'histoire en termes de succès commerciaux.

– ***Alfred Hitchcock*** *(1899-1980 ; Anglais naturalisé Américain)* **:** l'œuvre de Hitchcock impressionne, plus même, elle fascine ! De 1925 à 1975, il réalise plus de 50 films dont la simple évocation des titres provoque des sueurs froides... Quelques incontournables : *Les 39 Marches* (1935), *Fenêtre sur cour* (1954), *Vertigo* (1958), dont l'action se situe précisément à San Francisco, *Psychose* (1960), *Les*

Oiseaux (1963), qui se passe à Bodega Bay... Maître incontesté du suspense, Hitchcock a imposé un style, un humour et une façon toute singulière de signer ses films. Ses vedettes féminines étaient toujours blondes et glaciales.

– ***Dustin Hoffmann*** *(1937)* **:** petit par la taille (1,67 m) mais immense par le talent, cet acteur aux multiples facettes a baigné dans le milieu hollywoodien dès sa plus tendre enfance (son père était décorateur de plateau). Tantôt victime, tantôt comique (*Tootsie,* 1982), il sait aussi être émouvant, comme dans *Kramer contre Kramer* (1979), *Rain Man* (1988), 2 rôles pour lesquels il reçoit l'oscar du meilleur acteur.

– ***George Lucas*** *(1944)* **:** né à Modesto, le réalisateur mégalo de l'incontournable saga de *La Guerre des étoiles* (commencée en 1977) a fait son cinéma à la fac de L.A. avant de faire ses armes comme stagiaire à la Warner Bros. C'est lui qui a lancé la carrière cinématographique de Harrison Ford. Alors menuisier, il était en train de réparer la toiture de la maison de George Lucas quand ce dernier le remarqua et lui proposa un rôle dans *American Graffiti* (1973).

– ***Marilyn Monroe*** *(Norma Jean Baker, 1926-1962)* **:** plus d'un demi-siècle après sa disparition, Marilyn reste LE sex-symbol. Une princesse tourmentée : père inconnu et mère dépressive. Sa grand-mère tentera de l'étouffer tandis que son grand-père se suicidera. Elle ne dormait pas la nuit, et, on le sait moins, bégaiera toute sa vie. Ses amours tumultueuses, ses liaisons ouvertement assumées avec les 2 frères Kennedy, son mode de vie libertaire dans une Amérique puritaine font que son talent n'est sans doute pas assez reconnu par ses pairs. Marilyn tourne pourtant avec les plus grands noms. Son jeu sincère, émouvant et naïf lui vaut une notoriété mondiale, et sa mort tragique, mise un peu rapidement sur le compte d'une grande fragilité psychologique (il lui fallait une coach chaque jour pour jouer les scènes), la couronne d'une aura de star éternelle. Elle est retrouvée morte à Los Angeles, suicidée selon une version officielle de plus en plus contestée... Marilyn a-t-elle été assassinée par les services secrets ou par un système appelé Hollywood ?

– ***Gregory Peck*** *(1916-2003)* **:** né à La Jolla, il quitte la Californie pour New York, où il espère briller sur les planches de Broadway. Remarqué, il revient en Californie avec 4 contrats en poche. Le succès ne se fait pas attendre. Il est dirigé par Hitchcock, joue aux côtés d'Audrey Hepburn et, nommé aux oscars à 5 reprises, il finit par remporter la précieuse statuette. Dans *To Kill a Mockingbird* (*Du silence et des ombres* en v.f.), le personnage qui le consacre est un avocat chargé de défendre un Afro-Américain d'Alabama injustement accusé de viol. Le film sort durant la lutte pour les droits civiques. Son implication en politique (il s'oppose au maccarthysme, à la guerre du Vietnam) lui vaut d'être pressenti pour se présenter contre Ronald Reagan au poste de gouverneur de Californie.

– ***Sean Penn*** *(1960)* **:** une vraie gueule du cinéma d'aujourd'hui et un leader charismatique de l'Amérique engagée, opposé dès 2003 au conflit en Irak. Né à Santa Monica, cet acteur rebelle est reconnu comme l'un des meilleurs de sa génération. *Mystic River* (2003) et *Harvey Milk* (2009), dans le rôle du défenseur des droits des homosexuels à San Francisco, lui valent 2 oscars. Avec *Into the Wild* (2008), hymne aux grands espaces de l'Amérique du Nord, tourné dans 8 États dont la Californie du Sud, il réalise un film poignant, encensé par ses pairs. Même si Hollywood lui a apporté toutes les récompenses, il se mobilise sans compter pour la population d'Haïti, afin d'en assurer la sécurité et de créer des dispensaires, des écoles, des stations d'eau potable...

– ***Kristen Stewart*** *(1990)* **:** née à Los Angeles, révélée à 12 ans dans *Panic Room* où elle joue la fille de Jodie Foster, la jeune Kristen accède à la notoriété mondiale avec la saga *Twilight.* Dès lors, elle devient la coqueluche de Hollywood et enchaîne les rôles, avec une prédilection pour le cinéma indépendant. Rare pour une actrice américaine, la belle androgyne reçoit le césar du meilleur 2[d] rôle féminin en 2015 pour *Sils Maria* d'Olivier Assayas. Son style magnétique et ambigu a séduit la maison Chanel qui en a fait son égérie beauté.

- ***Emma Stone*** *(1988)* **:** à l'âge de 15 ans, elle quitte son Arizona natal pour conquérir Hollywood. Quelques sitcoms et séries TV, un peu de comédie *(SuperGrave)* et c'est la rencontre avec Woody Allen, qui voit en elle une nouvelle Diane Keaton et lui offre 2 rôles de suite, dans *Magic in the Moonlight* et *L'Homme irrationnel*. Tout s'accélère, *La Couleur des sentiments*, *The Amazing Spider-Man* et *Birdman,* d'Alejandro González Iñarritu qui lui vaut une 1re nomination aux oscars. La consécration arrive l'année suivante avec *La La Land* de Damien Chazelle, la comédie musicale aux 6 oscars, dont un pour elle ! La pétillante Emma Stone est aujourd'hui l'une des actrices les mieux payées de Hollywood.
- ***Quentin Tarantino*** *(1963)* **:** le réalisateur angelin de la nouvelle vague américaine, à l'origine du come-back de Travolta dans *Pulp Fiction* (1994), a réveillé les plus assoupis des cinéphiles. Après les 2 *Kill Bill,* devenus cultes, il explore la noirceur et le chaos dans le film de genre *Boulevard de la mort. Inglourious Basterds* (2009), bien reçu par la critique, ne renouvelle pas vraiment le CV du trublion, contrairement à *Django Unchained* (2012), un western spaghetti dénonçant l'esclavage, salué par un succès tant critique que public. Son dernier opus, *Once Upon a Time... in Hollywood,* consacré à l'assassinat de Sharon Tate par la secte de Charles Manson (sorti à l'occasion du 50e anniversaire de la mort de la jeune actrice en 2019), a été nominé 12 fois à Cannes.
- ***Forest Whitaker*** *(1961)* **:** diplômé de l'école de théâtre de l'University of Southern California, il est révélé à l'échelle internationale en 1988 grâce au rôle de Charlie Parker dans *Bird,* de Clint Eastwood. Dès lors, il enchaîne les films, dirigé par les plus grands : Scorsese dans *La Couleur de l'argent,* Oliver Stone dans *Platoon,* ou encore Jim Jarmush, pour lequel il incarne un samouraï des temps modernes dans *Ghost Dog, la voie du Samouraï* (1999). En 2007, il reçoit l'oscar et le Golden Globe pour son rôle dans *Le Dernier Roi d'Écosse.* Récemment, il s'est distingué dans *Le Majordome,* de Lee Daniels, et *Zulu,* du Français Jérôme Salle.

Littérature

- ***Charles Bukowski*** *(1920-1994)* **:** « J'ai un projet, devenir fou. » Asocial, choquant, obscène, l'auteur du *Journal d'un vieux dégueulasse* (1969), des *Contes de la folie ordinaire* (1967-1972) ou encore de *Factotum* (1975), souvent associé à la Beat Generation, dénonce la morale hypocrite et la modernité médiocre dans des romans autobiographiques sombres et marqués par le souvenir d'un père alcoolique et frustré par son échec social.
- ***Raymond Chandler*** *(1888-1959)* **:** maître du roman noir des années 1930, il est aussi le créateur du personnage de Philip Marlowe, le célèbre détective privé de Los Angeles qui sera sublimement incarné à l'écran par (entre autres) Humphrey Bogart dans *Le Grand Sommeil* (*The Big Sleep,* 1946), de Howard Hawks, avec, à ses côtés, Lauren Bacall.
- ***Joan Didion*** *(1934)* **:** née à Sacramento, cette romancière, essayiste et journaliste (*Vogue, New York Times* et *New Yorker*), chroniqueuse de la vie politique et culturelle américaine des années 1960-1970, porte sur ses contemporains un regard aiguisé et lucide. De son écriture fine, minimaliste et acerbe, elle épingle la bourgeoisie intellectuelle de la côte Ouest et sa vacuité. Dans *Maria avec et sans rien* (1970), le monde superficiel du cinéma est englué dans la dépression, le mensonge, l'infidélité, l'alcoolisme (et les addictions en tout genre !), la folie, l'égoïsme... *L'Amérique 1965-1990. Chroniques* réunit 11 textes écrits durant ces années, du récit de son immersion dans le quartier hippie de San Francisco en 1967 à sa rencontre avec John Wayne, les Doors et les Black Panthers.
- ***James Ellroy*** *(Lee Earle Ellroy, 1948)* **:** cet auteur de polars né à L.A. est un personnage marginal, conservateur, voire réactionnaire, au point d'avoir soutenu George Bush Junior (et encore aujourd'hui !). Sans domicile fixe et flirtant avec l'extrême droite durant son adolescence, il se décrit comme un ermite vivant en vase clos pour éviter que le monde moderne ne contamine l'univers de ses romans.

Le Grand Nulle Part, L.A. Confidential ou encore *White Jazz* reflètent son attachement au Los Angeles des années 1940-1950 et son amour de la musique. *Le Dahlia noir,* quant à lui, est l'adaptation d'un fait divers sanglant des années 1940, transposition du meurtre de sa propre mère en 1958 (il avait 10 ans...), une tragédie qu'il raconte dans *Ma part d'ombre.* Dernières œuvres en date : *Perfidia* (2014) et *This Storm* (2019), 1ers volets d'un nouveau *Quatuor de Los Angeles.*

– ***William Faulkner*** *(1897-1962)* **:** romancier venu à la littérature par dépit amoureux combiné à une terrible frustration de n'avoir pu participer à la Première Guerre mondiale (à cause de l'armistice !). Auteur de romans dont l'intrigue se déroule principalement dans le sud des États-Unis, *Le Bruit et la Fureur* (1929), *Pylône* (1935), *Absalon, Absalon !* (1936), il est reconnu comme l'un des plus grands écrivains de son temps.

– ***Dashiell Hammett*** *(1894-1961)* **:** considéré comme l'un des maîtres (et père) du roman noir, il dépeint avec justesse le milieu du gangstérisme de l'époque et sa violence. Son détective privé de San Francisco, Sam Spade, sera interprété (immortalisé même) par Humphrey Bogart dans *Le Faucon maltais* (ou *Le Faucon de Malte,* selon les versions ; 1930), porté à l'écran par John Huston en 1941.

– ***Jack Kerouac*** *(né Jean-Louis Lebris de Kerouac, 1922-1969)* **:** le « pape des beatniks » était d'origine bretonne, via une émigration familiale au Québec. Il aurait dû être un sportif de haut niveau mais, à la suite d'une blessure et à cause de son refus des conventions, il se met en quête d'un renouveau spirituel libéré du matérialisme. Kerouac explore les chemins de l'errance en traversant les États-Unis. Inspiré par la poésie californienne, il s'installe un temps à San Francisco. En 1957, il écrit en 3 semaines le manuscrit de *Sur la route,* qui devient un ouvrage culte pour la Beat Generation. S'affichant apolitique et pacifiste, il finit par se déclarer par provocation « fervent catholique », et même favorable à la guerre du Vietnam ! Il meurt à 47 ans, fauché, seul et alcoolique.

ON THE ROAD

Le célébrissime roman de Jack Kerouac mettra 7 ans pour trouver un éditeur. Le tapuscrit sera toutefois vendu 2,2 millions de dollars en 2001. Ne jetez pas vos vieux papiers !

– ***Jack London*** *(1876-1916)* **:** chasseur de phoques, écumeur de parcs à huîtres, chercheur d'or, militant politique, journaliste puis écrivain, il aura fait tous les métiers pour se soustraire à la morose vie d'ouvrier qui l'attendait. Dans *L'Appel de la forêt* (1903), *Le Loup des mers* (1904), son autobiographie romancée *Martin Eden* (1909) et surtout *Croc-Blanc* (1906), ce Californien témoigne de son amour de la nature et de ses talents de conteur hors pair. En 1905, il se fait construire dans la vallée de la Lune *(Moon Valley),* en Californie, un ranch dément... qui brûlera accidentellement. Ruiné et désespéré, il meurt 3 ans plus tard. Sa femme lui dédiera un musée sur les lieux du ranch, où l'écrivain est enterré (voir « Glen Ellen » dans le chapitre « Le Wine Country »).

– ***Henry Miller*** *(1891-1980)* **:** Miller se fait remarquer (on peut le dire) avec ses *Tropique du Cancer* (1934) et *Tropique du Capricorne* (1939), tous les 2 interdits de publication pendant près de 30 ans aux États-Unis. Dans la lignée, il signe d'autres titres frappés par la censure. Trop dissolu, trop choquant pour le puritanisme ambiant, trop avant-gardiste... (pas d'inquiétude, l'œuvre de cet ancien prof d'anglais à Dijon est aujourd'hui réhabilitée !). À son retour d'Europe en 1940, c'est à Big Sur que Miller trouve refuge dans cette Amérique qu'il aime si peu, avant d'aller finir sa vie à Los Angeles, dans le quartier de Pacific Palisades.

– ***John Steinbeck*** *(1902-1968)* **:** né à Salinas, ce Prix Nobel de littérature (1962) reste fidèle à son pays et y ancre nombre de ses romans. Il y décrit sans complaisance l'univers difficile des petits fermiers et des ouvriers agricoles. *Des souris et des hommes* (1937), *Les Raisins de la colère* (1939), qui lui vaut le prix Pulitzer, *À l'est d'Éden* (1952) et nombre de ses autres romans ont été portés à l'écran.

Sciences, nouvelles technologies

– ***Neil Armstrong*** *(1930-2012)* **:** pilote d'essai pour la NASA sur la base californienne d'Edwards, il est choisi pour commander la mission *Apollo 11*. Le 21 juillet 1969, il est 4h17 (heure de la côte Est). Neil Armstrong fait rêver la terre entière en faisant le 1er pas sur la Lune et prononce cette phrase devenue mythique : « C'est un petit pas pour l'homme, mais un bond de géant pour l'Humanité. »

– ***Bill Gates*** *(1955)* **:** l'entrepreneur pas forcément le plus visionnaire de la planète mais l'un des plus riches... du monde dans le domaine du high-tech. En 1975, il fonde Microsoft, qui s'impose vite comme le leader mondial de l'informatique. Mais voilà, cet homme d'affaires en exaspère plus d'un et, en 2000, il est reconnu coupable de « conduite prédatrice » conduisant à une situation de monopole. Il a depuis quitté son entreprise pour se consacrer à sa fondation, tournée vers le tiers-monde, à laquelle il lègue d'ailleurs une grande partie de sa fortune.

– ***Robert Oppenheimer*** *(1904-1967)* **:** physicien, il participe au développement de la bombe atomique (projet Manhattan) au Radiation Laboratory de Berkeley, puis à son élaboration à Los Alamos (Nouveau-Mexique). Assistant à l'explosion, il se remémore une citation de la *Bhagavad-Gītā* : « Je suis Shiva, le destructeur des mondes. » En 1949, il s'oppose au projet de la bombe H. Et en 1954, ses accréditations lui sont retirées, sa loyauté étant remise en question...

– ***Steve Jobs*** *(1955-2011)* **:** originaire de San Francisco, il débute comme programmeur de jeux vidéo chez Atari. En 1976, avec son ami Steve Wozniak, il lance son 1er ordinateur « Apple I », vendu 666,66 $. À 27 ans, c'est le plus jeune homme à entrer dans le Fortune 400. En 1984, il lance le Macintosh, 1er ordinateur grand public commandé par une souris. Il participe à la création de Pixar (*Toy Story, Le Monde de Nemo, Ratatouille* et *Là-haut*), s'impose au royaume du MP3 avec l'iPod, se lance dans la téléphonie avec l'iPhone et rencontre un nouveau succès avec l'iPad. Il meurt des suites d'un cancer à 56 ans, quelques mois après avoir démissionné du poste de directeur général d'Apple.

LE PLUS GRAND ÉCHEC DE STEVE JOBS

Ses succès industriels furent considérables. En revanche, il prit de mauvaises décisions pour soigner son cancer du pancréas. Conseillé par un naturopathe et un médium (!), il suivait essentiellement un régime végétarien strict composé surtout de carottes et de jus de fruits. Quand, 9 mois après le diagnostic de la maladie, il accepta la médecine classique, il était trop tard.

– ***Mark Zuckerberg*** *(1984)* **:** le créateur de Facebook, dont le siège est implanté dans la Silicon Valley. Selon un classement réalisé par le magazine *Forbes*, ce petit génie de l'informatique (qui a quitté Harvard sans diplôme) est le plus jeune milliardaire sans héritage au monde, avec une fortune estimée à 70 milliards de dollars. Une fortune qu'il a décidé de partager puisqu'il s'est engagé en 2015 à léguer 99 % de ses actions Facebook à la fondation créée à la naissance de son 1er enfant.

FACEBLUE

C'est parce qu'il est atteint d'une forme de daltonisme assez répandue, l'absence de perception différenciée entre le rouge et le vert, que Mark Zuckerberg, le créateur de Facebook, a créé le logo de son réseau social en bleu.

Arts

– ***Frank Gehry*** *(1929)* **:** originaire de Toronto, il quitte le Canada pour Los Angeles, où il étudie l'architecture puis monte sa propre agence, *Gehry Partners*, en 1962.

Couronné par le prestigieux prix Pritzker en 1989, Gehry se rend célèbre en concevant le musée Guggenheim de Bilbao en 1997. Sa structure innovante, aux volumes complètement éclatés et couverte de fines écailles de titane, fait mouche. Ce sera sa marque de fabrique. Gehry, qui vit toujours à Santa Monica dans une maison déconstructiviste qui fut son 1er projet dans les années 1970, est aujourd'hui l'un des architectes les plus connus dans le monde.

– ***David Hockney** (1937) :* le plus californien des artistes britanniques, partageant son temps entre la côte est de l'Angleterre et Los Angeles, est aussi le peintre vivant le plus cher du monde. Célèbre pour son style pictural proche de la photographie, notamment ses fameuses piscines sur fond de villas modernes typiquement californiennes, David Hockney a retrouvé son énergie créatrice via les nouvelles technologies. À plus de 80 ans, il s'est découvert une nouvelle passion : la iPainting (sur iPhone et iPad). Autoportraits, natures mortes, paysages, tout y passe. Il se sert de son écran tactile comme d'une toile et « peint » dessus.

– ***Carolyn Carlson** (1943) :* danseuse puis chorégraphe, elle commence sa carrière à la San Francisco School of Ballet avant d'enfiler ses chaussons et de traverser l'Atlantique pour sillonner l'Europe, la France notamment, où elle évolue une partie de sa carrière (et où elle réside aujourd'hui à Saint-Mandé, en périphérie de Paris). Nomade dans la vie et sur scène, gouvernée par le mouvement, elle orchestre de théâtrales « poésies visuelles », selon ses propres mots, avec sa troupe, la Carolyn Carlson Company, installée à Roubaix.

Sports

– ***Kobe Bryant** (1978-2020) :* retiré des parquets depuis 2016, la légende des Lakers est le plus grand sportif de Los Angeles. 5 titres en NBA, 3 sacres de MVP *(Most Valuable Player), Black Mamba* est le 3e marqueur de toute l'histoire de la NBA et un des 7 joueurs à avoir inscrit plus de 30 000 points au cours de leur carrière. Après 20 ans de carrière exclusive chez les Los Angeles Lakers, le 24 août (comme 24 et 8, ses 2 numéros de maillot) est carrément devenu officiellement le Kobe Bryant Day dans la Cité des Anges.

– ***Magic Johnson** (1959) :* du haut de ses 2,05 m, Magic Johnson est « le » basketteur nord-américain des années 1980, meneur de jeu des Lakers de Los Angeles pendant plus de 10 ans. Sa séropositivité le pousse à mettre un terme à sa carrière, même s'il joue encore de temps en temps et s'essaie au rôle d'entraîneur. Il crée finalement une fondation et est aujourd'hui une figure emblématique de la lutte contre le sida.

– ***Greg Noll** (1937) :* « Da Bull » est l'un des pionniers du surf, qu'il découvre à Manhattan Beach. Attiré par le mode de vie des surfeurs, Greg Noll fait partie de la 1re vague de migration de Californiens qui rêvent des spots de Makaha, du côté de Hawaii. Mais Makaha ne lui suffit pas, il décide d'explorer le North Shore et découvre le spot de Waimea Bay. Il est entré dans la légende pour avoir surfé sur la plus grosse vague du XXe s, le 4 décembre 1969.

– ***Tiger Woods** (1975) :* né (à Cypress, California) pour gagner... Ce vœu pieux, formulé par son père, est devenu réalité. On dit qu'à 1 an, Tiger Woods frappait sa 1re balle de golf. Ce qui est sûr, c'est qu'à 21 ans il devient le numéro 1 mondial du green et enchaîne les records. En 2009, l'Amérique puritaine et sa femme, un mannequin suédois, découvrent qu'il entretenait 19 liaisons extra-conjugales... Quelques sponsors lâchent le 1er milliardaire sportif de l'histoire. Du coup, il présente des excuses publiques et annonce son retrait du circuit professionnel dans un show savamment orchestré, avant de revenir à la compétition en 2010.

POPULATION

La plupart des États de l'Ouest américain connaissent ***la plus forte croissance démographique*** de l'ensemble du territoire américain depuis une bonne décennie. La Californie n'échappe pas à la règle : en un siècle, sa population est passée de 1,5 million d'habitants à presque 40 millions aujourd'hui (estimation fin 2019). Et si ce boom se tasse un peu aujourd'hui, elle reste ***l'État le plus peuplé d'Amérique.*** Les uns sont attirés par le dynamisme économique des villes de ces dernières années ; les autres, pour la plupart retraités, s'installent dans la *Sun Belt* (qui s'étire de la Californie au Nouveau-Mexique) pour profiter de la douceur du climat.

Les communautés ethniques représentent plus de la moitié de la population de la Californie. D'ailleurs, vous aurez presque autant de chances d'y parler l'espagnol que l'anglais ! Les ***Latinos*** représentent plus de 39 % de la population californienne. Certes, les États du Sud étaient en territoire mexicain avant qu'ils ne tombent dans l'escarcelle américaine. Mais la population hispanique a plus que doublé à l'échelle nationale depuis 1990, atteignant 60,5 millions de personnes (soit davantage que les Afro-Américains). Le bureau du recensement envisage même l'hypothèse d'une population de plus de 100 millions d'Hispaniques à l'horizon 2050 (presque 25 % de la population). Certains parlent de reconquête pacifique des terres du Sud !

Avec le durcissement de la politique migratoire américaine, de moins en moins de Mexicains traversent la frontière (ils représentent quand même presque 50 % des migrants irréguliers). Ils risquent leur vie, poussés par la misère et attirés par un rêve américain toujours bien vivant dans les esprits. Quelque ***250 personnes périrent ainsi en 2018 en tentant de passer aux États-Unis*** (et on ne compte que ceux que l'on retrouve). En cause notamment, le *border fence* voulu par l'équipe Bush puis suspendu par Barack Obama, un « mur » dressé le long de la frontière, qui s'étend déjà sur près de 650 km par segments dans les zones les plus sensibles. Donald Trump a fait de l'extension de ce rempart son cheval de bataille et, après plusieurs revers quant au financement de ce projet ruineux, a fini par débloquer les fonds nécessaires à la construction de 280 km de mur. Finalement, la facture ne sera pas adressée au Mexique mais au Pentagone. Et malgré l'ambitieuse réforme migratoire annoncée par l'administration Biden, avec notamment une augmentation des quotas de réfugiés accueillis aux États-Unis, la crise s'accentue aux frontières et, face à l'afflux de migrants, ***les expulsions augmentent.***

Comme souvent, l'arrivée de cette population « illégale » sert de nombreux intérêts. Les ***travailleurs clandestins d'origine latino-américaine*** sont aujourd'hui à la base de l'économie agricole de la Californie et du Texas. Un vivier de main-d'œuvre malléable à merci, sans droits ni protection, vivant dans la peur de l'expulsion, est ainsi en permanence disponible. Des travailleurs qui ne risquent pas de faire des vagues... Mais cette gestion répressive de l'immigration, productrice de travailleurs sans-papiers, n'est pas l'apanage des États-Unis. En la matière, l'Europe – dont la France – n'a pas de leçons à donner. Pour une vengeance fictive mais jubilatoire, on pourra toujours regarder le film de Robert Rodriguez, *Machete,* où l'on suit les tribulations sanglantes d'un Mexicain clandestin qui se paie les milices de la frontière...

Les ***Amérindiens*** font également partie du paysage démographique californien : au nombre de 725 000, ils représentent 1,6 % de la population. Cela paraît faible. Pourtant, à l'échelle nationale, leur nombre a été multiplié par 10 en un siècle (pour le détail des tragiques épisodes de la conquête des terres américaines par les nouveaux occupants, voir plus haut la rubrique « Les Amérindiens »).

RELIGIONS ET CROYANCES

Pour comprendre l'importance de la religion aux États-Unis, il faut la replacer dans son contexte historique. Tout a commencé par l'***implantation des 1ers colons, pour qui l'Amérique du Nord représentait un Nouveau Monde*** – au sens littéral du terme – et dans lequel ils allaient enfin pouvoir ***pratiquer leur religion sans***

être persécutés. En effet, les conséquences de la Réforme protestante au début du XVIe s s'étaient traduites par une mise au ban, voire une persécution, des non-conformistes, et c'est en partie pour fuir la vindicte des autorités que les candidats à l'émigration optent pour le grand voyage. L'Amérique leur offrait un espoir de survie et la possibilité de réaliser leurs objectifs religieux. C'est dans cet état d'esprit que débarquèrent les 1ers colons du *Mayflower* en 1620.
L'Amérique du Nord devient alors un ***refuge pour nombre de communautés persécutées*** dans l'Ancien Monde. Le Massachusetts accueille des puritains et des calvinistes. La Virginie, identifiée à l'origine avec la nouvelle Église anglicane, reçoit les baptistes et les calvinistes, le Maryland les catholiques. L'État de New York et la Pennsylvanie accueillent William Penn et ses quakers, ainsi que des luthériens et divers protestants allemands (les amish d'aujourd'hui).
Le pays grandit, et, sous l'influence de nouveaux flux d'émigrants, le paysage religieux se modifie. ***Au XIXe s, l'arrivée massive d'Irlandais*** augmente le poids de la communauté catholique ; tendance qui s'accentuera avec l'arrivée d'Espagnols, d'Italiens, de Grecs et de Polonais. Les États-Unis n'ouvriront cependant pas leur porte aux réfugiés fuyant l'horreur de la Seconde Guerre mondiale. Ce n'est qu'à la fin de la guerre que les survivants viendront s'y installer. ***Dans les années 1960 la communauté musulmane s'étoffe,*** grâce notamment à l'afflux de « cerveaux » en provenance du Pakistan, d'Inde, du Bangladesh, du Liban ou de Syrie.
Parallèlement aux obédiences conventionnelles de ***nombreuses sectes et Églises dissidentes se développent,*** permettant à chaque Américain d'embrasser le corpus dogmatique le plus proche de ses aspirations. Dans son analyse de la société américaine, Tocqueville précise que cette pluralité religieuse a sans doute permis à l'Amérique de ne jamais tomber dans l'opposition entre le spirituel et le politique. Ainsi, la notion de secte ne revêt-elle pas tout à fait le même sens qu'en Europe.
Si l'Amérique ne s'est pas dotée dès le départ d'une religion d'État, c'est en partie en raison du grand nombre de sectes protestantes qui gouvernaient les idées de l'époque et dont aucune d'entre elles n'était prédominante. La devise nationale des États-Unis, *E pluribus Unum* (« De plusieurs, un »), en est l'expression même.

AUX GRANDS MOTS LES GRANDS REMÈDES

Les membres de l'Église des Disciples du Christ, l'une des plus grandes communautés protestantes d'Amérique du Nord, n'ont jamais recours ni aux médicaments ni aux docteurs. Selon eux, la prière est le remède à tous les maux. D'autant que l'exercice de la médecine interfère dans le droit de vie ou de mort exercé par Dieu. Résultat, bon nombre d'enfants meurent de maladies curables...

Séparation de l'Église et de l'État

C'est en ***Virginie,*** où l'Église anglicane était établie, que se jouera la ***bataille décisive de la séparation de l'Église et de l'État.*** Cette victoire occupe une place fondamentale dans l'histoire des États-Unis. À la ratification du ***1er amendement de la Constitution américaine en 1791,*** soit 15 ans après la Déclaration d'indépendance, les privilèges de toutes les Églises anglicanes (à l'exception du Maryland) sont abolis. En protégeant le libre exercice de la religion tout en interdisant l'établissement d'une religion officielle par l'État lui-même, le 1er amendement de la Constitution américaine fait des États-Unis un des pays les plus religieux de la planète. Et quand bien même aujourd'hui les jeunes adultes, les fameux *millenials,* reconnaissent être bien moins religieux que leurs parents ou grands-parents, 9 Américains sur 10 confient croire en Dieu en avouant que la religion occupe une place importante dans leur quotidien.

Ce ***sentiment d'être investi d'une mission divine,*** en partie dû au puritanisme enraciné dans le calvinisme, n'a jamais cessé d'émailler les discours politiques des présidents américains. Pas étonnant que Bush, protestant méthodiste, ait appelé à une croisade contre l'« axe du Mal » au lendemain du *September Eleventh.* **Donald Trump** fut le 1er président des États-Unis à s'entourer d'autant de conseillers religieux, s'inscrivant ainsi dans la droite ligne de Ronald Reagan, lequel durant ses 8 ans de mandat, aurait mené selon ses termes : « une politique guidée par Dieu ». Son *evangelical advisory board* ne comptait pas moins de 24 conseillers !

UNE TRADITION BIEN ANCRÉE

Contrairement à ce qu'on pense, l'usage de la Bible pour prêter serment n'est pas spécifié dans la Constitution américaine. Si les présidents américains posent leur main gauche sur la Bible depuis plus de 2 siècles pour prêter serment, c'est uniquement par mimétisme. C'est George Washington, 1er président de l'histoire des États-Unis qui a imposé ce geste. Il paraît même qu'il aurait embrassé sa Bible une fois l'acte accompli. Pourtant 2 présidents ont dérogé à cette tradition : le 1er fut Quincy Adams en 1825, le 2d fut Theodore Roosevelt, qui prêta sermon un peu à l'arrache suite à l'assassinat de McKinley son prédécesseur. Trump ? Pas moins de 2 Bibles pour lui, tout comme Obama !

Une géographie des croyances

Même si aujourd'hui le pays se dit de moins en moins religieux (23 % des Américains affirment être athées, agnostiques ou ne pas savoir à quel saint se vouer...), ***le christianisme reste de loin la religion la plus populaire aux États-Unis*** (près de ¾ des Américains), phénomène accentué ces dernières années par les importants flux migratoires en provenance d'Amérique latine. Pour ce qui est du pays lui-même, le paysage religieux pourrait se décomposer de la manière suivante : les luthériens sont plutôt dans le nord du Midwest, alors que les États du Sud sont plutôt baptistes en raison des Églises traditionnellement noires. Les chrétiens orthodoxes occupent les villes de Californie ainsi que New York, tandis que dans l'Utah, près de 70 % de la population est de confession mormone. Même s'ils ne représentent respectivement que 1 % pour les 1ers et que 2 % pour les 2ds, les musulmans sont nombreux dans le Michigan tandis que les juifs occupent la côte Est ***(New York héberge la plus grande communauté juive après l'État d'Israël).*** En ce qui concerne les religions minoritaires en nombre, on trouve les sikhs en Californie ou dans le New Jersey, les bouddhistes surtout dans les grandes villes, les shintoïstes dans l'État de Washington à cause de la relative proximité du Japon, quant aux religions autochtones, elles intéressent plutôt la côte du Pacifique, du nord de la Californie jusqu'en Alaska.

Incontournable religion

Aujourd'hui, ***les Américains continuent d'accorder un rôle essentiel à la religion dans la vie sociale et politique de leur pays.*** Depuis l'école, où les élèves prêtent serment au drapeau « sous les auspices de Dieu », aux serments du président sur la Bible, la religion s'immisce dans tous les aspects de la vie civile, comme les grands sujets de société tels l'avortement ou l'homosexualité (même si, en juin 2015, la Cour suprême a autorisé le mariage homosexuel sur tout le territoire), sans parler du créationnisme et de ses avatars dans les livres scolaires. La radio, la télévision et surtout Internet sont devenus de puissants outils à la solde du prosélytisme religieux. Ce qui fait que ***la population est en prise directe et quasi permanente avec le contenu religieux.*** Chaque semaine, le nombre d'Américains célébrant un office religieux est supérieur à celui assistant à une rencontre sportive, par exemple. Le choix d'une résidence est le plus souvent assujetti à l'emplacement d'un lieu de culte, par exemple.

Dans la même veine, le ***phénomène des « megachurches »*** est un exemple probant de l'instrumentalisation de la religion au service des idéaux libéraux. Certains dimanches, les églises évangéliques rassemblent jusqu'à 2 000 fidèles dans de telles églises, tandis que de leur côté, pentecôtistes et wesleyens renouent avec les grandes messes sous chapiteaux à l'instar des *tent revivals* qui émaillaient les campagnes au XIXe s.

Ces ***établissements conceptuels du « tout religieux »*** dépassent largement le cadre du simple lieu de culte. On y trouve des garderies, des bibliothèques, des salles de spectacles, et même des terrains de sport, car tout a été pensé pour le confort intellectuel du croyant, ce qui incite les familles à venir y passer leur temps libre.

Les religions en quelques chiffres

Les États-Unis forment donc un ***véritable patchwork de religions.*** Sur les 77 % d'Américains qui se déclaraient croyants en 2018, on comptait environ 23 % de catholiques et presque autant d'évangéliques, 2 % de juifs, 1,8 % de mormons, et 1,1 % de musulmans. Mais cette répartition n'est pas constante. Chaque année, de nombreux Hispaniques, à l'origine catholiques, quittent leur religion pour embrasser une ***Église évangélique comme le pentecôtisme,*** par exemple. Ces Églises ont connu une ***croissance importante depuis les années 1970.***

ROUTE 66

Un mythe, un symbole, un « monument » indissociable de la culture américaine ! Surnommée ***The Mother Road*** (la Route mère) par John Steinbeck dans *Les Raisins de la colère,* Route de la gloire par les Okies (les fermiers de l'Oklahoma), c'est aussi la *Main Street of America* (Grande Rue de l'Amérique) dans le cœur des Américains. Chantée par les Stones, la Route 66 a servi de cadre au film *Easy Rider,* et plus récemment au dessin animé *Cars,* des studios Pixar.

Débutée en 1926, sa construction s'acheva en ***1938.*** C'est la 1re voie qui permit de relier les rives du lac Michigan (à Chicago) au rivage du Pacifique (à Santa Monica, en Californie), après ***un périple de près de 4 000 km à travers 8 États*** (Illinois, Missouri, Oklahoma, Texas, Nouveau-Mexique, Arizona et Californie, le Kansas étant sillonné sur une vingtaine de kilomètres seulement). Dans les années 1930, pas même terminée, elle vit passer tour à tour les déclassés de la Grande Dépression, puis des milliers de familles de paysans d'Oklahoma et d'Arkansas, condamnés à l'exode par le *dust bowl* (tempêtes de poussière qui anéantirent les cultures), tous partis vers l'Ouest en quête d'une vie meilleure.

Tout le long de la Route 66 s'est très vite développée une nouvelle culture, celle des ***motels,*** des ***stations-service,*** des restos routiers (les fameux ***diners***) et des ***enseignes aux néons tapageurs...*** Après les angoisses de la guerre, l'avènement des vacances en famille draina de nouveaux candidats vers la 66, attirés par les parcs nationaux à explorer et les promesses de beaux pique-niques ! À la fin des années 1950, le trafic étant devenu important, les accidents se multiplièrent. La bonne vieille *Mother Road* n'était plus adaptée à son époque. Les autorités lui préférèrent les nouvelles ***interstates*** à 2 voies qui contournent les villes, plus rapides, plus sécurisées. À la fin des années 1960, le flot quotidien de véhicules s'évapora. Sur les bords de route, les boutiques fermèrent leurs portes, les guirlandes lumineuses s'éteignirent. En 1981, les autorités émirent même le souhait de gommer son tracé sur les cartes routières. Mais voilà, c'était sans compter sur les nostalgiques de la belle époque, sur les amoureux de l'*American way of life* !

Sous la pression d'associations de défense, la *Road 66* retrouve aujourd'hui une 2de jeunesse. Le long du tracé, des musées se sont créés, des panneaux retraçant l'histoire de cette voie ont fleuri, des ***diners et motels vintage*** ont rouvert, des festivals très vivants rassemblent tous les adeptes lors de grands-messes pétaradantes et chromées. Mieux, une ***loi pour la protection de la Route 66*** a été promulguée !

SITE INSCRIT AU PATRIMOINE MONDIAL DE L'UNESCO

Organisation des Nations Unies pour l'éducation, la science et la culture · En coopération avec le Centre du patrimoine mondial

Pour figurer sur la Liste du patrimoine mondial, les sites doivent avoir une valeur universelle exceptionnelle et satisfaire à au moins un des 10 critères de sélection. La protection, la gestion, l'authenticité et l'intégrité des biens sont également des considérations importantes. Le patrimoine est l'héritage du passé dont nous profitons aujourd'hui et que nous transmettons aux générations à venir. Nos patrimoines culturel et naturel sont 2 sources irremplaçables de vie et d'inspiration. Ces sites appartiennent à tous les peuples du monde, sans tenir compte du territoire sur lequel ils sont situés. Pour plus d'informations : • *whc.unesco.org* •

– Site inscrit dans la zone couverte par ce guide : le ***parc national de Yosemite*** (1984).

SURF

En ***1767,*** le capitaine James Cook jette l'ancre aux îles Sandwich ***(Hawaii).*** Il remarque que ***les natifs chevauchent la houle*** avec une adresse inouïe sur de longues planches. Cette pratique, nommée ***He e'nalu,*** est bien plus qu'une activité physique, c'est une épreuve de courage et d'habileté, une véritable ***communion avec la nature.*** Mais elle n'est pas du goût des missionnaires locaux, lesquels, jugeant l'activité immorale et dégradante (rendez-vous compte, des hommes et des femmes à moitié nus sur des planches !), vont purement et simplement l'interdire.

Ce n'est qu'au tout début du XXe s que le surf refait surface, notamment quand un certain Jack London, alors en reportage à Hawaii, rencontre ***George Freeth,*** un métis local virtuose de cet art. Dès 1907, Freeth sera invité par le magnat du rail Henry Huntington à faire une démonstration de surf à l'occasion de la mise en service de la ligne de chemin de fer Redondo-Los Angeles. C'est d'ici que tout est parti. Freeth, alias Mercury Brown, sera même le tout 1er sauveteur de l'État de Californie. Dans cette veine s'inscrit la légende de ***Duke Kahanamoku,*** un natif de Hawaii médaillé olympique de natation. Le Duke va populariser la plage de Waikiki sur son île natale, avant d'atterrir en Californie dès 1912. ***Huntington Beach*** devient la Mecque des surfeurs californiens. En 1915, les 1res images de surf commencent à faire le tour du monde. Beau mec, Le Duke incarne le prototype du Californien libre et fréquente le gratin de Hollywood.

En ***1933,*** en Californie, alors que l'entreprise *Pacific Ready Cut Homes* fabrique des *boards* en série depuis déjà 3 ans, le 1er club est fondé. Mais c'est à l'occasion des championnats des îles Hawaii en 1935 que la discipline acquiert ses lettres de noblesse. Le surf connaît alors un véritable essor. De 80 pratiquants en 1934,

C'EST AU POIL !

Même les chiens ont leur championnat de surf en Californie : la Surf City Dog, sur la plage de Huntington. Ils peuvent ensuite se détendre en regardant Dog TV, une chaîne qui leur est totalement consacrée, diffusée 24h/24 ! De la balle...

on en compte des milliers dans les années 1950 (on estime à ***30 millions la population des surfeurs*** dans le monde aujourd'hui). La Seconde Guerre mondiale apporte des avancées technologiques, notamment la résine de polyester, la fibre de verre et les mousses pétrochimiques qui rendent les planches plus solides et légères. Mode de vie dès les années 1950, le surf prend une dimension internationale dans les années 1960 ***(il débarque à Biarritz en 1961),*** notamment grâce à *Surfin' Safari,* la chanson des **Beach Boys** en 1962, puis au film *Endless Summer,* projeté à partir de 1964. Dès les années 1970 sont organisées les 1res compétitions internationales. L'argent généré par le « ***surf business*** » est considérable ; les surfeurs deviennent des supports publicitaires, d'où l'apparition des 1ers professionnels et des compétitions largement rétribuées. Dopé par une croissance à 2 chiffres, ce business durera une petite trentaine d'années. Mais toutes les belles choses ont une fin. Depuis les années 2010, si le surf fait toujours autant rêver, on peut dire que commercialement il est aujourd'hui un peu dans le creux de la vague, en tout cas en Californie.

les ROUTARDS sur la FRANCE 2022-2023

(dates de parution sur • *routard.com* •)

Découpage de la FRANCE par le ROUTARD

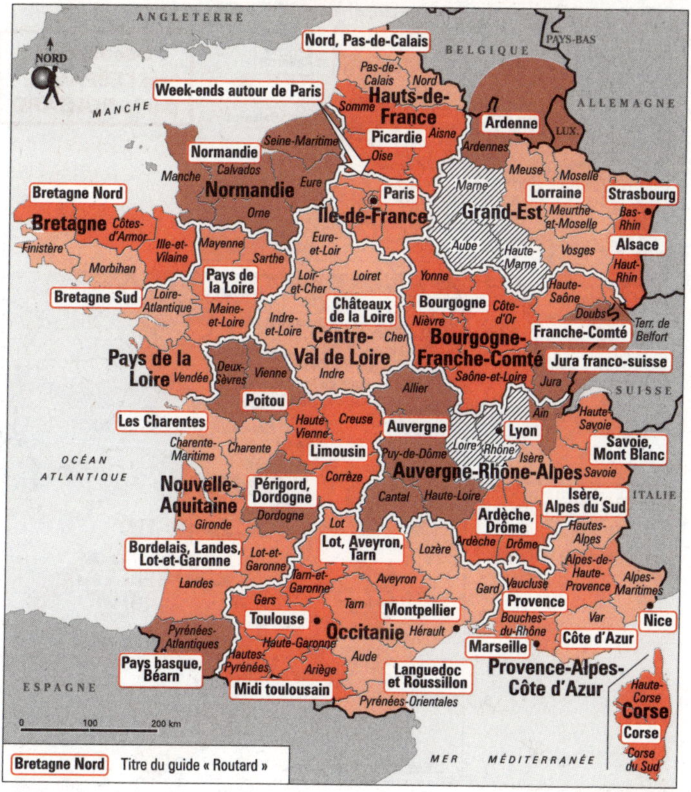

Autres guides sur la France

- Nos meilleurs campings en France
- Nos meilleures chambres d'hôtes en France

Autres guides sur Paris

- Paris
- Paris balades
- Restos et bistrots de Paris
- Le Routard des amoureux à Paris
- Week-ends autour de Paris

Le Routard à vélo

- EuroVelo6
- La Bourgogne du Sud à vélo
- La Flow Vélo
- La Loire à Vélo
- La Vélo Francette
- La Vélodyssée (Roscoff-Hendaye)
- Le Canal des 2 mers à vélo
- Paris Île-de-France à vélo
- ViaRhôna
- Les plus belles escapades à vélo en France

les ROUTARDS sur l'ÉTRANGER 2022-2023

(dates de parution sur • **routard.com** •)

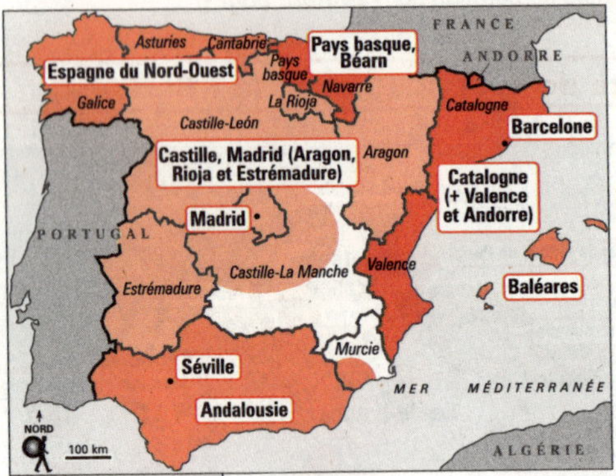

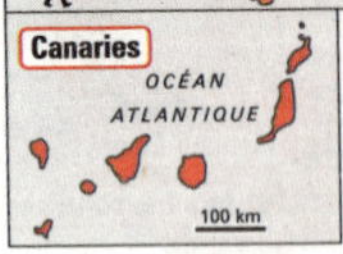

Découpage de l'ESPAGNE par le ROUTARD

Découpage de l'ITALIE par le ROUTARD

Autres pays européens

- Allemagne
- Angleterre, Pays de Galles
- Autriche
- Belgique
- Bulgarie
- Crète
- Croatie
- Danemark, Suède
- Écosse
- Finlande
- Grèce continentale
- Hongrie
- Îles grecques et Athènes
- Irlande
- Islande
- Madère
- Malte
- Norvège
- Pays baltes : Tallinn, Riga, Vilnius
- Pologne
- Portugal
- République tchèque, Slovaquie
- Roumanie
- Suisse

Villes européennes

- Amsterdam
- Berlin
- Bruxelles
- Budapest
- Copenhague
- Dublin
- Lisbonne
- Londres
- Moscou
- Naples
- Porto
- Prague
- Saint-Pétersbourg
- Stockholm
- Vienne

les ROUTARDS sur l'ÉTRANGER 2022-2023

(dates de parution sur • *routard.com* •)

Découpage des ÉTATS-UNIS par le ROUTARD

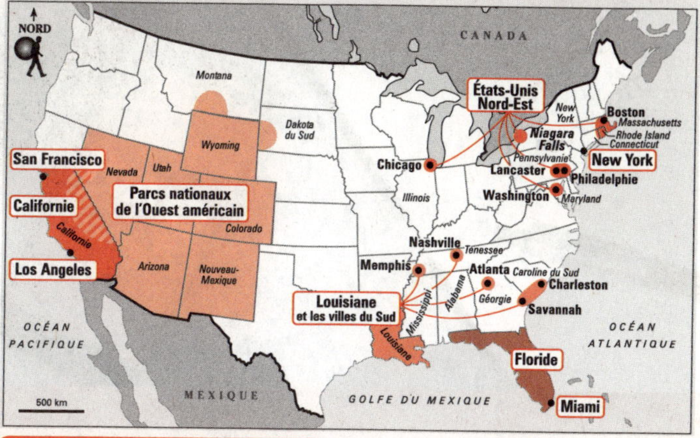

Autres pays d'Amérique

- Argentine
- Brésil
- Canada Ouest
- Chili et île de Pâques
- Colombie
- Costa Rica
- Équateur et les îles Galápagos
- Guatemala, Belize
- Mexique
- Montréal
- Pérou, Bolivie
- Québec et Ontario

Asie et Océanie

- Australie côtes est et nord + Red Centre
- Bali, Lombok
- Bangkok
- Birmanie (Myanmar)
- Cambodge, Laos
- Chine
- Hong Kong, Macao, Canton
- Inde du Nord
- Inde du Sud
- Israël et Palestine
- Istanbul
- Jordanie
- Malaisie, Singapour
- Népal
- Shanghai
- Sri Lanka (Ceylan)
- Thaïlande
- Tokyo, Kyoto et environs
- Turquie
- Vietnam

Afrique

- Afrique du Sud
- Égypte
- Kenya, Tanzanie et Zanzibar
- Maroc
- Marrakech
- Sénégal
- Tunisie

Îles Caraïbes et océan Indien

- Cuba
- Guadeloupe, Saint-Martin, Saint-Barth
- Île Maurice, Rodrigues
- Madagascar
- Martinique
- République dominicaine (Saint-Domingue)
- Réunion

Guides de conversation

- Allemand
- Anglais
- Arabe du Maghreb
- Arabe du Proche-Orient
- Chinois
- Croate
- Espagnol
- Grec
- Italien
- Japonais
- Portugais
- Russe
- G'palémo (conversation par l'image)

Livres-photos/Livres-cadeaux

- 50 voyages à faire dans sa vie
- 52 escapades nature en France (**nouveauté**)
- 52 week-ends coups de cœur en Europe (city trips)
- 52 week-ends coups de cœur en France
- 120 coins secrets en Europe
- 1 200 coups de cœur en France
- 1 200 coups de cœur dans le monde
- Cahier de vacances du Routard
- La France de Stéphane Bern
- Nos plus belles balades et randos en France (**nouveauté**)
- Road Trips Monde
- Road Trips en France
- Sacré : 100 lieux d'inspiration divine (**nouveauté**)
- Voyages
- Voyages : États-Unis
- Voyages : France
- Voyages : Italie

INDEX GÉNÉRAL

INDEX GÉNÉRAL

LISTE DES CARTES ET PLANS

« OSONS LE PAS DE CÔTÉ »

Le surtourisme ? Tous concernés. Et pourtant, à l'écart des grands flux touristiques, il existe plein de pépites méconnues, souvent oubliées des circuits trop encombrés. Ici un site ignoré ; là un quartier secret ; plus loin un village caché au charme discret, avec un troquet d'une autre époque… Il existe une infinité de lieux peinards que l'on a envie de mettre en avant avec ce pictogramme. Un vagabondage enfin calme favorisé aussi par les **visites aux heures creuses.** Vive le *slow trip* !

#osonslepasdecote

IMPORTANT : DERNIÈRE MINUTE

Entre deux parutions du Routard, des événements fortuits (conditions sanitaires, catastrophes naturelles, mais aussi formalités, taux de change, conditions d'accès aux sites, fermetures inopinées, etc.) peuvent modifier vos projets de voyage. Pour éviter les déconvenues, nous vous recommandons de consulter la rubrique « Guide » par pays de notre site ● *routard.com* ● et plus particulièrement les dernières ***Actus voyageurs.***

Remarque importante aux hôteliers et restaurateurs

Les enquêteurs du *Routard* travaillent dans le plus strict anonymat. Aucune réduction, aucun avantage quelconque, aucune rétribution n'est jamais demandé en contrepartie. Face aux aigrefins, la loi autorise les hôteliers et restaurateurs à porter plainte.

Avis aux lecteurs

Le Routard, ce n'est pas comme le bon vin, il vieillit mal. On ne veut pas pousser à la consommation, mais évitez de partir avec une édition ancienne. Les modifications sont souvent importantes.

Les réductions accordées à nos lecteurs ne sont jamais demandées par nos rédacteurs afin de préserver leur indépendance. Les hôteliers et restaurateurs sont sollicités par une société de mailing, totalement indépendante de la rédaction, qui reste donc libre de ses choix. De même pour les autocollants et plaques émaillées.

Avec routard.com, choisissez, organisez, réservez et partagez vos voyages !

✓ Rejoignez la plus grande communauté francophone de voyageurs : **plusieurs millions d'internautes.**

✓ Échangez avec les routarnautes : forums, photos, avis d'hôtels.

✓ Retrouvez aussi toutes les informations actualisées pour choisir et préparer vos voyages : près de 300 guides destinations, une centaine de dossiers pratiques et un magazine en ligne pour découvrir tous les secrets de votre destination.

✓ Enfin, comparez les offres pour organiser et réserver votre voyage au meilleur prix.

Les **Routards** *parlent aux* **Routards**

Faites-nous part de vos expériences, de vos découvertes, de vos tuyaux et de vos coups de cœur. Aidez-nous à remettre l'ouvrage à jour. Indiquez-nous les renseignements périmés. Faites profiter les autres de vos adresses nouvelles, combines géniales... On adresse un exemplaire gratuit de la prochaine édition à ceux qui nous envoient les meilleurs courriers, pour la qualité et la pertinence des informations.

Quelques conseils cependant :

– Envoyez-nous votre courrier le plus tôt possible afin que l'on puisse insérer vos tuyaux sur la prochaine édition.

– N'oubliez pas de préciser l'ouvrage que vous désirez recevoir, ainsi que votre adresse postale.

– Vérifiez que vos remarques concernent l'édition en cours et notez les pages du guide concernées par vos observations.

– Quand vous indiquez des hôtels ou des restaurants, pensez à signaler leur adresse précise et, pour les grandes villes, les moyens de transport pour y aller.

Si vous le pouvez, joignez la carte de visite de l'hôtel ou du resto décrit.

En tout état de cause, merci pour vos nombreux mails.

122, rue du Moulin-des-Prés, 75013 Paris

• guide@routard.com • routard.com •

Routard Assurance *2022*

Enrichie au fil des années par les retours des lecteurs, *Routard Assurance* reste l'assurance voyage référence des globe-trotters. Tout y est inclus, même la **Covid** : frais médicaux, assistance rapatriement, bagages, responsabilité civile... Avant votre départ, appelez *AVI* pour un conseil personnalisé. Besoin d'une **attestation Covid**, d'un avis médical, d'une prise en charge dans un hôpital ? Téléchargez l'appli mobile *AVI International* pour garder le contact avec *AVI Assistance* et disposer d'un vaste réseau médical à travers le monde. *AVI Assistance* est disponible 24h/24 pour une réponse en temps réel. De simples frais de santé en voyage ? Envoyez les factures à *AVI* dès votre retour, ils vous remboursent sous une semaine. *Le Colisée Gardens, 10 avenue de l'Arche, CS 70126, 92419 Courbevoie Cedex. ☎ 01-44-63-51-00. • avi-international.com • Ⓜ La Défense.*

Édité par Hachette Livre (58, rue Jean-Bleuzen, CS 70007, 92178 Vanves Cedex, France)
Photocomposé par Jouve SAS (561, rue Saint Léonard, 53100 Mayenne, France)
Imprimé par Dupliprint (Quai n° 2, 733, rue Saint-Léonard, BP 3, 53101 Mayenne Cedex, France)
Achevé d'imprimer : mai 2022
Collection n° 13 - Édition n° 01
52/2381/7
I.S.B.N. 978-2-01-629330-0
Dépôt légal : mai 2022

PAPIER À BASE DE FIBRES CERTIFIÉES